Die Blütenpflanzen Mitteleuropas

1

Band 1 Einführung

Band 2 Nacktsamer (Nadelhölzer)
Magnolienähnliche
Hahnenfußähnliche
Nelkenähnliche
Zaubernußähnliche
Rosenähnliche
(Stachelbeerengewächse –
Schmetterlingsblütengewächse)

Band 3 Rosenähnliche
(Nachtkerzengewächse – Doldengewächse)
Dillenienähnliche
Lippenblütlerähnliche
(Holundergewächse – Rötegewächse)

Band 4 Lippenblütlerähnliche
(Nachtschattengewächse – Wassersterngewächse)
Korbblütlerähnliche

Band 5 Einkeimblättrige:
Froschlöffelähnliche
Lilienähnliche
Palmenähnliche

Dietmar Aichele · Heinz-Werner Schwegler

Die Blütenpflanzen Mitteleuropas

1

KOSMOS

524 Farbfotos von Archiv für Kunst und Geschichte Berlin (Abb. 75, 123), Andreas Bärtels (Abb. 146 ol, 154, 244 o + u, 292, 379), Bildarchiv Preußischer Kulturbesitz (Abb. 65), Barbara Dierßen (Abb. 179, 296, 346, 360, 377, 499, 520), Hauke Dressler (Abb. 350), Hermann Eisenbeiß (Abb. 101, 104, 337, 489, 513), Gustav Ewald (Abb. 163, 175, 227 l, 227 M, 227 r, 252, 264, 266, 267, 268 l, 268 r, 286 l, 310), Edmund Garnweidner (Abb. 102, 313), Dieter Gerlach (Abb. 140, 141, 159), Joachim Haupt (Abb. 97 l, 97 r), Frank Hecker (Abb. 189 l, 209 ur, 262, 331, 481, 540), Karl-Heinz Jacobi (Abb. 205 ol, 282, 491, 494, 500), Rudolf König (Abb. 347, 519), Dieter Krauter (Abb. 142), Bruno P. Kremer (Abb. 174, 198 l, 286 or, 348, 349), Wolfgang Lang (Abb. 205 ul, 208 o, 208 u), Hans E. Laux (Abb. 119, 134 u, 149, 162, 178, 210 o, 229, 231, 232, 236, 238, 260 r, 281 r, 283, 297, 316, 323, 326, 357, 422, 427, 428, 429, 437, 478, 496, 511, 524, 547), Gerhard Lichter (42, 44, 46, 367), Lieder-Mikrodia (Abb. 32, 132, 137, 138, 139, 145, 158, 160, 165, 169, 183, 184, 185, 200, 201, 202, 286 ur, 374), Alfred Limbrunner (Abb. 344, 353, 559, 560), Thomas Marktanner (Abb. 305, 502, 509), Olaf Medenbach (Abb. 363, 364, 365), Axel Mosler (Abb. 351), Manfred Pforr (Abb. 111, 116 r, 146 Mr, 170, 209 ul, 225, 226 o, 271, 274, 277, 289, 306, 345, 361, 418, 483, 543), Kurt Rasbach (Abb. 369), Reinhard-Tierfoto (Abb. 134 o, 146 or, 214, 215, 230, 233, 234, 249 l, 251, 255, 256, 258, 259 l. 259 r, 269, 290 l, 324, 433, 434, 465, 477, 545), Herbert Reisigl (Abb. 100, 103, 298, 338, 485, 490), Volker Römheld, Institut für Pflanzenernährung, Universität Hohenheim (Abb. 388), Petra Schmidt, Institut für Botanik, Universität Hohenheim (Abb. 38, 386), Peter Schönfelder (Abb. 86 r, 193, 197 l, 197 u, 291 o, 317, 322, 356, 372, 417, 419, 421, 425, 432, 445, 447, 479, 510, 541, 552), Heinz Schrempp (Abb. 109, 146 Ml, 153, 168 l, 168 r, 186, 204, 226 ur, 270 l, 270 ur, 272, 273, 276 o, 284, 285, 290 r, 294, 314, 315, 319, 476), Günther Synatzschke (Abb. 205 or, 228, 235, 261, 354, 381, 514), Rolf Tippkötter (Abb. 370, 371), Jürgen Vogt (Abb. 176, 189 r, 278, 515, 557), Klaus Wagner (Abb. 21 l, 21 r, 146 ul, 291 u, 330, 542, 558), Wolfgang Willner (Abb. 110, 146 ur, 147, 150, 164, 205 ur, 226 ul, 237, 263, 271 r, 275 l, 376, 380, 414, 561, Volkmar Wirth (Abb. 36) und aus dem Archiv (Abb. 1).
Alle übrigen Farbfotos von Dietmar Aichele.
42 Schwarzweiß-Abbildungen von Archiv für Kunst und Geschichte, Berlin (Abb. 50, 51, 52, 53, 55, 56, 80), Archiv Prof. Dr. Karl Mägdefrau (Abb. 54, 58, 62, 63, 64, 71, 89, 90, 91, 126, 127, 128), Bildarchiv Preußischer Kulturbesitz, Berlin (Abb. 74, 79, 124, 129), Institut für Botanik, Universität Tübingen (Abb. 28, 29, 35, 39), Landesbibliothek Stuttgart (Abb. 57, 59, 72, 212), Landesbildstelle Württemberg (Abb. 60, 68, 73), H. D. Pflug (Abb. 37 o, 37 u), Petra Schmidt, Institut für Botanik, Universität Hohenheim (Abb. 34), Heinz Schwarz, Max-Planck-Institut für Entwicklungsbiologie Tübingen, Elektronenmikroskopisches Labor (Abb. 25).
44 Farbzeichnungen von Marianne Golte-Bechtle (Abb. 24, 131, 155), Reinhild Hofmann (Abb. 220), Michaela Jäkle (Abb. 82, 83. 84, 293, 307, 343, 358), Landesbibliothek Stuttgart (Abb. 61), Melanie Waigand (Abb. 2, 12, 13, 14, 15, 18, 19, 77, 96, 366, 375)

2446 Schwarzweißzeichnungen von Angela Deuschle (Abb. 172, 180, 181, 182, 187, 213, 224), Marianne Golte-Bechtle (Abb. 135, 136, 143, 144, 157, 171, 191, 217, 240, 241, 242, 243), Michaela Jäkle (Abb. 359 l, 359 r), Wolfgang Lang (2196 Schlüssel-Zeichnungen), Melanie Waigand (Abb. 3, 4, 5, 6, 7, 8, 9 ,10, 11, 16, 17, 20, 26, 27, 33, 48, 49, 85, 86, 87, 88, 92, 93, 94, 95) und aus dem Archiv (Abb. 199, 257)
Beschriftung der Schlüsselzeichnungen Magda Hamerli,
Beschriftung der Textzeichnungen Brigitte Zwickel-Noelle
Die Bilder 12, 16 ,17 und 82 sind, teilweise stark verändert, entnommen aus Suzuki, Griffiths, Miller, Lewontin, An Introduction to Genetic Analysis, Verlag W. M. Freeman and Company, New York 1989 mit freundlicher Genehmigung des Verlages (Deutsch bei VCH, Weinheim).
Die Bilder 40, 41, 43, 45 und 47 entnahmen wir aus Zimmermann, Phylogenie der Pflanzen, die Bilder 31 und 78 aus Strasburger, Lehrbuch der Botanik, jeweils mit freundlicher Genehmigung des Gustav-Fischer-Verlages, Stuttgart.
Bild 125 wurde entnommen aus Troll, Allgemeine Botanik mit freundlicher Genehmigung des Ferdinand-Enke-Verlages, Stuttgart.
Bild 122 veröffentlichen wir mit der Genehmigung der Autoren Voelker-Hedke und Zimmermann.
Die Bilder 97 l und 97 r entstanden dank der freundlichen Hilfe von Prof. Dr. Greuter, Botanischer Garten und Botanisches Museum Berlin-Dahlem.
Die Bilder 54, 58, 62, 63, 64, 71, 89, 90, 91, 126, 127 und 128 stellte uns freundlicherweise Prof. Dr. Karl Mägdefrau, Deisenhofen, aus seinem Archiv zur Verfügung.

Umschlaggestaltung von eStudio Calamar, Pau (Spanien)

Bibliografische Information Der Deutschen Bibliothek
Die Deutsche Bibliothek verzeichnet diese Publikation in der Deutschen Nationalbibliografie; detaillierte bibliografische Daten sind im Internet über http://dnb.ddb.de abrufbar.

KOSMOS Postfach 106011
D-70049 Stuttgart
TELEFON +49 (0)711-2191-0
FAX +49 (0)711-2191-422
WEB www.kosmos.de
E-MAIL info@kosmos.de

Gedruckt auf chlorfrei gebleichtem Papier
Unveränderte Sonderausgabe
der 2. überarbeiteten Auflage 2000

ISBN 3-440-09277-1
Lektorat: Rainer Gerstle und Doris Engelhardt
Herstellung: Siegfried Fischer, Stuttgart
Printed in Czech Republic /
Imprimé en République tchèque

Die Blütenpflanzen Mitteleuropas

Vorwort

Auf Exkursionen sind wir immer wieder mit Pflanzenfreunden zusammengetroffen, die Botanik nicht studiert hatten und die beklagten, es gäbe für sie kein umfassendes „Buch" über die mitteleuropäische Flora. Sie wünschten sich ein Werk, das ihnen sowohl Einblick in die Systematik als auch in die Bedingungen des Pflanzenlebens eröffne und sie dennoch nicht mit Daten erschlage und mit Fachausdrücken umneble. Vor allem wollten sie möglichst rasch und mühelos identifizieren können, was da an natürlichen Standorten blüht und wächst. Als wir uns vor mehr als 25 Jahren dazu entschlossen, ein solches Werk zu schreiben, wußten wir wohl, daß dies viel Arbeit bedeute; doch geben wir unumwunden zu, daß wir ihr Ausmaß weit unterschätzt haben. Jetzt legen wir fünf Bände vor, von denen wir hoffen, daß sie den Wünschen der Pflanzenfreunde entsprechen, die keine Fachbotaniker sind, und daß sie andererseits aber auch den Biologen Nutzen bringen.

Im ersten Band versuchen wir im einleitenden Kapitel zu skizzieren, wie Leben auf der Erde entstanden sein kann und wie sich die Lebewesen von der Frühzeit der Erde bis heute entwickelt haben. In dieser vermutlich einheitlichen Entstehung liegt ein Grund, warum wir hoffen dürfen, wir könnten die Fülle des Lebendigen mit einer Hierarchie vergleichbarer, ja identischer Begriffe ordnen.

Eine besondere Bedeutung bei diesen Ordnungskategorien kommt der „Art" zu. Was man unter ihr versteht, was ihr in der Natur entspricht, glaubt man ohne weiteres zu kennen. Doch ist dies keineswegs so eindeutig, wie man zunächst annimmt. Nicht zuletzt liegt das daran, daß sich im Laufe der Zeit die Meinung der Botaniker darüber, was eine „Art" ist, gewandelt hat. Wir versuchen nachzuzeichnen, wie sich unsere heutige Auffassung herausgebildet hat und wo und warum es Schwierigkeiten gibt, den Begriff der „biologischen Art" auf Samenpflanzen anzuwenden. Erklären wollen wir überdies, warum es immer wieder zu Änderungen der wissenschaftlichen Namen kommt und einige der Regeln zitieren, die festlegen, wie Pflanzen benannt werden müssen.

Will man Pflanzen beschreiben, muß man ihre Organe kennen. Deshalb haben wir versucht, sie ganz allgemein zu charakterisieren; außerdem stellen wir Besonderheiten vor, die an einheimischen Pflanzen Beachtung verdienen. Schließlich sind es häufig solche Eigenheiten, die den Umgang mit Pflanzen besonders reizvoll machen.

Zwischen Pflanzenwelt, Klima und Boden besteht ein inniger Zusammenhang. Nicht vergessen darf man, daß jede lokale Flora ihre Geschichte hat. Deswegen haben wir versucht, kurz zu sagen, wie das Klima auf Pflanzen einwirkt, wie Boden geworden ist, inwiefern und in welcher Weise er für Pflanzen von Bedeutung ist. Schließlich wollten wir verständlich machen, wie und warum das Gesicht unserer mitteleuropäischen Pflanzenwelt – was Samenpflanzen anlangt – in der unmittelbaren erdgeschichtlichen Vergangenheit die Züge bekommen hat, die wir heute an ihm bemerken.

Obschon unsere Leser wissen, warum sie sich mit der heimischen Pflanzenwelt beschäftigen, wollten wir doch nicht verschweigen, worin denn der Gewinn für den einzelnen nach unserer Ansicht liegt. Wir glauben nämlich, daß dies auch mit einem Empfinden für Schönheit und mit einer gefühlsmäßigen Bindung zu tun hat. Wir halten beides – neben der Kenntnis dessen, was da wächst und blüht, kriecht und fliegt und neben dem Einbeziehen biologischer Erkenntnisse in allgemeine naturwissenschaftliche Gesetzlichkeiten – für wesentlich, wenn man verstehen und vor allem auf Dauer akzeptieren will, daß die Natur Schutz verdient. Wenn biologische Kenntnis und Einsicht einerseits sowie Liebe zur Natur andererseits diesen Schutz nicht bewirken, dann darf man wohl kaum darauf hoffen, daß dies gesetzliche Verbote und

Strafandrohungen zustande bringen. Mit anderen Worten: Bürokratie allein kann den Schutz der Natur nicht garantieren, wohl aber den Menschen den Zugang zur Natur verstellen und ihnen jede elementare Freude an ihr vergällen.

Wir haben im ersten Band reichlich Gebrauch von Fußnoten gemacht. Mit ihrer Hilfe wollten wir fachsprachliche Bezeichnungen erklären, die nicht ohne weiteres verständlich sind. In sie haben wir zusätzliche Gesichtspunkte verbannt, die getroffene Feststellungen einsichtiger machen können, obschon sie sich in den gedanklichen Zusammenhang nicht nahtlos einfügen. Ebenso haben wir in ihnen Meinungen zu Wort kommen lassen, die wir nicht teilen, die wir indessen auch nicht einfach übergehen wollten. Hinweise auf entsprechende Veröffentlichungen sollen es ermöglichen, daß sich unsere Leser ein eigenes Urteil über umstrittene Themen verschaffen. Da und dort haben wir in den Fußnoten unsere persönliche Ansicht geäußert, vor allem dort, wo wir wissen, daß wir allgemeinen Konsens kaum finden.

Das Literaturverzeichnis soll es unseren Lesern gestatten, sich tiefer in einzelne Fragenkreise einzuarbeiten. Vollständigkeit erstrebt es nicht. Wir haben vor allem Arbeiten zitiert, die wir selber benutzt haben und die - nach unserer Meinung - entweder leicht verstehbar sind oder aber in ihrer Originalität, ihrer Aktualität, ihrer umfassenden Darstellung oder ihrer gescheiten Konzeption Beachtung verdienen. Insofern ist unsere Auswahl subjektiv. Daß es Hunderte anderer gibt, die gleiche Qualitäten aufweisen und die wir nicht zitiert haben, verschweigen wir nicht. Der Leser, der sich in spezielle Fragen einarbeiten will, wird früher oder später ohnedies auf sie stoßen.

Die Bände 2-5 sind nach einheitlichen Kriterien verfaßt worden. Wir nennen in den Pflanzenbeschreibungen in der Regel nur einen deutschen Namen, obschon wir wissen, daß deshalb die eine oder andere Bezeichnung von lokaler Bedeutung unerwähnt bleiben muß. Wo hätten wir die Grenze ziehen sollen, hätten wir uns für die Nennung mehrerer Namen entschieden? Viele ehedem verbreitet gekannten Bezeichnungen für Pflanzen sind in den letzten Jahrzehnten verlorengegangen; andere, die in populären und viel benutzten Bestimmungswerken gebraucht werden, haben sich in den Vordergrund geschoben und weitgehend durchgesetzt. Hier gibt es keine Regeln. Nach reiflicher Überlegung haben wir uns entschlossen, uns mit den deutschen Artnamen an den „Atlas der Farn- und Blütenpflanzen der Bundesrepublik Deutschland" anzulehnen, den HENNING HAEUPLER und PETER SCHÖNFELDER herausgegeben haben. Eine Anregung, daß man so verfahren solle, hat GÜNTER SCHMID ausgesprochen[1]. Wo wir vereinzelt abweichen, tun wir dies nur, um Verwechslungen zu vermeiden und Klarheit zu schaffen. Wo es geboten schien, begründen wir dies jeweils in den Anmerkungen zu den Bänden 2-5.

Bei den wissenschaftlichen Namen der Arten haben wir ebenfalls versucht, zu einer klaren Handhabung zu kommen. Auch hier verzichten wir auf Synonyme. Zwar sind aus den verschiedensten Gründen Taxa[2] in den letzten Jahrzehnten immer wieder anders benannt worden, und bei dem einen oder anderen Taxon ist durchaus strittig, wie es korrekt heißen muß. Wir haben uns - wo immer das möglich war - in der wissenschaftlichen Namengebung an die „Liste der Gefäßpflanzen Mitteleuropas" gehalten, die FRIEDRICH EHRENDORFER federführend zusammengestellt hat. In den wenigen Fällen, in denen wir Arten erwähnt oder beschrieben haben, die in der genannten Liste nicht aufgeführt sind, haben wir uns nach der „Flora Europaea" von THOMAS GASKELL TUTIN et al. gerichtet, und wo uns diese nicht weiterhalf, nach „Zanders Handwörterbuch der Pflanzennamen", das FRITZ ENCKE zusammen mit

[1] SCHMID, G.: Besprechung von HAEUPLER, H./SCHÖNFELDER, P., ed.: „Atlas der Farn- und Blütenpflanzen der Bundesrepublik Deutschland" in: Veröffentl. f. Naturschutz und Landschaftspflege in Bad. Württbg., Band 64/65, S. 624, 1988/89. Der Rezensent bemerkt in seiner Besprechung: (Das Werk enthält) „. . .endlich wissenschaftliche und deutsche Namen, die für verbindlich erklärt werden sollten."

[2] taxis, griech. = Aufstellung, Ordnung. Taxon ist in der Biologie ein abstrakter Ordnungsbegriff. Taxa (Mehrzahl von Taxon) gibt es auf allen Rangstufen des hierarchischen Ordnungssystems (s. S. 133).

anderen Autoren herausgegeben hat. Am Ende des 5. Bandes stellen wir in einer Synonymik die Artnamen zusammen, die in den letzten Jahrzehnten hauptsächlich verwendet worden sind. Dies soll all denen helfen, die sich Namen eingeprägt haben, die heute nicht mehr gebraucht werden.

Die Anordnung der Familien und die Zuordnung der Arten zu ihnen folgt - von wenigen, geringfügigen Abweichungen abgesehen - dem Lehrbuch der Botanik von Strasburger, dessen Teil über Samenpflanzen von Friedrich Ehrendorfer verfaßt worden ist. Seine Gliederung ist nicht nur einsehbar, sondern sicherlich unter Fachleuten weitgehend konsensfähig.

Wer Pflanzen unvoreingenommen betrachtet, sieht als erstes Blütenstand und Blüte. Infolgedessen haben wir - wo immer es ging - diese in unseren „Beschreibungen“ **(Beschreibung)** als erste dargestellt. Dann folgen, wo uns dies sinnvoll schien, Früchte, danach Stengel und Blätter. Mit der Nennung von Blütezeit und Größe schließen wir die Gestaltbeschreibung ab.

Wir haben nie alle Merkmale aufgeführt, mit denen man ein Taxon kennzeichnen kann. Vielmehr haben wir uns bei der Merkmalsauswahl davon leiten lassen, ob Kennzeichnendes leicht zu erkennen ist oder gar auffällt und ob es zum Vergleichen zwischen verwandten Arten notwendig ist. Wo wir Maße nennen, charakterisieren sie Organe in üblichen Größen, nicht aber in seltenen Extremausbildungen. Bei Farben ist es im Prinzip ähnlich. Vor allem bei roten, blauen und violetten Blüten können Individuen gelegentlich abweichende Tönungen zeigen; Vergleichbares gilt für weißliche und gelblich-grüne Blütenfärbung. Der Vollständigkeit halber wollen wir erwähnen, daß Albinos bei manchen Arten ziemlich häufig auftreten. Daher bitten wir die Benutzer, ihr Urteil über die Färbung einer Blüte nicht nur nach einem Exemplar zu treffen, sondern nach Möglichkeit auch andere Exemplare an einem Standort anzusehen, damit Fehler bei der Artbestimmung vermieden werden können. Aber damit sagen wir den Geübten nichts Neues.

Die Bemerkungen über Standort und Verbreitung **(Vorkommen)** sollen zumindest erahnen lassen, welche Ansprüche an Klima und Boden die betreffende Art stellt. Häufig hätte man hierüber noch wesentlich mehr sagen können, oftmals indessen klingt das, was wir anführen, eindeutiger, als es tatsächlich ist. Wir haben uns um vernünftige Nennungen und Aussagen bemüht und hoffen, daß uns dies in den meisten Fällen gelungen ist. Die Angaben zur Verbreitung sind notwendigerweise oft lückenhaft oder kursorisch. Vor allem hinsichtlich der östlichen Teile Mitteleuropas haben wir uns vorwiegend auf Literaturangaben verlassen müssen, weil uns eigene Anschauung aus diesen Gebieten fast vollständig fehlt. Die Nennung der Höhengrenzen in den Alpen bezieht sich nicht auf einmal beobachtete Extremwerte, sondern es handelt sich um Ober- bzw. Untergrenzen, die man häufig antrifft.

Unter **Wissenswertes** haben wir stets an erster Stelle auf die gestalteigentümliche Lebensweise und -dauer („Ein- bzw. Zweijährigkeit“, „Ausdauernd, d. h. als Staude wachsende mehrjährige Pflanze“ oder „Holzpflanze, d. h. Baum oder Strauch“) hingewiesen, und zwar mit den hierfür üblichen Symbolen.

Anschließend finden sich Hinweise auf eine eventuelle Giftigkeit. In diesem Zusammenhang wollen wir deutlich sagen, daß man Pflanzenteile, die man nicht sicher als ungiftig kennt, nicht verzehren oder auf ihnen herumkauen sollte. Selbst bei bekannt ungiftigen Arten muß man daran denken, daß sie durch Unkraut- oder Insektenbekämpfungsmittel mit Giften in Berührung gekommen sein können. Außerdem kann man sich in manchen Gegenden eine tödliche Infektion durch die Eier des Fuchsbandwurms holen, die an Pflanzenteilen haften können. So sehr also Vorsicht geboten ist, so wenig sollte man die Giftigkeit von Pflanzen hysterisch aufbauschen. Vergiftungen durch Pflanzen sind weit seltener als solche, die im Haushalt passieren, und wenn es tatsächlich dazu kommt, so sind sie meist durch rechtzeitiges ärztliches Handeln beherrschbar. Andererseits können abseitige Gewohnheiten Gefahren heraufbeschwören, vor denen zu warnen einem kaum in den Sinn kommt. So schreiben Dietrich Frohne und Hans Jürgen Pfänder: „Daß auch Apfelkerne ein ‚tödliches Gift' sein können, beweist der vielfach in der Literatur zitierte Fall, der an dieser Stelle wiedergegeben sei: ‚A man who enjoyed apple seeds saved a cupful of them, which he proceeded to eat all at once; he died of cyanid poisening. Therefore, do not eat large quantities of apple seeds, but enjoy the rest of the apple'."[1]

Bezüglich der Schutzwürdigkeit verweisen wir darauf, daß im Zweifelsfall Pflanzen weder dem Standort entnommen noch gepflückt werden sollten. Wir haben in der Regel nur solche Arten als „schutzwürdig" gekennzeichnet, für die durch Gesetz oder Verordnung Schutz besteht bzw. die – trotz Unattraktivität – bedroht sein könnten, weil sie aus unterschiedlichen Gründen in Mitteleuropa rar geworden sind, und zwar auch dann, wenn sie formal gesetzlichen Schutz nicht genießen.

Häufig haben wir unter „Wissenswertes" ähnliche Arten aufgeführt, die in Mitteleuropa sehr selten sind, oder die an seinen Grenzen vorkommen bzw. zuweilen bei uns eingeschleppt werden. Bei Kleinarten nennen wir in der Regel weitere Sippen und die Sammelart, zu der sie üblicherweise zusammengefaßt werden. Gelegentlich haben wir Unterarten genannt. Wo es der verfügbare Platz zuließ, haben wir auch sonst Merkenswertes aufgeführt, wie z. B. die Herkunft von Namen, Eigentümlichkeiten bei der Bestäubung oder im Blütenbau oder die Natur von Inhaltsstoffen und ihren möglichen Gebrauch in der Volksmedizin. Vollständigkeit haben wir in diesem Punkt nicht angestrebt, weil es hierfür zum Teil populäre Spezialliteratur (z. B. P. & I. SCHÖNFELDER: Der Kosmos-Heilpflanzenführer, Franckh-Kosmos-Verlag, Stuttgart) gibt, auf die wir Interessenten verweisen.

Wir haben uns gründlich überlegt, ob es nicht besser sei, den Artbeschreibungen Gattungs- oder gar Familien- und Ordnungsdiagnosen voranzustellen, wie dies in den Standardfloren für größere Gebiete üblich geworden ist. Wir hätten dann ein systematisches Gerüst gebaut, auf Wiederholungen verzichten können, möglicherweise Platz gespart oder – für die Nennung von Besonderheiten – Raum gewonnen. Andererseits hätten wir dem Benutzer zugemutet, ein- oder zweimal zurückzublättern, falls er erfahren will, was übergreifend zu den Charakteristika der Pflanzen gehört, über die er sich gerade informieren will. Wir haben uns für den Verzicht auf Gattungs-, Familien- und Ordnungsdiagnosen entschieden und Wiederholungen in Kauf genommen, weil der Benutzer üblicherweise anhand des Schlüssels auf eine Art oder eine Artengruppe stößt und aus den einschlägigen Beschreibungen erfahren möchte, ob seine Bestimmung zutreffen kann. Vergleiche zieht er bei diesem Vorgehen vorwiegend im Schlüssel. Er würde es als lästig empfinden müssen, muteten wir ihm zu, mehrfach zurückzublättern, um die volle Information zu bekommen, die er zur endgültigen Identifizierung braucht. Für unsere Entscheidung sprach weiter das ästhetische Argument einer klareren, weil regelhaften Anordnung und ähnliche Länge der Beschreibungen, die eine schematische Seiten- und Tafelaufteilung ermöglicht. Wir sind uns bewußt, daß unsere Überlegung keine Chance hat, von allen Benutzern akzeptiert zu werden; doch befriedigte es uns, wenn man unsere Beweggründe für die getroffene Entscheidung wenigstens als möglich und sinnvoll anerkennte.

Die Schlüssel, mit deren Hilfe die Arten bestimmt werden sollen, stellen Kennzeichen – wo immer möglich – bildlich dar, beschreiben also nicht nur in Worten und abstrakten Begriffen, worauf es ankommt. Wir stellen zuweilen mehrere Alternativen nebeneinander, um lange

[1] FROHNE, D. und PFÄNDER, H. J.: Giftpflanzen; Wissenschaftliche Verlagsgesellschaft, Stuttgart 1982, S. 190; als Quelle des Zitats wird angegeben: LEWIS, W. H. and M. P. F. ELVIN-LEWIS: Medical Botany – plants affecting man's health; J. Wiley and Sons, New York, London, Sydney, Toronto, 1977.

Das Zitat lautet frei übersetzt: „Ein Mann, der Apfelkerne mochte, sammelte sich eine Tasse voll von ihnen und aß sie dann alle auf einmal; er starb an Zyanid-Vergiftung. Merke: Iß keine großen Mengen von Apfelkernen, sondern genieße den Rest des Apfels." Entsprechendes gilt – nebenbei gesagt – auch für die Kerninhalte anderer Rosengewächse, deren Fruchtfleisch wir als wohlschmeckend schätzen, wie das z. B. bei Birnen und bei *Prunus*-Arten der Fall ist.

und unübersichtliche Frageketten zu vermeiden. Damit – so hoffen wir jedenfalls – wird es unwahrscheinlicher, daß der Bestimmende Irrwege geht und nicht findet, was er sucht.

Dieses Buch lebt von der Qualität der Abbildungen, in denen die beschriebenen Arten wiedergegeben sind. Wir sind Marianne Golte-Bechtle außerordentlich dankbar dafür, daß sie nicht nur den größten Teil der behandelten Pflanzen selbst meisterlich und mit hoher Kunstfertigkeit überwiegend nach lebenden Vorlagen gezeichnet hat, sondern daß sie die gesamte Gestaltung der Tafeln über mehr als zwei Jahrzehnte hindurch vorgenommen und geleitet hat. Zahlreiche Pflanzenporträts hat Reinhild Hofmann geschaffen, und zwar nicht zuletzt von Arten, die äußerlich unattraktiv sind und bei denen das Charakteristische erst durch die genaue Darstellung von Einzelheiten ersichtlich wird. Vielfach war sie dabei auf Herbarmaterial angewiesen, wodurch ihre Arbeit zusätzlich erschwert wurde. Um so dankbarer sind wir ihr, daß sie mit viel Einfühlung und Können die Pflanzen dennoch so lebendig abgebildet hat. Mehrere Zeichnungen haben auch Gerhard Kohnle und Walter Söllner beigesteuert sowie Sigrid Haag, die leider viel zu früh verstorben ist. Auch ihnen gebührt unser aufrichtiger Dank, ebenso Wolfgang Lang, der die Zeichnungen für die Bestimmungsschlüssel treffsicher und mit Sinn für das Wesentliche angefertigt hat.

Bei der Beschaffung von lebenden und von herbarisierten Pflanzen haben wir wirksame Hilfe erfahren. Besonders danken möchten wir Harri Umgelter (†) und Günter Jörg von der Landesanstalt für Pflanzenschutz, Stuttgart, und vor allem Werner Dittrich vom Botanischen Garten Tübingen, der viele Jahre Pflanzen aus Samen gezogen hat. Herbarmaterial stellten zur Verfügung das Staatliche Museum für Naturkunde Stuttgart und die Botanische Staatssammlung München. Oberkonservator Prof. Dr. Siegmund Seybold, Stuttgart, und Oberkonservator Dr. Wolfgang Lippert, München, danken wir sehr herzlich für ihr Entgegenkommen.

Herzlich danken möchten wir auch dem Franckh-Kosmos-Verlag, der unser Werk stets mit Interesse betreut hat. Viele Mitarbeiter im Lektorat Natur und in der Herstellung haben sich bemüht, dem Werk eine gute Ausstattung zu geben und es auf den Markt zu bringen. Namentlich und dankbar wollen wir Rainer Gerstle erwähnen, der immer für uns da war, wenn wir ihn brauchten, und das war nicht eben selten. Ohne die Aufgeschlossenheit von Dr. Jürgen A. Bach, der den Verlag seit 1988 leitet, hätte dieses Werk wohl kaum erscheinen können. Auch ihm danken wir ganz herzlich.

Zuletzt, doch nicht minder herzlich danken wir unseren Frauen, die uns oftmals Rückhalt und nachhaltige Unterstützung gegeben und die am Fortschreiten des Werkes helfenden Anteil genommen haben.

Ehningen/Backnang

Dietmar Aichele
Heinz-Werner Schwegler

Von der Ursuppe zur Samenpflanze

Entstehung von Leben

Am Anfang waren Gas und Staub

Altersbestimmungen, die auf der Messung des Zerfalls radioaktiver Stoffe beruhen, ergeben für die Erde ein Alter von etwa 4,6 Milliarden Jahren. Entsprechende Messungen an Meteoriten liefern vergleichbare Werte. Daraus schließen die Astronomen auf ein Alter des Sonnensystems insgesamt, also der Sonne und der sie umkreisenden Planeten, von ebenfalls rund 4,6 Milliarden Jahren.

Woraus ist dieses System und damit unsere Erde entstanden? Schließlich glauben wir mit guten Gründen, das Weltall sei schon vor rund 15 Milliarden Jahren geboren worden und damit viel älter als unsere Sonne und die Erde, auf der wir leben. Zwar wissen wir über manche Einzelheiten des Vorgangs, in dem Sonne und Planeten sich herausgebildet haben, auch heute noch nicht mit wünschenswerter Genauigkeit Bescheid. Jedoch scheint sicher, daß es vor rund 5 Milliarden Jahren als Vorläufer unseres Sonnensystems einen „Urnebel" gegeben hat. In ihm fanden sich alle auf der Erde natürlich vorkommenden Elemente. Da in leuchtenden Sternen Wasserstoff und Helium die Hauptbestandteile sind, schwerere Elemente nur im Verlauf des Alterns solcher Sterne durch Kernverschmelzung gebildet werden, kann man folgern, daß zumindest ein Teil des „Urnebels" zuvor einem anderen Stern angehört hat. Weil sich auf der Erde weitgehend Elemente vorfinden, die schwerer als Wasserstoff und Helium sind, könnte man etwas flapsig sagen, sie sei aus „recyceltem" kosmischen Material gebaut.

Die Astronomen haben einleuchtend gezeigt, wie sich aus diesem „Urnebel" eine zentrale Sonne herausgebildet hat, die vorwiegend aus Wasserstoff und Helium besteht. Auch kann man erklären, warum nicht alle Planeten stofflich identisch sind. Die Planeten unterscheiden sich überdies in ihrer Größe und in ihrer Oberflächentemperatur von der Erde. Nur auf ihr konnte sich entwickeln, was wir Leben nennen. Wichtig ist für uns, daß es für die Entstehung von Leben einen Anfang gegeben haben muß. „Leben" – auch im weitesten Sinn des Wortes – konnte erst auftreten, nachdem der Planet Erde in etwa heutiger Größe ausgeformt worden war.

Die „lebensfeindliche" junge Erde

Unstreitig haben sich die Planeten und also auch unsere Erde durch Ansammlung von Partikeln aus dem „Urnebel" entwickelt. So klar dies im Prinzip ist, so wenig ist bekannt darüber, in welcher Geschwindigkeit die Verdichtung erfolgt ist. Dies ist für die Entstehung von Leben möglicherweise von Bedeutung. Beim Zusammendrücken erwärmt sich Materie. Jeder kennt dies von der Fahrradpumpe, deren Luftaustrittsloch man mit einem Finger einer Hand zuhält, während man mit der anderen Hand den Kolben in das Rohr stößt und so die Luft im Vorderteil des Rohres komprimiert: Der vordere Teil des Pumpenrohrs erwärmt sich merklich. Ist die Materieansammlung sehr rasch vor sich gegangen, dann war die Erdoberfläche der frühen Erde wesentlich wärmer, als sie es heute ist. Auch wenn der Urnebel sich relativ langsam kondensiert hat, muß es zu einer – wenn auch geringeren – Erwärmung gekommen sein. In beiden Fällen war der feste Mantel der Erde dünner als heute; Vulkanausbrüche waren häufiger.

Ähnliche Folgen wie Vulkanausbrüche haben Einschläge großer Meteore gehabt. Im Zuge der Planetenbildung dürften Materiebrocken unterschiedlicher Größe entstanden sein, die nicht sofort von einem der entstehenden Himmelskörper eingefangen worden waren. Viele „vagabundieren" noch heute durch unser Sonnensy-

Bild 1. Barringer-Krater in Arizona, USA. Der Krater hat 1260 m Durchmesser und ist 173 m tief. Vermutlich vor rund 20 000 Jahren schlug hier ein Eisenbrocken mit einem Durchmesser zwischen 50 und 100 m ein.

stem. Kleinere, die nur wenige Meter Durchmesser haben und die der Erde auf ihrer Bahn recht nahe kommen, wurden erst kürzlich (1991) entdeckt. Die größten von ihnen, die es in der Frühzeit des Planetensystems reichlicher gegeben haben dürfte, hatten wohl etliche Dutzend Kilometer Durchmesser oder sogar noch mehr. Einige solcher „Kleinplaneten" umrunden die Sonne ja noch heute im „Asteroidengürtel". Indessen dürften die meisten von ihnen mit der Zeit auf einen der Planeten oder in die Sonne gestürzt sein. Auf der Erde können große Meteore den Mantel durchschlagen haben (Bild 1). Jedenfalls verdampfte unter ihrem Aufprall Materie. Dieser Dampf und Staub unterschiedlicher Korngröße gelangte in die Atmosphäre.

Vulkane fördern nicht nur Lava und speien nicht nur Asche; sie hauchen auch Gase aus, die Teil der Atmosphäre werden. Berücksichtigt man dies und überlegt sich dann, wie die Atmosphäre der jungen Erde wohl beschaffen war, dann kommt man zu dem zunächst überraschenden Ergebnis, daß sie sich von der heute vorhandenen Atmosphäre grundlegend unterschieden haben muß.

Bestandteile der „Uratmosphäre" waren sicher Wasserdampf (H_2O)[1], daneben Kohlendioxid (CO_2), Kohlenmonoxid (CO), Methan (CH_4), Schwefelwasserstoff (H_2S), Ammoniak (NH_3), Stickstoff (N_2) und Wasserstoff (H_2). In welchen Anteilen diese Stoffe in der Atmosphäre enthalten waren, wissen wir freilich nicht. Freier Sauerstoff (O_2) war höchstwahr-

[1] Das kleinste Teilchen eines chemischen Elements, ein Atom, wird in der Formelsprache mit einem Buchstaben oder einer kurzen Buchstabenfolge gekennzeichnet, die sich aus der wissenschaftlichen Benennung des Elements ableitet. Drückt man in dieser Formelsprache ein zusammengesetztes Teilchen, ein Molekül, aus, dann schreibt man die atomaren Bestandteile hintereinander. Mit „Tiefzahlen", die hinter den Elementkürzeln stehen, gibt man an, wieviel Atome des betreffenden Elements in dem Molekül enthalten sind.

scheinlich nicht vorhanden[1]. Im Wasser der „Urozeane“ befanden sich gelöst Phosphate und Metallionen (= elektrisch geladene Metallatome). Die Stoffe in der Uratmosphäre und in den damaligen Ozeanen kommen infolgedessen als Ausgangsstoffe für die Bildung der Substanzen in Frage, die für Lebewesen charakteristisch sind. Zwischen ihnen muß es zu chemischen Reaktionen gekommen sein. Die Energie, die für solche Reaktionen benötigt wird, konnte aus der UV-Strahlung, aus Funkenentladungen bei Gewittern oder aus noch warmen vulkanischen Laven stammen.

Die Hypothese, daß aus der „Uratmosphäre“ organische Moleküle gebildet worden seien, überprüfte als erster STANLEY MILLER im Jahre 1953. Er schloß unter sterilen Bedingungen ein Gemisch von Methan, Ammoniak, Wasserstoff und Wasserdampf in einen Glasbehälter, durch den er in rascher Folge elektrische Funken schickte (Bild 2). Ein Strom von Wasserdampf sorgte dafür, daß gebildete Moleküle mitgerissen und in Wasser angesammelt wurden. Schon nach rund einer Woche war eine Vielzahl organischer Moleküle entstanden, darunter in nennenswerter Menge die Aminosäuren Glycin und Alanin, die Bausteine von Eiweißen sind. Ähnliche Experimente wurden seither in vielfältig abgewandelter Form durchgeführt. Man hat die Gaszusammensetzung und ihre Konzentration

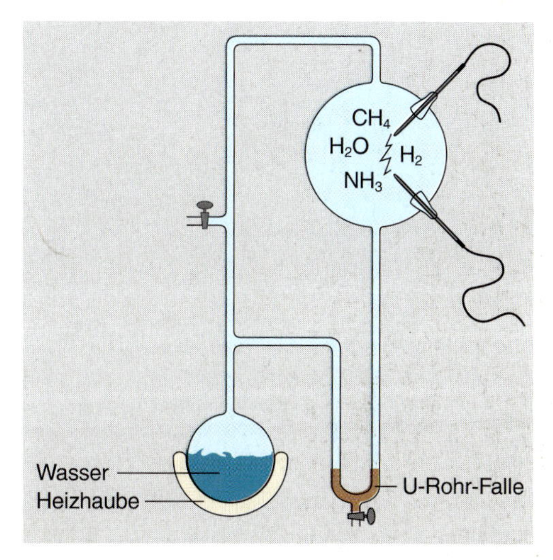

Bild 2. Apparatur zur Synthese organischer Moleküle aus einer künstlichen „Uratmosphäre“, wie sie im Prinzip von STANLEY MILLER benutzt worden ist.

verändert und die Zeit verlängert, in der das Experiment lief; auch hat man den Versuch in der Weise abgewandelt, daß man Gase der Uratmosphäre bzw. solche, die in Vulkanaushauchungen vorhanden sind, unter sterilen Bedingungen über erwärmte, porenreiche mineralische Oberflächen geführt hat. Stets erhielt man organische Moleküle, von denen manche erstaunlich komplex waren. Viele sind darüber hinaus als charakteristische Substanzen in Lebewesen von großer Bedeutung. Neben weiteren Bausteinen für Eiweiße wurden z. B. auch Bausteine für Nukleinsäuren gefunden, außerdem solche für Moleküle, die bei der Energieübertragung in Zellen wichtig sind, und schließlich gab es unter den Produkten noch Moleküle, wie sie in Zellmembranen heutiger Lebewesen eingebaut werden.

Ziel dieser Versuche war es nicht, die Entstehung von Leben „im Reagenzglas“ nachzuvollziehen. Es sollte ausschließlich gezeigt werden, daß unter Bedingungen, wie sie auf der jungen Erde geherrscht haben müssen, Stoffe gebildet worden sind, die wir als kennzeichnend für Lebewesen ansehen[2]. Wann die Erzeugung

[1] Gelegentlich ist die Vermutung geäußert worden, es könne in der Uratmosphäre doch Sauerstoff gegeben haben, und zwar sei er durch die damals intensive Ultraviolettstrahlung („UV“-Strahlung) aus Wasserdampf abgespalten worden. Völlig von der Hand zu weisen ist diese Vermutung nicht. Beweise, daß es Sauerstoff gegeben hat, fehlen indessen. Keinesfalls hätte die Anwesenheit geringer Mengen von Sauerstoff die unten geschilderten Reaktionen schwerwiegend beeinträchtigt oder gar prinzipiell unmöglich gemacht.

[2] Gelegentlich wird gefragt, warum es heute eine derartige Bildung organischer Moleküle nicht gäbe. Es gibt sie sicherlich, nur kann man Moleküle, die auf diese Weise gebildet worden sind, nicht erkennen. Wie soll man es einem organischen Molekül ansehen, ob es dem Kreislauf des Lebens entstammt oder auf die geschilderte Weise neu gebildet worden ist? Mit einer Anhäufung auch nach langen Zeiten kann man naturgemäß ebenfalls nicht rechnen; falls es eine Neubildung organischen Materials gibt, werden die entsprechenden Moleküle genauso durch Lebewesen zersetzt wie die Überreste der Organismen, die zu Tode gekommen sind.

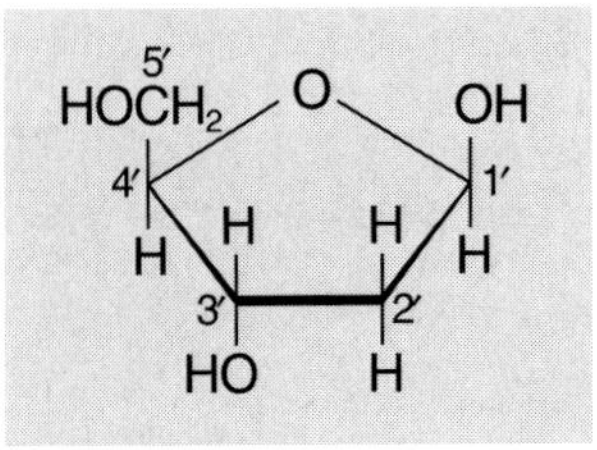

Bild 3. Desoxyribose

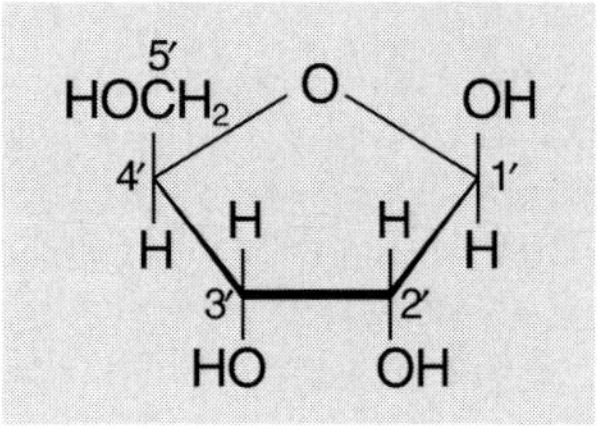

Bild 4. Ribose

organischer Moleküle auf der jungen Erde eingesetzt hat, kann man nicht feststellen. Vermutlich begannen die Reaktionen schon mit der Bildung der „Uratmosphäre“. Wichtiger ist der Zeitpunkt, an dem die Konzentration solcher Moleküle so groß geworden war, daß diejenigen chemischen Verbindungen entstehen konnten, ohne die irdische Lebewesen nicht zu existieren vermögen.

Moleküle, die sich vermehren – sind sie der Stoff, aus dem das „Leben“ besteht?

Ob Mensch oder Maus, Adler oder Maulwurf, Eiche, Löwenzahn, Alge, Bakterium oder Virus: Unter den heutigen Lebewesen kennen wir keines, das nicht Nukleinsäuren und Eiweiße enthielte. Die geschilderten Versuche haben bewiesen, daß Bausteine für beide Stoffgruppen unter den Bedingungen der Uratmosphäre entstehen können, also auch in der Frühzeit der Erde unter den damaligen Gegebenheiten entstanden sein müssen.

Nukleinsäuren[1] kann man in einfachere Verbindungen zerlegen, und zwar in Moleküle der Phosphorsäure, eines Zuckers (entweder Desoxyribose, Bild 3, oder Ribose, Bild 4) und einer organischen Base (entweder Adenin, Cytosin, Guanin oder Thymin, Bild 5). In Ribonukleinsäure kommt anstelle von Thymin die ihm chemisch nahestehende Base Uracil (Bild 6) vor. Nach der Art des Zuckers kann man zwei

[1] Der Name leitet sich von dem lateinischen Wort nucleus = Kern ab. Man hat diese Stoffgruppe so genannt, weil bestimmte Nukleinsäuren im Zellkern vorkommen.

Bild 5. Die vier Basen der DNA.

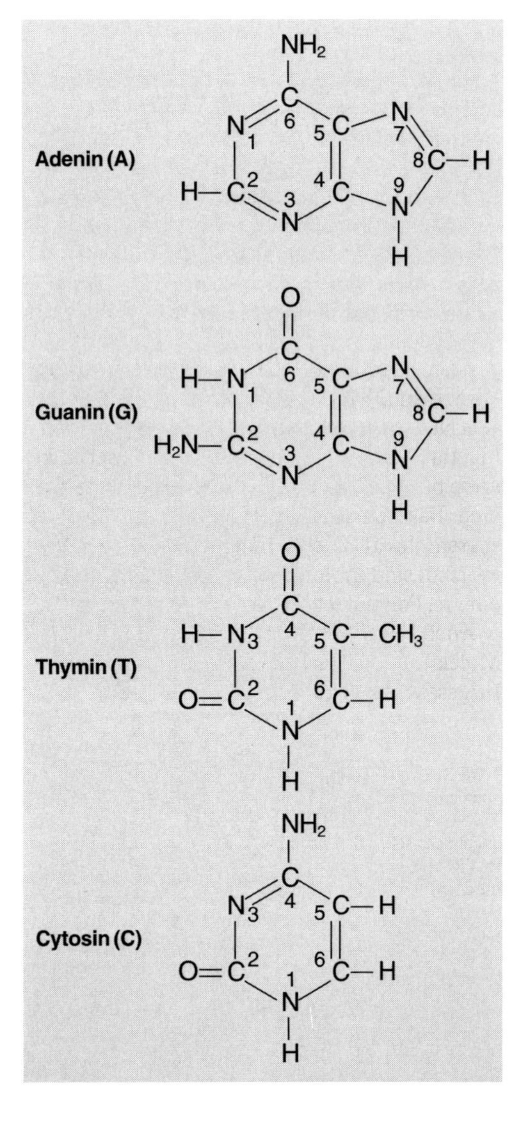

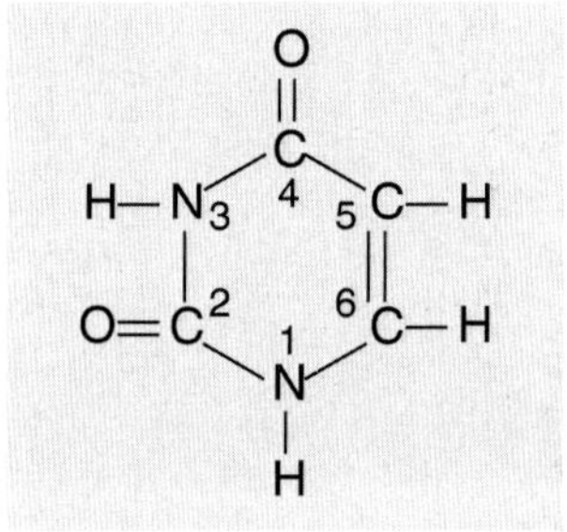

Bild 6 (oben). Uracil. Diese Base kommt in der RNA vor, der - verglichen mit DNA - die Base Thymin fehlt.

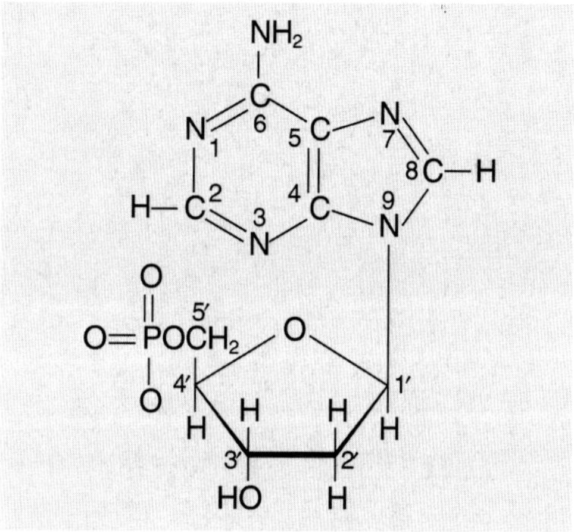

Bild 7 (rechts). Das Mononukleotid Desoxyadenosin-5-phosphat ist einer von vier Bausteinen der DNA.

Gruppen von Nukleinsäuren unterscheiden: solche, die Desoxyribose als Zucker enthalten (Desoxyribonukleinsäuren) und solche, die Ribose enthalten (Ribonukleinsäuren). Diese Bezeichnungen sind umständlich, wenn man sie häufig nennen muß. Daher haben sich Abkürzungen eingebürgert. Desoxyribonukleinsäure kürzt man DNA ab[1], Ribonukleinsäure RNA. Das Nukleinsäuremolekül ist aus vielen einzelnen Bausteinen aufgebaut, die man Mononukleotide nennt. Jedes Mononukleotid besteht aus einer Base, einem Zucker und einem Phosphorsäuremolekül (Bild 7). In jedem Nukleinsäuremolekül sind zahlreiche „Mononukleotide" zu einem „Polynukleotid" verknüpft (Bild 8)[2].

Auch Eiweiße besitzen zusammengesetzte Moleküle. Ihre Bausteine heißen Aminosäuren. Insgesamt sind es 20 verschiedene Aminosäu-

[1] Die Strukturaufklärung der Desoxyribonukleinsäure wurde von dem Amerikaner JAMES WATSON und den Engländern FRANCIS CRICK und MAURICE WILKINS durchgeführt. Im angelsächsischen Schrifttum wurden die Abkürzungen DNA und RNA erstmalig benutzt; sie setzten sich weltweit rasch durch. Spätere Eindeutschungen als DNS und RNS werden international nicht verstanden und deshalb vielfach nicht mehr gebraucht. - „D" steht für „Desoxyribose", „R" für „Ribose"; „N" für „nucleic" (nucleus, lat. = Kern) und „A" für „acid", das englische Wort für Säure.

[2] monos, griech. = eines; poly, griech. = viele.

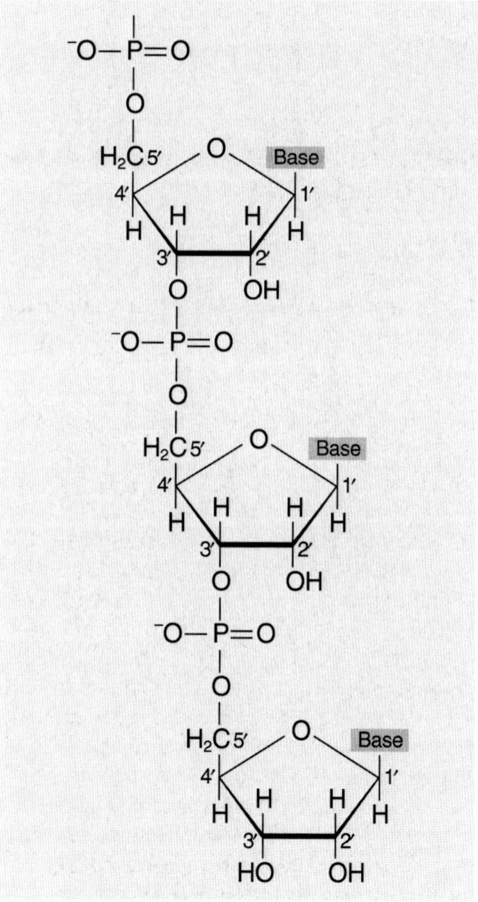

Bild 8. Ausschnitte aus einer RNA-Kette.

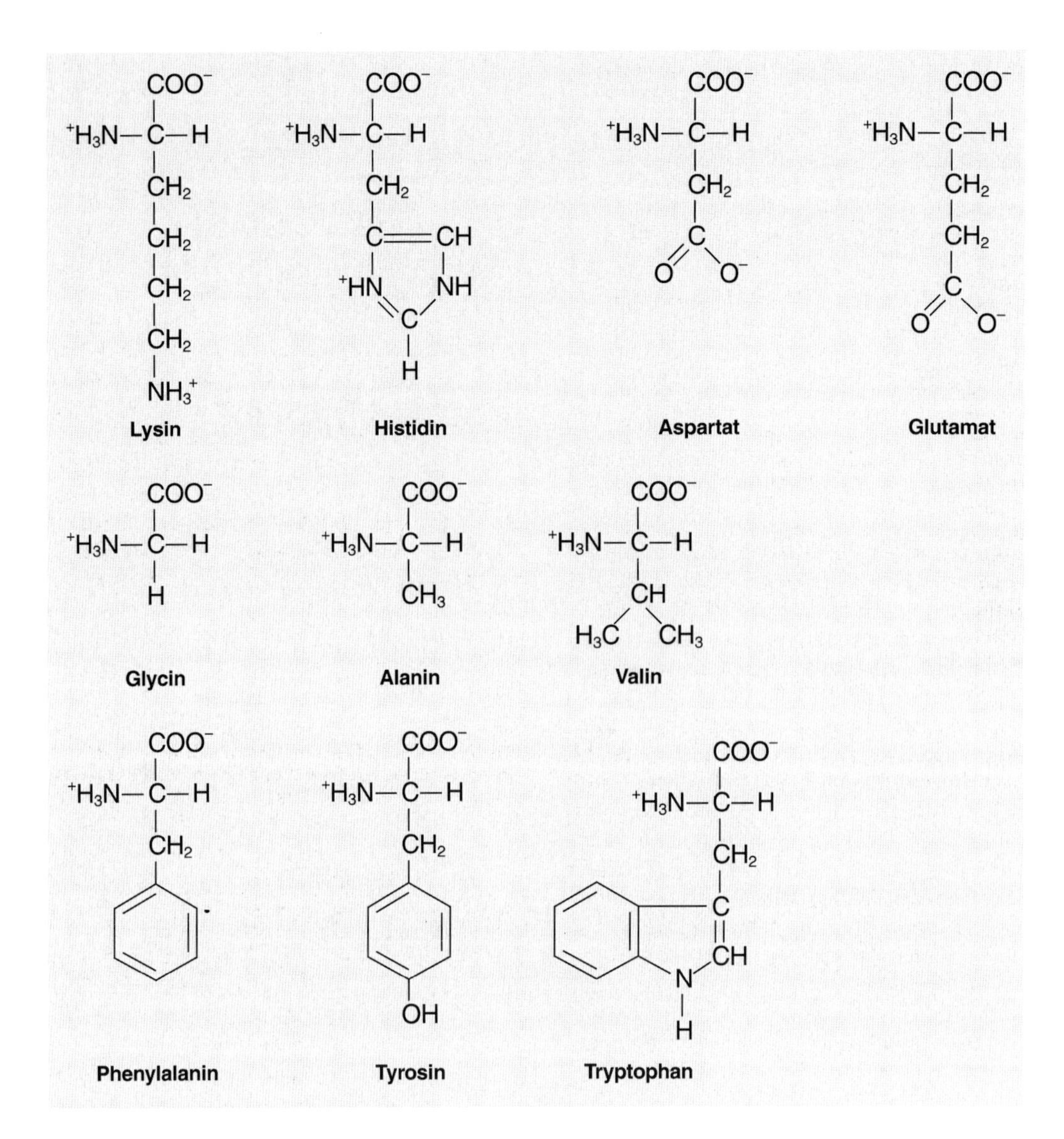

Bild 9. Strukturformeln von zehn Aminosäuren. Einige von ihnen (obere Reihe) besitzen geladene Reste, andere (mittlere und untere Reihe) wirken unterschiedlich stark wasserabweisend.

ren, die beim Bau der Eiweiße verwendet werden (Bild 9 und Tabelle 1). Eiweiße können sehr lange Moleküle besitzen: In kleineren Eiweißmolekülen sind Dutzende von Aminosäuremoleküle miteinander verbunden; in großen Eiweißmolekülen können Hunderte, ja einige tausend Aminosäuremoleküle miteinander verknüpft sein (Bilder 10 und 11). Da es hinsichtlich der Reihenfolge, in der die Aminosäuremoleküle in solchen „Ketten" stehen können, keine einschränkenden Regeln gibt, liegt die Vielfalt denkbarer Eiweiße jenseits allen Vorstellungsvermögens: Die Zahl möglicher Eiweißmoleküle übertrifft selbst die Anzahl der Materieteilchen im gesamten Weltall um ein gigantisches

Aminosäure	Abkürzung	Buchstaben-symbol
Alanin	Ala	A
Arginin	Arg	R
Asparagin	Asn	N
Asparaginsäure	Asp	D
Asparagin oder Asparaginsäure	Asx	B
Cystein	Cys	C
Glutamin	Gln	Q
Glutaminsäure	Glu	E
Glutamin oder Glutaminsäure	Glx	Z
Glycin	Gly	G
Histidin	His	H
Isoleucin	Ile	I
Leucin	Leu	L
Lysin	Lys	K
Methionin	Met	M
Phenylalanin	Phe	F
Prolin	Pro	P
Serin	Ser	S
Threonin	Thr	T
Tryptophan	Trp	W
Tyrosin	Tyr	Y
Valin	Val	V

Tabelle 1: Die Aminosäuren und die für sie gebräuchlichen Abkürzungen. Aus STRYER, Biochemie, Heidelberg 1990.

Vielfaches. Daraus darf man schließen, daß Eiweiße aufgrund ihres Baues in einmaliger Weise geeignet sind, Individualität zu vermitteln.

Was lehren uns heutige Lebewesen über die mögliche Entstehung von „Leben"?

So eindrucksvoll die Entstehung von Molekülen unter den Bedingungen der Uratmosphäre auch sein mag: Diese Moleküle leben nicht! Will man begreifen, welche Voraussetzungen für die Entwicklung von Leben aus einer Molekülansammlung bestanden haben müssen, dann muß man etwas mehr über die Struktur solcher „lebenswichtiger" Moleküle wissen und auch darüber, welche Aufgaben sie bei heutigen Lebewesen erfüllen.

Bild 10. Aminosäuren können enzymatisch miteinander verknüpft werden. Die Bindung, die zwischen ihnen entsteht, nennt man Peptidbindung. Die Bindung läßt sich unter Wassereinbau enzymatisch wieder lösen.

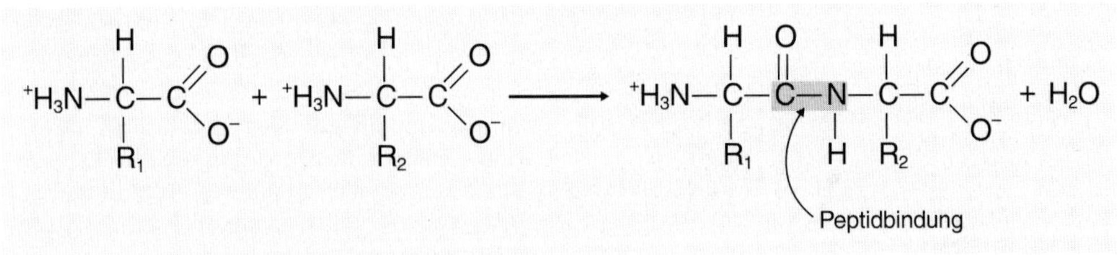

$$^{+}H_3N-CH(R_1)-COO^{-} + {}^{+}H_3N-CH(R_2)-COO^{-} \longrightarrow {}^{+}H_3N-CH(R_1)-CO-NH-CH(R_2)-COO^{-} + H_2O$$

Peptidbindung

Bild 11 (unten). Der Eiweißstoff Insulin, der als Hormon im Zuckerstoffwechsel eine Rolle spielt, ist aus zwei Ketten aufgebaut. Das Schema zeigt am Beispiel des Rinder-Insulins die Abfolge der Aminosäuren in jeder Kette sowie die Verknüpfung der Ketten untereinander.

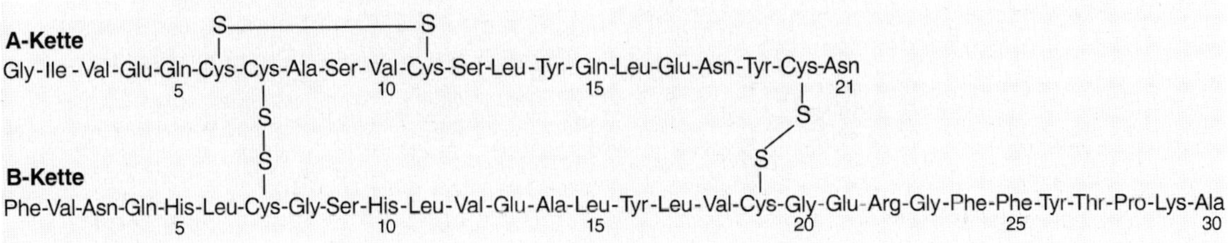

A-Kette

Gly-Ile-Val-Glu-Gln-Cys-Cys-Ala-Ser-Val-Cys-Ser-Leu-Tyr-Gln-Leu-Glu-Asn-Tyr-Cys-Asn

5 10 15 21

S–S S–S S–S

B-Kette

Phe-Val-Asn-Gln-His-Leu-Cys-Gly-Ser-His-Leu-Val-Glu-Ala-Leu-Tyr-Leu-Val-Cys-Gly-Glu-Arg-Gly-Phe-Phe-Tyr-Thr-Pro-Lys-Ala

5 10 15 20 25 30

Nukleinsäuren – DNA und RNA

Gegenüber den Eiweißen erschien die DNA bis weit in unser Jahrhundert hinein als eine eher langweilige Substanz. Ihre vier verschiedenen Mononukleotide erlauben längst nicht die bauliche Vielfalt, die die Eiweiße auszeichnet. Auffallend ist allenfalls die Länge, die DNA-Moleküle haben können. Viele werden einige Mikrometer (µm)[1] lang, manche sogar mehr als einen Millimeter. Die Besonderheit der DNA für die Lebewesen hat man indessen erst verstanden, als man ihre räumliche Struktur erforscht hatte[2]. DNA liegt üblicherweise als „Doppelmolekül" vor, d. h. zwei Moleküle umwinden gegenläufig eine gedachte Achse. Diese „Doppelhelix"[3] gewinnt ihre Stabilität durch eine Besonderheit im Bau der vier Basen. Schon 1950 hatte man erkannt, daß die Basen in der DNA nicht in beliebigen Mengenverhältnissen auftreten konnten. Adenin ist stets in etwa gleicher Menge vorhanden wie Thymin; ebenso verhält sich Cytosin zu Guanin. Die Bedeutung dieser Regel wurde klar, als man die Natur der DNA als Doppelmolekül erkannte: Die Basen erstrecken sich vom gerüstbildenden Außenstrang nach innen zur Achse des Doppelmoleküls, und zwar so, daß sich auf jedem „Stockwerk" der Doppelhelix ein Paar von Basen gegenübersteht (Bild 12). Dies ist möglich, weil Adenin und Thymin ebenso wie Cytosin und Guanin räumlich gut zueinander passen (Bild 13). Noch wichtiger ist, daß sie sich in oberflächlichen Ladun-

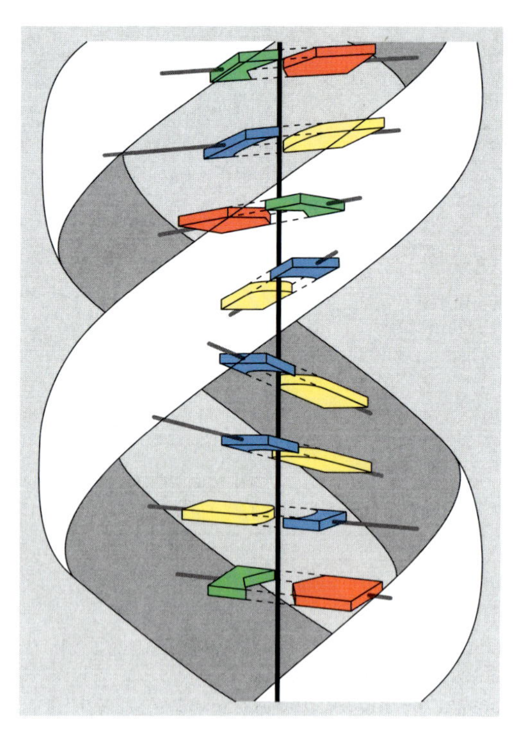

Bild 12. Durch die Basenpaarung im Innern der Doppelhelix erlangt diese eine beträchtliche Stabilität.

[1] 1 µm = 1/1000 mm.
[2] DNA war als Bestandteil der Zellkerne, genauer der in ihnen enthaltenen Chromosomen, schon Anfang des 20. Jahrhunderts ins Blickfeld der Genetiker gerückt. Allerdings konnte erst 1944 durch OSWALD T. AVERY bewiesen werden, daß DNA das stoffliche Prinzip der Erbanlagen sein mußte. Diese Erkenntnis setzte sich erst allmählich durch, schlagartig indessen, als 1953 die Strukturaufklärung durch WATSON, CRICK und WILKINS publiziert worden war.
[3] helix, griech. = Windung; dieses Wort wurde ins Englische übernommen, es bedeutet Spirale.

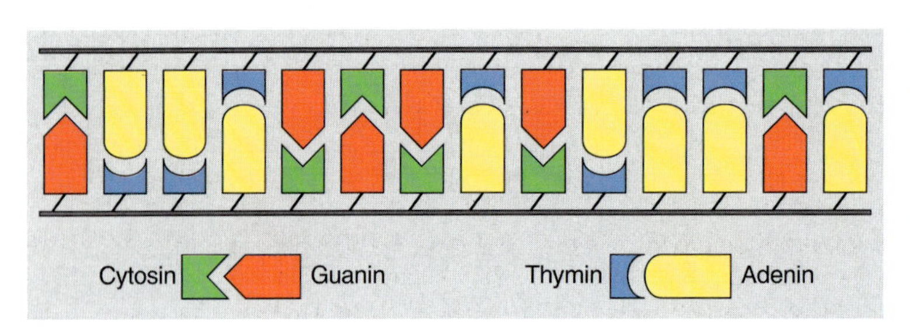

Bild 13. Bau der DNA-Doppelhelix. Die Basen, die sich in den Ketten gegenüberstehen, „paaren" sich, d.h. zwischen ihnen entstehen Wasserstoffbrücken. Eine solche Paarbildung ist nur zwischen Adenin und Thymin sowie zwischen Cytosin und Guanin möglich.

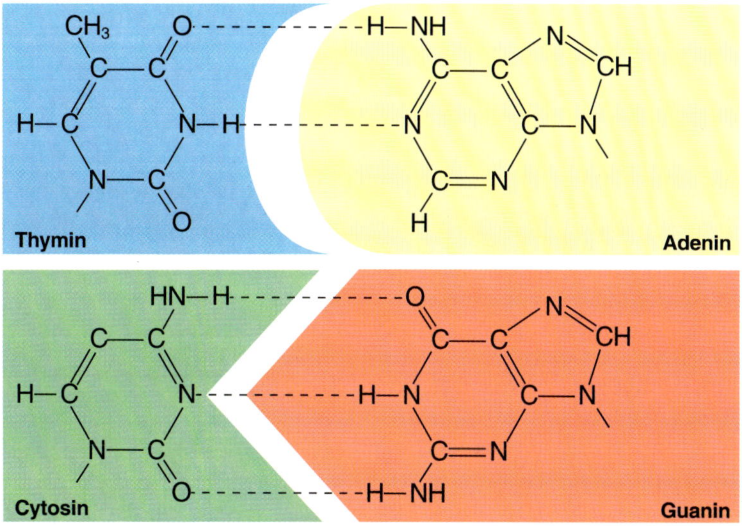

Bild 14. An diesen Stellen können zwischen den Basen der Mononukleotide Wasserstoffbrücken entstehen.

gen gleichermaßen ergänzen: Wo die eine Base eines Paares eine kleine negative Ladung hat, besitzt die andere eine positive. Der Ausgleich erfolgt über Wasserstoffatome, die zwar eindeutig einer der beiden Basen angehören, aber einen kleinen Teil ihrer Bindungsenergie auf die Partnerbase übertragen. Derartige chemische Bindungen nennt man Wasserstoffbrücken (Bild 14). Zwischen den Basen Adenin und Thymin können zwei Wasserstoffbrücken ausgebildet werden, zwischen Cytosin und Guanin drei. Die Wasserstoffbrücken verleihen dem Molekül nicht nur Stabilität. Sie haben eine biologische Bedeutung, die man gar nicht überschätzen kann.

RNA-Moleküle sind im Gegensatz zur DNA Einzelmoleküle. Allerdings können bei einigen „RNA-Sorten“ innerhalb des Moleküls Basenpaarungen durch Schleifenbildung auftreten, wobei die Paarlinge prinzipiell gleich wie in der DNA sind. Adenin paart sich über zwei Wasserstoffbrücken mit Uracil, da Thymin ja nicht vorkommt. RNA-Moleküle sind durchschnittlich erheblich kürzer als DNA-Moleküle. Manche können sogar so klein sein, daß sie sich gelöst im Plasma vorfinden. Andere sind Baumaterial in den Ribosomen, und manche lassen sich nur zeitweise und in unterschiedlicher Länge in den Zellen nachweisen; bei Lebewesen, die einen Zellkern besitzen, findet man sie auch dort.

Eiweiße

Auch Eiweiße liegen als Einzelmoleküle vor. Allerdings haben sie weitere Baueigentümlichkeiten, die man durch die bloße Angabe der Reihenfolge der Aminosäuren nicht erfassen kann. Meint man nur diese, spricht man von der Aminosäuresequenz eines Eiweißes oder von seiner Primärstruktur. Die Sekundärstrukturen, die ein Eiweiß haben kann, beziehen sich auf die räumliche Anordnung von Aminosäuren, die in der Sequenz nahe beieinander liegen. Sie kann spiralig oder eher geknickt sein, wie dies ein erst gefaltetes und danach ausgebreitetes Blatt Papier zeigt. Die Tertiärstruktur von Eiweißen beschreibt die räumliche Anordnung von Aminosäuren, die in der Sequenz weit voneinander entfernt liegen. Die Vielfalt möglicher Anordnungen wird noch weiter dadurch erhöht, daß auch große Eiweißmoleküle mit anderen Eiweißmolekülen verbunden sein können, oder aber mit Nichteiweißmolekülen beziehungsweise mit Metallatomen oder mit Ionen.

Eiweißmoleküle bilden infolgedessen oftmals „Körper" mit äußerst variantenreichen Oberflächen, wobei letztere sich durchaus auch ins Innere eines Moleküls einstülpen können. Überdies können sie an ihren Oberflächen Ladungsmuster aufweisen oder Stellen, an denen sie besonders gut oder besonders schlecht von Wassermolekülen „berührt" werden können. Ähnliches gilt für die Fähigkeit, mit fettähnlichen, wasserabweisenden Molekülen Kontakt aufzunehmen. Als Regel gilt hier, daß die Stellen, an denen sich leicht Wassermoleküle anlagern können, fettähnliche Moleküle abweisen und umgekehrt. Die Oberflächenvielfalt und die mannigfaltigen Ladungs- und Anlagerungsmuster machen Eiweißmoleküle nicht nur zu Baustoffen sehr unterschiedlicher Qualität und Beschaffenheit, sondern auch zu chemischen „Werkzeugen" hoher Spezifität.

„Aus 1 mach 2" – Die Verdoppelung der DNA

Die Genetiker haben schon zu Anfang des 20. Jahrhunderts erkannt, daß man sich Erbanlagen stofflich denken muß. Aufgrund von Vererbungsexperimenten kam man zu dem zwingenden Schluß, die Erbanlagen müßten sich identisch verdoppeln, ohne daß hierbei allzuviele Fehler auftreten. Ein einleuchtender chemisch-physikalischer Mechanismus, nach dem dies geschehen konnte, blieb unbekannt, bis die Strukturaufklärung der DNA gelungen war. An der Doppelhelix springt die Möglichkeit zur identischen Verdoppelung geradezu ins Auge. Wenn sich die Einzelmoleküle der Doppelspirale wie die Zahnketten eines Reißverschlusses[1] öffnen, dann können sich an jedes der „Halbmoleküle" zwanglos nur Mononukleotide anlagern, die die jeweils ergänzende Base besitzen (s. Seite 20). Jedes der Halbmoleküle erneuert so den Halbstrang, von dem es getrennt worden war, mit der Folge, daß auf diese Weise zwei Moleküle entstehen, die mit dem Ausgangsmolekül identisch sind (Bild 15). Bei den heutigen Lebewesen gibt es hierfür alle notwendigen Voraussetzungen in ihren Zellen: Mononukleotide als notwendige Bausteine sind in den Bereichen der Zellen, in denen die Verdoppelung abläuft, in der Regel in reichlicher Menge vorhanden. Eiweiße dienen als „Werkzeuge" zum Öffnen der Doppelhelix, zum Anfügen der richtigen Mononukleotide und zu ihrer Verkettung zu einer „Einfachhelix", durch die der jeweilige „Musterstrang" zu einer Doppelhelix ergänzt wird. Eiweißmoleküle mit derartigen „katalytischen" Eigenschaften nennt man Enzyme[2]. Die DNA-Verdoppelung ist heutzutage so gut verstanden, daß sie routinemäßig im Labor durchgeführt wird. Ihre Beherrschung ist einer der Grundpfeiler, auf denen die Gentechnologie beruht.

Informationsspeicher DNA – Der „Basentrick"

Erbanlagen prägen letztlich „Merkmale", die ihrerseits Ausdruck einer Gestaltung durch Lebensabläufe darstellen. Physikalische Zustandsänderungen und chemische Prozesse in den Lebewesen lassen sich prinzipiell mit Hilfe der Gesetzmäßigkeiten von Physik und Chemie beschreiben, die wir als gültig aus der unbelebten Welt kennen. Nichts spricht dafür, daß für Vorgänge in Lebewesen besondere Regeln existieren oder daß es eine besondere „Lebens"- oder „Gestaltungskraft" gäbe. Chemische Reaktionen in den Zellen werden durch Enzyme gesteuert, die entweder Eiweiße sind oder in denen Eiweiße eine entscheidende

[1] Dieses Bild beschreibt das Prinzip sehr anschaulich, vereinfacht indessen den wirklichen Ablauf fast zu stark.

[2] Katalysis, griech. = Auflösung. Der Name verweist auf die zunächst erkannte Eigenschaft vieler „Katalysatoren", chemische Verbindungen in ihre Bestandteile zu trennen. Heute verstehen wir unter Katalysatoren alle Stoffe, die eine an sich mögliche chemische Reaktion unter den gegebenen Bedingungen herbeiführen oder in ihrem Verlauf beeinflussen, ohne dabei selbst bleibend verändert zu werden. „Enzym" kommt von „zyme", dem griechischen Wort für Hefe. Enzyme nennt man die Katalysatoren, die in Lebewesen gebildet und verwendet werden. Sie sind entweder Eiweiße bzw. Eiweißverbindungen, oder sie enthalten Eiweißmoleküle.

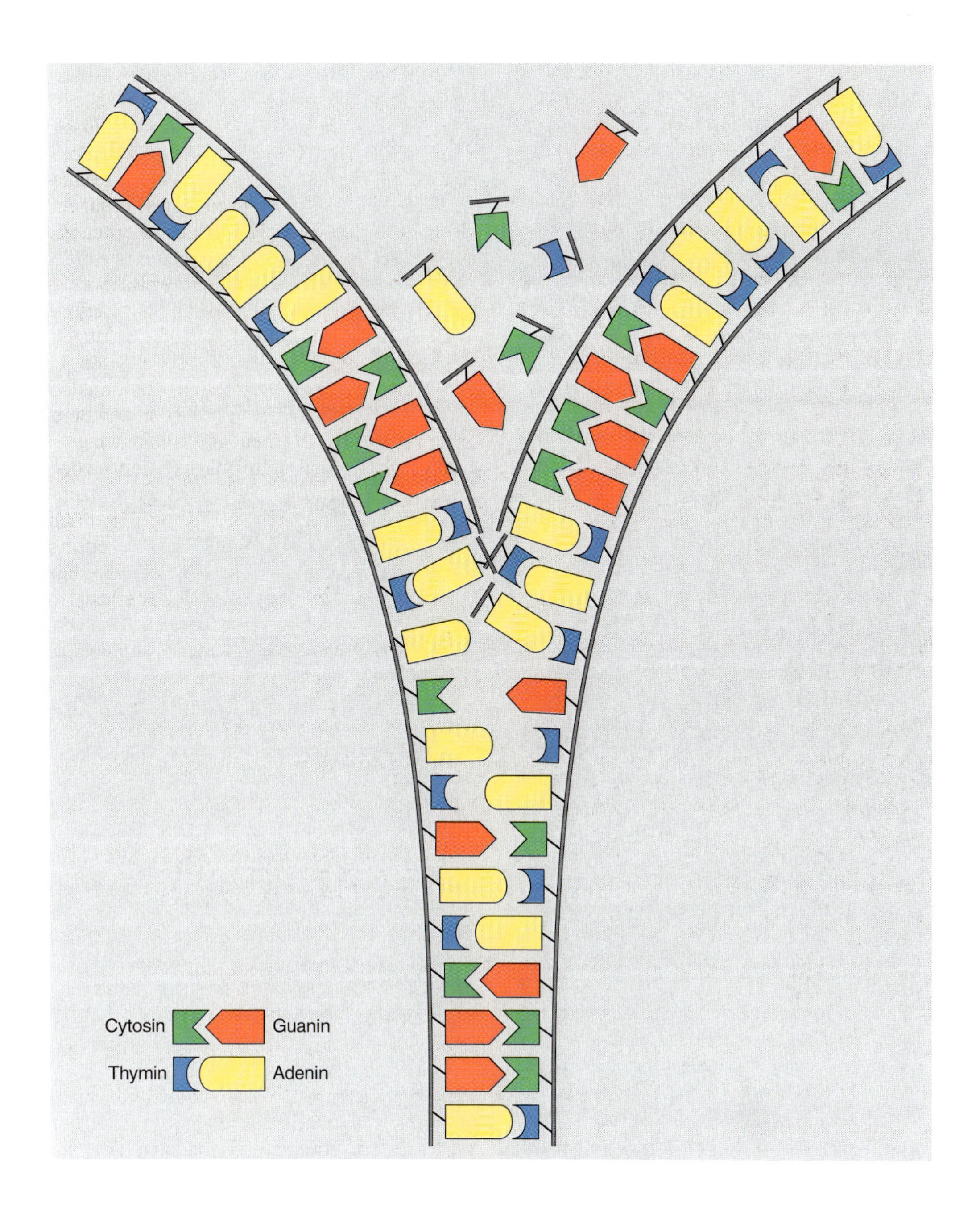

Bild 15. Die Verdoppelung der DNA-Doppelhelix erfolgt nach dem Reißverschlußmodell. Die Vorgänge, die hierbei ablaufen, sind indessen komplizierter, als es das Modell nahelegt.

Komponente darstellen. Diese verwickelt konstruierten Moleküle müssen in den Zellen infolgedessen zum richtigen Zeitpunkt fehlerlos gebaut vorliegen. Dazu braucht man einen Bauplan. Um 1940 vermutete man erstmals, der Bauplan für Enzyme stecke in den Erbanlagen, weil man beobachtet hatte, daß Enzyme gar nicht mehr oder nicht mehr funktionstüchtig gebildet werden, wenn Erbanlagen verändert worden waren. Allerdings wußte man damals noch nicht, woraus Erbanlagen stofflich bestehen und in welcher Weise sie einen Bauplan darstellen, also Information speichern. Darauf kam man erst einige Zeit nach der Entdeckung der DNA-Doppelhelix in zunächst mühsamen, aber in ihren Ergebnissen überzeugenden Experimenten.

Das Prinzip, wie die DNA Information speichert, läßt sich gut am Beispiel des Morsealphabets erklären. Mit seinen drei „Zeichen“: Punkt, Strich und Zwischenraum kann man prinzipiell alles ausdrücken, was sich aufschreiben läßt, auch wenn man dazu im Deutschen 29 Buchstaben braucht. Allerdings muß man im Morsealphabet für einen Buchstaben meist mehrere Zeichen verwenden; den Zwischenraum braucht man zur Buchstabentrennung. Erinnern wir uns: Es gibt 20 Eiweißbausteine, jedoch nur vier verschiedene Mononukleotide = vier verschiedene Zeichen stehen zur Verfügung. Will man alle Aminosäuren eindeutig kennzeichnen, genügen hierfür selbst Zweierkombinationen von Mononukleotiden nicht; denn mit ihnen kann man insgesamt nur 16 Kombinationen bilden. Eine Dreierkombination von Mononukleotiden, die hintereinander im DNA-Strang stehen, würde indessen mit ihren 64 Kombinationsmöglichkeiten ausreichen, um alle in Eiweißen vorkommenden Aminosäuren eindeutig auszudrücken.

Heute kennen wir das „Morsealphabet des Lebens“ in allen Einzelheiten. Die Dreiergruppen, die eine Aminosäure bestimmen, nennen wir ein „Triplett“ oder „Codogen“[1], das Verzeichnis aller Tripletts den „Genetischen Code“[2]. Mit seiner Hilfe läßt sich der Bauplan jedes noch so komplizierten Eiweißmoleküls eindeutig festlegen. In seiner Sprache wird in den Lebewesen die Primärstruktur der Eiweiße beschrieben. Die Primärstruktur ist die Grundlage für die Bildung der höheren Strukturen, für deren Zustandekommen allerdings auch das umgebende chemische Milieu von Bedeutung ist. Die Information zum Eiweißbau enthält also nur jeweils einen Strang des DNA-Doppelmoleküls; für ihn hat sich die Bezeichnung „sense-Strang“[3] eingebürgert.

Bedeutsam ist nicht nur, daß es den Genetischen Code überhaupt gibt. Erstaunlich ist vor allem, daß er – soweit wir dies heute wissen – praktisch universell ist. Er gilt – mit denselben Zeichen – ebenso beim Menschen wie in einem Bakterium, in einer Maus wie in einer Kastanie, in einem Löwenzahn, in einer Eiche und sogar in Viren.

„Ein Molekül für alle Fälle" – RNA als Mittler zwischen DNA und Eiweißen

Praktisch universell ist nicht nur der Code, sondern auch die „Technik“, mit deren Hilfe die Sprache der DNA in den Bau der Eiweiße übersetzt wird. Der sense-Strang dient nicht unmittelbar als Bauvorlage. Er wird erst umgeschrieben, und zwar werden an ihn RNA-Mononukleotide „ergänzend“ angelagert und enzymatisch untereinander zu einem langen RNA-Molekül verbunden. In diesem Strang steckt die Information des umgeschriebenen Abschnitts des sense-Stranges, und zwar gewissermaßen in „Spiegelschrift“. Die Dreiergruppe von RNA-Nukleotiden, die komplementär zu einem Triplett, d.h. zu einem Codogen ist, die also in der RNA-Sprache eine Kenngruppe für eine Aminosäure darstellt, nennt man ein „Codon“

[1] Von lat. codex = caudex = Verzeichnis. Das auch im Deutschen als technischer Ausdruck verwendete Wort „Code“ entstammt derselben Wurzel. „gen“, griech. = hervorbringend; an einem „Codogen“ wird ein „Codon“ abgelesen. Über „Codons“ siehe „Ein Molekül für alle Fälle“, oben.

[2] In der Regel gibt man den genetischen Code indessen nicht in der „DNA-Sprache“ an, sondern in der zu ihr komplementären „Sprache“ der RNA (einziger Unterschied: U statt T). Im Verzeichnis des Genetischen Codes stehen infolgedessen die „Codons“. Über sie informiert das folgende Kapitel.

[3] sense, engl. = Sinn.

Bild 16. Tabelle der Codons im Genetischen Code. Den Dreierkombinationen der mRNA sind die Aminosäuren zugeordnet, die durch die Codons gemeint werden. Drei der Codons sind Stoppsignale, durch die der Einbau von Aminosäuren in Eiweißmoleküle beendet wird (nach SUZUKI).

erster Buchstabe	zweiter Buchstabe: U	C	A	G	dritter Buchstabe
U	UUU *Phe*	UCU *Ser*	UAU *Tyr*	UGU *Cys*	U
	UUC	UCC	UAC	UGC	C
	UUA *Leu*	UCA	UAA *Stop*	UGA *Stop*	A
	UUG	UCG	UAG *Stop*	UGG *Trp*	G
C	CUU *Leu*	CCU *Pro*	CAU *His*	CGU *Arg*	U
	CUC	CCC	CAC	CGC	C
	CUA	CCA	CAA *Gln*	CGA	A
	CUG	CCG	CAG	CGG	G
A	AUU *Ile*	ACU *Thr*	AAU *Asn*	AGU *Ser*	U
	AUC	ACC	AAC	AGC	C
	AUA	ACA	AAA *Lys*	AGA *Arg*	A
	AUG *Met*	ACG	AAG	AGG	G
G	GUU *Val*	GCU *Ala*	GAU *Asp*	GGU *Gly*	U
	GUC	GCC	GAC	GGC	C
	GUA	GCA	GAA *Glu*	GGA	A
	GUG	GCG	GAG	GGG	G

(Bild 16). Will man etwas anschaulicher sein, kann man statt von Information auch von „Botschaft“ sprechen und dann das Molekül, das die Information zum Bau eines Eiweißmoleküls enthält, „Botschafter-RNA“ nennen. So verfährt man in der Tat; allerdings verwendet man die englische Bezeichnung für Botschafter, nämlich „messenger“. In der üblich gewordenen Kurzsprache sagt man einfach „mRNA“.

Bild 17. Bei der Eiweißsynthese können sich an die mRNA, die von den Ribosomen „präsentiert“ wird, nur solche aminosäurebeladenen tRNA-Moleküle anlagern, deren Anticodon auf das präsentierte Codon paßt. Nach SUZUKI, verändert.

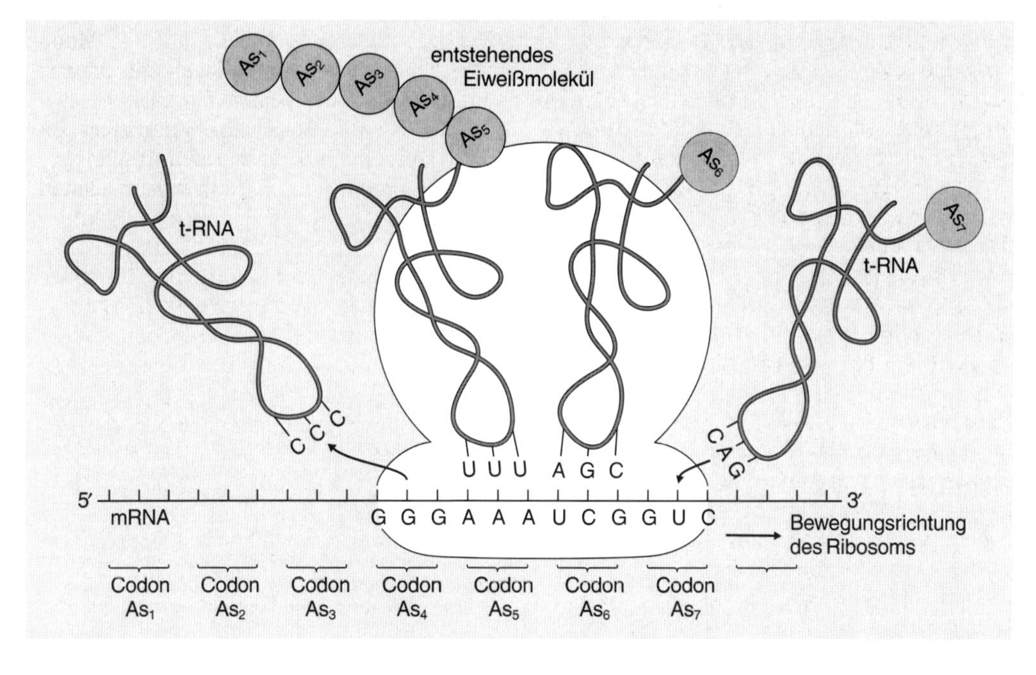

mRNA-Moleküle transportieren die Bauanleitung für Eiweiße an die Orte, an denen Eiweiße synthetisiert werden. Diese sind - vor allem bei Lebewesen mit echtem Zellkern - von den DNA-Molekülen, die den originalen Informationsspeicher darstellen, räumlich getrennt. Die Synthese erfolgt an einem Membrangerüst innerhalb der Zelle, an dem sich zahlreiche Organellen[1], die Ribosomen[2], befinden. Die mRNA-Moleküle lagern sich an Ribosomen an. Die in ihnen enthaltene Bauanleitung für Eiweiße wird dadurch „lesbar". Dies bedeutet, daß Aminosäuren in der Abfolge der Codons angelagert werden können. Damit hierbei Fehler vermieden werden, benutzen die Lebewesen bestimmte Transportmoleküle für die einzelnen Aminosäuren, die ebenfalls RNA-Moleküle sind. Diese „Transfer-RNA-Moleküle" (tRNA-Moleküle) sind dank innermolekularer Schleifenbildung ziemlich kompakt, ohnedies relativ kurzkettig und daher in der wäßrigen Phase des Plasmas löslich. Sie besitzen außen an einer ihrer Schleifen je ein „Anticodon". Enzymatisch kann an ein solches tRNA-Molekül nur die Aminosäure gebunden werden, die durch das vorhandene Anticodon gemeint wird. An die von den Ribosomen „präsentierte" mRNA können sich nur solche aminosäurebeladenen tRNA-Moleküle anlagern, deren Anticodon auf das präsentierte Codon paßt (Bild 22). Dadurch werden „Übersetzungsfehler" im Prinzip ausgeschlossen.

Zugegebenermaßen: diese Art der Eiweißsynthese ist kompliziert, wenn auch hochgradig plangetreu. Für unsere Überlegungen ist in der Tat die Komplexität bemerkenswert, allerdings auch die Frage: Wie konnte ein derart verwikkelter Synthesevorgang in der Entwicklung zum Leben überhaupt entstehen?

[1] Eine Organelle ist eine Funktionseinheit der Zelle, gewissermaßen ein „Organ" der Zelle. Der Begriff „Organ" ist indessen auf Funktionseinheiten aus verschiedenen Geweben, die durch jeweils andersartige Zellen charakterisiert sind, festgelegt, kann also auf Funktionseinheiten in Zellen nicht angewendet werden.

[2] soma, griech. = Körper; Ribosomen sind kleine Körper, die aus einer besonderen Art von RNA (ribosomale RNA = rRNA) und aus Eiweißen bestehen.

Der Selbstvermehrungszyklus

In der Frühzeit der Erde müssen sich die organischen Moleküle, die durch elektrische Entladungen in der Atmosphäre oder katalytisch an Oberflächen gebildet worden waren, letztlich in den Gewässern, also vor allem in den „Urozeanen", angesammelt haben. In welcher Konzentration sie sich dort vorfanden, wissen wir nicht. Sicher war die Konzentration nicht überall gleich, so wie auch heute die Konzentration der Salze im Meerwasser nicht an allen Stellen gleich ist. Wo Süßwasser in ein Randmeer mit schmalem Zugang zum Weltmeer einströmt, ist häufig die Konzentration niedriger als sie es im Durchschnitt ist. So verhält es sich z.B. mit der Salzkonzentration in der Ostsee. Sehr hoch indessen kann die Konzentration von Salz in nahezu abgeschlossenen Buchten eines Meeres werden, wenn im dortigen Klima die Verdunstung im Jahresdurchschnitt den Niederschlag weit überwiegt. Derartige Verhältnisse findet man in Buchten am Roten Meer. Bezüglich der organischen Moleküle dürfte es Orte ähnlich unterschiedlicher Konzentration auch in den Urozeanen gegeben haben.

Jenseits einer Grenzkonzentration dürften sich aus den kleinen „Baustoffmolekülen" auch kompliziertere Großmoleküle, wie es die Eiweiße oder die Nukleinsäuren sind, gebildet haben. Es ist eine zunächst befremdliche Vorstellung, wenn man sich klarmacht, daß Nukleinsäuremoleküle unter solchen Bedingungen um Baustoffmoleküle konkurrieren. Das Molekül, bei dem die Synthese besonders leicht zustande kommt, wird mit einer höheren Wahrscheinlichkeit gebildet als jenes, bei dem die Synthese langsamer vonstatten geht. Die Tragweite dieses Gedankens kommt erst zum Vorschein, macht man sich klar, daß Nukleinsäuremoleküle letztlich zur Selbstvermehrung fähig sind. Schließlich kann an ihnen eine „ergänzende Negativkopie" gebildet werden, aus deren „Negativkopie" wiederum ein Duplikat des Originals entsteht. Dieser Vorgang kann sich beliebig wiederholen. Freilich darf man sich die Synthesegeschwindigkeit nicht hoch vorstellen. Sie wurde schlagartig erhöht, als Werkzeuge entstanden, Eiweiße, Enzyme, deren Bau in irgendeiner Weise in der Nukleinsäure codiert war. Es war ein Doppelsystem entstanden, dessen Teile sich gegenseitig bedingten. Das eine enthielt die Information zum Bau des anderen, und dieses wiederum beschleunigte die Synthese des eigenen Bauplans[1].

Denken wir uns in die Rolle eines Raumfahrers in einem Science-fiction-Roman, der auf einem fernen Planeten ein System aus zwei Molekülsorten vorfände, von denen eine die Information zum Bau der anderen in sich trüge, und dieses Molekül beschleunigte die Synthese des Bauplanmoleküls: wir würden wahrscheinlich ein solches System eines reproduktiven Zyklus „lebendig" nennen. Es wäre mit den Lebewesen, die wir auf unserer Erde heutzutage vorfinden, nicht vergleichbar und unendlich primitiver. Aber es wäre stabil und es vermehrte sich. Es würde sich um so eher erzeugen – ausreichenden Vorrat an Baustoffen vorausgesetzt –, je höher die Konzentration sowohl der Planmoleküle als auch der „Werkzeugmoleküle" im Milieu wäre. Der Kampf um die Baustoffe für beide Molekülsorten des Systems wäre gegen all die Mitkonkurrenten gewonnen, die die entscheidende Erfindung nicht gemacht hätten.

Zugegebenermaßen ist die Entstehung eines derartig rückgekoppelten Synthesesystems „unwahrscheinlich". Es hat sich gewiß nicht an all den Stellen, an denen die stofflichen Voraussetzungen dazu bestanden, zu allen Zeiten gebildet. Solche Stellen hat es aber sicherlich über viele, ja über Hunderte Millionen von Jahren an Millionen von „Orten" gegeben. Wir wissen nicht, wie oft Systeme aufgetreten sind, die solchermaßen in sich rückgekoppelt waren. Vielleicht waren es Hunderte oder Tausende. Sie sind alle untergegangen; denn die Tatsache, daß der Genetische Code und die Synthese von Eiweißen in den heutigen Lebewesen prinzipiell universell sind, sprechen dafür, daß die Lebewesen auf der Erde alle dieselbe Wurzel haben, die ähnlich primitiv war wie die oben geschilderte.

Wir können nicht sicher angeben, wann es zur Bildung des Systems gekommen ist, das am Ursprung allen heutigen Lebens stand. Vielleicht war dies vor 4 Milliarden Jahren der Fall, vielleicht auch 100 oder 200 Millionen Jahre früher oder später. Viel weniger als 3,8 Milliarden dürften nicht verstrichen sein, seit sich der DNA-Eiweiß-Zyklus durchgesetzt hat. So erfolgreich die Erfindung von Molekülen war, die die Information zum eigenen Nachbau gleichermaßen in sich tragen wie auch die Anweisung zur Herstellung der Werkzeuge, die diesen Nachbau beschleunigen: bis zu „richtigen" Lebewesen ist es von einem solchen Zyklus aus noch weit[2]!

[1] In den letzten Jahren ist es immer wahrscheinlicher geworden, daß RNA-Moleküle in den ersten Phasen der Lebensentwicklung die tragende Rolle gespielt haben könnten. Das hängt nicht zuletzt damit zusammen, daß sie nicht nur Information speichern können, sondern daß einige von ihnen ähnlich wie Enzyme auch als Katalysator für chemische Reaktionen zu wirken vermögen. Die Problematik ist dargestellt in: GESTELAND, R.F. & J.F. ATKINS (ed.): The RNA World, Cold Spring Harbor Laboratory Press, 1993. Das umfängliche Buch enthält Beiträge vieler führender Spezialisten; allerdings ist es für Nichtfachleute schwer verständlich.

[2] Wenngleich nach unserer Kenntnis auf der Erde ausschließlich Lebewesen existieren, die Nukleinsäuren als Informationsspeicher benutzen, so kann man doch nicht ausschließen, daß auch andere Moleküle hätten hierfür in Frage kommen können. LAURENCE D. HURST und RICHARD DAWKINS geben unter der Überschrift „Life in a test tube", Nature, Vol. 357, S. 198, 1992 eine Übersicht über das Problem. Sie verweisen auch auf Literatur, in der Experimente mit Speichersystemen beschrieben werden, die keine Nukleinsäuren sind.

„Die Augen auf der Ursuppe" – Lipide zur Abgrenzung

Da es Konkurrenz um Baustoffe gab, mußte es einen Vorteil bedeuten, wenn ein System eine Abgrenzung gegen andere Systeme „erfand" oder eine Struktur ausnutzte, die als solche dienen konnte. Eine solche Abgrenzung sollte möglichst konkurrierende Systeme von den eigenen Baustoffvorräten fernhalten, andererseits aber all die Stoffe durchlassen, die das eigene System braucht. Dies ist eine Forderung, die fast unerfüllbar erscheint. Dennoch gibt es organische Moleküle, die unter den Bedingungen der frühen Erde gebildet werden konnten und die als „Zaun“ um selbstreproduzierende Systeme sehr geeignet sind. Es handelt sich um Moleküle aus der Stoffgruppe der Lipide, der fettähnlichen Verbindungen.

Damit wir ihre besonderen Eigenschaften begreifen können, gehen wir von den Verhältnissen aus, die wir bei heutigen Lebewesen vorfinden oder die wir im Labor benutzen. Der Hauptbestandteil in den Zellen der Lebewesen ist Wasser. Chemisch ist Wasser (H_2O) auf den ersten Blick eine einfache Verbindung. Betrachtet man indessen die Ladungsverteilung an

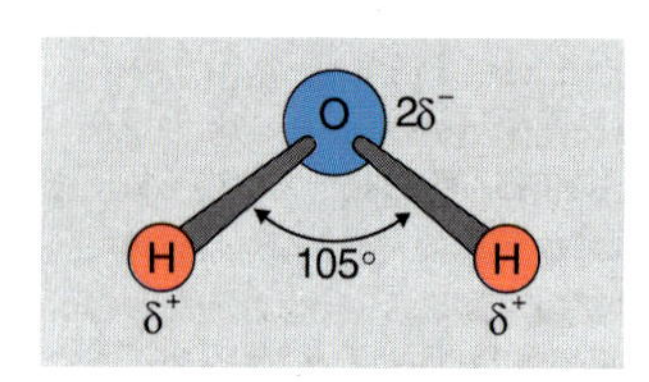

Bild 18. Schema, das den Bau eines Wassermoleküls und die Ladungsverteilung in ihm veranschaulicht.

einem Wassermolekül, dann kann man messen, daß es einen positiv geladenen „Pol“ und einen negativ geladenen „Pol“ gibt (Bild 18). Folgerichtig nennt man Moleküle, bei denen derartiges vorkommt, Dipolmoleküle. Aus der Dipolnatur der Wassermoleküle erklären sich einige Eigenschaften des Wassers, die uns allen irgend-

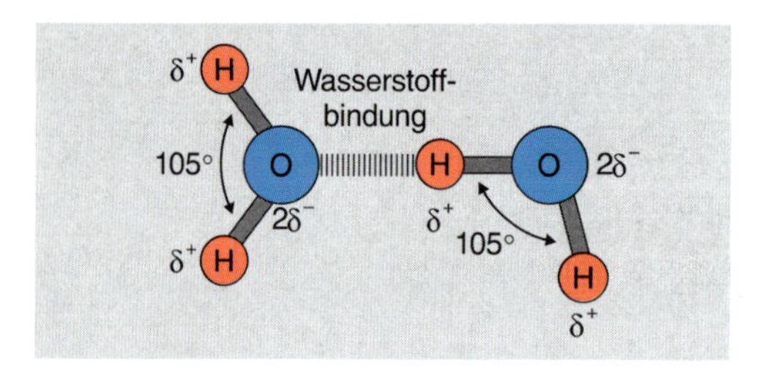

Bild 19. Wassermoleküle können dank der unterschiedlichen Ladung zwischen sich Wasserstoffbrücken ausbilden.

wann aufgefallen sein dürften. So hängen die Moleküle einer Wasseroberfläche wegen ihrer Ladung alle über entgegengesetzte Pole aneinander (Bild 19). Sie bilden gewissermaßen ein Häutchen. Dank dieses Häutchens schwimmt etwa eine stählerne Rasierklinge auf Wasser, wenn man sie vorsichtig mit der Breitseite auflegt, obschon sie dank ihres spezifischen Gewichts versinken müßte.

Das Problem bei der Abgrenzung selbstreproduzierender, rückgekoppelter Systeme lautet infolgedessen: Wie grenzt man Wasser von Wasser ab? Lipide - welcher Art auch immer - besitzen Moleküle, die an einem Ende elektrisch geladen, d.h. polar sind. Hier können sich Wassermoleküle leicht anlagern, weil sie als Dipole selbst Ladungen tragen. Am anderen Ende sind Lipidmoleküle ungeladen. Deswegen weisen sie Wasser ab, wie Fette dies tun. Fettige Substanzen können sich daher an dieses Ende gut anlagern.

Machen wir in Gedanken ein Experiment. Nehmen wir an, das Molekül eines gedachten Lipids ähnele einem Stäbchen, das an einem Ende gut mit Wasser Kontakt bekommt, am anderen jedoch Wasser abweist. Nehmen wir weiter an, wir hätten in einem Gefäß Wasser und schütteten auf das Wasser so viele Moleküle des Lipids, daß bei dichtestmöglicher Anordnung gerade eine Molekküllage Platz findet. Jedem wird sofort einleuchten, daß sich dann alle Lipidmoleküle so ausrichten, daß sie mit ihrem „wasserfreundlichen“ Ende in das Wasser eintauchen und das andere, wasserabweisende und „fettfreundliche“ Ende herausstrecken. Nehmen wir weiter an, wir würden nochmals so viele Lipidmoleküle nachschütten, daß eine weitere Lage gebildet werden kann. Unter diesen Bedingungen werden sich die Lipidmoleküle wiederum ausrichten, und zwar so, daß sie ihr „fettfreundliches“ Ende der schon aufliegenden Schicht zuwenden, das „wasserfreundliche“ Ende indessen nach außen orientieren. Es müßte eine Doppelschicht aus Lipiden (Bild 20) entstehen, die „Wasser von Wasser“ ideal trennt. Solche „Doppelmembranen“ fügen sich zusammen, wenn man Lipide mit Wasser vermischt.

Wenngleich Lipide auch in den Umgrenzungen von Zellen der heutigen Lebewesen die Hauptrolle spielen, so ist doch die Zellmembran keine bloße Lipiddoppelschicht. In ihr gibt es verschiedenartige Eiweißmoleküle, von denen

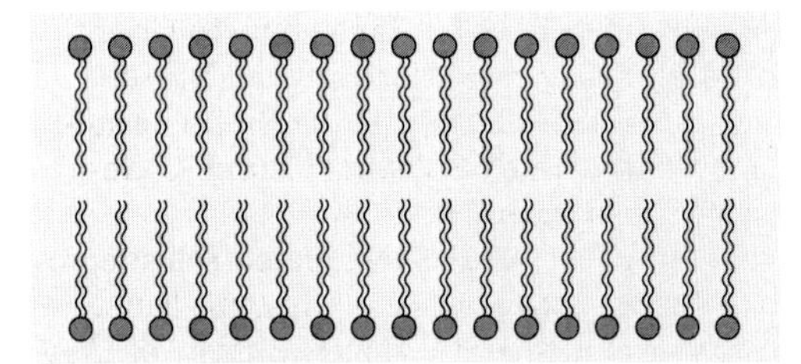

Bild 20. Lipiddoppelschicht

manche die Zellmembran durchdringen oder in ihr gar verschließbare Kanäle bilden; andere verlaufen überwiegend auf den Membranen. Lipid-Doppellagen und Zellmembranen, die „Wasser von Wasser“ zu trennen vermögen, sind für Wassermoleküle gleichwohl in einem gewissen Grad durchlässig, nicht hingegen für größere Moleküle oder gar für Riesenmoleküle, wie es Nukleinsäuremoleküle oder Eiweißmoleküle sind. Da Zellen indessen auch größere Moleküle gegebenenfalls unter sich austauschen, übernehmen Eiweißmoleküle bzw. „Kanäle“ den Transport.

So primitiv die ersten abgrenzenden Membranen auch gewesen sein mögen: Sie bedeuteten die Erfindung der Zelle. Sie ist eine abgegrenzte Einheit lebendiger Substanz, die sich durch Gestalt, Vermehrung und Stoffwechsel auszeichnet.

„Kennzeichen des Lebens“

Stoffwechsel, Vermehrung, Reizbarkeit – Systemeigenschaften von Lebewesen

In dem Zyklus zwischen informationstragender DNA und synthetisierenden Eiweißen gibt es nichts, was sich nicht mit den Begriffen von Physik und Chemie beschreiben ließe. Dennoch ist durch die Rückkopplung zwischen Informationsträger und Werkzeug ein System entstanden, das als Ganzes und nur als Ganzes in besonderem Maße konkurrenzfähig, ja überlegen geworden ist, das für seine eigene Erhaltung und Vermehrung „sorgt“ und das sich letztlich durchgesetzt hat. Insoweit kann man sagen: Das Ganze ist mehr als die Summe seiner Teile. Systemeigenschaften benutzen wir denn auch, wenn wir „lebendige Systeme“, Lebewesen, gegen Unbelebtes abgrenzen. Charakteristisch für die heutigen Lebewesen ist, daß es keine einzelne derartige Systemeigenschaft gibt, die sie eindeutig von Unbelebtem unterscheidet. Es ist vielmehr eine Gruppe von „Lebenserscheinungen“, die Lebewesen kennzeichnet.

Für chemische Umsetzungen sind Stoffe nötig, manche Reaktionen sind nur bei entsprechender Energiezufuhr möglich. In einer Zelle müssen alle chemischen Abläufe geordnet erfolgen. Dazu bedarf es einer „anweisenden, steuernden Information“ und vielfältiger, wiederum abgestufter Rückkopplungen der Prozesse untereinander oder mit Faktoren aus der Umwelt und aus der Zelle. Die Gesamtheit aller Vorgänge, die mit stofflichen Umsetzungen oder Energietransport zu tun haben, nennen wir Stoff- bzw. Energiewechsel. Beide greifen ineinander und gelten zurecht als ein „Kennzeichen für Leben“. So kompliziert und vielfältig die einzelnen Stoffwechselabläufe sind: Wir kennen zahlreiche von ihnen und verstehen sie in ihrer systemerhaltenden Funktion. Viele sind auch heute noch nicht genügend erforscht. Eine Schranke, die weitere Erkenntnis prinzipiell verhindern könnte, ist nirgendwo sichtbar geworden. Es gibt auch keinen Grund für die Annahme, wir könnten in Zukunft auf solche Erkenntnisschranken stoßen.

Zum Stoff- und Energiewechsel gehören Vorgänge, die mit Nahrungsaufnahme und Verdauung zu tun haben. Sie sind auch eine der Grundlagen für das Wachstum, das Lebewesen auszeichnet. An vielen Lebewesen fällt ihre Beweglichkeit auf, die den Pflanzen auf den ersten Blick zu fehlen scheint. Den meisten Pflanzen mangelt indessen nur die Fähigkeit zum individuellen Ortswechsel. Beweglichkeit des Plasmas in den Zellen kommt ihnen zu, und bei manchen sind sogar einzelne Zellen oder Teile des Pflanzenkörpers aktiv beweglich. Man

Bild 21. Die Tulpenblüte bleibt bei kühlem Wetter geschlossen (links). Wird es wärmer, öffnet sie sich (rechts).

denke nur an die Öffnungs- und Schließbewegungen bei Blüten (Bild 21) oder die „Schlaf"bewegungen, wie sie für die Blätter mancher Schmetterlingsblütengewächse, z.B. der Bohne *(Phaseolus)*, typisch sind.

Lebewesen müssen auf ihre Umwelt reagieren. Die Fähigkeit hierzu nennt man „Reizbarkeit". Insbesondere Tiere haben hochspezialisierte „Empfänger" entwickelt, mit denen sie Informationen aus der Umwelt aufnehmen: Lichtsinnesorgane, Organe zur Schallwahrnehmung, zur Orientierung im Schwerefeld, zum Tasten, zur Geruchswahrnehmung und zum Schmecken, um nur die verbreitetsten und damit die bekanntesten zu nennen. Daß auch Pflanzen Reizbarkeit aufweisen, ist weniger augenfällig, sieht man von der vielgenannten Mimose ab, die nach Berührung ihre Blätter senkt. Eine Alltagsbeobachtung zeigt uns indessen, daß Reizbarkeit weit öfter auch bei Pflanzen vorkommt, als wir dies bei vorschnellem Urteil für möglich halten. Pflanzen drehen häufig die Fläche ihrer Blattspreiten senkrecht zum Licht, einige indessen drehen die Spreitenkanten in die Richtung, aus der die stärkste Helligkeit kommt (Bild 22). Auch Blüten und ganze Blütenstände werden ins Licht gerückt. Wer die Blütenpracht eines Feldes mit Sonnenblumen betrachtet hat, kann dies nicht übersehen haben (Bild 23). Im Französischen ist das „Zum-Licht-Wenden" ihrer Blütenkörbe treffend in dem Namen „tournesol"[1] als Bezeichnung für die Sonnenblume eingefangen.

Vermehrung ist ebenfalls kennzeichnend für Lebewesen. Die Grundlage hierfür ist die identische - oder doch nahezu identische - Reproduzierbarkeit der Trägersysteme für Information, mit anderen Worten: der „Erbsubstanz",

Bild 22. „Kompaßpflanzen", wie z. B. der Kompaß-Lattich *(Lactuca serriola)*, meiden das volle Mittagslicht, indem sie ihre Blattspreiten nahezu in Nord-Süd-Richtung eindrehen.

[1] Frei übersetzt: Dreh' dich zur Sonne.

also der DNA, wie wir sie in einfachster Form auf S. 22 besprochen haben. Auf höherer Ebene kommt alles hinzu, was der Weitergabe dieser Information an die nächste Generation dient. Dies gilt in besonderem Maße für die „Erfindung“ der Geschlechtlichkeit. Durch die Befruchtung[1] kommt es zu einer Neukombination von Erbanlagen, und dies kann für die auf solche Weise erzeugten Individuen einen entscheidenden Vorteil im Konkurrenzkampf darstellen.

Gestalt als Ausdruck von Information

So tauglich die genannten Systemeigenschaften für das Kennzeichnen von Lebewesen auch sind: Unbefangen hätte man sie zur Charakterisierung von Lebewesen wahrscheinlich nicht herangezogen. Statt dessen hätte man vermutlich darauf hingewiesen, Lebewesen besäßen eine für ihre „Art“ charakteristische Gestalt, an der man sie sofort erkenne.

Gestalt könnte man „Form gewordenen Stoffwechsel“ nennen. Doch hätte man in dieser Feststellung nicht alle bestimmenden Faktoren eingefangen, die Gestalt hervorbringen. Ebenso ist die zeitliche Steuerung des Stoffwechsels von Wichtigkeit, die durch Erbanlagen erfolgt. Hiervon wissen wir noch verhältnismäßig wenig. Erst seit etwa 1980 ist es gelungen, das Zusammenspiel von Erbanlagen, die bei der Taufliege die Gestaltbildung bewirken, experimentell zu erforschen. Erste Einblicke sind einige Jahre später bei Wirbeltieren gelungen. Seit etwa 1991 kennt man Steuerungsgene für die Gestaltbildung auch von einer Pflanze, und zwar von der Acker-Schmalwand *(Arabidopsis thaliana)*.

Gestalt kann indessen auch von der Umwelt im weitesten Sinn beeinflußt werden (Bild 24).

Bild 23. Die Gewöhnliche Sonnenblume *(Helianthus annuus)* dreht ihre Blütenstände zum Licht.

[1] Siehe S. 81 ff.

Bild 24. In welcher Weise die Umwelt Gestalt und Größe einer Pflanze beeinflußt, kann man am Wiesen-Löwenzahn *(Taraxacum officinale)* zeigen. Man teilt sein Rhizom und pflanzt eine Hälfte im Tiefland aus, die andere im Gebirge. Die an den unterschiedlichen Standorten „erworbenen“ Eigenschaften sind nicht erblich. Nebenbei bemerkt: Nicht jeder in den Alpen gefundene „Löwenzahn“ ist ein „Wiesen-Löwenzahn“, wie er genetisch sehr ähnlich (von „erbgleich“ ganz zu schweigen) auch im Tiefland vorkommt. Vielmehr gibt es hier zahlreiche Sippen, die einander auf den ersten Blick gleichen, von denen indessen einige als „Kleinarten“, manche sogar als „Arten“ geführt werden, die auf das Leben unter alpinen Bedingungen ausgelesen worden sind und die daher erbliche Anpassungsmerkmale besitzen. (Nach LINDER, verändert)

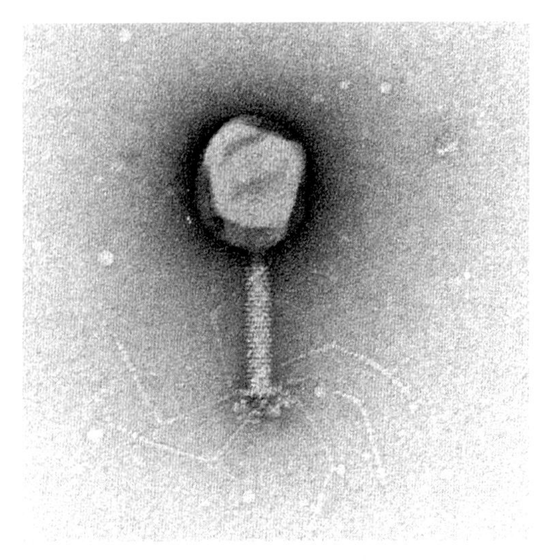

Bild 25. Elektronenoptisches Bild eines T2-Phagen.

Bild 26. Bau des T2-Phagen, schematisch.

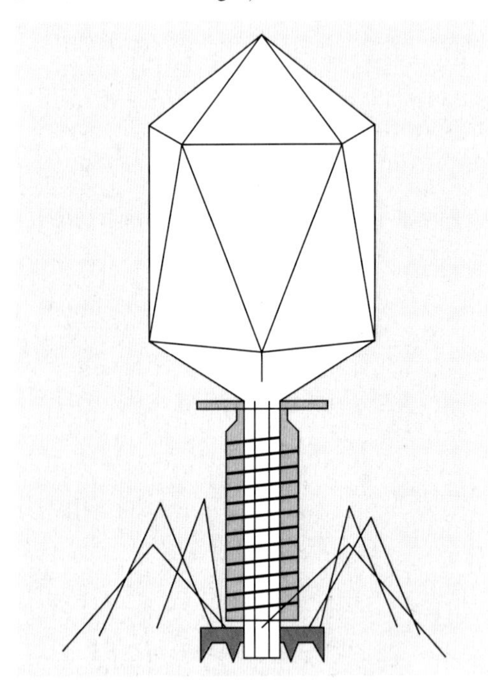

Doch bleibt, was die Umwelt hervorbringt, an das Individuum gebunden, das durch sie „modifiziert“ wird. Auf Nachkommen wirkt sich eine Umwelteinwirkung nicht aus.

Gestalt ist nicht nur ein Kennzeichen für hochentwickelte Lebewesen. Wir finden sie auch bei den „einfachsten“ Lebewesen. Selbst Viren, die nur aus Nukleinsäure und Eiweiß bestehen und denen ein eigener Stoffwechsel strenggenommen fehlt, besitzen eine typische Gestalt, die bei solchen Viren, die Bakterien befallen, äußerst bizarr sein kann (Bilder 25 und 26). Hier wird indessen Gestalt auch verwirklicht, weil Bausteine sich aufgrund physikalischer Gegebenheiten anordnen, wie dies Moleküle oder Ionen[1] in einem Kristallgitter tun. Allerdings werden Eiweiße entsprechend der Information gebildet, die in den Nukleinsäuren enthalten ist, erlangen also ihre Struktur letztlich aufgrund genetischer Information, und es ist diese Struktur, die die Gestaltbildung bewirkt.

Einheitlichkeit in der Entstehung des Lebens – Entwicklung zur Vielfalt

Die Einheitlichkeit des Genetischen Codes und der Eiweißsynthese

Die Gleichheit des Genetischen Codes und der verwickelten Vorgänge der Eiweißsynthese in den heutigen Lebewesen zwingt uns zu der Annahme, Leben sei aus einer einheitlichen Wurzel entstanden. Die Lebewesen sind indessen keineswegs einförmig geblieben. Vielmehr treten sie uns in einer ungeheuren Formenmannigfaltigkeit gegenüber. Diese wird noch größer, vergegenwärtigt man sich, daß die heutigen Lebewesen in der Regel nicht mit jenen identisch sind, die in früheren Zeiten gelebt haben. Man geht wohl zu Recht davon aus, daß die Zahl der heute lebenden Arten nur einen verschwindenden Bruchteil der Arten darstellt, die

[1] Ion, griech. = wandernd. Ionen sind geladene Atome oder Moleküle, die in wäßriger Lösung, in die Elektroden eintauchen, entweder zum negativen Pol, der Kathode (Kationen), oder zum positiven Pol, der Anode wandern (Anionen).

insgesamt auf der Erde existiert haben. Wie ist es zu den Unterschieden zwischen den großen Gruppen von Organismen gekommen, die wir unschwer erkennen können, zwischen Bakterien, Einzellern, Pilzen, Pflanzen und Tieren? Wie können wir diese Vielfalt ordnen? Ist es statthaft, derart unterschiedliche Lebewesen nach einheitlichen Prinzipien zu behandeln und zu klassifizieren? Was trennt und was verbindet sie?

Prokaryoten – primitiv und doch hoch spezialisiert

Lebewesen, die aus nur einer und zudem „einfachen" Zelle bestehen, gibt es noch heute. Bakterien und Blaualgen[1] besitzen solche Zellen. Eine – allerdings hochkompliziert gebaute – Wand umgibt das Zellplasma, in dem ein oder mehrere DNA-Moleküle als Informationsträger liegen. Ein Zellkern fehlt. Die Gliederung des Plasmas in einzelne Reaktionsräume ist nicht sonderlich ausgeprägt. Umgrenzte Zellbestandteile sind nicht vorhanden (Bilder 27 und 28). Beweglichkeit ist bei vielen Arten zu beobachten, doch sind die „Härchen", durch deren Schlag sich Bakterien bewegen können, anders gebaut als wir dies sonst kennen.

Von allen genannten Besonderheiten erscheint uns das Fehlen eines richtigen Zellkerns am bedeutsamsten. Folgerichtig nennt man die Gruppe der Lebewesen, der Bakterien und Blaualgen angehören, Prokaryota[2].

[1] Blaualgen *(Cyanophyta)* werden heute auch Cyanobakterien genannt. Mit dieser Bezeichnung will man ihre größere Ähnlichkeit mit Bakterien als mit Algen hervorheben. Da indessen verbreitete Botaniklehrbücher wie z. B. „STRASBURGER: Lehrbuch der Botanik, 33. Aufl., 1991" die Bezeichnung „Blaualgen" nach wie vor verwenden, bleiben auch wir bei dem altvertrauten Namen.

[2] Pro, lat. = vor. Karyon, griech. = Nuß; hier im Sinne von „Nußkern", der von der Schale umhüllt wird, gebraucht.

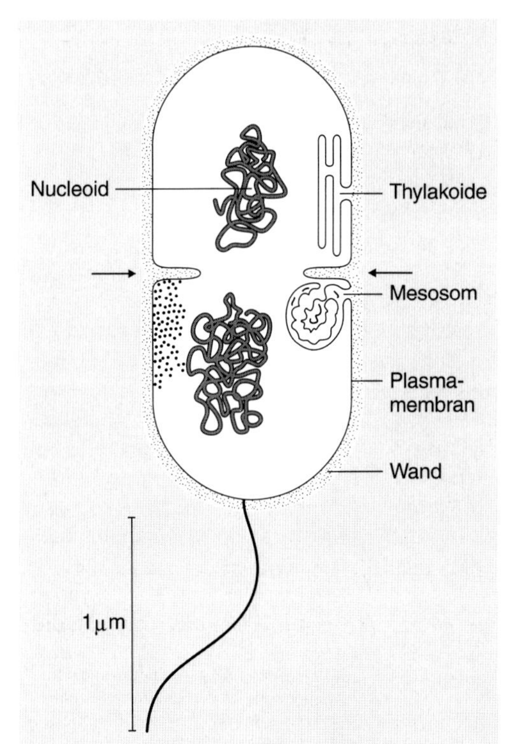

Bild 27. Schema einer idealisierten Bakterienzelle. Die Teilung der Zelle erfolgt durch Einschnürung, wie es in der Bildmitte (Pfeile) angedeutet ist. Nach CZIHAK, verändert.

Bild 28. Elektronenoptische Aufnahme eines Bakteriums.

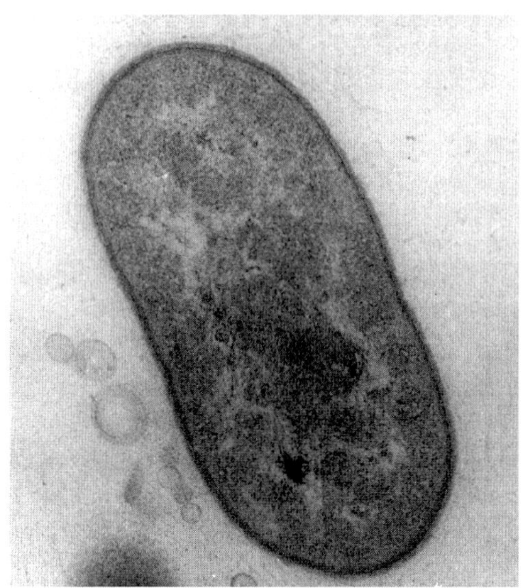

Wenn man Prokaryoten im Hinblick auf das Fehlen des Zellkerns „primitiv“ nennt, dann darf man andererseits nicht darüber hinwegsehen, wozu manche Bakterien oder Blaualgen imstande sind. Sie kommen vielfach unter extremen Lebensbedingungen zurecht. Für einige ist Sauerstoff Gift, andere brauchen ihn. Manche können Luftstickstoff zu Ammoniumionen (s. S. 329) reduzieren, andere oxidieren Ammoniumionen zu Nitrationen, wieder andere leben in heißen Quellen oder werden selbst durch mittelstarke Säuren nicht geschädigt. Sie sind also oftmals Überlebenskünstler und hochgradige Spezialisten bezüglich chemischer Reaktionen. „Primitiv“ kennzeichnet nicht ohne weiteres ein Lebewesen in seiner Gesamtheit, sondern meist nur in einem genau angebbaren Sinn. Gleichwohl sind wir der Meinung, daß die ersten Gebilde aus der Frühzeit der Erde, die wir - fänden wir sie heutzutage vor - ohne Zweifel Lebewesen nennen würden, manchen heute lebenden Bakterien geglichen haben. Ob es unter ihnen Blaualgen gegeben hat, wissen wir nicht; jedenfalls dürften sich diese schon recht früh entwickelt haben. Auf die Besonderheiten, die mit ihnen erstmals in der Entwicklung der Lebewesen aufgetreten sind, gehen wir später ein.

So aufsehenerregend die chemischen Fähigkeiten mancher Bakterien sein mögen, so fällt doch auf, daß unter Prokaryoten komplexe Vielzeller fehlen. Wir finden ausschließlich Einzelzellwesen, allenfalls Ketten oder Ansammlungen von Zellen, die nicht oder nur sehr locker untereinander verbunden sind, und Zellfäden.

Von Prokaryoten zu Eukaryoten – Die Entstehung der „Eucyte“

Die Zellen der höheren Lebewesen, der Eukaryoten[1] enthalten Bestandteile, die wie die Organe bei Pflanze und Tier spezielle Aufgaben übernehmen. Da Organe aus Geweben, Gewebe aus Zusammenschlüssen gleichartiger Zellen bestehen, kann dieser Begriff auf der Ebene der Zelle nicht verwendet werden. Statt dessen hat man den Begriff „Organelle“ eingeführt. Er

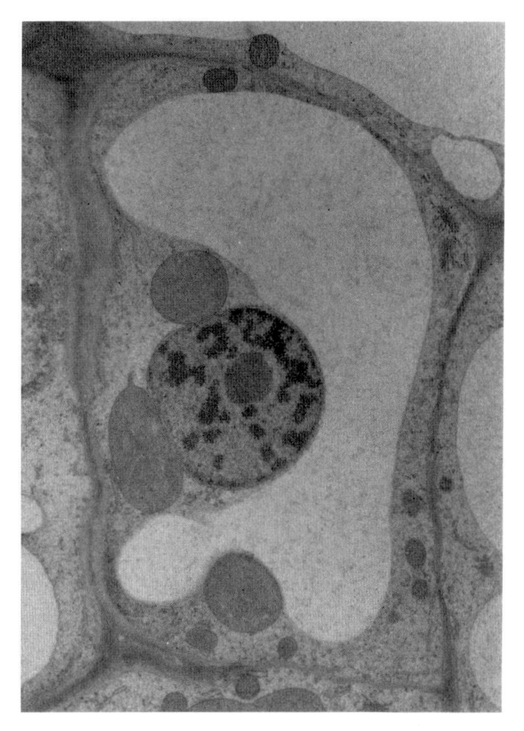

Bild 29. Elektronenoptische Aufnahme einer Zelle von *Waldsteinia geoides* aus der Familie der Rosengewächse. Die Art steht der Gattung Nelkenwurz *(Geum)* nahe und ist in Südosteuropa beheimatet. Die elektronenoptische Aufnahme zeigt deutlich den Zellkern, junge Chloroplasten, eine große Vakuole und über der Zellwand eine Schicht dunkler gefärbten Plasmas.

bezeichnet klar abgrenzbare Zellbestandteile, die eine genau angebbare Leistung vollbringen (Bilder 29 und 30).

Tierische „Eucyten“ besitzen als Organellen Zellkern mit Nukleoli (sie spielen beim Herstellen der rRNA eine Rolle, also von Bausteinen der Ribosomen), Endoplasmatisches Reticulum, Ribosomen, Mitochondrien, Dictyosomen mit Golgi-Vesikeln (= Golgi-Apparat), Lysosomen

[1] Eu, griech. = gut; karyon, griech. = Nuß (hier im Sinne von Nußkern gebraucht, der von einer Schale umhüllt wird). Zellen der Eukaryoten nennt man auch Eucyte (auch gelegentlich in der männlichen Form „der Eucyt“ gebraucht). Kytos, griech. = Bauch, Höhlung, Zelle.

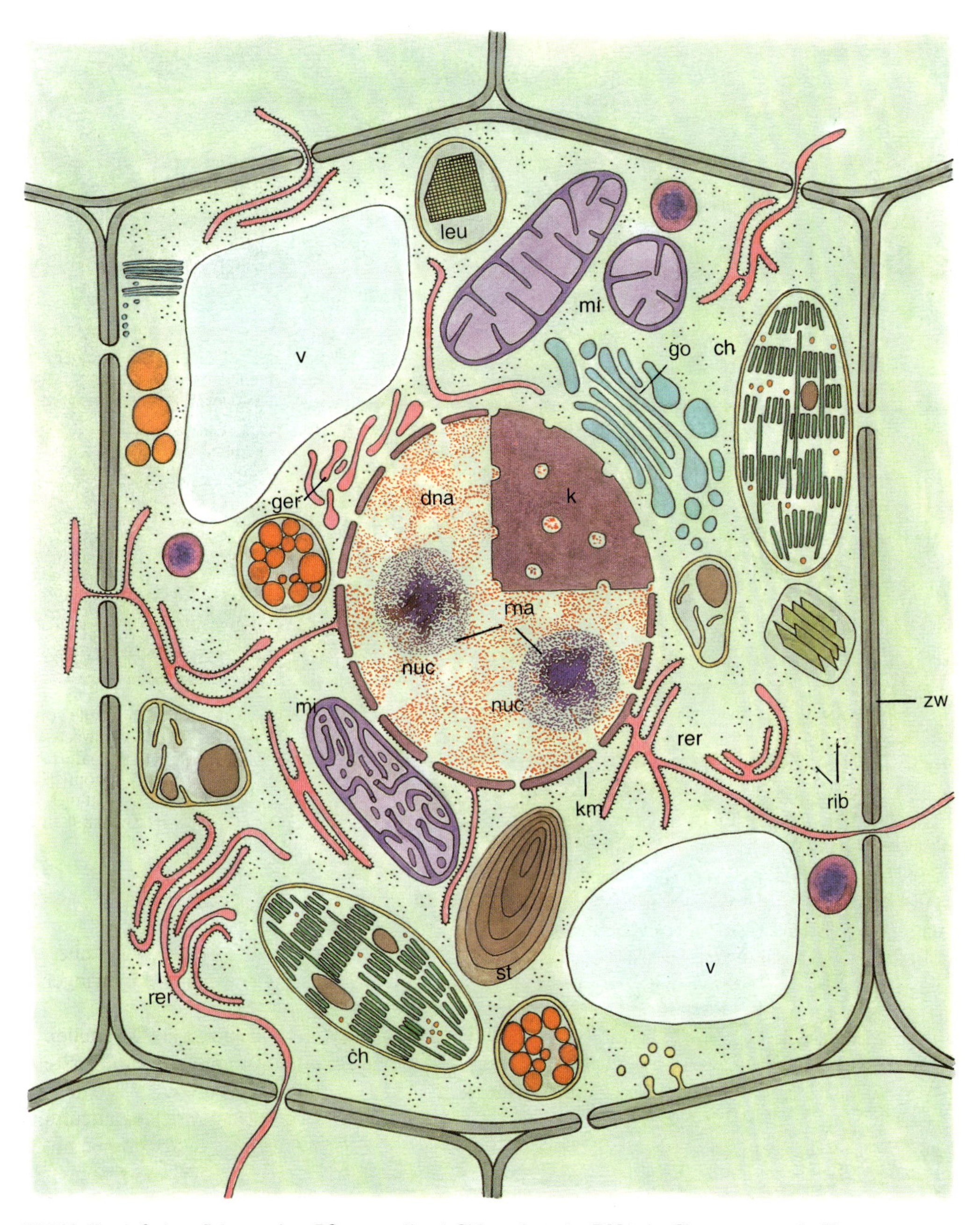

Bild 30. Vereinfachtes Schema einer Pflanzenzelle. *ch* Chloroplast; *dna* DNA der Chromosomen im Kern; *ger* Endoplasmatisches Reticulum ohne Ribosomen (glattes Endoplasmatisches Reticulum); *go* Golgi-Apparat; *k* Aufsicht auf die Kernmembran; *km* Kernmembran im Schnitt; *leu* Leukoplast (farbloser Plastid) mit Eiweißkristall; *mi* Mitochondrium; *nuc* Nucleolus; *rer* Endoplasmatisches Reticulum mit Ribosomen (rauhes Endoplasmatisches Reticulum); *rib* Ribosomen; *rna* RNA in den Nucleoli; *st* Stärkekörner (in dieser Form wird häufig der in der Photosynthese gebildete Zucker gespeichert); *v* Vakuole; *zw* Zellwand

und Microbodies sowie ein Centriol. In pflanzlichen Eucyten können dazuhin Plastiden (Chloroplasten, Chromoplasten und Leucoplasten) vorkommen; sie besitzen außerdem in der Regel Vakuolen und eine Zellwand, die auf der Zellmembran und damit zwischen aneinandergrenzenden Zellen liegt. Ein Centriol[1] fehlt ihnen.

In der Eucyte befindet sich die DNA, also die Erbsubstanz, im Zellkern. Dort liegt sie nicht gleichmäßig verteilt vor. Wenn eine Zelle sich teilt, sieht man, daß sich aus dem Zellkern, dessen Membran früh verschwindet, fadenförmige

Bild 31. Mitose und Teilung einer embryonalen Zelle (Wurzelspitze von *Aloë thraskii*): *n* Kern; *nl* Nucleolus; *ch* Chromosomen; *pl* Zellplasma; *s* Kernspindel; *k* Polkappen; *kp* Äquatorialplatte; *t* Tochterkerne; *z* beginnende Wandbildung; *m* Zellmembran; **A** Interphase; **B – D** Prophase; **E** Vorstadium der Metaphase; **F** Metaphase, von der Seite gesehen; **G** Anaphase; **H, I** Telophase und Zellteilung (nach G. SCHAFFSTEIN und STRASBURGER 1991).

Bild 32. Mitose und Teilung einer embryonalen Zelle bei der Hyazinthe (*Hyacinthus*). **A** Interphase; **B + C** Prophase; **D** Vorstadium der Metaphase; **E** Metaphase, von der Seite gesehen; **F + G** Anaphase; **H + I** Telophase; **K** Interphase.

[1] Nucleolus ist die Verkleinerungsform von nucleus, lat. = Kern, also „kleiner Kern"; Endoplasmatisches Reticulum: endon, griech. = innen, plasma, griech. = das Gebildete = Grundsubstanz in der Zelle, reticulum, lat. = Netzchen; Ribosom: „Ribo" verweist auf RNA als Baustoff dieser Organelle, soma, griech. = Körper; Mitochondrium: mitos, griech. = Faden, chondrion, griech. = Körnchen; Dictyosom: dictyon, griech. = Netz, soma, griech. = Körper; Golgi-Vesikel: CAMILLO GOLGI, der von 1844–1926 lebte, hatte auf diese Organellen als eigenständige Bestandteile verwiesen, vesicula, lat. = Bläschen; Lysosom: Lyse, griech. = auflösen; Microbodies: engl. = kleine Körper; chloros, griech. = grüngelb, plastos, griech. = geformt; chroma, griech. = Farbe; leukos, griech. = weiß; vacuum, lat. = leerer Raum; Centriol: centrum, lat. = Mittelpunkt.

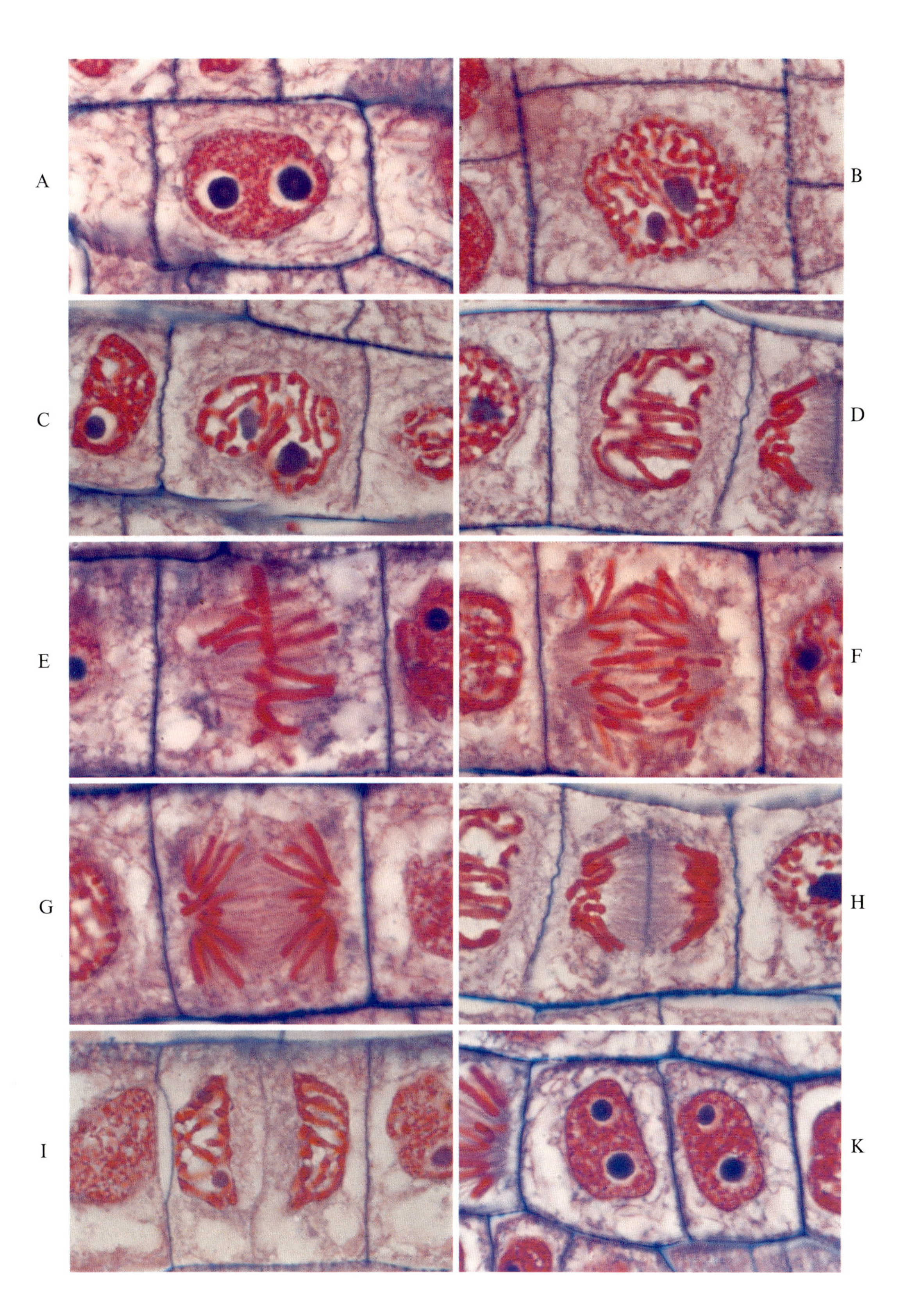
A
B
C
D
E
F
G
H
I
K

Körper bilden, die sich mit bestimmten Farbstoffen selektiv anfärben lassen. Deswegen hat man diese Fäden Chromosomen[1] genannt. „Bilden“ könnte in dem geschilderten Zusammenhang mißverstanden werden. Die Chromosomen sind auch dann im Zellkern vorhanden, wenn dieser sich nicht teilt. Nur sind sie in dieser Phase des Zellenlebens „entspiralisiert“ und daher so dünn, daß sie selbst nach Anfärben und beim Betrachten mit stärkster Vergrößerung im Lichtmikroskop individuell nicht zu erkennen sind. Nur die Abschnitte der Chromosomen, die auch in dieser Phase spiralisiert sind, sieht man als körnige Struktur.

Die DNA-Moleküle und damit die Chromosomen müssen bei Teilungen der Zelle verdoppelt und exakt auf die entstehenden Tochterzellen verteilt werden. Die „normale Zellteilung“, die Mitose[2], stellt einen komplizierten Vorgang dar. Er besteht aus mehreren Phasen, läuft indessen bei fast allen Eukaryoten in erstaunlicher Übereinstimmung ab (Bilder 31 und 32). In einer Prophase spiralisieren sich die Chromosomen. Man sieht, daß sie aus zwei Längseinheiten, den Chromatiden, bestehen. Eine „Kernspindel“ bildet sich. So nennt man einen Verteilungsapparat, der aus feinsten, röhrenartigen Eiweißstrukturen besteht. Bei Tieren geht die Bildung der Kernspindel vom Centriol aus, das sich als erste Organelle in der Zelle geteilt hat, wobei die entstandenen Tochtercentriolen sich zu entgegengesetzten Positionen in der Zelle bewegen. Die Kernspindel verläuft also „linienartig“ zwischen den Centriolen und erinnert entfernt an die Linien der Längengrade auf einem Globus. Nach diesem Bild nennt man die Regionen, in denen sich die Centriolen befinden, die Zellpole. Zwischen ihnen kann man sich eine Ebene denken, die man – da man im Bild des Globus bleiben will – folgerichtig die Äquatorialebene nennt. Bei Pflanzen, denen Centriolen fehlen, geht die Kernspindelbildung von keinen klar erkennbaren Organellen aus. Gleichwohl spricht man auch bei ihnen von Zellpolen und von Äquatorialebene.

Die Chromosomen, die sich während der Prophase spiralisiert und dadurch verkürzt und verdickt haben, ordnen sich schließlich in der Metaphase[3] in der Äquatorialebene an. An ihrem Centromer[4] stehen sie in Kontakt zu den Fasern der Kernspindel. In gefärbten Präparaten kann man sie während dieser Phase individualisieren. Dabei stellt man fest, daß es von jeder „Sorte“ bei den meisten Arten von Lebewesen je zwei Exemplare gibt, die indessen unabhängig voneinander in der „Äquatorialplatte“ – so nennt man die Anordnung der Chromosomen in der Äquatorialebene – zu finden sind. Außerdem erkennt man, daß die Chromosomen bei Exemplaren derselben Art in der Regel in identischen Zahlen auftreten. Chromosomen sind also nach Bau und Zahl für jede Art eines eukaryotischen Lebewesens kennzeichnend. Die Gesamtheit aller ungleichen Chromosomen eines Lebewesens nennt man einen Chromosomensatz. Gibt es von jeder „Sorte“ Chromosom in einem Lebewesen ein Paar, dann besitzt es zwei Chromosomensätze. Lebewesen, die zwei Chromosomensätze in ihren Körperzellen beherbergen, nennt man diploid[5].

In der Anaphase[6] werden die zwei Längseinheiten, die schon in der Prophase zu sehen waren, voneinander getrennt. Sie wandern zu den Zellpolen. Der Chromosomentransport ist ziemlich kompliziert, aber wohl im wesentlichen heute verstanden. Schon während der Wanderung kann man zuweilen eine Verlängerung, also eine Entspiralisierung, beobachten.

Diese geht in der abschließenden Telophase[7] weiter. Die Kernspindel zerfällt. Eine Kernmembran bildet sich aus. Die von ihr umschlossenen Chromosomen verschwinden als individuelle Gebilde. Die körnige Struktur, die den Zellkern vor dem Beginn der Mitose ausgezeichnet hat, sein Chromatingerüst[8], wird wieder sichtbar. Die Kernteilung ist beendet.

[1] chroma, griech. = Farbe; soma, griech. = Körper.
[2] mitos, griech. = Faden.
[3] meta, griech. = nach, hinter.
[4] kentron, griech. = Mittelpunkt; meris, meros, griech. = Teil.
[5] diploos, griech. = zweifach, doppelt; eides, griech. = gestaltig.
[6] ana, griech. = daneben.
[7] telos, griech. = Ziel.
[8] chroma, griech. = Farbe; hier im Sinne von „anfärbbares Gerüst“.

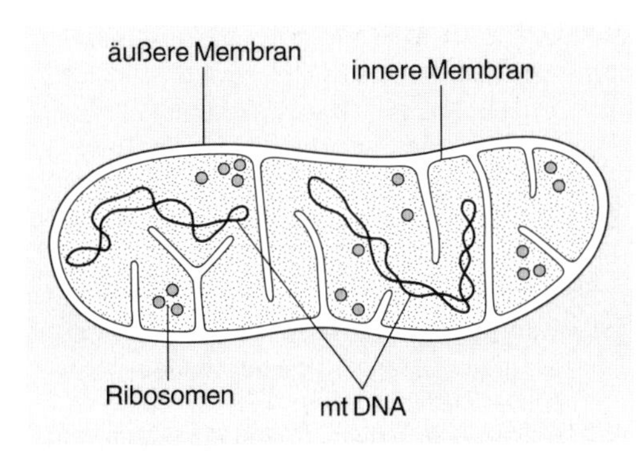

Bild 33. Schema eines Mitochondriums (Tubulus-Typ).

Bild 34. Elektronenoptische Aufnahme von Mitochondrien des Tubulus-Typs aus Saugwurzeln der Seide (*Cuscuta*).

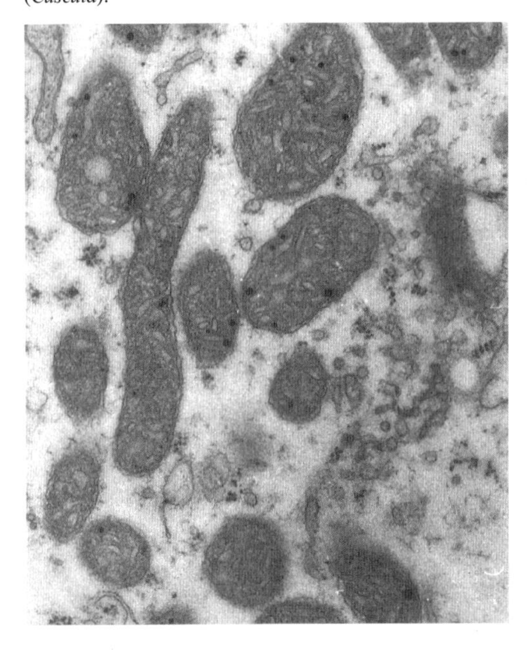

Im Grunde genommen wird in den beschriebenen Phasen der Zellteilung nichts „geteilt"; vielmehr wird schon Vorhandenes „verteilt". Die Verdoppelung der DNA und damit auch der jeweiligen „Längseinheiten", die in der Anaphase in die entstehenden Tochterzellen einwandern, erfolgt erst in der Phase des Zellenlebens, in der scheinbar nichts geschieht, was mit der Zellteilung zu tun hat und die man – von diesem Gesichtspunkt aus – folgerichtig Ruhephase nennt.

Mit der Kernteilung ist in der Regel eine Zellteilung verbunden, wobei in der Äquatorialebene eine neue Zellmembran eingezogen wird. Bei der Verteilung des Plasmas bekommen beide Zellhälften von den meist zahlreich vorhandenen übrigen Organellen so viele, daß die Lebensvorgänge in den Tochterzellen normal ablaufen können.

So wie die Universalität des Genetischen Codes und des Eiweißsynthesevorgangs für eine gemeinsame Wurzel aller Lebewesen sprechen, so kann man im Besitz eines Zellkerns mit Chromosomen und in der prinzipiell gleichartig verlaufenden Mitose einen gewichtigen Hinweis darauf sehen, daß die Eukaryoten ihrerseits eine gemeinsame Wurzel besitzen.

Diese Vermutung wird noch dadurch gestützt, daß auch die Mitochondrien bei allen Eukaryoten ähnlich gebaut sind (Bilder 33 und 34) und überall identische Aufgaben wahrnehmen. Wie der Zellkern haben sie eine Doppelmembran als Abgrenzung. Die innere Lage dieser Membran ist entweder röhrig oder faltig nach innen gestülpt. In den Mitochondrien werden einfache Abbauprodukte von Traubenzucker zu Kohlendioxid (CO_2) und zu Wasserstoff weiterverarbeitet. Dieser wird in einer komplizierten, in Stufen verlaufenden Reaktion letztlich durch Sauerstoff oxidiert, wobei Energie frei wird, die in besonderen Molekülen gespeichert und „verfrachtbar" gemacht wird. In den Mitochondrien laufen also wesentliche Teile der „Zellatmung" ab. Auch in diesen sehr komplexen Geschehen ist vieles in allen Eucyten gleich oder doch so ähnlich, daß man daraus auf einen einheitlichen Ursprung aller Eukaryoten schließen muß.

Das Endoplasmatische Reticulum (Bild 35, nächste Seite) schafft „Reaktionsräume" im Plasma. Manche Reaktionen würden sich stören, müßten sie im selben „Gefäß" ablaufen. Außerdem sitzen an Teilen von ihm Tausende von Ribosomen, die Organellen, in denen sich bekanntlich die Eiweißsynthese vollzieht. Bemerkenswerterweise steht das Endoplasmatische Reticulum mit der Kernmembran in Ver-

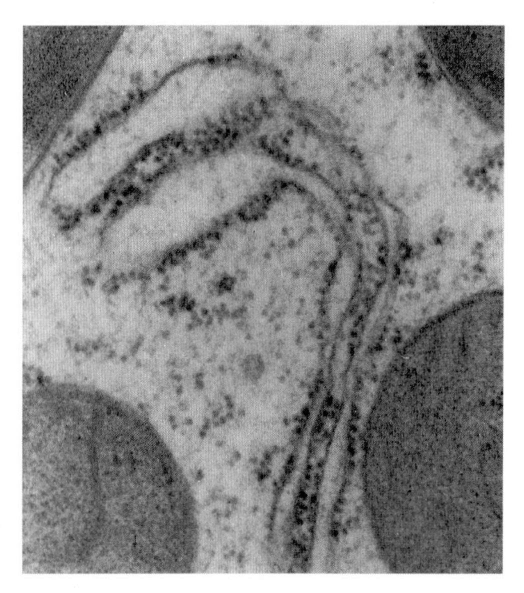

Bild 35. Elektronenoptische Aufnahme des Endoplasmatischen Reticulums in einer Zelle des Scharbockskrauts (*Ranunculus ficaria*). Die in der Aufnahme als fädige Strukturen erkennbaren Membranen sind dicht mit Ribosomen besetzt. Diese als dunkle Körner erkennbaren Organellen finden sich auch im Plasma.

bindung. Diese ist porig, so daß die aus ihr herauswandernden mRNA-Moleküle, die Baupläne für Eiweißmoleküle enthalten, wie in einem Kanalsystem an Ribosomen herangeführt werden.

Der Golgi-Apparat hat offensichtlich mit der Steuerung des Stoffwechsels großer Moleküle in den Zellen zu tun. Er ist nicht bei allen Arten von Lebewesen und innerhalb eines Individuums auch nicht in allen seinen Zellen gleich gut ausgebildet. Dennoch kann man in der Tatsache, daß es ihn ähnlich bei allen Eukaryoten gibt, eine weitere Stütze für die Vermutung sehen, sie besäßen eine gemeinsame Wurzel.

Natürlich liegt die Frage nahe, wie sich derartig komplizierte Zellen aus den ursprünglich ausschließlich vorhandenen prokaryotischen Zellen haben herausbilden können. Wir wissen es nicht, doch wir können uns vorstellen, wie es gewesen sein könnte.

So, wie unter den Bedingungen der jungen Erde Nukleinsäuremoleküle in der „Ursuppe" der Ozeane um Baustoffmoleküle miteinander konkurrierten, so gab es auch Konkurrenz unter den einfachsten, prokaryotischen Lebewesen, die die Erde zunächst bevölkerten. Diejenigen, die dank einer Spezialisierung „besser" waren, d. h. mehr Tochterzellen erzeugten, existierten weiter; andere „Arten" verschwanden.

Stellen wir uns eine Art von Lebewesen vor, die eine - noch so primitive - Form von Zellkern erfunden hatte: Bei ihr werden Beschädigungen der DNA und damit eine fehlerhafte Reproduktion seltener aufgetreten sein. Dies mußte die Chance, identische Nachkommen zu erzeugen, erhöht haben.

Einer anderen Art von Lebewesen könnte es schon früh „gelungen" sein, die Zuckermoleküle, die sie in der „Ursuppe" vorfand, rasch und wirksam für eigene Syntheseprozesse auszunutzen. Auch diese Lebewesen hatten gute Chancen, im Überlebenskampf zu bestehen. Gleiches galt für Zellen, die es vermochten, Sonnenenergie für die Herstellung von Baustoffen zu nutzen oder mit ihrer Hilfe „Brennstoffmoleküle" für die Atmung zu erzeugen[1].

Jeder der genannten „Spezialisten" hätte seine Konkurrenzfähigkeit nur in der Fertigkeit „verbessern" können, in der er ohnehin überlegen geworden war. Indessen wäre es unwahrscheinlich gewesen, daß er auch da rasch besonders leistungsfähig hätte werden können, wo er bislang eher Mängel hatte oder allenfalls durchschnittliche Effizienz zeigte.

Ein „Trick" jedoch ist denkbar, mit dem die besonderen Errungenschaften der geschilderten Spezialisten hätten vereint werden können: Es hätte zu einer Symbiose[2] von verschiedenen Spezialisten kommen können. Mit anderen Worten: Innerhalb des Zellkörpers einer einzelnen Zelle mit „Zellkern" lebten Spezialisten für Zuckerabbau und Erzeugung energiereicher Moleküle, aus denen Energie für eigene Stoff-

[1] Siehe hierzu S. 44ff.

[2] sym, syn, griech. = zusammen; bios, griech. = Leben. Unter Symbiose versteht man ein enges Zusammenleben von zwei artverschiedenen Organismen. Beide Partner müssen aus dieser Gemeinschaft dauernd oder wenigstens zeitweise Nutzen ziehen.

wechselvorgänge leicht freizusetzen war, sowie Spezialisten für das „Einfangen von Sonnenenergie". Aus dieser Umschreibung kann man leicht erkennen, daß Mitochondrien und Chloroplasten[1] gemeint sind. Vorfahren von ihnen wären demnach noch selbständige, prokaryotische Zellen gewesen, die ihre Eigenständigkeit verloren hätten und innerhalb einer Zelle als „dienende Spezialisten" weiterlebten. Diese „Endosymbionten-Hypothese"[2] mutet abenteuerlich an. Dennoch sprechen mindestens zwei Gesichtspunkte dafür, daß sie wahr ist.

1. Symbiosen unter den heutigen Lebewesen sind nicht selten. So leben im menschlichen Dickdarm Bakterien, die wir letztlich mit Nährstoffen versorgen, ohne die sie nicht existieren könnten, und die uns u.a. Vitamine der B-Gruppe liefern. Ähnliche Verhältnisse finden wir bei vielen Säugetieren. Noch enger ist die Lebensgemeinschaft, die manche Pilze mit „niederen" Algen in Gestalt der Flechten eingehen. In diesen Organismen verlieren die Partner ihr ursprüngliches Aussehen. Die durch Symbiose entstandenen Arten der Flechten erhalten ihre arttypische Gestalt (Bild 36). Sie vermehren sich ungeschlechtlich durch Algenzellen, die von Pilzfäden umsponnen sind. Kennt man die Symbiosepartner, kann man die „gewünschte" Flechte im Labor prinzipiell künstlich herstellen, indem man eine keimende Spore eines Flechtenpilzes mit Algenzellen zusammenbringt. In einigen Fällen hat man so bekannte Flechtenarten experimentell aufs neue erzeugt. Allerdings haben die Pilze in den Flechten ihre Eigenständigkeit verloren. Sie vermögen in der Natur nur in Verbindung mit der zugehörigen Alge zu wachsen.

2. Sowohl in den Mitochondrien als auch in den Chloroplasten kommt DNA vor, und zwar in einer Form, die derjenigen ähnelt, die wir von Prokaryoten kennen. Bemerkenswerterweise ist

[1] chloros, griech. = grüngelb; plastos, griech. = geformt. Chloroplasten enthalten den grünen Blattfarbstoff Chlorophyll. Zusammen mit den farblosen Leukoplasten - leukos, griech. = hell, weiß - und den Chromoplasten - chroma, griech. = Farbe - sind sie „Plastiden". Diese Organellen gibt es nur in Pflanzenzellen.

[2] endon, griech. = innen.

Bild 36. Scharlachflechte (*Cladonia coccifera*)

in dieser DNA nicht mehr die Information zum Bau all der Bestandteile enthalten, die wir in Mitochondrien bzw. in Chloroplasten vorfinden. Manches an und in ihnen wird nach „Bauplänen“, d. h. durch Gene hergestellt, die auf den Chromosomen im Zellkern liegen. Wie soll man das Vorkommen von DNA in diesen Organellen erklären, wenn nicht dadurch, daß man annimmt, es sei ein Überbleibsel aus der Zeit, in der die „Vorfahren“ dieser Organellen noch selbständige Prokaryoten waren? Es ist schwer vorstellbar, warum Bestandteile einer Zelle mit echtem Zellkern ihre eigene DNA erworben haben sollten, weil man den Vorteil nicht erkennen kann, den ein solcher Erwerb hätte mit sich bringen können.

Mit dem Erwerb der DNA-haltigen Organellen muß auch die Trennung zwischen Tier und Pflanze erfolgt sein. Nur die Lebewesen mit Chloroplasten waren Pflanzen. Sie konnten sich - anders als die Tiere - unter Ausnutzung der Sonnenenergie selbst ernähren und waren auf das Vorfinden organischer Moleküle nicht angewiesen. Darauf soll später eingegangen werden.

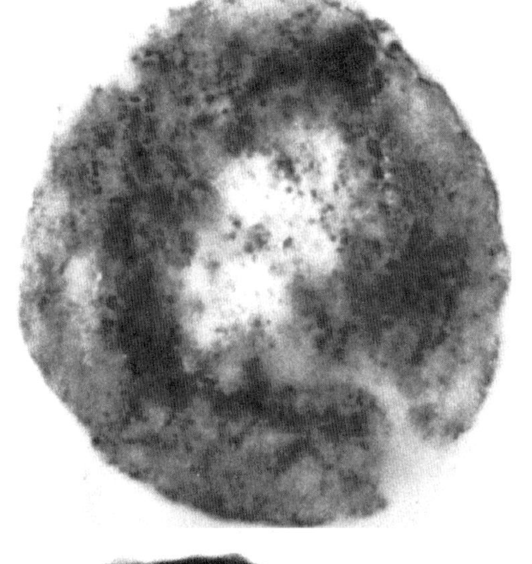

Die Evolution frühen Lebens

Fossilien als Belege

So einsehbar der geschilderte Werdegang von den Prokaryoten zu den Eukaryoten auch ist: Welche Fakten aus der Frühgeschichte der Erde sprechen für eine derartige Entwicklung?

Bedauerlicherweise gibt es auf der Erde kaum Gesteine, die älter als 3,5 Milliarden Jahre sind. Obschon ein Fels geradezu als Sinnbild des Unwandelbaren gilt, so sind Steine auf lange Sicht doch weit eher höchst vergängliche Gebilde. Wind und Wetter ausgesetzt „verwittern“ sie, ihre Trümmer werden verfrachtet, weiter zerkleinert, aufgeschlämmt und gelöst. Zu guter Letzt landen sie in Meer oder Wüste. In beiden kann es zur Bildung von Ablagerungsgesteinen, zum Absetzen von Sedimenten kommen. Gesteine diesen Typs können auch Reste von Lebewesen enthalten, wenn sie - günstigste Umstände vorausgesetzt - in diese Sedimente eingelagert werden. Freilich sind solche Überbleibsel im Gestein vielfältigen Veränderungen ausgesetzt. Sie können mineralisiert und umkri-

Bild 37. Mikroaufnahmen prokaryotischer fossiler Einzeller aus Gesteinsformationen, deren Alter auf etwa 2 Milliarden Jahre geschätzt wird.
Links: *Leiosphaeridia bituminosa*, Gunflint Banded Iron Formation; Schreiber locality, Ontario (Lower Proterozoic); Alter ca. 2 Milliarden Jahre.
Unten: *Gunflintia minuta*, Barghoorn, Gunflint Banded Iron Formation; Schreiber locality, Ontario (Lower Proterozoic); Alter ca. 2 Milliarden Jahre.

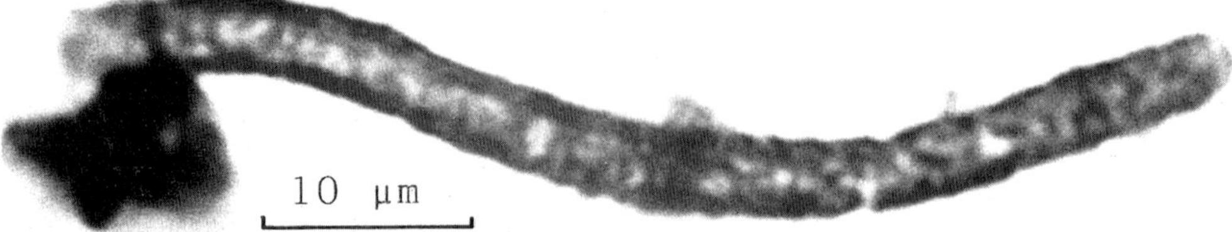

stallisiert werden oder verkohlen, um nur einige Möglichkeiten zu nennen.

Mikroskopisch kleine, blasig-membranöse Gebilde, die man als primitivste Zellen deuten könnte und die man „Mikrosphären"[1] nennt, hat man in der Isua-Formation auf Grönland gefunden, deren Alter mit 3,8 Milliarden Jahren angegeben wird. Man kann darüber streiten, ob wir - könnten wir diese Mikrosphären jetzt beobachten - sie zweifelsfrei „lebendig" genannt hätten. Unstreitig einfachst gebaute Zellen indessen kennen wir aus den Fig-Tree-Schichten in Südafrika. Die verhältnismäßig gut erhaltenen Strukturen deuten wir als Reste von Lebewesen, die wir - lebten sie heute - wohl als Bakterien oder Blaualgen ansähen. Sie sind etwa 3,1 Milliarden Jahre alt. In Gesteinsschichten in Afrika und Nordamerika, die etwa 3–1,6 Milliarden Jahre alt sind, finden wir Überreste in zunehmender Formenfülle, je jünger diese Schichten sind, darunter in den jüngeren Lagen auch Fäden aus Zellen, wie sie heute bei fädig wachsenden Blaualgen auftreten.

In Australien hat man Erdölspuren gefunden, deren Alter etwa 1,7 Milliarden Jahre[2] betragen dürfte. In diesem Erdöl waren Spuren von Sterolabbauprodukten nachweisbar. Unter den heutigen Lebewesen können nur Eukaryoten Steroide synthetisieren. Wir nehmen deshalb an, daß die organischen Ausgangsmaterialien, aus denen diese Erdölspuren gebildet worden sind, von Eukaryoten stammen. Weitere Indizien aus Schichten mit einem Alter von etwa 1,5 Milliarden Jahren weisen ebenfalls darauf hin, daß es damals Lebewesen mit Eucyten gegeben haben muß. In Gesteinsformationen Australiens, die zwischen 1,5–1 Milliarde Jahre alt sind, gibt es Mikrofossilien[3], die wir für eukaryotische Algen halten. In solchen Resten hat man Bildungen gesehen, die man am ehesten als Zellteilungen beziehungsweise als Zellkerne deuten kann. Neuerdings hat man in Gesteinsschichten in China, die 1,4 Milliarden Jahre alt sind, Fossilien gefunden, die Überreste von Tangen, also von vielzelligen, eukaryotischen Algen sein sollen.

Stützen die Fakten unsere Vorstellungen?

Alle oben aufgeführten Fakten sind mit den Hypothesen über die frühe Entwicklung der Lebewesen vereinbar. Sie zeigen deutlich, daß die Entwicklung von einfachen Lebewesen ausgegangen ist, ja von so einfachen Strukturen, daß wir nicht einmal sicher wissen, ob sie „gelebt" haben. Die vermutete Reihenfolge, in der die Lebewesen aufgetreten sein müssen, ist nirgends durchbrochen. Die Zeiten, die für das Herausbilden der einzelnen Organisationsstufen erforderlich gewesen sein dürften, erscheinen für die Bildungsprozesse nach unserem Wissen als ausreichend[4]. Nichts spricht dagegen, daß die Entstehung des Lebens so verlaufen ist, wie wir dies skizziert haben. Die Lebewesen haben eine einheitliche Wurzel. Leben ist in all seinen Erscheinungsformen in den Grund-

[1] mikros, griech. = klein; sphaira, griech. = Kugel.
[2] Robert Riding (Riding, R.: The algal breath of life; Nature, Vol. 359, S. 13, 1992) berichtet, daß neuerdings Funde, denen ein Alter von 2,1 Milliarden Jahren zugeschrieben wird (Han, T.-M. & B. Runnegar: Science, Vol. 257, S. 232–235, 1992), als eukaryotische Algen angesehen werden. Falls die Deutungen richtig sind, dann darf man in diesen Fossilien nicht nur die ältesten Eukaryoten sehen, die man bislang gefunden hat. Sie haben sicher „kurz" nach der Zeitspanne gelebt, in der die Eukaryoten entstanden sind.
[3] mikros, griech. = klein; fossilis, lat. = begraben.
[4] Manche Forscher haben Zweifel geäußert, ob es auf der Erde genügend Zeit für die Entwicklung von Leben aufgrund zufallsbedingter Prozesse gegeben hat. Der schwedische Physiker Svante Arrhenius meinte schon Ende des 19. Jahrhunderts, Leben sei gar nicht auf der Erde entstanden, sondern aus dem Weltall auf die Erde „hereingeweht" worden. Diese Hypothese von der „Panspermie", daß „Lebenskeime" überall vorkämen, löst natürlich das Problem über die Entstehung des Lebens keineswegs, sondern verschiebt es nur zeitlich und räumlich. Es ist unvorstellbar, wie unter den Bedingungen des Weltalls lebendige Substanz über Jahre, Jahrtausende oder Jahrmillionen verfrachtet werden soll. Vermutungen dieser Art sind auch wenig hilfreich, weil es kaum Möglichkeiten gibt, sie zu bestätigen oder zu widerlegen. Gleiches gilt für die Vorstellungen über eine „Gelenkte Panspermie", die Leslie Orgel und der Nobelpreisträger Francis Crick Ende der siebziger Jahre als möglich vertreten haben. Danach sollten Mikroorganismen mit einem Raumschiff auf die Erde gelangt sein. Möglicherweise sollte diese provozierende Hypothese die Aufmerksamkeit der Wissenschaftler darauf lenken, wie wenig wir doch wissen und daß wir uns mit einsehbaren Vermutungen anstelle harter Beweise nicht zufrieden geben sollten.

zügen gleich. Dies ist eine gute Grundlage dafür, die Lebewesen durch ein einheitliches Begriffssystem zu gliedern.

Umweltkatastrophe oder Fortschritt – Die Photosynthese

Was macht Pflanzen zu Pflanzen?

Wir haben die junge Erde kennengelernt als einen Planeten, dessen Atmosphäre sich grundlegend von der heutigen unterschieden hat. Wie kam die Erde zu ihrer derzeitigen Atmosphäre? Dies hat mit der Entwicklung der Lebewesen, speziell der Pflanzen zu tun.

Pflanzen zeichnen sich bekanntlich durch den Besitz des grünen Blattfarbstoffs Chlorophyll aus, mit dessen Hilfe sie Sonnenenergie zur Erzeugung organischer Stoffe ausnützen können. Diesen Prozeß nennt man Photosynthese[1]. Möglicherweise wurde er mehrfach erfunden oder aber in seinen Grundzügen abgewandelt. Wie schon erwähnt, haben höhere Pflanzen, also Eukaryoten, chlorophyllhaltige Organellen in vielen ihrer Zellen, vor allem in den Blättern (Bilder 38 und 39). Prokaryoten, wie Blaualgen und photosynthetisch tätige Bakterien, besitzen derartige Organellen noch nicht. Bei ihnen kommt Chlorophyll im Zellplasma vor. Allerdings haben photosynthetisch tätige Bakterien andere Chlorophylle als die Blaualgen, und in

[1] phos, griech. = Licht; synthesis, griech. = Zusammenfügung.

Bild 38. Chloroplasten in den lebenden Zellen eines Blattes der Kanadischen Wasserpest (*Elodea canadensis*).

Bild 39. Elektronenoptische Aufnahme eines Chloroplasten vom Scharbockskraut *(Ranunculus ficaria)*. Die Membranstapel (Thylakoide), in denen das Chlorophyll enthalten ist, sind gut zu sehen.

wesentlichen Zügen läuft die Photosynthese bei ihnen anders ab.

Worin lag der Vorteil dieser neuen Erfindung „Photosynthese“ für die Lebewesen? Die ersten Lebewesen waren darauf angewiesen, ihre Energie dadurch zu gewinnen, daß sie sich in chemische Abläufe einschalteten, also „Chemosynthese“[1] betrieben. Man kann sich vorstellen, daß sich Ausgangsstoffe für chemosynthetische Reaktionen im Laufe der Zeit zumindest örtlich verknappt haben könnten, so daß es einen Vorteil bedeutete, wenn Lebewesen von ihnen unabhängig wurden. Der Abbau der wenigen organischen Stoffe als Basis für die Energiegewinnung spielte hingegen wahrscheinlich keine oder eine nur sehr geringe Rolle.

Beschreibt man Photosynthese formal, dann wird in ihr Kohlendioxid (CO_2) letztlich reduziert[2] und in das kleinmolekulare Kohlenhydrat Traubenzucker (= Glucose) übergeführt. In der Symbolschrift der Chemie könnte man dies folgendermaßen ausdrücken:

$$6\,CO_2 + 12\,H_2O \xrightarrow{h\nu} C_6H_{12}O_6 + 6\,O_2 + 6\,H_2O$$

Die Photosynthese ist allerdings viel komplizierter, als es diese Gleichung widerspiegelt. An einer Stelle müssen wir den Vorgang näher betrachten. In obiger Gleichung ist der Wasserstoff des Wassers das Reduktionsmittel, liefert also die benötigten Elektronen. Photosynthetisch tätige Bakterien verwenden indessen in ihrer Photosynthese an Stelle des Wassers Schwefelwasserstoff (H_2S) oder sogar elementaren Schwefel. Für Bakterien, die Schwefelwasserstoff als Reduktionsmittel in ihrer Photosynthese verwenden, müßte man die obige Gleichung folgendermaßen schreiben:

$$6\,CO_2 + 12\,H_2S \xrightarrow{h\nu} C_6H_{12}O_6 + 12\,S + 6\,H_2O$$

Das Bemerkenswerte an dieser Reaktion fällt sofort auf: Es wird kein Sauerstoff freigesetzt. Die Atmosphäre der jungen Erde war mit großer Wahrscheinlichkeit frei von Sauerstoff. Daran änderte sich selbst dann noch nichts, als Bakterien Photosynthese mit solchen Elektronenlieferanten wie Schwefelwasserstoff betrieben. Erst als die „moderne“ Form der Photosynthese mit Wasser als Elektronenspender erfunden worden war, kam es zur „Umweltkatastrophe“. Sauerstoff reicherte sich allmählich im Wasser der Ozeane und in der Atmosphäre an[4]. Mit Sicherheit war er für viele der damaligen Lebewesen ein Gift. Sie starben aus oder mußten „lernen“, Sauerstoff zu ertragen, ja zu nutzen. Dieser Prozeß erstreckte sich über viele Millionen von Jahren. Schließlich wurde der erzeugte Sauerstoff zunächst verbraucht, um Eisenionen im Meerwasser, reduzierte vulkanische Gase in der Atmosphäre oder reduzierte Ionen an freiliegenden Gesteinsoberflächen zu oxidieren. Aus physikalischen und chemischen Untersuchungen alter Sedimentgesteine läßt sich schließen, daß der Sauerstoffgehalt in der Atmosphäre erst vor rund zwei Milliarden Jahren etwa 1% des heutigen Wertes erreicht hat. Einen Sauerstoffgehalt in

[1] Chemie ging aus Alchimie, der mittelalterlichen „Wissenschaft“ von den Stoffen und ihrer Umwandlung, hervor. Zuweilen schränkte man die Bedeutung des Wortes „Alchemie“ auf die „Kunst des Goldmachens“ ein. Das Wort ist arabischen Ursprungs. al-kimija heißt „Chemie“ in der Bedeutung von „Kunde von den Stoffen und ihrer Umwandlung“. „Synthesis“, griech. = Zusammenfügung. In chemosynthetischen Prozessen wird wie in der Photosynthese Energie für Lebewesen verfügbar gemacht.

[2] Oxidation und Reduktion muß man im Zusammenhang sehen. Oxidation nannte man früher alle Reaktionen, in denen sich ein Stoff mit Sauerstoff (Oxygenium) verbindet. Die oxidierten Stoffe wurden dadurch zu „Oxiden“. Entzieht man einem Oxid den Sauerstoff wieder, führt also den oxidierten Stoff in seinen Zustand vor der Oxidation zurück (reducere, lat. = zurückführen), dann reduziert man einen Stoff. Bringt man beide Vorgänge auf einen zwar abstrakten, aber exakten physikalischen Nenner, dann kann man sagen: Bei der Oxidation werden einem Stoff Elektronen entzogen; bei einer Reduktion nimmt ein Stoff Elektronen auf. In einer „Redoxreaktion“ wird ein Reaktionspartner oxidiert, ein anderer notwendigerweise reduziert. Reduktionsmittel heißt man alle Stoffe, die Elektronen in einer Redoxreaktion abgeben; Oxidationsmittel sind die Stoffe, die Elektronen in einem solchen Prozeß aufnehmen.

[3] h steht für eine physikalische Konstante, das Planck'sche Wirkungsquantum; ν steht für die Frequenz der absorbierten Strahlung. Die Energie, die hierbei verbraucht wird, beträgt 2872 kJ/Mol Glucose (1 Mol Glucose = 180 Gramm). „Veratmet“ man diese Menge Traubenzucker, wird dieselbe Energiemenge wieder freigesetzt.

[4] Die Anreicherung wurde nicht zuletzt dadurch möglich, daß Kohlenstoffverbindungen in den damaligen Meeren abgelagert und damit der Reaktion mit Sauerstoff entzogen worden sind. Darauf haben D. J. DES MARAIS et al. überzeugend hingewiesen (D. J. DES MARAIS, STRAUSS, H., SUMMONS, R. E. & HAYES, J. M.: Carbon isotope evidence for the stepwise oxidation of the Proterozoic environment; Nature, Vol. 359, S. 605–609, 1992).

dieser Höhe betrachtet man als den Grenzwert, der überschritten sein muß, wenn ein- oder wenigzellige, sauerstoffverbrauchende „Tiere" des Typs, wie er heute lebt, existieren können sollen[1]. Vermutlich gilt diese Grenze auch für eukaryotische, einzellige Pflanzen.

Die Anreicherung von Sauerstoff in der Atmosphäre hatte überdies einen äußerst wichtigen „Nebeneffekt": Energiereiche UV-Strahlung wurde mehr und mehr daran gehindert, bis auf die Erdoberfläche durchzudringen. Diese Strahlung ist für Lebewesen äußerst schädigend, ja tödlich, weil sie in der Erbsubstanz, der DNA, absorbiert wird. Dabei wird diese verändert und oftmals regelrecht zerstört. Freilich sollte man in diesem Zusammenhang darauf hinweisen, daß UV-Strahlen auch im Wasser absorbiert werden. Eine Wasserbedeckung von einigen Dezimetern Dicke schützt Lebewesen ausreichend vor den genannten schädlichen Auswirkungen.

Die Erfindung der Photosynthese hat also nicht nur Pflanzen von Tieren getrennt. Sie hat auch die Voraussetzung dafür geschaffen, daß höherentwickelte, auf Sauerstoff angewiesene Pflanzen und Tiere sich überhaupt herausbilden konnten. Ohne eine sauerstoffreiche Atmosphäre hätte es zu keiner Besiedlung der Landmassen kommen können.

Was bedeutete die Photosynthese für die Entwicklung der Lebewesen?

In den ersten 3,5 Milliarden Jahren waren die Ozeane allmählich salzhaltig geworden. Die Lebewesen, die diese Ozeane bevölkerten, traten zahlreicher und in größerer Artenvielfalt auf. Sie waren noch immer sehr klein. Einzeller überwogen. Größere Algen, Tange, erschienen erstmals vor etwa 1,4 Milliarden Jahren. Vor rund 800 Millionen Jahren waren offensichtlich Vertreter mehrerer Großgruppen von Algen herausgebildet. Dies legen Funde nahe, die man auf Spitzbergen in gut erhaltenen Sedimentschichten aus dieser Zeit gemacht hat. In den Ediacara-Schichten Südaustraliens, die etwa 650–700 Millionen Jahre alt sind, findet man Abdrücke, die man als Reste von Hohltieren und kleinen Ringelwürmern deutet. Größere vielzellige Tiere können aber erst aus Schichten nachgewiesen werden, die etwa 580 Millionen Jahre alt oder noch jünger sind. Erst um diese Zeit scheinen die Bedingungen für ihr Leben vorhanden gewesen zu sein. Dies kann nicht daran gelegen haben, daß leistungs- bzw. differenzierungsfähige Zellen fehlten; denn die Eucyte war ja längst entstanden, und auf der Organisationsstufe von Einzellern gab es gewiß schon hohe Spezialisierung. Wie die Funde fädiger Algen belegen, war auch die Vielzelligkeit erfunden und hatte sich offensichtlich bei Pflanzen bewährt. Es war vermutlich der noch immer zu niedrige Gehalt an Sauerstoff in der Atmosphäre und damit auch im Wasser der Ozeane, der ein früheres Auftreten größerer vielzelliger Tiere unmöglich gemacht hat. Vor 580 Millionen Jahren dürfte der Sauerstoffgehalt in der Atmosphäre auf etwa 10% des heutigen Werts angestiegen gewesen sein. Erst jetzt waren die Voraussetzungen dafür gegeben, daß sich Tiere mit größeren Körpern entwickeln konnten. Skelette der unterschiedlichsten Art, die als Stütze dienen, wurden „erfunden", ebenso Kreislaufsysteme, durch die Sauerstoff rascher und wirksamer dahin transportiert werden konnten, wo er gebraucht wurde. Intensiver Stoffwechsel wurde erst jetzt möglich.

Explodierende Artenvielfalt

Vom Kambrium zur Jetztzeit – Stationen in der Entwicklung der Pflanzen

Im Erdzeitalter des Kambriums, das etwa vor 580 Millionen Jahren begann und das vor rund 500 Millionen Jahren endete, gab es offensicht-

[1] A. H. Knoll: „Das Ende des Proterozoikums: Schwelle zu höherem Leben", in: Spektrum der Wissenschaft, H. 12, 1991, S. 100–107.

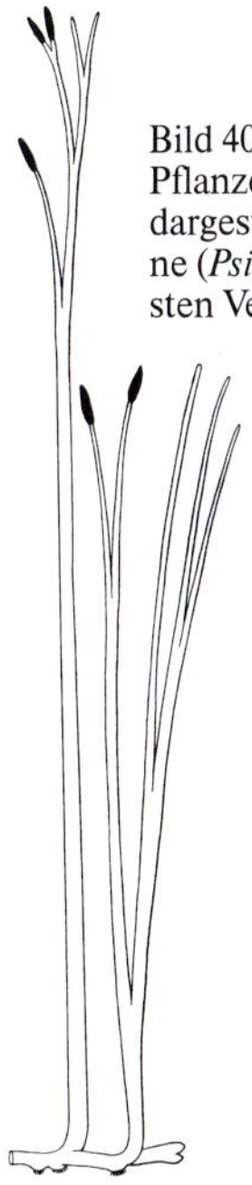

Bild 40. *Rhynia major.* Rekonstruktion einer Pflanze mit fertilen und sterilen Trieben. Die dargestellte Art gehört zur Gruppe der Urfarne (*Psilophytopsida*), der gestaltlich primitivsten Vertreter früher Landpflanzen. Derartige Pflanzen wurden z.B. in mitteldevonischen Gesteinen in Schottland gefunden. Aus ZIMMERMANN 1959.

Bild 41 (unten). *Stauropteris oldhamia.* Rekonstruktion dieses primitiven Farns, der - wie seine Verwandten - in den Zeitaltern des Oberdevon und Karbon lebte. Aus ZIMMERMANN 1959.

Bild 42. *Sphenopteris richthofeni.* Diese Farnpflanze lebte im Zeitalter des Karbon.

lich alle Großgruppen - Stämme - des Tierreichs mit Ausnahme der Wirbeltiere. Diese traten erst im Ordovizium auf, also vor etwa 500–440 Millionen Jahren, und zwar zuerst als Panzerfische. Bis zum Ende des Ordoviziums gab es Leben ausschließlich im Meer. In ihm kamen offensichtlich Vertreter aller Algengruppen vor, die wir heute vorfinden.

Im Silur, das vor rund 440 Millionen Jahren begann und vor rund 400 Millionen Jahren endete, eroberten erst die Pflanzen und danach die Tiere das Festland. Die ersten Landpflanzen, Nacktfarne, ähnelten in ihrem Bau noch Tangen (Bild 40), besaßen indessen schon einfache Transport- und Festigungssysteme. Die ältesten bislang bekannten Versteinerungen, die wir Nacktfarnen zuschreiben, stammen aus Libyen und Irland. Ihr Alter wird auf rund 430–420 Millionen Jahre geschätzt. Die ersten Landtiere dürften Verwandte der heute lebenden Skorpione und Tausendfüßer gewesen sein. Reste von ihnen findet man in Gesteinen, die im Devon gebildet worden sind.

Im Devon, der Zeit zwischen 400 und 350 Millionen Jahren vor der Jetztzeit, entwickelten sich allmählich Farne, Schachtelhalme und Bärlappe. Unter den Farnen hat man Formen gefunden, die man als Vorläufer der Nacktsamigen Pflanzen deutet. Streng genommen handelt es sich um zwei Vorläuferlinien, von denen die eine zu den Fiederblättrigen Nacktsamern *(Cycadophytina)*, die andere zu den Gabel- und Nadelblättrigen Nacktsamern (*Coniferophytina*; ihre heute lebenden Vertreter sind die Nadelbäume) führte. Im oberen Devon, vor rund 365 Millionen Jahren, dürften die ersten Wirbeltiere das Festland „betreten“ haben. Dies legen Versteinerungen nahe, die man in Schottland gefunden hat.

In der Karbonzeit (350–270 Millionen Jahre) kam es zur Entfaltung der riesigen Wälder aus Farnpflanzen, baumartigen Bärlapp- und Schachtelhalmgewächsen (Bild 43–46), aus

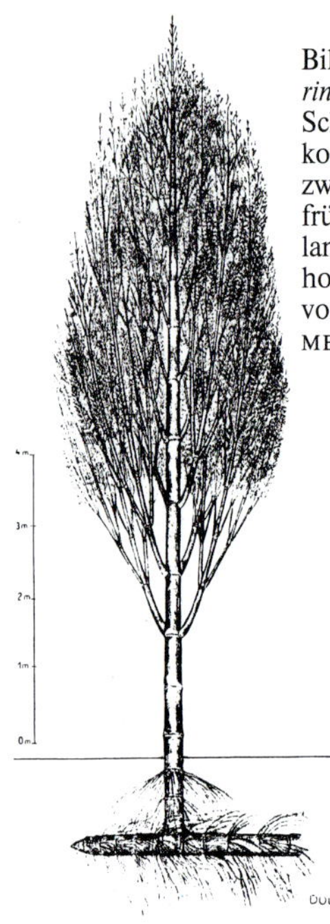

Bild 43 (links). *Calamites carinatus.* Baumförmiges Schachtelhalmgewächs (Rekonstruktion) aus der Zeit zwischen spätem Devon und frühem Karbon. Manche Calamiten wurden bis 30 m hoch und besaßen Stämme von 1 m Dicke. Aus ZIMMERMANN 1959.

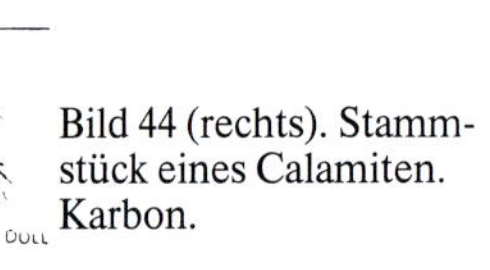

Bild 44 (rechts). Stammstück eines Calamiten. Karbon.

deren Resten die Steinkohlenlager gebildet worden sind. In dieser Zeit traten auch die Samenfarne *(Lyginopteridopsida)* auf, eine Gruppe, die heute ausgestorben ist und die wir eindeutig zu den Nacktsamigen Pflanzen rechnen (Bild 47).

Im Perm (270–225 Millionen Jahre) dominier-

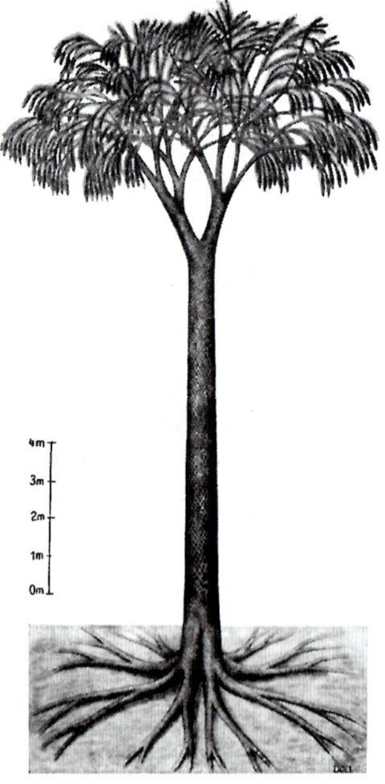

Bild 45 (links). *Lepidodendron.* Rekonstruktion eines „blühenden Baumes“. Diese Art gehört zu den Bärlappgewächsen (*Lycopsida*) und lebte im Zeitalter des Karbon. Aus ZIMMERMANN 1959.

Bild 46 (rechts). *Lepidodendron.* Stammstück mit „Blattpolstern“.

ten die Nacktsamer ebenso wie in der Trias (225–180 Millionen Jahre).

In der Jurazeit (180–135 Millionen Jahre), vielleicht sogar schon in der Trias[1], gab es die ersten Vorläufer der Bedecktsamigen Pflanzen. In der Kreidezeit (135–65 Millionen Jahre) traten sie vermehrt auf. In der Unterkreide finden wir erste Blattreste, Pollen und versteinerte Holzstücke, die von Bedecktsamigen Pflanzen stammen müssen. Andere Versteinerungen, mit denen sie zusammen vorkommen, sprechen dafür, daß die ersten Bedecktsamer in einem tropischen Gebiet gelebt haben.

Aus den bisherigen Funden kann man nicht zwingend erschließen, aus welcher „Vorläufergruppe" die Angiospermen[2] (Bedecktsamer) entstanden sind. Es ist nicht einmal sicher, ob es unter den damaligen Nacktsamern nur eine eng umschriebene Gruppe war, von denen die Bedecktsamer abstammen. Die große Zahl von Besonderheiten, die alle Bedecktsamigen Pflanzen in ihrem Blütenbau, vor allem bezüglich der Bildung von Pollen und Eizellen, dazu bei der Befruchtung sowie im Bau der Siebröhren und Geleitzellen zeigen, sprechen für eine gemeinsame Abkunft, wenngleich die Vorläufergruppe nicht unbedingt einheitlich gewesen sein muß. Höchstwahrscheinlich hat sie zu den Fiederblättrigen Nacktsamern *(Cycadophytina)* gehört. Man kann indessen keine der fossil bekannten Gruppen eindeutig als „Stammgruppe" benennen. Im Gegenteil, manches spricht dafür, daß die unmittelbaren Vorfahren der Angiospermen Eigentümlichkeiten hatten, die wir bei unterschiedlichen Gruppen der Nacktsamigen Pflanzen finden. Die Vorläufergruppe könnte sich also direkt aus den Samenfarnen *(Lyginopteridopsida)* entwickelt haben und uns bislang als Versteinerung verborgen geblieben sein. Gegen Ende der Kreidezeit prägten die Bedecktsamer eindeutig das Gesicht der Pflanzenwelt.

Bild 47. *Lyginopteris hoeninghausi.* Rekonstruktion eines Stammstücks mit „normalen" und „samentragenden" Blättern. Diese Art aus der späten Karbonzeit rechnen wir heute zu den Fiederblättrigen Nacktsamern (*Cycadophytina*). Aus Zimmermann 1959.

Im tropisch-subtropischen Klima des Tertiärs (70–2 Millionen Jahre) kam es – vor allem in der Anfangsphase dieses Erdzeitalters – zu einer fast explosionsartigen Entfaltung unter den Bedecktsamern. Die Reste, die aus dieser Zeit stammen, können wir vielfach Gattungen zuordnen, von denen es noch heute Vertreter gibt.

Heute kennt man etwa 250000 Arten von Angiospermen, die man in mehr als 10000 Gattungen und rund 450 Familien einordnet. Da unsere Kenntnis sicherlich lückenhaft ist und viele regionale Floren nicht so gründlich durchforscht sind wie die Mitteleuropas und Nordamerikas, könnte es sogar rund 350000 Arten von Bedecktsamern geben.

[1] Eine Übersicht über die Problematik des Auftretens von Angiospermen schon vor der Kreidezeit und über neuere Publikationen zu diesem Thema gibt P. R. Crane in Nature, Vol. 366, S. 631 + 632, 1993.

[2] angeion, griech. = Gefäß, Umhüllung; spermatios = Genitiv von sperma, griech. = Samen.

Ordnung der Vielfalt – Die Pflanzensystematik

Voraussetzungen

Die Philosophen haben sich schon immer bemüht herauszufinden, was wir von der Wirklichkeit erkennen. Erfaßt unser „Erkenntnisapparat" die Wirklichkeit? Inwieweit bildet unser Gehirn aufgrund der Nachrichten, die es über die Sinnesorgane, etwa unser Auge, aus der Umwelt empfängt, diese „zuverlässig", „richtig" ab? Wir können davon ausgehen, daß dem so ist. Wäre es anders, könnten wir uns in der Welt nicht zurechtfinden. Wir müssen sogar vermuten, daß sich Gehirn und Sinnesorgane im Wechselspiel mit der Umwelt so entwickelt haben, daß sie zuverlässige Informationen über die Umwelt liefern. Die Muster, in denen wir denken, finden sich - unabhängig von menschlichem Zutun - vorgeprägt in den vielfältigen Erscheinungen der Natur und in den Beziehungen, in denen diese miteinander verknüpft sind. Wir können die Natur nicht begreifen, weil wir Denkschemata erfunden haben, die das naturhaft Gegebene repräsentieren. Unsere Denkschemata sind „naturgemäß", weil sie sich in der lebendigen Auseinandersetzung mit der Natur entwickelt und bewährt haben und weil sie die Wirklichkeit angemessen abbilden.

Diese Einsicht hat Folgen. Sie erklärt, daß Menschen unabhängig von Erziehung und Kultur prinzipiell dieselbe Erkenntnisfähigkeiten besitzen. Hierzu gehört auch das Vermögen, Gestalten zu erkennen[1] (Bilder 48 und 49). „Gestalten" heben sich vom Hintergrund ab, kontrastieren gegen ihn. Wir erkennen sie selbst dann wieder, wenn wir sie aus anderem Blickwinkel oder in einer anderen Größenrelation betrachten, sie etwas verbiegen oder versetzen. Hingegen verliert eine Gestalt das ihr Eigen-

[1] Gestalten „erleben" möglicherweise alle Wirbeltiere, vielleicht auch Tiere aus anderen Stämmen. Ob und - wenn ja - inwieweit ihr „Gestalterleben" mit dem menschlichen Gestalterkennen verglichen werden kann, müssen wir offen lassen.

Bild 48. Rubinscher Becher. Auf den ersten Blick erkennt man in der Regel einen Pokal mit kunstvoll geformtem Stiel, bei genauerem Hinsehen entdeckt man zwei Gesichter, die sich ansehen.

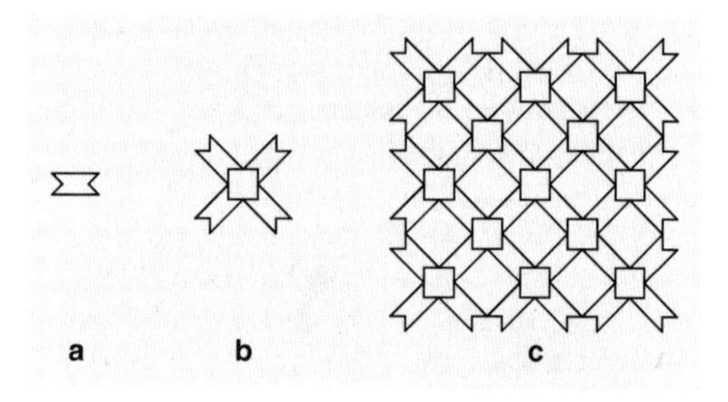

Bild 49. Das Schema zeigt den Aufbau einer Gestalt aus einfachen Elementen. (**a**) zeigt ein solches Element. Setzt man vier dieser Elemente zusammen, entsteht ein Kreuz, in dessen Zentrum ein Quadrat als eigene Einheit auffällt, obschon es „gar nicht vorhanden" ist (**b**). Fährt man mit dem Zusammensetzen der Elemente fort (**c**), dann sehen wir eine Gitterstruktur, und zwar wiederum als Einheit, wohingegen wir Mühe haben, in diesem Gitter die einzelnen Bauelemente wahrzunehmen. Nach Danzer, Verhalten, 1979.

tümliche, wenn wir sie in ihre Einzelteile zerlegen und diese nebeneinanderstellen.

Gestaltbildung gibt es nicht nur im Bereich optischer Erscheinungen. Auch eine Melodie ist eine „Gestalt". Spielt man sie laut genug vor einem Hintergrund störender Geräusche, erkennt man sie ohne weiteres wieder, ebenso wenn man sie in eine andere Tonlage transponiert oder im Tempo „verbiegt". Vereinzelt man hingegen die Töne, aus denen sie komponiert ist, und spielt jeden für sich, bleibt von der Melodie, der sie entnommen sind, nichts übrig.

Wir wundern uns im täglichen Leben nicht darüber, daß wir eine Pflanze als Individuum und damit als eine Gestalt erleben. Dies ist für uns selbstverständlich. Ganz und gar nicht selbstverständlich ist es hingegen, daß wir verschiedene Individuen, z.B. der Sonnenblume - fast ohne zu überlegen - als gleichartig, eben als Sonnenblumen erkennen. Bei aller Verschiedenheit, die es zwischen solchen Individuen gibt, abstrahieren wir das Gemeinsame, nämlich die „Gestalt Sonnenblume". Wenn wir uns eine Gestalt einmal eingeprägt haben, sind wir imstande, sie wiederzuerkennen. Freilich ist dies nicht immer so einfach möglich wie in dem geschilderten Beispiel, und zwar dann nicht, wenn es ähnliche Gestalten gibt. Schließlich sehen wir auch gelegentlich in wildfremden Leuten auf den ersten Blick Bekannte, doch lehrt uns genaueres Hinschauen, daß wir uns getäuscht haben. Bei aller Ähnlichkeit gibt es auch an Gestalten Eigentümliches, an dem man sie identifizieren kann.

Nur was man als gleichartig erkannt hat, vermag man sinnvollerweise mit einem einheitlichen Namen zu benennen. Damit ist nicht notwendig verbunden, daß man sich über das „Wesen" des Benannten Gedanken macht oder es in irgendeine Ordnung bringt. Entscheidend sind vielmehr die Verbindungen, die das Benannte für die menschliche Erlebniswelt hat. Eine Pflanze, die Nahrung liefert, ist wichtig, ebenso eine, die unbekömmlich oder gar giftig ist. Vergleichbares gilt für Tiere. Auch andere Wichtigkeitskriterien sind denkbar, Schönheit zum Beispiel; Pflanzen, Lebewesen allgemein, können sogar religiöse Bedeutung im weitesten Sinn erlangen. In all diesen Beziehungen sind sie für Menschen Gegenstand der Kommunikation und brauchen infolgedessen Namen.

Wann Menschen begonnen haben, als „gleichartig" erkannte Lebewesen zu benennen, wissen wir nicht. Vermutlich erfolgte dies schon mit der Entwicklung von Sprache. Angehörige aus primitiven wie aus höher entwickelten Kulturkreisen unterscheiden und benennen verschiedenartige Lebewesen aus ihrer Umwelt je nach dem Grad, in dem ihr Leben mit der Natur noch heute verwoben ist. So berichtet ERNST MAYR, „daß einem Jägerstamm auf Neuguinea die dortige Vogelwelt genausogut bekannt war wie der Wissenschaft - die Ornithologen hatten 137 Arten nachgewiesen, die Einheimischen kannten 136 und verwechselten nur zwei. Die Hanunóo auf den Philippinen unterscheiden rund 1600 Pflanzentypen, und sie alle tragen einen Namen."[1]

Daß in den zitierten Beispielen offensichtlich überwiegend oder doch sehr häufig „Arten" in unserem heutigen Verständnis benannt worden waren, ist bemerkenswert. Wir möchten dies hier betonen, es aber erst später und in anderem Zusammenhang bewerten (s. S. 100).

Wie groß die Bedeutung jagdbarer Tiere für die Jäger in der Altsteinzeit war, bezeugen die Höhlenmalereien von Altamira, Lascaux und Dutzender anderer Orte, an denen man sie gefunden hat. Man darf davon ausgehen, daß frühe Menschen, die als Jäger und Sammler ihr Leben fristeten, kannten und benannten, was sie jagten und sammelten. Sicher war dies der Fall, als sie Tiere zähmten und Pflanzen in Kultur nahmen. Hunde dürften wohl in der älteren Steinzeit, eventuell schon vor rund 15000–20000 Jahren zu Gefährten des Menschen geworden sein. Die ersten Nutzpflanzen, wahrscheinlich Gersten, sind seit der mittleren Steinzeit, seit etwa 10000, vielleicht sogar seit 12000 Jahren im Anbau. Die ältesten Funde - allerdings noch wilder, also möglicherweise nur gesammelter - zweizeiliger, bespelzter Gerste wurden auf dem Peloponnes in Griechenland gemacht und stammen aus einer Höhle, die

[1] Zitiert aus R. WILLMANN, 1985, S. 22/23.

schon vor fast 12500 Jahren bewohnt gewesen war. An Fundstellen, die etwa 7000–8000 Jahre alt sind, fehlen Wildgersten unter den Nahrungsresten. Eindeutig sind zu dieser Zeit schon Kulturformen der Gerste und anderer Getreide nachweisbar. Die Merkmale, die sie zu Kultursorten machen, sind sicherlich erst nach einigen hundert, ja erst nach ein- oder zweitausend Jahren „Züchtung" ausgelesen worden, so daß man wohl nicht übertreibt, wenn man den ersten Pflanzenbau vor rund 10000 Jahren annimmt. Immerhin schätzt man die ältesten Funde von Nacktweizen, die man im Nahen Osten bei Aswad gemacht hat, auf rund 9800 Jahre.

Bild 50. PLATON (427–347 v. Chr.). Marmorbüste. Paris, Musée du Louvre.

Bild 51. ARISTOTELES (384–322 v. Chr.). Römische Kopie nach einem griechischen Original vom Ende des 4. Jh. v. Chr.. Wien, Kunsthistorisches Museum.

Erste Schritte zur Ordnung

Aristoteles und Theophrast

In der griechischen Kultur des klassischen Altertums wurzelt unsere heutige Wissenschaft. Unter den Denkern aus dieser Zeit, die die Welt zu begreifen suchten und die Fragestellungen aufnahmen, die Philosophen noch heute bearbeiten, ragen PLATON (427–347 v. Chr., Bild 50) und sein Schüler ARISTOTELES (384–322 v. Chr., Bild 51) heraus. ARISTOTELES hat sich eingehend mit der Welt des Lebendigen beschäftigt. Er faßte in seinen Schriften das gesamte Wissen der damaligen Zeit über die Natur zusammen und steuerte außerdem eigene Beobachtungen und Bewertungen bei. Seine klaren, wenngleich heute schwer lesbaren Darstellungen gelten vielen als Beginn der Naturwissenschaft schlechthin[1]. Besonders bedeutend sind in dieser Hin-

[1] Diese Aussage soll nicht verschleiern, daß es in außereuropäischen Kulturen ebenfalls Ansätze für ein umfassendes Naturverständnis gegeben hat. So wird die frühe Kenntnis eines biologisch durchaus einsichtigen Artbegriffs im jüdisch-arabischen Kulturkreis durch das Bibelzitat 1. Mose 6,19+20 bezeugt („Stuttgarter Privilegierte Württembergische Bibelanstalt, 1921"): „Und du sollst in den Kasten tun allerlei Tiere von allem Fleisch, je ein Paar, Männlein und Weiblein, daß sie lebendig bleiben bei dir. Von den Vögeln nach ihrer Art, von dem Vieh nach seiner Art und von allerlei Gewürm auf Erden nach seiner Art: von den allen soll je ein Paar zu dir hineingehen, daß sie leben bleiben."

sicht seine Ausführungen über die Tierwelt. Er hat nicht nur über 550 Tierarten beschrieben, sondern sich auch zu Körperbau und zu Lebensvorgängen geäußert. Seine botanischen Schriften sind uns leider nicht erhalten geblieben. Dagegen kennen wir die Pflanzenbeschreibungen seines Schülers THEOPHRASTOS VON ERESOS (371–285 v. Chr.; als Geburtsjahr wird auch 372, als Todesjahr 288 v. Chr. angegeben (Bild 52). Da sich THEOPHRASTOS nach dem Tod PLATONS (347 v. Chr.) der Philosophenschule des ARISTOTELES anschloß, ihr bis zu ARISTOTELES' Tod (322 v. Chr.) – also 25 Jahre lang – angehörte und sie anschließend weiterführte, dürfen wir vermuten, daß diese Beschreibungen das aristotelische Gedankengut vollständig enthalten[1]. Pflanzen und Tiere behandelte er in Benennung und Ordnung gleich oder doch sehr ähnlich. Infolgedessen können wir uns ein recht gutes Bild davon machen, wie man die Lebewelt zur damaligen Zeit gesehen hat.

ARISTOTELES ließ sich – wie vor ihm schon der griechische Philosoph DEMOKRIT (460–370 v. Chr.) – von der Erfahrung leiten und beschrieb, was ist. Er hielt es für richtiger, sich erst über den Körperbau eines Lebewesens Klarheit zu verschaffen und dann zu überlegen, wie der Körper funktioniere. Ähnliches gilt für die Möglichkeit, Lebewesen zu gruppieren und zu ordnen. Im Geist der damaligen Zeit war indessen sein Denken nicht frei von spekulativen Betrachtungsweisen. So glaubte ARISTOTELES, daß sich in der Form der Lebewesen ein Gestaltungsprinzip, eine Seele ausdrücke. Deswegen schien ihm klar, daß sich hinter der individuellen Erscheinung ein „eidos" verberge, gewissermaßen ein Bild, dem alle Exemplare einer Art entsprächen. Wir erfassen recht gut, wenn auch nicht vollständig, was er meinte, wenn wir etwa bei einem besonders „typischen" Exemplar sprachlich ungenau sagen, es handle sich um eine „ideale"[2] Trollblume. Gemeint wäre, daß das gefundene Exemplar dem „Bauplan" Trollblume voll entspräche.

Bild 52. THEOPHRASTOS (371–285 v. Chr.). Kupferstich von PHILIPP KILIAN. Berlin. Archiv für Kunst & Geschichte.

So sehr sich sonst ARISTOTELES von den Lehren PLATONS distanzierte, der als Schein ansah, was Menschen von Welt erfahren könnten, als flüchtigen Schatten der „Ideen", die das wahre Wesen der Dinge darstellten: Im „eidos" übernahm er einen Begriff, mit dem er „gleichartige" Lebewesen auszeichnete. Im Lateinischen wurde dieser Begriff „species" genannt, ein Wort, das wir heute als Fachwort für „Art" gebrauchen. Ähnliche Arten faßte ARISTOTELES im „genos" zusammen, das im Lateinischen „genus" heißt, und auch diesen Ausdruck hat

[1] ROBERT TEMPLE vertritt in einer Buchbesprechung (TEMPLE, R.: The roots of nature; Nature, Vol. 359, S. 489 f., 1992) die Ansicht, ARISTOTELES habe selbst gar nicht über Pflanzen publiziert, sondern an seiner „Philosophenschule" „Team-Forschung" eingeführt („ARISTOTELES founded the practice of team research"), wobei THEOPHRAST Metereologie und Botanik bearbeitet habe. Wie dem auch sei: Was THEOPHRAST über Pflanzen schrieb, erwuchs aus aristotelischem Denken.

[2] „Idee" und daher auch „ideal" leiten sich sprachlich von „eidos" ab.

man in der Biologie als Fachwort für „Gattung“ übernommen.

Indessen würde man ARISTOTELES „überinterpretieren“, wenn man sagte, er habe damit schon einen Artbegriff in einem modernen Sinn entworfen. Das geht schon daraus hervor, daß er „genos“ nicht immer als übergeordneten Begriff verwendet und „eidos“ ihm unterordnet. Gelegentlich macht er es nämlich genau umgekehrt. Trotz der genannten Inkonsequenz sind „eidos“ und „genos“ für ARISTOTELES auch Ordnungsbegriffe. PLATON hatte gezeigt, daß man durch „gedankliche Teilung“, ein fortgesetztes „entweder so - oder so“ letztlich von einem umfassenden Allgemeinen zu einem Einzelnen kommen kann, das nicht mehr teilbar ist. Dieses Verfahren ist prinzipiell auf lebende wie tote Gegenstände anwendbar; denn es „erkennt“ Gleichartiges und erlaubt, Objekte abgestuft zu ordnen.

Trennt man vergleichend Lebewesen nach ihren erkennbaren Eigenschaften, so kommt man letztlich zu einer „Einheit“, eben der „Art“. Ihre Angehörigen besitzen dieselben Eigenschaften. Daher kann die Art, wie ARISTOTELES sie auffaßt, nicht weiter aufgetrennt werden. Arten mit ähnlichen kennzeichnenden Eigenschaften können in einer übergeordneten Gruppe zusammengefaßt werden, dem „genos“, mehrere Gattungen zu einer höheren Gattung usw. Die „Arten“ des ARISTOTELES sind also ein Kind der Logik und darin den Atomen des DEMOKRIT vergleichbar.

Damit wird eine logische Ordnung möglich, die allerdings noch keine systematische Klassifikation darstellt. Die Begriffe „Art“ und „Gattung“ sind relative Begriffe, die sich nach mehr als einem kennzeichnenden Merkmal richten. In ihrer Definition ist indessen kein Element enthalten, das sie auf einen Formenkreis mit typischen Eigenschaften, die nur Lebewesen zukommen, festlegt.

ARISTOTELES erkannte, daß das platonische Aufteilen in zwei Alternativen in der Biologie dann unmöglich ist, wenn eine Gattung mehrere „gleichberechtigte“ Arten enthält. In einem solchen, nicht eben seltenen Fall muß man die Gattung gewissermaßen „fingerförmig“ in alle ihre Arten auftrennen. Obschon ein Abgehen vom einfachen „Entweder - Oder“ - also das gleichzeitige Anbieten mehrerer Möglichkeiten - beim gedanklichen Zergliedern in der Welt des Unbelebten in der Regel nicht notwendig ist, bestimmt es die zur Ordnung der Lebewesen gebildeten Begriffe nicht, und es verleiht ihnen insbesondere keinen biologischen Inhalt.

Gleichwohl erwies sich das gefundene Ordnungsverfahren als überaus wertvoll. Es war das gemeinsame Bild, das Individuen als Angehörige ein und derselben „Art“ auswies. Unterschiede, anders„artige“ Merkmale trennten die Arten voneinander. Aufgrund von Ähnlichkeit ließen sie sich in Gruppen höherer Ordnung erfassen. Selbst mit den rein logisch definierten Begriffen wurde so die Vielfalt übersichtlich und wissenschaftlich zugänglich. Das Prinzip des Ähnlichkeitsvergleichs führte zum Erkennen von Tiergruppen, die wir noch heute in nahezu gleicher Umgrenzung als zusammengehörig ansehen, wie z. B. die Huftiere und die Gliederfüßer. In der Klarheit des methodischen Vorgehens liegt denn auch einer der Gründe, warum die Schriften des Aristoteles über die Natur so lange geradezu das Fundament biologischen Wissens geblieben sind.

Von THEOPHRASTOS sind uns zwei botanische Werke überliefert[1], und zwar „Die Ursachen des Pflanzenwuchses“ und „Die Geschichte der Pflanzen“. In den „Ursachen des Pflanzenwuchses“ beschäftigt er sich mit Samenkunde, Vermehrung, Wachstum, Pfropfen, dem Einfluß von Klima und Boden, Garten- und Ackerbau, Pflanzenkrankheiten usw. In der „Geschichte der Pflanzen“ behandelt er Fragen der Benennung, aber auch Pflanzengruppen, wie z. B. Nutzgehölze, wildwachsende Gehölze, Eigenschaften der Hölzer, Gemüsepflanzen, Getreide, Arzneipflanzen.

Diese Inhaltsangaben muten fast „modern“ an und zeigen, wie vielfältig die Interessen an der Pflanzenwelt schon in der damaligen Zeit

[1] Seine zoologischen Schriften sind hingegen verloren gegangen. Sollte R. TEMPLES Vermutung über die Arbeitsteilung in der Philosophenschule des ARISTOTELES stimmen (s. Fußnote S. 53), dann hat THEOPHRAST möglicherweise nichts über die Tierwelt geschrieben.

gewesen sind. Theophrast hat in anderer Hinsicht in der Tat „modern“ gearbeitet: Er hat, um klar beschreiben zu können, Begriffe eingeführt, die wir noch heute benutzen. Er hat erkannt, daß Landpflanzen aus Wurzel, Stengel und Blatt aufgebaut sind und daß diese Bestandteile bei den einzelnen Arten auch dann grundsätzlich gleich sind, wenn sie völlig verschieden aussehen. Er unterschied - wahrscheinlich als erster - zwischen Rinde, Holz und Mark, sprach von Ästen und Zweigen. Er beschrieb die Blüte und hielt Frucht und Samen auseinander. Natürlich hat er auf Vorwissen zurückgegriffen, was schon daraus hervorgeht, daß er Namen aus der Umgangssprache für die genannten Pflanzenteile verwendete. Bedeutsam ist indessen, daß er den gebildeten Begriffen - trotz der vertrauten Namen - einen klar definierten Sinn gegeben hat. Damit hat sich Theophrastos als einer der bedeutendsten Naturwissenschaftler im griechischen Kulturkreis erwiesen, in dieser Hinsicht gleichrangig mit seinem Lehrer Aristoteles.

Bild 53. Dioskorides (1. Jh. nach Chr.). Holzstich. Aus: H. Göll, die Weisen und Gelehrten des Altertums, 2. Aufl. Leipzig. 1876.

Dioskorides und Plinius

Von Pedanios Dioskorides (Bild 53), der aus Kleinasien stammte und der in Alexandrien zum Arzt ausgebildet wurde, kennen wir Geburts- und Todesjahr nicht. Er lebte im 1. Jahrhundert nach der Zeitenwende und war Militärarzt in römischen Diensten. Um 60 n. Chr. verfaßte er „De materia medica“[1], eine in der damaligen Zeit berühmte Arzneimittellehre. In ihr beschrieb er nahezu 600 Pflanzenarten. Obschon Dioskorides offensichtlich die meisten der aufgeführten Arten aus eigener Anschauung gründlich kannte, er also über umfangreiches botanisches Wissen verfügte, brachte er die Botanik als Wissenschaft nicht über die Grenzen hinaus, die bereits Theophrastos rund 350 Jahre vor ihm erreicht hatte.

Caius Plinius Secundus (23–79 n. Chr., Bild 54) war hoher römischer Offizier. Er kam beim Ausbruch des Vesuvs ums Leben. Mit ungeheurem Fleiß sammelte er in seinen dienstfreien Stunden das Wissen seiner Zeit in einer Enzyklopädie von 37 (!) Bänden, von denen die

Bild 54. Plinius Secundus (23–79 n. Chr.). Aus Wittrock, Catalogus II.

[1] Titel der lateinischen Übersetzung.

Bände 12–27 der Pflanzenwelt gewidmet sind. Sehr genau gibt er an, aus welcher Quelle er seine Angaben bezogen hat. Allein in seinen Ausführungen über Botanik zitiert er mehr als 300 Autoren! Hingegen fehlen ihm gründliche Kenntnisse aus eigener Erfahrung. Seine Texte sind nicht kritisch überarbeitet und enthalten daher manche Ungereimtheiten. Sein Verdienst liegt vor allem darin, daß in seinem Werk auch Angaben von Autoren wiedergegeben worden sind, deren Aufzeichnungen wir im Original nicht kennen.

Die Verfahren, mit denen die Vielfalt im Reich des Lebendigen geordnet werden konnte, waren seit Aristoteles nicht verbessert, die Kenntnis der Pflanzenarten gegenüber Theophrastos kaum erweitert, das begriffliche Rüstzeug nicht präzisiert worden. Doch war das von beiden Erreichte in den Werken von Dioskorides und vor allem von Plinius wieder aufgegriffen, zur Kenntnis gebracht und dadurch in seiner Wirkung noch verstärkt worden.

Die Werke von Dioskorides und von Plinius erlangten ihre kaum zu überschätzende Bedeutung nicht durch Originalität, sondern weil sie schon zu ihrer Zeit berühmt gewesen und weil sie der Nachwelt überliefert worden sind. Jahrhunderte hindurch waren sie die unumstrittene Quelle für alle, die sich in irgendeiner Hinsicht mit Pflanzen beschäftigten. So nimmt es nicht Wunder, daß viele der Pflanzennamen, die Dioskorides gebrauchte oder prägte, bis in die heutige Zeit benutzt werden, selbst dann, wenn sie von ihm möglicherweise auf ganz andere Arten bezogen worden waren.

Vom Altertum zum Mittelalter

Albertus Magnus

Wir können uns heute ein wahrscheinlich nur unzureichendes Bild darüber machen, wie in frühchristlicher Zeit bis hinein ins Mittelalter gedacht worden ist. Das Lebensgefühl war in den ersten Jahrhunderten nach der Zeiten-

Bild 55. Albertus Magnus (1193–1280). Kupferstich von Th. de Bry (1561–1623).

wende wissensfeindlich. Die belebte Natur und nicht zuletzt der menschliche Körper wurden „als etwas Niederes, ja als etwas von bösen Mächten Besessenes angesehen. In der christlichen Welt kommt es geradezu zu einem Haß gegenüber den ‚heidnischen Naturwissenschaften‘. Nur die Medizin fristet noch ein kümmerliches Dasein.“[1] Menschliches Streben richtet sich eher darauf, den Tod zu überwinden und durch die Erlösung vollkommenes Leben zu gewinnen.

Als Albert Graf von Bollstädt, Bischof von Regensburg, Professor an Ordensschulen in Würzburg, Straßburg und Köln, besser bekannt als Albertus Magnus (1193–1280, Bild 55), die Lehren des Aristoteles in ihrer Bedeutung für das Weltverständnis wiedererkannte, da entdeckte er dadurch auch das „Buch der Natur“, das für ihn die Bibel, das Buch der Offenbarung, sinnvoll ergänzte. Er meinte folgerichtig: „Wenn

[1] Zitiert aus Mägdefrau, S. 12, 1973.

ich Naturforschung betreibe, interessieren mich keine Wunder."[1] Sein Interesse an der Tier- und Pflanzenwelt richtete sich indessen mehr darauf zu überprüfen, ob sich das Beobachtete letztlich mit den Lehren des Aristoteles in Übereinstimmung bringen ließ, ob aus Einzelnem auf Allgemeines geschlossen werden könne. Gleichwohl hatte er auf seinen Reisen viel gesehen, eine für seine Zeit gute Formenkenntnis gewonnen und vor allem in der Morphologie das eine und andere als erster erkannt und beschrieben, so etwa den Unterschied zwischen Dornen und Stacheln.

Die „Väter der Botanik"

Brunfels – Bock – Fuchs

In der Zeit des Albertus Magnus wandelte sich das geistige Klima in Europa sichtbar. Die ersten Universitäten wurden im 13. Jahrhundert gegründet. Im 14. Jahrhundert entstand in Italien die kulturelle Bewegung, die wir heute Renaissance nennen. Renaissance bedeutet „Wiedergeburt" und meint das Aufkommen jenes schöpferischen Geistes, der das klassische Altertum ausgezeichnet hatte und der ein Abwenden von der Fixierung auf die alten Autoritäten mit sich brachte. Die Reformation wurde möglich. 1446 war durch Gutenberg der Buchdruck erfunden worden, neues Gedankengut, wie etwa das Werk des Kopernikus, wurde dadurch leichter zugänglich.

In der ersten Hälfte des 16. Jahrhunderts waren es drei Deutsche, die der Botanik neues Leben einhauchten und sie breiteren Schichten zugänglich machten, weil sie ihre Schriften nicht nur gekonnt illustrieren ließen, sondern diese auch in deutscher Sprache herausbrachten.

Der Mainzer Otto Brunfels (1488–1534, Bild 56) war zunächst Mönch, wurde aber schon

Bild 56. Otto Brunfels (1488–1534). Holzschnitt von Hans Baldung Grien, um 1522.

in jungen Jahren Protestant, war eine Zeitlang als Pfarrer tätig, studierte dann noch Medizin und wurde Arzt in Bern. 1530 veröffentlichte er – zunächst in lateinischer Sprache unter dem Titel „Herbarum vivae eicones"[2] – ein Werk über Pflanzen, das auf den Schriften von Theophrastos und vor allem auf Dioskorides und Plinius fußte, aber auch zahlreiche eigene Beobachtungen enthielt. 1532 erschien das Buch in deutscher Sprache unter dem Titel „Contrafayt Kreuterbuch". Bemerkenswert an diesen Veröffentlichungen sind vor allem die Abbildungen. Es handelt sich um rund 300 Holzschnitte, die der Straßburger Hans Weiditz angefertigt hat und die meist ganze Pflanzen – von der Wurzel bis zur Blüte – zeigen (Bild 57). Sie sind hervorragend getroffen und selbst noch in Einzelheiten des Blütenbaues genau, die erst fast 200 Jahre später durchschaut und in ihrer

[1] Zitiert aus Gierer, A.: Die gedachte Natur, R. Piper Verlag München, S. 112/113, 1991.
[2] „Lebensechte Bilder von Pflanzen"

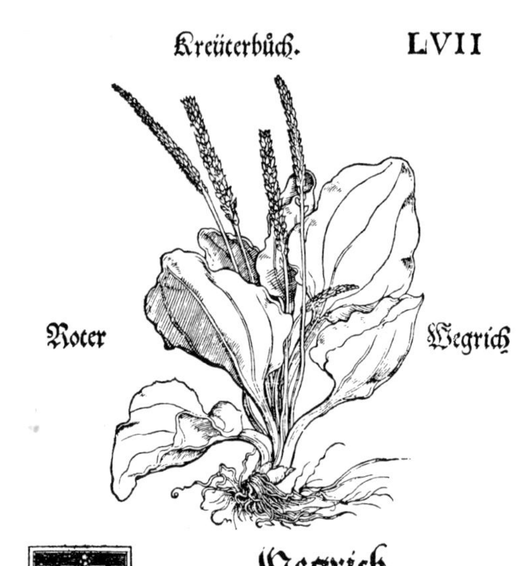

Wegrich

Von den Namen des Wegrichs.

WEgrich würt vff Kryechisch gené Arnoglossos/ oder Heptapleuros/ oder Polyneuros/ vnd vff Latinisch Plantago/ vnd Arnoglossa/ zů Teütsch Wegrich/ oder Schaffzung.

Wie der Wegrich geformyert vnd gestalt/ auch wie vil desz selbigen geschlecht.

Wegrich ein vast gemeyns kraut/ menigklich wol bekant. Würt von Dioscoride vnd Plinio/ sampt allen Alten dreyerley beschriben/ Grosser/ oder Breytwegrich. Kleyner/ oder Spitzwegrich. vnd der dritte/ Fröschleffelkraut genant.

Bild 57. Darstellung des Breit-Wegerichs aus BRUNFELS' „Contrafayt Kreuterbuch", 1532.

Bedeutung erkannt worden sind. Daher ermöglichten sie ohne viele Worte ein Identifizieren der dargestellten Pflanzen. Durch ihre Naturtreue unterscheiden sich diese Holzschnitte auch grundsätzlich von Pflanzenporträts in der älteren botanischen Literatur, in denen oftmals eher mystischer Inhalt wichtiger als eine exakte Abbildung gewesen war.

Da sich BRUNFELS redlich bemühte, seine Benennungen und Beschreibungen mit denen des DIOSKORIDES in Einklang zu bringen, bemerkte er um so unausweichlicher, daß dies in vielen Fällen unmöglich war. Einerseits hatte DIOSKORIDES Pflanzen beschrieben, die BRUNFELS nicht kannte; andererseits hatte BRUNFELS Pflanzen in Händen, auf die keine der Angaben bei DIOSKORIDES paßte. Bei der Küchenschelle vermerkt er verlegen, daß es sich um eine Pflanze handelt, die nur einen deutschen Namen hat und „sonst nichts".

BRUNFELS war seit seiner Tätigkeit als protestantischer Pfarrer mit HIERONYMUS BOCK (1498–1554, Bild 58) bekannt, ja befreundet. BOCK stammte aus der Gegend von Bruchsal im nördlichen Baden, war ebenfalls evangelischer Geistlicher und Arzt, war jedoch auch als Lehrer tätig und lebte zuletzt in Hornbach bei Zweibrücken. Wie es damals üblich war, latinisierte er seinen Namen und nannte sich zeitweilig TRAGUS. Er unternahm zahlreiche Exkursionen in Süddeutschland bis in die Alpen und erwarb sich dabei eine eingehende Kenntnis der heimischen Pflanzenwelt. Seine Aufmerksamkeit schenkte er überdies den Besonderheiten der Standorte, auf denen die Pflanzen typischerweise wuchsen.

Bild 58. HIERONYMUS BOCK (1498–1554). Aus WITTROCK, Catalogus II.

BOCK, der auch den fürstlichen Garten in Zweibrücken zu beaufsichtigen hatte, kultivierte heimische Pflanzen, um sie besser kennenzulernen. BRUNFELS ermunterte ihn, seine Kenntnisse in Buchform zu veröffentlichen. Dies

Von Weißwurtz.
Cap. cxxij.
Weißwurtz. Klein Weißwurtz.

Weißwurtz hat jren namen der weissen farb halben/vnd ist ein knöpffechte kriechende wurtzel/die da hien vnd her in der Erden fladert vnd kreucht/wie der Hopffen vnd Quecken. Ist am geschmack erstmals auff d' zungen süß/ vñ volgends ein scharpffer halber Jngber geschmack/anzusehē wie der Jngber od' Calmus. Der safft ist auch zähe vnd glatt/ so die wurtzel noch grün ist. Jm Aprillen stoßt die wurtzel jhre Dolden oder Spargen / darauß werden runde stengel / als Rockenhälmer/

Bild 59. Darstellung von Weißwurz-Arten aus Bocks „New Kreütterbuch“, 1546.

geschah 1539, und zwar gleich in deutscher Sprache unter dem Titel „New Kreütterbuch von underscheidt, würckung und namen der Kreutter, so in Teutschen landen wachsen“. Diese erste Ausgabe war unbebildert, doch ließ ihr Bock im Jahre 1546 eine zweite Auflage folgen, die 465 Holzschnitte enthält (Bild 59), die jedoch meist aus Brunfels' „Contrafayt Kreuterbuch“ und aus dem Fuchsschen Werk kopiert sind. Bock beschreibt ausschließlich Pflanzen, die er selbst gesehen und gesammelt oder sogar gepflanzt und über längere Zeit beobachtet hatte. Auch er bemerkte, daß er die bei Dioskorides aufgeführten Pflanzen nicht ohne weiteres mit den heimischen Arten identifizieren konnte, und daß Dioskorides offensichtlich eine Reihe heimischer Gewächse nicht aufgeführt hatte. Die von ihm sehr originell beschriebenen Arten ordnet er nach auffälligen Merkmalen, so daß man in seinem Buch durchaus Gruppierungen, wie etwa Kreuzblütengewächse oder Korbblütengewächse, erahnen kann.

Leonhart Fuchs (1501–1566, Bild 60) stammt aus Wemding bei Nördlingen. Er studierte unter anderem Medizin, wurde Arzt und schließlich Professor der Medizin an der Universität in Tübingen, deren Rektor er mehrfach war und zu deren geistiger und organisatorischer Erneuerung er maßgeblich beitrug. Fuchs veröffentlichte 1542 ein Pflanzenbuch unter dem Titel „De historia stirpium commentari“[1]. Es enthielt über 500 hervorragende, allerdings die Pflanzen etwas idealisierende Holzschnitte und erschien schon 1543 in deutscher Sprache, und zwar unter einem für heutige Ver-

[1] „Kommentare zur Geschichte der Pflanzen“

Bild 60. Leonhart Fuchs (1501–1566). Gemälde von 1541.

Bild 61. Darstellung der Wegwarte aus dem „New Kreuterbuch" des LEONHART FUCHS, 1543

hältnisse chaotisch wirkenden Titel[1]. Obschon sich der Text stark an DIOSKORIDES anlehnt, sind in den jeweils klar gegliederten Beschreibungen der Arten auch Fundangaben - oft aus der Tübinger Umgebung - enthalten, die zeigen, daß FUCHS wirklich kannte, was er beschrieben hat.

Es fällt uns heute schwer, die Bedeutung dieser „drei Väter der Botanik"[2] richtig zu würdigen. Verglichen mit neuerer botanischer Literatur erscheinen uns diese Bücher als gedankenarm. Den eher gegenteiligen Eindruck gewinnt man, beurteilt man sie im Vergleich zu spätmittelalterlichen Schriften. Nicht nur, daß auch eigene Beobachtungen in den Text eingeflossen sind, hebt sie hervor, sondern dies tut auch die hervorragende Bebilderung. Durch den deutschen Text wurden sie gelesen. Sie konkurrierten - zum Teil mehrfach aufgelegt - mit weniger fundierten Schriften, von denen etliche zahlreiche Auflagen erreichten, vielleicht sogar deshalb, weil sie - skrupellos kopiert - Abbildungen aus den genannten Werken enthielten. Alle zusammen bereiteten dem floristisch-systematischen Interesse den Boden, das über die medizinische Nutzanwendung der Pflanzen hinausführte und das die Voraussetzung für ein Ordnen des Pflanzenreichs darstellte. Die Botanik begann, eine eigene Wissenschaft zu werden.

Gleichzeitig führten sie die Notwendigkeit einer brauchbaren wissenschaftlichen Benennung unabweisbar vor Augen. Den deutschen Namen fehlte die Allgemeingültigkeit. BOCK nannte die Küchenschelle z. B. noch „Windkraut". Offensichtlich kannte er keinen bodenständigen und allgemein verbreiteten deutschen Namen für sie, und so übersetzte er eine damals gebräuchliche lateinische Bezeichnung, nämlich „herba venti", einfach ins Deutsche. Die dem Griechischen oder Lateinischen entlehnten Bezeichnungen waren oft unhandlich: Da THEOPHRASTOS gleich seinem Lehrer ARISTOTELES die Kennzeichnung einer Art durch unterscheidende Merkmale vorgenommen hatte und in diesem - durchaus zweckmäßigen - Vorgehen vor allem von DIOSKORIDES nachgeahmt wurde, pflegte man an die Gattungsbezeichnung eine Aufzählung von eigenschaftsbestimmenden Ausdrücken anzuhängen, die damit gleichsam zu Namensbestandteilen wurden[3].

[1] „New Kreuterbuch, in welchem nit allein die gantze histori, das ist namen, gestalt, statt und zeit der wachsung, natur, krafft und würckung des meysten Theyls der Kreuter so in teutschen und anderen landen wachsen, mit dem besten Vleiss beschriben, sonder auch aller derselbe wurtzel, stengel, bletter, blumen, samen, frucht, in summa die gantze gestalt, allso artlich und kunstlich abgebildet und kontrafayt ist, das dessgleich vormals nie gesehen noch an den Tag kommen."

[2] Mit diesem Ehrentitel hat sie KONRAD SPRENGEL in seiner „Geschichte der Botanik" 1817 bedacht.

[3] So wurde die von BOCK 1539 noch mit dem Namen „herba venti" belegte Küchenschelle u. a. folgendermaßen benannt: „Pulsatilla vulgaris dilutiore flore" (CLUSIUS 1583). „Anemone species quam Pulsatillam vocant" (THAL 1588). „Pulsatilla flore coeruleo et alba" (BESLER, 1613). „Pulsatilla purpurea coeruleave" (J. BAUHIN, 1598). „Pulsatilla folio crassiore et maiore flore" (C. BAUHIN, 1623). Selbst LINNÉ verwendete 1737 noch einen „beschreibenden" Namen; er nannte die Küchenschelle in seinem „Hortus Cliffortianus" „Pulsatilla foliis decompositis pinnatis, flore nutante, limbo erecto".

Obschon die „Väter der Botanik" gewissermaßen nur das Wissen des Altertums, wenn auch angereichert mit eigenen Beobachtungen, in leicht handhabbarer Form zugänglich machten - nämlich auf bislang ungesehene Weise illustriert - und es außerdem popularisierten, leiteten sie gleichzeitig doch zu neuen Fragestellungen über.

Ein System zeichnet sich ab – „Vorläufer und Vordenker"

Cesalpino

BOCK hatte dadurch, daß er die Arten, die auffällige Merkmale gemeinsam hatten, nacheinander abhandelte, zwangsläufig eine gewisse Gruppierung erhalten, diese aber nicht ausgebaut oder formalisiert. Die ersten sinnvollen Ansätze, hierarchisch zu ordnen, machte der italienische Arzt ANDREA CESALPINO (1519–1603, Bild 62). Ihm wurde klar, daß Pflanzen nicht nach zufälligen Eigenschaften gruppiert werden sollten, wie etwa nach ihrer Brauchbarkeit als Arznei- oder als Nahrungsmittel für den Menschen, sondern nach Merkmalen, die ausschließlich mit ihrem Bau zusammenhängen. Gleich dem THEOPHRASTOS schuf er so eine Gruppe von „Bäumen und Sträuchern", in der er nach dem Fruchtbau in Untergruppen gliederte. Ihnen stellte er „Kräuter" gegenüber, und auch diese teilte er aufgrund des Fruchtbaues weiter auf. In einer Gruppe „Samenlose Pflanzen" faßte er Farne, Moose, Algen und Pilze zusammen.

Anders als alle seine Vorgänger hat CESALPINO damit bei den Samenpflanzen einheitlich nach einem Prinzip, nämlich dem Fruchtbau, differenziert. Dabei hat er erstaunlich genau manche Eigentümlichkeiten im Fruchtbau als erster erkannt und beschrieben. So willkürlich uns sein Vorgehen anmutet: Er erfaßte damit schon recht gut Gruppen, die wir heute als Familien oder Ordnungen ansehen, wie etwa

Bild 62. ANDREA CESALPINO (1519–1603). Aus WITTROCK, Catalogus II.

Doldengewächse, Schmetterlingsblütengewächse, Wolfsmilchgewächse, Lippenblütengewächse, um nur die auffälligsten zu nennen.

CESALPINO hat so, wie er ordnete, nicht nur ein logisches Prinzip konsequent angewandt, wie das ARISTOTELES und sein Schüler THEOPHRASTOS getan hatten und wie es von diesen bislang übernommen worden war, sondern er hat auf Merkmale zurückgegriffen, die ausschließlich für die Pflanze von Bedeutung sind und die es in vergleichbarer Form bei allen Samenpflanzen gibt. Sein System führt zwar über die rein logische Ordnung des ARISTOTELES und THEOPHRASTOS hinaus, ist aber gleichwohl „künstlich", weil es offensichtlich nicht alle „wesentlichen" Merkmale erfaßt hatte.

Bauhin

Die Verbindung Botanik - Medizin war im 16. und 17. Jahrhundert üblich. Pflanzen lieferten die Mehrzahl der Heilmittel. Pflanzenkenntnis galt daher als elementare Voraussetzung der

Bild 63. GASPARD BAUHIN (1560–1624). Aus WITTROCK, Catalogus II.

Heilkunst und der Arzneilehre. Je mehr „Arten“ von den Autoren unterschieden wurden, desto eher fühlte man den Zwang, die Vielfalt zu ordnen.

Mit dieser Aufgabe sah sich der Schweizer Arzt GASPARD BAUHIN (1560–1624, Bild 63) in besonderer Weise konfrontiert. In seinem Hauptwerk „Pinax theatri botanici“[1] führte er etwa 6000 (!) Pflanzenarten auf, die er nach vielfältigen Merkmalen ordnete. Dadurch erhielt er Gruppierungen, deren Angehörige sich untereinander ähneln. Sehr ähnliche Arten faßte er unter einem „Gattungsnamen“ zusammen. Die Gattungsnamen, die er benutzte, sind stets Substantiva, also Hauptworte. Die „Artnamen“ bildete er nur noch mit einem, zwei oder drei Eigenschaftsworten. Anders als dies bei ARISTOTELES und in seiner Nachfolge bislang üblich gewesen war, faßte er den Gattungsbegriff stets als eine der Art übergeordnete Ordnungskategorie auf. Zwar umgrenzte er die Gattungen noch nicht mit einer eigenen, unterscheidenden Beschreibung, einer Diagnose[2]. Doch kann man aus der konsequenten Anordnung der Arten erahnen, daß er die Gattung nicht nur als ein formales Ordnungshilfsmittel ansah, das sich in der Namensgebung ausdrückt, sondern auch als eine „naturgegebene“ Struktur, deren Vorhandensein erkannt werden kann und sollte.

Ray

JOHN RAY (1627(28?)–1705, Bild 64) gehört zu den herausragenden britischen Naturwissenschaftlern des 17. Jahrhunderts. Er hatte alte Sprachen und Theologie studiert. Schon während seiner Ausbildung an der Universität von Cambridge hatte er floristische Studien betrieben und ein Bestimmungsbuch über die dortige Pflanzenwelt veröffentlicht. Dies kam ihm zugute, als er kurze Zeit, nachdem er zum Priester geweiht worden war, seine Pfarre aus politischen Gründen verlor. Er hatte in jungen Jahren den wohlhabenden F. WILLOUGHBY am Trinity College in Cambridge in den alten Sprachen unterrichtet und sich mit ihm angefreundet. Dieser nahm ihn für eine naturwissenschaftliche Reise durch Mittel- und Südeuropa in seine Dienste. Danach lebte RAY in WILLOUGHBYS Familie als „Privatgelehrter“. WILLOUGHBY hatte ihm eine lebenslange Rente ausgesetzt, so daß RAY seine Studien auch nach dessen Tode fortsetzen konnte.

Aus seinen umfangreichen Schriften sind für uns vor allem zwei Werke von Bedeutung, der „Methodus plantarum nova“[3], der 1682 veröf-

[1] Frei übersetzt: „Atlas der Pflanzenwelt“. „Pinax“, aus dem Griechischen latinisiert, meinte ursprünglich eine bemalte Tafel; der Ausdruck verweist hier auf die Illustration des Buches.

[2] Ein streng hierarchisches System aus ordnenden Begriffen erstellte erst der französische Mediziner und Botaniker JOSEPH PITTON DE TOURNEFORT (1656–1708), und zwar in seinem Hauptwerk „Institutiones rei herbariae“, 2. Aufl., Paris 1700. Arten („species“) wurden in einer Gattung („genus“), Gattungen in einer Abteilung („sectio“), Abteilungen in einer Klasse („classis“) zusammengefaßt.

[3] Frei übersetzt: „Neue Wege in der Pflanzenkunde“.

Bild 64. JOHN RAY (1628–1705). Aus WITTROCK, Catalogus II.

fentlicht wurde und 1703 in 2. Auflage herauskam, sowie „Historia generalis plantarum“[1], deren drei Bände zwischen 1686 und 1704 erschienen sind. In diesem beeindruckenden Werk unterschied er mehr als 18500 Arten, von denen allerdings nach unserer heutigen Auffassung nur rund 6000 Bestand haben.

Im „Methodus“ hatte RAY zunächst sechs Grundsätze entwickelt, die nach seiner Meinung in der botanischen Systematik berücksichtigt werden sollten:

„1. Namen sollten nicht verändert werden, um Verwirrung und Irrtum zu vermeiden.
2. Merkmale müssen distinkt und exakt definiert sein; solche, die auf Vergleich beruhen (wie Größenunterschiede), sollen nicht verwendet werden.
3. Merkmale sollen für jedermann leicht feststellbar sein.
4. Gruppen, die von fast allen Botanikern anerkannt werden, sollen beibehalten werden.
5. Es ist darauf zu achten, daß verwandte Pflanzen... nicht getrennt, unähnliche und einander fremde... nicht vereinigt werden.
6. Die Merkmale dürfen nicht ohne Notwendigkeit vermehrt, sondern nur so viele aufgeführt werden, als zur sicheren Kennzeichnung erforderlich sind.“[2]

Das System, das RAY im „Methodus“ entwikkelt hat, lehnt sich in der Gruppeneinteilung an CESALPINO an. Anders als dieser berücksichtigte RAY nicht nur Merkmale der Frucht für seine Feinaufteilung, sondern alle Teile der Pflanze. Er erkannte als erster die Gruppe der Einkeimblättrigen Pflanzen (heutige Klasse Monocotyledoneae[3] = *Liliopsida*) und der Zweikeimblättrigen Pflanzen (heutige Klasse *Dicotyledoneae*[4] = *Magnoliopsida*). Ähnliche Gattungen faßte er als „summa genera“[5] zusammen, und nicht selten fand er so eine Gruppierung, die einer heutigen Familie entspricht, wie z.B. bei den Doldengewächsen, den Rötegewächsen und den Rauhblattgewächsen. Für Arten und Gattungen gab er knappe Beschreibungen, in die jeweils nur die unterscheidenden Merkmale aufgenommen wurden, also regelrechte Diagnosen. Dabei bediente er sich nicht zuletzt der präzisen Begriffe, die der deutsche Mathematiker, Philosoph und Gymnasialdirektor JOACHIM JUNGIUS (1587–1657) von THEOPHRASTOS übernommen und oft präziser gefaßt oder die er neu geschaffen hatte. Außerdem entwarf er einen Schlüssel, mit dem man bis zu den Gattungen bestimmen konnte. Diagnosen und Schlüssel verleihen dem Werk nicht nur Klarheit, sondern lassen es noch heute vergleichsweise modern erscheinen.

Seine größte Leistung ist indessen in seinem botanischen Hauptwerk, der „Historia generalis

[1] Frei übersetzt: „Allgemeine Geschichte des Pflanzenreichs“.
[2] Zitiert aus MÄGDEFRAU 1973, S. 44.
[3] monos, griech. = einzig, allein; kotyle, griech. = Höhlung; die Bezeichnung wurde gewählt, weil zuweilen frisch entfaltete Blätter in ihrer Mitte etwas eingedellt, also „hohl“ sind.
[4] di-, dyo, griech. = zwei.
[5] „Höchste Gattungen“

plantarum" enthalten. Hier beschäftigt sich RAY u.a. mit dem Begriff der Art. Bislang wurden Angehörige einer Art definiert als Individuen, die sich in den kennzeichnenden Merkmalen nicht mehr voneinander unterschieden. RAY erweiterte das Ähnlichkeitsprinzip gewissermaßen in die nachfolgenden Generationen, indem er darauf hinwies, daß auch die Nachkommenschaft von Angehörigen einer Art die Artmerkmale zeigt. Er drückte dies so aus: „Pflanzen, die vom gleichen Samen abstammen und ihre Eigenart durch Aussaat weiter fortpflanzen, stimmen der Art nach überein."[1]

Mit dieser Definition hat RAY der Art nicht nur eine zeitliche Dimension gegeben. Er hat zugleich - Tiere betreffend - geschlechtsspezifische Unterschiede als Artdifferenz ausgeschlossen, ebenso „zufällige" und standortbedingte Äußerlichkeiten wie Größenunterschiede, Zahl der Blätter am Stengel usw. Die Art war damit keine vornehmlich logische Konstruktion mehr, sondern eine biologische Realität. Der in einer ordnenden Hierarchie stehende Begriff „Art" erscheint als „Werkzeug", mit dem die biologische Realität der Art „erfaßt" werden kann.

Bild 65. CARL VON LINNÉ (1707–1778). Nachträglich colorierter Kupferstich von J.M. BERNIGEROTH aus dem Jahre 1749.

Carl von Linné begründet die wissenschaftliche Systematik

CARL VON LINNÉ (1707–1778, Bild 65) gilt zu Recht als Begründer der wissenschaftlichen Systematik in der Biologie und als der bedeutendste Biologe des 18. Jahrhunderts. Er wurde als Kind eines protestantischen Pfarrers in Råshult in Südschweden geboren. Der Vater lenkte das Interesse seines Sohnes schon im Vorschulalter auf Pflanzen; doch soll der kleine CARL Schwierigkeiten gehabt haben, sich die Namen der Pflanzen zu merken. In der Schule fiel er durch gute Leistungen in Mathematik und Physik auf, wohl noch mehr aber durch schlechte in den alten Sprachen. Deswegen legte man dem Vater nahe, er solle seinen Sohn vom Gymnasium nehmen und ihn einen praktischen Beruf lernen lassen. Sein Physiklehrer, der zugleich Arzt war, gab ihm intensive Nachhilfe, so daß LINNÉ den Gymnasialabschluß erreichte. Gleichzeitig machte er ihn auf „neuere" botanische Literatur aufmerksam, vor allem auf das Werk von TOURNEFORT. LINNÉ setzte seine botanischen Studien fort, als er 1727 das Studium der Medizin in Lund begann und nach kurzer Zeit in Uppsala weiterführte. In dieser Stadt förderte ihn der Theologe OLOF CELSIUS, dessen Herbar LINNÉ bearbeitete und ordnete. Im Zuge dieser Tätigkeiten stieß LINNÉ auf eine Veröffentlichung des französischen Botanikers SÉBASTIEN VAILLANT (1669–1722) über das Geschlecht bei Pflanzen[2]. Diese regte ihn an,

[1] Zitiert aus MÄGDEFRAU 1973, S. 45.

[2] Die Bestäubung als Voraussetzung für die Samenbildung war durch Versuche des Tübinger Medizin- und Botanikprofessors R.J. CAMERARIUS entdeckt und 1694 durch einen Brief veröffentlicht worden (s. S. 70). VAILLANTS Veröffentlichung erfolgte 1718 unter dem Titel: „Sermo de structura florum..."

sich die Staubgefäße und Fruchtknoten genauer anzusehen. Dabei wurde ihm klar, daß Staubgefäße und Fruchtknoten die wichtigsten Bestandteile der Blüte sind. Darüber verfaßte er ein Manuskript, das schließlich in die Hände des für Botanik zuständigen Medizinprofessors OLOF RUDBECK gelangte. Dieser verschaffte sich einen Eindruck von LINNÉS Botanikkenntnissen und übertrug ihm 1730 die Vorlesungen in Pflanzenkunde und die Leitung des Botanischen Gartens. 1732 reiste LINNÉ durch Lappland. In sechs Monaten legte er etwa 1500 km zurück. Er sammelte zahlreiche Pflanzen. Die Funde auf dieser Reise bildeten die Grundlage für seine „Flora lapponica"[1], die 1737 erschien. Zuvor war er – 1735 – in die Niederlande gereist und wurde dort im selben Jahr an der Universität Harderwijk zum Dr. med. promoviert. Nach Besuchen in London und in Paris kehrte er 1738 nach Schweden zurück, war von 1738–1741 Arzt in Stockholm, zuletzt auch Admiralitätsarzt. 1741 erhielt er eine Professur für Medizin in Stockholm, ab 1742 in Uppsala.

LINNÉ hat schon in jungen Jahren zahlreiche Buchveröffentlichungen über Botanik verfaßt und war bis wenige Jahre vor seinem Tode produktiv. Seine rund 20 Werke umfaßten – nach den jeweils letzten Auflagen gerechnet – fast 9000 Seiten! 1757 wurde er in den Adelsstand erhoben. 1778 starb er, nachdem ihn ein Schlaganfall Jahre zuvor schon seines guten Gedächtnisses beraubt hatte.

Das „Sexualsystem"

LINNÉS Ausspruch „Deus creavit, LINNAEUS disposuit"[2] zeigt zweierlei: LINNÉ glaubte – zumindest in seiner Jugend – an eine Schöpfung, wie sie im Alten Testament beschrieben worden war. Gleichzeitig war er überzeugt davon, daß die nach göttlichem Plan geschaffene Mannigfaltigkeit von Lebewesen begreifbar und in eine Ordnung zu bringen war. Mit sicherem Gespür übernahm er die hierarchisch aufgebauten Gruppierungsprinzipien von TOURNEFORT, die ihm – gleich der Gliederung militärischer Einheiten – von praktisch-strategischer Brauchbarkeit erschienen. So schreibt er: „So wie man bei einem großen Kriegsheer zuerst die Schlachtordnung in 3 Haufen teilt, jeden Haufen in Regimenter, diese in Kompanien, dann erst die einzelnen Köpfe, und alle, die zu einem Regimente gehören, auf einerlei einkleidet, also läßt sich auch das ganze Heer der Kreaturen zuerst in drei Reiche aufteilen, jedes Reich in Ordnungen, jede Ordnung in Klassen und jede Klasse in Geschlechter, bis man zu den einzelnen Arten kommt. Diese haben zuerst die allgemeinen Kennzeichen ihrer Klasse, dann die bestimmten Merkmale ihres Geschlechtes und endlich das Zeichen ihrer Art."[3] Aus der Tatsache der Schöpfung folgte zwangsläufig, daß die Arten als Objekte dieser Schöpfung konstant sein mußten. Es mußte also möglich sein, sie mit Hilfe von konstanten und durchweg identischen Kategorien zu ordnen. Anders als bei ARISTOTELES und in seiner Nachfolge bei THEOPHRASTOS waren die Arten infolgedessen keine logisch anzunehmenden kleinsten Einheiten, sondern Naturgegebenheiten, die dank des Planes eines letzten Wesens existierten. Sie mußten in ihrer Eigenart erkennbar sein, indem man ihre Merkmale beobachtete, zählte oder vermaß und letztlich mit denen anderer Arten verglich. Auch die Gattungen fand man durch dieses methodische Vorgehen gewissermaßen auf natürliche Weise. „Das Werk der Natur ist immer die Art und Gattung."[4] „Jede Gattung ist natürlich, im Uranfang unmittelbar so geschaffen."[5]

Hier wird ein fundamentaler Unterschied zwischen ARISTOTELES und THEOPHRASTOS sowie ihren Nachfolgern einerseits und LINNÉ andererseits deutlich. Für ARISTOTELES war die „Art" logisch konsequent die kleinste Einheit,

[1] „Flora von Lappland"
[2] „Gott hat (die Lebewesen) geschaffen, LINNÉ hat sie geordnet"; zitiert aus MÄGDEFRAU, S. 50, 1973.
[3] Zitiert aus JAHN, I., LÖTHER, R. und SENGLAUB, K., 2. Aufl. 1985, S. 276, nach einer Übersetzung von „Systema naturae" (1735), die 1773 in deutscher Sprache erschienen ist.
[4] Zitiert aus JAHN, I., LÖTHER, R. und SENGLAUB, K., 2. Aufl. 1985, S. 274; aus: „Philosophia botanica", 1751, deutsche Übersetzung 1775.
[5] Zitiert aus: OESER, E.: „System, Klassifikation, Evolution"; Braumüller, Wien, S. 27, 1974; Originalzitat aus: C. v. LINNÉ: Philosophia botanica, 1763.

die durch differenzierendes Teilen gefunden werden konnte. Er baute also gewissermaßen sein System von „oben nach unten". Linné begriff die Art und die Gattung als „gottgegeben" und sah es als seine Aufgabe, die Fülle der Arten durch Zusammenfassen zu ordnen und in ihrer Vielfalt den göttlichen Plan zu erkennen. Er errichtete sein System bewußt von „unten nach oben". Linné glaubte, Arten könne man nur dann zu Gattungen und diese zu noch umgreifenderen Einheiten zusammenfassen, wenn man dafür Regeln aufstelle. Diese Regeln waren pragmatisch, im Grund also willkürlich. Er empfand sie denn auch schon früh als „‚Nothelfer', (als) ‚Wegweiser' zu den Gattungen, ‚denn niemand wird leugnen, daß es leichter sei, wenige Gattungen zu unterscheiden, als alle.' Dafür sei diejenige Methode vorzuziehen, die auf sicherem Wege zu den ‚natürlichen Gattungen' führe. Diese selbst sollten nach 26 Einzelkennzeichen - wie die Buchstaben des Alphabetes - charakterisiert werden können, da mit diesen Kennzeichen ‚der Schöpfer die Pflanze gezeichnet habe', und ‚wir müssen diese Buchstaben studieren'."[1]

Linné bildete - blütenlose Pflanzen eingeschlossen - 24 „Klassen". Die ersten zehn umfassen jeweils Arten mit 1, 2, 3...10 unverwachsenen Staubgefäßen; zur 11. Klasse gehören Arten mit 12-18 Staubgefäßen, zur 12. solche mit 20 oder mehr Staubgefäßen, die auf dem Kelch eingefügt sind usw. Diese korsettartig wirkende Gliederung ermöglicht - wenn oft auch mühsam - eine meist eindeutige Zuordnung der Gewächse zu den Klassen, innerhalb derer die Bestimmung anhand der erwähnten 26 Einzelkennzeichen zu den Gattungen und Arten führte. So starr dieses Merkmalsgerüst auch ist: Es erwies sich als prinzipiell offen auch für Arten, die zum Zeitpunkt seiner Einführung noch gar nicht entdeckt waren. Insofern war diese Einteilung und die auf ihr aufgebaute Bestimmungsmethode durchaus neu, praktisch im Gebrauch und geeignet für die weltweite Bestandsaufnahme dessen, was da wächst[2].

Linnés botanisch-systematische Schriften zeichnen sich auch durch den Gebrauch einer klaren und reichhaltigen botanischen Fachsprache aus. Schon in seinem Frühwerk „Fundamenta botanica", das er während seines Aufenthaltes in Holland geschrieben und 1736 veröffentlicht hatte, gab er eine Übersicht über rund 1000 Kunstwörter, die bislang verwendet worden waren. Er definierte sie genau, gab an, wie sie zu benutzen seien und machte sie so leicht praktikabel und eindeutig. Zugegebenermaßen sind derartige „Fremd-" oder „Fachwörter" für Laien ein Ärgernis, weil sie ihm das Verstehen oft erschweren und ihm daher als unnütze Komplikation erscheinen. Dem Fachmann, der sie einmal erlernt hat, sind sie hingegen ein denkökonomisches Instrument, weil sie - einmal definiert - gleich einem Etikett auf den ersten Blick ausweisen, worum es sich handelt.

Die „Species Plantarum" und die binäre Nomenklatur

Zum Erfolg des Linnéschen Systems trug auch die klare Benennung der Arten bei, die Linné eingeführt hatte. Der deutsche Botaniker Augustus Quirinius Bachmann (1652-1725), der sich latinisiert Rivinus nannte, hatte zwar eine Benennung der Pflanzen durch eine Doppelbezeichnung aus Gattungs- und Artnamen vorgeschlagen, sich aber an seine Anregung selbst nicht gehalten. Bauhin hatte erste Schritte auf dem Weg zu einer praktikablen Namengebung getan, Ray auf eine wünschenswerte Stetigkeit der Art- und Gattungsnamen hingewiesen. Linné hatte schon in seiner „Genera plantarum" eindeutige Gattungsnamen gebraucht. Er hielt sich an sie und an die Regeln, nach denen er Gattungen benannt wis-

[1] Zitiert aus Jahn, I., R. Löther und K. Senglaub, 2. Aufl. 1985, S. 274; aus: „Philosphia botanica", 1751, deutsche Übersetzung 1775.

[2] Linné hat zwar nach seiner Rückkehr aus Holland Schweden nicht mehr verlassen; dennoch hat er durch die große Zahl seiner Schüler, die er zu weiten Reisen ermutigte, wesentlich zur Erforschung der Flora überall in der Welt beigetragen. So ging Johann Bartsch nach Surinam, wo er verstarb. Andere Schüler bereisten China, Arabien, Südafrika und sogar Japan, das sich damals noch weitgehend gegen Ausländer abkapselte.

sen wollte, bei späteren Veröffentlichungen, und er setzte dies auch bei den Dissertationen durch, die bei ihm geschrieben wurden. In seinem Werk „Philosophia botanica“, das er 1751 veröffentlichte, beschäftigte er sich theoretisch mit einer eindeutigen und praktikablen Namengebung. Am sinnvollsten erschien ihm hierfür eine konsequent durchgeführte binäre Benennung. „Der Name einer Pflanze soll doppelt sein: ein Gattungsname, gleich dem menschlichen Familiennamen, und ein Artname, gleich dem Vornamen des täglichen Lebens.“[1]

In seinem großen Werk „Species Plantarum“, das 1753 in erster Auflage erschien und in dem er die Arten, die er kannte, in kurzen Diagnosen beschrieb, verwendete er die binäre Nomenklatur konsequent[2]. Ebenso folgerichtig trennte er in diesem Werk Namen und Diagnose. Damit bot es eine Zusammenfassung nahezu aller je beschriebenen Arten, und zwar in einheitlicher, „moderner“ Benennung; zugleich wurde es fortan zur Basis für alle Beschreibungen und Benennungen von pflanzlichen Arten bis zur heutigen Zeit.

Es gehört zu den Prinzipien, wissenschaftliche Leistung anzuerkennen und Stabilität in der Nomenklatur zu erreichen, daß die Benennung einer Art von demjenigen vorgenommen wird, der die Art als erster gültig beschrieben hat (s. S. 104). Für den Grundsatz der Priorität bei der Namengebung muß es natürlicherweise eine exakt definierbare, einsichtige Grenze geben. Als solche bietet sich der Erscheinungszeitpunkt der „Species Plantarum“ an. Binäre Namen, die vor diesem Zeitpunkt gebildet worden sind, können heute keine Gültigkeit mehr beanspruchen.

Die LINNÉsche binäre Nomenklatur führte zu einer Konsolidierung im Namenschaos, das sich herausgebildet hatte und das drohte, noch weiterzuwuchern. Es erleichterte die internationale Kommunikation und ermöglichte - zusammen mit den getrennt vom Namen erstellten Diagnosen - die weltweite Katalogisierung neugefundener Arten in einer überschaubaren und im Prinzip nachprüfbaren Weise.

Linnés Artbegriff und sein Begriff von „varietas“

Wie LINNÉ sich die Schöpfung der Arten genau vorgestellt hat, läßt sich mit letzter Sicherheit nicht sagen. Häufig wird in diesem Zusammenhang folgender Satz von ihm angeführt: „Es gibt so viele Arten, wie das unendliche Sein am Anfang geschaffen hat.“[3] Aus ihm läßt sich klar folgern, daß die Arten konstant sein müssen. Indessen stand dies in einem unübersehbaren Widerspruch zu dem, was LINNÉ im Laufe der Jahre mit geübtem Auge immer wieder gesehen hatte, nämlich eine gewisse Bandbreite, innerhalb derer Angehörige einer Art variieren können. Vor allem Größenabweichungen oder Farbvarianten schienen ihm erklärbar und unerheblich zugleich. Über solche Varietäten meinte er: „‚Eine Varietät ist eine Pflanze, welche durch eine äußere Ursache abgeändert ist: durch Klima, Sonne, Wärme, Wind.‘ . . .Solche Varietäten weichen ab durch ‚Größe, Blütenfüllung (Bild 66), Kräuselung, Farbe (Bild 67), Geschmack, Duft‘.“ [4] Vor allem die Aufzählung dieser Eigenschaften zeigt, daß LINNÉ Varietäten häufig bei kultivierten Pflanzen gesehen hat. Wie er sich die Variabilität erklärt oder sie bewertet hat, wissen wir nicht. Schließlich ist sie mit einer Artkonstanz, die man dogmatisch auf einen göttlichen Schöpfungsakt begründet, nicht ohne weiteres vereinbar. LINNÉ mag dieses Dilemma gespürt haben. Neben dem Erkennen von Ähnlichkeiten auch bei Gruppierungen höherer Ordnung, die Verwandtschaft unter den Gruppenmitgliedern geradezu nahelegen, mag

[1] Zitiert aus JAHN, I., R. LÖTHER und K. SENGLAUB, 2. Aufl. 1985 aus „Philosophia botanica“, 1751, deutsche Übersetzung 1775.

[2] Von einigen wenigen mehrgliedrigen Namen mochte er sich indessen offensichtlich nicht trennen: den Gewöhnlichen Frauenspiegel z. B. versah er mit dem Art-Epithet *(Legousia) „speculum veneris“*, den Froschlöffel nannte er *„Alisma plantago aquatica“* und die Tollkirsche *„Atropa bella donna“*. Offensichtlich hat man diese Epithete so sehr als ein Wort empfunden, daß man sie nicht verworfen, sondern später - durch den eingefügten Bindestrich - auch formal zu einem Wort gemacht hat.

[3] Zitiert aus MÄGDEFRAU, 1973, S. 57.

[4] Zitiert aus MÄGDEFRAU, 1973, S. 57.

Bild 66. Links Bach-Nelkenwurz (*Geum rivale*), Pflanze mit „normalen" Blüten; rechts „Monstrosität" mit gefüllter und abweichend gefärbter Blüte.

Bild 67. Links Leberblümchen (*Hepatica nobilis*), normalblühende Pflanze; rechts Albino.

auch hier eine Wurzel dafür verankert sein, daß er die Erstellung eines „natürlichen Systems" für wünschenswert gehalten hat. Andererseits hat ihn die Variabilität in seiner systematisierenden Tätigkeit wohl nur wenig gestört. Schließlich wird ihm der Ausspruch zugeschrieben: „Varietati non curat botanicus" - den man als abschätziges „um Varietäten schert sich ein Botaniker nicht" - zugegebenermaßen ziemlich frei - übersetzen könnte.

Bemühungen um ein „Natürliches System"

LINNÉ hat - durch seine umfassende Artenkenntnis fast gezwungen - sehr wohl den Unterschied zwischen „natürlichen" und künstlichen Systemen empfunden. Das geht nicht nur aus seinen Hinweisen auf die „Natürlichkeit" von Art und Gattung[1] hervor. Diesen gegenüber erschienen ihm umfassendere Gruppierungen oftmals als künstlich. Darauf deuten Äußerungen in seinem Werk „Classes plantarum", das er schon 1738 veröffentlicht hat. In ihm spricht er bereits von einem „methodus naturalis", den er seinem Einteilungsprinzip nach der Staubgefäßanzahl und -anordnung gegenüberstellt. 1751 schreibt er in seiner „Philosophia botanica" ausdrücklich: „methodus naturalis primum et ultimum hoc in Botanicis desideratum est."[2] Außerdem sagt er ganz klar: „Die natürlichen Ordnungen lehren uns die Natur der Pflanzen, die künstlichen Ordnungen setzen uns nur instande, die Pflanzen wiederzuerkennen."[3]

Er hat sich auch Gedanken darüber gemacht, warum sein künstliches System so großen Erfolg hatte und warum es ihm trotz aller Bemühungen nicht gelungen war, ein „natürliches" System zu finden. Das Sexualsystem, das auf dem durchgängigen Vergleich vor allem der Staubblattzahlen beruhte, leistete Hervorragendes beim Zuweisen der Gattungen in die Großgruppen des Systems, weil dies anhand der differenzierenden Merkmale eindeutig vorgenommen werden konnte. Das weitergehende Trennen anhand der übrigen Merkmale bis zur Art erfolgte durch den breiten Merkmalskatalog, den LINNÉ mit den Buchstaben des Alphabets verglichen hat, die es zu lesen gelte. Das Sexualsystem war also ein hervorragendes praktisches Instrument. Gattungs- und Arterkenntnis waren eindeutig, nicht nur, weil es sich um naturgegebene Einheiten handelte, sondern weil man zu ihnen durch den trennenden Vergleich verhältnismäßig weniger Merkmale kommen konnte. Ein ähnlich umfassendes „natürliches" System, in dem viele Eigenschaften erfaßt und das allgemein angewendet werden konnte, war für ihn wahrscheinlich nur vorstellbar, falls man alle existierenden Pflanzen gekannt und in ihrer Besonderheit beschrieben hätte. Erst dann hätte man erkennen können, welche Merkmale zum Beschreiben einer Großgruppe wichtig sind.

Der Unterschied zwischen künstlichen und natürlichen Systemen besteht für ihn darin, „daß die natürlichen Ordnungen nur aus der Betrachtung nicht eines oder mehrerer, sondern aus der Betrachtung aller Teile einer Pflanze hervorgehen; dieselben Organe können für die Bestimmung eines Teiles des Systems sehr wichtig und wieder für einen anderen Teil ganz unwichtig sein'". Mit dieser Voraussetzung für das Erkennen natürlicher Gruppierungen ist jedes künstliche System unvereinbar: „Denn wenn einige Ordnungen nach den Blüten, andere aber nach den Früchten bestimmt werden sollen, so bekommen wir Pflanzen, die nach ihren Blüten in die eine und nach ihrer Frucht in die andere Ordnung gestellt werden müssen."[4]

Vor der Größe und der Komplexität der Aufgabe resignierte er: „Vollenden kann ich es nicht und würde ich mein ganzes Leben daran verwenden."[5] Zwar hat er 67 „Ordines" beschrieben, die wir - zumindest im Kern - als Familien heute noch anerkennen, doch hat er auch eingestanden, daß er mehr als 100 Gattungen - wie z. B. Misteln und Wasserlinsen - nicht in seinen Großgruppen eindeutig unterbringen konnte.

Obschon er die Zweckmäßigkeit der binären Nomenklatur ausdrücklich mit einem Vergleich zu menschlichen Vor- und Familiennamen begründet hat, und obwohl ihm die Ähnlichkeit vieler Gattungen untereinander nicht entgangen ist, vermutete er in ihr nie eine reale Verwandtschaft. Daran hinderte ihn eindeutig der Glaube an eine einmalige Schöpfung. Andererseits hielt

[1] „Jede Gattung ist natürlich, im Uranfang unmittelbar so geschaffen"; zitiert aus E. OESER, 1974, S. 27.

[2] Zitiert aus MÄGDEFRAU 1973, S. 59; frei übersetzt: „Das natürliche System ist das wichtigste, das Endziel in der Botanik."

[3] Zitiert aus E. OESER, 1974, S. 28; Zitat aus „Genera plantarum", Ausgabe von 1764.

[4] Zitiert aus E. OESER, 1974, S. 28/29.

[5] Zitiert aus MÄGDEFRAU, 1973, S. 59.

er Verwandtschaft der Arten einer Gattung untereinander für denkbar, relativierte also das Prinzip der unmittelbaren Schaffung der Arten durch Gott; denn er schrieb in seiner „Philosophia botanica" 1751: „Eine Vermutung, die ich schon lange hege und noch nicht als unzweifelhafte Wahrheit anzubieten wage, lege ich aber in Form einer Hypothese vor: Alle Arten derselben Gattung dürften am Anfang eine einzige dargestellt haben, sich aber später durch Kreuzung fortgepflanzt haben, und zwar so, daß alle Gattungsangehörigen aus einer Mutter hervorgegangen sind, aber die verschiedenen Arten von einem jeweils verschiedenen Vater gezeugt."[1]

Linnés statische Art wird wandelbar

Sexualität bei Pflanzen

Zu Zeiten des ARISTOTELES hatte man aus Erfahrung gelernt, daß der Fruchtansatz von Kulturfeigen verbessert wird, wenn man Blütenstände der wilden Bocks-Feige in die Kronen der Kultur-Feigen hängt. THEOPHRASTOS schildert dieses Verfahren und vergleicht es mit dem Laichen von Fischen, ohne es indes völlig zu durchschauen. Kein Wunder, denn die Vorgänge bei der Bestäubung in den komplizierten Blütenständen sind nicht leicht zu verstehen.

Daß es „Geschlechter" bei Pflanzen geben könne und welche Rolle sie spielen, wurde vergessen und erst in der Renaissance diskutiert. Die entscheidenden Versuche hierzu stellte RUDOLF JACOB CAMERARIUS (1665–1721, Bild 68) in Tübingen an, wo er Professor für Physik und Medizin war. CAMERARIUS hatte männliche und weibliche Pflanzen von Bingelkraut (Bild 69) und Spinat jeweils getrennt voneinander kultiviert und dabei festgestellt, daß die weiblichen Pflanzen zwar teilweise Fruchtbildung zeigten, daß sie aber keine keimfähigen Samen ausbildeten. Entsprechende Resultate erhielt er mit Mais- (Bild 70) und Rizinuspflanzen, bei denen er die männlichen Blüten entfernt hatte. Desgleichen beobachtete er, daß ein weiblicher Maulbeerbaum, in dessen Nähe kein männlicher wuchs, zwar Beeren ansetzte, aber keine Samen entwickelte, die keimten. Daraus zog er den Schluß: „Im Pflanzenreich vollzieht sich keine Fortpflanzung durch den Samen, diese Gabe der vollkommenen Natur und das alleinige Mittel zur Erhaltung der Art, wenn nicht die vorher erscheinenden Staubbeutel der Blüten die Pflanze selbst dazu vorbereitet haben. Es erscheint also billig, diesen Staubbeuteln einen edleren Namen zu geben und die Funktion der männlichen Geschlechtsteile beizulegen, so daß also ihre Kapseln die Gefäße und Behälter sind, in denen der Samen selbst, jener Staub, der subtilste Teil der Pflanzen, ausgeschieden, gesammelt und von da aus später

Bild 68. RUDOLF JACOB CAMERARIUS (1665–1721). Gemälde von J. GRAMBURG von 1689.

[1] Zitiert aus MÄGDEFRAU, S. 176, 1973.

Bild 69. Gewöhnliches Wald-Bingelkraut (*Mercurialis perennis*); links: männliche Pflanze; rechts: weibliche Pflanze.

abgegeben wird... Wie bei den Pflanzen die Staubbeutel die Bildungsstätte des männlichen Samens sind, so entspricht der Behälter der Samen mit seiner Narbe oder seinem Griffel den weiblichen Geschlechtsteilen... Im Pflanzenreich ist der größere Teil der Pflanzen von doppeltem Geschlecht; sie sind Hermaphroditen und befruchten sich selbst."[1]

[1] Zitiert aus Mägdefrau, 1973, S. 109; Originalzitat aus der deutschen Übersetzung eines lateinisch geschriebenen Briefs an den Gießener Medizinprofessor Michael Bernhard Valentini aus dem Jahre 1694.

Bild 70. Mais (*Zea mays*); links: männlicher Blütenstand; rechts: weiblicher Blütenstand.

Bild 71. JOSEPH GOTTLOB KÖLREUTER (1733–1806). Ölbild, Bot. Inst. d. Univ. Tübingen.

In heutiger Sprache bedeutet dies: CAMERARIUS hat entdeckt, daß der Blütenstaub einer gleichartigen männlichen Pflanze (= Pflanze, deren Blüten nur Staubgefäße und keine Fruchtknoten enthalten) auf die Narbe des Griffels einer weiblichen Pflanze übertragen werden muß, ehe es zur Bildung keimfähiger Samen kommen kann. CAMERARIUS hat an den Wind als Überträger des Blütenstaubs gedacht, mit vollem Recht bei den Arten, mit denen er experimentiert hat. Warum es nach der Übertragung des Blütenstaubs zur Samenbildung kommt, hat er als „fragwürdig" nicht empfunden. Auch hat er sich nicht dazu geäußert, wie die Übertragung des Pollens bei den Pflanzen vor sich gehe, „die von doppeltem Geschlecht sind".

Genauere Vorstellungen hierüber erarbeitete sich erst JOSEPH GOTTLOB KÖLREUTER (1733–1806, Bild 71), der Medizin und Botanik in Tübingen studiert hatte und danach mehrere Jahre in St. Petersburg tätig war, ehe er nach Deutschland zurückkehrte, wo er schließlich Professor für Naturgeschichte in Karlsruhe und Direktor der dortigen fürstlichen Botanischen Gärten wurde. Er unterschied drei Formen der Bestäubung: Selbstbestäubung, Bestäubung durch den Wind und durch Insekten. Die Pollenübertragung durch Insekten hielt er für den sichersten Weg zur Erzeugung keimfähiger Samen. Pollenkörner sollten „Saft" ausscheiden, der sich mit der „Absonderung der Narben" vermischt. Diese Vermischung sah er als die entscheidende Voraussetzung für die Samenbildung an, gleichbedeutend mit dem, was wir heute Befruchtung nennen. KÖLREUTER machte darüber hinaus erfolgreiche Kreuzungsversuche mit verschiedenartigen Pflanzen und konnte in ihnen zeigen, daß die Abkömmlinge aus solchen Kreuzungen Eigenschaften der pollenspendenden Art aufwiesen. Damit war experimentell bewiesen, daß Pflanzen Sexualität haben.

Den Zusammenhang von Nektarabsonde-

Bild 72. Tafel aus SPRENGELS Werk „Das entdeckte Geheimniss der Natur im Bau und in der Befruchtung der Blumen". Zu sehen sind u. a. die Irisblüte und einzelne ihrer Bestandteile.

rung, Insektenbesuch und Pollenübertragung klärte für viele heimischen Arten CHRISTIAN KONRAD SPRENGEL (1750–1816) auf. Er war Liebhaberbotaniker, Altphilologe von Beruf und Direktor des Gymnasiums in Spandau. Er erkannte die Bedeutung von Saftmalen, wie z. B. des gelben Schlundrings beim Vergißmeinnicht, als Orientierungshilfen für die bestäubenden Insekten, sah im abgesonderten Nektar eine Belohnung für die Bestäuber und begriff Einrichtungen zur Verhinderung von Selbstbestäubung. Obschon SPRENGEL in den verwickelten Beziehungen zwischen Blütenbau und bestäubendem Insekt einen Ausdruck göttlichen Wirkens sah, lieferte sein Buch „Das entdeckte Geheimnis der Natur im Bau und in der Befruchtung der Blumen“[1] (Bild 72), dem lange angemessene Beachtung versagt blieb, Fakten, die später die Evolutionstheorie stützen halfen.

Eine ähnliche Bedeutung kommt den Veröffentlichungen des Calwer Arztes KARL FRIEDRICH GÄRTNER (1772–1850, Bild 73) zu, der bei zahlreichen Arten den Blütenbau genau untersucht und beschrieben und der insgesamt rund 9000 Kreuzungsversuche durchgeführt hat. Er bestätigte und ergänzte KÖLREUTERS Erkenntnisse. Regelhaftigkeiten im Vererbungsgeschehen fand er nicht. Seine Arbeiten stellen daher weit mehr einen experimentellen Abschluß der Diskussion um die „Sexualität“ der Pflanzen dar als einen Beginn der Erbforschung. Die Auffassungen darüber, was eine Art sei, vermochten seine Untersuchungen nicht weiterzuentwikkeln. Die Schlußfolgerungen, die er zog, waren vielmehr geeignet, das Konzept von der „Artkonstanz“ zu verfestigen. Vor allem das Auftreten elterlicher Merkmale bei den Nachkommen selbstbestäubter Bastarde bewog ihn zu der Frage: „Sollte die Neigung der Bastarde zur Trennung ihrer Faktoren in den weiteren Generationen in Rück- und Vorschläge nicht als ein direkter Beweis für die innere Notwendigkeit, die Selbständigkeit und Eigentümlichkeit, d. i. für die Stabilität der Pflanzenart angesehen werden können, wodurch sich das Stabilwerden der Bastarde und ihre Erhebung zur Art von selbst widerlegt?“[2]

Bild 73. KARL FRIEDRICH GÄRTNER (1772–1850). Gemälde von L. v. MARTENS, 1872.

Lamarck zerbricht das Dogma von der „Konstanz der Arten“ – und kaum einer bemerkt es

Die Systematik, in der ARISTOTELES die Tierwelt geordnet hat, hatte im wesentlichen bis ins 17. Jahrhundert Bestand. Erst RAY stieß sich an der Künstlichkeit der Gliederung, die sich u. a. in Gruppenbildungen von Wasser-, Luft- und Landtieren ausdrückte, weil sie nicht in erster Linie auf Merkmalen beruhte, die unmittelbare Eigenschaften der Tiere darstellten. Dennoch wußte auch er kein durchgängiges, einleuchtenderes Prinzip einzuführen. Erst LINNÉ verwarf die Gruppierung nach Lebensräumen und beschränkte sich darauf, die Großgruppen sei-

[1] 1793 in Berlin erschienen.
[2] Zitiert aus JAHN, I., R. LÖTHER und K. SENGLAUB, 2. Aufl., S. 416, 1985; Originalzitat aus BARTHELMESS, A.: Vererbungswissenschaft. Orbis academicus, Abt. II, Bd. 2, Freiburg-München, 1952.

Bild 74. Jean Baptiste ANTOINE DE LAMARCK (1744–1829), Zeitgenössischer Kupferstich von AMBROISE TARDIEU.

nes Systems auf anatomische und physiologische Merkmale - wie z. B. Blutkreislauf, Atmungssystem, Entwicklung von Jungen, Eigentümlichkeiten des Gebisses und des Nahrungserwerbs - zu begründen. Vor allem innerhalb der Wirbeltiere kam LINNÉ mit seinen Gliederungsgrundsätzen zur Bildung von Großgruppen, deren Angehörige offenbar zusammengehörten. So sehr er hier einem natürlichen System nahe gekommen war oder es erreicht hatte, so weit war er von ihm bei anderen Tiergruppen noch entfernt. Auch bei Tieren glaubte LINNÉ an die Konstanz der Arten. Die Kenntnis, die er über Bastarde hatte, vermochte sein Konzept nicht grundlegend zu verändern.

Da hätte es eigentlich geradezu revolutionär wirken müssen, als JEAN-BAPTISTE DE LAMARCK (1744–1829, Bild 74) zu der Überzeugung kam, die Arten wandelten sich im Laufe der Erdgeschichte.

LAMARCK war ursprünglich Botaniker gewesen und Kustos an den Königlichen Gärten in Paris, Versailles und Trianon. Nach der Französischen Revolution war er Professor für Spezielle Zoologie der Insekten und Würmer und Mitglied des französischen Nationalmuseums für Naturgeschichte. Er führte die Großgruppen der Wirbeltiere und der Wirbellosen in die zoologische Systematik ein und gliederte letztere in Weichtiere, Rankenfüßer, Ringelwürmer, Krebse, Spinnentiere, Insekten, Würmer, Strahltiere (= Echinodermen), Polypen und Infusorien.

LAMARCK nahm es als selbstverständlich, daß versteinerte Reste, vor allem von Mollusken, Überbleibsel von Lebewesen seien. Entsprechende Meinungen aus voraristotelischer Zeit waren weitgehend verloren gegangen. Erst LEONARDO DA VINCI (1452–1519) sah Versteinerungen eindeutig wieder als Zeugnisse ehemaligen Lebens an. Doch noch im 16. Jahrhundert galt es in Frankreich zeitweilig als ketzerisch, dergleichen zu behaupten. ROBERT HOOKE sprach um 1665 Versteinerungen eindeutig als Lebensspuren an, und JOHANN JACOB SCHEUCHZER (1672–1733) schließlich versuchte Fossilfunde von Pflanzen in TOURNEFORTS System einzuordnen.

LAMARCK besaß recht gute botanische und auf dem Gebiet der Mollusken ausgezeichnete systematische Kenntnisse. Vor allem seine zoologischen Studien hatten ihn zur Auffassung gebracht, daß die Großgruppen verschieden hoch entwickelt seien. „Ein Tier ist gegenüber einem anderen vollkommener, wenn nicht nur seine Organisation komplizierter, sondern auch die Zentralisation in den Organsystemen am größten ist.“[1] Weiter war er zu der Ansicht gelangt, daß kein grundsätzlicher Unterschied bestehe zwischen Varietäten und Arten, woraus er schließt, „daß aus Varietäten allmählich gute Arten entstehen können“[2].

In seinem Hauptwerk „Philosophie zoologique“ (1809) begründete er, wie es zu einem Wandel der Arten kommen könne, ja, warum die Arten gar nicht konstant sein könnten. So schreibt er u. a.: „‚Nicht die Organe, d. h. die Natur und Gestalt der Körpertheile eines Thiers

[1] Zitiert aus MÄGDEFRAU, S. 180, 1973.
[2] Zitiert aus MÄGDEFRAU, S. 179, 1973.

haben seine Gewohnheiten und seine besonderen Fähigkeiten hervorgebracht, sondern im Gegentheil seine Gewohnheiten, seine Lebensweise und die Verhältnisse, in denen sich die Individuen, von denen es abstammt, befanden, haben mit der Zeit seine Körpergestalt, die Zahl und den Zustand seiner Organe und seine Fähigkeiten bestimmt'...

Die Tierwelt hat sich verändert und wandelt sich ständig, da die Erde auch Veränderungen unterworfen ist: ‚Meine besondere Folgerung: Die Natur hat alle Thierarten nacheinander hervorgebracht. Sie hat mit den unvollkommensten oder einfachsten begonnen und mit den vollkommensten aufgehört. Sie hat ihre Organisation stufenweise verwickelt. Indem sich diese Thiere allgemein auf alle bewohnbaren Orte der Erde ausbreiteten, hat jede Art derselben durch den Einfluß der Verhältnisse, in denen sie sich befand, ihre Gewohnheiten und die Abänderungen in ihren Theilen erhalten, die wir bei ihr beobachteten.'

Ein Gegenargument sei nur möglich, wenn nachgewiesen werden könne, ‚daß keine Stelle der Erdoberfläche in ihrer Natur, ihrer hohen oder tiefen Lage, ihrem Klima usw. sich verändert...' "[1]

Ob und in welcher Vollkommenheit Organe ausgebildet sind, sollte nach LAMARCKS Vorstellung also auch von Gebrauch und Nichtgebrauch abhängen. Änderungen, entstanden durch Umwelteinflüsse oder durch Gebrauch bzw. Nichtgebrauch würden bedeuten, daß „erworbene Eigenschaften" vererbt würden. Wie wir heute wissen, ist dies nicht der Fall.

Es ist indessen nicht die unzutreffende Erklärung der Veränderungen, die falsche Begründung dafür, daß Arten nicht konstant sein können, die LAMARCKS Feststellungen ohne nachhaltige Wirkung bleiben ließen: Weit eher ist es seine Hypothese, die Lebewesen stammten von früher lebenden, einfacheren Organismen ab. „Es zeigt uns die Natur unter den Organismen... absolut nur Individuen, welche durch die Fortpflanzung aufeinander nachfolgen und voneinander abstammen; ihre Arten aber haben eine nur relative Konstanz und sind nur zeitweise unveränderlich."[2] Seine Ausführungen waren spekulativ und nicht genügend mit Fakten untermauert; deswegen fanden sie bei seinen Zeitgenossen nur geringe Beachtung. Dabei wäre er sicherlich imstande gewesen, besonders am Beispiel von Weichtieren, aber auch anhand anderer Gruppen der Wirbellosen, überzeugende Tatsachen anzuführen[3].

Ähnlich erging es auch mit spekulativen Äußerungen anderer Zeitgenossen hinsichtlich der Artkonstanz bzw. hinsichtlich einer möglichen Entwicklung der Lebewesen. Sie blieben völlig wirkungslos und trugen zur Weiterentwicklung der systematischen Biologie nichts bei.

Darwin

Es blieb CHARLES DARWIN (1809–1882, Bild 75) vorbehalten, den Gedanken an eine Evolution der Lebewesen wirksam zu verbreiten. Gleichzeitig verwarf er damit das Konzept der konstanten Arten.

DARWIN stammt aus einer „Ärztefamilie". Schon sein Großvater, der sich mit biologischen Grundfragen beschäftigte, war in seinen Überlegungen dem Gedanken einer Evolution der Lebewesen dicht auf der Spur. DARWIN studierte zunächst ebenfalls Medizin, wechselte aber nach 2 Jahren zur Theologie. Daneben war er von der Botanik angetan, in der er Vorlesungen besuchte; auch an Exkursionen beteiligte er sich. Selbst Geologievorlesungen hörte er. Nach

[1] Alle Zitate aus JAHN, I., R. LÖTHER und K. SENGLAUB, 2. Aufl. 1985, S. 293/294; Zitat aus der deutschen Übersetzung der „Philosophie zoologique" durch A. LANG 1873.

[2] Zitiert aus JAHN, I., R. LÖTHER und K. SENGLAUB, 2. Aufl., S. 294, 1985; Originalzitat aus J. B. DE LAMARCK, Philosophie zoologique, deutsche Übersetzung von A. LANG, 1873.

[3] Zeitgenossen berichten über das umfassende Wissen LAMARCKS, doch ebenso darüber, daß er sich mit gewandter, treffsicherer Sprache schwer tat. Sein Gegenspieler an der Universität von Paris, der 25 Jahre jüngere, äußerst eloquente und brillant formulierende GEORGES CUVIER (1769–1832), der – aus dem damals schwäbischen Montbeliard (= Mömpelgard) stammend – wie FRIEDRICH SCHILLER die Hohe Karlsschule zu Stuttgart besucht hatte und „Vergleichende Anatomie der Tiere" und Paläontologie lehrte, soll ihn in öffentlichen wissenschaftlichen Diskussionen förmlich „vorgeführt" und seine Theorien „zerfetzt" haben.

Bild 75. Charles Darwin (1809–1882); Porträt um 1875.

dem Baccalaureatsexamen bot sich ihm durch die Vermittlung des Botanikers John Stevens Henslow die Gelegenheit, an einer mehrjährigen Weltumseglung auf der Beagle, einem Vermessungsschiff der Royal Navy, als sammelnder Naturwissenschaftler teilzunehmen. Darwin herbarisierte Pflanzen und präparierte Tiere, die er bei seinen Aufenthalten an zahlreichen Orten verschiedener südamerikanischer Küsten gefunden oder gejagt hatte. Besonders beeindruckt war er von der Lebewelt der Galapagosinseln. Anlegepunkte waren weiter Tahiti, Neuseeland, Australien, Mauritius und Südafrika. Nach seiner Rückkehr nach England verbrachte Darwin als „Privatgelehrter" mehrere Jahre damit, seine Sammlungen zu ordnen und seine Tagebücher zu verwerten. Er brachte erste Notizen über das Artproblem zu Papier (1842), die er zwei Jahre später erweiterte, wobei er seine Vermutungen, Arten seien – entgegen seiner ursprünglichen Überzeugung – nicht konstant, durch Beobachtungen an Haustieren und an Gartenpflanzen untermauerte. Außerdem arbeitete er über die Entstehung von Korallenriffen. Ab 1856 beschäftigte er sich mit der Niederschrift seines berühmten Werkes „On the origin of species by means of natural selection, or the preservation of favoured races in the struggle for life"[1], das 1859 in London veröffentlicht wurde. Von weiteren Veröffentlichungen seien noch „On various contrivances by which British and foreign Orchids are fertilised by Insects"[2] (1862) sowie „The decent of man, and selection in relation to sex"[3] (1871) genannt. Darwin starb hochgeehrt und wurde in Westminster Abbey beigesetzt.

Art und Varietät bei Darwin

Schon Linné hatte bemerkt, daß Angehörige derselben Art gelegentlich voneinander abweichen. Hinsichtlich des Zustandekommens von Varietäten – und indirekt damit auch über ihre Bedeutung – meinte er: „Eine Varietät ist eine Pflanze, welche durch eine äußere Ursache abgeändert ist: durch Klima, Sonne, Wärme, Wind."[4]

Darwin kam über Varietäten und die Rolle, die sie innerhalb einer Art spielen, zu einer ganz anderen Bewertung. Mit einer scharfen Definition tat er sich schwer, ja er entzog sich ihr: „. . .indessen weiß jeder im allgemeinen, was mit dem Ausdruck ‚Arten' gemeint ist: Gewöhnlich schließt die Bezeichnung das unbekannte Element eines besonderen Schöpfungsaktes ein. Und beinahe ebenso schwer definierbar ist ‚Varietät'; gewöhnlich versteht man darunter ganz allgemein die ‚Gemeinsamkeit der Abstammung', obwohl diese selten nachweisbar ist. Auch finden wir noch sogenannte ‚Monstrositäten', die aber stufenweise in Varietäten übergehen. Unter Monstrosität versteht man nach

[1] „Die Entstehung der Arten durch natürliche Zuchtwahl, oder die Erhaltung begünstigter Rassen im Kampf ums Dasein".
[2] „Über verschiedene Einrichtungen, durch die britische und fremdländische Orchideen von Insekten bestäubt werden".
[3] „Die Abstammung des Menschen und geschlechtliche Zuchtwahl".
[4] Zitiert aus Mägdefrau, 1973, S. 57.

meiner Meinung eine beträchtliche Abweichung im Körperbau, die für die betreffende Art in der Regel schädlich oder wenigstens nicht nützlich ist. Einige Autoren gebrauchen das Wort ‚Variation' (Veränderung) auch im technischen Sinne, um damit eine Abweichung zu bezeichnen, die direkt auf die äußeren Lebensverhältnisse zurückgeht; Variationen dieser Art gelten nicht für erblich."[1]

Er schrieb über diese Frage weiter: „Die vielen kleinen Unterschiede, die sich bei Nachkommen derselben Eltern zeigen oder bei Individuen derselben Art, die dieselbe begrenzte Örtlichkeit bewohnen, kann man als individuelle Unterschiede bezeichnen. Niemand glaubt, daß alle Individuen einer Art genau nach demselben Modell gebildet sind. Solche individuellen Unterschiede sind aber für uns von größter Wichtigkeit; denn sie sind häufig ererbt, wie jedem bekannt sein wird. Sie liefern der natürlichen Zuchtwahl das Material zur Anhäufung, so wie der Mensch in seinen Zuchtprodukten die individuellen Unterschiede in bestimmter Richtung anhäuft."[2]

DARWIN hat also erkannt, daß die Angehörigen einer Art – trotz der Eigenschaften, die sie dazu machen – oftmals erkennbar erblich voneinander verschieden sind. Er grenzte „Monstrositäten" als Individuen mit schädlichen oder wenigstens nicht nützlichen Eigenschaften von Varietäten ab. Damit kennzeichnete er indirekt die Besonderheiten, die variierte Individuen auszeichnen, zumindest als der Möglichkeit nach vorteilhaft für ihre Träger. Dies macht sie zu Objekten für die natürliche Zuchtwahl. Varietäten sind für ihn „Ausgangsmaterialien" für neue Arten. Arten sind damit nicht konstant, sondern sie entwickeln sich. Der Motor, der die Entwicklung antreibt, ist die natürliche Zuchtwahl, die Auslese, die stattfindet, weil es den Wettbewerb, eben ein Ringen „ ‚ums Daseyn' "[3] gibt.

Was DARWIN unter dem „Kampf ums Dasein" versteht, zeigt das folgende Zitat: „Es sei vorausgeschickt, daß ich die Bezeichnung ‚Kampf ums Dasein' in einem weiten, metaphorischen Sinne gebrauche, der die Abhängigkeit der Wesen voneinander, und was noch wichtiger ist: nicht nur das Leben des Individuums, sondern auch seine Fähigkeit, Nachkommen zu hinterlassen, mit einschließt. Mit Recht kann man sagen, daß zwei hundeartige Raubtiere in Zeiten des Mangels um Nahrung und Dasein miteinander kämpfen; aber man kann auch sagen, eine Pflanze kämpfe am Rande der Wüste mit der Dürre ums Dasein, obwohl man das ebensogut so ausdrücken könnte: sie hängt von der Feuchtigkeit ab."[4]

Er verdeutlichte, daß Selektion die Varietäten nicht hervorbringt, sondern aus einer gegebenen Mannigfaltigkeit erblich verschiedener Formen ausliest: „Einige Autoren haben den Ausdruck ‚natürliche Zuchtwahl' mißverstanden oder beanstandet. Manche glauben, die natürliche Zuchtwahl bringe Varietäten hervor, während sie doch nur solche Veränderungen festhält, die einem Organismus unter seinen Lebensverhältnissen nützen."[5]

Die Chancen, daß Nachkommen überleben und wieder Nachkommen haben, hängt nicht nur von einem Verdrängungswettbewerb ab, sondern auch davon, daß erblich verschiedene Formen unter Umständen neue Lebensräume erobern, daß sie sich „einnischen": „Wir werden den wahrscheinlichen Hergang der natürlichen Zuchtwahl am besten verstehen, wenn wir annehmen, eine Gegend unterliege irgendeiner physikalischen Veränderung, z. B. im Klima. Das Zahlenverhältnis seiner Bewohner wird sich dann sofort verschieben, und einzelne Arten werden wahrscheinlich aussterben... Hat das Gebiet offene Grenzen, so werden sofort neue Formen einwandern... Handelt es sich um ein... abgegrenztes Gebiet, (so) daß neue und besser angepaßte Formen keinen Zugang haben,

[1] Zitiert aus CH. DARWIN: Die Entstehung der Arten durch natürliche Zuchtwahl; deutsch von C. W. NEUMANN, P. Reclam, jun. Leipzig, 1949, S. 49.

[2] s. DARWIN, Die Entstehung der Arten... S. 50. – In diesem Zusammenhang muß man darauf verweisen, daß die Überproduktion von Nachkommen für DARWIN ihren Sinn nur durch die Auslese der jeweils Bestangepaßten bekommt.

[3] Zitiert aus JAHN, I., R. LÖTHER und K. SENGLAUB, 2. Aufl. VEB G. Fischer, Jena, 1985, S. 382.

[4] s. DARWIN, Die Entstehung der Arten... S. 65/66.

[5] s. DARWIN, Die Entstehung der Arten... S. 79.

so werden sich Stellen im Haushalt der Natur finden, die sicherlich besser besetzt werden könnten, wenn einige der ursprünglichen Bewohner angemessenen Modifikationen unterlägen; denn wäre das Gebiet für Einwanderer offen gewesen, so würden die Stellen von den Eindringlingen besetzt worden sein. In solchen Fällen würden geringe Abänderungen, die das Individuum oder die Art irgendwie begünstigen, leichter erhalten bleiben und die natürliche Zuchtwahl hätte für die Weiterführung ihres Verbesserungswerkes freie Bahn."[1]

Darwins Art ist also alles andere als statisch. Sie ist vielmehr veränderlich. Jede Art enthält erblich verschiedene Individuen, die günstigenfalls als Varietäten beschrieben werden können. Individuen, Varietäten bestehen im Kampf ums Dasein, wenn sie sich in einem solchen Maße fortpflanzen, daß sich der Anteil ihrer Nachkommen an der Gesamtart vergrößert oder wenigstens nicht abnimmt. Eine der Möglichkeiten, dies zu erreichen, liegt im Besetzen und längerfristigen Halten von „Nischen", Lebensraumanteilen, die vordem von der fraglichen Varietät nicht besetzt gewesen waren. Arten, die sich in einem Lebenskampf durchsetzen, indem sie sich eventuell wandeln, sind nicht so, wie sie heute existieren, von einem Schöpfergott geschaffen worden. „Einige namhafte Naturforscher haben sich kürzlich dahin geäußert, daß viele angebliche Arten in Wirklichkeit gar keine solchen seien; dagegen seien andere, ‚wirkliche', d. h. unabhängig erschaffene Arten. Das dünkt mich eine seltsame Schlußfolgerung. Sie geben zu, daß zahlreiche Formen, die bis vor kurzem auch für sie selbst als besondere Schöpfungen galten und für die meisten Naturforscher heute noch, die also zweifellos alle äußeren charakteristischen Züge der echten Arten besitzen, durch Abänderungen erzeugt worden sind, weigern sich aber, dieselbe Ansicht auf andere, unbedeutend abweichende Formen auszudehnen"... „Sie geben in dem einen Falle Veränderlichkeit als die ‚vera causa'[2] zu und verwerfen sie willkürlich im anderen Falle, ohne hier oder dort einen Unterschied nachzuweisen. Der Tag wird kommen, wo man ein solches Verfahren als seltsames Beispiel für eine vorgefaßte Meinung betrachten wird"... „Glauben sie, daß bei jedem vermeintlichen Schöpfungsakte ein einziges Individuum oder gleichzeitig viele erschaffen wurden? Wurden alle die zahllosen Tier- und Pflanzenarten als Eier oder als Samen oder wurden sie gar gleich ‚erwachsen' erschaffen? Und falls das letztere von den Säugetieren angenommen wird, wurden sie dann mit den unwahren Merkmalen einer einstigen Ernährung im Mutterleibe erschaffen? Zweifellos müssen diese Fragen zum Teil auch bei jenen unbeantwortet bleiben, die an das Auftreten oder die Schöpfung nur weniger oder gar nur einer Lebensform glauben."[3]

„Sehr bedeutende Autoren scheinen von der Ansicht einer unabhängigen Erschaffung der einzelnen Arten durchaus befriedigt zu sein. Meines Erachtens stimmt es nach allem, was wir wissen, besser mit den vom Schöpfer der Materie eingeprägten Gesetzen überein, daß das Entstehen und Vergehen der früheren und heutigen Erdenbewohner genauso wie Geburt und Tod der Individuen eine Folge sekundärer Ursachen ist. Wenn ich die Organismen nicht als Sonderschöpfungen, sondern als unmittelbare Nachkommen weniger Wesen betrachte, die schon lebten, ehe die erste kambrische Schicht sich gebildet hatte, so scheinen sie mir dadurch veredelt zu werden... Nach der Vergangenheit zu urteilen, können wir annehmen, daß keine einzige lebende Art ihr unverändertes Abbild auf eine ferne Zukunft übertragen wird. Von den heutigen Arten werden überhaupt nur sehr wenige einer fernen Zukunft Nachkommen überliefern, denn die Gruppierungsweise der Lebewesen zeigt, daß die meisten, oft sogar alle Arten einer Gattung keine Nachkommen hinterließen, sondern völlig ausgestorben sind."[4]

[1] s. Darwin, Die Entstehung der Arten... S. 79/80.
[2] vera causa, lat. = wirkliche Ursache.
[3] s. Darwin, Die Entstehung der Arten... S. 434.
[4] s. Darwin, Die Entstehung der Arten... S. 439.

Systematische Einheiten als Abstammungsgemeinschaften – Natürliche Systeme als Ausdruck von relativen Verwandtschaftsbeziehungen

DARWINS Auffassung von den systematischen Gruppen größeren Umfangs ist gewissermaßen eine Fortschreibung seiner Ansichten, die er sich über das Verhältnis der Varietäten zu den Arten gebildet hat. So schreibt er: „...zwei Formen, die sehr wenig differieren, gelten allgemein nur als Varietäten, auch wenn keine Zwischenglieder gefunden worden sind.“... „In allen diesen Beziehungen ähneln die Arten einer Gattung durchaus Varietäten. Und wir können diese Übereinstimmung sehr gut begreifen, wenn die Arten wirklich einst als Varietäten existierten und in diesen ihren Ursprung hatten: dagegen würden Übereinstimmungen ganz unerklärlich sein, wenn die Arten unabhängige Schöpfungen wären“... „auf später zu erklärenden Wegen streben auch die großen Gattungen immer mehr dahin, sich in kleinere aufzulösen. Und so werden alle Lebensformen der Erde in Gruppen geteilt, die wieder anderen Gruppen untergeordnet sind.“[1]

Denkt man sich dieses Prinzip fortgesetzt, dann müßten auch umfassendere Gruppen die gemeinsame Abstammung widerspiegeln. DARWIN sah in seiner Zeit diese Forderung als meist noch nicht erfüllt an: „Was schließlich den vergleichsweisen Wert der verschiedenen Artengruppen wie Ordnungen, Unterordnungen, Familien, Unterfamilien und Gattungen betrifft, so scheinen diese wenigstens bis heute sehr willkürlich zu sein.“[2] Er machte sich Gedanken, woher dieser Mangel rührt: „Alle die erwähnten Regeln, Behelfe und Schwierigkeiten der Klassifikation lassen sich, wenn ich nicht irre, dadurch erklären, daß das natürliche System auf der Abstammung mit Modifikationen begründet ist, daß die Merkmale, die die Naturforscher für ein Zeichen echter Verwandtschaft zweier oder mehrerer Arten halten, von einem gemeinsamen Vorfahren ererbt worden sind und also jede echte Klassifikation genealogisch ist, und daß ferner die Gemeinsamkeit der Abstammung das unsichtbare Band bildet, das die Naturforscher unbewußt suchten, nicht aber irgendein unbekannter Schöpfungsplan, noch der Ausdruck für allgemeine Sätze oder das bloße Zusammenstellen und Sondern mehr oder weniger ähnlicher Dinge.“[3]

Damit distanzierte sich DARWIN von den Klassifizierungsprinzipien eines ARISTOTELES und seiner Nachahmer ebenso wie von LINNÉ und seiner Schule.

Gleichwohl verkannte er die Schwierigkeiten nicht, denen sich die Biologen gegenübergestellt sehen, wenn sie sich darum bemühen, ein natürliches System zu finden: „Die Naturforscher suchen die Arten, Gattungen und Familien nach einem sogenannten natürlichen System zu ordnen. Aber was ist ein ‚natürliches‘ System? Einige Autoren halten es einfach für ein Fachwerk, in das die Lebewesen, die sich am meisten gleichen, zueinander geordnet und die sich nicht gleichenden getrennt werden“... „Aber es gibt Naturforscher, die meinen, das ‚natürliche System‘ bedeute noch mehr: sie glauben, daß es den Plan des Schöpfers enthülle. Solange jedoch nicht gesagt wird, ob mit diesem Plan des Schöpfers die Ordnung nach Zeit oder Raum oder nach beiden oder was sonst damit gemeint sein soll, scheint diese Ansicht unsere Kenntnisse nicht zu vermehren.“ Er vermutete, „daß unsere Klassifikation mehr als die bloße Ähnlichkeit ausdrücken soll. Ich glaube, daß dies auch der Fall ist, nur daß die gemeinsame Abstammung (die einzige bekannte Ursache großer Ähnlichkeit zwischen Lebewesen) das Band bildet, das zwar unter verschiedenen Modifikationsstufen verborgen ist, durch unsere Einteilung aber teilweise enthüllt wird.“[4]

Er begründete die Ansicht, Gruppierung suche Abstammungsgemeinschaften zu erfassen, mit einem Rückgriff auf RAYS Artbegriff, wenn er das auch nicht in diesem Zusammen-

[1] s. DARWIN, Die Entstehung der Arten... S. 63.
[2] s. DARWIN, Die Entstehung der Arten... S. 379.
[3] s. DARWIN, Die Entstehung der Arten... S. 379/380.
[4] s. DARWIN, Die Entstehung der Arten... S. 375.

hang aussprach: „Bei der Einteilung der Arten im Naturzustande haben tatsächlich alle Naturforscher die Abstammung berücksichtigt, indem sie in ihre unterste Gruppe, also die Art, beide Geschlechter aufnahmen, und wie gewaltig diese zuweilen in den wichtigsten Merkmalen abweichen, ist bekannt"... „Der Naturforscher schließt in eine Art auch die verschiedenen Larvenzustände desselben Individuums ein, wie sehr sie auch untereinander und vom erwachsenen Tiere abweichen"... „Er schließt auch Abarten und Varietäten in die Art ein, und zwar nicht wegen ihrer teilweisen Ähnlichkeit mit der Elternform, sondern weil sie von ihr abstammen."[1]

Über die Schwierigkeiten, differenzierende Merkmale nicht nur zu finden, sondern zu bewerten, war er sich voll im Klaren. Er gab durchaus sinnvolle Ratschläge, wie man verfahren soll: „Da wir keine geschriebenen Stammbäume haben, so sind wir genötigt, die gemeinsame Abstammung aus diesen oder jenen Ähnlichkeiten herzuleiten. Daher wählen wir jene Merkmale, die im Verhältnis zu den Lebensbedingungen, denen die Art neuerlich ausgesetzt war, am wenigsten zu Abänderungen neigten."[2]

Es ist erstaunlich, welcher Wandel der Auffassungen sich in den Worten DARWINS gegenüber LINNÉ zeigt, und dies, obschon zwischen der Veröffentlichung der Hauptwerke beider Wissenschaftler nur etwa 100 Jahre liegen! DARWINS Werk schlug bei den an Biologie Interessierten der damaligen Zeit ebenso ein wie bei vielen, deren Neigungen vorwiegend theologisch-philosophischen Fragestellungen galten. Vor allem war es das Konzept der gemeinsamen Abstammung, das den Menschen mit einbezog, das leidenschaftliche Diskussionen auslöste[3].

Gleichzeitig trug diese Auseinandersetzung zur Verbreitung der neuen Gedanken bei, die DARWIN als erster klar formuliert hatte[4]. In welchem Maße die Evolutionstheorie auf einem völlig anderen Artbegriff beruht, vor allem auf einer Neubewertung dessen, was „Varietäten" sind, machten sich offensichtlich nur wenige Zeitgenossen klar. Jedenfalls gab es hierüber kaum wissenschaftliche Diskussionen. Vielleicht lag dies auch daran, daß DARWIN „Art" nie wirklich genau definiert hatte; schließlich war sie für ihn dynamisch, in ihren Grenzen fließend und – möglicherweise – nichts als ein Kunstprodukt[5]. Er beschrieb, was er meinte, und er gebrauchte den Begriff im konkreten Fall einsehbar, ja eindeutig. Sein Artbegriff wurde von einer Reihe systematisch arbeitender Biologen übernommen, aber nicht immer so umfassend und dynamisch gebraucht, wie dies DARWIN getan hatte. Dazu trug bei, daß die Erarbeitung des „natürlichen Systems" im 19. Jahrhundert weitgehend nach Denkschemata erfolgte, in denen die Frage nach der gemeinsamen Abstammung nicht an erster Stelle stand (s. S. 123 ff.). LINNÉS Sexualsystem, dessen

[1] s. DARWIN, Die Entstehung der Arten... S. 382.
[2] s. DARWIN, Die Entstehung der Arten... S. 383.
[3] LINNÉ hatte den Menschen zwar auch schon in die Ordnung „Primates" mit einbezogen; doch war mit dieser Katalogisierung der Gedanke an eine Verwandtschaft nicht verbunden. Deshalb erregte die entsprechende Gruppierung kein besonderes Aufsehen.
[4] Es soll hier angemerkt werden, daß bezüglich der Evolutionstheorie ALFRED RUSSEL WALLACE (1823–1913) das Selektionsprinzip als Ursache für den Artenwandel unabhängig von DARWIN gefunden hat. DARWIN arbeitete gerade am „Ursprung der Arten", von dem er indessen erst wenige Kapitel niedergeschrieben hatte, als er von WALLACE, der sich damals auf den Molukken befand, ein Manuskript erhielt mit dem Titel: „On the tendency of varieties to depart indefinitely from the original typus". Hierin entwickelte WALLACE in aller Klarheit das Selektionsprinzip. Um Plagiatsvorwürfen zu entgehen, gleichermaßen aber auch, um den Prioritätsanspruch nicht zu verlieren, veröffentlichte DARWIN ein Manuskript aus dem Jahre 1842, einen Briefwechsel mit dem Botaniker ASA GRAY aus dem Jahre 1857 und das Manuskript von WALLACE, indem er sie in der „Linnean Society" bei einer Sitzung am 1. 7. 1858 verlesen ließ; im August wurden alle drei Manuskripte in dem „Journal of the Proceedings of the Linnean Society" gedruckt publiziert.
[5] „Es ist sehr leicht möglich, daß Formen, die jetzt allgemein für bloße Varietäten gelten, später eines Artnamens für würdig befunden werden, in welchem Falle dann die wissenschaftliche Sprache mit der Volkssprache übereinstimmen wird. Kurzum: Wir werden die Art genau behandeln, wie jene Naturforscher, nach deren Meinung die Gattungen nur künstliche, der Bequemlichkeit wegen gebildete Zusammenstellungen sind, die Gattungen behandeln. Das mag keine sehr erfreuliche Aussicht sein, aber wir werden wenigstens von dem vergeblichen Suchen nach dem bis heute unentdeckten und wohl auch unentdeckbaren Wesen ‚Art' befreit sein." (Ch. DARWIN: Die Entstehung der Arten durch natürliche Zuchtwahl; deutsch von C. W. Neumann; Ph. Reclam, jun.; Leipzig, S. 437, 1949).

Brauchbarkeit für das praktische Bestimmen erwiesen war, hielt sich teilweise noch bis nach dem Zweiten Weltkrieg[1].

Gegen das rasche und verbreitete Übernehmen des dynamischen Artbegriffs im Sinne Darwins wirkte sicherlich auch die Unkenntnis über Vererbung. Darwin hielt „Varietäten" für erblich. Vererbung der „kleinen Unterschiede" war ja geradezu einer der Grundpfeiler, auf der seine Evolutionstheorie ruhte. Wie Vererbung jedoch genau zustande kommt, darüber konnte Darwin indessen keine zutreffende Vorstellung entwickeln, da weder die Befruchtung als Kernverschmelzung zum Zeitpunkt seiner Veröffentlichung des „Ursprungs der Arten" entdeckt war, noch erlangte er jemals Kenntnis von den Arbeiten Mendels über Vererbung[2].

Der Weg zur „biologischen Art"

Die Entdeckung des Pollenschlauchs und der Befruchtung bei Tier und Pflanze

Die Bestäubung war in ihrer Bedeutung für die Bildung keimfähiger Samen zwar erkannt, aber selbst nach den Arbeiten von Kölreuter nicht wirklich verstanden worden. Man nahm an, Pollenkörner zerplatzten auf den Narben, ließen ihren Inhalt austreten, und dieser dringe durch Narbe und Griffel bis zu den Samenanlagen (s. S. 190) vor, die man für eine Art „kleiner Eier" hielt. Was dann dort geschähe, blieb unklar.

Deshalb stieß eine Beobachtung, die der italienische Mathematiker und Mikroskopbauer Giovanni Battista Amici 1823 machte, bei vielen Botanikern zunächst auf wenig Verständnis. Er sah, daß Pollenkörner auf Narben einen Schlauch austreiben. Der französische Botaniker Adolphe-Théodore Brongniart bestätigte in den folgenden Jahren diese Feststellung durch Beobachtungen an mehreren Pflanzenarten. Er konnte eindeutig verfolgen, daß die Pollenschläuche in das Griffelgewebe hineinwachsen. Amici sah 1830 schließlich einen Pollenschlauch, der bis zu einer Samenanlage vorgedrungen war. Matthias Jacob Schleiden, der als Mitbegründer der „Zelltheorie" bekannt geworden war, erkannte die ersten Stadien der Embryonalentwicklung, die er fälschlich im Pollenschlauch lokalisierte. 1856 faßte Ludwig Radlkofer den damaligen Erkenntnisstand folgendermaßen zusammen: „Der Keim der Phanerogamen entsteht in Folge von Veränderungen, welche eine im Embryosack vorhandene Zelle - das Keimbläschen - durch den Einfluß des in sie übergetretenen Inhaltes eines in ihre Nähe gelangten Pollenschlauchs befähigt wird einzugehen."[3]

Erst Eduard Strasburger (Bild 76) entdeckte 1884, was passiert, wenn ein „Pollenschlauch in die Nähe einer (Samenanlage) gelangt". Karl Mägdefrau beschreibt dies folgendermaßen: „Er sah, daß die Pollenschlauchspitze und die Embryosackwand an ihrer Berührungsstelle verquellen, die beiden Kerne des Pollenschlauchs übertreten und schließlich einer derselben mit dem Eikern ver-

[1] So arbeitet etwa Adolf Mayer in seiner „Exkursionsflora von Südwürttemberg und Hohenzollern", Wissenschaftliche Verlagsgesellschaft m.b.H., Stuttgart, 1950, auch noch mit der Linnéschen Systematik, und zwar vor allem in seinem Bestimmungsschlüssel, in dem man bis zu den Familien gelangt. Ähnlich verfahren August Binz und Alfred Becherer, die noch in der 15. Auflage ihrer „Schul- und Exkursionsflora für die Schweiz", Schwabe & Co.-Verlag, Basel, 1973, neben Bestimmungsschlüsseln nach dem natürlichen System auch solche bringen, die auf dem Linnéschen Sexualsystem beruhen. Die Autoren sind der Meinung, daß man mit Schlüsseln, die auf dem Linnéschen Sexualsystem fußen, in vielen Fällen rascher und sicherer bestimmen könne als mit Schlüsseln nach dem „natürlichen System".

[2] Zwar wußte Darwin, daß Pollenkörner auf den Narben einen Pollenschlauch austreiben, doch nahm er an, daß durch ihn ein „Zeugungsstoff" übermittelt werde: „Zuweilen wird eine physische Unmöglichkeit für den männlichen Zeugungsstoff bestehen, das Eichen zu erreichen, z.B. bei Pflanzen, deren Pistill zu lang für Pollenschläuche ist, um zum Ovarium zu kommen"... „Ferner kann der männliche Zeugungsstoff wohl den weiblichen erreichen, aber unfähig sein, einen Embryo zu entwickeln." Darwin, Die Entstehung der Arten... S. 262/63.

[3] Zitiert aus Mägdefrau, S. 119, 1973; Originalzitat aus Radlkofer, L.: Die Befruchtung der Phanerogamen, Leipzig, 1856.

Bild 76. EDUARD STRASBURGER (1844–1912). Porträt, 1902.

schmilzt. Damit war für das Pflanzenreich der gleiche Befruchtungsvorgang nachgewiesen, den OSCAR HERTWIG 1875 im Tierreich festgestellt hatte. STRASBURGER zog aus seinem Befund noch wichtige theoretische Folgerungen:

1. Der Befruchtungsvorgang beruht auf der Kopulation des Spermakerns mit dem Eikern.
2. Das Cytoplasma ist am Befruchtungsvorgang nicht beteiligt.
3. Spermakern und Eikern sind echte Zellkerne (was früher bestritten worden war).
4. Die Eigenschaften des Vaters werden durch den Spermakern übertragen.
5. Die Zellkerne sind die wichtigsten Träger der Erbanlagen."[1]

Der Jenaer Zoologe OSCAR HERTWIG hatte 1875 an Seeigeleiern die „Verschmelzung" des männlichen und des weiblichen Kerns als eigentlichen Befruchtungsvorgang erkannt; 1877 sah HERMANN FOL eindeutig, wie Spermien in das Seeigelei eindrangen.

Meiose

Was heute jedem aufgeweckten Gymnasiasten als problematisch erscheint, wie denn die Chromosomenzahl, die für jede Art von Lebewesen charakteristisch ist, konstant gehalten werden kann, wenn sie sich durch die Befruchtung fortwährend verdoppelt, wurde damals von den meisten Biologen nicht als klärungsbedürftig empfunden. Chromosomen waren mit der Mitose[2] erstmals beschrieben worden, und zwar etwa gleichzeitig von STRASBURGER an pflanzlichen und von WALTER FLEMMING an tierischen Zellen. STRASBURGER erkannte um 1885 die Konstanz der Chromosomenzahlen für eine Reihe von Pflanzenarten, EDUARD VAN BENEDEN veröffentlichte entsprechende Befunde 1887 für Tierarten. FLEMMING prägte den Ausdruck Mitose, WILHELM V. WALDEYER-HARTZ verwendete erstmalig die Bezeichnung „Chromosom". Er schrieb 1888 eine Arbeit, in der er die Vorgänge der Zellteilung mit der Befruchtung verknüpfte[3]. Indessen waren damals die genauen Vorgänge bei der Meiose[4] noch unbekannt. Die Meiose wurde von HERTWIG 1890 erstmalig klar beschrieben[5]. Für Pflanzen wurde der Verlauf der Meiose von STRASBURGER erst zwischen etwa 1900 und 1904 geklärt. Sie verläuft bei der Pollen- und Eizellbildung im Prinzip gleich, auch wenn sich beide Teilungsvorgänge in wesentlichen Einzelheiten voneinander unterscheiden.

[1] K. MÄGDEFRAU: Geschichte der Botanik. Leben und Leistung großer Forscher. G. Fischer, Stuttgart, 1973, S. 119. – Der Bau der Samenanlage und die Befruchtung werden auf S. 190 beschrieben. – Cytoplasma: kytos, griech. = Zelle; plasma, griech. = das Gebildete; unter Cytoplasma versteht man den Zellinhalt ohne den Zellkern.

[2] Siehe Seite 36ff.

[3] WALDEYER-HARTZ, W. v.: Über Karyokinese und ihre Beziehungen zu den Befruchtungsvorgängen; in: Arch. mikr. Anat. Entwickl. mech., 32, S. 1–122, 1888.

[4] meion, griech. = weniger; bei dieser Art der Zellteilung wird die Zahl der Chromosomen genau halbiert, d. h. die letztlich entstehenden Tochterzellen erhalten von jeder Sorte Chromosom eines, insgesamt also einen vollständigen „Satz".

[5] HERTWIG, O.: Vergleichende Untersuchungen der Ei- und Samenbildung bei Ascaris; zitiert nach JAHN, I., R. LÖTHER und K. SENGLAUB: Geschichte der Biologie; 2. Aufl., VEB G. Fischer, Jena, 1985.

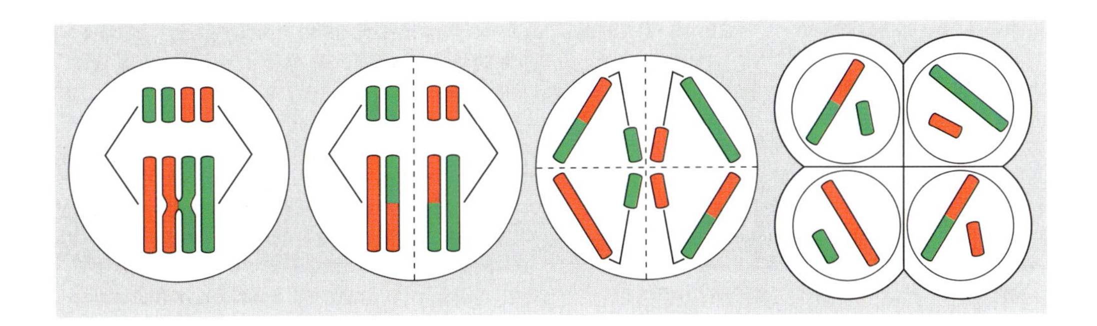

Schematisch kann man die Meiose (Bilder 77 und 78) folgendermaßen beschreiben: Die Zellen, die in die Meiose eintreten, sind bei Samenpflanzen diploide „Mutterzellen“, und zwar entweder Pollenmutterzellen oder Embryosackmutterzellen[1].

Bild 77. Verteilung der Chromosomen in der Meiose, schematisch. Beim unteren Chromosomenpaar wird der Stückeaustausch durch cross over zwischen Nichtschwesterchromatiden gezeigt. Wenn die Meiose beendet ist, sind vier haploide Zellen entstanden, in denen das Erbgut neu kombiniert worden ist.

[1] Embryosackbau und Funktion: s. S. 190, 211).

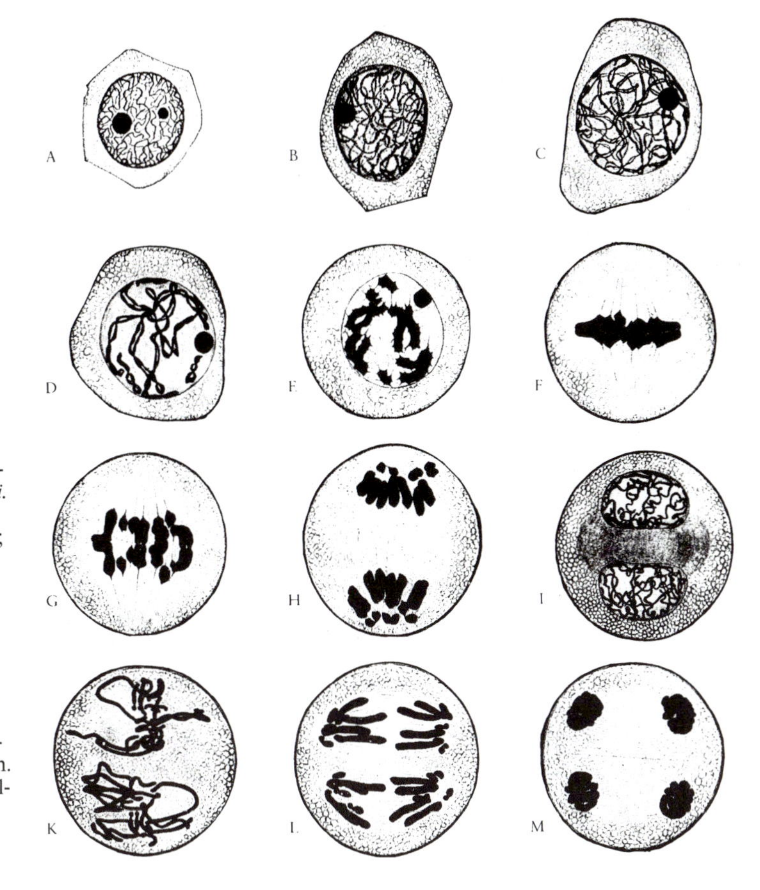

Bild 78. Meiose in den Pollenmutterzellen von *Aloë thraskii.* **A - E** Prophase von Meiose I; **F** Metaphase I; **G** Anaphase I; **H** Telophase I; **I** Interkinese (Ruhestadium zwischen dem ersten und dem zweiten Teilungsschnitt der Meiose); **K** Metaphase II; **L** Anaphase II; **M** Telophase II. In den beiden Teilungsschritten sind aus einer diploiden Pollenmutterzelle vier haploide Pollenkornkerne hervorgegangen. Die Abgrenzung zu reifen Pollenkörnern ist nicht dargestellt. Nach G. SCHAFFSTEIN aus STRASBURGER 1991.

In der Prophase der Meiose lagern sich Chromosomen, die baugleich sind, paarweise aneinander. Von den Partnern eines solchen Paares stammt einer vom „Vater“, einer von der „Mutter“ des Lebewesens, in dem die Meiose abläuft. In solchen Paaren kommt es zu einem Stückeaustausch zwischen „Nicht-Schwester-Chromatiden“, d. h. an dem Austausch sind jeweils Chromatiden beider Partnerchromosomen eines Paares beteiligt. Den Austausch nennt man „Crossing over“ oder - verkürzt - „Cross over“. Ob es zu einem Stückeaustausch kommt und welche Chromatidenabschnitte an ihm beteiligt sind, ist „zufällig“, d. h. es gibt keinen Mechanismus, der diesen Stückeaustausch regelt.

In der Metaphase I der Meiose versammeln sich die maximal verkürzten Chromosomen paarweise in der Äquatorialplatte. In der anschließenden Anaphase I werden die ursprünglich überwiegend[1] vom Vater bzw. von der Mutter stammenden Chromosomen durch eine Kernspindel wie in der Mitose nach dem Gesetz des Zufalls in die Zellhälften verteilt. In der Äquatorialebene beginnt die Wandbildung. Da von jedem Chromosomenpaar nur ein Partner in die entstehende Tochterzelle hineingelangt, wird in diesem Teilungsschritt die Zahl der Chromosomen pro Zelle auf die Hälfte reduziert, wobei wegen der Aufteilung der Paare sichergestellt ist, daß jede der entstehenden Tochterzellen von jeder „Sorte“ Chromosom eines erhält.

Oft schon, ehe die Wandbildung zwischen den entstehenden Tochterzellen abgeschlossen ist, ordnen sich die nicht vollständig entspiralisierten Chromosomen erneut zu einer Äquatorialplatte in der Mitte der entstandenen Tochterzellen an. Senkrecht zur alten Achse der Kernspindel bilden sich neue Kernspindeln, an die sich die Chromosomen mit ihrem Centromer anheften.

An diese Metaphase II schließt sich die Anaphase II an, in der die Chromatiden der Chromosomen verteilt werden. In der anschließenden Telophase entspiralisieren sich die Chromatiden. Die Kerne in den vier entstandenen Tochterzellen bekommen letztlich das Aussehen, das sie vor Beginn der Meiose gehabt hatten, werden also zu „Ruhekernen“. In der Ruhephase erfolgt die Verdoppelung der Chromatiden.

In den Teilungsschritten der Meiose sind aus einer diploiden Mutterzelle vier haploide[2] Tochterzellen geworden. Dabei wurden durch Crossing over die Chromatiden neu zusammengesetzt. Diesen Austausch von DNA-Stücken, die einander entsprechen, nennt man intrachromosomale Rekombination[3]. Ebenso steigert die Zufallsverteilung der „väterlichen“ bzw. „mütterlichen“ Chromosomen die Kombinationsvielfalt der Chromosomenausstattung bei den Tochterzellen.

Die Reduktion diploider zu haploiden Zellen ist die Voraussetzung dafür, daß Befruchtung stattfinden kann, ohne daß die Zahl der Chromosomen rasch astronomische Dimensionen annimmt. Es kommt zu einem gesetzmäßigen Wechsel zwischen diploider und haploider Kernphase. Befruchtung und Meiose sind gewissermaßen „zwei Seiten einer Medaille“. Da sie im Prinzip bei allen Eukaryoten gleich verlaufen, sind sie trotz ihrer Abwandlung ein zwingender Hinweis darauf, daß Eukaryoten einen gemeinsamen Ursprung haben. Samenpflanzen, die sich ungeschlechtlich durch Samen fortpflanzen (s. S. 110), haben diese Art der Fortpflanzung im Verlauf ihrer stammesgeschichtlichen Entwicklung erworben.

Die Meiose ist indessen auch für das Verständnis der Vererbungsgesetze von erheblicher Bedeutung. Manche der Ergebnisse der Genetik kann man nur verstehen, wenn man sie im Lichte der Verteilungsvorgänge interpretiert, die an den Chromosomen in der Meiose beobachtet werden können. GREGOR MENDEL, der Entdekker der nach ihm benannten Grundregeln für

[1] Durch das Crossing over in der Prophase sind ja nur Stücke der Chromatiden ausgetauscht worden!
[2] haploos, griech. = einfach.
[3] intra, lat. = innerhalb; combinare, lat. = zusammenstellen; re-, lat. Vorsilbe = aufs Neue, wieder. „Rekombination“ bezeichnet allgemein die „Neuzusammenstellung“ der Erbsubstanz. Bezogen auf die Mischung von Chromosomen, die überwiegend vom Vater bzw. der Mutter eines Lebewesens stammen, spricht man von „interchromosomaler Rekombination“ (inter, lat. = zwischen).

Bild 79. GREGOR JOHANN MENDEL (1822–1884). Porträt um 1865.

die Verteilung von „Erbfaktoren“, kannte die Meiose noch nicht. Um so größer ist der Respekt, den man vor seiner wissenschaftlichen Leistung haben muß.

Gregor Johann Mendel und die nach ihm benannten Regeln

GREGOR JOHANN MENDEL (1822–1884, Bild 79) war der Sohn eines Kleinbauern aus Heinzendorf in Mähren, studierte Philosophie und Theologie an einer Hochschule in Olmütz, war von 1843 an Mönch im Augustinerkloster in Brünn, wurde 1847 zum Priester geweiht und unterrichtete ab 1849 als eine Art Hilfslehrer am Gymnasium in Znaim. Ein Fachstudium konnte er nicht vorweisen, die Prüfung für das Lehramt an Höheren Schulen hatte er trotz Unterrichtserfahrung und guten unterrichtlichen Fähigkeiten nicht bestanden. Von 1851–1853 studierte er in Wien Naturwissenschaften. Danach versuchte er nochmals, die Prüfung für das Lehramt an Höheren Schulen nachzuholen, konnte sie aber wegen einer Erkrankung nicht zu Ende bringen. Dennoch bekam er wegen seines nachweislichen Talents die Lehrerlaubnis an der Realschule in Brünn, wo er von 1854–1868 „Naturlehre“ unterrichtete. Von 1868 bis zu seinem Tode war er Abt des Augustinerklosters in Brünn. Im Klostergarten zu Brünn führte er zwischen 1855 und 1864 seine berühmt gewordenen Kreuzungsversuche mit Erbsen durch.

Mendels Versuche – Erbanlage – Merkmal

MENDEL kannte die relativ spärlichen Vererbungsversuche, die zu seiner Zeit durchgeführt worden waren und baute seine Arbeiten auf ihnen auf. In der Einleitung zu seinen „Versu-

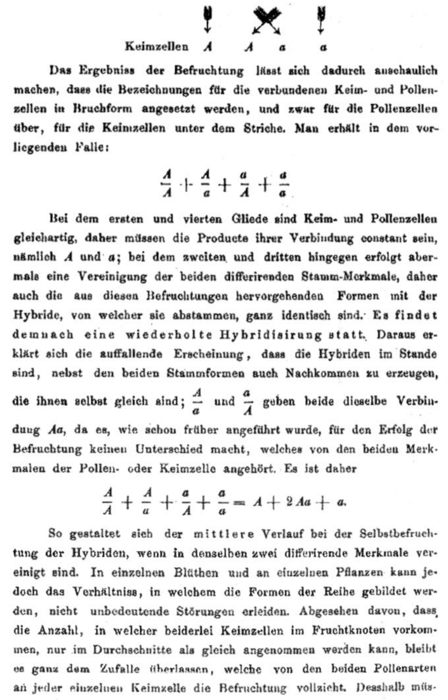

Keimzellen A A a a

Das Ergebniss der Befruchtung lässt sich dadurch anschaulich machen, dass die Bezeichnungen für die verbundenen Keim- und Pollenzellen in Bruchform angesetzt werden, und zwar für die Pollenzellen über, für die Keimzellen unter dem Striche. Man erhält in dem vorliegenden Falle:

$$\frac{A}{A} + \frac{A}{a} + \frac{a}{A} + \frac{a}{a}$$

Bei dem ersten und vierten Gliede sind Keim- und Pollenzellen gleichartig, daher müssen die Producte ihrer Verbindung constant sein, nämlich A und a; bei dem zweiten und dritten hingegen erfolgt abermals eine Vereinigung der beiden differirenden Stamm-Merkmale, daher auch die aus diesen Befruchtungen hervorgehenden Formen mit der Hybride, von welcher sie abstammen, ganz identisch sind. Es findet demnach eine wiederholte Hybridisirung statt. Daraus erklärt sich die auffallende Erscheinung, dass die Hybriden im Stande sind, nebst den beiden Stammformen auch Nachkommen zu erzeugen, die ihnen selbst gleich sind; $\frac{A}{a}$ und $\frac{a}{A}$ geben beide dieselbe Verbindung Aa, da es, wie schon früher angeführt wurde, für den Erfolg der Befruchtung keinen Unterschied macht, welches von den beiden Merkmalen der Pollen- oder Keimzelle angehört. Es ist daher

$$\frac{A}{A} + \frac{A}{a} + \frac{a}{A} + \frac{a}{a} = A + 2Aa + a.$$

So gestaltet sich der mittlere Verlauf bei der Selbstbefruchtung der Hybriden, wenn in denselben zwei differirende Merkmale vereinigt sind. In einzelnen Blüthen und an einzelnen Pflanzen kann jedoch das Verhältniss, in welchem die Formen der Reihe gebildet werden, nicht unbedeutende Störungen erleiden. Abgesehen davon, dass die Anzahl, in welcher beiderlei Keimzellen im Fruchtknoten vorkommen, nur im Durchschnitte als gleich angenommen werden kann, bleibt es ganz dem Zufalle überlassen, welche von den beiden Pollenarten an jeder einzelnen Keimzelle die Befruchtung vollzieht. Deshalb müs-

Bild 80. Ausschnitt aus MENDELS Arbeit „Versuche über Pflanzenhybriden“.

chen über Pflanzenhybriden"[1] (Bild 80) schrieb er: „Künstliche Befruchtungen, welche an Zierpflanzen deshalb vorgenommen wurden, um neue Farbenvarianten zu erzielen, waren die Veranlassung zu den Versuchen, die hier besprochen werden sollen. Die auffallende Regelmäßigkeit, mit welcher dieselben Hybridformen immer wiederkehrten, so oft die Befruchtung zwischen gleichen Arten geschah, gab die Anregung zu weiteren Experimenten, deren Aufgabe es war, die Entwicklung der Hybriden in ihren Nachkommen zu verfolgen."[2]

MENDEL unterschied sich von seinen Vorgängern, wie etwa K. F. GÄRTNER, dadurch, daß er nicht Angehörige verschiedener Arten zu kreuzen versuchte, sondern Individuen, die einer Art, aber verschiedenen Sorten angehörten. Gleichermaßen versuchte er, in seinen Kreuzungen klar beobachtbare, eindeutig beschreibbare und bei allen Individuen auftretende „Merkmale" über mehrere Generationen hinweg zu verfolgen. MENDEL bevorzugte Rassen einer Art und nicht Angehörige verschiedener Arten, weil er auf diese Weise stets Nachkommen bekam, die voll fruchtbar waren, also weiter gekreuzt werden konnten. Bei Artbastarden war das häufig nicht der Fall, sofern man sie überhaupt in nennenswerter Anzahl erzeugen konnte. Außerdem war ihm wichtig, daß die Blüten, die er als Pollenempfänger benutzte, durch Einbinden in Säckchen aus Stoff oder Papier leicht vor fremden Pollen geschützt werden konnten. Bei kleinblütigen Arten erschien dies kaum möglich. Seine Versuchspflanzen waren Rassen der Erbse *(Pisum sativum,* Bild 81). Dieselbe Grundüberlegung stellte er bezüglich des Herausnehmens der Staubgefäße in all den Blüten an, die er als Pollenempfänger benutzen wollte (Bild 82).

Er hatte schließlich 22 verschiedene Rassen in Kultur, die er – durch Selbstbestäubung – auf die Stabilität ihrer Merkmale überprüft hatte.

[1] MENDEL, G.: „Versuche über Pflanzenhybriden", in: Verh. Naturf. Vereins Brünn, Band 4, 1865 (1866), S. 3–47; hybris, griech. = Schädigung, Schändung. In dieser Benennung zeigt sich die Auffassung, es sei widernatürlich, Angehörige verschiedener Arten (Artkreuzungen wurden öfter versucht als Sortenkreuzungen) miteinander zu kreuzen.

[2] Zitiert aus MÄGDEFRAU, 1973, S. 196.

Bild 81. Links: Garten-Erbse (*Pisum sativum*, ssp. *sativum*); weißblühende Rasse; rechts: Wild-Erbse (*Pisum sativum* ssp. *elatius*); diese Rasse blüht blau.

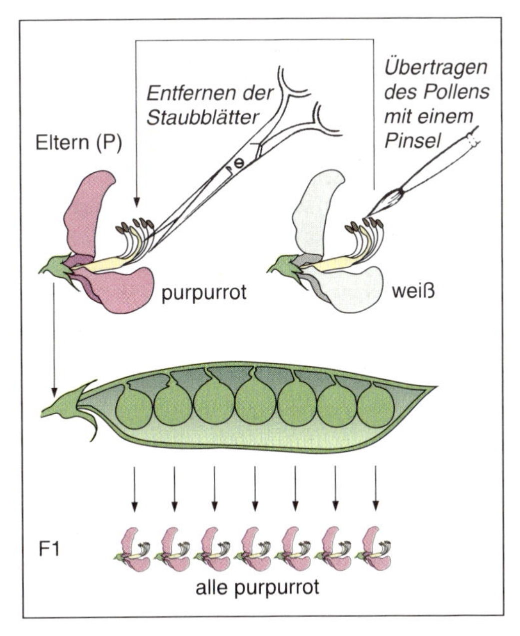

Bild 82. Kreuzt man sortenverschiedene Erbsen, dann muß man, um Selbstbestäubung zu verhindern, bei den Blüten, die man als Pollenempfängerinnen verwenden will, alle Staubbeutel entfernen, und zwar ehe die Staubbeutel sich öffnen. Der Blütenstaub wird dann in den Spenderblüten mit einem feinen Pinsel aufgenommen und auf die Narben der Empfängerblüten vorsichtig übertragen. Nach SUZUKI verändert.

Blieben diese bei den Nachkommen gleich, galten die Sorten für das betrachtete Merkmal als reinerbig. An ihnen überprüfte er in seinen Versuchen stets nur ein, zwei oder drei Merkmale. In allen Versuchen führte er reziproke[1] Kreuzungen durch, d. h. er benutzte jede der Sorten sowohl als Pollenspender als auch als Pollenempfänger.

Von großer Wichtigkeit war auch, wie er „Merkmal" auffaßte. Bei Erbsen gibt es Rassen, die weiß blühen und solche, deren Blüten blauviolett sind. MENDEL erlag nicht dem Irrtum, die verschiedenen Ausprägungen der Blütenfarbe als jeweils ein Merkmal anzusehen, sondern ihm war klar, daß sie als solche das Merkmal darstellt, das in verschiedenen Erscheinungsformen ausgeprägt werden kann. Als „Merkmal" sah er weiter etwa die Samenfärbung[2], die sowohl gelb als auch grün sein kann, oder die Samenform, die als abgeplattet-kantig oder als nahezu kugelig beschrieben werden kann.

MENDEL führte jedes der Experimente gleichartig mit mehreren Partnern durch. So nahm er „innerhalb von acht Jahren (1856–1863) 355 künstliche Befruchtungen (vor) und zog daraus rund 13 000 Bastardpflanzen auf"[3]. Auf diese Weise wollte er vermeiden, in der Interpretation Zufälligkeiten aufzusitzen und Gesetzmäßigkeiten zu übersehen. Er schrieb diesbezüglich: „Die wahren Verhältnisse können nur durch das Mittel gegeben werden, welches aus der Summe möglichst vieler Einzelwerte gezogen wird; je größer die Anzahl, desto genauer wird das bloß Zufällige eliminiert."[4]

Aus Kreuzungen reinerbiger Individuen, von denen eines blauviolett, das andere weiß blüht, gehen stets Nachkommen hervor, die wie der „eine Elter" blauviolett blühen. Die Merkmalsausprägung „blauviolette Blüte" übertönt, „dominiert" also die Merkmalsausprägung „weiße Blüte", die „zurückweicht", d. h. „rezessiv" auftritt. Bestäubt man Blüten von Pflanzen aus dieser ersten Nachkommengeneration[5] mit ihrem eigenen Blütenstaub[6] und zieht aus den entstehenden Samen wiederum Pflanzen bis zur Ausbildung von Blüten auf, dann macht man die Entdeckung, daß die Mehrzahl der Individuen blauviolett blüht, ein gewisser Anteil indessen hat weiße Blüten. Zählt man die zweite Nachkommengeneration aus und setzt die Anteile der unterschiedlich blühenden Individuen zueinander ins Verhältnis, dann ergibt sich

[1] reciprocus, lat. = auf derselben Bahn zurückkehrend.
[2] Hierbei handelt es sich streng genommen um die Färbung des Endosperms (s. S. 212); die Färbung der Samenschale wird von anderen Erbanlagen bewirkt.
[3] Zitiert aus MÄGDEFRAU, 1973, S. 196; bastard, franz. = Mischling.
[4] Zitiert aus MÄGDEFRAU, 1973, S. 196.
[5] Wir nennen sie abgekürzt F_1-Generation; „F" steht für „Filial", das von filia, lat. = Tochter, abgeleitet ist. F_1-Generation bedeutet also „1. Tochtergeneration" = „1. Nachkommengeneration". Die Bezeichnung kann man sinngemäß für weitere Nachfolgegenerationen fortschreiben, z. B. F_2-Generation usw.
[6] Dafür hat sich im Deutschen der Begriff „selbsten" durchgesetzt. Bei der Erbse muß man nicht künstlich selbsten, da sich bei ihr die Blüten normalerweise ohnehin selbst bestäuben!

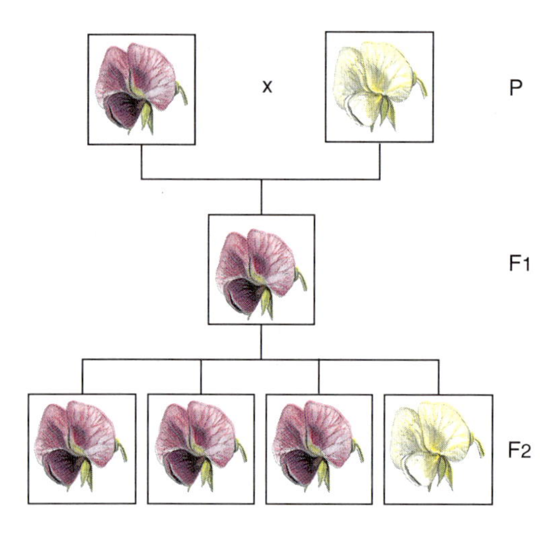

Bild 83. Schema eines dominant-rezessiven Erbgangs mit einem Merkmal am Beispiel der Vererbung der Blütenfarbe bei der Erbse.

annähernd, daß ¾ aller F_2-Nachkommen blauviolett blühen und ¼ weiß (Bild 83). Mischfarben, wie z. B. ein helleres Blauviolett oder ein bläuliches Weiß, sieht man nie!

Kreuzt man reinerbige Individuen, von denen eines aus gelben, das andere aus grünen Samen stammt, dann erhält man durchweg gelbe Samen. Zieht man aus diesen neue Individuen und läßt sie sich selbsten, dann erzeugen sie Samen, die zu rund ¾ gelb und zu rund ¼ grün sind. Scheinbar verwirrend wird das Ergebnis, wenn man in einem „Erbgang" zugleich die Vererbung von Blütenfarbe und von Samenfarbe verfolgt. Man kreuzt als Eltern reinerbige Pflanzen, die aus gelben Samen stammen und die blauviolett blühen, mit solchen, die weiß blühen und die aus grünen Samen gezogen worden waren. Es entstehen ausschließlich gelbe Samen. Aus ihnen keimen Pflanzen, die durchweg blauviolett blühen. Selbstet man diese F_1-Individuen, dann erhält man unter den Nachkommen in der F_2 folgende Typen: $\frac{9}{16}$ blühen blauviolett und entstanden aus gelben Samen; $\frac{3}{16}$ blühen blauviolett, gingen aber aus grünen Samen hervor, $\frac{3}{16}$ blühen weiß und keim-

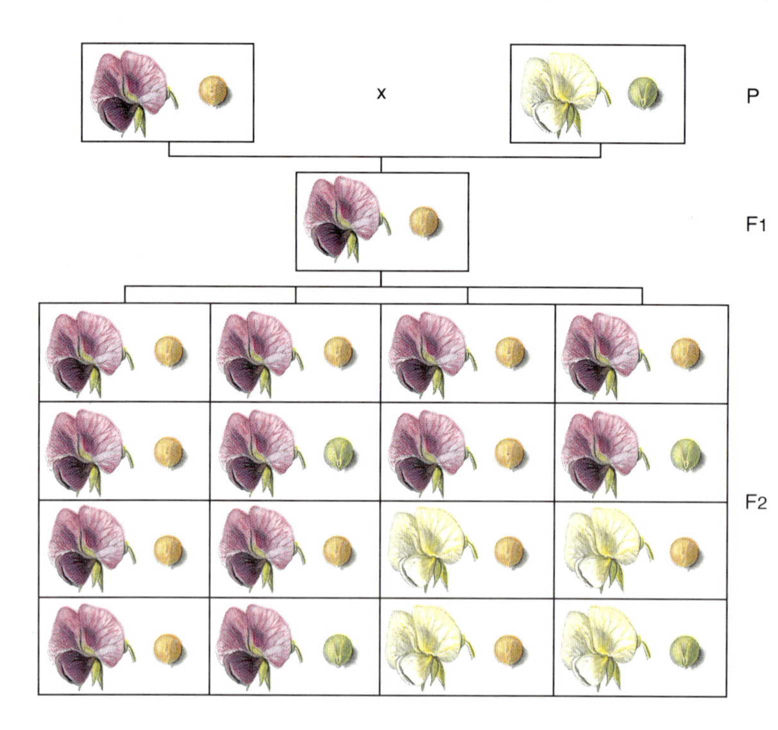

Bild 84. Schema eines dominant-rezessiven Erbgangs mit zwei Merkmalen am Beispiel der Vererbung von Blütenfarbe und Samenschalenfarbe.

ten aus gelben Samen; ¹⁄₁₆ waren weißblühende Pflanzen, die aus grünen Samen entstanden waren (Bild 84).

MENDEL konnte diese Resultate erklären, indem er „Erbfaktoren“ annahm, die in den Lebewesen paarweise für jedes Merkmal vorkommen sollten. Symbolisieren wir die Anlagen für die Blütenfarbe durch den Buchstaben „A“. Wir kennen von ihr zwei Ausprägungen: das dominante Blauviolett und das rezessive Weiß. MENDEL führte als Benennung für die Dominanz von Erbfaktoren Großbuchstaben ein. „A“ bedeutet infolgedessen eine Anlage für die Ausprägung: Blütenfarbe blauviolett. Sinngemäß werden rezessive Erbfaktoren durch Kleinbuchstaben symbolisiert; „a“ steht für die Ausprägung: Blütenfarbe weiß. Führen wir Entsprechendes für die Samenfarbe durch. Für sie soll der Buchstabe „B“ verwendet werden. Die dominante Ausprägung „Samenfarbe gelb“ soll mit „B“ gemeint sein; „b“ stünde dann für die Ausprägung: Samenfarbe grün.

Mit Hilfe dieser Annahme und den getroffenen Festlegungen können wir Reinerbigkeit genau ausdrücken. Es bedeutet, daß ein reinerbiges Individuum für jedes Merkmal nur gleiche Anlagen enthalten darf. In der oben geschilderten Kreuzung „mit zwei Erbfaktoren“, in der wir zugleich die Vererbung von Blüten- wie auch von Samenfarbe verfolgt haben, hätten die Eltern demzufolge die Anlagenformel AABB und aabb besessen. MENDEL nahm an, daß bei der Bildung der „Befruchtungszellen“[1] für jedes Merkmal jeweils nur ein Erbfaktor weitergegeben wird. Alle F_1-Pflanzen müssen demzufolge von einem Elter AB und vom anderen ab bekommen. Ihre Anlagenformel ist also einheitlich AaBb. Interpretiert man „Dominanz“ so, daß die entsprechende Ausprägung schon beim Vorhandensein nur einer dominanten Anlage für das betreffende Merkmal voll erfolgt, dann kann man aus dieser Anlagenformel ablesen, daß alle F_1-Pflanzen blauviolett blühen und aus gelben Samen hervorgegangen sein müssen. Entsprechendes gilt für die Kreuzungen, die wir oben mit nur einem Merkmal beschrieben haben, für die nur ein Faktorenpaar (z.B. AA × aa oder BB × bb) zugrunde gelegt werden müßte.

[1] Die, wie oben ausgeführt, damals ja noch gar nicht beobachtet worden waren!

Damit wird sofort einsichtig, daß die F_1-Generation immer einheitlich aussehen muß. MENDEL formulierte das sinngemäß so: Kreuzt man reinerbige Individuen, so ist die F_1-Generation unter sich gleich; diese Schlußfolgerung nannte er „Uniformitätsregel“; heute sprechen wir von der „1. Mendelschen Regel“.

Elterngeneration	AA × aa *Körperzellen*	
durch die „Befruchtungszellen“ weitergegebene Anlagen	(A) (a) *Befruchtungszellen*	
1. Nachkommengeneration = F_1	Aa	
durch die „Befruchtungszellen“ weitergegebene Anlagen	50 % (A)	50 % (a)
2. Nachkommengeneration = F_2	(A)	(a)
(A)	AA	Aa
(a)	Aa	aa

Bild 85. Schema für die Kreuzung zweier Individuen, die sich in einem Merkmal voneinander unterscheiden. Die Verteilung der Anlagen erfolgt zufällig.

Betrachtet man die „Aufspaltungsverhältnisse“, in denen die Merkmale bei den F_2-Nachkommen auftreten, dann wird klar, daß die Weitergabe der Erbfaktoren „in den Befruchtungszellen“ Zufallsgesetzen gehorcht, daß also keine Anlagenform dabei bevorteilt oder benachteiligt wird. Bei einer Kreuzung, bei der jeweils nur ein Merkmalspaar verfolgt wird (Bild 85), gibt es in der F_2 25% mit der Kombination AA, 50% mit der Kombination Aa und 25% mit der Kombination aa. In einem Erbgang mit zwei Merkmalspaaren sind die Zahlenverhältnisse etwas komplizierter. Bild 86 auf der folgenden Seite gibt an, weshalb die oben aufgeführten Kombinationen anteilsmäßig auftreten müssen.

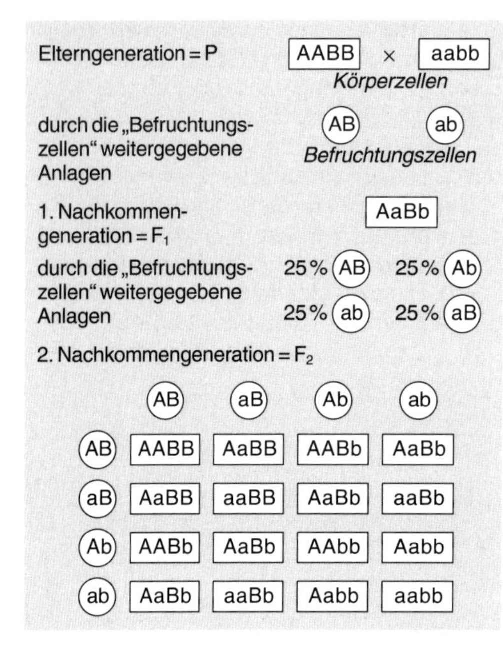

Bild 86. Schema für die Kreuzung zweier Individuen, die sich in zwei Merkmalen voneinander unterscheiden. Die Verteilung der Anlagen erfolgt zufällig.

Durch die Annahme von Dominanz und Rezessivität sowie der zufallsmäßigen Weitergabe von nur einem „Erbfaktor“ für jedes Merkmal in den „Befruchtungszellen“ konnte MENDEL die Aufspaltung der Merkmalskombination in der F_2 einsehbar machen. Die „Spaltungsregel“ (2. Mendelsche Regel) sagt aus: Kreuzt man Individuen miteinander, die sich in einem Merkmalspaar voneinander unterscheiden, dann spaltet die F_2-Generation bei einem dominant-rezessiven Erbgang im Verhältnis 3:1 auf. Bei einem dominant-rezessiven Erbgang mit zwei Merkmalspaaren muß das Aufspaltungsverhältnis in der F_2 9:3:3:1 betragen.

Die Art der Weitergabe der Erbanlagen konnte glänzend bestätigt werden durch die „Rückkreuzung“ (Bild 87). Hierbei kreuzt man eine F_1-Pflanze mit dem reinerbig rezessiven Typ: Aa × aa, falls man ein Merkmalspaar verfolgt. Nur, wenn die Anlagen einzeln und zufällig weitergegeben werden, kann das gefundene Ergebnis erklärt werden: es ist stets 1:1, d.h. je 50% der aus dieser Kreuzung hervorgehenden

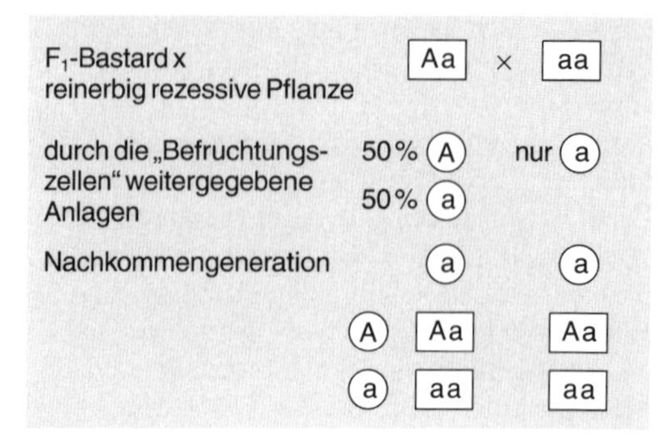

Bild 87. Schema für die Rückkreuzung. Überprüft wird ein Merkmal.

Nachkommen zeigen entweder die dominante oder die rezessive Ausprägung des Merkmals.

Noch eindrücklicher wirkt das Resultat einer entsprechenden Kreuzung, wenn zwei Merkmalspaare im Spiel sind (Bild 88). Die F_1-Pflanze hat dann die Anlagenformel AaBb; sie wird mit aabb gekreuzt. Die möglichen Keimzellen des F_1-Bastards enthalten die Anlagen: „AB“, „Ab“, „aB“, „ab“; sie werden mit derselben Wahrscheinlichkeit gebildet. Die Keimzellen der rezessiven Pflanze enthalten stets die

Bild 88. Schema für die Rückkreuzung. Überprüft werden zwei Merkmale.

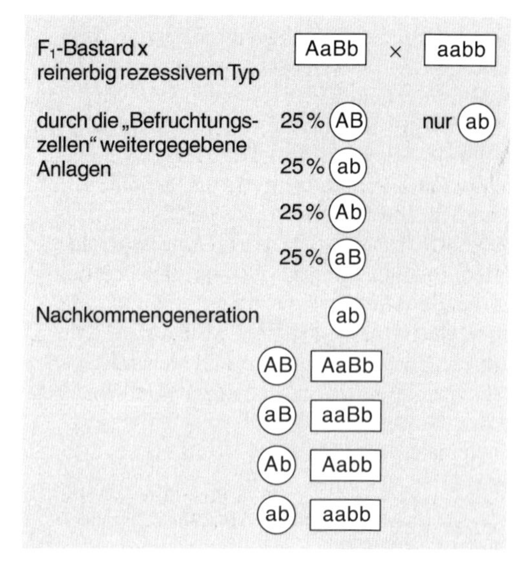

Anlagen „ab“. Hier müssen vier Typen von Nachkommen auftreten, und zwar jeweils mit 25% Anteil an der Gesamtnachkommenschaft: AaBb; aaBb; Aabb; aabb; man kann das Aufspaltungsverhältnis auch ausdrücken, indem man es 1:1:1:1 schreibt.

Sowohl aus der Analyse der F_2-Generation bei einer Kreuzung mit zwei Merkmalspaaren als auch bei der Rückkreuzung mit zwei Merkmalspaaren geht eindeutig hervor, daß die Erbanlagen in den geschilderten Fällen unabhängig voneinander weitergegeben werden. Diese Erkenntnis bildet den Inhalt der „3. Mendelschen Regel“, die auch gelegentlich die „Regel von der Unabhängigkeit der Erbfaktoren“ genannt wird.

MENDELS Erfolge beruhen vor allem auf der geschickten Wahl seiner Versuchspflanze: Die Erbse ist normalerweise Selbstbestäuber, kann aber auch durch Fremdbestäubung vermehrt werden. Günstig ist die verhältnismäßig kurze Generationsdauer von nur einem Jahr. MENDEL hat überdies seine Methode gut durchdacht. Die Überprüfung auf Reinerbigkeit durch Selbstung, die sich über zwei Vegetationsperioden erstreckte, stellte seine Ergebnisse auf ein sicheres Fundament. Das Verfolgen von nur wenigen Merkmalen in den jeweiligen Erbgängen erwies sich als eine sehr kluge Beschränkung. Zusammen mit der statistischen Auswertung der Versuchsergebnisse, die jeweils an einer größeren Zahl von Nachkommen ermittelt wurden, bildete dies die Basis für das Auffinden von Regelhaftigkeiten. Durch die Formalisierung der Erbfaktoren wurde die genetische Betrachtungsweise von den Merkmalen abgezogen und zur Analyse der Erbfaktoren hingelenkt.

Dennoch wurden MENDELS Befunde kaum beachtet. Die Zeitschrift, in der sie veröffentlicht wurden, war wenig verbreitet und erfreute sich nicht gerade wissenschaftlicher Wertschätzung. Zwar hat er nachweislich je einen Sonderdruck an zwei zu seiner Zeit renommierte Wissenschaftler geschickt, die dessen Bedeutung jedoch nicht erkannten oder die MENDELS Erkenntnisse nicht wahrhaben wollten, weil sie nicht mit ihren eigenen Überlegungen zusammenpaßten. Zwei kurze Zitate sind alles, was bisher als Zeichen einer Kenntnisnahme unter Biologen aufgespürt werden konnte[1]. MENDEL war wohl seiner Zeit einfach voraus, weil Zusatzinformationen, die seine Befunde leichter verstehbar gemacht hätten, wie etwa die Kenntnis der Chromosomen, der Befruchtung oder der Meiose, noch fehlten oder ungenügend verbreitet waren.

Die Wiederentdeckung der Mendelschen Regeln

Ganz anders verhielt es sich mit den Rahmenbedingungen aus Kenntnissen und Problembewußtsein, als im Jahre 1900 drei Botaniker, die

Bild 89. HUGO DE VRIES (1848–1935).

[1] MÄGDEFRAU gibt an, WILHELM OLBERS FOCKE habe 1881 MENDELS Abhandlung in seinem Werk über Pflanzenmischlinge zitiert; auch der Gießener Botaniker H. HOFFMANN habe sie kurz erwähnt.

mit verschiedenen Objekten arbeiteten, die Mendel-Regeln „wiederentdeckten". Es wäre indessen irreführend, nähme man an, dies sei aus „blauem Himmel", ohne jede eigene experimentelle Vorarbeit geschehen.

Hugo de Vries (1848–1935, Bild 89) hatte schon seit etwa 1876 Überlegungen über die Variabilität von Arten angestellt. „Er befaßte sich deshalb eingehend mit dem mutmaßlichen ‚intrazellulären' Geschehen bei der Übertragung von Merkmalen auf die Nachkommen und legte seinen Arbeitshypothesen ähnliche Ansichten wie Mendel zugrunde, als er feststellte, ‚daß die ganze Organismenwelt als das Ergebnis unzähliger verschiedener Kombinationen und Permutationen von relativ wenigen Faktoren' erscheine. Er formulierte deshalb in seinem Werk über die ‚Intrazelluläre Pangenesis'[1] 1889 als Hauptaufgabe einer Vererbungswissenschaft, eine Hypothese zu finden, die erkläre, daß ‚die Selbständigkeit und Mischbarkeit... die wesentlichsten Eigenschaften der erblichen Anlagen aller Organismen' seien. De Vries verallgemeinerte also zu dieser Zeit ganz selbstverständlich jenen Gedanken Mendels, der diesem 1865 noch ungewöhnlich schien, nämlich die ‚Zerlegung der Gestalt' in einzelne Merkmale, ohne allerdings von Mendels Arbeit Kenntnis zu haben. Er hatte vielmehr diese Vorstellungen von Darwins Pangenesis-Hypothese abgeleitet,

Bild 90. Erich von Tschermak-Seysenegg (1871 - 1962).

nach der ‚der ganze Charakter einer Pflanze aus bestimmten ‚Einheiten aufgebaut' sei: ‚Diese sogenannten Elemente der Art oder Elementarcharaktere denkt man sich an materielle Träger gebunden'." Fraglich blieb, ob „‚jeder materielle Träger den ganzen Artcharakter enthalte' oder aber ‚jedem Einzelcharakter... eine besondere Form stofflicher Träger' entspräche"[2].

De Vries arbeitete mit Bohnen, die er kreuzte und auf die Vererbung der Blütenfarbe untersuchte. In diesem Zusammenhang war er durch einen Hinweis des holländischen Botanikers Martinus Willem Beijerinck auf Mendels Arbeit gestoßen. Aus der Vergleichbarkeit seiner Resultate mit denen Mendels zog er folgenden Schluß: „Aus diesen und zahlreichen weiteren Versuchen folgere ich, daß das von Mendel für Erbsen gefundene Spaltungsgesetz der Bastarde im Pflanzenreich sehr allgemeine Anwendung findet, und daß es für das Studium der Einheiten, aus denen die Artcharaktere zusammengesetzt sind, eine ganz principielle Bedeutung hat."[3]

[1] Die von Darwin aufgestellte Pangenesis-Hypothese der Vererbung besagte, „daß jede Eigenschaft an einen stofflichen Träger gebunden sei und jede Zelle befähigt ist, zahllose verschieden kleine ‚Keimchen' (gemmules) zu produzieren, die für die spezifische Ausbildung der Organe in der Individualentwicklung verantwortlich seien. Sie vermehren sich und gehen bei jeder Zellteilung in die Tochterzellen über. Nach seiner Auffassung können diese ‚Keimchen' frei im Körper zirkulieren und in der Blutbahn zu jedem Organ strömen, wobei sie Einflüsse aufnehmen. Von den Keimzellen aus werden sie weitervererbt. Zahlenmäßig geringe Keimchen sollten die schwach ausgebildeten Merkmale bedingen oder gar latente, die erst bei späterer Vermehrung der Keimchen wieder als ‚Atavismus' in Erscheinung treten sollten." (Zitiert aus: Jahn, I,. R. Löther und K. Senglaub: Geschichte der Biologie, VEB G. Fischer, Jena, 2. Aufl. 1985, S. 427).

[2, 3] Zitiert aus: Jahn, I., R. Löther und K. Senglaub: Geschichte der Biologie, VEB G. Fischer, Jena, 2. Aufl., 1985, S. 435; Originalzitat aus: Vries, H. de: Das Spaltungsgesetz der Bastarde, Ber. dtsch. bot. Ges. Bd. 18, 1900.

1898 hatte der österreichische Botaniker ERICH V. TSCHERMAK-SEYSENEGG (1871–1962, Bild 90) Bastardierungsexperimente mit Erbsen begonnen. Er überprüfte zum Teil dieselben Merkmale, wie dies zuvor schon MENDEL getan hatte, wertete seine Resultate ebenfalls statistisch aus und kam zu denselben Resultaten wie MENDEL. Durch ein Literaturzitat stieß er auf MENDELS Arbeit, die ihm in der Wiener Universitätsbibliothek zugänglich war. In seiner Veröffentlichung „Über künstliche Kreuzung bei Pisum sativum“[1] würdigte er MENDELS Leistung und übernahm die von diesem eingeführten Fachausdrücke „dominierend“ (dominant) und rezessiv.

Der Tübinger Botaniker CARL CORRENS (1864–1933, Bild 91) war eher zufällig zur Analyse der Merkmalsweitergabe bei Bastarden gekommen. Er wollte nachprüfen, ob Pflanzen, die für Kreuzungsexperimente als Mutterpflanzen benutzt worden waren, dadurch Veränderungen erlitten, wie dies behauptet worden war. „Seine sechsjährigen Versuche mit Bohnen, Erbsen, Mais und anderen Kulturpflanzen dienten somit zunächst gar nicht der Beobachtung der Bastarde und deren Nachkommen, so daß die Beobachtung über die gesetzmäßige Aufspaltung der Merkmale in den Bastardgenerationen und ihre statistische Auswertung nur nebenbei, ‚gewissermaßen als Allotria‘ (CORRENS 1922) betrieben worden war.“[2]

Bei der Vorbereitung seiner Veröffentlichung war CORRENS auf MENDELS Arbeit über Bastarde bei Erbsen aufmerksam geworden. Auch er übernahm in seiner Publikation die von MENDEL neu geschaffenen Begriffe dominant und rezessiv. In Kenntnis der Befruchtungsvorgänge und der Meiose verstand er sehr rasch, weshalb MENDEL Richtiges erfaßt hatte, als er annahm, die Erbfaktoren kämen normalerweise doppelt in den Zellen der Lebewesen vor, würden aber nur einzeln und zufällig von den Keimzellen weitergegeben.

Bild 91. CARL CORRENS (1864–1933).

CORRENS hat damit als erster auf die Bedeutung der Chromosomen als Träger für die Erbanlagen hingewiesen. THEODOR BOVERI und WALTER STANBOROUGH SUTTON bauten diese Ansicht zwischen 1902 und 1903 zur „Chromosomentheorie der Vererbung“ aus, die der neugeborenen Wissenschaft Genetik für die nächsten Jahrzehnte entscheidende Impulse gab[3]. Als Ergebnisse der Erbuntersuchungen im ausgehenden 19. Jahrhundert zeichneten sich ab:

1. Varietäten, d. h. Sorten bzw. Rassen einer Art können untereinander problemlos gekreuzt werden, wobei aus den Kreuzungen fruchtbare Bastarde hervorgehen. Im Gegensatz dazu erweisen sich Kreuzungen zwischen Angehörigen verschiedener Arten als schwierig oder undurchführbar. Bastarde aus solchen Kreuzungen bleiben oft unfruchtbar. Die qualitative

[1] Abgedruckt in: Z. landw. Versuchsw. in Österreich, Bd. 3, 1900.

[2] Zitiert aus: JAHN, I, R. LÖTHER und K. SENGLAUB: Geschichte der Biologie, VEB G. Fischer, Jena, 2. Aufl. 1985, S. 437.

[3] Im 20. Jahrhundert sind die Naturwissenschaften und damit die Biologie rasch auf eine breitere Basis gestellt worden. Bei der Erarbeitung wissenschaftlicher Einsichten waren zunehmend mehrere, ja gelegentlich viele Wissenschaftler beteiligt. Deshalb verzichten wir künftig in der Regel auf die Nennung von Namen.

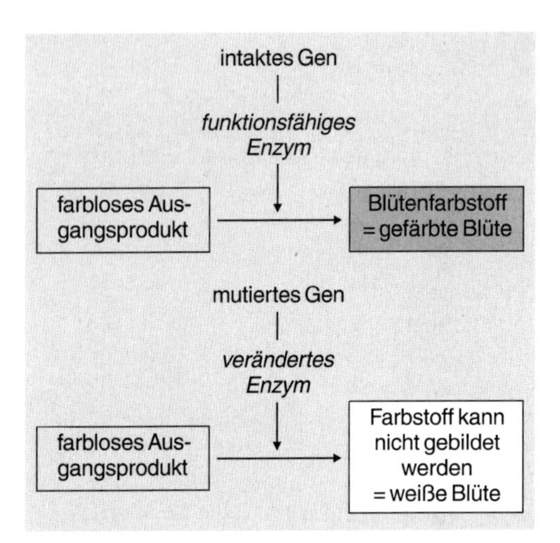

Bild 92. Der Bauplan für Enzyme ist in Genen gespeichert. Enzyme katalysieren Stoffwechselvorgänge und können daher die Merkmalsausbildung beeinflussen. Das Schema zeigt, daß z.B. die Herstellung eines Blütenfarbstoffes unterbleibt, wenn wegen einer Mutation in dem entsprechenden Gen das Enzym nur in einer veränderten Form hergestellt werden kann, in der es die Synthese des Blütenfarbstoffs nicht mehr zu bewirken vermag.

Gleichheit zwischen Art und Varietät, die DARWIN gesehen hatte, wird durch diese Befunde in Zweifel gezogen; eine genetische Erklärung erscheint wünschenswert.

2. Als Grundlage für die Variabilität innerhalb einer Art wurde in vielen Fällen genetische Verschiedenheit erkannt.

3. Die Weitergabe der Erbanlagen erfolgt prinzipiell frei und nach dem Zufallsprinzip.

Gen und Merkmal

Die „Erbanlagen" oder „Erbfaktoren" der frühen Genetiker waren hypothetische Einheiten, die auf eine Weise, die man zunächst nicht durchschaute, „Merkmale" beeinflußten. Heute verstehen wir unter einem Gen den Abschnitt eines DNA-Moleküls[1], das bei Eukaryoten im typischen Fall Bestandteil eines Chromosoms[2] ist und die Information zum Bau eines Eiweißmoleküls enthält[3]. Ein solches Eiweißmolekül kann Bestandteil eines Enzyms sein. Nehmen wir an, das Enzym katalysiere die Herstellung von Blütenfarbstoff. Verändert man das Enzym, so kann die Fähigkeit zur Katalyse verlorengehen. In diesem Fall könnte kein Blütenfarbstoff mehr gebildet werden. Wenn die Zellen in den Blütenblättern farbstofffrei sind, kann die Blüte insgesamt weiß aussehen (Bild 92); denn an den Zellgrenzflächen farbloser Zellen kommt es oftmals zur Totalreflexion des eingestrahlten Lichts und damit zu einer Mischung von Licht aller Wellenlängen, und diese Mischung empfinden wir als weißes Licht.

Wir können ein Merkmal also erst erkennen, wenn das Gen, das dieses Merkmal bewirkt, sich so geändert hat, daß das Merkmal anders ausgeprägt wird. Bildhaft stellt man sich ein Gen zweckmäßigerweise als einen Schalter vor, der verschiedene Stellungen einnehmen kann. Diese Schalterstellungen nennt man „Allele"[4]. Bei der Benennung eines „Merkmals" verfährt man ähnlich; seine „Ausprägungen" nennt man „Phäne"[5].

Was ein Genetiker „Merkmal" nennt, ist also mit dem „Merkmal" eines Systematikers der vorgenetischen Zeit nicht unbedingt identisch. Wenn dies - wie im oben angeführten Beispiel der Blütenfarbe - so zu sein scheint, dann ist damit nicht gesagt, dieses Merkmal werde nur durch ein Gen bzw. dessen Allele beeinflußt. Ein Farbstoff z. B. kann nur selten in einem einzigen Syntheseschritt aus einer einfachen farblosen Vorstufe hergestellt werden. Meist gibt es eine regelrechte „Synthesekette", in der aus

[1] Diese Feststellung besagt nicht, daß es sich um einen fortlaufenden Abschnitt eines DNA-Moleküls handeln muß. Ein Gen kann auch aus DNA-Abschnitten zusammengesetzt werden, die durch informationsfreie DNA-Stücke voneinander getrennt sind.

[2] Ausnahmen bilden die DNA-Moleküle in den Mitochondrien und in den Chloroplasten.

[3] Ausnahmen hiervon bilden manche Steuerungsgene.

[4] allelon, griech. = wechselseitig, untereinander. Die Einzahl heißt im Deutschen „das Allel".

[5] phainein, griech. = sichtbar machen. Die Einzahl heißt im Deutschen „das Phän".

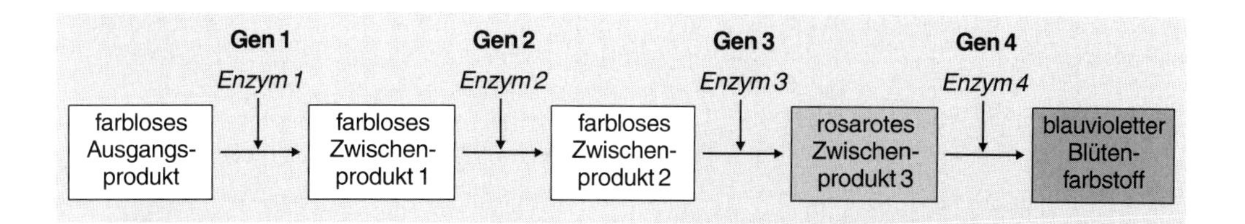

Bild 93. In der Regel wird ein Merkmal nicht durch ein Gen allein ausgeprägt. Das Schema zeigt, wie die Ausprägung eines Merkmals, z.B. das Vorhandensein eines Blütenfarbstoffs, über mehrere farblose Zwischenprodukte erfolgt, wobei die einzelnen Syntheseschritte jeweils durch Enzyme gesteuert werden. Da an der Ausprägung dieses Merkmals mehrere Gene beteiligt sind, handelt es sich um ein „polygenes" Merkmal.

einem Ausgangsstoff mehrere Zwischenprodukte gebildet werden, ehe das Endprodukt, in unserem Fall der Farbstoff, entsteht (Bild 93). Jede der Teilreaktionen, die zu einem derartigen Zwischenprodukt führt, wird in der Regel durch ein eigenes Enzym und damit letztlich durch ein Eiweiß katalysiert, dessen Bau in einem Gen festgelegt ist. Wird das eine Allel des Gens in ein anderes übergeführt, kann dies Funktionsuntüchtigkeit des Enzymeiweißes bedeuten; das Zwischenprodukt und damit das Endprodukt können nicht mehr gebildet werden. Es kann also verschiedene Gene geben, die auf ein und dasselbe „Merkmal" einwirken. Solche Merkmale nennt man „polygen"[1]. Gene, die an der Ausprägung mehrerer Merkmale beteiligt sind, nennt man sinngemäß „polyphän" (Bild 94).

Will man die Summe der Anlagen kennzeichnen, die das Aussehen eines Lebewesens insgesamt oder Teilaspekte von ihm beeinflussen, dann spricht man vom „Genotyp" eines Lebewesens. Entsprechend kann man statt „Erscheinungsbild" auch Phänotyp sagen und damit sowohl das Aussehen insgesamt meinen als auch nur einen bestimmten Sektor von ihm.

Es leuchtet ohne weiteres ein, daß eine Beschreibung eines Lebewesens um so eindeutiger ausfallen muß und um so eher als kennzeichnend empfunden wird, je mehr sie auf Merkmalen im Sinne der Genetik gegründet ist. Als Zielvorstellung ist dies im Laufe des zwanzigsten Jahrhunderts von den meisten Systematikern akzeptiert worden. Auch wenn dies selten klar ausgesprochen worden ist, bildet diese Zielvorstellung eine der Grundlagen für ein moder-

Bild 94. In einer Synthesekette können Zwischenprodukte zur Herstellung mehrerer Endprodukte oder Merkmale verwendet werden. Die Gene, die den Bauplan für die hierzu benötigten Enzyme enthalten, beeinflussen also mehr als ein Merkmal; sie sind „polyphän".

[1] polys, griech. = viel.

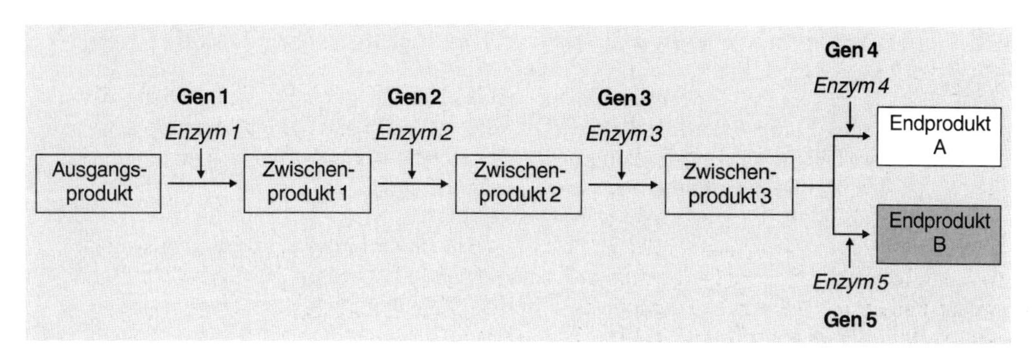

nes Konzept der „biologischen Art“, der „biologischen Spezies“.

Mutationen

Wie kommt es zu verschiedenen Allelen eines Gens? Wodurch wird der „Schalter umgestellt“? Gehen wir von der obigen Definition eines Gens als Abschnitt eines DNA-Moleküls aus. DNA liegt bekanntlich als Doppelhelix (siehe S. 20ff.) vor, in der sich die Basen der Mononukleotide über eine bestimmte Anzahl von Wasserstoffbrücken paaren; zwischen Adenin und Thymin sind es zwei Wasserstoffbrücken, zwischen Cytosin und Guanin sind es drei. Eigentlich müßte man vor diese Aussagen einschränkend „normalerweise“ oder „meist“ setzen; denn sehr selten kann es infolge einer innermolekularen Umlagerung zu veränderten Bindungen innerhalb der Basenmoleküle kommen mit der Konsequenz, daß jetzt Adenin bzw. Thymin drei Wasserstoffbrücken ausbilden oder Cytosin bzw. Guanin nur zwei. Geschieht dies zum Zeitpunkt der identischen Verdoppelung der Doppelhelix oder wirkt es sich in dieser noch aus, dann ist die Folge, daß beispielsweise Thymin sich mit Guanin und damit mit dem „falschen Partner“ paart. Bei einer nachfolgenden Verdoppelung würde Guanin selbstverständlich mit Cytosin paaren, die Änderung im genetischen Code wäre perfekt, eine phänotypische Auswirkung - etwa durch den Funktionsausfall eines Enzyms - erschiene möglich. Die Änderung der genetischen Information erfolgt im genannten Fall an der kleinstmöglichen Einheit eines Gens, nämlich an der Base eines Mononukleotids. Deswegen nennt man diese Art der Mutation eines Gens eine „Punkt-Mutation“[1].

Es ist sinnlos, nach einer „Ursache“ im üblichen Sinn für solche innermolekularen Umlagerungen zu fragen. Die Physiker haben lernen müssen, daß sie mit einfachen Kausalbeschreibungen die Wirklichkeit im Bereich der Molekül- und Atombausteine grundsätzlich nicht erfassen können. Sie können statt dessen nur Wahrscheinlichkeitsaussagen darüber machen, welche möglichen Zustände unter den gegebenen Bedingungen auftreten.

Die Mutationsrate ist die Anzahl von Mutationsereignissen pro Gen in einer bestimmten Zeiteinheit (z.B. in 15 aufeinanderfolgenden Zellgenerationen). Dieser Wert ist meist nur unter Schwierigkeiten zu erhalten. Leichter kann man die Mutationshäufigkeit ermitteln. Unter ihr versteht man die Häufigkeit, mit der eine bestimmte Mutation (oder Mutante[2]) in einer Population[3] auftritt. Mit anderen Worten: Punkt-Mutationen sind Zufallsereignisse.

Punkt-Mutationen können prinzipiell „rückmutieren“, d.h. der alte Zustand kann wieder hergestellt werden. Die Wahrscheinlichkeit, mit der dies erfolgt, ist von jener verschieden, mit der die „Hinmutation“ erfolgt war.

Gene können auch dadurch mutieren, daß ein Mononukleotid ausfällt bzw. daß eines zuviel eingebaut wird. Dadurch verschiebt sich „stromabwärts“ von dem Mutationsort das „Leseraster“. Gleiches gilt, wenn nicht nur ein Mononukleotid von dem Verlust oder dem Einbau betroffen ist, sondern wenn es mehrere oder gar viele sind, der Defekt sich aber auf ein einzelnes Gen beschränkt. Solche „Leseraster“- oder „Block-Mutationen“ führen in der Regel zur Funktionsunfähigkeit des gebildeten Eiweißes. Auch bei diesem Mutationstyp sind Rückmutationen nicht gänzlich ausgeschlossen, aber extrem unwahrscheinlich. Leseraster-Mutationen sind „Unfälle“ und als solche ebenfalls dem Zufall unterworfen.

Punkt-Mutationen und Leseraster-Mutationen sind Gen-Mutationen. Für sie sind - bezogen auf einzelne Gene - Häufigkeiten von 1:1000–1:100000000 gefunden worden. Manche Mutationen sind so selten oder gar nur einmal beobachtet worden, daß eine Häufigkeitsaussage sinnlos wird.

In der experimentell arbeitenden Biologie kennt man zahlreiche „Mutagene“, Stoffe oder Bedingungen, unter denen die Wahrscheinlichkeit für das Auftreten von Mutationen erhöht

[1] mutatio, lat. = Veränderung.
[2] Mutante nennt man die biologische Einheit - Zelle oder Individuum -, an der eine Mutation in Erscheinung tritt.
[3] populatio, lat. = Bevölkerung.

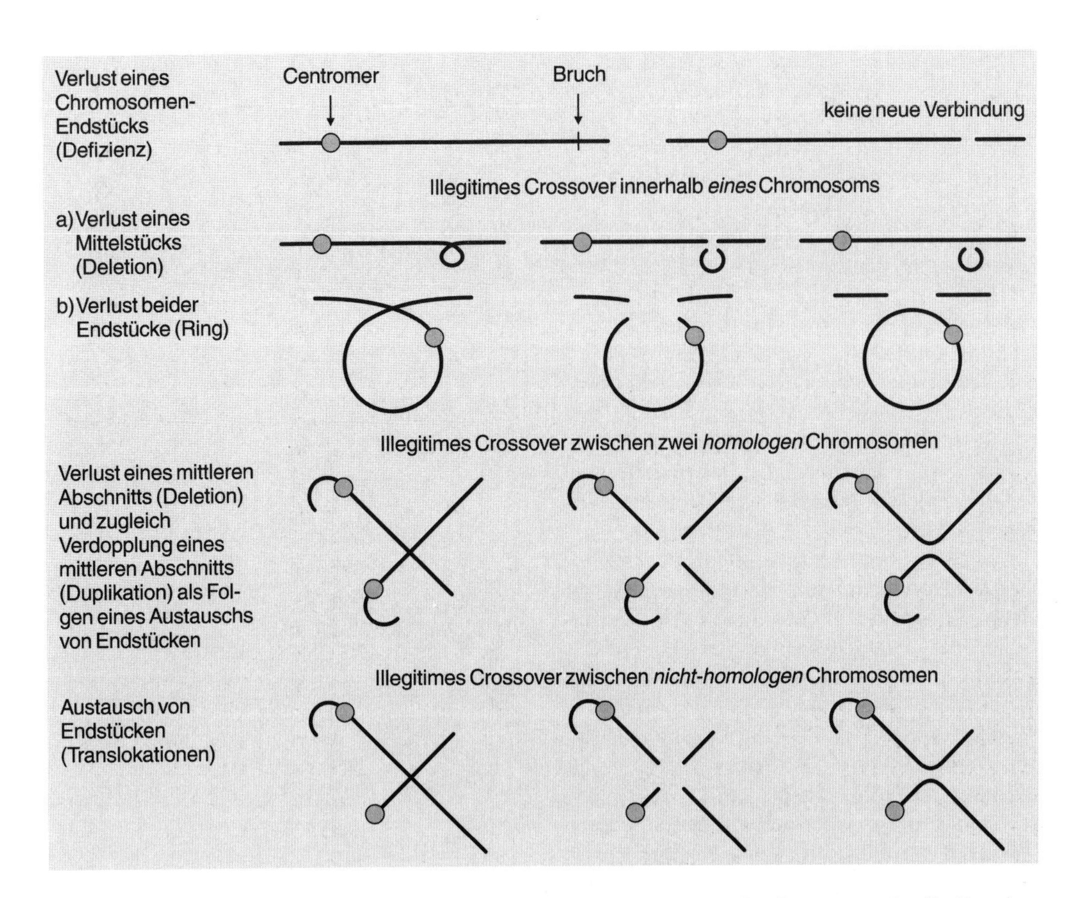

Bild 95. Bei Chromosomen-Mutationen gehen Chromosomenstücke verloren. Fällt ein Endstück weg, spricht man von Defizienz (obere Reihe). Den Verlust eines Mittelstücks nennt man Deletion (zweite Reihe von oben). Werden beide Endstücke abgetrennt, dann kommt es zur Bildung eines ringförmig geschlossenen Chromosoms (dritte Reihe von oben). Ereignet sich ein illegitimes Cross over zwischen nichthomologen Chromosen (= zwischen Angehörigen verschiedener Chromosomenpaare), dann liegt eine Translokation vor (untere Reihe). Nach L. BRESCH und R. HAUSMANN, klassische und molekulare Genetik, 2. Aufl. 1970; verändert.

wird. Energiereiche Strahlung, z. B. im UV-Bereich, gehört dazu, ebenso eine Vielzahl von Chemikalien. Die Mutationsrate wächst - innerhalb der Grenzen, in denen Leben noch aufrecht erhalten werden kann - mit steigender Temperatur. Mutierte Gene sind in den Keimzellen gealterter Individuen in der Regel häufiger als in denen von jungen. Welche Mutagene unter natürlichen Bedingungen eine Rolle spielen, ist weitgehend unbekannt, ebenso wie das Ausmaß, in dem dergleichen der Fall sein könnte. Einbau oder Ausfall kann über den Bereich eines Gens hinausreichen. Unter Umständen kann die Veränderung sogar im Bau des Chromosoms durch mikroskopische Beobachtung erkannt werden. Derartige Mutationen nennt man Chromosomen-Mutationen. Folgende Typen hat man gefunden:

Stücke gehen verloren. Dann spricht man von Deletion bzw. Defizienz[1]. Betrifft der Verlust die Endstücke eines Chromosoms und kommt er durch unplanmäßiges crossing over innerhalb des Chromosoms zustande (Bild 95), wird das Chromosom ringförmig.

[1] deletio, lat. = Zerstörung, Defizienz = Mangel von lat. deficere = abnehmen.

Durch cross over bei Chromosomen eines Paares, aber an Stellen, die sich nicht entsprechen, können auch Stücke von einem Chromosom auf ein anderes übertragen werden. Dann ist eine Deletion bei einem Chromosom eingetreten und eine Verdoppelung[1] am anderen. Kommt illegitimes cross over zwischen Chromosomen verschiedener Paare vor, dann ist ein Stückaustausch zwischen verschiedenartigen Chromosomen möglich. Diesen nennt man Translokation[2].

Deletion, Duplikation und Translokation sind die wichtigsten Arten der Chromosomen-Mutationen. Alle kommen gewissermaßen als „Unfälle" im Zellenleben vor, sind also zufallsbedingt. Ihre Häufigkeit ist im allgemeinen geringer als die der Gen-Mutationen.

Auch der Chromosomenbestand insgesamt kann von Veränderungen betroffen sein. Solche Veränderungen nennt man Genom-Mutationen. Fehlen nur einzelne Chromosomen oder sind einzelne überzählig, spricht man von Aneuploidie[3]. Euploidie liegt vor, wenn in allen Zellen eines Lebewesens die Zahl der Chromosomensätze vervielfacht ist[4]. Handelt es sich durchweg um gleiche Chromosomensätze (d. h. stammen die Chromosomensätze vom selben Individuum oder doch von Individuen derselben Art), spricht man von Auto(poly)ploidie[5]. Allo(poly-)ploidie liegt vor, wenn die Chromosomensätze nicht gleich sind, d. h. wenn sie von Individuen stammen, die verschiedenen Arten angehören.

Zur Autoploidie kann es spontan kommen, wenn der Spindelmechanismus, durch den die Chromosomen bei den Teilungen auf die Tochterzellen verteilt werden, zufällig nicht funktioniert (Bild 96). Experimentell kann man Polyploidisierung bei manchen Lebewesen u. a. durch Temperaturschocks auslösen. Ob Temperaturwechsel in der Natur beim Zustandekommen von Polyploidisierungen eine Rolle spielen, ist unbekannt, erscheint aber als möglich.

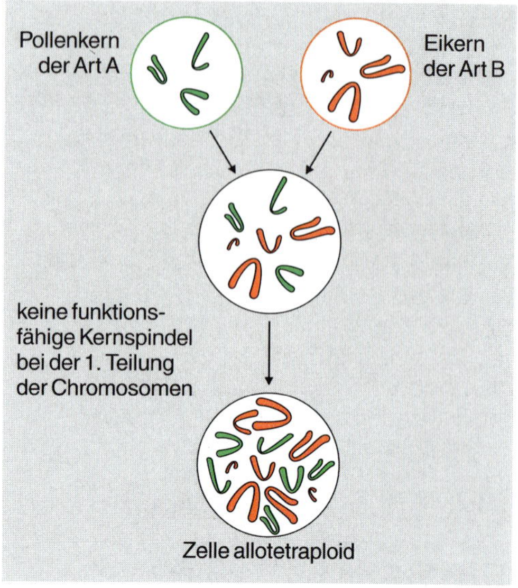

Allopolyploidie entsteht nur, wenn es zu einer Befruchtung zwischen Geschlechtszellen von Angehörigen verschiedener Arten und im Anschluß daran zu einem Versagen des Spindelmechanismus bei der ersten Zellteilung kommt. Dann wird die Chromosomenzahl verdoppelt. Dies ist deswegen notwendig, weil nur dadurch von jeder Sorte Chromosom zwei Exemplare in jede Zelle gelangen. Mit anderen Worten: Meiose, bei der sich homologe[6] Chromosomen

Bild 96. Wird eine Eizelle durch artfremden Pollen befruchtet und unterbleibt nach der ersten Teilung der Chromosomen die Zellteilung, dann entsteht eine allotetraploide Zygote, die – wie eine „normale" diploide Zelle – durchweg jeweils Paare homologer Chromosomen besitzt. Die Pflanze, die aus einer solchen Zygote hervorgeht, ist also fähig zur Meiose und damit zu geschlechtlicher Fortpflanzung.

[1] Hierfür hat sich die Bezeichnung Duplikation eingebürgert; duplicare, lat. = verdoppeln.

[2] trans, lat. = über, hinüber; locare, lat. = stellen, legen.

[3] ploos, griech. = -fach; z. B. polyploos = vielfach; an, griech. = verneinende Vorsilbe; Aneuploidie bedeutet – frei übersetzt – „die Chromosomenzahl stimmt nicht". „Euploidie" bedeutet – frei übersetzt –: Die Zahl der Chromosomensätze ist vervielfacht.

[4] Sind in den Körperzellen anstelle der bei höheren Pflanzen üblichen zwei Chromosomensätze drei vorhanden, spricht man von Triploidie; Pflanzen mit vier Chromosomensätzen heißen tetraploid, solche mit sechs hexaploid und solche mit acht octoploid; triplex, lat. = dreifach; tetra, griech. = vier; hexa, griech. = sechs; octo, lat. = acht.

[5] autos, griech. = selbst.

[6] homologos, griech. = übereinstimmend.

paaren, ist nur unter dieser Voraussetzung möglich, und ohne Meiose kommt es nicht zur Pollen- und Embryosackbildung (s. S. 83), eine geschlechtliche Fortpflanzung wäre ausgeschlossen. Hierin liegt der Grund, warum viele Art- und Gattungsbastarde steril bleiben.

Polyploidisierungen sind extrem unwahrscheinlich. Gleichwohl kommen sie vor (s. S. 117). Polyploide sind unter Umständen besonders konkurrenzfähig. Sie sind nicht nur für die praktische Systematik wichtig; sie erschweren auch die Anwendung des Begriffs der „biologischen Art" auf manche pflanzlichen Formenkreise.

Die „biologische Art"

Die „biologische Art" ist eine Realität in der Natur

Gerade weil DARWIN die Art dynamisch sah und sie samt ihren eventuell vorhandenen Varietäten als evoluierende „Einheit auf Zeit" auffaßte, empfanden viele Biologen seinen Artbegriff als unscharf. Schließlich ist es unbestreitbar, daß in der Natur Arten erkannt und unterschieden werden können, weil es zwischen ihnen Diskontinuitäten, „Lücken" gibt.

Was ist eine Art, wenn man sie im Lichte der Erkenntnisse der Genetik und der Evolution betrachtet? Wir zielen mit dieser Frage nicht auf den Begriff von Art, sondern auf das, was man in der Natur antrifft und naiv Art nennt.

Eine „biologische Art" ist die Gemeinschaft aller Populationen, deren Angehörige sich untereinander geschlechtlich fortpflanzen und damit Allele austauschen bzw. diese neu kombinieren; kurz, die Artgenossen teilen sich einen gemeinsamen Genpool[1]. Ein gemeinsamer Genpool kann sich nur bilden, wenn die Art in ihrer Fortpflanzung gegenüber anderen Arten isoliert[2] ist und wenn die Angehörigen einer Art sich prinzipiell untereinander fruchtbar kreuzen. Die genetische Vielfalt in diesem gemeinsamen Genpool entsteht durch Mutation. Welche der Allele in welchen Anteilen in der Art erhalten bleiben, wird von der Selektion bestimmt. Auch durch Zufallsverluste kann sich das Verhältnis der Allele in einem Genpool verschieben. Wie schon DARWIN richtig erkannte, wirken im „Kampf ums Dasein" innerartliche Konkurrenz und Umweltfaktoren - einschließlich der Konkurrenz durch andere Arten - zusammen.

Die Selektion bewirkt letztlich, daß eine Art eine bestimmte Nische im Gesamtlebensraum einnimmt oder aber zugrunde geht. Varietäten - Sippen, die sich genetisch voneinander etwas unterscheiden - können entstehen, wenn die Nische nicht einheitlich ist und wenn durch örtliche Gegebenheiten verschiedene Genotypen unterschiedlich gute Chancen fürs Überleben vorfinden. Die genetischen Unterschiede können größer werden, wenn - etwa wegen großer räumlicher Entfernung der Teillebensräume voneinander - genetischer Austausch durch Kreuzung zum seltenen Ereignis wird, ohne daß es zur reproduktiven Isolation kommt. Unter derartigen Bedingungen entstehen innerhalb einer Art schließlich Unterarten. Arten sind also in sich nicht immer einheitlich, „monotypisch"[3], sondern häufig vielgestaltig, „polytypisch"[4].

Unterarten können sich über lange Zeitspannen hinweg zu Arten weiterentwickeln, falls wirksame Isolationsmechanismen entstehen. Die Möglichkeit zur Weiterentwicklung hat bereits DARWIN in aller Klarheit gesehen, obschon er zu seiner Zeit genetische Kenntnisse gar nicht besitzen konnte. Um so bewundernswerter ist sein Weitblick. Allerdings hat er die Rolle der Isolation bei der Artbildung nicht erkannt und damit „Art" und „Varietät" zu ähnlich aufgefaßt, ja sie als prinzipiell gleich ange-

[1] pool, engl. = Wasserloch, Pfütze.
[2] „Isoliert" bedeutet in diesem Zusammenhang nicht oder nicht in erster Linie ein räumliches Abgetrenntsein, sondern vielmehr die Unmöglichkeit, sich mit Angehörigen einer anderen Art fruchtbar zu kreuzen. Sollte eine solche Kreuzung, die zu fruchtbaren Nachkommen führt, ausnahmsweise zustande kommen, dann kann durch sie zwar Erbgut einer anderen Art in den Genpool eingetragen werden, doch darf dieses sehr seltene Ereignis nicht dazu führen, daß in der Folge die Isolation, die Kreuzungen normalerweise verhindert, zusammenbricht. Ein solches vereinzeltes Einkreuzen ist dann in den Auswirkungen von Mutationsereignissen nicht zu unterscheiden.
[3] monos, griech. = einzig, allein; typos, griech. = Gepräge.
[4] polys, griech. = viel.

sehen. Schon deshalb sind „Darwins Art" und die „biologische Art" nicht identisch.

Begreiflicherweise kann es im konkreten Fall für den Systematiker schwierig sein festzustellen, ob Isolationsmechanismen so wirksam sind, daß Sippen als Arten und nicht nur als Unterarten anzusehen sind. Auffassungsunterschiede sind nicht zu vermeiden. Neubewertungen führen oftmals zu Umbenennungen.

Bei der Anpassung an bestimmte ökologische Nischen[1] scheint das eine Rolle zu spielen, was man einen „harmonischen und stabilen Genotyp" nennt. Was darunter zu verstehen ist, wird am ehesten aus einem konstruierten Beispiel klar: Was soll eine Pflanze der Trockenrasen mit einem Gen, das beispielsweise die Wasseraufnahme in wasserdampfgesättigter Luft erleichtert? Wann ist denn die Luft über Trockenrasen wasserdampfgesättigt? Leicht einsehbar ist hingegen, daß einer solchen Pflanze all die Allele nutzen, die ihr - zusammenwirkend - erlauben, mit wenig Wasser auszukommen, ohne daß Schäden auftreten. Individuen, bei denen eine solch vorteilhafte und in sich ausgewogene Allelenkombination vorhanden ist, dürften auf entsprechenden Standorten eine größere Chance besitzen, Nachkommen zu haben, die bis zur Samenreife gelangen, als Individuen, bei denen diese Kombination überhaupt nicht oder nicht in stabiler Art und Weise vorliegt.

Im Gegensatz zum Darwinschen Konzept der Art ist die „biologische Art" eine scharf abgegrenzte Einheit. Ihre Grenzen sind nicht willkürlich gezogen, sondern die Konsequenz biologischer Gegebenheiten. Mit anderen Worten: sie ist eine Realität, die in der Natur vorkommt![2] Die „biologische Art" ist wie die Art bei Darwin dynamisch, weil sie durch Mutationen ebenso Veränderungen unterliegt wie durch Selektion. Selbst zufällige Allelenverluste können einen Genpool und damit eine Art verändern. Da Gene letztlich das Aussehen eines Lebewesens prägen, ähneln sich die Angehörigen einer Art untereinander. Sie sind ähnlich, weil sie Angehörige einer Art sind, aber sie sind nicht Angehörige einer Art, weil sie sich ähneln! Ausschlaggebend für die Artzugehörigkeit ist, ob Individuen sich einen Genpool teilen und sich untereinander fruchtbar fortpflanzen.

Gleichwohl ist das ähnliche Aussehen, das Vorhandensein gemeinsamer Merkmale und Eigenschaften, für das praktische Zuordnen von Individuen zu einer Art in der Regel von großer Wichtigkeit. Gerade deswegen darf man nicht außer acht lassen, daß Ähnlichkeit keine bestimmende Größe im Konzept der biologischen Art darstellt. So einsehbar die Realität einer biologischen Art ist, so schwer kann es in der Praxis werden, allein nach erkennbaren Merkmalen jedes gefundene Individuum einer bestimmten Art zuzuordnen.

Welcher Begriff wird auf die „biologische Art" angewendet?

Philosophen haben sich darüber gestritten, ob der Begriff der Art in der Biologie eine Klasse oder eine reale Gegebenheit mit Individualcharakter meint. Auf den ersten Blick mag einem ein solcher Disput als ein Streit „um Kaisers Bart" erscheinen. Dem ist nicht so, und das hat praktische Konsequenzen.

Die „biologische Art" ist eindeutig eine in der Natur als „Individuum" vorkommende Population[3], die durch einen gemeinsamen Genpool und durch prinzipielle Kreuzbarkeit der Artgenossen untereinander gekennzeichnet ist. Der Begriff, den wir auf sie anwenden, ist infolgedessen ein Individualbegriff.

Individuen kann man nicht definieren, sondern nur beschreiben und gegen andere Individuen abgrenzen. Dabei können naturgemäß Irrtümer unterlaufen. Die vorläufige oder endgültige Korrektur solcher Irrtümer ist eine der Ursachen für Um- oder Neubenennungen.

[1] Oikos, griech. = Haus, Haushalt; logos, griech. = Lehre.
[2] Diese Einsicht macht verständlich, daß Arten in der Natur erkannt wurden, ehe man sich mit ihnen wissenschaftlich beschäftigte, und zwar wohl in allen Kulturkreisen.
[3] Populationen können oftmals - morphologisch, ökologisch, genetisch - in Teilpopulationen untergliedert werden. Dies spricht keineswegs dagegen, den Artbegriff als Individualbegriff anzusehen. Das Kriterium, das den Individualcharakter bestimmt, ist der gemeinsame Genpool, der trotz aller Unterschiede zwischen den Teilpopulationen existiert und in den sich die Artgenossen durch geschlechtliche Fortpflanzung teilen.

Wodurch unterscheidet sich der Begriff der „biologischen Art" von früher gebräuchlichen Artbegriffen?

Anders verhält es sich mit dem Artbegriff LINNÉS oder seiner Vorgänger[1]. Sie alle bestimmten „Art“ aus den kennzeichnenden Eigenschaften, die alle Artgenossen aufweisen mußten. Mit anderen Worten: Sie definierten Inhalt und Umfang der Art anhand von charakterisierenden Merkmalen der Individuen innerhalb der Art. Für sie meinte der Artbegriff eine Klasse von Individuen, die durch den Besitz gewisser Charakteristika ausgezeichnet waren. ERNST MAYR drückt das folgendermaßen aus[2]: „Jede Spezies repräsentiert einen anderen Typ von Organismus. Die Vielfältigkeit der Natur wird als Widerspiegelung einer begrenzten Anzahl unveränderlicher Universalien betrachtet. Diese Vorstellung geht letztlich auf PLATONS Begriff des eidos oder, wie spätere Autoren es nannten, auf die ‚Essenz‘ oder das ‚Wesen‘ eines Objekts oder Organismus zurück. Die Ähnlichkeit der einzelnen Mitglieder einer Spezies beruhte auf dem gemeinsamen Besitz dieses eidos oder Wesens. Variation wurde als Folge einer unvollkommenen Manifestation des eidos, die zu ‚zufälligen‘ Merkmalen führte, interpretiert.“

Es war der Willkür des Systematikers anheimgegeben, wieviele definierende Merkmale er heranzog, ja, was er überhaupt als kennzeichnend für eine Art ansah. Häufig war Unterscheidbarkeit einer Population gegenüber anderen das einzige Kriterium dafür, sie als Art zu beschreiben. Uferlose Aufsplitterung in „Kleinstarten“ ist die zwangsläufige Konsequenz der Anwendung eines derartigen Artbegriffs. So wichtig differenzierende Merkmale – etwa als Schlüsselmerkmale beim Bestimmen – auch sind: Die „typologische“ Art ist keine Naturgegebenheit, sondern ein Kunstprodukt.

Die geänderte Auffassung, die sich in der „biologischen Art“ ausdrückt, hat zur Folge, daß viele der von LINNÉ und anderen Botanikern des 18., 19. und der 1. Hälfte des 20. Jahrhunderts beschriebenen Arten prinzipiell neu abgegrenzt und neu benannt werden müssen; denn in der

[1] Eine gewisse Ausnahme bilden hier nur RAY und alle, die seinen Artbegriff übernommen hatten, weil er die Existenz einer Fortpflanzungsgemeinschaft als entscheidend für das angesehen hat, was eine Art ausmacht.

[2] MAYR, E.: Eine neue Philosophie der Biologie; deutsche Ausgabe R. Piper, München, 1991, S. 228. – ERNST MAYR hat nach Vorarbeiten von HERMANN J. MULLER und THEODOSIUS DOBZHANSKI in zahlreichen Veröffentlichungen das Konzept der „biologischen Art“ entworfen und vertreten; ebenso hat er – wie kein anderer Biologe in diesem Jahrhundert – sich um die Klärung der Struktur des Artbegriffs verdient gemacht. Wir halten seine Arbeiten zu diesen Themenkreisen für richtungsweisend und schließen uns seinen Überlegungen und Schlußfolgerungen an, auch wenn es gerade in der botanischen Systematik zahlreiche Fälle gibt, in denen das Konzept der „biologischen Art“ nicht oder nur eingeschränkt angewendet werden kann. Daß „biologische Art“ nicht auf alle vorkommenden Populationen als Etikett paßt, spricht keineswegs gegen die grundsätzliche Brauchbarkeit des Konzepts. Die Existenz realer Arten in dem oben dargelegten Sinn kann – für die Mehrzahl aller Fälle – vernünftigerweise nicht bestritten werden. Gleichwohl wollen wir nicht verschweigen, daß MAYRS Auffassung von einer nicht unbeträchtlichen Minderheit – vor allem auch botanischer Systematiker – nicht geteilt wird. Eine Übersicht über alternative Konzepte des Artbegriffs und dessen, was als „Art“ in der Natur angesprochen werden kann, gibt MARC ERESHEFSKI in „The Units of Selection: Essays on the Nature of Species“; MIT Press, 1992. Obschon manches von dem, was in den verschiedenen Beiträgen dieser Sammlung vorgebracht wird, bedenkenswert sein mag, das Konzept der biologischen Art kann es nicht ersetzen, allenfalls ergänzen. Es ist ja im Grunde erstaunlich, daß die „biologische Art“ als natürliche Einheit so häufig vorkommt. Sie muß sich – gleich der geschlechtlichen Fortpflanzung, die die Voraussetzung für ihr Zustandekommen darstellt und mit der sie untrennbar verbunden ist – in der Evolution infolgedessen eindeutig bewährt haben. Gleichwohl gibt es andere „Einheiten“ als die der biologischen Art, in denen Organismen überleben konnten. Schwierigkeiten mit ihnen entstehen häufig dadurch, daß wir diese anderen „Einheiten“ nicht auf den ersten Blick von biologischen Arten unterscheiden können. Außerdem behandeln wir sie aus praktischen Gründen – weil wir sie beispielsweise nach einheitlichen Regeln benennen wollen – wie biologische Arten. Für diese Ausnahmen vom Konzept der biologischen Art wird man irgendwann zu handhabbaren Regelungen kommen müssen, die sich an der taxonomischen Praxis orientieren. Brauchbaren Ansätzen, die allerdings nur umgrenzte Fälle (z. B. die „Agamospecies“) betreffen, fehlt noch die allgemeine Zustimmung. Ein umfassendes Konzept ist nicht in Sicht und aus einem Guß wohl unmöglich, ein Zeichen dafür, wie schwierig das Gesamtproblem zu lösen ist.

Neben den Botanikern tun sich auch die Paläontologen mit der „biologischen Art“ schwer, weil eine Fortpflanzungsgemeinschaft und ein gemeinsamer Genpool auf direktem Wege durch Fossilien nicht beweisbar oder widerlegbar gemacht werden können.

Tat steht diese Neubearbeitung für die meisten Formenkreise samt der dadurch möglicherweise notwendigen Umbenennung noch aus[1].

Gerade in der botanischen Systematik hat sich indessen der typologische Artbegriff als grundlegendes Konzept der Art bis heute gehalten. Manche Taxonomen, die mit ihm arbeiten, sprechen den Arten Vergleichbarkeit und Realität ab[2]. Für sie ist die Art ausschließlich eine Kategorie, mit deren Hilfe man die Fülle unterschiedlicher Lebewesen ordnen kann, und sonst nichts[3]. So sehr es gerade der Gesichtspunkt der Praktikabilität sein mag, mit dem die Anwendung des typologischen Artbegriffs gerechtfertigt wird, so wenig hilfreich wirken die Subjektivität und der Grad der taxonomischen Aufsplitterung, die sein Gebrauch zwangsläufig mit sich bringen. In letzter Konsequenz muß die Verwendung des typologischen Artbegriffs dazu führen, daß als Art zu gelten hat, was der jeweilige Bearbeiter eines Taxons dafür hält, bloß weil er die als Art angesehene Sippe von anderen Populationen unterscheiden kann.

„Nominalistischer Artbegriff" und „Nomenklatorischer Typus"

Vor allem in der Zeit, in der Einblicke in die Vorgänge bei der Vererbung noch fehlten, schien einzelnen Biologen die Vielfalt an individuellen Typen in manchen Arten geradezu unfaßbar groß zu sein. Folgerichtig kamen sie zu dem Schluß, die einzigen realen Einheiten in der Natur seien nicht Arten, sondern Individuen. Was sie Art nannten und als solche benannten, war dem überlassen, der die Klassifizierung vorgenommen hatte. Im Grunde war es ausschließlich ein gemeinsamer Name, der die Individuen zur „Art" verklammerte.

Wenngleich diese Auffassung vereinzelt auch noch in den letzten Jahren vertreten worden ist[4], so wäre sie doch nicht erwähnenswert, wenn nicht ihr Grundkonzept - in allerdings gewandelter Form - beim Errichten eines „Nomenklatorischen Typus" und damit bei der Benennung pflanzlicher Taxa eine tragende Rolle spielte.

Um Mißverständnissen vorzubeugen: ein „Nomenklatorischer Typus" ist kein Artbegriff, er hat nichts mit ihm zu tun und er ist absichtlich in keinerlei Artkonzept eingebunden. Eine oberflächliche Ähnlichkeit mit dem „Nominalistischen Artbegriff" besteht nur insoweit, als beim Festlegen eines „Nomenklatorischen Typus" ein Name einer individuellen biologischen Realität, und zwar in der Regel einem herbarisierten Exemplar, zugeordnet wird[5]. Was man mit „Nomenklatorischen Typen" erreicht, zeigen die folgenden Abschnitte.

[1] Wir möchten an dieser Stelle klar sagen, daß nahezu alle Arten der mitteleuropäischen Blütenpflanzen aufgrund des „typologischen Artkonzepts" beschrieben und abgegrenzt worden sind. Sie sind „Morphospezies" (morphe, griech. = Gestalt; species, lat. = Art) und damit ursprünglich nur durch äußere Merkmale charakterisiert. Freilich haben einfühlsame Taxonomen zu allen Zeiten im Beschreiben kennzeichnender Gestalten erfaßt, was wir im Sinne des „biologischen Artkonzepts" auch heute zu einer Art rechnen. Dies weicht die harte Qualifizierung der „typologischen Art" als Kunstprodukt keineswegs auf. Schließlich beruhen Gestalteigentümlichkeiten auf dem Besitz vieler gleicher Gene und Allele, also letztlich auf einem gemeinsamen, gegen andere isolierten Genpool. Schwierigkeiten bei der Abgrenzung entstehen schon daraus, daß man an realen Populationen nicht sieht, wo die Grenzen eines Genpools „verlaufen". Probleme werfen außerdem Apomixis, Bastardierung oder Polyploidisierung (s. S. 110ff.) auf. Zudem läßt sich nicht immer ohne weiteres feststellen, ob alle unterscheidbaren Sippen einer „typologischen Art" sich tatsächlich in einen einzigen Genpool teilen, d.h. ob Unterarten oder Varietäten unter Umständen nicht als eigene Arten geführt werden müssen, weil sie keinen gemeinsamen Genpool besitzen. Ebenso muß ausgeschlossen werden, daß Sippen als getrennte Arten beschrieben worden sind, obschon sie sich einen einzigen Genpool teilen.

[2] Allerdings enthält ihr Artbegriff dann Elemente des Nominalismus, der im nächsten Kapitel charakterisiert werden soll.

[3] So schreibt CLIVE A. STACE: Plant Taxonomy and Biosystematics, 2nd ed., Cambridge University Press, Cambridge, 1989, S. 188 (frei übersetzt): „Da sich Arten auf sehr verschiedenen Pfaden der Evolution entwickelt und da sie heute alle Grade der Getrenntheit erreicht haben, stellen sie sicherlich keine Einheiten dar, die streng miteinander vergleichbar sind. In der Tat sind sie nur der Bezeichnung nach gleichwertig. Deshalb muß man in ihnen in beträchtlichem Ausmaß eine brauchbare Kategorie sehen, der man einen Namen zuordnen kann... Man muß einfach akzeptieren..., daß die Kategorie Art eine flexible, nicht definierbare Einheit für den praktischen Gebrauch darstellt".

Einen solchermaßen umschriebenen Artbegriff halten wir allerdings für unbrauchbar, weil er nur noch eine etikettierte Hülse darstellt, aber in der Realität nichts mehr bedeutet.

[4] Siehe hierzu auch die vorhergehende Fußnote.

[5] Bei Tieren und Fossilien gelten sinngemäße Regelungen.

Bild 97 (links u. oben). Holotyp des Deutschen Enzians (*Gentianella germanica*). Das Herbarblatt wurde von KARL LUDWIG WILLDENOW (1765–1812) gesammelt, die Art 1798 als Art der Gattung *Gentiana* beschrieben und die Beschreibung gültig veröffentlicht. Herbar WILLDENOW, Botanischer Garten und Botanisches Museum Berlin-Dahlem.

Bild 98 (unten). Blühendes Exemplar des Deutschen Enzians.

Jede Benennung sollte eindeutig sein. So steht in der Präambel des Internationalen Codes der Botanischen Nomenklatur[1]: „Die Botanik verlangt ein einfaches, klares, von den Botanikern aller Länder befolgtes System der Nomenklatur, das sich einerseits mit den Fachausdrükken beschäftigt, die zur Bezeichnung der Rangstufen der taxonomischen[2] Gruppen oder Einheiten verwendet werden, und andererseits mit den wissenschaftlichen Namen der einzelnen taxonomischen Pflanzengruppen. Diese Namen bezwecken nicht eine Aussage über die Merkmale oder die Geschichte einer taxonomi-

[1] STAFLEU, F.A. et al. (Hrsg.): International Code of Botanical Nomenclature, Regnum vegetabile, Vol. 97; Bohn, Scheltema & Holkema, Utrecht, 1978.

[2] taxis, griech. = Aufstellung, Ordnung. Taxon ist in der Biologie ein abstrakter Ordnungsbegriff. Taxa (Mehrzahl von Taxon) gibt es auf allen Rangstufen des hierarchischen Ordnungssystems (s. S. 133).

schen Gruppe, sie sollen lediglich zu deren Bezeichnung dienen und ihre taxonomische Rangstufe anzeigen“[1]. Im „Grundsatz II“ heißt es[2]: „Die Anwendung der Namen taxonomischer Gruppen wird mit Hilfe nomenklatorischer Typen geregelt“. Der Artikel 7 des „Codes“ legt im Absatz 7.2 fest, was das ist: „Ein nomenklatorischer Typus (typus) ist dasjenige Element, woran der Name eines Taxons... dauernd geknüpft ist. Der nomenklatorische Typus braucht nicht der typischste oder repräsentativste Bestandteil eines Taxons zu sein“[3].

Der Name einer Art „klebt“ also ganz konkret an dem - herbarisierten - Exemplar, auf das sich der Erstbeschreiber der Art bezieht, etwa, indem er eine Herbarnummer oder die unzweideutige Beschriftung des Herbarblattes nennt (Bild 97). Allerdings muß er seine Beschreibung gültig[4] veröffentlicht haben, wenn die Benennung als korrekt anerkannt werden soll.

Für die Benennung einer Art ist es also unerheblich, welchen Begriff von Art sich der Namengeber macht, weil der von ihm für die Art gewählte Name ausschließlich an einem Individuum „hängt“. Es ist Aufgabe des Systematikers oder Taxonomen herauszufinden, zu welcher biologischen Art[5] dieses Exemplar gehört. Dabei muß er gewissenhaft prüfen, ob nicht ein anderes Exemplar aus diesem Taxon schon früher gültig beschrieben und benannt worden ist, also die Priorität hätte (s. S. 67); denn dann wäre dessen Name - und nur dieser - korrekt.

Warum haben sich „biologische Arten“ herausgebildet?

Arten könnten nicht entstehen oder Bestand haben, gäbe es keine Isolierung. Zwei Fragen müssen in diesem Zusammenhang gestellt und beantwortet werden: „Welche Mechanismen führen zur Isolation?“ - und - weniger leicht zu klären - „Worin liegt der biologische Sinn der Isolation?“

Zu den Isolationsmechanismen rechnen wir alles, was die Bastardierung und damit den Genaustausch unterbindet oder doch so weit verringert, daß er zum äußerst seltenen Ereignis wird.

Anschauliches Denken stellt uns als wirksamen Mechanismus sofort die räumliche Trennung vor Augen[6]. Indessen ist es sehr schwer herauszufinden, ob räumliches Getrenntsein auf lange Sicht Genaustausch verhindert und ab welchem „Grad“ von Trennung dies der Fall ist. Für Pflanzen kann man davon ausgehen, daß räumliches Getrenntsein dann isolierend wirken kann, wenn die Lücke zwischen den fraglichen Populationen so groß ist, daß sie ein Vielfaches des Radius beträgt, in dem der Pollen und die Samen der betrachteten Art verbreitet werden. Berücksichtigen muß man sicher auch, ob Zwischenräume zwischen getrennten Populationen durch Wanderungen überbrückt werden können, falls die Bedingungen sich so ändern, daß diese möglich werden.

So sind z. B. die Morgenländische Platane *(Platanus orientalis)*, die im östlichen Mittelmeergebiet beheimatet ist, und die Amerikanische Platane *(Platanus occidentalis)* unwiderspro-

[1] STAFLEU, F. A. et al. (Hrsg.): International Code of Botanical Nomenclature, Regnum vegetabile, Vol. 97; Bohn, Scheltema & Holkema, Utrecht, 1978, S. 154.
[2] Quelle wie bei der vorhergehenden Fußnote, S. 156.
[3] Quelle wie bei der vorhergehenden Fußnote; S. 160.
[4] § 6.2 besagt: „Gültig ist eine Veröffentlichung von Namen, die die Bedingungen der Artikel 32–45 erfüllt.“ Gewisse Ausnahmen regeln die § 59.4 und H. 10.5. Die genannten Artikel beschreiben ein kompliziertes Geflecht von Voraussetzungen und Präzisierungen, die Eindeutigkeit einer Benennung und die Abgrenzung eines Taxons ebenso sicherstellen sollen wie die Beachtung von Namengebungsvorschriften und Priorität (s. § 7.1).
[5] Oder zu welch anderer Einheit, die aus praktischen Gründen als „gleichrangig“ mit einer biologischen Art angesehen (s. S. 102, Fußnote 2, und S. 110) oder die als Unterart, Varietät oder „forma“ einer Art untergeordnet werden kann.
[6] Häufig nennt man räumliche Trennung Separation. Dieses Fachwort hilft vermeiden, daß man in ihr zugleich einen Isolationsmechanismus sieht. Räumliche Trennung kann, muß aber kein Isolationsmechanismus sein. Ihre Rolle muß für jeden Einzelfall bewiesen oder zumindest sehr wahrscheinlich gemacht worden sein.

Bild 99. Ahornblättrige Platane (*Platanus × hybrida*).

chen „gute“ Arten.[1] Obschon sie Windbestäuber sind, die Pollen also im Extrem sicherlich über Hunderte von Kilometern verweht werden, wirkt die riesige Entfernung zwischen den Arealen absolut trennend. Die Lücke, die im wesentlichen vom Atlantik gebildet wird, kann auch durch Wanderungen nicht überbrückt werden. In der Kultur hingegen sind beide Arten leicht kreuzbar. Die bei uns als Parkbaum gepflanzte Ahornblättrige Platane (*P. × hybrida*, Bild 99) ist vermutlich eine Kreuzung aus den genannten Arten. Sie ist im mitteleuropäischen Klima recht winterhart und bildet keimfähige Samen.

Neben der räumlichen wirkt bei Pflanzen auch die ökologische Trennung unter Umständen isolierend. So wächst z.B. die Alpen-Aurikel (*Primula auricula*, Bild 100) auf kalkhaltigem oder wenigstens nicht ausgesprochen saurem Untergrund. Im Gegensatz zu ihr bevorzugt die Behaarte Primel (*Primula hirsuta*, Bild 101) eindeutig kalkarmes oder gar kalkfreies Substrat.

Bild 100. Alpen-Aurikel (*Primula auricula*)

[1] Dieses und die in den nächsten Kapiteln folgenden Beispiele sind subjektiv ausgewählt. Es ist unmöglich, alle bekannten und untersuchten Fälle anzuführen. Illustriert werden sollen die Schwierigkeiten, die es bei der Anwendung des biologischen Artbegriffs in der Botanik gibt. Nach unserer Überzeugung kann man mit ihm bei rund 70% aller mitteleuropäischen Arten erfolgreich arbeiten. Auf nahezu 20% aller auf Artstufe beschriebenen Taxa ist der Begriff der biologischen Art nur mit gewissen - zugegebenermaßen beträchtlichen - Einschränkungen anwendbar. Bei etwa 10% aller Fälle handelt es sich um Formenkreise, die im Sinne des biologischen Artbegriffs eindeutig keine Arten sind. Woraus bei ihnen Probleme entstehen, soll anhand der ausgewählten Beispiele wenigstens angedeutet werden. JARED M. DIAMOND (DIAMOND, J.M.: Horrible plant species, Nature, Vol. 360, S. 627–628, 1992) gibt für die Lokalflora von Concord/Massachusetts an, daß der biologische Artbegriff nur auf 7% der dort wachsenden 838 Arten nicht angewendet werden könne. Er bezieht sich dabei auf Untersuchungen, die von ERNST MAYR angeregt worden sind. Diese Angabe bestätigt die Größenordnung unserer Schätzung. Wir möchten indessen unmißverständlich darauf hinweisen, daß es grundsätzlich ohne jeden Belang ist, auf welchen Prozentsatz von Arten der biologische Artbegriff paßt. Die biologische Art ist eine Realität in der Natur. Es ist Aufgabe der Taxonomen, diese realen Einheiten zu erkennen, sie mit dem angemessenen Begriff zu belegen, zu überprüfen, ob sie korrekt benannt worden sind, und sie letztlich hierarchisch zu ordnen. Für Taxa, die mit diesem Begriff der biologischen Art nicht erfaßt werden können, müssen andere, handhabbare Begriffe gefunden werden, die sich in das hierarchische System eingliedern lassen.

Bild 101. Behaarte Primel (*Primula hirsuta*)

Bild 102. Flaumhaarige Primel (*Primula × pubescens* = *P. auricula × P. hirsuta*)

Beide sind unbestritten „gute Arten", die sich schon an der unterschiedlichen Blütenfarbe leicht voneinander unterscheiden lassen. Gleichwohl lassen sich beide Arten in der Kultur kreuzen und bilden einen fruchtbaren Bastard (*P. × pubescens*, Bild 102). Aus ihm wurden viele Sorten der Garten-Aurikel (*P. × hortensis*) herausgezüchtet. Wo sich die Verbreitungsgebiete beider Arten berühren und z. B. die Behaarte Primel ausgelaugte kalkhaltige Gesteine bzw. kristalline Schiefer besiedelt, wohingegen die Alpen-Aurikel direkt im Kalkfels wächst, wird der Bastard auch am natürlichen Standort gefunden. So ist es bei Davos und bei Arosa (in den Ammergauer Alpen, in denen *P. × pubescens* ebenfalls vorkommt, fehlt heutzutage *P. hirsuta* offensichtlich). Zuweilen ist der Bastard häufiger als es diejenigen Exemplare sind, die sicher zu den Elternarten gehören. Dennoch läßt sich ein wirkliches Eindringen von Genen bzw. Allelen der jeweiligen anderen Art in die „Stammpopulationen" im Hauptverbreitungsgebiet der jeweiligen Arten nicht erkennen. Es scheint in nennenswertem Maße nicht vorzukommen. Dies läßt den Schluß zu, daß der Bastard auf den „typischen" Standorten der Elternarten diesen eindeutig unterlegen ist. Die erblichen Eigenschaften, die die reinen Arten auf dem ihnen zusagenden Untergrund wachsen lassen, „harmonieren" offensichtlich nicht miteinander, so daß möglicherweise eingekreuztes Erbgut rasch ausselektiert wird.

Wesentlich eindeutiger voneinander isoliert sind die Weiße Alpen-Küchenschelle (*Pulsatilla alpina*, Bild 103) und die Gelbe Alpen-Küchenschelle (*Pulsatilla apiifolia*, Bild 104). Die Weiße Alpen-Küchenschelle kommt vorwiegend auf kalkreichen, die Gelbe Alpen-Küchenschelle fast ausschließlich auf kalkfreien oder sehr kalkarmen Standorten vor. In der Kultur lassen sich beide Arten ohne weiteres fruchtbar kreuzen. Im Hauptteil ihres Areals fehlen Bastarde. Anders als bei Alpen-Aurikel und Behaarter Primel findet man auch in Gebieten, in denen kalkhaltige und kalkfreie Gesteine auf engem Raum vorhanden sind, nur äußerst selten Bastarde.

Bild 103. Weiße Alpen-Küchenschelle (*Pulsatilla alpina*)

Wir haben in einer früheren Arbeit[1] - nicht zuletzt beeindruckt durch die in der Kultur leicht mögliche Bastardbildung - beide Sippen als Varietäten einer Art angesehen. Jetzt sind wir der Ansicht, es handle sich um Arten, weil Anzeichen für eine Durchmischung in den Hauptverbreitungsgebieten fehlen. Offensichtlich besitzt jede von ihnen ihren eigenen Genpool, in den Allele eventuell gebildeter Bastarde nicht oder nicht in nennenswertem Maße einwandern, und jede ist in eine etwas andere ökologische Nische eingepaßt. Man kann für solche Fälle schlußfolgern: Wenn Sippen trotz der Möglichkeit zur Bastardbildung nicht miteinander verschmelzen, dann sind sie getrennte Arten.

Seltener, als dies bei Tieren der Fall ist, kann die Isolation zwischen nahe verwandten Arten auch auf unterschiedlichen Fortpflanzungsweisen beruhen. So kann es z.B. zu Unverträglichkeitsreaktionen zwischen Pollen und Narbengeweben kommen, so daß Pollenschläuche nicht oder nicht normal auswachsen können. Bei Arten, die nur entfernt miteinander verwandt sind, ist dies üblicherweise der Fall[2]. Auch Besonderheiten im Bau der Blütenorgane, durch die sich nahe verwandte Arten unterscheiden, können bastardierungsverhindernd wirken.

Ziemlich häufig wirken unterschiedliche

[1] Aichele, D. und H.-W. Schwegler: Die Taxonomie der Gattung *Pulsatilla*. Feddes Repertorium, Band 60, Heft 1-3, 1957.

[2] Selbststerilität beruht ebenfalls auf einer Inkompatibilitätsreaktion zwischen Pollen und Narbe.

Bild 104. Gelbe Alpen-Küchenschelle (*Pulsatilla apiifolia*)

Blühzeiten isolierend zwischen Arten, selbst wenn sie im selben Lebensraum beheimatet sind[1]. Die Rote Küchenschelle *(Pulsatilla rubra)*, die u. a. im mittleren Frankreich vorkommt und wie die bei uns heimische Gewöhnliche Küchenschelle (*P. vulgaris*, Bild 105) tetraploid ist, läßt sich in der Kultur mit dieser kreuzen. Die Nachkommen aus solchen Kreuzungen sind fruchtbar. *Pulsatilla vulgaris* blüht zwischen März und April, *P. rubra* zwischen April und Mai. In der Kultur blüht *P. vulgaris* im Durchschnitt etwa vier Wochen früher als *P. rubra*. Beide Arten kommen an verschiedenen Stellen sympatrisch vor, ohne daß es dort heutzutage zu einer merkbaren Durchmischung der Arten kommt[2]. Nur im Südwesten Frankreichs haben sich örtlich kleinere Populationen entwickelt, die u. a. durch stark variierende Blütenfärbung auffallen und die hybridogenen Ursprungs sein dürften.

Oenothera brevipes und *O. clavaeformis*, die im Südwesten der USA sympatrisch in Trockengebieten (z. B. Mohave County) leben, gelten als gute Arten. Sie blühen auch etwa zur gleichen Jahreszeit. Allerdings sind bei *O. brevipes* die Blüten vor Sonnenaufgang und noch einige Stunden danach geöffnet, wohingegen *O. clavaeformis* ihre Blüten erst am Nachmittag entfaltet. Dies bringt es mit sich, daß nicht dieselben Insektenindividuen als Bestäuber bei beiden Arten auftreten und die Arten somit reproduktiv voneinander isoliert sind[3].

Die Isolation ist natürlich besonders wirksam, wenn nicht nur ein Mechanismus die Isolation bewirkt, sondern wenn dies mehrere gleichzeitig tun. Vor allem bei höheren Wirbeltieren scheint dies häufig der Fall zu sein.

Bild 105. Gewöhnliche Küchenschelle (*Pulsatilla vulgaris*)

Die Bedeutung der Frage: „Worin liegt der biologische Sinn der Isolation?“ begreift man am besten, wenn man sich vorstellt, es gäbe sie nicht. Unter diesen Bedingungen fände man eine gleitende Reihe von Individuen, von denen sich jedes von jedem anderen unterscheidet. Nehmen wir an, Selbstbefruchtung sei ausgeschlossen und jedes Individuum sei in der Lage, sich mit jedem anderen zu paaren, und zwar mit um so größerer Aussicht, lebenstüchtige Nachkommen zu zeugen, je ähnlicher sich die Partner sind. Dann könnte man im Laufe der Zeit um jedes Individuum – gewissermaßen in konzentrischen Kreisen – all die Individuen anordnen, denen es ähnlich ist, wobei der Grad der Ähnlichkeit vom Zentrum nach außen abnimmt. Entsprechend verhielte sich die Wahrscheinlichkeit der genotypischen Übereinstimmung; auch sie nimmt vom Zentrum nach außen ab. Aber prinzipiell bestünde unbe-

[1] Solche Arten nennt man „sympatrisch“ (sym, syn, griech. = zusammen; patria, lat. = Vaterland); Arten, deren Areale getrennt voneinander sind, werden als „allopatrisch“ bezeichnet (allos, griech. = anders).

[2] WALTER ZIMMERMANN („Unsere Küchenschelle“; Veröff. d. Landesstelle f. Naturschutz in Württ.-Hohenz., S. 132 ff., 1952) rechnet mit einer früheren „einseitigen Einkreuzung“ von Allelen der *P. rubra* in das Erbgut der *P. vulgaris*. Diese „introgressive Hybridisation“ könnte nacheiszeitlich erfolgt sein.

[3] Beispiel zitiert nach GRANT, V.: Artbildung bei Pflanzen, P. Parey, Berlin-Hamburg, 1976, S. 62.

schränkte Fähigkeit, Allele auszutauschen und neu zu „rekombinieren".

Realistischerweise muß man sich diese hypothetischen Lebewesen indessen in einer Umwelt denken, in der es selektionierende Faktoren gibt. Von den zahllosen Genotypen wären allerdings nur jeweils wenige bestmöglich an die Umweltbedingungen angepaßt. Sie hätten aufgrund ihrer „Lebenstüchtigkeit" die Chance, in jedem Fortpflanzungszyklus mehr Samen zu erzeugen als weniger gut angepaßte Individuen. Da indessen als Kreuzungspartner sehr wohl auch weniger gut angepaßte Individuen in Frage kommen, infolge der Rekombination unter den Nachkommen eine Aufspaltung der Genotypen und damit eine Verschlechterung ihres Angepaßtseins unvermeidlich ist, wird die Zahl der optimal angepaßten Nachkommen gering bleiben, jedoch die Zahl derer, die zugrunde gehen, hoch liegen. Nimmt man weiter an, daß der Zufall entscheidet, ob ein Samenkorn auf eine Stelle gelangt, an der es die Möglichkeit zum Keimen hat und an der die Jungpflanze tatsächlich heranwachsen kann, dann leuchtet es ein, daß die Wahrscheinlichkeit sinkt, daß sich die Eltern in einer Blühperiode erfolgreich fortpflanzen können. Mit anderen Worten: Die „Kosten" für die erfolgreiche Fortpflanzung steigen.

Man kann sich vorstellen, daß sie irgendwann eine Höhe erreichen, in der sie zum entscheidenden Nachteil gegenüber den Lebewesen würden, die einen, zwar ausreichend reichhaltigen, gleichwohl aber begrenzten Genpool besitzen, wie er nur durch Isolationsmechanismen gesichert werden kann. In ihm sind harmonische Genotypen überdurchschnittlich häufig zu erwarten, weil die Rekombination ausreichend schnell alle möglichen Genotypen erzeugt und weil Selektion auf ihn einwirkt. Der Besitz eines solchen Genpools, mit anderen Worten, die Existenz in Form der biologischen Art, stellt eine „Strategie des Weiterlebens" dar, die als solche selektioniert worden ist, weil sie zahlreiche Vorteile bietet[1]. Gleichwohl ist sie nicht die einzige Strategie, die das Überleben von Genen sichert.

Über Arten, die eigentlich gar keine sind

Woran setzt die Auslese an?

Wenn wir sagen, ein Lebewesen „pflanze sich fort", dann sind wir in vielen Fällen ungenau; denn die erzeugten Nachkommen sind mit keinem der Eltern identisch. Wohl aber ähneln sie ihnen. Dies ist so, weil sie Allele der elterlichen Gene, wenn auch in neuer Kombination, in sich tragen. Was also von Generation zu Generation weitergegeben wird, sind Gene bzw. ihre Allele. Woran setzt dann die Selektion an: an der Art, am Individuum, am Gen bzw. einem seiner Allele? RICHARD DAWKINS hat dies zugunsten der Gene und ihrer Allele beantwortet und es – wie er selbst meint, etwas salopp – so formuliert: Wir könnten „die Frage stellen, welche Absicht ein einzelnes egoistisches Gen denn eigentlich verfolgt? Es versucht, im Genpool immer zahlreicher zu werden. Dies erreicht es im wesentlichen dadurch, daß es dazu beiträgt, die Körper, in denen es sich befindet, so zu programmieren, daß sie überleben und sich reproduzieren."[2]

Pflanzliche Individuen sind im Sinne von DAWKINS am besten „programmiert", wenn sie optimal an die Standortgegebenheiten angepaßt sind. Wenn letztere nicht auf kleinste Raumausschnitte beschränkt, sondern auf größeren Flächen gleich sind, muß die aussichtsreichste Stra-

[1] Diese Schlußfolgerung ist nicht gleichbedeutend mit der Antwort auf die Frage, wie denn Isolationsmechanismen entstanden sind. Diese zu suchen übersteigt den Rahmen dessen, was in dieser Einführung erörtert werden kann. Interessenten seien auf E. MAYR: Artbegriff und Evolution, Parey, Hamburg, 1967; E. MAYR: Eine neue Philosophie der Biologie, Piper, München, 1991, S. 262 ff. und auf J. A. COYNE: Genetics and Speciation; Nature, Vol. 355, S. 511–515, 1992 sowie die in diesen Arbeiten zitierte weiterführende Literatur verwiesen.

[2] DAWKINS, R.: Das egoistische Gen; Springer Verlag; Berlin, Heidelberg; 1978, S. 105. – Diese Aussage läßt es zu, die biologische Art als die Einheit zu sehen, die „evoluiert". Angriffspunkt für die Selektion sind zwar Allele bzw. Gene. Was sich verändert, ist indessen der Genpool, in den sich die Angehörigen einer biologischen Art teilen. Es ist also die Art insgesamt, die durch Selektion verändert wird.

tegie der Fortpflanzung darin bestehen, möglichst Kopien der „Elternpflanzen" zu erzeugen. Dies ist nur durch ungeschlechtliche Vermehrung möglich. Eine Population, die sich ausschließlich ungeschlechtlich vermehrt, hat aber keinen gemeinsamen Genpool in dem Sinne, daß die Angehörigen dieser Population die für den Pool typische Mischung durch gegenseitigen Genaustausch aufrechterhalten. Es gibt eine genetische Gemeinsamkeit allerdings dadurch, daß ganze Genkombinationen von Generation zu Generation gleichbleibend weitergegeben werden. Sie können nur durch Mutation verändert werden, die dann erhalten bleibt, wenn sie sich nicht als nachteilig herausstellt[1].

Populationen mit einer derartigen Fortpflanzungsstrategie passen nicht ins Konzept der biologischen Art. Zwar besetzen sie eine eigene ökologische Nische, doch bilden sie keine sexuelle Fortpflanzungsgemeinschaft. Weil aber – wegen der genetischen Identität - die phänotypische Ähnlichkeit der gleichkommt, die Angehörige von biologischen Arten zeigen, ja weil sie geradezu zur Einheitlichkeit wird[2], behandelt man oftmals Sippen, die sich ungeschlechtlich fortpflanzen, als ob sie biologische Arten wären.

Natürlich hat man versucht, Art so zu definieren, daß Populationen, die sich ohne Genaustausch fortpflanzen, ebenso erfaßt werden wie Populationen, die sich in einen gemeinsamen Genpool teilen. Als „Art" sollten Abstammungsgemeinschaften gelten, die sich getrennt von anderen eigenständig entwickeln. Solche „evolutionistische" oder „phylogenetische" Artdefinitionen beziehen sich indessen auf keine in der Natur eindeutig erkennbaren Realitäten, wie sie die „biologische Art" unbezweifelbar darstellt. Infolgedessen führen sie zu denselben Schwierigkeiten, wie sie dem Gebrauch des typologischen Artbegriffs anhaften, d.h. willkürlicher Abgrenzung und uferloser Aufsplitterung der Taxa wären Tür und Tor geöffnet.

Bild 106. Einjähriges Berufkraut (*Erigeron annuus*)

Ungeschlechtliche Fortpflanzung und Selbstbefruchtung

Apomixis[3]

Apomixis bedeutet: ungeschlechtliche Fortpflanzung durch Samen. Bei der Agamospermie[4] kommt es zur Samenbildung, ohne daß ihr eine Befruchtung vorausgegangen ist. Oft fehlt bei agamospermen Arten die Meiose.

Bei der Parthenogenese[5] bleibt die Embryosackmutterzelle (s. S. 190) unreduziert, weil keine Meiose stattfindet. Aus ihr entwickelt sich zuerst die diploide Eizelle und aus ihr - ohne Befruchtung - der Embryo. Dies ist z.B. beim Alpen-Katzenpfötchen *(Antennaria alpina)* der Regelfall. Anders als es der Namen glauben

[1] In diesem Zusammenhang verweisen wir darauf, daß für alle Samenpflanzen die geschlechtliche Fortpflanzung „normal" ist; wie sonst hätte es zur Samenbildung kommen können (s. S. 84). Auf viele Vorfahren der „Sippen", die sich heute ungeschlechtlich durch Samen vermehren und die daher keine „biologischen Arten" sind, paßte der Begriff der „biologischen Art" infolgedessen eindeutig.

[2] Populationen, deren Angehörige erbgleich sind, heißt man „Klon" (klon, griech. = Schößling, Zweig); man kann sie auch „Reine Linien" nennen.

[3] apo, griech. = weg, los, entfernt von; mixis, griech. = Vermischung, Begattung.

[4] a, an, griech. = verneinende Vorsilbe, ohne; gamein, griech. = sich vermählen; sperma, griech. = Samen.

[5] parthenos, griech. = Jungfrau; genesis, griech. = Ursprung.

machen will, fehlt es in den Alpen; statt dessen kommt es in Skandinavien vor. Es war eine der ersten Arten, an der Apomixis nachgewiesen worden ist, und zwar - bereits im Jahre 1876 - durch den österreichischen Botaniker ANTON KERNER VON MARILAUN[1]. Bemerkenswerterweise fehlen an ihren natürlichen Standorten männliche Pflanzen weitgehend. Sie sind nur vereinzelt an verstreuten Standorten in Norwegen und Südschweden beobachtet worden. Funktionsfähige Pollen bilden sie nicht aus.

Auch das aus Nord-Amerika stammende Einjährige Berufkraut *(Erigeron annuus)*, das in Mitteleuropa weithin eingebürgert ist, vermehrt sich auf vergleichbare Weise. Allerdings ist bei dieser Art nicht eindeutig bewiesen, daß sexuelle Vermehrung nicht doch gelegentlich vorkommen kann.

Auf eine Population wie die des Alpen-Katzenpfötchens läßt sich der Begriff der biologischen Art nicht anwenden, weil von einer Kreuzungsgemeinschaft mit einem gemeinsamen Genpool nicht gesprochen werden kann[2]. Dennoch ist die Gesamtpopulation des Alpen-Katzenpfötchens so einheitlich, daß sich die zu ihr gehörenden Individuen eindeutig im Bestimmungsgang zuordnen lassen.

Etwas anders ist es beim Einjährigen Berufkraut (*Erigeron annuus*, Bild 106). Diese Population ist polytypisch. In Europa hat man sie in drei Unterarten gegliedert, von denen die eine von einigen Autoren als „Art“ betrachtet wird, weil sie sich vergleichsweise deutlich von den beiden anderen unterscheidet. Obschon auch bei diesem Formenkreis keine „biologische Art“ vorliegt, wird er doch auf der Rangstufe „Art“ beschrieben. Genau besehen verwendet man hierbei den typologischen Artbegriff. Aus der Freiheit, die er für die Festlegung der Merkmale läßt, die man als kennzeichnend für die Zugehörigkeit zu einer „Art“ ansieht, folgen nicht zuletzt die Unsicherheiten, ob - und gegebenenfalls wie - man den Formenkreis taxonomisch gliedert und hierarchisch ordnet.

Im Verwandtschaftskreis des Kleinen Habichtskrauts (*Hieracium pilosella*, Bild 107)

Bild 107. Kleines Habichtskraut (*Hieracium pilosella*)

[1] Der englische Botaniker JOHN SMITH beobachtete 1839, daß weibliche Pflanzen des Wolfsmilchgewächses *Alchornea* Samen bildeten, ohne daß es am Wuchsort oder in seiner Umgebung männliche Pflanzen gegeben hätte. 1841 veröffentlichte er seine Befunde. 1857 berichtete ALEXANDER BRAUN über Parthenogenese bei der Armleuchteralge *Chara crinata*. STRASBURGER wies 1878 darauf hin, daß bei *Alchornea* die Samenentwicklung nicht von unbefruchteten Eizellen ausgeht, sondern von „Adventivknospen“ in den Samenanlagen, d.h. der Embryo entwickelt sich aus Zellen des Nucellus (s. S. 190).

[2] Für Sippen, die sich ungeschlechtlich fortpflanzen, hat man den Begriff „Agamospezies“ geschaffen. Er wird zwar vielfach benutzt, hat sich aber nicht wirklich durchgesetzt. Natürlich wäre es wünschenswert, wenn man - begrifflich klar gefaßt - alle Sippen, die nicht in das Konzept der „biologischen Art“ passen, kenntlich machen könnte. MICHAEL GHISELIN (in: ERESHESFSKY, M. (ed.): The Units of Evolution, The MIT Press, Cambridge, Massachusetts, 1992, S. 373) hat für solche Populationen den Begriff „Pseudospecies“ vorgeschlagen. Es wäre wohl hilfreich, wenn man ihn allgemein übernähme. Allerdings sollte dies nicht zu einer Komplizierung der Benennung oder bei der Abgrenzung der Taxa führen. So klar man das Ziel bezeichnen kann, so schwer dürfte es erreichbar sein. Unübersichtlichkeit in der taxonomischen Gliederung - sowohl in der begrifflichen Struktur als auch in der realen Sippenabgrenzung - und Wirrwarr in der Benennung wären das schlimmste, was eine solche Begriffsbildung mit sich bringen könnte; aber eben dies ist derzeit - leider - nicht auszuschließen.

entwickelt sich der Embryosack ohne Meiose aus einer vegetativen und damit in der Regel[1] diploiden Zelle der Samenanlage. In einem solchen Embryosack ist die Eizelle ebenfalls diploid. Aus ihr entsteht ohne Befruchtung der Embryo. Diese Art der Fortpflanzung nennt man Apogametie[2]. Auch andere Habichtskraut-Arten vermehren sich - wenigstens teilweise - apomiktisch. Was hieraus und aus weiteren Besonderheiten für die Beschreibung der Formenkreise in dieser Gattung folgt, soll später in einem gesonderten Abschnitt dargestellt werden.

Ungeschlechtliche Fortpflanzung durch Brutzwiebeln

Die Vermehrung kann auch unter Umgehung der Samenbildung rein vegetativ erfolgen. Dies ist - wenn auch nicht ausschließlich, so doch in hohem Maße - bei der Zwiebel-Zahnwurz *(Dentaria bulbifera,* Bild 108) so. Keimlinge beobachtet man nur sehr selten in freier Natur. Immerhin kommen sie vor, d.h. es muß also Kreuzbarkeit geben und ein gemeinsamer Genpool existieren, so daß in diesem Fall das Taxon durchaus noch als biologische Art aufgefaßt werden kann.

Im Grunde genommen besitzt die Zwiebel-Zahnwurz zwei Strategien, um sich erfolgreich fortzupflanzen: Jede Pflanze, die Brutzwiebeln erzeugt, muß auf einem Platz gewachsen sein, an dem die Existenzbedingungen für das Überleben dieser Art erwiesenermaßen geeignet sind. Die Brutzwiebeln, die von Ameisen in die nähere Umgebung verschleppt werden, dürften also mit hoher Wahrscheinlichkeit an eine Stelle gelangen, die mutmaßlich ebensogut geeignet ist, wie es der Wuchsort der Elternpflanze gewesen war. Die selten gebildeten Samen werden in einem kaum größeren Radius verbreitet. Durch sie könnte die Art allenfalls in geringem Maße entferntere Standorte besiedeln. Die Alternative, die die Vermehrung durch Samen liefert,

[1] Neben diploiden Sippen mit 18 Chromosomen ($2n = 18$) gibt es auch noch tetraploide ($4n = 36$), pentaploide ($5n = 45$, hexaploide ($6n = 54$) und heptaploide; außerdem sollen noch aneuploide Sippen mit 39 Chromosomen ($4n + 3 = 39$) vorkommen.

[2] apo, griech. = weg, los; gametes, griech. = Gatte.

Bild 108. Zwiebel-Zahnwurz (*Dentaria bulbifera*). Die „Brutzwiebeln“ in den Blattachseln sind deutlich zu sehen.

liegt also sicher nicht in der größeren „Reichweite“ für die Ausbreitung der Art, sondern in der neuen genetischen Kombination mit all ihren Anpassungsmöglichkeiten.

Bedeutender ist die Vermehrung durch

Bild 109. Weinbergs-Lauch (*Allium vineale*). Anstelle der Blüten stehen Brutzwiebeln im Blütenstand, die bereits ausgetrieben haben.

Samen gegenüber der Fortpflanzung durch Brutzwiebeln bei manchen Arten aus der Gattung Lauch. So finden sich beim Weinbergs-Lauch (*Allium vineale,* Bild 109) Exemplare, bei denen nur Blüten im Blütenstand stehen; daneben gibt es solche, bei denen Blüten und Brutzwiebeln vorkommen, und zuweilen sieht man Exemplare, bei denen ausschließlich Brutzwiebeln dicht gedrängt im Blütenstand sitzen.

Bei der Feuer-Lilie (*Lilium bulbiferum,* Bild 110) schließlich überwiegt eindeutig die Samenvermehrung die Fortpflanzung durch Brutzwiebeln, die bei dieser Art in den Blattachseln gebildet werden. Der Genpool innerhalb der Art existiert infolgedessen praktisch uneingeschränkt. Die vegetative Vermehrung spielt als „Strategie" kaum eine andere Rolle als es bei „normalen" biologischen Arten die Vermehrung durch Ausläufer neben der Samenvermehrung nach Fremdbestäubung tut.

Bild 110. Feuer-Lilie (*Lilium bulbiferum*). Bei genauem Betrachten erkennt man die Brutzwiebeln in den Blattachseln.

Vegetative Vermehrung durch Sproßteile

Vermehrung kann auch durch Sproßteile erfolgen. Beispielhaft sieht man dies an der Kanadischen Wasserpest (*Elodea canadensis,* Bild 111). Sie wurde 1840 aus Nordamerika nach Europa eingeschleppt und zuerst in Schottland und Irland beobachtet. Erstaunlicherweise waren ausschließlich weibliche Pflanzen nach Europa gekommen. Um 1870 trat die Pflanze in Deutschland auf, und zu Beginn des 20. Jahrhunderts war sie fast überall in Europa anzutreffen.

Im Spätherbst bilden die Pflanzen besondere Wintertriebe im untersten Bereich der Sprosse. Diese „Winterknospen" haben kurze Internodien und sind dicht beblättert. Wenn die Pflanze mit Winterbeginn stirbt, sondern sie sich ab und sinken auf den Grund der Gewässer, wo sie im nächsten Frühjahr zu einer neuen Generation von Pflanzen auswachsen.

Sähe man die europäischen Populationen der Kanadischen Wasserpest für sich, dann würde auf sie der Begriff „biologische Art" nicht anwendbar sein. In ihrem ursprünglichen Areal hingegen besitzt die Art einen eindeutigen Genpool. Dem steht nicht entgegen, daß auch dort vegetative Vermehrung eine große Rolle spielt.

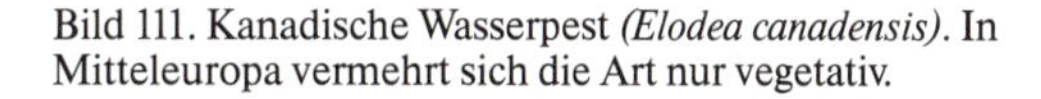

Bild 111. Kanadische Wasserpest (*Elodea canadensis*). In Mitteleuropa vermehrt sich die Art nur vegetativ.

Die europäischen Populationen sind bis jetzt verhältnismäßig wenig gegenüber der Ausgangsform abgewandelt. Es besteht infolgedessen kein Grund, sie gesondert zu behandeln.

Vermehrung durch Selbstbefruchtung

Selbstbefruchtung ist bei vielen Arten prinzipiell möglich, häufig allerdings erst gegen Ende der Blütezeit, sofern eine Blüte bis dahin noch nicht bestäubt worden sein sollte. In derartigen Fällen darf eine genetisch fundierte Selbstunverträglichkeit zwischen Pollenkörnern und Narbe nicht bestehen oder sie muß im Verlauf der Blühzeit vermindert und abgebaut werden. So kann es z. B. nach widrigen Witterungsbedingungen bei insektenbestäubten Arten doch noch durch Selbstbestäubung[1] zum Samenansatz kommen, der sonst in der betreffenden Blühperiode ausgeblieben wäre. Genetische Auswirkungen hat eine solche, nur gelegentlich vorkommende Autogamie nicht. Arten mit gelegentlicher Selbstbestäubung verlieren dadurch nicht den Status der biologischen Art.

Problematisch wird es, wenn die Selbstbefruchtung sehr häufig ist oder gar zum Regelfall wird. Solche Arten haben meist unscheinbare, duft- und nektarlose Blüten, die obendrein oft klein sind, ja bei denen Blütenblätter ganz fehlen können.

Geradezu sehen kann man den unterschiedlichen Bestäubungsmodus bei den Blüten der Stengelumfassenden Taubnessel *(Lamium amplexicaule*, Bild 112). Blüten, die fremdbestäubt werden können, zeigen die für Lippenblütengewächse typische Blütenform, wohingegen die autogamen Blüten knospenartig geschlossen[2] bleiben. Sie werden vor allem zu Anfang und gegen Ende der Blühperiode angelegt.

[1] Das Fachwort für Selbstbestäubung ist Autogamie; autos, griech. = selbst; gamein, griech. = sich vermählen. Fremdbestäubung wird in der Fachsprache Allogamie genannt; allos, griech. = anders.

[2] Solche Blüten nennt man auch kleistogam; kleistos, griech. = verschlossen, verschließbar; gamein, griech. = sich vermählen. Blüten, die sich öffnen, nennt man chasmogam; chasmein, griech. = offenstehen. Chasmogame Blüten müssen nicht zugleich allogam sein, sind es aber oftmals.

Bild 112. Stengelumfassende Taubnessel (*Lamium amplexicaule*) mit „normalen“ (chasmogamen) und knospenartigen kleistogamen Blüten, die dauernd geschlossen bleiben und sich selbst bestäuben.

Noch ausgeprägter ist Kleistogamie beim Wunder-Veilchen *(Viola mirabilis)*. Die „normalen“ Veilchenblüten entspringen grundständig dem Wurzelstock. Sie duften angenehm, locken also Bestäuber durchaus an, zeigen indessen nur selten Frucht- und Samenansatz. Hingegen sind die kleistogamen, sich selbst bestäubenden Blüten, die sich - später im Jahr - am Stengel bilden, in der Regel fertil; sie bilden normal Samen aus. Nur ausnahmsweise entwickeln die stengelständigen Blüten normale Blütenblätter. Dennoch bleibt der Allelenaustausch innerhalb des Genpools der Art im Grundsatz erhalten, so daß das Wunder-Veilchen als biologische Art gelten darf.

Schwieriger sind die Verhältnisse beim Hungerblümchen (*Erophila verna* agg.[1], Bild 113). In diesem Formenkreis ist Autogamie normal. Infolgedessen kann man ihn in zahlreiche, in sich typkonstante Sippen aufgliedern, die - gleich einer Folge von Pflanzen, die aus Ablegern hervorgegangen sind - „Reine Linien", also Klone[2] darstellen. Die zu einer Reinen Linie gehörenden Individuen sind hochgradig erbgleich, weil sie gewissermaßen Kopien der Elternpflanze darstellen. Nur durch die seltenen Mutationen werden sie genetisch verändert.

Zugegebenermaßen kommt es sehr selten zu erfolgreichen Bastardierungen zwischen Individuen, die verschiedenen Reinen Linien angehören. Deren F_1-Generation ist dann einheitlich, doch die F_2 spaltet stark auf, wobei nicht alle Individuen durch Selbstung in der Lage sind, keimfähige Samen in ausreichender Zahl zu erzeugen.

Derartige taxonomischen Einheiten, die Klone umfassen, sind keine biologischen Arten. Es erscheint uns als wenig sinnvoll, sie morphologisch unter Beachtung kleinster Unterschiede in immer mehr Einheiten aufzugliedern und diese - womöglich als Arten - zu benennen.

Arten, in denen es Sippen mit unterschiedlichem Polyploidiegrad gibt

Wir haben an früherer Stelle darauf verwiesen, daß Genom-Mutationen außerordentlich seltene Ereignisse sind. Gleichwohl kommen Polyploide vor. Ihren Anteil unter den mitteleuropäischen Bedecktsamern schätzt man auf etwa 30–50%. Es handelt sich dabei sowohl um Autopolyploide als auch um Allopolyploide. In der Praxis ist es häufig sehr schwierig festzustellen, welche Polyploidieform vorliegt. Einfacher läßt sich der Polyploidiegrad ermitteln. Tetraploide herrschen vor, doch gibt es auch Hexaploide; Octoploide und noch höhere Polyploidiestufen sind selten. Prinzipiell sind Polyploide mit einem geradzahligen Vielfachen des Chromosomensatzes fruchtbar, manche vermehren sich aber auch in hohem Anteil vegetativ[3]; für die Polyploiden mit einem ungeradzahligen Vielfachen des Chromosomensatzes gilt dies fast ausschließlich (s. als Beispiel für geschlechtliche Vermehrung bei Pentaploiden: Hecken-Rose, *Rosa canina* S. 117).

Bild 113. Hungerblümchen (*Erophila verna*)

Warum sind Polyploide - trotz der extrem niedrigen Wahrscheinlichkeit, mit der sie gebildet werden - dennoch so häufig anzutreffen? Vermutlich, weil sie gegenüber diploiden Ausgangssippen quantitative Vorteile haben. Bei der Autopolyploidisierung wird die Zahl der Gene verdoppelt, doch wird durch den Vorgang die

[1] „agg." steht für „aggregatum" = Aggregat = Sammelart. Diese taxonomische Einheit umfaßt nahe verwandte Arten, steht aber eindeutig unterhalb der „Gattung". Häufig verwendet man „Sammelart", wenn man Taxa zusammenfassen will, die mit dem Begriff der „biologischen Art" nicht oder nur eingeschränkt belegt werden können. Auch ähnliche, gestaltlich einander nahestehende, weil stammesgeschichtlich junge Arten bieten sich für eine Zusammenfassung als Aggregat an.

[2] klon, griech. = Schößling, Zweig.

[3] So ist z.B. die Zwiebel-Zahnwurz (*Dentaria bulbifera*), die sich - wie oben geschildert - in erster Linie durch Brutzwiebeln vermehrt, sicher hoch polyploid. Sie besitzt in ihren Körperzellen 96 Chromosomen. Wenn man für den Verwandtschaftskreis eine Grundzahl von n = 16 annimmt, dann wäre die Art hexaploid. Sollte n = 8 betragen, läge der Polyploidiegrad doppelt so hoch (16-ploid). Eine auf griechischen Zahlwörtern fußende Benennung hat sich für Polyploidiestufen solch hoher Grade nicht durchgesetzt.

Vielfalt der Gene nicht erhöht. Untersucht man die Zellen von künstlich erzeugten Autoploiden, dann stellt man häufig fest, daß sie größer sind als vergleichbare Zellen der diploiden Ausgangssippe. Es gibt also einen gewissen additiven Effekt zumindest mancher Gene. Letztlich zeigt sich das nicht selten in der Gesamtgröße, die Autopolyploide erreichen: Sie sind häufig etwas größer als Angehörige von nahestehenden diploiden Sippen. Unter gleichen Bedingungen wachsen sie oft rascher. Dies alles macht sie „im Kampf ums Dasein" meist tüchtiger.

Wenn man nach Gründen für die höhere Fitneß von Autopolyploiden sucht, darf man auch nicht vernachlässigen, daß die Zahl ihrer Gene insgesamt gewachsen ist, auch wenn die Anzahl verschiedenartiger Gene gleich geblieben ist. Dies bedeutet, daß die Zahl der Orte, an denen Mutationen auftreten können, bei Tetraploiden verdoppelt worden ist. Mutanten können sich infolgedessen anhäufen. Die Wahrscheinlichkeit, daß positiv wirkende Allele entstehen, ist damit ebenfalls erhöht, bestenfalls verdoppelt. Bei voll fertilen Autotetraploiden gibt es daher auf lange Sicht ein hohes Anpassungspotential und die Möglichkeit, polytypische Arten zu bilden.

Allopolyploide besitzen überdies noch einen weiteren Vorteil: Bei ihnen wird die Zahl verschiedenartiger Gene erhöht. Besonders einleuchtend wird das, wenn man sich die diploiden „Eltern" als so wenig verwandt denkt, daß es gerade noch zu einem Auswachsen der Pollenschläuche und zu einer Befruchtung der Eizelle kommen kann. Wenn dann – wie im einfachsten denkbaren Fall – bei der ersten Teilung der befruchteten Eizelle der Spindelapparat versagt, kommt es zur Polyploidisierung. Die entstehenden Tochterzellen und alle ihre Abkömmlinge, also alle Zellen des heranwachsenden Embryos, enthalten jetzt von „jeder Sorte Chromosom" je ein Paar. Meiose ist infolgedessen grundsätzlich möglich. Bei solchen Paarungen, bei denen ein diploider Bastard wegen der Verschiedenheit der Chromosomen der Eltern kaum eine Chance für eine Meiose und damit zur Bildung fertiler Samen nach Befruchtung gehabt hätte, sind die Allotetraploiden in der Regel voll fertil. Alloploide sind in hohem Grade potentiell vielgestaltig. Deswegen findet man Allopolyploide auch unter Kulturpflanzen, und zwar bei Arten, die für ihren Sortenreichtum berühmt sind[1].

Arten, deren Angehörige nur eine Polyploidiestufe aufweisen und die untereinander kreuzbar sind, sind eindeutige „biologische Arten". Schwierig wird die taxonomische Gliederung erst, wenn innerhalb eines Formenkreises, der mit einem Artnamen belegt ist, Sippen mit unterschiedlichem Polyploidiegrad – z. B. Diploide und Tetraploide – zusammen vorkommen. Beide Sippen sind normalerweise nicht miteinander kreuzbar. Wenn die Kreuzung doch zu Nachkommen führt, entsteht ein triploider Bastard, dessen Chromosomen nicht alle vor der Meiose Chromosomenpaare bilden können, weshalb die Bildung funktionsfähiger Geschlechtskerne in der Regel ausgeschlossen ist. Damit scheint zwischen Sippen unterschiedlichen Polyploidiegrads kein gemeinsamer Genpool zu bestehen; die Kreuzbarkeit fehlt oder ist dahingehend eingeschränkt, daß es nicht zur Bildung fertiler Bastarde kommen kann. Streng genommen müßte man solche unterschiedlich ploiden Sippen als getrennte biologische Arten ansehen, obschon man sie äußerlich nicht oder doch nicht eindeutig voneinander trennen kann[2].

Vor allem bei Mischpopulationen von Diploiden und Autotetraploiden kann man aber auch anders argumentieren: In ihnen sind die Gene und Allele ja prinzipiell gleich. Allerdings ist freier Allelenaustausch zwischen Sippen unter-

[1] Weizen ist allotetraploid bzw. allohexaploid. Man schätzt die Zahl der Weizensorten auf rund 20000! Selbst wenn diese Zahl zu hoch gegriffen sein sollte, so sollte man sie – will man sie in ihrer Einmaligkeit erfassen – mit der Zahl der Wildarten unter den mitteleuropäischen Samenpflanzen vergleichen, die deutlich unter 3000 liegen dürfte.

[2] Ähnlichkeit ist kein bestimmender Grund dafür, daß Individuen artgleich sind. Dies haben wir auf S. 100 f. dargelegt. Vergleichbares gilt für Populationen. Selbst wenn man sie gestaltlich nicht voneinander unterscheiden kann, müssen sie nicht notwendigerweise derselben Art angehören. Solche „Zwillingsarten" sind aus dem Tierreich bekannt geworden. Entscheidend für die Zugehörigkeit zu ein und derselben Art ist ausschließlich, ob sich die Populationen in einen gemeinsamen Genpool teilen.

schiedlicher Polyploidiestufen nicht möglich. Wohl aber kann er - stark eingeschränkt - von diploiden zu tetraploiden Sippen gehen, zumindest in Populationen, die individuenreich sind. Betrachten wir genauer, was es heißt, wenn wir Polyploidisierungen „extrem unwahrscheinlich" nennen. Sie kommen mit Häufigkeiten von 1:1000000000 ($1:10^9$) – 1:1000000000000000 ($1:10^{15}$) vor[1]! Zumindest bei vielen krautigen Pflanzen umfaßt die Population in einer Generation 10000000-10000000000 Individuen, die in der Regel pro Generation zwischen 100 und 100000 Samen bilden. Unter diesen Bedingungen kann es jährlich zu einer oder sogar vielen Polyploidisierungen kommen und damit zur Möglichkeit, Allele aus dem Genpool der diploiden Sippe in die der Autotetraploiden überzuführen.

Die Genpools beider Arten wären also nicht völlig voneinander getrennt. Aus dieser Tatsache könnte man folgern, es läge auch in Arten mit Sippen unterschiedlicher Polyploidiegrade eine „biologische Art" vor. Mit noch größeren Vorbehalten kann man ähnlich auch bei allopolyploiden Sippen argumentieren, wenn die Eltern nahe miteinander verwandt waren.

In den meisten derzeit benutzten Floren für Mitteleuropa oder Teilbereiche ist es gängige Praxis, Formenkreise mit Sippen unterschiedlichen Polyploidiegrades als nur eine Art aufzufassen, sofern man diese Sippen gestaltlich nicht voneinander unterscheiden kann. Wir schließen uns - etwas widerstrebend - dieser Praxis an. Wir halten sie auch deswegen für berechtigt, weil eine mögliche geographische oder ökologische Differenzierung zwischen derartigen Sippen für die meisten Arten nicht untersucht worden ist, man also nicht weiß, ob und wie sich Polyploidie hinsichtlich der räumlichen Verteilung der Sippe oder bezüglich ihrer Standortansprüche auswirkt. Daher verzichten wir auf die Nennung von Chromosomenzahlen, weil sie uns beim derzeitigen Kenntnisstand als wenig aussagekräftig erscheint.

[1] Berücksichtigt sind bei dieser Schätzung nur lebensfähige Mutanten, von denen angenommen wird, daß sie - notfalls durch Selbstbefruchtung - fertile Samen erzeugen können.

Bild 114. Hecken-Rose (*Rosa canina*)

In einigen Fällen sind die Verhältnisse recht unübersichtlich. So beträgt bei der Hecken-Rose (*Rosa canina*, Bild 114) und ihren Verwandten die Chromosomengrundzahl $n = 7$. Neben Tetraploiden findet man vorwiegend Pentaploide mit 35 Chromosomen in den Körperzellen; einige Sippen sind hexaploid. Bei den Pentaploiden bilden sich in der Prophase der Meiose nur sieben Chromosomenpaare. 21 Chromosomen liegen einzeln in der Äquatorialplatte. In den empfängnisfähigen Eizellen findet man in der Regel 28 Chromosomen, d. h. die sieben, die aus den Chromosomenpaaren reduziert worden sind, und die 21, die vereinzelt geblieben waren. Die Pollenkörner hingegen enthalten meist keine der 21 vereinzelten Chromosomen. Fähig zum Austreiben des Pollenschlauchs sind jedenfalls nur diejenigen, die ausschließlich die sieben Chromosomen enthalten, die in der Meiose aus den Chromosomenpaaren gebildet worden sind. Auf diese Weise wird durch die Addition der sieben Pollenkornchromosomen und der 28 Eizellenchromosomen die Pentaploidie wieder hergestellt.

Allerdings kommt es als Resultat dieser Art von Chromosomenweitergabe zur Herausbildung zahlreicher Formen; denn die 21 Chromosomen, die sich nicht paaren und die als Ein-

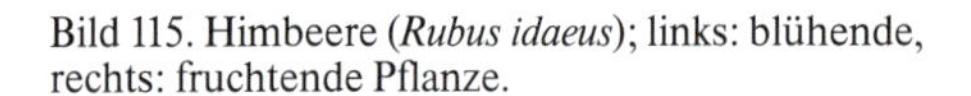

Bild 115. Himbeere (*Rubus idaeus*); links: blühende, rechts: fruchtende Pflanze.

heiten weitergegeben werden, bewahren alle Allele solange, wie durch Mutation keine Änderung erfolgt. Das Resultat ist ähnlich dem der Apomixis: es entstehen klonartige Sippen.

Gleichsinnig wirkt die bei einigen Formen vorkommende Autogamie. Gelegentliche Bastardisierung unter nahe verwandten Arten erhöht die Vielfalt. Streng genommen sind Formenschwärme dieser Art ebenfalls keine biologischen Arten. Sie sind willkürlich in eine sehr große Zahl von „Arten“ aufteilbar, die letztlich nur wenige Spezialisten zu überschauen vermögen.

Ähnlich unübersichtlich sind die Verhältnisse in der Gattung *Rubus*. Die Himbeere (*Rubus*

Bild 116. Brombeere (*Rubus fruticosus*); links: blühende, rechts: fruchtende Pflanze.

Bild 117. Gewöhnlicher Frauenmantel (Alchemilla vulgaris)

idaeus, Bild 115) ist diploid. Ihre taxonomische Abgrenzung ist problemlos. Anders steht es mit den „Brombeeren“ aus dem Formenkreis von *Rubus fruticosus* (Bild 116); sie sind tetraploid, einige wenige Sippen sogar triploid, pentaploid oder hexaploid. Die polyploiden Sippen sind möglicherweise allopolyploid. Bastardbildung zwischen den einzelnen Sippen ist möglich. Häufig pflanzen sich Sippen indessen apomiktisch fort. Auch überwiegende oder nahezu ausschließliche Selbstbestäubung kommt vor. Allopolyploidie, apomiktische und autogame Fortpflanzung haben - zusammenwirkend - zahlreiche, gestaltlich voneinander unterscheidbare Sippen entstehen lassen, die häufig als „Arten“ beschrieben worden sind. Nach unserer Auffassung ist eine derartige Aufgliederung wenig sinnvoll. Unbezweifelbar kann auf diese „Kleinarten“ der biologische Artbegriff nicht angewendet werden. Meist liegen klonähnliche Sippen vor, die oft hybridogenen Ursprungs sind. Allenfalls kann man den Formenkreis insgesamt als „biologische Art“ ansehen, weil wenigstens prinzipiell Genaustausch möglich ist, wie die zahlreichen Bastarde nahelegen. Aber auch dies ist problematisch, weil uneingeschränkte Kreuzbarkeit innerhalb des Formenkreises eindeutig nicht besteht. Wir haben uns entschlossen, auf die Beschreibung der Kleinarten zu verzichten und den Formenkreis einheitlich als *Rubus fruticosus* darzustellen.

Ähnlich verwirrend sind die Verhältnisse in der Gattung Frauenmantel (*Alchemilla*, Bild 117). Neben Polyploidie ist strenge Apomixis am Zustandekommen der Vielfalt beteiligt. Auch in diesem Fall haben wir auf die Beschreibung von Kleinarten verzichtet, obschon gerade in diesem Formenkreis die apomiktischen Sippen recht merkmalsstabil sind, woraus man auf ein relativ hohes Alter der Apomixis schließen kann.

In der Gattung *Potentilla* sind ebenfalls in einigen Arten, z. B. in den Sammelarten Frühlings-Fingerkraut (*Potentilla verna*, Bild 118) oder Silber-Fingerkraut *(Potentilla argentea)*, polyploide und apomiktische Populationen häufig, desgleichen bei einigen Gräsern, z. B. beim Wiesen-Rispengras *(Poa pratensis)* oder beim Alpen-Rispengras *(Poa alpina)*. Doch ist in diesen Formenkreisen die Vielfalt der unterscheidbaren Sippen deutlich kleiner als bei den Brombeeren. Ähnliches gilt für eine Reihe anderer Arten, von denen nur noch die sehr vielgestaltigen Sammelarten Gold-Hahnenfuß *(Ranunculus aurico-*

Bild 118. Frühlings-Fingerkraut (*Potentilla verna*)

Bild 119. Bastard zwischen Mücken-Händelwurz und Schwarzem Kohlröschen (*Gymnadenia conopsea × Nigritella nigra*).

mus) und Gewöhnliche Kuhblume *(Taraxacum officinale)* genannt werden sollen, wobei die letzte Art unter dem - etwas irreführenden - Volksnamen „Löwenzahn" weit bekannter ist, weshalb auch wir ihn üblicherweise verwenden.

Verboten, doch existent – Art- und Gattungsbastarde

Zu Bastardierungen zwischen Angehörigen verschiedener Arten oder sogar Gattungen kann es gelegentlich kommen, und zwar dann, wenn diese nicht vollkommen kreuzungssteril sind oder wenn andere Isolationsmechanismen nicht verläßlich greifen. Wenn die entstandenen Bastardgenome unharmonisch sind oder die Vitalität des Bastards schwächen, bleibt die Hybridisierung in der Regel für die Art folgenlos.

So werden - untermischt mit den Eltern wachsend - immer wieder Bastarde zwischen Orchideen aus verschiedenen Gattungen gefunden. Bekannt sind Hybride zwischen der Mükken-Händelwurz *(Gymnadenia conopsea)* und dem Schwarzen Kohlröschen (*Nigritella nigra*, Bild 119) oder zwischen dem Gefleckten Knabenkraut *(Dactylorhiza maculata)* und der Wohlriechenden Händelwurz *(Gymnadenia odoratissima)*.

Artbastarde sind in der Familie der Orchideengewächse recht häufig. Vor allem die Arten der Gattung *Ophrys* bastardieren. Oft ähneln die Bastarde mehr einem Elter, wie z. B. bei dem Bastard *O. tommasinii × O. insectifera* (Bild 120). Bastarde zwischen Gattungen sind in der Regel und zwischen Arten häufig steril, haben also auf den Genpool der Arten keinen oder keinen nennenswerten Einfluß.

Bild 120. Bastard zwischen der Kleinen Spinnen-Ragwurz und der Fliegen-Ragwurz (*Ophrys tommasinii × O. insectifera*).

An manchen Orten kann es schwierig sein, unter den Eichen eindeutig entweder die Trauben-Eiche *(Quercus petraea)* oder die Stiel-Eiche *(Quercus robur)* vorzufinden. In anderen Bezirken macht die Zuordnung der anzutreffenden Individuen indessen keine Schwierigkeit. Die Wirklichkeit der Übergänge einerseits und der klaren Trennung der „Arten" andererseits wird durch die Anwendung des strengen biologischen Artbegriffs nicht angemessen erfaßt.

Falls die Isolationsmechanismen zwar überwunden werden, aber nicht weitgehend zusammenbrechen, kann es zur Bildung von Bastardschwärmen kommen. Solche Bastardpopulationen überbrücken die Lücke zwischen den Elternarten. Zwei Typen kann man unter ihnen erkennen: Normale Bastardschwärme und Populationen, die „Introgression" zeigen.

„Normale" Bastardschwärme sind zwischen den mitteleuropäischen Arten der Gattung *Dactylorhiza* örtlich nicht selten. Vor allem das Breitblättrige Knabenkraut *(D. majalis)* und das Gefleckte Knabenkraut *(D. maculata)* bastardieren in manchen Voralpen-Flachmooren und im Bodenseegebiet so stark, daß auch Orchideenspezialisten sich schwer tun, wenn sie einzelne Individuen eindeutig diagnostizieren sollen. Dennoch überwiegen die Standorte, an denen Exemplare klar die für die Arten kennzeichnenden Merkmale aufweisen und zweifelsfrei identifiziert werden können. Die Verhältnisse komplizieren sich allerdings dadurch, daß es offensichtlich immer wieder zu Apomixis kommt, wodurch klonähnliche Populationen mit relativ einheitlichem Aussehen entstehen. Möglicherweise vermehren sich auch Bastarde apomiktisch; so könnten Mischpopulationen gebildet werden, die sich durch konstante Merkmalskombinationen auszeichnen. Außerdem gibt es innerhalb der Gattung tetraploide Arten. Zwischen den beiden Händelwurz-Arten *Gymnadenia conopsea* und *G. odoratissima* sind mancherort Bastarde ebenfalls nicht allzu selten (Bild 121), z.B. im schwäbischen Muschelkalkgebiet. Dennoch kann man nicht davon sprechen, daß es zwischen ihnen Bastardschwärme wie in der Gattung *Dactylorhiza* gibt.

„Introgression" kann man bei Populationen

Bild 121. Bastard zwischen der Mücken-Händelwurz und der Wohlriechenden Händelwurz (*Gymnadenia conopsea* × *G. odoratissima*).

aus der Gattung *Pulsatilla* in Bayern beobachten. Die meisten der in Süddeutschland heimischen Küchenschellen gehören der Gewöhnlichen Küchenschelle *(P. vulgaris)* an. Im oberösterreichischen Donaugebiet um Linz beginnt das Areal der Großen Küchenschelle *(P. grandis)*, das sich von da nach Osten bis in die Ukraine und nach Südrußland erstreckt. Zwischen dem südlichen Frankenjura und dem Gebiet um Straubing wachsen Populationen, die mehr oder minder eindeutig „zwischen" den genannten Arten stehen. Je westlicher sich der Standort der Population befindet, desto mehr gleichen die auf ihm wachsenden Küchenschellen der *Pulsatilla vulgaris*, je östlicher er liegt, desto mehr ähneln sie der Großen Küchenschelle (Bild 122). Die Merkmalsverteilung ist also entlang einer „Kline"[1] gerichtet. Man stellt sich vor, daß

[1] klinein, griech. = neigen.

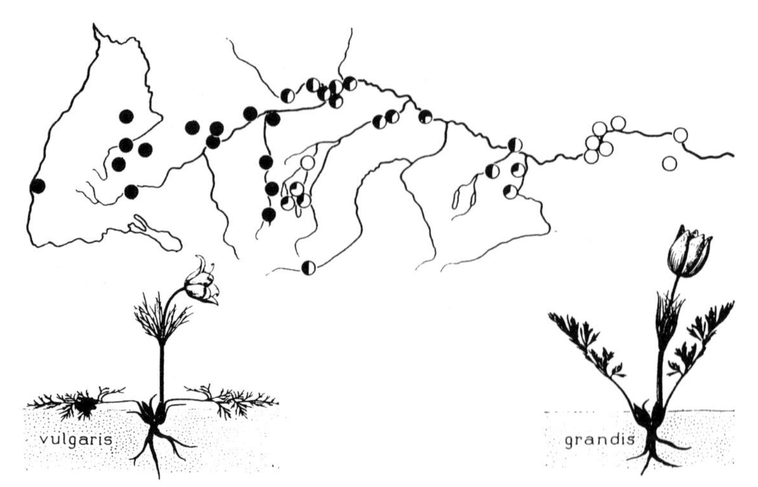

Bild 122. Zwischen der Gewöhnlichen Küchenschelle (*Pulsatilla vulgaris*) und der Großen Küchenschelle (*Pulsatilla grandis*) haben sich durch „Introgression" Mischpopulationen herausgebildet. Auf der Karte entsprechen die schwarz-weißen Sektoren dem jeweiligen Merkmalsanteil der genannten Arten in den Populationen im Übergangsgebiet zwischen den beiden Arten. (aus: VOELTER-HEDKE, L.: Das Problem der Artgrenzen bei *Pulsatilla vulgaris*; FEDDES Rep., Bd. 57, 1955).

Sippen beider Arten sich hier nacheiszeitlich miteinander vermischt haben und daß Allele in „Richtung" der jeweils anderen Art mit abnehmender Wahrscheinlichkeit gewandert sind. Einen derartigen „Genfluß" entlang einer Kline, die wie im vorliegenden Fall etwa durch eine gerichtete Wanderung entstanden ist, nennt man „Introgressive Hybridisation" oder „Introgression"[1]. Durch experimentell durchgeführte Kreuzungen zwischen Exemplaren beider Elternarten hat man Bastarde erhalten, die denen, die man im Mischungsgebiet der Hybridpopulationen antrifft, völlig gleichen. Allerdings hat die Kline einen „Knick"; denn im Großraum München, also im westlichen Teil des Mischareals, überwiegt der Einfluß der östlichen *P. grandis*.

Bastardierung spielt auch innerhalb der Gattung Habichtskraut *(Hieracium)* eine Rolle, obendrein sind in ihr die Verhältnisse durch unterschiedliche Fortpflanzungsweisen und Polyploidie so kompliziert, daß sie zu Recht als eine der schwierigsten Gattungen im Pflanzenreich angesehen wird. Apomixis ist verbreitet. Polyploidisierungen scheinen überdurchschnittlich häufig vorzukommen. Innerhalb einer Art können folgende Erscheinungen auftreten[2]:

„a. Normal sexuelle Nachkommen normaler sexueller, diploider oder tetraploider Pflanzen. Sie verhalten sich wie eine Population irgendeiner normal sexuellen Art; jede Pflanze ist individuell von der anderen Pflanze verschieden: Es besteht innerhalb der Nachkommenschaft eine gewisse Variationsbreite der verschiedenen morphologischen Merkmale.

b. Apomiktisch entstandene Nachkommen tetraploider Pflanzen. Die Nachkommen einer einzelnen Pflanze sind untereinander genau gleich und erscheinen deshalb gegenüber normal sexuellen Pflanzen als eine eigene, gut abgegrenzte Sippe.

c. Triploide und pentaploide Kreuzungsprodukte diploider und tetraploider Eltern der gleichen Art. Diese Nachkommen pflanzen sich apomiktisch (wie unter b) fort oder sind formal sexuell, aber weitgehend steril und erzeugen nur selten und wenige Nachkommen, die verschiedene Chromosomenzahlen haben und sich morphologisch deutlich voneinander unterscheiden.

d. Bastarde zwischen verwandten Arten (hier muß nur die Mutterpflanze sich normal sexuell fortpflanzen können). Sexuelle, teilweise sexuelle und vollständig apomiktische Bastarde kommen vor. Apomiktische Bastarde, deren Merkmalskombination fixiert bleibt, werden oft

[1] introgredi, lat. = hineingehen
[2] Zitiert aus HESS, LANDOLT, HIRZEL: Flora der Schweiz, Band 3, S. 658; die Aufzählung stellt eine theoretische Überlegung dar, die indessen weitgehend die Verhältnisse in der Kleinart *H. peleterianum* wiedergibt.

als Zwischenarten bezeichnet. Gelegentlich können sich fixierte Bastarde wieder sexuell fortpflanzen und bringen dann oft ganz unerwartete Neukombinationen hervor. Meist treten in einem Gebiet mehrere Arten zugleich auf, und die Kombinationsmöglichkeiten sind dann sehr vielfältig.

Das Resultat aus diesen verschiedenen Fortpflanzungs- und Bastardierungsmöglichkeiten ist für die Systematik äußerst verwirrend. Besonders die zahlreichen fixierten Bastarde (Zwischenarten), die oft über kleinere Gebiete hinweg einheitlich aussehen und an vielen Orten unabhängig voneinander wieder neu entstehen können, machen eine systematische Einteilung fast unmöglich."

Die „Arten" der Gattung *Hieracium* sind keine biologischen Arten. Da die Differenzierung prinzipiell immer weiter getrieben werden kann, führt dies zur Aufstellung immer neuer „typologischer Arten". Sie werden immer schwieriger zu unterscheiden sein. Deshalb haben wir uns entschlossen, auf die Beschreibung von Kleinarten zu verzichten und nur Formenkreise als „Arten" darzustellen, die von Spezialisten zum Teil als Sektionen innerhalb der Gattung angesehen werden. Innerhalb der Gattung *Hieracium* werden von solchen Fachleuten allein für Mitteleuropa derzeit zwischen 100 und 350 Kleinarten unterschieden und benannt![1]

Methoden der Taxonomie

Die Erkenntnisse der Genetik haben neben den Einblicken in die Rolle der Isolationsmechanismen in der Evolution wesentlich dazu beigetragen, das Konzept der biologischen Art zu entwickeln. Wir verstehen, warum biologische Arten naturgegebene Einheiten sind und daß sie diese einzigartige Qualität zur Grundstruktur aller Taxonomie macht. Indessen ist damit noch nichts für eine hierarchische Ordnung der Taxa in einem Gesamtsystem gewonnen.

Ein erstes natürliches System wurde mit Methoden erarbeitet, die ihre Wurzeln in der „idealistischen Morphologie"[2] des 19. Jahrhunderts haben. Die Begriffe, die unterhalb und oberhalb der Artstufe benützt wurden und noch heute in dieser Weise benützt werden, sind Klassenbegriffe. Die Einordnung in übergreifende Taxa erfolgt aufgrund des Besitzes von Merkmalen, die als solche ein Taxon definieren. Ein Taxon gilt als um so besser, um so natürlicher errichtet, je größer die Zahl der Merkmale ist, auf denen es basiert, und je verschiedenartiger diese sind. In ihrer Gesamtheit kann man sie geradezu einen „Bauplan", einen „Typ" des betreffenden Taxons nennen.

Vergleichende Morphologie

Die vergleichende Morphologie, die sich bemüht, in der Vielfalt der Erscheinungen das Zugrundeliegende, Einheitliche zu sehen, geht auf JOHANN WOLFGANG VON GOETHE (1749–1832, Bild 123, nächste Seite) zurück. KARL MÄGDEFRAU zitiert ihn diesbezüglich folgendermaßen: „„Es ist erfreuend und belehrend, unter einer Vegetation umherzugehen, die uns

[1] Es ist nicht erstaunlich, daß es so viele Taxa gibt, die nicht in das Konzept der biologischen Art passen. Viel erstaunlicher ist es, daß dieses sich in so zahlreichen Fällen durchgesetzt hat. Die biologische Art stellt offensichtlich eine besonders erfolgreiche Strategie im Gang der Evolution dar. Dies schließt das Vorkommen anderer Strategien für spezielle Fälle keineswegs aus. Auch wenn die Individuen, die sich solch anderer Strategien bedienen, in hierarchisch strukturierbaren Gruppen geordnet und mit Namen belegt werden können und insofern den Taxa ähneln, die letztlich auf dem Konzept der biologischen Art beruhen, so sollte man doch den Artbegriff auf sie nicht anwenden. Zugegeben, es wird schwierig, eine Begriffssystematik zu erfinden, die auf die Wirklichkeit paßt und die eine Vergleichbarkeit mit biologischen Arten und mit den Taxa ermöglicht, die auf ihr aufbauen. Schließlich müssen auch die Formenkreise, die keine biologischen Arten sind, in umfassendere taxonomische Gruppen einordenbar bleiben. Aber die Nichtunterscheidung von Taxa, die biologische Arten sind, von solchen, die nicht in dieses Konzept passen, vernebelt die klare Sicht auf die Wirklichkeit und hemmt möglicherweise weiterführende Untersuchungen, die ermitteln, unter welchen Umständen andere Strategien erfolgreicher sein können als die Strategie biologischer Arten.

[2] eidos, griech. = Aussehen, Art, Wesen; morphe, griech. = Gestalt; logos, griech. = Lehre. Der Begriff „Morphologie" als Bezeichnung für die botanische Teilwissenschaft, die sich mit der Beschreibung der Gestalt der Pflanzen beschäftigt, wurde von J. W. v. GOETHE geprägt und in die Biologie eingeführt.

Bild 123. Johann Wolfgang von Goethe (1749–1832). Gemälde von J. Stieler, 1828.

fremd ist. Bei gewohnten Pflanzen denken wir zuletzt gar nichts, und was ist Beschauen ohne Denken? Hier an dieser neu mir entgegentretenden Mannigfaltigkeit wird jener Gedanke immer lebendiger: daß man sich alle Pflanzengestalten vielleicht aus Einer entwickeln könne.‘ (Italienische Reise 27. September 1786 und 17. April 1787).“[1] Goethe legte seine Vorstellungen in einer Schrift nieder, die er ‚Versuch, die Metamorphose der Pflanzen zu erklären‘ nannte und die er 1790 veröffentlichte. Unter Metamorphose[2] verstand er die „‚Wirkung, wodurch ein und dasselbe Organ sich uns mannigfaltig verändert sehen läßt‘ “[3]. Schon Linné hatte erkannt, daß z. B. Stengel- und Blütenblätter dem Prinzip nach gleich sind. Goethe erweitert diesen Grundgedanken: „‚Es mag nun die Pflanze sprossen, blühen oder Früchte bringen, es sind doch immer nur dieselben Organe, welche, in vielfältigen Bestimmungen und unter oft veränderten Gestalten, die Vorschrift der Natur erfüllen. Dasselbe Organ, welches am Stengel als Blatt sich ausdehnt und eine höchst mannigfaltige Gestalt angenommen hat, zieht sich nun im Kelche zusammen, um sich als Frucht zum letztenmal auszudehnen.‘ “[4]

Goethe „schaute“ die Natur, suchte im Vergleich zu verstehen und abstrahierte aus dem, was er sah, die zugrundeliegende „Idee“. Dieses Vorgehen, zu gründlicher und nachvollziehbarer Arbeitsweise ausgebaut, wurde zur Methode der Wahl in der vergleichenden Morphologie. So gelang es beispielsweise Alexander Braun (1805–1877, Bild 124), den Blütenbau in schema-

Bild 124. Alexander Braun (1805–1877). Foto Scharwächter, um 1875.

[1] Mägdefrau, K.: Geschichte der Botanik, G. Fischer, Stuttgart, 1973, S. 120/121.
[2] meta, griech. = nach, hinterher; morphe, griech. = Gestalt.
[3] Mägdefrau, K.: Geschichte der Botanik, G. Fischer, Stuttgart, 1973, S. 122.
[4] Zitat wie bei der vorhergehenden Fußnote.

Bild 125. Links: Blüte der Tulpe schematisch, weit geöffnet, von oben und in eine Ebene projiziert; rechts: Dieselbe Blüte, als Diagramm gezeichnet. Die Kreise symbolisieren jeweils die „Stockwerke“, an denen die Blütenorgane ansetzen; der äußerste Kreis entspricht dem untersten „Stockwerk“; der zentral und im Querschnitt gezeichnete Fruchtknoten sitzt am höchsten; die beiden äußeren Kreise enthalten je drei Blütenhüllblätter; die sechs Staubblätter sind ebenfalls zu je drei auf zwei aufeinanderfolgende Kreise verteilt. Aus Troll, Allgemeine Botanik, 4. Aufl., 1973.

tischen, klaren Diagrammen (Bild 125) zu beschreiben. August Wilhelm Eichler (1839–1887, Bild 126) publizierte ein Buch, in dem rund 400 Blütendiagramme zusammengestellt waren. Nicht zuletzt durch diese Veröffentlichung wurde deren Bedeutung für die Systematik unübersehbar, vollends, als man um die Jahrhundertwende erkannte, daß man für bestimmte Verwandtschaftsgruppen geradezu „theoretische“ Diagramme zeichnen kann (etwa bei den Braunwurzgewächsen), aus denen die wirklich vorgefundenen „abgeleitet“, d.h. als Sonderfall erkannt werden können. Ähnliches gilt für die Blattstellung am Stengel, für den Blattzuschnitt, die Ausbildung von Nebenblättern, für Frucht- und Samenbau. Auch die Pflanzenanatomie lieferte Daten, die zum Teil ebenfalls „idealisiert“ gesehen und in den Gesamtbauplan einbezogen wurden; deswegen ließen sie sich für die Systematik nutzbar machen.

Bild 126. August Wilhelm Eichler (1839–1887)

Die entscheidenden Schritte zu einem natürlichen System wurden in Frankreich vollzogen. Antoine Laurent de Jussieu (1748–1836, Bild 127) versah erstmals Taxa von höherem

Bild 127. Antoine Laurent de Jussieu (1748–1836). Kupferstich von Evans nach einem Gemälde von Therenin 1803.

Bild 128. AUGUSTIN PYRAMUS DE CANDOLLE (1778–1841). Aus WITTROCK, Catalogus II

Rang als dem der Gattung mit einer Diagnose. In dieser berücksichtigte er möglichst alle damals verläßlich beschreibbaren Merkmale an Blüte, Frucht oder vegetativen Organen. MÄGDEFRAU würdigt diese Leistung folgendermaßen: „Diese Arbeit hat nicht nur eine gründliche Kenntnis aller Gattungen zur Voraussetzung, sondern auch ein bedeutendes Abstraktionsvermögen. . . .Daß es jeweils Franzosen waren, welche die Diagnosen der Arten, der Gattungen und der Familien schufen, ist wohl kein Zufall; hat doch das französische Volk auch in der Philosophie überragende abstrakte Denker hervorgebracht."[1]

AUGUSTIN PYRAMUS DE CANDOLLE (1778–1841, Bild 128) setzte JUSSIEUS Arbeit fort. Er beschäftigte sich mit den Grundsätzen der taxonomischen Klassifikation, wobei klar zum Ausdruck kommt, wie sehr er hierfür die Bedeutung der Erkenntnisse aus der vergleichenden Morphologie schätzt. MÄGDEFRAU zitiert und bewertet ihn folgendermaßen: ‚Die Kunst der natürlichen Klassifikation besteht darin, diese veränderten Umstände zu beurteilen und zu abstrahieren, um den wahren Symmetrietypus einer Gruppe zu erkennen'. DE CANDOLLE hat also als erster klar erkannt, daß die ‚Symmetrie', d. h. Stellung, Zahl, Deckung der Organe, für die Systematik ungleich bedeutender ist als deren physiologische Eigenschaften. Ob z. B. das Blatt einer Pflanze groß und grün oder klein und farblos ist, die Pflanze sich also autotroph oder heterotroph ernährt, ist für die Systematik belanglos. Dagegen ist die Stellung der Blätter (etwa gegenständig oder wechselständig) zwar physiologisch ohne Bedeutung, aber höchst wichtig für die Einordnung einer Pflanze in das System. Wichtig ist ferner DE CANDOLLES Feststellung, daß natürliche Gruppen durch Merkmale sowohl der Fortpflanzungs- als auch der Vegetationsorgane gekennzeichnet sind.[2] A. P. DE CANDOLLE begann 1824 mit einem Werk, in dem die damals bekannten zweikeimblättrigen Pflanzenarten beschrieben, in Gattungen zusammengefaßt und in Familien eingeordnet wurden. Er selbst verfaßte noch sieben Bände. Sein Sohn ALPHONSE vollendete es unter Mitarbeit anderer Botaniker erst 1874. Es umfaßt insgesamt mehr als einhundert Familien mit 5100 Gattungen und fast 59000 Arten[3].

Um 1840 hatte der österreichische Botaniker STEPHAN ENDLICHER (1804–1849, Bild 129) eine Übersicht über die gesamte Pflanzenwelt publiziert, die sich durch genaue Gattungsdiagnosen auszeichnete und die fast ein halbes Jahrhundert hindurch zum Handbuch der syste-

[1] MÄGDEFRAU, K.: Geschichte der Botanik, G. Fischer, Stuttgart, 1973, S. 61. – G. BAUHIN, der als erster Artdiagnosen verwendete, entstammte einer französischen Medizinerfamilie, die als Hugenotten außer Landes in die Schweiz gegangen waren; J. P. DE TOURNEFORT aus Aix en Provence erstellte als erster Gattungsdiagnosen.
[2] MÄGDEFRAU, K.: Geschichte der Botanik, G. Fischer, Stuttgart, 1973, S. 65. Originalzitat aus DE CANDOLLE, A. P.: Théorie élémentaire de la Botanique, 1. Aufl. 1813, 2. Aufl. 1819. – autos, griech. = selbst; trophe, griech. = Ernährung; trephein, griech. = ernähren; heteros, griech. = der andere.
[3] Angaben nach MÄGDEFRAU, K.: Geschichte der Botanik, G. Fischer, Stuttgart, 1973, S. 65.

Bild 129. STEPHAN ENDLICHER (1804–1849). Stahlstich von MEINETZBERGER, um 1849.

matisch arbeitenden Botaniker geworden war. Abgelöst wurde es durch die „Natürlichen Pflanzenfamilien", die ADOLF ENGLER und KARL PRANTL zwischen 1887 und 1909 erscheinen ließen. Die in diesem Werk gewählte Einteilung und Abgrenzung der Taxa wurde im wesentlichen bis in die 2. Hälfte des 20. Jahrhunderts beibehalten.

Alle diese „natürlichen Systeme" waren indessen keine „phylogenetischen" Systeme, d. h. sie berücksichtigten die Stammesgeschichte der Pflanzen, also ihre geschichtliche Entwicklung, entweder überhaupt nicht oder doch nur in unzureichendem Maße. Einmal waren verhältnismäßig wenige Daten bekannt, zum anderen wurden die Lücken zwischen fossilen Gruppen untereinander und den heute lebenden Pflanzen oft als so groß empfunden, daß ein richtiges Einbeziehen fossiler Taxa in das heutige System als problematisch erschien. Außerdem war z. B. ENGLER der Ansicht, „man müsse Systematik und Phylogenie auseinanderhalten und das System nach wie vor ohne Rücksicht auf phylogenetische Auffassungen auf die Übereinstimmung in den Merkmalen aufbauen. Anders ausgedrückt: Die Systematik oder Taxonomie ordnet die Formenmannigfaltigkeit, die Phylogenie erklärt die Formenmannigfaltigkeit; Darstellungsmittel der Systematik ist das eindimensionale System, Darstellungsmittel der Phylogenie der zweidimensionale Stammbaum."[1]

So viel die vergleichend-morphologische Methode und das auf ihr aufbauende taxonomische Abstrahieren auch leistete: es blieb in gewisser Weise willkürlich, weil es die Merkmale - ob sie nun als vereinend oder trennend angesehen wurden - bewerten, gewichten mußte. Beispielsweise sah man Verwachsenblättrigkeit bei Blüten als „Schlüsselmerkmal" an und gründete nicht zuletzt auf sie ein Taxon *„Sympetalae"*, das zuweilen als Unterklasse eingestuft wurde. Heute verzichten wir auf dieses Taxon und sehen in der Verwachsenblättrigkeit eine Entwicklungsstufe, die in verschiedenen Verwandtschaftskreisen erreicht worden ist. Deswegen stellen wir etwa die Kürbisartigen (Ordnung *Cucurbitales*) - trotz ihrer meist verwachsenen Blütenblätter - in die Überordnung der sonst getrenntblütenblättrigen *Violanae*; den Ordnungen, die in diesem Taxon zusammengefaßt sind, gleichen sie hinsichtlich des Feinbaues ihrer Samenanlagen in hohem Maße.

Chemotaxonomie

Das natürliche System der Pflanzen, das ihre stammesgeschichtliche Verwandtschaft wiedergibt, haben wir sicherlich noch nicht gefunden. Nicht zuletzt sind es die subjektiven Elemente des Bewertens und Gewichtens, die Unsicherheiten mit sich bringen. Deshalb wäre eine Methode, die Verwandtschaft oder Abstand – gerade zwischen höherrangigen Taxa - objektiv mißt, für die Systematiker höchst willkommen.

In gewisser Weise könnte die Chemotaxonomie diesem Anspruch nahekommen, auch wenn

[1] MÄGDEFRAU, K.: Geschichte der Botanik, G. Fischer, Stuttgart, 1973, S. 194.

sie ihm nicht wirklich genügt. Unter Chemotaxonomie versteht man den Versuch, Verwandtschaft unter Pflanzen dadurch zu ermitteln, daß man ihre Inhaltsstoffe und die Synthesewege, auf denen sie hergestellt werden, miteinander vergleicht.

Weshalb sollte gerade dieses Vorgehen verläßlichere Resultate liefern als der Vergleich von „Gestalten“ und „Bauplänen“ sowie die Analyse von Zellen und Geweben?

Alle chemischen Stoffe werden in der Regel in mehreren Schritten aus einfacheren Molekülen aufgebaut. Jeder dieser Schritte muß durch ein Enzym katalysiert werden. Jedes Enzym besteht - wenigstens zum Teil - aus einem Eiweißmolekül. Der Bauplan für jedes Eiweißmolekül ist direkt in einem Gen, einer Erbanlage verschlüsselt. Die Enge einer Verwandtschaft kann prinzipiell durch den Anteil gemeinsamer Erbanlagen ausgedrückt werden. Je mehr gleiche oder ähnliche Inhaltsstoffe Pflanzen besitzen, die in identischen Syntheseketten hergestellt werden, desto mehr gemeinsame Gene müssen sie besitzen, desto enger müssen sie verwandt sein. Je komplizierter solche Syntheseketten sind, desto unwahrscheinlicher ist es, daß sie in verschiedenen Verwandtschaftskreisen unabhängig in gleicher Weise erfunden worden sind.

Freilich ist gerade dies nie völlig auszuschließen. Auch muß man sich klar darüber sein, daß das Auffinden von Inhaltsstoffen und das Kennenlernen der Wege, auf denen sie in Pflanzen hergestellt werden, nur einen kleinen Teil der Erbanlagen erfaßt, die es in jedem Individuum gibt. Andererseits ist es vornehmlich das Bestreben, Pflanzen für die Herstellung von Arzneimitteln zu nutzen, das das Interesse zahlreicher Naturstoffchemiker darauf lenkt herauszufinden, in welchen Arten es welche Inhaltsstoffe gibt. In unserem Jahrhundert ist die Fülle der gewonnenen Daten außerordentlich angewachsen. Es bietet sich geradezu an, sie für taxonomische Zwecke zu gebrauchen.

Trotz des einleuchtenden theoretischen Anspruchs begnügen wir uns damit, die Daten aus der Erforschung der Inhaltsstoffe qualitativ gleich zu betrachten wie morphologische oder anatomische Merkmale. Hierin folgen wir der überwiegenden Praxis der Taxonomen. Es ist erfreulich festzustellen, daß in vielen Fällen Gattungen, Familien oder Ordnungen in ihrer seitherigen Umgrenzung durch die neu gewonnenen Befunde der Chemotaxonomie bestätigt worden sind.

Serodiagnostik und Genom-Analyse – leere Versprechungen oder hoffnungsvoller Ausblick?

Bei der Serodiagnostik[1] versucht man ebenfalls, aus dem spezifischen Bau der Eiweiße auf Gene und über den Besitz gemeinsamer Gene auf die Enge der Verwandtschaft zwischen Gruppen von Lebewesen zu schließen. Die Methode ist nicht ganz einfach zu verstehen. Sie beruht darauf, daß Säugetiere Fremdeiweiße, die in ihr Blut gelangen, durch die Bildung von Antikörpern abwehren. Antikörper sind spezifische Eiweißmoleküle. In der Praxis verfährt man folgendermaßen: Einem Versuchstier (z. B. einem Kaninchen) wird gereinigtes Eiweiß der Bezugspflanze „A“ so eingespritzt, daß es langsam vom Blut aufgenommen wird. Das Kaninchen bildet gegen dieses Eiweiß spezifische Antikörper, die nach einiger Zeit in hoher Konzentration im Blut enthalten sind. Dann gewinnt man aus dem Blut des Versuchstieres Serum. Fügt man zu diesem Serum, das meist stark verdünnt werden muß, eine Lösung des Eiweißes der Pflanze „A“, dann entsteht ein Niederschlag. Arbeitet man mit genormten Reagenzgläsern, kann man die Höhe dieses Niederschlags nach einer gewissen Absetzzeit in cm messen. Da Eiweiß der Bezugspflanze (das man auch „Antigen“[2] nennt, weil es die Reaktion hervorruft) und die im Serum enthaltenen Antikörper an bestimmten Stellen ihrer Oberfläche wie Positiv und Negativ zusammenpassen, reagieren sie höchstmöglich, so daß bei der gewählten Serumverdünnung eine maximale Höhe des Niederschlags erreicht

[1] serum, lat. = Wasser, das sich bei der Käseherstellung absondert = Molke; hier in der Bedeutung von Blutwasser. Das Serum ist die Blutflüssigkeit ohne Blutkörperchen.
[2] gennan, griech. = erzeugen.

wird. Die geschilderte Reaktion nennen wir Normversuch.

Will man nun überprüfen, ob die Pflanzenart „B“ oder „C“ mit „A“ näher verwandt ist, dann stellt man aus ihnen ebenfalls je einen Eiweißextrakt her, der hinsichtlich seiner Gewinnung mit dem vergleichbar sein sollte, den man aus Pflanze „A“ gewonnen hatte, d. h. es sollten identische Mengen und Gewebe mit derselben Technik aufbereitet werden. Von diesen Lösungen gibt man nun identische Mengen wie im Normversuch zu dem Serum in gleicher Verdünnung hinzu, läßt die ausgefällten Antigen-Antikörperverbindungen sich absetzen und mißt die Höhe des Niederschlags. Er wird immer geringer sein als in der Normreaktion. Je höher er ist, desto größer ist der Prozentsatz gleicher Eiweißbestandteile, desto enger ist also die Verwandtschaft.

Die Methode hat auch Nachteile. So können nicht nur Eiweiße, sondern auch andere chemische Bestandteile, die Ladungsmuster aufweisen, Antigen-Antikörperreaktionen auslösen. Daher sollten die Eiweißextrakte sehr rein sein. Außerdem muß man ausschließen, daß die Versuchstiere gegen bestimmte Pflanzeneiweiße durch ihre Nahrungsaufnahme „empfindlich“ gemacht, „sensibilisiert“ worden sind, etwa dadurch, daß Eiweiß von Futterpflanzen durch kleine Wunden im Mundbereich ins Blut gelangt ist und dort eine Antikörperbildung ausgelöst hat. Auf diese Weise könnte Verwandtschaft vorgetäuscht werden. Die Ergebnisse, die in den bisher durchgeführten Untersuchungen erhalten wurden, haben im wesentlichen die systematischen Gruppierungen bestätigt, die man aufgrund anderer Merkmale errichtet hatte. Nicht zuletzt deswegen muß man fragen, ob es zu verantworten ist, für weitere Analysen zahlreiche Versuchstiere zu opfern.

Seit etwa 1975 hat man Verfahren entwickelt, die es gestatten, die Abfolge der Mononukleotide in DNA zu bestimmen. Obschon die DNA-Menge selbst einfacher Genome viele Millionen bis wenige Milliarden von Mononukleotidpaaren betragen kann, ist es möglich, daß man deren Anordnung schon in absehbarer Zeit ermitteln kann. Bei kürzeren DNA-Molekülen, wie etwa der mitochondrialen DNA, hat man dies schon für eine Reihe pflanzlicher Arten durchgeführt.

Was soll diese Untersuchung liefern? Für die Festlegung dessen, welche Individuen man zu einer Art rechnen darf, also letztlich für die Artumgrenzung oder gar die Artdefinition: nichts! Wohl aber etwas darüber, welche Arten oder höherrangigen Taxa man vernünftigerweise zusammenfassen sollte. Folgende Überlegung liegt dem zugrunde: Die Angehörigen zweier Taxa müssen sich genetisch und damit in der Abfolge der Mononukleotide in der DNA um so mehr unterscheiden, je länger es her ist, daß die gemeinsame Ursprungspopulation sich in die beiden fortan getrennten Entwicklungslinien aufgespalten hat. Mit anderen Worten: der Grad an Unterschied im DNA-Feinbau liefert ein direktes Maß für die genetische Distanz. Man kann mit dieser Technik also engere oder weitere Verwandtschaft letztlich quantitativ erfassen.

Dies ist insofern höchst erwünscht, weil – trotz aller Fülle – die Daten aus der Stammesgeschichte der Pflanzen nach wie vor zur Konstruktion eines phylogenetischen Systems viel zu lückenhaft sind. Es steht zu befürchten, daß sie auch in Zukunft nicht so reichlich zur Verfügung stehen werden, wie dies erforderlich wäre, wollte man Stammbäume erstellen, die die Verwandtschaft einigermaßen richtig wiedergeben. Vor allem hinsichtlich der Zeitpunkte, zu dem sich Entwicklungslinien getrennt haben, wird sich kaum Sicherheit gewinnen lassen, und – damit zusammenhängend – ebensowenig darüber, ob Fossilien, die man gefunden hat, wirklich direkte Vorfahren heutiger Lebewesen repräsentieren oder aber einem Nebenast des gemeinsamen Stammbaums angehören. Deshalb verzichten wir hier darauf, die Verwandtschaft innerhalb der Angiospermen durch Stammbäume darzustellen.

Kennt man die genetische Distanz, dann hat man auch Anhaltspunkte dafür, welche hierarchische Stellung, welchen Rang man einem Taxon zuschreiben soll. Ähnliche Distanzen voneinander würden für Gleichrangigkeit sprechen. Achtet man hingegen auf Gemeinsamkeiten in der Abfolge der DNA, dann darf man darauf hoffen, daß sich Abstammungsgemeinschaften durch den hohen Anteil identischer DNA-Sequenzen auszeichnen.

Durch eine Analyse der DNA ließe sich auch in all den Fällen Klarheit gewinnen, in denen bislang unwissentlich Falschgruppierungen durchgeführt worden sind, weil die Ähnlichkeit gewisser Taxa nicht durch gemeinsame Abstammung zustande gekommen ist, sondern weil sie sich konvergent[1] in Anpassung an Wuchsbedingungen entwickelt haben.

Besonders wichtig wären Daten, die die Systematik oberhalb der Gattungs- und Familienebene zu überprüfen gestatten; denn hier ist wegen der Notwendigkeit, Merkmalskomplexe zu bewerten und zu gewichten, ein subjektives Element bei der Gruppierung nicht auszuschalten.

Die Technik der Genomanalyse verspricht in der Tat eine Objektivierung der Systematik, auch wenn es noch Jahrzehnte dauern wird, bis genügend Daten für eine spürbare Revision erarbeitet sein werden. Noch sind die Kosten hoch und die Menge der Arbeit, die getan werden müßte, unvorstellbar groß. Doch verheißen internationale Bemühungen (wie „HUGO", die Aufschlüsselung des menschlichen Genoms) als Nebeneffekte des eigentlichen Ziels weitere Verbesserungen und Verbilligungen der Methode. Die großen Fortschritte in den letzten anderthalb Jahrzehnten lassen entsprechende Hoffnungen wenigstens nicht bodenlos erscheinen!

Die Benennung der Taxa

Die Benennung von Arten

So wie die „biologische Art" als ein in der Natur vorhandenes, erkennbares Objekt eine Basiseinheit für die Taxonomie darstellt, so markiert die Benennung des Taxons „Spezies" = Art den Beginn einer Leitlinie, die die Namensgebung in den Stufen des hierarchischen Systems vielfach beeinflußt. Selbst bei der Benennung der Taxa, die unterhalb der Artstufe unterschieden werden können, wirkt sich dies aus.

Wie wir früher ausführlich dargestellt haben (s. S. 102ff.), ist der nomenklatorische Typus einer Art „dasjenige Element, woran der Name eines Taxons... dauernd geknüpft ist. Der nomenklatorische Typus braucht nicht der typischste oder repräsentativste Bestandteil eines Taxons zu sein."[2]

Über die Form des Artnamens schreibt der Artikel 23 des „International Code of Botanical Nomenclature"[3] vor:

„23.1 Der Name einer Art ist eine binäre[4] Kombination und besteht aus dem Namen der Gattung und einem einzelnen darauffolgenden Art-Epitheton[5]. Besteht ein Epitheton aus zwei oder mehr Wörtern, so müssen diese zusammengezogen oder durch einen Bindestrich vereinigt werden. Ein Epitheton, dessen Bestandteile in der Originalveröffentlichung nicht in dieser Weise miteinander verbunden sind, darf nicht verworfen werden; seine Bestandteile müssen vielmehr beim Gebrauch zusammengezogen oder durch einen Bindestrich vereinigt werden.

23.2 Das Epitheton einer Art kann einen ganz beliebigen Ursprung haben und kann sogar willkürlich gebildet sein.

23.4 Das Art-Epitheton darf nicht eine genaue Wiederholung des Gattungsnamens darstellen...

23.5 Das Art-Epitheton richtet sich grammatikalisch nach dem Gattungsnamen, wenn es adjektivische Form hat und nicht als Substantiv gebraucht wird."

Diese Nomenklaturvorschriften sind in den Floren, die in den letzten Jahrzehnten erschienen sind, üblicherweise beachtet worden. Man hat es sich z.B. angewöhnt, *Atropa bella-donna* zu schreiben anstelle des zuvor üblichen,

[1] convergere, lat. = sich hinneigen, zusammenneigen.
[2] Zitiert aus Artikel 7.2 des „International Code of Botanical Nomenclature", herausgegeben von F.A. STAFLEU et al., Bohn, Scheltema & Holkema, Utrecht 1978, S. 7.
[3] STAFLEU, F.A. et al. (Hrsg.): International Code of Botanical Nomenclature, Bohn, Scheltema & Holkema, Utrecht 1978.
[4] bini, binae, bina, lat. = zwei, ein Paar.
[5] epitheton, griech. = Beiwort; das Epitheton stellt den „Artnamen" dar, der dem Gattungsnamen in der binären Nomenklatur folgt. Fußnote steht nicht im Originaltext.

sprachlich durchaus richtigen *„bella donna"*. Der Gattungsname *„Orchis"* hat früher zu Irritationen geführt. *„Orchis"* heißt im Griechischen „Hoden" (die Pflanze besitzt zwei unterirdische Knollen) und ist grammatikalisch männlich. Anders im Lateinischen, in das es übernommen wurde. Wegen seiner Endung auf „-is" wird es hier als weiblich behandelt. Indessen haben die Botaniker üblicherweise Pflanzen lateinisch beschrieben und benannt. Vielen Botanikern wollte es nicht in den Sinn, daß die Bezeichnung für Hoden weiblich sein sollte. Infolgedessen versahen sie die Art-Epitheta mit männlichen Endungen. Bei ihnen hieß z. B. das Purpur-Knabenkraut *Orchis purpureus* anstatt - wie es vom „Code of Botanical Nomenclature" im Artikel 75 A 1 empfohlen wird - *Orchis purpurea*. Weitere Beispiele ließen sich anfügen.

Wer eine Art benennen will, darf freilich nicht in eine beliebige Veröffentlichung einen binären Namen einfügen und ihn formlos auf eine Pflanze beziehen. Für eine gültige Benennung führt der International Code of Botanical Nomenclature eine Reihe von Bedingungen auf, die erfüllt sein müssen. Als wichtigste seien hier genannt:

Artikel „32.1 Ein Name eines Taxons muß, um gültig veröffentlicht zu sein, (a) wirksam veröffentlicht sein..., (b) eine Form haben, die den Bestimmungen von Art. 16–27 und Art. H. 7 nachkommt, (c) von einer Beschreibung oder Diagnose des Taxons oder einem (direkten oder indirekten) Hinweis auf eine frühere, wirksam veröffentlichte Beschreibung oder Diagnose des Taxons begleitet sein (ausgenommen die durch Art. H. 9 geregelten Fälle) und (d) den Bestimmungen der Art. 33–45 nachkommen."

Artikel 29.1 beschreibt eine „wirksame Veröffentlichung": „Eine wirksame Veröffentlichung im Sinne dieses Codes ist nur gegeben durch Verteilung von Druckschriften (durch Verkauf, Austausch oder Schenkung) an die Öffentlichkeit oder zumindest an botanischen Anstalten mit Bibliotheken, die den Botanikern allgemein zugänglich sind. Sie ist nicht gegeben durch Mitteilungen neuer Namen in einer öffentlichen Sitzung, Aufstellung solcher in Sammlungen oder Gärten, die der Öffentlichkeit zugänglich sind, oder Ausgabe von Mikrofilmen, die von Manuskripten, Maschinenschriften oder anderem unveröffentlichten Material hergestellt sind."

Auch was eine Diagnose ist, legt der „Code" fest: „32.2: Eine Diagnose eines Taxons ist eine Angabe dessen, wodurch sich das Taxon nach Meinung seines Autors von anderen Taxa unterscheidet."

Die Benennung von Sippen unterhalb der Artstufe

Eine infraspezifische[1] Gliederung ist bei monotypischen Arten unnötig. Daher unterbleibt bei ihnen eine diesbezügliche Benennung. Bei polytypischen Arten muß es hingegen eine Sippe geben, in die der gewählte nomenklatorische Typus eingeordnet werden kann. Für diesen Fall bestimmt Artikel 26.1 des „International Code of Botanical Nomenclature": „Der Name eines infraspezifischen Taxons, das den Typus des korrekten Namens der Art einschließt, hat als sein letztes[2] Epitheton dasselbe Epitheton wie das des korrekten Namens der Art in unveränderter Form, aber ohne Angabe eines Autornamens... Der Typus des korrekten Namens eines jeden solchen infraspezifischen Taxons ist derselbe wie der des korrekten Namens der Art. Wenn das Epitheton der Art geändert wird, werden die Namen derjenigen infraspezifischen Taxa, die den Typus des Namens der Art einschließen, demgemäß geändert."

Das hört sich umständlich an, ist aber relativ einfach. Nehmen wir an, man wolle die verschiedenen Sippen innerhalb der Art Gewöhnliche Küchenschelle (*Pulsatilla vulgaris* MILL.[3])

[1] infra, lat. = unterhalb, unten; species, lat. = Art.

[2] „In diesem Code wird hier und anderwärts der Ausdruck ‚letzes Epitheton' für das in der Reihenfolge letzte Epitheton jeder beliebigen Kombination verwendet, sei es beim Namen einer Unterabteilung einer Gattung, einer Art oder eines infraspezifischen Taxons" (Fußnote aus dem zitierten Text).

[3] Damit die Benennung eindeutig ist, fügt man ihr den Namen des Autors an, und zwar meist in einer üblichen Abkürzung. Damit sollen Unklarheiten vermieden werden, die entstehen können, falls andere Autoren dasselbe Epithet in anderen, ungültigen Veröffentlichungen verwendet haben sollten.

voneinander unterscheiden und benennen. Dazu hat man im wesentlichen zwei hierarchische Stufen zur Verfügung: Als umfassendstes Taxon unterhalb der Artstufe die Unterart = subspezies = ssp. und die Varietät = varietas = var. Die Unterart, die den nomenklatorischen Typus der Art enthält, muß nach Artikel 26.1 das Art-Epithet bekommen. Will man sie benennen, heißt der korrekte Name *Pulsatilla vulgaris* MILL. ssp. *vulgaris*. Wenn man innerhalb der Unterart Varietäten unterscheidet, so muß eine von ihnen den nomenklatorischen Typus enthalten. Diese Varietät heißt dann *Pulsatilla vulgaris* MILL. ssp. *vulgaris* var. *vulgaris*. Im Unterschied zu diesen infraspezifischen Namen, denen kein Autorennamen angefügt wird, heißt die vom Typus abweichende, besonders schmalblättrige Varietät, die Mittel- und Nordfrankreich sowie Teile des südlichen Englands besiedelt, *Pulsatilla vulgaris* MILL. ssp. *vulgaris* var. *touranginiana* CAMUS.

In seltenen Fällen können Individuen oder Kleinstgruppen - z.B. häufige Mutanten - noch als „Forma" = f. benannt werden. So kommen bei Küchenschellen gelegentlich Individuen vor, bei denen der Vorderrand der Blütenblätter mehr oder minder tief und eng in Zipfel eingekerbt oder gar eingeschnitten ist. Man könnte sie *Pulsatilla vulgaris* MILL. ssp. *vulgaris* var. *vulgaris* f. *laciniata* nennen, wobei dem letztgenannten Epithet vermutlich der Autorennamen BOGENHARDT hinzuzufügen wäre, der 1840 eine solche Form, allerdings unter einem anderen, unkorrekten Artnamen beschrieben hat. Im allgemeinen tragen Benennungen auf der Stufe der Form nur wenig zur systematischen Gliederung einer Art bei, weil sie eher Individuen als Populationen betreffen.

Aus dem Artikel 26 folgt implizit, daß Neugruppierungen und Neubenennungen innerhalb der Art ohne Auswirkung auf den Artnamen bleiben. Wird hingegen die Art umbenannt - aus welchen Gründen auch immer - so wirkt sich dies bei polytypischen Arten stets auf die infraspezifischen Taxa aus, die den früheren nomenklatorischen Typus enthielten und ebenso auf diejenigen, die den neuen nomenklatorischen Typus enthalten.

Die Benennung von Taxa oberhalb der Artstufe

Die Rolle von Artnamen als „Etikette" an einem konkreten Exemplar für die Benennung höherrangiger Taxa ist vielleicht noch gewichtiger als diejenige, die sie für die Namensgebung auf infraspezifischer Stufe spielt, und zwar durch die „Typisierung". Der „International Code of Botanical Nomenclature" macht hierzu im Artikel 10 folgende Vorschriften:

„10.1 Der Typus eines Namens einer Gattung oder irgendeines Taxons, dessen Rangstufe zwischen Gattung und Art liegt, ist eine Art; der Typus eines Namens einer Familie oder irgendeines Taxons, dessen Rangstufe zwischen Familie und Gattung liegt, ist die Gattung, auf deren gegenwärtigen oder früheren Namen der des betreffenden Taxons gegründet ist...

10.2 Der Grundsatz der Typisierung findet auf Namen der Taxa von höherer Rangstufe als der Familie keine Anwendung, mit Ausnahme der Namen, die automatisch typisiert sind, da sie letztlich auf Gattungsnamen beruhen...

10.3 Der Typus eines Namens einer Familie, deren Name nicht von einem Gattungsnamen abgeleitet ist, ist die Gattung, die den Namen typisiert, der für diese Familie wahlweise verfügbar ist."

Weiter bestimmt der Artikel 16.1:

„Die Namen der Taxa von höherer Rangstufe als der Familie sind automatisch typisiert, wenn sie auf Gattungsnamen beruhen..."

Hinsichtlich der Gattungsnamen wird u.a. im Artikel 20 festgelegt:

„20.1 Der Name einer Gattung ist ein Substantiv im Singular oder ein Wort, das als ein solches Substantiv behandelt wird. Es kann einen ganz beliebigen Ursprung haben und kann sogar ganz willkürlich gebildet sein."

Das abstrakt und formalistisch anmutende Regelwerk über die Namensgebung hat den Zweck, die Benennung international zu vereinheitlichen und für Eindeutigkeit zu sorgen. Paradoxerweise waren Namensänderungen vielfach die Folge. Dabei versucht der „Code" dem schon in der Präambel vorzubeugen. Unter Punkt 8 steht da: „Die allein maßgeblichen

Gründe, einen Namen zu ändern, sind entweder eine gründlichere Kenntnis der Tatsachen, die sich aus sachkundiger taxonomischer Forschung ergibt, oder die Notwendigkeit, eine regelwidrige Benennung aufzugeben." Damit höchstmögliche Stabilität in der Benennung gewahrt bleibt, hat man sich auf eine Liste zu schützender Gattungs- und Familiennamen geeinigt, die Bestandteil des „Codes" ist. Der „Code" selbst kann nur von einer Vollsitzung eines „Internationalen Botanischen Kongresses aufgrund einer von der Nomenklatur-Sektion dieses Kongresses eingebrachten Entschließung geändert werden."[1] Trotz dieser Restriktionen werden sich sowohl aus rein nomenklatorischen Gründen wie auch wegen der Bewertungsunsicherheit, die sich aus den Besonderheiten vieler kritischer Sippen, die polyploid sind oder sich apomiktisch fortpflanzen, auch künftig Umbenennungen nicht vermeiden lassen. Da sie dem oben zitierten Punkt 8 entsprechen müssen, sollte man sie – den Unbequemlichkeiten des Umlernen-Müssens zum Trotz – als Zeichen für den Fortschritt in der Systematik annehmen, wenn man schon meint, sie nicht begrüßen zu können.

Die taxonomische Hierarchie

Zur Ordnung der Pflanzen werden verbindliche taxonomische Kategorien vorgeschrieben. Dies sind abstrakte Ordnungsbegriffe, denen im Rahmen der hierarchischen Ordnung bestimmte Positionen zugewiesen werden. Eine Sippe wird erst dadurch zum Taxon, daß man einen der Ordnungsbegriffe eindeutig und nach den Regeln des „International Code of Botanical Nomenclature" auf sie anwendet. Man geht von der Zielvorstellung aus, daß die Taxa und die Hierarchie, in die sie eingebunden sind, die Verwandtschaft der Sippen untereinander und ihre Abgrenzung gegeneinander einigermaßen richtig zum Ausdruck bringen. Die Hierarchie soll die stammesgeschichtliche Herkunft und die Relation der Taxa zueinander abbilden. Üblicherweise sollten die taxonomischen Ein-

[1] Bestimmung 1 der Bestimmungen für die Änderung des Codes. Zitiert aus STAFLEU, F.A. et al. (Hrsg.): Code of International Botanical Nomenclature, Bohn, Scheltema & Holkema, Utrecht 1978, S. 227.

[2] Aus STRASBURGER, Lehrbuch der Botanik, 33. Aufl., G. Fischer, Stuttgart, Jena, New York, S. 528, 1991, verändert.

Taxonomische Kategorien (deutsch, lateinisch, Abkürzungen)	Übliche Endungen	Taxonomische Einheiten Beispiele, Synonyme
Reich (regnum)	*-ota*	*Eukaryota*
Unterreich (subregnum)	*-bionta*	*Cormobionta*
Abteilung (phylum)	*-phyta*	*Spermatophyta*
Unterabteilung (subphylum)	*-phytina*	*Angiospermae = Magnoliophytina*
Klasse (classis)	*-opsida*	*Dicotyledoneae = Magnoliopsida*
Unterklasse (subclassis)	*-idae*	*Asteridae*
Überordnung (superordo)	*-anae* *-florae*	*Asteranae (= Synandrae)*
Ordnung (ordo)	*-ales*	*Asterales*
Familie (familia)	*-aceae*	*Asteraceae (Compositae)*
Unterfamilie (subfamilia)	*-oideae*	
Tribus (tribus)	*-eae*	*Anthemideae*
Gattung (genus)		*Achillea*
Sektion (sectio; sect.)		sect. *Achillea*
Serie (series, ser.)		–
Aggregat (agg.)		*Achillea millefolium* agg.
Art (species, spec.)		*Achillea millefolium*
Unterart (subspecies, ssp.)		ssp. *sudetica*
Varietät (varietas, var.)		–
Form (forma, f.)		f. *rosea*

Tabelle 2: Die taxonomische Hierarchie am Beispiel der Schafgarbe *(Achillea millefolium L.)*[2]

Bild 130. Links: Schafgarbe (*Achillea millefolium*, ssp. *millefolium*), typisches Exemplar; rechts: Rotblühende Form (*A. millefolium* ssp. *millefolium*, f. *rosea*).

heiten Abstammungsgemeinschaften enthalten, die an kennzeichnenden Merkmalen von anderen unterscheidbar sind. Auf solchen differenzierenden Merkmalen sollten Schlüssel aufgebaut werden können. Diese benutzen indessen vielfach auch Merkmale, die Entwicklungsstufen kennzeichnen (z.B. „baum- oder strauchartiger Wuchs") und nichts über Verwandtschaft auszusagen brauchen.

Das System, in das die hier genannten Familien eingruppiert werden können – Stellung dieses Systems im Gesamtsystem der Lebewesen

Vor allem in der „Grobgliederung" des Systems der Pflanzen besteht unter Fachleuten keineswegs Einigkeit. Wir übernehmen die Einteilung, die FRIEDRICH EHRENDORFER in „STRASBURGERS Lehrbuch der Botanik" in der 33. Auflage, die 1991 erschienen ist, gewählt hat. Sie vereinigt traditionelle Elemente mit neuen Erkenntnissen. Man könnte sie deshalb „synthetisch" nennen. Hinsichtlich des Ausgangspunkts unterscheiden wir uns allerdings etwas. Mit ROBERT H. WHITTAKER halten wir es für sinnvoll, fünf „Reiche" innerhalb der Lebewelt zu unterscheiden:

1. *Prokaryota* = Kernlose Lebewesen
2. *Protoctista* = Einzeller[1]
3. *Fungi* = Pilze[2]
4. *Animalia* = Tiere[3]
5. *Plantae* = Pflanzen[4]

Innerhalb des Pflanzenreichs stellen die Samenpflanzen *(Spermatophyta)* eine Abteilung dar. Ihre weitere Untergliederung haben wir von EHRENDORFER[5] übernommen. An sieben Stellen sind wir aufgrund anderer Überzeugung durch Einfügen bzw. Zweiteilen von Familien davon abgewichen[6]. Außerdem berücksichtigen wir in erster Linie Familien, die in Mitteleuropa vorkommen. Für sie nennen wir einen (der gängigen) deutschen Namen (stets mit dem Anhang „-gewächse"). Gelegentlich führen wir auch Taxa auf, die stammesgeschichtliche Bedeutung

[1] protos, griech. = der erste; ktistys, griech. = Geschöpf
[2] fungus, lat. = Pilz
[3] animal, lat. = Tier
[4] planta, lat. = Pflanze, Setzling
[5] STRASBURGER, Lehrbuch der Botanik, 33. Aufl., G. Fischer, Stuttgart, 1991
[6] Familien *Corylaceae, Parnassiaceae, Elatinaceae, Empetraceae, Buddlejaceae, Ruppiaceae, Sparganiaceae.*

haben. Sie werden, als ausgestorben, mit „†" gekennzeichnet; solche Sippen sind außerdem nur mit dem wissenschaftlichen Namen benannt. Dann wurden auch einige noch heute existierende Familien aufgenommen, deren Vertreter zwar bei uns nicht wild vorkommen, aber doch bei Nichtfachleuten wenigstens namentlich bekannt sein könnten. Wir haben zu ihrer Kennzeichnung deren deutsche Namen in ( ) gesetzt. Wo Überordnungen nur eine Ordnung umfassen, haben wir meist nur den wissenschaftlichen Ordnungsnamen (hinter dem Begriff „(Über)Ordnung:") aufgeführt.[1] Ehrendorfer gliedert folgendermaßen[2]:

Abteilung Samenpflanzen *(Spermatophyta)*

I. Unterabteilung: Gabel- und Nadelblättrige Nacktsamer, *Coniferophytina*

1. Klasse Gabelblatthölzer = *Ginkgoopsida*
Ginkgoaceae, Ginkgogewächse

2. Klasse: Nadelhölzer = *Pinopsida*
1. Unterklasse: *Cordaitidae* †[3]

2. Unterklasse: *Pinidae*
1. Ordnung: *Voltziales* †
2. Ordnung: *Pinales*
Araucariaceae, (Araukariengewächse)
Pinaceae, Kieferngewächse
Taxodiaceae, Sumpfzypressengewächse
Cupressaceae, Zypressengewächse
Podocarpaceae, (Steineibengewächse)

3. Unterklasse: *Taxidae*
Taxaceae, Eibengewächse

II. Unterabteilung: Fiederblättrige Nacktsamer, *Cycadophytina*

1. Klasse: Samenfarne = *Lyginopteridopsida* †
1. Ordnung: *Lyginopteridales* †
Lyginopteridaceae †
Medullosaceae †
Glossopteridaceae †
Peltaspermaceae †
2. Ordnung: *Caytoniales* †
Caytoniaceae †

2. Klasse: Palmfarne = *Cycadopsida*
1. Ordnung: *Nilssoniales* †
2. Ordnung: *Cycadales*
Cycadaceae, (Palmfarngewächse)
Stangeriaceae, (Stangeriengewächse)
Zamiaceae, (Zapfenfarngewächse)

3. Klasse: Zwitterblütenfarne = *Bennettitopsida* †
1. Ordnung: *Bennettitales* †
2. Ordnung: *Pentoxylales* †

4. Klasse: Hüllsamer = *Gnetopsida*
1. Unterklasse: *Welwitschiidae*
Welwitschiaceae, (Welwitschiengewächse)

2. Unterklasse: *Gnetidae*
Gnetaceae, (Gnetumgewächse)

3. Unterklasse: *Ephedridae*
Ephedraceae, Meerträubelgewächse

III. Unterabteilung: Bedecktsamer, *Magnoliophytina (Angiospermae)*

1. Klasse: Zweikeimblättrige Bedecktsamer = *Magnoliopsida (Dicotyledoneae)*

1. Unterklasse: *Magnoliidae*

1. Überordnung: *Magnolianae*
1. Ordnung: *Magnoliales*
Magnoliaceae, Magnoliengewächse
Myristicaceae, (Muskatnußgewächse)

[1] Sollten Taxa höherer Ordnung nur ein Taxon einer weit niedrigeren Rangstufe enthalten, dann nennen wir die Taxa, die dazwischen liegen, nicht. Ein Beispiel soll dies verdeutlichen: In der monotypischen Unterklasse *Ephedridae* führen wir nur die Familie der *Ephedraceae* auf; sie ist die einzige Familie in dieser Unterklasse. Verführen wir anders, müßten wir die Unterklasse *Ephedridae*, die Ordnung *Ephedrales* und die Familie *Ephedraceae* aufzählen.
[2] Nacktsamigkeit faßt man heute in der Regel nicht mehr als taxonomisch verwertbares Merkmal auf, sondern als Ausdruck einer Entwicklungsstufe, die von verschiedenen Unterabteilungen erreicht worden ist.
[3] Mit „†" werden Taxa gekennzeichnet, die vollständig ausgestorben sind. Ihnen ist kein deutscher Name beigefügt.

2. Ordnung: *Aristolochiales*
Aristolochiaceae, Osterluzeigewächse
3. Ordnung: *Laurales*
Lauraceae, (Lorbeergewächse)
4. Ordnung: *Piperales*
Piperaceae, (Pfeffergewächse)

2. Überordnung: *Nymphaeanae*
1. Ordnung: *Nymphaeales*
Cabombaceae, (Haarnixengewächse)
Nymphaeaceae, Seerosengewächse
Ceratophyllaceae, Hornblattgewächse
2. Ordnung: *Nelumbonales*
Nelumbonaceae, (Lotosblumengewächse)

2. Unterklasse: *Ranunculidae*

1. Überordnung: *Illicianae*
1. Ordnung: *Illiciales*
Illiciaceae, (Sternanisgewächse)

2. Überordnung: *Ranunculanae*
1. Ordnung: *Ranunculales*
Ranunculaceae, Hahnenfußgewächse
Berberidaceae, Berberitzengewächse
2. Ordnung: *Papaverales*
Papaveraceae, Mohngewächse
Fumariaceae, Erdrauchgewächse

3. Unterklasse: *Caryophyllidae*

1. (Über)Ordnung: *Caryophyllales*
Molluginaceae, (Mollugogewächse)
Caryophyllaceae, Nelkengewächse
Phytolaccaceae, Kermesbeerengewächse
Aizoaceae, Eiskrautgewächse
Cactaceae, Kakteengewächse
Portulacaceae, Portulakgewächse
Nyctaginaceae, Wunderblumengewächse
Chenopodiaceae, Gänsefußgewächse
Amaranthaceae, Fuchsschwanzgewächse

2. (Über)Ordnung: *Polygonales*
Polygonaceae, Knöterichgewächse

3. (Über)Ordnung: *Plumbaginales*
Plumbaginaceae, Bleiwurzgewächse

4. Unterklasse: *Hamamelididae*

1. (Über)Ordnung: *Trochodendrales*
Trochodendraceae, (Radbaumgewächse)

2. Überordnung: *Hamamelidanae*
1. Ordnung: *Hamamelidales*
Hamamelidaceae, (Zaubernußgewächse)
Platanaceae, Platanengewächse
2. Ordnung: *Fagales*
Fagaceae, Buchengewächse
Betulaceae, Birkengewächse
Corylaceae, Haselgewächse
3. Ordnung: *Casuarinales*
Casuarinaceae, (Känguruhbaumgewächse)

3. Überordnung: *Juglandanae*
1. Ordnung: *Myricales*
Myricaceae, Gagelstrauchgewächse
2. Ordnung: *Juglandales*
Juglandaceae, Walnußgewächse

4. (Über)Ordnung: *Urticales*
Ulmaceae, Ulmengewächse
Moraceae, Maulbeerengewächse
Cannabaceae, Hanfgewächse
Urticaceae, Brennesselgewächse

5. Unterklasse: *Rosidae*

1. Überordnung: *Rosanae*
1. Ordnung: *Saxifragales*
Cunoniaceae, (Cunoniengewächse)
Grossulariaceae, Stachelbeerengewächse
Crassulaceae, Dickblattgewächse
Saxifragaceae, Steinbrechgewächse
Parnassiaceae, Herzblattgewächse
2. Ordnung: *Gunnerales*
Gunneraceae, (Gunneragewächse)
3. Ordnung: *Rosales*
Rosaceae, Rosengewächse
4. Ordnung: *Podostemales*
Podostemaceae, (Stielfadengewächse)

2. (Über)Ordnung: *Fabales*
Mimosaceae, (Mimosengewächse)
Caesalpiniaceae, Johannisbrotgewächse
Fabaceae, Schmetterlingsblütengewächse

3. (Über)Ordnung: *Proteales*
Proteaceae, (Silberbaumgewächse)

4. Überordnung: *Myrtanae*
1. Ordnung: *Rhizophorales*
Rhizophoraceae, (Manglebaumgewächse)
2. Ordnung: *Myrtales*
Myrtaceae, (Myrtengewächse)
Punicaceae, (Granatapfelgewächse)
Melastomataceae, (Schwarzbeerengewächse)
Onagraceae, Nachtkerzengewächse
Lythraceae, Weiderichgewächse
Trapaceae, Wassernußgewächse
3. Ordnung: *Haloragales*
Haloragaceae, Seebeerengewächse

5. Überordnung: *Rutanae*
1. Ordnung: *Rutales*
Rutaceae, Rautengewächse
Anacardiaceae, Sumachgewächse
Burseraceae, (Weihrauchgewächse)
Simaroubaceae, Bittereschengewächse
2. Ordnung: *Sapindales*
Sapindaceae, (Seifenbaumgewächse)
Hippocastanaceae, Roßkastaniengewächse
Aceraceae, Ahorngewächse
Staphyleaceae, Pimpernußgewächse
3. Ordnung: *Geraniales*
Oxalidaceae, Sauerkleegewächse
Linaceae, Leingewächse
Erythroxylaceae, (Cocastrauchgewächse)
Zygophyllaceae, Jochblattgewächse
Geraniaceae, Storchschnabelgewächse
Balsaminaceae, Balsaminengewächse
4. Ordnung: *Polygalales*
Polygalaceae, Kreuzblumengewächse

6. Überordnung: *Celastranae*
1. Ordnung: *Celastrales*
Celastraceae, Spindelbaumgewächse
2. Ordnung: *Rhamnales*
Rhamnaceae, Kreuzdorngewächse
Vitaceae, Weinrebengewächse
3. Ordnung: *Santalales*
Olacaceae, (Stinkholzgewächse)
Santalaceae, Sandelgewächse
Loranthaceae, Riemenblumengewächse
Viscaceae, Mistelgewächse
4. Ordnung: *Balanophorales*
Balanophoraceae, (Kolbenträgergewächse)
Cynomoriaceae, (Hundskolbengewächse)
5. Ordnung: *Rafflesiales*
Rafflesiaceae, (Schmarotzerblumengewächse)

7. Überordnung: *Euphorbianae*
1. Ordnung: *Euphorbiales*
Buxaceae, Buchsbaumgewächse
Euphorbiaceae, Wolfsmilchgewächse
2. Ordnung: *Thymelaeales*
Thymelaeaceae, Seidelbastgewächse
3. Ordnung: *Elaeagnales*
Elaeagnaceae, Ölweidengewächse

8. Überordnung: *Aralianae*
1. Ordnung: *Pittosporales*
Pittosporaceae, (Klebsamengewächse)
2. Ordnung: *Araliales*
Araliaceae, Efeugewächse
Apiaceae, Doldengewächse

6. Unterklasse: *Dilleniidae*

1. Überordnung: *Dillenianae*
1. Ordnung: *Dilleniales*
Dilleniaceae, (Dilleniengewächse)
Paeoniaceae, Pfingstrosengewächse

2. Überordnung: *Theanae*
1. Ordnung: *Theales*
Theaceae, (Teestrauchgewächse)
Dipterocarpaceae, (Flügelfruchtgewächse)
Hypericaceae, Johanniskrautgewächse
Elatinaceae, Tännelgewächse
2. Ordnung: *Sarraceniales*
Sarraceniaceae, Schlauchblattgewächse
3. Ordnung: *Nepenthales*
Nepenthaceae, (Kannenblattgewächse)
4. Ordnung: *Droserales*
Droseraceae, Sonnentaugewächse

3. Überordnung: *Violanae*
1. Ordnung: *Violales*
Flacourtiaceae, (Flacourtiengewächse)
Violaceae, Veilchengewächse
Passifloraceae, (Passionsblumengewächse)
Caricaceae, (Melonenbaumgewächse)

Cistaceae, Zistrosengewächse
Tamaricaceae, Tamariskengewächse
2.Ordnung: *Capparales*
Capparaceae, (Kapernstrauchgewächse)
Brassicaceae, Kreuzblütengewächse
Resedaceae, Resedengewächse
3. Ordnung: *Tropaeolales*
Tropaeolaceae, Kapuzinerkressegewächse
4. Ordnung: *Salicales*
Salicaceae, Weidengewächse
5. Ordnung: *Begoniales*
Begoniaceae, (Schiefblattgewächse)
6. Ordnung: *Cucurbitales*
Cucurbitaceae, Kürbisgewächse

4. Überordnung: *Malvanae*
1. Ordnung: *Malvales*
Tiliaceae, Lindengewächse
Bombacaceae, (Affenbrotbaumgewächse)
Sterculiaceae, (Kakaobaumgewächse)
Malvaceae, Malvengewächse

5. Überordnung: *Primulanae*
1. Ordnung: *Ebenales*
Symplocaceae, (Rechenblumengewächse)
Styracaceae, (Styraxbaumgewächse)
Ebenaceae, (Ebenholzgewächse)
Sapotaceae, (Sapotengewächse)
2. Ordnung: *Primulales*
Theophrastaceae, (Theophrastagewächse)
Myrsinaceae, (Myrsinengewächse)
Primulaceae, Primelgewächse

6. Überordnung: *Cornanae*
1. Ordnung: *Cornales*
Hydrangeaceae, Hortensiengewächse
Aquifoliaceae, Stechpalmengewächse
Cornaceae, Hartriegelgewächse
Nyssaceae, (Tupelobaumgewächse)
2. Ordnung: *Ericales*
Actinidiaceae, (Strahlengriffelgewächse)
Clethraceae, (Zimterlengewächse)
Ericaceae, Heidekrautgewächse
Empetraceae, Krähenbeerengewächse
Pyrolaceae, Wintergrüngewächse
Monotropaceae, Fichtenspargelgewächse

7. Unterklasse: *Lamiidae*

1. Überordnung: *Gentiananae*
1. Ordnung: *Dipsacales*
Sambucaceae, Holundergewächse
Caprifoliaceae, Geißblattgewächse
Adoxaceae, Moschuskrautgewächse
Valerianaceae, Baldriangewächse
Dipsacaceae, Kardengewächse
2. Ordnung: *Oleales*
Oleaceae, Ölbaumgewächse
3. Ordnung: *Gentianales*
Loganiaceae, (Brechnußgewächse)
Gentianaceae, Enziangewächse
Menyanthaceae, Fieberkleegewächse
Apocynaceae, Immergrüngewächse
Asclepiadaceae, Schwalbenwurzgewächse
Rubiaceae, Rötegewächse

2. Überordnung: *Solananae*
1. Ordnung: *Solanales*
Solanaceae, Nachtschattengewächse
Convolvulaceae, Windengewächse
Cuscutaceae, Seidengewächse
Polemoniaceae, Sperrkrautgewächse
2. Ordnung: *Boraginales*
Hydrophyllaceae, Wasserblattgewächse
Boraginaceae, Rauhblattgewächse

3. Überordnung: *Lamianae*
1. Ordnung: *Scrophulariales*
Buddlejaceae, Sommerfliedergewächse
Scrophulariaceae, Braunwurzgewächse
Globulariaceae, Kugelblumengewächse
Orobanchaceae, Sommerwurzgewächse
Plantaginaceae, Wegerichgewächse
Bignoniaceae, (Trompetenbaumgewächse)
Acanthaceae, (Akanthusgewächse)
Pedaliaceae, (Sesamgewächse)
Gesneriaceae, (Gesneriengewächse)
Lentibulariaceae, Wasserschlauchgewächse
2. Ordnung: *Hippuridales*
Hippuridaceae, Tannenwedelgewächse
3. Ordnung: *Lamiales*
Verbenaceae, Eisenkrautgewächse
Lamiaceae, Lippenblütengewächse
Callitrichaceae, Wassersterngewächse

8. Unterklasse: *Asteridae*

1. Überordnung: *Asteranae*
1. Ordnung: *Campanulales*
Campanulaceae, Glockenblumengewächse
Lobeliaceae, Lobeliengewächse
2. Ordnung: *Asterales*
Asteraceae, Korbblütengewächse

2. Klasse: Einkeimblättrige Bedecktsamer = *Liliopsida (Monocotyledoneae)*

1. Unterklasse: *Alismatidae*

1. Ordnung: *Alismatales*
Butomaceae, Schwanenblumengewächse
Alismataceae, Froschlöffelgewächse
2. Ordnung: *Hydrocharitales*
Hydrocharitaceae, Froschbißgewächse
3. Ordnung: *Najadales*
Scheuchzeriaceae, Blumenbinsengewächse
Juncaginaceae, Dreizackgewächse
Potamogetonaceae, Laichkrautgewächse
Ruppiaceae, Saldengewächse
Zosteraceae, Seegrasgewächse
Zanichelliaceae, Teichfadengewächse
Najadaceae, Nixenkrautgewächse

2. Unterklasse: *Liliidae*

1. Überordnung: *Lilianae*
1. Ordnung: *Dioscoreales*
Dioscoreaceae, Yamswurzelgewächse
Trilliaceae, Dreiblattgewächse
Smilacaceae, (Stechwindengewächse)
2. Ordnung: *Asparagales*
Convallariaceae, Maiglöckchengewächse
Asparagaceae, Spargelgewächse
Dracaenaceae, (Drachenbaumgewächse)
Phormiaceae, (Phormiumgewächse)
Agavaceae, (Agavengewächse)
Asphodelaceae, Affodilgewächse
Hyacinthaceae, Hyazinthengewächse
Alliaceae, Lauchgewächse
Amaryllidaceae, Narzissengewächse
3. Ordnung: *Liliales*
Melanthiaceae, Germergewächse
Liliaceae, Liliengewächse
Colchicaceae, Zeitlosengewächse
Iridaceae, Schwertliliengewächse
4. Ordnung: *Orchidales*
Orchidaceae, Orchideengewächse

2. Überordnung: *Bromelianae*
1. Ordnung: *Pontederiales*
Pontederiaceae, (Pontederiengewächse)
2. Ordnung: *Bromeliales*
Bromeliaceae, (Ananasgewächse)
3. Ordnung: *Zingiberales*
Musaceae, (Bananengewächse)
Zingiberaceae, (Ingwergewächse)
Cannaceae, (Blumenrohrgewächse)
Marantaceae, (Pfeilwurzgewächse)

3. Überordnung: *Juncanae*
1. Ordnung: *Juncales*
Juncaceae, Binsengewächse
2. Ordnung: *Cyperales*
Cyperaceae, Riedgrasgewächse
3. Ordnung: *Typhales*
Typhaceae, Rohrkolbengewächse
Sparganiaceae, Igelkolbengewächse

4. Überordnung: *Commelinanae*
1. Ordnung: *Commelinales*
Commelinaceae, Kommelinengewächse
Eriocaulaceae, (Eriocaulongewächse)
2. Ordnung: *Poales*
Restionaceae, (Restiogewächse)
Poaceae, Süßgrasgewächse

3. Unterklasse: *Arecidae*

1. Überordnung: *Arecanae*
1. Ordnung: *Arecales*
Arecaceae, (Palmen)
2. Ordnung: *Pandanales*
Pandanaceae, (Schraubenpalmen)

2. (Über)Ordnung: *Arales*
Araceae, Aronstabgewächse
Lemnaceae, Wasserlinsengewächse

Rückblick

Der Schritt vom Unbelebten zum Lebendigen ist vor rund 4 Milliarden Jahren getan worden, und zwar waren offensichtlich nur solche Molekülsysteme erfolgreich, die in Nukleinsäuren codierten und diese identisch reduplizierten. Anders können wir es nicht verstehen, warum diese Moleküle bei allen bekannten heutigen Lebewesen die „Erbsubstanz" bilden. Selbst wenn dieser Schritt mehrfach vollzogen worden sein sollte, so ist die molekulare Grundübereinstimmung doch so groß, daß wir die Entstehung der heutigen Lebewesen als praktisch „monophyletisch"[1] ansehen dürfen. Ähnliches - auf der Basis übereinstimmender Zellbestandteile - gilt für die Entstehung der Eukaryota und für die erdgeschichtlich sehr viel spätere Herausbildung der Gefäßpflanzen (= *Tracheophyta*[2]).

Im „Kampf ums Dasein" waren diejenigen Lebewesen besonders erfolgreich, die einen gemeinsamen Genpool besaßen. Dies war nicht nur Voraussetzung dafür, daß sie sich mannigfachen Umweltbedingungen anpassen konnten, sondern auch dafür, daß sie kennzeichnende Merkmale miteinander teilten und eine charakteristische Gestalt bekamen. Menschen sind zur Gestaltwahrnehmung befähigt. Daher haben sie schon frühzeitig „Arten" als identifizierbare Einheiten unterschieden.

Mit fortschreitender Kenntnis der Natur wandelte sich der Begriff der Art. Ursprünglich war sie eine vornehmlich logische Struktur, dann ein gottgeschaffenes Element, das durch einen Typus charakterisiert werden konnte und das man sich als von Anfang an bis in alle Zukunft unveränderlich bestehend dachte. Die Evolutionstheorie zerstörte dieses Konzept der Art. Die kleinen Unterschiede zwischen den Populationen wurden als Chance für Anpassung und Differenzierung verstanden. Die Genetik schließlich und die genauen Kenntnisse über Kreuzbarkeit und Isolation führten zu einem Artbegriff, der die Dynamik behielt und andererseits erklärte, warum uns Arten als gestaltliche Individuen in der Natur begegnen. Die „biologische Art" benützt eine Strategie, die unter vielen - wenn auch nicht allen - Umweltbedingungen eine optimale Anpassung und höchstmögliche Fortpflanzungswahrscheinlichkeit gewährleistet. Gerade bei Pflanzen, die auf standörtliche Gegebenheiten besonders angewiesen sind, weil sie günstige Wuchsorte weder aufsuchen noch ungeeigneten aktiv durch Ortsbewegung ausweichen können, haben sich neben der „biologischen Art" auch andere „Gruppierungsstrukturen" und Überlebensstrategien herausgebildet, durchgesetzt und erhalten. In ihrer Erscheinung ähneln sie dem Bild, das „biologische Arten" kennzeichnet, obschon sie als „typologische Arten" wesentlich verschieden von ihnen sind. Es ist gängige Praxis, sie wie „biologische Arten" zu behandeln. Allerdings führt dies zu einer gewissen taxonomischen Instabilität, die sich nicht zuletzt auch in einer Namensflut für diese nur willkürlich abgrenzbaren Taxa äußert.

Seit LINNÉ haben sich die Botaniker die Schaffung eines „natürlichen Systems" zum höchsten Ziel gesetzt. Es sollte - in unserem heutigen Verständnis - Abstammungsgemeinschaften repräsentieren. Trotz einer schier unübersehbaren Datenflut ist unser Wissen noch zu lückenhaft, als daß wir auf ihm derzeit ein gesichertes natürliches System errichten könnten. Im Anspruch, diesem Ziel im Laufe der Zeit näherzukommen, zeigt sich nicht zuletzt die Lebendigkeit der botanischen Taxonomie.

[1] monos, griech. = einzig, allein; phyle, griech. = Stamm

[2] Mit diesem Begriff kennzeichnet man eine Organisationsstufe, die Farngewächse und Samenpflanzen umfaßt. Beiden Pflanzengruppen ist der Besitz von spezialisierten „Leitzellen" (zu denen auch die Gefäße = Tracheen gehören) gemeinsam.

Morphologie der Pflanzen

Der Bauplan „Samenpflanze"

Leben ist im Wasser entstanden und bis heute an dieses gebunden. Alle Lebensvorgänge laufen - auf Zellebene - in wäßriger Lösung ab. Doch Wasser steht auf dem Lande nur in beschränkter Menge, nicht überall und auch nicht jederzeit gleichmäßig zur Verfügung. Für ortsgebundene Lebewesen ergeben sich allein daraus schon besondere Probleme. Dazu kommt, daß die allen Stoffen innewohnende chemisch-physikalische Eigenschaft, sich zu verteilen (Diffusion), bei Wasser recht gut ausgeprägt ist. Im Klartext: Wo immer an Land Wasser in einem Körper angereichert wird, muß durch entsprechende Isolierung dafür gesorgt werden, daß es nicht wieder in die trockenere Umgebung verdunstet.

Diese Aufgabe ist vielfältig lösbar. Bälge, Pelze, Fettpolster, Schuppenkleider, Rinden, Wachsüberzüge und vieles mehr zeigen den „Einfallsreichtum der Natur" in dieser Sache. Wie immer steckt aber auch hierbei der Teufel im Detail, und wenn letztlich das Leben an Land gesichert ist, erhebt sich die entscheidende Frage nach dem Fortbestand dort.

Männliche und weibliche Keimzelle müssen verschmelzen, damit Nachwuchs entsteht, und dies gelingt nur in zarter Hülle und nicht im dicken Pelzmantel; somit ist auch der entstehende Keim anfänglich recht verdunstungsschutzlos. Wiederum gestaltete sich die Lösung dieses Problems bei den Pflanzen viel kniffeliger als bei den Tieren, die, direkt oder indirekt abhängig von den „produktiven" Pflanzen, ihnen „konsumierend" aufs Land folgten. Diese mobilen Wesen können die zarten Keimzellen geschützt in ihrem Körper verwahren und sich zur Befruchtung zusammengesellen. Sie können gezielt Wasserstellen aufsuchen und dort ablaichen, wo dann auch die zarten Keime in der Feuchte heranwachsen; sie können aktiv für Befruchtung im Körperinnern sorgen und danach dortselbst den Embryo mit einer schützenden Schale umkleiden oder ihn gar über längere Zeit verwahren.

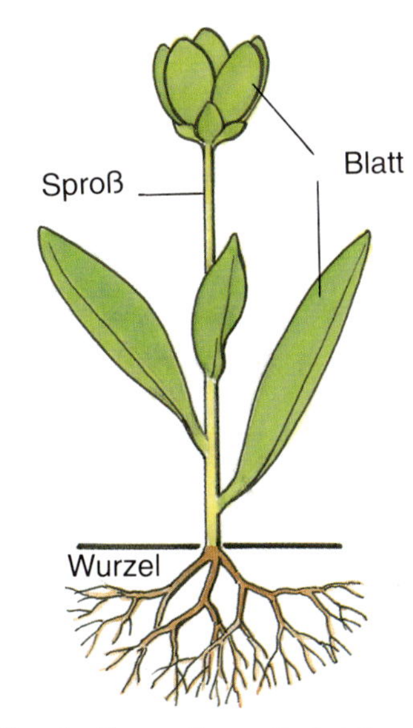

Bild 131. Bauplan Samenpflanze; die drei Grundorgane.

Alle Probleme pflanzlichen Landlebens wurden durch den Grundbauplan „Samenpflanze" hinreichend gut gelöst. Dieser Plan enthält nur drei Bausteine: Wurzel, Sproßachse, Blatt. Diese Elemente können aber nicht nur sehr variabel miteinander verknüpft werden, sie sind selbst vielfältig abwandelbar, so daß für jeden Standort eine optimale Lösung möglich ist (Bild 131).

Die Wurzel

Wurzeln verankern in der Regel die Pflanze im Boden. Ihre Hauptaufgabe ist aber die Aufnahme von Wasser und der darin gelösten Nährsalze. Je mehr sich die Wurzeln verzweigen, desto größer ist ihre Oberfläche und desto mehr

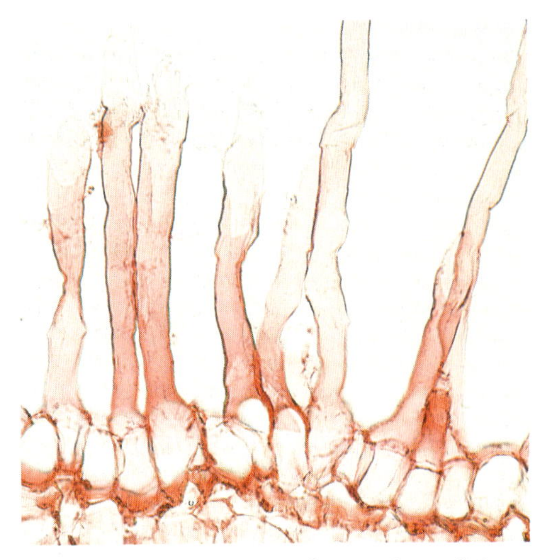

Bild 132. Wurzelhaare, Mikroaufnahme eines gefärbten Präparates.

Wasser können sie aufnehmen. Hier muß man allerdings einschränken: Die Fähigkeit, Wasser aufzunehmen, besitzen nur die einzelligen, meist weit weniger als 1 cm langen Saugfäden, die die Wurzelspitzen als Haarfilz umgeben und die man folgerichtig „Wurzelhaare" nennt (Bild 132). Die zarten Gebilde sterben in ihrer rauhen Umgebung bald ab. Doch inzwischen ist der Wurzelteil weitergewachsen, hat sich eventuell verzweigt (vergrößert) und neue Saughaare gebildet.

Dem unbefangenen Beobachter scheinen Wurzeln oft nicht viel anders zu sein als unterirdische Stengel. Obschon aber aus Wurzeln Stengel austreiben können („Wurzelsprosse", „wurzelbürtige Sprosse") und aus Stengeln Wurzeln („Sproßwurzeln", „sproßbürtige Wurzeln"), sind beide Organe doch unterschiedlich. Wurzeln können nie Blätter treiben und tragen daher auch keine Knospen – „Augen" sagen wir bei der Kartoffel, die sich damit zugleich als Nichtwurzel verrät. Damit fehlt den Wurzeln auch die den Stengeln eigene Gliederung (siehe dort). Natürlich kann eine Wurzel sich verzweigen. Die „Astknospen" bilden sich jedoch, äußerlich unsichtbar, im Innern des Wurzelkörpers.

Sehr schön kann man dies bei Gelben Rüben (Möhren) erkennen. Vor allem wenn diese erst ein Jahr alte Wurzeln den Winter über eingelagert wurden, läßt sich im Frühjahr ihre dicke „Außenschicht" leicht vom heller gefärbten Innenstrang „abpulen". Dabei erkennt man, daß dieses „Mark" nach allen Seiten feine Fortsätze,

Bild 133. Links: Möhre, ein Teil des Rindengewebes wurde entfernt; am Zentralzylinder sind deutlich die Abzweigungen der Nebenwurzeln sichtbar; rechts: Querschnitt durch eine Möhre; Zentralzylinder mit dem umgebenden Rindengewebe.

eben die Nebenwurzeln, ausgebildet hat. Diese haben sich „Löcher" durch die Außenschicht gebohrt und verzweigen sich jenseits davon zu einem Wurzelgeflecht (Bild 133).

In den ersten Lebensjahren unterscheiden sich Wurzel und Stengel deutlich im Innenbau: Die Wurzelmitte wird der ganzen Länge nach von einem Strang durchzogen, der Wasser- und Stoffleitröhren (s. u.) enthält sowie Holzelemente, die der Festigung dienen. Dieser „Zentralzylinder", oben „Mark" genannt, wird von einem Schlauch junger zarter Zellen umhüllt, dem Perizykel (oder Perikambium)[1]. Es folgt, begrenzt von einer Innen- und einer Außenhaut, das dickfleischige, dichte Rindengewebe (oben: „Außenschicht"). Über der derben, oft verkorkenden Außenhaut liegt anfangs noch die zarte, vergängliche Wurzelhaut, an der sich die schon genannten Wurzelhaare bilden.

Die Zellen des Perizykels bleiben zeitlebens jung und teilungsfähig. Sie gliedern nach innen und nach außen Tochterzellen ab, die sich zu Zentralzylinder- bzw. Rindengewebszellen entwickeln. So wachsen die Wurzeln im Lauf der Jahre unter borkigem Aufreißen der zu eng werdenden älteren Außenschichten auch in die Dicke. Damit gleichen sie sich im Aussehen immer mehr den Sproßästen an - wie man es an alten Bäumen studieren kann.

Trotz gleichen Grundbaues sind Aussehen, Wuchsform und Verzweigungsgrad der Wurzeln von Art zu Art - daneben auch von Standort zu Standort - verschieden. Es gibt Arten, bei denen das Würzelchen des Keimlings zur Hauptwurzel auswächst und als „Pfahlwurzel" tief in den Boden dringt - mit deutlich schwächeren, oft waagrecht ziehenden Seitenwurzeln (Bild 134). Bei anderen wachsen aus bodennahen Sproßteilen mehrere gleichrangige Wurzeln hervor. Entweder verkümmert dann die Keimwurzel oder sie bleibt als „Gleiche unter Vielen" erhalten.

Manches Wurzelwerk dringt metertief in die Erde ein. Tiefwurzler müssen jedoch oberirdisch keine Riesen sein. Eine 30 cm hohe Pflanze des Rot-Klees *(Trifolium pratense)* erreicht mit den Wurzeln oft über 2 m Bodentiefe. Bei den Flachwurzlern verlaufen die Wurzelstränge vor allem in der Horizontalen. Doch auch hier gilt, daß aus dem oberirdischen Teil nicht auf die Ausprägung des Wurzelwerks

[1] peri, griech. = ringsum; kyklos, griech. = Kreis; cambouis, franz. = saftig

Bild 134. Oben: Pfahlwurzel (Löwenzahn); unten: Wurzelwerk mit mehreren gleichrangigen Strängen (Weizen/Süßgras).

geschlossen werden kann: An sturmgeworfenen, hohen Fichten sieht man den scheibenförmigen, kaum meterdicken Wurzel-„Ballen" in die Luft ragen. Es gilt bei Bäumen allenfalls die Regel, daß ihre Wurzel„fläche" meist ein kleines Stückchen über die Kronen„fläche" reicht - eine Regel und nicht mehr! Die Erfahrung, daß eine Weide, Linde oder was auch immer, sich bei 20 Meter Kronenabstand mit ihrem Wurzelwerk in der Abwasserröhre breitgemacht hat, ist des öfteren eine treffende, wenn auch peinliche Bestätigung der berühmten Ausnahme, die jeder Regel inbegriffen ist.

Auch vom Standort her läßt sich nicht immer auf das Wurzelwerk schließen. Extreme Trokkenpflanzen, die wirklich jedes Tröpfchen Wasser nötig hätten, sind meist äußerst dürftig bewurzelt, wie jeder Kakteenfreund weiß. Andererseits gibt es viele Arten (Bäume, Orchideen, Heidekrautgewächse u.a.), die ihr Wurzelsystem auf eigenartige Weise „verlängern". Sie leben in Symbiose[1] mit Pilzen. Das können verschiedene Arten sein; oft aber hat eine Samenpflanzenart nur eine einzige Pilzart als Partner. Das ausgedehnte unterirdische Fadengeflecht des Pilzes umspinnt die Wurzeln und dringt eventuell auch in deren Gewebe ein. So bildet sich die „Pilzwurzel" (Mykorrhiza[2]).

In der Regel entziehen die Pilzfäden den Wurzeln Nährstoffe, die Wurzeln den Pilzfäden Wasser und darin gelöste Nährsalze. So ist es eine echte Symbiose: Zusammenleben und gegenseitiger Nutzen.

Friedlich kann man indes das Miteinander nicht nennen, denn beide schädigen sich natürlich gleichzeitig und „versuchen" auch, sich zu „betrügen". Im Laufe der Entwicklung ist es z.B. dem Orchideengewächs Nestwurz *(Neottia nidus-avis)* gelungen, ihren Pilzpartner zum Ausbeutungsobjekt zu degradieren. Sie hat die Produktion von Blattgrün eingestellt und bezieht Wasser und alle Nährstoffe vom Pilz, der diese aus der Zersetzung von Moder gewinnt. Hier hat sich die Symbiose, wenn nicht zum Schmarotzertum, so doch zur Sklavenhaltung (Helotismus[3]) gewandelt.

Durch Ausbreitung oder Tieferwachsen der Wurzeln erhält die aufschießende Pflanze einen festen Stand. In unserer Klimazone beschränkt sich die „Stütze" der Wurzel meist auf dieses Verankern im Erdreich. Stelz-, Brett- und Luftwurzeln sind in der mitteleuropäischen Flora ebenso ungewöhnlich wie Wurzeldornen zum Fraßschutz oder Atemwurzeln. Dagegen ist die Einlagerung von Sommervorräten - den Winter über - weit verbreitet. Die Wurzeln mancher Arten sind zu richtigen Vorratsbehältern umgestaltet: Eine Pfahlwurzel wird dann zur Rübe (Rettich); auch Verdickungen von Seitenwurzeln sind nicht selten (Rhabarber). Oft bilden sich nur lokale Anschwellungen: Knollen.

Die eingelagerten Nährstoffe sind auch für den Menschen interessant, der früher oft nur von „Wurzeln und Beeren" gelebt hat, wie wir es aus den Märchen der Brüder Grimm kennen.

Was allerdings unter den Vorratsbehältern Wurzel und was Stengel ist, läßt sich oft schwer deuten. Für Rüben gilt die Faustregel: Alles Unterirdische ist Wurzel, alles Oberirdische

Bild 135. Rüben sind oft Gemeinschaftsgebilde von (oberirdischem) Sproß und (unterirdischer) Wurzel mit wechselnden Anteilen; Rüben aus der Gattung *Beta*: Zucker-Rübe, Futter-Rübe, Rote Beete.

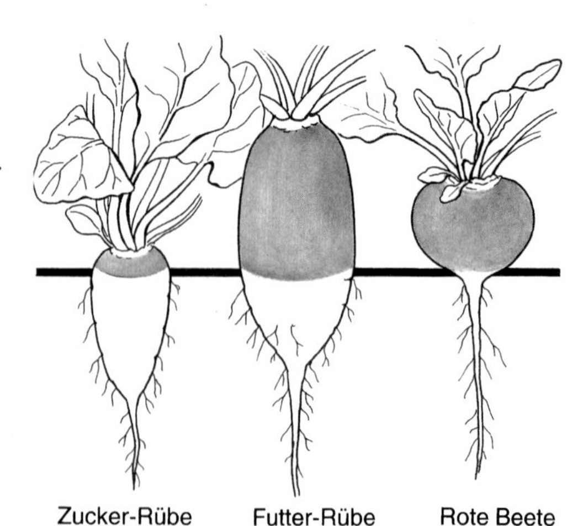

[1] Symbiose = Zusammenleben zweier Arten mit gegenseitigem Nutzen; von griech. sym- = mit-, zusammen-; und griech. bios = Leben
[2] mykes, griech. = Pilz; rhiza, griech. = Wurzel
[3] von (h)eilotes, griech. = Leibeigener

Stengel: Die „Rote Rübe" (Rote Beete) ist also hauptsächlich Sproßachse, die verwandte „Zukker-Rübe" hauptsächlich Wurzel (Bild 135). Bei Knollen wäre auf die „Augen" zu achten (s.o.). Ein Beispiel für Wurzelknollen sind die der – ausländischen – Dahlie, die bei uns im Herbst zur frostsicheren Verwahrung ausgegraben werden müssen. Der Fachmann nennt das Dahlien-Gebilde allerdings nicht Knolle sondern „Speicherwurzel", weil diese Anschwellung noch deutlichen Wurzelcharakter aufweist: Sie treibt nach allen Seiten Nebenwürzelchen. Eine „akademische Wurzelknolle" muß aber rundum aalglatt sein. Um eine solche zu sehen, braucht man sich nicht naturfrevelnd an einem Knabenkraut *(Orchis)* vergehen. Das allgegenwärtige

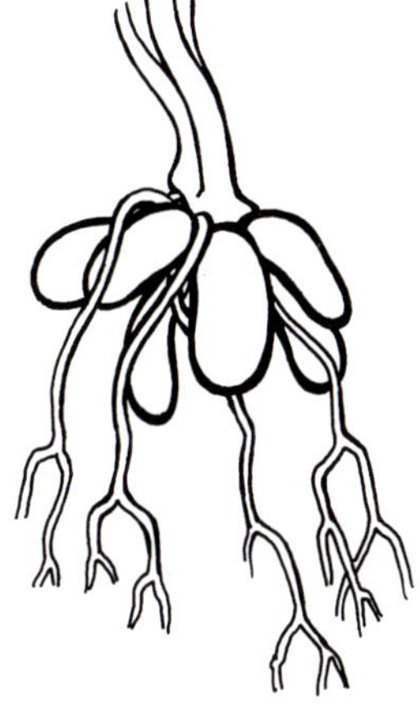

Bild 136. Knollen des Scharbockskrautes (*Ranunculus ficaria*).

Scharbockskraut *(Ranunculus ficaria)* bildet zur ungeschlechtlichen Vermehrung sproßbürtige Wurzelknöllchen („Brutknöllchen"). Die länglichen, feigwarzenähnlichen Gebilde findet man in Mengen am Grund eines jeden Pflänzchens, schon wenige Wochen nach dem Frühjahrsaustrieb (Bild 136).

Die Sproßachse – der Sonne entgegen

Der krautige Stengel – Grundtyp aller Sprosse

Das Land ist flach. Im Gegensatz zum Wasser muß sich, was sich dreidimensional entfalten und Blätter und Blüten ins rechte Licht rücken will, ein eigenes, selbsttragendes Gerüst bauen. Dafür haben die Samenpflanzen das Bauelement „Sproßachse" – Stengel, Stamm, Äste, Zweige – entwickelt.

Die Sproßachse ist das Verbindungsglied zwischen der Wurzel und dem Blatt – samt der Blüte. Sie sorgt für geregelte Wasser- und Nährsalzförderung nach oben und für Transport der Selbsterzeugnisse nach allen Richtungen. Neben Stützelementen und Dichtungen (Verdunstung!) müssen also noch zweierlei Leitungen installiert sein: Wasserrohre und eine, beidseitig befahrbare, Stofftransportbahn. Beides ist in den „Leitbündeln" realisiert. Diese durchgehenden, langgezogenen Stränge sind im Sproßachsenquerschnitt entweder ringförmig (Zweikeimblättrige und Nadelhölzer) oder zerstreut (Einkeimblättrige) angeordnet. Sie liegen im Stengelmark und sind meist von einer Hülle hartschaliger Zellen umschlossen. Sie enthalten langgestreckte, mehr oder weniger stark verholzte Stützzellen und früh absterbende und verholzende Wasserleitungszellen, deren Stirnwände sich auflösen. So bilden sich durchgehende Wasserröhren aus Holz. Dazu kommen dann noch die ebenfalls in langen Reihen angeordneten „Siebröhrenzellen". Sie sind längerle-

Bild 137. Querschnitt durch den (jungen) Sproß einer Zweikeimblättrigen Pflanze (Pfeifenwinde, *Aristolochia durior*); die Leitbündel sind in einem Kreis angeordnet. Eine spezifische Sonderheit ist der mehrlagige Ring aus Festigungsgewebe (Sklerenchym) zwischen Rinde und Leitbündelkranz. Gefärbtes Präparat.

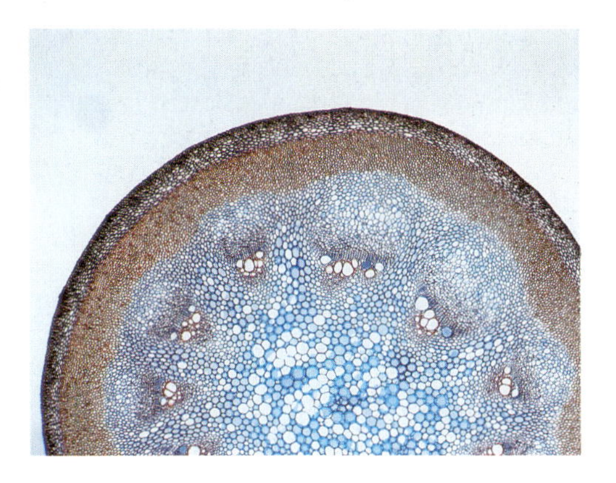

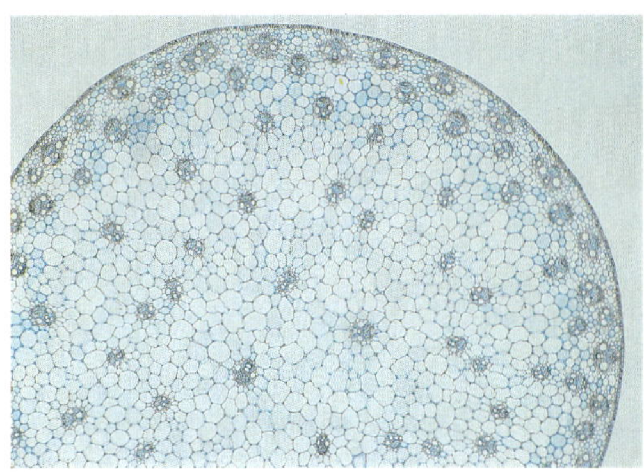

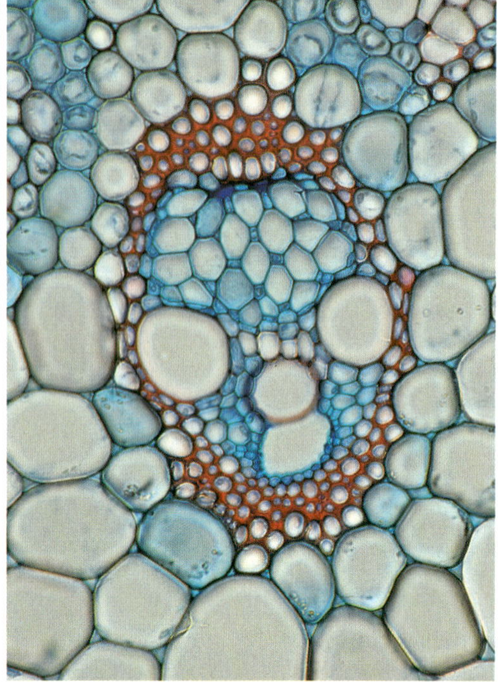

Bild 138. Querschnitt durch den Sproß einer Einkeimblättrigen Pflanze (Mais); die Leitbündel liegen im Mark verstreut. Gefärbtes Präparat.

Bild 139. Leitbündel (Mais). Es ist von einer Hülle aus Stützzellen (rot) umschlossen. Im Siebteil (oben) sind die Siebröhren mit engeren, stützenden „Geleitzellen" verbunden. Das Kambium fehlt, der Holzteil (unten) schließt unmittelbar an den Siebteil an. In ihm fallen zwei (seitliche) Leitröhren durch besonders großes Lumen auf. Der große untere Gang ist ein Hohlraum zwischen dem Zellgewebe, der sich beim Wachstum durch Zerreißen der allerersten Wasserleitungszellen gebildet hat. Gefärbtes Präparat.

big. Ihre Stirnwände sind siebartig durchlöchert. Dadurch hat das Plasma einer Zelle Kontakt mit dem der darüber- bzw. darunterstehenden Zelle. Im Plasma findet aktiver (= energieverbrauchender) Transport von Inhaltsstoffen nach allen Richtungen statt, während die „toten" Wasserröhren nur den Durchfluß ermöglichen. Sie ziehen sich ohne Unterbrechung von der Wurzel bis zum Blatt und funktionieren nur solange, bis der Wasserfaden in ihrem Inneren – durch ein Unglück – reißt. Bis dahin verdunstet Wasser aus den Blättern und den Sproßspitzen und wird in gleicher Menge in diesem Transpirationsstrom von unten nachgezogen.

Je höher ein Stengel aufragt und je mehr er sich verzweigt, desto mehr Stütze benötigt er. Wie in der Hochbautechnik werden, um die Elastizität zu erhalten, in sehr verschiedenartiger Weise perfekt geformte Längs- und eventuell

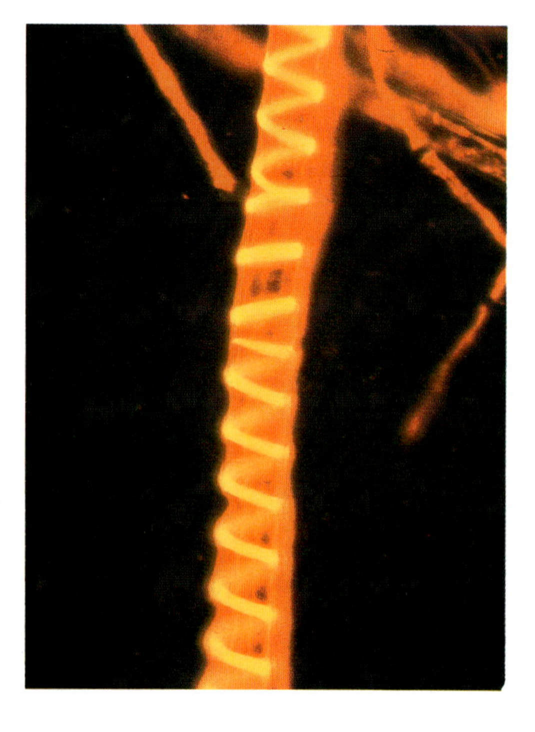

Bild 140. Wasserleitungszelle (Rhabarber, *Rheum*), mit teils schrauben- und teils ringartiger Wandversteifung aus Holz (Fluoreszenz-Aufnahme).

Bild 141. Collenchym (sogenanntes Eckencollenchym) aus dem Sproß der Großen Brennessel (*Urtica dioica*). Polarisationsmikroskopische Aufnahme.

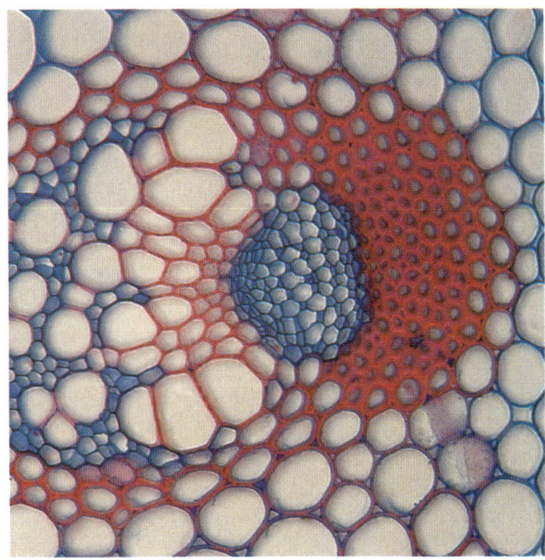

Bild 142. Sklerenchym aus dem Sproß des Kriechenden Hahnenfußes (*Ranunculus repens*). Gefärbtes Präparat.

auch Querträger aus wandverdicktem Zellgewebe eingefügt, sehr oft in Zusammenbau mit den Leitbündeln.

Ist nur eine kurze Nutzungsdauer des „Bauwerkes" vorgesehen, wie bei krautigen Pflanzen, dann besteht die Wandverdickung hauptsächlich aus Zellulose. Wir nennen solche Gewebe „Collenchyme"[1]. Dagegen sind „Sklerenchyme"[2] aus toten Zellen mit reichlich Holzstoffverdickungen (Lignin) aufgebaut. Diese gibt es vor allem bei den langlebigen Holzgewächsen. Je nach Anordnung der Festigungsstränge sind die Sproßachsen im Querschnitt mehr oder weniger abgeplattet, rundlich (glatt oder fein längsgerieft bis stark gefurcht), drei-, vier- oder auch mehrkantig. Diese Eigenschaft ist art-, manchmal sogar familientypisch. Deshalb ist das Aussehen des Stengels oft ein wichtiges Merkmal zur Identifikation einer Pflanze. Sind die Kanten oder Rippen nicht nur bortenartige Verdickungen, sondern stehen flach mehrere Millimeter vor, sprechen wir von „Flügeln" und nennen die Sproßachse „geflügelt" - auch wenn sie mehr als zwei Flügel trägt (Bild 143)!

Verzweigungen der Sproßachse entstehen stets in den Blattachseln (s. u.) des Muttersprosses. Dort kommt es bei den sonst gleichmäßig nach oben ziehenden Leit- und Festigungsbahnen zu mancherlei Verbiegungen, Abzweigungen und Überschneidungen. Der Vergleich mit einem Autobahnkreuz ist nicht abwegig, wenn auch etwas schwach, da beim Sproß verschiedenartige Stränge dreidimensional abgehen. Er hilft jedoch bei der Einsicht, daß der Sproß an seinen „Verkehrsknotenpunkten" (seien sie nun einseitig oder doppelt) eine andere innere

Bild 143. Formen der Sproßachse.

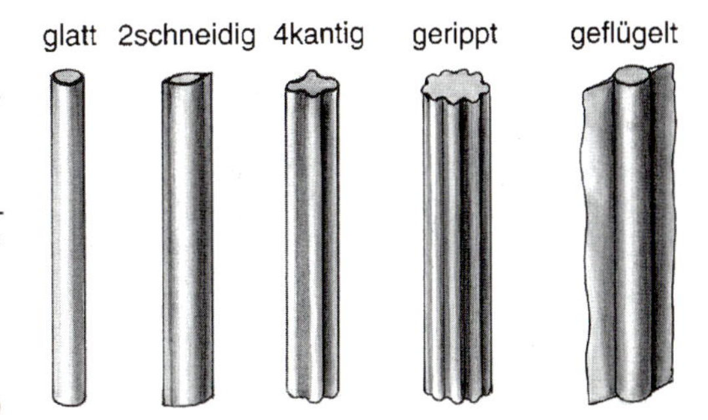

[1] kolla, griech. = Leim
[2] skleros, griech. = hart; enchyma, griech. = Masse (Materie)

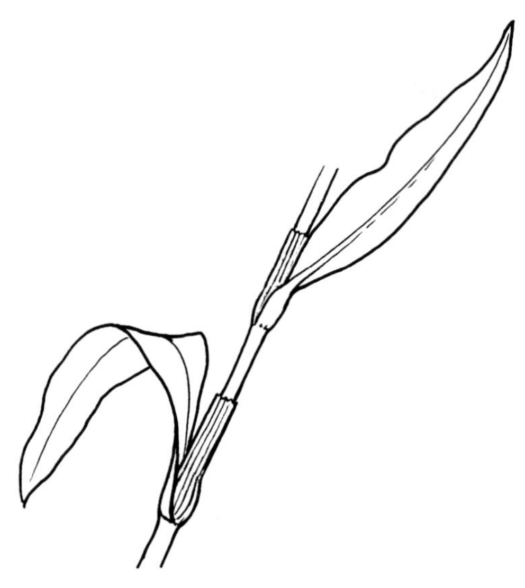

Bild 144. Knoten am Stengel von Knöterich (Familie *Polygonaceae*); kennzeichnend für die Familie ist eine häutige Tüte (Tute) am Hauptsproß oberhalb jeden Knotens.

Struktur aufweist als bei den Strecken dazwischen.

Gelegentlich (z.B. bei Süßgras-, Knöterich- oder Lippenblütengewächsen -*Poaceae, Polygonaceae, Lamiaceae*) treten diese Innenstrukturwechsel äußerlich als Verdickungen in Erscheinung (Bild 144). Ob nun aber deutlich sichtbar oder nicht, die Verzweigung der Sproßachse führt zu der nur ihr eigentümlichen Gliederung in Knoten (Nodien - auch Nodi, Einzahl: Nodus) und Zwischenstücke (Internodien). Diese Gliederung ist einer der Hauptunterschiede zwischen den Organen Wurzel und Sproß (s.o.).

Die weiteren Bauelemente des Sproßes sind Markgewebe, Rindenschicht mit Außenhaut und das jung und teilungsfähig bleibende, saftig zarte Kambium[1]. Bei krautigen Pflanzen erfüllt das Markgewebe den Innenraum des Sprosses. Oft dient es als Zwischenspeicher, wie z.B. beim Zuckerrohr oder einheimischen „Süßstengelpflanzen", wie z.B. dem Wiesen-Bocksbart (*Tragopogon pratensis*). Es kann indes auch abgestorben sein (Sonnenblume, *Helianthus annuus;* Binsen, *Juncus*). Seine lufterfüllten Zellen lassen es dann weiß erscheinen - dasselbe Phänomen wie bei den an sich farblosen Eiskristallen der Schneeflocken. Bei anderen Arten zerreißt es beim Dickerwerden des Stengels oder es löst sich auf: eine „Markhöhle" entsteht.

[1] cambouis, franz. = saftig, schmierig

Bei krautigen Pflanzen nennt man den Hauptsproß „Stengel"; ist er jedoch, ausgenommen die Knoten, hohl, heißt er (auch) „Halm".

Das Rindengewebe liegt zwischen den Leitbündeln und der Außenhaut. Es hat im wesentlichen die Funktion eines Bindegewebes. Oft enthält es allerdings Zellen mit Blattgrünkörpern (s. S. 158), um auch in der laublosen Zeit Photosynthese betreiben zu können (s. S. 158). In diesem Fall ist seine Grundfarbe Grün. Die derbe Außenhaut ist sehr verschieden gestaltet. Sie kann mehr oder weniger dicht behaart oder/ und mit Drüsen versehen sein, die klebriges Sekret absondern. Meist sind diese Drüsen winzige kugelige Gebilde, die entweder der Haut aufsitzen oder auf kleinen Stielchen stehen (Stieldrüsen). „Warzen" sind ähnlich, stets ungestielt und oft etwas größer, auf keinen Fall jedoch klebrig. Sie können aus Kork bestehen. Der zähe, schwach luftdurchlässige, aber praktisch wasserundurchlässige Kork ist für pflanzliche Abschlußgewebe ein hervorragend geeignetes Material, das häufig Verwendung findet. Er verhindert die Verdunstung des lebensnotwendigen Wassers, läßt aber Luft zur Atmung durch.

Bei den krautigen Pflanzen liegt das Kambium zumeist in den Leitbündeln als dünne Trennschicht zwischen dem Siebröhrenteil (außen) und dem Wasserleitungsteil (innen). Nach beiden Seiten bildet es entsprechende neue Zellen. Die Kurzbezeichnung für den Siebröhrenteil ist „Siebteil", der Wasserleitungsteil wird wegen seines hohen Gehaltes an Holzstoff „Holzteil" genannt.

Der holzige Stengel

Die Jungtriebe der Holzgewächse sind kaum von dem Sproß der Krautpflanzen unterschieden. Doch sie sterben nicht ab, und in Jahresfrist hat sich das Kambium über die Leitbündel seitlich ausgedehnt und bildet nun in Stamm und Ast einen zusammenhängenden (dünnen) Schlauch, der, vereinfacht, ins Innere verholzende Wasserleitungszellen, nach außen „Bast“, d.h. Siebröhrenzellen, abgliedert. Die Holzteil-Zellen können natürlich nicht nach innen geschoben werden, denn dort stehen schon die (starren) älteren.

Deshalb muß sich der Kambiumschlauch durch Wachstum (Zellteilung) nach den Seiten immer mehr weiten. Der ausgewachsene Bastteil kann dies nicht mehr. Er zerreißt von außen - dort sind die ältesten = engsten Lagen - in mannigfaltiger, arttypischer Weise. So entsteht die „Rinde“: fein oder grob längsrissig, borkig, kleinkörnig oder plattenartig oder, wie z.B. bei der Birke, auch in papierdünnen Fetzen abschilfernd (Bild 146).

Nur in einer schmalen Zone beidseits des Kambiums finden wir lebende Zellen. Rinde und Holz sind totes Material, wenn auch noch lange funktionsfähig. Sie sind dementsprechend durch Zersetzer, z.B. Bakterien und Pilze, besonders gefährdet. Doch die Zellwände sind „imprägniert“: Landpflanzen haben, im Gegensatz zu den Tieren, kaum Möglichkeiten zur Ausscheidung des - teils giftigen - Abfalls aus ihrem Stoffwechsel. Sie entsorgen ihn in die Zellwände. Vor allem langlebige Pflanzen erzeugen darüber hinaus noch besondere Produkte wie z.B. Harz oder Gerbstoffe, die sie vor Schädlingen aller Art bestens schützen. Auch der Mensch nutzte die natürlichen Gerbstoffe der Rinden jahrhundertelang, um damit Tierhäute zu vergiften und sie als Leder unempfindlich gegen Zersetzung durch Schimmelpilze und Bakterien zu machen.

Eine Imprägnierung hält allerdings nicht ewig. Wenn bei der Rinde die äußersten Lagen nach Jahrzehnten vom Regen ausgewaschen sind und zerbröseln, ist das nicht weiter schlimm. Darunter liegen noch viele intakte Jahresschichten, die Schutz gewährleisten. Beim Holz ergeben sich dagegen Probleme.

Bild 145. Querschnitt durch das Stämmchen einer 5jährigen Linde (*Tilia*); Holz hell, Bast dunkler (blau und rot), Rinde fast schwarz gefärbt. Die blaue Grenzlinie zwischen Holz und Bast entspricht dem Kambium. Die Trichterstruktur im Bast entsteht dadurch, daß bestimmte Zellen nach den Seiten hin Tochterzellen abgliedern, damit wird das Dickenwachstum des Stämmchens für einige Zeit ausgeglichen und ein Zerreißen des Bastes vermieden. Gefärbtes Präparat.

Wenn die innersten (ältesten) Röhren mit der Zeit verstopfen oder sonstwie zur Wasserleitung unbrauchbar werden[1], sind genügend jüngere da, um diese Aufgabe zu übernehmen. Durch die Quellfähigkeit des Holzes kommt es aber zu einer Durchsickerung im Altteil, wenn auch nicht mehr in der gewünschten Richtung. Jahrhundertelange Wasserspülung wäscht indes den ganzen Gerbstoff aus. Dann beginnt der Baum innen, im „Kern“, zu faulen, wird hohl und stürzt eines Tages zusammen, auch wenn seine Krone noch blüht und grünt.

[1] Der feinste Riß kann die Leitung lahmlegen, wie erfahrene Strohhalmtrinker wissen.

Bild 146 (linke Seite). Die (abgestorbenen) Zellen der Rinde können sich nicht mehr teilen. Beim Dickerwerden des Stammes reißt diese deshalb in (art-)charakteristischer Weise auf. Von links oben nach rechts unten: Kiefer (*Pinus*); Eiche (*Quercus*); Pfaffenhütchen (*Euonymus*); Birke (*Betula*); Kirsche (*Prunus*); Buche (*Fagus*).

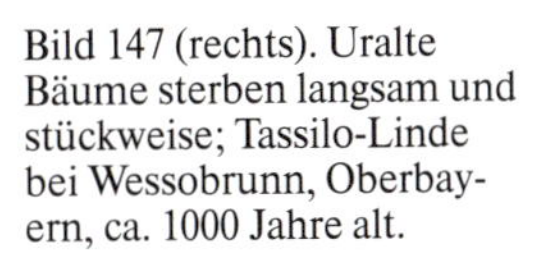

Bild 147 (rechts). Uralte Bäume sterben langsam und stückweise; Tassilo-Linde bei Wessobrunn, Oberbayern, ca. 1000 Jahre alt.

Der Forstwirtschaft ist natürlich daran gelegen, gutes Holz zu ernten und nicht „kernfaules“. Darum werden die meisten Waldbäume bei uns lange vor Erreichung ihrer natürlichen „Altersgrenze“ gefällt. Weit über diese hinaus werden Bäume durch Zementfüllungen, Eisenverschraubungen und sonstige Stützen erhalten, wenn sie besonderen Symbolwert für uns besitzen: Uralte „Kaiser“eichen, Dorflinden, Thing- und Markbäume verschiedener Art sind überall in Mitteleuropa zu bewundern (Bild 147). Wenn ihre Entstehung nicht durch historische Beurkundung verbürgt ist, läßt sich ihr wahres Alter nur noch annähernd schätzen. Da sie ausgehöhlt sind, hilft hier auch nicht die „Jahresringmethode“ weiter.

Mit Beginn der warmen Jahreszeit, bei den Laubbäumen zugleich die Zeit des Ausschlagens, steigert sich die Produktion von Baustoffen, und die neu gebildeten Wasserleitzellen werden größer, vor allem weitlumiger[1] angelegt. Gegen Sommerende entstehen dann wieder engere Zellen. Dies kann man am Stammquerschnitt mit bloßem Auge sehen: Es wechselt immer ein dunklerer Ring (enge Zellen) mit einem helleren (weite Zellen). Beide zusammen bilden den „Jahresring“ (Bild 148). Durch Zählen der Jahresringe läßt sich nicht nur das Alter eines Baumes bestimmen. Man kann heute durch vergleichende Forschung Aussagen treffen über gute und schlechte Wachstumsjahre (Klima, Schädlingsbefall, Waldbrand) in der Einzelgeschichte eines Baumes oder in der Geschichte eines ganzen Gebietes. Desgleichen läßt sich Jahrtausende zurück das Alter von Holzresten bestimmen und so Auskunft geben über die ungefähre Bauzeit frühhistorischer Objekte.

Die Jahresringe erscheinen allerdings nur dann mehr oder weniger als Ringe, wenn der Stamm (oder der Ast) quer zur Längsachse zersägt wurde. Bei anderer Schnittführung zeigen sie das, was wir als „Maserung“ des Holzes schätzen. Jeder Laie, der nur einmal mit Holz

Bild 148. Jahresringe am Stamm einer Fichte (*Picea abies*).

[1] von lat. lumen = Licht; hier: „lichte Weite“ der Röhren; weitlumig = mit großem Durchmesser

zu tun hatte, weiß, daß sich an der Maserung Holzarten erkennen lassen. So kann er erahnen, daß die Jahresringbildung zwar bei allen Holzgewächsen nach demselben Prinzip erfolgt, jedoch von Art zu Art typische Eigenheiten aufweist.

Ober- und unterirdische Sprosse

Arttypische - ja sogar gattungs-, familien- oder gar ordnungstypische - Eigenheiten finden wir in der vielgestaltigen äußeren Ausbildung der Sproßachsen aller Blütenpflanzen, sowohl der holzigen wie der krautigen Vertreter. Über die Ausformung des Sprosses werden auch Lebensansprüche der jeweiligen Pflanzenart realisiert. Steiles Wachstum nach oben, eher Ausdehnung in die Fläche oder eine günstige Kombination von beidem: Nur die Art kann sich dauerhaft halten, der es gelingt, sich in Konkurrenz zu anderen einen „Platz an der Sonne" zu verschaffen. (Sonnen-)Licht ist - wie im nächsten Kapitel zu erfahren - eine der Hauptbedingungen für pflanzliches Leben.

Wasser mit den gelösten Nährsalzen ist die zweite Hauptgrundlage. Dafür ist die Wurzel verantwortlich. Das Gasgemisch „Luft" ist die dritte Hauptbedingung. Es wird von den Blättern aufgenommen, die aus Kohlendioxid und Wasser mittels Sonnenlicht Nähr- und Baustoffe für die Pflanze produzieren.

Der Sproß verteilt: Er leitet nährsalzreiches Wasser zu den Produktionsstätten und bringt diese in günstige Position zum Empfang des Sonnenlichts. So kommt es zur Ausprägung der arttypischen Form: Es entsteht ein Teil des schwer Beschreibbaren, das Botaniker den „Habitus"[1] nennen, nicht zu verwechseln mit dem „Habitat"[2], dem Wuchsort.

Während bei manchen Arten der Hauptsproß mit allen verfügbaren Reservestoffen in die Höhe treibt, verzweigt er sich bei anderen in Bodennähe; und die Äste („Ausläufer") kriechen, die Konkurrenz möglichst überwuchernd, nach allen Seiten. Von diesen Ästen aus können dann weitere Abzweigungen in die Höhe streben. Zuweilen wechselt die Internodienlänge im Sproßsystem, so, wenn hochschießende „Langtriebe" seitlich viele (blattreiche) „Kurztriebe" bilden (schönstes Beispiel: Lärche, *Larix decidua).* Zugespitzte Kurztriebe (und auch stechende Sproßenden) werden in der Botanik „Dornen" genannt. Sie sind sehr solid gebaut und fest mit dem Stengel verbunden - im Gegensatz zu den spitzen Auswüchsen der Haut (Rinde), den „Stacheln" (s. auch S. 177). Letztere brechen oft schon bei schwachem seitlichem Druck ab (z.B. am Rosenstengel!; - für die Botanik gilt: Alle Rosen ohne Dornen, keine Rose ohne Stacheln).

Vor allem bei krautigen Gewächsen verlaufen die Ausläuferäste oft unterirdisch und damit besser geschützt. Meist dienen sie dann nicht nur der Ausbreitung, sondern auch als Vorratsspeicher. Man nennt solche unterirdischen Stengelteile „Wurzelstöcke", „Erdsprosse" oder „Rhizome"[3] (Bild 149). Sie können Wurzeln tragen, unterscheiden sich aber von Wurzeln (s. o.) durch ihre Gliederung in Knoten und Zwischenstücke, sowie durch die - äußerlich sichtbaren - Knospen (die „Augen"). Sehr oft sind auch Blätter vorhanden, die allerdings nicht ganz der üblichen Vorstellung vom „Blatt" entsprechen: stark vereinfachte Gebilde, „Schup-

Bild 149. Rhizom der Großen Brennessel (*Urtica dioica*).

[1] habitus, lat. = Gestalt, (äußere) Erscheinung, Tracht
[2] habitatio, lat. = Wohnung
[3] von rhiza, griech. = Wurzel; omos, griech. = gleich, wie

Bild 150. Schuppenrhizom der Schuppenwurz (*Lathraea squamaria*).

pen", die kein Blattgrün aufweisen und dementsprechend bläßlich wirken, auch wenn sie zuweilen durch andere Pigmente rötlich, bläulich, gelblich oder braun getönt sind (Bild 150).

Manchmal übernehmen die Schuppen die Vorratshaltung. Sie sind dann dicklich und sitzen dicht um den (mageren) Erdsproß herum. Beispiele für solche „Schuppenrhizome" finden sich bei Zahnwurz-Arten *(Dentaria)*. Dafür bekannt ist auch der weit verbreitete Sauerklee *(Oxalis acetosella)*; jedoch sind seine „Schuppen" nur die unteren Reste früherer Laubblätter.

Von den Rhizomen sind die oberirdischen Ausläufer (Stolonen[1]) bis auf einige Ausnahmefälle recht gut zu unterscheiden. Sie dienen meist der sicheren ungeschlechtlichen Vermehrung. Im typischen Fall bilden sich langkriechende, schnurförmige Sproßverzweigungen, die sich an ihrem Ende bewurzeln und Blätter treiben. Das zarte, neuentstandene Tochterpflänzchen wird für die erste schwere Zeit noch über den Ausläufersproß von der Mutterpflanze mitversorgt (Bild 151). So geschieht es bei den Erdbeeren *(Fragaria)* und vielen anderen „Ableger"pflanzen. Nicht ganz so eindeutig ist die Sache beim Weiß-Klee *(Trifolium repens)*. Seine Ausläufer liegen in der Regel flach dem Boden an, können sich indes auch etwas in ihn einwühlen oder gar durch den Tritt eines weidenden Tieres dorthin versenkt haben. Ob jedoch unter- oder oberirdisch wachsend, sie sind wie die Erdsprosse Vorratsbehälter für die von den Blättern erzeugten Nährstoffe. Im Gegensatz zu den Stolonen sterben sie nicht ab, wenn die Tochterpflanzen „erwachsen" werden, sondern bilden weiterhin ein bodennahes, reichverzweigtes, ausdauerndes Speichernetz.

[1] stolos, griech. = Reise, Ausfahrt, Weg

Bild 151. (Oberirdische) Ausläufer vom Gänse-Fingerkraut (*Potentilla anserina*).

Das Blatt

Was ist ein Blatt?

Ein „typisches" Blatt von einem „typischen" Sproß- oder Wurzelteil zu unterscheiden, fällt leicht. Doch schon beim Blattstiel fängt es an: Sproß oder Blatt? – Wo der eine ein einziges Rosenblatt erkennt, sieht der andere einen Stengel mit sieben Blättern. Vollends dubios wird die Sache bei Kiefernnadeln oder Schnittlauch-„stengeln". Andererseits gibt es flache Sprosse

Bild 152. Dieses Laubblatt der Rose (*Rosa*) ist eine Einheit, bestehend aus fünf Teilblättchen, einem Blattstiel und (an dessen Grund) zwei Nebenblättchen.

Bild 153. Brutblatt (*Bryophyllum* hort.) mit „Blattbrut".

– z. B. beim Flügel-Ginster, *(Chamaespartium sagittale)*, noch schöner beim südländischen Mäusedorn *(Ruscus aculeatus)* –, die man, unbefangen, als Blatt ansehen könnte.

Was also ist der entscheidende Unterschied zwischen dem Organ Blatt und den Organen Wurzel bzw. Sproß? Die Antwort ist peinlich: Es gibt letztendlich kein Merkmal, das, allein für sich genommen, eine rundum gültige Entscheidung zuläßt. Die überaus große Formenfülle der Blattorgane läßt keine Definition anhand äußerer Gestaltmerkmale zu. Auch über den inneren Bau und die damit zusammenhängenden Aufgaben kommt man zu keiner kurzen, allgemeingültigen Definition.

Es gilt zwar, daß Blätter nur am Sproß entstehen, nie aus der Wurzel. Doch am Sproß entstehen auch Seitensprosse oder Wurzeln. Ferner sollen aus Blättern weder Seitenblätter noch Sprosse oder Wurzeln treiben können. Indes kennt jeder Liebhaber von Zimmerpflanzen die Technik der Vermehrung von Blattstecklingen oder zumindest das Brutblatt (gärtnerischer Sammelname für mehrere(!) Arten der Gattung *Kalanchoë = Bryophyllum*), ein eher eigenartiges als schönes Dickblattgewächs, das schon JOHANN WOLFGANG VON GOETHE als Naturforscher aufs höchste fasziniert hat. Bei diesen Pflanzen bilden sich am Blattrand in Vielzahl Jungpflänzchen mit Würzelchen und kurzem beblättertem Sproß. Den Laien kümmert es wenig, daß diese Nachkömmlinge sich nicht direkt aus dem Blatt entwickeln, sondern aus „Brutkörpern", die der Blattrand gebildet und nicht rechtzeitig abgeworfen hat (Bild 153).

Es gilt weiter, daß das Blatt nur begrenzt wächst. Obschon wir im vorigen Kapitel von den Kurztrieben des Sprosses gehört haben, ist dies ein starkes Argument, wenn wir die Aussage noch etwas verfeinern.

Pflanzenwachstum geschieht vor allem durch Zellteilung. Nur junge, „embryonale", Zellen sind dazu fähig. Die bei jeder normalen Teilung entstehenden Tochterzellen können sich nach kurzer Zeit wiederum teilen. Damit bleibt das Gewebe embryonal und teilungsfähig. Sie können sich indes auch zu Arbeitszellen mit bestimmten Aufgaben umwandeln. Damit werden sie „erwachsen“ und sind nicht mehr „verjüngungsfähig“. Der Abnutzung ausgesetzt, sind sie dem natürlichen Alterungsprozeß unterworfen, der zum Absterben führt.

An Sproß- und Wurzelenden bleiben nach jeder Teilung die vorderen Tochterzellen embryonal, während die hinteren zu Arbeitszellen auswachsen. Damit ist für die beiden Organe ein (potentiell) unbegrenztes „Spitzenwachstum“ möglich. Sie können, vorausgesetzt die äußeren Bedingungen (Nährstoffangebot, Temperatur usw.) stimmen, unbegrenzt weiterwachsen.

Beim Blatt indes stellen vor allem die Zellen an der Spitze früh ihre Teilungstätigkeit ein. In der Regel folgen ihnen die weiter zurückliegenden Zellen darin bald nach[1]. Das Blatt ist also das Pflanzenorgan mit beschränktem Spitzenwachstum und folglich mit begrenzter Lebensdauer.

Es lebt in der Regel nicht so lange wie die ganze Pflanze, an der es entsteht. Ist es „abgenutzt“ oder überflüssig geworden, bildet sich zwischen ihm und dem Sproß ein Trenngewebe, das die Ablösung erleichtert. In unseren Breiten verschleiert der herbstliche Blattfall etwas den Blick auf den eigentlichen Grund des Abwurfes.

Bild 154. Welwitschie (*Welwitschia mirabilis*) aus Namibien.

Im gleichmäßigen Klima der Tropen findet indessen ebenfalls „Blattfall“ statt; nur verteilt sich dieser über das ganze Jahr und ist darum lange nicht so auffällig wie unsere Herbstverkahlung.

Jedoch auch bei den „immergrünen“ Laubgewächsen und den winterfesten Nadelhölzern unserer Flora ist die Lebensdauer der Blattorgane beschränkt und ständiger Blattfall gang und gäbe. Damit entledigen sich die Pflanzen einer Menge überschüssiger Kalkreste (aus dem Bodenwasser), aufgenommener Luftschadstoffe[2] und giftiger Endprodukte ihres Stoffwechsels[3]. Der Blattabwurf bedeutet also für die Pflanze zugleich eine „Entschlackung“[4]. Es hieße nun aber das Pferd von hinten her aufzuzäumen, wollte man die Entschlackung als Hauptaufgabe der Blattorgane bezeichnen.

Blattformen und ihre Funktionen

Bei der Entwicklung zur Landpflanze übernahmen die Blätter die Funktion der Bau- und Betriebsstoffproduktion. Diese erfolgt mit Hilfe der Sonnenenergie aus Bauelementen, die einerseits aus der Luft, andererseits aus dem Boden kommen. Die Fähigkeiten, Sonnenenergie zu nutzen, Luft aufzunehmen und das Nach-

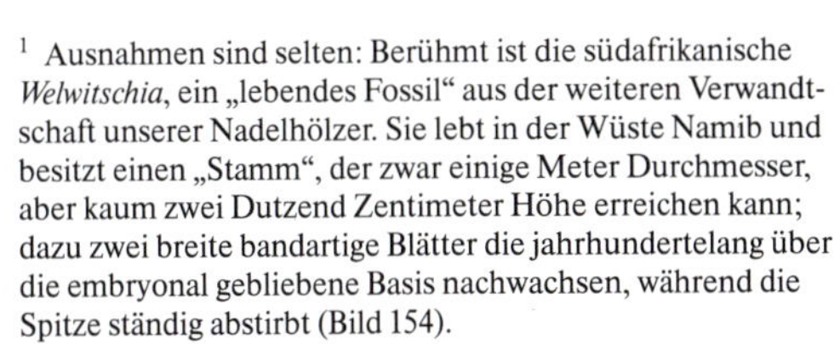

[1] Ausnahmen sind selten: Berühmt ist die südafrikanische *Welwitschia*, ein „lebendes Fossil“ aus der weiteren Verwandtschaft unserer Nadelhölzer. Sie lebt in der Wüste Namib und besitzt einen „Stamm“, der zwar einige Meter Durchmesser, aber kaum zwei Dutzend Zentimeter Höhe erreichen kann; dazu zwei breite bandartige Blätter die jahrhundertelang über die embryonal gebliebene Basis nachwachsen, während die Spitze ständig abstirbt (Bild 154).
Von manchen einheimischen Arten der Einkeimblättrigen ist solches „Basalwachstum“ ebenfalls bekannt. Allerdings beschränkt sich dieses auf einen sehr kurzen Zeitraum (höchstens einige wenige Monate).

[2] Die „immergrünen“ Nadelhölzer nutzen ihre Blattnadeln mehrere Jahre. Schon seit vielen Jahrzehnten ist bekannt, daß sie in Industriegebieten zu kümmern beginnen und eingehen. Durch vermehrte Aufnahme von Luftschadstoffen altern die Blätter früher und werden eher abgeworfen. Der Baum kann aber mit ein bis zwei Nadelgenerationen nicht mehr die Wuchsleistung erbringen wie mit vier oder fünf.

[3] Bei wasserbewohnenden Lebewesen werden die schädlichen Stoffwechselprodukte meist durch das umgebende Medium ausgewaschen. Höhere (Land-)Tiere haben zur Entgiftung Nierensysteme entwickelt.

[4] H. Ziegler in „Strasburger, Lehrbuch der Botanik“, Fischer, Stuttgart, 1991

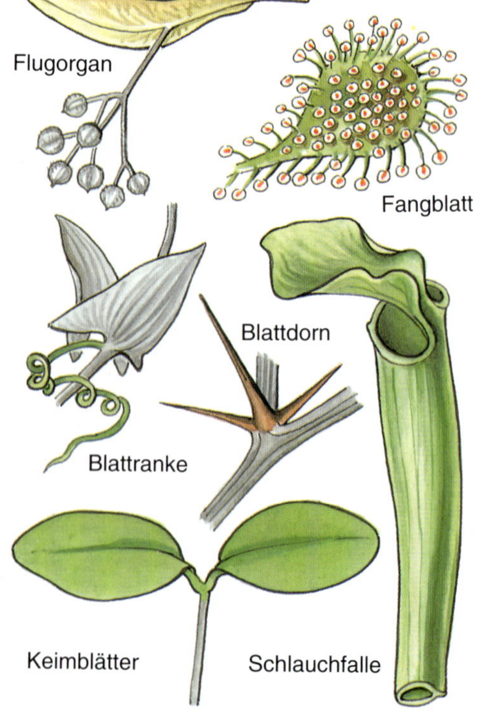

steigen des Bodenwassers zu gewährleisten, waren also die Grundvoraussetzung für die Erfüllung der Aufgabe. Veränderungen in Form oder Bau des Blattes haben sich meist dann durchgesetzt, wenn sie jene Fähigkeiten verbessern halfen. Indessen gibt es zu Lande recht verschiedene Standorte in bezug auf Sonneneinstrahlung und Wasserführung des Bodens. Die Angleichung der Fähigkeiten an die jeweiligen Besonderheiten der Standorte brachte auch gestaltlich eine Vielzahl von „Marken“ und „Modellreihen“ hervor.

Die überwiegende Mehrzahl der Blätter hat als Grundform die flächige Ausbreitung, wie es sich für Sonnenkollektoren und Hochleistungsverdunster gehört. Nachdem aber die Fläche „erfunden“ war, zeigte es sich bald, daß diese auch zum Abdecken oder Einwickeln hervorragend geeignet war; wie wir es vom „Blatt Papier“ kennen, das auch nicht nur zum Beschreiben taugt. So sind Blattorgane für die unterschiedlichsten Zwecke entstanden:

Bild 155 (linke Seite). Grundorgan „Blatt“, Anpassung der Gestalt an den Wechsel der Aufgaben.

Laubblätter zur Produktion von Nährstoffen - im Bau angepaßt an Vor- und Nachteile des jeweiligen („Industrie“-)Standortes; dünne zarte Schattenblätter, dickfleischige Wasserspeicher, Hitzeabweiser mit weißpelzigem „Burnus“ oder (immergrüne) Nadeln, die der Trockenheit trotzen und denen auch die winterliche Gefrornis nichts anhaben kann.

Schuppen(blätter) als Abdeckschutz für Knospen, zarte Stengel und Stengelspitzen; oder als besondere Vorratsbehälter, wie wir sie z. B. von den Zwiebeln kennen.

Keimblätter übernehmen Ammendienst am Sämling; sie sind teils nur Vorratsbehälter, teils aber auch noch Nährstoffproduzenten.

Kelch-, Blüten-, Staub-, und Fruchtblätter stehen im Dienste der Fortpflanzung; Kelchblätter tragen meist als Schutzorgane, Blütenblätter oft durch „Öffentlichkeitsarbeit“ zum Gelingen der Bestäubung bei; Staub- und Fruchtblätter sind direkt an der Fortpflanzung beteiligt.

Fangblätter versorgen manche Pflanzen mit Stickstoff tierischer Herkunft; sie sind befähigt, Verdauungsenzyme auszuscheiden und Nährstoffe zu resorbieren; während einige noch durchaus „Blattform“ besitzen, haben sich andere zu sonderbaren dreidimensionalen Fallengebilden entwickelt.

Blattranken sichern dem Sproß zusätzlichen Halt, Blattdornen schützen ihn. Manches Blütentragblatt dient als Flugorgan. Bei (Aufsitzer-)Pflanzen des tropischen Nebelwaldes besorgen oft Blätter die Wasseraufnahme (z. B. bei den „Tillandsien“).

Mit hohem wissenschaftlichem Aufwand läßt sich auch die ausgefallenste Sonderform auf das „Urblatt“ zurückführen. Leicht gelingt dies bei den Laubblättern. Im Rahmen dieses Buches müssen wir uns aber auch bei diesen auf das Typische beschränken und abgeleitete Besonderheiten unerwähnt lassen.

Das Laubblatt

Wie schon erwähnt, produzieren Laubblätter, grob gesagt, organische Nährstoffe. Das ist die Regel. Nicht jede Samenpflanze besitzt solche Blätter. Schmarotzerpflanzen holen sich ihre Nahrung von anderen. Bei den Kakteen (in unsere Flora nur selten eingeschleppt) sind die Blattorgane zu Dornen umgewandelt, und der dickfleischige Sproß hat die Funktion der Laubblätter übernommen. Dies ist eine Anpassung an den Standort (s. u.). Andeutungsweise finden wir solchen Funktionswechsel auch bei heimischen Arten. Grüne Sproßstücke sind grundsätzlich in der Lage, Aufgaben der Laubblätter zu übernehmen.

Aufbau und Aufgaben

Diese Aufgaben sind, wie schon angedeutet, vor allem die Sicherstellung des Wassersteigens durch Transpiration[1] und die Produktion energiereicher Grund(nähr-)stoffe zum Bau und Betrieb des Pflanzenkörpers (Photosynthese)[2].

Bild 156. Flügel-Ginster (*Chamaespartium sagittale*); sein verbreiterter, blattarmer oder blattloser Stengel kann Aufgaben der Laubblätter (Photosynthese) übernehmen.

[1] Transpiration, Wasserverdunstung, (Schwitzen), von lat. transpirare = aushauchen

[2] Aus griech. phos = Licht; und syn-theo = zusammen-binden; also: Aufbau mit Hilfe von Licht

Photosynthese und Nährstoffproduktion
Bei der Photosynthese wird in den Blattgrünkörpern (Chloroplasten[1]) durch die Pigmente und viele andere Hilfsstoffe die Sonnenenergie in chemische Energie umgewandelt und diese zur Spaltung des Wassers in Wasserstoff und Sauerstoff benutzt. Der Wasserstoff wird nun auf Kohlendioxid (Bestandteil der Luft) übertragen. Es entsteht der energiereiche Traubenzucker. Der Sauerstoff wird als „Abfall" ausgeschieden (s. S. 45). Durch den Abbau des Traubenzuckers gewinnt die Pflanze Stoffwechselenergie. Aus ihm stellt sie auch alle zum Aufbau nötigen Stoffe her: Fette, Amino- und Nukleinsäuren. Überschüssiger Zucker, den die Pflanze nicht sofort verbraucht, wird in Reservestoff, meist Stärke, umgewandelt und gespeichert.

Dies klingt recht einfach, und der Prozeß wird von Pflanzen seit Jahrmilliarden so bewerkstelligt. Er funktioniert aber nur, wenn eine Menge kleinster Detailschritte, haargenau aufeinander abgestimmt, hintereinander ablaufen. Die Wissenschaft hat einen Großteil von ihnen samt ihrer Steuerung erforscht, doch ist es bis heute noch nicht gelungen, die Gewinnung von Wasserstoff aus Wasser und Sonnenlicht technisch – und so billig – nachzuvollziehen. Gelänge dies, hätten wir bald einige Sorgen hinsichtlich der Luftverschmutzung weniger, denn Wasserstoff läßt sich mit Sauerstoff mit großem Energiegewinn verbrennen, dabei entsteht als Abfallprodukt lediglich wieder Wasser.

Die Pflanze stellt also aus fremden Stoffen körpereigene Stoffe her. Wir nennen den Vorgang, bei dem andere Materialien dem Körpermaterial „angeglichen" werden, „Assimilation"[2]. Auch Tiere assimilieren, und wenn wir Schweinefleisch mit Kartoffeln verzehren, assimilieren wir beides zu Menschenfleisch und Menschenspeck, vorausgesetzt die Portion ist reichlich groß. Der Unterschied besteht darin, daß Pflanzen anorganisches Material (Luft, Wasser und Mineralsalze) assimilieren. Tier und Mensch gehen von organischem Material aus, das von anderen Lebewesen stammt. Dieses zersetzen sie zunächst (Verdauung); dann werden die Spaltprodukte „verlesen", Brauchbares aufgenommen, Unbrauchbares („Ballaststoffe") ausgeschieden. Pflanzen benötigen hingegen keine Verdauungsorgane und produzieren keinen Kot.

Der oft gehörte Satz „Pflanzen assimilieren, Tiere verdauen" ist also falsch. Er wird an Falschheit nur noch übertroffen von der weit verbreiteten Ansicht: „Pflanzen atmen Kohlendioxid ein, Tiere atmen Sauerstoff ein". Alle Lebewesen, abgesehen von einigen Bakterien, Hefepilzen und anderen Kleinstgeschöpfen, nehmen Sauerstoff auf (äußere Atmung). Sie oxidieren mit diesem („kalte Verbrennung") kohlenstoffreiche „Betriebsstoffe" zur Energiegewinnung (innere Atmung). Dabei entsteht Kohlendioxid, das ausgeschieden wird. Die Atmung ist unabhängig vom Sonnenlicht und findet damit auch bei Pflanzen rund um die Uhr statt.

Bei den Samenpflanzen erfolgt ein Großteil der Atmung über das Blatt, doch auch Sprosse und Wurzeln atmen; letztere können sogar ersticken, wenn der Boden zu dicht ist oder alle seine Poren ständig mit Wasser gefüllt sind.

Trotz alledem sind Pflanzen „Luftverbesserer". Bei der Veratmung von Betriebsstoff entsteht zwar etwa so viel Kohlendioxid, wie zu seiner Bildung bei der Photosynthese verbraucht wurde, und es wird auch ungefähr dieselbe Menge Sauerstoff gebunden, die vorher freigesetzt worden war. Jedoch wird der ganze Baustoff für das Wachstum durch Kohlendioxidentnahme aus der Atmosphäre gewonnen – unter gleichzeitiger Sauerstoffanreicherung. Fazit: Eine Pflanze kann nur wachsen und gedeihen, wenn ihre „Photosyntheserate" höher ist als ihre „Atmungsrate", d.h., ihr Sauerstoffausstoß größer ist als ihr Sauerstoffverbrauch.

Grundbauplan des Blattes
Der Bau des Blattes ist bei den Samenpflanzen auf bestmögliches Funktionieren der Photosynthese und der an sie anschließenden Vorgänge

[1] chloros, griech. = gelbgrün; plastos, griech. = geformt. Chloroplasten sind mehr oder weniger linsenförmige, kompliziert gebaute Organellen, die in großer Zahl in Pflanzenzellen vorkommen. Nur sie enthalten neben anderen Pigmenten Chlorophyll (Blattgrünfarbstoffe), das die Grünfärbung bewirkt (s. auch S. 44).
[2] ad, as(-s), lat. = dazu-, heran-; similis, lat. = gleich, ähnlich

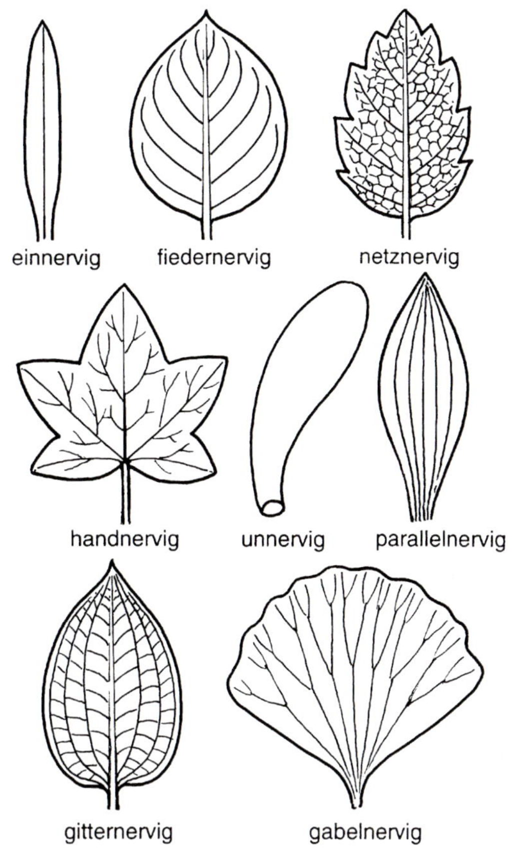

Bild 157. Blattaderung (Nervatur)

ausgerichtet. Leitbündel - mit Holz- und Siebteil (s. o.) - stellen die Verbindung zwischen den Produktionsstätten und dem Sproß her. Der Blattstiel bildet - falls vorhanden - den Hauptverbindungsstrang zur restlichen Pflanze. Am Blatt selbst sind die Gefäßbahnen meist gut zu sehen. Die stärkeren stehen häufig sogar etwas hervor, feinere kann man oft im durchscheinenden Licht erkennen: Sieb- und Holzzellen sind frei von bzw. arm an Blattgrün, und so zeichnen sich die Bündel als helle Linien ab, wenn man das Blatt gegen das Licht hält.

Die Leitbündel durchziehen, sich verzweigend, das ganze Blatt. Sie werden „Blattadern" oder „Blattnerven" genannt, die Hauptästchen oft auch „Blattrippen". Ihre Verzweigung - bzw., was davon mit bloßem Auge zu erkennen ist - spielt für die Erkennung gewisser Gruppen eine wichtige Rolle. So unterscheiden wir bei der Bestimmung z. B. fieder-, hand-, netz-, parallel- (oder bogen-) und gitternervige Blätter und solche, bei denen nur der Hauptnerv (einnervige) oder überhaupt kein Leitbündel (ungenervte) sichtbar ist (Bild 157).

Zwischen den Leitbündeln erstreckt sich in der Regel das eigentliche Blattgewebe in zwei Schichten. Die obere ist meist das Palisadengewebe. Hier stehen eng nebeneinander längliche Zellen, prall mit Blattgrünkörpern (s. S. 158) gefüllt. Dies ist der Ort der Photosynthese. Im mikroskopischen Querschnitt (s. Bild 158) ähnelt diese Schicht tatsächlich einem dichten Zaun aus Pfählen, einer Palisade. Im Gegensatz dazu stehen im darunterliegenden Gewebe ungleich geformte Zellen so locker, daß sich zwischen ihnen weite Leerräume auftun.

Dies ist das Schwammgewebe - „mit Löchern wie ein Schwamm" -, in dem der Gasaustausch stattfindet: Eingedrungene Außenluft wird mit

Bild 158. Querschnitt durch das Blatt der Christrose (*Helleborus niger*); unter der Oberhaut das Palisadengewebe, im Schwammgewebe ein Blattnerv (Leitbündel) - quer getroffen, links unten Spaltöffnung. Gefärbtes Präparat.

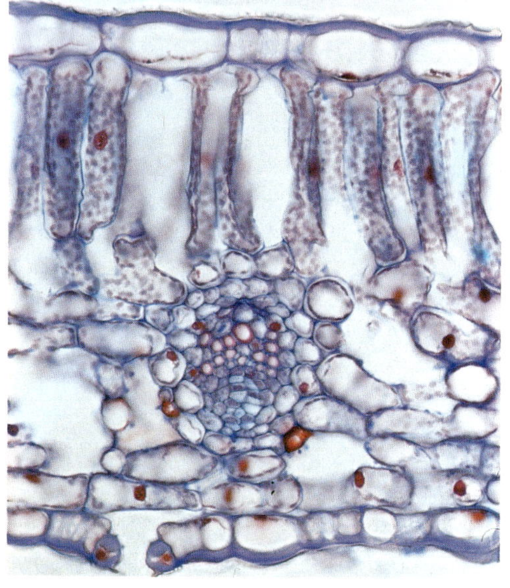

Bild 159. Blattunterhaut Christrose (*Helleborus niger*), Aufsicht, mit drei Spaltöffnungen. Differential-Interferenzkontrast.

Photosynthese-Sauerstoff angereichert, gleichzeitig wird ihr das Kohlendioxid entzogen. Auch gasförmiges Wasser (Wasserdampf, „Luftfeuchtigkeit") erfüllt die „Schwammporen" und dringt von dort nach außen (s. u.).

Bild 160. Aufsicht auf die Blattunterhaut der Tulpe (*Tulipa*); deutlich sichtbar die „puzzle"-artige Verzahnung der Zellen; Spaltöffnungen rotbraun (kaffeebohnenähnlich). Gefärbtes Präparat.

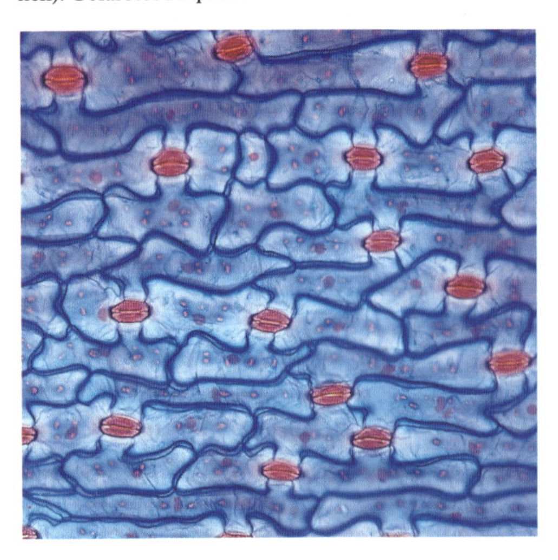

Schwammschicht, Palisadenschicht und Leitbündel werden von der Blatthaut (Epidermis[1]) bedeckt. Sie ist nur eine Zellreihe dick und dennoch ungemein zäh. Ihre Zellen, die im mikroskopischen Querschnitt eng aneinandergereihten Würfeln gleichsehen, zeigen von oben betrachtet ein ganz anderes Bild: Durch unregelmäßige Vorsprünge und Buchten ineinander verkeilt, ähneln sie einem fertig gelegten Puzzlespiel, das bekanntermaßen eine gewisse Festigkeit hat, auch wenn seine Einzelteile nicht miteinander verklebt sind (Bild 160).

In der Regel unterscheidet sich die obere (lichtseitige) Blatthaut, die „Oberhaut", von der unteren (lichtabgewandten), der „Unterhaut". Beide sind nach außen durch eine ausgeschiedene Deckmasse, die Kutikula[2], verschlossen. Ein wenig läßt sie sich mit der Talgschicht auf lange nicht gewaschener Menschenhaut vergleichen. Sie besteht jedoch aus dem Stoff Cutin, in den lamellenförmig Wachs eingelagert ist. Sie ist absolut wasserdicht und schützt das Blatt vor ungewollter Verdunstung. Cutin und Wachs werden von den Hautzellen ausgeschieden; dies geschieht übrigens auch an Sproßteilen oder an manchen Früchten: Wer einen Apfel glänzend reibt, poliert das Wachs der Kutikula. Oft wird soviel Wachs abgesondert, daß es auf der Kutikula (ohne Cutin) auskristallisiert und einen abwischbaren grau-blauen (seltener rötlichen) „Reif" (z. B. Pflaume) oder einen körneligen, grauweißlichen „Mehl"überzug bildet.

Die Unterhaut hat oft eine etwas dünnere Kutikula. Vor allem aber sind in ihr Zellgewebe zahlreiche „Spaltöffnungen" eingebaut (Bilder 159, 160). Im einfachsten Fall werden diese durch zwei nebeneinander liegende längliche Zellen, die „Schließzellen", gebildet. Sie enthalten im Gegensatz zu den anderen Unterhautzellen Chloroplasten (s. S. 158) und sind außerdem nur an den Längsenden miteinander verwachsen. Bei Tagesanfang beginnt die Photosynthese. Dies führt über eine Reaktionskette zu einer Anreicherung von Salz(ionen) in

[1] epi, griech. = auf; derma, griech. = Haut
[2] cutis, lat. = Haut; cuticula, Verkleinerungsform von cutis, (also = Häutchen)

ihrem Zellsaftraum. Wie eine versalzene Leberwurst in der Brühe saugen sie deshalb aus ihrer Umgebung - die keine Photosynthese betreibt - Wasser und schwellen an. Raffiniert angebrachte „Korsett"leisten in ihren Zellwänden sorgen dafür, daß sich die Mittelteile voneinander wegkrümmen: Ein Spalt öffnet sich. Wenn zum Abend die Photosynthese endet, sinkt die Salzkonzentration, die Nachbarzellen saugen Wasser zurück, die Schließzellen werden schlaffer und der Spalt schließt sich. Durch diesen Spaltöffnungsmechanismus sorgt die Pflanze zu Photosynthesezeiten für ausreichende Belüftung des Schwammgewebes, d.h., für intensiven Gasaustausch.

Transpiration

Die Spaltöffnungen besorgen aber auch einen Großteil der Transpiration. Blattflächen eignen sich besonders gut zur Wasserverdunstung. Die wird aber durch die Kutikula erschwert. Dagegen kann durch die offenen Spalte viel Wasserdampf entweichen. An sonnenreichen Tagen übernehmen sie bis zu 70% der Gesamt-Transpiration. Über die Leitbündel steigt von unten die Menge Wasser - mit gelösten Nährsalzen - nach, die oben verdunstet. Zur Umwandlung von Photosynthese-Traubenzucker in Pflanzen-Protein (-Eiweiß) sind Nährsalze (mit Stickstoff, Phosphor und Schwefel) notwendig. So stimmt die ganze Sache: Bei guter Lichteinstrahlung wird viel Traubenzucker hergestellt, und weil die Spaltöffnungen geweitet sind, wird viel Wasser verdunstet und damit werden auch mehr Nährsalze vom Boden nachgesogen. Die große Menge an Traubenzucker kann dadurch in andere wichtige Stoffe umgewandelt werden. In der Nacht wird kein Traubenzucker neu gebildet, die Spaltöffnungen sind bis auf mikroskopisch kleine Ritzen dicht. Die Transpiration wird auf „Sparstufe" gefahren.

Ein zweiter Effekt kommt noch dazu. Wasserverdunstung ist mit Wärmeverlust verbunden. In der kühlen Nacht bedeutet geringe Transpiration geringen Wärmeverlust. Am sonnenheißen Tag bringt starke Transpiration Abkühlung. Die ortsgebundene Pflanze kann im Gegensatz zu Mensch und Tier bei starker Sonneneinstrahlung nicht den schützenden Schatten aufsuchen. „Schwitzen" bringt ihr die lebenserhaltende Abkühlung: Je mehr Sonne, desto höher die Photosyntheserate, desto weiter die Spaltöffnungen, desto stärker die Transpiration, desto mehr Kühlung.

Dies ist das Idealbild. In der Praxis hängt vieles von der Verfügbarkeit des Wassers im Boden ab; die Pflanze „wandelt" oft auf schmalem Grat zwischen Tod durch Überhitzung und Tod durch Verdursten. Wegdrehen der Blätter aus dem prallen Sonnenlicht, Verkleinerung der Verdunstungsfläche durch Einrollen sind aktive Gegenmaßnahmen. Kommt es zu größeren Wasserverlusten, erschlaffen nicht nur die Schließzellen, und der Verdunstungsspalt wird schmäler. Alle Blattzellen verlieren an Spannkraft. Das Blatt beginnt zu welken. Es hängt schlapp herunter und wird runzelig. Dadurch ist es nicht nur aus der Haupteinstrahlungsrichtung weggenommen. Durch die Falten wird auch seine Ausdunstungsfläche verkleinert und die Wasserdampfabgabe behindert - wie bei einem Wäschestück, das viel langsamer trocknet, wenn es zusammengeknäuelt über die Leine gehängt wird. Falls der Welk-Zustand nicht lange andauert, kann sich das Blatt nach Wasserzufuhr ohne bleibenden Schaden wieder erholen[1]. Sonst kommt es innerhalb weniger Tage zum Notabwurf größerer Blattmengen. In unseren Breiten ist dies in manchen Sommern die letzte Chance für viele Bäume, längere Hitzeperioden zu überdauern. Wenn die Leitbündel austrocknen, kann in ihnen nie wieder Wasser aufsteigen. Der Abwurf der Hauptverdunster bringt eine große Wasserersparnis. Sie wird indessen mit Wachstumsverlust erkauft, da die „Hauptverdunster" zugleich die „Haupternährer" sind.

Andererseits haben Pflanzen kühler, ausreichend feuchter Standorte auch ihre Schwierigkeiten. In der Kühle, besonders dann bei Nacht,

[1] Dies gilt nicht allein für die Blätter, sondern für die ganze Pflanze. Ein Feldblumenstrauß, den heutzutage ein fürsorglicher Naturfreund nicht mehr pflückt, kam früher an warmen Tagen und in schwitziger Hand vollkommen schlapp zu Hause an. Nach kurzer Zeit in der Blumenvase hatte er sich prächtig „erholt".

Bild 161. Frauenmantel (*Alchemilla vulgaris*); die „Tauperlen" am Blattrand sind von der Pflanze ausgeschieden worden.

sind die Verdunstungsmöglichkeiten gering. Der Nährsalztransport kommt ins Stocken. Hier helfen oft „Wasserspalten" am Blattrand, vermutlich eine Weiterentwicklung der normalen Spaltöffnung. Wasserspalten scheiden (aktiv) Flüssigwasser ab, das oft noch in der Morgenkühle wie Tauperlen den Blattrand umsäumt (z. B. an Frauenmantel, *Alchemilla vulgaris*, Bild 161 oder Kapuzinerkresse, *Tropaeolum majus*).

Nadelblätter und andere Sonderformen

Die Umwidmung von Spaltöffnungen am Blattrand zu Wasserspalten ist ein Beispiel von vielen, wie durch kleine Änderungen am Grundbauplan das Laubblatt unter verschärften Bedingungen funktionstüchtig geblieben ist. Unterschiedliche Detailänderungen haben es den einzelnen Arten oder Gruppen ermöglicht, alternative Standorte zu besiedeln. Viele solcher Änderungen sind beim bloßen Anblick nicht wahrnehmbar und doch überaus lebenswichtig, wie z. B. bei den Seerosen *(Nymphaea)*. Ihre Blätter liegen der Wasseroberfläche auf, sie „schwimmen", wie der Fachausdruck sagt. Im Gegensatz zu anderen Wasserbewohnern reicht der Seerose zum guten Gedeihen das im Wasser gelöste Kohlendioxid nicht. So ist die Oberhaut ihrer Blätter - statt der dem Wasser aufliegenden Unterhaut - mit Spaltöffnungen versehen. Von ihnen führen Kanäle durch die Palisadenschicht hindurch in das Schwammgewebe.

Eingesenkte oder auf Höckern hervorragende Spaltöffnungen fallen dem Feldbotaniker meist ebensowenig auf wie Blätter mit mehrschichtigem Palisadengewebe oder „verkehrte" Blätter. Bei ihnen kommt unter der Oberhaut zuerst das Schwammgewebe und erst darunter die Palisadenschicht, so z. B. beim Bärlauch *(Allium ursinum)*.

Dagegen haben bei einer kleinen, aber unübersehbaren Minderheit unter den Pflanzenarten Bauplanänderungen des Laubblattes über viele, zum Teil heute noch vorkommende Zwischenstationen zu einem völlig veränderten Formen-Typ geführt: Es ist dies das „Rundblatt". Bei manchen seiner Extremausführungen ist man eher geneigt, an eine Abkunft vom Sproß als an eine Abkunft vom Blatt zu denken. Doch gerade über die „Zwischenstationen" läßt sich seine Entwicklung als Blatt leicht beweisen.

Das Rundblatt kann entweder lang und durchaus stengelähnlich sein wie bei manchen Binsen *(Juncus)* und Lauch-Arten *(Allium)*. Ist es kurz bis mittellang, derb, steif oder elastisch, nennen wir es Nadel. Für Nadelhölzer *(Pinopsida)* ist dieser Rundblatt-Typ charakteristisch, neben kurzen, etwas breitflächigeren „Schup-

Bild 162. Röhren-Zwiebel (*Allium fistulosum*) mit Rundblättern (vordere zur Demonstration abgeschnitten).

pen"(-nadeln). Es gibt aber auch einige andere Nadelträger z. B. Glocken-Heide *(Erica tetralix)*, die nicht zu den Nadelhölzern gehören. Rundblätter können jedoch auch eine fleischig-dickliche, kurzwalzliche Form haben, wie bei Mauerpfeffer-Arten *(Sedum)*.

Im Gegensatz zum normalen Blatt erstreckt sich bei ihnen die Palisadenschicht rundum unter der ganzen Blatthaut. Das Schwammgewebe, falls vorhanden (s. u.), erfüllt den Blattinnenraum.

Das normale, flächige Laubblatt ist vom inneren Bau her deutlich „zweiseitig". Die Oberseite ist meist (s. o.) durch die Palisadenschicht, die Unterseite durch die Schwammschicht gekennzeichnet. Das Rundblatt mag vielleicht äußerlich eine flachere Oberseite und eine eher gewölbte Unterseite aufweisen, doch von den Bausteinen (Zellen) her gibt es keinen Unterschied zwischen „oben" und „unten", höchstens zwischen „außen" und „innen". Es ist „einseitig" oder „gleichseitig".

Der Fachmann unterscheidet noch zwischen einseitigem und gleichseitigem Rundblatt. Für den Laien ist eine solche Unterscheidung wenig wichtig. Als Grobunterschied gilt: Beim einseitigen Blatt liegen die Nerven in einem Kreis nahe der Außenrandung, manchmal als Längsrippen sichtbar (z. B. Blaugrüne und Knäuel-Binse; *Juncus inflexus, J. conglomeratus*). Das gleichseitige Blatt besitzt dagegen zentrale Leitbündel. Meist ist nur noch ein Leitbündelstrang vorhanden, seltener sind zwei eng zusammenstehende Stränge wie bei den Nadelhölzern und beim Mauerpfeffer *(Sedum)*.

Das Rundblatt ermöglichte den Landpflanzen die Besiedlung zumindest periodisch wasserarmer Standorte[1]. Das wasserverdunstende

Bild 163. Nadelartige Rundblätter; Glocken-Heide (*Erica tetralix*).

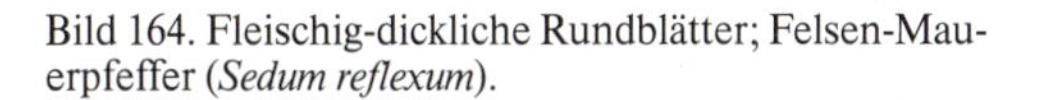

Bild 164. Fleischig-dickliche Rundblätter; Felsen-Mauerpfeffer (*Sedum reflexum*).

[1] Wasserarmut herrscht z. B. im Winter bei Minustemperaturen im Boden („Frosttrocknis"). Sie betrifft vor allem immergrüne Gewächse. Oft schädigen auch im Wasser gelöste Stoffe die Wurzelhaare und begrenzen so die Aufnahmekapazität. Selbst Pflanzen, die an solche Extreme angepaßt sind (z. B. Salzboden-Arten), drosseln wie Trockenpflanzen die Transpiration, um Zeit für den Abbau der aufgenommenen Schadstoffkonzentration zu gewinnen. Deshalb gleichen viele Pflanzen der regenreichen Meeresküste im Blattbau den Bewohnern der trocken-heißen Steppenrasen.

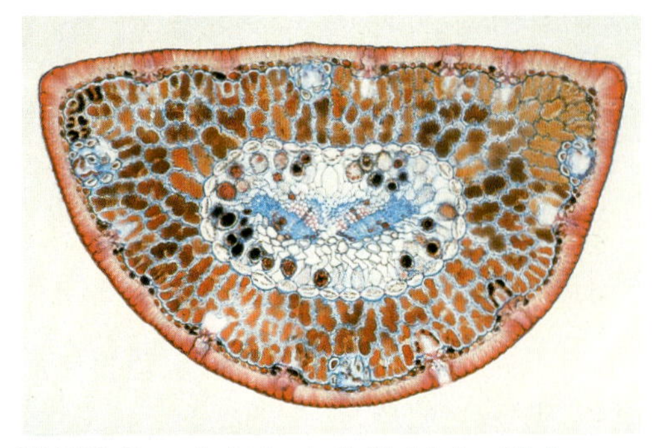

Bild 165. Querschnitt durch die Nadel einer Kiefer (*Pinus sylvestris*); im Zentrum 2 Leitbündel, eingebettet in das (helle) Stoffaustauschgewebe. Dieses ist durch einen einreihigen Zellenring gegen das (dunkelrote) Armpalisadengewebe abgegrenzt; an dessen Außenrand einige Harzkanäle (blau), an der Grenzlinie zur Außenhaut eine kleinzellige (intensiv gefärbte) und meist einreihige Trennhülle. In der Außenhaut sind einige eingesenkte Spaltöffnungen (± genau) halbierend (= median) getroffen. Gefärbtes Präparat.

Schwammgewebe wurde ins Blattinnere verlegt. Mit der Außenluft ist es meist nur noch durch engröhrige Spalten verbunden. Zuweilen ist es ganz verschwunden. Bei Überlebenskünstlern trocken-heißer Standorte wurde es zu einem Gewebe wasserspeichernder Zellen (Mauerpfeffer-Arten, *Sedum*).

Unsere Nadelhölzer indes sind auf Wasserarmut zur Winterzeit spezialisiert. Hier helfen keine prall mit Wasser gefüllten Speicher. In den doch ziemlich dünnen und damit leicht auskühlenden Nadeln reichte die vom Zellplasma erzeugte Lebenswärme nicht aus, Eisbildung in den relativ großen, zusammenhängenden Wassermassen der einzelnen Speicherzellen zu verhindern. Da Eis einen größeren Raum einnimmt als das Wasser, aus dem es sich bildet, würde es die Zellen zersprengen.

Die typische Nadelholznadel kann als ein – derzeitiges – Endglied der Entwicklung des Rundblattes gelten. Dementsprechend extrem sind ihre Bauunterschiede zum Zweiseiten-Blatt (Bild 165). Das mit Blattgrünkörpern angereicherte Palisadengewebe verdient seinen Namen kaum mehr. Seine in mehreren Schichten übereinanderliegenden Zellen sind rundlich-vieleckig. Ihre Innenwände sind durch Leisten versteift, deren Rücken weit in den Zellraum hineinragen. Im mikroskopischen Querschnitt sind die Leistenrücken als strichförmige Einstülpungen (Arme) zu sehen. Ihretwegen heißt diese Art von Photosynthesegewebe auch „Armpalisadenschicht". Typisch ist für Nadelhölzer die allbekannte, überreiche Harzproduktion. Das für uns wohlriechende Harz (das im Lauf der Jahrtausende zu Bernstein erstarrt) ist ein Abschreckmittel gegen Pflanzenschädlinge und dient zugleich dem – auch verdunstungshemmenden – Wundverschluß. Die harzführenden Kanäle im Armpalisadengewebe sind somit eine nadelholztypische Besonderheit. Die ein bis zwei Leitbündel in der Nadelmitte werden von einem wenigschichtigen „Stoffaustauschgewebe" umhüllt. Zwischen der Nadeloberhaut und dem Armpalisadengewebe sind noch einige Schichten stark verholzter, abgestorbener Festigungszellen eingefügt. Die Versteifung der Hülle erklärt sich wie die Verfestigung der Palisadenschicht mittels Leisten dadurch, daß die „tragende Säule" dieses Rundblattes, das Leitbündel, im Zentrum angeordnet ist. Beim zweiseitigen Flachblatt ist das zartere Gewebe zwischen den vielen Leitbündelzweigen aufgespannt. Solche Anordnung verleiht dem Ganzen stabile Festigkeit, wie sie auch die Kombination von steifem Gestänge und weichem Stoff beim Regenschirm zeigt.

Die Verminderung der Wasserverdunstung bei der Nadel wird dadurch unterstützt, daß die ringsum stehenden Spaltöffnungen weit unter der Oberhaut abgesenkt sind. Sie liegen also am Grund tiefer „Gruben", aus denen, wie aus einem Talkessel heraus, der Luftausgleich erschwert ist. Eine ganz besondere Baueigentümlichkeit ist im mikroskopischen Querschnitt nicht erkennbar. Sie sorgt dafür, daß den Palisaden die gute Luft lange nicht ausgeht. Deren Gewebe erfüllt die Nadel nicht über die gesamte Länge. Es ist, wie die berühmte Salami, in dünne Scheibchen portioniert. Zwischen ihnen befinden sich ebensodünne lufthaltige Hohlräume – natürlich nur in der Zone der Palisadenschicht. Wollte man obigen Vergleich weitertreiben, dann ist es so, als wären die Wurstscheibchen auf einem Schaschlikspieß (Leitbündel) gereiht, von wenigen Fäden längs durchbohrt (Harzkanäle) und mit einer Kruste (Festigungsgewebe und Oberhaut) überbacken. Wichtig sind die Zwischenräume, weil über sie ein geringer Luftaustausch ohne größere Wasserverluste nach außen erfolgen kann. Sie sind nämlich nicht direkt mit Spaltöffnungen verbunden.

Natürlich ist trotz all dieser Sondereinrichtungen die Stoffproduktion in der Nadel in günstigen Zeiten nicht so effektiv wie im Blatt eines Laubbaumes. Auch wenn Sonnenlicht und Bodenwasser reichlich zur Verfügung stehen, bleibt die Zufuhr von Nährsalzen und Kohlendioxid eingeschränkt. Dieser Rohstoffmangel verhindert eine Produktionssteigerung. Im Vergleich Nadelbaum/Laubbaum wird das Manko allerdings dadurch etwas ausgeglichen, daß beim Nadelbaum auch an schönen Spätherbst- und sonnigen Vorfrühlingstagen gearbeitet werden kann, wenn beim Laubbaum Betriebsferien sind.

Es ist leicht einzusehen, daß unter milden mitteleuropäischen Klimabedingungen die „Fabrik" Laubbaum gegenüber der „Fabrik" Nadelbaum große Konkurrenzvorteile besitzt. Je kürzer aber die Sommer und je länger die Winter – im Norden oder im Gebirge –, desto überlegener wird der Nadelbaum.

Die Gestalt des Laubblattes

In der Praxis ist es nicht immer ganz einfach, von der äußeren Gestalt des Laubblattes auf den Bautyp zu schließen. Mißbildungen, die durch Erbänderung entstehen, können nicht nur den inneren Bau, sondern auch die Gestalt betreffen. Nicht jede, aber manche Mißbildung befähigt die betroffene Pflanze zur Besiedelung neuer Standorte, auf denen oftmals ein geringerer Konkurrenzdruck herrscht. So ist eine solche „Erbkrankheit" öfters auch eine Chance zum Überleben durch Standortwechsel.

Auf diese Weise sind Arten entstanden, deren „Flachblatt" durchaus Nadelgestalt besitzt, z.B. Arten der Gattung Labkraut *(Galium)*. Andererseits sind die Blätter der Gattung Schwertlilie *(Iris)* nachträglich verflachte Rundblätter[1].

[1] In diesem speziellen Fall erfolgte die Verflachung indessen nicht wie z.B. bei den Nadeln von Tanne *(Abies alba)* oder Eibe *(Taxus baccata)* „normal", d.h. quer zur Sproßachse, sondern senkrecht dazu. Dies hat zur Folge, daß die Blätter den Sproß (samt den jüngeren Blättern) am Grund mit ihrer Schmalseite umschließen. Man spricht in diesem Fall von „reitenden Blättern".

Bild 166. Efeu (*Hedera helix*), links: „normale" Blattform; rechts: Blattform des Blütensprosses.

Bild 167. Luft- und Wasserblätter beim Tannenwedel (*Hippuris*).

Aus alledem läßt sich ableiten, daß die Laubblatt-Gestalt auch mit dem Standort der entsprechenden Art zu tun hat. Es gibt viele Beispiele dafür, daß nicht näher verwandte Arten mit gleichen Standortansprüchen sich in der Blattgestalt mehr ähneln. Indessen sind erfahrene Pflanzenkenner durchaus in der Lage, nahezu jede Art (manchmal selbst Unterarten oder Varietäten) an der Blattform zu erkennen.

Daraus ließe sich schließen, daß es etwa so viele Laubblattformen gibt, wie Arten unsere Erde bevölkern. Die Realität ist weit erstaunlicher: Viele Pflanzen erzeugen, abhängig vom Alter oder von bestimmten Zeitzyklen, verschiedenartige Blätter. Oft stehen am gleichen Stengel reichgegliederte Formen im Mittelteil und einfachere Blätter am Grund und in den oberen Bereichen. Bei anderen Arten sind die Grundblätter besonders gut ausgebildet. Dieser Gestaltwechsel ist im Erbgut festgelegt. Dazu kommt dann noch eine ortsabhängige Wandlungsfähigkeit (Variabilität). So sehen Lichtblätter anders aus als die auf der Schattenseite. Bei derselben Art können die Blätter der einzelnen Individuen völlig verschieden sein, je nachdem ob diese an trockenen Stellen, auf feuchtem Boden oder gar im Wasser wachsen (Bild 168).

Es geht in diesem Kapitel also nicht darum, alle möglichen Blattgestalten zu beschreiben. Es sollen vielmehr die allgemeinen Begriffe geklärt werden, mit denen ein Laubblatt beschrieben werden kann.

Bild 168. Änderung der Blattgestalt (und Wuchsform) beim Wasser-Hahnenfuß (*Ranunculus aquatilis*) auf unterschiedlichen Standorten: links die Wasserform; rechts die Landform.

Die Knospe

Wie schon erwähnt, bilden sich Blätter nur am Sproß. Sie werden im (späteren) Bereich der Knoten (s. o.) schon sehr früh direkt hinter der weiterwachsenden Sproßspitze als kleine Hökkerchen angelegt. Diese Blattanlagen flachen sich dann bald ab und wachsen anfangs schneller als die Sproßspitze. Dadurch wird letztere von den schuppenförmigen Gebilden umhüllt, gestützt und geschützt.

Eine solche Kombination von Sproßspitze und Blattanlagen nennen wir Knospe[1], und wenn sie wie im besprochenen Fall am Stengelende steht „Endknospe". Sämtliche Nebenzweige, die die Hauptsproßspitze abgliedert, tragen ebenfalls eine solche Endknospe. Solange die Nebenzweige noch nicht austreiben, stehen ihre Endknospen am Hauptstengel und werden, in bezug auf diesen, „Seiten-" oder „Nebenknospen" genannt.

Oft werden Knospen lange am Auswachsen gehindert; z. B. durch körpereigene Hemmstoffe (Hormone), die sich meist in der Spitze des Sprosses bilden und nach unten ausbreiten. Die äußeren Blattanlagen der Knospe wandeln sich dann in derbe, kleinbleibende Knospenschuppen um. Sie sind oft mit reichlich Fraßschutzmitteln versehen und deshalb rotbraun bis schwarz gefärbt. Aus solchen „schlafenden" Knospen, die den ganzen Winter überdauern, schlagen unsere Laubbäume wieder aus.

Wenn keine Wuchshemmung erfolgt, entwikkeln sich die Blattanlagen zu Laubblättern. Ihre anfängliche Wachstumsgeschwindigkeit verringert sich und kommt allmählich zum Stillstand. Die bereits schon wieder von jüngeren Blattanlagen umhüllte Sproßspitze holt auf und überragt bald die alte Bedeckung. Zugleich beginnt das Blatt sich mehr oder minder stark vom Stengel wegzuneigen. Es nimmt allmählich seine arteigene, naturgegebene „Arbeitslage" ein.

Bild 169. Schnitt durch die Sproßspitze mit den Blattanlagen bei der Wasserpest (*Elodea canadensis*). Gefärbtes Präparat.

Bild 170. Aufbrechende Knospe der Roßkastanie.

[1] Wie schon angedeutet, bestehen auch die Blütenteile aus Blattorganen. Solange die Blüte noch nicht entfaltet (ausgewachsen) ist, bildet auch sie eine Knospe. Wenn eine genauere sprachliche Kennzeichnung erwünscht ist, spricht man hier von Blüten-, dort von Blatt- oder Sproßknospe.

Bild 171. Blattlagen

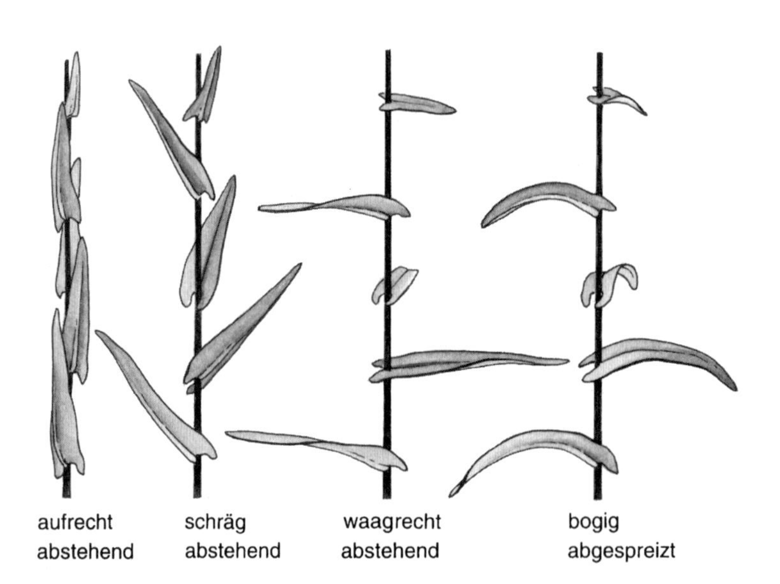

Blattstellung

Der Winkel zwischen Blattgrund und Sproß heißt „Blattachsel“. Seitensprosse entspringen stets nur an diesen Stellen. Die Blattlage (das Abspreizen der Blätter vom Stengel) ist gelegentlich ein, wenn auch nicht immer sicheres, Unterscheidungsmerkmal bei der Artbestimmung. Es gibt Pflanzen mit „aufrechten“ (dem Stengel fast angelegten) Blättern, solche mit „schräg abstehenden“ (in spitzem Winkel abzweigenden), „waagrecht abstehenden“ und „herabgebogenen“ Blättern. Zusätzlich kann die Linie vom Blattgrund zur Spitze gerade („steif abstehend“) oder mehr oder weniger gebogen sein. Sind gebogene Blätter oberwärts schlaff, nennt man sie „bogig überhängend“, sind sie stark gekrümmt und steif, „sparrig“. Leider machen standortgegebene und zeitbedingte Zufälle - z.B. vorübergehender Wassermangel - das Merkmal zumindest bei einigen Arten sehr unsicher.

Sehr wichtig zur Arterkennung dagegen ist die Blattstellung. Man versteht darunter die Verteilung der Blätter auf der Stengellänge. Wie schon erwähnt, bilden sich Blätter nur im Bereich der Stengelknoten. Wenn wir nun ein nicht allzu feines Raster anlegen, lassen sich drei Typen der Blattstellung unterscheiden:

Wechselständige Blattstellung

Hier gibt es pro Knoten und damit pro „Stockwerk“ ein einziges Blatt. Meist steht es zu dem unteren und den folgenden etwas versetzt am Stengelrund. Die Gesamtheit der Stengelblätter ist also in einer Spirale um den Stengel herum angeordnet. So nehmen sich nahe untereinanderstehende Blätter kein Licht weg. Der Versetzungswinkel ist durchgängig etwa gleich groß, kann bei den einzelnen Arten aber verschieden sein. Meist ist er kleiner als 45°. So ist es bei den meisten Zweikeimblättrigen Pflanzen. „Zweizeilige Blattstellung“ kommt bei vielen Einkeimblättrigen (Gräser, Lilien, Orchideen) und in der Familie der Schmetterlingsblütengewächse *(Fabaceae)* vor. Hier beträgt der Winkel etwa 180° und die Blätter bilden zwei gegenüberstehende Längsreihen (Zeilen). Der ganze Sproß bekommt dadurch oft ein abgeflachtes Aussehen. Besonders deutlich zeigen dies manche Gräser. Zuweilen drehen sich aber auch spiralig gestellte Blätter nachträglich in - scheinbar - zweizeilige Stellung. Sehr schön sieht man das an Zweigen der Tanne *(Abies alba)* und anderen Nadelhölzern. Obwohl ringsum am Ästchen entspringend, sind die Nadeln nach links und rechts „gekämmt“ und lassen in der Mitte den Zweig als „Scheitel“ unbedeckt. Nach diesem

Bild nennt man eine solche - nachträglich - eingenommene Stellung „kammförmig" und die Blätter „gekämmt" oder „gescheitelt".

Gegenständige Blattstellung
Hier entspringen je Knoten zwei, sich direkt gegenüberstehende Blätter. Oft stehen benachbarte Paare im Winkel von 90° gegeneinander versetzt. Sehr deutlich ist dies bei der Familie der Lippenblütengewächse *(Lamiaceae)* mit ihrem vierkantigen Stengel zu sehen. Zwei Paare bilden also ein Kreuz, und dementsprechend wird diese Stellung als „gekreuzt-gegenständig" oder kürzer „kreuzgegenständig" bezeichnet. Der Theorie nach sollten alle gegenständigen Blätter kreuzgegenständig sein, doch die Natur spielt nicht immer mit. So findet man nicht selten Exemplare von Arten mit gegenständigen Blättern, die nahezu zweizeilig ausgerichtet sind - sehr oft z.B. aus der Familie der Nelkengewächse *(Caryophyllaceae)*. Der beidseitig „ausgewogene" Aufbau unterscheidet die „Scheinzweizeiligkeit" leicht von der echten, deren wechselständige Beblätterung einen „Zick-Zack-Eindruck" erweckt.

Quirlige (oder wirtelige) Blattstellung[1]
Hier sitzen drei oder mehr Blätter am Knoten. Bei echten Wirteln stehen die Glieder zweier aufeinander folgender Stockwerke gegenseitig auf Lücke (Sonnengenuß, s.o.). Bei den meisten Arten unserer heimischen Flora sind die Blattquirle jedoch unecht. Zum einen sind gelegentlich ein paar Internodien (s.o.) am Sproß extrem verkürzt und deshalb liegen mehrere Knoten nahezu auf gleicher Höhe. Ihre wechselständigen Blätter bilden einen Schein-Wirtel, der kaum von einem echten zu unterscheiden ist (z.B. Einbeere, *Paris quadrifolia*, Busch-Windröschen, *Anemone nemorosa*, mit einem einzigen Blattwirtel unter der Blüte, Türkenbund-Lilie, *Lilium martagon*, oft mit mehreren Quirlen im Mittelteil des Stengels). Zum andern können sich an einem Blatt Nebenblätter (s.u.) von gleicher Form und Größe wie das Hauptblatt bilden. So täuschen die gegenständigen Blätter der Rötegewächse *(Rubiaceae*, z.B. Labkraut, *Galium)* zusammen mit ihren Nebenblättern ebenfalls Wirtel vor. Wir werden in der Folge und auch bei den Pflanzenbeschreibungen nicht zwischen echten und unechten Blattquirlen unterscheiden, da es für die Identifizierung einer Pflanze nicht wichtig ist, wie ihre Quirle zustandegekommen sind, sondern daß sie sich durch quirlständige Blätter auszeichnet. In den meisten Fällen läßt sich Quirl-, Gegen- und Wechselständigkeit in der Praxis leicht unterscheiden[2], selbst wenn die Blätter sehr dicht stehen. Selten kommt es von unten nach oben zu einem Wechsel. Beim Rosaroten Weidenröschen *(Epilobium roseum)* und seinen Verwandten sind die unteren Blätter gegen-, die oberen

[1] Während der Quirl, der Rührstock mit dem sternförmig erweiterten Kopf, als Küchengerät noch nicht ganz vergessen sein dürfte, kann die große Mehrzahl der heutigen Menschen mit dem Begriff „Wirtel" wohl nichts mehr verbinden. Er bezeichnet beim Spinnrad den (oft zahnradartig gekerbten) Ring, der an der Spindel sitzt und über den sie angetrieben wird.

[2] Nebenzweige entstehen stets und nur in Einzahl in der „Blattachsel", dem Winkel zwischen Blattansatz und Sproß. Mit diesem Wissen läßt sich, selbst wenn die Blätter abgefallen sind (z.B. bei Laubgehölz), die Blattstellung auch aus der Verzweigung herleiten (vgl. Bild 173).

Bild 172. Blattstellungen

Bild 173. Links: Gegenständige Zweige (hier Schneeball, *Viburnum*) deuten auf gegenständige Blattstellung hin; rechts: Wechselständige Zweige (hier Apfelbaum, *Malus domestica*) bezeugen wechselständige Blattstellung.

meist wechselständig. Beim Gewöhnlichen Gilbweiderich *(Lysimachia vulgaris)* findet man häufig Individuen, deren 4zählige Blattwirtel nach oben in 3zählige übergehen; gegen das Sproßende zu stehen dann nur noch gegenständige Blattpaare.

An Sproßenden, oft z.B. bei Kurztrieben, sieht man manchmal viele Blätter in unklarer Stellung gehäuft. Dasselbe gilt für den Stengelbeginn, den man auch „Sproßgrund" und seine Blätter dementsprechend „Grundblätter" nennt. Wir nennen diese Stellung „büschelig" oder „gebüschelt", falls die Blätter mehr oder weniger aufrecht stehen, bzw. „rosettig", wenn sie mehr oder weniger flach ausgebreitet sind. Grundblattrosetten sind für viele Pflanzen typisch: Klassische Beispiele finden wir unter anderem bei vielen Kreuzblüten- *(Brassicaceae)*, Primel- *(Primulaceae)*, Enzian- *(Gentianaceae)* und auch Korbblütengewächsen *(Asteraceae)*, z.B. beim allbekannten Gänseblümchen *(Bellis perennis)* sowie dem nicht weniger geläufigen Löwenzahn *(Taraxacum officinale)*.

Noch mehr als die Blattstellung prägt die Blattform das Erscheinungsbild einer Art. Am typischen Blatt lassen sich, mehr oder minder gut ausgestaltet, drei Zonen erkennen: der Blattgrund (samt eventuell vorhandener Nebenblätter), der Blattstiel und die Blattfläche („Spreite"). Blattstiel und Spreite werden auch als „Oberblatt", der Blattgrund als „Unterblatt" bezeichnet.

Grundbau des Blattes

Der Blattgrund ist oft nur ein dünner Saum am Übergang zwischen Sproß und Blatt. Vor allem bei Einkeimblättrigen Pflanzen kann er aber auch sehr stark entwickelt sein. Wenn er deutlich zu sehen ist, wird er „Blattscheide" genannt. Oft bildet er eine lange, den Stengel

Bild 174. Grasblatt, Scheide

Bild 175. Sowohl das ganze Blatt wie auch nur Teilblättchen davon (hier: Knollen-Platterbse, *Lathyrus tuberosus*) können zu Ranken umgebildet sein.

stützende Röhre[1]. Sie kann an den Rändern verwachsen sein: „geschlossene Blattscheide", z. B. beim Winter-Lauch *(Allium porrum)*. Häufiger ist die „offene Blattscheide": engröhrig mit sich überlappenden Rändern, z. B. bei vielen Süßgrasgewächsen *(Poaceae)*, bauchig aufgeblasen, nach vorn breit ausladend offen und sich in den Blattstiel verschmälernd, z. B. bei einigen Doldengewächsen *(Apiaceae)*.

Aus dem Blattgrund, in der Regel zu beiden Seiten des Oberblattes, können sich in vielgestaltiger Weise „Nebenblätter" bilden. Bei manchen Arten fehlen sie, bei vielen anderen sind sie klein, oft nur fädlich ausgebildet und fallen früh ab. Bei Weidengewächsen *(Salicaceae)*, Rosengewächsen *(Rosaceae)*, Veilchengewächsen *(Violaceae)* und Schmetterlingsblütengewächsen *(Fabaceae)* sind sie jedoch meist deutlich sichtbar und dauerhaft. Es kommt sogar vor, daß die Blattspreite verkümmert oder, wie bei der Ranken-Platterbse *(Lathyrus aphaca)*, zur Ranke umgewandelt ist, und die Nebenblätter die Aufgabe des Blattes übernehmen. Bei den Rötegewächsen *(Rubiaceae)* sind die Nebenblätter dem „Hauptblatt" völlig gleich gestaltet. Sie bilden mit den zwei echten, an sich gegenständigen Blättern einen Wirtel[2].

Bild 176. Die Tüte (Tute, Ochrea) ist ein typisches Nebenblattprodukt bei den Knöterichgewächsen (*Polygonaceae*; Rhabarber, *Rheum*, vgl. auch Bild 144).

[1] Bei Ried- *(Cyperaceae)* und Süßgrasgewächsen *(Poaceae)* ist die eng dem Stengel anliegende Scheide oft viel länger als die abstehende Blattfläche. Man beachte, daß die Blattachsel sich am Grund der Scheide befindet und nicht am Abgang der Blattfläche. Seggen-Arten *(Carex)* werden u. a. dadurch unterschieden, ob die Blütenknäuel („Ährchen") gestielt sind oder direkt dem Halm ansitzen. Bei mäßigem Wuchs kommen die der Blattachsel entspringenden Ährchenstiele nicht über die Scheidenröhre hinaus. Dadurch werden (in der falschen Blattachsel) „sitzende" Ährchen vorgetäuscht.

[2] Die verschiedenartige Ausgestaltung des Blattquirls der Rötegewächse ist bezeichnend für die große Wandlungsfähigkeit des Organs „Blatt". Beim 4teiligen Wirtel sind je zwei Nebenblätter miteinander verwachsen (Rundblättriges Labkraut, *Galium rotundifolium*). Der 6teilige Quirl besteht aus den beiden Blättern und ihren jeweils zwei Nebenblättern (Felsen-Labkraut, *Galium harcynicum*). 8- oder mehrteilige Wirtel (Wald-Labkraut, *Galium sylvaticum)* entstehen durch Teilung der - ursprünglich vier - Nebenblätter. Oft kommen neben geradzahligen auch 5-, 7-, 9- und 11zählige Blattquirle vor. Daß Nebenblätter trotz gleichen Aussehens etwas anderes sind als die eigentlichen Blätter, erhellt daraus, daß Seitenästchen ausschließlich in den Achseln der Hauptblätter entstehen - beim Labkraut also höchstens zwei pro Stockwerk.

Bild 177. Entnadelter Fichtenzweig (*Picea abies*). Die verbliebenen Blattgrundreste der Nadeln decken den Sproß schützend ab.

Eine ganz besondere Nebenblattform gibt es bei den Knöterichgewächsen *(Polygonaceae)*. Hier umhüllt eine häutige Röhre, die „Tüte" (auch „Tute"), auf eine kurze Strecke das nächste Internodium. Die Aufgabe dieser Tüten ist noch umstritten. Naheliegend ist eine gewisse Schutzfunktion (Bild 176). Bei anderen Arten dienen Nebenblätter eindeutig dem Schutz des jungen Blattes. Am Haselnußstrauch *(Corylus avellana)* sind sie zu Knospenschuppen umgewandelt, die bei der Blattentfaltung abfallen. Bei Nadelhölzern steht das Unterblatt oft im Dienst der Rindenverstärkung am jungen Sproß. Zwar kann der Blattgrund, wie bei der Tanne (*Abies*), auch nur scheibenförmig verbreitert sein und so zur besseren Anhaftung beitragen. Wird die Nadel später abgeworfen, bleibt am Zweig lediglich ein kreisförmiges Mal zurück. Bei der Fichte *(Picea abies)* dagegen gleicht der Blattgrund einem flachen, dem Sproß angeklebten Stielchen. Beim Nadelfall bleibt er zurück und bildet zusammen mit den vielen anderen ein lückenloses „Riemenparkett", das den Zweig noch lange schützend bedeckt (Bild 177).

Bei vielen Blättern ist kein Blattstiel ausgebildet. So z.B. bei den oben erwähnten Einkeimblättrigen Pflanzen mit Blattscheide. Indes gibt es unter den Zweikeimblättrigen auch viele Arten ohne Blattscheide und Blattstiel. Ungestielte Blätter werden „sitzend" genannt. Oft sind sie gegen den Grund zu etwas verschmälert, und es gibt manchmal Zweifelsfälle, bei denen die Entscheidung schwerfällt, ob das Blatt nun sitzt oder kurz-gestielt ist. Eindeutig ist die Sachlage, wenn das Blatt breit dem Stengel ansitzt. Dabei können sich dann sogar seine Seitenränder als schmale Leisten oder breitere Flügel am Stengel - festgewachsen - ein Stück weit nach unten ziehen. Ein solches Blatt nennen wir „herablaufend". Ist der untere Blattrand frei, ragt aber beidseits über den Ansatzpunkt

Bild 178. Durchwachsenes Laubblatt (Hasenohr, *Bupleurum*)

hinaus, heißt es „stengelumfassend" bzw. „halbstengelumfassend", wenn er nicht mindestens bis zur gegenüberliegenden Stengelseite reicht. Passen die beiden überkragenden Zipfel durch Verformung, Abspreizen oder Vergrößerung nicht zum allgemeinen Blattumriß, nennt man sie „Öhrchen" und das Blatt dementsprechend „geöhrt". Es kommt auch vor, daß die Zipfel hinter dem Stengel wieder zusammengewachsen sind. Dieses Blatt ist dann „durchwachsen" - dem Anschein nach vom Stengel (Bild 178). „Verwachsen" dagegen nennt man gegenständige Blätter, wenn ihre Basen mehr (Wald-Geißblatt, *Lonicera periclymenum*) oder weniger (Nelken, *Dianthus*) breit zusammengewachsen sind.

Ist ein Blattstiel vorhanden, dann ist er im allgemeinen rundlich, also mehr oder weniger sproßähnlich ausgebildet. Eine Abflachung der Oberseite oder gar eine rinnige Vertiefung sind nicht selten. Dies ist ein Hinweis auf seine Entstehung: In der Blattanlage noch durchaus flächig, entwickelt er sich wie ein Einschichtiges Blatt (s. o.). Indes kann er sich auch seitlich etwas verflachen („Blattstiel geflügelt"). Auch so wird er seiner Aufgabe noch gerecht, die darin besteht, die Spreite in das günstigste Licht zu rücken.

Indes sind auch beim Blattstiel dem Gestaltungsreichtum der Natur und ihrer „Experimentierfreudigkeit" kaum Grenzen gesetzt: Bei manchen Arten ist er flach und übernimmt Photosynthese und Transpiration. Im Extremfall ist dann überhaupt keine Blattspreite mehr vorhanden und der Feldbotaniker nimmt ihn als „sitzendes Blatt". Der Morphologe dagegen weist darauf hin, daß z. B. die Blätter des Sichelblättrigen Hasenohrs (*Bupleurum falcatum*) nur verbreiterte Blattstiele sein dürften. Die ganze Hasenohr-Verwandtschaft (Doldengewächse, *Apiaceae*) zeichnet sich nämlich durch gestielte, reich gegliederte Blätter aus. Durch Verminderung der großen Verdunstungsfläche sei die Gattung Hasenohr zur Besiedlung trockenerer Standorte befähigt worden.

Ein heimischer Vertreter der Doldengewächs-Familie zeigt eine weitere Seltenheit in der Blattgestaltung, an der ebenfalls der Stiel mit beteiligt ist. Der Wassernabel (*Hydrocotyle vulgaris*) besitzt „Schildblätter". Der Blattstiel endet nicht am Rand, sondern im Mittelpunkt der kreisförmig-flächigen Spreite. Man kennt dieses Bild weniger vom recht seltenen Wassernabel als von der beliebten und zuweilen verwilderten

Bild 179. Verwachsene Laubblätter. Bei der Karde (*Dipsacus*), bei der zurückgekrümmte Stengelstacheln größeren Fraßinsekten das Hochkriechen erschweren, verlegen die „Regenauffangbecken" auch den kleineren den Weg.

Gartenpflanze Kapuzinerkresse (*Tropaeolum majus*), den Doldengewächsen nicht näher verwandt. Die Ursache für die Entstehung des Schildblattes ist, vereinfacht gesagt, ein erblich festgelegter Programmierfehler (Mutation, s. S. 96) beim Übergang vom Rundblattwachstum des Stiels zum Flächenwachstum der Spreite.

Die Blattspreite

Im Normalfall aber wird die Überleitung vom Stiel zur Spreite problemlos bewältigt, auch wenn die Spreite durchaus noch Stielelemente enthalten kann. Wir unterscheiden nach äußerlichen Merkmalen zunächst einmal zwei Spreitentypen (= Blatttypen): das „einfache" („ungeteilte") und das „zusammengesetzte" („gegliederte") Blatt.

Die einfache Spreite besteht aus einer zusammenhängenden Fläche. Sie wird nach ihrem Umriß, mehr oder weniger phantasievoll, benannt: nadelig, lineal, lanzettlich, spatelig, elliptisch, länglich, rundlich, eiförmig, verkehrteiförmig, herzförmig, nierenförmig, pfeilförmig, spießförmig usw. Bild 180 informiert über solche Benennungen.

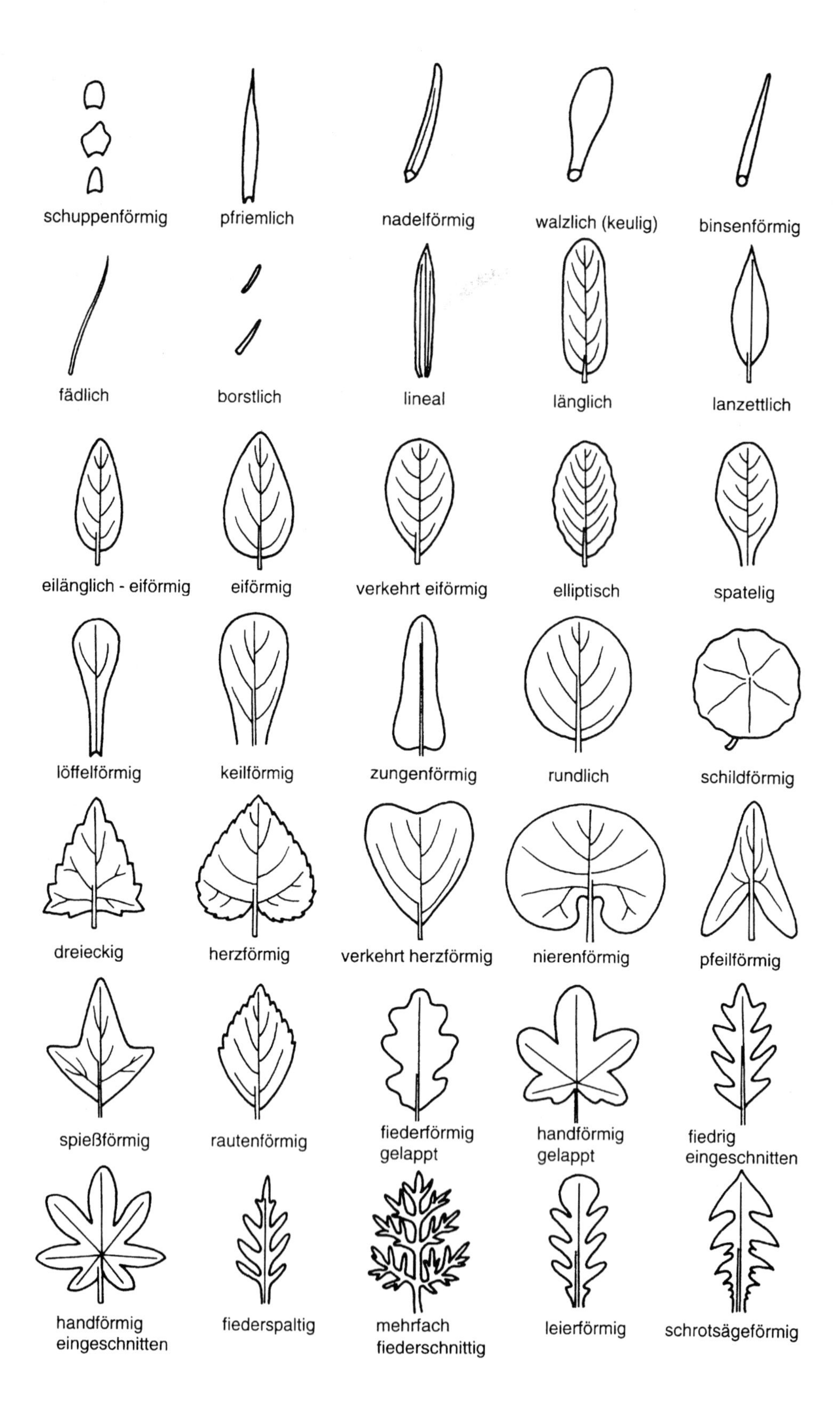
schuppenförmig
pfriemlich
nadelförmig
walzlich (keulig)
binsenförmig
fädlich
borstlich
lineal
länglich
lanzettlich
eilänglich - eiförmig
eiförmig
verkehrt eiförmig
elliptisch
spatelig
löffelförmig
keilförmig
zungenförmig
rundlich
schildförmig
dreieckig
herzförmig
verkehrt herzförmig
nierenförmig
pfeilförmig
spießförmig
rautenförmig
fiederförmig gelappt
handförmig gelappt
fiedrig eingeschnitten
handförmig eingeschnitten
fiederspaltig
mehrfach fiederschnittig
leierförmig
schrotsägeförmig

Bild 180 (links). Einfaches Blatt, wichtige Hauptformen.

Bei der zusammengesetzten Spreite sind einzelne Teilflächen über stielähnliche Verbindungsstücke miteinander kombiniert. Wir unterscheiden zwei Haupt-Kombinationstypen: das „gefingerte" („handförmige") und das „gefiederte" („fiedrige") Blatt („Fiederblatt").

Beim handförmigen Blatt entspringen die „Teilblättchen" einem Punkt. Beim Fiederblatt stehen die Teile untereinander an einer stielartigen Achse (Rhachis[1], Spindel). Eine Zwischenform ist das „mehrfach dreiteilige" („mehrfach dreigeteilte") Blatt.

Beim Fiederblatt können die Teilabschnitte wiederum und auch noch mehrmals zerteilt sein. Wir kennen Fiedern 1., 2., 3. und 4. Ordnung (usw.). Dementsprechend kann ein Blatt „einfach", „doppelt" („zweifach"), „dreifach", „vierfach" oder (ganz grob) „mehrfach" gefiedert sein. Oft sind bei mehrfach gefiederten Blättern die unteren Fiedern stärker zerteilt als die oberen. Angaben wie „zwei- bis vierfach gefiedert" deuten darauf hin. Bild 181 zeigt häufige Formen zusammengesetzter Blätter.

Bild 181. Zusammengesetztes Blatt, Hauptformen.

[1] rhachis, griech. = Rücken, Grat

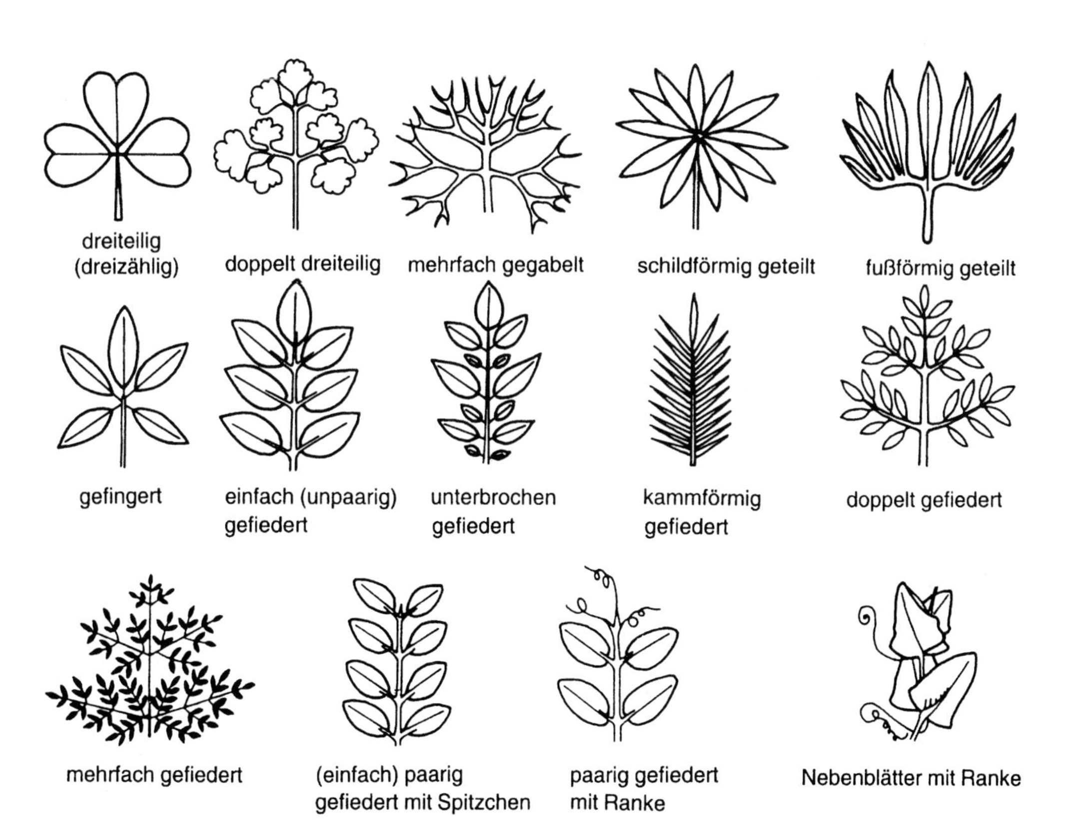

In der Regel stehen sich zwei Fiedern als Paar etwa gegenüber. Das Blattende wird meist durch ein einzelnes „Endfieder" abgeschlossen. Ein solches Blatt heißt dann „unpaar" (oder „unpaarig") „gefiedert". „Paarig gefiedert" nennt man es, wenn das Endblättchen fehlt bzw. durch eine Ranke oder die austretende (oft mehr oder weniger stachelige) Spindelspitze ersetzt ist.

Ist beim unpaar gefiederten Blatt das Endblättchen besonders groß, sagt man, es sei „leierförmig gefiedert". Wechseln große und kleinere Fiedernpaare an der Spindel nacheinander ab, wird dies „unterbrochen gefiedert" genannt. Wo schmale Fiedern eng nebeneinander stehen - wie die Zähne eines (Doppel)kammes - reden wir vom „kammförmig gefiederten Blatt". Beim „fußförmig gefiederten" Blatt („fußförmiges Blatt") ist die Entwicklung der Spindel unterdrückt. Statt dessen bilden jeweils die untersten Seitenästchen eine - dann mehr oder weniger quer zum Blattstiel verlaufende - Fiedertragachse. Zwischen dem gefingerten und dem gefiederten vermittelt das „dreizählige" Blatt (dreizählig gefiedert oder dreizählig gefingert), wie wir es vom Klee kennen. Der vierblättrige Klee, den wir an Glückstagen finden, lehrt uns, daß die Natur sich nicht immer an unser Begriffsvokabular hält.

Der Blattrand, Grenze der flächigen Ausbreitung, kann „glatt" sein, d.h. geradlinig verlaufen, dann nennen wir das Blatt, bzw. die Teilblättchen „ganzrandig". Ist der Blattrand mit kleinen Einbuchtungen versehen, heißt er gesägt, aber nur, wenn Buchten und Zipfel spitz sind. Den Blattrand nennen wir gekerbt, wenn die Buchten spitz, doch die Zipfel abgerundet sind; bei einem „gezähnten" Blattrand sind die Zipfel spitz und die Buchten abgerundet. Vor allem die Sägezipfel können auch größer sein. Dann ist der Blattrand „grob gesägt"; sind die Ränder der Sägezähne nochmals gesägt oder wechseln größere mit kleineren, heißt der Blattrand „doppelt gesägt". „Schrotsägeförmig" nennt man ihn, wenn grobe, rückwärts gebogene Sägezähne nochmals fein gesägt sind. Stehen Sägezähne, Kerben oder Zähne in weitem Abstand, lauten die entsprechenden Bezeich-

Bild 182. Ausgestaltungen des Blattrandes.

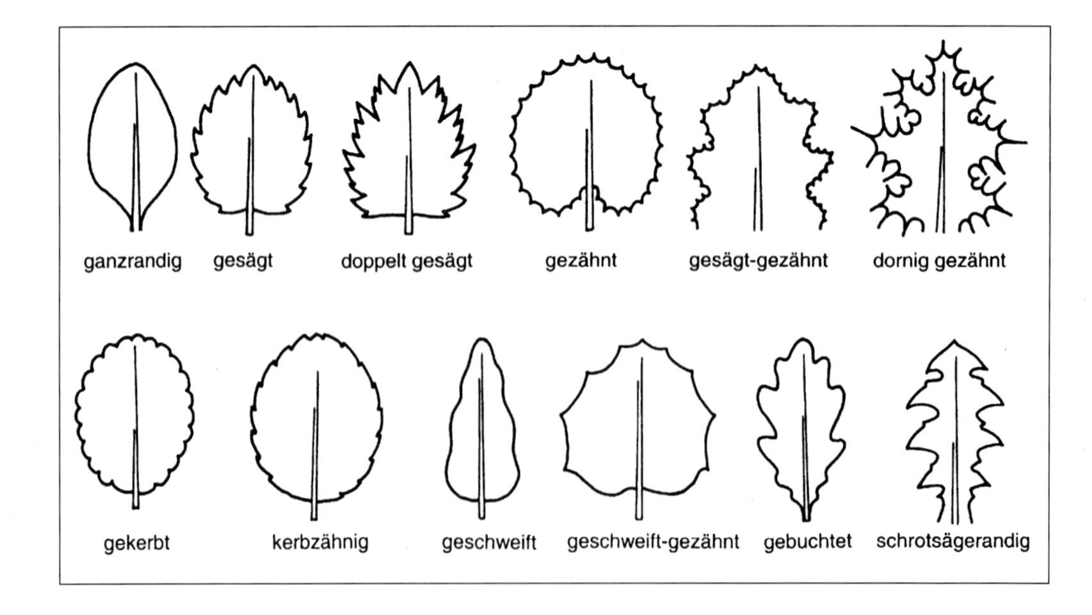

nungen „entfernt gesägt, gekerbt oder gezähnt". Sind die entfernt stehenden Zähne nur noch angedeutet, ist der Blattrand „geschweift" oder „seicht gebuchtet"[1] (Bild 182).

Die Buchten können aber auch schmäler und dafür tiefer sein. Damit beginnt der Übergangsbereich zwischen einfacher und zusammengesetzter Spreite. Die Formenfülle ist so groß, daß zwei stufenlose Reihen zum gefiederten und zum gefingerten Blatt aufgestellt werden können. Die Begriffsabgrenzung liest sich zwar gut, die Zuordnung ist jedoch im Einzelfall oft schwierig. Stechzirkel und Taschenrechner helfen da weniger als etwas Einfühlungsvermögen. Bei den „Buchten" ist alles noch relativ einfach. Sie sollten in der Tiefe etwas abgerundet sein und etwa ¼ bis knapp ½ in jede Blattseite (Blatthälfte) hineinragen. Zwischen ihnen stehen dann die „Blattlappen". Von denen wird eine gewisse Breite und eine ± zugerundete Spitze erwartet.

Beispiele für ein solches „gebuchtetes" Blatt sind die allbekannten Eichenblätter unserer heimischen Arten. Exakt nennt man die Blätter „fiedrig gelappt". Damit hat man den Unterschied zum „handförmig gelappten" Blatt miterfaßt. Efeu *(Hedera helix)*, Frauenmantel (*Alchemilla vulgaris*) und Feld-Ahorn *(Acer campestre)* tragen handförmig gelappte Blätter. Reichen die Einschnitte in etwa bis zur halben Blattseite - meist sind sie dann relativ schmäler und laufen spitzer zu - ist das Blatt „gespalten". „Fiedrig gespalten" („fiederspaltig", „fiederförmig gespalten") z. B. beim Löwenzahn *(Leontodon)*, „handförmig" oder „fingerförmig gespalten" z. B. bei Storchschnabel-Arten *(Geranium)*. Je schmäler und spitzer die Blattflächen zwischen den Einschnitten sind, desto eher redet man von „Zipfeln" anstatt von Lappen.

„Fiederteilige" (= „fiederförmig geteilte") und „handförmig geteilte" Blätter sollen auf etwa ¾, „fiederschnittige" und „handschnittige" fast bis zur Rhachis bzw. zum Blattgrund getrennt sein. Indes taugt solche akribische Unterteilung oft eher für den Schreibtisch als für die Praxis.

[1] Nicht damit verwechseln darf man den „welligen" Blattrand, wie ihn z. B. das Blatt der Buche *(Fagus sylvatica)* besitzt. Es ist durchaus ganzrandig, doch zwischen den Enden der fiedrigen Seitennerven abwechselnd schwach nach unten und oben gebogen.

Haare, Borsten und Stacheln

Haare sind nicht allein für Blätter typisch. Sie können auch Sproßteile bedecken, und auf die Wurzelhaare wurde bereits hingewiesen. Haare unterstützen aber manche Blätter bei Photosynthese und Transpiration. Dabei treten sie in so vielfältiger Ausgestaltung und Wuchseigentümlichkeit auf, daß sie zur Artbestimmung herangezogen werden können. Sie sind nicht so sehr Kälteschutz, obschon vor allem Gebirgspflanzen oft einen dichten Haarpelz tragen wie z. B. das Edelweiß *(Leontopodium alpinum)*. Ein weißer Haarpelz auf der Blattoberseite reflektiert Sonnenstrahlen wie der Burnus eines Wüstenbewohners. Zwar wird so ein Teil des für die Photosynthese wichtigen Lichtes abgehalten, zugleich aber wird bei Sonnenhochstand gefährliche Überhitzung vermieden und im Gebirge der schädliche Einfluß von UV-Strahlung gemindert. Stehen die Haare vermehrt nur auf der Blattunterseite, ist dies ein Zeichen dafür, daß die Transpiration gedämpft werden soll. Im lockeren Gewirr der Haare entsteht ein wasserdampfgesättigter Raum. Dieser verzögert den Austritt von Luftfeuchte aus den Spaltöffnungen.

Haare können aber noch ganz andere Aufgaben wahrnehmen. Da ist einmal der Schutz vor Fraßfeinden. Ein dichter, verfilzter Haarüberzug macht es vor allem kleineren Tieren - z. B. Käfern, Blattwanzen, Heuschrecken - schwer, durchbeißend an das saftige Grün zu gelangen. Rückwärts gerichtete steife Borsten hindern am Hochklettern. Zu dornigen Stacheln verstärkt, vergällen sie selbst großen Säugern die Lust an der Mahlzeit, Ziegen und Esel eventuell ausgenommen. Brennhaare, mit giftigen Substanzen gefüllt, halten dünnhäutige Leckermäuler ab. Drüsenhaare erzeugen Klebstoff, in dem sich kleinere Insekten verfangen und elendig umkommen. Von da an ist es nicht mehr weit zu Drüsenhaaren, die Verdauungsfermente absondern, die die (Insekten-)Leichen zersetzen. Die Verdauungsprodukte werden dann vom

Blatt aufgesogen und in die eigene Nährstoffproduktion eingeschleust.

Natürlich gibt es Pflanzen, die ohne Haarunterstützung auskommen. Ihre Blätter nennen wir „unbehaart" oder „kahl". Die Bezeichnung „glatt" ist zwar ebenfalls geläufig, jedoch (siehe Blattrand) mehrdeutig[1]. Ein „Haar", kurz oder lang, ist weich, eine „Borste" dagegen steif und meist stechend. Die Zuordnung ist oft nicht leicht. Manchmal entscheidet bei gleichem Material und gleicher Dicke tatsächlich nur die Länge des Gebildes: Ist es kurz und hat die nötige Steife, heißt es Borste. Ist es länger und allein deshalb biegsamer (folglich „weicher"), wird es Haar genannt. Der geläufige Ausdruck „Borstenhaar" ordnet die Borsten als Gruppe unter die Haare. Jedoch führt die gleitende Reihe „Haar–Borstenhaar" weiter: Sie spaltet auf in Richtung „Stachel" und „Kletthaar". Stacheln (nicht zu verwechseln mit Dornen, s.o.) sind besonders kräftige, besonders starre und stechende Borsten, wie wir sie z.B. von den Blättern der Disteln (*Cirsium, Carduus* u.a.) kennen. Kletthaare sind zwar auch starr, meist aber nicht besonders groß, dafür jedoch hakig gekrümmt (Lupe!). Sie verankern aber, z.B. beim Kletten-Labkraut *(Galium aparine)* oder beim Hopfen *(Humulus lupulus)*, Blätter – und Sprosse! – an pflanzlichen Mitkonkurrenten und ermöglichen so rasches Emporklimmen zum Licht, bei beträchtlicher Einsparung von Baumaterial (s.u.).

Sonderformen

Stehen diese Auswüchse vereinzelt, nennt man das Blatt „lockerhaarig", „locker behaart", „schütter behaart", bzw. „lockerborstig" oder „schwach bestachelt" usw.; treten sie gehäuft auf, „dichthaarig", „dichtborstig" usw. Oft sind nur die Nerven, die Blattspitze oder der Blattrand besetzt. Stehen die Haare dabei aufrecht und in Reihe, nennt man sie „Wimpern" und (z.B.) den Blattrand „bewimpert". Trägt nur die Blattspitze Haare oder sind ihre Haare gegenüber den anderen auffällig verlängert, spricht man auch von einem „Wimper(n)schopf".

Borsten fühlen sich meist rauh an. Liegen sie (wie nach einer Richtung gebürstet) dem Blatt an, nennt man sie „Striegelhaare". Doch auch Haare können rauh sein, wie z.B. die „Sternhaare". Diese sind strahlig verzweigt (Lupe!). Es gibt sie mit wenigen und mit vielen Strahlen, mit kurzem gemeinsamem oder ohne Stiel. Rauh, wie ihr Name es verlangt, sind auch die „Rauhhaare" („Blattfläche rauh behaart"). Sie stehen meist ab. Im Gegensatz zu den Borsten sind sie relativ lang. „Relativ" deutet an, daß es keine in Millimeter festgelegte Grenze für den Übergang von Borste zum Rauhhaar gibt. Bei den weichen Haaren sind die „Filzhaare" („filzig behaart") relativ kurz, aber dicht miteinander verwoben; die „Seidenhaare" („seidig behaart") ebenfalls meist kurz, doch oft gleichlaufend nebeneinander der Unterlage angepreßt und vor allem silbrig glänzend; die „Wollhaare" („wollig behaart") sind länger, oft leicht gekräuselt und stehen ab. Besonders lange, dichtstehende und oft etwas miteinander verwobene Wollhaare bezeichnet man auch als „Zottelhaare" („zottig behaart"); ausgesprochen weich und zart sind die locker stehenden „Flaumhaare" („flaumig behaart").

Dazu kommen noch einige Sonderformen. Nicht in unserer Flora vertreten sind Pflanzen, deren Haare gleich den Wurzelhaaren Wasser aufsaugen. Man findet sie in Nebelgebieten (Nebelwälder im Tropenbereich). Häufig jedoch sind Drüsen. Die kleinen kugeligen Gebilde (starke Lupe!) sind ungestielt bis deutlich gestielt. Dann nennen wir sie „Stieldrüsen" oder „Drüsenhaare" („drüsig behaart"). Da sie meist reichlich leimartige Substanzen abscheiden, kann man drüsige Behaarung bei vorsichtigem Anfassen an der Klebrigkeit erfühlen. Für empfindliche Menschen ist allerdings Vorsicht geboten. Manche Drüsensekrete reizen die Haut und können bei dafür disponierten Leuten Ekzeme verursachen (z.B. Primel-Arten, *Primula*). Die „Brennhaare" der Nesseln *(Urtica)* tragen ebenfalls Köpfchen, die jedoch bei Berührung abbrechen und die scharfe Spitze des hohlen Stiels freigeben. Sie dringt leicht in die Haut ein.

[1] Auch der Begriff „kahl" ist an sich zweideutig, vor allem, wenn er nicht auf das Blatt, sondern auf den Sproß bezogen wird. Ein „kahler Zweig" könnte unbehaart, doch auch unbelaubt sein.

Bild 183 (oben links). Verzweigtes Haar (Königskerze, *Verbascum*).
Bild 184 (oben rechts). Hakenhaar (Hopfen, *Humulus*).
Bild 185 (unten links). Schildhaar (Ölweide, *Elaeagnus*).
Bild 186 (unten rechts). Brennhaar (Brennessel, *Urtica*).

Durch den Stiel fließt dann der Reizstoff, welcher das allbekannte Jucken und die Quaddelbildung hervorruft.

Während jeder Drüsen- und Brennhaar trotz des Köpfchens durchaus als Haargebilde anerkennt, weichen andere Formen stark von unserer Vorstellung von „Haar" ab. „Blasenhaare" haben noch eine entfernte Ähnlichkeit zu Drüsenhaaren. Auf sehr kurzem Sockel ruht eine prall mit Wasser gefüllte, rundliche bis birnenförmige Blase (Lupe!). In der Familie der Gänsefußgewächse *(Chenopodiaceae)* sind Blasenhaare weit verbreitet. Sie dienen der Pflanze als Wasser- bzw. Ionenspeicher. Da die Blasen leicht abbrechen, in sich indessen sehr stabil sind, fühlt man beim Darüberstreichen die mitrollenden Kügelchen als weichelastische Körnchen. „Mehlig behaart" oder „mehlig" nennt man einen Besatz mit solchen Blasenhaaren. Im Alter, bei manchen Arten auch viel früher, trocknen die Blasen aus, zerknittern und verkleben untereinander zu einem schilfrigen

Überzug. Ein solches Schilfer-„Design" entsteht aber auch ohne den Umweg über das Blasenhaar durch „Schuppenhaare", auch „Schilferhaare" genannt. Hier sitzt auf kurzem Sockel eine Scheibe. Das Ganze ähnelt einem einbeinigen runden Tisch, dessen Bein allerdings ziemlich weit abgesägt wurde. Die „Tischplatte" ist meist etwas gewölbt und mit speichenartigen Rippen versehen. Der Wölbung wegen heißt so ein Haar auch „Schildhaar". Die Rostblättrige Alpenrose *(Rhododendron ferrugineum)* ist dafür bekannt, daß die Unterseite ihrer Blätter dicht mit Schildhaaren besetzt ist. Die kleinschuppigen Gebilde sind anfangs grüngelb, ehe sie zu dem Rostrot verfärben, das der Art ihren Namen einbrachte[1]. Noch schilferiger geht es bei manchen Vertretern aus der Familie Ölweidengewächse *(Elaeagnaceae)* zu. Die „Tischplatte" ist dort in aberdutzende sternförmig ausgebreitete Streifen zerlegt (Lupe!). Im Gesamtanblick erscheint deswegen die Schuppung besonders locker und duftig.

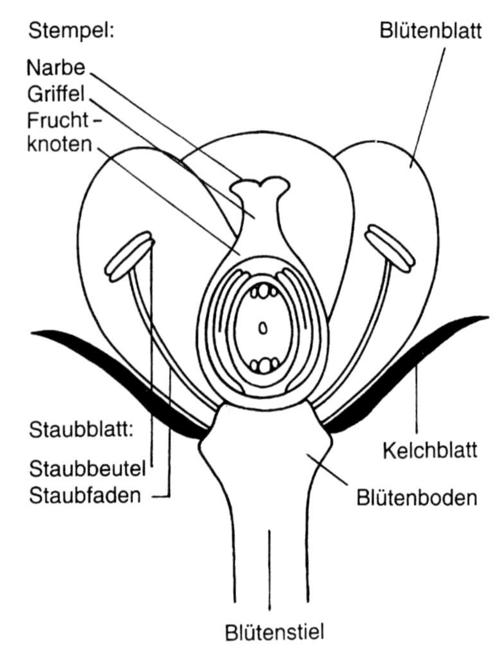

Bild 187. Blüte, Grundplan

Der Grundbau der Blüte

Die Blüte ist das „Markenzeichen" der Samenpflanzen. Nur mit ihr konnte die Landnahme auf breiter Front gelingen. Obschon Farngewächse und Moose große Landflächen besiedeln, sind sie doch eher „pflanzliche Amphibien"[2]. Wie Kröten, Frösche und Schwanzlurche brauchen sie zu ihrer Fortpflanzung eine wäßrige Umgebung. Die Blüte, ob duftend, groß und herrlich anzuschauen oder klein und unscheinbar, macht die Fortpflanzung im Trokkenen möglich. Dabei kommt es nicht auf Äußerlichkeiten an. Der Bausatz muß stimmen. Er besteht aus drei oder vier Blattelementen und, da Blätter nur aus einem Sproß entstehen können, einem entsprechenden Träger, der „Blütenachse". Der untere Teil dieser Achse ist der „Blütenstiel" und von geringerer Bedeutung. Er ist ein ganz normales Sproßästchen, aufrecht oder übergebogen, länger oder kürzer. Oft ist er überhaupt nicht ausgebildet. Dann nennen wir die Blüte „sitzend", im anderen Falle „gestielt". Das obere Achsenende ist der „Blütenboden" oder „Blütengrund". Er ist dicht mit Blattorganen besetzt, meist abgeflacht (Tulpe), sehr selten schmal kegelförmig verlängert (Magnolie), zuweilen auch halbkugelig vorstehend (Erdbeere) oder becher- bis krugförmig eingedellt (Rose/Hagebutte). Seine Besonderheit besteht darin, daß die Knoten (Orte der Blattbildung) dicht übereinander sitzen, weil die Internodien (s. S. 148) ihr Längenwachstum außerordentlich frühzeitig eingestellt haben. Wir nennen solche Sproßteile, die wir schon von den Scheinwirteln der Laubblätter kennen (s. S. 169), „gestaucht". Mit diesem Begriff weist man auf die fehlende Längsstreckung hin.

Jeder der vielen Knoten des gestauchten Blütenbodens trägt nur eine Sorte von Blattorganen. Sie sind in der Regel quirlständig. Durch

[1] ferrugineus von lat. ferrugo = Eisenrost

[2] Amphibien, von griech. amphi = auf beiden Seiten, hier: zu Wasser und zu Lande, und bios = Leben; also: Wasser/Land-Lebewesen

Erbänderung kann jedoch ein Kreis auf zwei oder ein Blatt reduziert sein. In den meisten Fällen sind in einer Blüte sowohl weibliche als auch männliche Organe ausgebildet. Wir nennen sie dann „zweigeschlechtig“ oder „zwittrig“. „Eingeschlechtige Blüten“ können an ein- und derselben Pflanze gemischt auftreten. Dann nennt man sie „einhäusig“. Es gibt aber auch Arten, bei denen die Geschlechtertrennung bis zum Individuum geht: Weibliche Pflanzen tragen nur (eingeschlechtige) weibliche, männliche Pflanzen nur (eingeschlechtige) männliche Blüten. Dies ist der Zustand der Zweihäusigkeit – Beispiel: Weiden *(Salix)*. Oft weist der (wissenschaftliche) Artname *„dioica“* auf diese Besonderheit innerhalb einer Gattung hin, z. B.: Große Brennessel *(Urtica dioica)*, Rote Lichtnelke *(Silene dioica)*, Sumpf-Baldrian *(Valeriana dioica)*[1].

Bild 188. Einhäusige Pflanze: Haselnuß (*Corylus*); die eingeschlechtigen Blüten stehen (getrennt) auf demselben Individium. Männliche Blüten in hängenden Kätzchen, weibliche (rechts oben) knospenförmig, mit roten Narben.

Die reproduktiven Teile

Fruchtblätter

In der zwittrigen Blüte werden die obersten (bzw. der oberste) Wirtel von „weiblichen“ Blattorganen gebildet (s. u.). Man nennt sie „Fruchtblätter“. Sie sind nur bei den Nadelhölzern mehr oder weniger flach ausgebreitet. Bei anderen Samenpflanzen sind sie über ihre Ränder zu einem Behälter verwachsen[2], dem „Stempel“. Er besteht entweder aus einem in sich

[1] di, griech. = auseinander, entzwei; oikos, griech. = Haus, Haushalt

[2] Blattverwachsung, wenn auch in sehr bescheidenem Umfang, kennen wir schon von den verwachsenen und durchwachsenen Laubblättern (s. S. 173). Sie erfolgt natürlich nicht bei fertigen Blättern, sondern in der frühen Blattanlage.

Bild 189. Zweihäusige Pflanze: Weide (*Salix*); auf einem Exemplar stets nur männliche (links) oder nur weibliche (rechts) Blüten.

Bild 190. Links: Blüte mit mehreren Fruchtblättern, jedes bildet für sich einen Fruchtknoten; Hahnenfuß (*Ranunculus*); rechts: Blüte mit mehreren, zu einem gemeinsamen Fruchtknoten verwachsenen Fruchtblättern; Mohn (*Papaver*).

geschlossenen Blatt oder aus zwei bis mehreren miteinander verwachsenen Blättern. Im letzten Fall gibt es nur einen Stempel pro Blüte. Stempel aus einem Fruchtblatt stehen meist zu mehreren in der Blüte (! Ausnahmen sind, z.B., alle Schmetterlingsblütengewächse, *Fabaceae*).

Der Stempel besteht aus dem Fruchtknoten, in dem sich später die Samen bilden und der Narbe, der Auffangstelle für den Blütenstaub. Zwischen den beiden ist oft noch ein dünneres Verbindungsglied, der Griffel, eingebaut. Selten sind die Fruchtblätter - und somit der Stempel - kurz gestielt. Mehrblättrige Stempel tragen manchmal unverwachsene Griffel und fast stets[1] freie Narben, meist in der Zahl der Fruchtblätter.

Da der Blütenboden am Vorderende auch eingedellt sein kann, muß der (bzw. müssen die) Fruchtknoten nicht an der obersten Spitze der Blüte stehen: Das Vorderende ist hier ja der Grubengrund. So kann es sein, daß, optisch gesehen, die „unteren" Blattorgane höher stehen als der (die) Fruchtknoten. Man nennt Fruchtknoten „unterständig", wenn sie tiefer sitzen als die übrigen Blattorgane und mit der „Grubenwand" (= Blütenbodenwand) verwachsen sind. Der „oberständige" Fruchtknoten steht so hoch wie oder höher als die anderen Blattorgane und ist nur an seiner Basis mit der Blütenachse verbunden. Eine Zwischenstellung nehmen Fruchtknoten ein, die einerseits in einer - flachen - Grube stehen (= unterständig) andererseits lediglich am Muldenboden ange-

Bild 191. Stellungen des Fruchtknotens, Schema

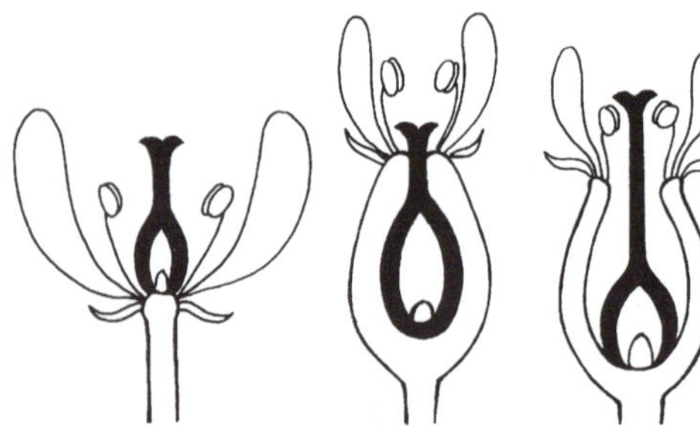

[1] Ausnahme: z.B. manche Arten der Gattung Weidenröschen *(Epilobium)* mit kopfiger Narbe.

wachsen sind (= oberständig), weil die Ränder der Einsenkung weit auseinanderklaffen. Wegen ihrer Zwischenstellung nennt man solche Fruchtknoten „mittelständig".

Der Mittelpunkt des Blütenbodens ist stets das Ende des gestauchten Sprosses. Was also nahe am Mittelpunkt sitzt, steht näher am Ende und damit „höher". Die Blattorgane jedes Knotens stehen im Kreis um den Endpunkt. Schauen wir in eine Blüte hinein, können wir diese Kreise oft gut erkennen. Die engeren sind die „oberen", die weiteren die „unteren" Wirtel.

Staubblätter

„Unter" (hinter!, s. o.) dem Fruchtknotenbereich folgt, einen bis mehrere Quirle umfassend[1], die Zone der „männlichen" Blattorgane. Man nennt sie „Staubblätter", veraltet auch „Staubgefäße". Die der Nadelhölzer zeigen wiederum den weitestgehenden Flachblattcharakter. Bei den anderen Samenpflanzen lassen sie sich auf das Schildblatt, eine Sonderform des Rundblattes zurückführen (s. S. 173). Sie bestehen aus einem stielförmigen Teil, dem kürzeren oder längeren „Staubfaden" und dem angesetzten „Staubbeutel", dessen (meist) vier „Pollensäcke" die Behälter für den Blütenstaub (Pollen) sind. Die Staubfäden einer Blüte können arttypisch verschieden lang sein. Für fast die ganze Familie der Kreuzblütengewächse ist ein Wirtel mit vier langen und ein – darunterstehender – Wirtel mit (nur noch) zwei, deutlich kürzeren Staubblättern charakteristisch. Die Farbe der Staubbeutel variiert. Sie wird oft zur Artbestimmung mit herangezogen; z. B. zur Unterscheidung der als Wildsalat begehrten Brunnenkresse (*Nasturtium officinale*) vom (wirklich!) Bitteren Schaumkraut *(Cardamine amara)* – Bild 192.

Gestalt der Staubbeutel und Anhängsel an den Staubfäden (Haare, Zähnchen) sind meist nur Thema für Spezialisten. Verwachsungen kommen weniger häufig vor als bei den Fruchtblättern, sind aber nicht ganz selten. Meist sind nur die Staubfäden zu einer Röhre verwachsen, häufig z. B. bei den Schmetterlingsblütengewächsen *(Fabaceae)*. Bei den Korbblütengewächsen *(Asteraceae)* sind die Staubfäden frei, die Staubbeutel aber über ihre Kutikula (s. S. 160)

[1] Bei den Johanniskraut-Blüten *(Hypericum)* ist die „Wirtelstruktur" der Staubblattanordnung nur zu erahnen. Durch „Knospenvermehrung", wie sie zuweilen auch bei Laubblattknospen stattfindet, entstehen hier anstelle von fünf Staubblättern fünf vielzählige Staubblattbüschel (oft durch spätere Verwachsung nur als drei Büschel zu erkennen).

Bild 192. Links: Bitteres Schaumkraut (*Cardamine amara*) – Staubbeutel violett; rechts: Brunnenkresse (*Nasturtium officinale*) – Staubbeutel gelb.

zu einer Hülse verklebt, die erst vom durchwachsenden Griffel gesprengt wird.

Die Blütenhülle als Bestimmungsmerkmal

Staubblätter und Fruchtblätter sind die wesentlichsten Blütenelemente. Nur selten aber stehen sie ungeschützt in „nackter Blüte“: Bei den Rohrkolben *(Typha)* sind die eingeschlechtigen Blüten nur noch von einem Haarkranz umstellt. Zumeist aber bilden „tiefer“stehende Blattorgane eine „Blütenhülle“. Sie wird „einfach“ genannt, wenn sie sich aus ziemlich gleichartigen Einheiten zusammensetzt. Oft dient sie nur dem Schutz vor Witterungseinflüssen oder Fraßfeinden. Dann ist sie relativ klein und unscheinbar, aber derb und zäh, wie der „Spelzen“mantel der Binsenblüte (*Juncus*) oder das Schuppenkleid der Haselkätzchen (*Corylus*). Meistens übernimmt sie jedoch auch die „Werbung“, das Anlocken von Insekten, die Pollen von Blüte zu Blüte befördern. Dann kann auch eine einfache Blütenhülle groß und bunt gefärbt sein (Tulpe).

Komfortable Blütenhüllen sind „doppelt“. Die „Blütenblätter“ bilden die „Werbeabteilung“, die darunterstehenden meist unauffälligeren „Kelchblätter“ übernehmen den „Werkschutz“. Meist ist allerdings die Aufgabentrennung nicht ganz so streng verwirklicht, gelegentlich kommt es sogar zum „Rollentausch“. Der auffällige Teil der Blütenhülle wird „Blütenkrone“ oder „Krone“[1] genannt. Ihre Blattorgane werden oft als „Kronblätter“ bezeichnet. Leider wird dieser Begriff aber nicht einheitlich angewandt. Für den einen sind alle bunten Blätter Kronblätter, der andere unterscheidet zwischen „Kronblättern“ und „kronblattartigen Kelchblättern“, der dritte setzt Blütenblatt, ob bunt oder unscheinbar, mit Kronblatt gleich.

In diesem Werk sprechen wir bei Blüten, deren Hülle aus getrennten Blättern besteht, dann von einem „Blütenblatt“, wenn der Laie es dafür hält, auch wenn der Botaniker eine andere Bezeichnung bevorzugt; d.h. ein Blütenblatt muß durch Größe, Farbe oder Form auffällig sein. Den Begriff „Blütenkrone“ verwenden wir hingegen für Blüten mit verwachsenen Blütenblättern, weil „Blütenblatt“ hier entweder nicht trifft oder mißverständlich ist. Ausnahmen von dieser Begriffsanwendung gibt es bei den Bestimmungsschlüsseln: „Blütenblätter frei oder verwachsen“ (vgl. die Einleitung dort).

[1] „Krone“ kann in der Botanik sowohl Blütenkrone als auch Baumkrone bedeuten.

Bild 193. Gefüllte Blüte (Pfingstrose, *Paeonia*)

Bild 194. Außenkelch (Malve, *Malva*).

Kompliziert wird die Sache mit der Blütenhülle auch noch dadurch, daß sich an ihr manchmal Blätter beteiligen, die an sich nicht dazu gehören. Nicht nur, daß sich Staubblätter, sehr selten auch Fruchtblätter[1], in Blütenblätter umwandeln; so entstehen „gefüllte Blüten" (siehe Bild 193); zuweilen „mischen" selbst Blätter der Blütensprosse mit. Diese „Hochblätter" sind - falls überhaupt ausgebildet - meist kleiner als die am Laubsproß, oft nur häutige Schuppen. Am Blütenstiel nennt man sie „Vorblätter". „Tragblatt" oder „Deckblatt" wird das Hochblatt genannt, aus dessen Achsel der Blütenstiel entspringt. Es steht nicht, wie die Vorblätter, am Blütenstiel selbst, sondern am Stengel, von dem jener abzweigt.

Vorblätter bilden zuweilen einen „Außenkelch", unterhalb des echten Kelches, z. B. bei Malve *(Malva*, Bild 194) und Fingerkraut *(Potentilla)*. Bei den Süßgrasgewächsen *(Poaceae)* übernehmen Hochblätter als Spelzen den Schutz der nackten Blüte. Die eingeschlechtig weiblichen Blüten der Seggen (*Carex*) aus der Familie Riedgrasgewächse *(Cyperaceae)* sind bis auf die Narben in ein eikugeliges Gebilde, den „Schlauch", eingeschlossen. Er ist das in sich verwachsene Tragblatt der kaum sichtbar gestielten Blüte. Hochblätter können indes auch, vergrößert und buntgefärbt, Lockaufgaben übernehmen, wie z. B. bei manchen Arten vom Wachtelweizen *(Melampyrum)*[2].

Alle Blattsorten der Blütenhülle können mit ihresgleichen mehr oder minder stark verwachsen sein. Die Blüte ist „freiblättrig", wenn die Blütenblätter (!) bis zum Grund unverwachsen

Bild 195. Grasblüte Glatthafer (*Arrhenatherum elatius*)

sind. Zeigen sie nach unten zu durch starke Verschmälerung Ansätze zu einem flachen Blattstiel, nennt man sie „genagelt", den Stiel „Nagel" und den breiteren Teil „Platte". Sind sie miteinander verwachsen, wenn auch bloß am Grund in schmalem Saum, dann ist die Blüte „verwachsenblättrig" (Bild 198). Vor Ort ist die Entscheidung „frei" oder „verwachsen" manchmal schwierig. Genaue Beobachtung hilft

Bild 196. „Schlauch" der weiblichen Seggen-Blüte (*Carex*).

[1] Als Sonderfall gelten die Schwertlilien *(Iris)*: ihre - voll funktionsfähigen - Griffel sind blattartig verbreitert und bunt gefärbt.

[2] Gelegentlich bilden sogar normale Laubblätter einen „Schauapparat"; Beispiel Wolfsmilch *(Euphorbia)*. Bei unseren einheimischen Arten ist dies wegen der gelbgrünlichen Lockfarbe nicht ganz so augenscheinlich. Der im Dezember millionenfach verkaufte Weihnachtsstern *(Euphorbia pulcherrima)* mit weißen, rosafarbenen oder roten Blättern im oberen Stengelbereich ist jedoch geradezu ein Paradebeispiel. Es muß indessen angemerkt werden, daß die Lockblätter der Wolfsmilch nicht Einzelblüten umgeben, sondern Gemeinschaftswerbung für viele (unscheinbare) Blüten am Stengelende betreiben (s. Bild 197).

Bild 197. Hochblätter (Laubblätter) mit Blütenblattfunktion: Oben links Hain-Wachtelweizen (*Melampyrum nemorosum*); oben rechts heimische Wolfsmilch (*Euphorbia*); links der Weihnachtsstern (*Euphorbia*).

oft weiter: Fallen die Blütenblätter einzeln ab oder als verwelkte Krone? Zupft man beim Ehrenpreis *(Veronica)* nur leicht an einem „Blütenblättchen", hat man gleich die gesamte Krone zwischen den Fingern. Die Verwachsung der Blütenblätter kann andererseits so stark

Bild 198. Unten links: Blüte mit freien Blütenblättern (Nelkenwurz, *Geum urbanum*); unten rechts: Blüte mit (stark) verwachsenen Blütenblättern (Zaunwinde, *Calystegia sepium*).

sein, daß nur noch kleinste, zahnartige Zipfelchen Auskunft geben über die Zahl der an der Verwachsung beteiligten Blütenblätter. Für den Kelch gilt dasselbe: Es gibt freie und mehr oder weniger stark verwachsene Kelchblätter.

Die Zahl der freien oder auch verwachsenen Blüten- und Kelchblätter ist für die Identifikation einer Art oft sehr wichtig. Selten ist nur ein Blütenblatt oder sind nur zwei bis drei Blütenblätter vorhanden: Man nennt die Blüte dann ein-, zwei- bzw. dreizählig. Vier Blütenblätter sind schon häufiger und typisch für sämtliche Kreuzblütengewächse *(Brassicaceae)*. Die große Masse der Blüten ist fünfzählig. Sechs Blütenblätter sind für viele einkeimblättrige Pflanzen charakteristisch. In der Regel hören Botaniker nach „sechs" mit dem Zählen auf, bei Staubblättern oder Stempeln spätestens nach der Zahl 12. Was darübergeht heißt „viel", „vielzählig"; Symbol „∞" (= unendlich).

Für die Erkennung spielt aber neben der Zahl der Blütenhüllorgane auch ihre Anordnung eine Rolle. Wir nennen sie „regelmäßig", „strahlig" oder „radiär"[1], wenn die Teile jedes Wirtels mehr oder weniger gleichgestaltet sind. Eine „unregelmäßige", „zweiseitige" (oder „bilaterale"[2]) Blüte trägt auffällig ungleiche Blätter (bzw. Zipfel). Die Begriffe beziehen sich auf die Symmetrieverhältnisse. Diese können bei Kelch und Blütenblättern durchaus verschieden sein. So sitzt z. B. beim Tännelkraut *(Kickxia)* eine zweiseitig-symmetrische Krone auf einem radiären, fünfstrahligen Kelch. Spricht man die Symmetrie der Gesamtblüte an, bezieht man sich stets auf die augenfälligen Teile. Man sagt also, das Tännelkraut habe eine zweiseitige Blüte.

[1] von radius, lat. = Radspeiche, Halbmesser. Wie Radspeichen sind die Blütenteile um einen Mittelpunkt gleichmäßig angeordnet. Mit beliebig vielen (theoretischen) Schnitten durch den Mittelpunkt kann die Blüte jeweils in zwei gleiche Hälften zerlegt werden.

[2] von bi-, lat. = zwei-; und latus, lat. = Seite. Die Blüte läßt sich (theoretisch) nur durch eine einzige Schnittführung in zwei gleiche Teile zerlegen.

[3] Der Begriff „Vermehrung" bezieht sich nur auf diese Vergleichszahlen. Wieviele der Nachkommen bis zu ihrer Fortpflanzungsfähigkeit durchstehen, ist nicht mit einbezogen. Meist sind es nur ganz wenige. Unter natürlichen Gegebenheiten führt die „wirkliche" Vermehrung einer Art fast immer zur „Verminderung" anderer.

Durch Kombination aller gegebenen Möglichkeiten, wie Art und Zahl, Verwachsungsgrad, Größe und Färbung der Blütenorgane, Gestaltung des Blütenbodens, Symmetrie der Blütenhülle usf., sind eine fast unüberschaubare Zahl von Blütenmodellen entstanden. So nimmt es nicht wunder, daß zur Identifizierung der Arten vor allem Blütenmerkmale herangezogen werden. Fast jede Art hat eine „persönliche" Eigenheit im Blütenbau. Trotz aller Vielgestaltigkeit dienen die Blüten indes stets der Fortpflanzung, die bei allen echten Landpflanzen nach den gleichen Grundprinzipien verläuft.

Die Fortpflanzung

Fortpflanzung, d. h. die Erzeugung mehr oder weniger erbgleicher Nachkommen ist im Pflanzenreich fast stets mit Vermehrung verbunden: Die Zahl der „produzierten" Nachkommen ist größer als die der Erzeuger[3]. Die Vermehrung (Fortpflanzung) kann grundsätzlich auf zwei verschiedenen Wegen erfolgen. Bei der „ungeschlechtlichen Vermehrung" werden von einem Lebewesen Zellen oder größere Teilstücke abgesondert, die zu neuen Individuen heranwachsen. Sie sind untereinander und mit ihrem Erzeuger erbgleich. Zur „geschlechtlichen Vermehrung" braucht es zwei artgleiche oder zumindest eng verwandte Lebewesen. Sie geben Zellen ab, die miteinander verschmelzen. Das Verschmelzungsprodukt wächst zu einem neuen Individuum heran. Es besitzt ein Gemisch aus den Erbanlagen beider Partner (s. S. 85 ff.).

Ungeschlechtliche Vermehrung

Beide Arten der Vermehrung haben Vor- und Nachteile. Die ungeschlechtliche ist unkompliziert und sehr einfach. Ohne Rücksichtnahme auf andere, d. h., wann immer die „persönlichen" Umstände für das eine Individuum günstig sind, kann es beliebig viele Teilstücke abscheiden, von denen jedes zugleich ein neues Lebewesen ist. Der Vorteil der ungeschlechtlichen Fortpflanzung kann schlagwortartig mit „Quantität" umschrieben werden. Jedes abgegebene Teil ist ein Treffer, ein Nachkomme. Dementsprechend kann diese Art Vermehrung als

„Massenproduktion mit Ausschußminimierung" gelten. Ungünstig für die Weiterentwicklung der Art ist allerdings die „Einförmigkeit" der Nachkommen, die „Baugleichheit" mit ihrem Allein-Erzeuger. In ihren Eigenschaften sind sie also recht „konservativ". Neue Fähigkeiten oder bessere Anpassung an die Gegebenheiten der Umwelt sind von ihnen nur durch die seltenen Mutationen zu erwarten.

Geschlechtliche Vermehrung

Bei der geschlechtlichen Vermehrung entstehen dagegen viel häufiger „progressive" Typen. Angenommen, ein Partner sei besonders widerstandsfähig gegen Kälte, doch sehr empfindlich gegen Wärme. Der andere komme dagegen mit Hitze weit besser zurecht als mit Frost. Sind diese Eigenschaften erblich bedingt, gibt es unter dem Nachwuchs (s. Vererbungsregeln, S. 89 ff.) eventuell zwei bislang noch nie dagewesene „Qualitäten": Etwa die Hälfte der Nachkommen gleicht in bezug auf Temperaturverträglichkeit zwar dem einen oder dem anderen Partner, vom Rest indes ist ein Viertel „hitze- und kälteempfindlich", das andere dagegen „hitze- und kälteresistent". Nach einem heißen Sommer, dem ein kalter Winter folgt, ist die ganze Sippschaft einschließlich der Eltern samt deren eventuell zusätzlich ungeschlechtlich gezeugten Nachfahren gestorben – bis auf das letzte Viertel, das sowohl Hitze als auch Kälte gesund überdauert hat. Seine Angehörigen führen jetzt, auf „höherem" Niveau, die Familientradition fort. Obschon stark vereinfacht, zeigt das Beispiel einleuchtend den positiven Effekt der geschlechtlichen Fortpflanzung: „Qualität".

Die Nachteile liegen in der Kompliziertheit und damit Aufwendigkeit des Verfahrens. Viel Material geht dabei verloren, bevor noch ein neuer Nachkomme entstanden ist. Die „Produktion" ist mit einer überaus hohen „Ausschußrate" vorbelastet. Nicht immer wird ein Partner gefunden, der zum Austausch bereit ist. Da festgewachsene Pflanzen ihre Partner nicht aktiv aufsuchen können, muß das Problem auf die ausgeschiedenen Geschlechtszellen verlagert werden. Das macht es nicht einfacher. Selbst im Wasser, wo das Leben ja entstanden ist, müssen die Geschlechtszellen zur Partnersuche kraftzehrend herumschwimmen. Viele haben kein Glück und gehen zugrunde. Haben sich dann zwei endlich gefunden und vereinigt, müssen sie noch soviel Reserven besitzen, daß es fürs erste zum Weiterleben reicht.

Schon früh hat deswegen eine Arbeitsteilung eingesetzt, die sich nach ständiger Verbesserung so gut bewährt hat, daß fast alle heutigen Lebewesen sich nach diesem Programm fortpflanzen. Die Verschiedenheit der Geschlechter ist auf diese Aufgabenteilung zurückzuführen.

Eine Sorte der Geschlechtszellen hat den Part des Suchens übernommen. Sie haben sich zu strömungsgünstig geschnittenen, kraftvollen Schwimmern entwickelt, die Hochleistungen vollbringen, allerdings nur über einen kurzen Zeitraum. Wir nennen sie männliche Geschlechtszellen (männliche Gameten)[1]. Die weiblichen Gameten (in perfekter Endausführung auch „Eizellen" genannt) wandelten sich von träg schwimmenden zu passiv treibenden, wohlgefüllten Reservebehältern um. Die männlichen „Kurzzeitkraftprotze" bringen bei der Vereinigung nur noch ihr Erbgut ein und zerfallen dann. Die weibliche Zelle entwickelt sich, dank ihrer Nahrungsreserven, dagegen zum neuen Lebewesen.

Generationswechsel

Zellen (oder Zellklumpen), die der ungeschlechtlichen Fortpflanzung dienen, nennt man Sporen[2]. Sporen enthalten im Zellkern einen doppelten Chromosomensatz, Gameten einen einfachen. Ihr Verschmelzungsprodukt, die „Zygote"[3] hat dann wiederum doppelte Chromosomenzahl (s. S. 82 ff.).

Die heutigen Algen sind die Endprodukte derjenigen Fortpflanzungsreihen, die sich mit ihren Eigenschaften „lebenstüchtiger" erwiesen haben als andere, ausgestorbene „Modelle". Wie wir an ihnen sehen, hat es sich anscheinend bewährt, wenn ein Individuum ausschließlich

[1] gameo, griech. = heiraten, verheiraten
[2] sporos, griech. = Same, Sprößling
[3] zygon, griech. = Gespann

entweder nur Sporen oder nur Gameten produziert. Im ersten Fall nennt man es „Sporenpflanze" („Sporophyt"), im zweiten „Geschlechtspflanze" („Gametophyt")[1]. Ob beide Gametensorten an derselben Pflanze (einhäusig, s. o.) oder ebenfalls auf getrennten Individuen (zweihäusig, s. o.) entstehen, dürfte von untergeordneter Bedeutung sein. Beides kommt heute noch vor.

Wichtig dagegen scheint der regelmäßige Wechsel von Gametophyt und Sporophyt zu sein: Der Sporophyt bildet Sporen. Aus ihnen entstehen Geschlechtspflanzen, die Gameten aussenden. Aus deren Zygote bildet sich dann wieder ein Sporophyt, der Sporen erzeugt. Ein regelmäßiger Wechsel zwischen Sporengeneration und Gametengeneration wird als Generationswechsel bezeichnet. Die pfiffige Kombination mindert die Nachteile beider Fortpflanzungsarten und bringt - etwas zeitverzögert, binnen zweier Lebenszyklen - Qualität und Quantität.

Dies scheint für Pflanzen besonders wichtig zu sein. Zumindest alle höheren und auch die Mehrheit der niederen Tiere kommen ohne Generationswechsel aus. Dagegen ist er die Regel bei sämtlichen erfolgreichen Aufsteigern unter den Algen und bei den gesamten Farnen und Moosen. Selbst mächtige Baumfarne streuen nur Sporen aus. Die entwickeln sich auf nassem Boden zu kaum fingernagelgroßen, flachen Geschlechtspflanzen, die Gameten produzieren. In der Nässe schwimmen die männlichen zu den mikroskopisch kleinen Behältern, in denen die Eizellen geborgen sind.

[1] phyton, griech. = Pflanze, Gewächs

Die Verzwergung des Geschlechtlichen

Seit den bahnbrechenden Untersuchungen von WILHELM HOFMEISTER (1851) wissen wir, daß auch bei Samenpflanzen ein Generationswechsel stattfindet. Was wir von ihnen sehen, ist - von der Wurzel bis zur Spitze - der „geschlechtslose" Sporophyt.

Erst 1694 hatte der Tübinger Professor RUDOLPH JACOB CAMERARIUS seine aufsehenerregenden Bemerkungen „De sexu plantarum epistola" (Sendschreiben über die Geschlechtlichkeit der Pflanzen) veröffentlicht (s. auch S. 70). Bis dahin galten die Pflanzen unter den Wissenschaftlern des Abendlandes als geschlechts-

Bild 199. Aus dem Kräuterbuch von TABERNAEMONTANUS, Neuausgabe von H. BAUHIN; Basel 1664: „Buchköhl Männlein und Buchköhl Weiblein" (! *Hieracium*).

lose Wesen. Nur des einprägsamen Namens willen nannte man gelegentlich bei zwei ähnlich aussehenden Arten die gröber gebaute das „Männlein" und die zierlichere das „Weiblein"[1].

CAMERARIUS enthüllte, daß die Staubblätter die männlichen „Geschlechtsorgane" der Blüte seien, die mit ihrem Pollen[2] die Stempel (= weibliche „Geschlechtsorgane") befruchteten. Wir können heute seiner Begriffssetzung nur noch bedingt folgen. Staubblätter und Stempel sind an sich Sporenbehälter, d.h. Organe der ungeschlechtlichen Fortpflanzung.

In der Folgezeit wurde entdeckt, daß der Blütenstaub in den Pollensäcken aus Pollenmutterzellen entsteht, die von einer besonderen Zellschicht, dem Tapetum[3], umhüllt sind. Das Tapetum ernährt die Pollenmutterzellen und stellt das Baumaterial für die Wand der Pollenkörner. Die diploiden Pollenmutterzellen teilen sich jeweils in vier einzellige Pollenkörner mit haploidem (s. S. 83ff.) Zellkern. Im Pollenkorn geht die Teilung weiter, so daß es am Ende mehrzellig, zumindest mehrkernig, ist. Wird es auf eine (artgleiche) Narbe übertragen (Bestäubung), treibt es einen fädigen „Pollenschlauch" in das Innere des Fruchtknotens. Durch diesen wandern seine Zellkerne mit dem Erbgut (s. auch S. 81ff. und Bild 200).

Im Fruchtknoten (bzw. auf den flachen Fruchtblättern der „nacktsamigen" Nadelhölzer) befinden sich die „Samenanlagen". Oft stehen sie (aufrecht, waagrecht gebogen oder übergeneigt) auf einem Stielchen, dem Funiculus[4] und sind von schützenden Gewebsschichten (Integumenten[5]) umgeben. Diese lassen allerdings an der Spitze einen schmalen Zugang frei, die Mikropyle[6], durch die der Pollenschlauch eindringen kann. Die Integumente umschließen einen kompakten Kern aus Zellgeweben, den Nucellus[7]. Auf der von der Mikropyle abgewandten Seite ist er über ein breites Fundament aus Zellen (Chalaza[8]) mit der Samenanlage verwachsen. In seinem der Mikropyle zugewandten Ende befindet sich der „Embryosack". Er hat sich durch (meist) dreimalige Kern(!)teilung aus einer haploiden „Embryosackzelle" entwikkelt, die durch Meiose (s. S. 82ff.) aus einer diploiden „Embryosackmutterzelle" entstanden ist (Bilder 201, 202).

Bei den Nadelhölzern ist der Embryosack noch ein vielzelliges Gebilde mit besonderen Behältern für jede Eizelle. Bei den übrigen Samenpflanzen besteht er in der Regel nur noch aus acht Zellen. Eine davon ist die Eizelle.

Erst die vergleichenden Untersuchungen HOFMEISTERS brachten Licht in diese Wirrnis von Geweben und haploiden oder diploiden Einzelzellen – und das zu einer Zeit, in der diese Begriffe noch gar nicht bekannt waren: Pollenmutterzelle und Embryosackmutterzelle entsprechen den Sporen. Sie werden aber nicht mehr ausgestreut, sondern wachsen im Schutz der Sporenpflanze und auch von ihr versorgt zu kleinen, sehr stark vereinfachten Geschlechtspflanzen heran. Da sie nur eine Sorte von Gameten (oft bis auf den Zellkern abgemagert) erzeugen, kann man sie als eingeschlechtig zweihäusig bezeichnen. Der ganze männliche Gametophyt wird nun als Pollenkorn auf die Reise geschickt, wohlverpackt und durch die Pollenkornwand gegen Wasserverlust gut geschützt. Erst wenn er sicher auf der richtigen Narbe[9] gelandet ist, wächst er in die Tiefe des

[1] Z.B. war der „aggressiv" rotblühende Gauchheil *(Anagallis arvensis)* „Gauchhehyl mennlin", Anagallis mas. Der „zurückhaltend" blaublühende *(Anagallis foemina)*, das „Gauchheyl weiblin", trägt seinen lateinischen Namen bis heute. Die besonders hartholzige Kornelkirsche *(Cornus mas)* war „Cornelbaum Männlein", der im Holz weichere Wollige Schneeball *(Viburnum lantana)* hieß „Cornelbaum Weiblein" (Cornus foemina); mas, lat. = Mann; femina, lat. = Frau; (Bild 189)

[2] Das dem Lateinischen entlehnte Wort bedeutete ursprünglich „Mehlstaub"

[3] tapetum lat. (griech./pers.) = Wandteppich, „Tapete"

[4] funiculus, lat. = dünnes Seil, Schnur

[5] integumentum, lat. = Decke, Hülle, Schutz

[6] mikros, griech. = klein, geringfügig; pyle, griech. = Tor, Öffnung

[7] nucellus, Verkleinerungsform von lat. nux, nucis = Nuß(kern), also: Kernchen, Nüßchen

[8] chalaza, griech. = Hagel(korn). Der Begriff wurde ursprünglich auf die „Hagelschnur" im Hühnerei angewandt. Dieses (hagel-)körnelig-weißliche Gebilde verbindet den Dotter mit der Eischale und sichert seine Lage im Zentrum des Eiklars (Eiweißes)

[9] Bei den Nacktsamigen Pflanzen (Nadelhölzern) gibt es natürlich keine Narbe. Das Pollenkorn muß hier vor die Mikropyle der Samenanlage gelangen. Die Mikropyle scheidet ein Tröpfchen Feuchtigkeit aus. In dieses hinein keimt dann das Pollenkorn aus.

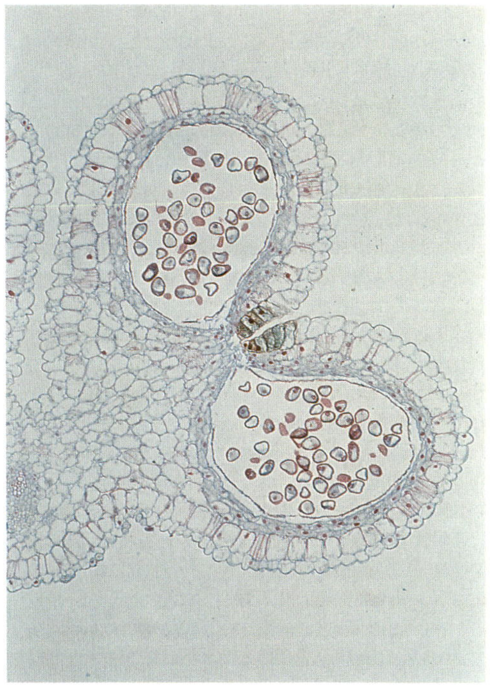

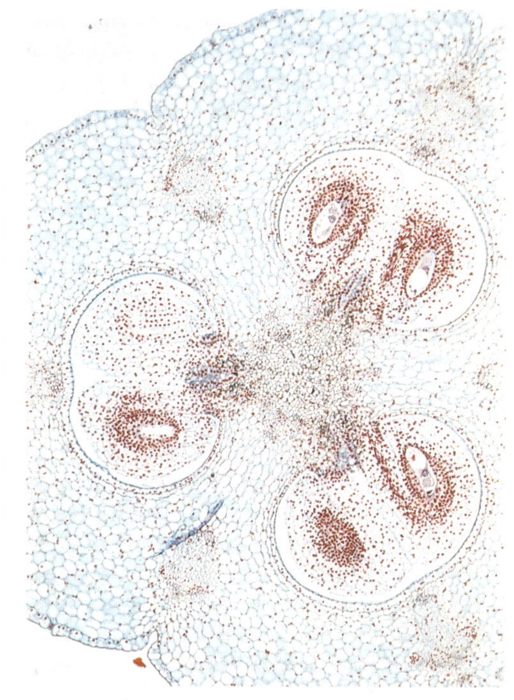

Bild 200 (oben links). Querschnitt durch einen Staubbeutel (Lilie); zu sehen ist einer der beiden, in jeweils zwei Hälften geteilten, Pollensäcke sowie das Verbindungsstück zum anderen. Das Bild zeigt das Stadium der Pollenkornreife (gefärbtes Präparat).
Bild 201 (oben rechts). Querschnitt durch einen Fruchtknoten (Lilie); drei miteinander verwachsene Fruchtblätter bilden je einen Hohlraum (Fach) in dem sich die Samenanlagen (hier paarweise - sowie untereinander, im Querschnitt nicht sehbar) befinden. Von jeder („nikkenden") Samenanlage zieht ein Stielchen (Funiculus) zum Zentrum (Leitbündel). In der Samenanlage ist der Embryosack sichtbar (s. Bild 202); gefärbtes Präparat.
Bild 202 (rechts). Reifer Embryosack (Lilie); am oberen Ende (mikropylenwärts) drei Zellkerne: zwei „Gehilfenkerne", Eikern links unten; die drei Kerne im unteren Teil („Antipoden") sind nicht alle gut sichtbar. Die zwei großen Kerne im Mittelteil (Polkerne) verschmelzen noch vor der Befruchtung zum (sekundären) Embryosackkern. Gefärbtes Präparat.

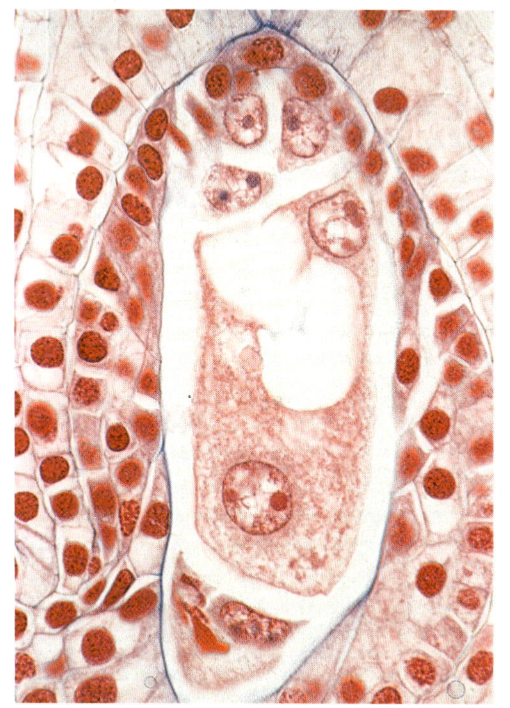

Fruchtknotens und schickt seine Gametenkerne zur Befruchtung aus.

Der Embryosack, die weibliche Geschlechtspflanze, lebt, quasi als Parasit, ständig in der Sporenpflanze. Auch die Zeugung neuen Lebens (Zygotenbildung) geschieht im Innern der Pflanze, die selbst noch den zum Keimling heranwachsenden Embryo (den neuen Sporophyten) schützt. Zudem versorgt sie ihn mit Vorräten für die erste Zeit seiner späteren Eigenständigkeit.

Im Grunde genommen wurden die Samenpflanzen nach derselben Methode „landfähig" wie die Säugetiere: Innere Befruchtung und Austragung des Embryos. Der Unterschied besteht nur darin, daß es die Tiere durch die direkte Methode, die Pflanzen über den Umweg des Generationenwechsels geschafft haben.

Die Bestäubung

Das Übertragen von Pollen auf die Narbe hat nur indirekt mit „Befruchtung" (Verschmelzung zweier Gameten zur Zygote) zu tun. Es ist auch keine eigentliche „Begattung" (Übertragen männlicher Gameten in den Bereich der weiblichen). Durch die Bestäubung werden Geschlechtspflanzen (mit noch nicht ganz fertig entwickelten Gameten) zusammengebracht.

Die festgewachsenen Landpflanzen können dies nicht selbst bewerkstelligen und sind auf Unterstützung von außen angewiesen. Zweifellos war bewegte Luft ihre erste Gehilfin. Windbestäubung gilt als sehr urtümlich. Im Laufe der Zeit ergaben Änderungen im Blütenbau auch noch andere Transportmöglichkeiten, z.B. durch Tiere oder (sehr selten) durch Wasser.

Zur Begriffserklärung: Das Übertragen von Blütenstaub auf die Narben (oder an die Samenanlagen) nennt man „Bestäubung". Es gibt also Wind-, Tier- und Wasserbestäubung. Von „Selbstbestäubung" sprechen wir, wenn der Pollen von der Pflanze stammt, auf deren Stempel er übertragen wird. Bei zwittrigen Blüten ist dies leicht möglich. Ist der Blütenstaub dagegen von einer anderen Pflanze derselben Art, redet man von „Fremdbestäubung". Der Mensch ist von Natur aus nicht als Bestäuber vorgesehen: Wenn er, z.B. als Züchter, Blütenstaub überträgt, ist dies eine „künstliche Bestäubung". Die gestaltliche Anpassung der Blüten an die verschiedenen (natürlichen) Bestäubungsweisen wird – als Eigenschaft – durch den Zusatz „-blütig" ausgedrückt: „wind-, tier-, wasserblütig". Die entsprechenden Blüten werden „Wind-, Tier- und Wasserblumen" genannt.

Windbestäubung

Nacktsamer sind meist windblütig. Tierblütigkeit wurde anscheinend erst von den Bedecktsamigen Pflanzen[1] „erfunden". Windblumen benötigen keine großartigen Hüllen; im Gegenteil, es muß dafür Sorge getragen werden, daß der Lufthauch sowohl Pollensäcke als auch Narben gut erreicht. Windblumen sollten deshalb nicht nur frei an den Enden gut beweglicher Sprosse stehen: Ihre Staubblätter oder zumindest die Narben – so vorhanden – müssen möglichst weit über die Hülle ragen. Windblumen der Bedecktsamer sind meist durch lange Staubfäden und Narben gekennzeichnet. Letztere sind oft federig verästelte Fangschnüre. Viele Laubhölzer wie z.B. die Hasel *(Corylus avellana)* stäuben, bevor die Blätter ausschlagen, die den Wind abhalten.

Windblütigkeit birgt eine Vielzahl von Risiken. Der Wind kann die Pollen in die falsche Richtung treiben. Selbst wenn er richtig steht, ist die Chance für das einzelne Pollenkorn gering, auf eine Narbe zu treffen. Windblütige Pflanzen versuchen dieses „Manko" durch Massenproduktion zu mindern. Für die Haselnuß *(Corylus avellana)* wurde errechnet, daß ein Strauch Samenanlagen und Pollenkörner im Verhältnis von mehr als 1:2000000 erzeugt. Windblütler trifft man oft auch im Massenwuchs an: Brennesseln *(Urtica)*, Süßgras- *(Poaceae)* und Wegerichgewächse *(Plantaginaceae)*, Nadelbäume *(Pinales)*. Dazu sind ihre Pollen

[1] Das Gros der heutigen Blütenpflanzenarten gehört zu den Bedecktsamern. Ihre Samenanlagen sind vom Stempel eingeschlossen, also „bedeckt". Bei den Nacktsamern (Tanne, Fichte, Kiefer, Eibe, Wacholder usw.) sitzen die Samenanlagen auf den mehr oder weniger flach ausgebreiteten Fruchtblättern. Sie sind also, zumindest theoretisch, unbedeckt = „nackt". Zuweilen wächst allerdings nachträglich ein Gewebsmantel um die Samen (Eiben- und Wacholder„beeren"); sonst sitzen die später verholzenden Fruchtblätter eng übereinander und bilden den schützenden „Zapfen". Die Hüllsamer *(Gnetopsida)*, eine fast ausgestorbene Gruppe der (Fiederblättrigen) Nacktsamer, stehen fortpflanzungsbiologisch den Bedecktsamern schon etwas näher. Einige ihrer wenigen noch lebenden Arten sind auch bereits tierblütig.

sehr leicht und (oder) mit Schwebeeinrichtungen versehen, so daß sie sich lange in der Luft halten können, z.B. „Luftsäcke" bei Nadelholzpollen.

Wenn Windblütler stäuben, ist der Luftraum oft über Tausende von Quadratkilometern von ihren Pollen erfüllt. Deren Einatmen ruft bei nicht wenigen Menschen allergische Abwehrreaktionen hervor. Sie werden volkstümlich mit dem auf Graspollen bezogenen Ausdruck „Heuschnupfen" bezeichnet. Doch selbst wer gegen Pollen resistent ist, kann ihre Massenproduktion wahrnehmen: In manchen „guten" Jahren bedeckt Nadelholzpollen im Frühjahr oft meilenweit ganze Landstriche mit einer dünnen, fahlen Staubschicht. Zumindest bildet er (als „Schwefelregen") breite gelbe Ränder auf allen Pfützen (Bild 204).

Selbstbestäubung

Die Gefahr der Selbstbestäubung ist immer gegeben, bei Windblütigkeit jedoch besonders groß. Hier werden die Pollen am wenigsten zielgerichtet verfrachtet. Die Selbstbestäubung vereitelt den „Zweck" der geschlechtlichen Fortpflanzung: „Qualität durch Neu-Kombination von Erbgut" (s. S. 188). Die meisten Windblumen sind eingeschlechtig. Dies mindert das Risiko ein wenig. Zweihäusigkeit, z.B. bei der Großen Brennessel *(Urtica dioica)*, schließt es aus. Leicht unterschiedliche Reifetermine von Stempel und Staubblättern derselben Pflanze sind ein weiteres Gegenmittel. Raffiniert ist die erblich festgelegte Selbststerilität mancher Bedecktsamigen: Die Narbe „erkennt" die auf sie gebrachten Pollenkörner der eigenen Pflanze und hindert sie, ebenso wie auch artfremden Blütenstaub, am Auskeimen. Dieses „erlaubt" sie nur Pollenkörnern, die von anderen Individuen derselben Art stammen.

Bei soviel Aufwand zur Verhütung nimmt es wunder, daß andere - wind- wie tierblütige - Arten geradezu darauf versessen sind, die Selbstbestäubung mit allen Mitteln zu fördern. Verständlich ist ja noch ihr Einsatz unter dem Motto „Der letzte Versuch": Wenn bei Zwitterblüten die eine Woche vor den Staubbeuteln herangereiften Narben nach 14 Tagen immer

Bild 203. Nadelbaumblüte (Kiefer, *Pinus*)

noch unbestäubt sind, senken sich die verwelkenden eigenen Staubblätter auf sie und schütten ihre letzten Pollenreste darüber.

Manche Veilchen *(Viola)* und andere Arten haben diese Methode „des letzten Versuchs" weiter verfeinert: Erst blühen sie „normal"; die letzten Blumen öffnen sich jedoch überhaupt nicht mehr. Sie stehen nickend mit zusammen-

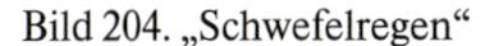

Bild 204. „Schwefelregen"

geneigten grünen Kelchblättern auf verkürzten Stielen. In ihren Knospen findet Selbstbestäubung statt. Diese Blüten sind „kleistogam“[1] (s. S. 114).

„Pionierpflanzen“ nennen wir Arten, die sich darauf spezialisiert haben, Neuland zu besiedeln. Dazu gehören vegetationslose Gebiete und frisch offengelegter, auch umgebrochener Boden sowie Schwemmböden an Gewässersäumen, die dauerndem Wandel unterworfen sind. Für Pionierpflanzen ist die Fähigkeit zur Selbstbestäubung eine arterhaltende Notwendigkeit. Als Erstbesiedler stehen sie oft allein und einsam auf weiter Flur.

So sind auch manche unserer kurzlebigen Ackerunkräuter Pionierpflanzen. Die Erstankömmlinge auf der jungen Scholle sorgen durch Selbstbestäubung für rasche, massenhafte Nachkommenschaft. Unter dieser findet dann auch Fremdbestäubung statt. Für die Enkel ist der Lebensraum meist schon wieder verloren (Fruchtwechsel). Wenigen „Einzelkämpfern“ gelingt die Erschließung von Neuland.

[1] von kleistos, griech. = verschlossen; und gameo, griech. = heiraten, sich verheiraten; sich normal öffnende Blüten nennt man chasmogam; chasma, griech. = Spalt, Öffnung, Schlund

Bild 205. Insekten als Bestäuber. Von links oben nach rechts unten: Schmetterlinge, Käfer, Hautflügler, Zweiflügler.

Bild 206. Tierfallenblume; Aronstab, *Arum*; links: Gesamtansicht; rechts: Hüllblatt aufgeschnitten.

Selbstbestäubung kann also durchaus auch günstig sein, obschon sie paradoxerweise eher eine Art „ungeschlechtlicher Vermehrung mit den Mitteln der geschlechtlichen Vermehrung" darstellt. Im Pflanzenreich ist aber anscheinend alles möglich, und so gibt es auch noch die vollkommene ungeschlechtliche Vermehrung mittels mehr oder weniger verkümmerter und zur geschlechtlichen Vermehrung nicht mehr fähiger Samenanlagen (Näheres s. S. 110 ff.).

Tierbestäubung

Tierblumen haben Tiere als Pollenspediteure „angestellt". Dabei haben sie sich in Bau und Leistung an diese angepaßt. Manche Blüten sind so spezialisiert, daß sie nur noch von einer Tierart, manchmal sogar nur von einem Geschlecht, z. B. den Männchen dieser Art (s. u.), bestäubt werden können. Andere sind offen für viele Arten von Besuchern. In Mitteleuropa fungieren vor allem Insekten als Bestäuber[1]. Schmetterlinge, Hautflügler, Fliegen, Käfer sind die häufigsten (Bild 205). Dementsprechend gibt es bei uns nicht bloß einen Typ von „Insektenblume", sondern „Fliegen-", „Schmetterlings-", „Hautflüglerblumen" usw. Diese lassen sich aber noch viel weiter differenzieren.

Unter den Hautflüglern spielen heutzutage die nahezu unbehaarten Ameisen mit ihren beißenden Mundwerkzeugen kaum noch eine Rolle als Bestäuber. Schon eher kommen die „beißend-leckenden" Wespen in Frage. Indes kann leicht zugänglicher, flach ausgebreiteter und somit aufleckbarer Nektar genauso von Fliegen oder auch Käfern aufgenommen werden. Somit gibt es keine „exklusiven" Wespenblumen. Anders verhält es sich mit den zahl-

[1] Im Tropenbereich gibt es auch verschiedene Vogelblumentypen (Kolibriblumen, Papageienblumen usw.). Als Bestäuber betätigen sich ferner Fledermäuse und (selten) andere kleine Säuger bis hin zu den Halbaffen.

Bild 207. Ragwurzblüten (*Ophrys*) ähneln Insekten (Weibchen).

reichen „Bienen-“ und „Hummelblumen“. Die „saugend-leckenden“ Bienen (samt den kurzrüsseligen Hummel-Arten) finden ein großes Angebot extra für sie und allein auf ihre Körpermaße eingerichteter Bienenblumen. Hummelblumen sind den dicht bepelzten Hummeln mit langem Saugrüssel vorbehalten. Wird die Pflanze jedoch von Schmetterlingen bestäubt, verbirgt sie den Nektar so tief, daß ihn auch kein Hummelrüssel mehr erreichen kann. Bei den Schmetterlingsblumen sind „Tagfalterblumen“ tagsüber geöffnet, „Nachtfalterblumen“ gehen erst zur Abenddämmerung auf.

Wie im vorausgegangenen Abschnitt angedeutet, muß den Tieren etwas geboten werden, damit sie überhaupt in die Blüte einfliegen. Das kann Nektar sein, der von mannigfaltig geformten Drüsen („Nektarien“) ausgeschieden oder Blütenstaub, der im Übermaß produziert wird. Zuweilen wird nur mit etwas Wärme und Fäulnisgeruch gelockt. Auf solche „Täuschblumen“ fallen z.B. Aasfliegen immer wieder herein. Oft ist für sie das Blüteninnere zum regelrechten „Gefängnis“ umgebaut, aus dem sie erst wieder entweichen können, wenn die - bestäubte - Blüte zu welken beginnt. Dennoch befliegen sie gleich danach die nächste derartige Blütenfalle (Bild 206). Bei Ragwurz-Arten (*Ophrys*, Bild 207) ist ein Blütenhüllblatt in Form und Farbe den Weibchen je einer bestimmten Grabwespen-Art nachempfunden. Männliche Grabwespen stürzen sich darauf und versuchen, es zu begatten. Ihre vergebliche Liebesmühe bei der Attrappe hält sie nicht von neuen (Fehl-)Versuchen an den anderen Blüten „ihrer“ Ragwurzart ab, so daß der rege Austausch von Pollen gesichert ist.

Bild 208. Auf den Blüten werden die Bienen über und über mit Blütenstaub vollgepudert; rechts unten: Von Zeit zu Zeit „kämmen“ sie sich und pressen den Pollen an Haftborsten der Hinterbeine zu den „Bienenhöschen“ zusammen; so wird er als Zusatznahrung in den Bau (Stock) mitverfrachtet.

Zur Tierblütigkeit gehört auch ein einigermaßen klebriger Pollen. Er muß am Körper der Blütenbesucher haften bleiben, damit er weitertransportiert werden kann. Andererseits sollten die Narben so beschaffen sein, daß sie den Blütenstaub wieder von den vorbeikrabbelnden Transporteuren abbürsten können. Narben, Staubblätter und die eventuell vorhandene Nektarquelle müssen „taktisch richtig" zu einander stehen. Es ist z. B. zur Absicherung der Fremdbestäubung gut, wenn das Insekt zunächst an der Narbe vorbeikommt und sich erst auf dem Rückweg mit Pollen belädt.

Farbe und Duft sollen aus der Ferne anlokken, aber auch im inneren Blütenbereich die günstigsten Wege markieren, eng an Narbe und Pollensack vorbei. Dies wird einmal durch besondere Anordnung von Duftdrüsen erreicht, die eine Duftspur legen. Zum zweiten zeigen viele Blüten „Saftmale", andersfarbige Punkte oder Streifen. Solche Farbmuster dienen als „Straßenmarkierung". Da unser Farbsehvermögen z. B. gegenüber dem der Bienen in Teilbereichen anders ausgebildet ist, erscheint uns manche Blüte andersfarbig als sie für Bienen ist. Bienen können UV-Licht sehen und damit die ultravioletten Streifen auf den für uns rein gelb

Bild 209. Wegweiser zum Nektar (von links oben nach rechts unten): Saftmale (Stiefmütterchen, *Viola*); Höker als Randbegrenzung (Hohlzahn, *Galeopsis*); Schlundschuppen (Vergißmeinnicht, *Myosotis*); Nebenkronen (Lichtnelke, *Silene*).

Bild 210. Landemöglichkeiten nur für erwünschte Besucher. Von oben nach unten: Nebenkrone (Narzisse, *Narcissus*); Lippe des Frauenschuhs (*Cypripedium*); Lippe des Immenblattes (*Melittis*).

erscheinenden Raps-Blüten *(Brassica napus)*. Für sie verstecken sich Schneeglöckchen *(Galanthus)* nicht im letzten Märzenschnee, sondern grüßen weit in tiefem „Bienen-Purpur".

Als Pistenmarkierung oder Zielhilfen für das Ausfahren des Rüssels dienen jedoch auch Haare oder räumlich begrenzte Ausstülpungen an den Blütenblättern, wie Falten oder Höckerchen. Besonders vielfältig sind damit die Blumen der Lippenblütengewächse *(Lamiaceae)* ausgestattet. Bei Gamander *(Teucrium)* oder Schwarznessel *(Ballota)* sind in der zum Nektar führenden Kronröhre regelrechte „Zielrinnen" eingetieft. Der Hohlzahn *(Galeopsis)* hat seinen Namen von zwei zahnartigen - von unten her hohlen - Aufwölbungen, die als seitliche „Begrenzungspfosten" den Zugang zur nektargebenden Röhre markieren.

Oft ist der Eingang zum „Honigtopf" auch rundum gekennzeichnet, besonders dann, wenn dieser nur über eine sehr enge Röhre zu erreichen ist. Das geht von kleinen, andersgefärbten „Schlundschuppen", die z.B. beim Vergißmeinnicht *(Myosotis)* die winzige Öffnung kreisförmig umranden, bis zu den „Nebenkronen" vieler Nelkengewächse. Nebenkronen setzen sich aus (schuppen-)blattartigen Auswüchsen der Blütenblätter zusammen. Sie entspringen meist der Blattmitte - bei freien Blütenblättern oft im Übergangsbereich von Nagel und Platte (s. S. 185). Sie können frei oder auch untereinander verwachsen sein[1] (Bild 209).

Nebenkronen sind jedoch mehr als nur bloße Wegzeiger. Sie sind Teil der Einlaßkontrolleinrichtung der Tierblumen, die ganz bestimmten Arten den Zugang zur Blüte und zum Nektar

[1] Eine auffallend schöne, verwachsene Nebenkrone besitzen die Narzissen *(Narcissus)*. Bei der Gelben Narzisse *(Narcissus pseudo-narcissus)* ist sie glockig-trichterförmig und so lang wie die sechs abstehenden und öfters heller gelben Blütenhüllblätter. Die becherförmige Nebenkrone der Weißen Narzisse *(Narcissus poeticus)* ist zwar niedriger, fällt aber durch ihren roten Rand besonders auf.

Bild 211. Nur für langrüsselige Besucher interessant: gespornte Blüten; oben Waldhyazinthe (*Platanthera*); Mitte Leinkraut (*Linaria*); unten Akelei (*Aquilegia*).

erleichtert und andere davon abhält. Dazu gehört schon die Errichtung eines speziellen Landeplatzes, der in Größe, Tragfähigkeit und Neigungswinkel dem Gewicht und der Anflugtechnik der erwünschten Insektenart entspricht. Oft wird dafür ein Blütenblatt im Wachstum besonders gefördert, was zur Zweiseitigkeit der Blüte führt. Dieses Blütenblatt, bzw. bei verwachsenen Blütenblättern der entsprechende Zipfel, wird „Lippe“ genannt, z. B. bei Orchideen- und Lippenblütengewächsen *(Orchidaceae, Lamiaceae)*. Ist darüber noch ein „Regendach“ gezogen, wie bei vielen Lippenblütengewächsen, kommt zur „Unter-“ noch die „Oberlippe“ dazu (Bild 210).

Werden Insekten mit kurzen, beißend-kauenden oder leckenden Mundwerkzeugen erwartet, ist die Blüte breit schüsselförmig oder flach ausgebreitet. Für langrüsselige Besucher wird der Nektar oft nicht nur in einer tiefen, engen Blütenröhre bereitgehalten. Sie kann auch noch durch eine einseitige Aussackung verlängert sein, einen „Sporn“[1], in dem sich der Nektar sammelt (z. B. beim Leinkraut, *Linaria*). Sporne gibt es auch bei einigen freiblättrigen Blüten ohne Blütenröhre. Meist bildet eines der Blütenblätter den Sporn aus (z. B. bei vielen Orchideen), der in der Regel nach hinten weist und mehr oder weniger schräg nach unten gerichtet ist. Bei den Akelei-Arten *(Aquilegia)* ist der sel-

[1] Der Sporn, oder die tiefe Blütenröhre allein, ist die „Erfindung“ von Pflanzen, die ihren „Bestäubungsapparat“ an den Körperbau irgendwelcher langrüsseliger Insekten angeglichen haben. Er soll Kurzrüßler vom Blütenbesuch abhalten. Jedoch auch Insekten sind „erfinderisch“. Manche Kurzrüßler haben starke Beißwerkzeuge. Ohne Bestäubungsdienst zu verrichten, hängen sie sich außen an die Blüte und nagen sich zum Nektar durch. Zu solchen „Honigräubern“ gehören auch unsere Bienen. Der Schaden für die betroffenen Pflanzen ist groß. Er könnte mit zum Aussterben beitragen. Es ist indes zu erwarten, daß im Laufe der Jahrhunderte eine Erbänderung für ein Gift oder eine Wandverstärkung sorgt, und damit den Räubern das Handwerk gelegt wird, bis auch sie wieder durch eine Mutation giftfest werden, bzw. noch kräftigere Beißzangen erhalten.

tene Fall eingetreten, daß jedes ihrer fünf Blütenblätter einen eigenen Sporn entwickelt. Da die Sporne auch noch steil in die Höhe ragen, ist die Akelei-Blüte unverkennbar (Bild 211).

Blüten, Blumen und Überblumen

Die vielfältigen Abstimmungen zwischen Tierblumenbau und Bestäubern hat als erster CHRISTIAN KONRAD SPRENGEL im ausgehenden 18. Jahrhundert erkannt und erforscht[1]. Er ist somit der Begründer der Blütenökologie[2], der Lehre vom Naturhaushalt der Blüten, d. h. ihrer Umweltbeziehungen. Über seine Verdienste um die Botanik wurde auf S. 73 ausführlich berichtet (s. auch Bild 212).

Die nach vielen Hunderten zählenden Blumen- und Bestäubungstypen, die von SPRENGEL an bis heute beschrieben wurden, können hier nicht alle aufgeführt werden. Jedoch gibt es einige weitverbreitete Grundformen, auf die hingewiesen werden soll (s. auch Bild 212).

Die schon erwähnte „Lippenblüte" ist zweiseitig, verwachsenblättrig und mit doppelter Blütenhülle versehen. Ihre Unterlippe ist meist mehrlappig ausgebildet, die Oberlippe oft helmförmig gewölbt, seltener ganz kurz und gerade vorgestreckt.

Bild 212. Titelseite von SPRENGELS Buch.

Das entdeckte Geheimniſs der Natur im Bau und in der Befruchtung der Blumen von Christian Konrad Sprengel, Mit 25 Kupfertafeln. Berlin, 1793. bei Friedrich Vieweg dem ältern.

Die „Rachenblüte" ist äußerlich oft kaum von der Lippenblüte unterschieden. Ein sicheres Kennzeichen ist nur der Fruchtknoten. Er ist bei der Lippenblüte - durch zwei über Kreuz stehende Furchen angedeutet - vierteilig. Die Rachenblüte ist wandlungsfähiger als die Lippenblüte: Sie kann einen Sporn tragen oder einen „Gaumen" besitzen, eine äußere Einstülpung, die den Schlund, den röhrigen Blütenteil, verengt (Beispiel Löwenmäulchen, *Antirrhinum*). Sie kann aber auch überleiten zur „Trichterblüte", deren Röhre sich von unten nach oben erweitert (Beispiel Alpenrose, *Rhododendron*), für den Übergang: Fingerhut, *Digitalis*.

Zwischen Trichter-, „Glocken-", „Röhren-" und „Krugblüten" gibt es alle Übergänge, die dann durch entsprechende Doppelnamen gekennzeichnet werden (z. B. „röhrig-trichterig" u. ä.). Die Röhre der Glockenblüte erweitert sich vom Grund aus glockenartig geschwungen (klassisches Beispiel Glockenblumen, *Campanula*); die Röhre der Röhrenblüte hat von unten bis oben etwa gleichen Durchmesser, selbst der von den Zipfeln gebildete Saum ist nur wenig breiter. Eine Keulenblüte geht aus engröhrigem Unterteil in den langgezogenen und schwach bauchig erweiterten Oberteil über (Bild 213).

„Krugförmige Blüten" bilden eine kurze, relativ weite Röhre, die sich nach oben verengt. Bei „Napfblüten" erweitert sich die kurze Röhre nach oben ein wenig. Ist die Röhre eng und lang, die Zipfel aber flach ausgebreitet, heißt die Blüte „stieltellerförmig", bzw. „präsentiertellerförmig". Dieselbe Blütengestalt, jedoch mit ganz kurzer Röhre, nennt man „radförmig". Ist

[1] SPRENGEL, 1793, „Das entdeckte Geheimnis der Natur im Bau und der Befruchtung der Blumen". Seine Mitwelt hat die bahnbrechenden Beobachtungen wenig gewürdigt. Da ihn sein Rektoramt an der Großen Schule zu Spandau sehr beanspruchte, fand er für seine Beobachtungsgänge meist nur sonntags Zeit. Weil er deshalb einige Male den Gottesdienst versäumte, wurde er 1794 vom Schulamt ausgeschlossen. Durch Privatunterricht konnte er zwar seinen Lebensunterhalt fristen, doch fand er keine Zeit mehr für weitere botanische Untersuchungen.

[2] oikos, griech = Haus, Haushalt; logos, griech. = Rede, Beschreibung, Lehre

Bild 213a. Blütenformen 1

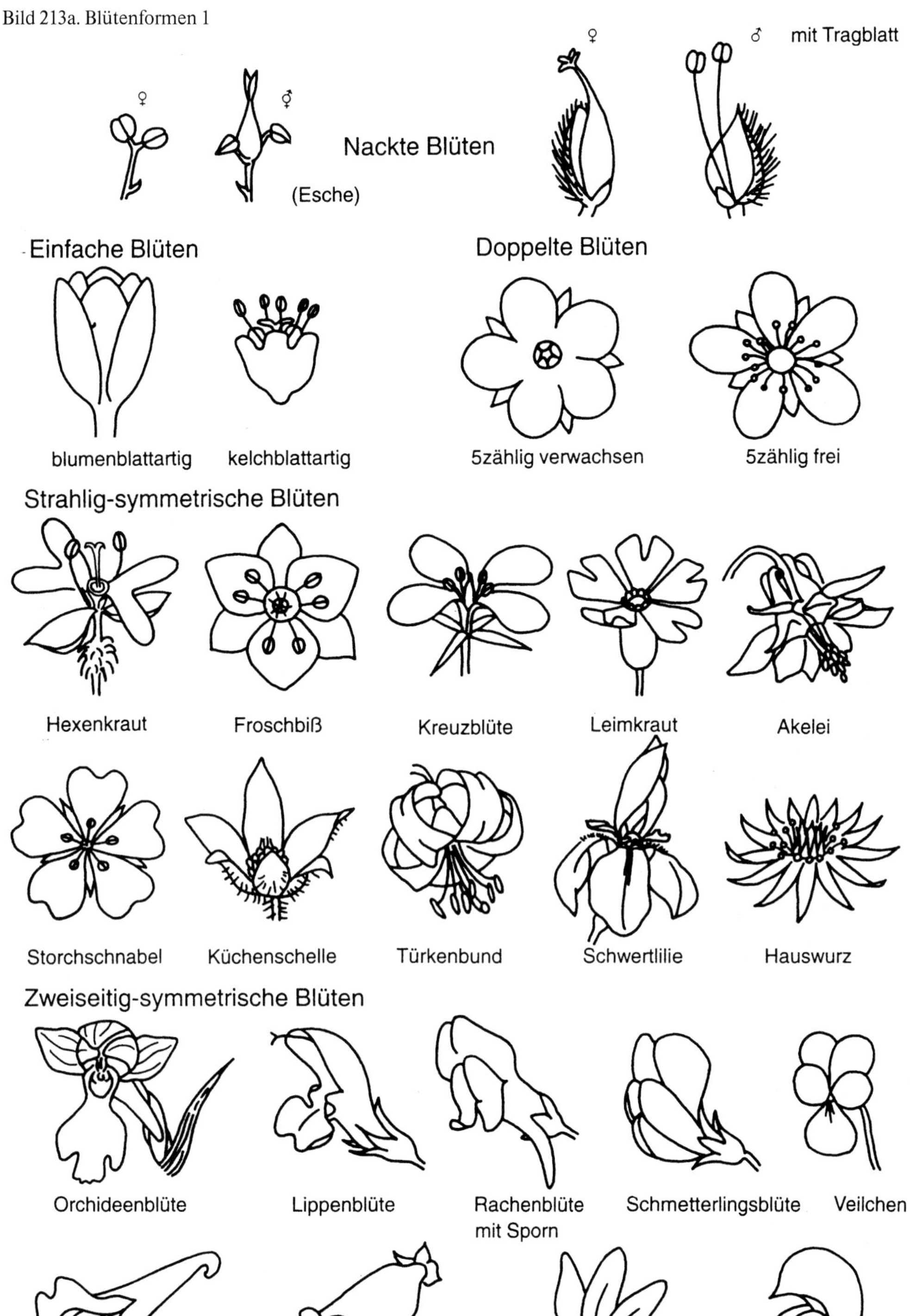

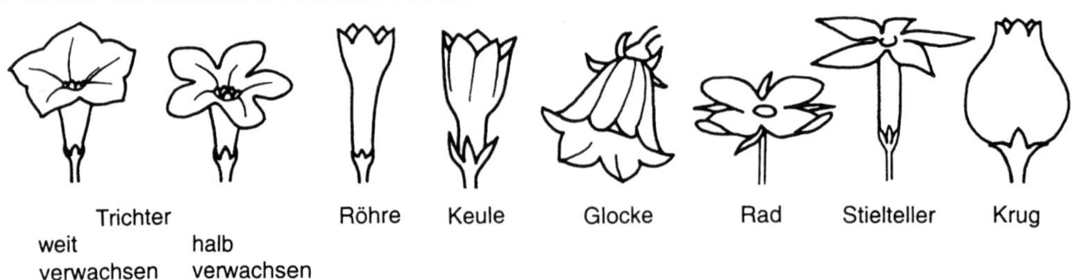

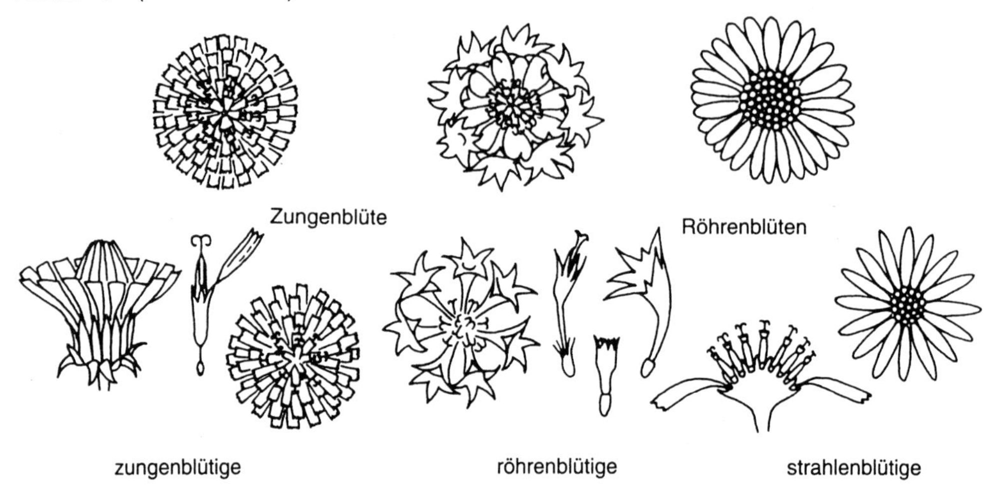

Bild 213b. Blütenformen 2

ein - oft der einzige - Zipfel schmal und sehr lang ausgezogen, spricht man von einer „Zungenblüte" (Bild 213).

Bei den Blüten mit freien Blättern ist die zweiseitig ausgebildete „Schmetterlingsblüte" leicht kenntlich. Das oberste Blütenblatt ist nach vorn oft stark erweitert. Es heißt „Fahne". Zwei seitliche Blütenblätter werden als „Flügel" bezeichnet. Das untere (der Herkunft nach: zwei verwachsene Blütenblätter!) umgibt als „Schiffchen" den Fruchtknoten und die Staubblätter. Es ist schmal zusammengefaltet und läuft meist spitz zu. So erinnert es tatsächlich an ein Schiffchen mit Kiel, zwei Bordwänden und dem aufgewölbten Bug.

Die „Orchideenblüte" ist ebenfalls zweiseitig und freiblättrig, jedoch einfach (ohne Kelch). Eine Lippe ist meist, ein Sporn häufig ausgebildet. Der unterständige Fruchtknoten ist oft der einzige „Blütenstiel". Er kann um seine Längsachse gedreht sein. Dann steht die Blüte kopf (um 180° gewendet). Ein „oberes" Blatt wird damit Unterlippe und Landeplatz für Bestäuber. Das oft nur in Einzahl vorhandene, im Bau vereinfachte und mit dem Griffel verbundene Staubblatt wird den Besuchern als Ganzes auf die „Stirn" geklebt.

Bei den Schwertlilien (*Iris* spec.) stehen auf jedem Fruchtknoten drei separate „Blumen". Im

Gegensatz zum allgemeinen Sprachgebrauch wird in der Blütenökologie zwischen Blume und Blüte scharf getrennt. Blüte ist die Baueinheit von Frucht- und/oder Staubblättern, oft von einer Hülle umgeben, die einem Blütenboden aufsitzt. Die Blume dagegen wird als Einheit definiert, an die der Bestäuber mit einem Besuch gelangen kann.

Dies klingt kompliziert, ist es aber nicht[1]. Die erste Verwirrung ist nur dadurch gegeben, daß in vielen Fällen eine Blüte einer Blume entspricht. So sind Rosen-, Tulpen- und Nelkenblüten Blumen.

Die Schwertlilienblüte besitzt sechs Blütenhüllblätter, drei schmälere und - auf Lücke - drei breite, vorn übergebogene. Nach innen zu kommt ein Wirtel aus drei Staubblättern, die auf Lücke zu den kleineren Hüllblättern und damit direkt gegenüber einem größeren Hüllblatt stehen. Hinter jedem Staubblatt breitet sich einer der schon erwähnten (S. 185) blumenblattartig vergrößerten Griffel aus. Das große Hüllblatt, der Griffel und zwei kleine Hüllblätter bilden zusammen einen nach allen Seiten abgedichteten Raum, in dem das eine Staubblatt steht. Dies wiederholt sich pro Blüte noch zweimal. Ein Besucher, der eindringt, kann nur zu einer Narbe und zu einem Staubblatt gelangen -! in dieser Reihenfolge. Dann muß er die Blume verlassen und sich zu einer neuen Blüte oder zu einem weiteren Eingang derselben Blüte begeben. Die neue Blüte ist eine neue Bestäubungseinheit (=Blume); der andere Blütenteil mit dem separaten Eingang, vom Arbeitsablauf gesehen, jedoch auch. Die Blüte der Schwertlilie setzt sich also aus drei „Teilblumen" zusammen. Der Form nach sind es Lippenblüten.

Gäbe es nur Blumen und Teilblumen, könnte man die Angelegenheit rasch vergessen und wieder ins Grüne zum Pflanzenbestimmen eilen. Doch sind da noch die „Überblumen"; wiederum Bestäubungseinheiten, nun aber aus vielen Einzelblüten zusammengesetzt, die alle „in einem Aufwasch" bestäubt werden können. Die große Familie der Korbblütengewächse ist durch eine besondere Sorte solcher Überblumen charakterisiert (Bild 214). Man nennt

Bild 214. Körbchen (Sonnenblume, *Helianthus annuus*).

Bild 215. Wenigblütige Körbchen (Hasenlattich, *Prenanthes purpurea*).

[1] Es ist - entfernt - ähnlich wie bei „Wohnung" und „Haus". Eine Wohnung kann ein Haus oder nur ein Teil davon sein. Für Besucher ist in der Regel jede Wohnung eine („Klingel"-) Einheit für sich.

sie „Körbchen“[1] (s. u.). Da wird es für den Pflanzenbestimmer oft heikel. Für den unbefangenen Betrachter sind die Körbchen nämlich Einzelblüten. Deshalb heißt es, genau hinzusehen. Wo Narben, Staubblätter und Blütenhüllen durcheinander gemischt stehen und nicht in einigermaßen getrennten Kreiszonen, spricht alles für ein Körbchen. Wenn man auch bald den Blick dafür bekommt, sollte man doch jede unbekannte „Blüte“ kritisch begutachten. Gerade unter den Korbblütengewächsen gibt es nämlich auch einige Arten wie den Hasenlattich (*Prenanthes purpurea*, Bild 215). Seine Überblume besteht oft aus fünf mehr oder weniger tief purpurfarbenen Zungenblüten. Wer jetzt nur oberflächlich hinschaut, sieht eine „radiäre, freiblättrige, fünfzählige Blüte“ und sucht zwecks weiterer Erkenntnis unter den Nelkengewächsen, Rosengewächsen oder sonstwo nach – und nichts paßt. Er hat einen Blütenstand für eine Blüte gehalten!

Blütenstandsformen

Selten steht eine Blüte für sich allein an einem Hauptstengel wie z. B. bei der Garten-Tulpe (*Tulipa*) und dem Busch-Windröschen (*Anemone nemorosa*). Meist sind mehrere bis sehr viele über den oberen Sproßbereich verteilt, ob gestielt oder sitzend, locker oder dicht zusammengerückt. Sie bilden in ihrer Gesamtheit den „Blütenstand“.

„Einfache“ Blütenstände

Die Art des Blütenstandes ist oft ein wichtiges Unterscheidungsmerkmal. Wissenschaftlich gibt es „einfach razemöse“, „zusammengesetzt razemöse“ und „zymöse“ Blütenstände[2]. Wir wollen dies nicht ganz so genau nehmen und unterscheiden (s. Bild 217):

[1] Korbblütengewächse sind nicht die einzigen „Überblumen-Träger“: Weiden-Kätzchen *(Salix)* und die in der Fußnote S. 185 schon zitierten „Blüten“ der Wolfsmilch *(Euphorbia)* sind nur zwei weitere Beispiele. Die „Döldchen“ (s. u.) der Doldengewächse *(Apiaceae)* gehören oft zu den „Grenzfällen“.

[2] racemus, lat. = Weintraube; zymos, griech. = überquellend (Sauerteig). Bei razemösen Blütenständen wächst die Hauptachse (mit der Gipfelblüte) in die Höhe. Nach den Seiten gliedert sie weitere Blüten oder blütentragende, einfache bzw. wiederum verzweigte (zusammengesetzt razemöser Blütenstand) Nebensprosse ab. Ein razemöser Blütenstand blüht von oben nach unten auf. Bei zymösen Blütenständen wird der Hauptsproß von den Nebenästen, diese eventuell wieder von ihren Nebenästen usf., übergipfelt. Der zymöse Blütenstand blüht von unten nach oben auf.

Bild 216. Links: Einzelblüte; Busch-Windröschen (*Anemone nemorosa*); rechts: Das Gelbe Windröschen (*Anemone ranunculoides*) kommt sowohl mit Einzelblüten als auch mit 2-3teiligen Dolden vor.

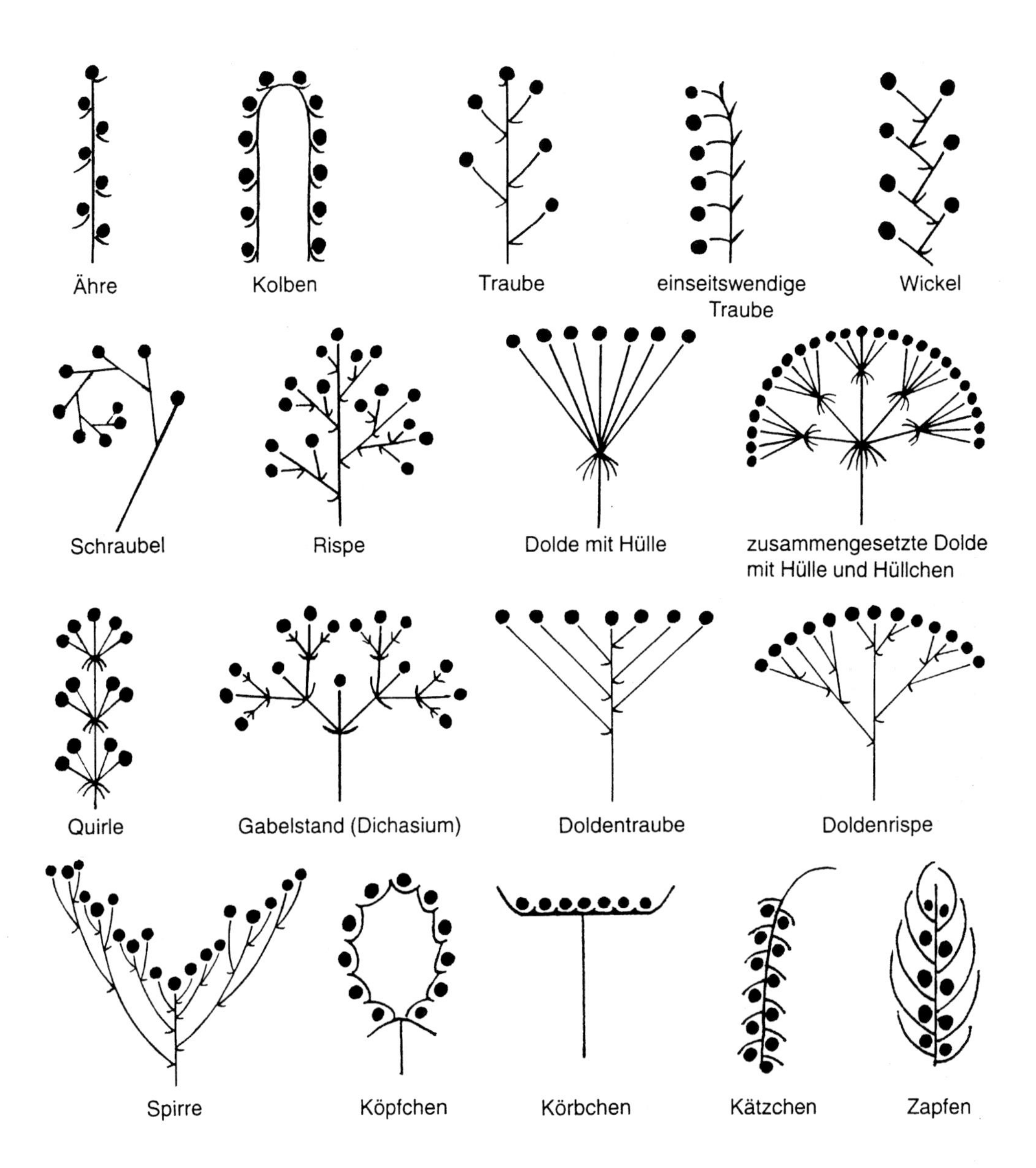

Bild 217. Die wichtigsten Blütenstände, Schema.

Ähre. Die (zwittrigen) Blüten sitzen neben- und untereinander am (mehr oder minder aufrechten) Sproß, sind also ungestielt.

Kolben. Wie Ähre, die Sproßachse ist aber fleischig verdickt.

Köpfchen. Wie Kolben, Sproßachse jedoch verkürzt, kegelförmig bis halbkugelig.

Körbchen. Wie Köpfchen, Sproßachse kegel-, scheiben- oder schalenförmig, am Außenrand von kelchartigen Hochblättern eingefaßt („Hüllkelch").

Kätzchen. Ähnlich Ähre, alle Blüten entweder nur männlich oder nur weiblich, unscheinbar, mit einfacher Hülle, sitzend oder ganz kurz gestielt. Tragsproß zuweilen schlaff, hängend.

Zapfen. Dick, kugelig bis langkegelig. Blüten nur weiblich. Blütenhülle (oft samt Hochblättern) schuppenartig, zur Fruchtzeit verholzt.

Traube. Einfach gestielte Blüten (neben- und) untereinander am (mehr oder weniger aufrechten) Sproß.

(Einfache) **Dolde**. Blütenstiele einfach, alle etwa gleich lang und aus der Sproßspitze entspringend.

Scheindolde, Trugdolde, Ebenstrauß, Schirm. Die Blütenstiele entspringen in verschiedener Höhe am Stengel (und den Nebenästchen). Ihre Blüten stehen jedoch alle etwa auf gleicher Höhe beieinander (flache bis halbkugelige Gesamtordnung). Nach der Verzweigung können **Doldentraube, Doldenrispe** und **Gabeldolde** unterschieden werden.

Doppeldolde, zusammengesetzte Dolde. Mehrere, etwa gleichlange Nebenäste („Hauptstrahlen") entspringen der Stengelspitze. Sie tragen an ihrem Ende wiederum mehrere, etwa gleichlange Stielchen („Nebenstrahlen"), die mit je einer Blüte abschließen. Die zweiten Verzweigungseinheiten werden „Döldchen" genannt. Ein Ring von Hochblättern unter ihrem Verzweigungspunkt heißt „Hüllchen", ein gleicher Ring am Ursprung der Hauptstrahlen „Hülle".

Rispe, Spirre. Die Sproßachse ist mehrfach verzweigt. Der Verzweigungsgrad nimmt nach der Spitze zu ab, so daß im allgemeinen ein kegelig-pyramidaler Aufbau entsteht. Selten überwuchern die reichästigen unteren Zweige die Spitze des Blütenstandes. Dann entsteht die im Bau sehr unregelmäßig erscheinende „Trichterrispe" oder „Spirre".

[1] dicha, griech. = entzwei, doppelt

Bild 218. Kombinierte Blütenstände. Links: Lippenblütengewächse (Quirlblütiger Salbei, *Salvia verticillata*); rechts: Gänsefußgewächse (Guter Heinrich, *Chenopodium bonus-henricus*)

Dichasium[1]**, Gabelstand.** Ähnlich der Rispe. Die Verzweigung nimmt aber von unten nach oben zu, da jeder Stengel mit einer Blüte abschließt, die dann von zwei (Gabel!) Seitenästen übergipfelt wird.

Wickel, Doppelwickel. Ähnlich der Traube. Einseitiges Dichasium. Jede Endblüte wird nur von einem Nebenast übergipfelt. Die Nebenäste entstehen jeweils abwechselnd auf der gegenüberliegenden Seite. Im Knospenzustand ist der Wickel meist schneckenförmig eingerollt und ent„wickelt" sich beim Aufblühen. Gelegentlich werden auf dem alleruntersten Stockwerk zwei Nebenäste gebildet, aus denen dann zwei gabelig abspreizende Wickel entstehen: „Doppelwickel".

Schraubel, Doppelschraubel: Grundbau wie beim Wickel. Der übergipfelnde Nebenast entspringt jedoch stets auf derselben Seite. So entsteht ein traubenartig verzweigtes Gebilde, das sich um eine (gedachte) senkrechte Grundachse windet. Der „Doppelschraubel" trägt auf der untersten Ebene zwei Äste. Daraus bilden sich zwei mehr oder weniger gabelig abstehende Schraubel.

Gleitende Übergänge zwischen fast allen Blütenstandstypen machen einem die Entscheidung im Gelände nicht leichter. Dazu kommen Kombinationen wie z.B. bei den Lippenblütengewächsen *(Lamiaceae)*, wo büschelig verkürzte Dichasien zu Quirlen (besser: „Scheinquirlen"!) angeordnet, traubig an der Hauptsproßachse stehen. Bei vielen Arten aus der Gänsefußfamilie *(Chenopodiaceae)* sind Dichasienbüschel zu fast stiellosen „Knäueln" verkürzt. Der Gesamtblütenstand kann ebenfalls geknäuelt, aber auch ährig, traubig oder gar rispig sein (Bild 218).

„Zusammengesetzte" Blütenstände

Solche hochkomplexen Blütenstände, bei denen die Blüten zunächst zu „Teilblütenständen" zusammenstehen, die zum andersartig aufgebauten Gesamtblütenstand angeordnet sind, benennt man nach der Anordnung im Gesamtblütenstand, also z.B. ährig, traubig, rispig usw. Zur Unterscheidung gegenüber den einfachen (echten) Blütenständen dient die Vorsilbe „Schein-"; - „scheinährig", „scheintraubig" usw., bzw. „Scheinähre", „Scheintraube" usf., (vgl. aber „Scheindolde").

Bild 219. Oben: Einzelährchen eines Grases (Weizen, *Triticum*); die zwei Zusatzspelzen (Hüllspelzen) am Grund des Ährchens sind deutlich zu erkennen; unten: Spelzenarten des Weizenährchens (von rechts nach links): Hüllspelze, Deckspelze, Vorspelze; je eine Deck- und Vorspelze umhüllen die Einzelblüte.

In der Praxis verzichtet man auf das „Schein-", wenn die Teilblütenstände stark verkürzte Sprosse aufweisen, z.B. fehlende Blütenstiele. Diese Gewohnheit betrifft vor allem drei Familien, die mit großer Artenzahl überall bei uns häufig vertreten sind: die Süßgrasgewächse *(Poaceae)*, die Riedgrasgewächse *(Cyperaceae)* und die Korbblütengewächse *(Asteraceae)*.

Blüten der Gräser

Die Blüten der Süßgrasgewächse sind klein, spelzig und unscheinbar. Ungestielt sitzen sie in einer Ähre zusammen, die man nur an zwei zusätzlichen Spelzen erkennt. Grundsätzlich heißt dieser Teilblütenstand „Ährchen", selbst wenn er bloß noch aus einer Blüte besteht. Die Ährchen können ungestielt sein, auf einfachen

Bild 220. Blütenstände bei Süßgrasgewächsen und Seggen (Riedgrasgewächse).

oder an verzweigten Nebenästchen stehen bzw. hängen. Dementsprechend reden wir von „Ähren-", „Trauben-" und „Rispengräsern". Sind die Rispenäste so kurz, daß sie von den Ährchen völlig verdeckt werden, liegt eine „Ährenrispe" vor. „Fingergräser" tragen am Halm mehrere Ähren, jede aus Ährchen aufgebaut.

Auch bei den Riedgrasgewächsen sind die Blüten meist zu Ährchen zusammengestellt. Die Besonderheit ist, daß hier die Ährchen oft zu kopfigen Büscheln vereint sind. Der Blütenstand wird bei manchen Arten nach der Anordnung der Ährchen, bei anderen indes nach der Stellung der Ährchenbüschel benannt. Dies ist zwar inkonsequent, gibt aber vor Ort doch Sinn. Sauergrasährchen und selbst die Ährchenbüschel sind oft so klein, daß man sogar mit der Feldlupe keine Klarheit erlangen kann, was nun eigentlich vorliegt. Darum ist es viel einfacher, den Blütenstand nach den sichtbar voneinander getrennten „Brocken" zu beurteilen.

Körbchenblüten

Dem Körbchen wurde schon (s. o.) größte Ähnlichkeit mit einer Einzelblüte zugesprochen. Das Ende seines Tragstiels (nicht Blütenstiels) ist gestaucht und oft scheibenartig verbreitert. Wir nennen es den Körbchenboden. Seinen Rand begrenzen - meist grüne - Hochblätter, oft in mehreren Reihen. Die Blüten sitzen dem Körbchenboden auf. Oft steht neben jeder Blüte noch das zugehörige Tragblatt[1], meist kleinschuppig und häutig. Die Größe der Körbchen schwankt von Art zu Art stark. Der Durchmesser kann viele Zentimeter (z. B. Sonnenblume, *Helianthus annuus*) bis wenige Millimeter betragen (z. B. Beifuß, *Artemisia vulgaris*, Pflanze jedoch bis 1,5 m hoch!).

Es kommen Zungen- und/oder Röhrenblüten vor. Disteln (*Carduus, Cirsium* u. a.) besitzen nur röhrenförmige, der Löwenzahn (*Taraxacum*) und seine Verwandtschaft nur zungenförmige Blüten. Es lassen sich also „Röhrenblütige Korbblütler" und „Zungenblütige Korbblütler" unterscheiden.

Indessen kann auch der Körbchenboden (die „Scheibe") mit Röhrenblüten, sein Rand jedoch

[1] Besitz oder Nichtbesitz solcher Tragblätter, beim Körbchen oft „Spreublätter" genannt, ist zuweilen ein wichtiges Unterscheidungskriterium. So können die sehr ähnlichen Gattungen Hundskamille *(Anthemis)* und (echte) Kamille *(Matricaria)* dadurch auseinandergehalten werden, daß erstere Spreublätter und die echten Kamillen keine Spreublätter besitzen.

Bild 221. Körbchen (von links oben nach rechts unten): röhrenblütig (Kohldistel, *Cirsium*); zungenblütig (Wegwarte, *Cichorium*); strahlenblütig (Margerite, *Leucanthemum*); manche röhrenblütige Körbchen sind nur schwer zu erkennen, weil die Blüten kaum den Hüllblattrand erreichen (Ruhrkraut, *Gnaphalium*).

mit Zungenblüten besetzt sein[1]. Dies ist die Gruppe der „Strahlenblütigen Korbblütler". Zu ihr zählen z. B. die schon erwähnte Sonnenblume, Astern (*Aster*), Schafgarben *(Achillea)*, viele Kamillen *(Matricaria, Anthemis)*, das Gänseblümchen *(Bellis perennis)* und die Margerite *(Leucanthemum vulgare)*.

Oft sind die zungenförmigen Randblüten unfruchtbar. Dann dienen sie nur noch der Werbung. Als „Schauapparat" sorgen sie für weitreichende optische Lockwirkung. Sind sie anders gefärbt als die Scheibenblüten (z. B. Gänseblümchen, Margerite), verstärken sie den plakativen Effekt.

Erhöhte Lockwirkung ist allgemein der Vorteil des Blütenstandes gegenüber der Einzelblüte. Je größer die Reklamefläche ist, desto eher fällt sie auf. Die Duftwolke, die Hunderte von Blüten verströmen, ist stärker und weiterreichend als die einer einzelnen. Ein weiterer Vorteil liegt in der Materialersparnis. Je ausgedehnter der Blütenstand, desto kleiner kann die einzelne Blütenhülle sein. Die größten Nachteile eines umfangreichen Blütenstandes liegen bei den erhöhten Möglichkeiten zur Selbstbestäubung[2]. Diese kann indes durch Selbststerilität (s. S. 193) vermieden werden.

Im Körbchen profitiert jede einzelne Blüte von der geballten Lockkraft der Gesamtheit. Die Materialersparnis ist dabei so groß, daß es sich auch noch rechnet, wenn bei den Strahlenblütigen Korbblütlern die am aufwendigsten konstruierten Randblüten steril sind. Es muß sich lohnen, da selbst manche Röhrenblütige Korbblütler einen ähnlichen Schauapparat entwickelt haben. Bei einigen Disteln und vielen Flockenblumen *(Centaurea)* sind die äußeren Röhrenblüten unfruchtbar, jedoch stark vergrößert (Bild 222). Die Silberdistel *(Carlina acaulis)* hat allerdings einen noch profitableren Dreh „erfunden": Die Hochblätter am Rand ihres Körbchenbodens erhielten eine silbrig glänzende Oberseite. So bilden sie einen prächtigen

Bild 222. Röhrenblütige Körbchen besitzen oftmals verlängerte, unfruchtbare Randblüten als Schauapparat; Berg-Flockenblume (*Centaurea montana*).

Bild 223. Bei der Silberdistel (*Carlina acaulis*), sind die (mehr oder weniger) zungenförmigen Hüllblätter des röhrenblütigen Körbchens auf der Innenfläche blütenblattartig gefärbt; dadurch wird ein strahlenblütiges Körbchen vorgetäuscht.

[1] Die inneren Blüten eines Körbchens werden „Scheibenblüten", die äußeren „Randblüten" genannt - ungeachtet, ob sie zungen- oder röhrenförmig sind.

[2] Im Rahmen dieses Buches ist es nicht möglich, auf die eher spekulativ geführte wissenschaftliche Diskussion einzugehen, ob der „Inzuchteffekt" bei „echter" Selbstbestäubung (Pollen von derselben Blüte) größer sei als bei „Nachbarbestäubung" (Pollen von einer anderen Blüte desselben Pflanzenindividuums).

Bild 224. Von der Blütenknospe zur Frucht: Aufblühen, Bestäubung, Befruchtung, Fruchtreife.

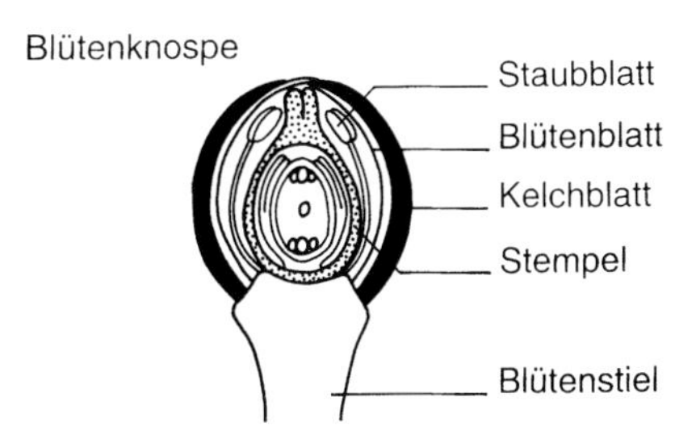

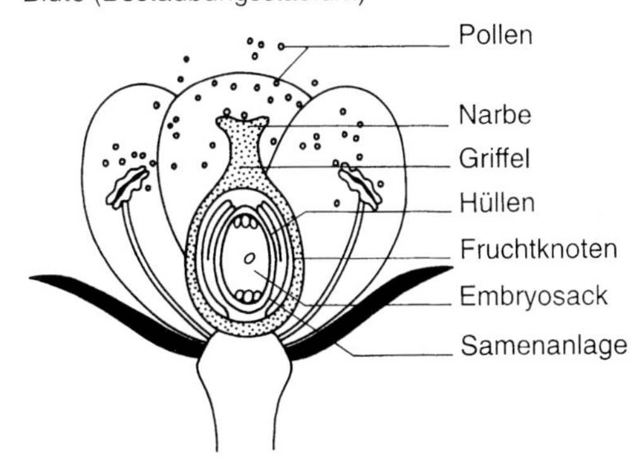

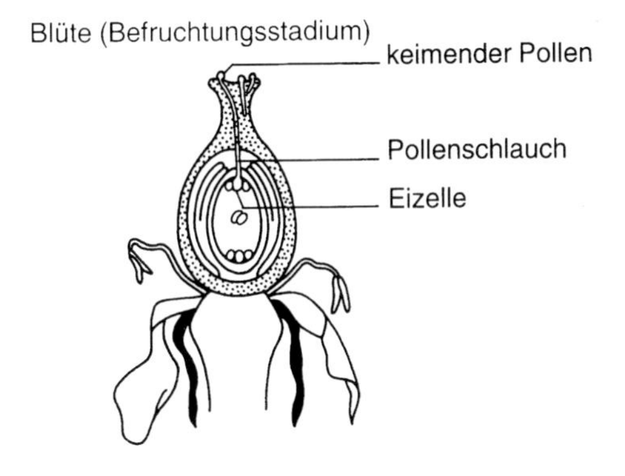

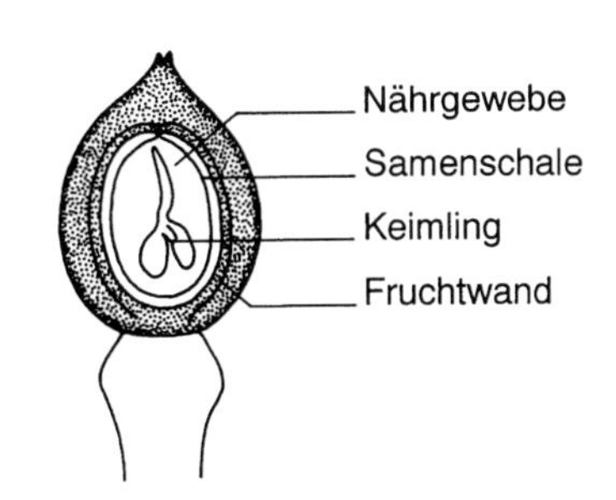

Schauapparat zum Nulltarif. Denn noch immer kommen sie ihrer eigentlichen Aufgabe nach und decken schützend - Unterseite nach oben - die Körbchenscheibe bei Nacht und Regen.

Berücksichtigt man die Möglichkeit der internen Verhinderung von Selbstbestäubung, dann bringt der „Bautyp Körbchen" - als einziger Blütenstand - noch einen gewaltigen Fortschritt beim Bestäubungsgeschäft[1]. Die Überblume, wie sie im vorigen Kapitel getauft wurde, erlaubt die Bestäubung Dutzender von Blüten in einem einzigen Arbeitsgang. Der Rationalisierungseffekt geht voll auf Vorteil der Pflanze. Sie bekommt pro Zeiteinheit mehr Chancen zur Fortpflanzung. Den Bienen bringt er, realistisch gesehen, keine Arbeitserleichterung: Sie arbeiten, solange die Sonne scheint und bis sie tot umfallen.

Während es sich nun aber für manche Korbblütler als günstig erwies, in der Regel nur ein Körbchen pro Pflanze auszubilden (z.B. Silberdistel; Berg-Wohlverleih, *Arnica montana*), haben andere über „Körbchenstände" ihre Lock- und damit Bestäubungschancen potenziert. Wir sagen aber nicht Körbchenstand, sondern nennen auch diese Blütenstandskomplexe nach dem Enderscheinungsbild ährig, traubig, doldig oder rispig.

Same und Frucht

Die Entstehung der Samen

Aus den Samenanlagen entstehen nach der Befruchtung die Samen. Dies dauert bei den Nacktsamern (Nadelhölzer) oft jahrelang, bei den Bedecktsamern wenige Wochen bis einige

[1] Bestäubung macht nur Sinn, wenn sich die Individuen geschlechtlich fortpflanzen. Wie auf S. 110ff. ausführlich dargelegt, ist Apomixis (s. dort) bei Korbblütengewächsen weit verbreitet. Indes ist von ihnen keine Gattung bekannt, in der sich sämtliche Arten ungeschlechtlich vermehren. Daß Anpassung an die „Inzucht-Situation" im Körbchen den Übergang zur Apomixis erleichtert habe, ist Spekulation.

Monate. Befruchtet wird der Eizellkern im Embryosack. Er verschmilzt mit dem Gametenkern, der im Pollenschlauch heranwandert. Bei den urtümlichen Nacktsamern ist alles etwas umständlicher, da sowohl in den Samenanlagen als auch in den Pollen mehrere Zellen gebildet werden; die Grundvorgänge sind jedoch im Prinzip gleich.

Allerdings gibt es nur bei den Bedecktsamern eine Doppelbefruchtung. Während Eikern und männlicher Gametenkern miteinander verschmelzen, dringt der aus der vorausgegangenen Teilung entstandene Partner des männlichen Kerns in den Embryosack ein und vereinigt sich mit dem Embryosackkern. Dieser hat schon eine besondere Vergangenheit. Er entstand kurz zuvor durch Verschmelzung von zwei der üblicherweise acht (Bild 202) Kerne des Embryosacks. Er besitzt also einen doppelten Chromosomensatz und somit wird das Befruchtungsprodukt triploid.

Der Leser weiß Bescheid: Dies kann nicht lange gut gehen. Mit dreifachen Chromosomensätzen gibt es Unregelmäßigkeiten bei der Zellteilung. Indes, es klappt – für einige Zeit. Während sich aus der Zygote (Verschmelzungsprodukt der Gameten) allmählich der zuerst kugelige, später eher wurmförmige Embryo bildet, teilt sich der triploide Kern ständig und relativ schnell. Die Tochterkerne umgeben sich mit dem Plasma des Embryosacks, und ihre Zellen häufen Nährstoffe an, die sie aus der Mutterpflanze beziehen. Bald erfüllt dieses „Nährgewebe“, das Endosperm[1], fast vollständig den Innenraum des heranreifenden Samens. Es dient der Versorgung des Embryos – und eventuell auch des Keimlings. Spätestens nach dem Auskeimen ist es aufgezehrt. Häufig ist es völlig verbraucht, bevor noch der Same ganz reif ist. Dann hat der Keimling meistens alle Reserven des Endosperms in sich gespeichert (s. u.).

Für den Menschen ist das nährstoffreiche Endosperm von großem Interesse. Es besteht größtenteils aus Öl, Fett oder Stärke. Man erntet deshalb die Samen bzw. die Früchte und gewinnt daraus Raps-, Mohn-, Sonnenblumen- oder Distelöl, Kokosfett, Weizen- und Roggenmehl und vieles andere.

Samenreifung und Keimung

Samenreifung

In der Regel werden vom Endosperm alle anderen Gewebe der Samenanlage „ausgeschlachtet“; mit Ausnahme des Embryos und der Integumente (Hüllschichten, s. S. 190). Diese sind normalerweise als Doppelschicht ausgebildet und umschließen die Samenanlage fast völlig. Nur an der Spitze lassen sie die winzige Mikropyle (s. S. 190) frei, die Einstiegsluke für den Pollenschlauch.

Wenn nach der Befruchtung die Samenanlage an Größe zunimmt, wachsen die Integumente mit und schließen dabei auch die Mikropyle. Gleichzeitig gestalten sie sich zur Samenschale um. Diese kann im Endzustand sehr verschiedenartig ausgebildet sein: Bei Samen, die mitsamt der Frucht verbreitet werden, sind beide Schichten manchmal zu einer weichen Schale geworden. Bei Samen, die ausgestreut werden, ist zumindest die innere Schicht derb und oftmals holzig. Gelegentlich ist nur sie allein noch vollständig vorhanden. Die äußere fehlt oder ist zu einem mehr oder minder weichhäutigen Anhängsel umgewandelt. Es enthält dann Nährstoffe und dient als Lockmittel für Tiere (z. B. Ameisenbrötchen, s. S. 228).

Meist bilden aber beide Integumente zusammen die Samenschale. Das innere entwickelt sich zur Schutzhülle, das äußere stellt sich in den Dienst der Verbreitung (s. u.). Dabei kann es Auswüchse wie Knoten, Wülste, Haare (Baumwolle) oder Flügel (Fichte, Tanne) hervorbringen. Die äußere Samenschale kann auch gefärbt sein (Feuer-Bohne). Zuweilen ist sie weichfleischig bis klebrig-schleimig (Tomatenkerne) oder zunächst durchaus trocken – wie Blattgelatine – und quillt dann im Regen auf (Binsen, *Juncus*).

Fast immer kann man noch den „Nabel“ am Samen erkennen, sehr deutlich z. B. bei der

[1] endon, griech. = drinnen, innerhalb; sperma, griech. = Same, Samenkorn
Für Interessierte sei angemerkt, daß das Endosperm der Nacktsamer aus dem Gewebe des bei ihnen stark entwickelten weiblichen Gametophyten entsteht. Wir nennen es primäres Endosperm. Dementsprechend heißt es bei Bedecktsamern sekundär. Manchmal entsteht außer sekundärem Endosperm weiteres Nährgewebe direkt aus dem Nucellus (S. 190), das Perisperm; von griech. peri = herum, um, an.

Bild 225. Same der Feuerbohne; der Nabel ist deutlich zu erkennen.

Bohne. Dies ist die (Soll-)Bruchstelle zwischen Samenstielchen und Samenschale. Das Samenstielchen hat sich aus dem Funiculus gebildet, mit dem die Samenanlage an ihrem Fruchtblatt angeheftet war (s. S. 190).

Keimung

Der wurmförmige Embryo läßt bei weiterem Wachstum unterschiedliche Zonen erkennen. Ein winziges Würzelchen („Keimwurzel“) streckt sich in Richtung Mikropyle. Auch nachdem diese zugewachsen ist, wird hier eine Schwachstelle in der Samenschale bleiben, die beim Auskeimen am ehesten durchstoßen werden kann. Entgegengesetzt reckt sich ein noch winzigeres Sproßstückchen („Keimsproß“), an dessen Ende die „Keimblätter“ zu erkennen sind. Im Samen sind sie, wie alle Embryoteile, weißlichblaß. Erst wenn sie ans Licht gelangen, färben sie sich grün.

Die Keimblätter sind von viel einfacherer Form als die späteren Laubblätter. Bei den Ein-

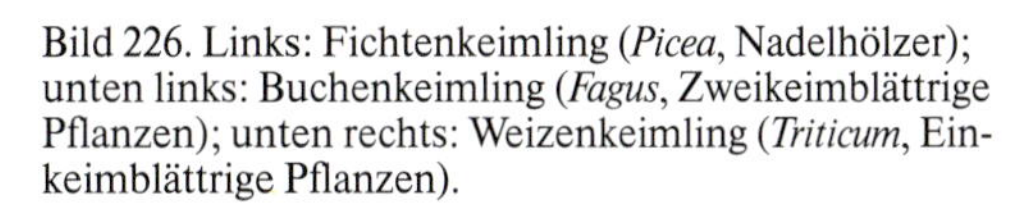

Bild 226. Links: Fichtenkeimling (*Picea*, Nadelhölzer); unten links: Buchenkeimling (*Fagus*, Zweikeimblättrige Pflanzen); unten rechts: Weizenkeimling (*Triticum*, Einkeimblättrige Pflanzen).

Bild 227. Samenkeimung bei der Eiche (*Quercus*).

keimblättrigen Pflanzen ist nur eines voll ausgebildet, bei den Zweikeimblättrigen zwei (Name!). Die Nacktsamer-Keimlinge tragen gleich mehrere Keimblätter; im allgemeinen 3 bis 15.

Bei der Keimung bricht zuerst das Keimwürzelchen aus der Samenschale, dann quälen sich der kurze Keimsproß und die Keimblätter durch das vorgebrochene Loch. Der Keimsproß streckt sich wachsend in die Höhe und bringt damit die ergrünenden Keimblätter ans Licht. Dies ist die urtümliche „oberirdische Keimung".

Bei den modernen Samen haben die Keimblätter zuvor das Endosperm ausgesogen und sind jetzt so dick, daß sie die Samenschale kaum mehr verlassen können. Das ist kein Nachteil. Die Nährstoffe müssen nicht mühselig dem Endosperm entrissen werden. Sie sind da verfügbar, wo sie üblicherweise gebildet werden, nämlich im Blatt. Auf erprobten Verteilungsbahnen gelangen sie von dort aus viel rascher, besser dosiert und zielgerichteter zum Einsatz. Der Keimsproß bleibt klein. Aus dem Knoten mit den Keimblättern treibt ein zweites Internodium in die Höhe, an dem sich echte Laubblätter entwickeln. Da die Keimblätter dabei im oder auf dem Boden bleiben, spricht man von „unterirdischer Keimung".

Die oberirdische Keimung wird als ursprünglich, die unterirdische als fortgeschritten angesehen. Man sollte dem aber keine allzu große Bedeutung beimessen. Selbst nahe verwandte Arten wenden verschiedene Keimtechniken an. Die Garten-Bohne *(Phaseolus vulgaris)* keimt oberirdisch, die Feuer-Bohne *(Phaseolus coccineus)* jedoch unterirdisch.

Echte und falsche Früchte

Mit den Samen reift der Fruchtknoten heran und wird zur Frucht. Wir halten fest: Frucht ist, was aus einem Fruchtknoten entsteht. Damit können wir die Nacktsamer für kurze Zeit vergessen[1]. Sie besitzen zwar Fruchtblätter, aber keine Fruchtknoten und folglich auch keine wirklichen Früchte. Damit ist natürlich nicht gesagt, daß sie keine Samen trügen. Diese entwickeln sie wohl, tragen sie aber „nackt", d.h., nicht von einer (echten) Frucht „bedeckt". Obzwar die Nacktsamer nur Samen produzie-

[1] Wir tun gut daran, denn es wogt seit Jahrzehnten ein bislang unentschiedener Streit darüber, was denn ein Tannenzapfen nun eigentlich sei. Es geht dabei nicht allein um den reifen Zapfen, sondern schon um seine Stellung unter den Blütentypen.

ren, begegnen wir in der Natur den äußerst vielgestaltigen Früchten häufiger als den Samen. Viele Früchte geben nämlich ihre Samen gar nicht mehr frei und umschließen sie bis zur Keimung.

Somit haben wir schon ein erstes Unterscheidungskriterium zur Hand. Es gibt „Schließfrüchte" und „Streufrüchte" (Öffnungsfrüchte, Springfrüchte). Letztere streuen ihre Samen aus. Allerdings gibt es wie fast überall, wo es um Pflanzenformen geht, auch hier wieder einen Zwischentyp. „Bruchfrüchte" zerbrechen in Einzelteile, die je einen Samen umschließen. Sie kombinieren also das Verstreuen mit dem Schützen. Da jedoch die Samen verborgen bleiben, ordnen wir die Bruchfrüchte als Sonderabteilung den Schließfrüchten zu.

Schließfrüchte

Die meisten Schließfrüchte sind von Natur aus einsamig. Die Früchte der Korbblüten- und Süßgrasgewächse gehören diesem Fruchttyp an. Es ist für den unbefangenen Naturbeobachter schwer, einsamige Schließfrüchte von Samen zu unterscheiden, zumal Frucht- und Samenschale oft miteinander verwachsen sind. Die Doppelschale ist bei den Gräsern (Weizenkorn) sehr dünn und eher von lederiger Beschaffenheit, bei den Korbblütlern (Sonnenblumenkern) etwas dicker und härter[1].

Die Schwierigkeit, einsamige Schließfrüchte von Samen zu trennen, ist nicht die einzige. Man muß auch lernen, echte Früchte von falschen zu unterscheiden. Wir wissen, die Frucht ist aus dem Fruchtknoten entstanden. Nun gibt es Pflanzen, die pro Blüte mehrere Fruchtknoten besitzen, z.B. viele Hahnenfuß- und Rosengewächse *(Ranunculaceae* und *Rosaceae)*. Bei den Lippenblütengewächsen *(Lamiaceae)* ist der in Einzahl vorhandene Fruchtknoten aus vier Blättern so lose zusammengebaut, daß er bei der Reife in vier Teilfrüchte zerfällt. Man hat sich angewöhnt, Früchte, die zu mehreren in einer Blüte gebildet werden, Früchtchen zu nennen.

Nun können solche Früchtchen aber auch, gerade umgekehrt wie bei den Lippenblütengewächsen, zur Reifezeit miteinander verwachsen. So geschieht es bei der Himbeere *(Rubus idaeus)*. Die rote „Pudelmütze", die wir vom zapfenartigen Blütenboden ziehen, besteht aus vielen kugeligen Früchtchen. Eine Früchtchenfrucht? Wir nennen sie besser „Sammelfrucht".

Scheinfrüchte

Die Sammelfrucht kann unter die „Scheinfrüchte" eingereiht werden. So nennen wir alle Fruchtbildungen, die aus „mehr" entstanden sind als einem Fruchtknoten. Das „mehr" können weitere Fruchtknoten, aber auch andere Blütenteile sein: Blütenboden, Blüten-, Kelch-, Hochblätter, Sproßteile. Puristen unterscheiden Sammelfrucht, Scheinfrucht, Scheinsammelfrucht und Fruchtstand.

Apfel und Birne sind Beispiele für reine Scheinfrüchte. Ihre Frucht, das pergamentspelzige Kernhaus, ist vom fleischig gewordenen Blütenboden umgeben. An seiner „Spitze" bilden oft noch die verdorrten Kelchblätter den „Butzenkopf". Anders und übersichtlicher ist es bei den Buchengewächsen *(Fagaceae)*. Ihr verholzender „Fruchtbecher" stammt ebenfalls von der Blütenachse ab. Er schließt zwar bei Buche und Eßkastanie die Früchte ein, umgibt sie jedoch nur locker. Zumindest bei der Buche öffnet er sich zuletzt, so daß die reifen Eckern ausfallen. Eicheln ragen meist weit aus ihrem Fruchtbecher vor.

Bei der Erdbeere liegen auf fleischgewordenem, hochgewölbtem Blütenboden viele kernchenartige Früchtchen samt dem hakig gekrümmten Griffel. Der bauchig-krugförmig eingesenkte Blütenboden der Rosen, die fleischige Hagebutte, birgt, zwischen die berüchtigten „Juckhärchen" gebettet, ebenfalls eine Menge Einzelfrüchtchen. Diese beiden Scheinfrüchte vereinigen mehrere Früchtchen, also kann man sie „Scheinsammelfrüchte" nennen.

[1] Zum unterschiedlichen Fruchtwandbau kommt bei Süßgrasgewächsen und Korbblütengewächsen noch die unterschiedliche Lage des Keimlings. Beides und die Tatsache, daß die Grasfrucht aus einem ober-, die Korbblütlerfrucht aus einem unterständigen Fruchtknoten entsteht, waren Anlaß, die zwei Fruchttypen unterschiedlich zu benennen.
Grasfrucht: „Karyopse", aus griech. karyon = Nuß; und griech. opsis = aussehen wie.
Korbblütlerfrucht: „Achäne", aus griech. a- = un-, nicht; und griech. chaino = klaffen, offen sein

Bild 228 (oben links). Nuß; Haselnuß (*Corylus*); bis zur Reife in laubigem Fruchtbecher.
Bild 229 (oben rechts). Nüßchen (Karyopse); Löwenzahn (*Taraxacum*); mit Flugeinrichtung („Fallschirm").
Bild 230 (unten links). Nuß/Scheinfrucht; Edelkastanie (*Castanea*); Nuß von stacheligem Fruchtbecher umhüllt, der sich zuweilen auch nach dem Abwurf nur unvollständig öffnet.
Bild 231 (unten rechts). Steinfrucht; Schlehen-Schwarzdorn (*Prunus spinosa*); fleischig, nur ein Same.

Die weiblichen Zäpfchen der Erle *(Alnus)* sind mehr oder weniger kugelige, holzige Gebilde. Sie gehen aus einem ganzen Blütenstand samt Achse und Blütenhüllblättern hervor. Damit gehören sie ohne Zweifel zu den Scheinfrüchten. Anders jedoch als Apfel, Erdbeere und auch Himbeere sind sie nicht aus einer einzigen Blüte entstanden, sondern stammen von mehreren ab. Ein solches Produkt heißt „Fruchtstand"[1]. Fruchtstände gibt es vor allem bei Pflanzen mit eingeschlechtigen Blüten, bei denen die weiblichen zu eigenen Blütenständen vereinigt sind. Köstliche Frucht-

[1] Die Bezeichnung dieses Scheinfruchttypes ist unglücklich gewählt. Oft wird nämlich jeder Blütenstand (Ähre, Traube Rispe usw.) zur Reifezeit als Fruchtstand angesprochen.

am „Fruchtträger“. Dieser ist ein wenig oder tief gespaltenes, aufrechtes Stielchen in Verlängerung der Blütenachse. Die kleiderbügelartig geformte Spaltfrucht des Ahorns *(Acer)* zerfällt in zwei relativ große, einseitig geflügelte Nüßchen.

Bild 232. Kapsel; Mohn (*Papaver*); derbschalig, viele Samen.
Bild 233. Schote; Raps (*Brassica napus*); derbschalig, aus nur zwei Fruchtblättern gebildet, mehrere Samen.
Bild 234. Hülse; Bohne (*Phaseolus*); (reif) derbschalig, aus nur einem Fruchtblatt, mehrere Samen.
Bild 235. Beere; Stachelbeere (*Ribes uva-crispa*); fleischig, mit mehreren Samen.

Bruchfrüchte
Aus einigen Kapseltypen hat sich die „Bruch“- oder „Gliederfrucht“ entwickelt. Sie zerfällt ebenfalls in Nüßchen und ähnelt insofern der Spaltfrucht.

Die eigentliche Spaltfrucht teilt sich der Länge nach (von oben nach unten). Ihre Nüßchen stehen deshalb nebeneinander. Die oft langgestreckte Gliederfrucht schnürt sich einmal bis mehrmals quer ein. Die Nüßchen stehen deshalb übereinander. Nach der Herkunft unterscheiden wir Gliederschote und Gliederhülse (s. Schote, Hülse).

Streufrüchte

Kapsel

Bei der Kapsel sitzen die vielen Samen an der Innenwand oder an „Scheidewänden", die mehr oder weniger tief in das Kapselzentrum hineinragen. Gelegentlich ist eine durchgehende Scheidewand ausgebildet, die die Kapsel in zwei Räume unterteilt. Oft sieht man den Ansatz der Scheidewände von außen als schmale hellerfarbige und leicht eingesenkte Linie(n).

Zur Reife lösen sich die Samen. Sie sollen jetzt das ringsum geschlossene Behältnis verlassen können. Dies wird durch verschiedene Öffnungsmechanismen erreicht. Die „Spaltkapsel" besitzt vorgegebene Bruchlinien. Sie ziehen von der Spitze bis zum Grund der Fruchtblätter, entweder in deren Mitte oder am Rand im Bereich der Scheidewände. Durch Austrocknung entstehen Spannungen in der Kapsel, die nun von oben langsam aufreißt. Die Risse gehen oft bis zum Kapselgrund (z.B. bei Weidenröschen, *Epilobium*). Bei den Nelkengewächsen *(Caryophyllaceae)* indes erreichen sie lediglich einige Millimeter an Länge. Die Kapsel ist dann nur oben offen und mit einem Kranz kleiner, abspreizender Zähnchen besetzt. Wird sie geschüttelt, streuen sich die Samen aus. Eindringendes Regenwasser läßt diese verkleben. Die schweren Klumpen könnten nicht ausgeschleudert werden. In der Feuchte biegen sich aber die Zähnchen wieder in die alte Lage. So verschließen sie die Öffnung, es kann kaum Regen eindringen. Erst wenn alles getrocknet ist, spreizen sich auch die Zähnchen wieder ab.

Eine Sonderform der Spaltkapsel ist die „Schleuderkapsel" (Springkraut, *Impatiens*). Ihre Sollbruchlinien sind so verstärkt, daß sie erst bei größter Spannung reißen. Diese baut sich allmählich auf. Wird dann die Kapsel kurz vor dem Höhepunkt deformiert, reißt sie schlagartig auf. Sie explodiert förmlich und schleudert dabei die Samen weit in die Umgebung. Zur Verformung genügt eine leichte Berührung oder das Auftreten des ersten kleinen Risses.

Die „Deckelkapsel" ist mit nur einer Bruchlinie ausgestattet. Diese zieht sich nicht von oben nach unten, sondern quer dazu und rundum, also parallel zum Mittelkreis. Reißt sie auf, entsteht ein mützenartiges Deckelchen. Dieses fällt ab und hinterläßt einen schüsselförmigen Kapselrest mit den offen daliegenden Samen (z.B. Gauchheil, *Anagallis*).

An „Porenkapseln" entstehen zu wenigen

Bild 236. Beerenartige Schein- und Sammelfrucht; Erdbeere (*Fragaria vesca*); ein fleischiger Blütenboden trägt viele Nüßchen.

Bild 237. Schein- und Sammelfrucht (Hagebutte); Rose (*Rosa*); ein fleischiger Blütenboden umschließt viele Nüßchen.

Bild 238. Scheinfrucht (Kernfrucht); Birne (*Pyrus*); mehrsamige Frucht (Kernhaus) von fleischigem Blütenboden umschlossen.

oder in einer ringsum ziehenden Reihe klar abgegrenzte rundliche oder eckige (Mohn, *Papaver*) Löcher in der Kapselwand. Sie bilden sich stets im „aktuellen" Oberteil der Kapsel. Sehr schön kann man dies bei Glockenblumen *(Campanula)* studieren. Hier gibt es Arten mit aufrechtstehenden und solche mit nickenden

Bild 239. Fruchtstand; Erle (*Alnus*); verholzte weibliche Blüten-(= Samen-)Zäpfchen.

Früchten. Bei den kopfüberhängenden Kapseln liegt die Spitze tiefer als das Unterteil: Die Löcher bilden sich am Kapselgrund. Aufrechte Kapseln tragen ihr Oberteil höher als ihre Basis: Die Löcher entstehen am Vorderende. Der Sinn dieser Porenverteilung ist klar. Wenn die Kapsel nur wenig geschüttelt wird, dürfen keine Samen austreten. Sie würden zu nahe der Mutterpflanze landen (s. S. 122). Nur durch starke Erschütterung werden die am „aktuellen" Kapselgrund liegenden Körner so beschleunigt, daß sie die Löcher am Kapselende erreichen und mit dem Restschwung weit weg befördert werden können. Wer es nicht glaubt, dem sei der „Salzstreuerversuch" empfohlen: Hält er sein Gerät normal, würzt er die eigene Suppe. Versucht er es mit dem Streukopf nach oben, bekommen auch die Tischgenossen etwas ab.

Die Mehrzahl der Kapseln besteht aus drei bis sechs verwachsenen Fruchtblättern. Charakteristische Sonderformen entstehen dort, wo weniger Fruchtblätter am Bau beteiligt sind.

Schoten und Schötchen

„Schoten" sind zweiblättrig mit durchgehender Scheidewand, an der die Samen angeheftet sind. Es ist dies die charakteristische Fruchtform aller Kreuzblütengewächse *(Brassicaceae)*. Bei der Reife trennen sich die Fruchtblätter („Klappen") von unten nach oben. Sie geben die meist häutig dünne Scheidewand mit den daran angehefteten Samen frei. Daß diese „unecht" ist, soll uns hier nicht weiter kümmern. Wichtig dagegen ist die Unterscheidung von „Schote" und „Schötchen". Die Benennung ist zwar „regelwidrig"[1], aber allgemein üblich. Aus rein praktischen Gründen wird jedwede Schote, die weniger als dreimal so lang wie breit ist, „Schötchen" genannt. Schötchen sind oftmals noch flachgedrückt, Schoten eher rundlich oder kantig, stets aber langgezogen.

Bei der Kreuzblütlerfrucht ist häufig der Griffel des Fruchtknotens mitgewachsen. Er bildet an der Spitze den mehr oder minder schlanken „Schnabel". Dieser kann kürzer oder länger sein

[1] Wiederum meint die Verkleinerungsform nicht eine Teilfrucht, wie bei „Frucht"/„Früchtchen".

und hebt sich manchmal auffällig vom samentragenden Fruchtteil ab, wie z. B. beim Weißen Senf *(Sinapis alba)*. An seinem Vorderende lassen sich oft noch die Reste der zwei Narben gut erkennen.

Wie bei der Kapsel gibt es bei der Schote Schleuderformen (manche Schaumkrautarten, z. B. *Cardamine impatiens* und *C. hirsuta*). Gelegentlich treten „Gliederschoten" auf (Hederich, *Raphanus raphanistrum*). Hierbei verengt sich die Schote hinter jedem Samen. In die Engstelle wird eine querliegende Scheidewand eingezogen. Nach der Reife bricht die Schote an den neuen Scheidewänden Glied um Glied auseinander. Jedes Glied umschließt nurmehr einen Samen, ist also ein Nüßchen (s. o.).

Manche Schötchen enthalten nur noch zwei (= einen je Fruchtblatt), im Extremfall nur einen Samen. Dann bleiben die Klappen geschlossen und die Samen werden nicht mehr freigegeben. Dies ist der Übergang von Kapsel (Schote) zu Nuß (Finkensame, *Neslia paniculata*) oder Spaltfrucht (Brillenschötchen, *Biscutella laevigata*).

Balg und Hülse

„Balg" und „Hülse" sind Kapseln aus einem einzigen Fruchtblatt. Die schotenähnlichen Gebilde besitzen in der Regel keine Scheidewand. Der Balg, häufig bei den Hahnenfußgewächsen *(Ranunculaceae)*, öffnet sich mit nur einem Längsriß an der „Bauchnaht". Die Hülse, typisch für Schmetterlingsblütengewächse *(Fabaceae)*, reißt in zwei Längshälften auseinander. Wie bei den Schoten gibt es unter den Hülsen viele Sonderformen. Einsamige Hülsen, die sich nicht oder nur unvollständig öffnen (häufig in der „Klee-Sippe", *Trifolium, Melilotus* etc.), vermitteln wieder zu den Schließfrüchten. „Gliederhülsen" gibt es beim Hufeisenklee *(Hippocrepis comosa)*. Bei den Lupinen *(Lupinus)* sind die Früchte zwar schon hinter jedem Samen eingeschnürt und mit dicken Querwänden ausgestattet, sie öffnen sich jedoch noch zweiklappig. Man könnte sagen, daß sich die Lupinen „auf dem Weg zur Gliederhülse befinden". Vielsamige Hülsen, die sich nur unvollständig öffnen, leiten zur Balgfrucht über.

Die typische Hülse ist schmal und lang, es kommen aber auch sehr kurze, rundlich-eiförmige Früchte vor (Hauhechel, *Ononis*) sowie mannigfaltig verbogene. Bei manchen Schneckenklee-Arten *(Medicago)* sind sie tatsächlich schneckenartig aufgerollt. Arten vom Tragant *(Astragalus)* haben in ihre Hülse eine unvollständige oder durchgehende Längsscheidewand eingezogen. Solche Hülsen sind nur schwer von Schoten zu unterscheiden.

Tips für Anfänger

Den Anfänger mag es trösten, daß die Fruchtformen für die Pflanzenbestimmung selten und meist nur als Zusatzmerkmal herangezogen werden. Andererseits sind bestimmte Fruchttypen oft für ganze - artenreiche - Familien charakteristisch. Er kann, fürs erste, davon ausgehen, daß sämtliche Korbblütengewächse *(Asteraceae)*, Süßgrasgewächse *(Poaceae)* und Lippenblütengewächse *(Lamiaceae)* Nüßchen besitzen, alle Doldengewächse *(Apiaceae)* Spaltfrüchte, alle Kreuzblütengewächse *(Brassicaceae)* Schoten bzw. Schötchen. Hülsen tragen die Schmetterlingsblütengewächse *(Fabaceae)*, Kapseln die Glockenblumengewächse *(Campanulaceae)* und die allermeisten Nelkengewächse *(Caryophyllaceae)*: zusammen weit über ein Drittel aller bei uns vorkommenden Arten.

Fürs „tägliche Leben" gelten andere Definitionen als für die Botanik. Dort haben wir es jedoch in der Regel nur mit ein paar Dutzend „Früchten" zu tun. Deshalb können Kartoffeln und Zwiebeln ruhig weiterhin Erd- bzw. Wurzelfrüchte genannt oder die Samen der Linsen und Erbsen als Hülsenfrüchte bezeichnet werden. Wer von „Erbsenschote" oder „Paprikaschote" spricht, kann sicher sein, verstanden zu werden. Unter Botanikern indes hat erstere „Erbsenhülse" zu heißen und die andere „Paprikabeere", ganz exakt: „Paprikablähbeere".

Formen der Samenverbreitung

Ein Apfel, der nicht weit vom Stamme fällt, ist zwar ein schönes Sinnbild für ein Sprichwort, als neuer Hoffnungsträger für seine Art taugt er zunächst nicht. Wenn seine Kerne auskeimen, stehen die Jungpflanzen im Schatten des Mutterbaumes, der ihnen auch noch mit seinem perfekt entwickelten Wurzelwerk den Wasser- und Nährsalzbezug schmälert. Sie kümmern und gehen bald ein.

Der ganze Aufwand der Apfelproduktion lohnt sich erst, wenn das Erzeugnis den Hang hinabkullert oder wenn ein Tier an ihm Gefallen findet. Eine Ziege, die das Fruchtfleisch frißt, nimmt auch einige der Kerne unzermahlen auf. Während diese unversehrt den Magen-Darm-Trakt passieren, entfernt sich das Tier vom Tatort. Die Chance ist gegeben, daß die Apfelsamen an günstiger Stelle, abseits von anderen Bäumen, wieder zur Erde kommen - noch mit einer Gratispackung Dünger versehen.

So wird klar, daß der Begriff „Fort"pflanzung nicht nur eine zeitliche - „über Jahrhunderte hinweg" -, sondern auch eine räumliche Komponente enthält - „weg vom Erzeuger". Wenn wir nur die zweite meinen, sprechen wir von „Verbreitung" oder auch, speziell bei Pflanzen, von „Ausbreitung".

Auf unserer Erde sind heutzutage alle guten Plätze belegt. Nur äußerst selten tut sich eine Lücke auf, in der sich ein Anfänger fest- und durchsetzen kann. Am wenigsten indes gelingt dies direkt neben einer kräftigen Pflanze gleicher Art oder im „hautnahen" Gewirr der Geschwister[1].

Die Nachkommenschaft sollte also möglichst breit und weit gestreut werden. Weil die ortsgebundenen Pflanzen die Lücken nicht selbst erkunden können, müssen sie auf den Zufall spekulieren. Es gelten die Gesetzmäßigkeiten des Lottos: je mehr Einsätze (= Samen), desto größer die Gewinnchance (= Treffer auf Lükken). In der Tat zeichnet sich die Samenproduktion der Landpflanzen durch eine verschwenderische Fülle aus. Doch sind, um im Lotto-Jargon zu bleiben, mehr als 99% Nieten darunter. Die Pionierzeit der Landbesiedelung ist längst vorbei, die Erde ist „zugewachsen"[2].

Nur wenige Arten sind „Selbstausbreiter". Die meisten bedienen sich bewegter (Wind, Wasser) oder beweglicher Medien (Tiere). Die Einheiten, die verfrachtet werden, sind sowohl sehr größenverschieden als auch unterschiedlich in der Zusammensetzung. Die Größe schwankt zwischen den kaffeemehlfeinen Samen der Orchideen und den mächtigen Kokosnüssen. Verbreitet werden Samen, Früchte, Scheinfrüchte und Fruchtsprosse, manchmal sogar ganze Pflanzen[3].

[1] Unsere Landwirte haben schon längst erkannt, daß dicht stehende, artgleiche Pflanzen den Boden einseitig auslaugen. Jede Art verbraucht Nährsalze in einem anderen Mischungsverhältnis. Außerdem wird die Vermehrung von arttypischen Krankheitserregern und Schädlingen durch solche Monokultur gefördert. Guter Ackerboden braucht den Fruchtwechsel, die Bestellung mit anderen Agrarpflanzen, spätestens nach zwei Jahren. Doch auch eng aufeinander stehende Wildarten erschöpfen den Boden. Dann beginnen sie nach wenigen Jahren zu kümmern und gehen nacheinander ein.

[2] In einer zugewachsenen, heilen Welt (ohne Naturkatastrophen) mit Arten etwa gleicher Lebenstüchtigkeit, bliebe die Individuenzahl pro Art mehr oder weniger konstant. Nimmt eine zu, geht das nur auf Kosten anderer, die seltener werden oder aussterben. Eine Eiche erzeugt in ihrem tausendjährigen Leben Millionen Eicheln. Wenn davon mehr als eine(!) zum Baum wird, bedeutet dies schon eine Zunahme der Zahl der Eichen.
Eine (Milchmädchen-)Rechnung verdeutlicht den ungeheuren Aufwand, der bei der Samenproduktion betrieben wird. Ein Löwenzahn der Art *Taraxacum officinale* belegt mit seiner Blattrosette etwa eine Fläche von 10 cm × 10 cm = 100 cm^2. Jedes seiner 3 bis 15 Blütenkörbchen entwickelt 100 bis 200 Nüßchen. Man kann seine jährliche Samenproduktion gut mit 1000 ansetzen. Gäbe es nur einen Löwenzahn und sonst nichts auf der Erde, würden er und die Nachkommen im nächsten Jahr 10 Quadratmeter beanspruchen. Da sich auch der Nachwuchs vermehrte, wären es im zweiten Jahr 1 Hektar, im dritten 10 km^2, danach 10000 und 10 Millionen Quadratkilometer, die Gesamtfläche Europas. Für das Jahr sechs nach „0" wäre eine Bedarfsfläche von 10 Milliarden km^2 angesagt und die Aufnahmekapazität der Erde völlig erschöpft (Gesamtoberfläche ½, Festlandfläche ⅙ Milliarde km^2).

[3] In jedem guten Western huschen rollende Pflanzenbüschel über die kahle, windzerzauste Prärie oder durch die Hauptstraße der Siedlung. Dies sind die „Steppenhexen" („Steppenroller"). Sie stammen von Kräutern verschiedener Familien (z.B. Korbblüten-, Kreuzblüten-, Dolden-, Wegerich- und Gänsefußgewächse), die nach der Blüte verdorren. Dabei neigen oft die verwelkenden Sprosse kugelig zusammen. Vom Wind ab- oder ausgerissen, treiben sie über die Ebenen. Immer wenn sie an ein kleines Hindernis prallen, werden sie durchgerüttelt. Dabei verstreuen manche Arten ihre Samen. Andere brauchen dazu längere Zwischenstopps und Regen. Ein Abglanz der Steppenhexen-Herrlichkeit läßt sich bei uns am Meeresstrand (z.B. Kali-Salzkraut, *Salsola kali*) oder auf weitflächigen Trockenrasen (z.B. Feld-Mannstreu, *Eryngium campestre*) gelegentlich beobachten.

Selbstausbreitung
Primitive Selbstausbreiter (z.B. die Roßkastanie, *Aesculus hippocastanum,* aus den Hangwäldern des Balkans) verlassen sich stark auf den „Kullereffekt". Ihre mehr oder minder kugeligen Samen fallen einfach zu Boden und kullern eventuell noch etwas aus. Gelegentlich befördert sie abfließendes Wasser nach starkem Regen noch ein Stück weiter. Extrem selten bleiben sie für kurze Zeit auch im Fell eines frisch gesuhlten Wildschweines kleben, das seinen Hunger an den anderen Samen stillt. Indes sind keine besonderen Einrichtungen zur Förderung von Tier- oder Wasserverbreitung an den Samen vorhanden[1].

„Selbststreuung", wie z.B. „Schleudern", bringt die Samen in größeren Abstand zur Mutterpflanze. Schleuderkapseln von Springkraut und Schleuderschoten des Schaumkrautes wurden schon im vorigen Kapitel erwähnt. Bei den Veilchen *(Viola)* „quetschen" aufreißende Fruchtklappen die glatten Samen, bis diese dem Druck nicht mehr standhalten und wegschnellen. Ein Vorgang, vergleichbar mit dem Fortschnippen glitschiger Kirschkerne durch Fingerdruck. Sauerkleesamen *(Oxalis)* profitieren von einem „Schuß, der nach hinten losgeht". Ein Schwellgewebe unter ihnen bläht sich solange auf, bis es in Richtung Blütenboden platzt. Der Rückstoß schleudert die Samen zwischen den geöffneten Kapselklappen hindurch ins Freie („Rückstoßschleudern").

Oftmals sind gestreckte Fruchtteile im Innern spiralig verstärkt. Beim Austrocknen treten unterschiedliche Spannungen auf, die sich zuletzt durch ruckartiges Verdrehen oder Aufrollen entladen. Bei manchen Schmetterlingsblütengewächsen *(Fabaceae)* sind es die Hülsenklappen, die sich plötzlich spiralisieren und dabei die anhaftenden Samen nach Diskuswerferart wegschleudern („Drehschleudern").

[1] Die Wahrnehmung gelegentlich auftretender andersartiger Chancen ist geradezu typisch für den Bereich der Verbreitung. Im Gegensatz zur Bestäubung sind die Pflanzen hier viel weniger eng an nur eine Transportart gebunden. Häufig werden Schwimmfrüchte am Gefieder von Wasservögeln weitergetragen, Flugfrüchte verhaken sich oft im Fell von Tieren usw.

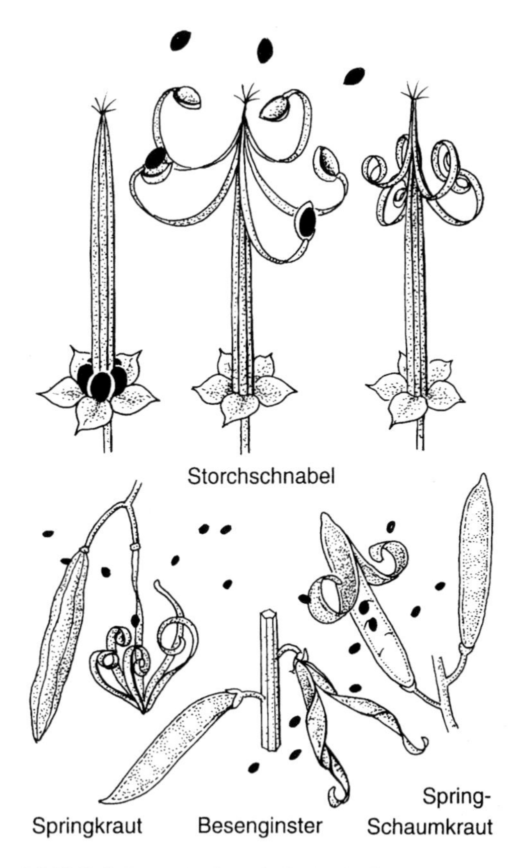

Bild 240. Selbstausbreiter mit Schleuderfrüchten.

Die Kapsel vom Storchschnabel *(Geranium)* besteht aus fünf Fruchtblättern, die nur am Grund je einen Samen entwickeln. Darüber sind sie zu einer Mittelsäule verwachsen, dem „Storchschnabel". Bei der Reife zerfällt die Kapsel in fünf Teilfrüchtchen, die sich über ihren Samen breit öffnen. Die Oberhaut der Mittelsäule spaltet sich in fünf Längsstreifen, die mit den Früchtchen verbunden bleiben. Beim Austrocknen schnellen die Streifen, sich uhrfederartig einrollend, plötzlich nach oben. Der Schwung „katapultiert" die Samen in die Umgebung.

Beim verwandten Reiherschnabel *(Erodium)* geschieht ähnliches, nur bleiben die Teilfrüchtchen geschlossen und springen samt der angewachsenen „Uhrfeder" ab. Diese streckt sich bei Feuchte (Regen) und rollt sich in der Trockene zusammen. Das wechselt oft viele Male. Findet die Spitze ein Widerlager, kann das Früchtchen entweder in die Erde eingebohrt oder noch einige Zentimeter weiter bewegt werden: „Kriechfrucht". Auch dabei geschieht die Entspannung oft ruckartig, so daß die Früchtchen eher „hüpfen" als „kriechen".

Das „Kriech-Phänomen" kann zwar selten, aber bei Früchtchen vieler Arten beobachtet werden. Sie tragen meist Borstenbüschel (Korbblütengewächse, *Asteraceae*) oder – zumindest eine – „Granne" (Süßgrasgewächse, *Poaceae*)[1]. Das ist ein langes, steifes, oft gedrilltes Haar. Meist bringt Kriechen wenig Raumgewinn[2]. Es erfolgt auch oft nur in Fortsetzung einer anderen Ausbreitungsart.

Indes ist auch die Schleuderleistung relativ gering. Bei unseren heimischen Arten beträgt sie etwa einen bis knapp fünf Meter: Schaumkraut 1, Storchschnabel 3, Veilchen 3–5 Meter. Bei exotischen Arten (tropische Lianen) soll die Rekordmarke um 15 Meter liegen. Zu beachten ist jedoch, daß bei Berührung der reifen Frucht eine „Frühzündung" erfolgen kann. Sicher wird manchem vorbeistreifenden Tier eine „Schrotladung" Samen in den Pelz verpaßt, die es dann eine Zeitlang mit sich herumträgt.

„Selbstableger" beherrschen eine, dem Standort angepaßte, sehr erfolgreiche Variante der Selbstverbreitung. Das an Mauern und Felsen wachsende Zimbelkraut *(Cymbalaria muralis)* reckt seine Blüten zunächst dem Licht entgegen. Sind sie bestäubt, wächst der Blütenstiel weiter, wendet sich nun aber vom Licht weg ins Dunkle. So bringt er die Frucht sicher in Felsrisse und Mauerspalten. Nur dort können die Samen erfolgreich auskeimen. Ein sehr bekannter Selbstableger ist die subtropische Erd„nuß", deren wenigsamige Hülsen (!) aus dem Boden geerntet werden.

Windausbreitung

„Windausbreiter" nutzen Luftbewegungen auf zweierlei Art. Einmal zu Transportzwecken: Wind kann leichte oder durch besondere Einrichtungen flugfähig gemachte Samen, Früchte usw. verfrachten. Er kann aber auch die Mutterpflanzen durchrütteln und fördert so das Ausstreuen.

„Windstreuer" sind viele Kapselträger. Wie schon beschrieben (S. 220), streuen sie die Samen aus, wenn sie vom Wind geschüttelt werden. Doch auch die Nüßchen der Korbblütengewächse *(Asteraceae)* werden oft aus den auf schwankenden Stielen stehenden Körbchen geschüttelt. Der Übergang zu den „Windfliegern" ist gleitend. Samen, Früchte und Fruchtstände sind durch mannigfaltige Einrichtungen schwebfähig geworden.

Körnchen-Flieger sind sehr klein (Durchmesser im 1-Millimeterbereich) und dementsprechend leicht[3]. Die Samen vieler Orchideen- *(Orchidaceae)*, Nelken- *(Caryophyllaceae)*, Steinbrech- *(Saxifragaceae)* und Wintergrüngewächse *(Pyrolaceae)* gehören dazu.

Blasen-Flieger besitzen lufthaltige Hohlräume, die das Schweben erleichtern. Einige Orchideen haben solche Einrichtungen, doch auch der Erdbeer-Klee *(Trifolium fragiferum)* gehört dazu. Seine Hülsen werden in dem ballonartig aufgetriebenen Blütenkelch verschickt.

Scheiben-Flieger sind mehr oder weniger diskusartig gestaltet, d. h. flachgedrückt kreisförmig. Lilien *(Lilium)* und Tulpen *(Tulipa)* entwikkeln solche Samen. Bei manchen Leimkraut-Arten *(Silene alpestris, S. pusilla)* sind die Samen noch durch einen schuppenartigen Strahlen-

[1] Das Hüpfen der oft als Attraktion verkauften „Mexikanischen Springbohnen" hat allerdings mit Pflanzenverbreitung nichts zu tun. Die glatten (= unbeborsteten, unbegrannten) Samen sind von Mottenraupen befallen, deren Bewegungen im Innern sich auf das Gehäuse übertragen.

[2] Die bei den „Kriechbewegungen" an der Spitze des Früchtchens auftretenden Kräfte sollten dennoch nicht unterschätzt werden. Es wird aus der ungarischen Pußta berichtet, daß die langgrannigen Nüßchen der Federgräser *(Stipa)* sich nicht nur in das Fell der Schafe einbohren können, sondern gelegentlich auch deren Haut durchdrängen, und dann in den Eingeweiden schwere Entzündungen verursachen.

[3] Staub-Flieger mit einem Durchmesser um 1/10 mm gibt es bei den Samen nicht. Sie müssen ja zumindest den Keimling enthalten, der einigen Raum beansprucht: Staubflieger sind die mikroskopisch kleinen Bakterien, Pilzsporen und einige Windblütlerpollen, die alle nur aus einer Zelle oder ganz wenigen Zellen bestehen.

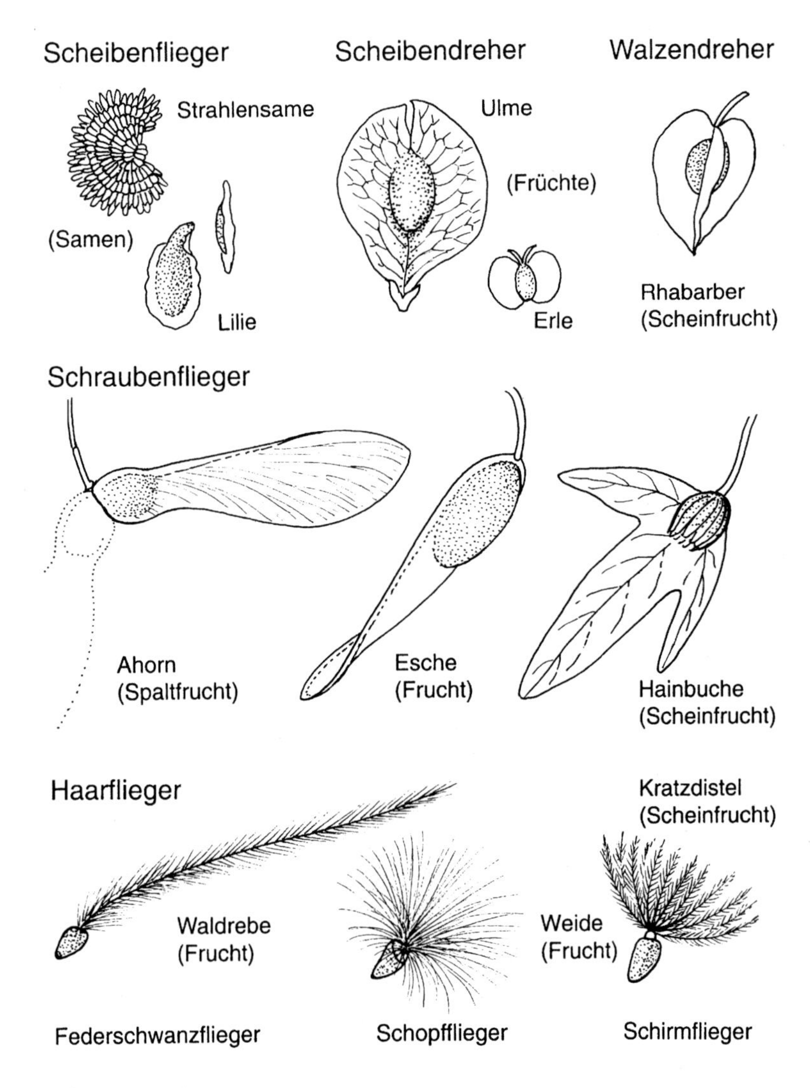

Bild 241. Windausbreitung: Samen, Früchte, Scheinfrüchte.

kranz verbreitert. Ulmen-Früchte (*Ulmus*) sind von einem dünnen, breiten Hautrand umgeben. Solche Typen leiten zu den beiden nächsten Fliegergruppen über.

Flügel-Flieger besitzen einen, zwei oder mehr Flügel und einen zentralen oder randlich verschobenen Schwerpunkt. Begeisterte Aviatiker unterscheiden Dutzende von Konstruktionen mit entsprechender Flugtechnik. Nur einige wichtige sollen erwähnt werden: „Scheibendreher" - z. B. die Ulmen-Früchte, aber auch die von Erlen *(Alnus)* und Birken *(Betula)*; „Segler" mit zwei Flügeln und dem Schwerpunkt dazwischen, leicht nach vorne verschoben; „Walzendreher", drei (z. B. Knöterich, *Polygonum* und Rhabarber, *Rheum*) bis viele Flügel an länglichem, senkrecht in der Luft hängendem Flugobjekt; „Plattendreher", z. B. Götterbaum *(Ailanthus altissima)*, mit mehr oder weniger rechteckiger Segelfläche und dem Schwerpunkt in der Diagonalenkreuzung; „Schraubendreher", z. B. Esche *(Fraxinus excelsior)*, haben einen Flügel der auf der einen Schmalseite belastet ist; „Schrauber" besitzen ebenfalls nur einen Flügel mit einseitig verschobenem Schwerpunkt. Jedoch ist nicht die ganze Schmalkante belastet. Beide Typen drehen sich im Sinken ständig um sich selbst und verlangsamen dadurch den Fall enorm. Bei der kleinsten Luftbewegung treiben sie schraubend seitab. Weitere Vertreter dieser auch als Schraubenflieger abgetrennten Gruppe sind die Samen der Nadelbäume, Hainbuchenfrüchte *(Carpinus betulus)* und die Fruchtstände aller unserer Linden *(Tilia)*.

Bei den Haar-Fliegern gibt es ebenfalls viele Modelle. „Federschwanzflieger" haben einen langen gefiederten Fortsatz, z.B. der verlängerte Griffel der Küchenschellen *(Pulsatilla)* und der Silberwurz *(Dryas octopetala)* oder die Granne der Federgras-„Schein"früchtchen *(Stipa pennata)*. „Schopfflieger" tragen Haarbüschel. Sie können behaarte Samen sein (z.B. Weidenröschen, *Epilobium*) oder Früchte (Baldrian, *Valeriana*). Der Schopf kann am Vorderende stehen oder vom Früchtchengrund ausgehen (Weiden, *Salix*; Pappeln, *Populus)*. Dann sind die Haare meist aus Blütenhüllblättern entstanden und das Flugobjekt ist - genaugenommen - eine Scheinfrucht. Selten ist wolliger Haarbelag über die ganze Verbreitungseinheit verteilt wie z.B. bei den Nüßchen mancher Windröschen *(Anemone)* oder einigen Gras-Scheinfrüchtchen (z.B. Wimper-Perlgras, *Melica ciliata*). Häufiger indes stehen mehr oder weniger steife Haare waagrecht abgespreizt im Kreis und bilden einen Schirm. Viele Nüßchen der Korbblütengewächse *(Asteraceae)* sind „Fallschirmflieger". Der Schirm kann aufsitzen oder gestielt sein wie z.B. beim Löwenzahn (*Taraxacum*), der bekannten „Pusteblume". Die (Schein-)Früchtchen der Skabiosen *(Scabiosa)* vermitteln zu den Scheibenfliegern. Ihr Schirm besteht aus starren Kelchborsten und einem häutigen Außenkelch.

Wasserausbreitung

„Wasserausbreitung" ist bei unseren heimischen Arten nicht ganz so häufig. Für die Schwimmausbreitung sind die Laichkraut-Nüßchen (*Potamogeton*) und die Samen mancher Schwertlilien (z.B. *Iris pseudacorus*) mit lockerem, lufthaltigem Gewebe ausgekleidet. Zu den Scheinfrüchtchen der Seggen *(Carex)* gehört ein lufterfüllter Schlauch (Bild 196): Viele Seggenarten wachsen am Rand von Gewässern. Seerosensamen *(Nymphaea)* sind von einem blasig schleimigen Mantel umgeben und flottieren, Froschlaich ähnelnd, im Wasser. Wasserabstoßende Außenschichten erhöhen oft die Schwimmfähigkeit und sorgen dafür, daß sich das Objekt nicht mit Wasser vollsaugt und zu schwer wird. Dies gilt besonders für „Regenschwemmlinge". Ihre Mutterpflanzen öffnen die Kapseln erst, wenn sie durchfeuchtet sind. Die Samen werden dann vom strömenden Regen weggespült, z.B. bei Mauerpfeffer-Arten *(Sedum)*. Bei der Sumpf-Dotterblume *(Caltha palustris)* indes öffnen sich die austrocknenden Balgkapseln und bilden zusammen eine „Schüssel", auf deren Grund die Samen liegen (Bild 242). Wenn es regnet, wird die Schüssel zum Schwimmbecken. Aufklatschende Regentropfen schleudern die Samen über den Beckenrand. Kunstvolle „Regenschleudern" sind bei Kreuzblüten- *(Brassicaceae)* oder Lippenblütengewächsen *(Lamiaceae)* eingerichtet. Die Schötchen (z.B. beim Hellerkraut, *Thlaspi)* oder die Kelche, in denen die Teilfrüchte liegen (z.B. Helmkraut, *Scutellaria*), sind federnd verankert und mit „Tropfenfängern" versehen. Ein dort aufklatschender Regentropfen verursacht eine schnelle Wippbewegung, durch welche die Samen ausgeschleudert werden.

Bild 242. „Schwimmbecken" der Sumpf-Dotterblume *(Caltha palustris)*.

Bild 243. Tierausbreitung. Ameisenbrötchen, Klett- und Kleb„früchte" (im weiteren Sinn).

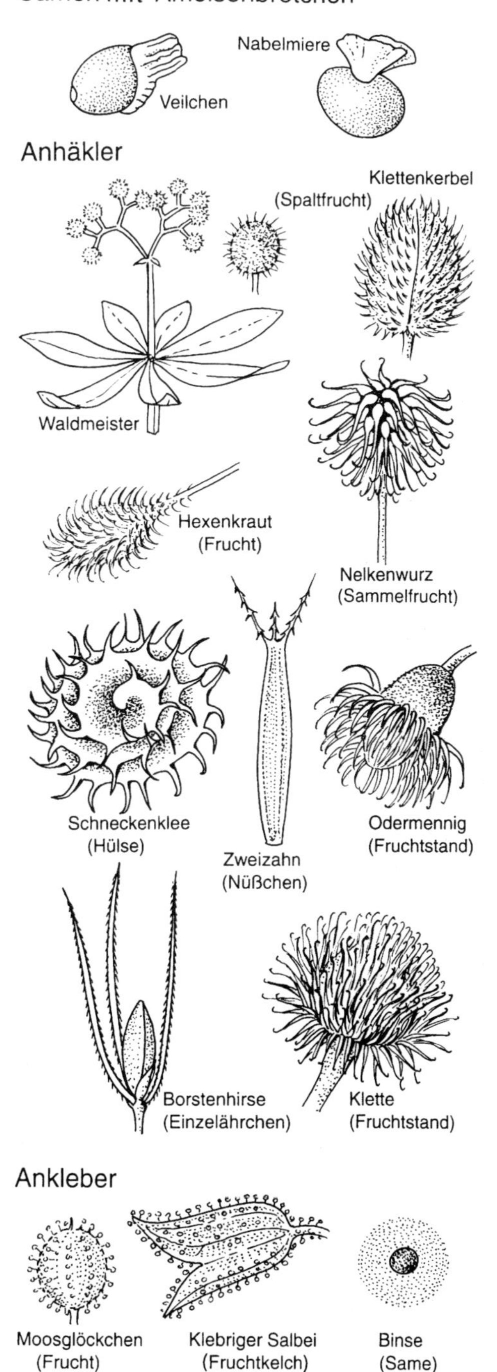

Tierausbreitung

An der „Tierausbreitung" sind vor allem Säuger und Vögel sowie Insekten beteiligt. Kriechtiere und Fische, die Begründer dieses Transportunternehmens, sind weitgehend ausgeschieden[1]. Die Tiere tragen die Samen entweder im Magen-Darm-Trakt weiter oder verschleppen Früchte bzw. Samen absichtlich aus Gründen der Nahrungsvorsorge oder unabsichtlich an Fell und Balg; sie können aber auch nur wieder Auslöser von „Schußanlagen" sein.

Samen, die im Tierdarm transportiert werden, müssen besonders widerstandsfähig sein. Zum einen gegen mechanische Belastungen, wie sie beim Kauen auftreten, zum anderen gegen Verdauungsenzyme.

Für die Tiere sind die Samen meist uninteressant. Sie müssen mit anderen Angeboten gelockt werden: fleischige Hüllen oder Unterlagen[2], wohlschmeckend und auch auffällig. Saftige Beeren, Stein- und Scheinfrüchte, auch Fruchtstände eignen sich besonders für diese Art der Ausbreitung. Tierartspezifische Anpassung gibt es kaum. Oft plündern Stare Kirschenbäume, und der Fuchs sättigt sich an den abgefallenen Früchten, wie seine „steinreiche" Losung zu dieser Zeit verrät. Es gibt allerdings Fruchtsorten, deren Merkmale eher auf Säuger wirken und andere, die mehr auf das Anlocken von Vögeln gestaltet sind. Mäßige Größe, Duftlosigkeit, gute Farbkontraste, hoher Stand und langes Hängenbleiben - bis in den Winter - deutet auf Vogelverbreitung; eher Duft- als Farbkontraste, niederer Stand (oft knapp über

[1] Nur gelegentlich wird (zumindest aus Europa) noch über Formen der Reptilien- oder Fischausbreitung berichtet. So z. B. bei den Teichrosen *(Nuphar)*. Sie sind eng mit den Seerosen verwandt und wie diese Schwimmausbreiter. Ihre Kapseln zerfallen in einzelne Teile, die mit samenführendem schleimigem Fruchtfleisch auf dem Wasser schwimmen. Fische sollen davon fressen und die harten Samen nachher wieder ausspucken.

[2] Der Kirschensame ist vom Fruchtfleisch verhüllt, Erdbeerfrüchtchen liegen auf der „Beere".

dem Boden) oder frühes Abfallen weist auf die „bodenschnüffelnden" und teils auch nachtaktiven Säuger.

Für Verbreitung im Zusammenhang mit der Ernährung, die ohne Darmpassage geschieht, eignen sich andererseits vor allem hartschalige Nüsse oder Fruchtstände. Eichhörnchen und andere Kleinsäuger, aber auch Vögel wie der Eichelhäher, sammeln sie im Herbst als Wintervorrat an. Wohl lassen sie beim Eintragen die eine oder andere Frucht fallen, z.B. wenn sie sich erschrecken. Jedoch ist es vor allem ihre Vergeßlichkeit, die diese Art der Ausbreitung für Pflanzen überhaupt lohnend macht. Oft finden sie einige der vielen Verstecke nicht mehr, die sie so übereifrig angelegt haben.

Die Mistel *(Viscum album)* hat eine andere Variante in dieses Spiel gebracht. Vögel (Drosseln) fressen ihre weißen Beeren und verschmieren sich den Schnabel mit deren klebrigem Inhalt. Sie putzen ihn immer wieder energisch an freien Zweigen und drücken damit auch gleichzeitig die anhaftenden Samen in die Borke, den idealen Ort für Mistelwachstum. Ähnlich ist der „Trick" mit dem „Ameisenbrötchen". Manche Samen (s. S. 212), aber auch einige Nüßchen (z.B. von Windröschen, *Anemone*; Taubnessel, *Lamium* u.v.a.) tragen ein kleines, nahrhaftes und mit Lockstoffen versehenes Anhängsel. Ameisen schleppen diese „Brötchen", samt den für sie uninteressanten anhängenden Samen oder Nüßchen, über lange Strecken zum Bau. Gelegentlich bleibt unterwegs ein solches „Gepäckstück" liegen oder es bricht auseinander. Selbst im Bau bestehen noch Auskeimmöglichkeiten. Viele Pflanzenarten unterschiedlicher Verwandtschaft haben sich auf „Ameisenausbreitung" spezialisiert, z.B. Schöllkraut *(Chelidonium majus)*, Haselwurz *(Asarum europaeum)*, Alpenveilchen *(Cyclamen purpurascens)* und Veilchen *(Viola)*, Nabelmiere (*Moehringia*), Lerchensporn *(Corydalis)*, Witwenblumen *(Knautia)*, Lauch *(Allium)* und viele andere.

Tierausbreitung in Form der Außenanheftung ist sehr häufig. Die primitivste Art ist das Anheften mittels Wasser, Schlamm oder auch selbstproduzierten Schleims (z.B. bei Wegerich, *Plantago* oder Binsen, *Juncus*). Selten dienen Drüsenhaare dem Ankleben (bei Arten vom Salbei, *Salvia*). Die häufigste Form ist das Ankletten mittels feiner oder grobstacheliger[1] Widerhaken. Ganze Sproßteile (z.B. Kletten-Labkraut, *Galium aparine*), Fruchtstände (z.B. Klette, *Arctium*), Scheinfrüchte (z.B. viele begrannte Grasährchen, *Poaceae*), Früchte (z.B. Waldmeister, *Galium odoratum*) und auch Spaltfrüchte (z.B. Klettenkerbel, *Torilis*) werden so verbreitet. Klettsamen sind selten. Allerdings ist die Grenze zu den Haarfliegern schwer zu ziehen. Manche behaarten Früchte und Samen finden sich neben vielen echten Häkelkletten nach einer zünftigen Feld-Wald-Wiesen-Exkursion an Schnürsenkeln, Socken und Hosensaum[2]. Wenn man beim Ausbürsten nicht penibel vorgeht, kann man erfahren, daß die Haare und Kletthäkchen mit der Zeit mürbe werden: Die Früchtchen und Samen fallen allmählich von selbst ab.

Die letzte Tierausbreitungsgruppe umfaßt Schleuderpflanzen, die auf Betrieb durch Tiere eingerichtet sind. Meist häkeln sich ihre starr aufrechten, zuweilen ausladend verästelten Sprosse an vorbeistreifenden Tieren fest und schnellen dann mit Wucht zurück. Dabei werden, wie z.B. bei den Karden *(Dipsacus)*, die Früchtchen aus den Fruchtständen geschleudert. Derselbe Effekt kann natürlich auch durch einen Windstoß erreicht werden. Es kommt allerdings sehr auf die Umgebung der Pflanze an. Im dichten Wuchs mit anderen Arten ist ein Windstoß kaum wirksam, bei freiem Stand dagegen schon.

Da es bei der Schleuder- (und Streu-)verbreitung nicht so sehr darauf ankommt, wer die Bewegung auslöst, sondern welche Baueigentümlichkeiten das „Abschießen" besonders effektvoll gestalten, werden oft alle Gruppen

[1] Die in den Steppen südlicherer Länder vorkommenden „Trampelkletten" sind so grobschlächtig, daß sie den Tritt der Weidetiere aushalten und sich in deren Hornhufe einkrallen können.

[2] Der einzelne Mensch ist sehr wohl in die Tierausbreitung eingeschlossen. Von „Menschenausbreitung" wird indes nur gesprochen, wenn es sich um Verschleppung mittels Wirtschaftsgüter (Wolle, Vieh- und Vogelfutter, Saatgut usw.) oder um die Ausbreitung von Nutz- bzw. Gartenpflanzen handelt.

mit Schleudermechanismen als „Ballistiker“ zusammengefaßt. Ballistik ist die Lehre von der Flugbahn eines Geschosses. Wie man weiß: Was im Winkel von 45° abgeht, fliegt am weitesten. Streukapseln haben oft einen so hohen Rand, daß ihre Samen nur in einem solchen Winkel entweichen können. Bei den Selbstausbreitern sind die Veilchen *(Viola)* im Weitwurf den anderen überlegen (s. S. 224). Dies rührt auch daher, daß ihre Kapselteile ballistisch richtig gegeneinander gestellt sind: Die Samen werden im Winkel von ca. 45° ausgequetscht. Die zweiseitig symmetrischen Kelche der Lippenblütengewächse sind für diesen Abwurfwinkel passend gebogen. Dazu kommt aber noch mehr. Die Ballistik lehrt uns, daß ein Geschoß um so besser fliegt, je ruhiger seine Längsachse in der Flugbahn liegt. Vorspringende untere Kelchzähne und „Führungsschienenbehaarung“ im Kelchinnern sorgen dafür, daß sich die Teilfrüchtchen beim Flug nicht überkugeln; einen „Drall“ vermitteln, wie dies gezogene Läufe tun, können sie allerdings nicht. Bei manchen Körbchen schieben die Spreublätter durch schwache Austrocknungsbewegungen die Nüßchen allmählich höher und bringen sie in winkelrichtige Abwurfposition. Solange die nicht eingenommen ist, halten die dichtstehenden Blättchen gemeinsam die Nüßchen fest.

Die Verbesserung der Ausbreitungschancen durch solche und viele hundert andere „schlaue Zusatzerfindungen“ ändert indes nichts an der Tatsache, daß der Ausbreitungserfolg insgesamt eher sehr bescheiden ausfällt. Dieses große Bemühen mit geringem Ergebnis ist es, was CHARLES DARWIN mit seinem Schlagwort vom „struggle for life” auszudrücken versuchte. Nicht so sehr der durch die heroisierende Übersetzung so bezeichnete „Kampf (engl. eher: fight, combat, battle) ums Dasein“ ist gemeint, sondern ein Mühen und Quälen, ein ständiges „Abzappeln ums Überleben“.

Lebens- und Wuchsformen der Samenpflanzen

Um auf dem Festland bestehen zu können, brauchen die Pflanzen eine gute Ausrüstung: Wurzel, Sproß und Blatt gehören dazu. Für die Fortpflanzung ist Unabhängigkeit vom offenen Wasser entscheidende Voraussetzung. Die Ausbreitung muß den veränderten Gegebenheiten angepaßt werden.

Bild 244. Bäume und (aufrechte) Sträucher sind der Lebensform nach Luftpflanzen, der Wuchsform nach Holzpflanzen; a) Winter-Linde (*Tilia cordata*); b) Schwarzer Holunder (*Sambucus nigra*).

Doch es sind noch ganz andere Anpassungen dringend erforderlich. Im Gegensatz zum freien Meer ist das Land viel unruhiger. Es hat mehr Profil, mehr unterschiedliche Lebensräume und vor allem viel stärkere Temperaturschwankungen. In unseren Breiten machen sich diese sowohl in der Höhenlage wie im Tages- und Jahresverlauf bemerkbar. Im ewigen Eis der Hochalpen ist überhaupt kein dauerhaftes Pflanzenleben mehr möglich, in der Gefrornis des Winters zumindest kein Pflanzenwachstum.

Landpflanzen haben ihr Leben an die jahreszeitlichen Witterungsschwankungen auf verschiedene Art und Weise angepaßt. Das Überdauern des Winters mit seiner Kälte, vor allem aber mit der Wasserarmut (s. S. 163) ist dabei - unter mitteleuropäischen Verhältnissen - das Hauptproblem.

Bild 246. Erdpflanzen sind winters von der Bodenoberfläche verschwunden; Krokus (*Crocus*).

Lebensformen

„Luftpflanzen“ (Phanerophyten[1]) verlassen sich auf ihre solid gebauten oberirdischen Sprosse und schützen deren Spitzen mit den zarten, teilungsfähigen Zellen durch derbe Knospenschuppen vor dem Vertrocknen. Oft sind die Ritzen zwischen diesen noch mit Harz, Wachs oder Gummisubstanzen verklebt.

„Zwergpflanzen“ (Chamaephyten[2]) wachsen nur etwa so hoch, wie die frostschützende winterliche Schneedecke durchschnittlich reicht. Fällt sie einmal niedriger aus, frieren die überstehenden Teile ab. Die Pflanze erneuert sich dann aus Knospen der dem Boden anliegenden Sprosse. Diese sind meist unter herbstlichem Fallaub verborgen und damit leidlich geschützt, selbst in Frostnächten ohne Schneedecke.

Bei den „Erdpflanzen“ (Kryptophyten[3]) sterben alle oberirdischen Triebe ab. Zuvor werden ihre brauchbaren Stoffe meist noch in unterirdische Pflanzenteile gebracht, die während der gesamten Vegetationszeit schon mit Reserven angefüllt wurden. Aus den Knospen dieser Vor-

[1] phaneros, griech. = offen, sichtbar, frei; phyton, griech. = Gewächs, Pflanze
[2] chamai, griech. = auf der Erde, -dem Boden
[3] kryptos, griech. = verborgen, versteckt

Bild 245. Kleinsträucher sind den Zwergpflanzen zuzurechnen; Besen-Heide (*Calluna vulgaris*).

ratsbehälter sprießen im nächsten Jahr die neuen Triebe hervor.

„Oberflächenpflanzen" (Hemikryptophyten[1]) unterscheiden sich von den Erdpflanzen nur dadurch, daß ihre Erneuerungsknospen direkt unter der Erdoberfläche liegen, ja, zum Teil ein wenig herausragen. Zuweilen überdauern auch ihre flachliegenden Grundblätter den Winter. Wenn Schnee gefallen ist, geht dies meist gut. Wintergetreide gehört zu den Oberflächenpflanzen. Da es früher mit der Photosynthese anfangen kann, wächst es kräftiger als Sommergetreide. In schneearmen Frostzeiten „wintert" es aber „aus", und der Bauer muß im Frühjahr nachsäen.

„Saisonpflanzen" (Therophyten[2]) leben nur einen Sommer. Den Winter überstehen sie als Samen, oft schon ein wenig unter der Erde, vor allem aber mit sehr wasserarmem Gewebe. So sind sie gegen Vereisung geschützt. Vor der Keimung durchlaufen sie eine Quellungsperiode, in der sie Wasser aufnehmen.

Mit den fünf genannten Begriffen wurden „Lebensformen" von Pflanzen angesprochen, wie sie in Mitteleuropa häufig sind. Es sind „Anpassungsstrategien" an das Über„leben" unter den klimatischen Bedingungen, die unsere Breiten bieten. Die Nennung der Lebensform einer Art gibt also Auskunft über deren Lebenszyklus = Vegetationszyklus im Jahreslauf. Durch welche Besonderheiten im Aufbau sie sich diesem Zyklus angepaßt hat, wird mit der Angabe der „Wuchsform" - Kraut (☉), Staude (♃), Holzgewächs (♄) - aufgezeigt. Da oft eine Lebensform fast ausschließlich nur durch eine besondere Wuchsform erreicht werden kann, werden beide Bezeichnungen des öfteren verwechselt. Man merke sich: Wuchsform = Bau, Lebensform = Winterzustand.

Wuchsformen

Krautige Pflanzen

Alle Pflanzen ohne verholzende Sprosse, die nur einmal blühen und fruchten, heißen Kräuter. Davon abgeleitet ist der Begriff „krautig", als

Bild 247. Saisonpflanzen leben nur eine Vegetationsperiode lang; Franzosenkraut (*Galinsoga*).

Gegensatz zu „holzig". Wenn es nur um Pflanzenteile geht, sagt „krautig" auch aus, daß sie weder zu trocken („häutig", „spelzig", „lederig") noch zu saftig („fleischig") sind.

Kräuter sind in sparsamer Einfachbauweise konstruiert. Sie halten gegenüber anders gebauten Pflanzen nicht viel aus und können sich ihnen gegenüber auch nicht durchsetzen. Ihr großer Vorteil ist jedoch, daß ihr Bau in kürzester Zeit „hochgezogen werden kann". So sind sie eher als die anderen befähigt, neu aufgetane Lücken in der Pflanzendecke schnell zu besiedeln. Schwemmsäume an Gewässern, deren Fläche sich von Jahr zu Jahr verändert, Hangrutsche, auch Brandflächen sind ihre natürlichen Standorte. An den Lebensgrenzen verhalten sie sich recht unterschiedlich. Der Kältegrenze (Tundra, Hochgebirge) bleiben sie meist

[1] (h)emi-, griech. = halb-
[2] theros, griech. = Sommer

fern. Eine Vegetationszeit ist dort allzu kurz, um ohne angesammelte Reserven zur Blüte zu gelangen. Die Trockengrenze liegt ihnen eher. In Steppen und Wüsten ist die Konkurrenz nicht so groß. Die Böden sind nackt oder nur schütter bewachsen. Die kurze jährliche Regenperiode oder ein kräftiger Guß alle paar Jahre „weckt" die Samen. In kürzester Zeit grünt und blüht das Kraut. Es streut seine Samen aus, die so eingerichtet sind, daß sie bis zum nächsten Regen überstehen können.

Wo der Mensch andauernd den Boden umpflügt, in der „Kultursteppe", finden Kräuter ideale Lebensbedingungen. Aber auch in frischen Waldschlägen und neuen Baugebieten machen sie sich als erste breit. Hier sind sie allerdings meist nach einigen Jahren wieder verdrängt. Denn die anderen Lebensformen schießen zwar anfangs nicht so schnell auf, wachsen jedoch von Jahr zu Jahr kräftiger, breiter und höher. So stellen sie die Kräuter allmählich in den „Schatten": Sie nehmen ihnen das Licht und damit auch die Lebensgrundlage weg.

Bild 248. Gewöhnliches Greiskraut (*Senecio vulgaris*); einjähriges Kraut.

Einjährige Kräuter

Es gibt viele Kräuter, deren Lebenszyklus in der oben beschriebenen Weise abläuft. Das sind die echten Saisonpflanzen. Der wissenschaftliche Name „Sommerpflanzen" wird ihnen nicht ganz gerecht. Sie brauchen wirklich meist nur eine Saison von Samenkorn zu Samenkorn. Wenn die ersten Blätter gebildet sind, läuft schon die Blütenproduktion an. Dann gibt es für sie kaum noch ein Halten. Selbst ausgerissene Pflänzchen bilden noch im Verwelken Samen. Kein Wunder, daß manche dieser Kräutlein auf drei oder gar vier Generationen im Jahr kommen. Das Gewöhnliche Greiskraut (*Senecio vulgaris*, Bild 248) keimt im zeitigen Frühjahr aus überwinterten Samen. War der Winter mild, blüht zu der Zeit noch die Nachhut der vorigen Generation.

Die Frühjahrsgeneration erzeugt Samen für die Sommergeneration, die etwa im August ihrem Höhepunkt zustrebt. Spätestens im Oktober oder November stehen die Enkel in Blüte. Da es immer Frühreife und Spätentwickler gibt, kann man - sehr selten im Januar/Februar und nur in milden Lagen - zu jeder Jahreszeit auf blühende Greiskräuter stoßen.

Die Vorzüge der Einjährigkeit liegen auf der Hand. Flexibilität bei Neulandbesiedlung, rasche Generationenfolge mit vielen Samen pro Jahr, Fähigkeit zur Besetzung gestörter, frisch aufgebrochener und langfristig trockener Böden. Damit haben sie sich auf der zugewachsenen Erde eine Marktlücke erschlossen. Erkauft wurde sie mit den Nachteilen der „Baumängel". Vom niederen Wuchs, der gegenüber Konkurrenten den Lichtgenuß beeinträchtigt, bis zum wenig stabilen Aufbau, der zu größerer Anfälligkeit gegenüber Unbilden der Witterung und Schadtieren führt, sind Kräuter wenig lebenstüchtig. Doch ihre hohe Vermehrungsrate macht diese Mängel offensichtlich wieder wett.

Mehrjährige Kräuter

Viele Kräuter lassen es langsamer angehen. Sie erzeugen zunächst nur Laubblätter, die Baustoffe produzieren. Diese werden in der Wurzel gespeichert und dienen im nächsten Jahr - oder selten nach drei bis vier Jahren[1] - zum Aufbau

[1] Viele Engelwurz-Arten (*Angelica*) sterben nach einmaligem Blühen ab. Bis es dazu kommt, vergehen zwei bis fünf Jahre. Obwohl oft „Stauden" genannt, sind sie doch definitionsgemäß eher (mehrjährige) „Kräuter".

eines kräftig entwickelten Sprosses mit Blütenstand. Das Bauprinzip „Kraut“ bleibt allerdings erhalten: Absterben nach einmaliger Blüte. Im ersten Jahr werden oft nur grundständige Laubblätter gebildet. Sie schaffen die Vorräte für den Sproßaufbau im kommenden Jahr. Wenn sie flach ausgebreitet als Rosette den Boden abschatten, verhindern sie, daß Konkurrenten der eigenen Pflanze „zu nahe treten“. Der Sproß mit dem Blütenstand trägt oft nur noch wenige kleine Laubblätter. Zur Blühzeit können die – letztjährigen – Grundblätter völlig verwelkt sein. Dies gilt z. B. für viele zweijährige Arten der Kreuzblütengewächse *(Brassicaceae)*. Die konsequente Arbeitsteilung – Produktion im ersten, Fortpflanzung im zweiten Jahr – wird dem Sinn der Zweijährigkeit am weitestgehenden gerecht.

Die Pflanze tritt dabei in zwei altersbedingten Wuchsformen auf: Grundblattrosette und meist hoher, reichverzweigter und gering beblätterter Blütensproß. Es gibt natürlich vielfältige Varianten, Abwandlungen und vor allem auch Übergänge zum einjährigen Kraut. Unter besonderen Außenbedingungen können zweijährige Kräuter ebenfalls mehrjährig werden oder einjährige – in ihrer Wuchsform, also ohne Rosette – erst im zweiten Jahre zur Blüte kommen[1].

Das schon oben erwähnte Greiskraut kann bei ungünstiger Witterung im Herbst seine Blütenentwicklung stoppen und erst im zweiten Jahr auswachsen. Der Lebenszyklus der „echten“ Zweijährigen verläuft indes so, wie der am Beispiel der Möhre *(Daucus carota)* geschilderte, sei sie nun wild oder gezüchtet: Aus den Samen wächst ein Pflänzchen mit Wurzel, gestauchtem Sproß und vielen Grundblättern. Die produzie-

[1] Hier liegt der Grund, warum wir in unseren Pflanzenbeschreibungen Ein- und Zweijährigkeit zusammenfassen und mit einem Symbol ⊙ kennzeichnen. In der Literatur sind – sehr unterschiedlich – gebräuchlich: ⊙ für – streng – einjährige, ① für einjährige, überwinternde, ⚇ für zweijährige, ⊚ für mehrjährige Kräuter.

Bild 249. Unten links: Möhre (*Daucus carota*); als Wild- und Gartenform ein zweijähriges Kraut; unten rechts: Wilde Engelwurz (*Angelica sylvestris*), meist ein mehrjähriges Kraut.

ren Traubenzucker, der, zu Reservestoff umgewandelt, in der sich ständig verdickenden Wurzel gespeichert wird. Im Herbst verwelken die Blätter, kräuseln sich dabei und bilden über der Wurzel eine lockere Schutzdecke. Die prall gefüllte Wurzel übersteht die Winterkälte, im Boden geschützt, und treibt im Frühjahr dank ihrer Reserven einige Grundblätter und einen hohen, beblätterten und verzweigten Blütensproß. Zugleich wird sie runzelig, dünner und verholzt. Ihre Aufgabe im zweiten Jahr beschränkt sich dann nur mehr auf die Wasseraufnahme aus dem Boden. Mit der Fruchtreife verwelkt die gesamte Pflanze. Der Mensch läßt seine Garten-Möhren natürlich nicht zur Blüte kommen. Er ist nur an dem Nährstoffbehälter des ersten Jahres interessiert.

Zweijährige Kräuter mit überwinternder Grundblattrosette sind, der Lebensform nach, eher Oberflächenpflanzen. Wenn indes ihre Blätter im Herbst verwelken und die Wurzel tief liegt, muß man sie den Erdpflanzen zuordnen. Falls aber ein oberirdischer Sproß überdauert, dessen Wachstum vorübergehend stockt (Greiskraut), kann man sie als Saisonpflanzen bezeichnen. Ihre „Saison" reicht dann vom Spätherbst bis zum Frühjahrsende.

Viele Arten der Doldenblütengewächse *(Apiaceae)*, zu denen die Möhre gehört, aber auch manche Kreuzblüten- *(Brassicaceae)*, Gänsefuß- *(Chenopodiaceae)*, Braunwurzgewächse *(Scrophulariaceae)* etc., sind zweijährige Kräuter. Alle „versuchen", die Vorteile der einjährigen Kräuter zu genießen und gleichzeitig durch kräftigeren Bau die Nachteile - vor allem die leichte Verdrängbarkeit vom Standort durch Überwachsen - zu mildern.

Stauden

Stauden sind nichts anderes als mehrjährige Kräuter. Sie blühen jedoch viele Jahre hintereinander. Jeden Herbst sterben ihre oberirdischen Teile ab. In jedem Frühjahr treiben sie neu aus unterirdisch geborgenen Sproßteilen aus. Ihre Lebensform ist die der Erd- bzw. Oberflächenpflanzen.

Die unterirdischen Teile sind entweder mehr oder weniger langwachsende Wurzelstöcke

Bild 250. Stinkende Nieswurz (*Helleborus foetidus*); Staude.

(s. S. 152) oder kürzere pralle Knollen bzw. Zwiebeln (gestauchte Sprosse mit vielen vorratsspeichernden Blattorganen). Kombinationen sind nicht selten, wie man am Beispiel Kartoffel sieht: lange, dünne Wurzelstöcke mit Knollen.

Die von den Blättern produzierten Vorratsstoffe werden in den unterirdischen Teilen gelagert und dienen als Bau- und Betriebsstoff für das Austreiben der nächstjährigen Sprosse. In aller Regel ist die Bilanz der Jahresproduktion positiv, d.h. es wird mehr Vorrat produziert als zum Aufbau verbraucht wird. Der Überschuß wird sogleich wieder investiert. So wächst die Staude mit jedem Jahr kräftiger und auch ausgedehnter.

Wenn der Überschuß im ersten oder zweiten Jahr noch nicht zur Blüte reicht, wird solange weiter expandiert, bis die dafür nötige Reservemasse vorhanden ist. Von da an entstehen jedes Jahr mehr und kräftigere Blütentriebe aus dem Stock. Nach außen hin scheint der ganze Aufwand einer Vegetationszeit vergebliche Liebesmühe zu sein. Denn jeden Herbst geht die „oberirdische" Produktion zugrunde. Das Erfolgsgeheimnis liegt indes unter der Erde. Stauden können, im Gegensatz zu den Kräu-

Bild 251. Schilfgürtel (*Phragmites*) am Ufer; dichter Massenwuchs ist für viele Rhizomstauden kennzeichnend.

tern, einen einmal gewonnenen Standort lange Zeit behaupten. Wenn sie nur ein Jahr durchgehalten haben, schafft es neuzugezogene Konkurrenz kaum mehr, dem Staudenschößling das Licht wegzunehmen. Er wächst - mit den Nährstoffen des vergangenen Jahrs - über sie hinaus.

Doch Stauden halten nicht nur mit großer Beständigkeit ihr Terrain; relativ leicht gelingt ihnen auch dessen Erweiterung durch rege „Untergrundaktivitäten". Wurzelstöcke streben, sich verzweigend, in die Horizontale. An ihren Zweigenden neu austreibende Sprosse profitieren sofort vom gemeinsamen Vorratspool und können deshalb gleich kräftig hochschießen. Wenn der ursprüngliche Wurzelstock aus Altersschwäche abstirbt und vergeht, ist die alte Staude in viele neue zerfallen.

Dichter Massenwuchs ist für manche Stauden geradezu kennzeichnend. Gräser (z.B. Schilf, *Phragmites australis*) und auch die Brennessel *(Urtica dioica)* treten oft in ausgedehnten, dichtwuchernden und damit fast reinen Beständen auf. Oberflächennah durchzieht dann ein Gewirr von Wurzelstöcken den Boden.

Aber auch über Nebenknollen oder -zwiebeln kann es zu solchem Massenwuchs kommen, wie Bestände von Scharbockskraut *(Ranunculus ficaria)*, Lerchensporn *(Corydalis)* oder Bärlauch *(Allium ursinum)* an einem Klebwaldhang zeigen. Im Zierrasen wird, falls nicht die Blätter gleich vom Rasenmäher gestutzt werden, aus einem einzigen Krokus in wenigen Jahren eine kissengroße Platte.

Bild 252. Frühblühende Stauden haben im kahlen Frühlingswald die Oberherrschaft: hier ein Massenbestand von Lerchensporn, *Corydalis*.

In ihrer Durchsetzungsfähigkeit werden Stauden nur noch von den Bäumen übertroffen. So finden wir Stauden vor allem dort, wo es den Bäumen zu naß, zu trocken oder zu kalt ist. Natürliche Standorte solcher Art sind bei uns Sumpfgebiete, Trockenhänge, Heiden und Dünenlandschaften sowie die Gebirgszonen zwischen Wald- und Schneegrenze. Doch auch auf den vom Menschen geschaffenen Wiesen und Weiden dominieren Stauden. Bäume ertragen weder Mähschnitt noch Abweiden. Stauden mit ihren unterirdisch verborgenen Vorratslagern treiben nach Verlust der oberirdischen Sprosse leicht und rasch neu aus.

Selbst im Wald finden sie noch Standorte, auf denen sie mit ihrer besonderen Vorratshaltung prächtig gedeihen. Wo wenigstens noch ein bißchen Licht auf den Boden fällt - nicht in den vom Menschen angelegten künstlichen „Stangenäckern" - können sie sich halten, indem sie langsam Jahr für Jahr etwas zusetzen. Eine besondere Anpassung an den Laubwald zeigen die zahlreichen Frühblüher. Bevor noch die Bäume ausgeschlagen haben, schießen sie aus dem Waldboden, blühen, photosynthetisieren und schaffen Vorräte an. Wenn sich das Kronendach schließt, reifen schon ihre Samen. Im Juli/August sind die Pflanzen meist von der Oberfläche verschwunden. Unter dem Boden harren wohlgefüllte Wurzelstöcke, Zwiebeln und Knollen dem nächsten Frühjahr entgegen.

Verquer, aber sehr erfolgreich, läuft es bei der Herbst-Zeitlosen *(Colchicum autumnale)*. Im Herbst erscheint die Blütenkrone aus der unterirdischen Zwiebel. Fruchtknoten samt Trägersproß bleiben versteckt. Unter der Erde reift die Frucht heran, während das Wachstum des Sprosses immer noch stockt. Erst im zeitigen Frühjahr treibt er mit Laubblättern und den fast reifen Kapseln aus. Nach dem Ausstreuen der Samen verwelkt die Pflanze zur Sommerzeit. Inzwischen wurden aber neue Zwiebeln gebildet. In ihnen ist schon wieder alles für die Blüte im Herbst vorbereitet (Bild 253).

Bäume und Sträucher

Bäume und Sträucher, fast allesamt Luftpflanzen, sind die „Bernhardiner" in unserer Flora: einfach überlegen. Sie haben die besten Plätze auf der Erde in Beschlag genommen, nicht zu naß und auch nicht zu trocken oder zu kalt. Dort sind sie die Sieger und haben sich breit gemacht. Dementsprechend ist unter ihnen die

Bild 253. Herbst-Zeitlose (*Colchicum autumnale*). Links: Blüte (im Herbst); rechts: Frucht und Blätter (im Frühjahr). Im Sommer und Winter ist die Pflanze verschwunden.

Bild 254. Buchsblättrige Kreuzblume (*Polygala chamaebuxus*), ein Kriechstrauch.

Tendenz gering, auf „Grenzertragsböden“ auszuweichen: In Steppenheiden, Heiden und Matten finden sich nur ein paar Gehölzarten, die wenigen indes oft in großer Individuenzahl. Sie stehen in ausgewogener Rivalität zu den Stauden. Der Standort erlaubt keinen hohen Wuchs. Ihr Konkurrenzvorteil schlägt nicht durch. Sie leben als „Klein-“ und „Zwergsträucher“ (beide mit aufrechten Zweigen), „Kriechsträucher“ (mit niedergestreckten Hauptästen und aufstrebenden Nebenzweigchen) oder „Spaliersträucher“, bei denen sämtliche Sprosse dem Untergrund angeschmiegt sind. Alle gehören zur Gruppe der Zwergpflanzen[1].

Verbindende Gemeinsamkeiten der Holzgewächse sind das relativ langsame Wachstum und der Tragachsenaufbau aus grundsolidem, kältefestem Material. Damit bleiben sie im Winter auf der bis zum Herbst erreichten Höhe und stocken - zumindest in der Jugend - jedes Jahr weiter auf. Bei den „Einachsern“ wächst die Hauptachse (z.B. der Stamm der Tannen, *Abies* oder der Fichten, *Picea*) ständig weiter und gliedert zu den Seiten Nebenäste ab, die nach demselben Prinzip verzweigen. Dies führt zu einem sehr regelmäßigen, „pyramidalen“ Wuchs. Der Stamm ist von der Wurzel bis zur Spitze kerzengerade. Es ist aber zu beachten, daß diese Einachsigkeit nicht stets ein so ideales Stammwachstum zeitigt, wie geschildert - z.B. bei Kiefern *(Pinus)* oder Pappeln *(Populus)*.

Viele unserer heimischen Laubhölzer sind „Mehrachser“. Ihre Hauptachse stellt das Wachstum oft schon nach einem Jahr ein, zumindest wächst sie danach viel langsamer als zuvor. Ein Seitenzweig übernimmt ihren Part, gelegentlich sind es mehrere. Ist es einer, wächst er aufrecht weiter, übergipfelt die Hauptachse und drängt sie zur Seite, daß es bald so aussieht, als wäre sie der Nebenzweig. Mit dem eigent-

Bild 255. Einachsiger Baum: Fichte (*Picea abies*).

[1] Von manchen Autoren werden diese voll verholzten Formen als „Kleinpflanzen“ (Nanophyten) abgetrennt und zwischen die Luft- und die Zwergpflanzen gestellt. Die Eindeutschung des Namens ist ziemlich unglücklich; (nannos, griech., nanus, lat. = Zwerg).

Bild 256. Mehrachsiger Baum: Eiche (*Quercus robur*).

lichen Seitenzweig, der nun aktuellen Hauptachse, geschieht dann aber bald dasselbe. Er wird von einem seiner Nebenästchen übergipfelt. So geht es Jahr für Jahr weiter. Die Hauptachse besteht also zuletzt aus vielen „Gliedern“: aufeinandergesetzten Seitenzweigstücken. Schaut man genau hin, sieht man ihr das auch meist noch an. Vor allem im jüngeren (oberen) Bereich entdeckt man noch manchen schwachen Knick. Das Dickenwachstum vertuscht solche Makel zwar, indes erst nach langer Zeit.

Von bedeutendem Einfluß auf die Wuchsform ist die erblich festgelegte „Rangordnung“ der Seitenzweige eines Jahrganges. Die Äste eines Sprosses werden unterschiedlich im Wachstum gefördert. Dies geschieht in bestimmter Reihenfolge. Entweder wachsen die unteren stärker als die oberen („basisbetonte Förderung“) oder umgekehrt („spitzenbetonte Förderung“).

Bei Spitzenbetonung übernimmt ein Zweig am Ende der Hauptachse die Nachfolge. Er reckt sich in die Position seines Trägers und setzt dessen Wachstumsrichtung fort. Ein Stamm entsteht. Dies ist die typische Wuchsform „Laubbaum“.

Bei der Basisbetonung indes geht es nicht so recht aufwärts. Da immer wieder einer der unteren Seitenzweige das Hauptwachstum übernimmt, wird das Gebilde zwar breiter und buschiger, jedoch nur mäßig höher: Ein „Strauch“ wächst heran. Zwar verzweigen sich auch seine oberen Ästchen noch etwas in die Höhe, doch steigert sich, zumindest in der Jugendentwicklung, die Wuchskraft der wurzelnah austreibenden Äste von Jahr zu Jahr. So wird z. B. oft im fünften Jahr der neu an der Basis austreibende Schößling gleich höher als der aus dem ersten Jahr. Dabei ist der Erstling ja auch schon vier Jahre gewachsen; nicht so sehr er selbst, doch seine oberen Nebenästchen haben zugelegt, und dann die Nebenästchen der Nebenästchen und so fort.

Im Alter nimmt die Zuwachsrate beständig ab, so daß ein Strauch kaum mehr wächst. Meist stirbt er nach einigen Jahrzehnten ab. Wenn er an die 10 Meter erreicht hat, ist das schon enorm, die Durchschnittshöhe der Sträucher liegt zwischen zwei und fünf, der Rekord bei etwa 15 Metern.

Auch Bäume wachsen nicht in den Himmel. Zwar sind von Exoten Höhen bis 150 m bekanntgeworden, doch unsere heimischen Laubbäume begnügen sich mit 15 bis 40 m (Rekord: Eiche 50 m), nur einige Nadelhölzer gehen noch darüber (Tannen bis 60, Fichten bis 75 m).

Beim Jugendwachstum der mehrachsigen Bäume sind die Sproßstücke relativ lang. Die Spitzenbetonung kann sich voll auswirken. Meist wird alles in den obersten Nebenast hineingesteckt, der die Hauptachse weiterführen wird. Die anderen Ästchen kümmern dahin und sterben nach wenigen Jahren ab. Dadurch entsteht der meist astlose Stamm. Wenn sich aber das Wachstum verlangsamt, liegen Spitze und Basis der entstehenden Sprosse näher zusammen. Auch einige untere Ästchen profitieren dann von der Spitzenförderung. Sie werden kräftig und halten durch. So bildet sich die

Bild 257. Viele Bäume und manche Sträucher haben eine artspezifische Wuchsform; hier: Winteraspekt einiger Gehölze.

Bild 258. Vogelbeer-Eberesche (*Sorbus aucuparia*), mehrstämmiges Wachstum

Baumkrone auf dem Stamm. Diese ist von Art zu Art sehr verschieden ausgeprägt. Kennern fällt es leicht, Baumarten nach der Wuchsform zu identifizieren (s. a. Bild 257).

Für die Ausprägung der arttypischen Baumgestalt sind nicht allein Achsenaufbau und unterschiedliche Wuchsleistung maßgebend. Nebenaststellung (wechselständig - gegenständig), -dichte, -länge und ihr Zustand (starr - schlaff) bestimmen das Gesamtbild mit. Sehr wichtig ist auch die Wuchsrichtung der Zweige. Sie können steil aufragen, waagrecht abstehen oder gar bogig überneigen. Oft entspringen zwei oder mehr kräftige, nur wenig übereinanderstehende Äste im Unterbereich der Krone. Fast gleich dick und gleich stark beastet, formen sie die Kronengestalt.

Bei manchen Arten ist es durchaus üblich, daß solche Hauptäste schon sehr weit unten am Stamm, zuweilen sogar knapp über dem Boden ansetzen[1]. Ein klarer Verstoß gegen unsere schöne „Stammtheorie". Doch die Natur ist stets für Überraschungen gut. Manchmal stehen gutgewachsene Bäume direkt neben solchen mehrstämmigen Artgenossen (z. B. bei Vogelbeere, *Sorbus aucuparia* oder Feld-Ahorn, *Acer campestre*). Doch auch bei den Sträuchern gibt es manche „Unregelmäßigkeiten". Die weitverbreitete Sal-Weide *(Salix caprea)* stirbt bei uns meist als Strauch. Nicht übermäßig selten jedoch trifft man sie als baumähnlichen Strauch, strauchähnlichen Baum oder als wirkliches Bäumchen an (Bild 259). Dasselbe gilt für Haselnuß *(Corylus avellana)*, Weißdorn *(Crataegus)* und manche andere.

Bei der Unterscheidung der Sträucher nach Größenklassen ist zu beachten, daß jeder einmal ganz klein anfängt. Bevor wir „die Meßlatte anlegen", sollten wir uns versichern, daß unser Exemplar leidlich erwachsen ist. Wenn es blüht oder fruchtet, ist dies ein brauchbarer Hinweis darauf[2]. Man tut dennoch gut daran, zur endgültigen Beurteilung weitere Sträucher gleicher Art in der Nachbarschaft anzusehen (sofern vorhanden).

Je nach Standort, doch ebenso nach individuellen Gegebenheiten, gibt es auch bei Sträuchern unterschiedliche Größenausprägung. Deswegen sollten wir oben erwähnte Meßlatte nicht millimetergenau zum Maß aller Dinge machen. Was uns bis zur Gürtellinie - und weit darüber hinaus - reicht, sei ein Strauch. Zwischen Waden und Bauch erstreckt sich der Kleinstrauch-Bereich, Zwerg-, Kriech- und Spaliersträucher reichen bis knapp über die Knö-

[1] Dies hat nichts mit den „Stockausschlägen" zu tun. Man findet diese häufig z. B. in Ufergehölz, das in längeren Zeitintervallen „durchgelichtet" wird. Dabei sägt man die (zu) hoch gewachsenen Bäume einfach ab, z. B. Erlen *(Alnus)* oder Pappeln *(Populus)*. Der stehengelassene Baumstock (Stumpf, Stubben, Stumpen, Strunk) treibt neue Schößlinge, die dann zu mehreren engstehenden Bäumchen - mit gemeinsamer Wurzel - heranwachsen können.

[2] In freier Natur kann Blühen und Fruchten als „Reifezeugnis" gelten. Bei Pflanzungen ist Vorsicht geboten - auch an Straßenrainen und bei neu geschaffenen „Biotopen". Viele Zuchtbetriebe gewinnen (Wild-)Sträucher aus älteren Reisern, die sie zur Wurzelbildung bringen. Diese können dann, kaum ellenhoch, schon blühen.

chel. Die drei letzteren werden nicht nach der Größe, sondern nach der Lage von Haupt- und Nebenzweigen unterschieden (s. S. 237).

Ein leidiges Kapitel sind die „Halbsträucher“. Sie vermitteln zu den Stauden und sind in der Mehrzahl echte Zwergpflanzen (Chamaephyten). Ihre Sprosse sind nur in Bodennähe mehr oder weniger verholzt. Der krautige Teil stirbt im Herbst ab. Da dieser oft viel länger ist als das kurze Holzstückchen, werden Halbsträucher von manchen Autoren den Stauden zugeschlagen.

Beim Bittersüßen Nachtschatten *(Solanum dulcamara)* sind die Halbstrauchmerkmale klar zu erkennen. Lange krautige Windestengel entspringen einem dürftigen, doch meist etwas verzweigten Holzgerüst am Boden.

Stauden vom Typ „Oberflächenpflanze“ besitzen oft mehrjährige, sehr derbe, doch immer noch krautige oberirdische Kriechsprosse (= nichtblühende Zweige), wie z.B. die Kaukasus-Fetthenne *(Sedum spurium)*. Bei zweijährigen Kräutern ist gelegentlich der unverzweigte Stengelgrund auf mehrere Millimeter holzig. Dies sind mitnichten Halbsträucher. Die Stengel der Kräuter sterben nach der Blüte bis zum Grund ab. Die Kriechstengel bewurzeln sich - nach Möglichkeit - an den Knoten; ihre Zwischenstücke (Internodien) verrotten nach wenigen Jahren.

So recht leidig wird das Kapitel indes erst dadurch, daß viele Polsterpflanzen der Gebirge mit Halbsträuchern verwechselt werden können. Sie sind jedoch durchaus Stauden (Lebensform: Zwergpflanzen = Chamaephyten). Sämtliche mitteleuropäischen Nelken- *(Caryophyllaceae)*, Primel- *(Primulaceae)* und Enziangewächse *(Gentianaceae)*, Hauswurz- *(Sempervivum, Jovibarba)* und Steinbrecharten *(Saxifraga)* sind krautig! Aber viele ihrer Gebirgs-Arten tragen an oft mehrfach verzweigten Wurzelköpfen mehr oder weniger immergrüne, häufig ledrig-derbe oder dickfleischige Blattrosetten, die zudem oft zu dichten Polstern zusammengeschlossen sind.

Der Zuordnung zu den Stauden scheint in

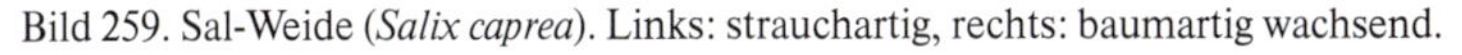

Bild 259. Sal-Weide (*Salix caprea*). Links: strauchartig, rechts: baumartig wachsend.

solchen Fällen nichts im Wege zu stehen. Doch in der Praxis ist alles viel komplizierter. Regen und Rutschungen legen oft viel von dem verholzten Wurzelwerk dieser Bodendecker frei. Vor Ort ist dann schwer zu entscheiden, ob dies Wurzeln oder Stengel sind[1]. Im Zweifelsfalle halte man sich an die Faustregel: Dichte Rosetten am Ende holziger „Stiele" deuten auf Stauden. Lockere, eher aufrecht abstehende Blattbüschel am holzigen Ende und vor allem einzelne Blätter über den Holzteil verstreut, sprechen für Halbstrauchcharakter.

Bis auf die Hochalpen, die Meeresküsten und die Süßwasserflächen, die wenigen Steilfelsen und die seltenen Trockengebiete ist Mitteleuropa Holzpflanzenareal. Hätte der Mensch nicht eingegriffen, wären über 90% des Gebietes von Wald bedeckt. In den niederen Lagen vornehmlich Laubmischwald, der mit zunehmender Berghöhe in Nadelwald überginge. Breite Niederwald- und Strauchsäume, Heiden, Steppenheiden und Zwergstrauchheiden bildeten den Übergang zu den gehölzfreien Gebieten, die kaum 5% der Gesamtfläche ausmachten.

Durch menschliche Einflußnahme ist heute nur noch knapp ¼ der Fläche Mitteleuropas bewaldet. Die überlegenen Sieger unter den Landpflanzen sind bei uns und durch uns zu Verlierern geworden. Dies gilt sowohl für Laub-, wie auch für die urtümlichen Nadelgehölze, die von den ersteren schon auf trockenere oder kältere Standorte verdrängt worden waren. Sie stehen heute, unter „Forstschutz", auch wieder auf günstigeren Böden. Nicht jedermann ist darüber glücklich.

Spezialisten und ihre Schlupflöcher

Trotz aller Konflikte mit dem aufstrebenden und sich ausbreitenden Menschengeschlecht muß der Laubbaum als der erfolgreichste Modelltyp unter den Landpflanzen angesehen werden. Wenn man die derzeitigen Ergebnisse der wissenschaftlichen Forschung grob zusammenfaßt, war sein Prototyp das Grundmodell für sämtliche Lebensformen der Bedecktsamigen Pflanzen: Ein wenigästiges Bäumchen mit immergrünen, wohl stark zerteilten Blättern, zwittrigen, käferblütigen Blumen, vielen einblättrigen Fruchtknoten pro Blüte und mehrsamigen Streufrüchten.

Von diesem – noch unbekannten – „Evadam" (er war ja zwittrig!) stammen alle heutigen Bedecktsamer ab. Er dürfte in engerer Verwandtschaft zu den Fiederblättrigen Nacktsamern[2] gestanden haben. Sie lassen sich, wie die Farngewächse und die Nadelblättrigen Nacktsamer, auf die Urfarne zurückführen, dem ersten recht und schlecht geglückten Landpflanzenversuch.

Die „Erfindung" des Fruchtknotens hat die Bedecktsamer zur Elite unter den Landpflanzen werden lassen. Er schützt nicht nur die Samen, sondern schon die Geschlechtspflanzen. Sie brauchen keine eigenen Hilfseinrichtungen mehr aufzubauen und sind nach wenigen Zellteilungen voll funktionsfähig. Dies verkürzt die kritische Zeit der Fortpflanzung ungemein und macht die Bedecktsamer besonders vermehrungstüchtig[3].

Daß die Bedecktsamer auch ein besseres Wasserleitungssystem besitzen, spielt im Konkurrenzvergleich gegenüber den Nacktsamern eine eher untergeordnete Rolle. Es ist aber sehr bezeichnend für das ganze Bedecktsamermo-

[1] Wer ungern an steiler, rutschiger Gesteinshalde studiert, inspiziere gelegentlich einmal sein oder Nachbars Steingärtchen. Häufig sind dort „Gebirgsnelken" *(Dianthus)* und das gelbblühende Felsen-Steinkraut *(Aurinia saxatilis)*) gepflanzt. Die Nelken sind Stauden, trotz ihres oft weitkriechenden und verzweigten holzigen Wurzelwerks; das Steinkraut wächst als Halbstrauch.

[2] Das einst mächtig entwickelte Geschlecht der Fiederblättrigen Nacktsamer ist heute nahezu ausgestorben. Weltweit leben von ihm nur noch etliche Dutzend Arten, darunter die schon einmal erwähnte kapländische Welwitschie (S. 155). Das Meerträubel *(Ephedra distachya)* ist die einzige in Europa, deren Fundorte bis nahe an die Grenzen unseres Florengebietes heranreichen (von Südost und Südwest her).

[3] Von der Bestäubung bis zur Samenausbreitung vergehen bei der Fichte drei bis vier Jahre, beim Greiskraut (s. o.) drei bis vier Monate. In der Zeit, in der eine Fichte eine Neukombination „auf den Markt wirft", hat es das Greiskraut schon auf mindestens 10 gebracht.

Bild 260. Meerträubel (*Ephedra distachya*); links blühend, rechts fruchtend; der schachtelhalmartige Kleinstrauch verkörpert gewiß nicht den Urtyp der Land-Samenpflanze; er ist jedoch einer der letzten Überlebenden der einst weit verbreiteten Gruppe der Fiederblättrigen Nacktsamer, deren primitive Formen zu den Farngewächsen vermitteln und aus deren Reihen der Urahn der echten Landpflanzen wohl stammt.

dell. Nicht nur die Leitbündel, alle Gewebe und Organe (Wurzel, Sproß, Blatt) sind „vom Feinsten". Es gibt nicht nur mehr Zellsorten, sondern auch die Zellen gleichen Typs haben bei den Bedecktsamern dort eine Schicht mehr und da ein zusätzliches Einzelteilchen.

Dies summiert sich, führt zu viel reichhaltiger gestalteten Geweben und bringt eine viel stärkere Wandlungsfähigkeit mit sich. Seit es Bedecktsamer gibt, wird – ausgelöst durch Erbänderungen – an allen ihren Organen verändert, frisiert, wegrationalisiert, hinzugebaut, vor allem aber auch neu zusammengestellt. Dort weniger, da etwas mehr, doch überall auf verschiedene Weise. So ist aus dem Laubbaum-Urahn eine enorme Vielzahl von Lebens- und Wuchsformen entstanden. Darunter sind sehr eigenwillige Konstruktionen, aber auch bestens befähigte Spezialisten für Sonderstandorte.

Sekundäre Wasserpflanzen

Nachdem einige Pflanzen nach Jahrmillionen es endlich geschafft hatten, im festen Boden zu wurzeln, gab es gleich wieder etliche unter ihnen, die ins Wasser zurückstrebten. Mit „modernen" Fruchtknoten, gut entwickeltem Leitungs- und Festigungsgewebe und hochproduktiven Laubblättern waren sie den „rückständig" gebliebenen Wasserpflanzen überlegen. Zu Lande, bei ihresgleichen, hatten sie dagegen höchstens „Remis-Chancen".

Selbstverständlich geschah der Wiedereinstieg ins Wasser nicht auf einen Schlag, sondern Schritt für Schritt vom Ufer her[1]. Viele „Bewerber" sind über das Ufer nicht weit hinausgekommen. Sie haben sich auf diese besondere Region spezialisiert und führen als „Röhrichtpflanzen"

[1] Wir kennen denselben Vorgang aus dem Tierreich. Als die Säuger mit mehrschichtiger Haut, Pelz, gutem Gebiß und gleichmäßige Wärme sicherndem Blutkreislauf festen Boden unter ihren vier Beinen hatten, zog es einige Gruppen wieder zum Wasser. Unter Beibehaltung ihrer überlegenen Landleben-Strategien und des Grundbauplans, sucht der Fischotter nur Nahrung, der Biber nur Schutz dort. Für die Robben aber wurde das Meer Lebensraum, den sie hauptsächlich nur noch zur Aufzucht der Jungen verlassen. Die warmblütigen, lebendgebärenden Wale und Delphine haben sich völlig ans Wasser angepaßt.

eine Art „Landleben mit ständig nassen Füßen", wie z. B. Schilf *(Phragmites australis)*, Rohr- und Igelkolben *(Typha, Sparganium)*, Wasser-Schwertlilie *(Iris pseudacorus)* und viele andere. Gleitende Übergänge sind gegeben, sowohl zur Wasserseite wie auch zum Land („Sumpfpflanzen") hin (s. a. u.).

Was sind echte Wasserpflanzen?

Echte „Wasserpflanzen" nennen wir nur diejenigen Arten, die dem Element vollkommen oder doch fast vollkommen angepaßt sind. „Fast" bedeutet, daß die Blüten bzw. der Blütenstand über die Wasserfläche gehoben werden dürfen: Fortpflanzung kann - muß jedoch nicht - außerhalb des Wassers geschehen. Sämtliche ungeschlechtlichen Lebensäußerungen haben indes auf dem oder unter Wasser stattzufinden.

Hier gilt es, kurz nachzubessern. Der Ausdruck „echt" ist ja mit den Begriffen „ursprünglich, unverfälscht" verbunden. Ursprünglich sind diese Pflanzen indes Landbewohner gewesen. Erst nachträglich sind sie ins Wasser zurückgekehrt. Man nennt sie also besser, im Gegensatz zu den von Anfang an im Wasser

Bild 261. Zwerg-Igelkolben *(Sparganium minimum)* als Wasserpflanze.

Bild 262. Watt bei Ebbe mit Queller (*Salicornia*)

gebliebenen (den „primären"), „sekundäre Wasserpflanzen"[1].

All unsere sekundären Wasserpflanzen sind krautig, selten einjährig, meist ausdauernde Stauden. Da sie im Wasser überwintern, faßt man sie, ungeachtet ihrer Lebensdauer, zur Lebensform Wasserpflanze (Hydrophyten[2]) zusammen.

Leider ist Wasser, und nicht nur das fließende, ein sehr unstetes Medium - zumindest im Grenzbereich zum Land. An der Nordsee-Küste unterliegt es dem Wechsel von Ebbe und Flut, im Binnenland wirken Trockenzeiten und Regenwetter einschließlich Schneeschmelze sehr unterschiedlich auf seinen Pegelstand ein. So kommt es, daß zu bestimmten Jahreszeiten Landpflanzen im Wasser, oder umgekehrt, Wasserpflanzen im Trockenen stehen. Beide sind jedoch flexibel genug, solche Naturereignisse auszusitzen.

Nur unsere schöne Unterteilung in Wasser-, Röhricht-, Sumpf- und Landpflanzen gerät etwas durcheinander. Vor allem Pflanzen im Übergangsbereich haben sich schon so eingestellt, daß sie bei günstiger Gelegenheit die Fronten wechseln: Schilf wird zum „Unkraut" in benachbarten Getreideäckern und das Weiße Straußgras *(Agrostis stolonifera)* wuchert mit beblätterten und blühenden Ausläufern meterweit in Seen oder Stillwasserbereiche von Flüssen und Bächen hinein.

Während manche Autoren Röhricht- und Sumpfpflanzen den Hydrophyten zuordnen (Überwinterungsknospen untergetaucht!), benutzen wir diese Bezeichnung nur für die oben „echt" genannten Wasserpflanzen. Die anderen, die den Großteil ihrer Blätter und Sprosse in die Luft recken, also durchaus wie Luftpflanzen vegetieren, nennen wir „Nässepflanzen" (Hygrophyten[3]).

„Unsere" Wasserpflanzen können zwar ebenfalls zuweilen trocken liegen, so z. B. wenn ein Weiher abgelassen wurde, haben indes keine Überlebenschance, falls dieser Zustand längere Zeit anhält. Wenn sie dem „Gewicht der Luft" ausgesetzt sind, sieht man es ihnen an, daß ihre eigentliche „Stütze", das Wasser, fehlt. Schlaff und oftmals zusammengeklebt, liegen sie flach aus„gegossen", meist unfähig, aus eigener Kraft wenigstens die Sproßenden aufzurecken. Im Wasser leben sie in zwei Wuchsformtypen, beide in einer verankerten und in einer frei schwimmenden Unterform:

Schwimmblattpflanzen

„Schwimmblattpflanzen" halten ihre Blattflächen auf der Wasseroberfläche ausgebreitet. Die Seerosengewächse *(Nymphaeaceae)* können als Beispiel für diesen Typ genannt werden. Die Pflanzen sind fest im Seegrund verankert. Ihre Blüten und Blattspreiten sitzen an bis zu drei Meter langen, seilartig dicken Stielen. Die Wasserlinsen *(Lemnaceae)* flottieren frei. Ihr Bau ist allerdings extrem vereinfacht[4]. Sproß und Blatt sind nicht mehr unterscheidbar. Sie bilden zusammen ein millimeter- bis knapp zentimetergroßes Körperchen, photosynthesefähig wie ein Blatt und verzweigungsfähig wie ein Sproß. Je nach Art hängen keine, ein oder mehrere Würzelchen unverzweigt nach unten.

Der Froschbiß *(Hydrocharis morsus-ranae)* ist wohlausgebildet: Der kurze, bewurzelte Sproß trägt eine Schwimmblattrosette und treibt Ausläufer mit neuen Pflänzchen. Doch nur im seichten Wasser fassen seine Wurzeln Grund; meist flottiert er frei auf der Wasserfläche. Halbuntergetaucht treibt die Wassernuß *(Trapa natans)*. Zur Blühzeit ragt sie etwas höher. Alle Schwimmblattpflanzen heben ihre Blüten auf oder über den Wasserspiegel. Die meisten Arten werden von Insekten bestäubt.

[1] primus, lat. = der Vorderste, der Erste; secundus, lat. = der Folgende, der Zweite

[2] hydor, griech. = Wasser

[3] hygros, griech. = feucht, naß, flüssig
In der Ökologie unterscheiden wir zwischen „feucht" und „naß". Ein Feuchtboden enthält zwar viel Wasser, jedoch nicht im Überfluß und damit nicht als solches sichtbar. Naßboden ist oberflächlich mit Wasser, zumindest mit Pfützen bedeckt. Im Grenzfall füllen sich frische Trittspuren in ihm rasch mit Wasser.

[4] Obwohl der „Bauplan Samenpflanze" bei diesen Arten extrem „zusammengestrichen" wurde, können sie sich gegenüber der Algenkonkurrenz im Süßwasser gut behaupten. Ihre Zellen sind z. B. durch Wände „nach Samenpflanzenart" vor Sonne und Austrocknung besser geschützt. Das gestattet ihnen, die Oberhaut aus dem Wasser zu heben, also „höher" zu sein als Algen, die ringsum Feuchte brauchen. Damit spielen die Wasserlinsen - erfolgreich - „Baum gegen Strauch".

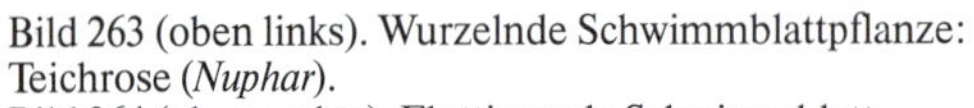

Bild 263 (oben links). Wurzelnde Schwimmblattpflanze: Teichrose (*Nuphar*).
Bild 264 (oben rechts). Flottierende Schwimmblattpflanze: Wassernuß (*Trapa*).
Bild 265 (rechts). Extreme Schwimmpflanze: Wasserlinse (*Lemna*).

Die Wurzeln der Wasserpflanzen dienen in erster Linie der Verankerung oder, bei Freischwimmern, der Lagestabilisierung - entfernt ähnlich dem Schiffskiel. Bei manchen wurzellosen Pflanzen übernehmen untergetauchte, oft blattgrünarme Sprosse diese Aufgabe.

„Schwimmpflanzen“ schweben stets nahe oder auf der Wasseroberfläche. Dort entstehen größtenteils durch Wind oft gegenläufige Bewegungen, die zum Krängen und Umschlagen führen könnten. Umgekippte Schwimmpflanzen würden zwar nicht untergehen, doch ihre photosynthetisierende Seite läge im Schatten.

Der Wind ist auch verantwortlich für das „Seeauge“, die weite, freie Fläche innerhalb größerer stehender Gewässer. Während kleinere Tümpel, vor allem auch Löschwasserteiche, oft mit einer durchgehenden grünen Decke z.B. aus Wasserlinsen überzogen sind, treibt der Wellengang die Schwimmpflanzen ausgedehnter Seen und Weiher gegen das Ufer. Dort liegen sie dann oftmals in mehreren Schichten übereinander als meterbreiter Saum zwischen den festgewachsenen Wasserpflanzen. Wie der Wald den Wind dämpft, mäßigt die Zone der festgewurzelten Gewächse den Wellengang.

Diese Zone ist allerdings relativ schmal. Sie wird in ihrer Flächenausdehnung durch den Wasserstand begrenzt. Wurzelnde Samenpflanzen dringen kaum über fünf Meter Seetiefe vor. Bei Schwimmblattpflanzen ist meist nach zwei bis drei Meter die Grenze erreicht[1].

[1] Beiden Autoren ist der Unterwassersport fremd. Sie geben deshalb ungeprüft die mitteleuropäischen Tiefenrekordzahlen weiter: Für Schwimmblattpflanzen 6 m - Gelbe Teichrose *(Nuphar lutea)*; für Tauchpflanzen 10 m - Rauhes Hornblatt *(Ceratophyllum demersum)*.

Bild 266. Kleinere Stillwasserstellen sind nicht selten völlig von Schwimm(blatt)pflanzen überwachsen.

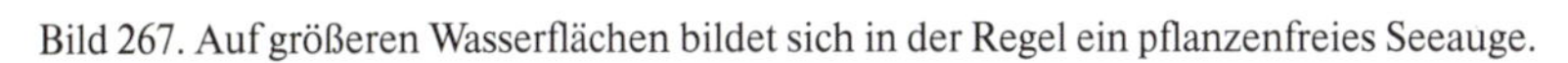

Bild 267. Auf größeren Wasserflächen bildet sich in der Regel ein pflanzenfreies Seeauge.

Bild 268. Tauchpflanzen: a) Hornblatt (*Ceratophyllum*); b) Tausendblatt (*Myriophyllum*).

Tauchpflanzen

Bei den – extremen – „Tauchpflanzen" bleiben alle Teile stets vom Wasser bedeckt. Nixenkraut (*Najas*), Teichfaden (*Zannichellia palustris*), Hornblatt *(Ceratophyllum)* und einzelne Arten anderer Gattungen bestäuben unter Wasser. Das gilt auch für die Seegräser *(Zostera)* an den Küsten. Sie können allerdings bei Ebbe vorübergehend auftauchen oder gar trocken liegen. Dies ist beim wattbewohnenden Queller *(Salicornia europaea)* sogar die Regel. Dennoch zählt er der Lebensform nach zu den Tauchpflanzen. Er wächst nur so hoch, daß er bei Mittelwasser schon untertaucht. Gegen Austrocknen bei Ebbe ist er nach Kakteenart durch fleischige Sprosse mit verkümmerten Blättern geschützt. Dies ist indes nur ein kleiner Nebeneffekt der weniger an Trockenheit denn an Salzwasser angepaßten Wuchsform[1].

[1] Zum Erfolgskonzept eines „Durchsetzers" gehört nicht nur, daß er sich einer mißlichen Situation anpaßt. Er muß versuchen, aus den Veränderungen Vorteile zu schinden. Der Queller ist die vorderste Samenpflanze im Watt – ein durch hohen Salzgehalt und periodisches Trockenfallen widriger Lebensraum. Dieser Pionier „betreibt" außer Wasser- schon wieder Windbestäubung und sogar (Watt-)Schneckenbestäubung.

Dann gibt es Tauchpflanzen, die nur ihre Blüten, bzw. gar nur Teile davon, an die Wasseroberfläche bringen. Dies fängt an mit der bei uns eingeschleppten Wasserschraube *(Vallisneria spiralis)*. Sie ragt praktisch nur mit den Griffeln aus dem Wasser. Die männlichen Blüten lösen sich vom Stiel, tauchen auf, öffnen sich und schwimmen als kleine „Frachtkähne" herum. Ihre steil hochgereckten Staubblätter wirken dabei als Segel. Die weibliche Blüte wird an ihrem Stiel so straff-elastisch festgehalten, daß sie die Wasseroberfläche leicht trichterförmig eindellt. Gerät ein „Pollenkahn" in Trichternähe, rutscht er hinein und schüttet den Blütenstaub über die Narben. Bei manchen Wasserstern-Arten *(Callitriche)* ist der Pollen unbenetzbar und darum selbst schwimmfähig. Sehr viele Tauchpflanzen heben indes die ganze Blüte aus dem Wasser (Hahnenfuß-Arten, *Ranunculus*; insektenblütig) oder den Blütenstand (Laichkraut, *Potamogeton*; windblütig) und Wasser-Knöterich (*Polygonum amphibium*; insektenblütig).

Bei solchen Tauchpflanzen werden oft die obersten Blätter als Schwimmblätter ausgebildet. Sie stabilisieren die Lage der Teile oberhalb des unruhigen Wasserspiegels. Im Gegensatz zu den „reinen" Schwimmblattpflanzen ist bei diesen „Tauchpflanzen mit Schwimmblättern" eine überwiegende Zahl ihrer Blätter unter Wasser ausgebildet.

Unterwasserblätter sind meist schmal oder in viele schmale Zipfel zerspalten. Dies gilt vor allem für Pflanzen des fließenden Wassers. Dort fluten oft lange, dichte Sproßbüschel mit trägem, schlangenartigem Hin- und Herschwingen im Spiel der Wellen. Langfädige Teile setzen diesem Spiel nur geringen Widerstand entgegen und werden dementsprechend kaum beschädigt oder abgerissen.

In größeren Tiefen ist diese Gefahr geringer. Dort geht es eher um den Sauerstoff zum Atmen, vor allem jedoch um das Licht zur Photosynthese. Wasser glitzert im Sonnenschein. Das bedeutet, es spiegelt an seiner Oberfläche und auch aus tieferliegenden Temperaturgrenzschichten einen Teil des einfallenden Lichtes zurück. Weit schlimmer indes, es „verschluckt" auch Licht; je tiefer dieses eindringt, um so mehr geht verloren. Dies gilt nicht nur für trübe Gewässer, wie sie hierzulande immer häufiger üblich geworden sind. Selbst im kristallklaren Wasser wird es nach etlichen Tiefenmetern duster. Erschwerend für die Pflanzen kommt noch dazu, daß vor allem der langwellige Lichtanteil (Rot) sehr rasch verschwindet[1]. Rotlicht wird nicht nur zur Photosynthese gebraucht, sondern es dient auch als Signal zur Auslösung bestimmter Stoffwechsel- und Wachstumsvorgänge bei Pflanzen.

Es hat allerdings nichts mit den sich verschlechternden Wasserqualitäten zu tun, wenn wir feststellen, daß manche der sekundären Wasserpflanzen sich wieder auf dem Marsch zum Lande befinden. Die Evolution ist kein abgeschlossener Prozeß. Sie zeitigt ständig neue Anpassungen auf höherem Niveau. Allerdings sehr langsam und kaum merkbar in der kurzen Zeitspanne, die ein Menschenleben dauert.

Manche Tauchpflanzen seichterer Gewässer haben sich längst schon an die Veränderlichkeit des Wasserstandes in diesem Biotop angepaßt.

[1] Kurzwelliges Licht (Blau) wird vom Wasser nicht ganz so schnell verschluckt. Eingedrungene Lichtstrahlen, die aus geringerer Tiefe wieder zurückgespiegelt werden, sind deshalb zwar vom Rotlicht entblößt, doch enthalten sie noch viel blaue Anteile. Aus diesem Grunde war früher die Donau so blau wie heute (doch nur noch stellenweise) die See.

Bild 269. Schwimmendes Laichkraut (*Potamogeton natans*); windblütige Wasserpflanze.

Die Laichkräuter *(Potamogeton)* weniger, Wasserstern *(Callitriche)* und Wasser-Hahnenfuß *(Ranunculus aquatilis)* viel stärker. Von ihnen gibt es bei derselben Art - sogar aus den Samen eines Individuums - schmalblättrige, schlaff-flutende Tauchformen, Tauchformen mit reichlicher Schwimmblattrosette, üppige aufrecht wachsende Schlammformen mit breitem Laub und kleinwüchsige, doch ebenfalls blühende und fruchtende Zwergformen auf trockenem Boden (Bild 270). Bei behutsamem Trockenlegen verwandeln sich die ausdauernden Tauchpflanzen im nächsten Jahr in Trockenbodenpflanzen. Diese verhalten sich indes meist wie einjährige Kräuter und sterben nach der Blüte ab.

An solchen landsiedelnden Wasserpflanzen herumrätselnd, verlor schon mancher Pflanzenkenner ein gut Teil seines Selbstbewußtseins. Andererseits ist es eine ganz besondere Erfahrung, wenn man selbst sieht, wie stark der prägende Einfluß der Umwelt sein kann. Mit nahezu gleichem Erbgut entwickeln sich Formen, die sich mehr unterscheiden als manche Arten einer Gattung.

Beim Wasser-Knöterich (*Polygonum amphibium*) sollen sich Land- und Wasserform erbmäßig ebenfalls nicht unterscheiden. Sie leben

Bild 270. Wasserstern (*Callitriche*). Oben: Tiefwasserform; rechts oben: Seichtwasserform; rechts unten: Feuchtbodenform (auf Rinnen in Waldweg).

aber, im Gegensatz zu den Vorgenannten, beide für sich schon recht eigenständig. Die kahle Wasserform mit 0,5 bis 3 m langen, untergetaucht-flutenden Stengeln trägt große, schmaleiförmige Bätter. Sie sind sehr langstielig, so daß

Bild 271. Wasser-Knöterich (*Polygonum amphibium*); unten links: Wasserform, unten rechts: Landform.

fast alle auf dem Wasser schwimmen. Im Uferbereich und in die Naßwiesen hinein wächst die Landform mit dicken, stark verzweigten, kriechend-aufsteigenden oder aufrechten, meist um 0,5 m hohen Sprossen. Die Blätter sind viel kürzer gestielt und wie der Stengel schwach beborstet und drüsig behaart, ein Schutz gegen Fraßinsekten. Man findet diese Landform indes nicht nur am Ufer oder in Sümpfen, sondern weitab vom Wasser in Unkrautgesellschaften an Ackerrändern, Feldwegen, in Industriezonen und im Neubaugelände. Wenn der Boden dort nur einigermaßen schwer (lehmig) und nicht allzu trocken ist, schießt sie kräftig ins Kraut und wuchert jahrelang in ständiger Ausbreitung (Bild 271).

Wenn man die doch recht kümmerlichen Trockenformen des Wassersterns oder des Hahnenfußes betrachtet, hat man immer den Eindruck, sie würden im Notquartier auf bessere Chancen für ihre Nachkommenschaft harren. Die Landform des Wasser-Knöterichs dagegen tritt eher wie ein Eroberer auf. Er scheint auf dem besten Wege zu sein, nach einigen wenigen Erbänderungen, eine neue Land-Art zu begründen.

Kletterpflanzen

Der Weg zum Licht ist beschwerlich und weit in der heutigen Samenpflanzenwelt. Über alles hat sich schon der Schatten der Konkurrenz gelegt. Wer darüber hinaus will, braucht viel Baumaterial, und dies wiederum kann in der Düsternis nur wenig produziert werden. Für Fortpflanzung bleibt da oft jahrzehntelang nichts übrig.

Nun sind von den Kräutern bis zu den Holzgewächsen eine ganze Reihe von Arten auf einen Trick zur Materialersparnis gekommen. Sie verzichten auf eigene Festbauten und verwenden all ihr Material zum Höherwachsen. Als Stütze dienen ihnen die Sproßkonstruktionen der anderen Arten, an denen sie sich hochhangeln. Solche „Trittbrettfahrer“ nennt man „Kletterpflanzen“ oder, nach einem französischen Ausdruck, „Lianen“. Nur wenige unserer heimischen Arten ähneln den Lianen des tropischen Regenwaldes, an denen sich Tarzan zwischen den Baumstämmen durchschwingt. Am nächsten kommt noch die Waldrebe (*Clematis vitalba*) mit ihren wuchtigen, oft armdicken Holzseilen[1] (Bild 272). Andere aber sehen recht harmlos und unbedeutend aus.

Bild 272. Lianenstränge der Gewöhnlichen Waldrebe (*Clematis vitalba*).

Ranker

Das beginnt mit einjährigen Kräutern aus der Ordnung der Mohnartigen (*Papaverales*): Rankender Erdrauch (*Fumaria capreolata*) und Rankender Lerchensporn (*Corydalis claviculata*). Dieser in Norddeutschland vorkommende und auch dort nicht häufige Lerchensporn treibt, anders als seine um 20 cm hoch wachsende Stauden-Verwandtschaft, ein zartes, doch reich verzweigtes und bis zu 1 m lang werdendes

[1] Es muß dringend davor gewarnt werden, an heimischen Lianen die Fortbewegung in Urwaldmanier zu erproben. Weder ist ihr Holz noch die Anheftung fest genug dafür.

Bild 273. Rankender Erdrauch (*Fumaria capreolata*).

Stengelchen, das ziemlich schlapp darnieder liegt. Nur die Zweigenden sind etwas aufgebogen. An den fiedrig-dreizählig zerteilten Laubblättern sind die obersten Zipfelchen zu Ranken umgewandelt. Das sind länglich-fädige Gebilde, die die Fähigkeit besitzen, sich um dünne Gegenstände zu wickeln (Wickelranken). Berührt z.B. eine Rankenspitze den Sproß einer anderen Pflanze oder auch einen Zaundraht (o.ä.), wächst sie in mehreren Schlingen eng um ihn herum. Zuweilen spiralisiert sich noch ihr hinterer Abschnitt auf und zieht dadurch den eigenen Stengel näher zur Stütze.

An dem festen Halt kann sich der Stengel – weiterwachsend – ein wenig strecken und bringt dadurch jüngere Blätter in eine höhere „Wickelposition". So „rankt" er sich von Station zu Station hinauf. Der Lerchensporn benutzt aufgrund seines Standortes im offenen Gelände noch eine besondere Strategie. Er überkriecht seine jungen Nachbarn, zurrt sich fest und liegt, wenn sie höher wachsen, mitwachsend immer obenauf.

Unter den Schmetterlingsblütengewächsen *(Fabaceae)* gibt es viele „Ranker", und zwar sowohl Kräuter als auch Stauden. Manche Wikken- *(Vicia)* und Platterbsen-Arten *(Lathyrus)* ranken wie der Lerchensporn mit umgewandelten Teilblättchen. Bei der Erbse *(Pisum sativum)* ist das ganze Blatt zur Ranke geworden, seine ursprüngliche Aufgabe haben die beiden Nebenblätter übernommen.

Ranken können indes auch aus Zweigen gebildet sein[1]. Die holzigen Weinrebengewächse *(Vitaceae)* besitzen solche Sproßranken. Es gibt darunter sogar eine neue Variante für das Festklammern: Jungfernreben *(Parthenocissus)* tragen verzweigte Ranken(-ästchen). Bei manchen Arten sind deren Spitzen mit regelrechten Haftscheibchen versehen, die sich an ebenen Flächen wie die bei uns vielfach verwendeten Plastiksaugnäpfchen festheften. Sie ermögli-

Bild 274. Haftscheibenranken der Jungfernrebe (*Parthenocissus*).

[1] Es gibt sogar – außereuropäische – Kletterarten, bei denen Wurzeln als Ranken dienen. Das bekannteste Beispiel ist die zu den Orchideen gehörige *Vanilla planifolia*, aus deren Samenkapseln die „Echte Vanille" gewonnen wird.

chen z. B. der aus Nordamerika stammenden, in Mitteleuropa häufig gepflanzten und oft verwilderten Gewöhnlichen Jungfernrebe *(P. quinquefolia)* das „Hochgehen an der glatten Wand" (Bild 274).

Haft- und Wickelranken sind speziell für das Klettern umgewandelte Organe. Sie verknüpfen den Lianensproß einseitig, federnd und punktuell mit dem Stützsproß. Es geht jedoch auch auf andere Weise.

Windepflanzen

Die „Winder" (Windepflanzen, Schlingpflanzen) wachsen mit ihrer - dünnen - Hauptachse schraubenförmig um die Sprosse der Trägerpflanzen. Dabei ist die Drehrichtung erblich festgelegt. Wir unterscheiden somit Rechtswinder, wie z. B. Hopfen *(Humulus lupulus)*, und Linkswinder, wie z. B. Bohne *(Phaseolus)*[1].

[1] Beim Linksdreher windet sich die Sproßachse - von oben betrachtet - entgegen dem Uhrzeigersinn; von vorne gesehen, steigt sie von links nach rechts auf, wie das Gewinde einer „normalen" Schraube (technischer Ausdruck: rechtsgängiges Gewinde), die sich rechts herum eindrehen läßt. Gut gemeint, aber dennoch unglücklich, halten wir die neueren botanischen Begriffe „Rechtsschraube" und „Linksschraube" (Linkswinder haben eine Rechtsschraube, Rechtswinder eine Linksschraube!).

Wie bei den Rankern gibt es unter den Windern Einjährige Kräuter (Windenknöterich, *Fallopia*), Stauden (Acker-Winde, *Convolvulus arvensis*; Zaunwinde, *Calystegia*) und Holzgewächse (Geißblatt, *Lonicera periclymenum, L. caprifolium*). Solange keine höheren Konkurrenten in der Nähe sind, breiten sich die Pflanzen nach allen Seiten flach auf dem Boden aus. Manchmal umschlingen sich dabei benachbarte Sprosse derselben Pflanze. Das seilartige Eigengebilde erhält dadurch soviel Festigkeit, daß es gelegentlich aufrecht wachsen kann.

Bei den Getreideunkräutern Acker-Winde *(Convolvulus arvensis)* und Acker-Windenknöterich *(Fallopia convolvulus)* dauert die flächige Ausdehnung so lange an, bis die Getreidehalme zu schossen beginnen. Dann geht es an ihnen in die Höhe.

Halme, Stengel, Stämmchen, Drähte, Latten und Stangen (Hopfen-, Bohnenstangen) sind problemlos zu umwinden. Die entstehende Spirale besitzt eine innere Stabilität, solange ihr Durchmesser nicht allzu weit ist. Bei dicken, ausgewachsenen Stämmen gibt es Schwierigkeiten. Die vorrückende Windespitze kann sich bei der schwachen Krümmung nicht waagrecht, geschweige denn aufrecht halten.

Bild 275: Winder; links Hopfen *(Humulus lupulus)*, rechts Acker-Winde *(Convolvulus arvensis)*.

Bild 276. Haftwurzelkletterer; Efeu (*Hedera helix*), oben: Haftwurzeln; unten: efeuüberwucherter Baum.

Wurzelkletterer

Der Efeu *(Hedera helix)* „schafft" die dicksten Baumstämme, steilste Felsen und senkrechte Betonwände. Er ist der einzige heimische Vertreter aus der Zunft der „Wurzelkletterer". Auf der lichtabgewandten Seite seiner Sprosse entsteht ein dichter Belag von (sproßbürtigen) kleinen Würzelchen. Sie sind nur um ½ cm lang und zur Wasseraufnahme unfähig. Ihre Wurzelhaare bilden einen schmiegsamen Filz, mit dem sich jedes einzelne Würzelchen paßgenau den mikroskopisch feinsten Unebenheiten der Unterlage anpreßt. Dadurch kommt eine winzige Haftung zustande. Nach dem „Prinzip des Reißverschlusses" summieren sich die vielen Haftkräftchen zur erstaunlich starken Gesamthaftung. Die Sprosse wachsen zudem eher lang als dick, und Länge bringt weitere Haftwurzeln.

Vor allem Laubbäume leiden oft unter Efeubefall. Dieser „Baumwürger" ist ein rigoroser Lichtschmarotzer. Da immergrün, kann er auch in der „Kahlzeit" des Baumes Baumaterial produzieren. Doch hat er erst einmal die Krone erreicht, wuchert er dort über Äste, Zweigchen und Blätter und stellt seinen Tragbaum regelrecht in den Schatten. Der kümmert dann und stirbt eventuell sogar langsam ab. Seinen „Mörder" trifft natürlicherweise kein Fluch. Da Holz zäh ist, bleibt der tote Baum jahrelang aufrecht stehen und grünt im Efeulaub. Wenn er endlich zusammenbricht, ist die ganze Lücke mit vitalem Efeu bedeckt, der sich bequem an den neu aufstrebenden Jungwuchs „heranmachen" kann.

Spreizklimmer

Die letzte Klettergruppe sind die „Spreizklimmer". Ihr kraftloser Stengel schiebt sich, angelehnt an stärkere Pflanzen, hoch. Oft geschieht dies im Saum von Hecken oder in niederem Buschwerk. Ist der Stengel höher gelangt, wachsen ihm mehr oder weniger sparrige Zweige oder abspreizende Blätter, die das Zurückrutschen verhindern. Beispiele sind Taubenkropf *(Cucubalus baccifer)*, Gras-Sternmiere *(Stellaria graminea)* und Bittersüßer Nachtschatten *(Solanum dulcamara)*. Widerhaken in Form gekrümmter Borstenhaare an der ganzen Pflanze (Kletten-Labkraut, *Galium aparine)* oder als größere Stacheln an sämtlichen Sproßteilen (Brombeer-Arten, *Rubus*; Kletterrosen, *Rosa*) unterstützen oft den Halteeffekt.

Sind keine anderen Pflanzen zugegen, hängen die Sprosse der Klimmsträucher weitbogig über; die krautigen Spreizklimmer wachsen dann entweder dem Boden entlang oder es bilden sich aufrechte, doch nur wenige Zentimeter hohe Pflänzchen. Gelegentlich läßt sich beobachten, daß sich eine ganze Herde hochgewachsener Spreizklimmer gegenseitig stützt (z.B. bei der Gras-Sternmiere).

Aufsitzer, Halb- und Vollschmarotzer

Samenpflanzen als reine Aufsitzer (Epiphyten[1]) gibt es bei uns nicht. Dies ist eine Lebensform des Regenwaldes. Dort wachsen viele Kräuter, Stauden und auch Sträucher nur noch auf den oberen Ästen der Urwaldriesen. Sie leben vom Licht, dem täglichen Regen und den Nährsalzen des hergewehten Staubes. Unter ihnen gibt es auch viele Nicht-Samenpflanzen: Farngewächse, Moose und einige Algen.

Nur einige bedürfnislose Moos-Arten leben bei uns fast ausschließlich als Aufsitzer. Immerhin eine pfiffige Antwort auf die Vertreibung vom Land durch die besser angepaßten Samenpflanzen.

Indes läßt sich auf alten Bäumen fast alles finden, was normalerweise in der Erde wurzelt und wessen Same, aus welchem Grund auch immer, dort hingelangt ist: junge Bäumchen, kleine Sträucher, Wurzelstock-Stauden und Kräuter. Sie sind nicht gerade häufig da oben anzutreffen und können sich meist auch nicht lange halten, vor allem aber breiten sie sich dort kaum je aus. Solche Aufsitzerstandorte sind also reine Zufälligkeiten und nur als Kuriosum zu registrieren.

Die Misteln aller Art *(Viscaceae)* könnte man als Aufsitzer bezeichnen. Sie sind indes etwas über dieses Stadium hinausgegangen. Für einen reinen Epiphyten ist die Trägerpflanze nur Siedlungsniveau. Er „benutzt“ sie als Untergrund. Zwar nimmt er ihr ohne Gegenleistung Licht weg und wird darum zuweilen als Licht-Schmarotzer bezeichnet[2]. Er kann jedoch auch ohne pflanzliche Träger leben, wenn er günstige Standortbedingungen vorfindet, wie tropische Aufsitzer (z.B. „Tillandsien“) auf unseren Blumensimsen zeigen. Echte Schmarotzer (Parasiten[3]) beuten fremde Pflanzen aus und haben sich so darauf spezialisiert, daß sie ohne diese nicht mehr gedeihen können. Die Misteln gehören zu dieser Sorte. Sie zapfen über ihre Senk-

Bild 277. Alter Baum mit (fakultativen) Aufsitzerpflanzen.

[1] epi, griech. = auf, hinauf, über
[2] Der Begriff „Lichtschmarotzer“ wird vor allem für Kletterpflanzen benutzt, die andere Pflanzen als Stütze „mißbrauchen“ und ihnen dann noch das Sonnenlicht streitig machen.
[3] parasitos, griech. = Tischfreund, -genosse; von para = daneben, dabei; und sitos = Weizen, Brot, Speise, Kost

Bild 278. Mistelbusch (*Viscum*); (licht)schmarotzender Aufsitzer, mit Senkwurzeln am Wirtsast verhaftet.

wurzeln die Leitungsbahnen der Bäume an, auf denen sie wachsen. Dies können je nach Mistelart Kiefern, Tannen, Eichen oder, bei der Laubholz-Mistel, verschiedene (Laub-)Hölzer wie Apfelbaum, Pappel, Linde und Birke sein.

Wurzeln sind bei den Samenpflanzen die

Bild 279. Halbschmarotzer (Blätter grün); Läusekraut, *Pedicularis* (Familie Braunwurzgewächse, *Scrophulariaceae*)

bevorzugten Werkzeuge, um es mit dem Parasitismus zu versuchen. Dies kann ganz uneigennützig anfangen. Bei zusammenstehenden Bäumen gleicher Art (z. B. Ulmen) kommt es vor, daß sich mehrere von ihnen durch meterlange Wurzelseile verbinden und so die Wasservorräte des Standorts „sozial" aufteilen. Kritisch wird es, wenn Wurzeln in das Leitungssystem anderer Arten eindringen. Solche „Eindringlinge" nennen wir Saugwurzeln. Oft entziehen diese der befallenen Pflanze - die man, sehr unpassend, „Wirt" nennt - nur ganz bestimmte Stoffe. Der Parasit besitzt dann noch Blattgrün und stellt Zucker und Stärke selbst her. Man nennt ihn Halbparasit (Halb- oder Teilschmarotzer). Dazu gehören die holzigen Misteln und viele krautige Arten der Braunwurzgewächse *(Scrophulariaceae)*. Wenn letztere frischgrün und blühend im Grase stehen, sieht man ihnen ihr „Schurkenwerk" gar nicht an, denn sie treiben es unterirdisch. Augentrost *(Euphrasia)*, Zahntrost *(Odontites)*, Klappertopf *(Rhinanthus)* und Läusekraut *(Pedicularis)* gehören zu dieser Mafia.

Vollparasiten (Ganzparasiten) sind eher zu identifizieren. Sie beziehen sämtliche Nährstoffe von ihren Wirten und haben die eigene Photosynthese eingestellt. Deshalb zeigen sie keine Grünfärbung mehr, und ihre Blätter sind höchstens noch als bleiche Schuppen ausgebildet. Alle Sommerwurz-Arten *(Orobanche)* und die Schuppenwurz *(Lathraea squamaria)* sind Vollschmarotzer. Hierzu zählen auch die Seiden (*Cuscuta*). Ihre fädigen Stengel umwinden die Wirtspflanzen und bohren sie mit winzigen sproßbürtigen Saugwurzeln an. Echte Wurzeln besitzen sie nicht. Sie hängen also frei und ohne Bodenhaftung an ihren Opfern.

Allerdings lassen sich einige harmlosere Pflanzen kaum von Vollschmarotzern unterscheiden. Dies gilt vor allem für die Moderpflanzen (Saprophyten[1]), von denen es in Mitteleuropa jedoch nur eine knappe Handvoll gibt. Sie stellen wie Vollparasiten ihre Nährstoffe nicht mehr selbst her. Indes holen sie sich diese nicht von lebenden, sondern aus den verfaulten

[1] sapros, griech. = faul, verfault

Bild 280. Vollschmarotzer; links: Sommerwurz, *Orobanche* (mit unterirdischen Saugwurzeln); rechts: Seide, *Cuscuta* (ohne Bodenhaftung).

Überresten abgestorbener Pflanzen. Dabei werden sie von Pilzen unterstützt, die die eigentlichen „Leichenfledderer" sind. Es werden gegenseitig lebenswichtige Stoffe ausgetauscht. So kann man die Moderpflanzen eher als „ehrliche Händler" denn als Ausbeuter betrachten. Doch wie schon (S. 144) angedeutet, ist es mit der wahren „Ehrlichkeit" nicht weit her. Beide Seiten versuchen, sich gegenseitig zu übervorteilen. Meist gewinnen die Samenpflanzen dabei. Neben der schon erwähnten Nestwurz *(Neottia nidus-avis)* gehören weitere heimische Orchideen - Korallenwurz *(Corallorhiza trifida)*, Widerbart *(Epipogium aphyllum)* - und der Fichtenspargel *(Monotropa hypopitys)* zu diesen Moderpflanzen.

Ganz unschuldig der Schmarotzerei verdächtigt werden von angehenden Botanikern des öfteren die blühende Herbst-Zeitlose *(Colchicum autumnale)* und abgestorbene Kräuter - vor allem gern Arten des kurzlebigen Feldsalates *(Valerianella)*.

Die Blüte der Herbst-Zeitlosen bricht in der Tat ohne Blattgrün auf lila-fleischfarbenem Stiel aus dem Boden. Laubblätter werden (s. S. 236) erst im nächsten Jahr nachgeschoben. Man merke sich: Bei bodenständigen Vollschmarotzern finden sich am Stiel zumindest einige bleiche Schuppenblättchen. Damit kann man auch den abgeblühten Feldsalat ausgrenzen. Die gabelig verzweigten Kräuter bauen nach der Blüte ihr Blattgrün ab. Sie stehen dann oft noch wochenlang als sahnebleiche Pflanzengespenster in der Flora. Beachtet man ihre gegenständigen, spatel- bis länglich-eiförmigen Blätter, die um vieles breiter als die Stengel sind, kommt man nicht auf die Idee, einen beschuppten Parasiten vor sich zu haben.

Bild 281. Moderpflanzen; links: Nestwurz, *Neottia*; rechts: Fichtenspargel, *Monotropa*.

Tierfangende Pflanzen

Carnivoren[1], fleischfressende, besser: tierfangende Pflanzen, haben durch ihr bloßes Vorhandensein schon öfter die Fantasie von Romanschreibern und Filmregisseuren beflügelt. Im Grunde genommen sind es „arme“ und zugleich bewundernswerte Geschöpfe der Pflanzen- (und Pilz-)welt. Ihre Vorfahren haben es verstanden, auch mit widrigsten Lebensumständen zurecht zu kommen. Sie alle leben in einem Milieu, das sich durch Nährsalzarmut auszeichnet: saure Moorböden und Gewässer oder - nicht bei uns - der Kronenbereich des Waldes.

Der Fang von Tieren (zumeist Insekten oder Kleinkrebschen) verschafft ihnen, über das tierische Eiweiß, den Stickstoff und auch den Phosphor, den sie zum Bau ihrer eigenen Proteine

[1] von caro, carnis, lat. = Fleisch; und vorare, lat. = schlingen, fressen

Bild 282. Fettkraut (*Pinguicula vulgaris*)

und Nukleinsäuren dringend benötigen. Sonnentau *(Drosera)*, Fettkraut *(Pinguicula)* und Wasserschlauch *(Utricularia)* sind bei uns die häufigsten Vertreter dieser faszinierenden Ernährungsspezialisten.

Die Fangeinrichtungen sind vielgestaltig. Stets handelt es sich um abgewandelte Blätter bzw. um Teile davon. Sitzende oder gestielte Drüsen sondern in der Regel zumindest verdauende Säfte, nicht selten auch klebrige Substanzen ab.

Klebfänger

Beim Fettkraut ist die ganze Blattoberseite mit einer dünnen Schicht pappigen Leims überzogen. Kleine, anfliegende oder darüberkrabbelnde Insekten kleben daran fest. Ihre zappelnden Befreiungsversuche bringen sie nur noch tiefer und damit in den Einflußbereich der Verdauungsdrüsen. Zudem rollen sich die bereits vorher umgebogenen Blattränder langsam weiter ein. Es entsteht dadurch eine richtige Schleimkuhle, aus der kein Entkommen mehr möglich ist. Wenn die Opfer nach einigen Tagen bis auf ihre unverdauliche Chitinhülle zersetzt sind, biegt sich das Blatt in die Ausgangsstellung zurück.

Außer der gemächlichen Einrollung des Blattrandes verhält sich das Fettkraut beim Fang passiv. Es ist ein typischer „Leimruten"fänger. Anders und relativ schneller reagiert das Sonnentau-Blatt. Es ist mit vielen gestielten Klebdrüsen besetzt. Sie können sich auf Berührungsreiz hin bewegen. Man nennt sie analog zu den Fangarmen der Tiere „Tentakel"[1]. Wenn ein Insekt das appetitlich glänzende, rötliche Blättchen anfliegt, verfängt es sich im Schleim der Tentakelköpfchen. Sie biegen sich - für unsere Begriffe sehr langsam, doch gut beobachtbar - auf die strampelnde Beute zu und drücken sie zäh auf den Blattgrund, der sich etwas grubig eindellt. Dadurch kommen auch noch weiter entfernt stehende Tentakel zum Zuge, so daß das arme Wesen schließlich rundum von den Klebestengelchen eingehüllt ist. Auch beim

Bild 283. Sonnentau (*Drosera*); Fangblattrosetten

Bild 284. Schlauchblatt (*Sarracenia purpurea*)

[1] von lat. tentare = tasten; tentaculus wäre also ein „Tasterchen"

Bild 285. Wasserfalle (Aldrovanda)

Sonnentau öffnet sich nach Verzehr das Blatt und gibt die „sterbliche Hülle“ frei. Das Ganze ist kein einfacher Leimrutenfang mehr. Wir sprechen deshalb besser von einer „Klebefalle“.

Fallenfänger

An der Südwestgrenze unseres Florengebietes wächst an wenigen Fundorten das aus Nordamerika eingeschleppte Schlauchblatt *(Sarracenia purpurea)*. Seine aufgerichteten Rosettenblätter sind schlauchförmig gestaltet, ihre Spitze ist zu einem leicht offenstehenden Deckel geformt. Abwärts gerichtete Haare verhindern ein Entweichen der in diese Trichter gepurzelten Insekten. Sie verenden in der am Schlauchgrund angesammelten Brühe von Kondens- und Regenspritzwasser und werden durch Fäulnisbakterien zersetzt. Die Wertstoffe aus der „Fallgrube“ werden von der Pflanze aufgenommen.

Das Prinzip der „Klappfalle“ ist von der nordamerikanischen Venus-Fliegenfalle (*Dionaea*

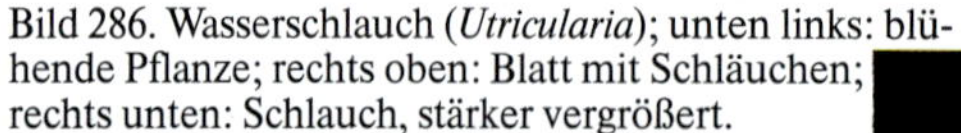

Bild 286. Wasserschlauch (*Utricularia*); unten links: blühende Pflanze; rechts oben: Blatt mit Schläuchen; rechts unten: Schlauch, stärker vergrößert.

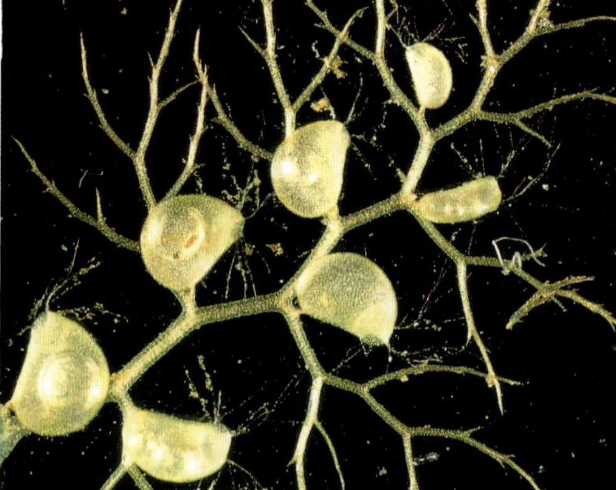

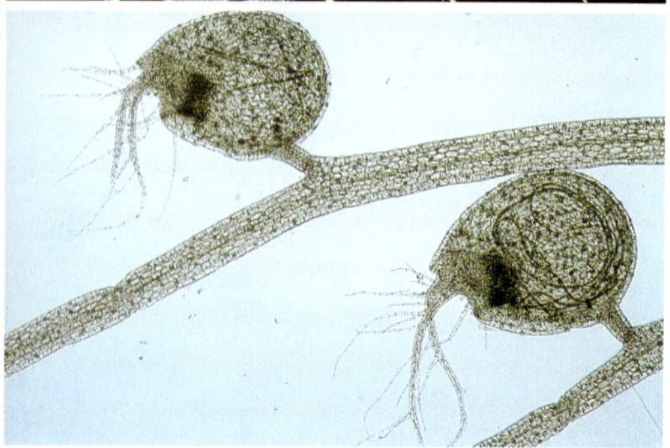

muscipula) her bekannt, die in keinem botanischen Garten fehlt. Der Vorderteil ihres Blattes ist ringsum mit senkrecht aufgerichteten Borsten besetzt. Auf der Blattoberfläche befinden sich Sinneshaare. Werden sie durch Berührung - etwa durch eine Fliege - gereizt, klappen die beiden Blatthälften zusammen und das Insekt ist gefangen.

Dasselbe geschieht bei unserer heimischen, sehr seltenen - heute vielleicht schon ausgerotteten - Wasserfalle *(Aldrovanda vesiculosa)*. Wie der Name schon sagt, ist sie eine Wasserpflanze. Ihre quirlständigen Blätter bestehen aus einer länglichen, nach vorne breiter werdenden Blattbasis mit der aufgesetzten rundlichen Spreite. Das Gesamtblatt ist 1 bis 1,5 cm lang. Die Spreite nimmt davon ein gutes Drittel ein. Sie ist in der Mittellinie geknickt. Die beiden Hälften stehen in einem Winkel von 60–90° zueinander. Ihr verdickter Rand ist mit kleinen Zähnchen besetzt. Auf der Innenfläche stehen viele Verdauungsdrüsen und einige längere Tasthaare. Wird eines von ihnen angestoßen, klappt die Falle ruckweise und dennoch recht schnell zu. Winzige Insekten, deren Larven sowie Krebschen („Fischfutter") stellen den Hauptanteil der Beute.

Die Wasserschlauch-Arten arbeiten mit „Schluckfallen". Sie werden aus einzelnen Zipfeln der fädig zerschlitzten Tauchblätter gebildet, je nach Art 1 bis 200 pro Blatt. Es sind kleine, kaum ein bis knapp 5 mm messende, etwas längliche Hohlkugeln („Schläuche"), in denen Unterdruck herrscht. Sie sind im fangbereiten Zustand deshalb seitlich zusammengedrückt. Eine Öffnung ist vorhanden, doch durch eine „Klapptür" verschlossen, die mit ihrem Ende in die seichte Furche des gegenüberliegenden elastischen Widerlagers eingerastet ist. An der Außenseite der Klappe ragen einige Borsten ins freie Wasser. Stößt ein Tier an eine davon, wird die Tür aus dem Widerlager gehebelt. Ein Schwall Wasser strömt in die sich zur rundlichen Grundform aufblähende Unterdruckkammer und schwemmt auch das Tier mit. Es ist gefangen, da die Klappe nach Druckausgleich sofort in ihr Widerlager zurückspringt. Nun geht alles sehr schnell. Verdauungssäfte werden ausgeschieden. Wasser und die Zersetzungsprodukte aufgesogen. Das Wasser wird nach außen abgegeben. Nach knapp einer Stunde ist der Schlauch wieder fangbereit. Da Wassertiere (Kleinstkrebschen, Insektenlarven, Rädertierchen, größere Einzeller, auch Algen) eine viel zartere Hülle als Landtiere besitzen, fallen nur wenige unverdauliche Überreste an.

Der Einfluß von Klima und Boden auf die Pflanzenwelt

Der Klimawandel in Mitteleuropa seit Beginn des Tertiärs

Die Gesichtszüge einer Landschaft - Ebenen Berge und Täler - scheinen uns unwandelbar, und genau dieselbe Meinung haben wir von ihrem Pflanzenkleid. Doch diese Eindrücke trügen. Nachdenken führt uns rasch zu der Einsicht, daß Landschaften eine Geschichte besitzen und daß selbst Berge und Täler geworden sind. Erst recht ist die Pflanzenwelt nichts Statisches. Auch sie ist in ihrer speziellen Ausprägung „geworden", und vieles in ihr ist nur aus ihrer Historie verstehbar. Die dynamisierenden Faktoren sind vor allem das Klima, das sich aus mancherlei Gründen verändert, aber ebenso Umgestaltungen der Erdoberfläche bis hin zur Gebirgsbildung. Schließlich spielt auch der Zufall eine nicht geringe Rolle.

Der langsame Klimawandel vom Eozän[1] über das Miozän[2] bis zum Pliozän

Das Erdzeitalter des Tertiärs[3], das vor etwa 65 Millionen Jahren begonnen hat, wird üblicherweise in folgende Abschnitte gegliedert (Tabelle 3):

Das „Alttertiär" beginnt mit dem Paläozän[4], dem das Eozän und das Oligozän[5] folgen; das Jungtertiär umfaßt das Miozän und das Pliozän, das vor knapp 2 Millionen Jahren zu Ende ging.

Im gesamten Alttertiär herrschte auf der Erde großflächig ein sehr ausgeglichenes, tropisches bis subtropisches Klima. Tropische und subtropische Regenwälder bedeckten weite Landstriche. In Mitteleuropa dürfte die Jahresmitteltemperatur bei 22° C gelegen haben. Heute finden wir eine vergleichbare Jahresmitteltemperatur z. B. im Südsudan. Sogar auf Grönland und in Alaska hat man Funde gemacht, die beweisen, daß in diesen, heute so unwirtlichen Gegenden damals örtlich Regenwald gedieh, in dem Palmen sowie Zimt- und Gummibäume ebenso wuchsen wie Baumfarne. Neben solchen Ausläufern des tropischen oder subtropischen Regenwaldes gab es in den höheren nördlichen Breiten indessen vor allem immergrüne Laub- und Nadelmischwälder, wie sie heute in Mittel- und Südeuropa vorkommen.

Das nördliche Nordamerika, Grönland, Nordeuropa und damit auch Sibirien lagen noch näher zusammen als sie es heute tun. Im Alttertiär und vielleicht noch später muß es immer wieder zu Landverbindungen zwischen den genannten Gebieten und damit zu einem Austausch in der Pflanzenwelt gekommen sein. Anders können wir das polumgebende Vorkommen bestimmter Pflanzenarten, das wir heute vorfinden, nicht verstehen.

Wir wissen nicht genau, warum das Klima damals so anders war als heute. Die Landmassen waren - bezogen auf die Pole - anders verteilt als heute. Hochgebirge, die Europa und Asien in West-Ost-Richtung durchziehen, waren überhaupt noch nicht oder nicht in ihrer heutigen Ausdehnung und Höhe aufgefaltet.

Mit dem Beginn des Miozäns - vor rund 25 Millionen Jahren - begannen die Jahresmitteltemperaturen weltweit langsam zu sinken. In Asien hoben sich allmählich die Ketten von Hindukusch, Pamir und Himalaja, in Mitteleu-

[1] eos, griech. = Morgenröte; kainos, griech. = neu.
[2] meion, griech. = weniger; kainos, griech. = neu.
[3] tertia, lat. = die Dritte; früher teilte man die Erdgeschichte in vier Zeitalter ein. Obschon diese Aufteilung im damaligen Sinn längst aufgegeben worden ist, hat der Name in eingeschränkter Bedeutung überlebt.
[4] palaios, griech. = alt; kainos, griech. = neu.
[5] oligos, griech. = wenig; kainos, griech. = neu.

Tabelle 3: Gliederung der Erdneuzeit

JETZTZEIT				ca. Millionen Jahre vor der Jetztzeit
	Quartär		Holozän	0,01
			Pleistozän	2
	Tertiär	Jungtertiär	Pliozän	10
			Miozän	25
		Alttertiär	Oligozän	40
			Eozän	55
			Paläozän	65
ERDMITTELALTER	Kreidezeit			

ropa falteten sich die Alpen[1], doch sie wurden erst im jüngeren Pliozän durch Hebung zum Hochgebirge. Flachmeere, wie sie z. B. das Pariser und Londoner Becken bedeckten, trockneten aus. Sie hatten regional Temperaturschwankungen wirksam gedämpft. Die Unterschiede zwischen Sommerhitze und winterlicher Kälte, Trocken- und Regenzeiten wurden schroffer, das Klima „kontinentaler".

Die Vegetationszonen schoben sich langsam, doch unaufhörlich, nach Süden[2]. Aber hier versperrten die Alpen den Weg; denn auf ihren Höhenzügen herrschten Temperaturen, wie sie auch heute in Mittelgebirgen und in den mittleren Höhenstufen der Hochgebirge angetroffen werden, und ab dem mittleren Pliozän waren die höchsten Höhen der Alpen wohl firnbedeckt oder vergletschert. Weil sie in Mitteleuropa nicht nach Süden in wärmere Klimate ausweichen konnten, starben hier die tropischen Gewächse weitgehend aus, und ähnlich erging es den wärmeliebenden und daher besonders empfindlichen Arten in den immergrünen Laubwäldern. Selbst die Arten, die die Alpen im Westen oder im Osten umgehen konnten, stießen am Mittelmeer, das noch im ausklingenden Tertiär bis fast an den Alpensüdfuß heranreichte, auf ein Hindernis, das sie nicht zu überwinden vermochten. Hier liegt ein Grund, warum in Europa heutzutage Gewächse fehlen, die in vergleichbaren Klimazonen in Ostasien oder Nordamerika als Relikte aus dem frühen Jungtertiär noch durchaus vorkommen. Schließlich gediehen auch in Mitteleuropa zu dieser Zeit noch immer Magnolien, Mammutbäume (Gattung *Sequoiadendron*) und Sumpfzypressen *(Taxodium)*, bis sie gegen Ende dieses Erdzeitalters schließlich verschwanden.

Im Miozän sank die Jahresmitteltemperatur in Mitteleuropa allmählich auf rund 16° C, und im Pliozän setzte sich ihr Rückgang fort, bis sie dann während der Vereisungsperioden im Quartär[3] einen Tiefststand erreichte. Heute liegen die Jahresmitteltemperaturen in Mitteleuropa um 8–10° C.

Die Vegetation in Mitteleuropa während des Pliozäns

Im unteren Pliozän glich die mitteleuropäische Flora bereits in vieler Hinsicht derjenigen, die

[1] Erste Anfänge der Alpenfaltung reichen bis in die Kreidezeit zurück.
[2] „Pflanzenwanderung" erfolgt natürlich als Ausbreitung durch Samen. Kälteempfindlichere Pflanzen starben. Ihre Samen hatten nur dort eine Chance auszukeimen, wo für sie das Klima noch erträglich war, also meist weiter im Süden, als die Mutterpflanze gewachsen war.
[3] quarta, lat. = die Vierte; altertümliche Bezeichnung aus der Zeit, in der man die Erdgeschichte in vier Zeitalter einteilte; obschon die Einteilung im damaligen Sinn längst aufgegeben worden ist, überlebte der Name in neuer, eingeschränkter Bedeutung.

Bild 287. Spitz-Ahorn *(Acer platanoides)*, Blüten und Blätter entfalten sich gleichzeitig.

Bild 288. Sommer-Linde *(Tilia platyphyllos)*, Blütenstände.

Bild 289. Gewöhnliche Roßkastanie *(Aesculus hippocastanum)*, links: Freistehendes Exemplar mit Blütenständen; rechts: Blütenstände. Die befruchteten Blüten haben ein rotes, die unbefruchteten ein gelbes Saftmal.

Bild 290. Ginkgobaum *(Ginkgo biloba)*. Dieser zu den Nacktsamern gehörende Baum kommt wild nur noch in einem relativ kleinen Gebiet zwischen Wuhu und Hang-zhou südlich des Unterlaufs des Jangtsekiang vor. Im unteren Pliozän lebte er auch noch in Mitteleuropa. Oben links: Freistehendes Exemplar; oben rechts: Die Samen besitzen einen fleischigen Mantel und sehen dadurch pflaumenartig aus. Sie verströmen bei der Reife einen intensiven und wenig angenehmen Duft nach Buttersäure.

Bild 291 (unten): Hainbuche *(Carpinus betulus)*. Oben: Zweig mit einem weiblichen Blütenstand und zwei männlichen Blütenständen; unten: Zweig mit Fruchtständen.

heute hier vorkommt[1]. So hat man im Maintal z. B. Reste gefunden, die man eindeutig den Arten Spitz-Ahorn *(Acer platanoides*, Bild 287), Französischer Ahorn *(Acer monspessulanum)* und Sommer-Linde *(Tilia platyphyllos*, Bild 288) zuordnen konnte. Neben diesen vertrauten Arten lebten damals indessen auch noch Gewöhnliche Roßkastanie *(Aesculus hippocasta-*

[1] Angaben der Arten und Gattungen nach ZIMMERMANN, W.: Die Phylogenie der Pflanze, G. Fischer, Stuttgart, 2. Aufl., S. 641, 1959)

Bild 292. Tulpenbaum *(Liriodendron tulipifera)*

num, Bild 289), Mammutbaum *(Sequoiadendron)*, Sumpfzypresse *(Taxodium)* und Ginkgobaum *(Ginkgo biloba*, Bild 290) in den mitteleuropäischen Wäldern. Im Wiener Becken hat man aus dieser Zeit die Existenz von Hainbuche *(Carpinus betulus*, Bild 291), Rotbuche *(Fagus)* und Edelkastanie *(Castanea sativa)* nachgewiesen, außerdem wurden dort Funde aus den Gattungen Eiche, Birke, Erle, Pappel, Gagelstrauch und Weide gemacht, die noch heute in Mitteleuropa heimisch sind; andererseits hat man auch hier Reste gefunden von Arten und Gattungen, die derzeit in diesem Gebiet fehlen, so z. B. vom Amberbaum *(Liquidambar)*, von Platanen *(Platanus)*, vom Tulpenbaum *(Liriodendron*, Bild 292), vom Götterbaum *(Ailanthus)*, vom Oleander *(Nerium)* und von Arten aus der Gattung Sumach *(Rhus)*, zu der auch der Essigbaum gehört.

In der Flora des oberen Pliozän sind Änderungen infolge der beträchtlichen Abkühlung unübersehbar. Noch finden sich Tulpenbaum, Amberbaum und Magnolien, doch treten sie gegenüber den Gewächsen, die für ein gemäßigtes oder gar kalt-gemäßigtes Klima typisch sind, eindeutig zurück.

Der Klimawandel im Quartär. Einteilung des Pleistozäns[1]

Die Geologen sind sich nicht einig darüber, wann das Tertiär zu Ende gegangen ist und das Quartär angefangen hat. Viele Autoren lassen das Quartär vor etwa 2 Millionen Jahren beginnen. Der Hauptteil dieses Erdzeitalters, der durch die Vereisungsperioden und den dazwischen liegenden Warmzeiten geprägt worden ist, wird üblicherweise Pleistozän genannt. Die einzelnen Klimaabschnitte werden für das südliche Mitteleuropa anders bezeichnet als für das nördliche.

Im ältesten Pleistozän, das man - alpennah - in Biber-Kaltzeit, Biber-Donau-Warmzeit, Donau-Kaltzeit und Donau-Günz-Warmzeit einteilen kann, herrschte - zumindest in Süddeutschland - ein kühlgemäßigtes Klima, in dem die Jahresmitteltemperaturen - ähnlich wie im jüngsten Pliozän, aber in zunehmend kürzeren Perioden und wohl in immer kräftigeren Ausschlägen - ziemlich stark schwankten. Vor rund 800000 Jahren setzte eine kräftige und lang anhaltende Abkühlung ein, die Günz-Eiszeit[2,3].

Vor etwa 500000 Jahren endete sie in einer wärmeren Zwischenperiode, dem Günz/Mindel-Interglazial[4], die aber nach wenigen Jahrzehntausenden in das Mindel-Glazial überging. Die Mindel-Eiszeit dauerte weniger lang als die Günz-Eiszeit. An ihrem Ende stand das Mindel/Riß-Interglazial. Das anschließende Riß-

[1] pleion, griech. = mehr, häufiger, größer; kainos, griech. = neu.

[2] Die „Eiszeiten" sind nach süddeutschen Flüssen benannt, und zwar so, daß die alphabetische Abfolge der Anfangsbuchstaben die zeitliche Reihenfolge angibt. Eine „Vereisungsperiode" nennt man auch „Glazial". Es ist aus glacies, lat. = Eis eingedeutscht.

[3] Zuweilen wird die Günz-Eiszeit in zwei nahezu gleich lange Glaziale aufgeteilt, die durch eine etwas wärmere Zwischenzeit voneinander trennbar sind. Richtet man sich nach dieser Einteilung, dann muß man auf das Günz-Glazial ein Haslach-Glazial folgen lassen.

[4] Inter, lat. = dazwischen; glacies, lat. = Eis.

Tabelle 4: Gliederung des Quartärs anhand der vermutlichen Aufeinanderfolge von Kalt- und Warmzeiten (Aus Kreeb 1983, verändert)

	Alpen	**Nordwestliches Europa**	**Polen**
	Würm-Kaltzeit	Weichsel-Kaltzeit	Varsovien II
Jungpleistozän	Riß-Würm-Warmzeit	Eem-Warmzeit	Masovien II
	Riß-Kaltzeit	Saale-Kaltzeit	Varsovien I
	Mindel-Riß-Warmzeit	Holstein-Warmzeit	Masovien I
Mittelpleistozän	Mindel-Kaltzeit	Elster-Kaltzeit	Cracovien
	Günz-Mindel-Warmzeit	Cromer-Warmzeit	Sandomirien (?)
	Günz-Kaltzeit	Menap-Kaltzeit	Jaroslavien
	Donau-Günz-Warmzeit	Waal-Warmzeit	Oberes Mizerna
Altpleistozän	Donau-Kaltzeit	Eburon-Kaltzeit	-
	Biber-Donau-Warmzeit	Tegelen-Warmzeit	Mittleres und Unteres Mizerna
	Biber-Kaltzeit	Brüggen-Kaltzeit	

Glazial brachte den weitesten Vorstoß der Gletscher ins nördliche Alpenvorland. Als letztes Interglazial schloß sich das Riß/Würm-Interglazial an, dem das Würm-Glazial folgte, das vor rund 10000 Jahren endete. Den Abschnitt des Quartärs, der dann beginnt und bis heute andauert, nennen wir Holozän[1].

Im nordwestlichen Mitteleuropa[2] stellt man dem Zeitabschnitt, der im Alpengebiet und im nördlichen Alpenvorland Donau-Kaltzeit genannt wird, üblicherweise die Eburon-Kaltzeit gegenüber, wogegen man die Donau-Günz-Warmzeit mit der Waal-Warmzeit parallelisiert. Die Menap-Kaltzeit ist etwa mit dem Günz-Glazial zeitgleich[3]. Die Cromer-Warmzeit liegt in der Periode, in der im Süden Mitteleuropas die Haslach-Vereisung bzw. die Günz-Mindel-Warmzeit herrschte. Sie endete vor etwa 500000 Jahren. Die dann im Norden erkennbare Elster-Kaltzeit deckt sich recht gut mit dem Mindel-Glazial in Süddeutschland. Sie endete vor knapp 200000 Jahren und ging im nördlichen Mitteleuropa in die Holstein-Warmzeit über, der die Saale-Kaltzeit folgte, die wiederum etwa zeitgleich mit dem süddeutschen Riß-Glazial liegt. Auch die nachfolgende Eem-Warmzeit steht zeitlich mit dem Riß/Würm-Interglazial in Zusammenhang, ebenso wie die Weichsel-Kaltzeit mit dem Würm-Glazial. Auch für das nörd-

[1] holos, griech. = ganz; kainos, griech. = neu.

[2] Neben dieser Gliederung sind auch noch andere Einteilungen üblich, die auf bestimmte Regionen besser passen als auf andere. Die einfache Etikettierung, die wir hier der Übersichtlichkeit halber gewählt haben, vereinfacht ohnedies. Wir haben uns für sie entschlossen, weil wir weder örtliche Besonderheiten in den Klimaschwankungen, ja nicht einmal genaue zeitliche Festlegungen brauchen, wenn wir verstehen wollen, wie die Pflanzenwelt während dieser extremen Klimaperioden umgestaltet worden ist. Diese Revolution glauben wir im gröberen Raster deutlicher machen zu können. – Die Parallelisierung der Zeitabschnitte wurde nach KREEB, K. H.: Vegetationskunde, E. Ulmer, Verlag, Stuttgart, S. 125, 1983 vorgenommen.

[3] Sofern man Günz-Glazial und Haslach-Glazial voneinander unterscheidet. Betrachtet man beide als Einheit, dann umfaßt die Menap-Kaltzeit nur etwa die ältere Hälfte der Günzvereisung.

liche Mitteleuropa beginnt das Holozän vor etwa 10000 Jahren[1].

In Norddeutschland stieß das Eis in der Saale-Kaltzeit am weitesten nach Süden vor. Es handelte sich nicht um einzelne Gletscher. Vielmehr muß man sich vorstellen, daß ganz Skandinavien samt der Ostsee sowie weite Teile des nördlichen Rußlands damals von einer Eiskappe, wie sie heute über Grönland liegt, überdeckt war. Über Skandinavien war sie wahrscheinlich um 3000 m mächtig. Der Südwest- und der Südrand dieses gewaltigen Eisschildes stieß bis nach Südengland vor, querte zwischen den Stellen, an denen heute Düsseldorf bzw. Nimwegen liegt, das Gebiet, in dem jetzt der Rhein fließt, zog in die Gegend, in der sich heute Osnabrück befindet, erreichte den Ostharz und das derzeitige Tal der Elbe etwa zwischen Dessau und Wittenberg, um östlich davon noch etwas weiter nach Süden vorzustoßen (Bild 293).

Im Süden waren die Täler der Alpen von Gletschern ausgefüllt, die vor allem an den Nordflanken der Berge hingen. Sie nährten den Eisstrom und schoben ihn bis weit ins Vorland. Am Alpenrand war das Eis in den Tälern örtlich wohl um 1000 m mächtig. Im Vorland verflachte und verbreiterte es sich. Zuweilen verschmolzen die Eisflächen benachbarter Flußsysteme miteinander, so z. B. in der Nordschweiz die Gletscher von Rhein und Aare, am Ostrand der Alpen und am Alpensüdfuß bewahrten sie hingegen meist ihre Eigenständigkeit. In der Riß-Vereisung erreichte der Rheingletscher die Donau, ja überquerte sie um einige Kilometer, wie man an Schuttablagerungen unweit von Riedlingen sehen kann. In Bayern stießen die Gletscher von Lech und Inn besonders weit nach Norden vor. Selbst im Schwarzwald waren kleine Hängegletscher an den Bergflanken keine Seltenheit. Die gesamte Eisbedeckung dürfte dort weit mehr als 1000 km^2 betragen haben. Noch heute zeugen Hangausschürfungen (Kare) von dieser Vereisung, deren bekannteste wohl

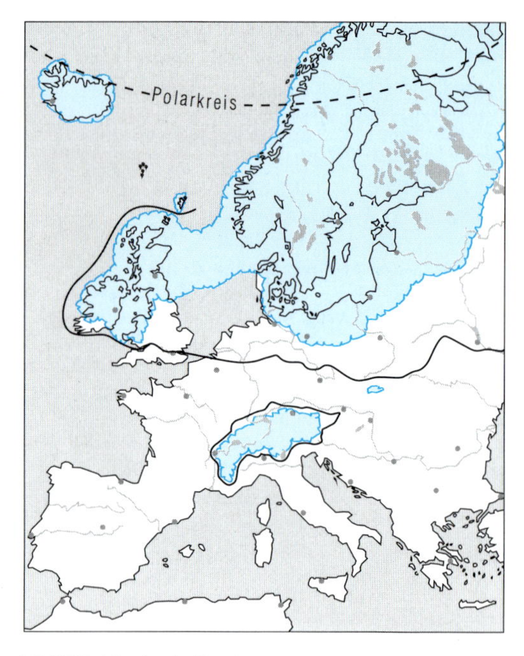

Bild 293. Maximale Vergletscherung in der Saale/Riß-Kaltzeit (schwarze Linie) und Eisbedeckung in der Weichsel-Würm-Kaltzeit in Mitteleuropa (blaugerasterte Fläche).

[1] Da wir die Ursachen der Klimaschwankungen seit dem Pliozän und vor allem im Pleistozän nicht im nötigen Umfang und nicht mit wünschenswerter Genauigkeit kennen, kann man auch nicht sagen, ob mit der Würm-Eiszeit bzw. der Weichsel-Kaltzeit die Vereisungen zu Ende gegangen sind. Das Holozän könnte durchaus ein Interglazial darstellen. Die Klimawerte, die wir heute haben, sind mit dieser Deutung verträglich. Wäre dies so, wüßten wir nicht, wieviel Zeit verstreicht, bis die nächste Abkühlung einsetzt. Obschon wir die möglichen Gefahren einer eventuell drohenden „menschengemachten" globalen Erwärmung durch eine Erhöhung des CO_2-Anteils in der Atmosphäre keineswegs verniedlichen wollen, so möchten wir andererseits auch nicht verschweigen, daß wir über die Stabilität unseres derzeitigen Klimas herzlich wenig wissen, wenn man unsere Situation im Zeitraum der jüngsten erdgeschichtlichen Vergangenheit sieht. Ereignisse, die Veränderungen rasch bewirken können, sind auch heutzutage denkbar. Michael R. Rampino und Steven Self (Nature, Vol. 359, S. 50–52, 1992) gehen beispielsweise davon aus, daß der Ausbruch des Vulkans Toba auf Sumatra vor 73500 Jahren die Würmeiszeit ausgelöst oder doch – bei bestehender Klimainstabilität – in ihrem Zustandekommen wesentlich beschleunigt hat. Die Eruptionen des Pinatubo auf den Philippinen im Jahre 1992 führen uns vor Augen, daß dergleichen immer auftreten kann. Allerdings war die katastrophale Eruption des Toba wahrscheinlich 50–100mal stärker als die des Pinatubo. Ein gleichermaßen verheerender Vulkanausbruch scheint sich seitdem nicht mehr ereignet zu haben.

der Feldsee am Feldbergfuß (Bild 294) und der Mummelsee unterhalb der Hornisgrinde sind. Selbst auf der Schwäbischen Alb bildeten sich damals in Höhen über 700m Firnmulden.

Die Gletscher führten Gesteinstrümmer unterschiedlicher Größe mit sich und lagerten sie in Grund-, Seiten-, Zwischen- und Endmoränen ab. Von ihrem jeweiligen Rand führten Schmelzwässer Trümmermaterial weg. Die Flußsysteme, die sich in ihrer heutigen Form ansatzweise im späten Pliozän zu bilden begonnen hatten, wurden dadurch vielfach umgestaltet. Wo die Fließgeschwindigkeit des Wassers, das vom Gletscherrand abfloß, nachließ, lagerten sich Schotter und Sande ab. Aus den Schotterfeldern, die im Oberrheintal eine beträchtliche Ausdehnung hatten, wurden die feinen Gesteinskörner vom Wind ausgeblasen und nach Osten verfrachtet. In manchen Gegenden, so um das heutige Schwetzingen, bildeten sich Dünen. Feinere Bestandteile legten sich als Staubdecke, als Löß, über weite Teile Süddeutschlands.

Im nördlichen Mitteleuropa spielten sich vergleichbare Prozesse ab, allerdings in wesentlich größerem Maßstab. Die Schmelzwässer flossen häufig parallel zum Eisrand und setzten auf ihrem Weg ausgedehnte Sandflächen ab. Da und dort wurde Löß angeweht, so z.B. im nördlichen und östlichen Harzvorland und in einem breiten, ausgedehnten Streifen am Nordhang der mitteldeutschen Gebirgsschwelle.

Die Vegetation in Mitteleuropa im Pleistozän

Pflanzenreste oder Versteinerungen sind aus dem Pleistozän relativ selten, gemessen daran, daß es sich um eine nur kurze Zeit zurücklie-

Bild 294. Blick vom Seebuck auf den Feldsee, einen typischen Karsee.

gende Periode handelt[1]. Sie stammen oftmals aus den Abschnitten, in denen sich das Eis zurückgezogen hatte, also aus den Interglazialen. Das Klima, das in den Glazialen deutlich kälter und niederschlagsreicher war als heute, zeichnete sich in den Interglazialen durch eine Jahresmitteltemperatur aus, die wohl meist über der lag, die es heute in Mitteleuropa gibt. So überrascht es nicht, daß man in Frankreich in Schichten, die man dem Mindel/Riß-Interglazial zuschreibt, Reste gefunden hat, in denen ausgesprochen wärmeliebende Arten vertreten waren, so z. B. Lorbeer *(Laurus azorica)*, Feige *(Ficus carica)* und Judasbaum *(Cercis siliquastrum)*[2]. Möglicherweise aus der gleichen Zeit stammen Funde bei Innsbruck, in denen man Eibe *(Taxus baccata)*, Rotbuche *(Fagus sylvatica)*, Hainbuche *(Carpinus betulus)* und Berg-Ahorn *(Acer pseudo-platanus)* nachgewiesen hat. Einer Zwischeneiszeit schreibt man auch Travertinablagerungen aus der Nähe von Weimar zu, die Reste von Wald-Kiefer *(Pinus sylvestris)*, Haselnuß *(Corylus avellana)*, Trauben-Eiche *(Quercus petraea)* und Hainbuche *(Carpinus betulus)* enthalten. Bemerkenswerterweise hat man in ihnen auch die wärmeliebenden Arten Echte Walnuß *(Juglans regia)* und Morgenländischer Lebensbaum *(Thuja orientalis)* gefunden. Das Riß/Würm-Interglazial scheint hingegen nicht mehr so warm gewesen zu sein. Jedenfalls herrschen in den Funden, die man dieser Zeitspanne zuschreibt, Arten vor, wie sie auch heute in Mitteleuropa gemein sind, wohingehen ausgesprochen wärmeliebende Arten fehlen.

In den Kaltzeiten des Pleistozäns war Mitteleuropa weitgehend waldlos. Nur am Alpensüdfuß und am südöstlichen Rand der Alpen gab es Wald- und Strauchinseln, in denen Birken, Kiefern und andere kältefeste Gehölze das Bild prägten. Sonst herrschten Tundren und arktische Zwergstrauchbestände vor, wie wir sie heute im nördlichsten Skandinavien antreffen. Typisch für diese Gesellschaften ist die Silberwurz *(Dryas octopetala*, Bild 295), die heute sowohl aus der arktischen wie auch aus der alpinen Flora bekannt ist. Man hat sie mehrfach in pleistozänen Ablagerungen gefunden, ebenso wie die gleichfalls in den Alpen wie in Skandinavien vorkommenden Arten Kraut-Weide *(Salix herbacea)*, Alpenazalee *(Loiseleuria procumbens)*, Roter Steinbrech *(Saxifraga oppositifolia*, Bild 296) oder Nordischer Hahnenfuß *(Ranunculus hyperboreus)*, der heute in Mitteleuropa fehlt.

Die Artenliste zeigt, daß während der Kälteperiode arktische Arten weit nach Süden und alpine Arten in sehr tiefe Lagen gezwungen wurden. Da die Abkühlung die gesamte Nordhalbkugel mehr oder minder ausgeprägt betraf, konnten Arten aus den Pyrenäen in die Alpen oder aus den Alpen in die Pyrenäen gelangen, und selbst aus westasiatischen Gebirgen dürften Sippen oder Arten ins Alpengebiet gekommen sein. Beispiele hierfür sind die Faltenlilie *(Lloydia serotina*, Bild 297) und die Echte Alpenscharte *(Saussurea alpina)*. Auch das Edelweiß *(Leontopodium alpinum)*, für viele geradezu ein Sinnbild der Alpenpflanzen, ist asiatischer Herkunft (Bild 298). In den interglazialen Warmzeiten wurden die Areale dieser Arten häufig getrennt, die Arten wieder nach Norden oder in größere Höhen zurückgedrängt. Diese Wanderungen erklären uns die Zerrissenheit, die Disjunktionen[3], die heute das Verbreitungsgebiet mancher Pflanzenarten auszeichnen. Auch die Arealzerstückelung innerhalb des Alpengebiets, das bei Arten aus den Gattungen *Saxifraga*, *Androsace* oder *Primula* zu beobachten ist, hat hier seine Ursache.

[1] Eine Ausnahme hiervon machen Pollen, vor allem von windblütigen Pflanzen, die in Ablagerungen eingeweht oder eingeschwemmt worden sind. Sie bieten für die Rekonstruktion der Pflanzenwelt große Vorteile, weil sie meist reichlich vorhanden sind. Deshalb kann man durch Häufigkeitsänderungen bestimmter Pollen und durch das Verhältnis, in dem sie untereinander vorkommen, zum Teil recht genaue Schlüsse auf die damalige Pflanzenwelt, auf die vermutlichen Durchschnittstemperaturen und die durchschnittlichen Niederschlagshöhen ziehen.

[2] Artangaben aus Zimmermann, W.: Die Phylogenie der Pflanzen, G. Fischer, Stuttgart, 2. Aufl., S. 643, 1959.

[3] disjunctio, lateinisch = Trennung.

Linke Seite von links oben nach rechts unten:
Bild 295. Silberwurz *(Dryas octopetala)*
Bild 296. Roter Steinbrech *(Saxifraga oppositifolia)*
Bild 297. Faltenlilie *(Lloydia serotina)*
Bild 298. Edelweiß *(Leontopodium alpinum)*
Bild 299. Berghähnlein *(Anemone narcissiflora)*
Bild 300. Trauben-Steinbrech *(Saxifraga paniculata)*

Von links oben nach rechts unten:
Bild 301. Vielblättriges Läusekraut *(Pedicularis foliosa)*
Bild 302. Gewöhnlicher Alpenhelm *(Bartsia alpina)*
Bild 303. Gewöhnliches Alpenglöckchen *(Soldanella alpina)*
Bild 304. Alpen-Milchlattich *(Cicerbita alpina)*

Bild 305 (oben). Schopfige Teufelskralle *(Physoplexis comosa)*
Bild 306 rechts. Kärntner Kühtritt *(Wulfenia carinthiaca)*

Die Reliktvorkommen alpiner Pflanzen, so z. B. des Berghähnleins *(Anemone narcissiflora*, Bild 299), der Alpen-Distel *(Carduus defloratus)*, der Zwerg-Birke *(Betula nana)*, des Milchweißen Mannsschilds *(Androsace lactea)*, des Trauben-Steinbrechs *(Saxifraga paniculata*, Bild 300) oder des Vielblättrigen Läusekrauts *(Pedicularis foliosa*, Bild 301) im Schwäbischen oder Schweizer Jura sind am einleuchtendsten damit zu erklären, daß sie während der Würmeiszeit ins Vorland abgedrängt worden waren und hier an einigermaßen geeigneten Standorten überdauerten. Entsprechendes gilt für die alpinen Arten im Schwarzwald, in den Vogesen, im Erzgebirge, Thüringer oder im Bayerischen Wald, von denen stellvertretend der Gewöhnliche Alpenhelm *(Bartsia alpina*, Bild 302), das Gewöhnliche Alpenglöckchen *(Soldanella alpina*, Bild 303) oder der Alpen-Milchlattich *(Cicerbita alpina*, Bild 304) genannt seien.

In den Alpen oder am Alpenrand haben nur verhältnismäßig wenige alpine Arten die Eiszeiten auf unvergletscherten Bergspitzen, sogenannten Nunatakkern[1], überdauert. Im Südalpengebiet blieben – neben anderen Bereichen – Teile des Monte-Baldo-Gebiets eisfrei. Pflanzen, die heute nur hier vorkommen, sind solche Relikt-Endemiten oder „konservative Endemiten"[2]. Auch Arten mit kleinen Arealen im Südalpenbereich, wie die Schopfige Teufelskralle *(Physoplexis comosa*, Bild 305), haben an solchen Orten Zuflucht gefunden, wohingegen die Berardie *(Berardia subacaulis)* an entsprechenden Stellen am Südwestrand der Alpen und der Kärntner Kühtritt *(Wulfenia carinthiaca*, Bild 306) in den Südostalpen die Kaltzeiten überdauert haben.

[1] Nunatak, Plural Nunatakker, entstammt einer Eskimosprache. So nennt man eine Bergspitze, die vom Eis nicht bedeckt wird und aus ihm herausragt.

[2] relictum, lat. = Rest; endemos, griech. = im Volke, einheimisch, an einem Ort verweilend; conservare, lat. = erhalten, bewahren. Endemiten bewohnen örtlich abgegrenzte, kleine Areale, und nur in diesen kommen sie vor. Als Relikt-Endemiten bezeichnet man Arten, deren heutiges Areal ein Überbleibsel eines ehemals größeren Verbreitungsgebietes darstellt. Ihnen kann man die „progressiven Endemiten" gegenüberstellen. So nennt man Arten, die ebenfalls nur in einem eng umschriebenen Gebiet vorkommen, in das sie aus einem anderen, oftmals entfernten „Stammareal" eingedrungen sind. Auf dem Weg in ihr neues Areal oder erst in diesem müssen sie mutativ verändert und so letztlich zu einer eigenständigen Art geworden sein. Deswegen findet man nicht selten in der Nachbarschaft des Areals eines progressiven Endemiten nahe verwandte Sippen, mit denen indessen kein Genaustausch stattfindet, so daß in der Regel eindeutige „biologische Arten" vorliegen. Auf apomiktische „Arten" sollte man den Begriff Endemismus nicht anwenden, da in derartigen Verwandtschaftskreisen Formenvielfalt üblich ist.

Die Alpen – ein durch Klima und Boden besonders reich gegliederter Lebensraum

Etwa zwischen zwei gedachten Linien, deren westliche vom Bodensee zum Comer See und deren östliche von Wien nach Triest führt, sind die Alpen recht regelmäßig gebaut. Nördlich und südlich der zentralalpinen Ketten und Massive, in denen kalkarme, kristalline Gesteine vorherrschen, ziehen sich die Ketten der Nördlichen und Südlichen Kalkalpen (Bild 307). Freilich gibt es in den Zentralalpen „Einsprengsel": kalkhaltige Gesteine und Tiefengesteine (die basenreich sein können). Vor allem in den Nördlichen Kalkalpen haben hohe Niederschläge örtlich zu so starken Auswaschungen geführt, daß die Böden oberflächlich versauert sind.

Die Alpen sind vielfach stark zertalt. Nach Südosten, Süden und Südwesten öffnen sich Täler, in die Arten aus dem Mittelmeergebiet eingewandert sind. Hier waren während des Pleistozäns überdies Rückzugsgebiete der vorpleistozänen Alpenflora, im Südosten wie im Südwesten lagen Pforten, durch die vom Balkan, ja aus Westasien Arten einwandern konnten, und im Südwesten gab es einen Austausch mit den Pyrenäen. Durch die tief ausgefressenen Täler wurden auf kurze Strecken große Höhendifferenzen geschaffen. Bodenunterschiede ebenso wie Unterschiede im Kleinklima ermöglichen eine große Mannigfaltigkeit unterschiedlicher Standorte. Sie sind von zahlreichen Arten besiedelt, von denen viele Endemiten sind.

Wir sehen in diesem Buch als Südgrenze Mitteleuropas etwa die gedachte Linie der west-östlichen Achse der Zentralalpen an. Doch haben wir, wo es möglich war, Arten der Südalpen wenigstens erwähnt. Schließlich gehören die Südalpen für viele Naturfreunde zu den bevorzugten Wandergebieten.

Allerdings konnten wir Vollständigkeit hier nicht erstreben, nicht zuletzt, weil in den Süd-

Bild 307. Grobe Gliederung der Alpen. Gelb: überwiegend Kalk- oder Dolomitgestein; braun: überwiegend kalkarme, kristalline Gesteine.

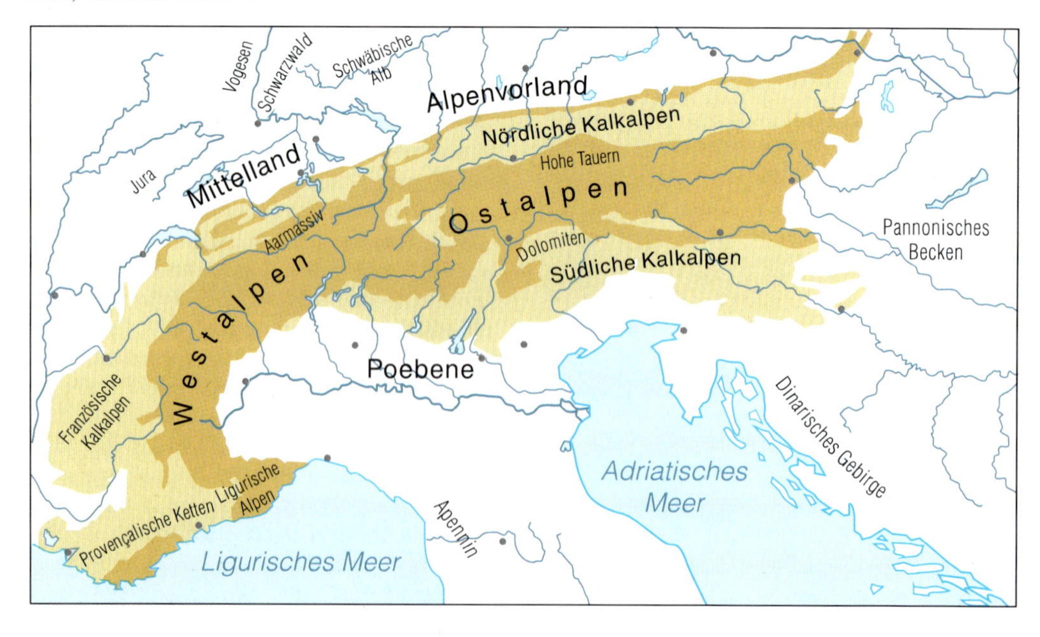

alpen die Artenfülle besonders groß ist. Auch die nur in sehr kleinen Arealen vorkommenden Endemiten der Zentralalpen konnten wir nicht alle berücksichtigen.

Aus ähnlichen Gründen konnten wir nicht alle Arten beschreiben und abbilden, die in der „Südostecke" bzw. in der „Südwestecke" Mitteleuropas beheimatet sind. Für die Steiermark, das Burgenland und das östliche Niederösterreich gilt Vergleichbares wie für die Südalpen. Hinzu kommen Arten, die ihre westliche Arealgrenze hier, ihren Verbreitungsschwerpunkt indessen in Südosteuropa haben. Sie konnten wir allenfalls erwähnen. Auch im südlichen Schweizer Jura und in den Vogesen gibt es einzelne Arten, die wir nicht aufgeführt haben.

Die Vegetationsentwicklung in Mitteleuropa nach der letzten Vereisungsperiode

Die Würmeiszeit endete vor etwa 12000–10000 Jahren. Die Temperaturen stiegen langsam wieder an. Aus den Rückzugsgebieten in Südost- und Südwesteuropa begannen wärmeliebendere Arten langsam in das seitherige Tundrengebiet vorzurücken. Dabei kam es vielfach zur Berührung nahe verwandter Sippen. Bastardierungen erfolgten da und dort. Häufig führten neuartige Allelenkombinationen zu einer gesteigerten Fähigkeit der Arten, sich unterschiedlichen Standorten anzupassen. Bis etwa vor 10000 Jahren war das Klima in Mitteleuropa noch recht kalt. Es entsprach zunächst dem, das heute im nordischen Nadelwaldgürtel herrscht. Ein Höhepunkt in der nacheiszeitlichen Erwärmung wurde etwa zwischen 7000–5000 Jahren vor der heutigen Zeit erreicht. Damals lagen die Jahresmitteltemperaturen wahrscheinlich 1–2° C über den heutigen Werten. Eichen-Mischwälder überzogen weite Teile Mitteleuropas, Sumpfgebiete wurden von Erlen-Bruchwäldern bewachsen. Flaum-Eiche *(Quercus pubescens)*, Kornelkirsche *(Cornus mas*, Bild 308), Schwarzwerdender Geißklee *(Lembotropis nigricans*, Bild 309) und wärmeliebende Orchideenarten wanderten in dieser Periode aus Südeuropa bei uns ein. Wohl schon zu Beginn dieser Wärmezeit waren aus den südosteuropäisch-westasiatischen Steppen Arten wie die Gewöhnliche Küchenschelle *(Pulsatilla vulgaris)*, die Feld-Mannstreu *(Eryngium campestre*, Bild 310), der Zottige Spitzkiel *(Oxytropis pilosa*, Bild 311)

Bild 308. Kornelkirsche *(Cornus mas)*, oben: blühender, unten: fruchtender Zweig.

Von links oben nach rechts unten:
Bild 309: Schwarzwerdender Geißklee *(Lembotropis nigricans)*
Bild 310. Feld-Mannstreu *(Eryngium campestre)*
Bild 311. Zottiger Spitzkiel *(Oxytropis pilosa)*
Bild 312. Gelber Zahntrost *(Odontites lutea)*

oder der Gelbe Zahntrost *(Ondotites lutea*, Bild 312) bis nach Mitteleuropa vorgestoßen und hatten hier auf steilen, trockenen, waldfreien oder lockerbuschigen Hängen Fuß gefaßt. Vor etwa 5000 Jahren sanken dann die Temperaturen wieder merklich, die Niederschläge nahmen zu. Die Rotbuche *(Fagus sylvatica)* breitet sich auf Kosten der Eichen aus, ebenso die Hainbuche *(Carpinus betulus)*, die Weiß-Tanne *(Abies alba)* und die Gewöhnliche Fichte *(Picea abies)*. Die Tanne kam wohl aus dem Mittelmeergebiet zu uns, die Rotbuche aus Südfrankreich, die Fichte aus dem Osten. Seit Beginn des Ackerbaues in Mitteleuropa vor 5000–6000 Jahren ist die Veränderung der Flora, die durch den Menschen erfolgte, indem er Wälder rodete und durch seine Kulturmaßnah-

Von links oben nach rechts unten:
Bild 313. Kraut-Weide *(Salix herbacea)*
Bild 314. Alpen-Gelbling *(Sibbaldia procumbens)*
Bild 315. Felsen-Ehrenpreis *(Veronica fruticans)*
Bild 316. Fieberklee *(Menyanthes trifoliata)*

men vor allem „Unkräuter“ einschleppte, zunehmend größer geworden. Sie hat - in steigendem Maße - den Wandel im Pflanzenkleid, der durch klimatische Faktoren verursacht wurde, übertroffen.

Herkunftsgebiete mitteleuropäischer Pflanzen

Das arktische Florengebiet

Das arktische Florengebiet umfaßt die Zone der Tundren nördlich der Waldgrenze auf der Nordhalbkugel. Sie ist praktisch baumfrei. Wegen der extrem langen Dauer der Winter beträgt in dieser Zone die Vegetationszeit nur

Bild 317. Europäische Lärche *(Larix decidua)*

1½–4 Monate. Trotz der langen Tage im Sommer erreichen die Mitteltemperaturen im Juli in diesem Gebiet kaum 10° C. Unter solchen Verhältnissen taut der Boden nur 30–70 cm tief auf. Die Verdunstung ist trotz des Windes recht gering, so daß die aufgetauten Böden meist feucht, ja naß und sumpfig sind. Deshalb wirken sich die niedrigen sommerlichen Niederschläge nicht nachteilig aus.

Bild 318. Moosglöckchen *(Linnaea borealis)*

In einem derartigen Klima haben Einjährige kaum eine Überlebenschance. Sie fehlen fast völlig. Die mehrjährigen Kräuter sind darauf ausgelesen, daß sie ihre Blüten rasch entwikkeln, damit die Samen noch genügend Zeit zur Reife erhalten. Häufig wird dies dadurch erreicht, daß die Blütenknospen gegen Ende der kurzen Vegetationszeit angelegt werden, also überwintern. Dann können sie bei Beginn der neuen Vegetationsperiode rasch emporgehoben und die Blüten alsbald entfaltet werden.

Die meisten der Arten, die der arktischen Florenzone angehören, aber in Mitteleuropa wachsen, besiedeln die Alpen. Der Zwerg-Hahnenfuß *(Ranunculus pygmaeus)* gehört zu ihnen, ebenso die Kraut-Weide *(Salix herbacea*, Bild 313), der Zarte Enzian *(Gentianella tenella)* oder der Alpen-Gelbling *(Sibbaldia procumbens*, Bild 314). Die Krähenbeere *(Empetrum nigrum)*, der Felsen-Ehrenpreis *(Veronica fruticans*, Bild 315) oder gar der Fieberklee *(Menyanthes trifoliata*, Bild 316), die ebenfalls arktische Pflanzen sind, kommen auch außerhalb der Alpen in den Mittelgebirgen, auf Dünen oder in Mooren vor.

Das boreale[1] Florengebiet

An die arktische Florenzone schließt sich nach Süden das boreale Florengebiet an. Es handelt sich um ein weitgehend geschlossenes Nadelwaldgebiet. Die Winter sind in diesem Gebiet sehr kalt, und die Tiefsttemperaturen können –50° C noch erheblich unterschreiten. Andererseits sind die Sommer durchaus warm. Zwar liegen mancherorts die Julimitteltemperaturen nur um 10° C; an anderen Stellen werden jedoch 20° C als Mitteltemperatur erreicht oder sogar noch etwas überschritten. Die durchschnittlichen Niederschläge, die im arktischen Florengebiet nur um 300 mm/Jahr betragen, liegen im borealen Florengebiet deutlich höher.

Arten, die diesem Florengebiet angehören, sind in den Vereisungsperioden oder unmittel-

[1] boreus, lat. = nördlich.

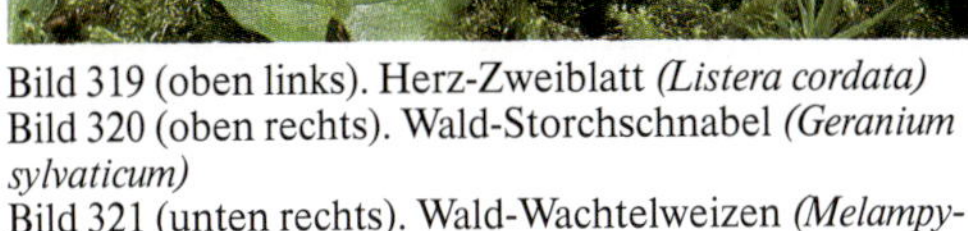

Bild 319 (oben links). Herz-Zweiblatt *(Listera cordata)*
Bild 320 (oben rechts). Wald-Storchschnabel *(Geranium sylvaticum)*
Bild 321 (unten rechts). Wald-Wachtelweizen *(Melampyrum sylvaticum)*

bar nach der letzten Eiszeit nach Mitteleuropa eingewandert. Viele von ihnen leben heute in der Nadelwaldstufe der Alpen und in den höchsten Lagen der Mittelgebirge. Die Gewöhnliche Fichte *(Picea abies)* gehört zu ihnen, ebenso die Europäische Lärche *(Larix decidua*, Bild 317), die Zwerg-Birke *(Betula nana)*, das Moosglöckchen *(Linnaea borealis*, Bild 318), das Herz-Zweiblatt *(Listera cordata*, Bild 319), und im Grunde genommen auch der Wald-Storchschnabel *(Geranium sylvaticum*, Bild 320) oder der Wald-Wachtelweizen *(Melampyrum sylvaticum*, Bild 321).

Das atlantische Florengebiet

Das atlantische Florengebiet ist durch relativ milde Winter und eher kühle Sommer ausgezeichnet. Die Mitteltemperaturen im kältesten

Bild 322 (oben links). Glocken-Heide *(Erica tetralix)*
Bild 323 (oben rechts). Beinbrech *(Narthecium ossifragum)*
Bild 324 (rechts). Stechginster *(Ulex europaeus)*
Bild 325 (rechts unten). Gewöhnlicher Besenginster *(Cytisus scoparius)*

Monat, d.h. im Januar, liegen fast durchweg mehr oder minder deutlich über 0° C; Fröste sind selten und nie streng. Die Juli-Mitteltemperaturen pendeln meist zwischen 16° und 18° C. Die Luftfeuchtigkeit ist fast überall hoch; die jährlichen Niederschläge erreichen 750–1000 mm. Kalkarme Böden werden unter solchen Umständen stark ausgewaschen, Bleicherden (s. S. 313) entstehen. Ursprünglich wuchsen unter diesen Bedingungen Wälder, in denen Trauben- und Stiel-Eiche *(Quercus petraea* und *Quercus robur)* vorherrschten. Sie wurden weitgehend abgeholzt. Ginster- und Zwergstrauchheiden nahmen ihren Platz ein. Atlantisch geprägt sind die Heiden im Norddeutschen Tiefland. Ihre „Symbolpflanze", die Glocken-

Heide *(Erica tetralix*, Bild 322), ist eine typische atlantische Pflanze, ebenso der Beinbrech *(Narthecium ossifragum*, Bild 323) und der Stechginster *(Ulex europaeus*, Bild 324). Für den Gewöhnlichen Besenginster *(Cytisus scoparius*, Bild 325) und das Gegenblättrige Milzkraut *(Chrysosplenium oppositifolium)* gilt das Etikett mit einer gewissen Einschränkung, und beim Efeu *(Hedera helix)* ist ein „südlicher Einschlag" anzunehmen. Häufig sind es Frühjahrsfröste, die das Vorkommen atlantischer Arten in Mitteleuropa beschränken; doch spielen auch mangelnde Niederschläge oder zu geringe Luftfeuchtigkeit eine nicht zu unterschätzende Rolle.

Bild 326. Flaum-Eiche *(Quercus pubescens)*

Bild 327. Gewöhnliches Sonnenröschen *(Helianthemum nummularium)*

Das mediterrane Florengebiet

Das mediterrane Florengebiet umgibt - wie schon der Name sagt - das Mittelmeergebiet. Dort sind die Winter frostfrei oder doch frostarm, und vor allem fehlen üblicherweise die Frühjahrsfröste. Deswegen liegen die Mitteltemperaturen im Januar meist zwischen 2°-6° C. Der „Winter" in diesem Florengebiet ist niederschlagsreich; zwischen November und März fallen meist mehr als 65% des Jahresniederschlags. Die Sommer sind trocken und heiß. Die Juli-Mitteltemperatur liegt zwischen 22° und 26°. Unter solchen Bedingungen gedeihen noch wintergrüne Gehölze.

Arten, die diesem Florengebiet entstammen, sind während der nacheiszeitlichen Wärmezeit, also vor etwa 7000-5000 Jahren bei uns eingewandert, und zwar vornehmlich von Südwesten durch die Burgundische Pforte. Zu diesen Arten gehören z.B. die Flaum-Eiche *(Quercus pubescens*, Bild 326), der Buchsbaum *(Buxus sempervirens)*, das Gewöhnliche Sonnenröschen *(Helianthemum nummularium*, Bild 327), das Graue Sonnenröschen *(Helianthemum canum)* und nicht zuletzt zahlreiche Orchideen-Arten, von denen wir namentlich nur die der Gattung Ragwurz *(Ophrys*, Bild 328) nennen wollen.

Arten, deren ursprüngliche Heimat im mediterranen Florengebiet liegt, besiedeln bei uns Standorte, die sich durch extreme Frühjahrs- und Sommerwärme auszeichnen, die gleich-

Bild 328. Von links oben nach rechts unten: Fliegen-Ragwurz *(Ophrys insectifera)*; Kleine Spinnen-Ragwurz *(O. tommasinii)*; Hummel-Ragwurz *(O. holosericea)*; Bienen-Ragwurz *(O. apifera)*.

wohl aber im Winter und besonders im Frühjahr wenig frostgefährdet sind.

[1] Pontus war bei den Römern der Name für das Schwarze Meer. Pannonia hieß eine römische Provinz, die die heutige Wojwodina, Slawonien, Krain, einen Teil des östlichen Kroatiens, der Steiermark und Niederösterreichs umfaßte.
Das Florengebiet, das wir pontisch-pannonisch nennen, umfaßt ein etwas größeres Gebiet als die Namen im Altertum meinten. Die Steppen nördlich des Schwarzen Meeres gehören ebenso zu ihm wie die ungarische Tiefebene. Der gesamte Raum war während der Vereisungsperioden ein Rückzugsgebiet für Pflanzenarten.

Das pontisch-pannonische[1] Florengebiet

Dieses Florengebiet umfaßt den südöstlichen glazialen Rückzugsraum der voreiszeitlichen Flora. Außerdem war dieser Raum Brückenkopf für die Arten, die in den Zwischeneiszeiten und während der nacheiszeitlichen Periode der Erwärmung bis in die postglaziale Wärmezeit hinein aus den südlichen osteuropäischen und westasiatisch-südsibirischen Steppen nach Mitteleuropa vordrangen. Vor allem in der ersten

Phase langsamer Erwärmung, die an die Würm-Eiszeit anschloß, waren im noch waldfreien Mitteleuropa die Bedingungen ähnlich wie damals im pontisch-pannonischen Gebiet. Die dortige Flora breitete sich infolgedessen über ein weit größeres Gebiet aus, als sie es heute tut. Nachdem der Höhepunkt der nacheiszeitlichen Erwärmung überschritten worden war und die Niederschläge wieder zunahmen, waren vielerorts andere Arten konkurrenzfähiger. Die pontisch-pannonische Flora wurde auf das Gebiet zurückgedrängt, in dem sie heute lebt. Damals entstanden als „Relikte“ mancherorts in Mitteleuropa örtliche Vorkommen typischer pannonischer Arten. Eines der bekanntesten Beispiele ist die Ungarische Platterbse *(Lathyrus pannonicus*, Bild 329), die nur an wenigen Stellen am oberen Neckar unweit von Tübingen und am unteren Main westlich von Aschaffenburg vorkommt. In den Vereisungsperioden wanderten über dieses Gebiet auch Arten aus dem Kaukasus und anderen westasiatischen Gebirgen in die Alpen ein.

Das Klima im pannonischen Raum war schon während der Vereisungsperioden niederschlagsärmer als in Mitteleuropa. Noch heute ist es „kontinentaler“. Der Jahresniederschlag übersteigt kaum irgendwo 500 mm und beträgt gebietsweise nur um 400 mm. Die Durchschnittstemperaturen im Januar liegen deutlich unter 0° C; häufig schwanken sie um –4° C, und je weiter man nach Osten kommt, desto tiefer sinken sie. Dagegen sind die Julitemperaturen deutlich höher als sie es in Mitteleuropa sind. Sie erreichen mit 20°–28° C Werte, wie sie auch im Bereich der Mittelmeerflora vorkommen. Unter solchen Bedingungen wachsen im pannonisch-pontischen Florengebiet heute baumlose Steppe oder lichte, buschige Wälder, in denen Kiefern vorherrschen. Typische kontinentale Steppenpflanzen sind das Haar-Pfriemengras *(Stipa capillata)*, das Frühlings-Adonisröschen *(Adonis vernalis*, Bild 330) oder der Zottige Spitzkiel *(Oxytropis pilosa)*.

Bild 329 (rechts oben). Ungarische Platterbse *(Lathyrus pannonicus)*
Bild 330 (rechts). Frühlings-Adonisröschen *(Adonis vernalis)*

Das alpine Florengebiet

Gebirge sind nicht zuletzt dadurch gegenüber dem Tiefland ausgezeichnet, daß in ihnen auf engstem Raum wegen der Höhendifferenzen höchst unterschiedliche Wuchsbedingungen herrschen. An ihrem Zustandekommen sind zwar auch Besonderheiten des Untergrunds beteiligt wie Moränen, Schutthalden, ausgewachsene oder verkarstete Böden, doch stehen die klimatischen Faktoren eindeutig im Vordergrund. Vor allem die Temperaturen können extreme Werte erreichen und in kurzen Zeiten schwanken. Daran müssen die Pflanzen, die hier existieren, angepaßt sein. Ihre Spezialisierung bedeutet indessen nicht Vitalität schlechthin. Sie können an „normalen" Standorten durchaus weniger konkurrenzfähig sein als die Arten, die dort zuhause sind. Das Tiefland isoliert Gebirge gegeneinander. Deshalb sind sie oft Inseln mit einer eigenen Pflanzenwelt.

Eiszeiten und Interglaziale haben die Eigentümlichkeit der Gebirgsflora noch verstärkt, weil sie zur Bildung von Endemismen beigetragen haben. Andererseits haben die Kaltzeiten

Bild 331 (links oben). Hunds-Zahnlilie *(Erythronium dens-canis)*
Bild 332 (links unten). Berg-Wohlverleih *(Arnica montana)*
Bild 333 (rechts unten). Grauer Alpendost *(Adenostyles alliariae)*

Von links oben nach rechts unten:
Bild 334. Gelber Enzian *(Gentiana lutea)*
Bild 335. Frühlings-Enzian *(Gentiana verna)*
Bild 336. Breitblättrige Primel *(Primula latifolia)*
Bild 337. Inntaler Primel *(Primula daonensis)*
Bild 338. Alpen-Glockenblume *(Campanula alpina)*

auch Wanderungen von Pflanzen zwischen Gebirgen ermöglicht. So kommen etwa Hunds-Zahnlilie *(Erythronium dens-canis*, Bild 331), Feuer-Lilie *(Lilium bulbiferum)*, Berg-Wohlverleih *(Arnica montana*, Bild 332) und Grauer Alpendost *(Adenostyles alliariae*, Bild 333) sowohl in den Pyrenäen als auch in den Alpen, den Apenninen und in einem Teil der Gebirge auf der Balkan-Halbinsel vor, Gelber Enzian

(Gentiana lutea, Bild 334) und Frühlings-Enzian *(Gentiana verna*, Bild 335) besiedeln außerdem noch einige mitteleuropäische Mittelgebirge. Die Behaarte Primel *(Primula hirsuta)* oder die Breitblättrige Primel *(Primula latifolia*, Bild 336) sind sowohl in den Alpen als auch in den Pyrenäen beheimatet; und die Piemonteser Primel *(Primula pedemontana)*, die Inntaler Primel *(Primula daonensis*, Bild 337) oder Clusius-Primel *(Primula clusiana)* bewohnen mehr oder minder kleine Gebiete ausschließlich in den Alpen. Typisch für die Alpen sind dazuhin die Unterschiede im Pflanzenkleid zwischen Ostalpen einerseits und den regenreicheren Westalpen andererseits. Die Italienische Hauswurz *(Jovibarba allioni)* und die Berardie *(Berardia subacaulis)* sind z.B. rein westalpine Pflanzen. Kleinblütige Akelei *(Aquilegia einseliana)*, Kärntner Kühtritt *(Wulfenia carinthiaca)*, Alpen-Glokkenblume *(Campanula alpina*, Bild 338) oder Dunkle Glockenblume *(Campanula pulla)* erreichen - vom Balkan her - noch die Ostalpen oder kommen ausschließlich in diesen vor.

Bild 339 (links). Busch-Windröschen *(Anemone nemorosa)*
Bild 340 (rechts). Hohler Lerchensporn *(Corydalis cava)*

Das mitteleuropäische Florengebiet

In Mitteleuropa haben sich wegen der Verhältnisse im Pleistozän nur wenige Arten herausbilden können, die ausschließlich hier vorkommen oder hier den Schwerpunkt ihres Verbreitungsgebiets haben. Eine gewisse Rolle spielt es auch, daß in Mitteleuropa das Klima recht ausgeglichen ist, sieht man von extremen Standorten ab, wie sie Gebirge, Feucht- und Trockengebiete darstellen. Die Januar-Mitteltemperaturen unterschreiten selbst in den mittleren Mittelgebirgslagen kaum irgendwo –4° C, und die Juli-Mitteltemperaturen bewegen sich zwischen 16°–20° C. Nur an den klimatisch am meisten begünstigten Orten liegen sie 1°–2° C darüber. Die Niederschläge erreichen in regenarmen Lagen immer noch rund 500 mm/Jahr. Am Alpenrand und am Nordwestrand der Mittelgebirge können sie auf rund 1000–1500 mm steigen. Unter diesen Bedingungen können viele Arten gedeihen, die ihre Hauptverbreitung im kontinentalen, atlantischen oder im mediterranen Florengebiet haben.

Als charakteristische Vegetation haben sich seit dem Ende der letzten Vereisung in Mittel-

Bild 341. Goldnessel *(Lamiastrum galeobdolon)*

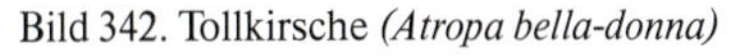

Bild 342. Tollkirsche *(Atropa bella-donna)*

europa sommergrüne Laubwälder entwickelt. In ihnen waren Rotbuche *(Fagus sylvatica)*, Trauben-Eiche *(Quercus petraea)* und Stiel-Eiche *(Quercus robur)* beherrschende Arten. Obschon sie heute nicht auf Mitteleuropa beschränkt sind, dürfen sie für das mitteleuropäische Florengebiet als kennzeichnend gelten, ebenso die Esche *(Fraxinus excelsior)* und die Berg-Ulme *(Ulmus glabra)*. Als Vertreter der krautigen Arten, die für das mitteleuropäische Florengebiet typisch sind, seien noch das Busch-Windröschen *(Anemone nemorosa*, Bild 339), der Hohle Lerchensporn *(Corydalis cava*, Bild 340), der Purpur-Klee *(Trifolium rubens)*, das Schöne Johanniskraut *(Hypericum pulchrum)*, die Goldnessel *(Lamiastrum galeobdolon*, Bild 341) und die Tollkirsche *(Atropa bella-donna*, Bild 342) genannt.

Geographische Großräume Mitteleuropas

Mitteleuropa läßt sich auf den ersten Blick von Nord nach Süd in drei Großlandschaften aufteilen: in Tiefland, Mittelgebirge und das Hochgebirge der Alpen (Bild 343, nächste Seite). So leicht diese Gliederung von Nord nach Süd erkennbar ist, so schwer ist Mitteleuropa landschaftlich durch geographische Gegebenheiten nach Westen oder Osten abzugrenzen.

Das Tiefland

Das Tiefland im nördlichen Mitteleuropa, das etwa vom Artois bis ins Baltikum reicht, ist im wesentlichen eine Aufschüttungslandschaft. Es ist im Pleistozän sowohl von den Eisvorstößen wie auch von den Schmelzwässern zu Beginn der Interglaziale und vor allem des Holozäns geformt worden.

Nicht vergessen werden darf der nacheiszeitliche, landschaftsbildende Einfluß der einmündenden Ströme. Der Rhein hat sich ein ausgedehntes Delta geschaffen. Vor rund 8000 Jahren

Bild 343. Landschaftliche Gliederung Mitteleuropas.

mündete er noch in der Gegend der heutigen Doggerbank, die nach dieser Zeit vom Meer überflutet und dauerhaft erobert wurde. Der landschaffenden Schüttung des Stroms stand die landraubende Tätigkeit gewaltiger Sturmfluten entgegen. Beiden Kräften verdanken nahezu die gesamte niederländische sowie die west- und ostfriesische Küste ihr Gesicht. Die Trich-

Bild 344. Marsch auf der Insel Föhr.

termündung der Elbe reicht vom Alten Land bis nach Cuxhaven. Die Fördenküste Schleswig-Holsteins leitet zur Buchten- und Boddenküste Mecklenburg-Vorpommerns und diese zur polnischen und baltischen Ausgleichsküste und weiter zur Haffküste über.

Vor der eigentlichen Nordseeküste liegen kettenartig die Friesischen Inseln. Woher kommen sie? Läßt die Kraft der auf das Land zulaufenden Wellen in dem flachen Wasser des Watts nach, dann bildet sich ein Strandwall aus Dünen. Die Kette der Friesischen Inseln ist Teil dieses Walls. Sie sind ständigen Änderungen durch Fluten ausgesetzt.

Wo sich an der Nordseeküste – vor allem zwischen dem Strandwall und der eigentlichen Küste – oder im Mündungsbereich der Flüsse längerfristig Schlick ablagerte, entstanden Marschen (Bild 344). Nach der Bildungsart kann man Seemarsch und Flußmarsch unterscheiden. Auch die Halligen sind altes Marschland. Fast überall liegen Marschböden etwa auf der Höhe der Mittelwasserlinie oder knapp über ihr. Zwar sind Marschböden eindeutig Ablagerungen von Meer oder Fluß. Zu Land wurden sie indessen erst, als der Mensch um dieses Schwemmland Deiche gezogen, es dadurch gegen Sturmfluten geschützt, es überdies kanalisiert und entwässert hat. Bei der Verlandung wirken auch Rasen aus Queller (*Salicornia europaea*, Bild 345) mit. Sobald die Bodenobergrenze etwas höher als die Mittelwasserlinie liegt, stellen sich Gewöhnlicher Strandflieder (*Limonium vulgare*, Bild 346), Strand-Aster (*Aster tripolium*, Bild 347) und Andel (*Puccinellia maritima*) ein. Die Seemar-

Bild 345. Queller (*Salicornia europaea*)

Bild 346. Gewöhnlicher Strandflieder *(Limonium vulgare)*

schen ziehen sich von den Niederlanden bis nach Dänemark in einem Streifen, der 3–20 km breit sein kann. Nur an wenigen Stellen, so südlich von Wilhelmshaven, westlich von Cuxhaven und nördlich von Husum, ist die Festlandsküste sandig. Hier handelt es sich nicht um Meeresablagerungen wie bei den Friesischen Inseln im Strandwall. Vielmehr hat hier die Küste die Geest[1] erreicht.

Unter Geest versteht man das wellige Hinterland der Marsch sowie das Tiefland im Einzugsgebiet der Ostsee, in denen Sand- und Moränenböden vorherrschen. Im weitesten Sinn kann man die Heiden und Moore mit zu den Geestlandschaften rechnen.

Die Geest verdankt den Eiszeiten ihre Entstehung. Moränenzüge machen noch heute das Gelände wellig. Aus dem teilweise fein zertrümmerten Material der Grundmoränen gingen lehmig-sandige Böden hervor, die da und dort geröllig sein können. Zwischen Moränenzügen stauten sich Seen. Verlandeten sie, wuchsen Hochmoore empor. Wo das Schmelzwasser längere Zeit hindurch parallel zum Eisrand abfloß, entstanden Urstromtäler, in denen die Ablagerungen entweder denen der Flußmarschen gleichen oder aber mehr oder minder ausgedehnte Sandflächen bilden. Solche „Sander“ formten sich in unmittelbarer Nähe des ehemaligen Eisrandes immer dann, wenn die Schmelzwässer die Schuttmenge nicht bewältigen konnten und sie rasch abluden. Sie verlegten an solchen Stellen vielmals ihren Lauf, zerteilten und gabelten sich. Verlagerte sich der Eisrand, verzahnten sich Moränen und Sander. Je weiter vom Eisrand die Ablagerung im Sander erfolgte, desto feinkörniger ist das Material.

Von den Gesteinen, die vom nordischen Inlandeis überfahren und von den glazialen Ablagerungen überdeckt worden sind, ist heute im Landschaftsbild fast nichts mehr zu bemerken. Faßt man den Begriff des mitteleuropäischen Tieflandes weit und rechnet Helgoland dazu, dann müßte man es hier als Beispiel nennen; denn dort lagert auf einem permischen

Bild 347. Strand-Aster *(Aster tripolium)*

Sockel Buntsandstein und Muschelkalk. Auch die Gipsberge bei Bad Segeberg in Holstein, kleine Schollen bei Lüneburg, südlich von Berlin und bei Inowroclaw (Hohensalza) sind im oberen Perm gebildet worden. Die Kalkberge von Rüdersdorf bei Berlin schließlich bestehen aus Muschelkalk; die Kreidefelsen auf Rügen sind berühmt, das Vorkommen von anderen Gesteinen aus der Kreidezeit an einigen Stellen Pommerns sind hingegen weniger bekannt.

[1] Friesisch güst = wüst, unfruchtbar

Die Mittelgebirge

Die Gesteine, die in den mitteleuropäischen Mittelgebirgen anstehen, sind hauptsächlich in den Erdzeitaltern zwischen Devon und Jura gebildet worden. Gesteine aus älteren Epochen sind ebenso selten wie solche aus der Kreidezeit oder dem Tertiär (Tabelle 5).

Die Tonschiefer in den Ardennen und im Rheinischen Schiefergebirge sind devonisch.

Tabelle 5: Die Zeitalter der Erdgeschichte - Gesteine, die in diesen Epochen gebildet worden sind

			Millionen Jahre (ca.)
ERD-NEUZEIT	**Quartär**	Moränen, Sander (Urstromtäler), Schotterterrassen	2
	Tertiär	lockere, sandig-tonige oder mergelige Gesteine, Molasse, Braunkohle	65
ERDMITTELALTER	**Kreide**	Oberkreide helle Kalkmergel, weiße Kalke	110
		Unterkreide Sandsteine, dunkle Tone	140
	Jura	Oberer (Weißer) Jura (Malm) hellgraue Kalke und Kalkmergel	155
		Mittlerer (Brauner) Jura (Dogger) braune Mergel, braune Sandsteine	170
		Unterer (Schwarzer) Jura (Lias) dunkle (Ton-) Mergel, Sandsteine	190
	Trias	Keuper Mergel und Sandsteine	205
		Muschelkalk Kalk, Kalkmergel, Dolomit, Steinsalz	215
		Buntsandstein Sandsteine, häufig von roter Farbe	230
ERDALTERTUM	**Perm**	Zechstein Kalk, Steinsalz, Kupferschiefer; „Rotliegendes“ rote Sandsteine	280
	Karbon	Oberkarbon Sandsteine, Schiefer, Steinkohle	325
		Unterkarbon vorwiegend Sandsteine und Schiefer	345
	Devon	Kalk, Mergel, in den oberen Schichten auch Sandstein, in den unteren Schichten kaum noch Kalk	400
	Silur	eisenreiche, braune Sandsteine eisenhaltige, braune Kalksteine	440
	Ordovizium	dunkle Schiefer, Kalke	500
ERDFRÜHZEIT	**Kambrium**	In Mitteleuropa gibt es aus dieser Zeit kaum Ablagerungsgesteine	600
	Präkambrium	Aus dieser Zeit gibt es kaum Ablagerungsgesteine Granite und Gneise, ebenso Porphyre und Basalte, die in dieser Epoche gebildet worden sind, haben teilweise bis in die Gegenwart überdauert.	

Die angegebenen Jahreszahlen stellen Näherungswerte dar. Nach unterschiedlichen Berechnungen schwanken sie, bei weit zurückliegenden Epochen um mehr als 10 Millionen Jahre.

Stellenweise gibt es auch Kalk, so beispielsweise in der Eifel, in der örtlich auch vulkanische Gesteine den Untergrund bilden. Dasselbe gilt auch für den Westerwald, in dem Basaltdecken größere Flächen bedecken. Devonisch sind die Gesteine im Rothaargebirge, im Sauerland und im Taunus; hier finden sich allerdings auch Gneise. An der Ruhr liegen karbonische Gesteine, nördlich von ihr in der Haar Kreide.

Das Niedersächsische Hügelland erstreckt sich zwischen der Ems im Westen und der Elbe bzw. der Saale im Osten. Westlich von Hannover ist es oftmals nur wenige Kilometer breit, weitet sich aber nördlich des Harzes bis auf fast 50 km. Schließlich läuft es - schmaler werdend - in der Magdeburger Börde aus. Die Oberfläche dieses Hügellandes ist weithin von Löß bedeckt. Mehr

Bild 348 (links). Tonschiefer im Ahrtal.

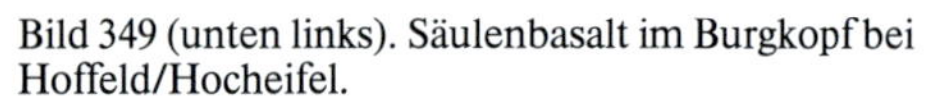

Bild 349 (unten links). Säulenbasalt im Burgkopf bei Hoffeld/Hocheifel.

Bild 350. Blick von der Brockenspitze. Im Vordergrund krüppelwüchsige Nadelhölzer.

als alles andere bestimmt diese Tatsache Nutzung und Gesicht dieser Landschaft.

Das Weserbergland kann man in Wiehen- und Wesergebirge, Bückeberge, Deister, Süntel, Ith, Hils, Lippesches Bergland, Teutoburger Wald, Eggegebirge, Solling, Bramwald und Reinhardtswald untergliedern. Kalke aus Kreide und Jura, Muschelkalk, Keupersandsteine und Mergel finden sich vor allem in den nördlichen Bereichen, Buntsandstein hingegen in der Mitte und im Süden. Am Westende des Teutoburger Waldes tauchen Karbon und Perm noch einmal auf.

Das Hessische Bergland liegt beiderseits der Fulda. Zu ihm gehören u.a. Habichtswald, Kaufunger Wald, Meißner, Knüll, Kellerwald (den man von der Geologie her auch zum Rheinischen Schiefergebirge rechnen könnte), Vogelsberg und Rhön. Neben vulkanischen Gesteinen aus dem Tertiär (z.B. Meißner, Vogelsberg, Rhön, Knüll, Habichtswald) herrscht im Hessischen Bergland Buntsandstein vor. Muschelkalk und Keuper sind fast überall abgetragen. Damit bildet das Hessische Bergland gewissermaßen eine Fortsetzung der süddeutschen Triaslandschaften.

Der Harz besteht aus Gesteinen des Devons, Karbons und Perms, und zwar aus Schiefern und Sandsteinen, die vielfach von Graniten durchsetzt oder überlagert werden. Obschon der Harz mit dem Brocken nur 1142 m hoch wird, ist er damit doch die bei weitem höchste Erhebung in der Nordhälfte Mitteleuropas; ja der Brocken liegt mit seiner Gipfelregion bereits über der Waldgrenze (Bild 350). Im nördlichen und östlichen Harzvorland findet sich Löß.

Das Thüringer Becken wird von Gesteinen der Trias geprägt. Im Mittelteil liegen Muschelkalk und Keuper; Löß ist örtlich aufgelagert. Der Thüringer Wald ist aus kristallinen Schiefern, Graniten und Porphyren sowie aus permischen Gesteinen aufgebaut. Im Frankenwald

Bild 351. Tal der Elbe im Elbsandsteingebirge; links der Basteifelsen.

tauchen karbonische Gesteine auf, im Vogtland sogar vorkarbonische Schichten, wohingegen im Fichtelgebirge wieder kristallines Gestein zutage tritt. Das Erzgebirge zieht sich vom Fichtelgebirge in nordöstlicher Richtung gegen die Elbe, ohne sie indessen zu erreichen; denn beidseits des Elbdurchbruchs liegt das Elbsandsteingebirge (Bild 351), dessen Gesteine wie die des östlich anschließenden, kleinen Zittauer Gebirges in der Kreidezeit gebildet worden sind. Im Erzgebirge sind Granite und Gneise zur Oberfläche gelangt. Mit rund 1200 m erreicht es eine beträchtliche Höhe. Granite liegen ebenfalls im Lausitzer Bergland. Mit mehr als 4500 km² Fläche gehört es zu den ausgedehntesten Granitvorkommen in Mitteleuropa.

Die Sudeten sind - anders als Thüringer Wald oder Erzgebirge - kein Kammgebirge, sondern sie bestehen aus einer Reihe selbständiger Gebirge und Gebirgsstöcke. Zu ihnen gehören Riesengebirge, Isergebirge, Jeschken, Bober-Katzbach-Gebirge, das Glatzer Bergland, Heuscheuer-, Adler-, Glatzer Schnee- und Reichensteiner Gebirge, das Waldenburger Bergland, das Eulen- und das Altvatergebirge, das Gesenke und das Odergebirge. Bestimmende Gesteine sind fast überall Granite, Gneise und Glimmerschiefer, also kristalline Gesteine. Daneben kommen auch karbonische und permische Porphyre vor, und im Heuscheuergebirge stehen Kreidesandsteine an, die denen im Elbsandsteingebirge ähneln. Das Riesengebirge erreicht eine durchschnittliche Kammhöhe von rund 1300 m und auf der Schneekoppe eine Gipfelhöhe von 1603 m. Von Nordosten her steigt es eindrucksvoll um nahezu 1000 m auf kurze Distanz an. Dies wirkt sich nicht zuletzt auf den durchschnittlichen Jahresniederschlag aus.

Viele Einzellandschaften lassen sich auch im Südwestdeutschen Stufenland unterscheiden. Indessen stehen in seinen Mittelgebirgen fast durchweg Gesteine aus dem Erdmittelalter, vor allem aus der Trias und dem Jura an. In den dazwischenliegenden Mulden und Senken lagern da und dort Löß, oder es haben sich fruchtbare Lehmböden gebildet. Seltener sind Schotter- oder Sandböden.

Die Oberrheinische Tiefebene wird von zwei ausgedehnten Stufenländern gesäumt: linksrheinisch vom Lothringischen Stufenland und rechtsrheinisch vom Schwäbisch-Fränkischen Stufenland. Ihr geologischer Aufbau ist prinzipiell gleich, die Abfolge der Stufen fast symmetrisch zur Achse des Oberrheingrabens.

Die linksrheinische Mittelgebirgsflanke wird von den Vogesen und dem Pfälzer Wald gebildet. Granite und Gneise in den südlichen und mittleren Vogesen werden von Buntsandstein und Muschelkalk im Süden und Westen - kleinräumig auch im Südosten - gesäumt, wobei sich westlich Keuper und Juraformationen in breiten Streifen anschließen. Nach Norden bis in den Pfälzer Wald herrschen Buntsandstein im östlichen, Muschelkalk und Keuper im westlichen Teil vor. In der Hardt und südlich davon sind unterer Jura, Muschelkalk und Keuper in kleinen Schollen eingestreut.

Die rechtshreinische Mittelgebirgsflanke wird vom Schwarzwald, dem Odenwald und dem Spessart gebildet. Im südlichen und mittleren Schwarzwald prägen Granit und Gneis die Züge des Gebirges, am südwestlichen Zipfel finden sich im Isteiner Klotz eine Juracholle, südlich von Lahr eine solche aus Muschelkalk. Der Kaiserstuhl ist vulkanischen Ursprungs, seine Flanken weitgehend lößbedeckt. Auch im Odenwald treten noch Granit und Gneis zutage, wogegen der Spessart vorwiegend aus Buntsandstein besteht. Südöstlich an die Buntsandsteinstufe schließt sich eine Muschelkalkstufe an, die in Württemberg vom oberen Neckar durchtalt wird, zu der die Gäue gehören, ebenso ein Teil des Kraichgaues, die Hohenloher Ebene, das Bauland und die Fränkische Platte. Die Böden sind hier auf weiten Strecken mit Löß oder Lößlehm bedeckt. Die Keuperstufe ist vielfach im

Bild 352. Schwäbisches Stufenland. Blick vom Schönbuchrand. Die ebene Fläche am rechten Bildrand zeigt Ackerland auf Muschelkalk. In der Bildmitte steigt nach links Keuper an, der im Gipskeuper durch Steinbrüche erschlossen ist. Auch die bewaldeten Hügel, die von der Bildmitte nach rechts ziehen, sind aus Keupergesteinen. Die blaßblau im Hintergrund erscheinenden Berge gehören zum Jura der Schwäbischen Alb.

Gelände recht ausgeprägt, obschon sie meist aus eigenständigen, kleineren Berg- und Hügelgruppen besteht: Der Stromberg gehört zu ihnen, der Heuchelberg, Schönbuch (Bild 352), Schurwald, Welzheimer Wald, Murrhardter Wald, Löwensteiner Berge und der Mainhardter Wald. Wenn man sie unter dem Namen „Schwäbischer Wald" zusammenfaßt, so verwischt dies ihre vielfach auch floristisch ausgeformte Eigenart. Sie schließen im Nordosten nahtlos an die Keuperstufe in Franken an, die hier im Bergzug des Steigerwalds sehr deutlich ausgebildet ist, die aber auch Senken wie die Regnitzmulde mit ihren verheideten Sandböden umfaßt.

Die markanteste Stufe – nähert man sich von Nordwesten – stellt jedoch der Jura der Schwäbischen Alb dar, die dann allerdings im Bereich der Fränkischen Alb etwas verflacht. Mancherorts beträgt der Höhenunterschied 300–400 m. Im unteren und mittleren Jura kommen neben Kalken auch Tone und mergelartige Schichten vor. Im oberen Jura beherrschen aber gebankte[1] oder massive Kalke eindeutig das Bild. Die Hochfläche des Juras ist weithin verkarstet, die Böden sind daher flachgründig und steinig. Die Schwäbische Alb erreicht in ihrem südwestlichen Rand unweit von Rottweil auf dem Lemberg mit 1015 m ihre höchste Höhe. Nach Südosten fällt sie langsam ab. Der Trichter des Nördlinger Rieses stellt einen Meteoritenkrater dar. Östlich des Nördlinger Rieses beginnt die Fränkische Alb, die vielfach auch Fränkischer Jura genannt wird. Sie hat im Altmühl- und Donautal um Kelheim und in der Fränkischen Schweiz (Bild 353) mit ihren eindrucksvollen Felsen ihre schönsten Teillandschaften.

Zwischen Fränkischer Alb und Oberpfälzer Wald liegt das Oberpfälzer Hügelland, das zuweilen – und etwas irreführend – auch als Oberpfälzer Becken bezeichnet wird. Hier gibt

[1] „Gebankte" Kalke lassen deutlich eine schicht- oder mauerwerkartige Ablagerung erkennen. Massiven Kalken fehlt jegliche Schichtung.

Bild 353. Felsformationen in der Fränkischen Schweiz, Arnsberger Leite.

Bild 354. Bayerischer Wald; Blick vom Lusen.

es im Westen noch Jurakalke, an die Keuper- und Kreidesandsteine anschließen. Das Fichtelgebirge stellt mit seinen rund 1000 m Gipfelhöhe einen markanten „Gebirgsknoten“ aus überwiegend kristallinen Gesteinen dar. Von ihm aus nach Südosten zieht sich der Oberpfälzer Wald, an den Bayerischer Wald und Böhmerwald anschließen. Im Oberpfälzer Wald kommen außer Graniten und Gneisen auch örtlich permische und triassische Gesteine sowie Basalte vor, wohingegen im Bayerischen Wald (Bild 354) und im Böhmerwald Granite und Gneise den Charakter dieser Gebirge prägen, von einem kleinen Keil aus Kreidesandsteinen abgesehen. Mit fast 1500 m erreichen sie eine für Mittelgebirge respektable Höhe. Sie wirkt sich steigernd auf die jährlichen Niederschläge aus. Niederschlagsreichtum und Nährstoffarmut der Böden tragen gleichermaßen zum Waldreichtum dieser Gebirgszüge bei. Nach Südosten nehmen die Gipfelhöhen ab. Die Ausläufer enden - knapp westlich von Wien - im Waldviertel und in der Wachau.

Der Schweizer Jura und das Alpenvorland

Die Juragesteine verschwinden am Südwestende der Schwäbischen Alb bis auf einen schmalen Streifen von der Erdoberfläche. Landschaftsbeherrschend sind dort die Berge des Hegaus, die vulkanischen Ursprungs sind, in ihrer Vegetation aber Ähnlichkeiten mit dem Jura aufweisen. Am Hochrhein tauchen Höhenzüge auf, die Moränen der Eiszeiten darstellen; sie sind daher zum Alpenvorland zu rechnen. Südlich des Hochrheins erhebt sich der Schweizer Jura. Er ist im Gegensatz zur Schwäbischen und zur Fränkischen Alb ein mehrkettiges Faltengebirge und daher vielerorts schroffer. Zum Französischen Jura hin läuft er allerdings in einer plattig-flachen Hochfläche aus. Anders als die deutschen Juramittelgebirge erreicht er - von der deutsch-schweizerischen Grenze zwischen etwa Waldshut-Tiengen und Basel nach Südwesten sich erstreckend und in dieser Richtung ansteigend - rasch Höhen, die deutlich über 1000 m liegen. Der Weißenstein bei Solothurn ist 1396 m, der Chasseral bei Biel 1607 m, und der Mont Tendre auf der Höhe von Lausanne sogar 1679 m hoch. Vorherrschende Gesteine sind Kalk und Mergel. Wegen seiner Riegellage quer zur vorherrschenden Windrichtung aus Westen und vor den Alpen erhält er reichlich Niederschläge, die im Jahresmittel zwischen 1000 und 2000 mm liegen. Höhenlage und Niederschlagsreichtum haben Konsequenzen für die Pflanzenwelt. Im Schweizer Jura finden sich viele Arten, die ihren Verbreitungsschwerpunkt in den Westalpen oder in den Nördlichen Kalkalpen haben. Wegen der hohen Niederschläge kommt es unter günstigen Bedingungen in den Hochtälern sogar zu Hochmoorbildungen, in denen sich vereinzelt arktisch-boreale Arten halten konnten. Andererseits liegen die tieferen Bereiche des östlichen Juraabfalls im Regenschatten und zudem recht weit südlich; deswegen sind sie klimatisch sehr begünstigt. Hier haben sich zahlreiche mediterrane Arten Standorte bis in die Gegenwart bewahrt.

Das Schweizer Mittelland ist eine reich gegliederte, hügelige Landschaft, die zwischen Jura und Alpen liegt. Sie war – bis auf wenige kleine Gebiete im Norden – während der Eiszeiten von Gletschern bedeckt. Daher gleicht sie dem Alpenvorland. Im Regenschatten des Jura ähnelt das Pflanzenkleid der Juraflora; alpine Arten fehlen indessen. Gegen die Alpen nehmen die Niederschläge rasch zu und erreichen 1200–1600 mm. Hier können örtlich boreal-alpine Arten auftreten. Auf den alpennahen Molassebergen[1] entspricht die Flora derjenigen der mittleren Höhenstufen der Alpen.

Das Deutsche Alpenvorland erstreckt sich vom Hochrhein bis zur Inn-Salzachlinie. Nach

[1] Im mittleren Tertiär bildete sich im damaligen Vorland der sich faltenden und sich heraushebenden Alpen ein Trog, in den Gesteinstrümmer aus dem Gebirge eingeschwemmt wurden. Sie waren unterschiedlich fein zermahlen, und deswegen entstanden auch unterschiedlich aussehende Trümmergesteine aus ihnen. Auf das zermahlene Grundmaterial der damals gebildeten Gesteine bezieht sich der Name „Molasse". Er entstammt dem Lateinischen, in dem „molere" „mahlen" bedeutet.

Bild 355. Staffelsee. Blick auf den Höhenzug am Südufer; rechts: Südspitze der Insel Wörth.

Osten setzt es sich im Österreichischen Alpenvorland fort, das mit dem Wiener Becken, einer Einbruchsenke, endet. Quer dazu reicht es vom Alpennordfuß bis etwa zur Donau. Oberschwaben - im Südwesten des Gebiets gelegen - ist eine moor- und seenreiche Moränenlandschaft. Im mittleren Teil ziehen sich längs der Donau zunächst Donauried und Donaumoos. Das Ober- und das Niederbayerische Hügelland sind flachhügelige Landschaften, in denen die Böden da und dort Lößdecken tragen. Das anstehende Gestein ist donaunah vielfach Molassesandstein. An das Hügelland schließen südwärts mehr oder minder ausgeprägte Schotterflächen an, in die Moore eingesprenkelt sind. Alpenwärts wird die Landschaft durch Moränenzüge unruhiger; die großen oberbayerischen Seen und viele kleinere machen sie reizvoll und abwechslungsreich (Bild 355). Grundmoränenböden tragen Wiesen und Weiden; vielerorts gehen sie in Sumpfwiesen und Moore über. Die österreichische Voralpenlandschaft ähnelt durchweg eher den Hügelländern. Sanderbildungen oder Schotterterrassen fehlen ebenso wie große Moore.

Die Alpen

Die Bildung der Alpen erfolgte nicht nur über lange Zeiträume hinweg, sondern auch in örtlich unterschiedlichen Geschwindigkeiten und mit örtlich verschiedener Intensität von Faltung und Hebung. Verfaltungen der Decken und Überschiebungen erschweren das Verständnis der Zusammenhänge für Nichtfachleute. Wir verzichten daher auf viele Einzelheiten und gliedern die Alpen nur in grobem Raster. Man kann sie in Westalpen und Ostalpen sondern. Die Trennlinie wäre eine gedachte Linie, die etwa von Bregenz zum Comer See führt.

Innerhalb der Westalpen, in denen die Ablagerungsgesteine aus dem Erdmittelalter viel enger, als dies in den Ostalpen der Fall ist, mit kristallinen Gesteinen „verknetet" sind, kann man die Südwestalpen abtrennen. Die Trennachse verliefe etwa zwischen Albertville und Aosta. Diese Einteilung ist eher floristischer als

Bild 356. Stengellose Schlüsselblume *(Primula vulgaris)*

geologischer Art. Die Südwestalpen zeichnen sich durch eine ihnen eigentümliche, südeuropäisch beeinflußte Pflanzenwelt aus. Typische Arten haben wir nur ausnahmsweise erwähnt.

Die Ostalpen sind recht eindeutig in die Nördlichen Kalkalpen, die Zentralalpen und die Südalpen zu gliedern. In den Zentralalpen herrschen kristalline Gesteine vor, doch stehen da

Bild 357. Wildes Alpenveilchen *(Cyclamen purpurascens)*

und dort auch Einsprengsel von kalkhaltigen Gesteinen an. In den Südalpen ist es genau umgekehrt: Kalkhaltige Gesteine herrschen vor, doch kommen da und dort kalkarme Gesteine vor.

In den Nördlichen Kalkalpen laufen die Täler letztendlich in süd-nördlicher Richtung. Durch sie fegen - falls Luftmassen aus dem Süden die Alpen übersteigen - die entstehenden warmen Fallwinde als „Föhn" nach Norden bis weit in das Voralpenland hinaus. Zu solchen Fallwinden kommt es bei einer Hochdruckwetterlage über Italien bei gleichzeitig tiefem Druck auf der Alpennordseite. Sie tragen zu den oft besonders milden örtlichen Klimaten bei und ermöglichen auf diese Weise „Föhnpflanzen" die Existenz: Die Stengellose Schlüsselblume *(Primula vulgaris*, Bild 356), der Spanische Mauerpfeffer *(Sedum hispanicum)* und das Wilde Alpenveilchen *(Cyclamen purpurascens*, Bild 357) mögen als Beispiele hierfür dienen.

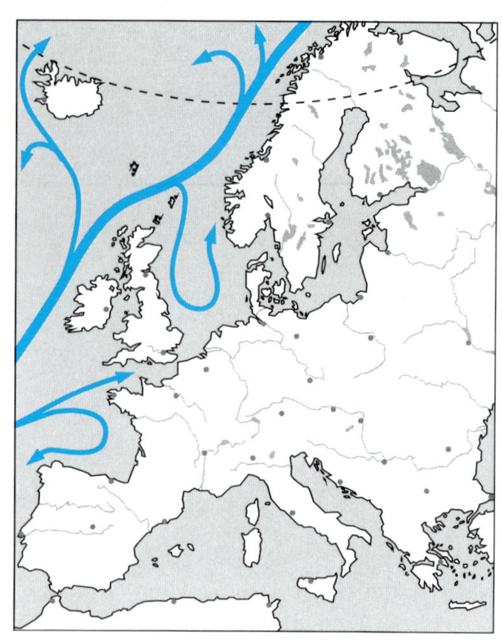

Bild 358. Das Klima in Mitteleuropa wird nicht nur durch die Breitenlage, sondern wesentlich auch durch die warmen Wasser des Golfstroms (blaue Pfeile) bestimmt.

Das mitteleuropäische Klima heute

Kurze Übersicht

Unter Klima verstehen wir vor allem das Zusammenspiel von Temperatur und Niederschlag im Durchschnitt vieler Jahre.

Beide Größen werden in Europa weniger durch die Breitenlage als durch den Einfluß des Golfstroms (Bild 358) bestimmt, der die Küsten West- und Nordeuropas umspült. Kühlt sich 1 m³ Meerwasser um 1° C ab, so reicht die dabei frei werdende Wärmemenge aus, um 3000 m³ Luft um 1° C zu erwärmen. Daher schwankt die Lufttemperatur über dem Nordatlantik, der als „Wetterküche" Europas gilt, nur mit einem Jahresmittel von rund 10° C, wohingegen die Lufttemperatur über den ostasiatischen Randmeeren, die auf derselben Breite liegen, um 15-30° C schwankt[1]. Das europäische Klima ist also „ozeanisch-ausgeglichen". Dazu tragen auch Wind- und Niederschlagsverhältnisse bei. Westwinde herrschen vor. Sie kommen vom Atlantik. Da sich Wasser langsamer als Land erwärmt oder abkühlt, bringen sie im Sommer Kühlung, dagegen Warmluft im Herbst und Winter. Die jährlichen Niederschläge nehmen von West nach Ost ab. An den Gebirgsschwellen, die sich der Hauptwindrichtung aus etwa Nordwest quer entgegenstellen, kommt es zu Steigungsregen. Für das Klima sind ebenso die Großwetterlagen prägend, die in Mitteleuropa in den einzelnen Jahreszeiten typischerweise auftreten.

Im Winter schieben sich nicht selten aus Nordosten Hochdruckgebiete mit kalten, trokkenen Luftmassen vor (Bild 359), doch überwiegen Tiefdruckgebiete mit eher warmer, feuchter

[1] Zahlenangaben aus WAGNER, J. et al. (Hrsg.): HARMS Erdkunde, Band II, Europa, bearbeitet von H. LEHMANN. Atlantik Verlag P. List, Frankfurt, Berlin, Hamburg, München; 18. Aufl. 1958.

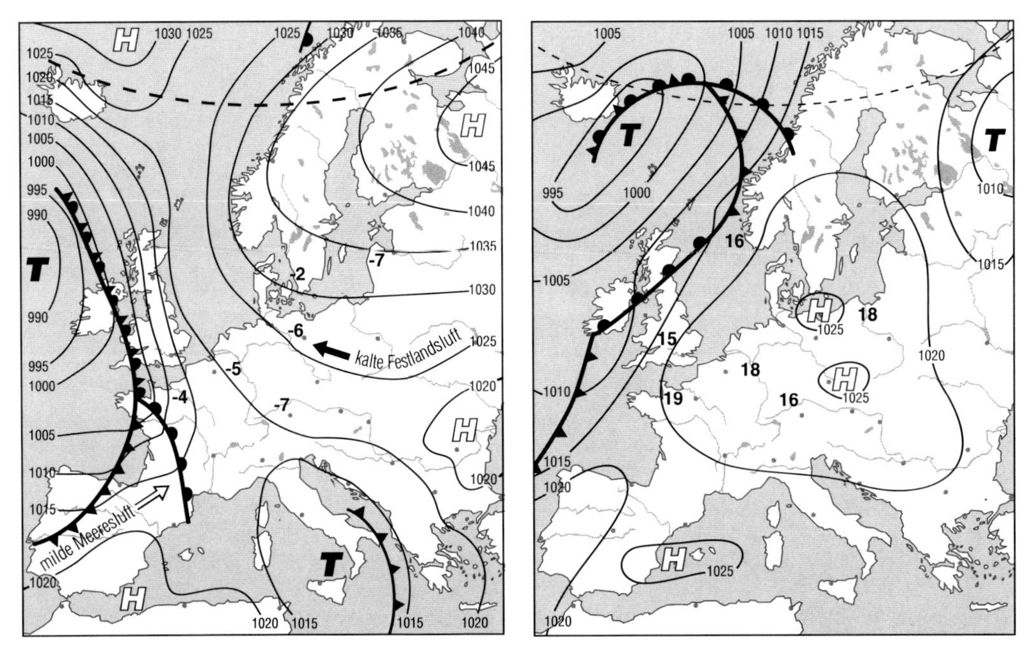

Bild 359. Links: Typische Hochdruckwetterlage im Winter mit Kaltluftzufuhr aus einem nordosteuropäisch-sibirischen Hochdruckgebiet; rechts ein sommerliches Hochdruckgebiet über den Azoren und mit einer großen Hochdruckzelle über Mitteleuropa.

Luft, die sich in Form wandernder Wirbel über dem Nordatlantik von dortigen Tiefdruckgebieten lösen und die auf „Zugstraßen" nach Mitteleuropa ziehen. An ihrer „Vorderseite" (Südostflanke) saugen sie warme Luft aus südlicheren Breiten an, an ihrer „Rückseite" (Nordwestflanke) stößt kalte Polarluft nach. Auf ihrem Weg nach Osten schwächen sie sich ab. Die Sommer sind häufig von Hochdruckgebieten bestimmt, die sich von den Azoren bis in das südliche Rußland erstrecken. Ein Hoch in dieser Lage hindert die vom Atlantik kommende Luft. In ihm und südlich von ihm fallen daher im Sommer wenig Niederschläge. Die mitteleuropäischen Sommer werden trocken-warm, wenn diese Hochdruckgebiete relativ nördlich liegen, naß und kühl hingegen, wenn sie sich auf Südeuropa beschränken.

Das westeuropäische Klimagebiet steht am stärksten unter dem ausgleichenden Einfluß des Atlantiks. Die Jahreskurve der Temperatur schwankt um 10–18° C. Der Winter ist mild, der Sommer relativ kühl. Es erreicht im westlichen Teil des mitteleuropäischen Tieflands noch Mitteleuropa. Die „atlantischen" Pflanzen sind an dieses Klima angepaßt.

Im nordöstlichen Mitteleuropa sind die kontinentalen Einflüsse nicht zu übersehen. Die Winter werden von dem über Asien bzw. über dem nördlichen Osteuropa ausgebildeten Hochdruckgebiet beherrscht, das ein Vordringen ozeanischer Luft vom Atlantik bzw. von der Nordsee verhindert. Deswegen sind sie kalt. Die Januarmittel liegen unter –5° C, und je weiter man nach Osten kommt, desto tiefer sinken sie. In Osteuropa können sie örtlich nur –20° C betragen. Die Sommer sind dort hingegen wärmer als im typisch mitteleuropäischen Klima. Die Julimitteltemperatur liegt über 20° C, und je weiter man nach Osten kommt, um so höher steigt sie. Die Schwankungsbreite der Mitteltemperaturen liegt also durchweg über 25° C.

Das mittelmeerische Klima wirkt sich in Mitteleuropa allenfalls in den wärmsten Lagen in der Südwestschweiz und - unmittelbar außerhalb des hier behandelten Gebiets - am Alpensüdfuß in abgeschwächter Form aus. Für dieses Klima sind trocken-heiße Sommer und regnerische Winter typisch. Die Grenze zum eigentlichen mittelmeerischen Klima kann man durch die Linie ziehen, die alle Orte miteinander verbindet, an denen die Januarmitteltemperatur +5° C nicht unterschreitet. Sie ist praktisch dekkungsgleich mit der Grenze des Areals, in dem der Ölbaum *(Olea europaea)* noch gedeiht.

Das eigentliche mitteleuropäische Klima ist also durch eine Mischung atlantischer und kontinentaler Einflüsse definierbar: Je nach der Großwetterlage steht es mehr unter dem Einfluß entweder der maritimen West-Nordwestwinde oder der trockenen, kontinentalen Luftmassen. Letztere bescheren Mitteleuropa im Sommer trocken-heißes, im Winter trocken-kaltes Wetter.

Orts- und Kleinklima

Die Mittelwerte, mit denen man ein Klima eines Großraumes charakterisieren kann, sagen über die Niederschlagshöhe und die Temperaturen, die es an einem bestimmten Ort innerhalb des fraglichen Gebiets geben kann, unter Umständen recht wenig aus. So fallen auf der Hornisgrinde im Nordschwarzwald etwa 1500 mm Niederschlag im Jahr. Böblingen, das auf etwa derselben Breite kaum 70 km weiter im Osten liegt, erhält hingegen nur rund 730 mm. Hier wirken sich an der Barriere, die der Schwarzwald bildet, „Steigungsregen" aus: Wird Luft zum Aufsteigen gezwungen, dann wird sie kälter und damit nimmt ihre Fähigkeit ab, Wasser in Dampfform zu speichern. Der Dampf kondensiert zu Tröpfchen, die sich vereinen und als Regen fallen. An der Ostabdachung des Schwarzwalds hingegen sinkt die Luft ab. Sie erwärmt sich dabei. Ihre Fähigkeit, Wasser in Dampfform aufzunehmen, wird verbessert. Niederschläge werden seltener, föhnige Aufheiterungen häufiger.

Unterschiede in der Höhe durchschnittlicher Jahresniederschläge lassen sich auf noch kürzere Strecken zwischen der Windseite und der Windschattenseite von Gebirgen feststellen. Ein extremes Beispiel ist das Wallis einschließlich der Visper Täler. Auf den Bergen, die es allseits umgeben, fallen durchweg mehr als 1500 mm, örtlich sogar mehr als 2400 mm Niederschlag. Im Tal zwischen Martigny im Westen und Brig im Osten wird in manchen Jahren nicht einmal 400 mm Niederschlag im Jahr gemessen. Gleichzeitig sind hier die Sommer sehr warm. An mehr als 2000 Stunden im Jahr scheint die Sonne. Das Klima hat infolgedessen einen durchaus kontinentalen Einschlag. Die Vorkommen von Haar-Pfriemengras *(Stipa capillata)* und vom Frühlings-Adonisröschen *(Adonis vernalis)*, die beide typisch kontinentale Arten sind, beweisen das. Auch im Engadin ist eine gewisse „kontinentale Färbung" des Klimas festzustellen. Im beckenartigen Hochtal selbst fallen östlich von Samedan nur um 700 mm Niederschlag, örtlich auch weniger, wogegen die umgebenden Höhenzüge mehr als 2000 mm erhalten.

Ebenso können die Unterschiede in der Luftfeuchtigkeit auf engem Raum sehr unterschiedlich ausgeprägt sein. Enge Klammen und Täler enthalten häufig Luft, die durchschnittlich feuchter ist als die außerhalb des Tales. Vor allem gegenüber flachen, windausgesetzten Hochflächen kann die Differenz beträchtlich sein. Auch die Vegetation beeinflußt die durchschnittliche Höhe der Luftfeuchtigkeit. In Wäldern liegt sie deutlich höher als in offenem Gelände. Ähnliches gilt sogar für Pflanzenbestände, die beträchtlich niedriger bleiben, wie für Wiesen oder Getreidefelder. Lückig bewachsene, südexponierte und windausgesetzte Standorte können deutlich „kontinentaler" sein als dichtbewachsene Pflanzenbestände in Nordlage oder an windgeschützen Orten.

Die Lufttemperatur - von der Erdoberfläche bis in 2-3 m über dem Boden - wird indirekt durch die Temperatur des Erdbodens bedingt. Diese hängt nicht nur von der Menge der eingestrahlten Energie, sondern auch von der Fähigkeit des Erdreichs ab, Strahlung zu absorbieren, weiter von seiner Wärmeleitfähigkeit und von der nächtlichen Abstrahlung von Wärme. Alle diese Eigenschaften ihrerseits werden vom Wassergehalt des Bodens und von der Bodenart selbst wesentlich beeinflußt. Dichte, nasse Böden leiten und speichern die Wärme besser als trockene. Diese werden aber an der Oberfläche sehr viel heißer. An südseitigen Steilhängen im Gebirge können in offenen, dunklen Rohhumusböden oder Rendzinen (s.S. 312, 314) an sonnigen, windstillen Frühsommertagen um die Mittagszeit Oberflächentemperaturen des Bodens gemessen werden, die um 65° C liegen. Kaum 15 Stunden später - am frühen Morgen des nächsten Tages - kann die Oberflächentemperatur des Bodens auf +10° C oder einen noch tieferen Wert abgesunken sein. Die Spanne zwischen Höchst- und Tiefsttemperatur liegt im genannten Fall bei 55° C! Auf einer vergleichbaren Stelle, die nicht offen, sondern bewachsen ist, kann unter denselben Bedingungen das Temperaturmaximum je nach der Dichte und Art des Bewuchses unterhalb 30° C liegen, der Tiefstwert 12-15° C betragen.

Auch der Anteil des Lichtes, der für die Photosynthese genutzt werden kann, schwankt auf kleinstem Raum in Abhängigkeit von der Beschattung durch den Pflanzenbestand. Am Boden eines Laubwaldes kann die Lichtmenge, die den Boden erreicht, nach Ausbildung aller Blätter - also etwa Ende Mai - weniger als 10% des Wertes betragen, der auf das Kronendach der Bäume an derselben Stelle fällt.

Der Boden

Was Boden ist, läßt sich gar nicht so einfach sagen. Ein Botaniker könnte jeden Untergrund so nennen, der Pflanzen trägt. Für den Bodenkundler ist Boden oberflächennah verwitterndes und verwittertes, anstehendes Gestein. Das Verwitterungsprodukt steht in andauernder Wechselwirkung mit den Pflanzen, die auf ihm wachsen sowie mit den Lebewesen, die in ihm leben und die Bestandteile von ihm durch ihre Lebenstätigkeit umstrukturieren, in ihrer Mischung oder stofflich verändern.

Alle oberflächennahen Gesteine unterliegen dem Einfluß des Klimas, der „Witterung"; sie verwittern. Neben physikalischen Vorgängen sind chemische und biologische Prozesse an der Verwitterung und damit an der Bodenbildung beteiligt. Die Verwitterung im engeren Sinn ist die Summe vieler abbauender Verläufe. An der eigentlichen Bodenbildung hingegen sind auch Aufbauvorgänge beteiligt.

Verwitterung

Physikalische Verwitterung

Verwitterung durch Temperatureinflüsse

Bei häufigem Wechsel zwischen Erwärmung und Abkühlung kommt es zu einem Ausdehnen und einem Zusammenziehen von Gesteinen. Vor allem in Gesteinen, die verschiedene kristalline Bestandteile enthalten, entstehen dadurch Spannungen, die letztlich zum Zerfall des Mineralverbandes führen können. Neben der spezifischen Wärmeleitfähigkeit und spezifischen Ausdehnungseigenschaften der Mineralien[1] spielt dabei ihre Farbe eine gewisse Rolle. Man kann ganz allgemein sagen, daß dunklere Mineralien sich in der Regel rascher erwärmen und wieder rascher abkühlen als dies hellere tun. Diese „Thermische Verwitterung" spielt in Mitteleuropa vor allem im Gebirge an Hängen mit Südexposition eine Rolle, an denen starke Sonneneinstrahlung herrscht und an denen eine kräftige Abkühlung während der Nacht eintritt.

Neben der „Thermischen" Verwitterung im engeren Sinn gibt es noch „Frostverwitterung".

[1] minera, lat. = Bergwerk. Mineralien sind Körper mit einer bestimmten chemischen Zusammensetzung. In der Regel kristallisieren sie und können durch eine für sie typische Kristallform sowie durch ihre spezifische Härte beschrieben werden. Sie sind auf natürlichem Weg ohne Beteiligung von Lebewesen entstanden. Gesteinsbildende Mineralien entstammen häufig ehedem flüssigem Material, das sich langsam abgekühlt hat, wobei die einzelnen Mineralien an ihrem „Erstarrungspunkt" sich langsam aus dem Glutfluß herauskristallisiert haben. Je mehr Zeit für die Kristallisation zur Verfügung stand, je länger also die jeweilige Erstarrungstemperatur konstant geblieben war, desto größer sind die Kristalle. Mineralien, die sich aus wäßrigen Lösungen abgeschieden haben, sind nicht gerade selten, spielen aber als Gesteinsbildner eine untergeordnete Rolle.

Sie beruht auf der Eigenschaft des Wassers, sich beim Gefrieren um rund 9% seines Volumens auszudehnen. Dringt Wasser in Gesteinsspalten ein und gefriert dann, so treten erhebliche Drücke auf. Das gefrorene Wasser drückt wie ein Keil das Gestein auseinander. Dadurch wird auch der Spalt, in dem es sich befindet, verlängert. Taut es, sickert das Wasser bis zum neuen Spaltende. Gefriert es erneut, erfolgt weitere Trennung und Lockerung.

Frostverwitterung erzeugt nicht nur gröbere Gesteinstrümmer, sondern auch solche sehr geringer Korngröße bis herunter zum „Gesteinsmehl". Sie ist besonders in Gebirgen mit häufigem Wechsel zwischen Auftauen und Frieren sowie in kontinental beeinflußten Klimaten wirksam. Allerdings kommt es nicht bei jedem leichten Frost schon zu nennenswerten Gesteinszerstörungen. Aus physikalischen Gründen gefriert Wasser in allerfeinsten Rissen und Spalten erst bei –3 bis –5° C.

Ähnlich wie Eiskristalle wirken Kristalle anderer Stoffe, die sich in Spalten absetzen können. Verwitterung durch eine derartige Salzsprengung ist in Mitteleuropa nur von untergeordneter Bedeutung.

Verwitterung durch Schnee- und Eiseinwirkung
Schnee kann verfirnen und sich schließlich zu Eis verdichten und verfestigen. Dieses „fließt" unter Druck bei bestehendem Gefälle talwärts. Dabei zermalmt es Gesteine und verlagert große Schuttmengen. Beim Fließen schürfen die unteren Eisschichten Gesteinsmaterial aus dem Untergrund. Sie hobeln Gesteine am Gletschergrund und am Gletscherrand oberflächlich ab. Der vom Gletschereis abgehobene Grundschutt, der von den untersten Eisschichten mitgeschleppt wird, bildet die Grundmoräne. Schutt, der seitlich auf die Gletscheroberfläche fällt, häuft sich zu Seitenmoränen an, die sich beim Zusammenfluß zweier Gletscherzungen zu einer Mittelmoräne vereinigen. Vor dem Gletscherrand bilden die aus dem Eis stammenden Schuttmassen Endmoränenwälle (Bild 360). Bei wiederholten Vorstößen und Rücknahmen

Bild 360. Schwarzenberg-Gletscher bei Saas-Fee/Wallis mit Eisrand und Stirnmoräne.

Bild 361. Spuren flächenhafter Abspülung in einem Maisfeld nach anhaltenden, starken Regenfällen im Frühsommer.

auf kleinem Raum entstehen so gestörte Aufschichtungen aus unterschiedlichen Materialien, d.h. in einer meist steinig-lehmigen „Grundsubstanz" kann Sand ebenso enthalten sein wir grobkörniges, schotterartiges Geschiebe. Tone können sich nur ablagern, wo Schmelzwässer Feinmaterialien abgesetzt haben. Vergleichbares gilt für reine Sande.

Verwitterung durch Oberflächenwasser

Fließendes Wasser kann anstehendes Gestein abtragen, transportieren und ablagern. Seine Wirkung ist von der Oberflächengestalt und der Art des anstehenden Materials abhängig, besonders aber von der Menge und der Fließgeschwindigkeit des Wassers.

Regenfälle führen im allgemeinen auf geneigten, wenig oder nicht bewachsenen Böden oder Lockergesteinsflächen zu einer flächenhaften Abspülung (Bild 361). In Sand- und Lößgebieten kann sie beträchtliche Ausmaße zeigen. Häufiger sind indessen Rinnen- oder Talbildungen. Flüsse und Bäche leisten in unseren Breiten die Hauptabtragungsarbeit. Bei hohem Gefälle überwiegt die Tiefenerosion.

Seitenerosion wirkt sich in Flachstrecken aus. Die Strömung eines Flusses wird im Mittel- und Unterlauf bei verringertem Gefälle und breiterem Flußbett ruhiger. Periodische Hochwässer führen zur Ablagerung von Schotter oder Sanden in der Talaue; bei sehr langsamem Fließen wird auch Feinstmaterial abgesetzt.

Chemische Verwitterung

Die Fähigkeit, sich in Wasser zu lösen, ist bei den gesteinsbildenden Mineralien unterschiedlich stark ausgeprägt. Gips und Kalk sind – geologisch, also in langen Zeiträumen gesehen – leicht lösliche Mineralien; Quarz hingegen gilt auch im geologischen Maßstab zu Recht als schwer löslich. Viele Mineralien sind Salze. Ihre Bestandteile sind Ionen, also Atome oder Atomgruppen, die eine elektrische Ladung tragen. Salze halten kristallisiert zusammen, weil im Kristallgitter, dem „Besetzungsplan" des Kristalls, positiv und negativ geladene Ionen so angeordnet sind, daß sie sich mit größtmöglicher Kraft gegenseitig anziehen. Wasser hat Moleküle, die an unterschiedlichen Stellen eine kleine positive und eine kleine negative elektrische Ladung tragen: Es sind Dipolmoleküle. Dringen Wassermoleküle in ein Kristallgitter ein, dann umgeben sich die Ionen im Gitter mit einer Hülle aus Wassermolekülen. Ihre Abstände zueinander verändern sich dadurch. Dank des Wassermantels verteilen sie sich leicht in Wasser, kurz, sie lösen sich aus dem Gitterverband heraus.

Neben der reinen Lösungsverwitterung spielen chemische Umsetzungen eine Rolle. Wasser verhält sich nicht nur als Stoff aus H_2O-Molekülen, sondern es zeigt sich stets in geringen Anteilen auch als eine Verbindung, die aus einem positiv geladenen Ion H^+ und einem negativ geladenen Ion OH^- besteht. In seiner ionischen Form kann man Wasser sowohl als eine schwache Säure als auch als eine schwache Base auffassen[1]. In beiden Formen kann Wasser mit löslichen Mineralbestandteilen reagieren. Wichtig ist das vor allem für die Ionen von Metallen wie Kalium, Magnesium, Calcium. Kaliumionen sind z. B. in manchen Feldspäten enthalten, die ihrerseits in Graniten vorkommen. Die positiv geladenen Kaliumionen (K^+) bilden zusammen mit OH^--Ionen aus Wasser eine starke Base, die wir in hoher Konzentration „Kalilauge" nennen. Bei der chemischen Verwitterung solcher Feldspäte kommt es zur Freisetzung von geringen Mengen dieser starken Base (s. S. 317), die für die Bodenreaktion insgesamt von großer Bedeutung ist. Auch Magnesiumionen (Mg^{2+}) und Calciumionen (Ca^{2+}) bilden mit OH^--Ionen des Wassers ziemlich starke Basen. Böden, die relativ reich an derartigen Metallionen sind, nennt man „basisch".

An manchen Mineralkristallen tritt Oxidation auf, wenn sie lange an der Luft liegen. Unter einer Oxidation versteht man – äußerst vereinfacht ausgedrückt – eine chemische Reaktion mit Sauerstoff. Bedeutsam ist dies vor allem bei Aluminiumsilikatverbindungen, wie sie für Tonmineralien charakteristisch sind. Aber auch bei eisen- und bei manganhaltigen Mitteln tritt Oxidation ein.

Bild 362. Diese Wald-Kiefer *(Pinus sylvestris)* hat sich mit ihren Wurzeln metertief in Spalten des anstehenden Stubensandsteins vorgeschoben.

In komplizierter Weise tragen auch die Wurzeln von Pflanzen zur chemischen Verwitterung bei. Sie scheiden nämlich organische Säuren aus, und diese spalten – wie alle Säuren – Protonen ab. Auf diese Weise können sie die Ionengitter von Mineralien lockern und letztlich die gittereigenen Ionen herauslösen[2]. Mit ihren negativ geladenen organischen Ionen vermögen sie dann die Löslichkeit von solchen Ionen zu steigern, die normalerweise eher schwer löslich sind.

Biologische Verwitterung

Wie das gefrierende und wiederauftauende Wasser, so arbeiten auch Wurzeln in Gesteinsspalten, wenn sie in diese einwachsen: sie sprengen

[1] Chemiker nennen H^+-Ionen Protonen. Allerdings treten Protonen im Wasser nicht als freie Teilchen auf. Jedes Proton lagert sich vielmehr sofort an ein Wassermolekül an und bildet mit ihm ein Hydroniumion (H_3O^+). Mit Hilfe des Begriffs „Proton" kann man Säure und Base definieren. Säuren sind alle Stoffe, die Protonen abgeben; Basen heißen alle Stoffe, die Protonen aufnehmen.

[2] Wer jemals eine eingetopfte Pflanze ohne Untersetzer auf einen Marmorsims gestellt hat, weiß, wovon die Rede ist. Schon nach wenigen Tagen ist unter dem Abflußloch des Topfes der Glanz des Marmors dahin.

den Spalt allmählich weiter und zertrümmern schließlich das Gestein (Bild 362). Die dabei entstehenden Drücke sind zwar nicht so hoch wie die Frostdrücke, doch mit 10–15 kg/cm^2 noch von beträchtlicher Stärke. Zu einer Neuordnung von Bodenbestandteilen kann es auch führen, wenn wühlende Bodentiere (Maulwurf, Wühlmaus, Regenwürmer) den Boden mit Gängen durchziehen. Regenwürmer verändern auch die chemischen Eigenschaften von Bodenteilchen, indem sie Boden mit Schleimsekreten überziehen und Bodenkrümel - nachdem sie den Darm passiert haben - als „Wurmhäufchen" wieder ausscheiden.

Wo Pflanzen Gesteine überwachsen, treten sie mit ihnen in mehr oder minder ausgeprägte Wechselwirkung. Säureabscheidungen spielen nicht nur bei Wurzeln eine Rolle. Auch Flechten und manche Pilze sondern Säuren ab und zersetzen dadurch Gestein. Selbst die verwesenden Reste von Lebewesen wirken noch auf Gesteine ein und verändern sie. In fertigen oder entstehenden Böden kann diese Einwirkung zu nachhaltigen Veränderungen führen.

Die wichtigsten Gesteine

Kristalline Gesteine

Gestein, das in der Tiefe der Erde mehr oder minder flüssig vorliegt, nennt man Magma[1]. Kühlt es ab, weil es sich nahe zur Oberfläche verlagert hat, so kristallisieren einzelne Mineralien aus. Je nach der Geschwindigkeit, mit der sich die Abkühlung vollzieht, bilden sich feinere oder gröbere Kristalle. Wachsen alle Kristalle langsam weiter, bis sie sich gegenseitig am Wachstum hindern, dann erhalten wir vollständig kristallisierte Gesteine mit einer körnigen Gesamtstruktur. Das bekannteste dieser kristallinen Tiefengesteine ist Granit[2] (Bild 363). Er enthält drei Arten von Mineralien: Feldspat, Quarz und Glimmer. Kommt flüssiges Gestein, in dem einzelne Kristalle schon ausgeschieden sind, an die Erdoberfläche und erstarrt dort, dann liegen die Kristalle in einer sehr feinkristallinen, scheinbar gleichförmigen Grundmasse. Derartige Gesteine nennen wir Porphyre (Bild 364). Sie können dieselbe Mineralzusammensetzung wie Granit haben. Die Kristalle der

Bild 363. Granit, ein kristallines Gestein aus Feldspat (milchig), Quarz (glasig) und Glimmer (hier der dunkle Biotit).

Bild 364. Porphyr. In einer auf den ersten Blick homogenen Gesteinsgrundsubstanz liegen Einzelkristalle meist einer Mineralsorte (hier aus der Feldspat-Gruppe).

[1] magma, griech. = geknetete Masse, Salbe.
[2] granum, lat. = Korn.

Bild 365. Gneis. Er enthält dieselben Mineralbestandteile wie Granit, zeichnet sich aber durch ein meist deutliches Parallelgefüge aus.

Prophyre sind meist Feldspäte, doch kommen auch Quarz- und Glimmerkristalle vor, die allerdings in der Regel ziemlich klein bleiben.

Gesteine können erneut aufgeschmolzen werden[1], gleichgültig, unter welchen Bedingungen sie ursprünglich gebildet worden waren. Dabei erfahren sie eine Umwandlung. Ursprünglich tonige Gesteine können so zu kristallinen Schiefern, zu Glimmerschiefer oder zu Gneisen werden (Bild 365). In kristallinen Schiefern können Felspäte fehlen oder doch in nur geringen Mengen vorkommen. Im Gneis lassen sich stets dieselben Mineralsorten wie im Granit nachweisen, also Feldspat, Quarz und Glimmer, wenn auch nicht immer in identischen Mengenverhältnissen. Im Unterschied zum Granit lassen Gneise eine Art von Schichtung erkennen.

Quarz ist mit 21% des Volumens aller Oberflächengesteine eines der verbreitetsten Mineralien. Stofflich handelt es sich um Siliziumdioxid (SiO_2). Quarz ist ein sehr hartes Mineral. Es ritzt Glas. Chemisch ist es widerstandsfähig.

[1] Dies kann geschehen, wenn die Schichten erneut in die Tiefe sinken, oder wenn sie mit aufsteigender Schmelze in Kontakt kommen.

Unter Normalbedingungen ist seine Löslichkeit in Wasser vernachlässigbar. Wenn quarzhaltige Gesteine verwittern, bleibt dieses Mineral wegen seiner Härte und seiner praktischen Unlöslichkeit am längsten erhalten. Verwitterungsendprodukt sind dann Sande aus Quarzkörnern.

Unter dem Begriff „Feldspat" faßt man eine Gruppe von Mineralien zusammen, die durchweg Silikate sind. Sie sind etwas weniger hart als Quarz, und sie werden von Wasser eher angegriffen. Unter den Oberflächenmineralien auf unserer Erde sind Mineralien der Feldspatgruppe mit rund 60% des Gesamtvolumens mengenmäßig am bedeutendsten. Aus dieser Gruppe sind besonders wichtig:

1. Kaliumfeldspat $K(AlSi_3O_8)$
2. Natriumfeldspat $Na(AlSi_3O_8)$
3. Calciumfeldspat $Ca(Al_2Si_2O_8)$

Zwischen Natrium- und Calciumfeldspat bilden sich häufig Mischkristalle. Seltenere Vertreter der Feldspatgruppe sind reicher an Aluminiumatomen und relativ ärmer an Siliziumatomen.

Auch der Begriff „Glimmer" meint kein einheitliches Mineral. Hauptsächlich faßt man unter diesem Begriff die Minerale Muskovit = heller Glimmer und Biotit = dunkler Glimmer zusammen. Muskovit kann man chemisch durch die Formel $(KAl_2(OH, F)_2AlSi_3O_{10})$ beschreiben. Manchmal sind in Muskovit auch noch Ionen von Eisen, Natrium oder Magnesium enthalten. Dann gibt die folgende Formel

$$(K\,(Mg, Fe^{2+}, Mn)_2(Al,Si)_4O_{10})$$

die chemische Zusammensetzung angenähert wieder.

Wenn Feldspäte oder Glimmer verwittern, können in Wasser vor allem Kalium-, Natrium-, Calcium- und Magnesiumionen herausgelöst werden. Dabei entstehen – mindestens zunächst – Lösungen, die mehr oder minder deutlich alkalisch = basisch reagieren. Übrig bleiben dabei letztlich „sekundäre Tonminerale", d.h. Silikate von Aluminiumhydroxiden. Sie sind noch kein „Ton"; denn dieser Begriff meint eine Bodenart, die nicht nur durch ihre chemische Zusammensetzung, sondern auch durch ihre Korngröße und die hieraus folgenden physikalisch-chemischen Eigenschaften bestimmt ist.

Tritt flüssiges Gestein an die Erdoberfläche aus und erstarrt dort, spricht man bei den erstarrten Produkten von Ergußgesteinen. Hinsichtlich ihrer chemischen Natur sind sie mit den kristallinen Tiefengesteinen vergleichbar. Sie können bei der Verwitterung schwach sauer bis neutral reagieren - wie etwa die Phonolithe der Hegauvulkane - oder aber basisch wie verwitternde Basalte in Vogelsberg und Rhön. Basalte sind reicher an Calciumionen als Granite, aber ärmer an Natrium- und Kaliumionen sowie an Quarz. Letztlich entstehen auch aus Ergußgesteinen Tonmineralien.

Sedimentgesteine[1]

Gesteinstrümmer, die von Wind oder Wasser mitgenommen worden sind, werden abgelagert, sobald die Schleppkraft des Transportmediums eine Mindeststärke unterschreitet. Die Gesteine, die aus den abgesetzten Lockerstoffen im Verlauf der Zeiten gebildet werden, nennt man Sedimentgesteine. Es sind überwiegend Sandsteine, deren Körner aus Quarz bestehen. Man kann sie als „mechanische" oder „physikalische" Sedimente den „chemischen" Sedimenten gegenüberstellen. Diese entstehen, wenn aus einer wäßrigen Lösung Ionenverbindungen ausfallen. Unter bestimmten Bedingungen kommt es in subtropischem, trocken-heißem Klima in Randmeeren, die vom offenen Ozean durch eine Barre weitgehend abgeschlossen sind, zu solchen Ausfällungen. Kalk ($Ca^{2+}CO_3^{2-}$), Dolomit (Ca^{2+}, Mg^{2+} $(CO_3^{2-})_2$) und Gips ($Ca^{2+}SO_4^{2-} \times 2\,H_2O$) sind auf diese Weise entstanden (Bild 366).

Sandsteine im engeren Sinne liegen vor, wenn die Körner Durchmesser von 0,02–2 mm besitzen und vorwiegend aus einer Mineralsorte, nämlich Quarz bestehen. Die Körner können durch verschiedene Stoffe miteinander verbunden sein. Am wenigsten fest sind tonige Bindemittel, wie sie da und dort in den Stubensandsteinen im Schwäbisch-Fränkischen Stufenland vorkommen. Kalkige Bindemittel kitten die Quarzkörner fester aneinander, erlauben indessen noch die Bearbeitung zu Blöcken, etwa als Quader zum Bauen. Quarz als Bindemittel läßt dies nicht mehr zu. Alle Sandsteine verwittern zu nährstoffarmen Sandböden. Die Nährstoffarmut ist in Böden, die aus Sandsteinen mit tonigem oder kalkigem Bindemittel hervorgegangen sind, etwas weniger ausgeprägt als bei Sandsteinen mit Kieselsäure als Bindemittel. Die Böden, zu denen die Sandsteine im unteren und oberen Buntsandstein mit ihrem

[1] sedimentum, lat. = Bodensatz einer Flüssigkeit.

Bild 366. Bildung chemischer Sedimentgesteine unter ariden Bedingungen (Verdunstung überwiegt den Niederschlag) in einem Randmeer, das vom offenen Ozean durch eine Barre weitgehend, aber nicht völlig abgeriegelt ist. Der Oberstrom ist stärker als der Unterstrom, und zwar umso ausgeprägter, je flacher das Wasser über der Barre steht. Er führt fortlaufend Ionen aus dem Ozean in das Becken. Durch die überwiegende Verdunstung von Wasser erhöht sich die Konzentration von Gelöstem im Becken. Die Art der ausfallenden Gesteine ändert sich mit der Erhöhung der Ionenkonzentration. Die typische Reihenfolge, in der die Sedimente ausfallen, ist eingezeichnet.

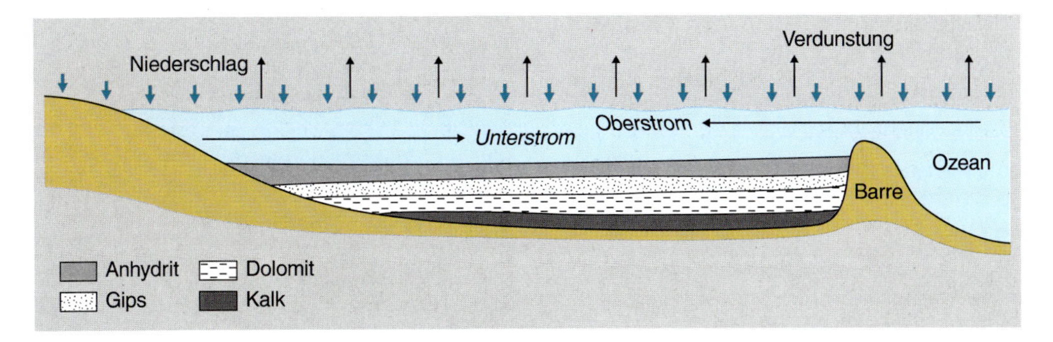

Bild 367. Gebankte Kalke im Weißjura β bei Geisingen.

tonigen Bindemittel verwittern, sind relativ tiefgründig, mäßig fruchtbar, und sie reagieren schwach sauer bis neutral. Ähnliches gilt für die Molassesandsteine am Alpennordrand und im bayerischen Hügelland. Die quarzitischen Sandsteine im Taunus und Kellerwald oder Quarzsandsteine, die durch ein eisenoxidhaltiges Bindemittel verfestigt sind, liefern sehr unfruchtbare Böden.

Enthält ein „Sandstein" Trümmer mehrerer Mineralsorten, etwa aus Feldspäten, Glimmer und Quarz, müßte man ihn im Grunde „Grauwacke" nennen. Auch Arkosen sind Sandsteine, die indessen mehrere Mineralsorten, vor allem aber Feldspäte enthalten. Aus solchen Gesteinen gehen lehmig-tonige Böden hervor, die meist etwas nährstoffreicher sind als jene, die durch Verwitterung aus eigentlichen Sandsteinen entstehen.

Kalksteine (Bild 367) oder Dolomite sind in der Regel mehr oder minder stark durch Tone verunreinigt. Die Tonbeimengung liegt in manchen Kalken bei mehr als 5%. Sehr tonarme Kalksteine sind selten. Kalkgestein verwittert daher zu lehmig-tonigen, steinigen Böden. Aus Dolomiten und annähernd reinen Kalken gehen häufig relativ flachgründige Böden hervor.

Ähnliches gilt für gipshaltige Gesteine, wie sie z. B. im Gipskeuper ausgebildet sind. Bei Heilbronn oder am Schönbuchrand bei Herrenberg sind aus ihnen tonig-lehmige Böden entstanden, wohingegen am Südwestrand des Harzes aus gipshaltigem Gestein eher flachgründige, steinige Böden hervorgegangen sind.

Mergel (Bild 368) sind Sedimentgesteine, die regelmäßig sowohl Kalk als auch Ton, eventuell auch noch Dolomit und Quarz enthalten. Die Übergänge zwischen Ton und Kalk sind gleitend. Mergelkalke enthalten 75–90% Kalk[1] und 5–25% Ton: Kalkmergel liegen vor, wenn der Kalkgehalt 50–75% und der Tongehalt 25–35% beträgt. Eigentliche Mergel bestehen zu 25–50% aus Kalk, wohingegen der Tonanteil bei 35–65% liegt. Von Mergelton spricht man, wenn der Kalkgehalt 25% nicht über- und 10% nicht

Bild 368. In den Bunten Mergeln des Keuper wechsellagern kalkig-tonige und sandig-kalkarme Schichten.

[1] Die Prozentangaben bedeuten % des Gewichts. – Werte aus KUNTZE, H., G. ROESCHMANN & G. SCHWERDTFEGER: Bodenkunde, UTB 1106, E. Ulmer, Stuttgart, 4. Aufl., S. 97, 1988.

unterschreitet, wohingegen bei ihnen der Tonanteil 65–75% erreicht. Schließlich kann man noch einen mergeligen Ton abgrenzen, der 2–10% Kalkgehalt aufweist, aber zu 75–95% aus Ton besteht. Mergel mit silikatischem Bindemittel, wie sie im Jura und in den Kreidegesteinen der Alpen vorkommen, verwittern ziemlich langsam zu tonig-steinigen Böden. Quarzsandhaltige Mergel können ebenfalls relativ langsam verwittern. Aus ihnen gehen recht nährstoffarme Böden hervor. Tonreiche Mergelarten verwittern zu tiefgründigen, schweren und meist nährstoffreichen Böden, die örtlich zu stauender Nässe neigen können.

Bodenart

Die Verwitterung führt letztlich zur Bodenbildung. Dabei entsteht ein Gemisch verschieden großer und oft unterschiedlich gestalteter Teilchen. Will man sie in ihrer Summe beschreiben, also ausdrücken, welche Verteilung von Korngrößen, Resten von Gesteinen und Mineralien es gibt und welche Mineralien bei der Verwitterung neu entstanden sind, dann charakterisiert man, was die Fachleute „Bodenart" nennen.

Man unterscheidet „Feinboden" vom „Grobboden". Im Feinboden haben alle Teilchen weniger als 2 mm Durchmesser, im Grobboden hingegen treten in nennenswerten Mengen solche auf, die mehr als 2 mm Durchmesser besitzen. Innerhalb des „Feinbodens" unterscheidet man „Sand", „Schluff" und „Ton". Von „Sand" spricht man, wenn die Korngrößen zwischen 0,02–2 mm liegen. Bei Schluff besitzen die Teilchen Durchmesser zwischen 0,002 und 0,02 mm. Bei Ton liegen die Teilchendurchmesser unter 0,002 mm.

Die klare Einteilung spiegelt eine Eindeutigkeit vor, die es so in der Natur nicht gibt. „Einkornböden" sind ausgesprochen selten. Löß (Bild 369) gehört dazu. Von der Korngröße her gesehen handelt es sich bei ihm um einen Schluffboden. Transportmittel für die Körner war mäßig bewegte Luft. Dies sorgte nicht nur für geringe, sondern auch für ziemlich gleichmäßige Korngrößen. Auch Sandflächen in Flußauen können ausschließlich aus Körnern von ziemlich einheitlicher Größe bestehen.

Bild 369. Besonders mächtig sind Lößablagerungen im Kaiserstuhl. Diesen Weg haben die Benutzer im Laufe der Jahre metertief in den weichen Löß eingeschnitten.

Einheitliche Korngröße herrscht weitgehend auch bei Schlickböden vor. Sie entstehen aus frischen Sedimenten mit einem Teilchendurchmesser unter 0,002 mm. Derartig frische, wasserreiche und daher noch unknetbare Sedimente nennt man Schlamm. Vor allem durch Wasserverlust, aber auch durch Anreicherung mit organischen Substanzen und durch Aufbau sekundärer Tonmineralien reift Schlamm zu Schlick, den man nicht mehr zwischen den Fingern durchquetschen kann.

Meist sind natürliche Böden Gemische aus Teilchen mit verschiedenen Durchmessern. Neben „Zweikorngemischen", in denen in der Regel eine Korngröße eindeutig dominiert, kommen Gemenge aus allen drei Korngrößen vor.

Die Bezeichnung der Bodenart richtet sich bei Zweikorngemischen nach der Hauptfraktion. Die Beimengung wird in der Bezeichnung meist als Adjektiv verwendet. Bei einem „Ton", der auch gröbere Körner aufweist, kann man von einem „sandigen Ton" sprechen. Ein „toniger Sand" enthält zwar Teilchen derselben Größe, aber in anderen Mengenverhältnissen. Deswegen sind seine Eigenschaften auch andere.

In den meisten Dreikorngemischen sind alle drei Fraktionen in etwa gleichen Mengen vorhanden. Ist dies der Fall, nennt man das Gemenge „Lehm". Es tritt bei der Verwitterung kristalliner Gesteine nicht selten auf. Auch bei Lehmen kann es vorkommen, daß eine Fraktion überwiegt. Dann drückt man dies in einem Eigenschaftswort aus, das sich auf die vorherrschende Fraktion bezieht und das man vor den eigentlichen Namen stellt. In einem „sandigen Lehm" überwiegen Teilchen mit einer Körnung, wie sie für Sand typisch ist. Ein „toniger Lehm" hingegen ist kaum grobkörniger als ein reiner Ton. „Lehmiger Sand" bedeutet, daß eigentlich Sand vorliegt, dem Lehm beigemischt ist. Exakt ausgedrückt meint dies, daß in dem vorliegenden Gemisch die Sandfraktion eindeutig dominiert, wohingegen die anderen Fraktionen mengenmäßig stark zurücktreten. Lehm kann auch mit Geröll oder Kies durchsetzt sein, wie dies z.B. in Moränen oder in Flußablagerungen der Fall ist. Über Kalk oder in Gebirgen kann ein „Skelett" aus Steinbrocken den Boden durchziehen. Von solchen Skelettböden gibt es alle Übergänge bis hin zu Gesteinsschutthalden, die lehmdurchmischt sind beziehungsweise reich an Feinerde, oder schließliche solche, denen Feinerde fast völlig fehlt und in denen die Wuchsbedingungen fast jenen gleichen, die man in Felsspalten antrifft.

Bodenprofil

Eigenschaften von Böden werden auch durch ihren Schichtaufbau verursacht. Die Bodenschichtung kann man erkennen, wenn man dem Boden mit dem Erdbohrer eine Probe entnimmt oder ihn bis zum anstehenden Gestein aufgräbt. Gelegentlich kann man sie auch an Bodenanrissen verfolgen. Betrachtet man die Schichten von oben nach unten, bekommt man ein Bild vom Bodenprofil (Bild 370).

Bild 370. Bodenprofil (hier Mull-Rendzina). Dem anstehenden Gestein (C-Horizont, hier Muschelkalk) liegt ein gut ausgebildeter, etwa 25 cm mächtiger A-Horizont (Mullschicht) auf.

Als oberste Schicht sieht man üblicherweise eine Schicht unzersetzter Pflanzenreste, die „Streu". Man nennt sie L-Horizont oder A_0-Horizont. Sie geht nach unten in eine Vermoderungsschicht über. In den Pflanzenresten, die in ihr abgelagert sind, kann man Gewebestrukturen noch aufspüren. Meist ist die Vermoderungsschicht nicht deutlich gegen die Humusschicht abgegrenzt. In ihr sind Gewebereste nicht mehr nachweisbar, obschon ihre Bestandteile überwiegend organischer Herkunft sind. An die Humusschicht schließt ein Übergangshorizont an. Er ist dadurch gekennzeichnet, daß in ihn organisches Material durch die Tätigkeit von Bodenlebewesen, vornehmlich von Regenwürmern, eingetragen wird. Dieser Horizont wird üblicherweise als A_1-Horizont bezeichnet. In humiden Klimaten, in denen im Jahresdurchschnitt der Niederschlag die Verdunstung überwiegt, folgt dann der A_2-Horizont, der mehr oder minder humusarm ist und in dem Auswaschung von Nährsalzen und Huminstoffen überwiegt. Unter ihm kann sich ein B-Horizont befinden, in den Stoffe eingewaschen und in dem sie - oft nach chemischen Reaktionen - auch abgelagert werden können. Anstehendes Gestein wird als C-Horizont bezeichnet.

Profile mitteleuropäischer Böden

Unter Nadelholz- und unter Heidekrautbeständen im niederschlagsreichen Tiefland haben sich Böden entwickelt, in deren A-Horizont eine Ausbleichung auffällt. Sie werden im östlichen Mitteleuropa eher noch häufiger, und in manchen nordrussischen Gebieten herrschen sie vor. Aus dem Russischen kommt auch ihr Name „Podsol", der im Deutschen soviel wie „Aschenboden" bedeutet. „Bleicherde" ist dafür eine recht treffende Eindeutschung, hat sich aber in der Fachsprache nicht durchgesetzt.

Die Bildung von Bleicherden nennt man üblicherweise „Podsolierung". Sie ist sehr komplex. In einem kühl-gemäßigten Klima müssen die Niederschläge die Verdunstung eindeutig überwiegen. Die Streu aus Nadeln oder Heidekrautresten ist schwer zersetzbar. Es werden organische Säuren frei und torfähnliche Rückstände entstehen, die letztlich zu einer Rohhumusdekke verfilzen. Mit den Niederschlägen werden die für Säuren kennzeichnenden Hydroniumionen[1] in das Erdreich eingewaschen. In der sauren Bodenlösung werden dadurch die im A-Horizont vorhandenen Nährstoffionen ebenso ausgewaschen wie die farbgebenden Eisen- oder Manganionen. Der oft sandige A-Horizont wird deshalb grau und aschenfarben. Im B-Horizont kann es zu chemischen Reaktionen kommen, als deren Folge Verfestigungen, ja betonartige Verkittungen von Sandkörnern mit Ionenkomplexen auftreten, die man „Orterde" oder „Ortstein" nennt (Bild 371). Ortstein kann eine Schicht bilden, die mehrere cm mächtig ist. Dann hemmt er das Tiefenwachstum von Wurzeln oder er verhindert es sogar. Ebenso wird durch ihn der Ionenaustausch zwischen A- und C-Horizont praktisch unterbunden.

Bild 371. Bodenprofil (Podsol). Unter der rohhumusähnlichen Streu hat sich im A-Horizont eine gut 20 cm mächtige Bleicherdeschicht gebildet. Unter ihr hebt sich der B-Horizont durch seine dunklere Färbung deutlich ab. Das untere, rostbraune Band deutet auf eine beginnende Verkittung der Bodenbestandteile („Orterde").

Ansätze zu einer Podsolierung, vor allem zu einer Verarmung an Nährsalzionen im A-Horizont, trifft man auch bei Verwitterungsböden aus quarzreichen Sandsteinen, seltener auf tonigen Böden, außerhalb des Tieflandes im nördlichen Mitteleuropa, und zwar vor allem in Mittelgebirgslagen, in denen die Niederschläge hoch genug sind. Rostfarbene Flecken im B-Horizont fallen hier oft mehr auf als eine Ausbleichung. Rohhumusauflagen in der Streuschicht fördern die Tendenz zur Podsolierung.

Zu einem wesentlich anderen Resultat führt die Bodenbildung über Kalkgestein oder über Mergelbänken. Die harten Kalke sind meist ziemlich rissig. Dadurch kann Wasser einsickern und Kalk herauslösen. Gesteinsbrocken unterschiedlicher Größe werden gelockert und letztlich isoliert. Übrig bleiben Tonmineralien, Schluff und etwas Sand, die zusammen mit isolierten Gesteinstrümmern einen mehr oder

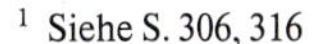

[1] Siehe S. 306, 316

minder steindurchsetzten Lehmboden ergeben. Seine Reaktion liegt entweder im schwach basischen, neutralen oder schwach sauren Bereich, je nachdem, wie hoch örtlich die Niederschläge sind und wie stark durch sie der Kalk oberflächennah herausgelöst und weggeführt worden ist. In niederschlagsarmen Gebieten oder über stark verkarstetem Kalkgestein, in dem Wasser rasch versickert, bilden sich schwarzbraune, gut krümelnde „Humuskarbonatböden“ (Rendzinen) aus, in denen die pH-Werte (s. S. 316) hoch liegen und die an sich recht fruchtbar sind. Sind die Niederschläge indessen hoch und fließen sie im Erdreich langsam ab, kann es aber auch zu einer regelrechten „Entkalkungsverbraunung“ kommen; der Boden ist dann zu einer Braunerde geworden.

Tonige Gesteine, wie Tonschiefer oder tonige Mergel, enthalten meist neben den Korngrößen, die sie zu Tonen machen, nennenswerte Beimischungen von Schluff. Wenn Tonschiefer Kieselsäure als Bindemittel enthalten, verwittern sie häufig zu steinig-grusigen Lehmböden. Weiche Tonlagen, wie sie beispielsweise im Schwarzen Jura vorkommen, werden zu schweren, tiefgründigen Tonböden, die unter Austrocknung schrumpfen und rissig werden, die indessen nach Niederschlägen reichlich Wasser aufsaugen, quellen und verschmieren. In ihnen ist die Verfügbarkeit von Nährsalzionen für Pflanzen beeinträchtigt. Inwieweit ihre Krümelstruktur ausgebildet wird, hängt entscheidend von dem Bewuchs und der Art der Streu ab, die über längere Zeit mit dem Boden wechselwirken.

Eigenschaften des Bodengefüges – Luft- und Wasserführung in Böden

Unter dem „Gefüge“ eines Bodens versteht man seinen räumlichen Aufbau. Vieles davon kann man erkennen, wenn man den Boden aufgräbt. Zerfällt er schon bei der Entnahme, ist er sehr locker; oft liegt dann ein „Einzelkorngefüge“ vor. Kann man hingegen ein ausgegrabenes Bodenstück als Ganzes entnehmen, dann ist der Boden verfestigt. Wie stark, zeigt sich, wenn man es aus etwa 1 m Höhe fallen läßt. Zerplatzt es beim Aufprall in zahlreiche Bruchstücke, dann ist der Zusammenhalt der Bodenteilchen nur lose; zerfällt es in wenige Bruchstücke, die sich aber durch Handdruck weiter zerkleinern lassen, dann spricht man von einem mäßig verfestigten Boden. In diesen Fällen werden die Bodenteilchen in einem Kittgefüge zusammengehalten. Verbindende Substanzen können Kalk, Ionen, Humus, seltener Silikate sein. Als stark verfestigt gilt ein Boden, der zwar beim Aufprall in einige Bruchstücke zerteilt wird, die sich aber von Hand nicht mehr oder nur mit großem Kraftaufwand weiter zerlegen lassen. Natürlich rechnen hierher auch die Böden, die beim Aufschlagen gar nicht mehr zerfallen, also z. B. wassergesättigte Tone. Die Teilchen liegen dann oft in einem Kohärentgefüge[1] vor. Die Kräfte, die den Zusammenhalt verursachen, sind letztlich die Anziehungskräfte von Wassermolekülen untereinander. Andererseits lassen sich auch Bodenstücke, deren Bestandteile in einem sehr harten und festen Kittgefüge vorliegen, unter Umständen durch Fallenlassen nicht zerteilen. So ist es etwa beim Ortstein.

Bei geringem Verfestigungsgrad nennt man Böden „locker“ oder „leicht“. „Schwere“ Böden verhalten sich ähnlich, wie es oben für wassergesättigte Tone beschrieben worden ist.

Für die Lockerheit eines Bodens ist neben dem eigentlichen Bodengefüge auch noch seine Krümelung von Bedeutung. Darunter versteht man das Aneinanderkleben von Bodenteilchen mit der Folge, daß die entstehenden größeren Aggregate sich durch Zwischenräume voneinander abgrenzen, die Struktur also insgesamt gelockert wird. „Klebstoffe“, die bei der Erzeugung von Bodenkrümeln eine Rolle spielen, sind hauptsächlich Stoffwechselprodukte von Bodenlebewesen, von Bakterien oder Regenwürmern. Selbst Pilzfäden oder feinste Wurzelhaare können Bodenteilchen untereinander zu größeren Einheiten verbinden.

Krümelung ist keine Dauereigenschaft eines Bodens. Sie unterliegt einem jahreszeitlichen Wandel. Auch hängt sie von der Intensität des

[1] cohaerere, lat. = zusammenhängen, aneinander kleben

Bodenlebens ab. Ändert sich dieses, ändert sich in der Regel auch die Krümelstruktur.

Bodenteilchen sind unterschiedlich dicht gepackt. Die Packungsdichte ist vom Durchmesser der Teilchen abhängig und davon, in welchem Mengenverhältnis Bodenteilchen unterschiedlicher Durchmesser in einem Boden zusammen vorkommen. In sehr lockeren Böden kann das Porenvolumen knapp 50% des gesamten Bodenvolumens betragen. In stark verdichteten Böden beträgt es immer noch 25%, ja oft sogar 30%. Moorböden können sogar ein Porenvolumen von mehr als 90% erreichen. Humus- und Tongehalt beeinflussen von allen Bodenbestandteilen das Porenvolumen am stärksten: Humusgehalt erhöht das Porenvolumen, Tonbeimischung senkt es ab.

Die Bedeutung des Porenvolumens für die Luftführung ist augenscheinlich. Im Prinzip können alle Poren lufterfüllt sein. Die Luftführung eines Bodens ist um so besser, je größer sein Porenvolumen ist. Meist sind bei gleichem Porenvolumen diejenigen Böden besser durchlüftet, die eine durchschnittlich große Porenweite aufweisen. Die Luft in den Poren kann von den Bodenlebewesen und von den Wurzeln, die den Boden durchdringen, prinzipiell jederzeit genutzt werden.

Natürlich können Bodenporen auch mit Wasser ausgefüllt werden. Allerdings kann man in einem solchen Fall nicht davon ausgehen, daß das Bodenwasser vollständig für Pflanzen zur Verfügung steht.

Die Gründe hierfür liegen im Bau des Wassermoleküls. Wie wir schon früher (s. S. 28) ausgeführt haben, sind Wassermoleküle Dipole. Positive und negative Ladungsschwerpunkte fallen in ihrem Innern nicht in einem Punkt zusammen. Wassermoleküle lagern sich infolgedessen überall da an, wo sie auf geladene Flächen treffen, und zwar jeweils mit dem Pol, der der Ladung der Grenzfläche entgegengesetzt ist. Dabei bilden die Wassermoleküle oft Hüllen aus mehreren Moleküllagen. An „benetzbaren" Grenzflächen ist die Anziehungskraft meist so groß, daß „Wasserhäutchen" selbst entgegen der Schwerkraft an den Wänden ein kleines Stückchen emporsteigen. Wer sich einmal bemüht hat, an engen, kalibrierten Gefäßen, an „Kapillaren", den Wasserstand genau abzulesen, kennt die seitlichen Aufwölbungen und weiß, wovon die Rede ist. Die Kräfte, die das Hochsteigen des Wassers in Gefäßen mit engem Durchmesser bewirken, nennt man folgerichtig „Kapillarkräfte".

Es sind indessen nicht allein die Bodenporen, die das Wasser an ihren Grenzflächen festhalten. Viele Bodenteilchen sind dazu ebenfalls imstande. Die sehr kleinen Bodenteilchen, wie Tone und Humusstoffe, tragen negative Ladungen an ihren Oberflächen. Die Dipole des Wassers lagern sich nun mit ihren positiv geladenen Enden an diese Oberflächen an. Es bilden sich „Hydratationshüllen" aus Wassermolekülen um die Ton- und Humusteilchen. Da die Ionen, die im Boden vorhanden sind, auch Ladungen tragen, bilden sich um diese gleichfalls Hydrathüllen. Für Bodenteilchen kann man als Faustregel sagen, daß – im Verhältnis zur Größe des Teilchens – die Hydrathülle um so dicker ist, je kleiner der Durchmesser des Bodenteilchens ist. Die sehr kleinen Tonteilchen können also aufgrund ihrer geringen Größe sehr viele Wassermoleküle anlagern. Bei den Ionen hängt der Durchmesser der Hydrathülle vom Ionenradius und von der Ionenladung ab: Je kleiner der Radius und je höher die Ladung, desto größer ist die Hydrathülle. Von denselben Faktoren hängt gleichsinnig auch die Stärke ab, mit der Wassermoleküle festgehalten werden. Teilchennah kann die Kraft, mit der Wassermoleküle an Bodenteilchen festgehalten werden, bis zu 50 bar betragen. Die Pflanzenwurzeln müssen daher eine entsprechende Saugkraft (Saugspannung)[3] ausüben, um das für sie notwendige, aber oftmals im Boden gebundene, Wasser aufnehmen zu können.

[1] hydor, griech. = Wasser

[2] 1 bar = 100000 Pa („Pascal"); 1 Pa = 1 Nm^{-2}; 1 N = 1 $kgms^{-2}$

[3] Die Saugspannungen, die Wurzeln entwickeln, liegen meist nicht sehr hoch. Bei Bohnen hat man 2–3,5 bar gemessen, bei den als Balkonpflanzen beliebten Pelargonien 5 bar, bei ausgesprochenen Salzpflanzen um 20 bar, bei Pflanzen, die in extremen Wüsten wachsen, allerdings mehr als 100 bar (Zahlenwerte aus Strasburger, Lehrbuch der Botanik, 33. Aufl. S. 327, 1991).

Bild 372. Trockenrisse in einem lehmig-tonigen Boden.

Kapillarkräfte und Hydratisation wirken sich aus, wenn in einem feinporigen Tonboden noch Dezimeter über dem Grundwasserspiegel der Boden gut durchfeuchtet ist. In einem Sandboden mit seinen viel gröberen Hohlräumen steigt das Wasser hingegen kaum über den Grundwasserspiegel hinaus. Ein ausgetrockneter Sandboden „schluckt" nach einem Regenguß zwar sehr viel Wasser, vermag es aber nicht „festzuhalten", sondern führt es dem Grundwasser zu. Anders ein trockener Tonboden. Je trockener er ist, desto tiefer wird er von oft zentimeterbreiten Rissen (Bild 372) durchzogen. Bei einem Regen nimmt er Wasser auf, solange die Risse noch offen sind. Schließlich verschmiert er und läßt kein Wasser mehr eindringen. Schrumpfende Tonböden können den Pflanzen, die in ihnen wurzeln, gefährlich werden. Wenn der unter dem Wasserverlust schrumpfende Boden sich in breiten Spalten öffnet, vermag er – wenn er mit Wurzeln fest verklebt ist – diese unter Umständen zu zerreißen.

Saure Böden – basische Böden

Chemiker nennen alle Stoffe Säuren, die in wäßriger Lösung Protonen abgeben[1]. Basen oder Laugen heißen alle Stoffe, die Protonen aufnehmen. Den Zerfall in Ionen nennt man Dissoziation.

Das Wasser selbst ist sowohl Säure als auch Base. H_2O dissoziiert in sehr geringem Prozentsatz in Proton (H^+) und Hydroxid-Ion (OH^-), korrekter: $2\,H_2O \rightleftarrows H_3O^+ + OH^-$. In verdünnten Lösungen (wie sie im Boden vorliegen) ist das „Ionenprodukt des Wassers", d. h. die H_3O^+-Ionenkonzentration multipliziert mit der OH^--Ionenkonzentration konstant[2] und beträgt – bezogen auf die Gesamtwassermenge – bei 22° C 10^{-14}. Man verwendet den negativen Logarithmus der H_3O^+-Ionenkonzentration als Maß für die Säure- bzw. Basenstärke. Diese Maßeinheit ist der pH-Wert[3]. Wenn in einer Lösung ebensoviele H_3O^+-Ionen wie OH^--Ionen vorhanden sind (= 10^{-7} (H_3O^+) und 10^{-7} (OH^-)), heißt man eine solche Lösung „neutral". Ihr pH-Wert ist „7". „Sauer" reagiert sie, wenn die H_3O^+-Ionenkonzentration höher, der pH-Wert also zwischen 7 und 1 liegt. Starke Säuren haben einen pH-Wert zwischen 1 und 3, mittelstarke einen von 3,5–5; schwache einen von 5,5–6,5. Basen = Laugen haben einen pH-Wert zwischen 7 und 14. Liegt der pH-Wert zwischen 7 und 8,5, spricht man von schwachen Basen; mittelstarke Basen haben pH-Werte von 8,5–9,5. Basen, deren pH-Wert 10 übersteigt, sind starke Basen. Eine basische Reaktion nennt man auch „alkalische Reaktion"[4].

Böden können sauer, neutral oder alkalisch reagieren, weil Bestandteile der verwitternden

[1] Protonen = H^+-Ionen. Sie kommen in einer wäßrigen Lösung nicht als selbständige Partikel vor, sondern lagern sich an Wassermoleküle an. Dadurch bilden sie mit ihnen H_3O^+ Ionen = Hydroniumionen.

[2] $\frac{[H_3O^+] \times [OH^-]}{[H_2O]} = k$

[3] pondus, lat. = Gewicht, Menge; hydor, griech. = Wasser; gennan, griech. = erzeugen. „Hydrogenium" nannten die Alchemisten das Gas, aus dem man Wasser erzeugen konnte. Wir nennen diesen Stoff „Wasserstoff". Protonen sind Ionen des Wasserstoffs.

[4] al-kalij, arab. = lösliche Asche. Aus der mittelalterlichen Alchemie stammender Sammelname für Oxide und Hydroxide der „Alkalimetalle", die in wäßriger Lösung „alkalisch" reagieren. Alkalimetalle bzw. Erdalkalimetalle sind z. B. Natrium, Kalium, Calcium. Die beiden letzten sind in der Tat Hauptbestandteile der weißen Aschenreste, die beim Verbrennen von Pflanzenresten, z. B. von Holz, entstehen.

Mineralien sauer oder basisch reagieren. Siliziumdioxid (SiO_2) entspricht in seinem Bau formal dem Kohlendioxid (CO_2). Kohlendioxid kann mit Wasser zu Kohlensäure reagieren. Sie ist eine schwache, doch eindeutige Säure. Trotz der formalen Gleichheit im Bau unterscheiden sich das gasförmige Kohlendioxid und das feste und harte, kristallisierende Siliziumdioxid in ihren Eigenschaften recht beträchtlich. Dies gilt auch hinsichtlich ihrer Löslichkeit in Wasser. Kohlendioxid löst sich sehr leicht, Siliziumdioxid ist praktisch unlöslich. Dennoch reagieren unter bestimmten Umständen umgewandelte Silikate als sehr schwache Säuren. Dies kann insofern eine Rolle bei der Bodenreaktion spielen, weil in quarzreichen Böden Ionen, die letztlich zu einer basischen Reaktion führen könnten, oftmals fast völlig fehlen. Schon das Einschwemmen von Regenwasser, in dem immer Kohlendioxid gelöst ist, das mit Wasser zu Kohlensäure reagiert, führt dann zu einer leichten Ansäuerung des Bodenwassers, weil der Säureeintrag nicht mehr ausgeglichen werden kann.

Selbst wenn in einem anstehenden, quarzreichen Gestein noch Metallionen vorhanden sein sollten, die eine basische Reaktion auslösen und damit den Säureeintrag abpuffern könnten, wirkt sich dies meist nicht aus, weil die Auswaschung in niederschlagsreichen Klimaten die Metallionen in der Regel rasch ausschwemmt.

Wesentlich stärker als die Zufuhr von Kohlensäure mit dem Regenwasser wirkt das Auftreten organischer Säuren, die bei der Zersetzung bestimmter Pflanzenreste freigesetzt werden oder neu entstehen (s. S. 306). Umgekehrt wirkt die saure Reaktion des Bodens auch auf die Zersetzungsprozesse ein, durch die organische Reste abgebaut werden und verwesen.

Auf sauren Böden werden vor allem Aluminiumionen mobilisiert, die für viele Pflanzen schon in relativ niedriger Konzentration giftig wirken. Ionen der Alkali- und Erdalkalimetalle bilden in wäßriger Lösung starke Basen. Die größte Rolle spielen in Böden Ca^{2+}, K^+, Mg^{2+} und Na^+, die z. B. bei der Verwitterung von Feldspäten oder von Kalkgestein bzw. von Dolomit frei werden. Böden über Gesteinen, die Ca^{2+}-, K^+- oder Mg^{2+}-Ionen reichlich enthalten, reagieren meist basisch. Nur in sehr niederschlagsreichen Klimaten können diese Ionen, wenn sie im verwitternden Gestein in größeren Mengen vorhanden waren, so stark ausgewaschen werden, daß die entstandenen Böden – wenigstens oberflächennah – schwach oder sogar mäßig sauer reagieren.

Einflüsse von Lebewesen auf die Bodenbildung

Humus[1]

Unter Humus versteht man – schlagwortartig und damit vorerst nur unzureichend umschrieben – Reste von Tieren und Pflanzen, die – mehr oder minder verwest – im Boden enthalten und dort mit mineralischen Bodenbestandteilen vermengt oder verbunden sind. Insgesamt ist Humus meist dunkelfarben. Humusteilchen sind vielfach die Voraussetzung für ein reiches Bakterienleben im Boden.

Der Humusgehalt eines Bodens beeinflußt die physikalischen Eigenschaften, die in ihrer Summe die Eignung eines Bodens als Substrat für Pflanzen ausmachen, und zwar weit stärker, als dies eine gleich große Menge von Tonmineralien kann. In Böden, die der Mensch nicht bearbeitet, bilden abgestorbene oberirdische Pflanzenteile und tote Wurzeln zusammen mit der Substanz aus zugrundegegangenen Bodenlebewesen das Ausgangsmaterial für Humus. In Kulturböden kommen weitere organische Stoffe – angefangen von organischen Düngern bis zu untergepflügten Ernterückständen oder von Gründüngung – hinzu. Bei extensiver Bewirtschaftung und unter günstigen Bedingungen liefern Laubwälder am meisten humusbildende Stoffe; dann folgen Nadelwälder, Dauergrünland und Äcker.

Der Gehalt an Humusstoffen im Boden ist zwar in der Regel, aber nicht immer, ein Gütesiegel für einen Boden. Unter Umständen sagt er gar nichts aus, ja ein humushaltiger Boden kann ein für Pflanzen problematischer Untergrund sein. Humusstoffe werden nicht nur von

[1] humus, lat. = Erdboden

Mikroorganismen erzeugt, sondern von ihnen auch weiter abgebaut. Diejenigen, die dazu in der Lage sind, brauchen für ihre Lebenstätigkeit meist Sauerstoff. Deswegen verarmen lockere, sandige Böden, in denen der Grundwasserspiegel tief liegt und die wegen ihres großen Porenvolumens gut durchlüftet sind, meist rasch an Humus, wenn ihnen humusliefernde Stoffe nicht in ausreichenden Mengen zugeführt werden. Andererseits reichern sich Humusstoffe in schweren, verschmierenden Tonen an, in denen das Grundwasser womöglich durchschnittlich hoch steht, die daher ein geringes Porenvolumen haben und die infolgedessen schlecht durchlüftet sind. Das kann soweit gehen, daß unterhalb des Grundwasserspiegels, also bei fehlender Luft, die weitere Zersetzung unterbleibt und es zur Konservierung von Pflanzenresten wie bei der Vertorfung kommt. Solche Böden sind nur für sehr wenige Spezialisten noch ein geeignetes Substrat.

Humusbildung

Was Humus genau ist, läßt sich nicht einfach ausdrücken. Jedenfalls ist Humus weder ein definierbarer chemischer Stoff noch eine exakt umschreibbare Stoffklasse. Humus kann unter ganz verschiedenen Umständen und aus verschiedenen Materialien entstehen. Demgemäß verschieden sind seine Bestandteile im einzelnen. Stets enthält er zahlreiche organische Verbindungen, die in Pflanzen und Tieren vorkommen. Aus ihnen entstehen durch „Humifizierung" neue organische Verbindungen. Da Humifizierung durch Lebewesen vollbracht wird, treten nicht nur Endprodukte auf, sondern auch Zwischenprodukte. Je nach dem Zersetzungsgrad, der sich im Verlauf der Humifizierung einstellt, kommt es zu einer mehr oder minder ausgeprägten Mineralisierung. Darunter versteht man das Auftreten von anorganischen Kleinmolekülen oder Ionenverbindungen, wie beispielsweise Ammoniak (NH_3) oder Kohlendioxid (CO_2) bzw. von Salzen wie Kalk ($Ca^{2+}CO_3^{2-}$) oder Kaliumchlorid (K^+Cl^-). Die Kernprozesse der Humifizierung umfassen jedoch die Neubildung sekundärer, stabiler „Huminstoffe", die mit Tonmineralien komplexe Verbindungen eingehen, die man „Dauerhumus" nennt und die kaum noch rasch mineralisierbar sind.

Huminstoffe, die bei der Humifizierung neu gebildet werden, sind meist Großmoleküle, die sich in Wasser nicht mehr richtig lösen können, also kolloidale[1] Eigenschaften besitzen. Damit sind sie ideale Anlagerungsteilchen für Ionen und für Wasser, haben also eine direkte Auswirkung auf die Fähigkeit eines Bodens, Nährsalzionen und Wasser zu speichern. Indirekt wirken sie sich auf das Bodengefüge aus; sind sie reichlich vorhanden, verbessert sich die Krümelung und damit die Fähigkeit, Luft aufzunehmen.

Solange organische Stoffe noch als Pflanzen- oder Tierreste stofflich identifiziert werden können, also noch keine durchgreifende Neubildung erfahren haben, nennt man sie „Nichthuminstoffe". Auch sie können Großmoleküle bilden, deren Eigenschaften sich ähnlich auswirken wie diejenigen, die wir von den Huminstoffen geschildert haben.

Das Verhältnis zwischen Humifizierung auf der einen Seite und Mineralisierung auf der anderen nennt man den „Zersetzungsgrad". Vollständige Mineralisierung heißt „Verwesung", gehemmte Mineralisierung führt zur „Vertorfung". Die Neubildung von Huminstoffen kann von Mikroorganismen ausgehen. Doch kommt es auch durch chemische Reaktionen ohne mikrobielle Beteiligung zur Huminstoffbildung. Vor allem in sauren, nährstoffarmen Hochmoor- oder Mineralböden dürften chemische Reaktionen vorherrschen. In Böden, die neutral, schwach sauer oder schwach basisch reagieren, spielen biochemische Reaktionen bei der Huminstoffbildung die Hauptrolle. Dabei kommt biochemischen Prozessen, die sich im Verdauungstrakt von bodenbewohnenden Würmern abspielen, eine nicht zu überschätzende Bedeutung zu.

[1] kolla, griech. = Leim. Von einem Kolloid spricht man, wenn seine Teilchen so groß sind, daß sie sich in Wasser nicht mehr echt lösen; statt dessen sind sie feinst verteilt. Kolloidale Lösungen sind mehr oder minder trübe. Da Licht an Teilchen dieser Größenordnung streut, wird ein Lichtstrahl, der eine kolloidale Lösung durchdringt, sichtbar, wenn man senkrecht zur Richtung des Strahls auf ihn schaut (Tyndalleffekt).

Wichtige Huminstoffe sind die relativ kleinmolekularen Fulvinsäuren, die großmolekularen Huminsäuren und die durch Riesenmoleküle charakterisierbaren Humine. Fulvinsäuren reagieren stark sauer und werden leicht im Boden verfrachtet. Sie kommen hauptsächlich in podsolierten Böden, in Hochmooren und im Rohhumus vor. Huminsäuren sind charakteristische Huminstoffe überwiegend in Braunerden, im Flachmoortorf und im Moder. Sie reagieren mäßig sauer. Humine finden sich vor allem in Schwarzerde[1] und im Mull. Sie reagieren etwa neutral oder nur schwach sauer. Wegen ihrer Größe sind sie hervorragend geeignet, Wassermoleküle und Nährsalzionen anzulagern und durch elektrische Teilladungen festzuhalten. Sie lockern den Boden und verbessern dadurch seine Lufthaltigkeit.

Humine, Anionen[2] der Huminsäuren sowie viele Nichthuminstoffe aus organischen Resten können mit elektrisch geladenen Teilchen der Böden, vor allem mit Tonmineralen, lockere oder festere Bindungen eingehen. Auf diese Weise können Bodenteilchen miteinander verkittet werden. An solche komplexen Teilchen lagern sich Nährstoffionen und Wassermoleküle an, und zwar um so intensiver und zahlreicher, je kleiner die Teilchen bleiben. Auch dies trägt zur „Fruchtbarkeit“ von Böden bei. Stark vereinfacht kann man sagen: wenn „Humusreichtum“ eines Bodens als Kriterium für seine Güte angesehen wird, dann meint man in der Regel die physikalischen Eigenschaften der Wasserspeicherung, Lufthaltigkeit und Nährstoffionenanlagerung, die ein Boden durch seinen hohen Gehalt an Huminen bekommt.

Mull und Moder

Mull bildet sich bei letztlich völliger Zersetzung der anfallenden pflanzlichen und tierischen Reste, sofern die Mikroorganismen, die bei der Zersetzung und Humifizierung beteiligt sind, bestmögliche oder wenigstens sehr gute Bedingungen vorfinden. Im Mull ist die „Wurmdichte“ sehr hoch. Nicht zuletzt kommt es durch die Tätigkeit von Regenwürmern hier zu einer besonders guten Durchmischung von organischen und mineralischen Bodenbestandteilen. Die biochemischen Veränderungen, die Bodenpartikel erfahren, die den Verdauungstrakt von Würmern passiert haben, wirken stark verbessernd auf Krümelstruktur und Luftführung sowie auf die Speicherfähigkeit für Wasser und Nährstoffe. In den humifizierenden Prozessen werden fast ausschließlich größtmolekulare Humine gebildet. Zu nennenswerter Mullbildung kommt es nur, wenn im Boden ausreichend Tonmineralien vorhanden sind. Kalk darf nicht fehlen. Daher und wegen der Speicherfähigkeit für Nährsalzionen reagiert Mull höchstens schwach sauer, meist jedoch neutral bis mäßig alkalisch. Mull ist die Humusform der ohnehin besseren Böden. Allerdings kann sich Mull unter günstigsten Bedingungen auch noch im obersten Bereich über Flachmoorböden bilden.

Moder entsteht, wenn die Zersetzung pflanzlicher Abfälle, im typischen Fall einer meist dicht liegenden Streuauflage, unvollständig oder gehemmt abläuft. Hemmend kann saure Reaktion im obersten Bodenbereich wirken, weil unter diesen Bedingungen viele Arten von Kleinstlebewesen, die für die Streuzersetzung wichtig sind, schlechte Voraussetzungen vorfin-

[1] Schwarzerde = Tschernosem ist dadurch charakterisiert, daß ein B-Horizont in solchen Böden fehlt. Sie entwickeln sich in typischer Ausbildung in einem Klima, in dem – vor allem in der warmen Jahreszeit – die Verdunstung die durchschnittliche Niederschlagsmenge erreicht oder übertrifft. Auf diese Weise kommt es zu einer Anreicherung der oberen Bodenschichten mit Ionen aus dem anstehenden Gestein. Deswegen reagieren solche Böden entweder neutral oder schwach alkalisch. Dies fördert das Bodenleben. Beim Abbau organischer Substanzen entstehen unter solchen Bedingungen vornehmlich Humine, die sich verstärkend auf die geschilderten Bodenbildungstendenzen auswirken. Wirkliche Schwarzerden gibt es im südlichen Osteuropa und in Südosteuropa. In Mitteldeutschland kommen in den Trockengebieten vor allem lößhaltige Böden vor, die Schwarzerden sehr nahe kommen oder als solche anzusehen sind. Sie sind 0,4–1 m mächtig; ihr Porenvolumen erreicht fast 50%. Daher können sie Regengüsse mittlerer Ausgiebigkeit pflanzenverfügbar speichern. Ihre Fruchtbarkeit ist wegen der Anreicherung von Nährsalzionen so hoch, daß sie für Mitteleuropa Spitzenwerte erreicht.

[2] Anionen nennt man die negativ geladenen Ionen von Salzen, Basen oder Säuren, weil sie – in wäßriger Lösung – unter dem Einfluß eines elektrischen Feldes zur positiv geladenen Elektrode, der Anode, wandern.

den. Pilze treten gegenüber Bakterien vermehrt auf. Moder bildet sich oft im obersten Bereich feuchter Sandböden, in feuchten und anmoorigen Wiesen.

Im Moder sammeln sich vermehrt Huminsäuren als Endprodukte der Humifizierung an. Sie verstärken die meist ohnehin saure Reaktion. Durch die Hydroniumionen der Säuren werden manche Nährsalzionen aus ihren lockeren Bindungen an Bodenteilchen gelöst und schließlich oberflächennah, letztlich aber auch in tieferen Bodenschichten, ausgeschwemmt. Die Böden können bestenfalls noch mittlere Nährsalzionenmengen halten.

Rohhumus

Moderbildung geht gleitend in die Bildung von Rohhumus über. Er entsteht vor allem auf Böden, die arm an Bodenbakterien sind. Deswegen trifft man ihn auf feuchten, podsoligen Sandböden unter Heidekrautbeständen, in Nadelholzforsten, aber auch unter den Grassoden in sauren Sumpfwiesen. Im Rohhumus läuft die Humifizierung, wie schon erwähnt (s. S. 318), vorwiegend durch chemische Prozesse ab. Lebewesen sind nicht oder nur in geringem Maße beteiligt. Ein aktiver Eintrag von organischen Resten in den Boden findet kaum statt. Deswegen sind Rohhumusauflagen mit dem Mineralboden kaum vermischt. Im Rohhumus entstehen durch die Humifizierung vor allem kleinmolekulare Fulvinsäuren, die stark sauer reagieren. Die dissoziierten Hydroniumionen verstärken die Ausschwemmung der Nährsalzkationen[1], fördern also die Podsolierung.

Humusbildung im Schlamm

Humus wird nicht nur auf festem Boden gebildet. Er entsteht auch in Gewässern und gelangt aus ihnen in den Schlamm oder in andere, für Binnengewässer kennzeichnende Ablagerungen. Je nach der Reichhaltigkeit des Pflanzenwuchses und den Bedingungen für den Abbau organischer Reste entscheidet sich, welche Art von Humus hauptsächlich entsteht. Die Vielfalt der in Gewässern erzeugten humushaltigen Ablagerungen ist kaum weniger groß als die, die wir von der festen Bodenoberfläche kennen. Dennoch ist sie vergleichsweise gering, nimmt man die Fläche, auf denen gewässerbürtige Humussubstrate vorkommen, als Maßstab. Daher gehen wir nicht näher auf sie ein.

Torfbildung in Hoch-, Zwischen- und Flachmooren

Für die Geologen sind Moore Lagerstätten von Torf, und diesen sehen sie – ähnlich wie Kohle – als eine Art von „Gestein" an, das letztlich durch Lebewesen gebildet worden ist. Die Botaniker betrachten Moore als pflanzliche Lebensgemeinschaften. Sie unterscheiden vor allem Hoch-, Zwischen- und Flachmoore. Von der Gesamtfläche her gesehen sind die Hochmoore die bedeutendsten.

Bild 373. Polster des Mittleren Torfmooses *(Sphagnum magellanicum)*. Diese Art ist das Hauptmoos der mitteleuropäischen Hochmoore.

Hochmoore verdanken ihre Entstehung in erster Linie den „Torfmoosen" aus der Gattung *Sphagnum* (Bild 373). Viele *Sphagnum*-Arten gedeihen in niederschlagsreichem Klima auf einem dauerfeuchten, nährstoffarmen, mäßig sauren Untergrund am besten. Stellen sich sol-

[1] Kationen sind positiv geladen und wandern in wäßriger Lösung im elektrischen Feld zur negativ geladenen Elektrode, der Kathode.

che Bedingungen etwa in einem oberflächlich versauerten Wald, in einem Erlenbruchwald oder in einem Flachmoor ein, dann vermögen sich zunächst inselartig Polster von *Sphagnum*-Pflanzen zu entwickeln, die schließlich zu Dekken zusammenwachsen. Wegen ihres besonderen Baues - die Blätter bestehen überwiegend aus toten, porösen „Wasserzellen" (Bild 374) - halten die *Sphagnum*-Pflänzchen Wasser wie ein Schwamm fest.

Abgestorbene Torfmoosteilchen setzen bei der Humifizierung Fulvinsäuren frei, die stark sauer reagieren. Durch die abgegebenen Hydroniumionen[1] kommt es in dem unterliegenden Boden zu einer sehr starken Auswaschung von Nährsalzionen. Der pH-Wert stellt sich im Bereich der *Sphagnum*-Polster ziemlich rasch auf 2,5–4,5 ein, und im angrenzenden Boden liegt er kaum höher. Pflanzen, die den Standort ursprünglich besiedelt hatten, werden von den Torfmoospolstern überwachsen und „erstickt". Oft sind sie an stark saures Milieu so schlecht angepaßt, daß sie wegen der Versauerung absterben.

Da die oberen Teile der *Sphagnum*-Pflänzchen weiterwachsen, wenn die unteren abgestorben sind, erhöht sich die Decke insgesamt. Häufig sind zentrale Teile der Decke aus den ersten Polstern hervorgegangen. Deswegen sind hier die Decken schon nach kurzer Zeit am höchsten emporgewachsen, wohingegen der Torfmoosgesamtbestand gegen den Rand niedriger bleibt. Diese Tendenz im Aufbau setzt sich Jahr für Jahr fort. Denkt man sich einen Schnitt durch ein wohl entwickeltes Hochmoor (Bild 375),

[1] Siehe S. 316

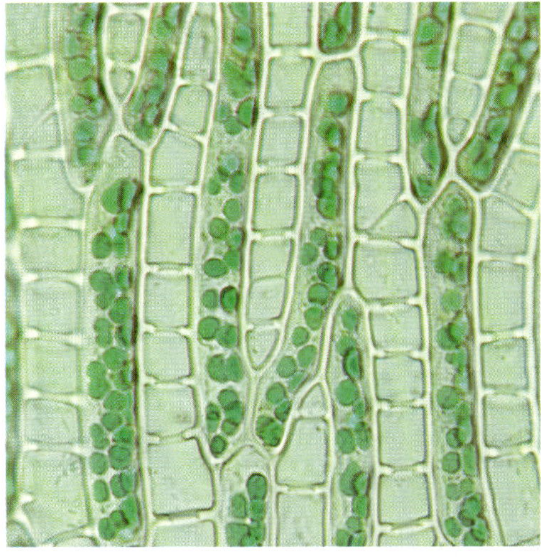

Bild 374. Blatt eines Torfmooses *(Sphagnum)*. Bei mikroskopischer Betrachtung erkennt man deutlich die chloroplastenführenden, lebenden Zellen. Die abgestorbenen „Wasserzellen" sind durch ringförmige Wandverdickungen ausgesteift. Gefärbtes Präparat.

Bild 375. Schema des Schichtbaues eines mitteleuropäischen Hochmoores. **1** Mudde; **2** Schilftorf; **3** Seggentorf; **4** Waldtorf; **5** älterer, **6** jüngerer Torfmoostorf. Nach STRASBURGER verändert.

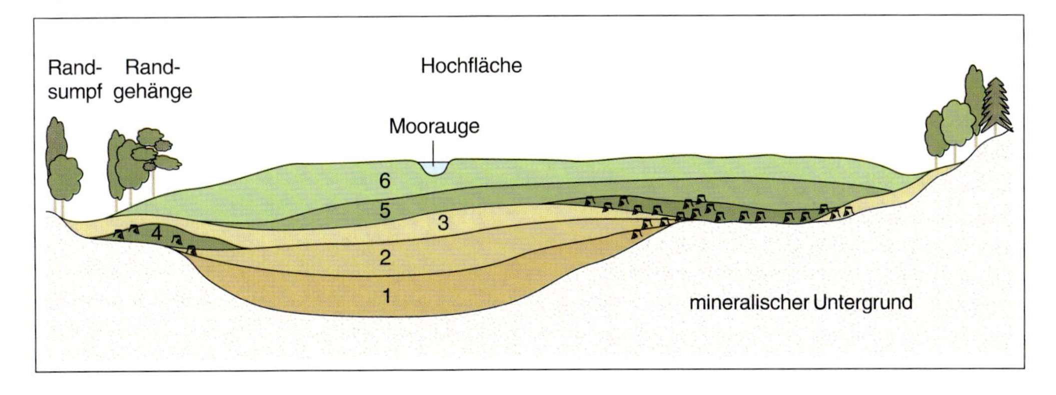

Bild 376. Schlenken (Naßflächen) und Bulte in einem Hochmoor.

dann kann man an ihm deutlich sehen, wie es sich allseits vom Rande her zur Mitte wie ein Uhrglas aufwölbt. Dieser Bau ist so charakteristisch, daß er namensgebend für „Hochmoore" geworden ist. Bei sehr großen Hochmooren, die schon jahrhundertelang bestehen, kommt es im mittleren Bereich wegen schlechter Abflußmöglichkeiten zu Einbrüchen, in denen sich Wasser ansammelt. Solche „Mooraugen", die örtlich auch „Kolke" genannt werden, sind saure, nährstoffarme Gewässer. Um sie herum und bis in die weitere Umgebung bilden sich verbreitet wassergefüllte, kleine Mulden, die „Schlenken" (Bild 376). Sie kontrastieren zu festeren Bereichen, den „Bulten". An gealterten, großflächigen Hochmooren bildet sich randlich ein oft baumbestandenes, deutlicher geneigtes, verhältnismäßig trockenes „Randgehänge". Aus ihm sickern Wässer zum Hochmoorrand, der sich dadurch als „Randsumpf" ausbildet. Zuweilen bleiben regelrechte Abflußrinnen offen, die im Hochmoorbereich entspringen, das Randgehänge durchschneiden und bis ins Umland hineinführen. Im Bereich des Randsumpfes, der da und dort - schlenkenreich - Zwischenmoorcharakter hat, meist aber ein Flachmoor darstellt, verzahnen sich Hochmoor und Umfeld.

Zwischen- oder Übergangsmoore sind nährstoffarm. Im Gegensatz zu den reinen Hochmooren, die ihre Nährstoffe ausschließlich dem Eintrag durch Regenwasser und Wind verdanken, kommen in Zwischenmooren geringe Mengen von Kalk und Stickstoffsalzen im Boden vor. Meist sind Zwischenmoore baumlos, zuweilen aber von Sträuchern oder einzelnen Bäumen, seltener örtlich von lockeren Gehölzen bestanden. Räumlich und im Charakter vermitteln sie zwischen nassen, baumfreien Flachmooren und durch Torfmoose geprägten, aber oft gehölzbestandenen Bereichen von Hochmooren.

Der Begriff Flachmoor oder Niedermoor weist darauf hin, daß sich ein Moor diesen Typs nicht oder kaum über den Grundwasserspiegel erhebt. Die Bezeichnung hat also nichts mit der geographischen Verbreitung von Mooren zu tun, etwa in der Weise, daß Niedermoore im Tiefland, Hochmoore hingegen in Gebirgen vorkommen; denn großflächige Hochmoore

Bild 377. Flachmoor mit reichem Bestand von Breitblättrigem Knabenkraut *(Dactylorhiza majalis)* in Schleswig-Holstein.

waren ursprünglich gerade für den Nordwesten des mitteleuropäischen Tieflands kennzeichnend. Heute sind sie durch Abbau und „Melioration"[1] zurückgedrängt oder gar mancherorts praktisch vernichtet. Flachmoore entwickeln sich als ein Spätstadium bei der Verlandung von Seen. Man findet sie deswegen nicht nur da, wo ein See verlandet ist, sondern auch in seinem Uferbereich, der sich zur Seeseite hin ausgedehnt hat. Verallgemeinernd kann man sagen: Das Röhricht, das noch in die offene Wasserfläche eindringt, wird bei fortschreitender Verlandung von einem „Ried" abgelöst, in dem bultförmig oder hochwachsende Seggen vorherrschen. Aus diesem geht mit fortschreitender Austrocknung ein Kleinseggenried hervor, eben das Flachmoor (Bild 377). Entscheidend für diese Entwicklung ist das allmähliche Herauswachsen aus dem Grundwasserbereich, das ermöglicht wird, weil im Großseggenried zunehmend Torfbildung einsetzt. Dennoch bleibt auch im Flachmoor der Untergrund bis ins Frühjahr hinein feucht, insbesondere in den meist etwas tiefer liegenden zentralen Bereichen. Zumindest die randlichen Abschnitte trocknen hingegen im Sommer oftmals aus. In sehr niederschlagsreichen Klimaten, vor allem in den Alpen, können Flachmoore mäßig sauer sein. Häufiger jedoch sind sie etwas kalkhaltig, schwach sauer oder neutral, ja sogar schwach basisch, und vor allem nicht extrem nährsalzarm. Wo in Niedermooren Quellen entspringen, die kalkhaltiges Wasser führen, oder im Überschwemmungsbereich von Bächen, die Schlamm absetzen, kommt es zu einer gewissen Anreicherung mit Kalk und Nährsalzen, wobei die Menge der Stickstoffsalze jedoch meist sehr gering bleibt. Versumpfte Bereiche um Quellen, die man oftmals „Quellsümpfe" nennt, haben mit typischen, großflächigen Flachmooren vieles gemeinsam. Allerdings spielt bei ihnen die Torfbildung fast keine Rolle.

Bei der Torfbildung läuft die Zersetzung pflanzlicher Reste vorwiegend unter hochgradigem Sauerstoffmangel oder in Abwesenheit von

[1] melior, lat. = besser; Melioration = Bodenverbesserung.

Bild 378. Schmalblättriges Wollgras *(Eriophorum angustifolium)* an einer Hochmoorschlenke.

Sauerstoff ab. Solche Bedingungen nennt man anaerob[1]. Dazu kommt es durch das hochstehende Grundwasser. Bei der Verwesung entsteht Sumpfgas, Methan (CH_4), und Torf, ein durch Lebewesen gebildetes „Gestein“, das mehr als 30% seines Gewichts an organischer Substanz enthält.

Torfe kann man durch die Herkunft des organischen Materials charakterisieren. Beim Hochmoortorf sind Reste von Torfmoosen eindeutig der Hauptbestandteil, wohingegen Reste von Wollgräsern *(Eriophorum*, Bild 378), Besen-Heide *(Calluna vulgaris)* und – im Nordwesten Mitteleuropas – von Glocken-Heide *(Erica tetralix)* nur Nebenbestandteile bilden. Tiefe Torflagen, die in der atlantisch geprägten Warmzeit vor etwa 7000 Jahren abgelagert worden sind, zeichnen sich durch stärkere Zersetzung aus. Wegen ihrer sehr dunklen Farbe nennt man solche Torfe auch „Schwarztorf“. „Weißtorf“ ist jünger, weniger zersetzt und in dem kühleren Klima gebildet worden, das seit etwa 3000 Jahren bei uns vorherrscht. Hochmoortorfe sind stets extrem sauer und nährstoffarm. Dennoch mischt man sie humusarmen Böden bei. Als Humusspende verbessern sie vor allem das Krümelgefüge lang anhaltend. Zusätzliche Kalk- und Düngergaben verstärken diese Tendenz, mit anderen Worten: Durch sie wird die Speicherfähigkeit für Nährsalze und für Wasser außerordentlich gesteigert.

Unter natürlichen Bedingungen entwickelt sich aus Torf nur selten wirklicher Boden; er bleibt sauer und trägt heidekrautreiche Moorvegetation. Er ist – wie die intakten *Sphagnum*-Bestände der Hochmoore – nicht nur durch einen allgemeinen Nährsalzmangel charakterisiert, sondern vor allem auch durch einen extremen Mangel an Stickstoffsalzen. Man hat zeit-

Bild 379. Gewöhnliche Moosbeere *(Vaccinium oxycoccos)*

[1] a, an, griech. = verneinende Vorsilbe; aero, griech. = Luft; bios, griech. = Leben.

Bild 380. Rosmarinheide *(Andromeda polifolia)*

weise angenommen, dieser Mangel verschaffe Heidekrautgewächsen mit ihren kleinen Blättern auf Mooren eine Überlebensmöglichkeit, weil man Kleinblättrigkeit und Verdunstungsschutz auf den Blattzellen als Anpassungsbildungen an Stickstoffsalzmangel verstanden hat. Diese Deutung erscheint uns fragwürdig. Viel eher liegt hier eine Anpassung an zeitweilige Trockenheit vor. Heidekraut-Arten besiedeln hauptsächlich Bulte. Haben diese eine gewisse Höhe, so reißt die Verbindung zum Grundwasserspiegel ab. Die Wasserversorgung verschlechtert sich zumindest zeitweise. Die eigentümliche Gestalt der Heidekraut-Arten, aber ebenso anderer Arten aus der Familie der Heidekrautgewächse - z. B. bei der Gewöhnlichen Moosbeere *(Vaccinium oxycoccos*, Bild 379), der Rauschbeere *(Vaccinium uliginosum)* oder der Rosmarinheide *(Andromeda polifolia*, Bild 380) sind daher wohl eher Trockenheitsanpassungen. Hingegen sind insektenfressende Arten aus der Gattung Sonnentau *(Drosera)* und das Gewöhnliche Fettkraut *(Pinguicula vulgaris*, Bild 381) deswegen auf Hochmooren konkurrenzfähig, weil sie sich die stickstoffhaltigen Bausteine, die sie zur Synthese körpereigener Eiweiße benötigen, aus dem Abbau von Eiweiß der gefangenen Beutetiere verschaffen.

Flachmoortorfe sind Schilf- und Seggentorfe, in Erlenbrüchern Erlenbruchtorf. Im Gegensatz zum Hochmoortorf enthalten Flachmoortorfe Kalk und andere Nährsalze, und zwar gelegentlich durchaus reichlich, und auch Stickstoffsalze sind nicht unbedingt Mangelware. Flachmoore entstehen - wie ausgeführt - im Zuge von Seeverlandungen. Damit stellen sie nicht nur ein mögliches Endstadium eines Sees dar, sondern sie treten auch im Uferbereich von Seen, seltener von Fließgewässern auf, und zwar je nach dem Gefälle, das dort herrscht, mehr oder minder ausgedehnt. Zu Naß- und Sumpfwiesen gibt es gleitende Übergänge. Die obersten Schichten der Flachmoortorfe sind Böden, in denen während relativ trockener Sommermonate sowohl die Mineralisierung als auch die Bildung von Huminstoffen fortschreitet. Nutzt man Flachmoore, indem man sie einmal jährlich abmäht und das Schnittgut entfernt, dann verarmen sie an Stickstoffsalzen. Für manche feuchtigkeitsliebende Rarität, wie z. B. das Fleischrote Knabenkraut *(Dactylorhiza incarnata*, Bild 382), die Sumpf-Stendelwurz *(Epipactis palustris*, Bild 383) oder - im Alpenvorland - die Mehl-Primel

Bild 381. Auf den klebrigen Blättern des Gewöhnlichen Fettkrauts *(Pinguicula vulgaris)* bleiben zahlreiche Kleintiere hängen.

Von links oben nach rechts unten:
Bild 382. Fleischrotes Knabenkraut *(Dactylorhiza incarnata)*
Bild 383. Sumpf-Stendelwurz *(Epipactis palustris)*
Bild 384. Mehl-Primel *(Primula farinosa)*
Bild 385. Trollblume *(Trollius europaeus)*

(Primula farinosa, Bild 384), ist dies keineswegs abträglich, weil sie schon bei mäßigen Stickstoffsalzgehalten an Konkurrenzfähigkeit verlieren. Andere Arten, wie etwa die Trollblume *(Trollius europaeus*, Bild 385), ertragen indessen ziemlich hohe Stickstoffsalzkonzentrationen im Boden durchaus.

Zwischenmoore stehen hinsichtlich der Torfwie der Bodenbildung zwischen Flach- und Hochmoor, wobei die Ähnlichkeit mit dem Hochmoor indessen meist augenfälliger ist.

Nährsalze

Die wichtigsten Elemente in den Nährsalzen

Grüne Pflanzen bauen Traubenzucker mit Hilfe von Licht als Energiespender aus Wasser und Kohlendioxid auf (Photosynthese, s. S. 44f.). Er ist der „Hauptrohstoff" für die Synthese vieler unentbehrlicher Zellbestandteile. Daneben brauchen sie auch anorganische Stoffe zum Leben. Welche, kann man am ehesten erfahren, wenn man Pflanzenteile verbrennt und ihre Asche auf die Elemente analysiert, die sich in ihr befinden[1]. Dies sind neben den Grundstoffen, die in der Photosynthese dem Pflanzenkörper verfügbar gemacht oder die als Wasser aufgenommen werden[2], vor allem Stickstoff (N), Schwefel (S), Phosophor (P), Kalium (K), Calcium (Ca), Magnesium (Mg), die dem Boden in Ionenform entnommen werden. Eisen (Fe) wird in deutlich geringerer Menge gebraucht. Es leitet daher zu einer Reihe von Stoffen über, von denen Pflanzen nur minimale Mengen zum Leben benötigen und die man daher „Spurenelemente" nennt. Sie sind in fast allen Böden in ausreichender Quantität enthalten, so daß sie hier nicht näher berücksichtigt werden müssen[3].

Die Aufnahme von Nährsalzen

Die Konzentrationen, in der Ionen der oben genannten Elemente im Bodenwasser vorhanden sein müssen, sind niedrig. Als Richtwert kann man sich 0,01 % oder noch weniger merken. Wichtig ist es allerdings, daß die Salze in der Bodenlösung in ausgewogenen Mengenverhältnissen vorliegen; denn ein Überwiegen eines Salzes oder gar ein Fehlen eines Elementes wirken schädigend oder führen – bei Fehlen eines Elements – sogar zum Absterben.

Stickstoff wird vorwiegend als Nitration (NO_3^-), also als Anion aufgenommen, ebenso Schwefel als Sulfation (SO_4^{2-}), Phosphor als Phosphation (PO_4^{3-}), Chlor als Chloridion (Cl^-).

In manchen Fällen verwenden Pflanzen auch das Kation NH_4^+, also das Ammoniumion als Stickstoffquelle. Die metallischen Elemente werden durchweg als Kationen aufgenommen, also Kalium als K^+, Magnesium als Mg^{2+}, Calcium als Ca^{2+}, Eisen als Fe^{2+} oder Fe^{3+}. Organe für die Aufnahme von Nährsalzen sind in erster Linie die Wurzeln. Das Reservoir, aus dem die Nährsalzionen stammen, ist der Boden, besonders die Bodenlösung und die Ionen, die an den Bodenteilchen oder an den Huminstoffen angelagert sind. Dabei hat der pH-Wert eines Bodens oder der Bodenlösung einen wesentlichen Einfluß auf die Verfügbarkeit der Nährsalzionen.

Nährsalzionen können nur gelöst in die Wurzeln aufgenommen werden. Sind sie an Boden- oder Humusteilchen angelagert, dann müssen sie vorher gegen andere Ionen ausgetauscht werden. Als Partner kommen Hydroniumionen (H_3O^+) und Bikarbonationen (HCO_3^-) in Frage. Sie entstehen, wenn sich das in der Wurzelatmung erzeugte CO_2 in Wasser löst und sich mit ihm zu Kohlensäure (H_2CO_3) verbindet, deren Moleküle sofort in Hydroniumionen ($H^+ + H_2O = H_3O^+$) und Bikarbonationen (HCO_3^-) dissoziieren. Bei vielen Pflanzen geben die Wurzeln außerdem noch organische Säuren ab. Dadurch wird die Löslichkeit der im Boden enthaltenen Phosphate und Karbonate erhöht. Bei der Aufnahme von Ionen der Schwermetalle wirken kleinmolekulare Eiweiße mit, die reich an einer schwefelhaltigen Aminosäure sind.

Nährsalzionen können – ohne daß die aufnehmende Pflanze Energie verbraucht – „passiv" durch Diffusion[4] vor allem in die Zellwände der Wurzelhaare und der Rindenzellen der Wurzeln aufgenommen werden. Zellwände beste-

[1] Hier ist allerdings bei bestimmten Arten kritische Vorsicht geboten. So enthält die Asche von „Salzpflanzen", die auf sehr kochsalzreichen (Na^+Cl^-) Böden wachsen, reichlich Natriumionen. Diese „braucht" die Pflanze nicht wirklich! Sie nimmt sie als unnützen Ballast gewissermaßen in Kauf, weil sie anders aus der stark konzentrierten Ionenlösung des Bodens das für sie lebensnotwendige Wasser nicht in ausreichender Menge aufnehmen kann.

[2] Kohlenstoff (C), Sauerstoff (O) und Wasserstoff (H).

[3] Wichtige Spurenelemente sind Mangan (Mn), Bor (B), Zink (Zn), Kupfer (Cu), Molybdän (Mo) und Chlor (Cl). Wie die Elemente, die nicht als Wasser oder durch Photosynthese in die Pflanze gelangen, werden sie als Ionen aus dem Boden aufgenommen.

[4] diffundere, lat. = verbreiten, zerstreuen. Diffusion bezeichnet die allmähliche Durchmischung von Gasen oder Flüssigkeiten oder in Flüssigkeiten gelöster fester Stoffe bis zur völligen Einheitlichkeit. Ursache der Diffusion ist die „Molekularbewegung", die mit steigender Temperatur zunimmt.

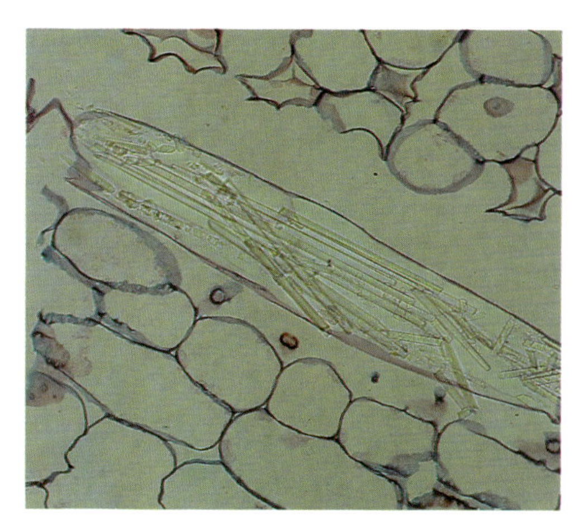

Bild 386. Bündel von Oxalatkristallen (Raphide) aus dem Blatt eines Liliengewächses *(Gasteria)*. Gefärbtes Präparat, Phasenkontrast.

hen aus einem mehr oder minder lockeren Geflecht aus Zellulosemolekülen oder aus Verbänden solcher Molekülgeflechte. In dem Freiraum, den es zwischen diesen Bauelementen gibt, können die aufgenommenen Ionen in Lösung bleiben oder sich an Ladungsreste der Wandbestandteile anlagern. Aus der Zellwand vermögen Nährsalzionen nicht ohne weiteres durch die äußeren Abgrenzungen des Zellkörpers in das Protoplasma einzudringen. Die Wahrscheinlichkeit beträgt höchstens 1:100–1:10000 der Wahrscheinlichkeit[1], mit der ein Ion eine gleich dicke Wasserschicht durchquert hätte.

Neben der passiven Stoffaufnahme gibt es die „aktive“. Sie verbraucht Stoffwechselenergie. Für Sonderfälle beim Transport von K^+-, Ca^{2+}- und Cl^--Ionen ist die Bedeutung von „Ionenkanälen“ erwiesen.

Pflanzen können einzelne Ionensorten bevorzugt aus dem Milieu entnehmen, das sie umgibt. Nachgewiesen hat man dies z. B. für K^+- und PO_4^{3-}-Ionen. Ionen von Siliziumverbindungen oder Na^+-Ionen können hingegen bei der Aufnahme benachteiligt werden.

[1] Zahlen aus STRASBURGER, Lehrbuch der Botanik, 33. Aufl., S. 342, 1991.

Allerdings arbeitet der Auswahlmechanismus nicht absolut, so daß die Pflanze auch Ionen aufnimmt, die sie im Grunde genommen gar nicht braucht. Ein Ionenüberschuß kann sich indessen auch dann ergeben, wenn von den Ionen eines Salzes nur eines benötigt wird. Wenn beispielsweise eine Pflanze dem Boden Kaliumnitrat ($K^+ NO_3^-$) entnimmt und den Stickstoff des Nitrations für die Herstellung von Eiweißbausteinen verwendet, dann bleiben Kaliumionen in der Zelle „übrig“. Sie müssen durch andere Anionen neutralisiert werden. Dazu verwenden Pflanzen die Ionen organischer Säuren, vor allem von Apfelsäure (Malationen) und von Oxalsäure (Oxalationen). Diese Ionen sind energiearm, für die Pflanze also praktisch „wertlos“. Oxalate kristallisieren bei gewissen Arten in bestimmten Zellen aus; sie sind „Müll“, der in unschädlicher Form abgelagert worden ist und da und dort noch als Schutz gegen das Gefressenwerden wirkt (Bild 386).

Ähnlich verhält es sich bei vielen Pflanzen mit Calciumionen. Sie nehmen sie in größerer Menge auf, als sie sie eigentlich brauchen. Dann

Bild 387. Beim Trauben-Steinbrech *(Saxifraga paniculata)* sind die gezähnten Blattränder, zuweilen auch noch Teile der Blattspreiten, dicht mit Kalk überzogen. Er wird als „Müll“ aus randständigen Spalten in Wasser gelöst ausgeschieden.

werden überschüssige Ca^{2+}-Ionen häufig ebenfalls als Oxalat, zuweilen auch als Karbonat, seltener als Sulfat oder Phosphat „festgelegt". Vor allem die Ausscheidung von Calciumkarbonat muß nicht immer in den Zellen erfolgen. Manche Pflanzen geben zuviel aufgenommenen Kalk auch durch Wasserspalten wieder nach außen ab. So bilden sich z. B. beim Trauben-Steinbrech *(Saxifraga paniculata)* an den Wasserspalten am Blattrand schuppige Kalküberzüge (Bild 387). Sie füllen zuweilen die Grübchen, in denen sich die Wasserspalte befindet, ganz aus. Deswegen hat man schon überlegt, ob hier die Kalkabscheidung auch einen Verdunstungsschutz bewirkt und nicht nur der Beseitigung von Ionen dient, die in der aufgenommenen Menge nicht gebraucht werden; das Vorhandensein einer dicken Kutikula an den Blättern bei den kalkabscheidenden Steinbrech-Arten, durch die jede Wasserabgabe stark gemindert wird, könnte diese Vermutung stützen.

Mit solchen Kalküberzügen darf man die Kalküberkrustungen nicht verwechseln, die zuweilen bei Wasserpflanzen auftreten. Dort wird Kalk aus dem Wasser auf den Blättern abgesetzt, weil die Blätter durch Photosynthese Kohlendioxid erzeugen, das mit Ionen des Wassers reagiert.

Weniger auffällig ist die Abgabe von Kochsalz (Na^+Cl^-) durch manche Salzpflanzen. Der Gewöhnliche Strandflieder *(Limonium vulgare)* scheidet Chlorid (Cl^-) und ähnliche Anionen aktiv ab; Na^+ als häufigstes Kation scheint hingegen mehr passiv zu folgen.

Die Bedeutung der einzelnen Elemente für die Pflanze

Stickstoff

Analysiert man, welche Elemente in der größten Menge im Plasma einer Pflanze auftreten, dann findet man nach Kohlenstoff, den die Pflanze durch die Photosynthese der Luft entnimmt, und den Elementen des Wassers (H und O) den Stickstoff meist an vierter Stelle. Er wird in der Regel als Nitrat dem Boden entnommen. Das Ammoniumion NH_4^+ spielt demgegenüber eine eindeutig geringere Rolle.

Stickstoffsalze sind in vielen Böden deswegen selten, weil Nitrate sich sehr leicht in Wasser lösen und rasch ausgewaschen werden. Sie sind außerdem nur in wenigen Sedimenten und dann in meist verschwindend geringen Mengen enthalten. Letztlich entstammt fast der ganze Vorrat an Stickstoffsalzen der Luft, aus der molekularer Stickstoff entnommen und durch Mikroorganismen in Ionenform in den Stickstoffkreislauf eingebracht worden war. Dem Boden werden Stickstoffverbindungen aktuell nahezu ausschließlich aus organischer Substanz, also durch Pflanzen- oder Tierreste zugeführt. Durch die Tätigkeit von Bakterien entstehen dabei vielfach Nitrate. Böden, in denen Stickstoffsalze Mangelware sind, nennt man „mager", solche, in denen sie in höherer Konzentration vorkommen, „fett". „Magerkeitszeiger" sind Pflanzenarten, die mit geringen Konzentrationen an Stickstoffsalzen auskommen.

Bild 388. Die Knöllchen, in denen die stickstoffbildenden Bakterien leben, bleiben bei den meisten Schmetterlingsblütengewächsen klein, obwohl die Menge gespeicherter Stickstoffverbindungen recht bedeutend sein kann. Das Bild zeigt Knöllchen an den Wurzeln des Wiesen-Rot-Klees *(Trifolium pratense)*.

„Stickstoffzeiger“ brauchen hohe Konzentrationen von Stickstoffsalzen oder tolerieren sie wenigstens.

Bakterien und Blaualgen spielen auch an anderer Stelle im Kreislauf des Stickstoffs eine wesentliche Rolle. Manche Arten, von denen einige in Symbiose[1] in den Wurzeln z.B. der Schmetterlingsblütengewächse leben, vermögen der Luft Stickstoff zu entnehmen und für die Pflanzen verfügbar zu machen. Freilebende stickstoffbindende Bakterien können dem Boden jährlich 15–20 kg/ha Stickstoff zuführen. Die Stickstoffixierung durch Bakterien in den Wurzelknöllchen (Bild 388) von Schmetterlingsblütengewächsen kann zwischen etwa 50 und 140 kg/ha im Jahr liegen. Demgegenüber ist der Eintrag an Nitrat aus der Atmosphäre, wo es z.B. durch Blitzschlag als Stickoxid entsteht, das mit Luftsauerstoff letztlich zu Nitrat reagiert, gering. Zusammen mit den Nitrationen, die letztlich durch die Freisetzung von Stickoxiden in Verbrennungsprozessen und nachfolgender Oxidation entstehen, kann es sich allerdings um 20–25 kg/ha/Jahr handeln[2].

[1] sym, syn, griech. = zusammen; bios, griech. = Leben.
[2] Diese Werte beziehen sich auf dünnbesiedelte Gegenden, die industrie- und verkehrsarm sind. Für die Zeit vor dem 2. Weltkrieg waren sie für Mitteleuropa repräsentativ. Derzeit liegt der Eintrag an Stickstoffsalzen höher. ULRICH KULL: „Physiologische Wirkungen von Luftschadstoffen auf Pflanzen“, Jahreshefte der Gesellschaft für Naturkunde in Württemberg, 146. Jahrgang, S. 10, 1991 gibt hinsichtlich des Stickstoffeintrags an: „Die derzeitige Deposition beträgt in Mitteleuropa bis zu mehr als 60 kg/ha/Jahr.“ Er schreibt über die Folgen: „Als Folge davon sind schwerwiegende Veränderungen unserer Ökosysteme allenthalben zu erkennen:
- Eine Eutrophierung und Ruderalisierung unserer naturnahen Vegetationseinheiten. In unseren Wäldern breiten sich allenthalben *Urtica, Alliaria, Impatiens, Geranium robertianum* u.dgl. aus; deren Ausbreitung stört und zerstört die natürlichen Pflanzengesellschaften. ...
- Eine Schädigung aller Trockenrasen, in denen durch die N-Zufuhr die Konkurrenzsysteme grundlegend verändert werden, so daß immer intensivere Pflegemaßnahmen zur Erhaltung von immer weniger natürlichen Trockenrasen erforderlich werden.“

Bild 389. Links. Öl-Rettich *(Raphanus sativus* var. *oleiformis)* wächst auf einem seit Jahren ungedüngten Boden sichtlich kümmerlicher als auf normalem Ackerboden.
Rechts: Auch Mais *(Zea mays)* zeigt unter gleichen Bedingungen ein stark reduziertes Wachstum.

Böden mit guter Mullführung liefern durch Mineralisierung im neutralen oder schwach alkalischen Milieu Nitrationen, wohingegen in Moder- und Rohhumusböden vor allem Ammoniumionen (NH_4^+) gebildet werden. Mit Nitrat angereichert sind in der Regel Hochstaudenfluren in den Gebirgen und Auenwälder. Nur mäßig stickstoffsalzhaltig sind die Böden in bodensauren Laub- und Nadelwäldern. Hochmoore, Trockenrasen und trockene Kiefernwälder sind meist stickstoffsalzarm. Im Hochmoor ist das Milieu für stickstoffbindende Bakterien zu sauer, und in Trockenrasen und Trockenwäldern wird die Tätigkeit der mineralisierenden Bakterien oftmals durch Trockenheit gehemmt.

Manche Pflanzen ertragen höhere Konzentrationen von Nitrat deswegen nicht, weil sie in ihren Zellen nicht in ausreichender Menge über Enzyme verfügen, die Nitrat reduzieren können. Zu ihnen gehört etwa die Heidelbeere *(Vaccinium myrtillus)* und die Besen-Heide *(Calluna vulgaris)*. Weil auf stark sauren Böden Stickstoff meist in Form des Ammoniumions (NH_4^+) vorliegt, haben sie dort gegenüber anderen Arten einen Konkurrenzvorteil. Anders verhält es sich mit stickstoffsalzliebenden Pflanzen. Sie können das NO_3^--Ion in ihren Zellen meist rasch für den Stoffwechsel verfügbar machen. Wachsen sie auf Böden, die reich an Ammoniumionen sind, dann bereitet ihnen dies keinerlei Schwierigkeiten; denn in dieser Form muß der Stickstoff nicht erst reduziert werden, ehe er in den Stoffwechsel eingespeist wird. Mangel an Stickstoffsalzen führt bei vielen Arten zu gedrosseltem Wachstum, ja zu Kümmerwuchs (Bild 389).

Phosphor

Phosphor wird meist als $H_2PO_4^-$-Ion aufgenommen. In dieser Form kann es in der Regel direkt in den Stoffwechsel der Zellen übernommen werden. Es ist in kaum abgewandelter Form für den Bau der DNA unentbehrlich. Ebenso ist es Bestandteil von Enzymen und von Zellmembranen.

Phosphate sind in sehr geringen Mengen und in feinster Verteilung in Form des Minerals Apatit in den meisten Gesteinen vorhanden. Infolgedessen enthalten auch alle Böden – allerdings in unterschiedlicher Konzentration – Phosphate. Trotz der Schwankung im Phosphatgehalt scheint die verfügbare Menge in allen Fällen groß genug zu sein, um Pflanzen ein auskömmliches Leben zu ermöglichen. Man hat Böden mit unterschiedlicher Phosphatführung daraufhin untersucht, ob auf ihnen in Abhängigkeit vom Phosphatgehalt unterschiedliche Pflanzengesellschaften vorkommen. Eine solche Abhängigkeit hat man indessen nicht gefunden. Andererseits scheint es so zu sein, daß manche Pflanzen, wie z. B. die Große Brennessel *(Urtica dioica)*, die auf stickstoffsalzreichen Ruderalstandorten vorkommt, dort um so besser gedeihen, je mehr Phosphat sie im Boden vorfinden. Ja, ihr Gedeihen ist auch dann noch besonders gut, wenn es reichlich Phosphat-, aber eher wenig Nitrat- oder Ammoniumionen gibt.

Schwefel

Schwefel wird als Sulfation SO_4^{2-} aufgenommen. Ehe es in organische Verbindungen eingebaut werden kann, muß es im Stoffwechsel in der Regel reduziert werden. Für alle Pflanzenarten stellt Schwefel ein Element dar, das für den Bau der Eiweiße unentbehrlich ist. Die Tertiärstruktur, in der sich die Individualität der Eiweiße besonders wirksam ausdrückt, wird durch

Bild 390. Knoblauchsrauke *(Alliaria petiolata)*

Bild 391. Bärlauch *(Allium ursinum)*

Bindungen, an denen Schwefelatome beteiligt sind, entscheidend erzwungen.

In der Familie der Kreuzblütengewächse *(Brassicaceae*, Bild 390) sind viele Arten durch den Besitz von Senfölen, bei den Lauchgewächsen *(Alliaceae*, Bild 391) durch die den Senfölen chemisch nahestehenden Lauchöle ausgezeichnet. Verbindungen beider Stoffgruppen enthalten stets Schwefel.

Schwefel ist in gipshaltigen Böden in sehr hoher, in Böden, die aus Kalkgestein hervorgegangen sind, meist in mäßig hoher Konzentration, in allen anderen Böden in ausreichender Menge enthalten.

Kalium

Kaliumionen sind in einigen Fällen Co-Enzyme, d. h. Hilfsstoffe der Enzyme und damit unersetzlich. Außerdem spielen sie bei der Regulation des Wasserhaushalts in den Zellen eine wichtige Rolle. Nicht zuletzt wirken sie bei der Erweiterung und Verengung der Spaltöffnungen mit. Kaliumionen sind in allen chemischen Sedimentgesteinen wenigstens in geringen Mengen enthalten. Größer ist ihre Konzentration in Böden, die aus verwitternden kristallinen Gesteinen hervorgegangen sind; denn in ihnen kommt häufig kaliumhaltiger Feldspat vor. Nur in Sandböden kann der Kaliumgehalt sehr niedrig sein und das bestmögliche Pflanzenwachstum begrenzen.

Dennoch werden Kaliumionen aus Böden kaum ausgewaschen, und das, obwohl ihre Salze, die natürlicherweise im Boden vorkommen können, durchweg sehr leicht wasserlöslich sind. Dies kann man nur damit erklären, daß Kaliumionen sehr effektiv und rasch von den Pflanzenwurzeln aus dem Boden herausgeholt werden. Ähnlich wie bei Natriumionen werden auch Kaliumionen, die Pflanzen zuviel aufgenommen haben, von den Blättern ausgeschieden. Durch Regenwasser werden sie abgewaschen, tropfen mit ihm ab, gelangen allmählich wieder in den Boden, dem sie prompt durch die Wurzeln erneut entzogen werden.

Magnesium

Magnesiumionen kommen in fast allen chemischen Sedimentgesteinen in geringen Mengen vor. Dolomit enthält sie hingegen in recht hoher Konzentration. Böden, die aus verwitternden kristallinen Gesteinen hervorgegangen sind, führen Magnesiumionen meist in ziemlich niedrigen Konzentrationen, die indessen für ein normales Pflanzenwachstum in der Regel ausreichen. Magnesiumarm können Sandböden sein. Auf ihnen hat man Mangelerscheinungen beobachtet. Bestimmte Baumschäden stehen im Verdacht, durch Magnesiummangel mindestens mitverschuldet worden zu sein. Meeresnah erhalten Böden mit dem Niederschlag eine geringe, aber im Laufe der Jahre nennenswerte Menge an Magnesiumionen, die mit der Meeresgischt in die Atmosphäre gerissen worden waren und dann im Regenwasser enthalten sind. Ähnlich wie beim Kalium werden Magnesiumionen im allgemeinen rasch „recycelt“: Was durch Mineralisierung frei wird, nehmen die Pflanzen sehr schnell erneut auf.

Magnesium ist ein entscheidender Bestandteil im grünen Blattfarbstoff, dem Chlorophyll. Außerdem ist es in einigen Fällen Co-Enzym.

Calcium

Calciumionen bilden mit Karbonationen (CO_3^{2-}), Sulfationen (SO_4^{2-}) oder mit Phosphaten (PO_4^{3-}) Salze, die in vielen Böden enthalten sind. Besonders reich an Calciumionen sind Kalksteinverwitterungsböden und Böden über gipshaltigen Gesteinen; Böden, die aus verwitterten Mergeln oder aus Sandsteinen mit kalkhaltigem Bindemittel hervorgegangen sind, sind eher arm an Calciumionen, enthalten sie aber meist in ausreichender Menge. Nahezu calciumionenfrei können Sandstein-Verwitterungsböden sein, ebenso Böden, die aus sauren kristallinen Gesteinen gebildet worden sind, sowie Hochmoorböden. In niederschlagsreichen Gebieten können Böden, die ursprünglich kalkhaltig waren, oberflächlich stark versauern.

Calciumionen sind für eine Reihe von Prozessen im Zellstoffwechsel wichtig. Doch genügen hierfür ziemlich geringe Mengen. Deshalb sind Calcium-Mangelerscheinungen seltener als Bildungen, die durch einen Überschuß an Calziumionen hervorgerufen werden (s. S. 329). In den Böden liegt die Hauptbedeutung von Calciumionen darin, daß durch sie eine basische oder wenigstens neutrale Reaktion der Bodenlösung herbeigeführt wird. Angelagert an Humine und Tonteilchen verbessern Calciumionen die Krümelstruktur und damit Luft- und Wasserführung. Auch erhöhen sie die Speicherung von Nährsalzionen, und zwar in einer Form, in der sie von Pflanzen aufgenommen werden können.

Pflanzengesellschaften

Einführung

Pflanzen kommen an ihren natürlichen Standorten nicht einzeln vor. Vielmehr wachsen sie - zuweilen mit zahlreichen Artgenossen - zwischen andersartigen Individuen. Ähnliche Standorte tragen ein ähnliches Pflanzenkleid. Dies ist nicht verwunderlich. Die Lebensmöglichkeiten für Pflanzen werden durch Klima und Boden bestimmt. Nachbarschaftliche Konkurrenz bedeutet öfter Beschränkung als Chance. Zufälle im Laufe der floristischen Geschichte haben die Weichen so gestellt, daß heute Arten in manchen Gegenden existieren, wogegen sie - trotz prinzipieller Möglichkeit des Gedeihens - derzeit an anderen Orten nicht mehr oder noch nicht anzutreffen sind.

In der „Pflanzensoziologie" versucht man - neben anderem -, typische Artenkombinationen zu erkennen, gegeneinander abzugrenzen und aus den Ansprüchen der kennzeichnenden Arten Rückschlüsse auf klimatische Eigentümlichkeiten am Standort und auf Besonderheiten seines Bodens zu ziehen. Die Zahl der beschriebenen und unterscheidbaren Gesellschaften ist groß. Sie aufzuzählen und darzustellen übersteigt den Rahmen dieses Buches. Gleichwohl halten wir es für vorteilhaft, wenn seine Benutzer einen Eindruck davon haben, wie typische Pflanzengesellschaften aussehen können und wofür ihr Vorhandensein zeugt. Hierfür braucht es keiner Artenlisten oder Tabellen aus Vegetationsaufnahmen, die den Laien zunächst mehr verwirren, als daß sie ihm helfen. Freilich sind grobe Skizzen, wie wir sie machen, dann keine exakten Beschreibungen oder gar kennzeichnende Diagnosen. Sie wollen ausschließlich Fingerzeige geben und den Sinn des Betrachters für Zusammenhänge, wie sie die Vegetationskunde aufdeckt, ein wenig erschließen. Sie sind beispielhaft, kein Überblick oder gar ein vollständiger Katalog aller unterscheidbarer Pflanzengesellschaften. Sie sollen es den Benutzern in erster Linie ermöglichen, die Ausführungen, die bei den Artbeschreibungen über Standort und Verbreitung gemacht worden sind, in einem Rahmen zu sehen, innerhalb dessen eine gewisse Einordnung möglich wird.

Wälder

Buchen- und Buchenmischwälder, Edellaubwälder

Könnte sich die Vegetation in Mitteleuropa über einige hundert Jahre hindurch unbeeinflußt vom Menschen entwickeln, entstünde fast überall dichter Wald. Nur wo Böden dauernaß und wasserdurchtränkt sind, stellte er sich nicht ein, weil hier im Boden Sauerstoffmangel herrscht. In einem derartig sauerstoffarmen Milieu würden die Wurzeln fast aller heimischen Baumarten absterben. Allenfalls könnte sich ein lichter Bruchwald, vornehmlich aus Schwarz-Erlen *(Alnus glutinosa)*, halten, auf saurem, moorigem Untergrund auch lockere Ansammlungen von Birken und Kiefern.

Örtlich gibt es in Mitteleuropa für den geschlossenen Wald eine Trockengrenze. Manche Bereiche in den Mittelgebirgen mit Kalkgestein können kleinflächig über verkarstetem und daher extrem wasserdurchlässigem Gestein so flachgründig sein, daß hier allenfalls einzelne

Rechte Seite von links oben nach rechts unten:
Bild 392. Gefingerter Lerchensporn *(Corydalis solida)*
Bild 393. Zweiblättriger Blaustern *(Scilla bifolia)*
Bild 394. Kleines Schneeglöckchen *(Galanthus nivalis)*
Bild 395. Frühlings-Knotenblume *(Leucojum vernum)*
Bild 396. Rührmichnichtan *(Impatiens noli-tangere)*
Bild 397. Wald-Veilchen *(Viola reichenbachiana)*
Bild 398. Rotes Waldvögelein *(Cephalanthera rubra)*
Bild 399. Mandelblättrige Wolfsmilch *(Euphorbia amygdaloides)*

Rotbuchen mit verkümmertem Wuchs durchhalten. Woran sie leiden, sieht man im Spätsommer. Sie vergilben Wochen früher, als es ihre Artgenossen auf typischen Buchenwaldstandorten tun.

Im mitteleuropäischen Wald wäre weithin die Rotbuche *(Fagus sylvatica)* bestimmend. Was wir in der Alltagssprache „Wald" nennen, ist ein „Forst", der dem Menschen sein Gesicht verdankt. Selbst in diesen Forsten ist die Rotbuche der häufigste Laubbaum. Fast 20% aller Waldbäume in mitteleuropäischen Forsten sind Rotbuchen, im Westen deutlich mehr als im Osten.

In den Buchenwäldern im weitesten Sinn leben durchaus anspruchsvolle Arten. Unter den Bäumen gehören Ahorn-Arten, Hainbuche, Esche, Linden und Ulmen dazu. Deshalb kann man die Großgruppe der Buchenwälder „Edellaubwälder" nennen.

Artenreiche Buchen- und Buchenmischwälder

Die Buchen- und Buchenmischwälder im engeren Sinn sind relativ frostempfindlich. Vernäßte Böden meiden sie ebenso wie zu trockene. Obschon sie im Sommer Schatten werfen, entwickelt sich am Boden eine in der Regel artenreiche Krautschicht. Kennzeichnend sind nicht zuletzt Frühblüher, die dank ihrer unterirdischen Speicherorgane rasch Blüten treiben können. Zu ihnen gehören Lerchensporn-Arten (*Corydalis cava* und *C. solida*, Bild 392), Busch-Windröschen *(Anemone nemorosa)*, Zweiblättriger Blaustern (*Scilla bifolia*, Bild 393), Kleines Schneeglöckchen (*Galanthus nivalis,* Bild 394) oder *Frühlings-Knotenblume* (*Leucojum vernum*, Bild 395) und das unscheinbare Moschuskraut *(Adoxa moschatellina)*. Charakteristische Arten der Edellaubwälder sind weiter Gefleckter Aronstab *(Arum maculatum)*, Europäische Haselwurz *(Asarum europaeum)*, Gewöhnlicher Seidelbast *(Daphne mezereum)*, Rührmichnichtan (*Impatiens noli-tangere*, Bild 396), Goldnessel *(Lamiastrum galeobdolon)*, Einbeere *(Paris quadrifolia)*, Dunkles Lungenkraut *(Pulmonaria obscura)*, Gewöhnliches Wald-Bingelkraut *(Mercurialis perennis)*, Sanikel *(Sanicula europaea)* und Wald-Veilchen (*Viola reichenbachiana*, Bild 397). Auf relativ kalkreichen Böden gedeihen Weißes Waldvögelein *(Cephalanthera damasonium)*, Rotes Waldvögelein (*C. rubra*, Bild 398) und Mandelblättrige Wolfsmilch (*Euphorbia amygdaloides*, Bild 399).

Innerhalb der Buchenwälder ist die Zusammensetzung der einzelnen Gesellschaften je nach Höhenlage ebenso differenziert wie nach der relativen Lage zu den glazialen Rückzugsgebieten. Die Buchenwälder in Niederösterreich weisen infolgedessen ein wesentlich anderes Artenspektrum auf als diejenigen auf der Schwäbischen Alb oder gar in Nordwestdeutschland oder in der Eifel.

Eschen-Ahorn-Schluchtwälder

Schluchtwälder stocken an den Flanken enger Täler, an steilen Hängen, an denen Hangdruckwasser austritt, auf felsdurchsetzten Halden sowie auf Blockhalden. Sie bevorzugen luftfeuchtes Klima und lieben Schatten. Daher finden sie sich in Nord-, Nordwest- oder Nordostlagen häufig; in reiner Südexposition sind sie ausgesprochen selten. Ihre Baumschicht ist relativ artenreich. Berg-Ahorn *(Acer pseudoplatanus)*, Spitz-Ahorn *(Acer platanoides)*, Berg-Ulme *(Ulmus glabra)* sind für sie ebenso charakteri-

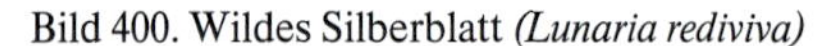

Bild 400. Wildes Silberblatt *(Lunaria rediviva)*

Bild 401. Wechselblättriges Milzkraut *(Chrysosplenium alternifolium)*

stisch wie die einheimischen Linden-Arten, die Sommer-Linde *(Tilia platyphyllos)* und die Winter-Linde *(T. cordata)*. Örtlich - so z. B. auf der Schwäbischen Alb - hat sich die Eibe *(Taxus baccata)*, die ursprünglich sicherlich viel weiter verbreitet war als heute, dem forstlichen Zugriff entzogen und - in allerdings meist individuenarmen, lockeren Beständen - bis heute halten können. In den Mittelgebirgen mit kalkhaltigem oder anderweitig basischem Boden wächst truppweise oder lockerstehend an solchen Standorten auch das Wilde Silberblatt *(Lunaria rediviva*, Bild 400); weniger auffallend ist das Christophskraut *(Actaea spicata)*. Häufig sind die Hangfüße im Frühjahr dicht mit einem Teppich aus Lerchensporn überzogen. An nassen Stellen gedeiht das Wechselblättrige Milzkraut *(Chrysosplenium alternifolium*, Bild 401).

In Schluchten sind die sohlennahen Stellen, an freien Hängen die untere Hanghälfte in der Regel besonders reich an Stickstoffsalzen. Dies hängt nicht nur damit zusammen, daß von oben organisches Material nach stärkeren Regenfällen abgeschwemmt wird und sich basisnah ansammelt. In dem dauerfeuchten, gleichwohl lockeren und luftdurchsetzten Boden, in dem es lagebedingt zu keinen großen Temperaturschwankungen kommt, ist die Zersetzung besonders wirksam, so daß vor allem Nitrat rasch aus den organischen Resten synthetisiert und freigesetzt wird. Auch Kationen, vor allem Kalium- und Calciumionen, die für neutrale oder basische Reaktion sorgen, reichern sich hangfußnah an.

Auenwälder und Wälder auf quelligen Flächen

Im Gegensatz zu den Schluchtwäldern wachsen diese feuchtigkeitsliebenden Wälder in einem eher flachen Gelände. Eine gewisse Ausnahme machen bachbegleitende Gehölze im Gebirge.

In tieferen Lagen herrschen in den Auenwäldern in weiten Strom- und Flußtälern Feld-Ulme *(Ulmus minor)*, Gewöhnliche Esche *(Fraxinus excelsior)* und Stiel-Eiche *(Quercus robur)* vor. Ihnen sind als seltenere Baumarten Feld-Ahorn *(Acer campestre)*, Spitz-Ahorn *(A. platanoides)*, Berg-Ahorn *(A. pseudoplatanus)*, Echte Traubenkirsche *(Prunus padus*, Bild 402) und Winter-Linde *(Tilia cordata)* beigesellt. An den Stämmen ranken zuweilen Gewöhnliche Waldrebe *(Clematis vitalba*, Bild 403) und Hopfen *(Humulus lupulus)*. Im Frühjahr ist der Boden stellenweise mit Teppichen aus Scharbockskraut

Bild 402. Echte Traubenkirsche *(Prunus padus)*

Bild 403. Gewöhnliche Waldrebe *(Clematis vitalba)*

Bild 404. Scharbockskraut *(Ranunculus ficaria)*

(Ranunculus ficaria, Bild 404) überzogen. Auf besonders nährstoffreichen Böden und in geschützten Lagen findet sich der Wald-Goldstern *(Gagea lutea*, Bild 405) in größerer Individuenzahl. Daß oftmals auch das Gewöhnliche Hexenkraut *(Circaea lutetiana)* bestandsbildend auftritt, übersieht man häufig, da die Blüten zu wenig auffallen.

In Bachtälern kann die Gewöhnliche Esche *(Fraxinus excelsior)* zur beherrschenden Baumart werden. Zuweilen kommt indessen die Schwarz-Erle *(Alnus glutinosa)* fast ebenso häufig vor. Die Esche gedeiht besonders auf dauerfeuchten, basenreichen und fruchtbaren Böden in milden, spätfrostarmen Lagen. Die Schwarz-Erle stellt durchweg geringere Ansprüche, gedeiht aber in Eschen-Erlen-Wäldern besonders gut. Auch das Wechselblättrige Milzkraut *(Chrysosplenium alternifolium)*, das auch in anderen Waldgesellschaften mit dauerfeuchtem Boden anzutreffen ist, wächst in den Eschen-Erlen-Wäldern in oft ausgedehnten Beständen aus wohlentwickelten Exemplaren.

In den Alpen sind Grau-Erle *(Alnus incana)* und Grün-Erle *(A. viridis)* die Haupt-Arten im bachbegleitenden Gehölz.

Am Oberrhein und in anderen weiten Tälern, in denen mildes Klima herrscht, säumen Pappelbestände die Ufer. Neben Silber-Pappel *(Populus alba)* und Schwarz-Pappel *(P. nigra)* sind vielfach Bastarde angepflanzt worden.

Im Bereich häufiger Hochwässer haben Weiden-Arten einen Konkurrenzvorteil. Dies gilt vor allem für die Purpur-Weide *(Salix purpurea)*. Die Silber-Weide *(S. alba)* erträgt reißende Hochwasser schlecht. Sie kommt vorwiegend in tiefen Lagen vor, in denen die Täler weit, das

Bild 405. Wald-Goldstern *(Gagea lutea)*

Gefälle gering, Strömungsgeschwindigkeit und Strömungsdruck nur mäßig sind. Neben diesen Hauptholz-Arten wachsen weitere Weiden-Arten und ihre Bastarde.

Bild 406. Große Sternmiere *(Stellaria holostea)*

Hainbuchenreiche Laubmischwälder

Eichen-Hainbuchen-Mischwälder stocken meist in tieferen Lagen als die Buchenwälder. Sommerliche Wärme fördert sie. Zeitweise Trockenheit vermögen sie zu ertragen. Das sind die Voraussetzungen dafür, daß sie noch östlich der Arealgrenze der Rotbuche verbreitet sind. Im westlichen Mitteleuropa gedeihen sie in niederschlagsarmen Gegenden besser als Laubmischwälder, in denen die Rotbuche Hauptholz ist. Auch wo schwere Spätfröste immer wieder auftreten, werden sie weniger geschädigt.

In der oberen Baumschicht von Eichen-Hainbuchen-Mischwäldern dominieren die recht frostharte Stiel-Eiche *(Quercus robur)* und die Trauben-Eiche *(Quercus petraea)*, die mildere Lagen bevorzugt. Darunter herrscht die Hainbuche *(Carpinus betulus)*. Im östlichen Mitteleuropa ist die Winter-Linde *(Tilia cordata)* nicht selten. Neben Ahorn-Arten finden sich Vogel-Kirsche *(Prunus avium)* und Gewöhnliche Esche *(Fraxinus excelsior)*. Im Frühling ist der Waldboden in Eichen-Hainbuchen-Mischwäldern oft großflächig mit blühender Großer Sternmiere *(Stellaria holostea*, Bild 406) überzogen. In der Laubstreu versteckt, wiewohl meist in kleineren, nestartigen Beständen, blüht auch das Erdbeer-Fingerkraut *(Potentilla sterilis)*. Der Gold-Hahnenfuß *(Ranunculus auricomus)* wird häufig übersehen, da er seine Blütenblätter oftmals rasch verliert. Wald-Labkraut *(Galium sylvaticum)* bildet auf kleineren Flächen duftige Schleier. Selten - aber kennzeichnend - findet sich in manchen Ausprägungen der an Stiel-Eichen reichen Mischwälder auch die Weiße Waldhyazinthe *(Platanthera bifolia*, Bild 407).

Eichen sind nach den Buchen die häufigsten Laubbäume in Mitteleuropa. Sie bilden ein lokkeres Kronendach. Daher kann sich unter ihrem Schutz eine Strauchschicht gut entwickeln. Weil Jungpflanzen von Eichen lichtbedürftig sind, kommt es in eichenreichen Wäldern oft zu einer guten Naturverjüngung. Eichen gedeihen selbst

Bild 407. Weiße Waldhyazinthe *(Platanthera bifolia)*

auf sehr nährstoffarmen, sauren Böden, auf denen die Hainbuche schon etwas zurücktritt. Auf nährstoffreichem und zugleich feuchtem, zeitweise sogar nassem Untergrund setzt sich die Stiel-Eiche *(Quercus robur)* durch und entwickelt sich dort noch prächtig neben den Arten, die für Auenwälder typisch sind.

Wärmeliebende Eichenmischwälder und ihre Säume

Die wärmeliebenden Eichenmischwälder haben ihre Hauptverbreitung im mediterranen Florengebiet. In Mitteleuropa treten sie nur an den

Von links oben nach rechts unten:
Bild 408. Blutroter Storchschnabel *(Geranium sanguineum)*
Bild 409. Salomonssiegel *(Polygonatum odoratum)*
Bild 410. Diptam *(Dictamnus albus)*
Bild 411. Großes Windröschen *(Anemone sylvestris)*

heißesten und trockensten Hängen auf. Fast durchweg besiedeln sie kalkreiche Böden. Stärker versauerte Böden, die auch in einer gewissen Tiefe nicht nahezu neutral oder gar schwach basisch reagieren, meiden sie. Die Trockenheit begrenzt indessen bestmögliches Wachstum. Vielfach handelt es sich deshalb eher um niedrige Gehölze, ja örtlich nur um Gebüsche.

In der Baumschicht findet man neben der Flaum-Eiche *(Quercus pubescens)* die Stiel-Eiche *(Qu. robur)*, die Trauben-Eiche *(Qu. petraea)* und im äußersten Südosten auch noch die Zerr-Eiche *(Qu. cerris)*. Auch die Elsbeere *(Sorbus torminalis)* tritt gelegentlich auf, Steinweichsel *(Prunus mahaleb)* und Französischer Ahorn *(Acer monspessulanum)* sind seltener. Die Kräuter, die vor allem im Saum der wärmeliebenden Eichen-Mischwälder gedeihen, finden sich auch in lichten Trockenbusch-Gesellschaften, manche sogar in Halbtrockenrasen. Blutroter Storchschnabel *(Geranium sanguineum*, Bild 408), Purpur-Klee *(Trifolium rubens)*, Sichelblättriges Hasenohr *(Bupleurum falcatum)* und Salomonssiegel *(Polygonatum odoratum*, Bild 409) sind eher häufig, Diptam *(Dictamnus albus*, Bild 410), Aufrechte Waldrebe *(Clematis recta)* oder Großes Windröschen *(Anemone sylvestris*, Bild 411) gehören eindeutig zu den Seltenheiten.

Bild 412. Weiße Pestwurz *(Petasites albus)*

Buchen-Tannen- und Tannenwälder

Die Weiß-Tanne *(Abies alba)* ist – so paradox es klingt – in vielen Fällen ein Baum der Buchenwälder. Diese zeigen je nach geographischer Lage und nach klimatischen Besonderheiten ein unterschiedliches Gesicht. Vor allem wandeln sie sich mit zunehmender Meereshöhe. Vorherrschaft hat die Rotbuche meist nur in den unteren und mittleren Höhenstufen. In den oberen Lagen des Berglandes tritt immer mehr die Weiß-Tanne in Erscheinung. In den nördlichen Kalkalpen ist dies ebenfalls verbreitet zu beobachten. Allerdings dürfen an den entsprechenden Standorten die Böden nicht zu nährstoffarm sein, sie müssen aber eine gute Krümelstruktur und ordentliche Durchlüftung aufweisen. Hinsichtlich der Luftfeuchtigkeit stellt die Weiß-Tanne gewisse Ansprüche. Langanhaltende oder ausgeprägte Lufttrockenheit schaden ihr. In trockenen Lagen ist sie weniger konkurrenzfähig als andere Arten des Buchenwaldes. Hinsichtlich der Boden- und Klimaansprüche vermitteln tannendurchsetzte Buchenwälder

Bild 413. Dreiblättriger Baldrian *(Valeriana tripteris)*

zwischen nahezu reinen Rotbuchenbeständen und Schluchtwäldern.

Kalkreiche Böden begünstigen unter sonst gleichen Bedingungen der oberen Berglandstufe die Rotbuche. Mit abnehmendem Kalkgehalt wird die Tanne konkurrenzfähiger. Auf kalkarmen Standorten gewinnt die Fichte an Bedeutung. Auf sehr flachgründigem Untergrund oder auf Blockhalden kann sie zum vorherrschenden Gehölz werden.

Auf flachgründigen, steinigen Kalkböden in Lagen über etwa 600 m stockt häufig ein tannendurchsetzter Buchenwald, in dessen Krautschicht an Stellen mit guter Wasserführung die Weiße Pestwurz *(Petasites albus*, Bild 412) im zeitigen Frühjahr blüht. Später entfalten der Eisenhutblättrige Hahnenfuß *(Ranunculus aconitifolius)*, der Hasenlattich *(Prenanthes purpurea)* und der Graue Alpendost *(Adenostyles alliariae)* ihre Blüten. An steinigen Stellen wachsen Dreiblättriger Baldrian *(Valeriana tripteris*, Bild 413) und Alpen-Maßliebchen *(Aster bellidiastrum)*. Freilich fehlen diese „typischen" Arten der Krautschicht vielfach; andererseits kommen sie im höheren Bergland und in den mittleren Höhenstufen der Alpen auch in anderen Gesellschaften vor.

Fichten- und Fichtenmischwälder

Die Gewöhnliche Fichte *(Picea abies)* gehört zu den Baum-Arten, die als eine der ersten nach der Würmeiszeit nach Mitteleuropa eingewandert ist. Dennoch hat sie hier nie ein Monopol erringen können, ja ihr Areal war in der nacheiszeitlichen Wärmezeit, in einer Periode also, in der sie ihre weiteste natürliche Verbreitung in Mitteleuropa erreicht hatte, kleiner als das Gebiet, in dem sie heute erfolgreich forstlich gepflanzt wird und in dem sie sich – wenn auch vielfach nicht in zureichendem Maße – natürlich verjüngt[1].

[1] Wir beobachten seit Jahren indes eine zunehmende Verjüngungsfreudigkeit der Fichte auch auf solchen Forstböden, auf denen vormals kaum die Setzlinge hochkamen. Möglicherweise hat hier der „saure Regen" die Böden verändert.

Bild 414. Zirbel-Kiefer *(Pinus cembra)*

Die Gewöhnliche Fichte ist eindeutig ein kontinental geprägtes Gehölz. Sie erträgt kalte Winter einschließlich der mit der Kälte verbundenen Frosttrocknis relativ gut; doch die sommerliche Trockenheit, wie sie in extrem ausgeprägten kontinentalen Klimaten auftritt, macht ihr zu schaffen, ja begrenzt ihr Leben. Fichten wurzeln flach, vermögen also Wasserreserven, die es in größerer Tiefe im Boden noch geben könnte, nicht auszunutzen.

Fichten „schalten" nach kalten Wintern rasch auf photosynthetische Produktion um. Sie passen sich kurzen jährlichen Vegetationszeiten an. Hier liegt ihr Konkurrenzvorteil für nördliche Breiten und größere Höhen. Unter solchen Bedingungen erreicht sie zwar nicht den größtmöglichen Zuwachs. Diesen zeigt sie – angepflanzt und forstlich gefördert – in Gebieten, die milder sind, die also tiefer liegen als ihre natürlichen Verbreitungsgebiete, oder in westlicheren Gegenden mit atlantisch beeinflußtem Klima, in die sie - ohne Zutun des Menschen - nur vereinzelt oder gar nicht mehr eindringen würde. Allerdings wird sie an solchen Standorten auch leichter von Schädlingen befallen. Nicht zuletzt ist es die von einem Pilz ausgelöste Rotfäule, die in feuchteren und milderen Klimaten, also vor allem im westlichen Tiefland, die Gewöhnliche Fichte so schädigt, daß sie als Forstbaum problematisch wird.

Natürliche Fichtenstandorte sind infolgedessen mittlere und höhere Mittelgebirgslagen im südöstlichen Mitteleuropa. Mit Einschränkung kann man mit ihnen die Sohlen der inneralpinen Längstäler vergleichen, die allseits von Bergketten oder von hochaufragenden Massiven umgeben sind, in denen daher vergleichsweise wenig Niederschlag fällt und in denen winters nicht selten die Temperatur stark absinkt. „Fichtengebiet" ist im Hochgebirge die Höhenstufe, mit der geschlossener Wald aufhört. Darüber sind es in den Alpen vielerorts vor allem Fichten, die - mit oftmals krüppelwüchsigen Exemplaren - die „Baumgrenze" markieren.

Fichtennadeln liefern eine schwer zersetzliche Streu, die zur Rohhumusbildung neigt oder - ab einer bestimmten Mächtigkeit - sicher dazu führt. Fichten kommen daher mit mäßig oder stark sauren Böden ziemlich gut zurecht. Auf anmoorigen Standorten oder auf sauren Böden in den Mittelgebirgen sind sie deshalb selbst in relativ niederschlagsreichen Gebieten und auf überwiegend feuchtem Grund konkurrenzfähig. Die Hochflächen im Nordschwarzwald sind hierfür ein treffendes Beispiel.

In den Fichtenwäldern der inneren Alpentäler wächst neben der Gewöhnlichen Fichte noch die Europäische Lärche *(Larix decidua)*, die Wald-Kiefer *(Pinus sylvestris)* und die Zirbel-Kiefer *(Pinus cembra*, Bild 414). Die Krautschicht ist meist recht gut entwickelt. Fleckenartige Teppiche von Rundblättrigem Labkraut *(Galium rotundifolium)* überziehen - oft auf moosiger Unterlage - den Boden. Hain-Gilbweiderich

Von oben nach unten:
Bild 415. Hain-Gilbweiderich *(Lysimachia nemorum)*
Bild 416. Leberblümchen *(Hepatica nobilis)*
Bild 417. Wald-Ehrenpreis *(Veronica officinalis)*

(Lysimachia nemorum, Bild 415), Wald-Segge*(Carex sylvatica)* und Nestwurz *(Neottia nidus-avis)*, Leberblümchen *(Hepatica nobilis*, Bild 416) und Wald-Ehrenpreis *(Veronica officinalis*, Bild 417) finden sich häufig. Gerade diese Arten, die auch in Edellaubwäldern vorkommen, zeigen indessen, daß es vornehmlich die kontinentalen Bedingungen sind, die der Fichte vor anspruchsvolleren Laubbäumen die entscheidenden Wettbewerbsvorteile verschaffen. Herz-Zweiblatt *(Listera cordata)*, Moosglöckchen *(Linnaea borealis)* und Netzblatt *(Goodyera repens)* betonen den Unterschied zu den Edellaubwäldern. Größere Bestände von Heidelbeeren *(Vaccinium myrtillus)* sind ein Hinweis auf sauren Boden.

Gegen die Waldgrenze wird der Fichtenwald in den Innentälern der Alpen in der Regel von sehr lichten, lockeren Wäldern aus Lärchen und Zirbel-Kiefern abgelöst, wobei Alpenrosen (*Rhododendron ferrugineum*, seltener *Rh. hirsutum*) und Berg-Kiefer *(Pinus mugo)* zwischen die Bäume eingestreut sind.

In den Fichtenwäldern der Mittelgebirge und des Tieflands treten auf sauren Böden Siebenstern *(Trientalis europaea*, Bild 418) und Preiselbeere *(Vaccinium vitis-idaea*, Bild 419) auf. Großflächig überdeckt Wald-Sauerklee *(Oxalis acetosella*, Bild 420) den Boden. Allerdings trifft man einigermaßen naturnahe Fichtenwälder hier nur verhältnismäßig selten an. Was man dafür hält, sind Fichtenforsten. Ursprüngliche Fichtenwälder waren ohnedies kaum großflächig vorhanden. Wohl aber wuchs die Fichte untergemischt auf den nährstoffärmeren, bodensauren oder flachgründig-steinigen Standorten der Buchen- und Eichen-Hainbuchenwälder.

Kiefern- und Kiefernmischwälder

Die Wald-Kiefer *(Pinus sylvestris)* stellt keine besonderen Ansprüche an Boden oder Klima. Man könnte sie „genügsam“ nennen. Deshalb

Von oben nach unten:
Bild 418. Siebenstern *(Trientalis europaea)*
Bild 419. Preiselbeere *(Vaccinium vitis-idaea)*
Bild 420. Wald-Sauerklee *(Oxalis acetosella)*

findet sie in vielen Wäldern - wenn auch nur vereinzelt - ihren Platz.

Besonders durchsetzungsfähig ist sie indessen überall, wo anspruchsvollere Gehölze nicht mehr gedeihen. Zwar wächst sie da und dort verkrümmt und fast bis zum Boden beastet; doch kann sie unter günstigen Bedingungen auch hoch aufschießen - wie etwa im östlichen Nordschwarzwald - und ein wertvolles Nutzholz liefern. Deshalb ist sie vielerorts angepflanzt worden. Selbst im nordwestdeutschen Tiefland hat man mit ihr Heideflächen aufgeforstet, auf denen sie - ohne Zutun des Menschen - wohl auf lange Sicht der Konkurrenz durch Eichen und Birken unterliegen würde.

Gleichwohl darf sie im Tiefland auf den nährstoffarmen Sandböden sowohl auf sehr trockenem wie auch auf vernäßtem Untergrund als „natürlich" gelten, und östlich der Elbe, mit wachsender Entfernung von der Ostseeküste - in einem Gebiet also, in dem das Klima zunehmend kontinentaler wird - ist sie dies auf den genannten Standorten mit Sicherheit. Hier steht sie in charakteristischen „bodensauren Sand-Kiefernwäldern".

Ihnen ähneln in mancher Hinsicht die Dünen-Kiefernwälder, die natürliche Endstadien der Dünenfestlegung bilden. Zur eigentlichen Moorvegetation vermitteln die Kiefern-Moorwälder an den Rändern der Hochmoore; da und dort beherrschen Bäume das Bild so sehr, daß man eher von Wald-Hochmooren sprechen kann.

In den Mittelgebirgen ist es vor allem die zeitweise oder die andauernde Trockenheit, die der Kiefer Konkurrenzvorteile verschafft und sie zu einem der beherrschenden Bäume in Waldgesellschaften macht. Auf mergeligen, teilweise nährstoffarmen, wechseltrockenen Böden stokken örtlich lichte Kiefernbestände, in deren Unterwuchs Blaues Pfeifengras *(Molinia caerulea)* auffällt. An extrem trockenen Standorten wachsen im Süden unseres Gebiets wärmeliebende Eichen-Kiefern-Mischwälder. In den niederschlagsarmen Innentälern der Alpen lösen an den trockensten Stellen Steppen-Kiefernwälder die Fichtenwälder ab. In mittelhohen, gleichwohl trockenen, steinigen Lagen der nördlichen Kalkalpen gedeiht der Schneeheide-Kiefernwald.

Bild 421. Winterlieb *(Chimaphila umbellata)*

Die Sand-Kiefernwälder im nördlichen Tiefland besiedeln sauren, teilweise sogar stark sauren Sandboden. In ihm kann der Grundwasserspiegel zumindest zeitweise ziemlich absinken. Der Boden ist stellenweise von Moosteppichen überzogen. Draht-Schmiele *(Avenella flexuosa)* und Heidelbeere *(Vaccinium myrtillus)* bilden örtlich ausgedehnte Bestände. Winterlieb *(Chimaphila umbellata*, Bild 421), Netzblatt *(Goodyera repens)* und Grünliches Wintergrün *(Pyrola chlorantha)* gehören zu den seltenen, gleichwohl kennzeichnenden Arten in diesen Wäldern.

Kiefern als Besiedler von Dünen spielen vor allem an der Ostseeküste eine Rolle. Obschon sie auch natürlicherweise in den Endstadien der Dünenfestlegung dort Fuß fassen würden, sind die meisten Kiefern, die man heute auf Dünen trifft, angepflanzt worden. Durch den Wind sind sie vielfach extrem verformt. Die Bestände blei-

ben meist sehr locker. Da und dort vereinzeln sie sich buchstäblich. Krähenbeeren *(Empetrum nigrum)* bedecken weithin den Sand. Silbergras *(Corynephorus canescens)* tritt flächig überall da auf, wo der Sand gelockert und noch etwas in Bewegung ist. Auch zwischen weit auseinander stehenden Kiefern trifft man es vorherrschend an.

Im Schwäbischen und Schweizer Jura sowie im nördlichen Alpenvorland findet sich örtlich ein Pfeifengras-Kiefernwald mit artenreicher Krautschicht. Ausgeprägtes Vorkommen des Blauen Pfeifengrases *(Molinia caerulea)* zeigt den wechselnden Durchfeuchtungsgrad des Untergrunds an. Gewöhnlicher Teufelsabbiß *(Succisa pratensis*, Bild 422) und Wald-Witwenblume *(Knautia dipsacifolia*, Bild 423) stehen an eher frischen Stellen, Mücken-Händelwurz *(Gymnadenia conopsea*, Bild 424), Echtes Labkraut *(Galium verum)* oder Ochsenauge *(Buphthalmum salicifolium*, Bild 425) an überwiegend trockenen.
Im Schneeheide-Kiefernwald spricht das Wilde Alpenveilchen *(Cyclamen purpurascens)* für Föhnverbreitung, die Herzblättrige Kugelblume *(Globularia cordifolia*, Bild 426) und Behaarter Ginster *(Genista pilosa*, Bild 427) verweisen auf die zeitweilig beträchtliche Trockenheit auch in diesen Wäldern.

Heiden

Bodensaure Zwergstrauchheiden des Tieflandes

Heide ist im Sprachgebrauch des Alltags eine unscharfe Bezeichnung. Ursprünglich meinte man damit ein wertloses Land, das von den Bauern höchstens gemeinsam als Weide genutzt wurde und das neben offenen Flächen auch Waldreste umfaßte. In dem Begriff schwang auch ein gewisser Gegensatz zu „Weide" mit. Diese war wertvolles, vom Menschen zur Grünfuttererzeugung kultiviertes Land. Die „Heide" hingegen wurde nur extensiv bewirtschaftet und war sandiges, nahezu unbrauchbares Gebiet. „Heide war also ursprünglich mehr ein Rechts- als ein Landschaftsbegriff und bedeutete etwa das gleiche wie in anderen Ländern ‚Steppe', ‚Garigue' oder Macchia'."[1] Landschaftlich bezeichnet man selbst sandige Geest, die mit lockeren Kiefernwäldern bestanden ist, als Heide; östlich der Elbe und im tiefen Hinterland der Ostseeküste ist dies seit alters so.

Von links oben nach rechts unten:
Bild 422. Gewöhnlicher Teufelsabbiß *(Succisa pratensis)*
Bild 423. Wald-Witwenblume *(Knautia dipsacifolia)*
Bild 424. Mücken-Händelwurz *(Gymnadenia conopsea)*
Bild 425. Ochsenauge *(Buphthalmum salicifolium)*
Bild 426. Herzblättrige Kugelblume *(Globularia cordifolia)*
Bild 427. Behaarter Ginster *(Genista pilosa)*

Ozeanische Heiden

„Ozeanische Heiden", die man auch „Atlantische Heiden" nennt, sind – in den Augen des

[1] Zitiert aus ELLENBERG, H.: Vegetation Mitteleuropas mit den Alpen, E. Ulmer, Stuttgart, 2. Aufl., S. 662, 1978.

Bild 428. Besen-Heide *(Calluna vulgaris)*

Botanikers - Pflanzengesellschaften, deren Gesicht durch Zwergsträucher geprägt wird, vor allem durch Massenvorkommen von Besen-Heide *(Calluna vulgaris*, Bild 428) und - auf nassem, moorigem Untergrund - von Glocken-Heide *(Erica tetralix)*. Von Natur aus waldfreie Zwergstrauchheiden gibt es in Mitteleuropa nur in den nordwestdeutschen Moorgebieten. Die großen „Heideflächen“, die noch bis ins 20. Jahrhundert hinein von den Ardennen und von der Eifel bis nach Jütland und ins westliche Mecklenburg existierten, sind Folgen extensiver Weide- und Holzwirtschaft gewesen. Heute sind viele Heideflächen aufgeforstet oder intensiv genutztes Acker- und Grünland. „Hauptursachen dieser raschen Veränderung waren die künstlichen Düngemittel, die bessere Futter- und Strohernten ermöglichten und somit die auf den Heideflächen durch Abplaggen oder Mähen gewonnene Stallstreu überflüssig machten, und die überdies gestatten, selbst die nährstoffärmsten Heideböden in Kultur zu nehmen. Gleichzeitig sanken die Wollpreise infolge billiger Einfuhren von Übersee und ließen die Heidschnucken-Wirtschaft zusammenbrechen. In der Lüneburger Heide gab es z. B. noch vor hundert Jahren über ¾ Millionen dieser genügsamen Schafe; um 1900 waren es noch knapp ¼ Million, und um 1950 weniger als 25000. So wurden die Zwergstrauchheiden, die in den armen Sandbodengegenden bis ins 19. Jahrhundert hinein Grundlage der Vieh- und Ackerwirtschaft und damit Bestandteile der Kulturlandschaft gewesen waren, innerhalb weniger Menschengenerationen zum Ödland. Die Schöpfer der Heide-Schutzgebiete handelten in letzter Minute, als sie einige Reste dieser anthropo-zoogenen[1] Zwergstrauchformationen vor dem Pfluge der Bauern und vor dem Schatten der allenthalben gepflanzten Bäume retteten.“[2]

Die Arten, die in den ozeanischen Heiden leben, brauchen nicht nur dauernd eine hohe

Bild 429. Englischer Ginster *(Genista anglica)*

Luftfeuchtigkeit. Sie müssen überdies auf sauren, ja auf stark sauren Böden durchkommen können. Das begrenzt die Zahl möglicher Heidebewohner. Es gibt in Mitteleuropa kaum eine verbreitete Pflanzengesellschaft, die so arm an Samenpflanzen ist wie es die ozeanischen Zwergstrauchheiden sind. Neben Besen-Heide und Glocken-Heide wachsen in ihr - allerdings

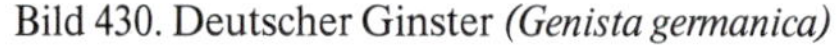

Bild 430. Deutscher Ginster *(Genista germanica)*

[1] Anthropos, griech. = Mensch; zoon, griech. = Tier; genan, griech. = erzeugen.
[2] Zitiert aus ELLENBERG, H.: Vegetation Mitteleuropas mit den Alpen; E. Ulmer, Stuttgart, 2. Aufl. S. 644, 1978.

nur im Westen und Nordwesten – Stechginster *(Ulex europaeus)*, Englischer Ginster *(Genista anglica*, Bild 429) und Grau-Heide *(Erica cinerea)*; überall können Gewöhnlicher Besenginster *(Cytisus scoparius)*, Deutscher Ginster *(Genista germanica*, Bild 430) und Behaarter Ginster *(Genista pilosa)* vorkommen. Die Säulen des Wacholders gehören zur Heide, wiewohl sie auch auf den mageren Trockenrasen über Kalkgestein zu Hause sind. Ähnlich verhält es sich mit der Feld-Hainsimse *(Luzula campestris)* und der Pillen-Segge *(Carex pilulifera)*; die erste wächst als Magerkeitszeiger auch in Halbtrockenrasen, und die letztere zeigt ebenfalls Nährstoffarmut auf sandigen Waldwegen oder auf Schlägen in sandigen, bodensauren Wäldern an.

Feuchtbiotope

Verlandungsgesellschaften

Seen sind geologisch kurzlebige Gebilde. Sie verlanden. Erdreich wird in sie eingespült, Pflanzenreste sammeln sich am Grund, es kann zur Kalkabscheidung kommen. Partien des Ufers sind häufig von Natur aus flach oder werden verfüllt. Das Wasser in derartigen Seen ist oft reich an Nährstoffen, es ist eutroph.[1]

Typischerweise findet man unter diesen Bedingungen von der Wasserfläche zum Ufer folgende Pflanzengesellschaften: Am Rand zum freien Wasser treiben insel- oder teppichartig Wasserlinsen. In einer Tiefe von wenigen Metern wiegen sich untergetauchte Wasserpflanzen. Tausendblatt- *(Myriophyllum)*, Hornblatt- *(Ceratophyllum)* und untergetauchte Laichkraut-Arten *(Potamogeton)* herrschen hier vor. Im Seerosen-Gürtel leuchten die Sterne der Weißen Seerose *(Nymphaea alba*, Bild 431) und die goldenen Kugeln der Gelben Teichrose *(Nuphar lutea)*. Die schlanken Rohre der Gewöhnlichen Teichsimse *(Schoenoplectus lacustris)* und der Rohrkolben *(Typha*, Bild 432) wirken instabiler, als sie es sind. Recht geschlossen zeigt sich fast überall das Röhricht aus Schilf *(Phragmites australis)*. Es erstreckt sich bis aufs feste, nur zeitweise überflutete Ufer und verzahnt sich mit Beständen von Schwaden *(Glyceria)*. Da und dort schließen sich Gehölze an, in denen Weiden *(Salix)* bestimmend sind.

Im Schilfröhricht und von ihm landeinwärts kann man Gewöhnlichen Froschlöffel *(Alisma plantago-aquatica*, Bild 433), Gewöhnliches Pfeilkraut *(Sagittaria sagittifolia*, Bild 434), Schwanenblume *(Butomus umbellatus)*, Sumpf-Schwertlilie *(Iris pseudacorus*, Bild 435) und – in kalkarmen, oft etwas sauren Gewässern – Zungen-Hahnenfuß *(Ranunculus lingua)* antreffen. Wo die Bestände des Wasser-Schwadens *(Glyceria maxima)* ausgeprägt auftreten, darf man dies als einen Hinweis auf die Anreicherung von Stickstoffsalzen ansehen. Einspülen von Düngern oder von Pflanzenresten in das Gewässer kann die Ursache dafür sein. An Stillgewässern, in deren Hinterland intensiver Ackerbau oder Weidewirtschaft getrieben wird, kann man seit Jahrzehnten eine Ausbreitung des Wasserschwaden-Röhrichts auf Kosten des Schilfröhrichts beobachten.

An Fließgewässern wächst ebenfalls Röhricht. Es ist nicht zoniert wie die Verlandungsgesellschaften an stehenden oder langsam fließenden Gewässern. Am artenreichsten erscheint es im Bergland und in den Tallagen der Alpen. An Gräben und Bächen säumt der Flutende Schwaden *(Glyceria fluitans)* die Ufer; in Gräben besiedelt er auch noch die Sohle. Der Gefaltete Schwaden *(Glyceria plicata)* ist seltener. Geflügelte Braunwurz *(Scrophularia umbrosa)* wächst vorzugsweise an kalkhaltigen Gräben und Bächen; auch der Aufrechte Igelkolben *(Sparganium erectum*, Bild 436) liebt kalkhaltigen Untergrund; allerdings scheut er die Ufer von Bächen, an denen reißende Hochwässer auftreten und bewohnt fast ausschließlich das Röhricht stehender und langsam fließender Gewässer. In Gräben mit geringer Wassertiefe und langsam rinnendem Wasser finden sich Gauchheil-Ehrenpreis *(Veronica anagallis-aquatica*, Bild 437) und Bachbungen-Ehrenpreis *(Veronica becca-*

[1] eu, griech. = schön, gut; trephein, griech. = ernähren.

Von links oben nach rechts unten:
Bild 439. Sumpfenzian *(Swertia perennis)*
Bild 440. Breitblättriges Knabenkraut *(Dactylorhiza majalis)*
Bild 441. Lungen-Enzian *(Gentiana pneumonanthe)*
Bild 442. Niedrige Schwarzwurzel *(Scorzonera humilis)*

bunga, Bild 438). Beide bevorzugen eher nährstoffreiche, langsamfließende Gräben mit schlammig-sandigem Boden. In mäßig raschen, flachen und kühlen Bächen in den Mittelgebirgen mit kalkreichen Gesteinen sieht man häufig Kissen aus Blättern des Aufrechten Merk *(Berula erecta)*, die man schon von weitem an ihrem saftigen Grün erkennt. Wachsen an den Ufern derartiger Fließgewässer anstelle von Röhrichten aus Schilf *(Phragmites australis)* solche, in denen nahezu ausschließlich das Rohrglanzgras *(Phalaris arundinacea)* steht, dann ist dies ein sicheres Anzeichen dafür, daß in diesen Bereichen reißende Hochwässer regelmäßig auftreten.

Linke Seite von links oben nach rechts unten:
Bild 431. Weiße Seerose *(Nymphaea alba)*
Bild 432. Breitblättriger Rohrkolben *(Typha latifolia)*
Bild 433. Gewöhnlicher Froschlöffel *(Alisma plantago-aquatica)*
Bild 434. Gewöhnliches Pfeilkraut *(Sagittaria sagittifolia)*
Bild 435. Sumpf-Schwertlilie *(Iris pseudacorus)*
Bild 436. Aufrechter Igelkolben *(Sparganium erectum)*
Bild 437. Gauchheil-Ehrenpreis *(Veronica anagallis-aquatica)*
Bild 438. Bachbungen-Ehrenpreis *(Veronica beccabunga)*

Flachmoore und Sumpfwiesen

Heutzutage sind Flachmoore vor allem noch in den Alpen, ihrem Vorland und in den Mittelgebirgen mit Kalkgestein anzutreffen. Durch Entwässerung und Intensivierung der Landwirtschaft sind sie in den niederen Mittelgebirgen und im Tiefland selten geworden. Auf ihren durchaus nährstoffreichen, wenngleich auch stickstoffsalzarmen Böden ist Davalls Segge *(Carex davalliana)* zu Hause. Sie bildet zuweilen mehr oder minder dichte Rasen. Die weißen Samenhaare des Breitblättrigen Wollgrases *(Eriophorum latifolium)* leuchten weithin. Die Mehl-Primel *(Primula farinosa)* bildet örtlich lockere,

Von links oben nach rechts unten:
Bild 443. Pracht-Nelke *(Dianthus superbus)*
Bild 444. Spargelbohne *(Tetragonolobus maritimus)*
Bild 445. Sumpf-Siegwurz *(Gladiolus palustris)*
Bild 446. Sibirische Schwertlilie *(Iris sibirica)*

aber individuenreiche Bestände. Der Schlauch-Enzian *(Gentiana utriculosa)* gehört zu den Seltenheiten der Flachmoorflora in den Alpen und im Alpenvorland. Ähnlich verhält es sich mit dem Sumpfenzian *(Swertia perennis*, Bild 439). Wo er außerhalb der Alpen angetroffen wird – etwa im Südschwarzwald, der Baar oder im südlichen Bayerischen Wald - muß er als Relikt der letzten Vereisungsperiode angesehen werden. Sumpf-Stendelwurz *(Epipactis palustris)* ist noch weit verbreitet und kommt auch im Tiefland zuweilen in individuenreichen, lockeren Beständen vor; noch häufiger sind das Breitblättrige Knabenkraut *(Dactylorhiza majalis*, Bild 440) und das Gefleckte Knabenkraut *(D. maculata)*, wohingegen das Fleischrote Knabenkraut *(D. incarnata)* wesentlich seltener ist und viele seiner Standorte in diesem Jahrhundert verloren hat. Sommer-Schraubenstendel *(Spiranthes aestivalis)* und Glanzstendel *(Liparis loeselii)* sind oft übersehene Raritäten in Flachmooren des Alpenvorlandes, letzterer vereinzelt auch noch im Tiefland bzw. auf den ostfriesischen Inseln.

Mit dem typischen Flachmoor können Sumpfwiesen verzahnt sein, auf denen das Blaue Pfeifengras *(Molinia caerulea)* reichlich wächst. Es ist besonders im Frühherbst an seinen rotgelben Halmen schon von weitem kenntlich. Wiesen dieser Art sind wechselfeucht. Zeitweise sind sie naß; im Sommer trocknen sie nicht selten stark aus. Typisch für sie ist ihre relative Nährstoffarmut. Da ihre Gräser ebensowenig gutes Futter liefern wie die groben, beim Trocknen oft zerbröselnden Kräuter, verzichtete man lange darauf, sie zu düngen. Bis etwa zum 2. Weltkrieg hat man sie als „Streuwiesen" genutzt. Das Schnittgut wurde abgefahren. Deswegen verarmten sie nicht nur an Humus, sondern vor allem an Stickstoffsalzen. Aufgrund dieses Mangels beherbergen sie seltene Arten, wie den Lungen-Enzian *(Gentiana pneumonanthe*, Bild 441), der fast nur auf sehr stickstoffsalzarmem Untergrund konkurrenzfähig ist. Gewöhnliches Zittergras *(Briza media)* weist ebenfalls auf die Armut an Stickstoffsalzen hin und nicht darauf, daß in diesen Wiesen periodisch Trockenheit auftritt. Die Rasen-Schmiele *(Deschampsia cespitosa)* kommt an den Stellen vor, die überwiegend feucht bleiben. Sie ist ein ausgesprochen schlechtes Futtergras. Gewöhnlicher Teufelsabbiß *(Succisa pratensis)*, Sumpf-Schafgarbe *(Achillea ptarmica)* und Großer Wiesenknopf *(Sanguisorba officinalis)* sind oft anzutreffen, wobei der Wiesenknopf im Tiefland eher selten ist; noch ausgeprägter ist dies bei der Niedrigen Schwarzwurzel *(Scorzonera humilis*, Bild 442); sie ist im Tiefland sehr selten, und auch im Alpenvorland und in den südlichen Mittelgebirgen zählt sie zu den Raritäten. Pracht-Nelke *(Dianthus superbus*, Bild 443) und Spargelbohne *(Tetragonolobus maritimus*, Bild 444) kommen fast ausschließlich südlich des Mains vor. Die Sumpf-Siegwurz *(Gladiolus palustris*, Bild 445) gehört zu den großen Seltenheiten in dieser Gesellschaft; man findet sie nur noch vereinzelt im Alpenvorland, am mittleren Main und im Bayerischen Wald. Die nicht weniger prächtige Sibirische Schwertlilie *(Iris sibirica*, Bild 446) besitzt örtlich zwar noch individuenreiche Standorte, geht indessen seit Jahrzehnten stetig zurück.

Hoch- und Zwischenmoore

Ozeanische Zwergstrauchheiden gehen örtlich in Hochmoorgesellschaften genauso über wie Flachmoore in Zwischenmoore.

Die Glocken-Heide *(Erica tetralix)* wächst in den atlantisch-ozeanischen Zwergstrauchheiden auf den nassesten Standorten. Wo sich ihr der Beinbrech *(Narthecium ossifragum)* zugesellt, da verzahnt sich Heide mit Hochmoor. Die Torfmoospolster gewinnen an Fläche. Scheiden-Wollgras *(Eriophorum vaginatum)* wächst auf ihnen oder auf Bulten. Die Gewöhnliche Moosbeere *(Vaccinium oxycoccos)* nimmt man oft nur bei genauem Betrachten wahr, selbst wenn sie blüht. Die Rosmarinheide *(Andromeda polifolia)* darf als Reliktpflanze des Würmglazials angesehen werden. Obschon sie in Hochmooren weit verbreitet ist, fällt sie kaum irgendwo auf.

Bild 447. Moltebeere *(Rubus chamaemorus)*

Ein Eiszeitrelikt und zugleich eine ausgesprochene Rarität, die nur noch an wenigen Stellen des küstennahen Tieflandes vorkommt, ist die Moltebeere *(Rubus chamaemorus*, Bild 447). Die Sonnentau-Arten *(Drosera)* sind auf Torfmoospolstern und in Schlenken konkurrenzfähig, weil sie Kleinsttiere mit ihren klebrigen Tentakeln fangen. Sie verdauen sie und bauen aus den gewonnenen Eiweißbausteinen körpereigene Proteine auf. Damit „umgehen" sie gewissermaßen die Armut der Hoch- und Zwischenmoore an Stickstoffsalzen, die das Vorkommen so vieler Arten auf diesem Untergrund limitiert.

Grünland

Fett- und Naßwiesen

Feuchte, lehmig-tonige Böden mit ordentlicher bis guter Nährstoffversorgung eignen sich in besonderem Maße für die Nutzung als Wiese oder Weide. In Mitteleuropa sind Wiesen und Weiden – außerhalb der Alpen und abgesehen von den Salzwiesen der Seemarschen – durchweg Produkte landwirtschaftlicher Kultur. Wiesen werden gemäht. Auf Weiden frißt das Vieh unmittelbar Gras und Kräuter. Die gute Versor-

gung solcher Rasen mit Stickstoffsalzen wird durch Düngung gewährleistet. Erst dadurch wird die hohe Futterproduktion ermöglicht. Auf sie - und damit indirekt auf die Düngung - bezieht sich der Name „Fettwiesen". „Fettweiden" ist die analoge Bezeichnung für die Rasen, die intensiv beweidet und mindestens gelegentlich zusätzlich gedüngt werden.

Fettwiesen gibt es vermutlich erst seit etwa 1000 Jahren. Gleichwohl hat die stets gleichbleibende Bewirtschaftung mit zwei- oder gelegentlich dreimaliger Mahd - ohne zwischengeschaltete Beweidung - es in dieser Zeit vermocht, ein in hohem Grade charakteristisches Spektrum von Arten auszulesen, die auf Fettwiesen konkurrenzfähig sind. Im Tiefland und in den unteren und mittleren Lagen der Mittelgebirge herrschen unter den Gräsern Glatthafer *(Arrhenatherum elatius)*, Wiesen-Knäuelgras *(Dactylis glomerata)*, Wiesen-Schwingel *(Festuca pratensis)* und Wiesen-Fuchsschwanzgras *(Alopecurus pratensis)* vor. Zaun-Wicke *(Vicia sepium*, Bild 448), Vogel-Wicke *(Vicia cracca)*, Wiesen-Platterbse *(Lathyrus pratensis*, Bild 449), Wiesen-Pippau *(Crepis biennis)*, Wiesen-Glockenblume *(Campanula patula*, Bild 450) und Wiesen-Storchschnabel *(Geranium pratense*, Bild 451) treten häufig auf. Auf Stellen, die mit Jauche oder Stickstoffsalzen überdüngt worden sind, wächst der Wilde Kerbel *(Anthriscus sylvestris)* in dichten Beständen und verdrängt die oben genannten hochwüchsigen „Obergräser" und Kräuter. In mäßiger Anzahl gehört er indessen auch in normal gedüngte Fettwiesen, ebenso wie Wiesen-Bärenklau *(Heracleum sphondylium*, Bild 452) und Große Bibernelle *(Pimpinella major)*. Der Südliche Wiesen-Bocksbart *(Tragopogon orientalis*, Bild 453) fehlt im nordwestlichen Tiefland oder ist dort sehr selten, wohingegen er mit seinen großen gelben Blütenkörben vor allem südlich des Mains das Gesicht der etwas trockeneren Fettwiesen eindeutig prägt; allerdings kann man dies nur am Vormittag und über den Mittag sehen, weil er nachmittags seine Körbchen schließt. Nicht auf den ersten Blick zu entdekken sind auch die „Untergräser", die kurzwüchsig bleiben, aber zum Ertrag der Wiesen wesentlich beitragen. Es sind dies vor allem Wiesen-Rispengras *(Poa pratensis)*, das trockene Fettwiesen bevorzugt, und das Gewöhnliche Rispengras *(Poa trivialis)*, das frische, ja sogar feuchte Standorte liebt. Auch der Rot-Schwingel *(Festuca rubra)* ist häufig anzutreffen. In eher feuchten Fettwiesen gedeihen auch Kriechender Günsel *(Ajuga reptans*, Bild 454), in eher trockenen Gamander-Ehrenpreis *(Veronica chamaedrys*, Bild 455). Ähnlich wie die Untergräser bleiben sie kleinwüchsig. Häufig treten sie truppweise auf und ziehen dadurch den Blick auf sich.

An flachen Böschungen und an Rainen findet man nicht selten Rasen, die trockenen Fettwiesen sehr nahe kommen, vor allem siedlungsnah, wo der Eintrag an Stickstoffsalzen nicht ausgesprochen gering ist. Auf ihnen wachsen die für die Fettwiesen typischen Obergräser, oft untermischt mit „Ackerungräsern" wie der Gewöhnlichen Quecke *(Agropyron repens)* und mit trittfesten Gräsern, wie dem Ausdauernden Weidelgras *(Lolium perenne)*. Der Knollige Hahnenfuß *(Ranunculus bulbosus*, Bild 456) zeigt Trockenheit an, der Rainfarn *(Tanacetum vulgare)* eher hohe Luft- und Bodenfeuchtigkeit sowie eine gute Stickstoffsalzversorgung.

In den höheren Lagen der Mittelgebirge und in den entsprechenden Höhenstufen der Alpen löst die Goldhafer-Bergwiese die Glatthafer-Fettwiese ab. Ihre Produktionskraft ist viel geringer als die der Glatthafer-Wiese. Anstelle des Glatthafers tritt der Wiesen-Goldhafer *(Trisetum flavescens)*, der zwar ein ausgezeichnetes Futter liefert, aber wegen seines niederen Wuchses, seiner mittelbreiten Blätter und seiner dünnen Halme eben nur in verhältnismäßig geringer Menge. Bei den Untergräsern steht der Rot-Schwingel *(Festuca rubra)* an erster Stelle. Er ist ein eher zartes Gras. Unter den Kräutern

Von links oben nach rechts unten:
Bild 448. Zaun-Wicke *(Vicia sepium)*
Bild 449. Wiesen-Platterbse *(Lathyrus pratensis)*
Bild 450. Wiesen-Glockenblume *(Campanula patula)*
Bild 451. Wiesen-Storchschnabel *(Geranium pratense)*
Bild 452. Wiesen-Bärenklau *(Heracleum sphondylium)*
Bild 453. Südlicher Wiesen-Bocksbart *(Tragopogon orientalis)*
Bild 454. Kriechender Günsel *(Ajuga reptans)*
Bild 455. Gamander-Ehrenpreis *(Veronica chamaedrys)*

ersetzt der Wald-Storchschnabel *(Geranium sylvaticum)* den Wiesen-Storchschnabel *(G. pratense)*. Auf trockeneren Standorten wächst Wiesen-Rot-Klee *(Trifolium pratense*, Bild 457), Gewöhnlicher Hornklee *(Lotus corniculatus)* und Kugel-Teufelskralle *(Phyteuma orbiculare*, Bild 458), auf sommerkühlen oder schattigen gedeiht die Schwarze Teufelskralle *(Ph. nigrum)* und gelegentlich - vor allem in den Alpen - auch die Große Sterndolde *(Astrantia major)* und die Trollblume *(Trollius europaeus)*. Die Goldhafer-Bergwiese ist um so artenreicher, je weniger sie gedüngt wird. Ursprünglich waren auf ihr auch noch Orchideen wie z. B. das Große Knabenkraut *(Orchis mascula)* und das Kleine Knabenkraut *(Orchis morio*, Bild 459) heimisch. Solche nährstoffarmen und mit ihren vielen Blüten verschiedener Arten buntfarbenen Bergwiesen gibt es heute praktisch nicht mehr. Im Zuge der Intensivierung der Landwirtschaft sind die Goldhafer-Bergwiesen häufig stark gedüngt worden. Dadurch vermochte man zwar ihren Futterertrag nennenswert zu steigern, andererseits hat man aber die Fülle der Arten nachhaltig reduziert.

Fettweiden kann man auf denselben Standorten anlegen, auf denen Glatthafer-Wiesen oder Goldhafer-Bergwiesen wachsen. Durch die andere Bewirtschaftungsform kommt indessen ein ganz anderer Pflanzenbestand zum Zuge. Weidendes Vieh frißt in der Regel bis auf kurze Stummel ab, was ihm schmeckt. Hingegen läßt es ungeschoren, was ihm nicht mundet. Neben dem häufigen Verbiß selektiert außerdem noch die Trittbelastung. Die Arten, die in solchen Gesellschaften existieren können, müssen also verbißtolerant und trittfest sein. Unter den wertvollen Futtergräsern ist dies vor allem das Ausdauernde Weidelgras *(Lolium perenne)*. Der Rot-Schwingel *(Festuca rubra)* hält sich auch auf Weiden. An seiner Seite findet sich weiter das Rote Straußgras *(Agrostis tenuis)* und das Wiesen-Lieschgras *(Phleum pratense)*. Ein gutes Futter stellt der Weiß-Klee *(Trifolium repens)* dar, der auf viel betretenem Untergrund Konkurrenzvorteile besitzt und sich hier ausbreitet. Auch der Herbst-Löwenzahn *(Leontodon autumnalis)* wird gerne gefressen. Das Gänseblümchen *(Bellis perennis*, Bild 460) breitet sich auf viel betretenem, eher trockenem Boden aus. Als Futterpflanze ist es ohne Wert, weil seine Blätter zu nahe am Erdreich liegen.

Auf den alpinen Weiden sind Alpen-Rispengras *(Poa alpina)*, Alpen-Lieschgras *(Phleum alpinum)* und Alpen-Straußgras *(Agrostis alpina)* Hauptgräser. Auf feuchten, lange schneebedeckten, nährstoffarmen Böden tritt die Alpen-Mutterwurz *(Ligusticum mutellina)* oft zahlreich auf, wohingegen der Braun-Klee *(Trifolium badium)* etwas nährstoffreichere Böden bevorzugt.

An Stellen, die für Glatthafer-Wiesen oder Goldhafer-Bergwiesen zu naß sind, obschon sie wegen des hohen Gehalts an Stickstoffsalzen in ihren Böden für sie in Frage kämen, entwickeln sich Wiesen, in denen die Sumpf-Dotterblume *(Caltha palustris)* in größerer Individuenzahl auftritt. Sie zeigt die nässesten Stellen an. Im Frühjahr - zur Blütezeit der Sumpf-Dotterblume - sind Wiesen dieses Typs besonders leicht anzusprechen. Später im Jahr fallen sie weniger auf. Neben Wiesen-Fuchsschwanzgras *(Alopecurus pratensis)* und Wiesen-Schwingel *(Festuca pratensis)*, die beide sehr gute Futtergräser sind, tritt das Wollige Honiggras *(Holcus lanatus)* auf, das nicht gerne vom Vieh gefressen wird. Dasselbe gilt für die Wald-Simse *(Scirpus sylvaticus)*, Kohldistel *(Cirsium oleraceum*, Bild 461) und Sumpf-Kratzdistel *(Cirsium palustre)*. Auch Wilde Engelwurz *(Angelica sylvestris*, Bild 462) und Schlangen-Knöterich *(Polygonum bistorta*, Bild 463) besitzen einen nur mittleren oder gar schlechten Futterwert. Deshalb hat man derartige Naßwiesen früher oftmals nur als Streuwiesen genutzt, das Mähgut also nicht verfüttert. Durch Drainage und Düngung hat man indessen manche dieser Naßwiesen so weit

Von links oben nach rechts unten:
Bild 456. Knolliger Hahnenfuß *(Ranunculus bulbosus)*
Bild 457. Wiesen-Rot-Klee *(Trifolium pratense)*
Bild 458. Kugel-Teufelskralle *(Phyteuma orbiculare)*
Bild 459. Kleines Knabenkraut *(Orchis morio)*
Bild 460. Gänseblümchen *(Bellis perennis)*
Bild 461. Kohldistel *(Cirsium oleraceum)*
Bild 462. Wilde Engelwurz *(Angelica sylvestris)*
Bild 463. Schlangen-Knöterich *(Polygonum bistorta)*

Von links oben nach rechts unten:
Bild 464. Dornige Hauhechel *(Ononis spinosa)*
Bild 465. Edel-Gamander *(Teucrium chamaedrys)*
Bild 466. Schmalblättriger Lein *(Linum tenuifolium)*
Bild 467. Gewöhnliche Kugelblume *(Globularia punctata)*

„verbessert“, daß sie zwar ordentliches Futter liefern, aber nur noch wenige Arten der Naßwiesen zeigen.

Halbtrockenrasen und Trockenrasen

Die typischen Halbtrockenrasen und Trockenrasen kommen auf kalkhaltigen oder gar kalkreichen Böden vor. Sie finden sich bevorzugt an mehr oder minder steilen Südhängen in Gegenden mit relativ niederschlagsarmem Klima. Trockenrasen im engeren Sinn beschränken sich auf schroff abfallende Flächen unterhalb der Hangkanten, steile Südhänge und auf Felsbänder. Sie sind bei uns sehr selten. Halbtrockenrasen sind meist sanfter geböscht und - wie der Name sagt - nicht so extrem der Trockenheit ausgeliefert. Halbtrockenrasen sind bei uns in den Mittelgebirgen mit kalkhaltigen Gesteinen recht verbreitet.

Leider werden die Bezeichnungen nicht immer eindeutig zugeordnet. „Trockenrasen“ wird häufig als Sammelbegriff für alle Rasengesellschaften verwendet, die trockener als die trockenen Fettwiesen sind. So gebraucht umfaßt er auch die Halbtrockenrasen.

Wo Halbtrockenrasen in niederschlagsreicheren Gegenden anzutreffen sind, kann der Boden dadurch überdurchschnittlich trocken sein, daß er steindurchsetzt und daher locker ist. Er liegt dem Kalkgestein nur mit geringer Mächtigkeit auf. Dieses wird häufig von Spalten durchzogen.

Von links oben nach rechts unten:
Bild 468. Helm-Knabenkraut *(Orchis militaris)*
Bild 469. Brand-Knabenkraut *(Orchis ustulata)*
Bild 470. Riemenzunge *(Himantoglossum hircinum)*
Bild 471. Ohnsporn *(Aceras anthropophorum)*
Bild 472. Karthäuser-Nelke *(Dianthus carthusianorum)*
Bild 473. Fransen-Enzian *(Gentianella ciliata)*
Bild 474. Golddistel *(Carlina vulgaris)*
Bild 475. Stengellose Kratzdistel *(Cirsium acaule)*

Bodenwasser versickert in ihm rasch, fließt ab und steht den Pflanzen nicht mehr zur Verfügung.

Trockenrasen und Halbtrockenrasen gehen ineinander über. Typischerweise wachsen Trokkenrasen lückig. Offene Stellen - Erdreich oder Fels - können bis zu 50% der Gesamtfläche ausmachen. Zwergsträucher - wie Dornige Hauhechel *(Ononis spinosa*, Bild 464) oder Edel-Gamander *(Teucrium chamaedrys*, Bild 465) - sind mit ihren tiefreichenden Wurzeln konkurrenzfähiger als flacher wurzelnde Kräuter oder Gräser. Sie fehlen kaum irgendwo. Unter den Kräutern gilt der Schmalblättrige Lein *(Linum tenuifolium*, Bild 466) als Trockenheitszeiger; auch die Gewöhnliche Kugelblume *(Globularia punctata*, Bild 467) vermag dank ihrer tiefreichenden Wurzel, die bis zu 1 m lang werden kann, Trockenheit gut zu ertragen. Der Seegrüne Faserschirm *(Trinia glauca)* gehört ebenfalls zu den kennzeichnenden Arten der Trokkenrasen, ist aber so selten, daß er vielerorts in ihnen fehlt. Die Aufrechte Trespe *(Bromus erectus)* kommt auch in Halbtrockenrasen vor. Trokkenrasen im engeren Sinn sind natürlich oder naturnah. Einflüsse menschlicher Kultur sind verhältnismäßig gering.

Halbtrockenrasen verdanken ihre Eigenart in hohem Maße Kulturmaßnahmen. Bei einmaliger Mahd im späten Sommer liefern sie etwas Heu. Das Abmähen begünstigt die Entwicklung der Aufrechten Trespe. Das Abführen des Mähguts läßt die Rasen an Stickstoffsalzen weiter verarmen; durch die Trockenperioden wird die Tätigkeit der Mikroorganismen im Boden ohnehin eingeschränkt, so daß die Mineralisation organischen Stickstoffs verlangsamt vor sich geht. Eine gelegentliche Weidenutzung ändert daran nicht viel.

Auf solchen trockenen, an Stickstoffsalzen armen Böden haben eine Reihe von Orchideengewächsen, die mit wenig Stickstoffsalzen auskommen, einen Konkurrenzvorteil. Dies trifft z.B. für das Helm-Knabenkraut *(Orchis militaris*, Bild 468), das Brand-Knabenkraut *(O. ustulata*, Bild 469) und das Kleine Knabenkraut *(O. morio)* zu, aber auch für die Hummel-Ragwurz *(Ophrys holosericea)*, die Bienen-Ragwurz *(O. apifera)*, die Fliegen-Ragwurz *(O. insectifera)* und - noch seltener als die vorigen Arten - die Spinnen-Ragwurz *(O. sphecodes)*. Die Riemenzunge *(Himantoglossum hircinum*, Bild 470) kommt auf Halbtrockenrasen vor, die etwas verbuschen, der Ohnsporn *(Aceras anthropophorum*, Bild 471) ausschließlich auf wintermilden, sommerheißen, kalkreichen Lehm- oder Lößböden vorwiegend im Südwesten des Gebiets. Silberdistel *(Carlina acaulis)*, Gewöhnliches Sonnenröschen *(Helianthemum nummularium)* und Karthäuser-Nelke *(Dianthus carthusianorum*, Bild 472) gedeihen auch in Halbtrockenrasen, die regelmäßiger, aber extensiver Beweidung ausgesetzt sind.[1]

Halbtrockenrasen, die regelmäßig von Schafen oder von Ziegen abgegrast werden, verarmen rasch an Orchideen. Auf ihnen siedeln sich Frühlings-Enzian *(Gentiana verna)*, Deutscher Enzian *(Gentianella germanica)* und Fransen-Enzian *(Gentianella ciliata*, Bild 473) an. Der Frühlings-Enzian kann mit seinen flach dem Untergrund aufliegenden Blättern kaum abgebissen werden; er wird überdies, wie Deutscher Enzian und Fransen-Enzian auch, wegen seines Bitterstoffgehalts vom Weidevieh verschmäht. Die Aufrechte Trespe geht durch Beweidung stark zurück. Begünstigt wird hingegen die Fieder-Zwenke *(Brachypodium pinnatum)*. Sie erträgt - im Vergleich zur Aufrechten Trespe - etwas höhere Konzentrationen von Stickstoffsalzen, wie sie durch das Kotabsetzen weidender Tiere örtlich erzeugt werden können.

Das vermehrte Aufkommen von Silberdistel *(Carlina acaulis)*, Golddistel *(Carlina vulgaris*, Bild 474) oder Stengelloser Kratzdistel *(Cirsium acaule*, Bild 475) ist wohl mehr dem wirksamen

[1] Mit der Zunahme des Autoverkehrs werden mehr und mehr Stickstoffverbindungen, letztlich Nitrationen, aus der Luft in alle Böden eingetragen. In den Trockenrasen hat man eine Anhäufung von Nitraten feststellen können. Dies drückt sich örtlich in einer erhöhten Produktion von Pflanzenmasse aus. Zusammen mit der geänderten Wirtschaftsweise, daß nämlich einmähdige Trockenrasen kaum mehr als solche genutzt werden, hat dies zu einem verbreiteten Rückgang vor allem von Orchideen geführt. Aber auch der Rückgang anderer Arten, die auf stickstoffsalzarmen Standorten besonders wettbewerbstüchtig sind, läßt sich beobachten. So ist z.B. der Schmalblättrige Lein von manchen seiner Standorte verschwunden (s. auch Fußnote S. 330).

Fraßschutz durch Stacheln und einer gewissen Trittfestigkeit zuzuschreiben. Diese Arten wurzeln so tief, daß kurzfristige Stickstoffsalzanreicherungen an der Oberfläche des Bodens die Bodenschichten unbeeinflußt lassen, in denen diese Arten Wasser und Nährsalze entnehmen. Man könnte - wenn man die Nutzung berücksichtigen will - die orchideenreichen Halbtrockenrasen auch als trockene Kalkmagerwiese, die enzianreichen Halbtrockenrasen als trockene Kalkmagerweiden bezeichnen.

Auf kalkärmeren, silikatreicheren und oft tonigsandigen Böden schiebt sich eine Rasse des Schaf-Schwingels *(Festuca ovina)* in den Vordergrund. Auch die Echte Pechnelke *(Lychnis viscaria)* tritt hier gelegentlich auf; das gleiche gilt für die formenreiche Sand-Grasnelke *(Armeria elongata)*.

Bild 476. Gletscher-Hahnenfuß *(Ranunculus glacialis)*

Die Höhenstufen der Vegetation

In den Alpen ändert sich das Klima auf kürzeste Strecken durch die Höhendifferenz beträchtlich. Dieser Zusammenhang fällt hier besonders auf. Er besteht indessen allgemein. Mit der Höhe ändert sich nicht nur die Temperatur, sondern - jenseits einer bestimmten Höhengrenze - wird auch die Vegetationszeit verkürzt; die Schneebedeckung dauert länger. Die Niederschläge steigen mit der Höhe deutlich und oft rasch an, der Wind bläst kräftiger. Die Einstrahlung wird stärker, der Anteil kurzwelliger Strahlung nimmt wesentlich zu.

Da die Entwicklung von Pflanzengesellschaften auch vom Klima abhängt, kann man bestimmte Höhenstufen durch Pflanzengesellschaften kennzeichnen, die sich in ihnen letztlich ausgebildet haben oder dies wenigstens tun könnten.

Die unterste Höhenstufe der Vegetation umfaßt die Tiefländer und die untere Hügellandstufe bis etwa zu Höhen von 300–400 m, auf der Alpensüdseite bis gegen 500 m. In ihr entwickelten sich im Norden Mitteleuropas Eichen-Hainbuchenwälder und Kiefernwälder, im Süden wärmeliebende Eichen-Mischwälder und Trockenrasen. Fachsprachlich heißt diese Stufe planar-kollin.[1] In Mitteleuropa läßt sich ihre Obergrenze grob durch die Weinanbaugrenze definieren.

Ihr folgt die submontane Stufe.[2] Sie reicht im Norden Mitteleuropas bis etwa 500 m, im Süden bis fast 1000 m. Hier herrschten - ohne Zutun des Menschen - Buchenwälder, und wo schlechte Böden sie nicht aufkommen ließen, Eichen-Hainbuchen- oder Buchen-Tannen-Mischwälder. Bis hierher kann - legt man keinen allzu feinen Maßstab an - Ackerbau betrieben werden.

Die montane Stufe rechnet man bis etwa 1400–1800 m. Sie ist die eigentliche Bergwaldstufe, in der die Buche allmählich zugunsten der Nadelhölzer zurücktritt und an deren Obergrenze Fichten-Mischwälder und - bei mangelndem Niederschlag - Fichten-Lärchen-Wälder prägend sind.

Die subalpine[3] Stufe reicht bis etwa 1900–

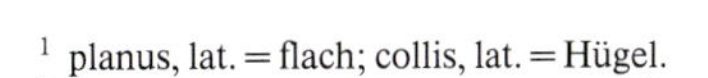

[1] planus, lat. = flach; collis, lat. = Hügel.
[2] sub, lat. = unter; montanus, lat. = auf Bergen befindlich.
[3] sub, lat. = unter; alpinus, lat. = in den Alpen befindlich.

Bild 477. Berg-Kiefer *(Pinus mugo)*

2200 m, örtlich auch bis 2400 m. In ihr kann geschlossener Wald nicht mehr existieren, wohl aber fristen einzelne Bäume - verkrüppelt und windzerzaust - hier noch ihr Leben. Legföhrengebüsch und Zwergstrauchheiden herrschen vor.

Die alpine Stufe reicht etwa bis 2500–3000 m. Zwergstrauchheiden und grasige Matten bilden an allen Stellen, die nicht zu steil oder zu steinig sind, eine noch geschlossene Vegetationsdecke.

Dies ändert sich in der subnivalen[1] Stufe, deren Obergrenze etwa bei 3000–3300 m gezogen wird. Die Pflanzendecke wird lückig. Polsterbildende, niederwüchsige Kräuter können hier noch existieren. Gräser oder Riedgräser findet man höchstens noch vereinzelt und im Übergangsbereich zur alpinen Stufe.

In der nivalen Stufe befinden wir uns definitionsgemäß in der Stufe des „ewigen Schnees". Hier können Pflanzen nur unter günstigsten Umständen - auf kurzzeitig schneefreien Stellen - noch durchhalten. Den Höhenrekord halten Exemplare vom Gletscher-Hahnenfuß *(Ranunculus glacialis*, Bild 476) und von der Schwarzen Schafgarbe *(Achillea atrata)*, die man in 4270 m am Finsteraarhorn gefunden hat[2]. Dabei zeigt der Gletscher-Hahnenfuß äußerlich keine Anpassung an extremes Klima.

Die Grenzen, durch die man Höhenstufen voneinander trennen kann, schwanken zuweilen in einem Gebirgsmassiv zwischen Nord- und Südseite beträchtlich. Im allgemeinen ziehen sie sich an Südhängen weiter in die Höhe als an den Nordflanken. In den Längstälern im Innern der Alpen mit ihrem kontinental gefärbten Klima liegt die Waldgrenze deswegen höher als etwa in den nördlichen Kalkalpen, weil es hier aufgrund der klimatischen Unterschiede ganz andere Arten sind, die den Wald in der montanen Stufe bilden. Andererseits markiert in dem niederschlagsreichen Schweizer Jura oft der Berg-Ahorn-Schluchtwald die Waldgrenze, weil Fichtenwälder hier nur wenig konkurrenzfähig sind. So eindeutig diese Einteilung erscheint: In der Wirklichkeit sind die Grenzen der prägenden Pflanzengesellschaften nicht immer so klar ausgeformt. Nutzung durch den Menschen, Verstürzungen und Schutthalden, Moränen und Felsen schaffen vielerorts ein kleinräumiges Mosaik.

[1] sub, lat. = unter; nivalis, lat. = schneeig, schneeweiß.
[2] Fakten aus REISIGL, H. & KELLER, R.: Alpenpflanzen im Lebensraum, Alpine Rasen, Schutt- und Felsvegetation; G. Fischer, Stuttgart - New York, S. 135, 1987.

Von links oben nach rechts unten:
Bild 478. Alpen-Bärentraube *(Arctostaphylos alpinus)*
Bild 479. Immergrüne Bärentraube *(Arctostaphylos uva-ursi)*
Bild 480. Zwerg-Alpenrose *(Rhodothamnus chamaecistus)*
Bild 481. Schnee-Heide *(Erica herbacea)*

Pflanzengesellschaften der subalpinen und alpinen Stufe

Alpine Legföhrengebüsche und Zwergstrauchheiden

Oberhalb der Waldgrenze gibt es eine „Kampfzone", in der zwar einzelne Bäume eine Zeitlang zu überleben vermögen, in der aber kalte Wintertemperaturen, stürmischer Wind, Lawinenabgänge und fehlender Wurzelraum einer gedeihlichen Entwicklung von Bäumen entgegenstehen. Hier ist das Reich der „Legföhre" oder „Latsche" (*Pinus mugo* TURRA s. str.[1]), wie man die buschig wachsende Kleinart innerhalb der Sammelart „Berg-Kiefer" *(Pinus mugo* agg., Bild 477) nennt.

Legföhren werden nur selten höher als etwa 3 m. Ihre bogigen Äste senken sich unter der Schneelast. Vielfach werden sie vom Schnee gänzlich zugedeckt. Dadurch erfahren sie einen Schutz, der ihnen bei baumförmigem Wuchs versagt bliebe. Sie werden zum „Krummholz" oder „Knieholz". Legföhren gedeihen auf basischem wie schwach saurem Untergrund. Sie besiedeln trockene Böden ebenso wie frische, ja

[1] s. str. = sensu strictu, lat. = im engeren Sinn.

Von links oben nach rechts unten:
Bild 482. Scheuchzers Glockenblume *(Campanula scheuchzeri)*
Bild 483. Alpen-Süßklee *(Hedysarum hedysaroides)*
Bild 484. Alpen-Aster *(Aster alpinus)*
Bild 485. Alpen-Aurikel *(Primula auricula)*

feuchte. Nur ausgesprochen naß mögen sie es nicht! Dadurch entwickelt sich örtlich eine recht unterschiedliche Krautschicht. Die Verschiedenartigkeit wird durch die versauernde Wirkung der Nadelstreu noch gefördert: Über kalkreichem Gestein wird der Oberboden um so besser abgepuffert, je niederschlagsärmer die Gegend ist; über silikatreichen Gesteinen kann es zu einer um so stärkeren Versauerung kommen, je niederschlagsreicher das örtliche Klima ist. In Gegenden, in denen Hochweiden betrieben werden, durchstreift auch Weidevieh die Latschenbestände. Diese Art der Nutzung verringert die Artenvielfalt.

In den nordöstlichen Kalkalpen – westwärts bis etwa zu den Appenzeller Alpen –, zum Teil auch in den Zentralalpen und vereinzelt bis ins Wallis, findet man ein wohl entwickeltes Legföhrengebüsch nahe der Waldgrenze, in dem Blaue Heckenkirsche *(Lonicera caerulea)*, Alpen-Heckenkirsche *(Lonicera alpigena)*, Alpen-Bärentraube *(Arctostaphylos alpinus*, Bild 478) und – vor allem in den östlichen Ketten – Zwerg-Alpenrose *(Rhodothamnus chamaecistus*, Bild 480) und Schnee-Heide *(Erica herbacea*, Bild 481) charakteristische Bestandteile sind. An offenen, grasig-felsigen Stellen wächst die Silberwurz *(Dryas octopetala)* und die Herzblättrige Kugelblume *(Globularia cordifolia)*, Arten, die eigentlich in Polsterseggen-Rasen oder Felsspalten gehören. Auch die Polster-Segge *(Carex firma)* selbst ist um so eher zu finden, je aufgelockerter die Latschen und die anderen Sträucher stehen. In den Westalpen findet sich in dieser Stufe die Haken-Kiefer *(Pinus uncinata)*, eine Kleinart aus der Sammelart Berg-Kiefer *(Pinus mugo* agg.), dazu Zwerg-Wacholder (*Juniperus communis* ssp. *alpina*) sowie die Immergrüne

Von links oben nach rechts unten:
Bild 486. Graues (Krainer) Greiskraut *(Senecio incanus* ssp. *carniolicus)*
Bild 487. Zwerg-Augentrost *(Euphrasia minima)*
Bild 488. Grasblättrige Teufelskralle *(Phyteuma hemisphaericum)*
Bild 489. Frühlings-Küchenschelle *(Pulsatilla vernalis)*
Bild 490. Klebrige Primel *(Primula glutinosa)*
Bild 491. Gelbe Alpen-Küchenschelle *(Pulsatilla apiifolia)*
Bild 492. Tüpfel-Enzian *(Gentiana punctata)*

Bärentraube *(Arctostaphylos uva-ursi*, Bild 479), die beiden zuletzt genannten vor allem in Gegenden, in denen die Niederschläge relativ niedrig bleiben.

Örtlich dringen niedrige Zwergstrauchbestände bis in die alpine Stufe vor und besiedeln dort windgefegte Flächen und Hänge. Sie sind auch im Winter kaum durch Schnee geschützt. Deshalb müssen die Pflanzen, die hier die kalte Jahreszeit überdauern, extrem frosthart sein. Ihre Kältetoleranzschwelle sollte bei etwa –35 °C oder noch wesentlich tiefer liegen. Da Windzug Wasserverlust bedeutet, müssen sie auch Trockenheit ertragen. Deshalb haben sie in der Regel Schutzvorrichtungen gegen Wasserverlust.

Unter den Zwergsträuchern ist die Alpenazalee *(Loiseleuria procumbens)* diesen Anforderungen am ehesten gewachsen. Ihre wintergrünen, kleinen Blättchen sind nach unten eingerollt. Die Spaltöffnungen liegen in zwei Längsrillen, die überdies von kleinen Haaren bestanden sind. Mit diesen Haaren kann die Pflanze - übrigens selbst aus Schnee - Wasser aufnehmen. Sie wächst meist in mehr oder minder ausgedehnten, sehr dichten, teppichartigen Beständen. Dazwischen kommen Preiselbeere *(Vaccinium vitis-idaea)*, Heidelbeere *(V. myrtillus)* und Rauschbeere *(V. uliginosum)* vor, über basischem Gestein die Haar-Segge *(Carex capillaris)*, Scheuchzers Glockenblume, *Campanula scheuchzeri*, Bild 482), Alpen-Glockenblume *(C. alpina)*, Alpen-Süßklee *(Hedysarum hedysaroides*, Bild 483), Kopfiges Läusekraut *(Pedicularis rostrato-capitata)*, Alpen-Maßliebchen *(Aster bellidiastrum)*, Alpen-Aster *(Aster alpinus*, Bild 484) und die Alpen-Aurikel *(Primula auricula*, Bild 485).

Bild 493. Bärtige Glockenblume *(Campanula barbata)*

Alpine Rasen

Matten und Gebirgswiesen über silikatreichen Gesteinen

Als Matten bezeichnet man in Deutschland und Österreich alpine Rasen, die als Weideland genutzt werden; in der Schweiz verwendet man den Begriff auch für Bergwiesen, die gemäht werden. Je nach Nutzung und Boden sind alpine Rasen recht verschieden ausgeprägt. Aus der Vielfalt seien nur einzelne skizziert.

In den Zentralalpen findet sich über Silikatgestein der Krumm-Seggen-Rasen. Er bedeckt - in stumpfem Olivgrün - flache bis mäßig steile Buckel oder nicht zu feuchte, wenig eingetiefte Hangmulden in Höhen zwischen etwa 2500 und 2800 m. Die Krumm-Segge *(Carex curvula)* wächst horstig und dicht; in eher lockeren Rasen steht der Bunte Wiesenhafer *(Avenochloa versicolor)*. Graues Greiskraut *(Senecio incanus*, Bild 486), Maßlieb-Ehrenpreis *(Veronica bellidioides)*, Zwerg-Augentrost *(Euphrasia minima*, Bild 487), Zwerg-Primel *(Primula minima)*, Ganzblättrige Primel *(Primula integrifolia)*, Grasblättrige Teufelskralle *(Phyteuma hemisphaericum*, Bild 488) und Frühlings-Küchenschelle *(Pulsatilla vernalis*, Bild 489) sind Kräuter, die man örtlich in Krumm-Seggen-Rasen antrifft. In hohen Anteilen oder großflächig kommen sie nirgends vor.

Auf windgefegten Kuppen, auf denen der Untergrund nicht stark sauer oder basisch sein sollte, geht der Krumm-Seggen-Rasen in Flächen über, in denen das Nacktried *(Elyna myosuroides)* dominiert. Da und dort steht in ihm das Edelweiß *(Leontopodium alpinum)*.

In Mulden, in denen Schnee überdurchschnittlich lange liegen bleibt, durchbrechen die ersten Blüten der Zwerg-Alpenglöckchen *(Sol-*

Von links oben nach rechts unten:
Bild 494. Steinröschen-Seidelbast *(Daphne striata)*
Bild 495. Gemswurz-Greiskraut *(Senecio doronicum)*
Bild 496. Gletscher-Tragant *(Astragalus frigidus)*
Bild 497. Alpen-Kratzdistel *(Cirsium spinosissimum)*
Bild 498. Blauer Eisenhut *(Aconitum napellus)*
Bild 499. Blaue Gänsekresse *(Arabis caerulea)*

danella pusilla) den kaum aufgetauten, zuweilen noch mit einem Eishauch überzogenen Boden. Im Hochsommer erkennt man bei genauem Hinsehen das Zweiblütige Sandkraut *(Arenaria biflora)*. Die Kraut-Weide *(Salix herbacea)* ist trotz ihres niedrigen Wuchses ein Strauch, wie die Kriechstämmchen ausweisen. Wenig auffällig blühen Alpen-Gelbling *(Sibbaldia procumbens)* und Zwerg-Hahnenfuß *(Ranunculus pygmaeus)*. Am Muldenrand stehen gelegentlich Exemplare der Klebrigen Primel *(Primula glutinosa*, Bild 490). Sie sind charakteristische Pflanzen der Schneeböden oder Schneetälchen auf silikatreichen Böden. Ihre Vegetationszeit beträgt nur 2–4 Monate. Dabei ist das Kleinklima über den dauernassen oder zumindest dauerfeuchten Schneetälchen eher kühl, und man wundert sich, wie es die hier heimischen Pflanzen schaffen, ihre Blüten in so kurzer Zeit zu entfalten und ihre Samen wenigstens dann und wann zur Reife zu bringen.

An der Untergrenze der alpinen Höhenstufe geht der Krumm-Seggen-Rasen über in Gesellschaften, in denen das Borstgras *(Nardus stricta)* auftritt. Werden Borstgras-Rasen extensiv beweidet, dann hat das Borstgras wegen seiner tiefen Wurzeln und seiner dichten Horste einen Wettbewerbsvorteil. Gegen Düngung oder Kalkung ist es empfindlich. In Beständen, in denen auch der Bunte Wiesenhafer *(Avenochloa versicolor)* reichlich vertreten ist, findet man – neben Heidelbeere *(Vaccinium myrtillus)* und Preiselbeere *(V. vitis-idaea)* – den Gelben Enzian *(Gentiana lutea)*, das Knollen-Läusekraut *(Pedicularis tuberosa)* und das Großblütige Fingerkraut *(Potentilla grandiflora)*. In noch tieferen Lagen kommen Gelbe Alpen-Küchenschelle *(Pulsatilla apiifolia*, Bild 491), Tüpfel-Enzian *(Gentiana punctata*, Bild 492), Stengelloser Kiesel-Enzian *(Gentiana acaulis)*, Bärtige Glockenblume *(Campanula barbata*, Bild 493), Berg-Wohlverleih *(Arnica montana)* und Ziestblättrige Teufelskralle *(Phyteuma betonicifolium)* in größeren oder doch in auffallenden Beständen vor.

Matten und Gebirgswiesen über kalkreichem Gestein

Steile Halden aus feinem Kalkschutt sind häufig von einem mehr oder minder dichten Rasen überzogen, in dem das Kalk-Blaugras *(Sesleria varia)* Hauptgras ist. Auch die Horst-Segge *(Carex sempervirens)* ist häufig vertreten. Wo der Schutt noch offen zu Tage liegt, krallt sich die Silberwurz *(Dryas octopetala)* und die Quendelblättrige Teppich-Weide *(Salix serpillifolia)* in den Untergrund. Im Frühjahr leuchten die blauen Sterne des Frühlings-Enzians *(Gentiana verna)*, an feuchteren Stellen die zarten Blüten der Mehl-Primel *(Primula farinosa)*. Oft noch im Schnee erblüht die Schnee-Heide *(Erica herbacea)*, der Steinröschen-Seidelbast *(Daphne striata*, Bild 494) kommt frühestens einen Monat später zur Blüte. Alpen-Küchenschelle *(Pulsatilla alpina)*, Alpen-Aster *(Aster alpinus)* und Gemswurz-Greiskraut *(Senecio doronicum*, Bild 495) gehören zu den auffälligen Farbtupfern der blühenden Blaugrasrasen. In felsigen Partien findet man nicht selten die Alpen-Aurikel *(Primula auricula)*, an schattigen Stellen den Gletscher-Tragant *(Astragalus frigidus*, Bild 496).

Schatten und weniger steile Hänge bevorzugen Rasen, in denen die Rost-Segge *(Carex ferruginea)* tonangebend ist. In den Rost-Seggen-Rasen blüht das Vielblättrige Läusekraut *(Pedicularis foliosa)*, der Alpen-Süßklee *(Hedysarum hedysaroides)*, die Trollblume *(Trollius europaeus)*, der Berg-Hahnenfuß *(Ranunculus montanus)* und – an quelligen Stellen – das Sumpf-Herzblatt *(Parnassia palustris)*.

Feuchter sind die Rasen des Violetten Schwingels *(Festuca violacea)*. Alpen-Kratzdistel *(Cirsium spinosissimum*, Bild 497), Blauer Eisenhut *(Aconitum napellus*, Bild 498) und Wald-Storchschnabel *(Geranium sylvaticum)* fallen in ihnen schon auf größere Entfernung auf.

Die Böden in den Schneetälchen über kalk-

Von links oben nach rechts unten:
Bild 500. Rundblättriges Hellerkraut *(Thlaspi rotundifolium)*
Bild 501. Säuerling *(Oxyria digyna)*
Bild 502. Großblütige Gemswurz *(Doronicum grandiflorum)*
Bild 503. Alpen-Pestwurz *(Petasites paradoxus)*
Bild 504. Hellgelbe Sommerwurz *(Orobanche flava)*
Bild 505. Armblütige Teufelskralle *(Phyteuma globulariifolium)*

reichem Gestein werden vielfach von Spalieren der Stumpfblättrigen Teppich-Weide *(Salix retusa)* und der Netz-Weide *(S. reticulata)* überzogen. Die Glöckchen des Gewöhnlichen Alpenglöckchens *(Soldanella alpina)* erscheinen, wenn noch Schneeflecken den Untergrund dekken. An schuttig-offenen Stellen blüht - oft übersehen - die Blaue Gänsekresse *(Arabis caerulea*, Bild 499). Auch der Mannsschild-Steinbrech *(Saxifraga androsacea)* oder der Alpen-Hahnenfuß *(Ranunculus alpestris)* blühen eher bescheiden.

Alpine Schutt- und Geröllfluren, Felsbänder und Felsspalten

Schutt- und Geröllfluren über Kalkgestein

Schutthalden scheinen als Pflanzenstandort ungeeignet: an Steilhängen bleibt Gesteinsschutt - nicht zuletzt durch die Abwitterung darüberstehender Felsen - vor allem im Frühjahr in Bewegung: Er rutscht ab, kommt schließlich ins Kollern oder gar Springen. Steinschlag zerstört, was im Wege steht. In lockerem, steil gelagerten Schutt versickert Wasser. Wohl tritt es da und dort als Hangdruckwasser aus. Doch fehlt es in den oberen Schichten weithin. Feinerde - feinst zertrümmertes Kalkgestein, untermischt mit etwas Humus und Spuren von Lehm - wird ausgeblasen oder nach stärkeren Regengüssen ausgeschwemmt.

Hier vermögen nur Spezialisten Fuß zu fassen. Wo finden ihre Samen genügend feuchte Feinerde, in der sie keimen können? Wie versorgen sich die heranwachsenden Pflanzen mit Wasser? Wie finden sie wieder zum Licht, wenn sie von Schutt nach unten gedrückt oder gar überlagert werden? Wie festigen sie Schutt und entgehen damit der drohenden Beschädigung? Wer auf solchen Standorten existieren will, braucht Ausläufer, deren Tochterrosetten selbständig weiterleben, wenn die Mutterpflanze überdeckt ist. Wurzeln müssen regenerieren können, wenn sie ausgetrocknet sind. Bodennahe Blatt- und Stengelreste und die obersten Seitenwurzeln müssen dazu beitragen, eingeschwemmte Feinerde festzuhalten und anzusammeln.

Angehörige mancher Arten treiben lange Ausläufer durch den Schutt. Da und dort wurzeln sie und bilden Tochterrosetten. Oft ist mittlerweile die Mutterpflanze zerdrückt worden und abgestorben. Gleichwohl sieht es so aus, als ob die Pflanze über den Schutt wandere. Deshalb nennt man derartige Schuttbewohner „Schuttwanderer". Zu ihnen gehört u. a. das Rundblättrige Hellerkraut *(Thlaspi rotundifolium*, Bild 500), die Zwerg-Glockenblume *(Campanula cochleariifolia)* und der Schild-Ampfer *(Rumex scutatus)*.

„Schuttüberkriecher" hingegen schieben ihre Ausläufer über den Schutt. Das ist etwa beim Zweiblütigen Sandkraut *(Arenaria biflora)* oder bei der Alpen-Gänsekresse *(Arabis alpina)* der Fall.

„Schuttstrecker" bewahren sich dadurch vor dem Zugedecktwerden, indem sie anhaltend und mit immer kräftiger werdenden Trieben in die Länge wachsen. Schön zeigt dies der Säuerling *(Oxyria digyna*, Bild 501), aber auch die Großblütige Gemswurz *(Doronicum grandiflorum*, Bild 502).

Andere Arten, wie etwa die Silberwurz *(Dryas octopetala)* überziehen als „Schuttdecker" mit ihren vielfach verwurzelten Trieben mehr oder minder flächig den Schutt. Zu den Schuttdekkern kann man auch das Kriechende Gipskraut *(Gypsophila repens)* und den Roten Steinbrech *(Saxifraga oppositifolia)* rechnen.

„Schuttstauer" sehen meist gar nicht so widerstandsfähig aus, wie sie es sind. Sie besiedeln oft als erste die Schutthalden und bringen sie zur Ruhe, wenigstens örtlich und mit steigender Individuendichte für immer längere Zeit. Hierfür sind die Horst-Segge *(Carex sempervirens)*, die Polster-Segge *(Carex firma)* oder der Immergrüne Wiesenhafer *(Helictotrichon parlatorei)* gute Beispiele, doch darf man auch die Alpen-Gemskresse *(Hutchinsia alpina)*, den Alpen-Mannsschild *(Androsace alpina)* oder den Moschus-Steinbrech *(Saxifraga moschata)* zu den Schuttstauern zählen.

Die Alpen-Pestwurz *(Petasites paradoxus*, Bild 503) bildet auf feuchten Schuttstellen von der Laubwaldstufe bis in die subalpine Stufe oft ausgedehnte Bestände. Auf ihr schmarotzt gelegentlich die Hellgelbe Sommerwurz *(Orobanche*

Von links oben nach rechts unten:
Bild 506. Fetthennen-Steinbrech *(Saxifraga aizoides)*
Bild 507. Einblütiges Hornkraut *(Cerastium uniflorum)*
Bild 508. Zwerg-Schafgarbe *(Achillea nana)*
Bild 509. Kriechende Nelkenwurz *(Geum reptans)*

flava, Bild 504). Der Grüne Alpendost *(Adenostyles glabra)* tritt ebenfalls auf Schutt da und dort bestandsbildend auf, allerdings nur, wenn der Schutt eher feucht und vor allem nicht zu feinerdearm ist.

Schutt- und Geröllfluren über Silikatgestein

Die Schutthalden silikatreicher, aber nicht kalkfreier Gesteine, vor allem von Glimmerschiefern und von Gneisen, sind aus erheblich feinkörnigerem Material zusammengesetzt als die der Kalke und Dolomite. Steinschlag spielt in den Silikatschutthalden eine geringere Rolle als in den Kalkschutten. Andererseits kann Lockerschutt durch Wind oder Regen leichter verfrachtet werden.

Auf solchen grobsandähnlichen Schutthalden und -flächen gedeihen unter anderem Gletscher-Gemswurz *(Doronicum glaciale)*, Schwarze Edelraute *(Artemisia genipi)*, Armblütige Teufelskralle *(Phyteuma globulariifolium*, Bild 505) und Rundblättriger Enzian *(Gentiana orbicularis)*.

Bild 510. Immergrünes Felsenblümchen *(Draba aizoides)*

Feuchtere Stellen besiedeln Zweiblütiger Steinbrech *(Saxifraga biflora)*, Fetthennen-Steinbrech *(S. aizoides*, Bild 506) und Einblütiges Hornkraut *(Cerastium uniflorum*, Bild 507). Hoppes Felsenblümchen *(Draba hoppeana)* steht weniger feucht und an Stellen, an denen der Schutt weitgehend ruht. Noch ausgeprägter ist dies der Fall, wo Felsen-Schwingel *(Festuca halleri)* in größerer Individuenzahl auftritt.

Auf kalkfreiem Silikatschutt kommt in den Westalpen, und zwar nach Osten bis in die Rätischen Alpen, der Filzige Alpendost *(Adenostyles leucophylla)* vor, ebenso die Westalpen-Schafgarbe *(Achillea erba-rotta)*, die in den Ostalpen durch die Moschus-Schafgarbe *(Achillea moschata)* ersetzt wird. Beide Taxa werden heute üblicherweise zu einer Sammelart *A. erba-rotta* agg. zusammengefaßt. Auf feuchtem, fast ruhendem, ziemlich feinkörnigem Schutt gedeihen der Säuerling *(Oxyria digyna)*, die Zwerg-Schafgarbe *(Achillea nana*, Bild 508) und die Kriechende Nelkenwurz *(Geum reptans*, Bild 509); wo der Alpen-Gelbling *(Sibbaldia procumbens)* und das Zwerg-Alpenglöckchen *(Soldanella pusilla)* in größerer Anzahl auftreten, gehen die Schuttböden in Schneeböden oder Schneetälchen über.

Pflanzen der Felsspalten im Kalkgestein

Flechten sind in der Regel die Pioniere, die Felsen und Steine als erste besiedeln und zum Teil zersetzen. Blütenpflanzen vermögen auf ihnen Fuß zu fassen, wenn durch Verwitterungsvorgänge Spalten entstanden sind, in die Wurzeln eindringen können. Damit diese dort Wasser und Nährstoffe vorfinden, sollten die Spalten nicht nur ausreichend tief sein, sondern sie

Bild 511. Berg-Seidelbast *(Daphne alpina)*

Bild 512. Spinnwebige Hauswurz *(Sempervivum arachnoideum)*

müssen auch etwas Feinerde enthalten. Wurzeln dringen noch in erstaunlich feine Risse ein und sprengen sie dabei weiter auf. Spalten und Risse speichern selbst dann noch Feuchtigkeit, wenn der Fels oberflächlich abgetrocknet ist. Dies ist für Felsspaltenbesiedler von unschätzbarem Wert.

Ist eine Spalte so breit geworden, daß Feinerde und Humus sich jahrzehntelang darin gesammelt haben, dann nennt man sie auch „Felsband“. Steil stehende Schichtfugen sind oft zu Felsbändern geweitet und zuweilen ziemlich dicht bewachsen.

Da die Probleme hinsichtlich der Beschaffung von Wasser und Nährstoffen bei den Besiedlern von Schutthalden und von Felsspalten grundsätzlich ähnlich sind, finden wir auf beiden Standorten gelegentlich dieselben Pflanzenarten. Die Moschus-Schafgarbe *(Achillea moschata)* ist wegen ihrer tief reichenden Wurzeln nicht nur auf Schutt konkurrenztüchtig, sondern auch auf angewittertem Fels. Typische Felsspaltenpflanzen sind Stengel-Fingerkraut *(Potentilla caulescens)*, Trauben-Steinbrech *(Saxifraga paniculata)*, Felsen-Kugelschötchen *(Kernera saxatilis)* oder Steinbrech-Leimkraut *(Silene saxifraga)*. Schweizer Mannsschild *(Androsace helvetica)*, Immergrünes Felsenblümchen *(Draba aizoides*, Bild 510) und Filziges Felsenblümchen *(D. tomentosa)* kommen noch in Höhen bis über 3000 m vor.Selbst Sträucher setzen sich erfolgreich in Felsspalten fest. Berg-Seidelbast *(Daphne alpina*, Bild 511) und Zwerg-Kreuzdorn *(Rhamnus pumilus)* sind Beispiele dafür.

Pflanzen der Felsspalten im Silikatgestein

Die Lebensbedingungen für Pflanzen, die in den Spalten silikathaltiger Felsen wachsen, sind grundsätzlich gleich wie für Pflanzen in den Spalten von Kalkfelsen. Man könnte allenfalls sagen, daß die „Silikatpflanzen“ nicht damit zu kämpfen haben, wie sie zuviel aufgenommene Calziumionen wieder unschädlich machen, also ausscheiden oder in Form unlöslicher Kristalle ablagern.

Andererseits finden wir in den zentralalpinen Silikatgebieten eindeutig weniger „Felspflanzen“ als in den Kalkalpen. Besonders ausgeprägt ist dies, wenn man die südalpinen Kalkketten mit den Zentralalpen vergleicht. Die Gründe hierfür darf man allerdings weniger darin sehen, daß Silikatgesteine einen schlechten Untergrund für Pflanzen darstellen. Ausschlaggebend war vielmehr, daß in den südalpinen Ketten zahlreiche Endemiten vorkommen. Hier bestanden wegen der günstigen Umstände während der Vereisungsperioden Überlebensmöglichkeiten für viele Arten. Die zentralalpinen Bereiche waren dagegen bis auf wenige Gipfelregionen und Steilwände durchweg eisbedeckt.

Bild 513. Himmelsherold *(Eritrichum nanum)*

Typische Pflanzen der Felsspalten in silikatreichem, aber nicht unbedingt kalkfreiem Gestein sind Rosenwurz *(Rhodiola rosea)* und Moos-Steinbrech *(Saxifraga muscoides)*. Auf kalkfreiem oder sehr kalkarmem Gestein gedeihen Behaarte Primel *(Primula hirsuta)*, Berg-Hauswurz *(Sempervivum montanum)*, Spinnwebige Hauswurz *(S. arachnoideum*, Bild 512), Gelbe Hauswurz *(S. wulfenii*; ostalpin), Großblütige Hauswurz *(S. grandiflorum;* westalpin), Pracht-Steinbrech *(Saxifraga cotyledon)* und der Himmelsherold *(Eritrichum nanum*, Bild 513).

Der Einfluß des Menschen auf die Vegetation

Wälder und Forsten

Wald nennt man einen von Bäumen beherrschten Pflanzenbestand, der „natürlich", d. h. ohne Zutun des Menschen gewachsen ist oder der diesem Zustand – trotz menschlicher Eingriffe – einigermaßen nahekommt. Im Wald sollten die Bäume so dicht stehen, daß das geschlossene Kronendach wenigstens etwa 40% des Untergrundes überdeckt, so daß durch Laubstreu und Kleinklima ein für den Wald typischer Boden samt charakteristischer Kraut- und Moosschicht entstehen kann. „Forst" nennen wir alle Baumbestände mit waldgleichem Kronenschluß, die ihre Existenz menschlichem Tun verdanken. Im täglichen Sprachgebrauch hat sich „Forst" nicht durchgesetzt, und selbst in der Fachsprache gebrauchen wir häufig „Wald", wo wir von „Forsten" reden sollten. Forsten können Monokulturen sein, wie es vielerorts Fichtenpflanzungen sind, oder Mischkulturen, die im Idealfall von einem naturnahen Wald nicht mehr unterschieden werden können.

Bild 514. Bannwald im Bayerischen Wald

Dem Naturzustand kommen die „Bannwälder" (Bild 514) am nächsten, die man – vor allem in den Mittelgebirgen – da und dort ausgewiesen hat, und in denen – oft schon seit Jahrzehnten – jegliche Eingriffe unterblieben sind. Fichtenmonokulturen (Bild 515) auf eindeutigen Laubwaldstandorten erkennen auch Nichtfachleute als „naturfern". Selbst auf ohnehin sauren Böden wirken sie „verschlechternd". Als Folge der Nadelstreu- und Rohhumusauflage kann der pH-Wert extreme Werte zwischen 4 und 3 erreichen. In Silikatböden werden unter solchen Bedingungen Aluminiumionen mobilisiert, die giftig wirken, indem sie z. B. die DNA-Synthese stören; außerdem verstärken und stabilisieren sie die Bodenversauerung.

Wald ist aus Mitteleuropa nicht erst seit der Neuzeit verschwunden. Die Kulturlandschaft, in der wir heute leben, ist aus einer ursprünglichen Laub- bzw. Laub-Nadel-Mischwaldlandschaft hervorgegangen. Der Mensch wurde im Grunde genommen seit den Phasen der ersten Landnahme mit der Einführung der Acker- und Weidewirtschaft zu einem „Standortsfaktor" für den Wald. In der damals extensiv betriebenen Wirtschaft wurde der Wald nicht nur als Lieferant für Holz genutzt, sondern – zumindest örtlich – auch als Weidefläche, und zwar sowohl für Großvieh als auch für Schafe und Ziegen; ja man hat in ihm möglicherweise da und dort zeitweilig Ackerbau getrieben.

Bild 515. Fichten-Monokultur mit mäßigem Wuchs.

Der Wald diente der Holzkohlegewinnung ebenso wie der Gewinnung von Gerberlohe aus Eichenrinde und als Lieferant für Brennholz. Vielfach war eine solche Nutzung am leichtesten möglich in einer Niederwaldwirtschaft. Hierbei wurden Bäume gefällt; der Nachwuchs erfolgte durch Stockausschläge. Dies führte zu einer Veränderung im Baumbestand. Denn es wurden die Gehölze ausgelesen, die auf diese Weise am Leben erhalten werden konnten, wie es etwa für die Hainbuche *(Carpinus betulus)* oder für die Eichen-Arten *(Quercus)* und die Rotbuche *(Fagus sylvatica)* gilt.

Das Pflanzen von Bäumen im großflächigen Maßstab kennt man erst seit einigen hundert Jahren. Zunächst wurden vor allem Fichten ausgesät, in Pflanzschulen angezogen und schließlich ausgesetzt. Ihr Holz war als rasch wachsendes Bauholz geschätzt. Zudem lieferten Fichtenkulturen einen deutlich höheren Holzertrag als Laubholzbestände, und dies in noch kürzerer Zeit.

Fichten weisen indessen nur in ihrem natürlichen Verbreitungsgebiet auf Dauer ein gutes Wachstum auf. Nur hier sind sie in der Regel einigermaßen widerstandsfähig gegen Krankheitserreger und tierische Schädlinge. Auf Standorten, die aufeinander folgend mit Fichtenmonokulturen bepflanzt worden waren, sind die Bäume schon in der zweiten oder gar dritten Generation weniger widerstandsfähig gegen Schädigungen aller Art, und nicht zuletzt fallen sie dem Sturm rascher und leichter zum Opfer. Auch der ehedem gute Holzertrag geht in der Regel bei wiederholtem Nachpflanzen auf Laubwaldstandorten deutlich zurück.

Selbst kleine Veränderungen wirken sich auf die Lebensgemeinschaft Wald aus. Bis zum 2. Weltkrieg war Holz ein allgemein geschätzter Brennstoff. Der Holzeinschlag wurde restlos aus dem Wald entfernt, und zwar samt Kleinästen und Zweigen, die als „Flächenlose" verkauft und von den Erwerbern aufbereitet und weggebracht wurden. Es gab praktisch kein verwesendes Holz – von den im Boden steckenden Baumstümpfen mitsamt ihren Wurzeln abgesehen –, über das dem Boden organisches Material und damit Stickstoffsalze hätten zugeführt werden können. Quelle hierfür war ausschließlich die Laubstreu. In den letzten Kriegsjahren und in den ersten Jahren der Nachkriegszeit wurden selbst Baumstümpfe noch vielfach ausgegraben und als Heizmaterial verbrannt. Örtlich entnahm man noch Laub als Streugut. Dies alles trug dazu bei, daß Waldböden vielfach an Stickstoffsalzen verarmten. Arten, die unter solchen Bedingungen konkurrenzfähig blieben, traten reichlich auf.

Seit etwa drei Jahrzehnten geht die Bedeutung des Holzes als Brennmaterial ständig zurück. In vielen Revieren bleiben kleine Äste und Zweige regelmäßig auf dem Boden liegen und verrotten. Immer häufiger gilt dies auch für geschlagenes Holz, das nicht verkauft werden kann. Dem Boden wird Jahr für Jahr - wenn auch in kleinen Dosen - mehr an Stickstoffsalzen zugeführt, als dies früher im langjährigen Durchschnitt üblich gewesen war.[1] Hinzu kommt der Eintrag an Nitrationen, die aus der Atmosphäre mit den Niederschlägen ausgewaschen und in den Boden eingespült werden. Nitration wird letztlich aus Stickoxiden gebildet, die bei Verbrennungsprozessen, vor allem in Automotoren, entstehen. Der Gesamteintrag pro ha/Jahr wird auf bis zu 60 kg geschätzt.[2] Der höhere Nitratgehalt vieler Waldböden läßt sich nicht nur am Rückgang mancher Orchideenarten ablesen, die in lichten Wäldern früher zahlreicher vorgekommen waren, sondern noch eindeutiger am immer häufigeren, herdenweisen Auftreten von Großer Brennessel *(Urtica dioica)* und Knoblauchsrauke *(Alliaria petiolata)*, und zwar auch auf Standorten, an denen sie noch vor wenigen Jahrzehnten fehlten oder nur vereinzelt aufgetreten waren.

Wiesen, Rasen und Weiden

Ohne regelmäßige Mahd gäbe es in Mitteleuropa keine Wiesen, und die Fettweide verdankt ausschließlich dem Verbiß und dem Getretenwerden durch grasende Rinder ihre Existenz; darauf haben wir schon hingewiesen. Das Artenspektrum auf Wiese und Weide wird vornehmlich durch die Bewirtschaftungsform bestimmt. Dabei zeigen die Bewohner des Kulturgrünlandes durchaus eine unterschiedliche Herkunft: Manche sind eigentlich in den feuchten Auenwäldern zu Hause, wie etwa die Kohldistel *(Cirsium oleraceum)*, andere - wie z.B. der Wilde Kerbel *(Anthriscus sylvestris)*, das Wiesen-Labkraut *(Galium mollugo)* oder das Wiesen-Knäuelgras *(Dactylis glomerata)* - stammen aus baumarmen, gelegentlich überschwemmten Flußauen.

Mahd wie Verbiß fördern keineswegs bestimmte Arten. Durch beide werden alle betroffenen Pflanzenindividuen mehr oder minder stark geschädigt. Typische Wiesenpflanzen zeichnen sich indessen dadurch aus, daß sie die Mahd besser als andere Arten überstehen, und die charakteristischen Pflanzen der Weiden kompensieren das Verbissenwerden leichter als andere; hinzu kommt ihre Trittfestigkeit.

„Besser überstehen" oder „kompensieren" bedeutet, daß die Wiesen- und Weidepflanzen hochgradig regenerationsfähig sind. Es sind ausdauernde, krautige Pflanzen, die winters bis auf Grundblätter und auf bodennahe Triebe absterben. Die Erneuerungsknospen, aus denen sie im Frühjahr austreiben, liegen meist am oder unmittelbar über dem Boden; dadurch sind sie durch vorjährige Blattreste oder eine Schneedecke recht gut gegen Frost geschützt. Ein- oder zweijährige Arten haben in der Wiese Wettbewerbsnachteile. Sie fehlen deshalb, von wenigen Ausnahmen abgesehen. Alle Arten des Kulturgrünlandes sind ausgesprochene Lichtpflanzen.

Nach der Mahd beginnt das „Rennen zum Licht". Alle Individuen haben zunächst dieselben Startbedingungen. Am besten setzen sich die Arten durch, die am raschesten an Höhe gewinnen. Dieser Vorteil wird indessen zum Nachteil, wenn die nächste Mahd erfolgt, ehe der Längengewinn zum Aufbau von Reservestoffen oder zur Vermehrung genutzt worden ist. Öfter durchgeführtes Mähen begünstigt nie-

[1] Die Zufuhr von Stickstoffsalzen ist nicht hoch und insbesondere nur indirekt. Totes Holz und gefallenes Laub enthalten kaum Eiweiße oder andere stickstoffhaltigen Verbindungen. Diese kommen überwiegend durch die Tätigkeit von Mikroorganismen in den Boden. Durch die Zufuhr organischen Materials werden indessen die Voraussetzungen für ein reiches Bodenleben geschaffen bzw. nachhaltig verbessert.

[2] Kull, U.: Physiologische Wirkungen von Luftschadstoffen. Jahreshefte der Gesellschaft für Naturkunde in Württemberg, 146. Jahrgang, S. 5-15, Stuttgart 1991.

derwüchsige Arten, also vor allem die Untergräser, Rosettenpflanzen oder Arten, die – mit Ausläufern kriechend – den Boden flach und teppichartig überziehen, wie es z. B. der Kriechende Weiß-Klee *(Trifolium repens*, Bild 516) macht. Horstbildende Gräser haben in häufig gemähten Wiesen keinen Platz.

Fettwiesen sollten gemäht werden, solange Halme und Blätter noch grün sind; denn nur dann ist das Futter noch einigermaßen eiweißreich. Da das Schnittgut entnommen wird, dem Boden infolgedessen vor allem stickstoffhaltige Verbindungen, wie es die Eiweiße sind, nicht wieder zurückgegeben werden, würde dieser an Stickstoffsalzen verarmen, führte man sie ihm nicht wieder als Dünger zu. Düngung, vor allem mit Stickstoffsalzen, fördert Wachstum. Besonders stark ist dies der Fall bei Arten mit einem kurzen Entwicklungsrhythmus, also hoher Wuchsleistung, wie sie etwa der Glatthafer *(Arrhenatherum elatius)* besitzt. Neben der Mahd formt also auch die Düngung das Artenspektrum der Wiesen. Unter der Wirkung beider „selektionierender" Faktoren sind nur relativ wenige Arten konkurrenzfähig. Hier liegt der Grund, warum die Fettwiesen zwar bemerkenswert produktiv, aber gleichzeitig arm an Arten sind.

Die Bedeutung der Düngung für das Ausbilden von „Fettwiesen" kann man kaum überschätzen, sich indessen relativ leicht einsichtig machen. Würde man Kulturgrünland einige Jahre sich selbst überlassen, dann wäre die Nitrat-Rückgewinnung in einem neutralen oder schwach sauren, frischen Boden mit krümeliger Struktur und guter Luftführung am höchsten. Ausgesprochen trockene Böden bieten den Mikroorganismen, die die Mineralisierung stickstoffhaltiger Verbindungen bewirken, schlechte Bedingungen zum Leben, und in zu nassem oder zu saurem Boden verhält es sich ebenso.

Die Einsicht in die Wichtigkeit der Stickstoffsalzdüngung hat man nach dem 2. Weltkrieg ausgenutzt, als man versuchte, die Landwirtschaft für den Wettbewerb im Gemeinsamen Markt zu rüsten. Um die Futtergrundlage für das Halten von Milchvieh zu verbessern, hat man vielerorts Halbtrockenrasen in Fettwiesen

Bild 516. Kriechender Weiß-Klee *(Trifolium repens)*

umgewandelt, indem man sie mehrere Jahre nacheinander kräftig mit stickstoffsalzreichen Volldüngern versah. Schon nach wenigen Jahren waren sie zu Glatthafer-Wiesen geworden, auf denen nur noch Inseln mit Wiesen-Salbei *(Salvia pratensis*, Bild 517) oder mit Wiesen-Witwenblumen *(Knautia arvensis*, Bild 518) auf ihre Herkunft aus Halbtrockenrasen hinweisen.

Manche Arten der Halbtrockenrasen sind dort offensichtlich konkurrenzfähig, weil sie bei

Bild 517. Wiesen-Salbei *(Salvia pratensis)*

Bild 518. Wiesen-Witwenblume *(Knautia arvensis)*

geringen Stickstoffsalzkonzentrationen im Boden anderen Arten überlegen sind, nicht aber, weil sie besonders widerstandsfähig gegen die Auswirkungen der Trockenheit sind. Typische Arten der Fettwiese hingegen fehlen in Halbtrockenrasen, weil sie einen hohen Nährstoffbedarf haben und vor allem reichlich Stickstoffsalze brauchen. Schafft man diese Bedingungen, dann verschiebt sich das Artenspektrum. Grob vereinfacht könnte man zur Erklärung der Verschiebung in der Artenzusammensetzung sagen: Düngung mit Stickstoffsalzen ersetzt Feuchtigkeit im Boden.

Gerade, weil diese Umwandlung im allgemeinen so reibungslos klappt, hat sie zu einer weit verbreiteten - und in ihrer Gesamtheit großflächigen - Vernichtung von Halbtrockenrasen geführt. In wenigen Jahrzehnten sind weithin Arten, deren Existenz vordem gesichert schien, im Fortbestand bedroht worden; örtlich sind sie sogar verschwunden.

Ähnlich wie mit den Halbtrockenrasen verhält es sich mit den Streuwiesen, die üblicherweise erst im Spätsommer oder Frühherbst gemäht werden. Zu der Zeit sind die Blätter und Stengel vieler Feuchtwiesenbewohner schon vertrocknet und abgestorben. Jedenfalls enthalten sie nur noch geringe Mengen von Eiweißen. Diese sind in den Samen oder den Erneuerungsknospen am Boden für den Austrieb in der kommenden Vegetationsperiode gespeichert. Die Entnahme des Mähgutes trägt also nur unwesentlich zur Stickstoffsalzverarmung der Feuchtwiesenböden bei. Der Artenbestand solcher - oft pfeifengrasreichen - Wiesen wird infolgedessen hauptsächlich durch die einmalige Mahd und den gleichbleibenden, niedrigen Stickstoffsalzgehalt der Böden geprägt. Zeitweise oder lang andauernde Feuchtigkeit oder gar Nässe und der dadurch bedingte Luftmangel im Boden wirken oftmals nur indirekt auf das Artenspektrum.

Dies zeigt sich, wenn man auf Feuchtwiesen mehrere Jahre nacheinander reichlich stickstoffsalzreichen Volldünger ausbringt. Mit der Anreicherung von Nitrationen im Boden verschwinden zunehmend die Arten der Feuchtwiesen. Die Arten der Glatthafer-Wiese treten an ihre Stelle. Schon nach wenigen Jahren entspricht die Artenzusammensetzung derjenigen, die für feuchte Glatthafer-Wiesen typisch ist. Vergröbernd könnte man dieses Ergebnis folgendermaßen erklären: Stickstoffsalzdüngung hat Luftmangel im Boden als Folge überwiegender Nässe wirksam kompensiert.

Ähnlich wie bei den Halbtrockenrasen hat diese Einsicht in der zweiten Hälfte des 20. Jahrhunderts im Zuge der landwirtschaftlichen Intensivierung dazu geführt, daß zahlreiche Pfeifengraswiesen und andere, als Streuwiesen genutzte Feuchtwiesen in Fettwiesen umgewandelt worden sind. Auch dabei wurde Lebensraum für zahlreiche Arten vermindert; manche Art der Feuchtwiesen ist rar geworden, einige sind aus weiten Gebieten verschwunden.

Die Intensivweiden für Rinder sind ebenfalls artenarme Grünlandgesellschaften. Der Weidebetrieb hat im nordwestlichen Tiefland in Mitteleuropa - vor allem im Bereich der Marschwiesen - ebenso Tradition wie in den höheren Lagen der Mittelgebirge und vor allem in der hügeligen Moränenlandschaft am nördlichen Fuße der Alpen. In beiden Gebieten sind es vor allem die hohen jährlichen Niederschläge, die

Bild 519. Strand-Grasnelke *(Armeria maritima)*

eine günstige Voraussetzung für die Dauerbeweidung von Grünland darstellen. Im übrigen Gebiet wurde Grünlandbewirtschaftung meist durch zweimalige Mahd betrieben. Erst in der Periode zeitweiliger Förderung der Milcherzeugung - also etwa in den Jahren zwischen 1955 und 1980 - wurde auch in diesen Gegenden da und dort Weidewirtschaft angefangen.

Die Steigerung der Milchanlieferungen hat indessen zur Aufhäufung des „Butterbergs" geführt. Der Konkurrenzdruck auf die Weidewirtschaft treibenden Betriebe wurde verstärkt. Um ihm auszuweichen, versuchte man, Kosten - wie sie etwa durch die Entwässerung in den Marschen oder auf ehemaligen Moorböden entstehen - zu senken. Gleichzeitig trachtete man danach, den Futterertrag pro Fläche zu steigern; denn als Folge davon konnte die Stückzahl der Rinder auf der Weidefläche erhöht werden. Düngung bot sich an. Intensivweiden werden heutzutage vielfach ebenso gedüngt wie man Fettwiesen düngt.

Düngung und Besatzdichte sind die Selektionsfaktoren, die das Artengefüge auf den Intensivweiden bestimmen. Es sind durchweg Trittgesellschaften, in denen das Ausdauernde Weidelgras *(Lolium perenne)* und der Kriechende Weiß-Klee *(Trifolium repens)* prägend enthalten sind.

Auf welchem Boden sie stocken, ist unter diesen Umständen zweitrangig. Es wirkt sich kaum mehr aus. Allenfalls weisen Arten wie z. B. die Strand-Grasnelke *(Armeria maritima*, Bild 519) oder der Erdbeer-Klee *(Trifolium fragiferum*, Bild 520) auf einen sandigen Untergrund; die Bodden-Binse *(Juncus gerardii)* kommt nur auf Salztonböden vor; wo das Borstgras *(Nardus stricta)* auftritt, ist der Boden eindeutig sauer.

Fast noch mehr als in den gemähten Fettwiesen ist es die Regenerationsfähigkeit, die Arten befähigt, auf intensiv beweideten Flächen auszuharren. Denn sie müssen nicht nur das Abgefressenwerden durch rasches Nachwachsen ausgleichen, sondern auch mit einem Boden vorlieb nehmen, der durch andauerndes Betretenwerden porenarm wird und in dem ihre Wurzeln daher unter Luftmangel geraten können.

Die Artenzahl der Fettweiden ist bei so scharfer Selektion noch geringer als die der Fettwiesen. Welche Rolle hierbei die Düngung spielt, sieht man, wenn sie einige Zeit unterbleibt. Dann treten rasch Arten wie z. B. das Kleine Habichtskraut *(Hieracium pilosella)* auf oder die Feld-Hainsimse *(Luzula campestris)*, die Nährstoffmangel anzeigen. Freilich wird dann auch die geschlossene Narbe der Weide zerstört, und die Lücken sind schon von weitem unübersehbar.

Bild 520. Erdbeer-Klee *(Trifolium fragiferum)*

Die Ackerflur

Der Ackerbau in Mitteleuropa ist 6500–7000 Jahre alt. Er kam aus dem Vorderen Orient und breitete sich entlang der Donau bis in unser Gebiet aus. Gleichzeitig lernten die Menschen, Vieh zu halten. Zu der Zeit war Mitteleuropa längst wieder von Eis und Tundra befreit und Waldland geworden. Nach den Arten, wie sie heute noch für die Taiga Skandinaviens und Sibiriens kennzeichnend sind, waren Laubhölzer aus Südosten und aus Südwesten eingewandert. Die Menschen, die den Ackerbau nach Mitteleuropa brachten, mußten ihre Felder überwiegend dem Wald abringen.

Zuerst dürfte das Land auf ähnliche Weise in Kultur genommen und bewirtschaftet worden sein, wie wir es von Urwaldvölkern anderer Kontinente kennen: Baumarme, grasige Stellen haben sich für das Anlegen von Äckern besonders angeboten. Wo sie nicht reichten, wird zunächst Wanderfeldbau mit Brandrodung betrieben worden sein. Schließlich wurde – siedlungsnah – eine offene Feldflur gegen den Wald abgegrenzt. Auf ihr setzte sich im Laufe der Zeit eine „Dreifelderwirtschaft" durch, die bis vor etwa 200 Jahren in Mitteleuropa allgemein praktiziert worden ist. Nur im nordwesteuropäischen Tiefland wurde früh ausschließlich Roggen angebaut im Wechsel mit Brache.

Die Dreifelderwirtschaft läßt sich leicht – aber etwas unvollkommen – damit beschreiben, daß die Ackerfläche eines Dorfes in drei deutlich voneinander abgegrenzte „Zelgen" eingeteilt war, für die „Flurzwang" bestand. Dies bedeutete, daß alle Felder einer Zelge, gleichgültig, wem sie gehörten, einheitlich bestellt werden mußten: Eine Zelge war dem Wintergetreide vorbehalten, eine dem Sommergetreide, eine lag brach. Die Nutzungsart wechselte also in dreijährigem Turnus.

Ein wichtiger Grund für den Flurzwang bestand wahrscheinlich darin, daß auf diese Weise vor allem das Wintergetreide noch im zeitigen Frühjahr als allgemein zugängliche Weide genutzt werden konnte. Wintergetreide – in geringerem Maße auch junges Sommergetreide – galt zurecht als beliebtes Weidefutter für Rinder. Es wurde durch Verbiß und Tritt „relativ wenig geschädigt, wenn der Weidegang vorm Schossen aufhörte".[1] Im Gegenteil: Der Verbiß förderte die Bestockung, und durch Tritt wie Verbiß wurden Unkräuter kurzgehalten, namentlich die mehrjährigen, die wir aus unserer derzeitigen Bewirtschaftungsweise von den Äckern gar nicht mehr kennen. Zudem wurden die Äcker durch den Kot der weidenden Tiere gedüngt.

Unkräuter bekämpfte man bis ins 18. Jahrhundert hinein fast ausschließlich durch Pflügen im Zuge der Saatvorbereitung. Hacken war nicht üblich. Die Pflugscharen liefen viel flacher, der Boden wurde nur oberflächlich „aufgekratzt". Die nach zwei Ertragsjahren zwischengeschaltete Brache trug viel zur Stabilisierung der damaligen Unkrautflora bei. Brachäcker waren rasenartig dicht mit Unkräutern überzogen, unter denen die mehrjährigen Arten mit einem hohen Anteil vertreten waren.

Als im 18. und zu Beginn des 19. Jahrhunderts die Brache verbreitet durch eine Hackfruchtkultur ersetzt wurde, änderte sich die Unkrautflora wesentlich. Auf der „Hackfruchtzelge" wurden Kartoffeln, Futter- und Zuckerrüben gepflanzt, ebenso Wiesen-Rot-Klee *(Trifolium pratense)* oder Blaue Luzerne *(Medicago sativa*, Bild 521). Auch Kohl-Arten wurden hier großflächig gezogen. Kartoffeln, Rüben und Kohl mußten während des Heranwachsens durch Hacken und Ausjäten unkrautfrei gehalten werden. Diese Art der Bearbeitung machte den mehrjährigen Unkräutern den Garaus. Einjährige beherrschten das Feld. Es bildeten sich mit der Zeit Gesellschaften von Unkräutern heraus, die sich trotz der intensiveren Pflege auf Hackfruchtäckern halten konnten. Unter ihnen herrschten Arten vor, die ihren Lebenszyklus in besonders kurzer Zeit vollenden, wie das etwa bei der Vogelmiere *(Stellaria media*, Bild 522) der Fall ist, oder die aus Rhizomstücken, die beim Hacken zerteilt worden waren, rasch neue oberirdische Teile auszutreiben vermögen, wie das

[1] Ellenberg, H.: Vegetation Mitteleuropas mit den Alpen. E. Ulmer Verlag, 2. Aufl. S. 56, 1978.

Bild 521. Blaue Luzerne *(Medicago sativa)*

Bild 522. Vogelmiere *(Stellaria media)*

z. B. die Acker-Winde *(Convolvulus arvensis*, Bild 523) in beeindruckender Weise schafft.

In den Getreideäckern konnte nach wie vor nicht allzuviel gegen Unkrautbefall getan werden. Vor allem die Rosetten der Disteln wurden gestochen, ausgerissen oder abgehackt und die Ausläufer der Quecke („Schnurgras") nach dem Pflügen oder vor dem Säen herausgezogen und abgelesen. Die Saatgutreinigung, die seit dem 19. Jahrhundert allgemein praktiziert wurde, war vordringlich eine Maßnahme, um Saat- und Mahlgut von unerwünschten Beimengungen - vor allem von Mutterkorn und Kornradensamen - zu befreien; dennoch führte sie dazu, daß Unkräuter weniger verbreitet wurden als dies vorher geschehen war. Das Verschwinden der Kornrade *(Agrostemma githago*, Bild 524) schon zu Zeiten, ehe Herbizide eingesetzt wurden, geht wesentlich auf das Konto der Saatgutreinigung.

Getreideäcker, in denen auf die geschilderte Weise nur wenig wirksam Unkräuter kurzgehalten wurden, glichen in den Lebensbedingungen, die sie Unkräutern boten, weitgehend den Wiesensteppen, wie man sie in Südosteuropa als ursprüngliche Pflanzengesellschaft noch vor wenigen Jahrhunderten verbreitet angetroffen hat. Von dort stammen denn auch zahlreiche der Arten, die typische Getreideunkräuter sind. Genannt seien beispielhaft das Sommer-Adonisröschen *(Adonis aestivalis*, Bild 525), der Weiße Ackerkohl *(Conringia orientalis)*, der Acker-Rittersporn *(Consolida regalis*, Bild 526) oder das Kuhkraut *(Vaccaria hispanica)*.

Im Unterschied dazu waren viele typischen Hackfruchtunkräuter, die naturgemäß auch in Gärten und Weinbergen auftreten, ursprünglich an den Spülsäumen der Flußufer oder des Mee-

Bild 523. Acker-Winde *(Convolvulus arvensis)*

Bild 524 (oben). Kornrade *(Agrostemma githago)*

Bild 525 (rechts). Sommer-Adonisröschen *(Adonis aestivalis)*

resstrandes beheimatet, an Orten also, an denen oftmals Schwemmgut verrottet und den Boden mit Stickstoffverbindungen, vor allem mit Nitrationen, direkt und noch stärker indirekt anreichert. Es war nicht zuletzt die für manche Hackfruchtkulturen notwendige kräftige Düngung, die sie selektionierte, nicht nur ihre kurze Vegetationszeit, ihr rasches Wachstum oder ihre bemerkenswerte Regenerationsfähigkeit. Pflanzen, die ursprünglich an den genannten Orten

Bild 527 (rechts). Weißer Gänsefuß *(Chenopodium album)*

Bild 526 (unten). Acker-Rittersporn *(Consolida regalis)*

heimisch waren, sind z. B. das Einjährige Rispengras *(Poa annua)*, der Weiße Gänsefuß *(Chenopodium album*, Bild 527), die Vogelmiere *(Stellaria media)* und - trockener und schattiger an bewaldeten Ufern stehend - das Gewöhnliche Greiskraut *(Senecio vulgaris*, Bild 528).

Viele Ackerunkräuter haben ihre Standorte schon mit dem Beginn des Ackerbaues erobert, auch wenn im Verlauf wechselnder Kulturen und neuer Pflegemaßnahmen die eine oder andere Art schwerpunktmäßig unter bestimmten Standortbedingungen eher auftrat als unter anderen. Vor diesem Hintergrund muß man die gewaltige Umwälzung sehen, die durch das verbreitete Anwenden von Herbiziden seit etwa Mitte der fünfziger Jahre bewirkt worden ist.

Herbizide[1] sind künstlich hergestellte Verbindungen, die Pflanzen selektiv durch Eingriff in ihren Stoffwechsel abtöten. Sehr verbreitet sind Präparate, die auf zweikeimblättrige Pflanzen als Wuchsstoffe wirken, wohingegen einkeimblättrige Pflanzen, zu denen alle Getreide gehören, nicht oder nur wenig durch sie beeinträchtigt werden. Unter ihrem Einfluß verkrümmen sich Stengel und Blätter bei den Exemplaren (Bild 529), die dafür empfindlich sind. Die Synthese von Festigungsgewebe wird bei ihnen reduziert oder unterbleibt. Die geschädigten Individuen kippen um und werden - verkrüppelt - einfach überwachsen.

Vor allem gegen Jungpflanzen sind Herbizide wirksam. Deswegen bringt man sie auf Getreideäcker vom zeitigen Frühjahr bis in den frühen Sommer mehrmals nacheinander aus, damit aufgelaufenes Unkraut möglichst früh von ihnen erfaßt wird.

Auch gegen „Ungräser" wurden Bekämpfungsmittel entwickelt. Im Obst-, Gemüse- und Weinbau werden Spezialpräparate eingesetzt. Selbst in der Forstwirtschaft hat chemische Unkrautbekämpfung Einzug gehalten. Anders als Jäten oder andere mechanische Maßnahmen führt Herbizidanwendung zum Ausschalten eines sehr hohen Prozentsatzes der Unkräuter auf einer behandelten Fläche. Erfolgt sie län-

[1] herba, lat. = Gras, Kraut, Pflanze; caedere, lat. = schlagen, niederhauen, töten.

Bild 528. Gewöhnliches Greiskraut *(Senecio vulgaris)*

Bild 529. Als das junge Getreide (rechts im Bild, Einkeimblättrige Pflanze) zur Unkrautbekämpfung mit Herbiziden gespritzt wurde, erhielt auch der benachbarte Rapsacker eine kräftige Dusche. Schwere Verkrümmungen und Verbiegungen der Stengel bei zahlreichen Rapspflanzen (Zweikeimblättrige Pflanze) sind die Folge.

Bild 530 (links). Finkensame *(Neslia paniculata)*
Bild 531 (rechts). Ranken-Platterbse *(Lathyrus aphaca)*

gere Zeit hindurch, wird die Zahl der aufsprießenden Unkräuter zunehmend vermindert.

Vor allem Arten, die nur einmal - und dies im zeitigen Frühjahr - keimen, sind weitgehend aus der Feldflur verschwunden. Sie laufen selbst nach einer Bracheperiode nicht wieder auf, falls ihre Samen nicht ausnehmend lang im Boden keimfähig bleiben. Das Sommer-Adonisröschen *(Adonis aestivalis)* ist eine dieser heutzutage nahezu verschwundenen Arten (zuweilen taucht es allerdings noch nach zehn oder noch mehr Jahren plötzlich mit einigen Exemplaren wieder auf), ebenso der Finkensame *(Neslia paniculata*, Bild 530) oder die Ranken-Platterbse *(Lathyrus aphaca*, Bild 531). Dem Acker-Rittersporn *(Consolida regalis)*, der Kornblume *(Centaurea cyanus*, Bild 532) und vielleicht sogar dem Klatsch-Mohn *(Papaver rhoeas*, Bild 533) droht dasselbe Schicksal.[1]

Einige wenige Arten, wie z. B. das Kletten-Labkraut *(Galium aparine)*, haben Sippen entwickelt, die anscheinend gegen die üblicherweise eingesetzten Herbizide - wenigstens bei den angewendeten Konzentrationen - resistent sind. Andere Arten, zu denen etwa die Knollen-Platterbse *(Lathyrus tuberosus*, Bild 534) zählt, entziehen sich deswegen einer Bekämpfung, weil sie erst auflaufen oder austreiben, wenn das Getreide so hoch gewachsen ist, daß Spritzfahrzeuge die Felder nicht mehr befahren und besprühen können. Obschon die Knollen-Platterbse noch vor wenigen Jahrzehnten auch in ihrem angestammten Verbreitungsgebiet auf kalkhaltigen Lehm- und Lößböden zu den sel-

[1] Zuweilen „parken" diese Arten auf lückig bewachsenen Feldrainen, die indes durch die Flurbereinigung immer mehr zurückgedrängt werden.

Bild 532. Kornblume *(Centaurea cyanus)*

Bild 533. Klatsch-Mohn *(Papaver rhoeas)*

teneren Getreideunkräutern gehörte, ist sie derzeit - vor allem im Verhältnis zu anderen Arten - eher häufig.

Man kann indessen die Auswirkungen des Herbizideinsatzes nur dann angemessen beurteilen, wenn man sich klarmacht, was er „positiv“ bewirkt hat und weswegen er nach wie vor durchgeführt wird. Durch die Ausschaltung von Unkräutern - vor allem in Getreidefeldern - wurde Wuchsraum für zusätzliche Nutzpflanzen geschaffen. Der Anstieg in den Flächenerträgen, die seit Ende des 2. Weltkrieges etwa verdoppelt worden sind, ist auch auf den Herbizideinsatz zurückzuführen. Freilich haben ebenso die Züchtung ertragreicherer Sorten sowie verstärkte und in der Abstimmung verbesserte Düngung einen großen Anteil daran. Daß in der Europäischen Union und damit letztlich auch in Mitteleuropa derzeit mehr Nahrungsmittel erzeugt werden, als die hier lebende Bevölkerung verbraucht, darf nicht darüber hinwegtäuschen, daß nach wie vor Jahr für Jahr Millionen Menschen direkt oder indirekt an den Folgen ungenügender oder unausgewogener Ernährung sterben.

Bild 534. Knollen-Platterbse *(Lathyrus tuberosus)*

Ruderalfloren

In Dörfern, in ihrer unmittelbaren Umgebung, seltener in den Vororten der Städte oder in deren Umfeld findet man Pflanzengesellschaften, deren Mitglieder einen mehr oder minder hohen Bedarf an Stickstoffsalzen haben. Manche Arten gehören diesen Gesellschaften allerdings deswegen an, weil sie Stickstoffsalze, vor allem Nitrationen, besser ertragen als andere Arten; sie sind also nicht im eigentlichen Sinn des Wortes stickstoffsalzliebend. Derartige Gesellschaften nennt man „ruderal“.[1] Der Untergrund, auf dem sie sich ansiedeln, ist durch seinen Schuttgehalt steinig-locker. Andererseits wurden Schuttflächen ortsnah in der Regel zur Festigung von Wegen und Plätzen angelegt, infolgedessen reichlich betreten und daher sekundär verdichtet. Deswegen nennt man auch andere verdichtete oder viel betretene, stickstoffsalzreiche, siedlungsnahe Böden „ruderal“, auch dann, wenn sie keinen Gebäudeschutt enthalten.

Einheimische Ruderalpflanzen

Ruderalstandorte sind definitionsgemäß vom Menschen geschaffen oder doch stark direkt oder indirekt von ihm beeinflußt. Woher kommen die Arten, die auf ihnen siedeln? In der Natur sind stickstoffsalzreiche Böden bekanntlich außerordentlich selten. Eigentlich sind sie auf die kleinen Flecke beschränkt, die es um Suhlstellen von Wildschweinen, in der unmittelbaren Umgebung viel besuchter Tiertränken oder an kochsalzreichen Leckstellen gegeben

[1] rudus, lat. = Gebäudeschutt, Ruine, Mörtel. In Dörfern waren früher Ställe häufig instabiler gebaut worden als Wohnhäuser. Als „Mörtel“ wurde in der Regel Lehm verwendet; zuweilen waren Stallwände auch ganz aus Lehm. Auch wenn Stallungen mit Wohntrakten zusammengebaut waren, ergaben sich im Stallbereich öfter Reparaturen als im Wohnbereich. Bei Ersatzbauten anfallendes Mauerwerk aus Stallungen lagerte man oft siedlungsnah ab oder benutzte es zur Befestigung von Wegen oder Hofflächen. Derartiges Mauerwerk war durch Tierexkremente, durch Jauche oder Stallmist in der Regel stark mit Stickstoffsalzen, vor allem mit Nitraten angereichert.

hat. Manche der stickstoffsalzliebenden Arten sind daher nicht zufällig auch kochsalztolerant. Mit zunehmender Viehwirtschaft fanden die Angehörigen dieser Gesellschaften geeignete Standorte auch an Stallungen und Dunglegen oder auf Viehlägern. Auch die „Gänseanger", die es an Bach- und Tümpelufern früher da und dort gegeben hat, gehören hierher.

Gibt es in solchem Umfeld Gräben, Tümpel oder Stellen mit dauernder Nässe, dann finden sich Gift-Hahnenfuß *(Ranunculus sceleratus)*, Nickender Zweizahn *(Bidens cernua)* und Wasserpfeffer *(Polygonum hydropiper)* ein, wobei der Wasserpfeffer oft dichtere Bestände bildet. Randlich - an Stellen also, an denen der Boden trockener wird - stehen Große Brennessel *(Urtica dioica)*, Stumpfblättriger Ampfer *(Rumex obtusifolius)* und Weißer Gänsefuß *(Chenopodium album)*. An lichten, lückigen Stellen gedeiht die Vogelmiere *(Stellaria media)*, am Rande zu Gebüschen Schöllkraut *(Chelidonium majus*, Bild 535) oder Rainfarn *(Tanacetum vulgare)*.

Die genannten Arten der Ruderalpflanzen dürfen für Mitteleuropa als „einheimisch" gelten. Sie verdanken ihr Vorkommen bei uns nicht dem Zutun des Menschen, wohl aber die Häufigkeit und Verbreitung der Standorte, die sie erfolgreich besiedeln.

Bild 535. Schöllkraut *(Chelidonium majus)*

„Neubürger" unter den mitteleuropäischen Pflanzen

Archaeophyten

„Archaeophyten"[1] nennt man Pflanzenarten, die vor Beginn der Neuzeit, also vor etwa dem Jahre 1500 letztlich mit menschlichem Zutun nach Mitteleuropa gekommen und die seitdem hier heimisch geworden sind. Zu ihnen zählen Arten, die vor allem auf trockenen Ruderalstandorten zu ständigen Bewohnern geworden sind oder die siedlungsnahe Gebüsche besiedeln. Auch die meisten der Arten, die mit dem Ackerbau als Getreideunkräuter nach Mitteleuropa eingeschleppt worden waren und die wir früher aufgezählt haben, sind Archaeophyten. Die Gruppe der Archaeophyten ist durchaus artenreich. Gleichwohl erfahren wir sie beim Betrachten unserer Flora nicht als Gruppe, weil uns das Vorhandensein der fraglichen Arten heute selbstverständlich erscheint.

Als Archaeophyten muß man unter den Bewohnern der Ruderalstandorte u.a. folgende Arten ansehen: Mäuse-Gerste *(Hordeum murinum)*, Taube Trespe *(Bromus sterilis)* und Dach-Trespe *(B. tectorum)*. Beide Trespen-Arten sind vermutlich im östlichen Mittelmeergebiet und im südlichen Osteuropa beheimatet gewesen. Heute sind sie - von Europa ausgehend - weltweit verschleppt. Das Mittelmeergebiet ist ebenfalls die Stammheimat der Mäuse-Gerste. Aus dem östlichen Europa und dem Mittelmeergebiet stammt auch die Kleine Brennessel *(Urtica urens)*; wo sie längerfristig siedelt, enthält der Untergrund meist reichlich Ammoniumionen. Gleiches gilt für die Weg-Malve *(Malva neglecta*, Bild 536). Schwarznessel *(Ballota nigra)* und Weg-Rauke *(Sisymbrium officinale*, Bild 537) gedeihen auf lehmig-sandigen, nitratreichen und nicht zu trockenen Böden am besten. Weißer Steinklee *(Melilotus alba)*, Echter Steinklee *(M. officinalis*, Bild 538) und Gewöhnlicher Nat-

[1] arche, griech. = Anfang, Ursache; phyton, griech. = Pflanze.

Von links oben nach rechts unten:
Bild 536. Weg-Malve *(Malva neglecta)*
Bild 537. Weg-Rauke *(Sisymbrium officinale)*
Bild 538. Echter Steinklee *(Melilotus officinalis)*
Bild 539. Gewöhnlicher Natternkopf *(Echium vulgare)*

ternkopf *(Echium vulgare*, Bild 539) finden sich auf Kalksteinschotter oder humusarmem Lehm ein, wobei der Untergrund Stickstoffsalze nicht in sehr hohen Konzentrationen enthalten sollte. Schotter auf wenig befahrenen oder stillgelegten Bahngeleisen sind deswegen bevorzugte Standorte für diese Arten. Auf stickstoffsalzreiche Wegränder oder gestörte Fettweiden hat sich das Eisenkraut *(Verbena officinalis)* spezialisiert.

Neophyten

Neophyten sind meist nach etwa 1500 in Mitteleuropa eingewandert. Ihre Verbreitung wurde nicht zuletzt durch den stärker werdenden Verkehr gefördert. Einzelne sind verwilderte Kulturpflanzen. Viele von ihnen waren ursprünglich in Amerika beheimatet und kamen als Zierpflanzen nach Europa. Andere wurden mit Handelsgut aus aller Herren Länder eingeschleppt. Stellvertretend für diese umfangreiche Gruppe seien einige wenige Arten aufgezählt.

Eine Art, bei der jedes Kind sofort die Herkunft errät, ist der Gewöhnliche Feigenkaktus *(Opuntia vulgaris*, Bild 540). Wie alle Kakteen, so ist auch er in Amerika beheimatet. Sein Areal erstreckt sich von Florida bis Massachusetts. Von dort wurde er nach Südeuropa gebracht, wo er seiner eßbaren Früchte wegen da und dort

Bild 540. Gewöhnlicher Feigenkaktus *(Opuntia vulgaris)*

Bild 541. Echter Meerrettich *(Armoracia rusticana)*

angebaut worden war. Aus solchen Kulturen ist er verwildert und heute auf Ödland im gesamten Mittelmeergebiet verbreitet. Im Wallis dringt er noch bis an den Südrand unseres Gebiets vor. Örtlich - so bei Sion - überziehen Exemplare der Art südexponierte, steinige Steilhänge und schmücken sie im späten Frühjahr mit ihren Blüten. Selbst in Deutschland haben sich in klimatisch begünstigten Rebfluren örtlich kleine Bestände schon jahrzehntelang gehalten, ehe sie - „lästig geworden" - der Hacke zum Opfer gefallen sind.

Der gelegentlich auf tiefgründigem, nährsalzreichem Sandboden oder auf sandigem Lehm siedlungsnah anzutreffende Echte Meerrettich *(Armoracia rusticana*, Bild 541) wurde aus dem östlichen Mittelmeergebiet als Gemüsepflanze nach Mitteleuropa gebracht und ist hier - allerdings oft unbeständig - vielfach verwildert. Er gehört unter den Neophyten nicht nur deswegen zu den Ausnahmen, weil er noch heute feldmäßig in Kultursorten angebaut wird, sondern weil er auch bedeutend früher als die meisten anderen Neophyten nach Mitteleuropa gekommen ist. Jedenfalls führt ihn bereits HILDEGARD VON BINGEN (1098–1179) in ihrer „Physica" auf, die um 1160 erschienen ist.

Zu den Neophyten, die schon vor etwa 1790 in Mitteleuropa aufgetreten sind, zählt die Gewöhnliche Nachtkerze *(Oenothera biennis*, Bild 542). Sie stammt aus Nordamerika. Dort

Bild 542. Gewöhnliche Nachtkerze *(Oenothera biennis)*

Bild 543. Echtes Herzgespann *(Leonurus cardiaca)*

Bild 544. Gelber Wau *(Reseda lutea)*

ist sie in der mitteleuropäischen „Form" aus freier Natur ursprünglich nicht bekannt. Sie ist infolgedessen in Europa durch Kreuzung „neu entstanden", und zwar um 1619–1620.

Aus dem östlichen Südeuropa und dem östlichen Mittelmeergebiet kommt das Echte Herzgespann *(Leonurus cardiaca*, Bild 543). Es war ursprünglich Heilpflanze und wurde als solche schon von Leonhart Fuchs (1501–1566) beschrieben. Etwa aus demselben Gebiet stammt der Gelbe Wau *(Reseda lutea*, Bild 544), der Ende des 18. Jahrhunderts in Mitteleuropa aufgetaucht sein soll und der sich vor allem entlang der Eisenbahnlinien verbreitet hat. Sein Verwandter, der Färber-Wau *(R. luteola*, Bild 545), war als Färberpflanze schon im 13. Jahrhundert in Mitteleuropa angebaut worden, ist hier heutzutage verwildert allerdings nur noch ziemlich selten und fast nur in klimabegünstigten Wärmegebieten anzutreffen.

Die oft in individuenreichen Beständen wachsende Strahlenlose Kamille *(Matricaria discoidea*, Bild 546) stammt aus Nordost-Asien und kam erst um 1850 nach Mitteleuropa.

Um 1880 erschien der Weiße Fuchsschwanz (*Amaranthus albus*). Er ist in den südlichen Gebieten der Vereingten Staaten und in Mexiko zu Hause. Mit ziemlicher Sicherheit „entwich" er aus dem Botanischen Garten von Montpellier in Südfrankreich. Von dort breitete er sich entlang der Eisenbahnlinien aus. Vom Mittleren

Bild 545. Färber-Wau *(Reseda luteola)*

Bild 546. Strahlenlose Kamille *(Matricaria discoidea)*

Bild 547. Zurückgekrümmter Fuchsschwanz *(Amaranthus retroflexus)*

Oberrhein bis zum Niederrhein ist er an Wegen und auf Ödland verbreitet, wenngleich kaum irgendwo häufig. Der Zurückgekrümmte Fuchsschwanz *(Amaranthus retroflexus*, Bild 547) ist erheblich weiter bei uns verbreitet. Er kam – möglicherweise schon im 17. Jahrhundert – ebenfalls aus Nordamerika.

Die Kanadische Goldrute *(Solidago canadensis*, Bild 548) und die oft mit ihr verwechselte

Bild 548. Kanadische Goldrute *(Solidago canadensis)*

Späte Goldrute *(S. gigantea)* stammen beide aus Nordamerika. Sie waren in Mitteleuropa Zierpflanzen und bis zum Beginn des 20. Jahrhunderts allenfalls siedlungsnah und meist unbeständig verwildert. Seitdem sind sie beständig aus der Kultur ausgebrochen. Vor allem entlang der Flußtäler haben sie sich rasch ausgebreitet. Vielfach sind sie in bodenständige Staudenfluren an den Ufern eingedrungen. Dort haben sie einheimische Arten – z. B. die Große Brennessel *(Urtica dioica)* – verdrängt, die – besser als die Neuankömmlinge dies können – Ufer verfestigt haben. Die genannten Goldruten-Arten sind heute ortsnah auf Ödland zuweilen in auffallenden Beständen anzutreffen und im Spätsommer zweifellos eine Zierde.

Ähnlich verhält es sich mit der Knollen-Sonnenblume, Erdbirne oder Topinambur *(Helianthus tuberosus*, Bild 549). Sie wurde 1616 aus Nordamerika nach England eingeführt. Ursprünglich baute man sie als Zierpflanze und wegen der genießbaren Knollen an, die gelegentlich gegessen, häufiger aber als Viehfutter verwendet wurden. Auch diese Art ist schon früh verwildert, breitet sich aber in größerem Maß erst seit etwa 150 Jahren aus, und zwar ebenfalls entlang der Flußläufe. Heute wächst sie vielerorts in nennenswerten Beständen.

Bild 549. Topinambur *(Helianthus tuberosus)*

Bild 550. Indisches Springkraut *(Impatiens glandulifera)*

Ebenfalls entlang der Flußläufe drang das Indische Springkraut *(Impatiens glandulifera,* Bild 550) in Mitteleuropa ein. Es ist im Himalaja beheimatet. Zu Beginn des 20. Jahrhunderts wurde es mehrfach verwildert in der Pfalz und in Oberbayern beobachtet. Heute ist es in den tiefergelegenen Gebieten in Ufergesellschaften, aber auch an Standorten des heimischen Rührmichnichtan *(Impatiens noli-tangere)* weit verbreitet. Mit seinen großen, in unterschiedlichen

Bild 551. Japan-Staudenknöterich *(Reynoutria japonica)*

Bild 552. Claytonie *(Claytonia perfoliata)*

Rottönen ausgefärbten Blüten belebt es die spätsommerliche Flora.

Der Japan-Staudenknöterich *(Reynoutria japonica*, Bild 551) wurde erst 1825 aus Japan in Mitteleuropa als Zierpflanze eingeführt. Seit dem ersten Drittel des 20. Jahrhunderts ist er beständig verwildert. Zunächst trat er bestandsbildend im mittleren Schwarzwald im flußbegleitenden Röhricht auf und verdrängte dort selbst Rohr-Glanzgras und Brennessel. Heute ist er in den tieferen Lagen Mitteleuropas fast überall anzutreffen, und selbst auf Ödflächen der Großstädte ist er da und dort zu finden. Erheblich seltener trifft man den sehr ähnlichen Sachalin-Staudenknöterich *(Reynoutria sachalinensis)*, der mit seinen Blättern, die bis zu 30 cm lang werden können, an seinen Standorten Aufmerksamkeit erregt.

Obschon es sich um eine kleine Pflanze handelt, gilt dies auch für die Claytonie, die zuweilen auch Tellerkraut genannt wird *(Claytonia perfoliata*, Bild 552). Es sind ihre verwachsenen

Bild 554 (rechts). Mexikanischer Sauerklee *(Oxalis jaliscana)*

Bild 553 (unten). Persischer Ehrenpreis *(Veronica persica)*

Tragblätter, die die Blicke auf sich ziehen. Die Art ist im Westen der USA und in Mexiko beheimatet. Um 1850 ist sie in Mitteleuropa verwildert. Neuerdings tritt sie - vor allem in der Tiefebene von Holland bis nach Dänemark, Brandenburg und Berlin - mit zunehmender Häufigkeit in Gärten und Friedhöfen auf. Südlich des Mains wurde sie bisher nur vereinzelt beobachtet.

Ganz anders verhält es sich mit dem Persischen Ehrenpreis *(Veronica persica*, Bild 553), der vom Schwarzen Meer bis zum Himalaja beheimatet ist. Um 1800 faßte er in Mitteleuropa Fuß, und in weniger als 100 Jahren hatte er es völlig erobert. Heute ist er eines der häufigsten Hackfrucht- und Gartenunkräuter.

Warum ein Neuankömmling sich plötzlich ausbreiten kann oder aber gewissermaßen „sitzenbleibt", ist bis heute in vielen Fällen unverstanden. Eine Frage der Vitalität allein ist es jedenfalls nicht. Dies zeigt besonders deutlich die „Einbürgerungsgeschichte" des Mexikanischen Sauerklees *(Oxalis jaliscana*[1], Bild 554). Um 1905 sollen Exemplare der Art als bodendeckender, sommerblühender Unterwuchs in den damaligen Kuranlagen von Bad Rippoldsau im mittleren Schwarzwald angepflanzt worden

Bild 555. Garten-Schaumkraut *(Cardamine hirsuta)*

[1] Unter diesem Namen wurde die Art von ERICH OBERDORFER (OBERDORFER; E: Pflanzensoziologische Exkursionsflora, 4. Aufl., S. 592, 1979) geführt. In neueren Auflagen benennt OBERDORFER die Art als Breitblättrigen Sauerklee (*Oxalis latifolia* KNUTH in H.B.K.). Um diese Art handelt es sich bei den Pflanzen aus dem Wolftal indessen sicher nicht; denn der Breitblättrige Sauerklee hat Blätter mit nur 3 Teilblättchen, wohingegen die Pflanzen aus dem Wolftal 4-8 Teilblättchen pro Blatt besitzen. Allerdings erreichen die Brutzwiebeln der Pflanzen aus dem Wolftal die Größen nicht, die REINHARD G. P. KNUTH (R. KNUTH: *Oxalidaceae*, in A. ENGLER, Das Pflanzenreich, Bd. 130, S. 292, 1930) für *Oxalis jaliscana* angibt. Ihm zufolge sollen sie nämlich 2-3 cm lang und 1-2 cm dick werden. Wir haben nur Zwiebelchen gesehen, die kaum die Hälfte der angegebenen Maße erreichten. Auch die Blütenblätter, deren Durchschnittslänge KNUTH mit 2 cm angibt, erscheinen bei den Rippoldsauer Pflanzen etwas kleiner zu sein (1,2-1,5 cm). Überdies haben wir an den von uns untersuchten Exemplaren keine Anhängsel an den Filamenten der größeren Staubblätter gefunden. Dieses Merkmal ist ein Schlüsselmerkmal, anhand dessen KNUTH eine ganze Artengruppe innerhalb seiner Sektion *„Polyoxalis"* abtrennt. Aufgrund dieser Unstimmigkeiten können die Sauerkleepflanzen aus dem Tal der Wolf im mittleren Schwarzwald noch nicht als „sicher bestimmt" angesehen werden. Möglicherweise handelt es sich nämlich bei den Rippoldsauer Pflanzen um Grays Sauerklee (*O. grayi (*ROSE) KNUTH), dem Anhängsel an den längeren Staubgefäßen fehlen und bei dem viele Merkmale (Größen von Zwiebeln, Blättern, Blütenstengeln, Form der Teilblättchen) besser auf die Pflanzen des Wolftals passen als die Eigenschaften, die für *O. jaliscana* angegeben werden. Einige der für *O. grayi* angegebenen Merkmale konnten wir bei den Pflanzen aus dem mittleren Schwarzwald allerdings nicht finden. So sollen bei *O. grayi* die Schwielen an der Spitze der Kelchblätter rötlich sein; sie sind aber eindeutig ocker-gelblich. Die violette Umrandung der Kelchblätter, die an Kelchblättern der Pflanzen aus dem Wolftal geradezu auffällt, erwähnt KNUTH in seiner Diagnose hingegen überhaupt nicht. „Juni" als Blühmonat für *O. grayi* an seinen heimatlichen Standorten stimmt mit der Blütezeit der Pflanzen aus dem Wolftal (2. Junihälfte-1. Juliwoche) eher besser überein als die Blütezeit „Juli", die R. KNUTH für *O. jaliscana* angibt. Schaft- und Blatthöhe sowie Länge der Teilblättchen liegen im unteren Bereich der Größen, die KNUTH für *O. grayi* angibt. Wegen dieser Abweichungen halten wir eine Bestimmung als *O. grayi* ebenfalls nicht für gesichert, wenn wir auch glauben, daß sie eher zutrifft als die Bestimmung *O. jaliscana.* Wenn wir dennoch bei diesem Namen und der Beschreibung dieser Art bleiben, dann vor allem deswegen, weil wir den Wirrwarr um die Sauerklee-Pflanzen aus dem Wolftal nicht noch vergrößern wollen, ehe wir uns über eine Diagnose völlig sicher sind.

Bild 556. Österreichischer Lein *(Linum austriacum)*

sein.[1] Die Neulinge wuchsen so üppig, daß sie andere Zierpflanzen unterdrückten. Daher soll man sie ausgerissen und kompostiert haben. Dies erwies sich als verhängnisvoll. Die Art vermehrt sich äußerst wirksam durch unterirdische Brutzwiebeln. Diese bleiben offensichtlich bei der Kompostierung erhalten und austriebsfähig.[2] Als man den Kompost nämlich in einer Saatschule für Jungfichten ausbrachte, wucherte der Mexikanische Sauerklee auch dort und erstickte sogar noch ein- und zweijährige Fichten. Nach dem Zweiten Weltkrieg hatte sich der Neuankömmling auf den Äckern und in den Gärten im Tal der Wolf um Bad Rippoldsau so festgesetzt, daß er dort zum lästigsten Unkraut überhaupt geworden war. Allerdings gelang ihm der Ausbruch aus dem Tal der Wolf nicht.[3] Höhen von etwa 600 m überschritt er kaum, und tiefer als rund 500 m wurde er zunächst auch nicht gefunden. Mit dem Rückgang des Ackerbaues seit etwa 1970 und dem Aufgeben der Pflanzschule für Forstbäume, in der er sich festgesetzt hatte, verlor er fast alle möglichen Standorte. Allerdings hat er sich mittlerweile tiefergelegene Teile des Wolftals erobert. So trat er 1992 unterhalb von Schappach in rund 400 m Höhe auf, und selbst in Oberwolfach (311 m) soll er - durch Hochwässer dorthin verschwemmt - nach 1980 aufgetreten sein.[4]

Nicht alle Arten, die in einer Gegend oder an bestimmten Standorten neu auftauchen, sind indessen Neophyten. So findet sich neuerdings das Garten-Schaumkraut *(Cardamine hirsuta*, Bild 555) verbreitet in Gärten in weiten Teilen Mitteleuropas ein, weil es offensichtlich mit Sendungen aus Versandgärtnereien verschleppt wird. Es handelt sich um eine in Mitteleuropa heimische Art, die allerdings früher nur in klimatisch begünstigten Lagen vorgekommen ist.

Im Zuge des Straßenbaues wurden auch andere Pflanzen mit Saatgemischen zum raschen oder standortstauglichen Begrünen verbreitet und danach örtlich heimisch, die es vordem an den betreffenden Orten nicht gegeben hatte. Neben Wundklee *(Anthyllis vulneraria)*, Malven- und Lupinen-Arten trifft dies auch für seltene Arten, wie z. B. den Österreichischen Lein *(Linum austriacum*, Bild 556) oder den Hain-Salbei *(Salvia nemorosa)* zu, die sich auf trockenen Rainen oft schon seit mehr als einem Jahrzehnt behauptet haben.

[1] SIEGFRIED DEMUTH gibt in SEBALD/SEYBOLD/PHILIPPI: „Die Farn- und Blütenpflanzen Baden-Württembergs, Band 4“, Ulmer, Stuttgart, S. 198, 1992, als Erstentdecker „KOTTE 1955“ an. Uns wurde 1968 von einem Forstbeamten in Rippoldsau versichert, die Einschleppung habe kurz nach der Jahrhundertwende stattgefunden. Jedenfalls waren um 1968 Getreide- und vor allem Kartoffeläcker im Tal unmittelbar ober- und unterhalb von Rippoldsau dicht mit der Pflanze bewachsen. 1992 haben wir bei Rippoldsau selbst keine Äcker mehr vorgefunden.

[2] Möglicherweise vermehrt sich die Art bei uns nur durch Brutzwiebeln und nicht durch Samen, obschon Früchte angelegt werden. Hier könnte eine Erklärung dafür liegen, daß sie bislang nicht aus dem Wolftal ausgebrochen ist.

[3] Beim Übertritt in den ehemals badischen Landesteil ändert der Fluß seinen Namen in Wolfach.

[4] Die Rolle der Brutzwiebeln bei der Ausbreitung des Mexikanischen Sauerklees wurde von den ortsansässigen Bauern rasch verstanden. Sie nannten das wuchernde Unkraut nach ihnen: „Zwiwwele“.

Was „bringt“ die Beschäftigung mit der heimischen Pflanzenwelt?

Wir zögern nicht, gleich am Anfang zu antworten: Ein vielfältiges Erfahren von Schönheit und Harmonie. KONRAD LORENZ hat sicher recht, wenn er schreibt[1]: „Ein naturverbundener Mensch... findet... jene Landschaften schön, die sich in einem ausgewogenen ökologischen Gleichgewicht befinden, also für eine längere Zukunft lebensfähig sind... Auch Landschaften, in denen der Mensch lebt, können schön sein, wofern in ihnen eine einigermaßen ökologische Lebensgemeinschaft aufrechterhalten ist.“

[1] LORENZ, K.: Der Abbau des Menschlichen. R. Piper, München-Zürich; S. 136-137, 1983.

Solche Landschaften (Bild 557) gibt es erfreulicherweise in Mitteleuropa noch allenthalben! Man muß nicht das Besondere suchen oder in den abgelegensten Winkel fahren, um landschaftliche Harmonie zu finden und zu erleben. Nur bemerken, sehen lernen muß man sie! Untrennbar gehört zum Bild der Landschaft, was in ihr wächst und gedeiht. Die Vielfalt der Blüten, die Mannigfaltigkeit der Formen von Blatt und Sproß ziehen den Blick magisch auf sich, wenn man die Gelegenheit ergreift, sie genauer zu betrachten.

Man sage uns nicht, der „moderne“ Mensch habe in unserer schnellebigen Zeit dazu nicht

Bild 557. Harmonische Landschaft am Fuße der Schwäbischen Alb mit Äckern, Wiesen, Streuobstwiesen und Wald.

die Ruhe und Muße. Selten sind so viele Pflanzen von Liebhabern fotografiert und bewundert worden, einfach, weil sie schön sind und weil der Fotografierende diese Schönheit empfunden hat und für sich festhalten wollte.

Wer Pflanzen als Einzelwesen wahrnimmt, will wissen, „wer“ ihm gegenüber steht, will kennen lernen, was es mit dem Objekt seiner Zuwendung auf sich hat. So kann aus ästhetischem Empfinden die Neugier erwachsen, die die Voraussetzung für wissenschaftliches Interesse ist. Dieses zeigt sich schon, wenn mit der Kenntnis eines Lebewesens die Frage auftaucht, in welchem Verhältnis es sich zu anderen befindet. Wer die Ordenbarkeit in der Vielfalt der Arten als möglich erfahren hat, bekommt einen ganz anderen, weiten Begriff von der Lebewelt und der Stellung des Menschen in ihr. Er will weiter wissen, wie es zu Vielfalt und Ordnung gekommen ist.

Wer beispielhaft das Miteinander von Organismen in einer Lebensgemeinschaft und deren Verzahnung mit Klima und Boden wahrgenommen hat, begreift plötzlich, daß - bei aller Dynamik ökologischer Systeme und ihrer Fähigkeit zur Anpassung - die Vernetzung der Lebewesen untereinander und mit ihrer Umwelt zerstörbar ist. Wer über Umweltgefährdung redet und seine Aussagen nicht zu wortklingelnder Ideologie verkommen lassen will, sollte die Umwelt wenigstens in nennenswerten Ausschnitten kennen!

Mit der Flora ist es wie mit den Formen der Landschaft: Wo immer man sie in einer Art „Momentaufnahme“ betrachtet, da erscheinen sie einem statisch. Dem Anschein nach ist alles so, wie es gestern, vor Jahren, ja vor Jahrzehnten war. Aber halt nur dem Anschein nach!

Das Pflanzenkleid ändert sich ständig! Dies zu sehen und zu verfolgen, ist ungemein reizvoll. Möglich wird es allerdings nur, wenn man zuvor weiß, wie der Zustand zu einem gegebenen Zeitpunkt gewesen war. Genau zu wissen, was es in einem eng umgrenzten Gebiet in einer bestimmten Zeitspanne an Pflanzen gegeben hat, ist durchaus von objektiver Wichtigkeit für die Wissenschaft, und solches verläßliches Wissen können sich auch Laien erwerben. Der „Atlas der Farn- und Blütenpflanzen der Bundesrepublik Deutschland“[1] - unstreitig ein bedeutendes Standardwerk - wäre ohne Mithilfe von „Liebhaberbotanikern“, die das Pflanzenkleid kleiner Gebiete gründlich kannten und die ihr einschlägiges Wissen mitteilten und damit nutzbar machten, nicht zustandegekommen.

Orchideengewächse gehören zu den auffälligsten Pflanzen, auch in unserer Flora. Zugleich sind ihre Standorte und damit ihre Existenz in Mitteleuropa vielfach gefährdet. Es ist hunderten und tausenden von Liebhabern zu danken, daß wir das Vorkommen der fraglichen Arten so gut kennen wie bei kaum einer anderen Familie in Mitteleuropa.

Indessen sind es nicht nur diese „Stars“, die es verdienen, daß man ihnen seine Aufmerksamkeit schenkt. Wer Pflanzen unvoreingenommen und aufgeschlossen betrachtet, wird genügend Anlaß finden, sich mit Gewinn mit ihnen zu beschäftigen.

[1] HAEUPLER, H. und SCHÖNFELDER, P.: Atlas der Farn- und Blütenpflanzen der Bundesrepublik Deutschland. E. Ulmer, Stuttgart, 1988.

Naturschutz

Schutz ist in der Natur weder ein Prinzip noch ein Gesetz! Dieser Begriff taugt nicht für die Beschreibung der Beziehungen zwischen verschiedenartigen Lebewesen - sieht man vom Menschen ab. Den Untergang von Arten, ja von ganzen Klassen der Lebewesen, hat es im Zuge der Evolution immer wieder gegeben. Kontinente wandelten sich, Gebirge falteten sich auf, Meere überfluteten flaches Tiefland, Seen trockneten aus, Lava und vulkanische Aschen überdeckten riesige Gebiete und begruben alles Leben unter sich. Derartige Katastrophen zerstörten einerseits Millionen von Pflanzen und Tieren, schufen andererseits aber auch neue Lebensräume, sie änderten die Wettbewerbsbedingungen der Lebewesen untereinander und verliehen der Evolution Schwung. Woraus erwächst für den heutigen Menschen die Notwendigkeit, die Natur zu schützen, wenn Wandel durch Zerstörung zu ihren Existenzgrundlagen von Anfang an gehörte?

Wer die Vielfalt der Lebewesen nicht als einen Wert an sich erlebt und erfahren hat, wird nicht akzeptieren, daß sie geschützt werden soll. Mit logischen Argumenten allein läßt sich die Notwendigkeit von Naturschutz nicht zwingend begründen. Nach wie vor stehen Interessen und Eigensüchteleien von einzelnen und von Gruppen dem Naturschutz entgegen, gleichviel, ob es sich um die Bewahrung der Artenvielfalt oder den Erhalt von Lebensräumen in ihrer Eigenart geht. Nur die Kenntnis der Natur läßt die Einsicht reifen, daß Naturschutz sinnvoll und notwendig ist.

Naturschutz zu einer der Grundlagen menschlichen Handelns zu machen, ist eine kulturelle Leistung hohen Ranges. Sie ist nicht leicht zu erbringen, weil allein durch die Bedin-

Bild 558. Halbtrockenrasen in den Harsleber Bergen (Sachsen-Anhalt).

gungen der menschlichen Existenz Druck gegen die Erhaltung dessen ausgeübt wird, was auf der Erde lebt. Jahr für Jahr erhöht sich die Zahl der Menschen derzeit um rund 100000000! Sie alle wollen ernährt werden, brauchen Häuser und Straßen, erwarten Erhaltung oder gar Steigerung ihres „Lebensstandards“. Wer nur auf die Verhältnisse in Mitteleuropa starrt, verliert den Blick dafür, daß der Bevölkerungsdruck ansteigt, obschon bei uns die Geburtenrate vielerorts sinkt. Weltweit wächst die Erdbevölkerung indessen noch immer mit rund 2,1%[1].

Wenn es nicht rasch zu einer Stabilisierung der Zahl der Menschen kommt, die auf der Erde leben, wird ihren Anstrengungen, die Erde bewohnbar zu erhalten und den derzeit existierenden Organismen Lebensmöglichkeiten zu sichern, schon auf mittelfristige Sicht nichts als Mißerfolg beschieden sein.

Ein Nullwachstum der Weltbevölkerung werden wir nur erlangen, wenn wir fundamentale Einstellungen ändern. Leider ist derzeit weder zu sehen, daß dies angestrebt wird, noch auf welchen Wegen es zu erreichen wäre. JOHN MADDOX schreibt in seinem oben zitierten Kommentar: „Es ist unklug, sich allein auf Wissenschaft und Technologie bei der Lösung der Probleme zu verlassen, die durch das rasche Bevölkerungswachstum, den verschwenderischen Gebrauch der Ressourcen und durch schädliche menschliche Praktiken hervorgerufen worden sind“... „Die derzeitige Geschwindigkeit, mit der die Arten verschwinden, ist die größte seit 65 Millionen Jahren (seit der Artenauslöschung am Übergang der Kreidezeit zum Tertiär). Der Verlust der Artenvielfalt... ist unumkehrbar... und hat ernste Folgen für die Zukunftsaussichten des Menschengeschlechts“. „Viele Arten sind schon verschwunden oder es ist wahrscheinlich, daß sie es tun.“[2]

Welche Eigenschaften von Lebewesen tragen besonders dazu bei, daß ihnen der Artentod droht? Da ist einmal zu nennen die Spezialisierung auf Lebensräume mit einer schmalen Schwankungsbreite in ihren Eigentümlichkeiten. Eine Art, die nur in Flachskulturen existieren kann, geht zugrunde, wenn der Flachsanbau eingestellt wird. So sind Flachs-Leimkraut *(Silene linicola)*, Kretisches Leimkraut *(S. cretica)* und Flachs-Seide *(Cuscuta epilinum)* aus Mitteleuropa mit der Einstellung des Flachsanbaues anfangs des 20. Jahrhunderts verschwunden, und sie sind bisher nicht wieder aufgetaucht, obschon da und dort Lein feldmäßig angebaut wird.

Arten mit kleinem Verbreitungsgebiet sind stärker gefährdet als solche, die weit verbreitet sind. Ebenso mindern Kurzlebigkeit der Samen, besondere Keimbedingungen oder langsames Wachsen der Keimlinge die Chancen einer Art, erhalten zu bleiben. Überhaupt sind alle Eigenschaften, die zu geringer Produktion von Nachkommen pro Generation führen, wie fehlende vegetative Vermehrung, unzureichende Samenbildung oder mangelnde Einrichtungen zur Samenverbreitung chancensenkend.

Eingriffe des Menschen vermögen indessen auch Arten örtlich zum Verschwinden zu bringen oder – im Extrem – zu vernichten, die keine der oben aufgeführten Schwächen zeigen. Dies ist dann der Fall, wenn Standorte auf breiter Front zerstört werden.

Ebenso wichtig ist es daher zu erkennen, wodurch Arten verdrängt oder ausgerottet werden. DIETER KORNECK und HERBERT SUKOPP haben hierfür eine umfassende „Ursachenliste“[3] zusammengestellt, aus der wir auszugsweise einige Faktoren aufzählen. Da man mit „eige-

[1] MADDOX, J.: Warning on population growth. Nature, Vol. 355, S. 759, 27. February 1992.

[2] MADDOX, J.: Warning on population growth. Nature, Vol. 355, S. 759, 27. February 1992. („„it is not prudent to rely on science and technology alone to solve problems created by rapid population growth, wasteful resource consumption and harmful human practices“‘...„„(But) the present rate at which species are disappearing is the greatest in 65 million years (since the Cretaceous-Tertiary extinction). The ‚loss of biodiversity... is irreversible... and has serious consequences for the human prospect in the future“‘... „many species have already disappeared or are likely to do so.“ Angeführte Zitate aus einem Statement der US National Academy of Science und der Royal Society of London.

[3] KORNECK, D. und SUKOPP, H.: Rote Liste der in der Bundesrepublik Deutschland ausgestorbenen, verschollenen und gefährdeten Farn- und Blütenpflanzen und ihre Auswertung für den Arten- und Biotopschutz; Bundesforschungsanstalt für Naturschutz und Landschaftsökologie, Schriftenreihe für Vegetationskunde, Heft 19, Bonn-Bad Godesberg, 1988.

Bild 559. Feuchtwiese im Sinntal (Rhön)

nen Sünden" bei der Beichte beginnen soll, wollen wir „Sammeln attraktiver Arten" – wozu ja auch Botaniker beitragen können – an erster Stelle nennen, obschon es – wie das Pflücken eines Wildblumenstraußes – anteilmäßig von eher untergeordneter Bedeutung ist. Schäden verursachen auch rücksichtslose Naturfotografen, die im Meterumkreis um ihre Objekte zertrampeln und zerwühlen, was da wächst und wurzelt.

Die Herbizidanwendung als Ursache für die Vernichtung von Ackerbewohnern haben wir an anderer Stelle schon erwähnt, ebenso Umwandlungen von Magerrasen und flachmoornahen Streuwiesen in intensiv genutztes Grünland.

Leicht einzusehen sind die schädigenden Auswirkungen von Kahlschlag, beim Abbrennen von Feldrainen, beim Roden von Hecken oder beim Entkrauten von Gewässern. Daß selbst Wellenschlag von Schiffen im Röhrichtgürtel auf Dauer zerstörend wirkt, machen sich Motorbootsportler nicht immer klar. Umwandeln von Laubmischwäldern in Nadelforste, Brachlegen von steinigen, wenig gedüngten Äckern, Verbuschen ehedem chemikalienfrei bearbeiteter Weinberge, Stickstoffeintrag in vordem stickstoffsalzarme Böden haben ebenso zum Rückgang von Arten beigetragen wie die Emissionen von Schadgasen, die jedermann heute als Übelstifter kennt, oder das Beseitigen von Ruderalflächen in Dörfern im Zuge der – berechtigten – Bemühungen, die Wohnverhältnisse auf dem Lande zu verbessern, indem man Dörfer „verschönert".

Grundwasserverunreinigungen, Ausputzen von „unordentlichen“ Weg- und Waldrändern[1], Abbau von Torf und Brechen von Steinen, Ausbaggern von Sand und Verfüllen von Mulden, Überbauen und Versiegeln durch Straßenbeläge empfinden wir häufig als wenig schädigend. Sie sind dies keineswegs.

KORNECK und SUKOPP haben 32% aller in der Bundesrepublik[2] wild vorkommenden Farn- und Blütenpflanzen als „ausgestorben, verschollen oder gefährdet“ eingestuft. Fragt man, auf welchen Standorten anteilmäßig am meisten der schutzwürdigen Arten anzutreffen sind, dann stößt man auf Trocken- und Halbtrockenrasen (Bild 558), auf Moore und Moorwälder. Aber auch in Ackerunkrautgesellschaften, in Feuchtwiesen (Bild 559), in nährstoffarmen Gewässern, in Zwergstrauchheiden und Borstgrasrasen ist der Anteil stark gefährdeter oder gar ausgelöschter Arten hoch.

Wer also Artenschutz betreiben will, muß ganze Biotope[3] schützen. Ausweisen als Schutzgebiet, Aufstellen von Ge- und Verbotstafeln oder gar Einzäunen hilft - wenn überhaupt - hierbei nicht viel, und auch das Androhen von Strafen bei Zuwiderhandlungen gegen Schutzbestimmungen kann einen Erfolg der Bemühungen nicht garantieren. Zugegeben, Biotope werden gelegentlich durch Unbedachtheit oder aus Böswilligkeit geschädigt und womöglich vernichtet, viel öfter aber dadurch, daß eine bisher rentable Bewirtschaftung (Bild 560) unter den derzeitigen Verhältnissen nicht mehr möglich ist und deswegen aufgegeben

[1] Hierbei werden nicht nur wichtige Pflanzengesellschaften zerstört; es kann auch zu scharfem Rückgang bei einzelnen Arten kommen. So ist es nicht zu verstehen, wenn neuerdings Forstverwaltungen verbreitet Waldwege in Lehmgebieten im Spätsommer mähen lassen, damit diese „ordentlicher aussehen“ oder damit sie leichter begehbar für Spaziergänger sein sollen. Dabei werden Exemplare verschiedener Stendelwurz-Arten (z. B. *Epipactis helleborine* und *E. purpurata*, die fast ausschließlich auf solchen Wegstreifen wachsen, blühend oder vor der Fruchtreife abgemäht, so daß Samenvermehrung drastisch vermindert wird. Ein spürbarer Rückgang dieser Arten droht unvermeidlich.

[2] Die Untersuchung bezieht sich nur auf die „alten Bundesländer“ der Bundesrepublik Deutschland. Indessen dürften die Zahlen für das Gesamtgebiet Mitteleuropas nicht wesentlich anders liegen.

[3] bios, griech. = Leben; topos, griech. = Lage, Ort.

Bild 560. Wacholderheide braucht die Beweidung durch Schafe (Altmühltal).

Bild 561. Selbst eine urwüchsig anmutende Landschaft wie die Lüneburger Heide verdankt ihr Aussehen und ihr Pflanzenkleid letztlich menschlicher Kultur.

wird. Zwar kann man - unter Einsatz öffentlicher Mittel - wirtschaftliche Nutzung durch entsprechende Pflegeleistungen ersetzen; doch sind derartige Maßnahmen langfristig weniger stabil als es eine angemessene Bewirtschaftungsweise wäre, die vorteilhaft für den Nutzer ist und die daher aus Eigeninteressen aufrechterhalten wird. Wir alle tun gut daran, uns stets bewußt zu sein, daß unsere Landschaft eine Kulturlandschaft ist, geworden durch menschliche Tätigkeit, erhalten durch den Konsens, daß wirtschaftliche Nutzung rentabel für die Betreiber sein muß! Ändern wir die Nutzung, dann verändern wir auch Standorte. Dies kann zur Vernichtung der Lebensmöglichkeiten von Arten führen (Bild 561).

Biotope sind nicht statisch. Man kann sie nicht in ihrer bestimmten, als schützenswert angesehenen Eigenart erhalten, indem man in ihnen jeden Eingriff verbietet. Ganz im Gegenteil: Man kann ihren Bestand längerfristig nur dann sichern, wenn man die Tätigkeiten fortführt, durch die sie den Zustand erreicht haben, den man als wertvoll ansieht.

Alle Maßnahmen, die wir zum Schutze gefährdeter Lebewesen durch Verordnung oder Gesetz erwirkt haben oder noch veranlassen könnten, sind daher nichts als ein Notbehelf. Man muß sie - überzeugt, daß andernfalls Wertvolles verlorenginge - ergreifen, weil ein besseres Instrumentarium nicht zur Verfügung steht. Schon aus dieser Einsicht muß man sie befolgen.

Die Lage der heimischen Flora ändert sich. Die Art und Weise, in der unsere Gesellschaft den Schutzgedanken akzeptiert, ist ebenfalls einem Wandel unterworfen. Deshalb wird man die behördlichen Schutzbestimmungen weder überall in Mitteleuropa gleichschalten, noch sie über längere Zeit hinweg unverändert halten können. Wir verzichten aus diesem Grund auf die Nennung gesetzlicher Vorschriften und verweisen darauf, daß Pflanzen im Zweifelsfall weder gepflückt noch dem Standort entnommen werden sollten. Im übrigen ist es sinnvoll, sich über die Gültigkeit lokaler Schutzbestimmungen zu informieren, ehe man in einem Gebiet botanisiert.

Die Bestimmungsschlüssel

Hinweise zum Gebrauch der Schlüssel

Das bewährte System, mit dem der Anfänger im Kosmosband „Was blüht denn da?" über Blütenfarbe, Blütenform und Standort zu den Bildtafeln geleitet wird, ist bei diesem anspruchsvolleren Werk mit seiner Fülle von Arten nicht mehr anwendbar. Unter Beibehaltung des Grundprinzips der bildhaften Anschaulichkeit wurde deshalb ein Schlüsselsystem entwickelt, das immer noch auch dem weniger Geübten den Zugang zum Bild/Text-Teil erleichtert. Es ist jedoch stärker auf die systematische Gliederung des Pflanzenreichs ausgerichtet und führt über die taxonomischen Einheiten „Pflanzenfamilie" und „Pflanzengattung".

Die Schlüssel sind im Gegensatz zu den meisten der heute gebräuchlichen nicht „zweigabelig" (dichotom: 2 Alternativen stehen zur Auswahl), sondern nach dem modernen „multiple-choice"-Verfahren aufgebaut (unter [2 –] mehreren Alternativen ist die Auswahl zu treffen). Wir halten dieses zeit- und raumsparende Verfahren dann für besser, wenn es, wie hier geschehen, durch reichhaltige Illustration ergänzt wird.

Die Alternativen sind jeweils unter einer Ziffer zusammengefaßt und durch Buchstaben (a, b, c usw.) gekennzeichnet; hinter jeder Frage wird dann auf eine weiterführende Ziffer oder auf eine Pflanzensippe, bzw. den Folgeschlüssel verwiesen. Die Bebilderung soll den Text nicht nur ergänzen, sondern zum Teil auch ersetzen.
Der **Vorschlüssel** trennt die Artenfülle zunächst nach leicht feststellbaren standörtlichen und gestaltprägenden Merkmalen in 13 Hauptgruppen. Nach einiger Einübung wird man auf ihn weitgehend verzichten, und sich gleich dem unmittelbar anschließenden **Familienschlüssel** zuwenden können.

Seine 13 Hauptschlüssel (entsprechend den 13 Gruppen des Vorschlüssels) führen zu einer der 153 Familien, die, verteilt auf die Bände 2 bis 5, dort jeweils in einem weiteren Schlüssel aufgegliedert werden. Im Familienschlüssel wird neben den Namen der Familie und der Bandnummer meist noch ein Hinweis auf die Gattung (oder die Gattungen) gegeben, auf die die gewählten Alternativen besonders gut zutreffen. Solche Hinweise können das weitere Identifizierungsverfahren abkürzen, indem im angegebenen Band die Art-Abbildungen der genannten Gattung(en) verglichen werden. Dies wird häufig zum Erfolg führen.

Indes kann über solche Hinweise zwar in vielen, doch nicht in allen Fällen die richtige Identifikation gelingen. Sie mußten aus Raumgründen sehr kurz gehalten werden und können somit nur das Hauptsächliche betreffen. Oftmals gelangt man auch durch geringfügige Mißdeutung von Merkmalen zwar immer noch zur richtigen Familie, jedoch auf einem falschen Gattungsweg. Zahlreiche „Sicherungen" in den Schlüsseln gewährleisten die Bestimmung von Pflanzen mit kritischer Merkmalsausprägung. Wenn z. B. neben vielen Arten mit entweder freien oder deutlich verwachsenen Blütenblättern solche auftreten, deren Blütenblätter bis auf einen millimeterbreiten Verwachsungsring getrennt sind, werden diese sowohl in der Gruppe der Frei- als auch in der der Verwachsenblättrigen weitergeführt. Wir möchten deutlich auf die Konsequenz aus dieser Verbesserung hinweisen: Die Schlüssel taugen nur zur Bestimmung, nicht als Pflanzenbeschreibung (diese erfolgt im Bild/Text-Teil). Weder sind z. B. Nelken Holzgewächse, noch (Kriech-) Weiden Kräuter, genau so wenig wie einige Gattungen von Korbblütengewächsen zu den Pflanzen mit 5 freien Blütenblättern zählen, auch wenn sie in den Schlüsseln (auch) unter diesen Gruppen auftauchen.

Die Bände 2–5 enthalten je einen **Gattungsschlüssel**. Vor diesem befindet sich ein alphabetisch geordnetes Verzeichnis (deutsche und wissenschaftliche Namen) der im Band behandelten Familien mit Hinweisen auf die Seitenzahl im

Schlüssel und (s. u.) die Seiten, auf denen die Arten abgebildet sind. Im Schlüssel findet sich für jede Familie eine Kurzdiagnose und (soweit notwendig) die Aufgliederung in Gattungen mit Hinweisen auf die Seitenzahlen, wo dann anhand der Tafeln und Diagnosen die endgültige Identifikation stattfinden kann. Für artenreiche Gattungen, bei denen die Abbildungen mehr als vier Tafeln füllen, ist dem Schlüssel noch eine Grobgliederung angefügt.

Andererseits kann auf den Schlüssel wohl verzichtet werden, wenn aus dem Verzeichnis ersichtlich ist, daß eine ganze Familie nur ein bis zwei Tafeln Abbildungen umfaßt; es sei denn, man ist an der Familiendiagnose interessiert.

In den Gattungsschlüsseln sind aber auch mehrere Dutzend Gattungen und 10 Familien (diese auch im Familienschlüssel) aufgenommen, die nicht abgebildet (und auch meist nicht erwähnt) sind. Bei deren Arten handelt es sich um Grenzfälle. Manche sind es im eigentlichen Wortsinn: Sie sind bislang nur von Standorten (zwar hart an, doch immerhin) jenseits der Grenze unseres Florengebietes bekannt geworden. Andere, eingeführte Zierpflanzen, drangen bislang nur wenig über das Weichbild der Siedlungen hinaus in die freie Natur vor. In beiden Fällen ist eine wirkliche Einbürgerung zwar nicht ganz ausgeschlossen, aber doch - nach heutigen Gegebenheiten - wenig wahrscheinlich. In der letzten Gruppe sind Arten, die in diesem Jahrhundert schon öfters und an mehreren Orten eingeschleppt vorgefunden wurden (meist von Botanikerspezialisten - in Hafenanlagen, auf Bahngelände, bei Verladeeinrichtungen, Abfallrotten und Rohstofflagern - vor allem von Spinnereibetrieben). Sie konnten sich aber nie dauerhaft behaupten und vor allem kaum weiter ausbreiten. In all diesen Fällen schien uns die Zuordnung zur Pflanzenwelt Mitteleuropas unpassend. Doch sollten solch seltene Zufallsgäste wenigstens identifiziert werden können.

Zeichenerklärung:

⚥ zwittrig
♀ weiblich
♂ männlich

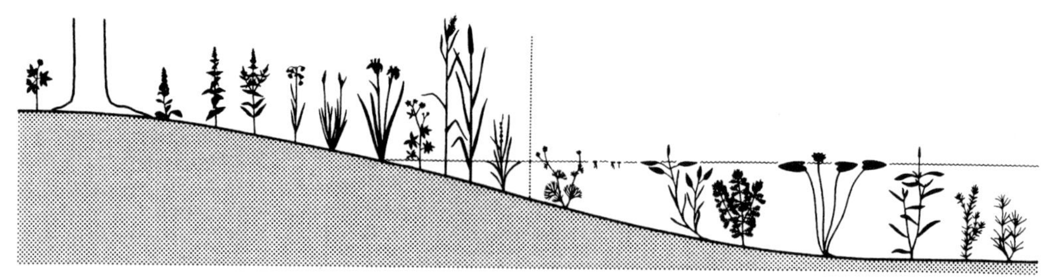

1a Landpflanzen
Stets festgewurzelt (meist im Boden, selten auf anderen Pflanzen). Wenn im Wasser stehend, ragt zumindest ein Teil der Blätter über den Wasserspiegel empor; Pflanze nur bei gelegentlichem Hochwasser eventuell ganz untergetaucht 2

1b Wasserpflanzen
Freischwimmend oder wurzelnd und dann flutend, untergetaucht oder mit Schwimmblättern. Höchstens Blütenstand über das Wasser ragend (nicht immer!); Pflanze nur bei gelegentlichem Niedrigwasser stärker aufgetaucht **Schlüssel 1, S. 406**

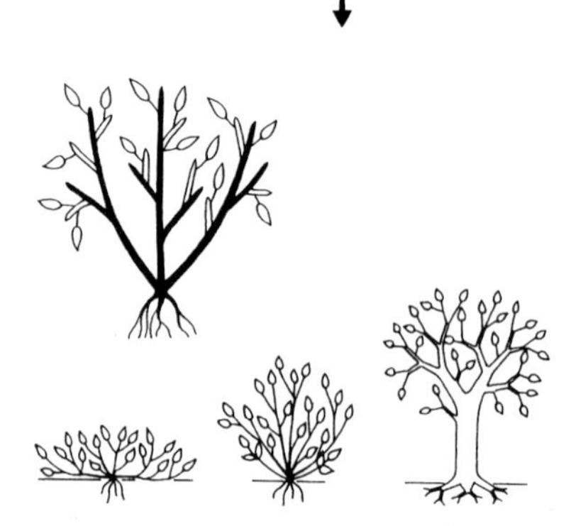

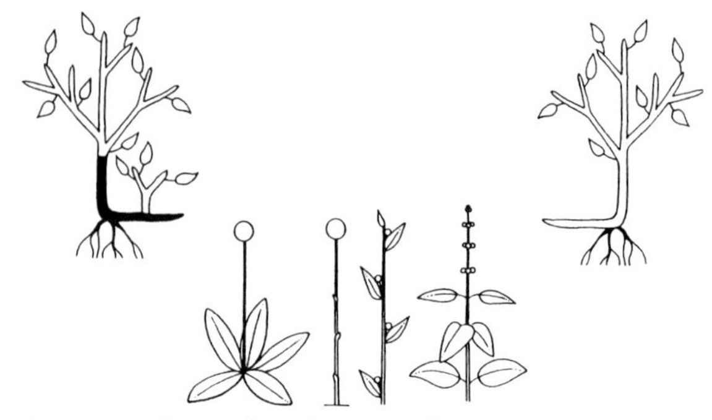

2a Holzpflanzen (Bäume, Sträucher)
Sprosse (Stamm, Zweige) zumindest unterwärts verholzt. Höchstens die diesjährigen Triebe anfangs noch ± krautig. Die Holzteile überwintern oberirdisch. Im Frühling sprossen die neuen Triebe **aus** dem alten Holz 3

2b Krautige Pflanzen (Stauden, Kräuter)
Alle Sproßteile krautig; höchstens am Übergang zur Wurzel etwas holzig (diese selbst oft stark verholzt). Gegen Herbst sterben die Sprosse bis zum Boden ab und verrotten meist. Gelegentlich verdorren sie und bleiben über Winter stehen. Die neuen Triebe des folgenden Jahres brechen stets **neben** den „Überständern“ aus dem Boden 4

3a Laubhölzer
Blätter (ohne oder mit Stiel) vielgestaltig, aber stets mit verbreiterter Fläche. Hierher auch alle Gehölze, die zur Blüte noch kahl sind
Schlüssel 2, S. 411

3b Nadelhölzer
Blätter schmal nadelig oder kurz schuppenförmig, oft sehr derb. Zuweilen Schuppen und Nadeln gemischt oder Nadeln in Büscheln
Schlüssel 3, S. 433

4a Grüne Krautpflanzen
Stengel und Blätter von grüner Grundfarbe (gelbgrün, sattgrün, blaugrün), gelegentlich stellenweise rotbraun bis blauviolett überlaufen oder bläulich bereift; hierher auch Krautpflanzen mit weißbemehlten oder stark behaarten Blättern. 5

4b Schmarotzerpflanzen
Blätter fehlen oder nur (oft fleischig-)schuppig ausgebildet. Ganze Pflanze (Blüten oft ausgenommen) gelb, bleichlich, wachsfarben; gelegentlich dazuhin bräunlich, rötlich oder blau bis violett überlaufen; doch nie grün (!!)
Schlüssel 4, S. 436

5a Scheinblütige
Viele, meist kleine **Einzelblüten** sind **von einer gemeinsamen Hülle umgeben.** Entweder Hülle ± grün und Blüten farbig oder Blüten unscheinbar und Hülle auffällig gefärbt
Schlüssel 5, S. 437

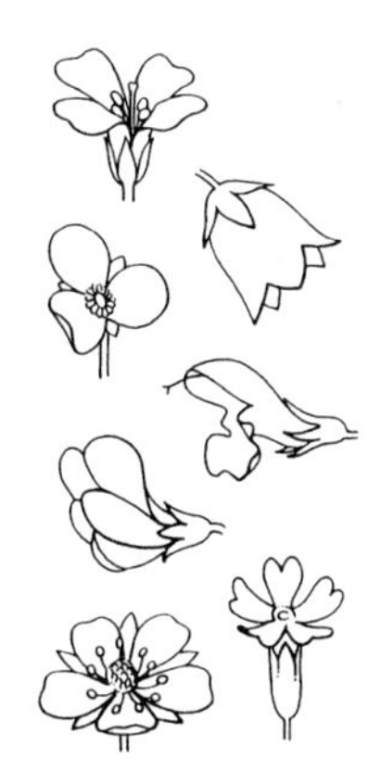

5b Doldenblütige
Viele kleinere, meist strahlige Blüten zu einer **Doppeldolde** vereinigt: Von 1 Punkt ausgehende Doldenzweige sind an ihren Spitzen wieder doldig verzweigt (Dolde mit Döldchen)
Schlüssel 6, S. 441

5c Doppelhüllblütige
Große oder kleine Blüten mit **Außenhülle** und davon farbig oder gestaltlich deutlich abweichender **Innenhülle**; wenn beide Hüllen ± grün bis braun, dann Blüte stets über 1 cm lang **6**

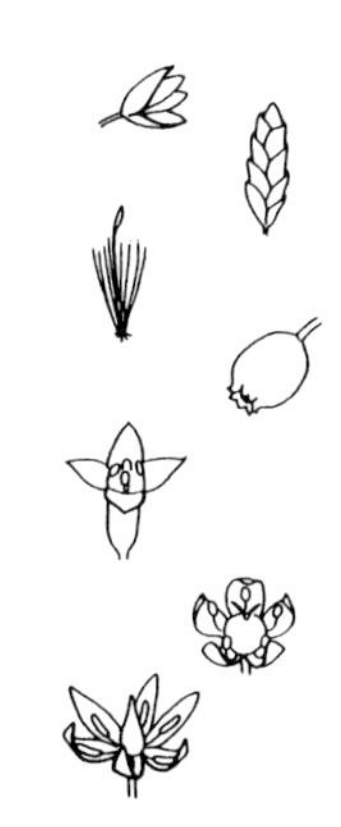

5d Einkronblütige
Blüten mit **einfacher, farbiger Hülle**, wenn grün oder braun, dann über 1 cm; hierher auch 2seitige ohne deutlichen Kelch – und strahlige mit doppelter, aber ± gleicher Hülle
Schlüssel 7, S. 442

5e Kelchblütige
Blüten nackt oder mit **einfacher Hülle**. Diese **trockenhäutig**, spelzig oder aber krautig **grün** (zuweilen farbig angehaucht) – doch dann unter 1 cm lang und stets gleichfarbig
Schlüssel 8, S. 454

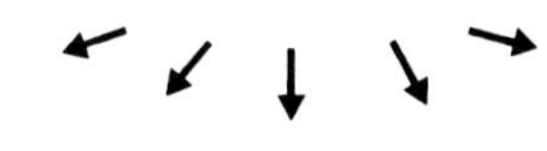

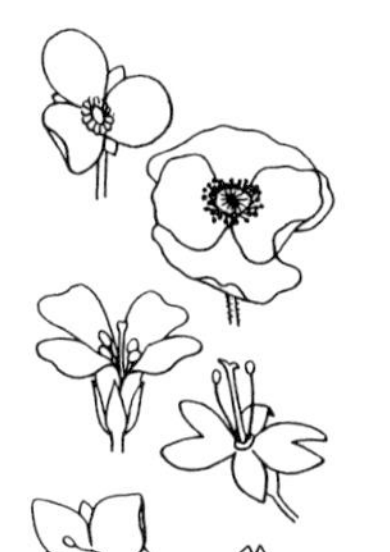

6a Armstrahlige
Blüten mit 2–4 kreisförmig angeordneten, freien oder ± weit hinauf verwachsenen Blütenblättern (diese in Form und Länge zuweilen ein wenig verschieden – meist jedoch gleich)
Schlüssel 9, S. 466

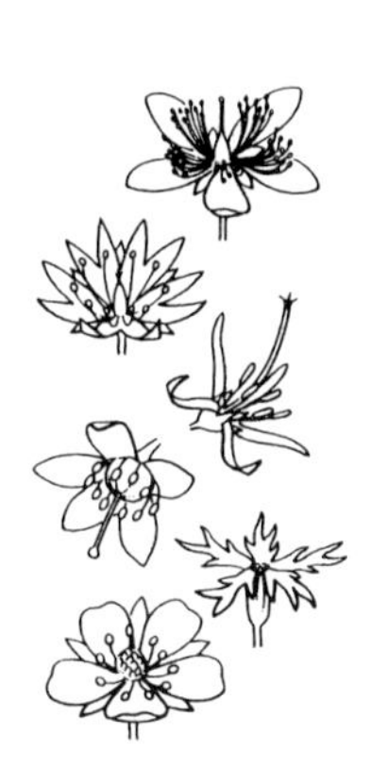

6b Fünfteilige
Blüten mit 5 kreisförmig angeordneten Blütenblättern, die bis zum Grund nicht miteinander verwachsen sind. (!Blütenblätter zuweilen tief gespalten = Blüte unecht 10strahlig!)
Schlüssel 10, S. 472

6c Fünfzipflige
Blüten mit 5 kreisförmig angeordneten Blütenblättern, die zumindest am Grund oder weit hinauf verwachsen sind (zuweilen nur noch 5 kurze Zähnchen am Kronsaum)
Schlüssel 11, S. 485

6d Reichstrahlige
Blüten mit 6 oder mehr kreisförmig angeordneten Blütenblättern, die ± stark verwachsen oder frei sein können. (Blütenblätter selten in Form und Größe etwas unterschiedlich.)
Schlüssel 12, S. 497

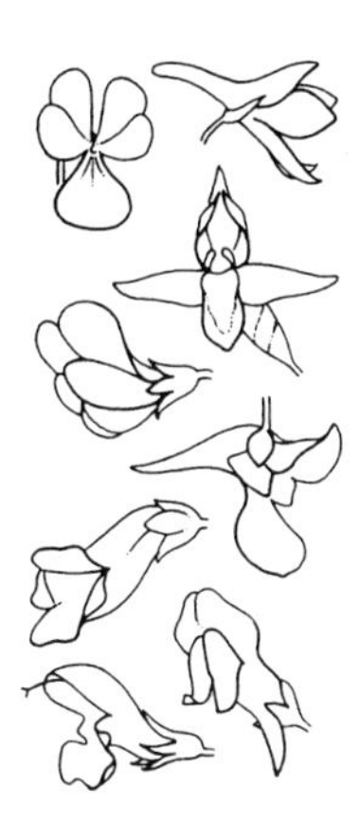

6e Zweiseitige
Blüten deutlich 2seitig-symmetrisch (meist Ober- und Unterseite verschieden gestaltet); hierher alle Blüten mit 1 (!) Sporn. (Seltene Wuchsanomalie: oberste Blüte ± strahlig)
Schlüssel 13, S. 503

Schlüssel 1: Wasserpflanzen

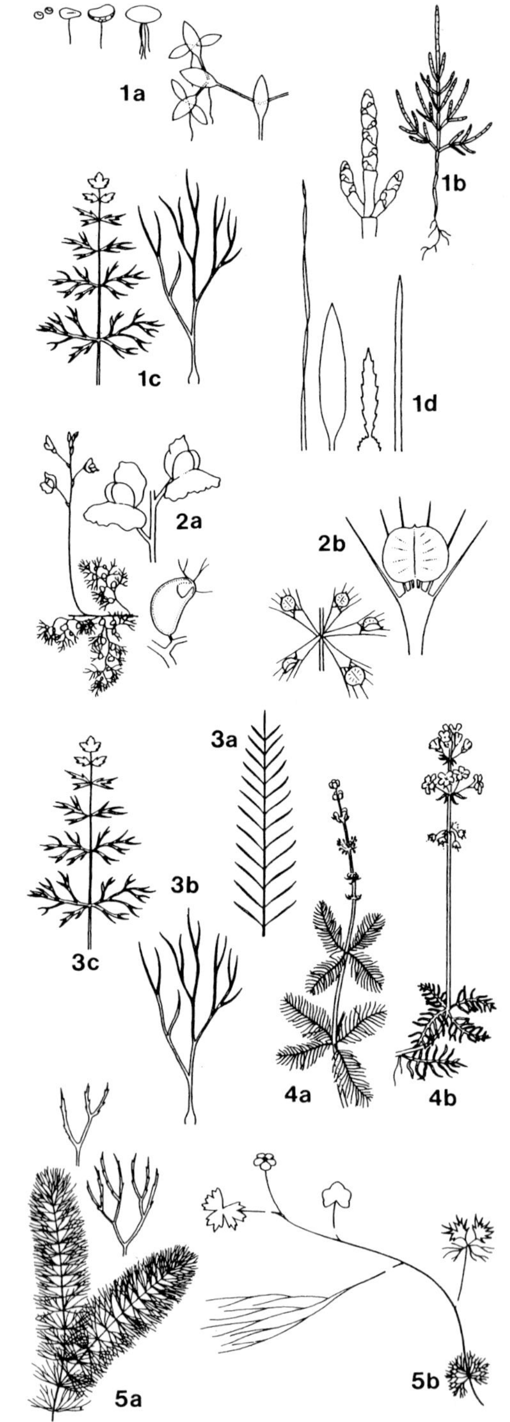

1a Pflanze ungegliedert: ± flache, kaum linsengroße, blattartige Stengel (mit oder ohne Würzelchen) frei schwimmend oder untergetaucht treibend
Wasserlinsengewächse, *Lemnaceae*
(drei Gattungen) Band 5

1b (Meeres-)Pflanze, festgewurzelt, verzweigt, mit dickfleischigen, knotig gegliederten Stengeln; scheinbar blattlos (je Knoten 2 Blattschüppchen)
Gänsefußgewächse, *Chenopodiaceae*
(Queller) Band 2

1c Pflanze mit Stengel und Blättern; Blattfläche in grobe oder dünne Zipfel zerteilt **2**

1d Pflanze mit (oft kurzem) Stengel und Blättern; Blattfläche unzerteilt, höchstens am Rande gesägt, breit oder fädlich dünn **6**

2a Blätter (zusätzlich) mit kleinen Bläschen besetzt; Blüten gelb, gespornt, in Trauben
Wasserschlauchgewächse, *Lentibulariaceae*
(Wasserschlauch) Band 4

2b Blätter fast kreisrund, um 1/2 cm lang, auf Reiz zusammenklappend, mit breit keilförmigem, vorn langborstigem Blattstiel (sehr seltene Pflanze!)
Sonnentaugewächse, *Droseraceae*
(Wasserfalle) Band 3

2c Blätter ohne Bläschen oder Klappen **3**

3a Blattzipfel schmal, kammförmig angeordnet . . **4**

3b Blattzipfel schmal (oft starr!), gegabelt **5**

3c Blattzipfel stets deutlich flächig, vielmals breiter als dick; (Wasserformen von Arten der)
Doldengewächse, *Apiaceae*
Band 3

4a Ganze Pflanze kahl; Blüten unscheinbar, rosa, in kaum 5 cm langen, schütteren Ähren über die Wasseroberfläche erhoben
Seebeerengewächse, *Haloragaceae*
(Tausendblatt) Band 3

4b Pflanze (am Stengel) dicht rotdrüsig mit einzelnen weißen Haaren; Blüten groß, rosa, in mehreren Quirlen stockwerkartig übereinander; Blütenstand weit über das Wasser gehoben
Primelgewächse, *Primulaceae*
(Wasserfeder) Band 3

5a Blätter quirlständig; Blüten unscheinbar, untergetaucht; Pflanze oft freischwimmend
Hornblattgewächse, *Ceratophyllaceae*
(Hornblatt) Band 2

5b Blätter wechselständig; Blüten weiß, auf der Wasseroberfläche schwimmend; oft zusätzliche breitflächige Schwimmblätter vorhanden
Hahnenfußgewächse, *Ranunculaceae*
(Hahnenfuß) Band 2

6a Meer- oder Brackwasserpflanzen (je nach Gezeiten daher völlig untergetaucht, oberflächlich flutend oder ± trockenliegend) **7**

6b - 6d Süßwasserpflanzen

6b Stengel gestaucht oder unterirdisch, Blätter fast aus einem Punkt entspringend, ± rosettig angeordnet **8**
6c Stengel gestreckt, größtenteils untergetaucht, Hauptmenge der Blätter unter Wasser **12**
6d Stengel gestreckt, untergetaucht oder flutend, Hauptmenge der Blätter auf der Wasseroberfläche (oft lang flutend) **17**

7a Blätter ± grasartig; Blüten klein, je 5–50 in einem Ährchen (über das Wasser gehoben)
Laichkrautgewächse, *Potamogetonaceae*
(Laichkraut) Band 5
7b Blätter ± grasartig, sehr schmal; Blüten klein, je 2 auf kurzem Stiel (über das Wasser gehoben)
Saldengewächse, *Ruppiaceae*
(Salde) Band 5
7c Blätter schmal bandförmig, 0,3–1 m lang; Blüten klein, Ähren von der Blattscheide umhüllt
Seegrasgewächse, *Zosteraceae*
(Seegras) Band 5
7d Blätter fädlich, 1–10 cm lang; Blüten klein, in blattachselständigen Knäueln (untergetaucht)
Teichfadengewächse, *Zanichelliaceae*
(Teichfaden) Band 5
7e Blätter stachelig gezähnt, Blüten klein, blattachselständig (untergetaucht)
Nixenkrautgewächse, *Najadaceae*
(Nixenkraut) Band 5

8a Blätter mit deutlichem Stiel, der meist viel länger als die Blattfläche ist **9**
8b Blätter ungestielt oder ganz kurz gestielt, oft sehr lang und schmal (grasartig) **11**

9a Blätter rundlich(-herzförmig), groß, 10–30 cm breit); Blüten 5- bis vielzählig
Seerosengewächse, *Nymphaeaceae*
(Seerose, Teichrose) Band 2
9b Blätter rundlich, ei- oder herzförmig, 1–8 cm lang; Blüten 3-(6-)zählig **10**
9c Blätter ± löffelartig, schmal, kaum 3 cm lang; Blüten klein, ungleich 5teilig
Braunwurzgewächse, *Scrophulariaceae*
(Schlammling) Band 4
9d Blätter rautenfömig, vorne gezähnt; Blattstiel bauchig aufgetrieben; Blüten 4zählig
Wassernußgewächse, *Trapaceae*
(Wassernuß) Band 3

10a Blattrosetten durch Stengelteile miteinander verbunden; Pflanze meist frei treibend
Froschbißgewächse, *Hydrocharitaceae*
(Froschbiß) Band 5
10b Blattrosetten einzeln, meist festgewurzelt; (oft zusätzlich bandförmige Wasserblätter)
Froschlöffelgewächse, *Alismataceae*
(mehrere Gattungen) Band 5

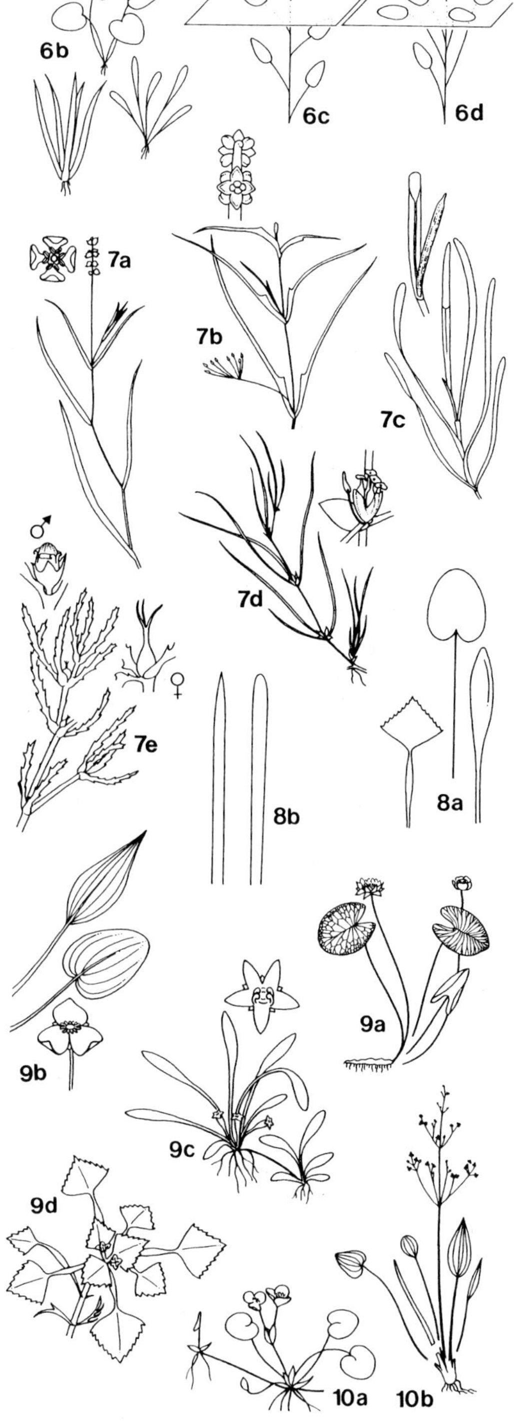

11a Blätter schmal grasartig, flach, zugespitzt, steif; Pflanze im Wasser meist blütenlos, dafür mit vielen Ausläufern
Wegerichgewächse, Plantaginaceae (Strandling) Band 4

11b Blätter rundlich-fädlich, scharf zugespitzt, Blüten klein, 4zählig, weiß, zu 2–9 in Trauben
Kreuzblütengewächse, *Brassicaceae* (Pfriemenkresse) Band 3

11c Blätter schmal länglich-eiförmig, steif, stachelig gezähnt. Blüten 3zählig; untergetaucht treibende, zur Blüte mit den Blattspitzen aus dem Wasser ragende Rosetten
Froschbißgewächse, *Hydrocharitaceae* (Krebsschere) Band 5

11d Blätter lineal, ganzrandig, vorn bogig spitz, bis zu 10 cm lang, mit weißem Milchsaft; Blüten hellbläulich, deutlich 2seitig-symmetrisch, zu 3–10 an hohem, hohlen Stengel
Lobeliengewächse, *Lobeliaceae* (Lobelie) Band 4

11e Blätter bandartig, kaum 1 cm breit und 20–50 cm lang, flutend; Blüten unscheinbar, in kurzstieligen Knäueln unter Wasser (bei uns nur ♂); selten verwilderte Aquarienpflanze
Froschbißgewächse, *Hydrocharitaceae* (Wasserschraube) Band 5

12a Blätter quirlständig, gelegentlich die untersten nur zu 2 . . . . **13**
12b Blätter gegenständig, auch wenn klein: deutlich fieder- oder 1nervig **14**
12c Blätter gegenständig, scheinbar nervenlos oder parallel- (bzw. gitter-)nervig **15**
12d Blätter wechselständig (gelegentlich die obersten unter dem Blütenstand gegenständig) **16**

13a Stengel meist verzweigt, oft dichte Rasen; Blätter länglich, ungestielt, in Quirlen zu (2! -) 3–8
Froschbißgewächse, *Hydrocharitaceae* (Wasserpest, Grundnessel) Band 5

13b Stengel meist verzweigt, oft dichte Rasen; Blätter breit-eiförmig, ungestielt, in Quirlen zu (2! -) 3, ganzrandig, bogennervig
Laichkrautgewächse, *Potamogetonaceae* (Dichtes Laichkraut) Band 5

13c Stengel meist reich verzweigt; Blätter länglich, am Grund mit kurzer offener Scheide, in Quirlen zu (2! -) 3, oft gezähnt
Nixenkrautgewächse, *Najadaceae* (Nixenkraut) Band 5

13d Stengel unverzweigt; Blätter lang-zungenförmig, ganzrandig, ungestielt, in Quirlen zu 6–12 (- 16), ohne Nebenblätter
Tannenwedelgewächse, *Hippuridaceae* (Tannenwedel) Band 4

13e Stengel meist unverzweigt; Blätter schmal-zungenförmig, ganzrandig, ungestielt, in Quirlen zu 6–16, am Grund mit 1–2 mm langen, zartfädlichen Nebenblättern
Tännelgewächse, *Elatinaceae* (Tännel) Band 3

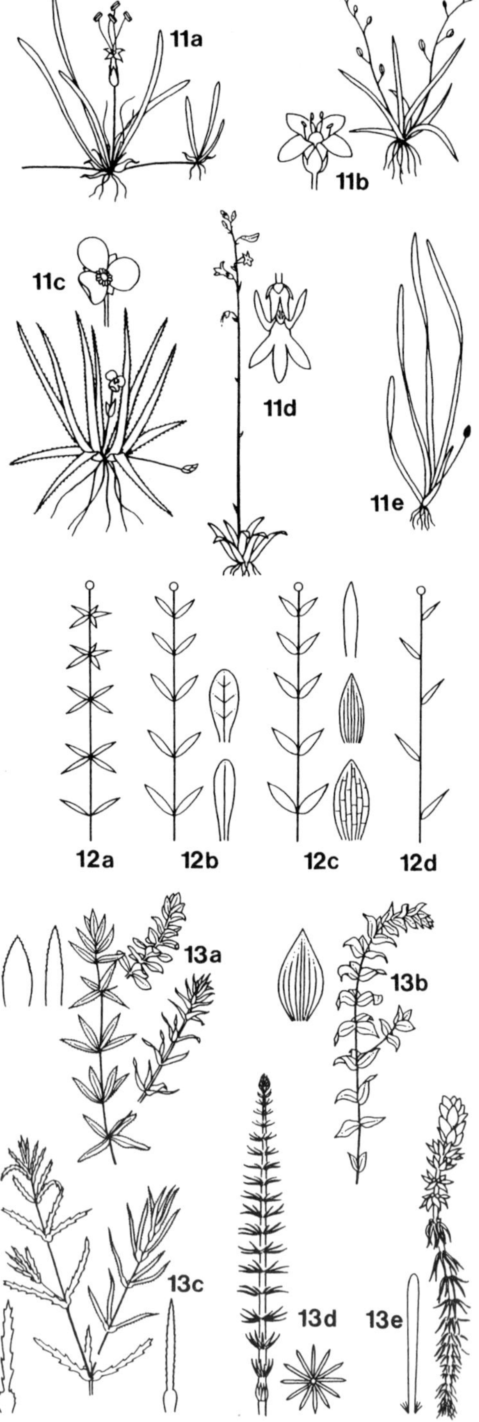

14a Zumindest die Unterwasserblätter schmal-lineal, stets mit eingekerbter Spitze; Blüten winzig, ohne Hülle, grünlich, untergetaucht
Wassersterngewächse, *Callitrichaceae*
(Wasserstern) Band 4

14b Blätter länglich-eiförmig, deutlich gestielt; Blüten weiß bis rötlich, 3–4zählig, mit Kelch- und Blütenblättern
Tännelgewächse, *Elatinaceae*
(Tännel) Band 3

14c Blätter (breit-)eiförmig, gestielt; Blüten grün (nur Kelchblätter), 4zählig
Nachtkerzengewächse, *Onagraceae*
(Heusenkraut) Band 3

14d Blätter verkehrt-eiförmig, mit verschmälertem Grund sitzend; Blüten weiß, 5zählig, ohne Kelch, doch mit 2 kelchartigen Hochblättern
Portulakgewächse, *Portulacaceae*
(Quellkraut) Band 2

14e Blätter löffelförmig, vorn abgerundet; Blüten weiß-rosa, 6zählig, Kelch becherartig mit 6–12 langen, oft abstehenden Zähnen
Weiderichgewächse, *Lythraceae*
(Sumpfquendel) Band 3

15a Blätter schmal-eiförmig, am Rand deutlich gezähnt, am Grund scheidig erweitert
Nixenkrautgewächse, *Najadaceae*
(Nixenkraut) Band 5

15b Blätter lang-fadenförmig, am Grund mit auffälligem, stengelumfassenden Häutchen (Tüte)
Teichfadengewächse, *Zanichelliaceae*
(Teichfaden) Band 5

15c Blätter fleischig-nadelförmig; kaum 5 cm hohes Zwergpflänzchen
Dickblattgewächse, *Crassulaceae*
(Dickblatt) Band 2

15d Blätter eiförmig-lanzettlich, am Rand feinst gezähnelt, halbstengelumfassend, ohne Scheide
Laichkrautgewächse, *Potamogetonaceae*
(Dichtes Laichkraut) Band 5

16a Blätter fadendünn bis länglich-eiförmig, deutlich länger als breit, oft auffällig bogen- bzw. gitternervig
Laichkrautgewächse, *Potamogetonaceae*
(Laichkraut) Band 5

16b Blätter nierenförmig mit 3 oder 5 flachen weitbogigen Lappen; Blüten 5zählig, weiß
Hahnenfußgewächse, *Ranunculaceae*
(Hahnenfuß) Band 2

16c Blätter schildförmig: kreisrunde Blattfläche mit Stielansatz im Zentrum
Doldengewächse, *Apiaceae*
(Wassernabel) Band 3

17a Blätter meist deutlich gestielt, Umriß der Spreite rundlich bis eiförmig; Blüten oft weiß, rot, gelb (oder grün) **18**

17b Blätter schmal, grasartig oder fädlich, ungestielt (oft mit stengelumhüllender Scheide); Blütenhülle trockenspelzig oder fehlend **19**

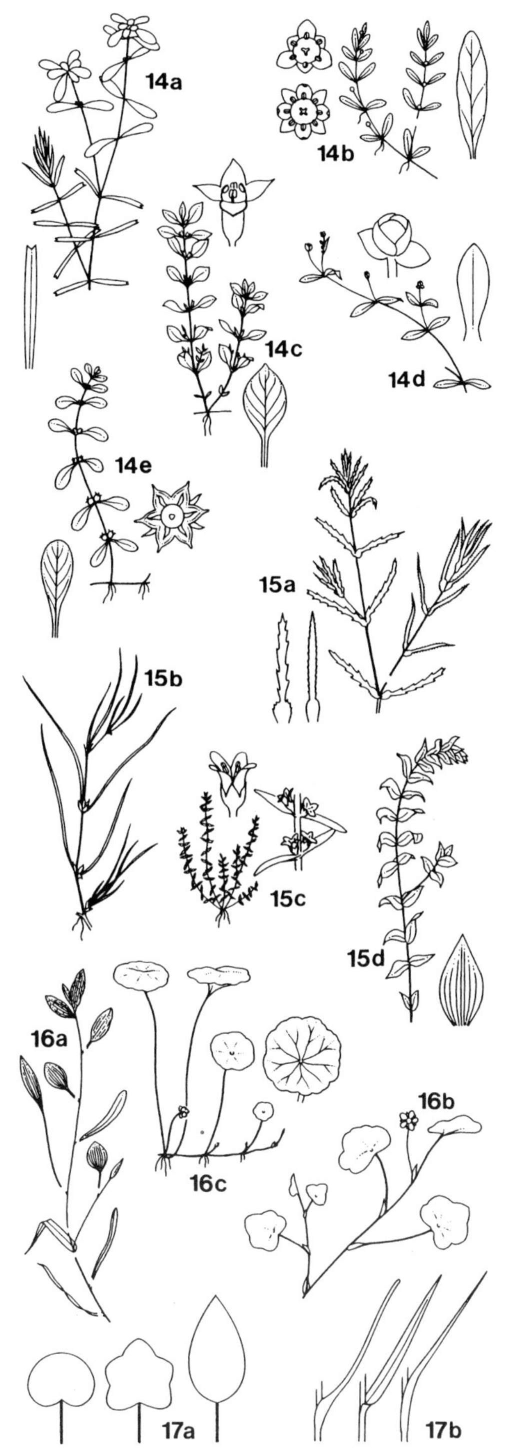

18a Blätter länglich-eiförmig, wechselständig, fiedernervig; Blüten in roten bis weißlichen Ähren über dem Wasserspiegel
Knöterichgewächse, *Polygonaceae*
(Knöterich) Band 2

18b Blätter eiförmig, überwiegend wechselständig, bogennervig; Blüten in grünen bis olivbraunen Ähren über dem Wasserspiegel
Laichkrautgewächse, *Potamogetonaceae*
(Laichkraut) Band 5

18c Blätter rundlich-herzförmig, gegenständig oder büschelig; keine Nebenblätter am Grund des Blattstieles; Blüten groß (bis 3 cm im Durchmesser), gelb, 5teilig
Fieberkleegewächse, *Menyanthaceae*
(Seekanne) Band 3

18d Blätter rundlich-herzförmig, büschelig; am Grund des Blattstiels 2 große, schuppenförmige Nebenblätter; Blüten weiß, 3zählig
Froschbißgewächse, *Hydrocharitaceae*
(Froschbiß) Band 5

18e Blätter im Umriß rundlich bis eiförmig, deutlich gelappt oder handförmig eingeschnitten, wechselständig; Blüten weiß, 5zählig
Hahnenfußgewächse, *Ranunculaceae*
(Hahnenfuß) Band 2

19a Stengel rundlich, durch Knoten untergliedert; Blätter flach, langflutend; (Wasserformen mehrerer Arten der:)
Süßgrasgewächse, *Poaceae*
Band 5

19b Stengel rundlich, ohne deutliche Knoten; Blätter rundlich, oft etwas starr
Binsengewächse, *Juncaceae*
(Binse) Band 5

19c Stengel rundlich, ohne Knoten; Blätter flach am Grund 3kantig, lang flutend; ♀ Blüten- und Fruchtstand morgensternartig
Igelkolbengewächse, *Sparganiaceae*
(Igelkolben) Band 5

19d Stengel 3kantig (nur selten undeutlich abgerundet-3kantig), stets ohne Knoten; Blätter flach, zuweilen etwas gekielt; (Wasserformen einiger Arten der)
Riedgrasgewächse, *Cyperaceae*
Band 5

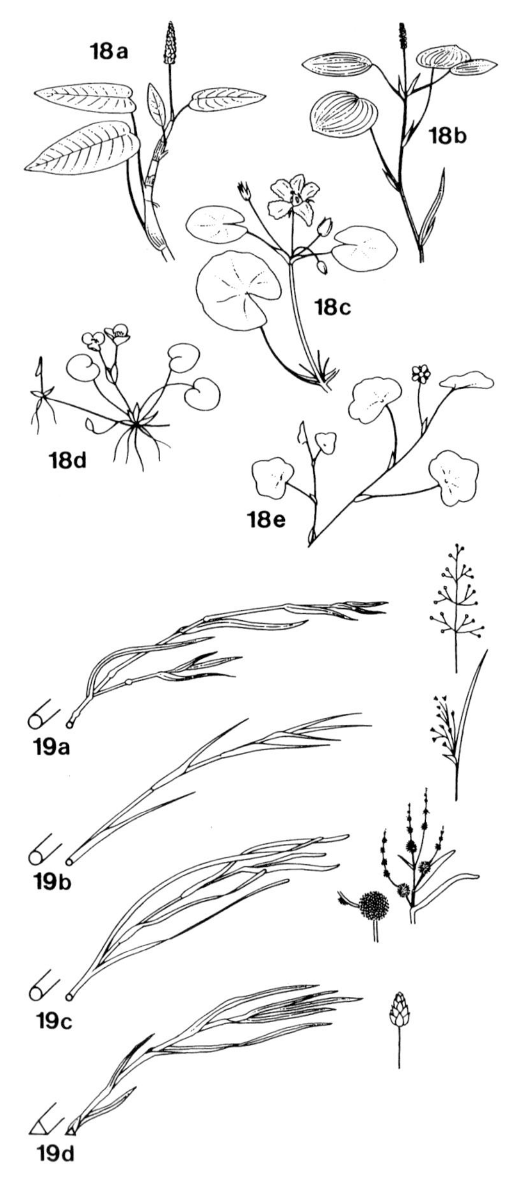

Schlüssel 2: Laubhölzer

1a Blätter zur Blütezeit noch nicht entwickelt oder unvollständig entfaltet . . . . Schlüssel 2a, s. u.
1b Blätter zur Blütezeit entfaltet 2
2a Windesträucher (Stengel weitkriechend oder um fremde Sprosse schlingend), ... oder Klettersträucher (mit Ranken, Haftscheiben, Haftwurzeln emporklimmend) . . . . oder Aufsitzer (auf fremden Ästen festgewurzelte Sträucher) . . . . Schlüssel 2b, S. 413
2b Im Boden wurzelnde Gehölze; Sprosse aufrecht oder zum Teil kriechend, doch nie an anderen Gewächsen sich hochstützend; Blätter zur Blüte entwickelt, ihre

Stellung / Grundform	einfach, ganzrandig	einfach, gekerbt gezähnt gesägt	einfach, (tief) gelappt	aus Teilblättchen zusammengesetzt
gegen- oder quirlständig	Schlüssel 2c S. 415	Schlüssel 2d S. 419	Schlüssel 2e S. 421	Schlüssel 2f S. 423
wechselständig oder büschelig	Schlüssel 2g S. 426	Schlüssel 2h S. 430	Schlüssel 2e S. 421	Schlüssel 2f S. 423

Schlüssel 2a: Blühende Hölzer ohne Blätter

1a Blütenhülle bunt gefärbt oder deutlich in Kelch und Blütenblätter unterscheidbar 2
1b Blütenhülle sehr unscheinbar, haarig, schuppig oder fehlend; Blüten aber oft zu auffälligen hängenden (Hasel) oder aufrechten (Weide) Kätzchen vereinigt 6

2a Blüten 2seitig (Schmetterlingsblüten)
Schmetterlingsblütengewächse, *Fabaceae* (einige Gattungen) Band 2
2b Blüten glockig bis krugförmig verwachsen, der Saum höchstens zahnartig bezipfelt
Heidekrautgewächse, *Ericaceae* (einige Arten) Band 3
2c Blüten strahlig, gelb(lich), deutlich 4 - 6zipflig . . 3
2d Blüten strahlig, rot, rosa oder weiß, deutlich 3 - 5zipflig 4
2e Blüten strahlig, weiß, grünlich oder rot, deutlich 6- bis vielzipflig 5
3a Baum; Blüten in Dolden, 5zählig
Ahorngewächse, *Aceraceae* (Ahorn) Band 3
3b Strauch; Blüten in Dolden, 4zählig, Blütenblätter frei
Hartriegelgewächse, *Cornaceae* (Hartriegel: Kornelkirsche) Band 3

3c, 3d →

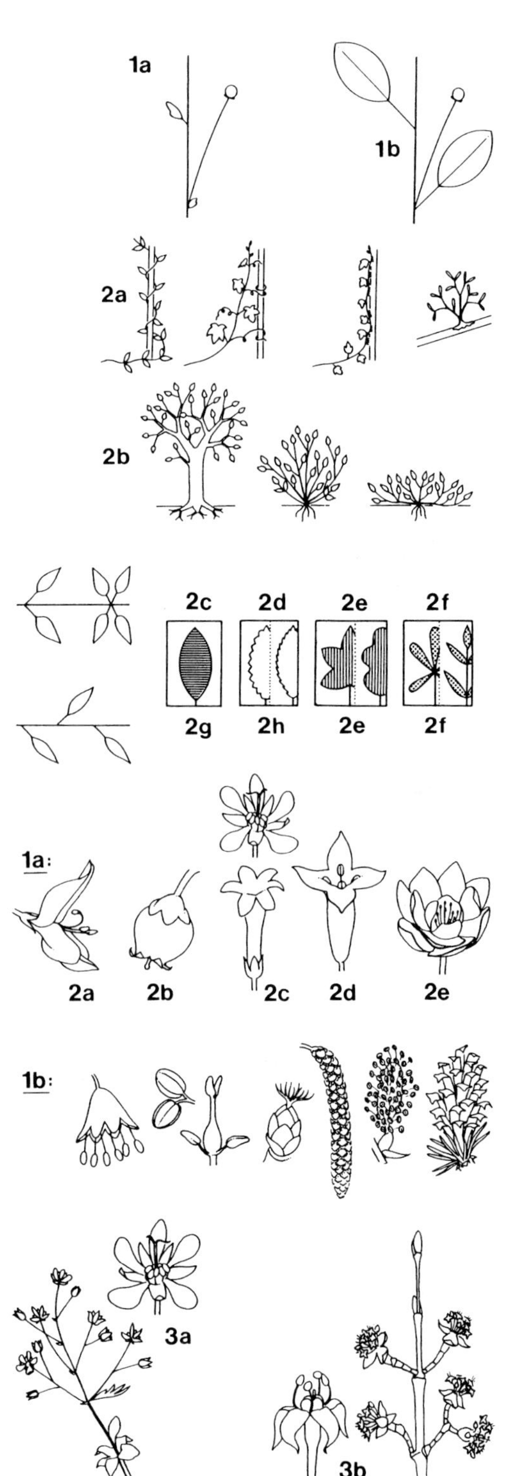

3c Strauch; Blüten in Dolden an den Zweigenden, 5zählig, trichterig verwachsen
Heidekrautgewächse, *Ericaceae*
(Gelbe Alpenrose) Band 3

3d Strauch; Blüten einzeln oder zu 2–4 gebüschelt, über die Zweige verteilt; Blütenblätter trichterig verwachsen mit 4, oder röhrig verwachsen mit 4–6 großen Zipfeln
Ölbaumgewächse, *Oleaceae*
(Forsythie, Jasmin) Band 3

4a Blütenblätter 3, frei, Blüten klein, auf blattartigen Stengelteilen sitzend
Spargelgewächse, *Asparagaceae*
(Mäusedorn) Band 5

4b Blüten 4zipflig mit verwachsener Röhre
Seidelbastgewächse, *Thymelaeaceae*
(Seidelbast) Band 3

4c Blütenblätter 5, frei
Rosengewächse, *Rosaceae*
(einige Arten) Band 2

5a Blüten klein (unter 1 cm lang); niedere Sträucher oder Halbsträucher
Spargelgewächse, *Asparagaceae*
(z.B. Spargel) Band 5

5b Blüten sehr groß, 2–15 cm im Durchmesser; Fruchtknoten zahlreich auf weit vorstehender, schmalkegeliger Achse
Magnoliengewächse, *Magnoliaceae*
(Magnolie) Band 2

5c Blüten groß, über 1 cm im Durchmesser, stets mit grünem Kelch und 0–5, wenig auffälligen Fruchtknoten („gefüllte" [Zier-]Formen von Arten der)
Rosengewächse, *Rosaceae*
Band 2

6a Blüten einzeln oder in Trauben oder Büscheln, dann meist mit deutlichem Stiel 7

6b (zumindest ein Teil der) Blüten zu hängenden, ± schlaffen Kätzchen vereinigt 8

6c Blüten zu (aufrecht oder ab-)stehenden ± steifen Kätzchen oder Zäpfchen vereinigt 10

7a dorniger Strauch mit wechselständigen Knospen, junge Zweige silbrig(-schülfrig) behaart
Ölweidengewächse, *Elaeagnaceae*
(Sanddorn) Band 3

7b Baum mit gegenständigen (schwarzen) Knospen; Blüten bräunlich, in büscheligen Rispen
Ölbaumgewächse, *Oleaceae*
(Esche) Band 3

7c Baum mit gegenständigen (braunen) Knospen; Blüten grünlich, in hängenden Trauben
Ahorngewächse, *Aceraceae*
(Ahorn) Band 3

7d Baum mit wechselständigen Knospen; Blüten rötlich-(braun), in doldigen Büscheln
Ulmengewächse, *Ulmaceae*
(Ulme) Band 2

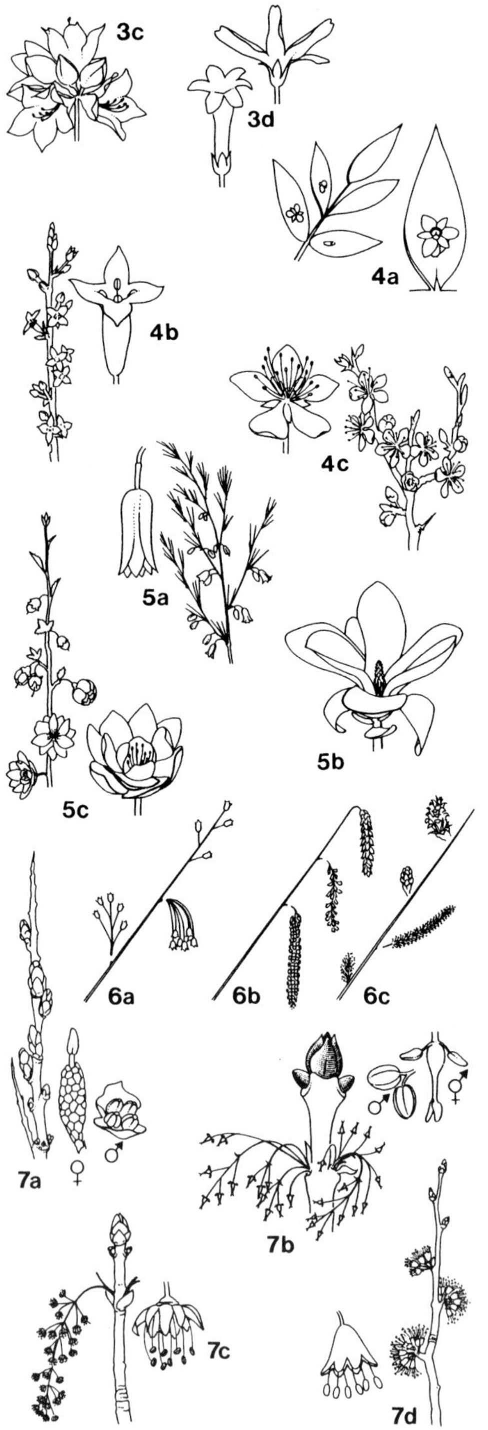

8a Nur hängende Kätzchen vorhanden, entweder alle mit ♀ oder alle mit ♂ Blüten (Pflanze 2häusig). Kätzchenschuppen zerschlitzt, oft auch noch grauzottig
Weidengewächse, *Salicaceae*
(Pappel) Band 3

8b Neben hängenden Kätzchen mit ♂ Blüten auf derselben Pflanze andersgestaltete ♀ Blütenstände; Schuppen der ♂ Kätzchen ± ganzrandig . . 9

9a ♀ Blüten zerstreut auf den Zweigen: rote Narben ragen aus ei-rundlichen Knospen
Haselgewächse, *Corylaceae*
(Haselnuß) Band 2

9b ♀Blüten in kleinen, rundlich-eiförmigen Zäpfchen, die an den Zweigenden zu mehreren traubig zusammen stehen
Birkengewächse, *Betulaceae*
(Erle) Band 2

9c ♀ Blüten in kurzen, dünnen, steifen, etwas aufgebogenen Kätzchen an kleinen Nebenzweigen
Birkengewächse, *Betulaceae*
(Birke) Band 2

9d ♀ Blüten in lockeren, hängenden Kätzchen
Haselgewächse, *Corylaceae*
(Hainbuche) Band 2

10a Baum mit rötlichen, spitzschuppigen ♀Zäpfchen und maiskölbchenartigen gelben ♂Blütenständen (1häusig). Die jüngeren Zweige mit vielen kuppelartigen Kurztrieben
Kieferngewächse, *Pinaceae*
(Lärche) Band 2

10b Baum oder Strauch (2häusig); Kätzchen über 1 cm lang; Staubbeutel zur Blüte weit herausragend; Frucht und Fruchtknoten behaart
Weidengewächse, *Salicaceae*
(z.B. Weide) Band 3

10c Strauch, bis 1 m hoch (2häusig); mit gelben, duftenden Harzdrüsen; ♂Kätzchen um 1,5 cm lang, Staubbeutel verdeckt; ♀Kätzchen um 0,5 cm, Frucht und Fruchtknoten unbehaart; (nur in norddeutschen Heidemooren)
Gagelstrauchgewächse, *Myricaceae*
(Gagelstrauch) Band 2

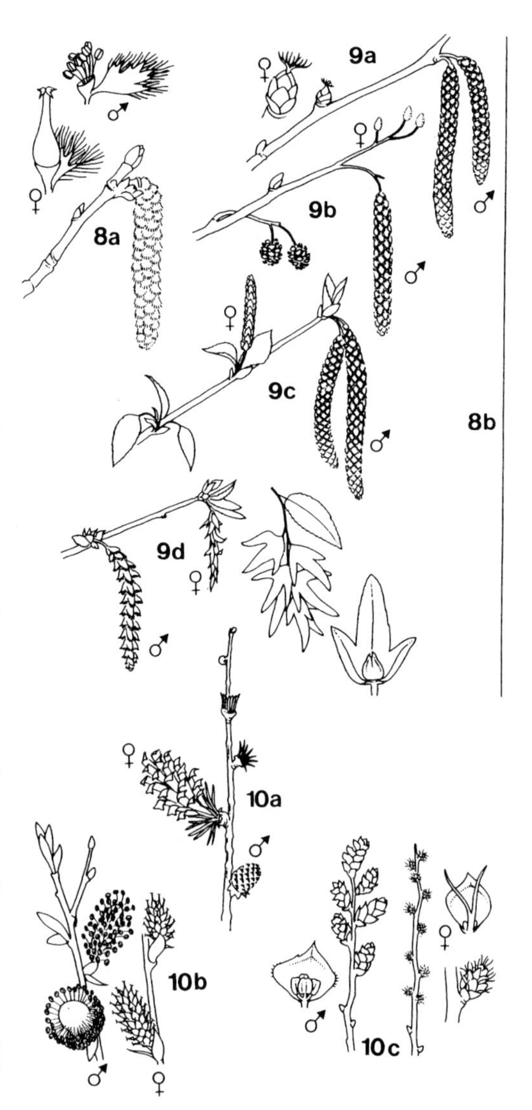

Schlüssel 2b: Windesträucher, Klettersträucher, Aufsitzer

1a Aufsitzer: mit Senkwurzeln auf den Ästen anderer Gehölze festgehaftet 2
1b Winder: im Boden wurzelnd; Hauptsproß gewunden kriechend oder sich um Stützen schlingend 3
1c Haftwurzelkletterer: im Boden wurzelnd; Sprosse ± gerade kriechend; an Stützen mit dichtem kurzen Wurzelfilz festgeheftet und ± senkrecht emporsteigend 6
1d Ranker: im Boden wurzelnd; Sprosse mit seitlichen Auswüchsen (Zweig- oder Blattranken, Stacheln, Spreizblätter) an Stützen hängend 7

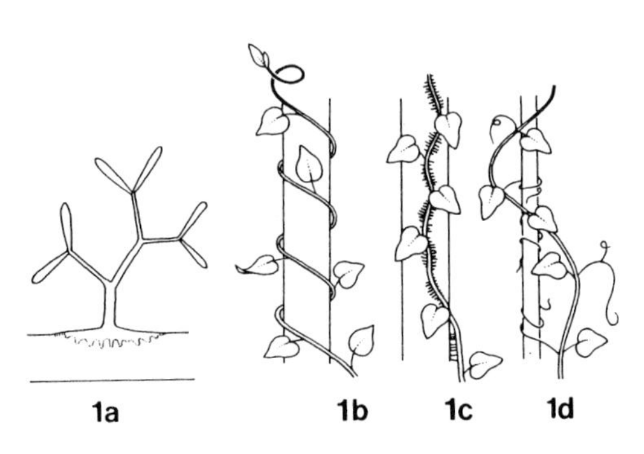

2a Blüten (und Beeren!) in lockeren Ähren; Blätter sommergrün, ± dünn; nur auf Eichen
Riemenblumengewächse, *Loranthaceae*
(Riemenblume) Band 3

2b Blüten (und Beeren) zu wenigen gebüschelt, fast sitzend; Blätter ledrig-derb, dicklich, überwinternd; auf verschiedenen Nadel- und Laubgehölzen, doch sehr selten auf Eichen
Mistelgewächse, *Viscaceae*
(Mistel) Band 3

3a Blätter gegenständig 4
3b Blätter wechselständig 5

4a Blätter tief 3-5lappig gefingert; Blüten grünlich, klein, in reichhaltigen, lockeren Rispen (♂) oder dichten, krautigen Zäpfchen (♀) - Windestaude!
Hanfgewächse, *Cannabaceae*
(Hopfen) Band 2

4b Blätter ganzrandig, immergrün, derb; Blüten groß, stieltellerartig, blau, selten weiß oder violett - Kriech-Halbstrauch!
Immergrüngewächse, *Apocynaceae*
(Immergrün) Band 3

4c Blätter ganzrandig (nur bei Zierformen eichenblattartig gebuchtet), sommergrün; Blüten 2lippig, kopfig gehäuft in den obersten Blattachseln (dort die Blätter zuweilen unten breit miteinander verwachsen) - Schlingstrauch
Geißblattgewächse, *Caprifoliaceae*
(Heckenkirsche: Geißblatt) Band 3

5a Blüten 5strahlig, meist violett; mit grünem Kelch und großen gelben, kegelig zusammenneigenden Staubbeuteln - Halbstrauch!
Nachtschattengewächse, *Solanaceae*
(Nachtschatten) Band 4

5b Blüten grünlich, klein, mit 6 abstehenden Zipfeln; in einfachen, oft wenigblütigen Trauben - Windestaude!
Yamswurzelgewächse, *Dioscoreaceae*
(Schmerwurz) Band 5

5c Blüten weiß oder rosa, (6teilig), glockig-3kantig geflügelt, in reichen Rispen
Knöterichgewächse, *Polygonaceae*
(Windenknöterich: Silberregen) Band 2

5d Blüten saxophonartig gebogen, mit 3zipfliger Mündung, einzeln, lang gestielt
Osterluzeigewächse, *Aristolochiaceae*
(Osterluzei: Pfeifenwinde) Band 2

6a Blätter derb lederig, einfach, schmal- bis breit-eiförmig, ganzrandig oder eckig 3–5lappig; Gesamtblatt knapp 5–10 cm lang
Efeugewächse, *Araliaceae*
(Efeu) Band 3

6b Blätter zusammengesetzt 3zählig mit langem Stiel; Teilblättchen 5 bis über 10 cm lang
Sumachgewächse, *Anacardiaceae*
(Sumach) Band 3

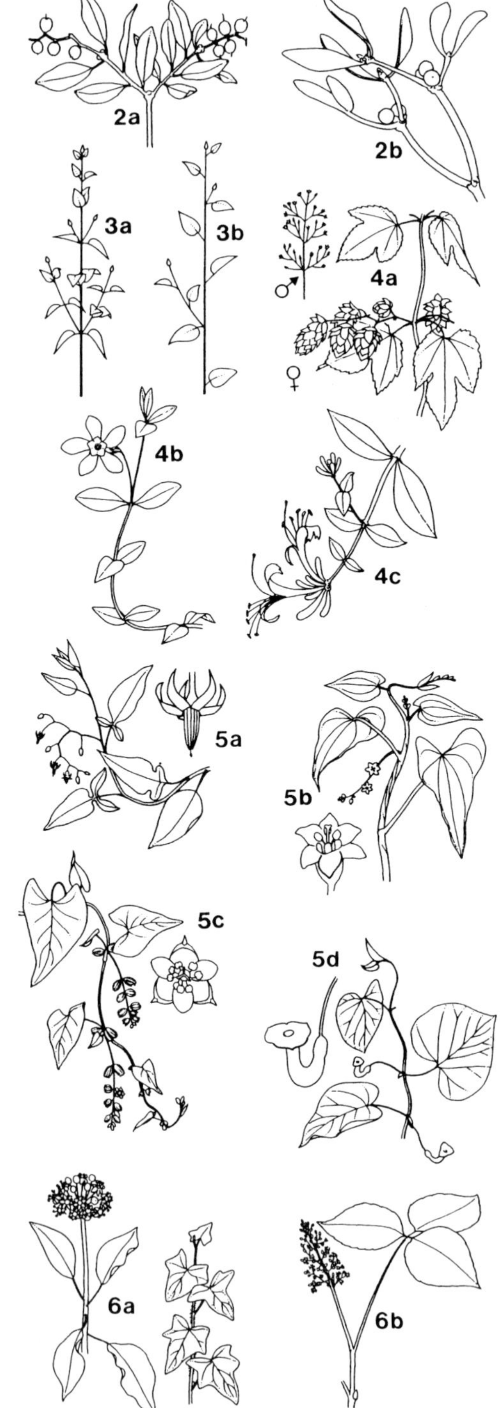

7a Nebenästchen (zuweilen verzweigt) als Wickel- oder Haftscheibenranken ausgebildet
Weinrebengewächse, *Vitaceae*
(2 Gattungen) Band 3

7b Blätter (Blattstiel oder Hauptachse der Fiederblätter) als Wickelranke ausgebildet
Hahnenfußgewächse, *Ranunculaceae*
(Waldrebe) Band 2

7c Mit bestachelten, langen Zweigen emporrankend
Rosengewächse, *Rosaceae*
(z.B. Rose) Band 2

7d Mit Spreizblättern (hängend-)rankend
Nachtschattengewächse, *Solanaceae*
(Nachtschatten) Band 4

Schlüssel 2c: Baum oder Strauch – Blätter einfach, ganzrandig, gegen- oder quirlständig

1a Blüten ohne deutlichen Kelch, häutig, grün, gelbgrün oder bräunlich 2
1b Blüten ohne deutlichen Kelch, weiß, gelb, rot oder blau 3
1c Blüten deutlich mit Kelch und 2seitig-symmetrisch angeordneten Blütenblättern 4
1d Blüten deutlich mit Kelch und strahlig angeordneten, bis zum Grund freien Blütenblättern (die Kelchblätter können verwachsen sein!) 5
1e Blüten deutlich mit Kelch und Blütenblättern, diese stieltellerförmig verwachsen (lange Röhre mit ± flach ausgebreiteten Zipfeln) 8
1f Blüten deutlich mit Kelch und Blütenblättern, diese trichterig, napfförmig, glockig oder kurzröhrig (nur am Grund) verwachsen .11

2a Blätter ledrig derb (immergrün); reichverzweigte Kleinsträucher, Sträucher oder Bäumchen
Buchsbaumgewächse, *Buxaceae*
(Buchsbaum) Band 3

2b Blätter ± weich, flach, mit Milchsaft; Hauptstengel kaum verzweigt, nur unten verholzt
Wolfsmilchgewächse, *Euphorbiaceae*
(Wolfsmilch) Band 3

2c Blätter borstig, rundlich-3kantig; Blüten häutig, 4zipflig; gestielte, blattachselständige Ährchen. Kurzer, schwach holziger Stengel
Wegerichgewächse, *Plantaginaceae*
(Wegerich) Band 4

2d Blätter eiförmig, ± fleischig-dicklich; Stengel nur unten verholzt; Salzbodenpflanze
Gänsefußgewächse, *Chenopodiaceae*
(Salzmelde) Band 2

3a Blüten 4strahlig, Blütenblätter völlig frei
Hartriegelgewächse, *Cornaceae*
(Hartriegel) Band 3

3b Blüten 4zipflig, Blütenblätter unten deutlich röhrig-trichterig verwachsen
Ölbaumgewächse, *Oleaceae*
(Flieder, Liguster) Band 3

3c, 3d →

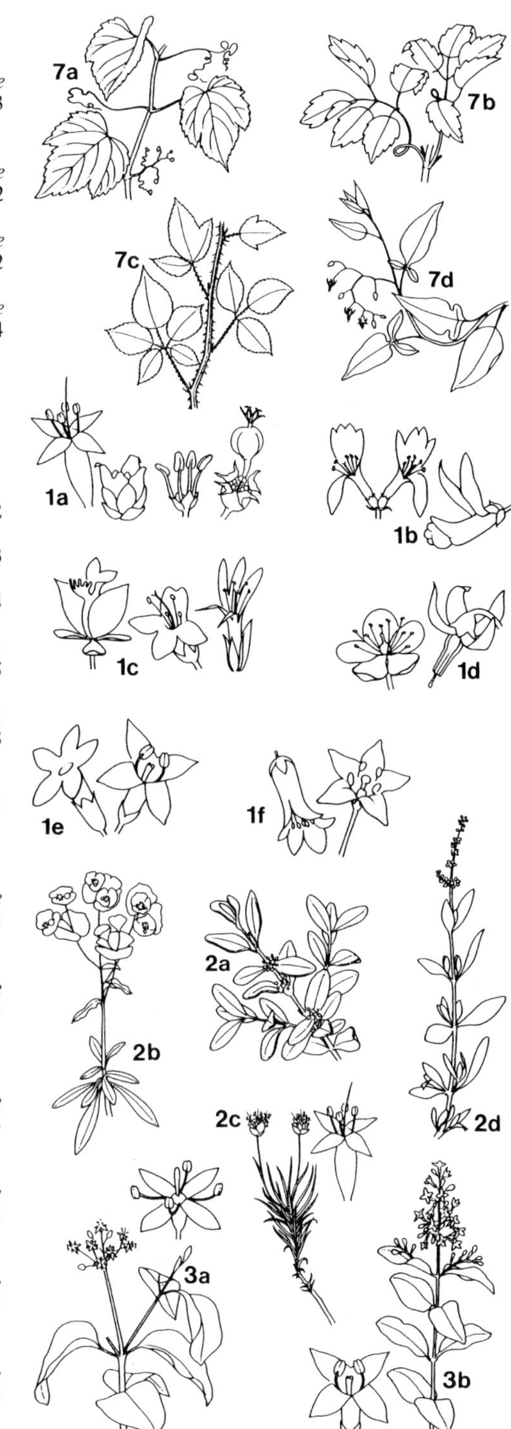

3c Blütenblätter verwachsen, mit 5 kurzen oder längeren Zipfeln, strahlig oder schwach 2seitig
Geißblattgewächse, *Caprifoliaceae*
(Schneebeere, Heckenkirsche) Band 3

3d Blüte 2seitig-symmetrisch, zumindest die 2 oberen (seitlichen) Blütenhüllblätter nicht mit den anderen verwachsen
Kreuzblumengewächse, *Polygalaceae*
(Kreuzblume) Band 3

4a Blütenhüllblätter wenigstens zum Teil bis zum Grund frei
Kreuzblumengewächse, *Polygalaceae*
(Kreuzblume) Band 3

4b Alle Blütenblätter am Grund verwachsen; Blüten in endständigen Köpfchen, tief zerschlitzt; Halbsträucher
Kugelblumengewächse, *Globulariaceae*
(Kugelblume) Band 4

4c Alle Blütenblätter am Grund verwachsen; Blüten zu zweit, blattachselständig, die unterständigen Fruchtknoten paarweise verwachsen; meist große Sträucher
Geißblattgewächse, *Caprifoliaceae*
(Heckenkirsche) Band 3

4d Alle Blütenblätter am Grund verwachsen; Blüten in (meist blattachselständigen) Quirlen oder Scheinquirlen, Fruchtknoten oberständig, vom Kelch umschlossen, 4teilig; Halb- oder Kleinsträucher
Lippenblütengewächse, *Lamiaceae*
(mehrere Gattungen) Band 4

5a Blüte 4zählig, Blütenblätter vorn rundlich-eiförmig (zuweilen ausgerandet), unten stielartig verschmälert, frei; Halbsträucher
Kreuzblütengewächse, *Brassicaceae*
(mehrere Gattungen) Band 3

5b Blüte 4zählig, Blütenblätter eiförmig, unten ringartig verwachsen (zuweilen ein Blütenzipfel ± breiter als die andern); Halbsträucher
Braunwurzgewächse, *Scrophulariaceae*
(Ehrenpreis) Band 4

5c Blüte 4zählig, Blütenblätter schmal-eiförmig, abstehend, frei; Fruchtknoten rundlich, unterständig; Sträucher oder kleine Bäume
Hartriegelgewächse, *Cornaceae*
(Hartriegel) Band 3

5d Blüte 4 (-5)zählig, Blütenblätter länglich-lanzettlich, zurückgebogen; kleines, dünnstengeliges Kriechsträuchlein
Heidekrautgewächse, *Ericaceae*
(Heidelbeere: Moosbeere) Band 3

5e Blüte 5zählig, Kelch ± flach bis weit schüsselförmig 6

5f Blüte 5zählig, Kelch röhrig verwachsen 7

6a Blätter derbledrig, lanzettlich, unten rot-braunfilzig, oben fast kahl
Heidekrautgewächse, *Ericaceae*
(Porst) Band 3

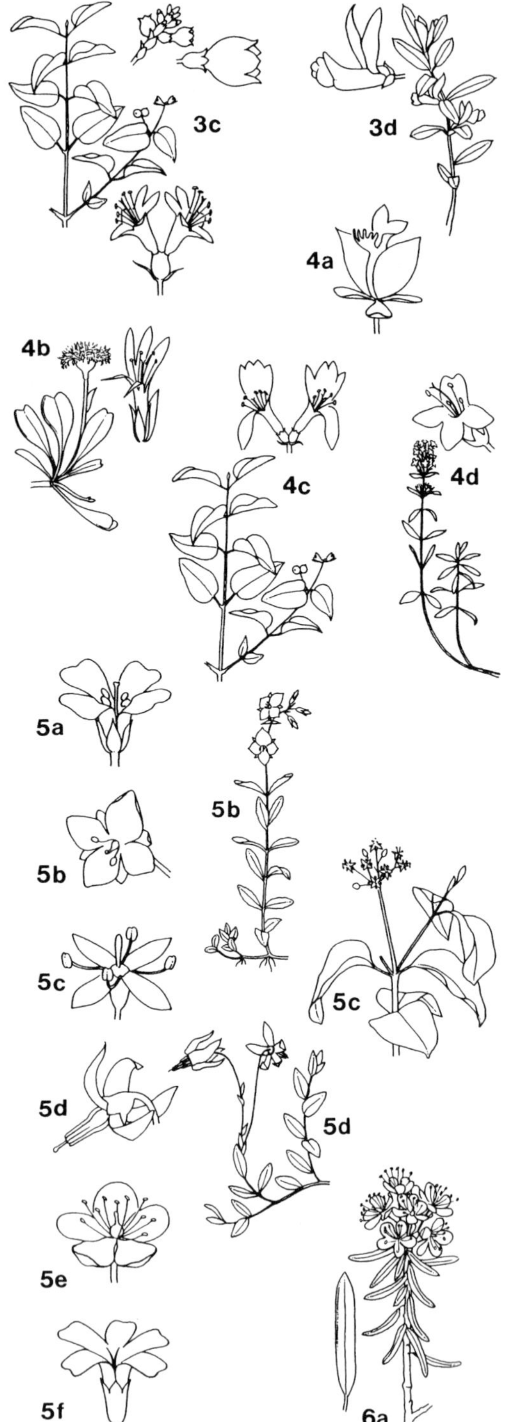

6b Blätter lanzettlich bis eiförmig, beidseits (weiß) behaart
Zistrosengewächse, *Cistaceae*
(z. B. Sonnenröschen) Band 3

6c Blätter breit-eiförmig (selten nadelförmig zusammengerollt), kahl
Johanniskrautgewächse, *Hypericaceae*
(Johanniskraut) Band 3

6d Blätter schmal, pfriemlich, (fast) kahl
Nelkengewächse, *Caryophyllaceae*
(Miere) Band 2

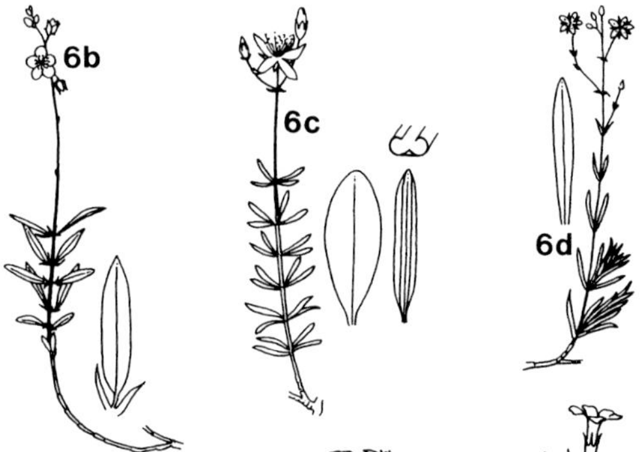

7a Blüten in von Hochblättern umhülltem Körbchen auf blattlosem Schaft
Bleiwurzgewächse, *Plumbaginaceae*
(Grasnelke) Band 2

7b Blüten in Rispen, Trauben oder einzeln, auf gegenständig beblätterten Stielen
Nelkengewächse, *Caryophyllaceae*
(Nelke, Gipskraut u. a.) Band 2

8a Blüte 5zipflig **9**
8b Blüte 4zipflig **10**

9a Strauch; Blüten blattachselständig, paarweise am unterständigen Fruchtknoten verwachsen
Geißblattgewächse, *Caprifoliaceae*
(Heckenkirsche) Band 3

9b Halbstrauch mit aufrechten, gestielten, dichten Blütentrauben und haarigen Blättern
Lippenblütengewächse, *Lamiaceae*
(Lavendel) Band 4

9c Kriechstrauch; Blätter derb, glatt, glänzend, Blüten groß, einzeln stehend, gestielt
Immergrüngewächse, *Apocynaceae*
(Immergrün) Band 3

9d Polsterpflanze; Blüten einzeln oder in Dolden, weiß, gelb, rot oder violett; Kelch zumindest im unteren Drittel verwachsen
Primelgewächse, *Primulaceae*
(Mannsschild, Primel) Band 3

9e Polsterpflanze; Blüten zu 2–6 in Trauben (Wikkeln), himmelblau mit gelbem Schlund, selten weiß; Kelch sehr tief 5spaltig
Rauhblattgewächse, *Boraginaceae*
(Himmelsherold) Band 4

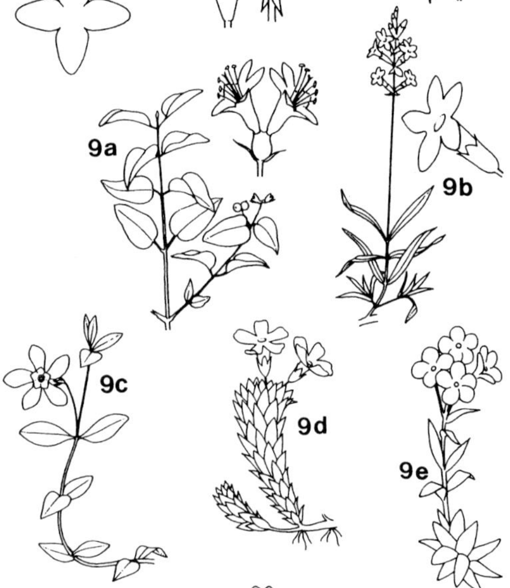

10a Blüten in ährigen Köpfchen, Blätter um 5 cm lang, unter 2 mm breit; Halbstrauch
Wegerichgewächse, *Plantaginaceae*
(Wegerich) Band 4

10b Blüten in übereinanderstehenden blattachselständigen Quirlen, Blätter unter 1 cm lang; (oft kriechender) Zwergstrauch mit Minzeduft
Lippenblütengewächse, *Lamiaceae*
(Thymian) Band 4

10c Blüten in reichen, end- und achselständigen Rispen, Blätter mindestens 2 cm lang; über 50 cm hohe, große Sträucher oder kleine Bäumchen
Ölbaumgewächse, *Oleaceae*
(Liguster, Flieder) Band 3

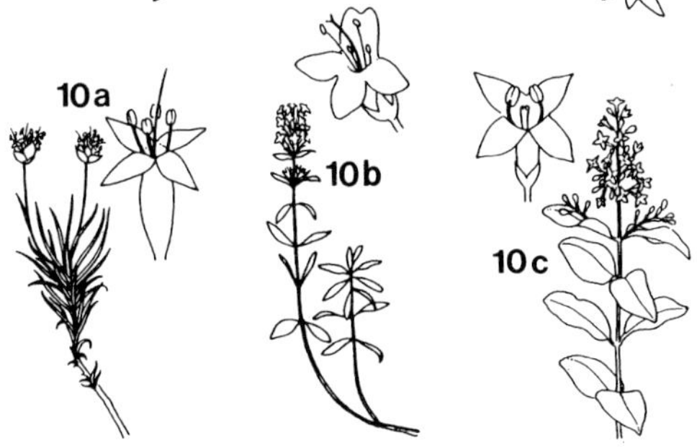

6b 6c 6d 7a 7b 8a 8b 9a 9b 9c 9d 9e 10a 10b 10c

11a Blüten tief geteilt, mit 4–6 zurückgebogenen, schmalen Zipfeln; Stengel dünn, kriechend
Heidekrautgewächse, *Ericaceae*
(Heidelbeere: Moosbeere) Band 3

11b Blüten tief geteilt, mit eiförmigen, ± flach ausgebreiteten Zipfeln; Halbstrauch
Braunwurzgewächse, *Scrophulariaceae*
(Ehrenpreis) Band 4

11c Blüten im unteren Teil trichterförmig verwachsen, Zipfel so lang bis halb so lang wie die Trichterröhre 12

11d (5) Blütenblätter hoch hinauf zu einem weiten Napf verwachsen, der am Grund 5 spornartige Höcker trägt. (Niederer) Strauch
Heidekrautgewächse, *Ericaceae*
(Lorbeerrose) Band 3

11e Blütenblätter fast vollständig glocken- bis krugförmig verwachsen; Zipfel höchstens halb so lang wie die tiefe Kronröhre 13

12a Blüten 4zipflig, weiß; Strauch; Sprosse rundlich; Blätter über 2 cm lang, glatt
Ölbaumgewächse, *Oleaceae*
(Liguster) Band 3

12b Blüten 4zipflig, rötlich(-violett); Zwerg-, Kriech- oder Halbstrauch; Stengel (unten) 4kantig; Blätter unter 2 cm lang, oft behaart
Lippenblütengewächse, *Lamiaceae*
(Thymian) Band 4

12c Blüten 5zipflig; Spalierstrauch mit vielen kriechenden, horizontal verzweigten Ästchen
Heidekrautgewächse, *Ericaceae*
(Alpenazalee) Band 3

12d Blüten 5zipflig; aufrechter Dornstrauch, meist mit langen überhängenden Zweigen
Nachtschattengewächse, *Solanaceae*
(Bocksdorn) Band 4

12e Blüten 5zipflig; unbewehrte, aufrechte Sträucher; die unteren Blätter deutlich wechselständig; große Blüten mit oberständigen Fruchtknoten
Heidekrautgewächse, *Ericaceae*
(Alpenrose) Band 3

12f Blüten 5zipflig; unbewehrte, aufrechte Sträucher; alle Blätter gegenständig; Fruchtknoten unterständig und paarweise miteinander verwachsen
Geißblattgewächse, *Caprifoliaceae*
(Heckenkirsche) Band 3

13a Aufrechter, großer Strauch; Blüten in blattachselständigen Ährentrauben (Früchte große, kugelige, weiße Beeren)
Geißblattgewächse, *Caprifoliaceae*
(Schneebeere) Band 3

13b Halbstrauch, nur unten schwach verholzt, mit minzeartigem Duft; Stengel 4kantig, im Blütenstand reich verzweigt; quirlständige Blüten zu ausladenden Rispen vereinigt
Lippenblütengewächse, *Lamiaceae*
(z. B. Dost) Band 4

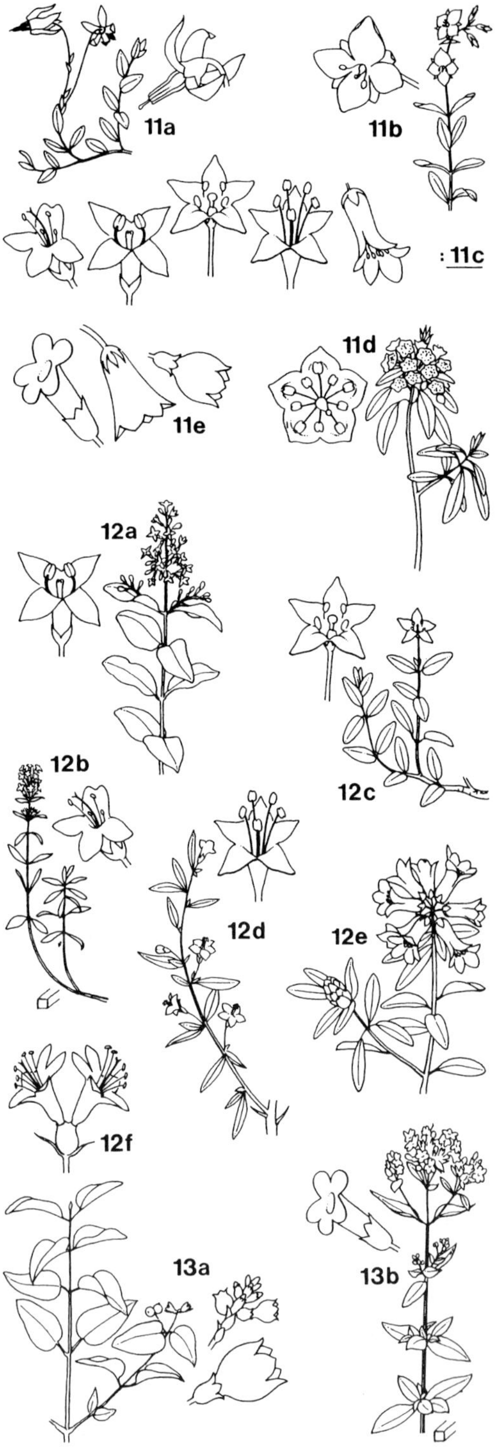

13c Zwergstrauch, mit fädlichem Stengel kriechend; je 1–3 Blüten nickend an langen aufrechten, unbeblätterten Seitensprossen
Geißblattgewächse, *Caprifoliaceae*
(Moosglöckchen) Band 3

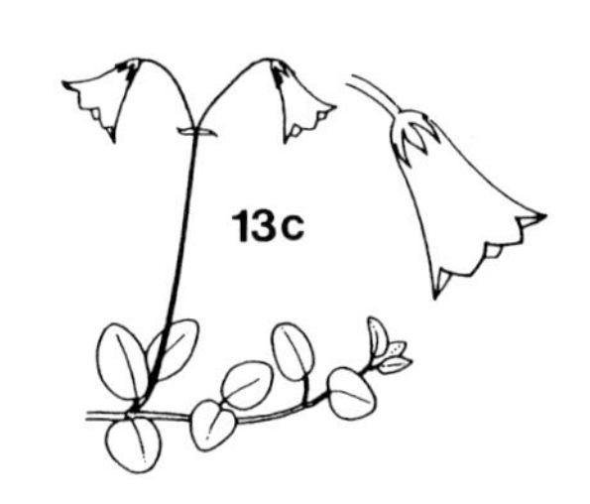

Schlüssel 2d: Baum oder Strauch – Blätter einfach, am Rand gekerbt, gezähnt oder gesägt, gegen- oder quirlständig

1a „Rosettenpflanzen": am Ende oft verzweigter, ± kurzer, blattloser Holz-„Stämmchen" (= freigelegte Wurzeln) Blattrosetten, aus denen durchweg krautige Stengel entspringen **2**
1b Bäume, Sträucher oder Halbsträucher; keine Endrosette am kahlen Holzsproß; Blätter fieder- oder handnervig, bzw. undeutlich geadert **4**
1c Baum; Blätter fächernervig, ± 3eckig, in den Stiel zulaufend, an der Breitseite (vorne) eingeschnitten-kerbig; derb; an seitlichen Kurztrieben
Ginkgogewächse, *Ginkgoaceae*
(Ginkgobaum: Sonderform) Band 2

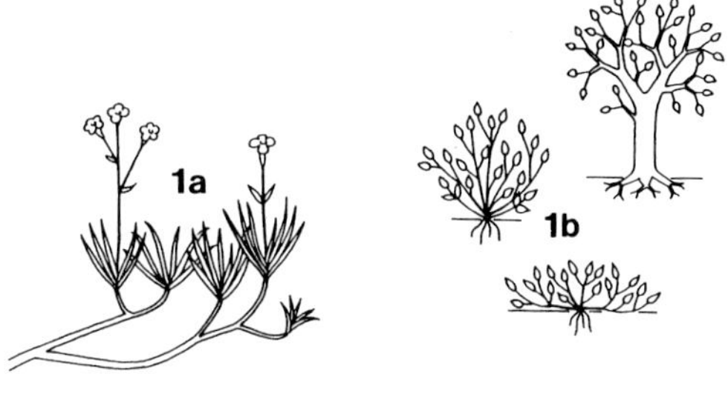

2a Blüten deutlich 2seitig, mit Ober- und Unterlippe, sowie verwachsener Kronröhre
Lippenblütengewächse, *Lamiaceae*
(Salbei) Band 4
2b Blüten 4zählig, strahlig-symmetrisch
Kreuzblütengewächse, *Brassicaceae*
(Schaumkresse u. a.) Band 3
2c Blüten 5zählig, ± kugelig-glockig
Wintergrüngewächse, *Pyrolaceae*
(alle Gattungen) Band 3
2d Blüten 5zählig, aufrecht, weit ausgebreitet
Nelkengewächse, *Caryophyllaceae*
(z. B. Miere) Band 2
2e Blüten 5- (oder mehr-)zählig, im oberen Teil ausgebreitet, unten bauchig-röhrig **3**

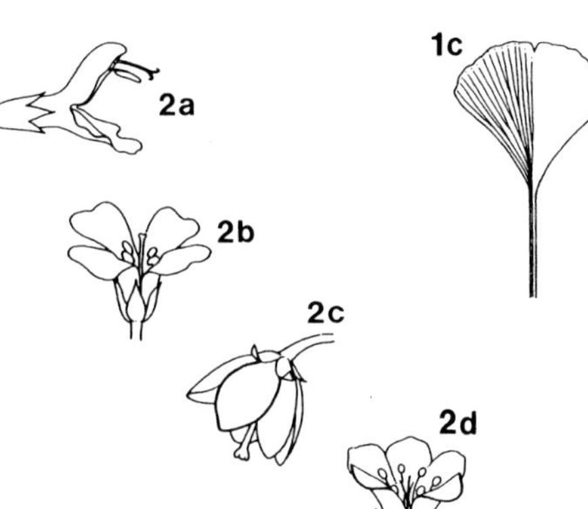

3a Blütenblätter bis zum Grund frei, nur der Kelch bauchig verwachsen
Nelkengewächse, *Caryophyllaceae*
(Nelke u. a.) Band 2
3b Blütenblätter unten deutlich verwachsen; Kelch meist ebenfalls verwachsen
Primelgewächse, *Primulaceae*
(Primel u. a.) Band 3

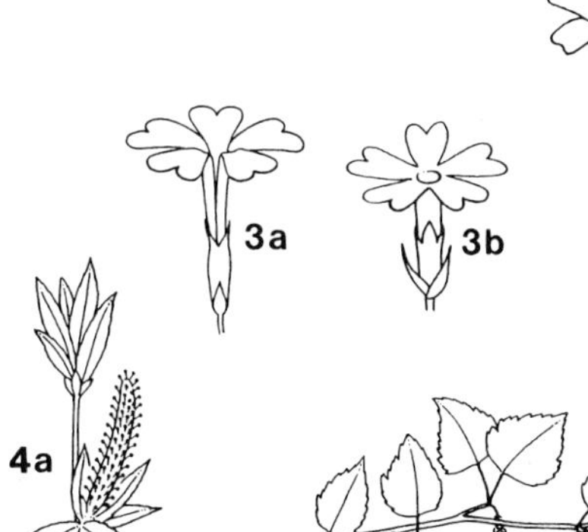

4a Blüten unscheinbar, bräunlich oder grünlich, in ± steifen, silberglänzenden Kätzchen
Weidengewächse, *Salicaceae*
(z. B. Weide) Band 3
4b Blüten unscheinbar, bräunlich, gelblich oder grün, ♂ in langen, schlaff hängenden Kätzchen
Birkengewächse, *Betulaceae*
(Birke) Band 2

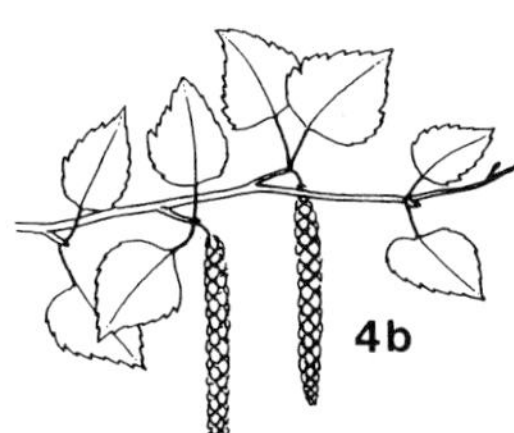

4c, 4d →

4c Blüten klein, grün (gelbgrün bis weißlich-grün, selten rot gepünktelt), 4–5strahlig **5**
4d Blüten gelb, blau, rot - oder weiß (dann zumindest 1 cm im Durchmesser), oft mit grünem Kelch . . **6**

5a Blüten mit spitzen Zipfeln; in doldigen Büscheln; Zweigspitzen dornig
Kreuzdorngewächse, *Rhamnaceae*
(Kreuzdorn) Band 3
5b Blüten mit gerundeten Zipfeln; in gestielten (Trug-)Dolden; Zweige ohne Dornspitzen, kantig, abgeflacht oder mit schwarzen Warzen
Spindelbaumgewächse, *Celastraceae*
(Pfaffenhütchen) Band 3

6a Blüten 2seitig-symmetrisch mit verwachsener Kronröhre, Unterlippe und (meist auch) Oberlippe; Halbsträucher
Lippenblütengewächse, *Lamiaceae*
(mehrere Gattungen) Band 4
6b Blüten strahlig, die Blütenblätter mindestens auf ⅓ trichterig, engröhrig oder bauchig-glockig verwachsen **7**
6c Blüten strahlig mit 4 freien bzw. nur am Grund verwachsenen Blütenblättern **9**
6d Blüten strahlig mit 5 bis vielen (= gefüllte Blüten von Zier-Rassen) freien, bzw. nur am Grund verwachsenen Blütenblättern **10**

7a Halbstrauch, aufrecht, sparrig verästelt; Stengel kantig; Blüten in Ähren
Eisenkrautgewächse, *Verbenaceae*
(Eisenkraut) Band 4
7b Kriechstrauch mit dünnem Hauptsproß und langen, aufrechten Stengeln, die 1–2 ± nickende Blüten tragen
Geißblattgewächse, *Caprifoliaceae*
(Moosglöckchen) Band 3
7c Aufrechte, meist hohe Sträucher **8**

8a Unterseite der Blätter grau- bis weißfilzig; Blüten in (Trug-)dolden, weiß
Holundergewächse, *Sambucaceae*
(Schneeball) Band 3
8b Unterseite der Blätter grau- bis weißfilzig; Blüten in langen Ährenripsen, blau, violett, selten auch weiß
Sommerfliedergewächse, *Buddlejaceae*
(Sommerflieder) Band 4
8c Unterseite der Blätter grün; Blüten hellrosa bis tiefrot, kurzgestielt in den Blattachseln
Geißblattgewächse, *Caprifoliaceae*
(Schneebeere, Weigelie) Band 3
8d Unterseite der Blätter grün; Blüten gelb, kurzgestielt in den Blattachseln
Ölbaumgewächse, *Oleaceae*
(Forsythie) Band 3

9a Blüten weiß, mit grünen Kelchblättern; aufrechte Sträucher, 0,5–5 m hoch
Hortensiengewächse, *Hydrangeaceae*
(Pfeifenstrauch u. a.) Band 3

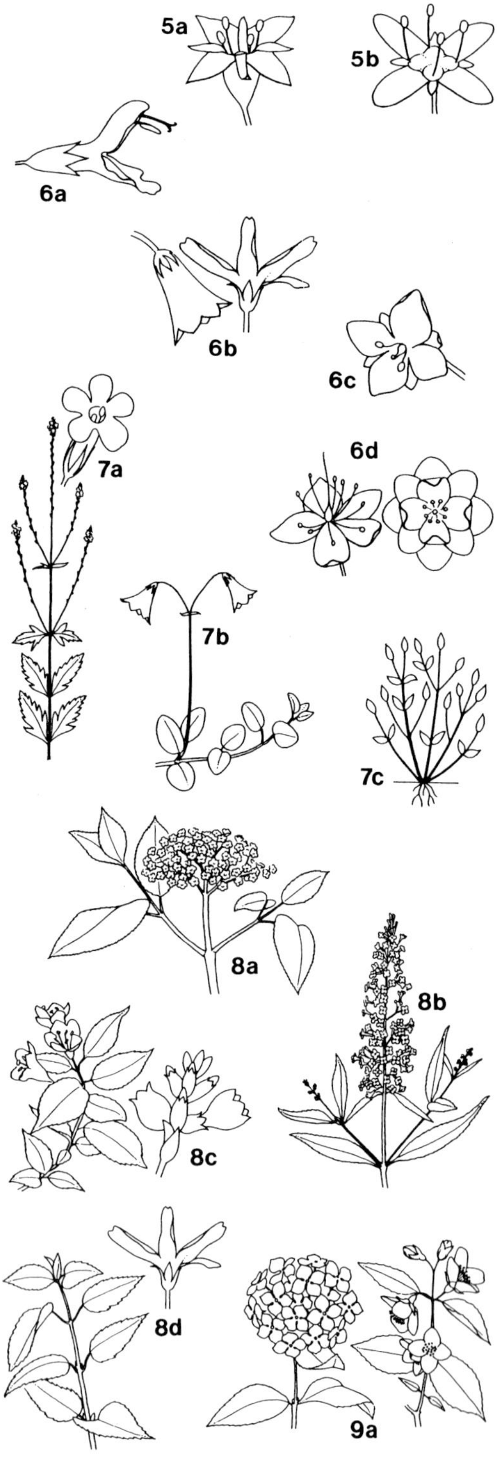

5a 5b 6a 6b 6c 6d 7a 7b 7c 8a 8b 8c 8d 9a

9b Blüten rot, mit rotbraunen Kelchblättern, Fruchtknoten länglich, stielartig, unterständig; Halbstrauch
Nachtkerzengewächse, *Onagraceae*
(Weidenröschen) Band 3

9c Blüten blau, mit grünen Kelchblättern, Fruchtknoten oberständig, ± herzförmig bis kugelig; Halbstrauch
Braunwurzgewächse, *Scrophulariaceae*
(Ehrenpreis) Band 4

10a Über 50 cm hohe Sträucher mit ± flach ausgebreiteten oder glockigen Blüten (verwilderte Gartensträucher)
Hortensiengewächse, *Hydrangeaceae*
(Pfeifenstrauch u.a.) Band 3

10b 10–40 cm hoher Zwergstrauch der Alpen mit roten, ± flach ausgebreiteten Blüten
Heidekrautgewächse, *Ericaceae*
(Zwerg-Alpenrose) Band 3

10c Halbstrauch mit ± glockigen Blüten in Trauben oder übergeneigten Dolden
Wintergrüngewächse, *Pyrolaceae*
(Winterlieb u.a.) Band 3

Schlüssel 2e: Baum oder Strauch – Blätter einfach, gelappt

1a Blätter 2lappig, mit fächerartig verlaufenden Gabelnerven, ledrig derb
Ginkgogewächse, *Ginkgoaceae*
(Ginkgobaum) Band 2

1b Blätter 2lappig, fiedernervig, die Lappen wiederum 2- bis 4lappig
Magnoliengewächse, *Magnoliaceae*
(Tulpenbaum) Band 2

1c Blätter fiederlappig 2

1d Blätter 3–7fach handlappig 6

2a Halbsträucher, nur der Hauptstengel in Bodennähe holzig 3

2b Bäume und Sträucher mit verholzten Haupt- und Nebensprossen, höchstens die diesjährigen Ästchen krautig 4

3a Blüten mit 4 freien Blütenblättern
Kreuzblütengewächse, *Brassicaceae*
(einige Arten) Band 3

3b Blüten mit 5 freien Blütenblättern
Rosengewächse, *Rosaceae*
(Nelkenwurz) Band 2

3c Blüten zungenförmig oder röhrig verwachsen, zu mehreren bis vielen in Körbchen, die von kelchartigen Hochblättern umgeben sind
Korbblütengewächse, *Asteraceae*
(mehrere Arten) Band 4

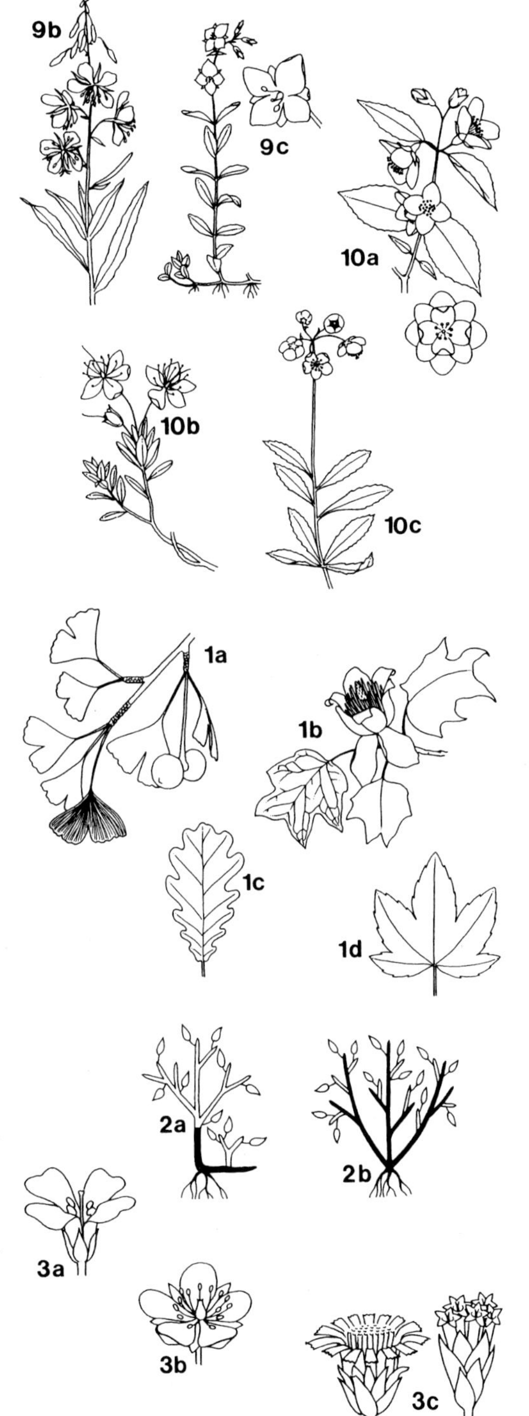

4a Blätter stachelig, ledrig derb, wintergrün
Stechpalmengewächse, *Aquifoliaceae*
(Stechpalme) Band 3
4b Blätter unbewehrt, weich, sommergrün, gegenständig
Geißblattgewächse, *Caprifoliaceae*
(z.B. Schneebeere) Band 3
4c Blätter unbewehrt, weich, sommergrün, wechselständig **5**

5a Blüten mit grünem Kelch und 5 bis vielen, meist weißen oder rötlichen Blütenblättern
Rosengewächse, *Rosaceae*
(mehrere Arten) Band 2
5b Blüten grünlich, 4zählig, in dichten Kätzchen; Blätter handförmig genervt
Maulbeerengewächse, *Moraceae*
(Maulbeerbaum) Band 2
5c Blüten aus grünlichen Schuppen, ♂ in lockerhängenden Ährchen, ♀ zu 1–5, ± gestielt; Blätter deutlich fiedernervig
Buchengewächse, *Fagaceae*
(Eiche) Band 2

6a Blätter gegenständig **7**
6b Blätter wechselständig **8**

7a Blattstiel am Grund ohne Nebenblätter
Ahorngewächse, *Aceraceae*
(Ahorn) Band 3
7b Blattstiel am Grund mit borstenartigen Nebenblättern, darüber rundliche Drüsenhöcker
Holundergewächse, *Sambucaceae*
(Schneeball) Band 3

8a Strauch oder kleiner Baum mit weißen oder roten Blüten; Kelch ± grün, nur mäßig lang
Rosengewächse, *Rosaceae*
(mehrere Gattungen) Band 2
8b Strauch (Bäumchen) mit grünen bis gelblichen, bei Zierformen auch roten Blüten; Kelch länger und oft farbiger als die Blütenblätter
Stachelbeerengewächse, *Grossulariaceae*
(Stachelbeere: Johannisbeere) Band 2
8c Baum mit einfachen, 1geschlechtigen, grünen Blüten in gestielten, oft hängenden, eiförmigen Kätzchen; Frucht brombeerförmig
Maulbeerengewächse, *Moraceae*
(Maulbeerbaum) Band 2
8d Baum mit einfachen, 1geschlechtigen Blüten in zottigen, walzlichen Kätzchen; Frucht mit haarigen Flugsamen; (Blätter unten weiß)
Weidengewächse, *Salicaceae*
(Silber-Pappel) Band 3
8e Baum mit einfachen, 1geschlechtigen Blüten in kugeligen Kätzchen; je 1–6 Kätzchen an langem Stiel; die igeligen Samenkugeln hängen meist bis zum nächsten Jahr am Baum
Platanengewächse, *Platanaceae*
(Platane) Band 2

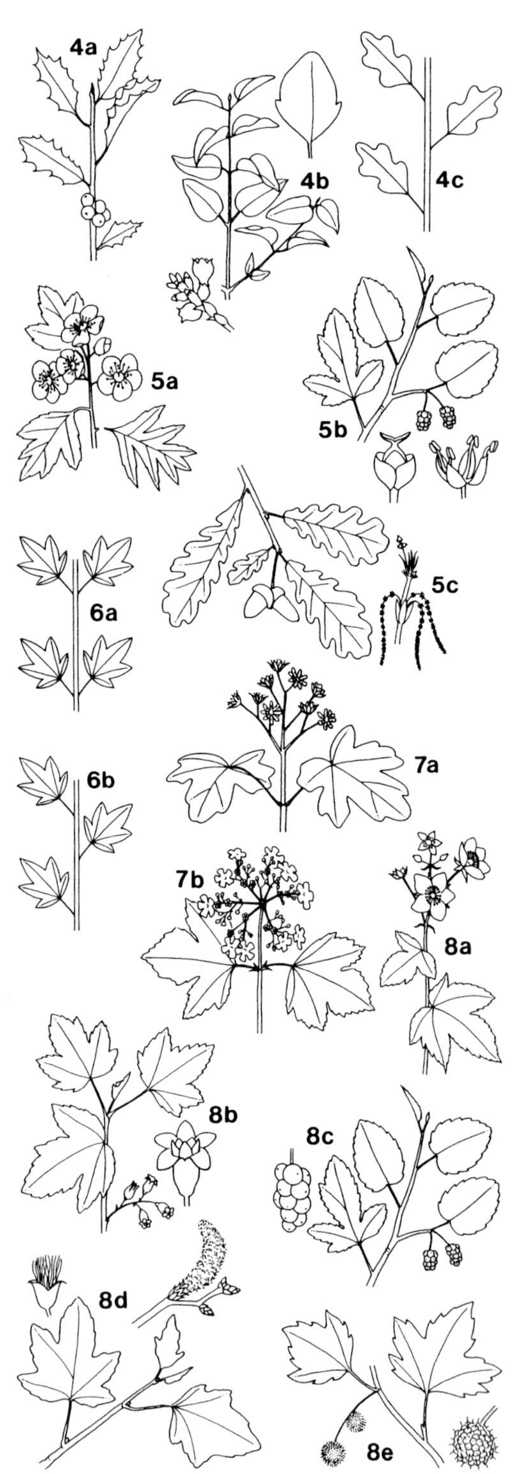

Schlüssel 2f: Baum oder Strauch – Blätter aus freien Teilblättchen zusammengesetzt

1a Blätter mehrfach geteilt: die Teilblättchen sitzen an Seitenstielchen **2**
1b Blätter einfach geteilt, mit 3 Teilblättchen **3**
1c Blätter einfach geteilt, aus mehr als 3 Teilblättchen zusammengesetzt, diese ganzrandig **6**
1d Blätter einfach geteilt, aus mehr als 3 Teilblättchen zusammengesetzt, diese am Rand gesägt **10**

2a Blüten unscheinbar, schwach 2seitig-symmetrisch; Baum mit starken, oft mehrfachen Dornen
Johannisbrotgewächse, *Caesalpiniaceae*
(Gleditschie) Band 2
2b Blüten strahlig-symmetrisch, über 5 cm im Durchmesser; hoher Halbstrauch
Pfingstrosengewächse, *Paeoniaceae*
(Pfingstrose) Band 3
2c Blüten strahlig-symmetrisch, 1-2 cm im Durchmesser; Halbstrauch
Rautengewächse, *Rutaceae*
(Raute) Band 3
2d Blüten röhrig oder zungenförmig, klein, zu vielen in Körbchen mit gemeinsamer, kelchartiger Hülle; Halbstrauch
Korbblütengewächse, *Asteraceae*
(z. B. Beifuß, Greiskraut) Band 4

3a Blüten 2seitig-symmetrisch
Schmetterlingsblütengewächse, *Fabaceae*
(mehrere Gattungen) Band 2
3b Blüten strahlig-symmetrisch, 4–5zählig, klein, oft nur mit Kelchblättern bzw. die Kronblätter deutlich kürzer als der Kelch **4**
3c Blüten strahlig-symmetrisch, 4–5zählig, um 1 cm im Durchmesser; Blütenblätter länger als der Kelch, grünweiß; Staubblätter 8–10, zuweilen nur Staubfäden vorhanden.
Rautengewächse, *Rutaceae*
(Kleeulme) Band 3
3d Blüten strahlig-symmetrisch, 5zählig mit 10 bis vielen Staubblättern; Durchmesser etwa 1 cm oder mehr; Blütenblätter länger als der Kelch, gelb, weiß oder rötlich **5**

4a Aufrechter oder (±) kriechender Strauch niederer Lagen; Blüten weißlich; Laubblätter wechselständig
Sumachgewächse, *Anacardiaceae*
(Gift-Sumach) Band 3
4b Kriechender Halbstrauch (Rosettenpflanze) der Alpen; Blütenblätter gelblich, viel kürzer als der grüne Kelch
Rosengewächse, *Rosaceae*
(Gelbling) Band 2
4c Kleiner Baum (oft mehrstämmig) mit gegenständigen Blättern; Blüten grünlich (nur Kelch)
Ahorngewächse, *Aceraceae*
(Eschen-Ahorn) Band 3

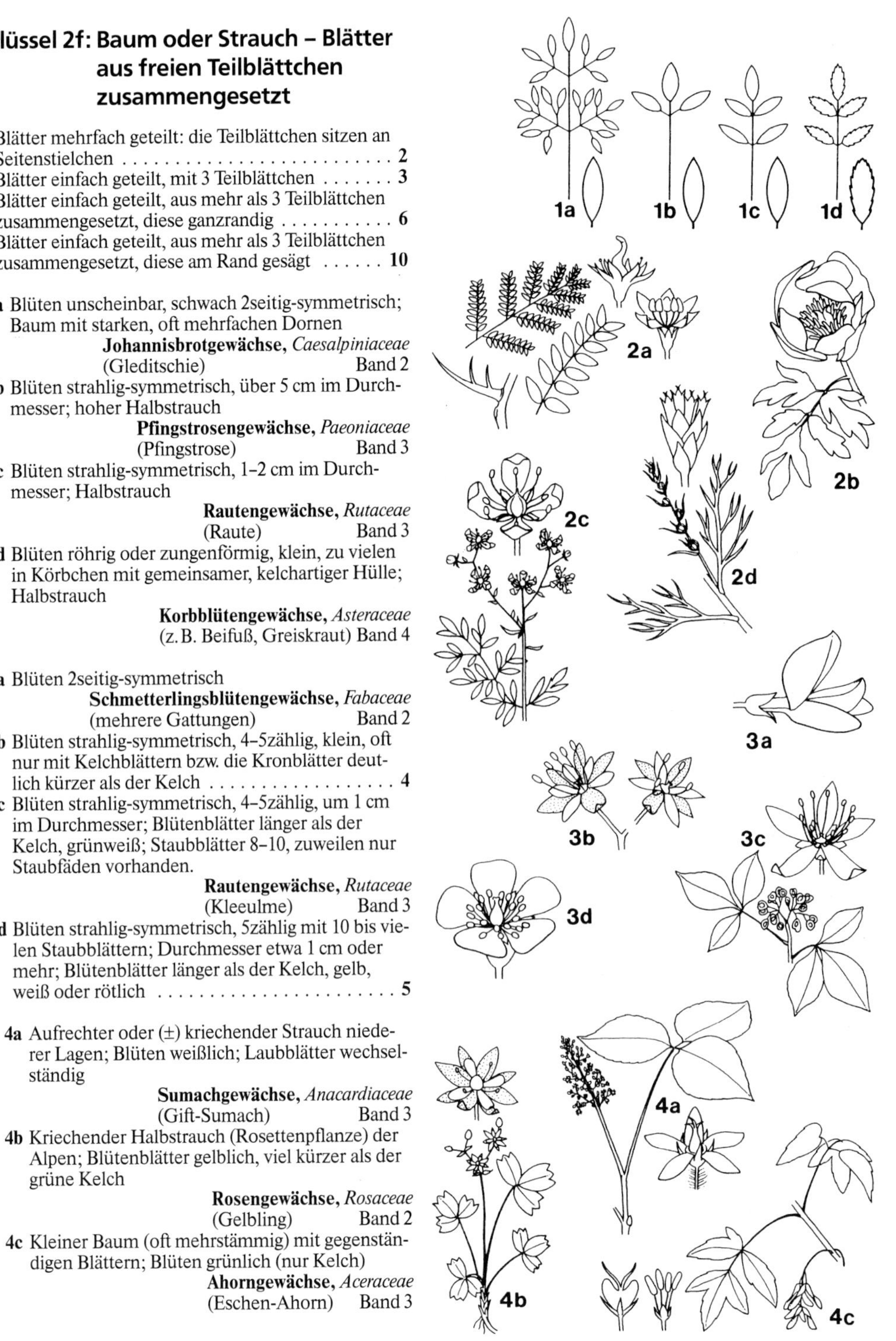

5a Strauch; stachelig, dornig oder mit stechenden Borstenhaaren besetzt
Rosengewächse, *Rosaceae*
(Rose, Brombeere) Band 2

5b Halbstrauch; Teilblättchen etwa gleichartig
Rosengewächse, *Rosaceae*
(Fingerkraut) Band 2

5c Kriech- oder Halbstrauch; das Mittelblättchen viel größer und anders geformt als die beiden seitlichen (= nur Nebenblätter)
Zistrosengewächse, *Cistaceae*
(z.B. Sonnenröschen) Band 3

6a Blätter gegenständig 7

6b Blätter wechselständig, 5teilig gefingert, zuweilen die 2 unteren Teilblättchen etwas abgesetzt 8

6c Blätter wechselständig, unpaar gefiedert (mit Endblättchen), zumindest ein Teil der Blätter mit mehr als 2 Fiederpaaren 9

6d Blätter wechselständig, paarig gefiedert, statt des Endblättchens eine kurze stielartige Spitze
Schmetterlingsblütengewächse, *Fabaceae*
(Erbsenstrauch, Tragant) Band 2

7a (Kletter-)Strauch; höchstens 7 Teilblättchen pro Blatt; Blüten groß, 4zählig; Früchte in Köpfchen, mit langem Federschweif
Hahnenfußgewächse, *Ranunculaceae*
(Waldrebe) Band 2

7b Baum; 9 bis über 13 Teilblättchen pro Blatt; Blüten klein, nackt, in überhängenden Büscheln; Früchte flach, lang-eiförmig
Ölbaumgewächse, *Oleaceae*
(Esche) Band 3

8a Blüten 2seitig, Blätter ± ungestielt
Schmetterlingsblütengewächse, *Fabaceae*
(Backenklee) Band 2

8b Blüten 5strahlig, Blätter ± lang gestielt
Rosengewächse, *Rosaceae*
(Fingerkraut) Band 2

9a Halbsträucher, Sträucher oder (oft dornbewehrte) Bäume; Teilblättchen rundlich bis eiförmig, vorn ± abgestumpft. Blüten 2seitig-symmetrisch
Schmetterlingsblütengewächse, *Fabaceae*
(verschiedene Gattungen) Band 2

9b (Unbewehrte) Bäume; Teilblättchen länglich-eiförmig, ± zugespitzt. Blüten klein, grünlich in Kolben (★) oder kleinen Trauben (☆); Früchte groß, kugelig, derbschalig
Walnußgewächse, *Juglandaceae*
(Walnuß) Band 2

9c (Unbewehrte) Bäume, zuweilen mehrstämmig; Teilblättchen länglich-eiförmig, ± zugespitzt, zumindest am Grund mit einigen Drüsenzähnen; Blüten klein, grünlich-weiß in langen, reichen Rispen; Früchtchen kernartig, von einem zungenförmigen Flugblatt umrandet
Bittereschengewächse, *Simaroubaceae*
(Götterbaum) Band 3

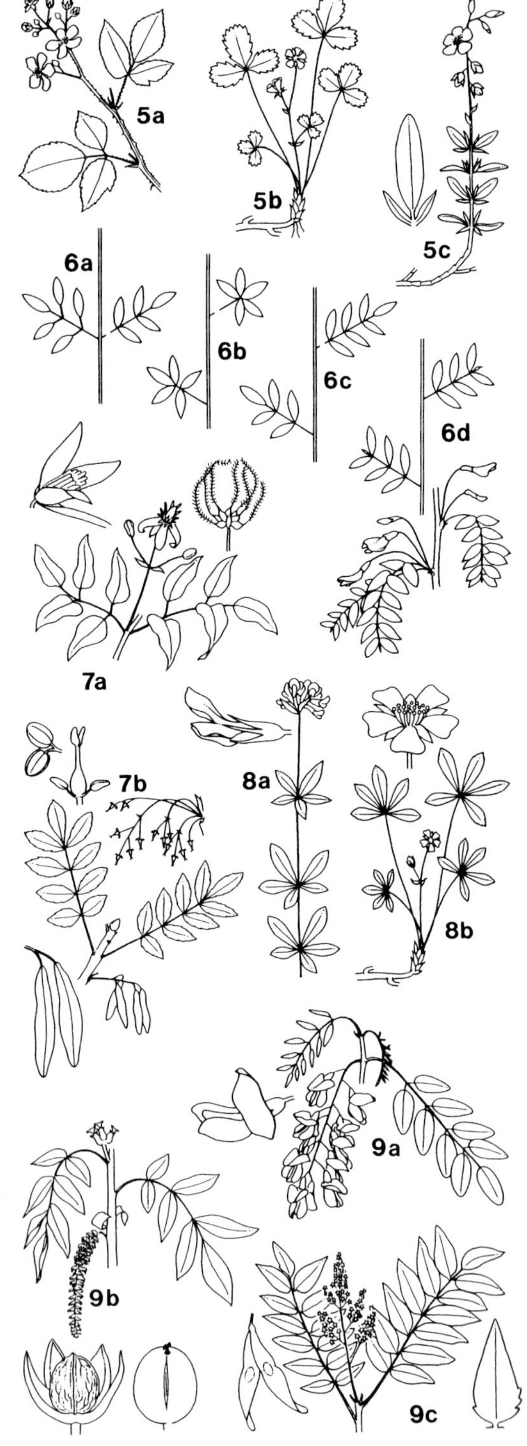

10a Blätter gegenständig, handförmig geteilt
Roßkastaniengewächse, *Hippocastanaceae*
(Roßkastanie) Band 3
10b Blätter gegenständig, fiedrig geteilt **11**
10c Blätter wechselständig, mit stachelig gezähntem Rand, ledrig derb, (Sprosse unbewehrt)
Berberitzengewächse, *Berberidaceae*
(Mahonie) Band 2
10d Blätter wechselständig, am Rand nicht stachelig aber Sprosse und eventuell Blattrippen mit Dornen oder Stacheln **12**
10e Blätter wechselständig, gesamte Pflanze ohne Dornen oder Stacheln **13**

11a Kriech- oder Kletterstrauch mit seilartigen Ästen; Blüten groß, 4zählig, einzeln oder in Rispen; Früchtchen mit langem Haarschweif
Hahnenfußgewächse, *Ranunculaceae*
(Waldrebe) Band 2
11b Strauch mit festen, selbsttragenden Zweigen; Blüten klein, (3–) 5 (–6)strahlig, in Doldenrispen; rote oder schwarze Beeren
Holundergewächse, *Sambucaceae*
(Holunder) Band 3
11c Strauch mit festen, selbsttragenden Zweigen; Blüten mittelgroß, glockig, 5zählig, in hängenden Rispentrauben; walnußgroße, häutige Fruchtkapseln; vorn fein 2zipflig
Pimpernußgewächse, *Staphyleaceae*
(Pimpernuß) Band 3
11d Baum; Blätter mit 9 und mehr, fein- und dicht gesägten Teilblättchen; Blüten in oft überhängenden Büscheln, ± nackt, grün bis braun-(rot); große, eiförmig-flache Flugfrüchte
Ölbaumgewächse, *Oleaceae*
(Esche) Band 3
11e Baum; Blätter mit höchstens 7 Teilblättchen, diese ungleichmäßig grob gezähnt; Blüten klein, 5zählig, grünlich, in hängenden Büscheln; kleiderbügelähnliche Spaltfrüchte
Ahorngewächse, *Aceraceae*
(Eschen-Ahorn) Band 3

12a Blüten strahlig, meist 5zählig; 5–7(–9) Teilblättchen pro Blatt
Rosengewächse, *Rosaceae*
(Rose, Brombeere u. a.) Band 2
12b Blüte 2seitig-symmetrisch, 11 oder mehr Teilblättchen pro Blatt
Schmetterlingsblütengewächse, *Fabaceae*
(Robinie u. a.) Band 2
13a Niedere Halbsträucher; Blätter handförmig zerteilt, 5–7 Teilblättchen
Rosengewächse, *Rosaceae*
(einige Gattungen) Band 2

13b Bäume und Sträucher; Blätter gefiedert, 2 bis viele Teilblättchenpaare **14**

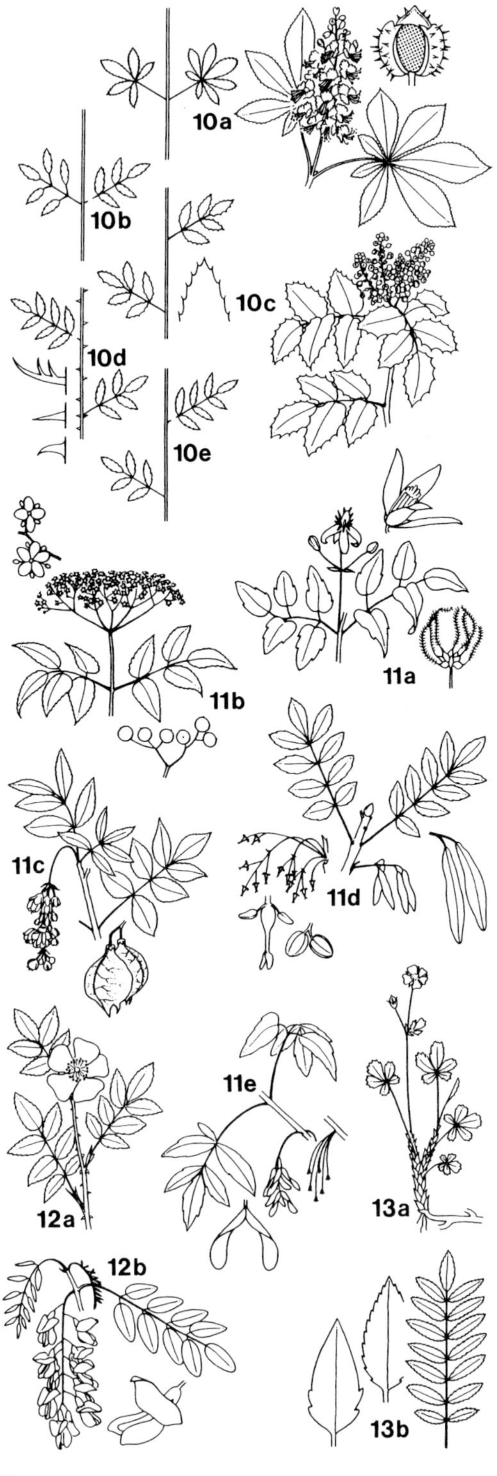

10a 10b 10c 10d 10e 11a 11b 11c 11d 11e 12a 12b 13a 13b

14a Teilblättchen zumindest vorn regelmäßig gesägt; Jungzweige braunfilzig; unscheinbare Blüten in dichten, aufrechten, gelben oder roten Kolben; (die Pflanze führt Milchsaft)
Sumachgewächse, *Anacardiaceae*
(Sumach) Band 3

14b Teilblättchen zumindest vorn regelmäßig gesägt; Jungzweige kahl, flaumig oder stachelig; Blüten in Doldentrauben oder Rispen, deutlich 5zählig (bei Zierformen auch mehrzählig), weiß, gelb oder rot
Rosengewächse, *Rosaceae*
(einige Gattungen) Band 2

14c Teilblättchen am Grund ± ungleichmäßig gezähnt, vorn ganzrandig; Blüten unscheinbar, grünlich-weiß, in oft mehr als 20 cm langen Rispen; Blätter oft über 50 cm lang
Bittereschengewächse, *Simaroubaceae*
(Götterbaum) Band 3

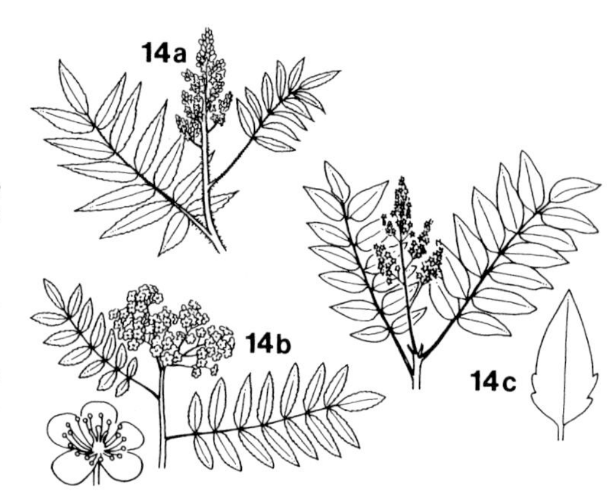

Schlüssel 2g: Baum oder Strauch – Blätter einfach, ganzrandig, wechselständig oder büschelig

1a Blütenhülle einfach oder nicht deutlich in grüne Kelchblätter und andersfarbige Blütenblätter unterscheidbar 2
1b Blütenhülle mit grünen Kelchblättern und andersfarbigen, nicht untereinander verwachsenen Blütenblättern 8
1c Blütenhülle mit grünem Kelch und andersfarbigen, zumindest am Grund miteinander verwachsenen Blütenblättern 14

2a Blütenhülle deutlich mehrteilig, wenn verwachsen, deutlich mehrzipflig, ± strahlig-symmetrisch angeordnet 3
2b Blütenhülle fehlend, oder nur schuppig, kleinröhrig, bzw. in unklarer Anordnung 7

3a Blütenhülle 3- oder 6teilig (bzw. mit 3 oder 6 Zipfeln) 4
3b Blütenhülle 4teilig oder 4zipflig 5
3c Blütenhülle 5teilig oder 5zipflig 6
3d Blütenhülle 8- bis mehrteilig, Blütenblätter groß, mehrere Zentimeter lang
Magnoliengewächse, *Magnoliaceae*
(Magnolie) Band 2

4a Blüten einzeln oder zu wenigen (2–3) aus der (Schein-)Blattmitte entspringend
Spargelgewächse, *Asparagaceae*
(Mäusedorn) Band 5

4b Blüten in reichen, end- und blattachselständigen Rispen oder Trauben
Knöterichgewächse, *Polygonaceae*
(Knöterich u. a.) Band 2

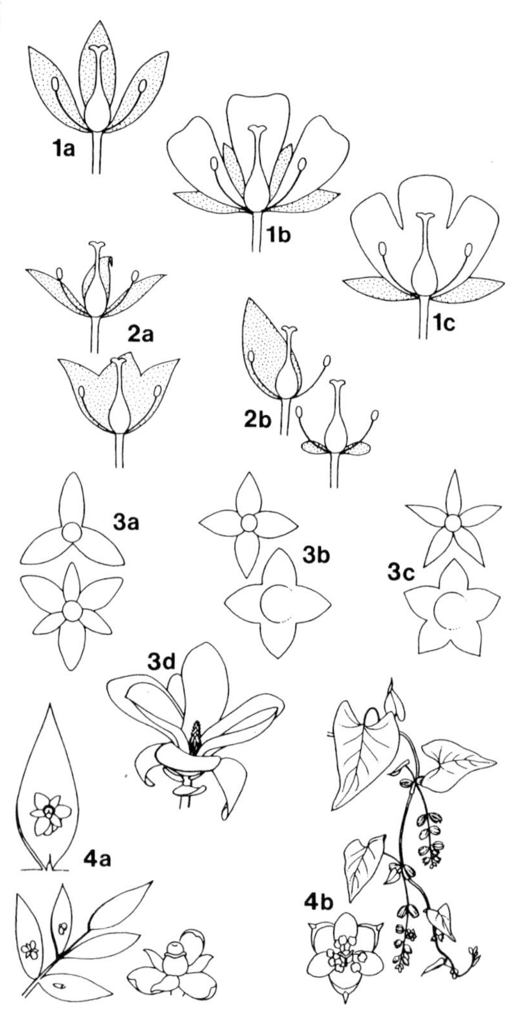

5a Blätter beidseits, zumindest aber unten, silbrigweiß; Blüten silbergrau-gelblich; Sträucher oder Bäume
Ölweidengewächse, *Elaeagnaceae*
(Ölweide) Band 3

5b Blätter beidseits grün, wenig behaart, zuweilen derb-lederig; Blüten weiß, rot oder hellgrün; Sträucher (auch Kleinsträucher)
Seidelbastgewächse, *Thymelaeaceae*
(Seidelbast) Band 3

5c Vergleiche: Halbsträucher; Stengel nur unten verholzt; Blätter beidseits grün, mit Milchsaft; Blüten 1geschlechtig, nackt in gemeinsamer kleiner, krugartiger Hülle; am Hüllensaum 4 (5) ovale oder halbmondförmige Drüsen (gelb oder rötlich), die Blütenhüllblätter vortäuschen (können)
Wolfsmilchgewächse, *Euphorbiaceae*
(Wolfsmilch) Band 3

6a Halbstrauch; Blüten in endständigen Doppeldolden, gelb
Doldengewächse, *Apiaceae*
(Hasenohr) Band 3

6b Halbstrauch; Blüten in Trauben, weiß oder rötlich überlaufen
Knöterichgewächse, *Polygonaceae*
(Knöterich u. a.) Band 2

6c Strauch; Blüten in reichverzweigten, dünnstieligen Rispen am Zweigende, gelblich
Sumachgewächse, *Anacardiaceae*
(Perückenstrauch) Band 3

6d Strauch; Blüten zu 2–7 in blattachselständigen Trugdolden, grünlich-gelblich
Kreuzdorngewächse, *Rhamnaceae*
(Faulbaum) Band 3

7a Blüten in dichten, ± aufrechten Kätzchen; Sträucher oder kleinere Bäume
Weidengewächse, *Salicaceae*
(Weide) Band 3

7b Blüten in „Cyathien“: gemeinsamen, krugartigen, 1–2 mm langen Hüllen, die am Rand mit 4 (5) flachen, ovalen bis halbmondförmigen, glänzend gelben oder roten Drüsen besetzt sind; Milchsaft führende Halbsträucher
Wolfsmilchgewächse, *Euphorbiaceae*
(Wolfsmilch) Band 3

7c Blüten in blattachselständigen, armblütigen Trauben, entweder (♂) von 2 Schüppchen umhüllt oder (♀) in ein kleines, 2lippiges Röhrchen eingeschlossen; Dornstrauch
Ölweidengewächse, *Elaeagnaceae*
(Sanddorn) Band 3

7d Blüten blattachselständig in kugeligen Büscheln, diese langstielig hängend (♂) oder kürzer gestielt, dichter und ± aufrecht (♀)
Buchengewächse, *Fagaceae*
(Buche) Band 2

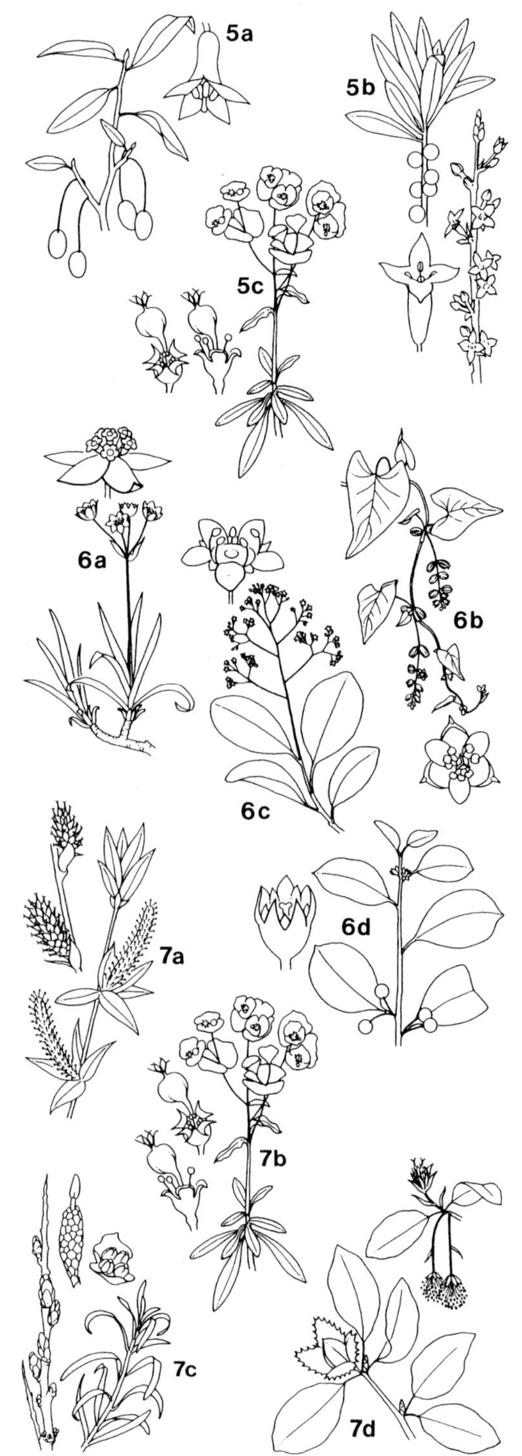

8a Blüten deutlich 2seitig-symmetrisch **9**
8b Blüten 3-(oder 6-)zählig, strahlig-symmetrisch, der (Schein-)Blatt-Mitte entspringend
Spargelgewächse, *Asparagaceae*
(Mäusedorn) Band 5
8c Blüten 4zählig, ± strahlig-symmetrisch (Blütenblätter untereinander gleich oder nur in der Größe etwas verschieden) **10**
8d Blüten 5zählig, ± strahlig-symmetrisch (Blütenblätter alle gleich oder höchstens geringfügig verschieden) **11**
8e Vergleiche: Blüten sehr groß, vielzählig
Magnoliengewächse, *Magnoliaceae*
(Magnolie) Band 2

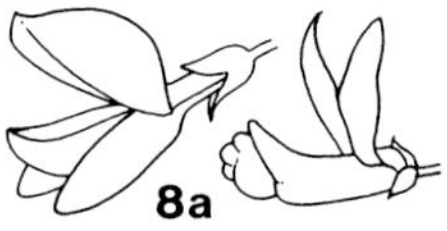

9a Kreuzblumenblüte: 3 freie Kelchblätter, 2 Flügel, 1 röhriges Blütenblatt, vorn 4lappig
Kreuzblumengewächse, *Polygalaceae*
(Kreuzblume) Band 3
9b Schmetterlingsblüte: verwachsener, 5zipfliger Kelch, 1 Fahne, 2 Flügel, 1 Schiffchen
Schmetterlingsblütengewächse, *Fabaceae*
(mehrere Gattungen) Band 2

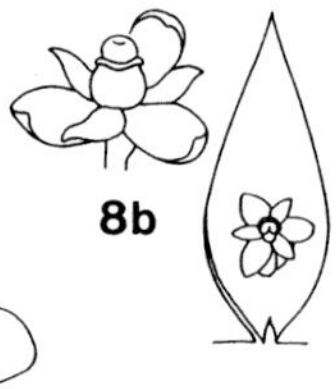

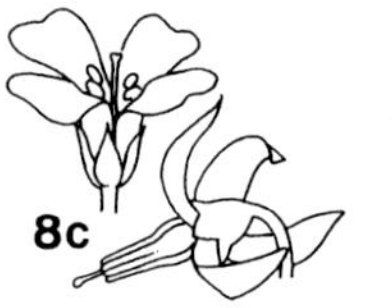

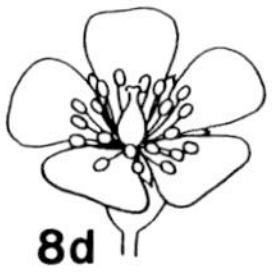

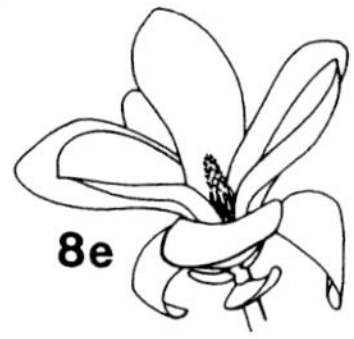

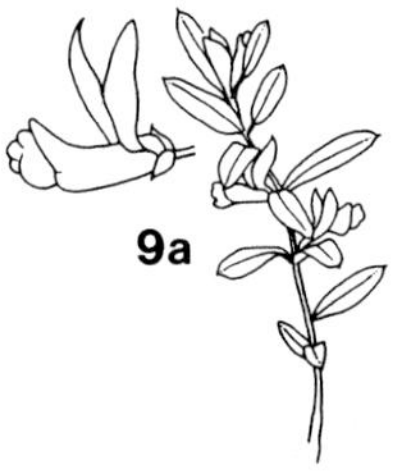

10a Halbstrauch; Blütenblätter im unteren Teil ± aufrecht; Fruchtknoten oberständig
Kreuzblütengewächse, *Brassicaceae*
(mehrere Gattungen) Band 3
10b Halbstrauch; Blütenblätter und die schmäleren Kelchblätter ± waagrecht ausgebreitet; Fruchtknoten unterständig, blütenstielartig
Nachtkerzengewächse, *Onagraceae*
(Weidenröschen) Band 3
10c Dünnstengeliger Kriechstrauch; Blütenblätter am Grund verwachsen, ihre langen, schmalen Zipfel weit zurückgebogen; Fruchtknoten kugelig, unterständig
Heidekrautgewächse, *Ericaceae*
(Heidelbeere: Moosbeere) Band 3
10d Strauch oder kleiner Baum; Blütenblätter rundlich, (weiß), Fruchtknoten oberständig
Stechpalmengewächse, *Aquifoliaceae*
(Stechpalme, Altersform) Band 3

11a Baum, Strauch oder kriechender Halbstrauch; Blätter ± weich, sommergrün **12**
11b Baum oder Strauch mit derb-ledrigen, wintergrünen Blättern **13**
11c Aufrechter Halbstrauch; Blätter weich, lineal
Leingewächse, *Linaceae*
(Lein) Band 3

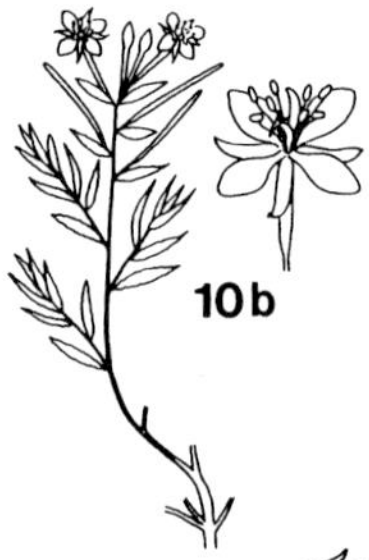

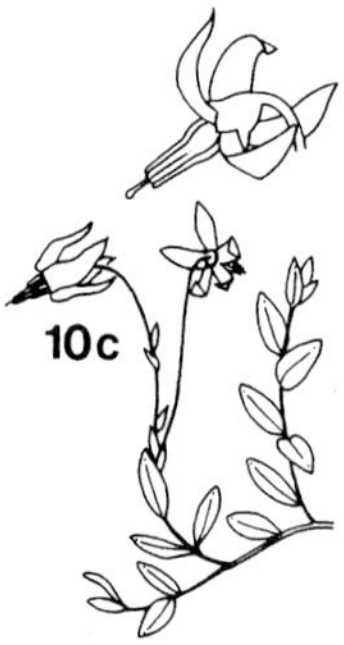

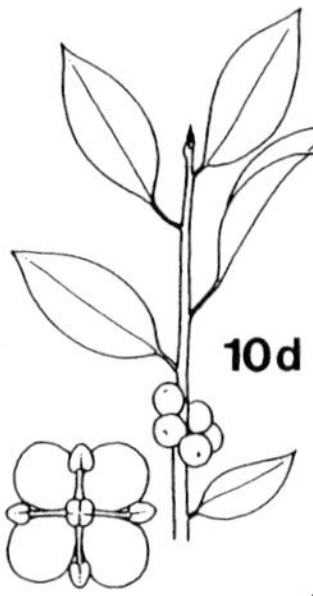

12a Blüten klein, hellgelblich bis weißlich-grün, auf dünnen Stielen in ausladenden, duftig-lockeren Rispen
Sumachgewächse, *Anacardiaceae*
(Perückenstrauch) Band 3
12b Blüten über 1 cm breit, gelb oder grauweiß, mit 3 großen und 2 kleinen Kelchblättern; in lockeren Trauben
Zistrosengewächse, *Cistaceae*
(z. B. Sonnenröschen) Band 3

8a 8b 8c 8d 8e 9a 9b 10a 10b 10c 10d 11c  12a  12b

12c Blüten weiß oder rot, mit 5 gleichartigen Kelchblättern, einzeln, in Büscheln, in dichten Rispen oder Trugdolden
Rosengewächse, *Rosaceae*
(mehrere Gattungen) Band 2

13a Blätter ± flach, eiförmig, unterseits grün oder weißfilzig
Rosengewächse, *Rosaceae*
(z.B. Zwergmispel) Band 2

13b Blätter schmal, unterseits braunfilzig, Blattrand nach unten eingerollt
Heidekrautgewächse, *Ericaceae*
(z.B. Porst) Band 3

14a Blüten ± 2lippig, deutlich 2seitig-symmetrisch, verwachsen, Kronröhre am Grund mit Sporn oder kurzer Aussackung; Halbstrauch
Braunwurzgewächse, *Scrophulariaceae*
(einige Gattungen) Band 4

14b Blüten radförmig: Blütenblätter nur am Grund miteinander verwachsen, 4 breite, strahlig abstehende Zipfel; Strauch oder kleiner Baum
Stechpalmengewächse, *Aquifoliaceae*
(Stechpalme, Altersform) Band 3

14c Blüten turbanartig: Blütenblätter nur am Grund miteinander verwachsen, 4–5 schmale, weit zurückgebogene Zipfel; Kriechstrauch
Heidekrautgewächse, *Ericaceae*
(Heidelbeeren: Moosbeere) Band 3

14d Blüten stieltellerförmig: Blütenblätter zu einer engen Röhre verwachsen, 5 ± flach abstehende Zipfel; Blütenröhre etwa so lang wie der Kelch . . . **15**

14e Blüten trichterförmig(-glockig) verwachsen, mit 4–5 aufrecht bis bogig abstehenden Zipfeln. Kelch deutlich kürzer als der Trichter, Zipfel zumindest ¼ so lang **16**

14f Blüten krugförmig verwachsen, 4–5 kleine, zahnartige Zipfel am Mundsaum der bauchigen (oberseits eventuell verengten) Kronröhre
Heidekrautgewächse, *Ericaceae*
(mehrere Gattungen) Band 3

15a Blüten blau (Knospe rosa), Kelchblätter bis zum Grund frei, seidig behaart
Rauhblattgewächse, *Boraginaceae*
(Himmelsherold) Band 4

15b Blüten weiß oder rosa, Kelchblätter bis zur Mitte verwachsen, kahl oder kurzborstig
Primelgewächse, *Primulaceae*
(z.B. Mannsschild) Band 3

16a Blüten violett, zu 1–3 in den Blattachseln; Strauch mit langen, rutenförmigen, oft bogig überhängenden, meist dornigen Zweigen
Nachtschattengewächse, *Solanaceae*
(Bocksdorn) Band 4

16b Blüten weiß, rot oder gelb, an den Zweigenden doldig oder traubig gehäuft; aufrechte, kurz verzweigte Sträucher oder Zwergsträucher
Heidekrautgewächse, *Ericaceae*
(einige Gattungen) Band 3

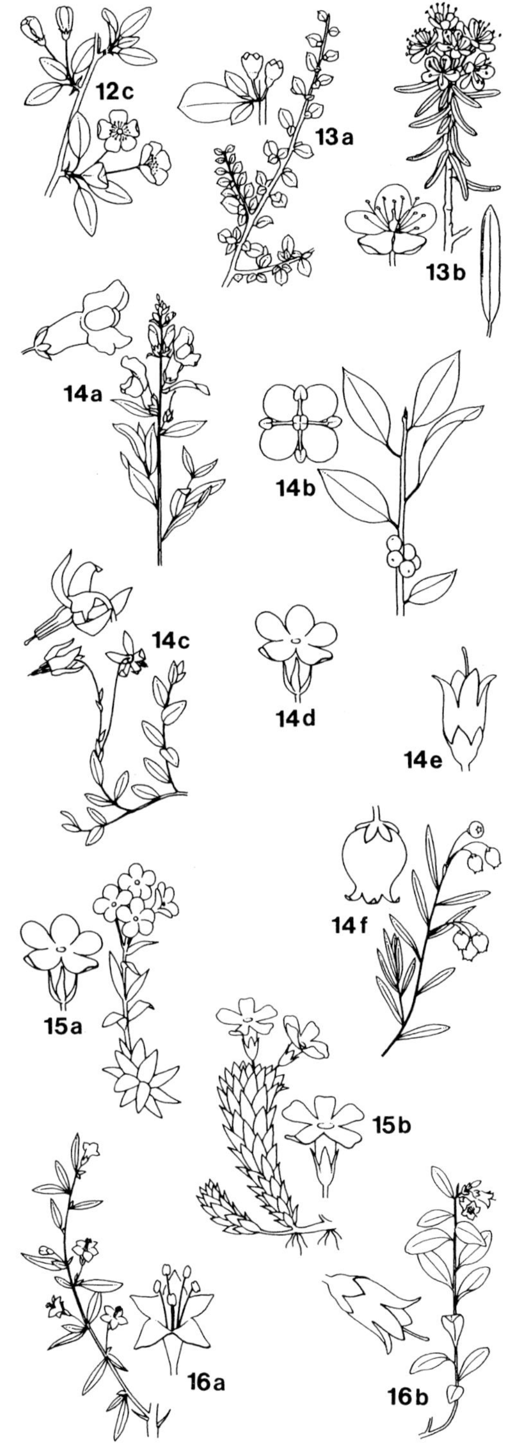

Schlüssel 2h: Baum oder Strauch – Blätter einfach, am Rand gekerbt, gezähnt oder gesägt, wechselständig oder büschelig

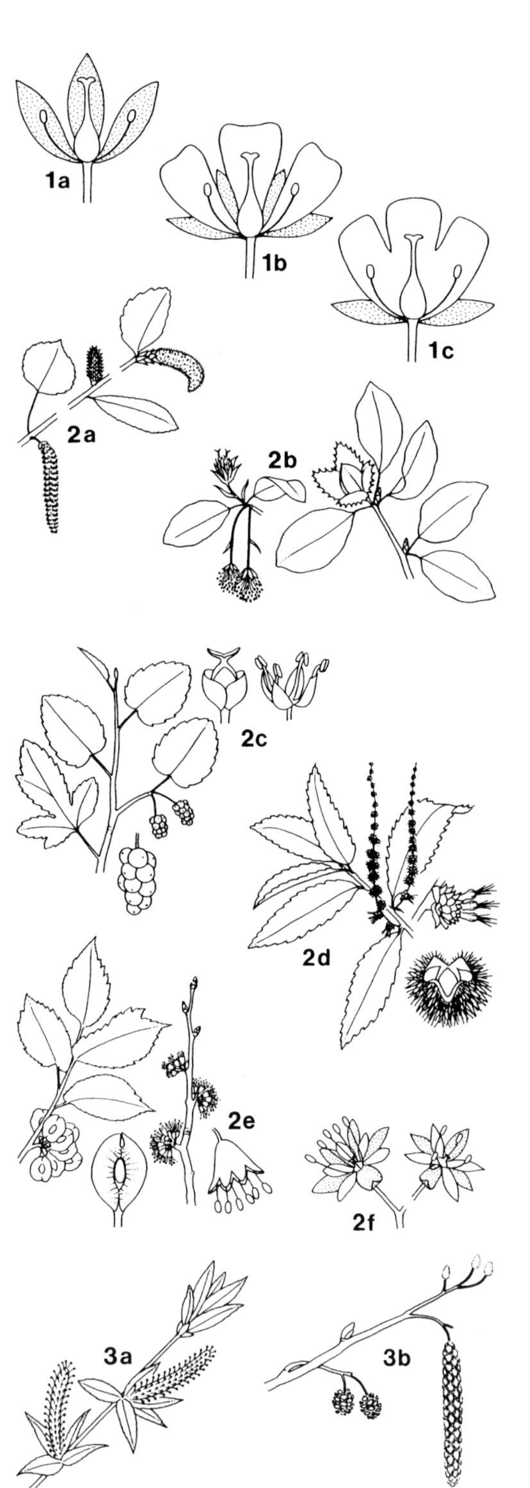

1a Blütenhülle fehlend, einfach oder zwar doppelt, aber Kelch- und Blütenblätter farblich kaum verschieden (meist grünlich-gelblich) oder die Blütenblätter sehr klein und kürzer als die Kelchblätter **2**
1b Blütenhülle mit grünen Kelchblättern und andersfarbigen, freien Blütenblättern **7**
1c Blütenhülle mit Kelch und andersfarbigen, zumindest am Grund verwachsenen Blütenblättern . . . **12**

2a Zumindest ein Teil der Blüten (♀, ♂) in ± ungestielten, eiförmigen bis walzlichen, dichten Kätzchen (aufrecht oder überhängend); Blüten ohne Hülle, von Tragschuppen bedeckt **3**
2b Blüten mit einfacher Hülle, in langgestielten Knäueln; Blätter eiförmig, am Rand gewellt; Früchte 3kantige Nüßchen in einem spitzeiförmigen, verholzten, stumpf und kurz bestachelten Fruchtbecher
Buchengewächse, *Fagaceae*
(Buche) Band 2
2c Blüten mit einfacher Hülle, in gestielten oder ± sitzenden, dichten, schuppenlosen Ährchen; Blätter oft etwas ungleichseitig; Frucht länglich-brombeerähnlich, weiß oder schwarzviolett
Maulbeerengewächse, *Moraceae*
(Maulbeerbaum) Band 2
2d Blüten mit einfacher Hülle in aufgelockerten, langen, abstehenden Ähren (untere Blüten meist ♀); Blätter lanzettlich, am Rand stachelspitzig gesägt; Nüsse zu 1-3 in einem dicht- und langstacheligen, ± kugeligen Fruchtbecher
Buchengewächse, *Fagaceae*
(Edelkastanie) Band 2
2e Blüten mit einfacher Hülle, gestielt, einzeln oder in Büscheln; Blattgrund meist ungleichseitig; Frucht entweder ringsum geflügeltes Nüßchen oder kugeliges Steinfrüchtchen
Ulmengewächse, *Ulmaceae*
(Ulme, Zürgelbaum) Band 2
2f Blüten mit doppelter oder mehrfacher Hülle (! innere Hüllblätter zuweilen kleiner als die äußeren), zumindest kurz-gestielt, in Büscheln oder Trauben **6**

3a Alle Kätzchen einer Pflanze ± gleichartig gebaut (Pflanze 2häusig) **4**
3b Auf einer Pflanze deutlich unterschiedliche Blütenstände (Pflanze 1häusig) **5**

4a Strauch mit vielen goldglänzenden, duftenden Harzdrüsen; Blätter (meist nach der Blüte!) nur vorn gesägt; Fruchtkätzchen etwa 1 cm lang; Früchtchen 3zipflig, derbfleischig, mit je 1 (glatten) Samen
Gagelstrauchgewächse, *Myricaceae*
(Gagelstrauch) Band 2

4b Baum mit lang gestielten oder Strauch mit kurz gestielten, meist ringsum gesägten Blättern; die spärlichen Drüsen nie glänzend goldgelb; Fruchtkätzchen über 1 cm lang; kleine Kapselfrüchtchen mit vielen haarigen (Flug-) Samen
Weidengewächse, *Salicaceae*
(Weide, Pappel) Band 3

5a Alle Kätzchen aufrecht, die ♀ auffällig dicker und ± gestielt; Niedere Sträucher
Birkengewächse, *Betulaceae*
(Birke) Band 2

5b ♂Kätzchen lang walzlich, hängend, ♀Kätzchen aufrecht oder aufgebogen, kugelig-eiförmig bis dünn walzlich; reif entweder aufrechte ovale Zäpfchen oder kurz walzliche hängende Kätzchen; Frucht: Flügelnüßchen
Birkengewächse, *Betulaceae*
(Birke, Erle) Band 2

5c ♂Kätzchen lang walzlich, hängend, ♀Blüten in erst übergebogenen, später hängenden großschuppigen Kätzchen; Nüßchen mit 3teiligen oder eiförmigen Schuppenflügeln
Haselgewächse, *Corylaceae*
(Hain- und Hopfenbuche) Band 2

5d Vergleiche: ♂Kätzchen lang walzlich, hängend, ♀ Blüten in Astknospen, vor den Blättern erscheinend; Nuß in krautigem Becher
Haselgewächse, *Corylaceae*
(Haselnuß) Band 2

6a Knorriger Kriechstrauch an Felsen; Blätter am Rand fein gesägt; Blüten meist 4zählig
Kreuzdorngewächse, *Rhamnaceae*
(Kreuzdorn) Band 3

6b ± aufrechter Strauch, zuweilen mit einfachen Dornen; Blätter am Rand grob doppelt-gesägt (bis handlappig); Blüten meist 5zählig
Stachelbeerengewächse, *Grossulariaceae*
(Stachelbeere, Johannisbeere) Band 2

6c Aufrechter Strauch; unter den Astansätzen meist 3teilige Dornen; Blattrand fein stachelig-gesägt; Blüten in langen, hängenden Trauben, weitglokkig, 5–12zählig
Berberitzengewächse, *Berberidaceae*
(Berberitze) Band 2

6d Baum mit herzförmigen Blättern; Blüten 5zählig, in gestielten Trugdöldchen in der Mitte eines zungenförmigen Tragblattes (Flugorgan)
Lindengewächse, *Tiliaceae*
(Linde) Band 3

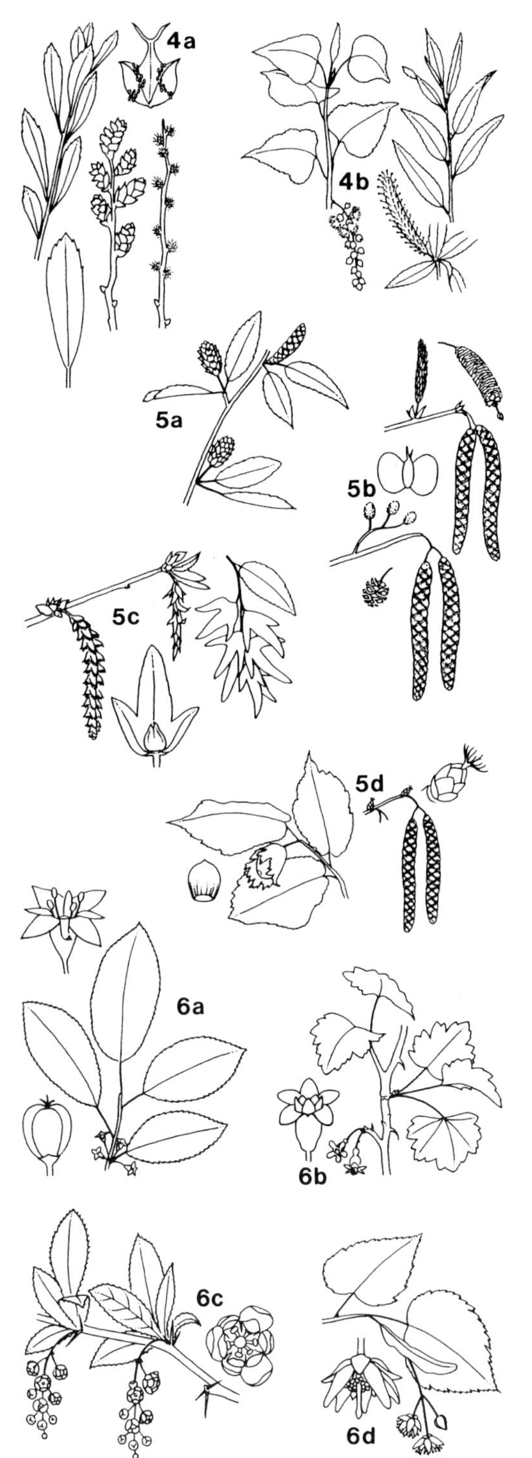

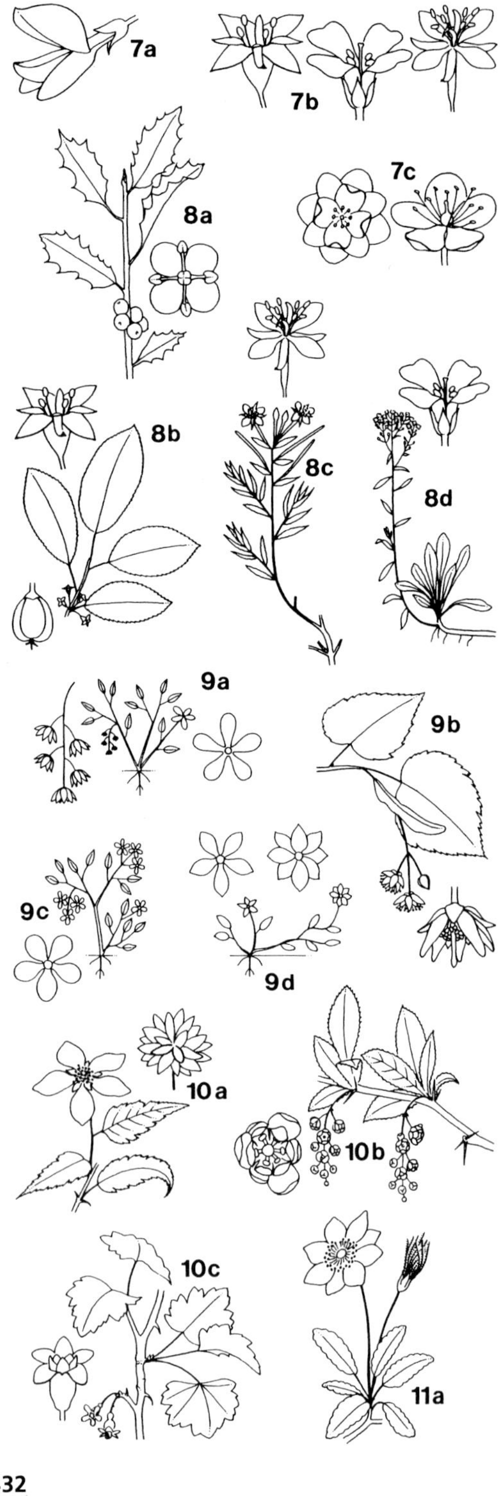

7a Blüten deutlich 2seitig-symmetrisch
Schmetterlingsblütengewächse, *Fabaceae*
(z. B. Hauhechel) Band 2
7b Blüten strahlig-symmetrisch, 4zählig **8**
7c Blüten strahlig-symmetrisch, 5–10zählig (bei Zierformen auch gefüllt) **9**

8a Bis 10 m hoher Strauch oder Baum; Blätter derbledrig, glänzend; Blütenblätter weiß, länger als der Kelch; rotglänzende Beeren
Stechpalmengewächse, *Aquifoliaceae*
(Stechpalme) Band 3
8b Niederer Strauch; Blätter sommergrün, Blütenblätter grünlich, schmäler und meist kürzer als der Kelch; Frucht schwarz, rundlich
Kreuzdorngewächse, *Rhamnaceae*
(Kreuzdorn) Band 3
8c Halbstrauch; Blüten rot, weit ausgebreitet
Nachtkerzengewächse, *Onagraceae*
(Weidenröschen) Band 3
8d Halbstrauch; Blüten weiß oder gelb, Kelchblätter ± aufrecht abstehend
Kreuzblütengewächse, *Brassicaceae*
(mehrere Gattungen) Band 3

9a Blüten gelb oder grün (zuweilen außen braunrot überlaufen); Strauch **10**
9b Blüten hellgelblich, in gestielten Trugdöldchen an zungenförmigem Tragblatt; Baum
Lindengewächse, *Tiliaceae*
(Linde) Band 3
9c Blüten weiß oder rot, Baum oder Strauch
Rosengewächse, *Rosaceae*
(viele Gattungen) Band 2
9d Blüten weiß oder rot, Zwerg- oder Kriechstrauch (der Alpen) **11**

10a Blüten groß (über 1 cm im Durchmesser), 1 (selten 2) pro Blattachsel, ± aufrecht, gelb, oft gefüllt; Blätter lang-eiförmig, spitz, doppelt gesägt, fiedernervig
Rosengewächse, *Rosaceae*
(Kerrie) Band 2
10b Blüten mittelgroß (um 1 cm im Durchmesser), hängende Trauben, gelb; Blätter länglich-oval, wimperig-stachelig gesägt, fiedernervig
Berberitzengewächse, *Berberidaceae*
(Berberitze) Band 2
10c Vergleiche: Blüten mittelgroß, einzeln oder in Trauben, grünlich-fahlgelb; Blätter eirundlich, grobsägig bis gelappt, handnervig
Stachelbeerengewächse, *Grossulariaceae*
(Stachelbeere, Johannisbeere) Band 2

11a Blütenblätter weiß, (6-) 8 (-10); Blätter unterseits silbrig-grau, Rand gekerbt
Rosengewächse, *Rosaceae*
(Silberwurz) Band 2

7a 7b 7c 8a 8b 8c 8d 9a 9b 9c 9d 10a 10b 10c 11a

11b Blütenblätter rot, 5; Blätter kaum 1 cm lang, elliptisch-lanzettlich, spitz
Heidekrautgewächse, *Ericaceae*
(Zwerg-Alpenrose) Band 3

12a Strauch oder kleiner Baum; Blüten 4zählig, tief geteilt; Blätter stachelig gezähnt
Stechpalmengewächse, *Aquifoliaceae*
(Stechpalme) Band 3

12b Zwergstrauch oder kleiner Strauch (unter 1,5 m hoch); Blütenblätter bis zur Mitte oder noch höher verwachsen (trichter- oder krugförmig)
Heidekrautgewächse, *Ericaceae*
(mehrere Gattungen) Band 3

12c Zwergstrauch, Blüte 5zählig, aufrecht, Blütenblätter fast bis zum Grund frei
Heidekrautgewächse, *Ericaceae*
(Zwerg-Alpenrose) Band 3

12d Vergleiche: Halbstrauch, höchstens bis zur lockeren Blattrosette holzig; Blüten fast freiblättrig, ± nickend, in Trauben oder Dolden
Wintergrüngewächse, *Pyrolaceae*
(z.B. Wintergrün) Band 3

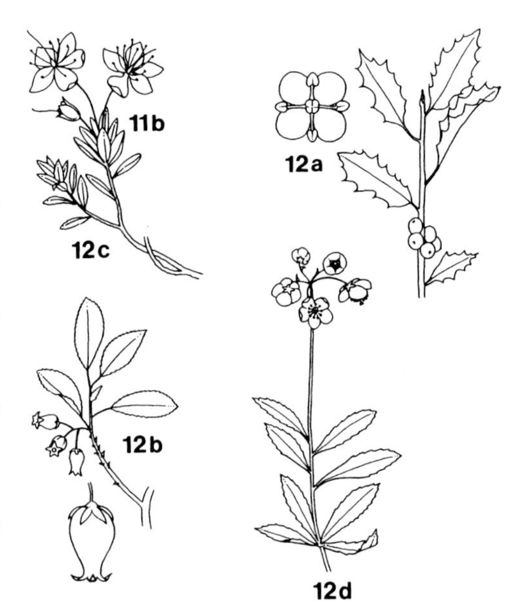

Schlüssel 3: Nadelhölzer

1a Rutensträucher: Stengel mit längeren, kahlen Sproßstücken, an den Knoten (Übergängen) kleine, oft häutige Schuppen **2**

1b Bäume oder Sträucher mit dichtstehenden, anliegenden Schuppen, die höchstens an der Spitze nadelig aufgebogen sind; hierher auch alle Pflanzen an deren Äste Nadeln und Schuppen gemischt stehen **3**

1c Dornstarrende Sträucher; Blätter und Seitenzweige zu nadelähnlichen Spitzen umgewandelt, die Dornen deshalb verzweigt. Blüten gelb, 2seitig-symmetrisch (1 Fahne, 2 Flügel, 1 Schiffchen)
Schmetterlingsblütengewächse, *Fabaceae*
(Stechginster) Band 2

1d Zwergsträucher mit nadelig eingerollten Blättern (Hohlnadeln) **6**

1e Bäume und Sträucher, ausschließlich mit kompakten, 4kantig-rundlichen oder ± flachen Nadeln, die höchstens am Rand schwach umgebogen sind . . . **7**

2a Blüten unscheinbar, grünlich; rote, beerenartige Früchte; wild nur in Westeuropa und im Wallis
Meerträubelgewächse, *Ephedraceae*
(Meerträubel) Band 2

2b Blüten groß, gelb, 2seitig-symmetrisch (1 Fahne, 2 Flügel, 1 Schiffchen); Frucht eine trockene, meist 2klappig aufspringende Hülse
Schmetterlingsblütengewächse, *Fabaceae*
(Ginster-Gruppe, Sonderformen) Band 2

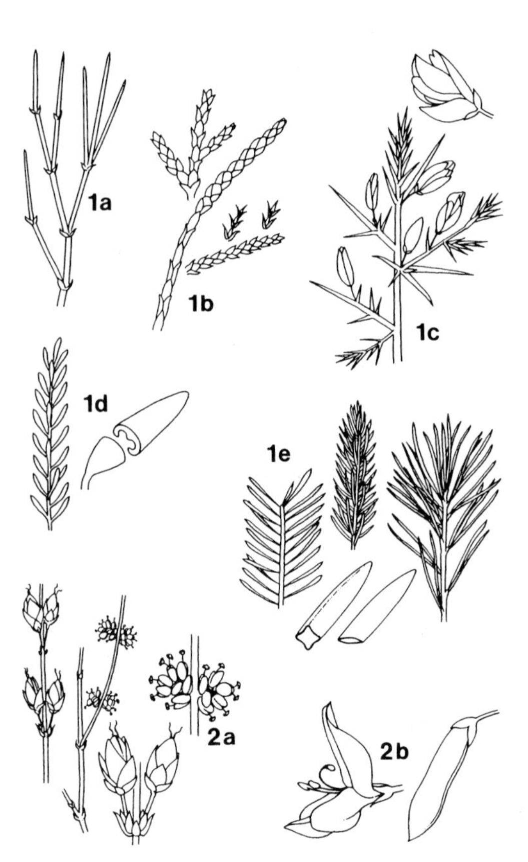

3a Blüten unscheinbar, doch öfters zu auffälligen Zäpfchen vereinigt; Früchte oft langbleibende Holzzäpfchen oder beerenartig; Bäume oder größere Sträucher 4

3b Blüten klein, aber bunt gefärbt (rot bis violett, zuweilen auch weiß); Frucht eine Kapsel 5

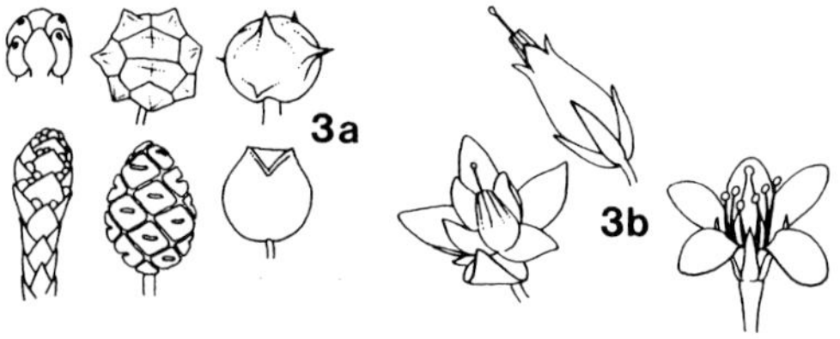

4a Schuppenzweige rundlich; die (gleichgestalteten) Schuppen wechselständig (spiralig)
Sumpfzypressengewächse, *Taxodiaceae*
(Mammutbaum) Band 2

4b Schuppen kreuzgegenständig; Schuppenzweige entweder flach (2 verschiedene Arten von Schuppen) oder 4kantig (alle Schuppen gleichgestaltet); Zweige können (!) zusätzlich benadelt sein
Zypressengewächse, *Cupressaceae*
(mehrere Gattungen) Band 2

5a Klein- oder Zwergstrauch; Schuppen kreuzgegenständig; Blüte meist 4zählig und rötlichviolett
Heidekrautgewächse, *Ericaceae*
(z. B. Besen-Heide) Band 3

5b Strauch, selten kleiner Baum; Schuppen spiralig wechselständig; Blüte rot bis weißrosa
Tamariskengewächse, *Tamaricaceae*
(Tamariske) Band 3

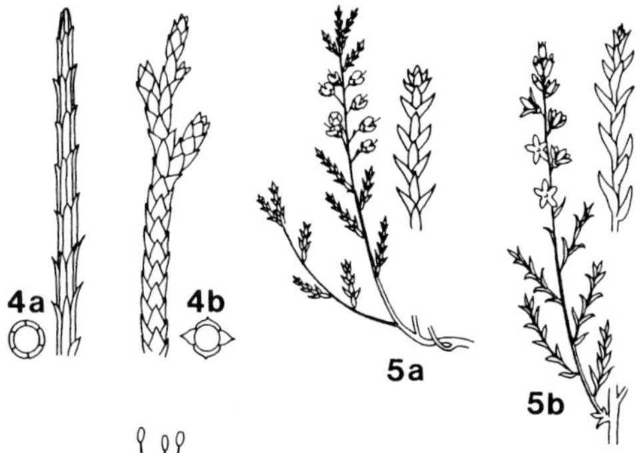

6a Blüten sehr klein, rot bis rosa; Beeren blauschwarz; Zwergstrauch, höchstens 50 cm hoch
Krähenbeerengewächse, *Empetraceae*
(Krähenbeere) Band 3

6b Blüten hellblau (selten weiß), 2lippig mit verwachsener Kronröhre, um 1 cm lang; 4 Nüßchen pro Kelch; Strauch, etwa 0,5–1,5 m hoch
Lippenblütengewächse, *Lamiaceae*
(Rosmarin) Band 4

6c Blüten gelb (zuweilen fein rot gestreift), um 2 cm breit, strahlig 5zählig; Kapselfrucht; Kleinstrauch (kaum 60 cm hoch) an Felsen im Alpenraum
Johanniskrautgewächse, *Hypericaceae*
(Johanniskraut) Band 3

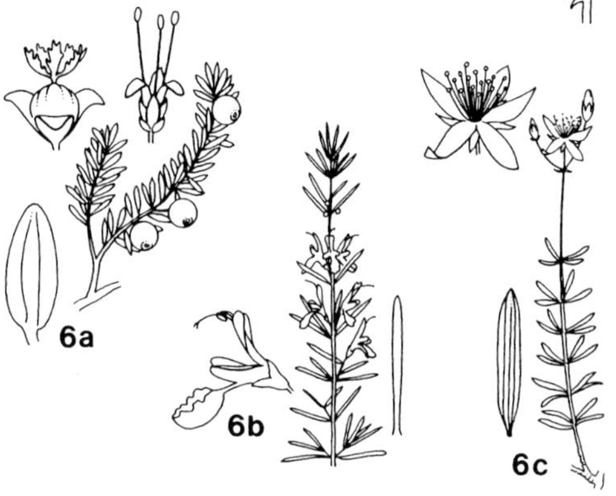

7a Nadeln wechselständig; schraubig gestellt oder 2zeilig gekämmt 8

7b Nadeln deutlich gegen- oder quirlständig, je 2–5 auf gleicher Höhe um den Sproß 10

7c Nadeln zu 2–50 gebüschelt, die Büschel über den ganzen Zweig verteilt; Bäume oder Krummholz
Kieferngewächse, *Pinaceae*
(Kiefer, Lärche, Zeder) Band 2

7d Vergleiche: Nadeln als Endschopf an den sonst blattlosen „Zweigen" eines „Kriechstrauches" (Rosettenstaude mit freiliegenden Wurzeln)
Nelkengewächse, *Caryophyllaceae*
(z. B. Miere) Band 2

8a Hoher Strauch oder Baum mit grün-gelblichen „Blüten", die zu Schuppen-Zäpfchen zusammengesetzt sind 9

8b Zwerg- oder Halbstrauch mit einzelstehenden oder deutlich getrennten Blüten: Blütenstand nicht zapfenähnlich 10

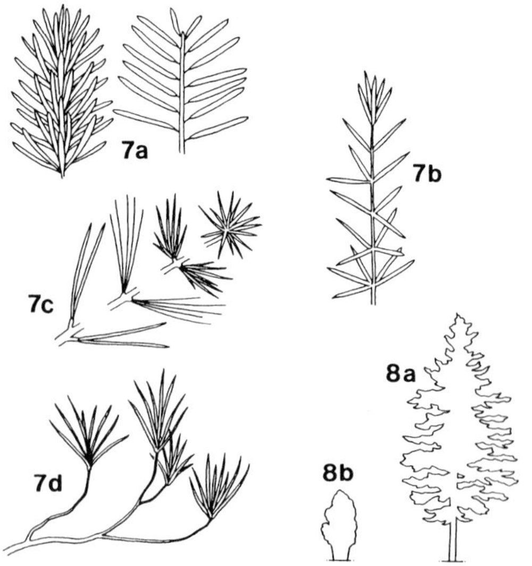

3a 3b 4a 4b 5a 5b 6a 6b 6c 7a 7b 7c 7d 8a 8b

9a Vorjährige Zweige mit noch grüner Rinde; Blüten in knospenartigen Zäpfchen, 2häusig verteilt; Samen von rotem, fleischigem Becher umhüllt, beerenartig; Pflanze völlig harzlos
Eibengewächse, *Taxaceae*
(Eibe) Band 2

9b Vorjährige Zweige mit bräunlicher, rötlicher oder gelblicher Rinde; Blüten in größeren ♀ und ♂ Zäpfchen auf derselben Pflanze; Samen in holzigen Zapfen; Pflanze harzführend
Kieferngewächse, *Pinaceae*
(einige Gattungen) Band 2

10a Blüten grün, unscheinbar; erst grüne, im zweiten oder dritten Jahr schwarzblaue (Schein-)beeren in den Achseln der Nadeln
Zypressengewächse, *Cupressaceae*
(Wacholder) Band 2

10b Blüten gelb, groß, 5zählig, strahlig **11**

10c Blüten rosa, rot, violett, selten weiß (Albinopflanzen) **12**

11a Kriechstrauch mit aufstrebenden (oft krautigen) Zweigen; Nadeln wechselständig, am Rand gewimpert; Pflanze der Trockenrasen
Zistrosengewächse, *Cistaceae*
(Sonnenröschen) Band 3

11b Aufrechter Kleinstrauch; Nadeln quirlständig, kahl, stumpflich (mit aufgesetztem Spitzchen); auf Felsen im (weiteren) Alpenraum
Johanniskrautgewächse, *Hypericaceae*
(Johanniskraut) Band 3

12a Halbstrauch mit mehreren aufrechten Stengeln, die nur unten verholzt sind; endständige, 5-15blütige Rispen, Blüten rosa bis lila, strahlig, mit 5 freien Blütenblättern, um 2 cm im Durchmesser; Kapselfrucht
Leingewächse, *Linaceae*
(Lein) Band 3

12b Zwergstrauch, aufrecht oder niederliegend, oft in großen Herden; Blüten klein, kaum ½ cm breit, 2-3zählig, rot, rosa, selten weiß, meist einzeln in den Achseln der Nadeln (versteckt); Beere kugelig, schwarz, glänzend
Krähenbeerengewächse, *Empetraceae*
(Krähenbeere) Band 3

12c Zwergstrauch; Blüten glockig, bauchig-krugförmig bis schmalzylindrisch, um 1 cm lang, mit 4 weit verwachsenen, fleischroten bis rosavioletten, selten weißen Blütenblättern; Frucht eine vielsamige Kapsel
Heidekrautgewächse, *Ericaceae*
(Heide) Band 3

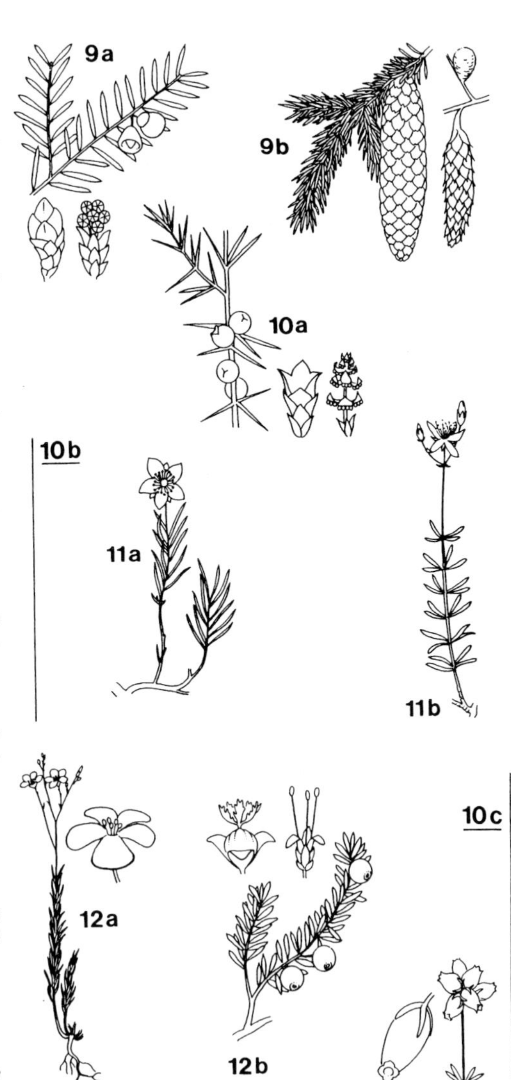

Schlüssel 4: Schmarotzerpflanzen

1a Stengel windend, schnurartig; keine Erdwurzeln; nur Blattschüppchen; Blüten klein, ± dicht geknäuelt
Seidengewächse, *Cuscutaceae*
(Seide) Band 4

1b Stengel im Boden verwurzelt, knotig gegliedert, oft stark verästelt; scheinbar blattlos (paarige Schuppenblättchen); Blüten unscheinbar, hinter Schuppen verborgen. Salzboden-, Watt- und Meerstrandpflanze
Gänsefußgewächse, *Chenopodiaceae*
(Queller) Band 2

1c Stengel im Boden wurzelnd, nicht knotig gegliedert, Blüten groß, 2seitig, oder klein, dann aber zu vielen in Körbchen mit gemeinsamer Hülle 2

1d Eigentlicher Stengel fehlend, große, blaß violettrote Blüte mit stengelähnlicher Röhre und sechs schmalen Zipfeln direkt aus dem Boden brechend (Herbstblume)
Zeitlosengewächse, *Colchicaceae*
(Zeitlose) Band 5

1e Vergleiche: eigentlicher Stengel fehlend, große farbige Blüte mit stengelähnlicher Röhre direkt aus dem Boden brechend (Frühlingsblume!); zumindest einige schmale, grasartige, ± steifliche Blätter stechen rings um die Blüte aus der Erde
Schwertliliengewächse, *Iridaceae*
(Krokus) Band 5

2a Blüten klein, zungenförmig oder röhrig, zu Körbchen vereinigt; diese einzeln oder in pyramidalen Rispentrauben am Stengelende
Korbblütengewächse, *Asteraceae*
(Huflattich, Pestwurz) Band 4

2b Blüten groß, glockig oder 2seitig, in dichten Ähren oder Trauben am Stengelende 3

3a Stengelende zur Blütezeit bogig überhängend; Blüten glockig, 4- oder 5zählig, wachsgelb bis gelbbraun, kaum gestielt, in den Achseln großer Tragschuppen; Blütenblätter fast völlig frei
Fichtenspargelgewächse, *Monotropaceae*
(Fichtenspargel) Band 3

3b Stengel gebogen aus der Erde brechend, zur Blüte meist voll aufgerichtet; Blüten 2lippig, verwachsen, mit 2seitigem Kelch, rötlich bis weiß, in deutlich einseitswendigen Trauben
Braunwurzgewächse, *Scrophulariaceae*
(Schuppenwurz) Band 4

3c Stengel ± aufrecht; Blüten 2seitig, in allseitswendigen Ähren oder Trauben 4

4a Fruchtknoten oberständig, von der ± bauchigen Kronröhre eingeschlossen; je Blüte mindestens 3 Tragblätter
Sommerwurzgewächse, *Orobanchaceae*
(Sommerwurz) Band 4

4b Fruchtknoten unterständig, oft blütenstielartig (und gedreht), pro Blüte höchstens ein ± häutiges Tragblatt; Blütenhüllblätter zum Teil frei
Orchideengewächse, *Orchidaceae*
(mehrere Gattungen) Band 5

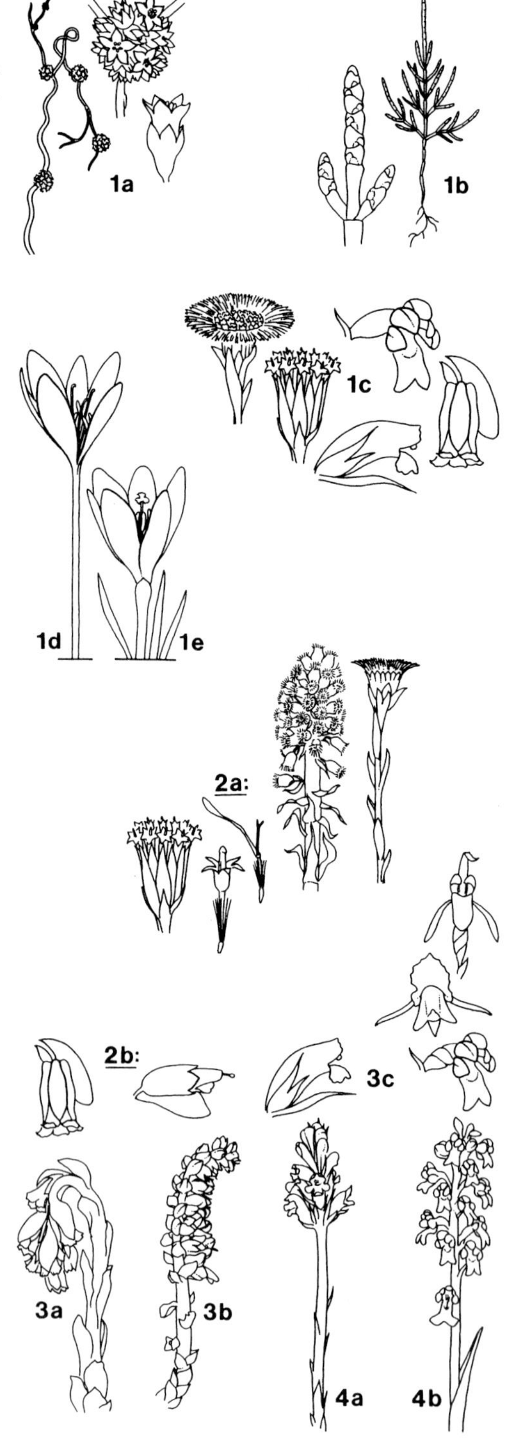

Schlüssel 5: Scheinblütige Kräuter

1a Ein großes, blütenblattartiges (oft weißes) Hochblatt umgibt die unscheinbaren, eng zu einem Kolben gedrängten Blüten; Blätter herz- oder pfeilförmig
Aronstabgewächse, *Araceae*
(Aronstab, Schlangenwurz) Band 5

1b Vergleiche: ein anfangs grünes, später vertrocknendes Hochblatt umgibt einen meist 2teiligen, dichten Blütenkolben; Blätter grasartig
Rohrkolbengewächse, *Typhaceae*
(Rohrkolben) Band 5

1c Ein größeres rundlich-scheibenförmiges Hochblatt umgibt die unscheinbaren, weißlichen Blüten, die in ± lockeren Rispenbüscheln stehen
Portulakgewächse, *Portulacaceae*
(Claytonie) Band 2

1d Mehrere blütenblattartig (meist rot) gefärbte Hochblätter umgeben die auffälligen, großen, 2lippigen (oft meist ebenfalls roten) Blüten
Lippenblütengewächse, *Lamiaceae*
(Monarde) Band 4

1e Mehrere große blütenblattartige Hochblätter umstehen die unscheinbaren grünlichen oder gefärbten und dann aber sehr kleinen Blüten 2

1f Kelchartige Hochblätter umstehen die dicht gedrängten, blütenblattartigen Blüten 4

1g Hochblätter in mehreren Kreisen bilden eine schüssel- bis napfartige Hülle. Die äußeren sind kelchartig, die innersten blütenblattartig gefärbt. Die Hülle umschließt die unscheinbaren Einzelblüten, die nicht oder wenig den oberen Rand überragen
Korbblütengewächse, *Asteraceae*
(mehrere Gattungen) Band 4

1h Kelchartige oder schuppenförmige Hochblätter umhüllen die eng gedrängten, unscheinbaren Blüten oder bedecken sie fast völlig 7

2a Pflanze weder stachelig noch mit Milchsaft, nicht oder nur mäßig behaart 3

2b Pflanze mit Milchsaft; Scheinblüte sehr aufgelockert, meist gelblich(-grün), zuweilen schmal rot gerändert oder zerstreut rotfleckig
Wolfsmilchgewächse, *Euphorbiaceae*
(Wolfsmilch) Band 3

2c Pflanze ohne Milchsaft; stark weißfilzig behaart, Scheinblüte (ungleich) sternförmig
Korbblütengewächse, *Asteraceae*
(z. B. Edelweiß) Band 4

2d Pflanze stachelig, besonders an den Laubblättern; Scheinblüte ± flach-schüsselförmig; Hüllblätter zungenförmig bis schmal-eiförmig spitz
Korbblütengewächse, *Asteraceae*
(z. B. Distel-Gruppe) Band 4

2e Pflanze stachelig, besonders an den Hüllblättern; Scheinblüte halbkugelig bis langkegelig vorgewölbt; Hüllblätter ± fiedrig zerteilt oder breit und fiederlappig-stachelig
Doldengewächse, *Apiaceae*
(z. B. Mannstreu) Band 3

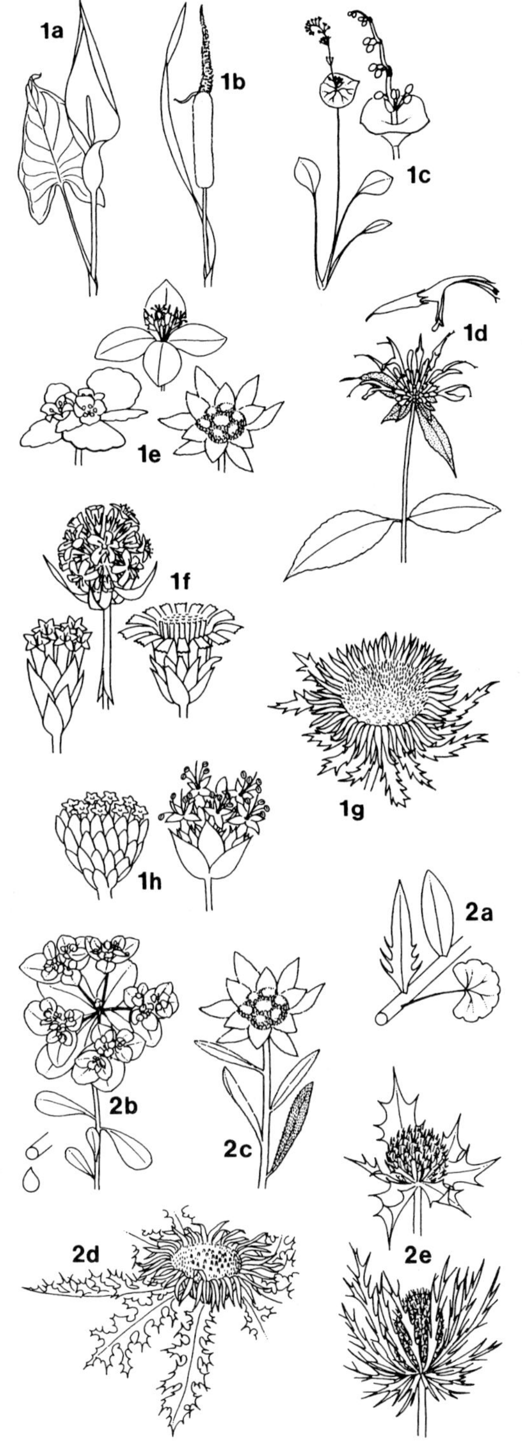

3a Blüten klein, rötlich, 4zipflig, eng beieinander, von (stets) 4 breit-eiförmig spitzen, weißen Hüllblättern umstellt
Hartriegelgewächse, *Cornaceae*
(Hartriegel) Band 3

3b Blüten klein, gelblich, 4lappig, locker in flacher Trugdolde; mehrere grünlich-gelbe, rundliche, gekerbte Hochblätter bilden darunter eine ± lükkige Präsentierplatte
Steinbrechgewächse, *Saxifragaceae*
(Milzkraut) Band 2

3c Blüten klein, gelb, weiß oder grün (zuweilen auch rötlich überhaucht), 5zipflig in dichten, halbkugeligen Doldenköpfchen, von 5 oder vielen Hochblättern schüsselartig umstellt
Doldengewächse, *Apiaceae*
(mehrere Gattungen) Band 3

3d Blüten gelb oder rot, ± 2lippig, übereinander stehend, mit blauen, roten oder weißlich-gelben Hüllblättern in länglicher Ähre
Braunwurzgewächse, *Scrophulariaceae*
(z.B. Wachtelweizen) Band 4

4a Hüllblätter, Laubblätter oder Stengel mit Stacheln oder derben, stechenden Borsten **5**
4b Pflanze unbewehrt **6**

5a Blüten in kugeligen bis länglichen Kolben, röhrig-trichterig, ± 2seitig-symmetrisch, mit 4lappigem Saum; Laubblätter gegenständig
Kardengewächse, *Dipsacaceae*
(Karde) Band 3

5b Blüten in kugeligen bis länglichen Kolben, Blütenblätter 5, ± aufrecht, bis zum Grund frei; mit 5teiligem Kelch; Laubblätter wechselständig
Doldengewächse, *Apiaceae*
(Mannstreu) Band 3

5c Blüten in napfförmigen, aus Hochblättern gebildeten Körbchen, röhrig-trichterig, verwachsen, bis zur Hälfte (oder weniger) in 5 schmale Zipfel zerteilt (die der Randblüten zuweilen etwas ungleich lang), Kelch in eine vielstrahlige Haarkrone aufgelöst
Korbblütengewächse, *Asteraceae*
(mehrere Distel-Gattungen) Band 4

6a Einzelblüten eng gedrängt,
entweder:
alle zungenförmig (vorne 3- oder 5zähnig),
oder
alle röhrenförmig (mit kurzem, 5zähnigem Saum),
oder
innere röhrenförmig und randliche zungenförmig
Korbblütengewächse, *Asteraceae*
(viele Gattungen) Band 4

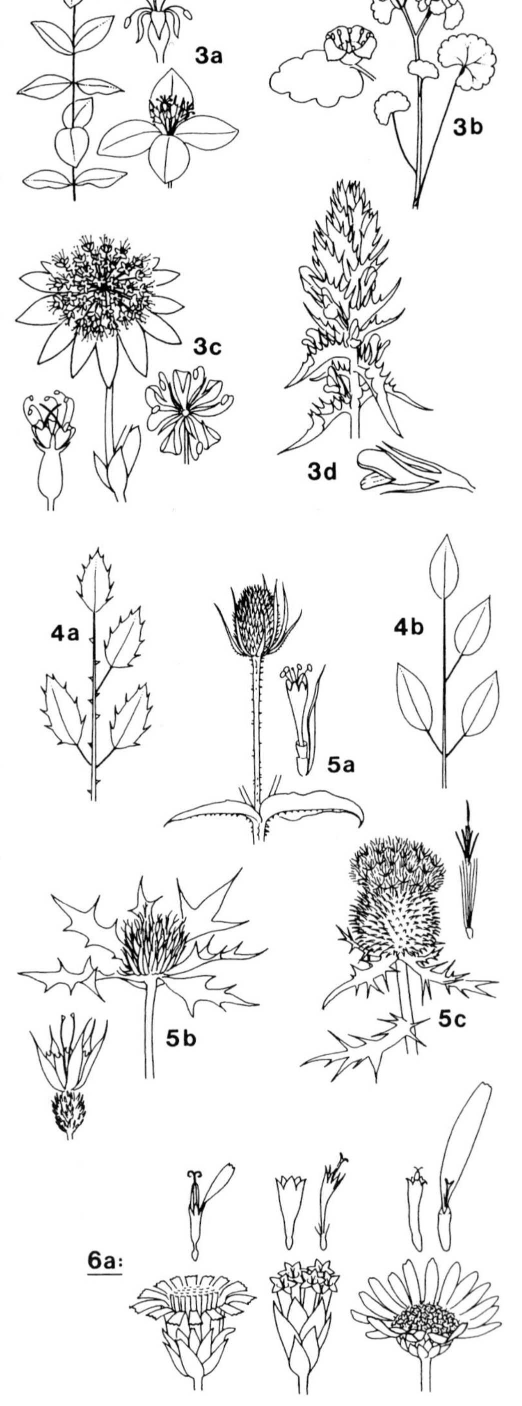

6b Einzelblüten eng gedrängt, alle oder zumindest die inneren röhrenförmig(-trichterig) mit 5 schmalen, langen Zipfeln; – die äußeren Blüten zuweilen vergrößert, ebenfalls röhrenförmig-trichterig, ihre Zipfel oft etwas ungleich lang
Korbblütengewächse, *Asteraceae*
(mehrere Gattungen) Band 4

6c Einzelblüten eng gedrängt, vor dem Aufblühen schmalröhrig und oft etwas bogig gekrümmt; zur Blühzeit von unten nach oben mit 5 Schlitzen aufreißend (Fenster- oder Pluderblumen), zuletzt in 5 schmale, nur am Grund verwachsene Zipfel geteilt
Glockenblumengewächse, *Campanulaceae*
(Teufelskralle, Sandglöckchen) Band 4

6d Einzelblüten eng gedrängt, röhrig-trichterig, deutlich 2seitig, am Saum 4- oder 5lappig; die äußeren zuweilen vergrößert; Lappen breit
Kardengewächse, *Dipsacaceae*
(einige Gattungen) Band 3

6e Einzelblüten eng gedrängt, röhrig-trichterig, deutlich 2seitig mit 3zipfliger Unterlippe und 2-zipfliger oder verkümmerter (2zähniger) Oberlippe; Zipfel lang, schmal
Kugelblumengewächse, *Globulariaceae*
(Kugelblume) Band 4

6f Einzelblüten ± dicht, 5strahlig; Blütenblätter frei, rundlich-herzförmig
Doldengewächse, *Apiaceae*
(wenige Gattungen) Band 3

6g Einzelblüten locker, 5zipflig, kurztrichterig, tief gespalten, jede mit deutlichem Kelch; – die Hüllblätter mit langem ± häutigem Sporn; dieser umhüllt röhrig den Oberteil des ansonst blattlosen Tragschaftes der Scheinblüte
Bleiwurzgewächse, *Plumbaginaceae*
(Grasnelke) Band 2

6h Einzelblüten locker, 5lappig, präsentiertellerförmig, jede mit deutlichem Kelch; – die Hüllblätter sind bis zum Grund frei und stehen als lockerer, 1reihiger Quirl am sonst blattlosen Tragschaft der Scheinblüte
Primelgewächse, *Primulaceae*
(z. B. Mannsschild-Arten) Band 3

6i Einzelblüten locker, 5zipflig, langtrichterig präsentiertellerförmig, jede mit (relativ kurzem) deutlichem Kelch; – Hüllblätter drüsig-klebrig, frei, oft unterschiedlich lang; die Scheinblüten stehen an den Enden des dicht wechselständig beblätterten, meist reich verzweigten Sprosses
Sperrkrautgewächse, *Polemoniaceae*
(Leimsaat) Band 4

6k Einzelblüten locker, 4zipflig, röhrig-trichterig (Kelch oft undeutlich); Hüllblätter schmal, in 1reihigem Quirl (oft länger als die Blüten); die Scheinblüten stehen an den Enden des quirlständig beblätterten, meist wenig verzweigten Sprosses
Rötegewächse, *Rubiaceae*
(z. B. Ackerröte, Meister) Band 3

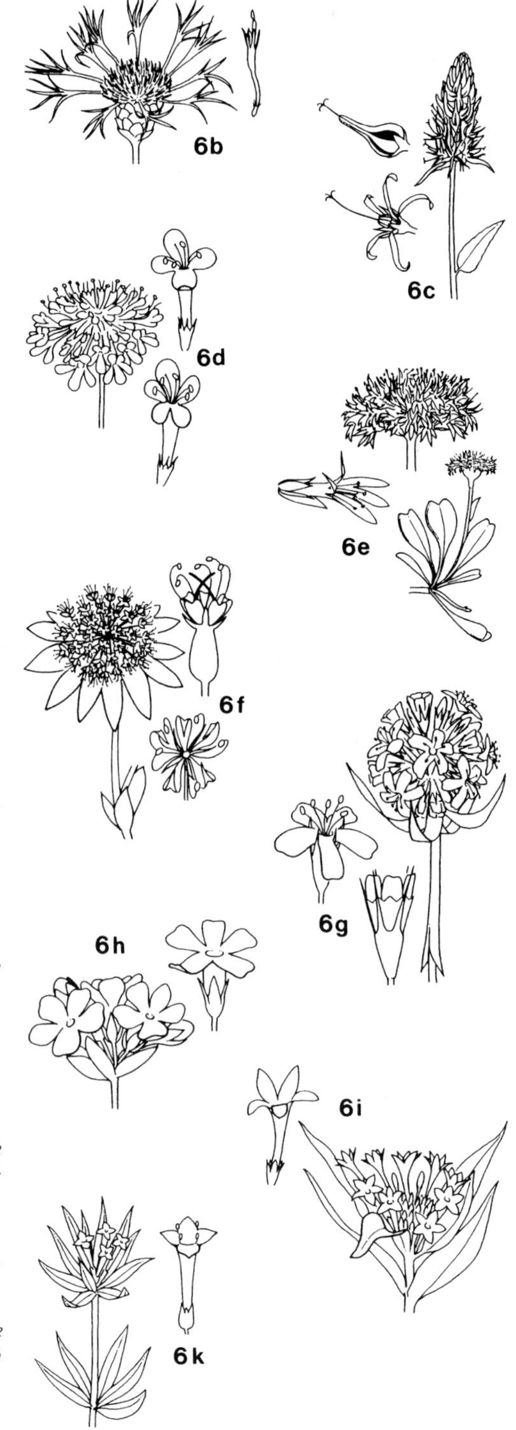

7a Die Hüllblätter bilden einen kugeligen, länglich-bauchigen oder schmal-zylindrischen Napf, der die Blüten oft fast bis zur Spitze einschließt; - die „Näpfe" können nicken oder aufrecht sitzen, treten meist in Vielzahl an einer Pflanze auf und sind sehr klein (1-5 mm im Durchmesser) bis mittelgroß (1-2 cm lang)
Korbblütengewächse, *Asteraceae*
(einige Gattungen) Band 4

7b 2-4 gegenständige, trockenhäutige Hüllblätter stehen unter einem eiförmigen Köpfchen, in dem weitere Hüllblätter und häutige, 4zipflige Blüten untereinander gemischt sind; Laubblätter gegenständig, lineal, zugespitzt, ganzrandig
Wegerichgewächse, *Plantaginaceae*
(Wegerich) Band 4

7c Die behaarten Hüllblätter bilden ein kugeliges Köpfchen, die zweiseitig-symmetrischen Blüten stehen zwischen den Hüllblättern; Laubblätter kreuzgegenständig, spatelig, locker graufilzig, zerrieben aromatisch duftend
Lippenblütengewächse, *Lamiaceae*
(Majoran) Band 4

7d Die gegenständigen Hüllblätter stehen an gegabelten Kurzstielen und bilden zusammen mit den 5zähligen, undeutlich 2seitigen Blüten eine lockere, durchblätterte Scheinblüte; Laubblätter gegenständig, ± spatelig bis verkehrt-eiförmig
Baldriangewächse, *Valerianaceae*
(z. B. Feldsalat) Band 3

7e Die schmalen Hüllblätter stehen im dichten Kreis unterhalb der ± locker gestellten, (undeutlich) 5teiligen, freiblättrigen Blüten; Laubblätter wechselständig oder grundständig, handförmig gelappt oder schildförmig
Doldengewächse, *Apiaceae*
(z. B. Sanikel, Wassernabel) Band 3

7f Die schmalen Hüllblätter stehen im ± lockeren Quirl unterhalb der 4zipfligen Blüten; Laubblätter schmal, ± lineal, quirlständig
Rötegewächse, *Rubiaceae*
(Ackerröte, Meister) Band 3

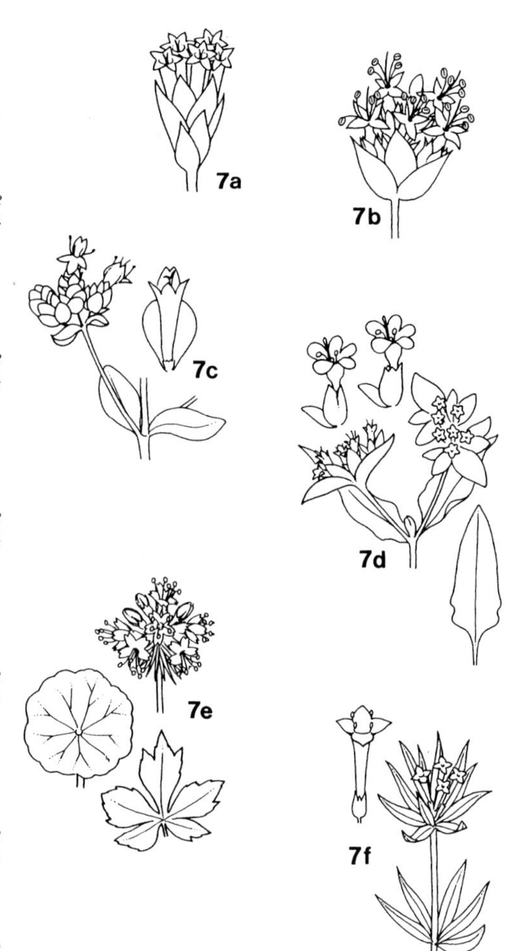

Schlüssel 6: Doldenblütige Kräuter

Hierher nur Pflanzen mit Doppeldolden: das Ende des „Doldenstiels“ verzweigt sich quirlartig in mehrere „Doldenstrahlen“, deren Ende sich wiederum quirlartig in „Döldchenstrahlen“ (= Blütenstiele) aufteilt. Am Grund der Strahlen können (!) Tragblättchen stehen. Sie bilden dann die „Hülle“ (unter den Doldenstrahlen), bzw. das „Hüllchen“ (unter den Döldchenstrahlen) und heißen entsprechend „Hüllblättchen“ bzw. „Hüllchenblättchen“

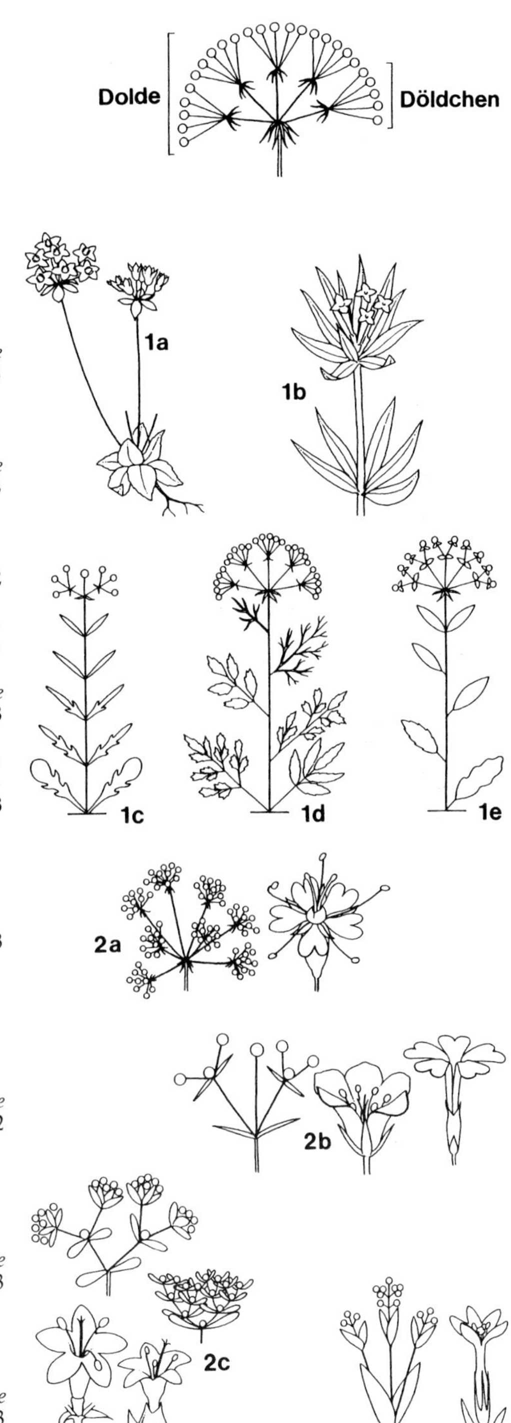

1a Sproß von der Grundblattrosette bis zum Blütenstand völlig blattlos - „Döldchen“ stets nur 1blütig; Laubblätter einfach, ± eiförmig,
Primelgewächse, *Primulaceae*
(z. B. Mannsschild) Band 3

1b Sproß von unten an durchgehend quirlständig beblättert - „Doppeldolde“ meist stark zusammengezogen; Laubblätter schmal, länglich bis lineal
Rötegewächse, *Rubiaceae*
(z. B. Ackerröte) Band 3

1c Sproß von unten an durchgehend gegenständig beblättert; Grundblätter fehlend oder vorhanden - „Dolde“ und „Döldchen“ armstrahlig, meist 2-3 Strahlen; Laubblätter einfach oder gefiedert . . **2**

1d Sproß von unten an wechselständig beblättert (ganz oben zuweilen quirl- oder gegenständig); Grundblätter fehlend oder vorhanden; zumindest untere Laubblätter stark fiederig oder handförmig zerteilt
Doldengewächse, *Apiaceae*
(viele Gattungen) Band 3

1e Sproß von unten an wechselständig beblättert (ganz oben zuweilen quirl- oder gegenständig); Grundblätter fehlend oder vorhanden; Blätter ungeteilt, zuweilen am Rand gesägt bis schwach gelappt **3**

2a Blütenblätter frei; Kelch fehlend oder nur als winziger Borstensaum entwickelt; Fruchtknoten unterständig; Doldenstrahlen meist 5 oder mehr
Doldengewächse, *Apiaceae*
(mehrere Gattungen) Band 3

2b Blütenblätter frei; Kelch deutlich entwickelt, zuweilen bauchig oder röhrig verwachsen (! dann die Blütenblätter oft so stark einengend, daß sie - oberflächlich betrachtet - verwachsen zu sein scheinen); Fruchtknoten oberständig; „Dolden-“ und „Döldchenstrahlen“ meist nur 2-3
Nelkengewächse, *Caryophyllaceae*
(einige Gattungen) Band 2

2c Blütenblätter glockig-trichterig verwachsen; Kelch unscheinbar; Fruchtknoten unterständig; „Dolden-“ und „Döldchenstrahlen“ meist nur 2-3, oft sehr kurz, zuweilen aber zu 3-4fach-Dolden (= doppelte Doppeldolde) aufgestockt
Baldriangewächse, *Valerianaceae*
(Baldrian, Feldsalat) Band 3

2d Blütenblätter röhrig verwachsen mit ausgebreitetem 5zipfligem Saum; Kelch deutlich; Fruchtknoten oberständig; Doldenstrahlen meist 3, die mittlere kurz und 1blütig; „Dolde“ oft ungleich, rispig
Enziangewächse, *Gentianaceae*
(z. B. Tausendgüldenkraut) Band 3

3a Pflanze mit Milchsaft; Doldenstrahlen 3, 5 oder mehr, „Döldchenstrahlen" 2–5; „Blüten" grünlich-gelb, mit 4teiliger Hülle, die mit flachen, halbmond- bis bohnenförmigen Wülsten endet; daraus ragt der oft gestielte, kugelige weibliche Blütenteil (mit Griffel und Narben), der später Fruchtkapsel wird
Wolfsmilchgewächse, *Euphorbiaceae*
(Wolfsmilch) Band 3

3b Pflanze ohne Milchsaft; Dolden und Döldchenstrahlen meist mehr als 5; 5 Blütenblätter, frei, strahlig ausgebreitet; Kelch winzig klein (5 Zähnchen) oder fehlend; Fruchtknoten unterständig, später Spaltfrucht (2 Nüßchen)
Doldengewächse, *Apiaceae*
(einige Gattungen) Band 3

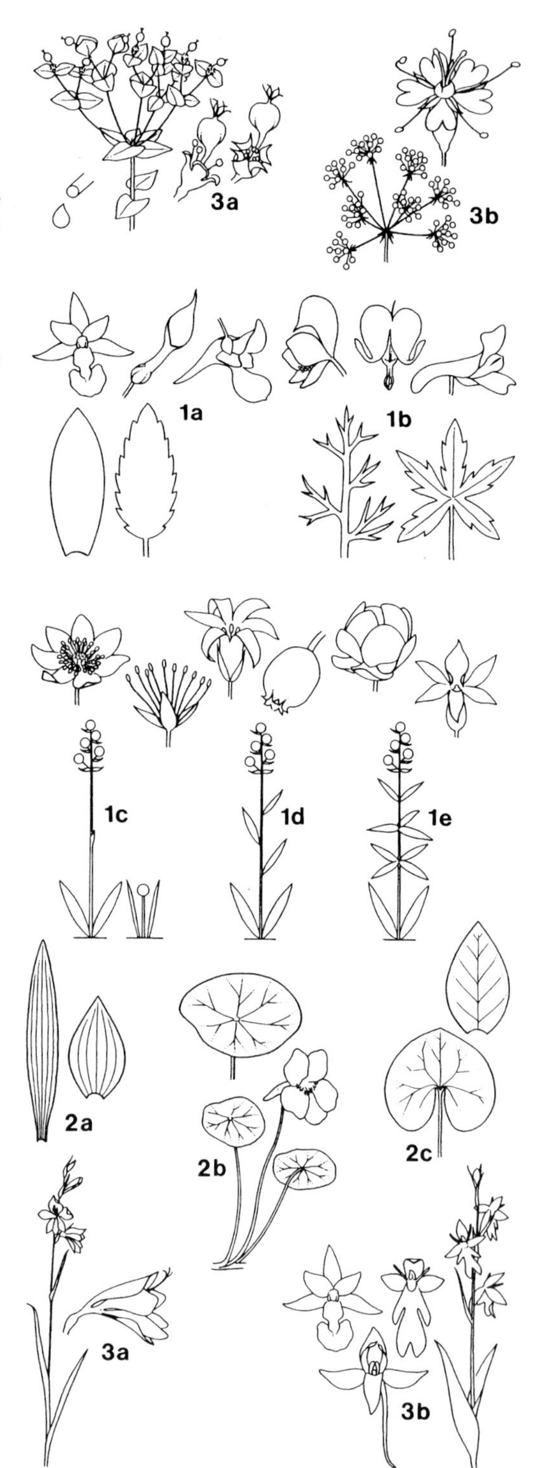

Schlüssel 7: Einkronblütige Kräuter

1a Blüten 2seitig-symmetrisch (hierzu auch ± strahlige mit (1) Sporn); Blätter ganzrandig oder gekerbt bis gezähnt **2**

1b Blüten 2seitig-symmetrisch (hierzu auch ± strahlige mit (1) Sporn); Blätter fieder- oder handförmig geteilt oder tief (über die Hälfte einer jeden Blattseite) eingeschnitten **7**

1c Blüten strahlig-symmetrisch; Stengel zwischen Boden und Blütenstand ohne echte Laubblätter (zuweilen mit einigen krautigen oder trockenhäutigen Schuppenblättchen) – hierher auch Pflanzen, deren einzelne Blüten direkt aus dem Boden brechen . . . **8**

1d Blüten strahlig-symmetrisch; Stengel zwischen Boden und Blütenstand wechselständig beblättert oder zumindest mit einem einzelnen Blatt **17**

1e Blüten strahlig-symmetrisch; Stengel quirl- oder gegenständig beblättert, zumindest mit einem Laubblattpaar besetzt **32**

2a Blätter eiförmig bis lang-lineal, stets kahl, mit parallelen Nerven **3**

2b Blätter kreisrund, schildförmig: zentral gestielt
Kapuzinerkressegewächse, *Tropaeolaceae*
(Kapuzinerkresse) Band 3

2c Blätter schmal-eiförmig bis breit-3eckig oder herzförmig, oft gestielt, gelegentlich behaart, einnervig oder fieder- bzw. handnervig **4**

3a Blüten länglich-trichterförmig mit schiefem, ± 2lippigem Ende, (3 lange Staubblätter)
Schwertliliengewächse, *Iridaceae*
(Siegwurz) Band 5

3b Blüten becherförmig, ± spreizend, meist mit vergrößerter Unterlippe, oft gespornt (1 oder 2 kurze, fast sitzende Staubblätter)
Orchideengewächse, *Orchidaceae*
(viele Gattungen) Band 5

4a Blüten gespornt **5**
4b Blüten ungespornt; lange ± gebogene Röhren mit erweitertem 2seitigem Saum
Osterluzeigewächse, *Aristolochiaceae*
(Osterluzei) Band 2
4c Blüten ungespornt, länglich, undeutlich 2lippig mit 2 freien Seitenblättchen
Kreuzblumengewächse, *Polygalaceae*
(Kreuzblume) Band 3
4d Blüten ungespornt, becherförmig bis flach ausgebreitet, mit ungleichen Strahlen **6**

5a Blätter gegenständig, sitzend bis kurz gestielt; Blüten ± aufrecht; dichte Trugdolde
Baldriangewächse, *Valerianaceae*
(Spornblume) Band 3
5b Blätter wechselständig, deutlich gestielt; Blüten dünn und lang gestielt, oft überhängend, meist in lockeren Trauben, selten einzeln, blattachselständig, kürzer gestielt
Balsaminengewächse, *Balsaminaceae*
(Springkraut) Band 3

6a Blüten grünlich-gelb; mehrere ungleiche Hüllblätter, einige mit 3–5 fransenartigen Zipfeln; Fruchtknoten oberständig, unauffällig
Resedengewächse, *Resedaceae*
(Resede) Band 3
6b Blüten mit 4 schmalen dunkelroten und 4 breiteren, helleren Hüllblättchen auf langem, 4kantigem (unterständigem) Fruchtknoten
Nachtkerzengewächse, *Onagraceae*
(Weidenröschen) Band 3
6c Blüten mit 6 weißen, teils zusammenneigenden, verschieden großen Hüllblättchen auf keuligem und verdrehtem (unterständigem) Fruchtknoten
Orchideengewächse, *Orchidaceae*
(z. B. Netzblatt) Band 5

7a Blüten vielstrahlig mit ungleichen Hüllblättern, einige davon am Vorderrand mit 3–5 langen, schmalen Zipfeln
Resedengewächse, *Resedaceae*
(Resede) Band 3
7b Blüten helmartig, das oberste Blütenblatt haubenartig hochgewölbt
Hahnenfußgewächse, *Ranunculaceae*
(Eisenhut) Band 2
7c Blüten herzförmig, mit tropfenartiger Spitze
Erdrauchgewächse, *Fumariaceae*
(Herzblume) Band 2
7d Blüten langgestreckt, 5- bis mehrblättrig, gespornt
Hahnenfußgewächse, *Ranunculaceae*
(Rittersporn) Band 2
7e Blüten langgestreckt, 4blättrig (die 2 inneren Blütenblätter oft vorn miteinander verwachsen), gespornt oder kurz ausgesackt
Erdrauchgewächse, *Fumariaceae*
(Erdrauch, Lerchensporn) Band 2

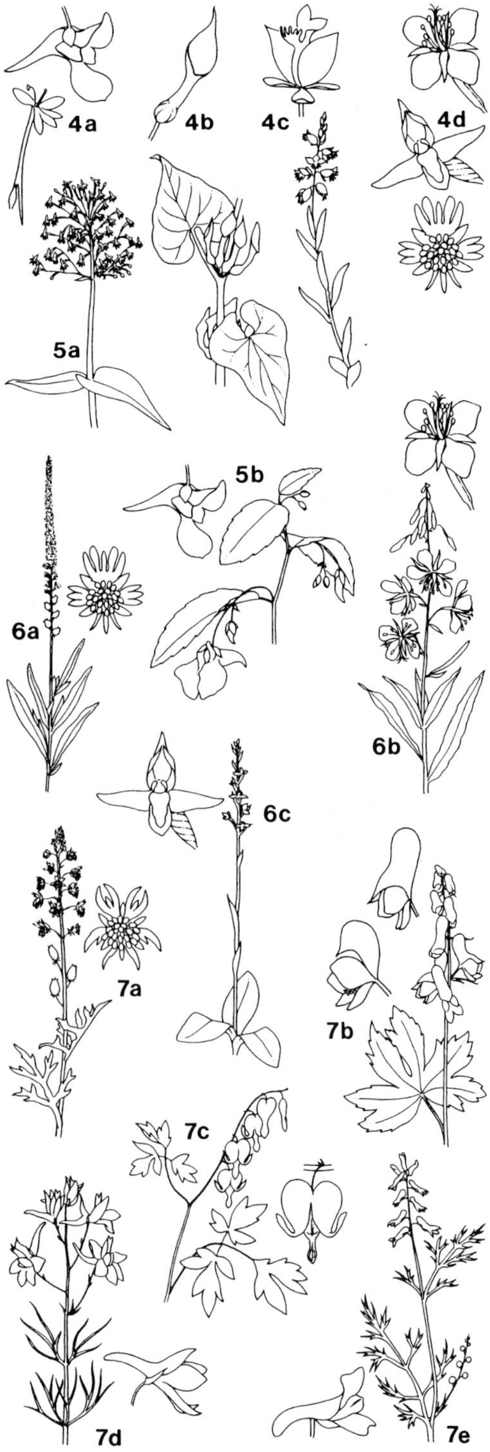

4a 4b 4c 4d 5a 5b 6a 6b 6c 7a 7b 7c 7d 7e

8a Grundblätter tief geteilt oder aus Teilblättchen zusammengesetzt **9**

8b Grundblätter rundlich, am Rand leicht gekerbt, schildförmig, lang gestielt; Blüten weißlich, in einfachen, gestielten, schütteren Dolden
Doldengewächse, *Apiaceae*
(Wassernabel) Band 3

8c Grundblätter ± nierenförmig, lang gestielt, glänzend; Blüten rotbraun, kurzstielig, am Boden zwischen 2 Laubblättern, glockig 3zipflig
Osterluzeigewächse, *Aristolochiaceae*
(Haselwurz) Band 2

8d Grundblätter stets ganzrandig, lineal bis eiförmig, ungestielt (oft scheidig) oder zu einen kurzen Stiel verschmälert, parallelnervig **10**

9a Pflanze mit weißem Milchsaft; 4 breite Blütenblätter (2 sehr früh abfallende Kelchblätter - an eventuell vorhandenen Knospen noch sichtbar)
Mohngewächse, *Papaveraceae*
(z.B. Mohn) Band 2

9b Pflanze ohne Milchsaft; 5–10 Hüllblätter, viele kürzere Staubblätter oder 0 Hüllblätter (früh abfallend), 1 großes Staubblattbüschel
Hahnenfußgewächse, *Ranunculaceae*
(einige Gattungen) Band 2

10a Blüten nach unten stielförmig verschmälert aber ohne eigentlichen Blütenstiel einzeln der Erde entspringend **11**

10b Blüten auf grünem, krautigem Stiel einzeln, höchstens zu 2 . . . . **12**

10c Blüten auf grünem, krautigem Stiel zu 3 bis vielen in Trauben, Rispen oder Dolden **13**

11a Grundblätter zur Blüte zumindest teilweise entwickelt, unter 1 cm breit, schmal-lineal, mit weißlichem Mittelstreifen
Schwertliliengewächse, *Iridaceae*
(Krokus) Band 5

11b Grundblätter fehlend oder, falls zur Blüte vorhanden, 1–4 cm breit, ei- bis zungenförmig, ohne weißen Mittelstreifen
Zeitlosengewächse, *Colchicaceae*
(Lichtblume, Zeitlose) Band 5

12a Fruchtknoten deutlich unterständig; Blüten nickend und ± glockig oder aufrecht, sternförmig ausgebreitet mit innerer becher- bis glokkenförmiger Nebenkrone
Narzissengewächse, *Amaryllidaceae*
(einige Gattungen) Band 5

12b Fruchtknoten deutlich unterständig; Blüten ± aufrecht: außen 3 breite, übergebogene, innen 3 schmälere, eher aufrechte Blütenblätter
Schwertliliengewächse, *Iridaceae*
(Schwertlilie) Band 5

12c Fruchtknoten oberständig; Blüten grüngelb, gelb, rot oder rötlich-braunrot gescheckt
Liliengewächse, *Liliaceae*
(Goldstern, Zahnlilie) Band 5

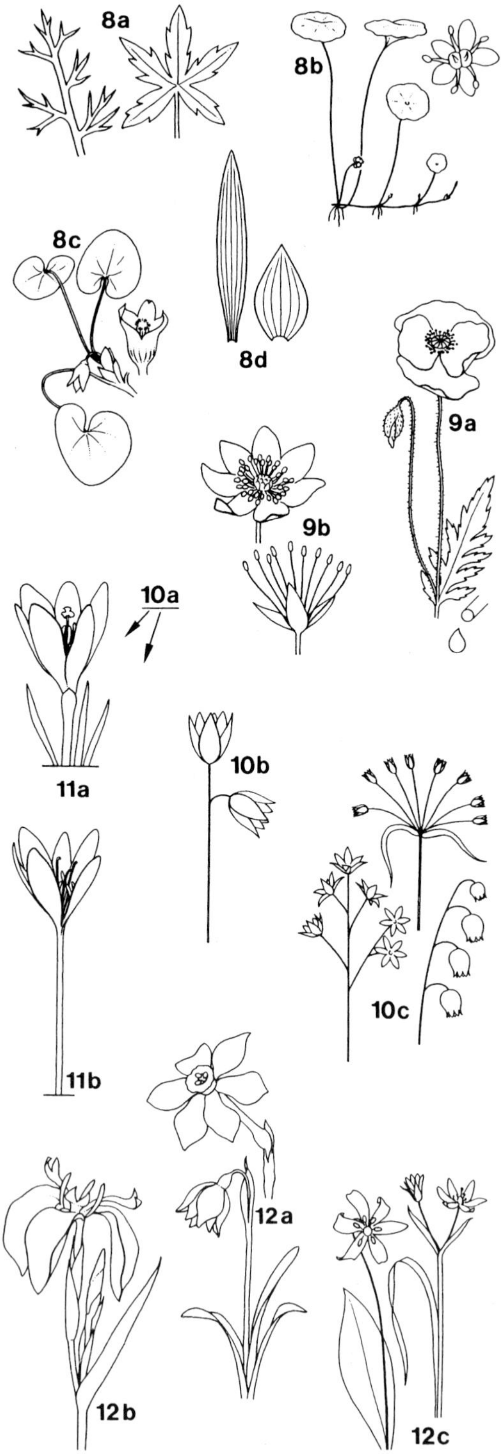

8a 8b 8c 8d 9a 9b 10a 10b 10c 11a 11b 12a 12b 12c

12d Fruchtknoten oberständig; Blüten blau
Hyazinthengewächse, *Hyacinthaceae*
(Blaustern) Band 5

13a Fruchtknoten unterständig; ährige, zuweilen verzweigte Trauben; die Blüten (einzeln) mit krautig-schuppigen Tragblättern
Schwertliliengewächse, *Iridaceae*
(Schwertlilie, Siegwurz) Band 5

13b Fruchtknoten unterständig; endständige Trugdolden in der Achsel eines (gemeinsamen) krautigen oder ± derbhäutigen Tragblattes
Narzissengewächse, *Amaryllidaceae*
(Knotenblume, Narzisse) Band 5

13c Fruchtknoten oberständig; Blüten doldig oder fast kopfig gehäuft **14**

13d Fruchtknoten oberständig; Blüten in Trauben, Ähren oder Rispen **15**

14a Blütenstand kugelig, dicht, am Grund mit 1 bis 2 (± verdorrten) Hüllblättern; Blüten ± schmal glockig, 6zipflig – öfters mit (z. T. gestielten) Brutzwiebeln gemischt; Pflanze mit Lauchgeruch (Blätter oft röhrig hohl)
Lauchgewächse, *Alliaceae*
(Lauch) Band 5

14b Blütenstand locker doldig über einem Kranz bräunlicher Tragblätter; Blüten strahlig mit 3 breiten und 3 schmäleren, spitzigeren Hüllblättchen, alle rötlich-weiß; Laubblätter langlineal, am Grund 3kantig
Schwanenblumengewächse, *Butomaceae*
(Schwanenblume) Band 5

14c Blütenstand locker doldig, mit wenigen gestielten, innen goldgelben, außen eher grünlich-gelben (manchmal behaarten) Blüten aus den Achseln kleiner, krautig-grüner Tragblätter; diese nicht alle auf gleicher Höhe, aber einander doch stark genähert
Liliengewächse, *Liliaceae*
(Goldstern) Band 5

14d Blüten in reichen Trugdolden, innen glänzend weiß bis rahmgelb, außen grünlich oder mit grünem Mittelstreif; Blütenstiele aus den Achseln ± häutig-blasser Tragblätter in unterschiedlicher Stengelhöhe
Hyazinthengewächse, *Hyacinthaceae*
(Milchstern) Band 5

15a Blütenhüllblätter fast bis zum Grund frei oder völlig frei (höchstens glockig zusammenneigend, doch nie zu einer Glocke oder Röhre verwachsen) **16**

15b Blütenhüllblätter deutlich verwachsen, entweder kugelig-glockig mit kleinen Zähnchen am Saum oder im oberen Drittel mit freien, auswärts gebogenen Zipfeln; Blüten blau, rot oder braun, selten weiß (Albinos), in allseitswendiger Traube; Laubblätter schmal-lineal
Hyazinthengewächse, *Hyacinthaceae*
(Hyazinthe, Traubenhyazinthe) Band 5

15c →

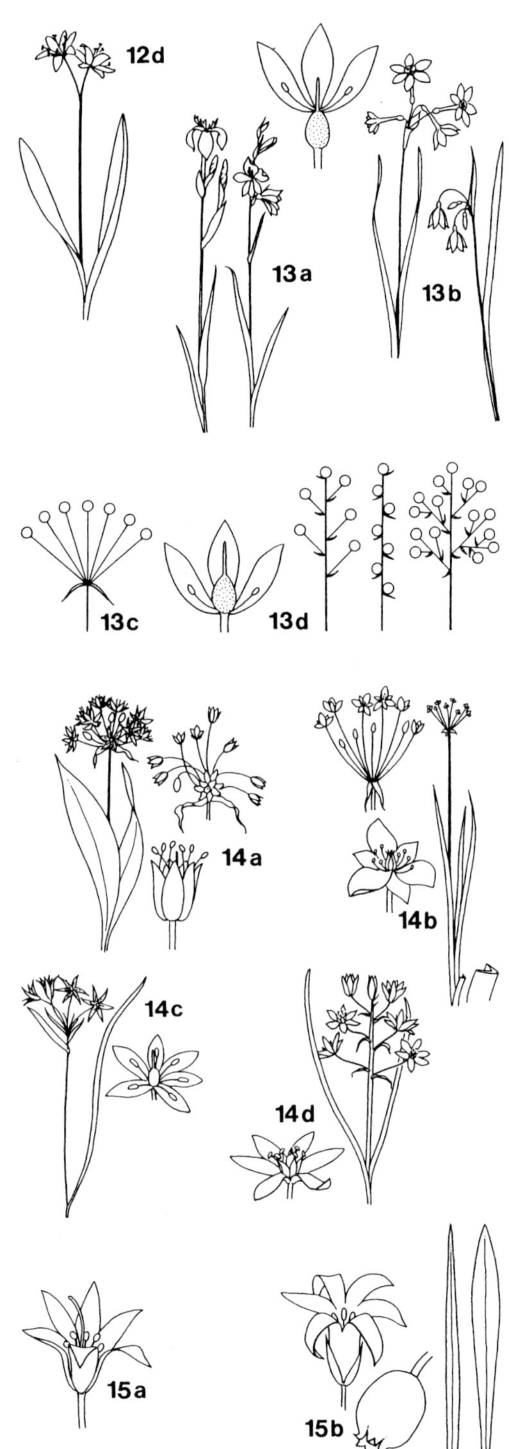

15c Blütenhüllblätter bis auf 6 kurze Zähnchen glockenförmig verwachsen; Blüten weiß, in einseitswendiger, oft leicht übergebogener Traube; Laubblätter eiförmig, gestielt (zur Blüte zuweilen noch nicht voll entfaltet, aber als aufrechte, dickliche Rolle weit aus dem Boden ragend)
Maiglöckchengewächse, *Convallariaceae*
(Maiglöckchen) Band 5

16a Blüten klein, unter 1 cm im Durchmesser, weißlich(-grün), kurz gestielt in der Achsel eines kleinen, 3lappigen Tragblattes
Germergewächse, *Melanthiaceae*
(Simsenlilie) Band 5

16b Blüten mittelgroß, über 1 cm im Durchmesser, blau (selten rosa) - oder weißlich, dann außen grünlich oder mit grünem Mittelstreifen; Tragblättchen, so vorhanden (zuweilen 2 pro Blütenstiel), ungelappt, eiförmig bis lanzettlich
Hyazinthengewächse, *Hyacinthaceae*
(Blaustern, Milchstern) Band 5

16c Blüten sehr groß, über 2 cm im Durchmesser, rein weiß (höchstens in den Südalpen mit grünem Mittelstreifen - sicheres Kennzeichen: Blütenstiel 2gliedrig = etwa in oder unterhalb der Mitte schwach verdickt mit ringförmiger Kerbe)
Affodilgewächse, *Asphodelaceae*
(3 Gattungen) Band 5

17a Vor allem die unteren Blätter tief gelappt bis zerschnitten oder aus einzelnen Teilblättchen zusammengesetzt **18**

17b Auch die unteren Blätter am Rand nur gesägt, gezähnt, gekerbt oder seicht gebuchtet; Einschnitte (Ausnahme eventuell: Blattansatz) nie tiefer als ¼ der Spreitenhälfte **20**

17c Alle Blätter ganzrandig, höchstens am Blattgrund (Stielansatz) tief eingeschnitten (2lappig) oder geöhrt; 1nervig, fiedernervig oder handnervig . **23**

17d Alle Blätter ganzrandig, höchstens am Blattgrund (Stielansatz) etwas eingebuchtet; parallelnervig (bogennervig); hierher auch alle Pflanzen mit röhrig-hohlen Blättern **27**

18a Blüten mit zahlreichen (über 5) Blütenblättern; entweder alle ± gleichgestaltet oder 5 gespornt und weitere ungespornt
Hahnenfußgewächse, *Ranunculaceae*
(mehrere Gattungen) Band 2

18b Blüten mit 5 etwa gleichgestalteten Blütenblättern (gelegentlich noch einige bedeutend kleinere, ± verkümmerte im Blüteninneren - verdeckt von den Staubblättern) **19**

18c Blüten mit 4 etwa gleichgestalteten Blütenblättern von ca. 1 bis über 4 cm Länge; Pflanze oft mit Milchsaft (nicht stets!)
Mohngewächse, *Papaveraceae*
(mehrere Gattungen) Band 2

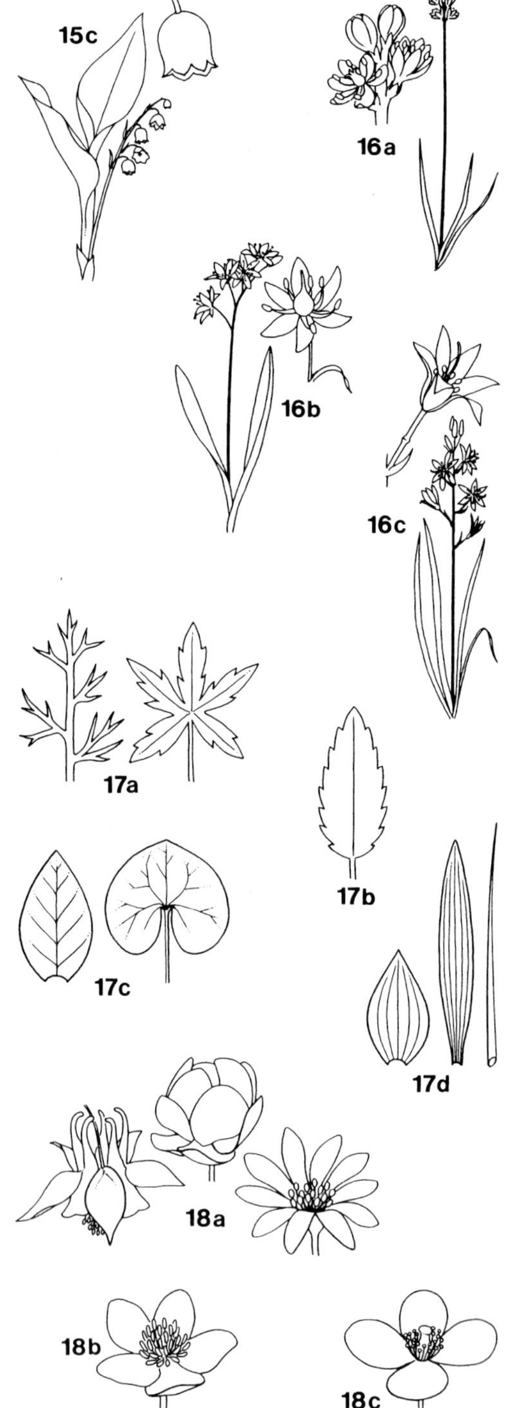

18d Blüten mit 4 etwa gleichgestalteten Blütenblättern von knapp 1 cm Länge und vielen, die Blütenblätter oft überragenden Staubblättern
Hahnenfußgewächse, *Ranunculaceae*
(einige Gattungen) Band 2

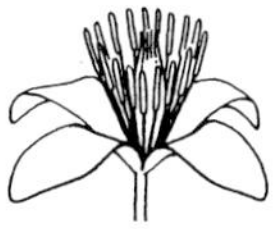

18e Blüten mit 4 gleichgestalteten, (dunkelroten) Blütenblättern von ca. 0,5 cm Länge, auf denen jeweils 2 weitere, kleinere Blütenblättchen eng übereinander aufliegen
Berberitzengewächse, *Berberidaceae*
(Sockenblume) Band 2

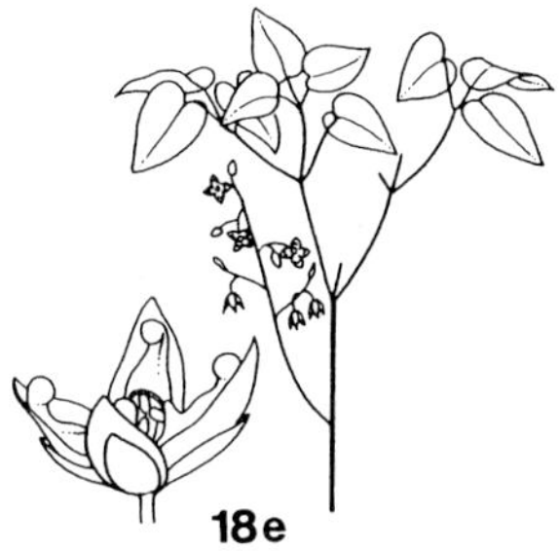

18d

18e

19a Entweder die Blütenblätter oder die Staubblätter um 1 cm (bis 4 cm) lang; mehrere oberständige Fruchtknoten pro Blüte
Hahnenfußgewächse, *Ranunculaceae*
(mehrere Gattungen) Band 2

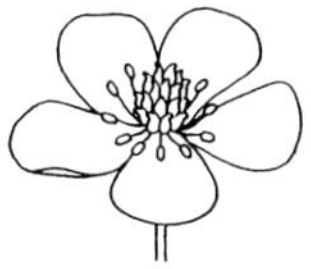

19b Blüten sehr klein, in gestielten Köpfchen oder Dolden; Blütenblätter ca. 2–4 mm lang, zuweilen am Blütenstandrand vergrößert; 1 Fruchtknoten, deutlich unterständig, mit 2 Griffeln; Staubblätter 5
Doldengewächse, *Apiaceae*
(einige Gattungen) Band 3

19a

19b

20a Blüten über 1 cm im Durchmesser, oft einzeln – oder zumindest jede lang gestielt 21

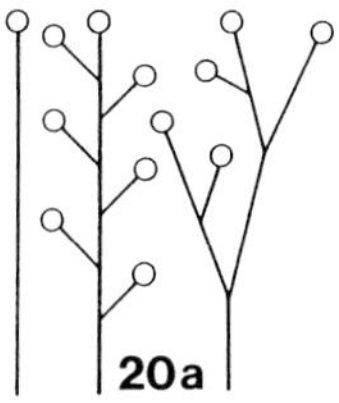

20b Blüten unter 1 cm im Durchmesser, geknäuelt, gebüschelt, in dichten Ähren und Trauben oder ± einzeln blattachselständig 22

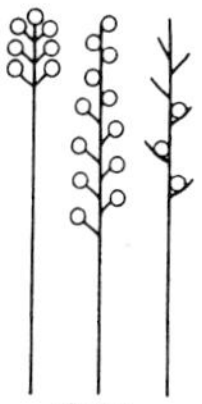

20a

20b

21a Blüten gelb, weiß oder rotviolett überlaufen; Blütenblätter 5 bis viele; mehrere oberständige Fruchtknoten
Hahnenfußgewächse, *Ranunculaceae*
(mehrere Gattungen) Band 2

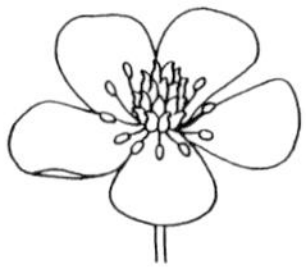

21b Blüten rot, selten weiß oder gelb; 4 sehr breite, rundlich-3eckige Blütenblätter; 1 ei-rundlicher, oberständiger Fruchtknoten
Mohngewächse, *Papaveraceae*
(Mohn) Band 2

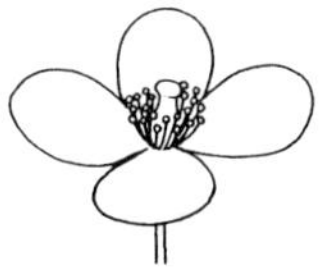

21c Blüten rot(violett), selten weiß; 4 verkehrt-eiförmige, genagelte (gestielte) Blütenblätter stehen auf Lücke zu 4 schmal-lanzettlichen, dunkler gefärbten (= Kelch); 1 unterständiger Fruchtknoten, ± kantig, sehr lang
Nachtkerzengewächse, *Onagraceae*
(Weidenröschen) Band 3

21a

21b

21c

22a Blätter schildförmig (Blattstiel in der Mitte der rundlichen Spreite ansetzend)
Doldengewächse, *Apiaceae*
(Wassernabel) Band 3

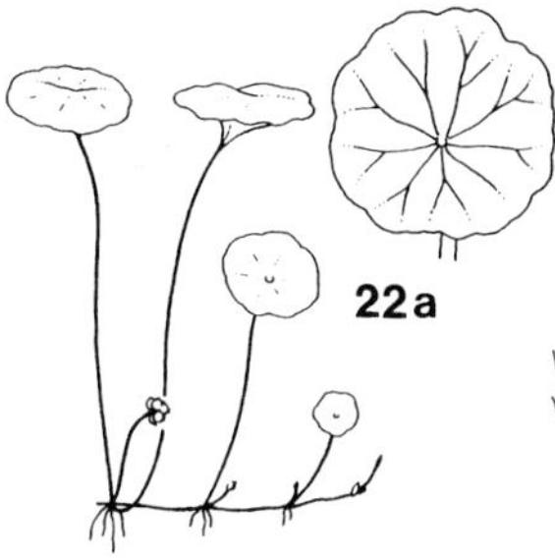

22b Blattstiel am Spreitenanfang endend; am Übergang zum Hauptstengel mit häutigen Nebenblättern, die diesen tütenartig umhüllen
Knöterichgewächse, *Polygonaceae*
(alle Gattungen) Band 2

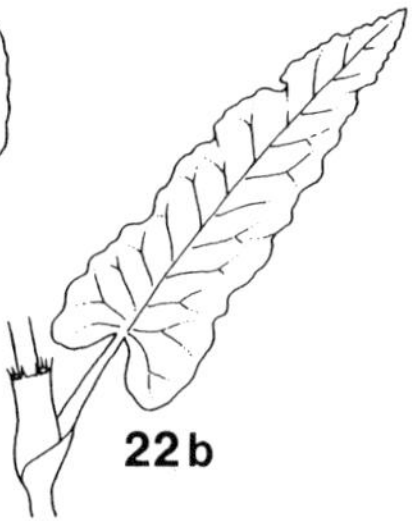

22c, 22d →

22a

22b

22c Blattstiel am Spreitenanfang endend; ohne Nebenblätter; Blüten zu wenigen, locker gebüschelt, von einigen Tragblättern umstellt; die Büschel wiederum zu locker-rispigen Gesamtblütenständen vereinigt
Korbblütengewächse, *Asteraceae*
(z.B. Alpendost) Band 4

22d Blattstiel am Spreitenanfang endend; ohne Nebenblätter; „Blüten“ (Früchte mit rotgefärbten Hüllblättern) in dichten Knäueln end- und blattachselständig
Gänsefußgewächse, *Chenopodiaceae*
(Gänsefuß u.a.) Band 2

23a Blüten mit 8–15, ± gleichgestalteten, länglich-schmalen, ausgebreiteten Hüllblättchen
Hahnenfußgewächse, *Ranunculaceae*
(z.B. Schmuckblume) Band 2

23b Blüten mit 4 rundlich-eiförmigen, gestielten und 4 schmalen Hüllblättchen; Fruchtknoten unterständig, langgestreckt blütenstielartig
Nachtkerzengewächse, *Onagraceae*
(Weidenröschen) Band 3

23c Blütenhülle 6teilig, klein; Laubblätter am Stielgrund mit häutigen Nebenblättern, die den Hauptstengel tütenartig umgeben
Knöterichgewächse, *Polygonaceae*
(z.B. Ampfer) Band 2

23d Blütenhülle 6strahlig, klein; Laubblätter am Stielgrund mit 2 kleinen, hornartig geformten Nebenblattgebilden
Yamswurzelgewächse, *Dioscoreaceae*
(Schmerwurz) Band 5

23e Blütenhülle langröhrig verwachsen, breit 5zipflig; Blüten einzeln oder zu mehreren in einem Kranz kleiner grüner Tragblättchen
Wunderblumengewächse, *Nyctaginaceae*
(Wunderblume) Band 2

23f Blütenhülle 3–5teilig; Blüten mittelgroß, Durchmesser bzw. Länge über 1 cm 24

23g Blütenhülle 3–5teilig; Blüten klein, Länge bzw. Durchmesser höchstens 1 cm 25

24a Blüten glockig verwachsen, bräunlich-rot; am kriechenden Stengel (am Boden, ± versteckt)
Osterluzeigewächse, *Aristolochiaceae*
(Haselwurz) Band 2

24b Blüten ausgebreitet, mit freien Hüllblättchen, gelb oder weiß, ± aufgerichtet
Hahnenfußgewächse, *Ranunculaceae*
(z.B. Hahnenfuß) Band 2

25a Blüten deutlich 4zipflig mit verwachsener Röhre, kaum gestielt; einzeln oder zu wenigen in den Achseln der schmal-lanzettlichen Laubblätter
Seidelbastgewächse, *Thymelaeaceae*
(Vogelkopf) Band 3

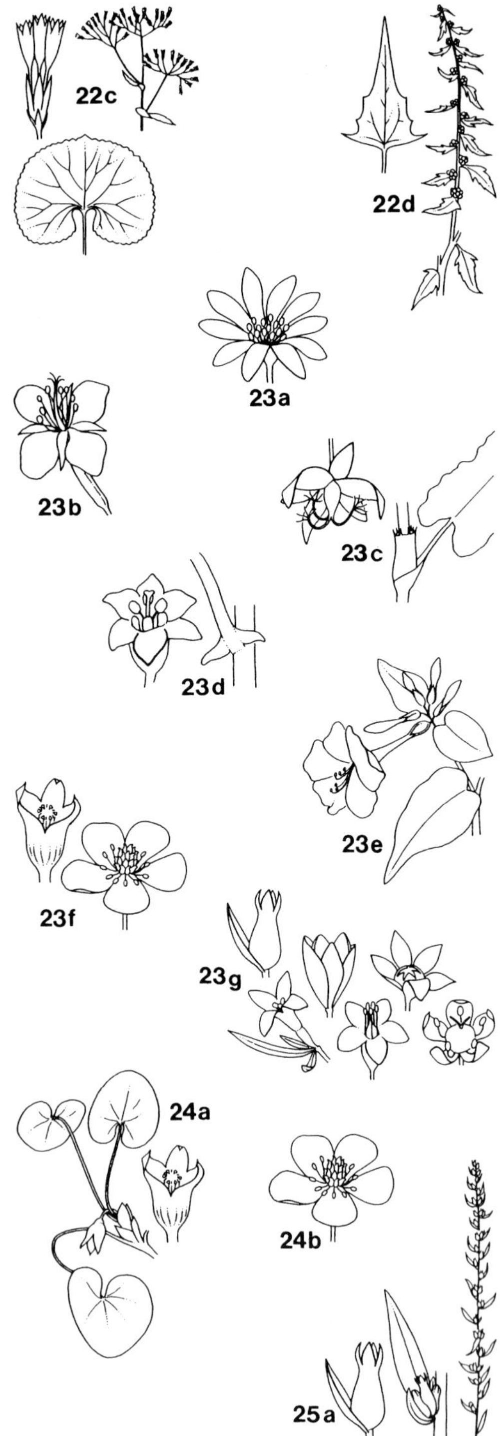

25b Blüten 4teilig, gestielt; mindestens 1 längliches Tragblättchen direkt unter der Blüte (noch oberhalb des Blütenstiels); Laubblätter schmal-eiförmig, höchstens kurz gestielt
Sandelgewächse, *Santalaceae*
(Leinblatt) Band 3

25c Blüten 5teilig, ausgebreitet oder kugelig(-) 3-5kantig zusammenneigend **26**

26a Zumindest die unteren Blätter gestielt, am Stielgrund mit häutigen Nebenblättern, die den Hauptstengel tütenartig umhüllen
Knöterichgewächse, *Polygonaceae*
(einige Gattungen) Band 2

26b Blätter ohne tütenartige Nebenblätter, schmal-eiförmig, über 1 cm lang; Blüten in endständigen lockeren Trauben oder Rispen; am Blütenstiel direkt unter der Blüte 1-3 kleine (deutlich sichtbare) Tragblättchen
Sandelgewächse, *Santalaceae*
(Leinblatt) Band 3

26c Blätter ohne tütenartige Nebenblätter, schmal-lineal, über 1 cm lang, oft stark behaart; Blüten einzeln oder geknäuelt in den Blattachseln
Gänsefußgewächse, *Chenopodiaceae*
(Radmelde) Band 2

26d Blätter ohne tütenartige Nebenblätter, lanzettlich, um ½ cm lang; Blüten einzeln oder zu wenigen in den Blattachseln
Primelgewächse, *Primulaceae*
(Milchkraut) Band 3

26e Blätter ohne tütenartige Nebenblätter, breit-eiförmig bis rundlich, über 1 cm lang; Blüten in dichten blattachselständigen Knäueln
Gänsefußgewächse, *Chenopodiaceae*
(Gänsefuß) Band 2

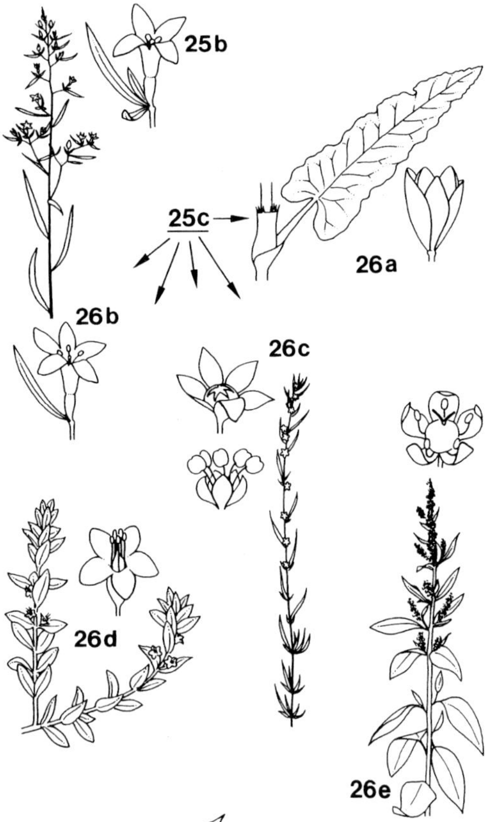

27a Halbstrauch mit derben, eiförmigen, stechend spitzen Blättern (Scheinblätter); in deren Mitte (!) sitzen die kleinen, kurz gestielten, 6zähligen Blüten (und die roten Beeren)
Spargelgewächse, *Asparagaceae*
(Mäusedorn) Band 5

27b 0,5-2 m lange (Winde-)Staude mit gestielten herzförmigen Blättern; Blüten 6zählig, einzeln oder in Trauben blattachselständig
Yamswurzelgewächse, *Dioscoreaceae*
(Schmerwurz) Band 5

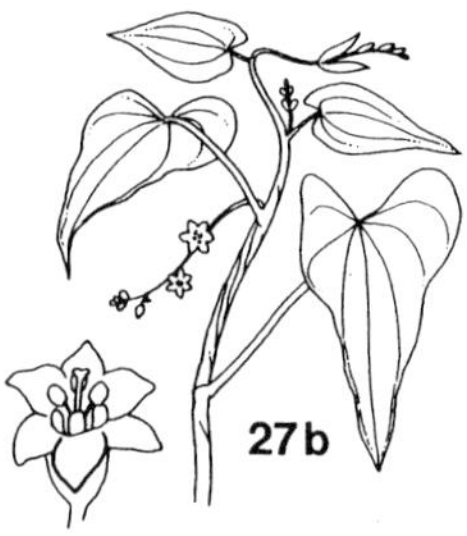

27c (Knickig) 1stielige, kaum 30 cm hohe Staude mit 1-3 gestielten, herzförmigen Blättern; Blüten 4zählig, weiß; in endständiger Traube
Maiglöckchengewächse, *Convallariaceae*
(Schattenblümchen) Band 5

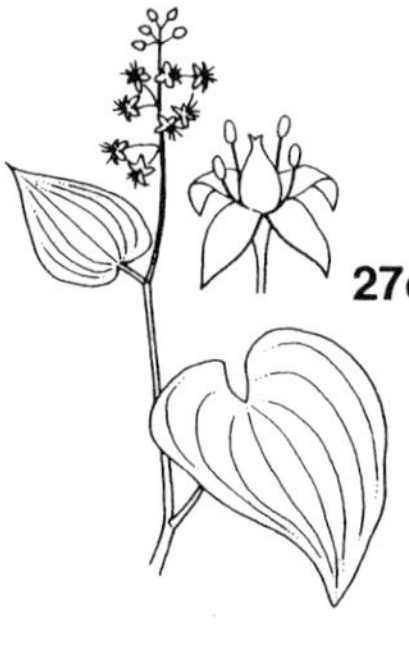

27d Stauden oder Kräuter mit ungestielten oder gestielten Blättern, wenn gestielt, dann ist die Spreite in den Stiel verschmälert; Blätter zuweilen auch röhrig **28**

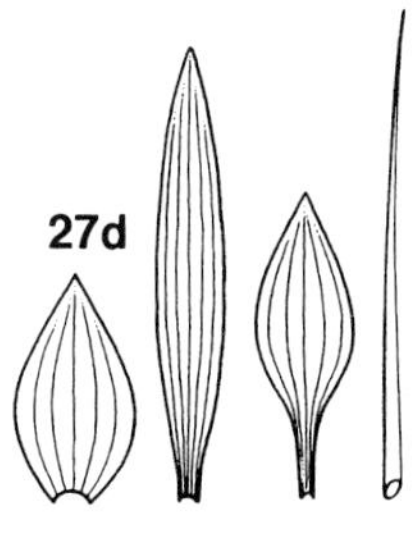

25b 25c 26a 26b 26c 26d 26e 27a 27b 27c 27d

28a Fruchtknoten oberständig; Blütenblätter 3–8 cm lang, frei oder nur am Grund verwachsen
Liliengewächse, *Liliaceae*
(mehrere Gattungen) Band 5

28b Fruchtknoten oberständig; Blütenblätter über 4 cm lang, im unteren Drittel zu einem Trichter verwachsen
Affodillgewächse, *Asphodelaceae*
(Taglilie) Band 5

28c Fruchtknoten oberständig; Blütenblätter 0,2–2,5 cm lang **29**

28d Fruchtknoten unterständig **31**

29a Blüten einzeln oder zu wenigen in den Achseln der Laubblätter, gestielt
Maiglöckchengewächse, *Convallariaceae*
(Weißwurz, Knotenfuß) Band 5

29b Blüten endständig, einzeln oder zu 2–8 in lockeren (Schein-)Dolden
Liliengewächse, *Liliaceae*
(Goldstern, Faltenlilie) Band 5
(! Wenn Blüten zu wenigen in endständiger Traube, vergl.: 30c Blumenbinsengewächse)

29c Blüten zahlreich in einer endständigen, dichten, kugeligen Dolde - zuweilen nur 1 bis wenige, aber dann zusammen mit vielen Brutzwiebeln; Blätter mit Lauchgeruch
Lauchgewächse, *Alliaceae*
(Lauch) Band 5

29d Blüten zahlreich, gebüschelt oder einzeln in Ähren, Trauben, Rispen oder lockeren, ungleichmäßigen (Schein-)Dolden; zuweilen auch in einem (scheinbar) seitenständigen Büschel am Stengel **30**

30a Blütenblätter krautig, zart, rein weiß, 1–3 cm lang; 1 Fruchtknoten; lange, lockere Trauben oder Rispen; nur 1–3 (oft 0) kleine, spiralig stehende Stengelblätter; Grundblätter grasartig
Affodillgewächse, *Asphodelaceae*
(Graslilie) Band 5

30b Blütenblätter krautig, entweder leuchtend gelb oder grünlich bis weißlich, selten schwarzpurpurn, 0,2 bis 1 cm lang; 1 Fruchtknoten; endständige Ähren, Trauben oder reichblütige, aus Ährentrauben zusammengesetzte Rispen. Stengelblätter entweder breit-lanzettlich und spiralig gestellt, oder schwertförmig und 2zeilig (dann Grundblätter „reitend")
Germergewächse, *Melanthiaceae*
(einige Gattungen) Band 5

30c Blütenblätter krautig, derb, gelblich-grün, kaum 3 mm lang (kürzer als die Staubblätter); 3 (–6) Fruchtknoten; endständige, öfters armblütige Trauben; Blätter 2zeilig, rundlich(-rinnig), mit verbreiterter Scheide, wenig zahlreich
Blumenbinsengewächse, *Scheuchzeriaceae*
(Blumenbinse) Band 5

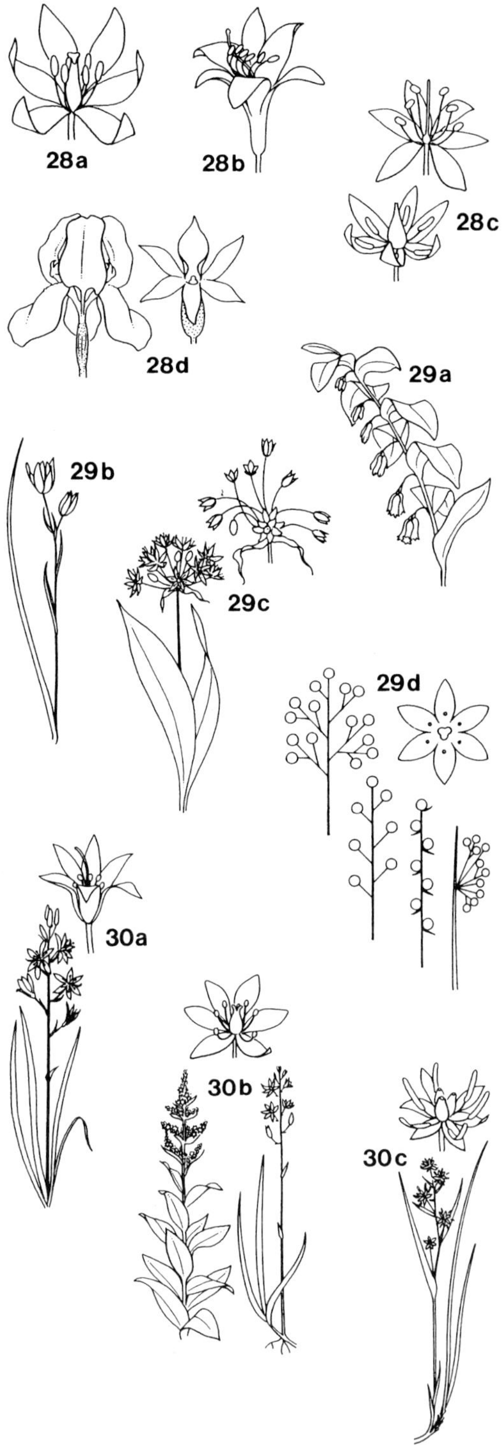

28a 28b 28c 28d 29a 29b 29c 29d 30a 30b 30c

30d Blütenblätter trockenhäutig-papierartig bis ledrig derb, braun (zuweilen mit grünkrautigem Mittelstreif), strohfarben bis bleich(weiß), auch rötlich angehaucht, 0,2–0,6 cm lang; 1 Fruchtknoten; Blüten gebüschelt oder einzeln in rispig-doldigen Gesamtblütenständen; Laubblätter rundlich, borstlich oder grasartig, dann oft behaart
Binsengewächse, *Juncaceae*
(Binse, Hainsimse) Band 5

31a Blüten klein, unter 1 cm im Durchmesser, ± unregelmäßig strahlig, dunkelrot bis rotviolett; Blütenblätter spitz zulaufend; dichte, allseitswendige Ährentrauben
Orchideengewächse, *Orchidaceae*
(z. B. Kohlröschen) Band 5

31b Blüten 1–3 cm lang, weitglockig, weiß (mit grünen oder gelben Spitzen), bogig überhängend, endständig; einzeln oder in einer 2- bis 8zähligen (Schein-)Dolde
Narzissengewächse, *Amaryllidaceae*
(Knotenblume) Band 5

31c Blüten groß, mindestens 1,5 cm im Durchmesser, kurz-gestielt oder sitzend, blau, rot, gelb oder weiß; entweder ± aufrecht in allseitswendigen, oft armblütigen – oder ± geneigt (leicht schiefglockig) in langen, einseitswendigen Ähren(-Trauben)
Schwertliliengewächse, *Iridaceae*
(einige Gattungen) Band 5

32a Stengel mit einem einzigen Blattpaar, das deutlich über dem Boden steht, bzw. von der eventuell vorhandenen Grundblattrosette durch ein blattfreies Stengelstück getrennt ist **33**
(Nicht hierher Pflanzen mit grundständigen Blättern, deren Scheide den Blütenstiel unten umhüllt, so daß die Spreite stengelständig erscheint; z. B. Pflanze mit weißen, 6zähnigen, nickenden Blütenglocken: Maiglöckchen 15c)

32b Stengel mit einem einzigen (± verwachsenen oder freiblättrigen) Blattquirl, der deutlich über dem Boden steht, bzw. von der eventuell vorhandenen Grundblattrosette durch ein blattloses Stengelstück getrennt ist **34**

32c Stengel mit mehreren Blattpaaren oder Blattquirlen (eventuell auch gemischt, z. B.: unten Quirle, oben gegenständige Blätter); Grundblätter fehlend oder vorhanden **35**

33a Blüten 6teilig, gelb; Blätter schmal, grasartig
Liliengewächse, *Liliaceae*
(Goldstern) Band 5

33b Blüten 6teilig, weiß; Blätter (schmal-)eiförmig, parallelnervig, mit Lauchgeruch
Lauchgewächse, *Alliaceae*
(Lauch) Band 5

33c, 33d →

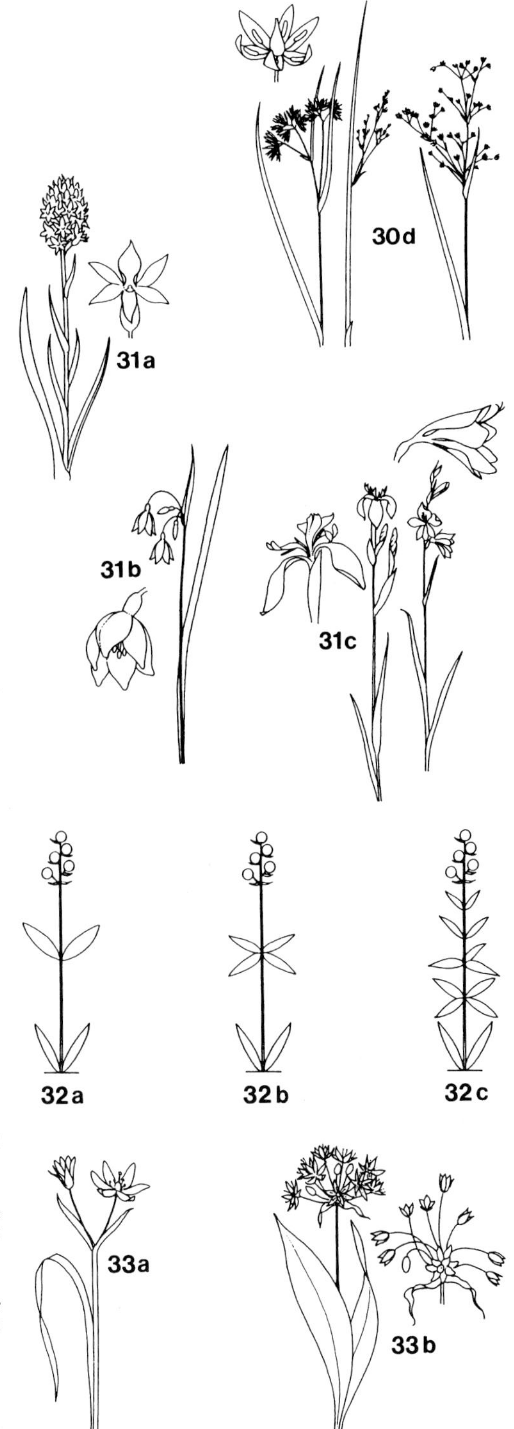

33c Blüten 5zipflig, bräunlich, gelblich oder rötlichweiß; Blätter spatel- bis eiförmig, fieder- oder einnervig
Baldriangewächse, *Valerianaceae*
(Baldrian) Band 3

33d Blüten 4teilig, weiß; Blätter ei-herzförmig, bogen-(= parallel-)nervig
Maiglöckchengewächse, *Convallariaceae*
(Schattenblümchen, Sonderform) Band 5

34a Blattquirl unten trichterig verwachsen und vielzipflig oder aus vielzipfligen bzw. gefiederten Blättern gebildet
Hahnenfußgewächse, *Ranunculaceae*
(einige Gattungen) Band 2

34b Blattquirl aus 3–5 (6) schmalen, grasartigen Blättern mit (kurz-)scheidigem Blattgrund
Liliengewächse, *Liliaceae*
(Goldstern) Band 5

34c Blattquirl aus (meist) 3, bis 1 cm langen, eiförmig stumpflichen Blättchen, dicht unter der blauen (selten weißen oder rötlichen) Einzelblüte
Hahnenfußgewächse, *Ranunculaceae*
(Leberblümchen) Band 2

34d Blattquirl aus (meist) 3, 1–5 cm langen, ± häutigen, zugespitzten Blättchen; darüber eine Dolde mit weiß-rosa Blüten
Schwanenblumengewächse, *Butomaceae*
(Schwanenblume) Band 5

34e Blattquirl aus meist 4 (selten 3 oder 5–7), 5–10 cm langen, eiförmig-spitzen, netzadrigen Blättern; darüber eine (gestielte) Blüte mit meist 4 (3–6) lanzettlichen und ebensovielen schmallanzettlichen, hell- bis gelblich-grünen Blütenblättern; später eine dunkelblaue, ± erbsengroße Beere
Dreiblattgewächse, *Trilliaceae*
(Einbeere) Band 5

34f Blattquirl aus 3–8 einander genäherten, eiförmig spitzen, parallelnervigen Blättern; darüber eine gestielte Traube aus 3 bis vielen großen, nickenden Blüten mit zurückgerollten Blütenblättern
Liliengewächse, *Liliaceae*
(Lilie) Band 5

35a Blütenhülle 6- bis mehrteilig, Blütenblätter frei oder verwachsen, schmalglockig zusammenneigend, Glockendurchmesser unter 1 cm **36**

35b Blütenhülle 6- bis mehrteilig, Blütenblätter ± frei, becherartig oder weitglockig zusammenneigend bis radförmig ausgebreitet; Blütendurchmesser 1 cm oder mehr **37**

35c Blütenhülle 2–5zipflig, frei oder verwachsen; Stengelblätter in Mehrzahl gegenständig, höchstens die obersten in Quirlen **38**

35d Blütenhülle 3–5zipflig, klein; (zumindest) untere und mittlere Stengelblätter in 4–10zähligen Quirlen
Rötegewächse, *Rubiaceae*
(einige Gattungen) Band 3

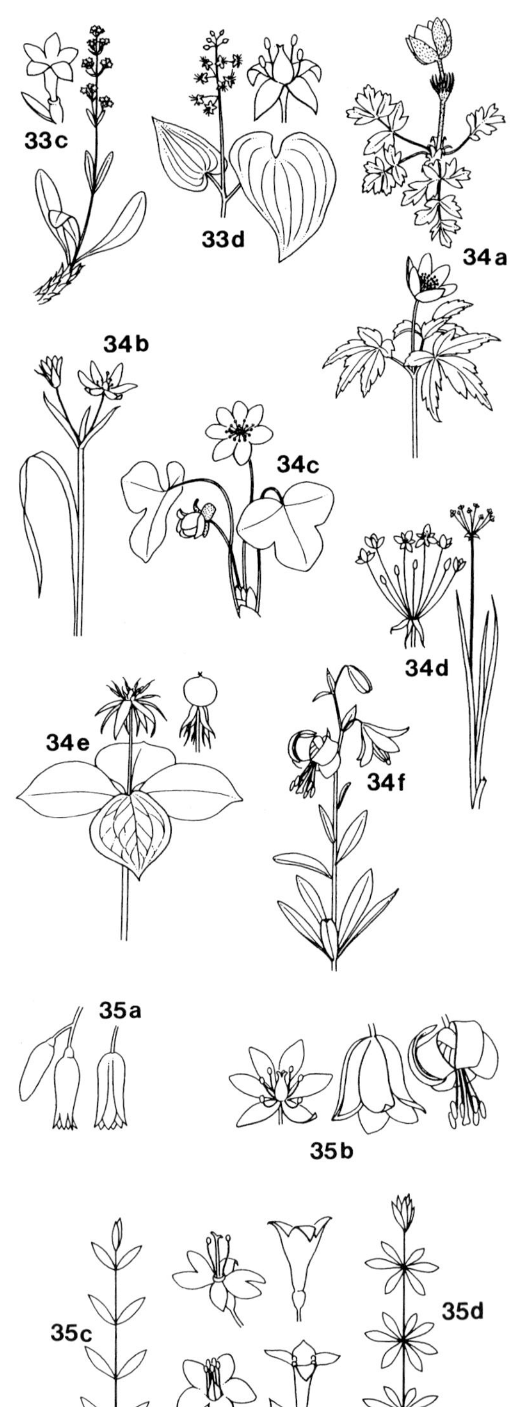

36a Blätter nadelartig schmal oder kleinschuppig
Spargelgewächse, *Asparagaceae*
(Spargel) Band 5
36b Blätter breit-eiförmig bis länglich-lanzettlich (aber mindestens ½ cm breit)
Maiglöckchengewächse, *Convallariaceae*
(z. B. Weißwurz) Band 5

37a Blüten grünlich oder weißlich, radförmig ausgebreitet, um 1 cm im Durchmesser; in verzweigten Ährentrauben (viele Laubblätter, genähert, wechselständig)
Germergewächse, *Melanthiaceae*
(Germer) Band 5
37b Blüten rotviolett, gelb- bis braunrot oder reinweiß, groß; Blütenblätter trichterig-glockig zusammenstehend oder weit nach hinten umgebogen (Blattquirle oft unecht)
Liliengewächse, *Liliaceae*
(Lilie: Kaiserkrone) Band 5

38a Blüte mit 2 gegenständigen, weißen oder rötlich überlaufenen, tief-herzförmig gespaltenen Blütenblättchen; lockere Traube; Laubblätter (breit-)eiförmig, ± gesägt
Nachtkerzengewächse, *Onagraceae*
(Hexenkraut) Band 3
38b Blüte, am Grund trichterig bis engröhrig verwachsen, mit 3 oder 4 schmalen Zipfeln; Laubblätter schmal-lineal
Rötegewächse, *Rubiaceae*
(Meister) Band 3
38c Blüte mit 4 bis zum Grund freien Blütenblättern; Laubblätter gefiedert **39**
38d Blüten tief in 5 Zipfel gespalten; einzeln in den Achseln der lanzettlichen, um 0,5 cm langen Laubblätter (obere oft wechselständig)
Primelgewächse, *Primulaceae*
(Milchkraut) Band 3
38e Blüten mit verwachsener Kronröhre, 5zipflig; in reichblütigen Doldenrispen **40**

39a Teilblättchen eiförmig, ganzrandig oder gesägt
Hahnenfußgewächse, *Ranunculaceae*
(Waldrebe) Band 2
39b Blätter in schmale Zipfel zerschnitten, oft blaugrün
Mohngewächse, *Papaveraceae*
(Kappenmohn) Band 2

40a Blätter einfach und ganzrandig oder fiedrig gelappt bis fiedrig zusammengesetzt
Baldriangewächse, *Valerianaceae*
(Baldrian, Feldsalat) Band 3
40b Blätter handförmig geteilt
Korbblütengewächse, *Asteraceae*
(Wasserdost) Band 4

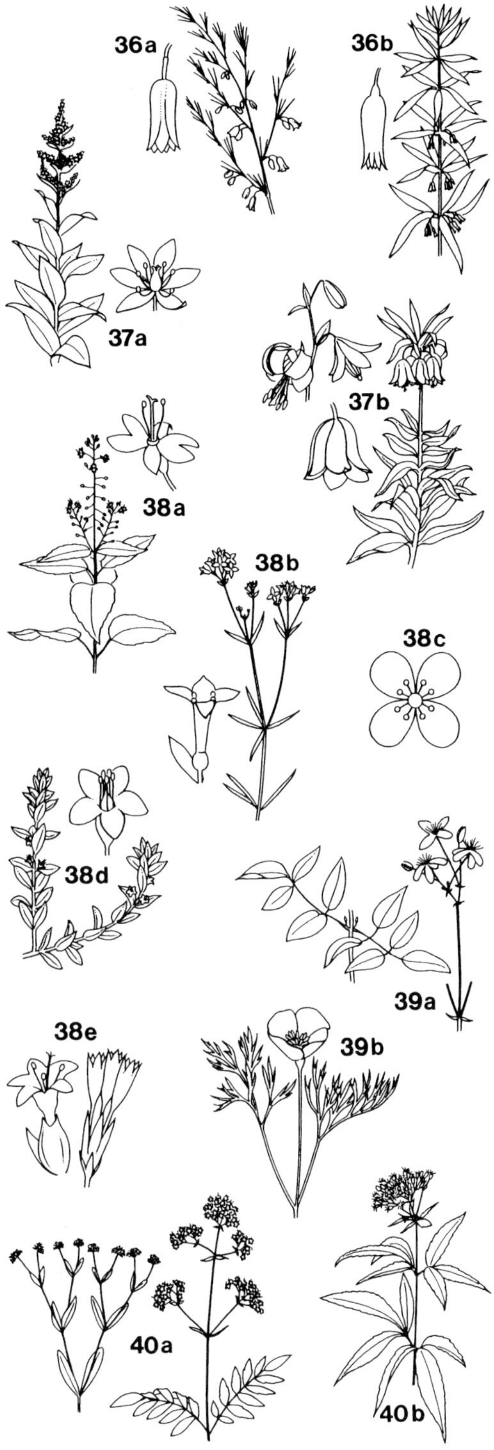

36a 36b 37a 37b 38a 38b 38c 38d 38e 39a 39b 40a 40b

Schlüssel 8: Kelchblütige Kräuter

1a Zumindest die mittleren und unteren Laubblätter sehr lang und schmal, flach, fädlich oder röhrig, oft parallelnervig, nie gestielt, gern mit röhriger, stengelumfassender Scheide (zuweilen obere Blätter nur mit Scheide, ohne Spreite), ganzrandig, höchstens mit kleinen Stachelzähnchen 2

1b Laubblattspreite (ohne Stiel!) höchstens 10mal so lang wie breit oder sehr kurz (durchweg weniger als 2 cm lang), einfach oder zusammengesetzt, oft fiedernervig, gestielt oder ungestielt 11

2a Stengel mit deutlichen Knoten, an denen die Scheiden der wechselständigen Blätter entspringen (die oft höher stehende Knoten bedecken)
Süßgrasgewächse, *Poaceae*
(alle Gattungen) Band 5
[Blüten nackt, von 2 Spelzen („Deckspelzen") umgeben und zu 1- bis vielblütigen „Ährchen" zusammengestellt; an deren Basis zusätzliche Spelzen („Hüllspelzen"), meist 2, selten 1, 3 oder 4. Die Ährchen wiederum zu ährigen, traubigen oder rispigen Gesamtblütenständen angeordnet]

2b Stengel ohne deutlich sichtbare Knoten, öfters 3kantig; Blüten strahlig mit (oft 6teiliger) spelzenartiger Hülle oder in Spelzenährchen, seltener 2seitig oder asymmetrisch 3

3a Blüten strahlig mit 6- oder 3zähliger, krautiger bis trockenhäutiger Hülle 4

3b Blüten 2seitig mit krautiger Hülle
Orchideengewächse, *Orchidaceae*
(z. B. Zwergorchis) Band 5

3c Blüten in Spelzenährchen, diese einzeln oder, zu mehreren bis vielen, zusammengesetzte Blütenstände bildend 6

3d Blüten ohne Hüllen oder Spelzen, zuweilen von steifen bis samtartig weichen Haaren umstellt oder mit undeutlichem, 4-, 6- oder 8zähnigem Hüllsaum; hierher auch Pflanzen, deren Blütenstand ± verkümmerte, sterile Blumengebilde oder Brutzwiebel enthält 7

4a Blütenstand rispig, end- oder seitenständig; Blüten einzeln, geknäuelt oder gebüschelt; Hüllblätter (± derb) trockenhäutig, schmal-eiförmig, braun, gelblich, rötlich oder weiß
Binsengewächse, *Juncaceae*
(Binse, Hainsimse) Band 5

4b Dichter, 4–8 cm langer, (scheinbar) seitenständiger Kolben; viele kleine Blüten; Hüllblätter häutig, gebogen, gelb-grün-weißlich
Aronstabgewächse, *Araceae*
(Kalmus) Band 5

4c Einfache Trauben(-Ähren); Blüten kurzstielig, Hüllblätter krautig, (gelb-)grün 5

4d Endständige, ± kugelige (Schein-)Dolden; gestielte Blüten; Hüllblätter krautig, grünlich, gelblich, rötlich oder bläulich
Lauchgewächse, *Alliaceae*
(Lauch) Band 5

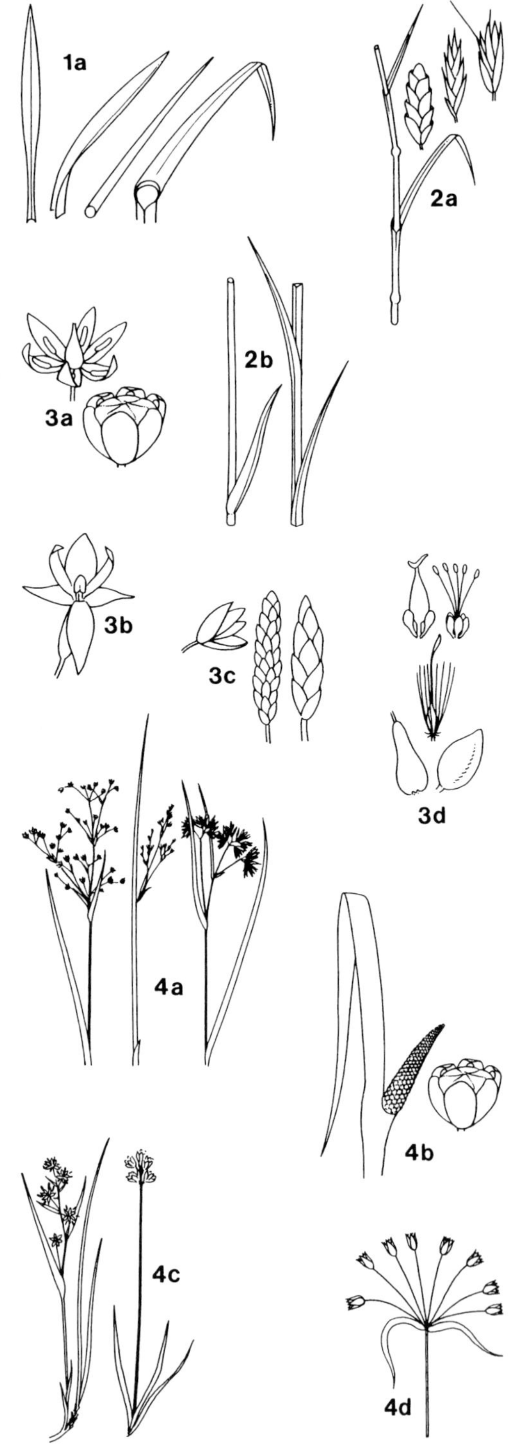

5a Tragblatt der untersten Blüte auffällig lang, Grundblätter ± röhrig
Blumenbinsengewächse, *Scheuchzeriaceae*
(Blumenbinse) Band 5

5b Alle Blütentragblätter kurz oder fehlend, Grundblätter flach, schwertförmig
Germergewächse, *Melanthiaceae*
(Beinbrech, Simsenlilie) Band 5

6a Ährchen in lockerer Rispe, deren Hauptäste stockwerkartig quirl- oder gegenständig; ganz am Grund des rundlichen Halmes mehrere Knoten eng übereinander
Süßgrasgewächse, *Poaceae*
(Pfeifengras, Mariengras) Band 5

6b Ährchen einzeln, traubig oder büschelig angeordnet, wenn (spirrig-)rispig, dann Blütenstand mit Tragblättchen durchsetzt; Halm auch am Grund ohne Knoten, oft 3kantig
Riedgrasgewächse, *Cyperaceae*
(viele Gattungen) Band 5

7a Blütenstand aus einem bis mehreren kugeligen bis igeligen Köpfchen **8**

7b Blütenstand ein dichter, länglicher Kolben, seitenständig oder endständig (dann zuweilen 2 Kolben übereinander) **9**

7c Blütenstand traubig aufgebaut (Einheiten gestielt, untereinander) **10**

8a Blüten zu (mindestens) reiskorngroßen, fleischigen Brutzwiebeln umgewandelt; endständiges Köpfchen
Lauchgewächse, *Alliaceae*
(Lauch, Sonderformen) Band 5

8b Blüten in igelartigen Köpfchen, ♂(klein) und ♀ (größer) getrennt, übereinander am dicklichen, rundlichen Sproß
Igelkolbengewächse, *Sparganiaceae*
(Igelkolben) Band 5

8c Blüten in (gleich-) kleinen igeligen Köpfchen, übereinander am 3kantigen Stengel
Riedgrasgewächse, *Cyperaceae*
(reifende Gleichährige Seggen) Band 5

9a 1 Kolben, (scheinbar) seitenständig (vom stengelähnlichen Tragblatt überragt)
Aronstabgewächse, *Araceae*
(Kalmus) Band 5

9b 2 Kolben am Stengelende untereinander, eng zusammen oder wenig auseinander gerückt; der obere (♂) dünner, vergänglich; unterer (♀) später braunsamtig, dann wollig zerfallend
Rohrkolbengewächse, *Typhaceae*
(Rohrkolben) Band 5

9c Endständiger Kolben auf blattlosem Schaft, aus Schuppen und 4zipfligen, häutigen Blüten mit weit herausragenden Staubblättern
Wegerichgewächse, *Plantaginaceae*
(Wegerich) Band 4

9d →

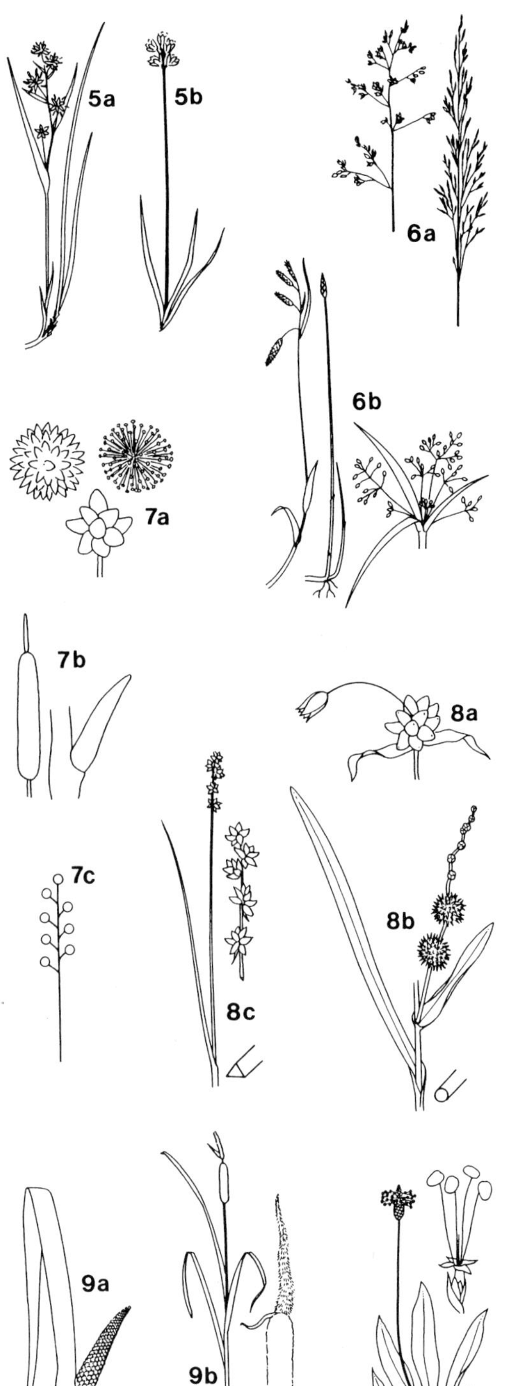

9d Endständiger Kolben auf blattlosem Schaft, nur aus Fruchtknoten gebildet, unten dürre Blütenblätter und 5 grünliche Kelchblätter, mit Spornen, die dem Schaft anliegen
Hahnenfußgewächse, *Ranunculaceae*
(reifendes Mäuseschwänzchen) Band 2

10a Blätter halb-stielrund, Blütengebilde ± aufrecht abstehend, kugelig-eiförmig, von 6 hinfälligen Schüppchen umgeben (Staubblattanhängsel); bald nur noch längliche Fruchtknoten mit struppiger Narbenkappe
Dreizackgewächse, *Juncaginaceae*
(Dreizack) Band 5

10b Blätter flach bis rinnig gewölbt; zumindest untere Blüten ± waagrecht abstehend bis schwach nickend, oft braun oder grün, obere (unfruchtbar) ei- bis keulenförmig, geschlossen, blau bis blauviolett
Hyazinthengewächse, *Hyacinthaceae*
(Traubenhyazinthe) Band 5

11a Alle Laubblätter grundständig; Stengel höchstens im oder direkt unter dem Blütenstand mit einem Tragblatt oder Tragblattkranz **12**

11b Laubblätter am Stengel gegenständig oder quirlständig - hierher auch (scheinbar) blattlose, gegenständig verzweigte Pflanzen **13**

11c Laubblätter am Stengel wechselständig - oder nur ein einziges Blatt am Stengel **22**

12a Blüten in dickem Kolben, an dessen Grund ein auffälliges, weißlich(-grünes) Hochblatt. Grundblätter ganzrandig, parallelnervig, herz- bis pfeilförmig
Aronstabgewächse, *Araceae*
(Schlangenwurz, Aronstab) Band 5

12b Blüten in ± schmalen Kolben ohne Hochblatt, Grundblätter ganzrandig, parallelnervig, breit- bis schmal-eiförmig
Wegerichgewächse, *Plantaginaceae*
(Wegerich) Band 4

12c Blüten ± büschelig in lockerer Traube (oder Doppeltraube), an deren Grund ein flachtrichteriges, rundliches, durchwachsenes Hochblatt
Portulakgewächse, *Portulacaceae*
(Claytonie) Band 2

12d Blüten in dichter, ± quaderförmiger Traube, darunter ein Paar 3geteilte, vielzipflige Hochblätter. Grundblätter fiederig geteilt
Moschuskrautgewächse, *Adoxaceae*
(Moschuskraut) Band 3

12e Blütenstand traubig mit schuppigen Hochblättchen. Grundblätter länglich, parallelnervig
Orchideengewächse, *Orchidaceae*
(einige Gattungen) Band 5

12f Blütenstand einfach traubig bis knäuelig-rispig, von größeren Tragblättern durchsetzt. Grundblätter 3teilig bis handförmig gelappt
Rosengewächse, *Rosaceae*
(Gelbling, Frauenmantel) Band 2

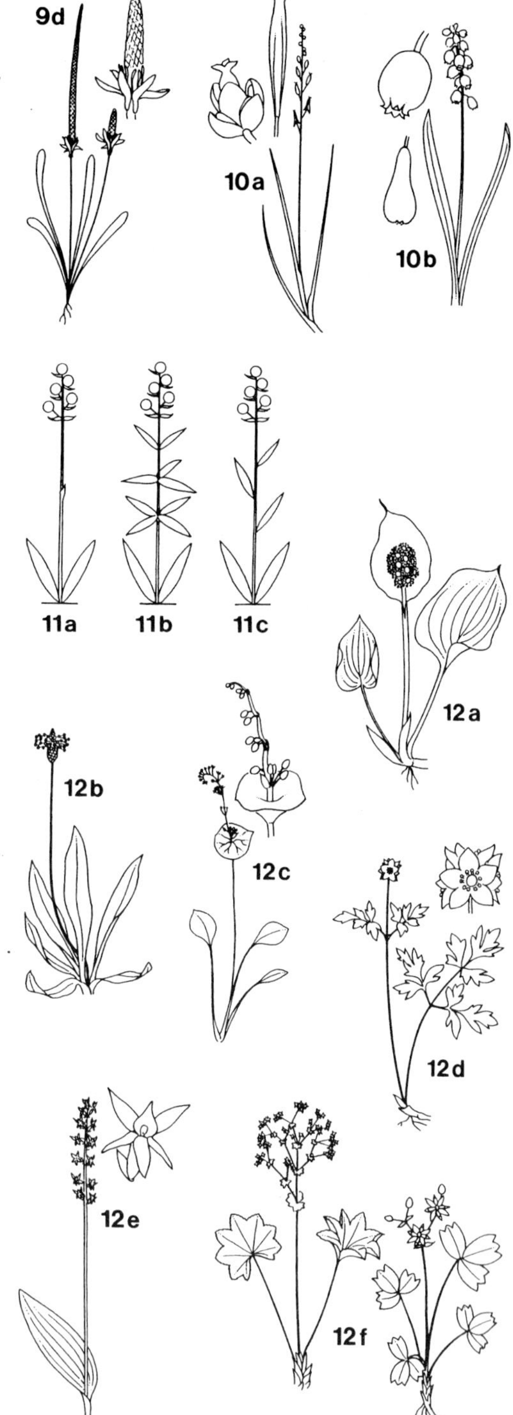

12g Blütenstand locker traubig bis rispig mit hinfälligen Hüll- und auffälligen Staubblättern. Grundblätter gefiedert
Hahnenfußgewächse, *Ranunculaceae*
(Wiesenraute) Band 2

12h Blütenstand mit lockeren, übereinanderstehenden (Schein-)Quirlen. Grundblätter rundlich bis länglich herz-eiförmig, fieder- oder handnervig
Knöterichgewächse, *Polygonaceae*
(Säuerling, Ampfer) Band 2

13a Laubblätter ± verkümmert, nur als (gegenständiger) Schuppensaum an den Einschnürungen des dickfleischigen, gegliederten Sprosses. Wattpflanze der Meeresküste
Gänsefußgewächse, *Chenopodiaceae*
(Queller) Band 2

13b Laubblätter gut ausgebildet, flach bis dicklich-fleischig, ganzrandig; gleichmäßige, deutlich voneinander abgesetzte Quirle **14**

13c Laubblätter gut ausgebildet, flach bis dicklich-fleischig, ganzrandig; gegenständig, jedoch sehr dicht und sich dachziegelig deckend (daher scheinbar quirlständig)
Nelkengewächse, *Caryophyllaceae*
(z. B. Mieren-Gruppe) Band 2

13d Laubblätter gut ausgebildet, flach bis dicklich-fleischig, ganzrandig, gegenständig; deutlich voneinander abgesetzte Blattpaare - zuweilen durch Nebenblätter oder kleine Achseltriebe quirlständig erscheinend: Zusatzblättchen aber stets auffällig kleiner als das (Haupt-)Blattpaar **16**

13e Laubblätter gut ausgebildet, am Rand gesägt bis gekerbt - höchstens am Blattstielansatz tiefer eingebuchtet, der übrige Rand stets auf weniger als ¼ der Spreitenhälfte zerteilt **20**

13f Laubblätter gut ausgebildet, sehr tief gelappt (Einschnitte tiefer als ½ der Spreitenhälfte) oder aus Teilblättchen zusammengesetzt **21**

14a Nur ein Blattquirl am sonst blattlosen, einblütigen Schaft; Waldbodenpflanze
Dreiblattgewächse, *Trilliaceae*
(Einbeere) Band 5

14b Nur ein Blattquirl am Ende des Sprosses, eventuell vorhandene tieferstehende Blätter gegenständig; Pflanze auf Schlammboden trockengefallener Gewässer
Wassersterngewächse, *Callitrichaceae*
(Wasserstern) Band 4

14c Nur die unteren Blätter quirlständig, die oberen gegenständig; Salzstrandpflanze
Gänsefußgewächse, *Chenopodiaceae*
(Salzmelde) Band 2

14d Nur die unteren Blätter quirlständig, die oberen gegenständig; Pflanze auf Bäumen wachsend (kleiner Halbstrauch)
Mistelgewächse, *Viscaceae*
(Mistel) Band 3

14e Stengel durchgängig mit (mehreren) Quirlen, die nach oben zu eventuell in der Blattzahl abnehmen (nie unter 3!) **15**

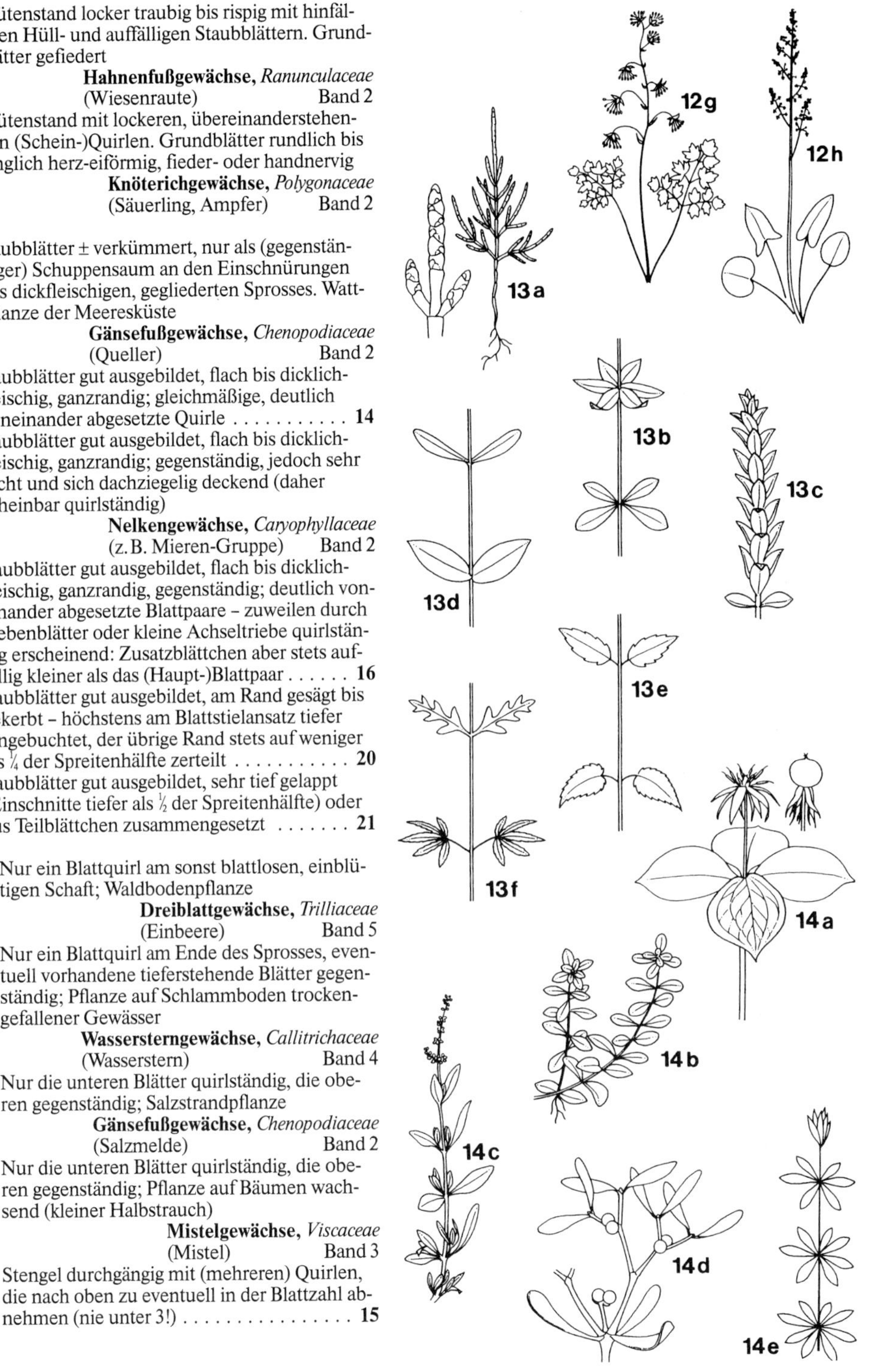

15a Blüten in endständigen Trugdolden; Landpflanze, 4 bespitzte Blätter pro Quirl
Nelkengewächse, *Caryophyllaceae*
(Nagelkraut) Band 2

15b Blüten blattachselständig; kriechend-aufsteigende Sumpfpflanze; die Quirle über Wasser mit 3–4 schmal-eiförmigen Blättern
Tännelgewächse, *Elatinaceae*
(Tännel) Band 3

15c Blüten blattachselständig; meist aufrechte Sumpfpflanze; die Quirle über Wasser mit 6–10 linealen Blättern
Tannenwedelgewächse, *Hippuridaceae*
(Tannenwedel) Band 4

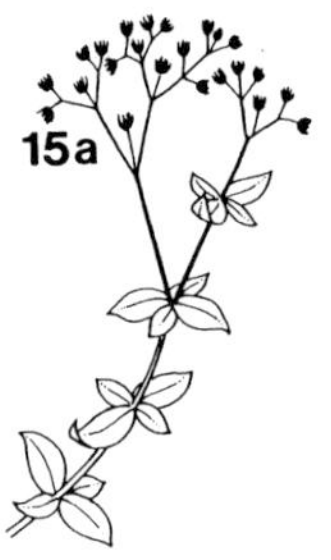

15a 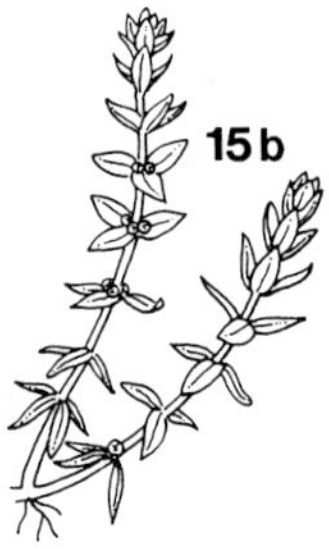 15b  15c

16a Baumbewohnendes Halbsträuchlein mit gabeligem Aufbau; Blätter dicklich, ± spatelig
Mistelgewächse, *Viscaceae*
(Mistel) Band 3

16b Bodenpflanze mit nur einem Blattpaar am Stengel; Blätter eiförmig, parallelnervig
Orchideengewächse, *Orchidaceae*
(z. B. Zweiblatt) Band 5

16c Bodenpflanze mit vielen Blättern am Stengel, nur die unteren gegenständig, die oberen wechselständig **17**

16d Bodenpflanze mit vielen Blättern am Stengel, alle gegenständig **18**

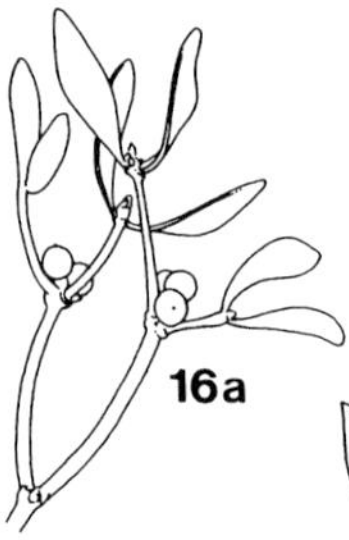

16a 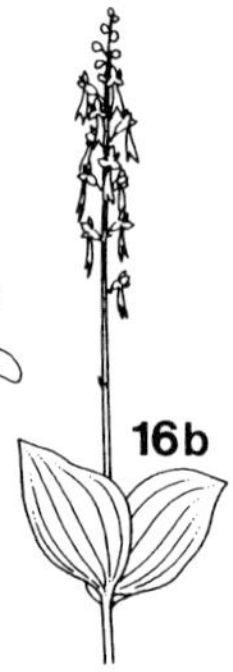 16b  16c  16d

17a Blätter rundlich-eiförmig; Blüten in dichten Knäueln in den Blattachseln; Pflanze niederliegend ausgebreitet
Nelkengewächse, *Caryophyllaceae*
(z. B. Bruchkraut) Band 2

17b Blätter länglich, zuweilen fleischig-dicklich oder dornig zugespitzt; Blüten oft in end- und seitenständigen Traubenähren - wenn blattachselständig, dann in armblütigen Knäueln und die Laubblätter schmal-lineal oder pfriemlich
Gänsefußgewächse, *Chenopodiaceae*
(mehrere Gattungen) Band 2

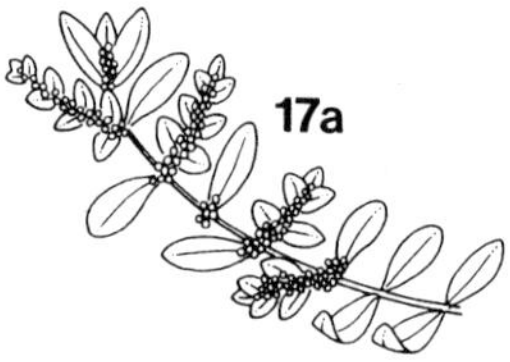

17a  17b

18a Blüten kurz gestielt einzeln in den Blattachseln (pro Blattpaar 0–2 Blüten) **19**

18b Blüten zu 2–4 in den Blattachseln geknäuelt; Blätter etwa 2 mm lang, lineal, am Grund paarweise miteinander verwachsen; Pflanze kaum über 5 cm lang
Dickblattgewächse, *Crassulaceae*
(Dickblatt) Band 2

18c Blüten zu 3–10 in den Blattachseln geknäuelt; Blätter 3–10 mm lang, eiförmig, zum Grund hin verschmälert
Nelkengewächse, *Caryophyllaceae*
(Bruchkraut, Knorpelblume) Band 2

18d Blüten kurz gestielt in endständigen Knäueln oder Ähren; Laubblätter verkehrt-eiförmig, stumpflich, am Grund stielartig verschmälert
Gänsefußgewächse, *Chenopodiaceae*
(Salzmelde) Band 2

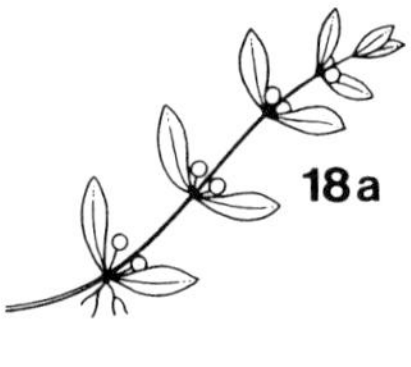

18a  18b 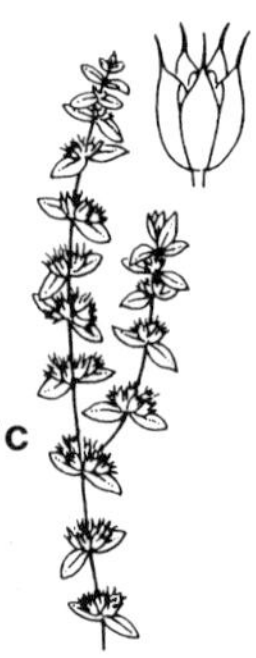 18c  18d

18e Blüten kurz gestielt in endständigen Knäueln oder Ähren; Laubblätter lineal bis pfriemlich, am verbreiterten Grund paarweise miteinander verwachsen
Nelkengewächse, *Caryophyllaceae*
(Knäuel) Band 2

18f Blüten in langstieligen, blattachselständigen Ährenkölbchen
Wegerichgewächse, *Plantaginaceae*
(Wegerich) Band 4

18g Blüten in lockeren Rispen oder einzeln, langgestielt in den Blattachseln
Nelkengewächse, *Caryophyllaceae*
(Spärkling, Mastkraut) Band 2

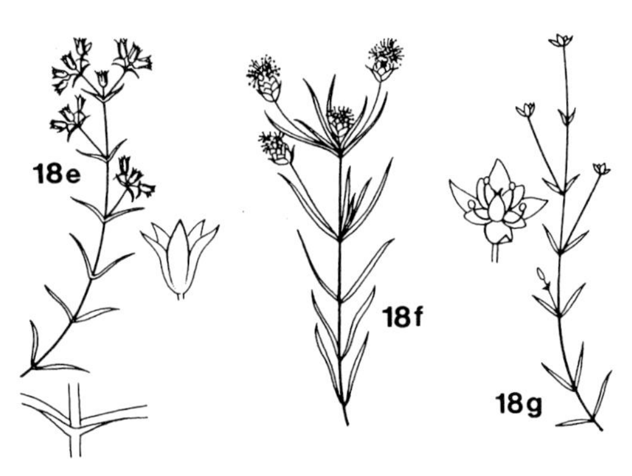

19! Die unter dieser Nummer aufgeführten Sumpf- und Wasserpflanzen sind je nach Standort sehr variabel. Sie können oft nur am Blütenbau ganz sicher unterschieden werden

19a Laubblätter kaum 2 mm lang, dicklich, schmal-lineal, am Grund paarweise verwachsen; Blüten sehr klein, mit doppelter Hülle, 3- (meist) 4–5zählig; innere Hüllblätter weiß, die äußeren weit überragend
Dickblattgewächse, *Crassulaceae*
(Dickblatt) Band 2

19b Laubblätter eiförmig, ± spitz, am Grund stielartig, 10–30 mm lang; Blüten klein, Hülle einfach, 4zählig, grünlich
Nachtkerzengewächse, *Onagraceae*
(Heusenkraut) Band 3

19c Laubblätter spatelig, stumpf, 5–25 mm lang, am Grund stielartig; Blüten klein, äußere Hülle verwachsen, 5- bis (meist) 6zipflig (oft noch mit kleineren Zwischenzipfeln), innere Hülle fehlend oder aus 5–6 freien, viel schmäleren und etwas kürzeren, rötlichen oder weißlichen Blättchen
Weiderichgewächse, *Lythraceae*
(Sumpfquendel) Band 3

19d Laubblätter schmal, lineal bis eilänglich, 2–15 mm lang, am Grund stielartig; Blütenhülle stets doppelt, 3–4zählig; die inneren Hüllblätter länger als die äußeren, weiß bis rosa
Tännelgewächse, *Elatinaceae*
(Tännel) Band 3

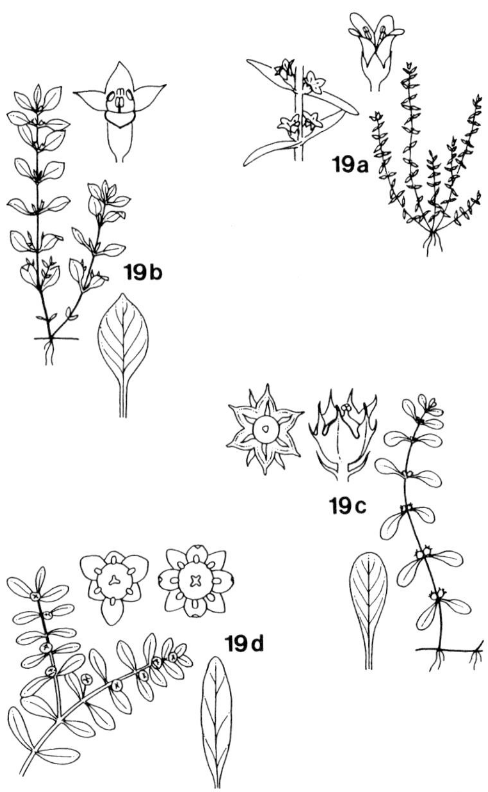

19e Laubblätter schmal-lineal oder aus schmallinealem Grund rundlich-spatelförmig erweitert, vorn oft eingekerbt, 5–15 mm lang; Blüten nackt, von 2 hinfälligen Vorblättern umgeben
Wassersterngewächse, *Callitrichaceae*
(Wasserstern) Band 4

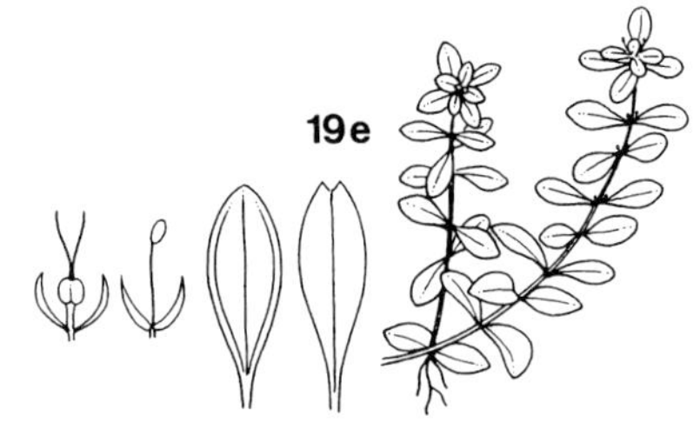

20a Blütenstand mit Hochblättern, endständig, ± flach; am Stengel 1-2 Laubblattpaare
Steinbrechgewächse, *Saxifragaceae*
(Milzkraut) Band 2

20b Blütenstand endständig, armblütig-rispig mit gegenständigen Hochblättern; am Stengel 1-2 Laubblattpaare
Baldriangewächse, *Valerianaceae*
(Baldrian) Band 3

20c Blütenstand endständig, langgezogen, mit wechselständigen Hochblättern und Blütenknäueln. Stengelblätter zahlreich, die unteren gegen-, die oberen wechselständig
Gänsefußgewächse, *Chenopodiaceae*
(z. B. Melde) Band 2

20d Blüten in blattachselständigen, ± gestielten Köpfchen oder Rispenbüscheln; alle Laubblätter gegenständig, mit einzelnen oder vielen Brennhaaren
Brennesselgewächse, *Urticaceae*
(Brennessel) Band 2

20e Blüten in blattachselständigen, ± gestielten Trauben oder Ährchen; alle Laubblätter gegenständig, ohne Brennhaare
Wolfsmilchgewächse, *Euphorbiaceae*
(Bingelkraut) Band 3

21a Blätter tief handförmig gelappt oder handförmig geteilt
Hanfgewächse, *Cannabaceae*
(Hanf, Hopfen) Band 2

21b Blätter einfach bis doppelt fiederschnittig, gegenständig, z. T. auch wechselständig
Korbblütengewächse, *Asteraceae*
(z. B. Traubenkraut) Band 4

21c Blätter einfach gefiedert (Fiedern sehr schmal), quirl-, seltener gegenständig; Sumpf- und Wasserpflanzen
Seebeerengewächse, *Haloragaceae*
(Tausendblatt) Band 3

21d Blätter doppelt gefiedert, nur ein einziges (stark zerteiltes) Blattpaar am Stengel
Moschuskrautgewächse, *Adoxaceae*
(Moschuskraut) Band 3

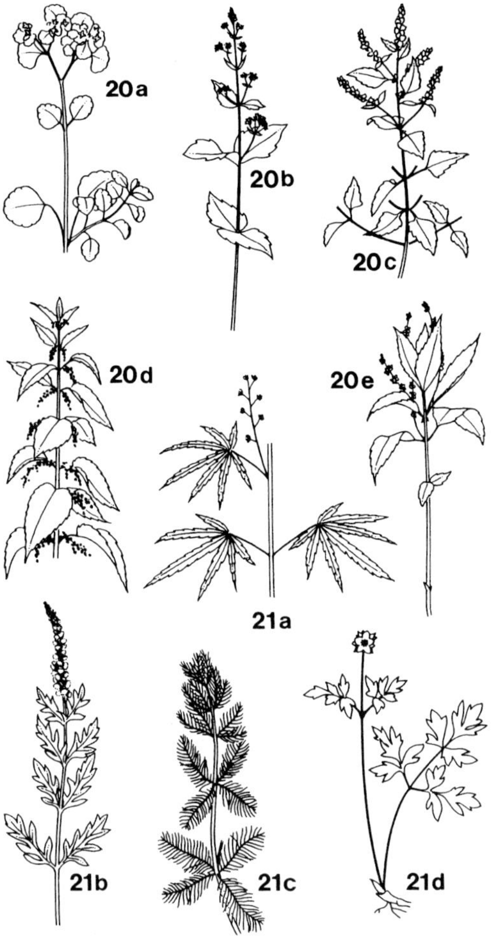

22a Stengel niederliegend, nicht wurzelnd, weitkriechend, hin- und hergebogen, an Stützen emporwindend oder -rankend 23

22b Stengel niederliegend oder ± unterirdisch kriechend, ± geradegestreckt, am Vorderende oft aufgebogen, sonst an fast allen Blattansätzen wurzelnd 24

22c Stengel aufrecht oder niederliegend, weder emporwindend noch wurzelnd; Blätter parallel- oder gitternervig 26

22d Stengel aufrecht oder niederliegend, weder emporwindend noch wurzelnd; Blätter fieder-, hand- oder einnervig. – Hierher auch Pflanzen mit beidseits stark behaarten Blättern und dadurch undeutlichen Nerven 27

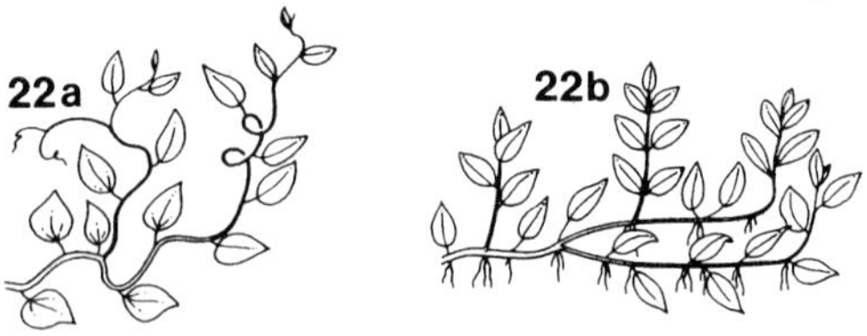

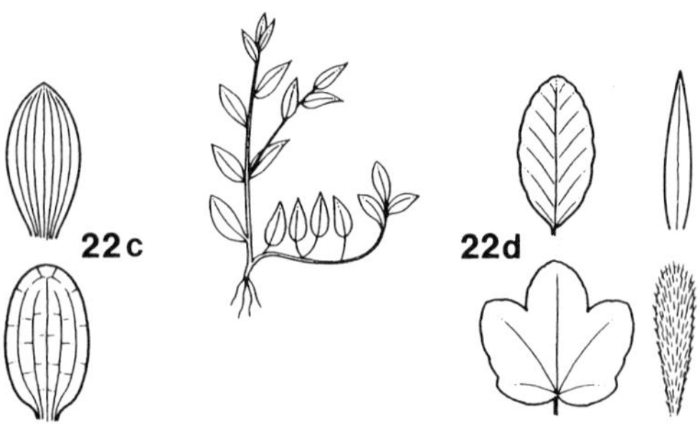

20a 20b 20c 20d 20e 21a 21b 21c 21d 22a 22b 22c 22d

23a Stengel mit Ranken (einfach oder gefiedert)
Kürbisgewächse, *Cucurbitaceae*
(z. B. Haargurke) Band 3

23b Stengel ohne Ranken, windend; am Grund der Blattstiele eine den Hauptstengel umschließende, häutige Scheide
Knöterichgewächse, *Polygonaceae*
(z. B. Windenknöterich) Band 2

23c Stengel ohne Ranken, windend; am Grund der Blattstiele beiderseits ein ca. 5 mm langes hornförmiges Nebenblatt
Yamswurzelgewächse, *Dioscoreaceae*
(Schmerwurz) Band 5

24a Blätter 3teilig; armblütige Trugdolden; Blüten gelblich-grün; Gebirgspflanze
Rosengewächse, *Rosaceae*
(Gelbling) Band 2

24b Blätter rundlich, gekerbt, schildförmig; gestielte, 3–5blütige, köpfchenartige Dolde; Blüten weißlich; Sumpfpflanze
Doldengewächse, *Apiaceae*
(Wassernabel) Band 3

24c Blätter rundlich-nierenförmig mit tiefem Einschnitt (seitlich gestielt), glänzend; Blüten einzeln, rötlich-braun, groß, zwischen den Blättern versteckt; Waldpflanze
Osterluzeigewächse, *Aristolochiaceae*
(Haselwurz) Band 2

24d Blätter spatelig-eiförmig, am Grund stielartig verschmälert; Blüten zu wenigen in den Blattachseln, rötlich; Sumpfpflanze
Weiderichgewächse, *Lythraceae*
(Sumpfquendel) Band 3

24e Blätter schmal- bis breit-eiförmig oder rundlich-elliptisch, gestielt; Blüten in dichten, kolbenartigen Trauben oder Ähren; Gebirgs- oder Sumpfpflanze 25

25a Blüten ± nackt; ovaler Kolben über 1 (selten mehr) grünlich-weißen Hochblatt; Laubblätter parallelnervig, ei-herzförmig; Sumpf
Aronstabgewächse, *Araceae*
(Schlangenwurz) Band 5

25b Blüten mit unscheinbarer 4zähliger Hülle in kleinen Ährchen; kein auffälliges Hochblatt; Laubblätter parallel(gitter-)nervig, schmal- bis breit-eiförmig; Sumpf, Schlamm
Laichkrautgewächse, *Potamogetonaceae*
(Laichkraut) Band 5

25c Blüten meist 5zählig, rötlich-weiß, in langen Ähren – ! oft ganz oder teilweise durch grünliche Brutkörper ersetzt; kein auffälliges Hochblatt; Laubblätter fiedernervig, lang-eiförmig; Feucht- und Magerrasen
Knöterichgewächse, *Polygonaceae*
(Knöterich) Band 2

25d Blüten nackt, hinter Schuppen in dicken Ähren (Kätzchen); Laubblätter rundlich bis elliptisch, fieder(netz-)nervig; Gebirgsrasen
Weidengewächse, *Salicaceae*
(Weide) Band 3

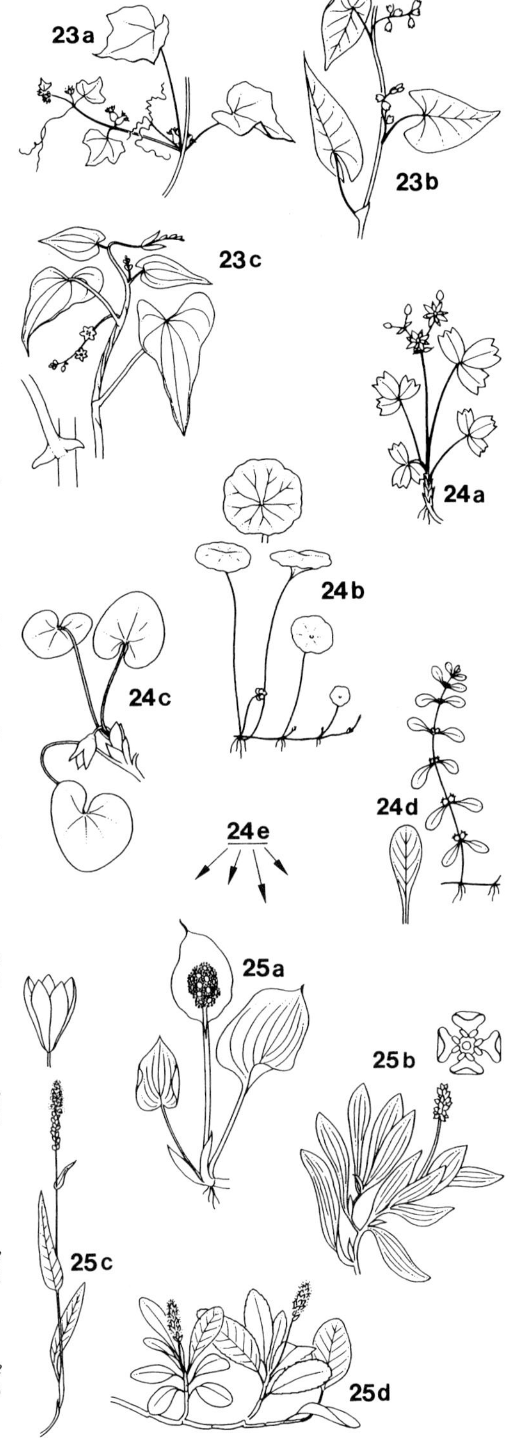

26a Blüten 4zählig; in dichten Ähren(-trauben)
Laichkrautgewächse, *Potamogetonaceae*
(Laichkraut) Band 5

26b Blüten 5zählig; in Dolden, von einem Hochblattquirl umstellt
Doldengewächse, *Apiaceae*
(Hasenohr) Band 3

26c Blüten (3- oder) 6zählig; einzeln auf langem Stiel in den Blattachseln
Maiglöckchengewächse, *Convallariaceae*
(Knotenfuß) Band 5

26d Blüten (3- oder) 6zählig; kurz gestielt in reichen endständigen Trauben oder Rispen
Germergewächse, *Melanthiaceae*
(Germer) Band 5

26e Blüten deutlich 2seitig; auf stielartigem Fruchtknoten in endständigen Trauben
Orchideengewächse, *Orchidaceae*
(einige Gattungen) Band 5

27a Blätter am Stielgrund mit trockenhäutiger Scheide, die den Hauptstengel umfaßt; ohne weitere Nebenblätter; ohne Milchsaft
Knöterichgewächse, *Polygonaceae*
(mehrere Gattungen) Band 2

27b Blätter am Grund mit häutigen oder krautigen Nebenblättchen (1–2, getrennt vom Blatt); ohne Milchsaft; ohne stengelumfassende, häutige Scheide **28**

27c Blätter mit reichlich Milchsaft; ohne Nebenblätter oder stengelumfassende Scheide
Wolfsmilchgewächse, *Euphorbiaceae*
(Wolfsmilch) Band 3

27d Blätter ohne Nebenblätter, stengelumfassende häutige Scheide oder Milchsaft; zusammengesetzt oder tief gelappt (tiefste Einschnitte reichen über die Mitte der Spreitenhälfte) . . . **30**

27e Blätter ohne Nebenblätter, stengelumfassende häutige Scheide oder Milchsaft; am Rand gekerbt, gezähnt, gesägt, oder seicht gelappt (Einschnitte höchstens ⅓ der Spreitenhälfte) . . . **32**

27f Blätter ohne Nebenblätter, stengelumfassende häutige Scheide oder Milchsaft; ganzrandig, höchstens am Spreitengrund herzförmig . . **33**

28a Untere und mittlere Laubblätter einfach, höchstens am Rand gekerbt, gestielt; Nebenblätter krautig; Blüten nackt, hinter Schuppen in dichten, endständigen Ähren
Weidengewächse, *Salicaceae*
(Weide) Band 3

28b Untere und mittlere Laubblätter einfach, ganzrandig, ungestielt; Nebenblätter silberhäutig; Blüten geknäuelt; kaum 2 mm lang, 5zählig; grün, rötlich-braun, weiß
Nelkengewächse, *Caryophyllaceae*
(Hirschsprung) Band 2

28c Untere und mittlere Laubblätter 3teilig bis tief 3lappig; Blüten in blattachselständigen Knäueln oder in lockeren, dürftigen Trauben
Rosengewächse, *Rosaceae*
(Gelbling u. a.) Band 2

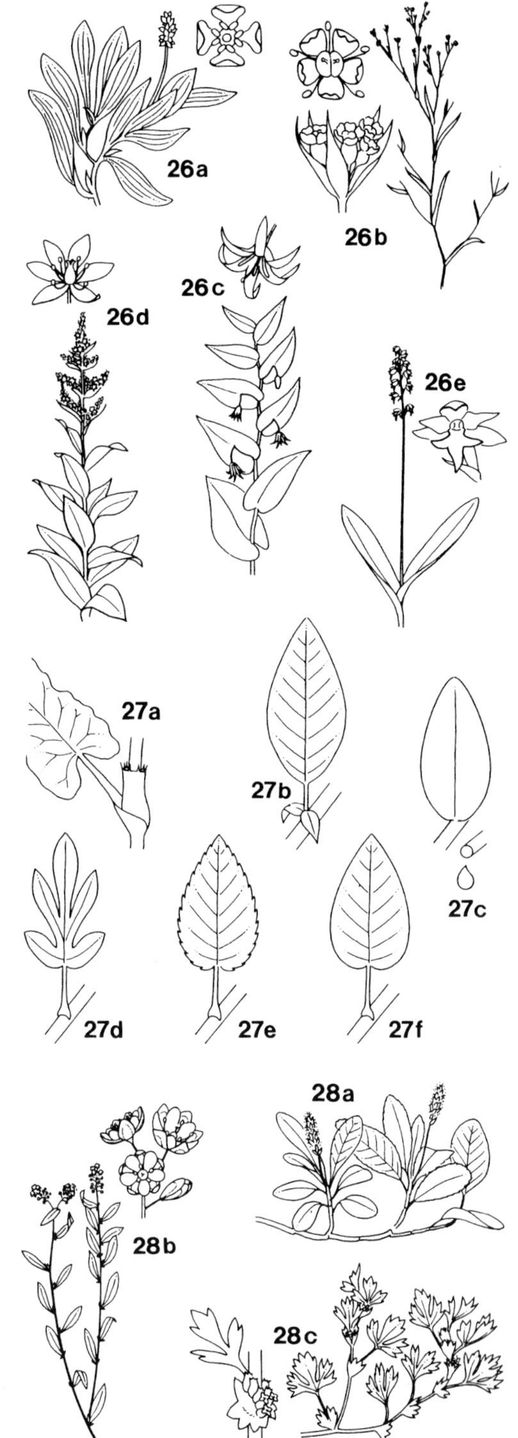

28d Untere und mittlere Laubblätter, handförmig 5- bis mehrlappig oder 5- bis mehrfach gefingert **29**

28e Untere und mittlere Laubblätter unpaarig gefiedert; Blüten in kugeligen Köpfchen
Rosengewächse, *Rosaceae*
(Wiesenknopf) Band 2

28f Untere und mittlere Laubblätter mehrfach gefiedert; Blüten in lockeren Rispen
Hahnenfußgewächse, *Ranunculaceae*
(Wiesenraute) Band 2

29a Blätter nur gelappt oder handförmig geteilt, dann Teilblättchen vorn stumpflich; Blüten geknäuelt in endständigem, traubigrispigem bis trugdoldigem Gesamtblütenstand
Rosengewächse, *Rosaceae*
(Frauenmantel) Band 2

29b Untere und mittlere Blätter stets handförmig zerteilt; Teilblättchen lanzettlich, lang zugespitzt; Blüten in blattachselständigen lockeren Rispen (meist ♂) oder dichteren Büscheln (♀)
Hanfgewächse, *Cannabaceae*
(Hanf) Band 2

30a Untere Blätter handförmig 3- bis 5lappig; (Schein-)Blüten in kugeligen Köpfchen mit vielblättriger Hülle (♂) oder in hakig-dornigen, spitz-eiförmigen Hülsen (♀)
Korbblütengewächse, *Asteraceae*
(Spitzklette) Band 4

30b Untere Blätter handförmig geteilt; Teilblättchen lanzettlich, lang-zugespitzt; Blüten in blattachselständigen lockeren Rispen (meist ♂) oder dichteren Büscheln
Hanfgewächse, *Cannabaceae*
(Hanf) Band 2

30c Untere Blätter (einfach oder mehrfach) fiederschnittig oder gefiedert **31**

31a Blütenhülle hinfällig, 5teilig; große, kugelig-spreizende Staubblattbüschel
Hahnenfußgewächse, *Ranunculaceae*
(Wiesenraute) Band 2

31b Kleine, kugelig-becherförmige Scheinblüten (Körbchen) mit schmalen oder hakig dornigen Hüllblättchen
Korbblütengewächse, *Asteraceae*
(z.B. Beifuß) Band 4

31c Blüten ± kugelig, mit 2–5teiliger, eingekrümmter Hülle, in Knäueln
Gänsefußgewächse, *Chenopodiaceae*
(Gänsefuß, Melde) Band 2

31d Blüten 4zählig, ± ausgebreitet (selten verkümmerte Blütenblättchen sichtbar); einzeln gestielt, oft zuerst doldig gehäuft, im Aufblühen traubig verlängert
Kreuzblütengewächse, *Brassicaceae*
(mehrere Gattungen) Band 3

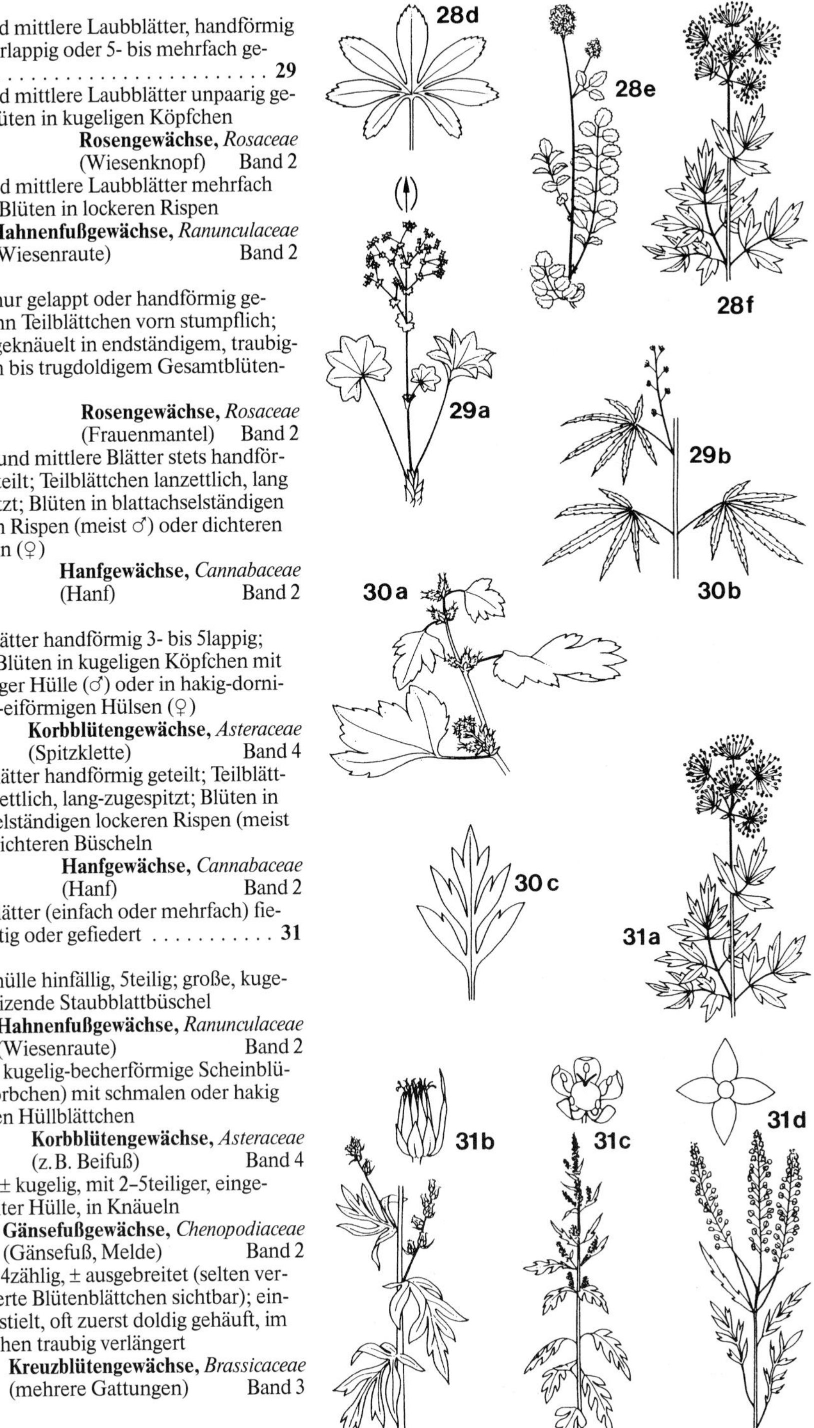

32a Flache, endständige Trugdolden mit waagrechten rundlichen Hochblättern; wenige ± nierenförmige, kerbzähnige Stengelblätter
Steinbrechgewächse, *Saxifragaceae*
(Milzkraut) Band 2

32b Blüten nackt, hinter Schuppen in dichten Kätzchen; Laubblätter eiförmig-rundlich, kerbzähnig; Kriechstengel verholzt
Weidengewächse, *Salicaceae*
(Weide) Band 3

32c Blattachselständige Blüten, einzeln oder gebüschelt; Hülle aus vielen schmalen Blättchen (♂) oder mit Dornspitzen (♀); Laubblätter im Umriß ± rautenförmig
Korbblütengewächse, *Asteraceae*
(z. B. Spitzklette) Band 4

32d Blüten einzeln gestielt, in anfangs doldiger, später gestreckter Traube; Hülle 4teilig, strahlig, ± ausgebreitet
Kreuzblütengewächse, *Brassicaceae*
(z. B. Kresse, Hirtentäschel) Band 3

32e Viele Blütenknäuel (auch Einzelblüten dazwischen); Blüten kaum gestielt, kugelig 4- bis 5kantig (⚥ oder ♂) oder mit flacher, 2teiliger, ± rautenförmiger Hülle (♀), die sich zur Fruchtreife vergrößert
Gänsefußgewächse, *Chenopodiaceae*
(mehrere Gattungen) Band 2

32f Blüten sitzend bis ganz kurz gestielt, in vielen Knäueln dicht untereinander, von schmal-eiförmigen, spitzen Hüllblättern (Tragblättern) überragt; diese rötlich, weißlich bis hellgelblich oder mit grünem Mittelstreif und weißem Hautrand
Fuchsschwanzgewächse, *Amaranthaceae*
(Fuchsschwanz) Band 2

33a Blüten mit kugeliger oder eiförmiger Hülle aus vielen schmalen Blättchen, einzeln oder in kopfigem bis rispig-lockerem Blütenstand (Scheinblüten); kleine, ± fädlichdünne Blüten werden ein- bis mehrreihig von Hochblättchen umgeben, selten finden sich zusätzliche Blüten zwischen den Hochblättchenreihen
Korbblütengewächse, *Asteraceae*
(einige Gattungen) Band 4

33b Blüten nackt hinter Schuppen in aufrechten Ähren (Kätzchen); alle Ähren einer Pflanze entweder nur mit Staubblättern oder nur mit Stempeln (beide meist länger als ihre Schuppen); Kriechsträucher (!) mit aufrechten, krautigen Zweigen
Weidengewächse, *Salicaceae*
(Weide) Band 3

33c Blüten gestielt, endständig, in lockeren, oft gabeligen Trauben oder Rispen, auch einzeln, strahlig, 4- bis (oft) 5zählig; Laubblätter lineal- bis schmal-eiförmig, sitzend bis kurzstielig 34

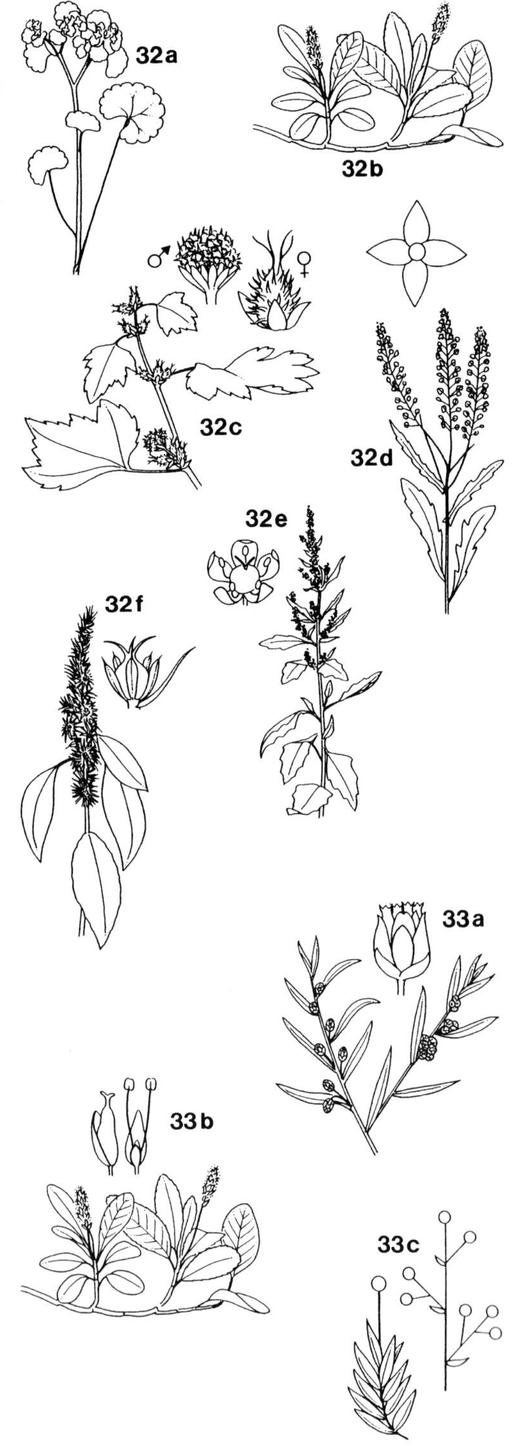

33d Blüten kurz gestielt in reichen, blattgegenständigen Trauben (Sproßende schließt mit Blattschopf ab), 5zählig; mit 8–12 scheibenförmig angeordneten, freien oder ringförmig verwachsenen Fruchtknoten; Laubblätter eiförmig, kurz gestielt
Kermesbeerengewächse, *Phytolaccaceae*
(Kermesbeere) Band 2

33e Blüten einzeln oder zu 2–3 in den Blattachseln, sitzend oder kurz gestielt (Stiel kürzer als die Blüte) **35**

33f Blüten in vielen dichten, mindestens 5-, meist mehrzähligen Knäueln oder Büscheln (dazwischen gelegentlich, in geringer Zahl, auch wenigerblütige Gruppen oder einzelne Blüten) **36**

34a Blüten „dreistöckig"; aufrechte oder ausgebreitete, 5- oder 4zählige Hülle, unterständiger, länglich-bauchiger Fruchtknoten und kurzer, ± kegelig verschmälerter Stiel; darunter 1 oder 3 länglich-schmale Tragblätter; die ganze Einheit nochmals gestielt
Sandelgewächse, *Santalaceae*
(Leinblatt) Band 3

34b Blüten becherförmig bis ausgebreitet, 5zählig; Fruchtknoten oberständig; Hochblätter gegenständig an der gabeligen Verzweigung der schmalen Blütenstiele; Grundblätter sehr dicht gebüschelt
Nelkengewächse, *Caryophyllaceae*
(z. B. Miere) Band 2

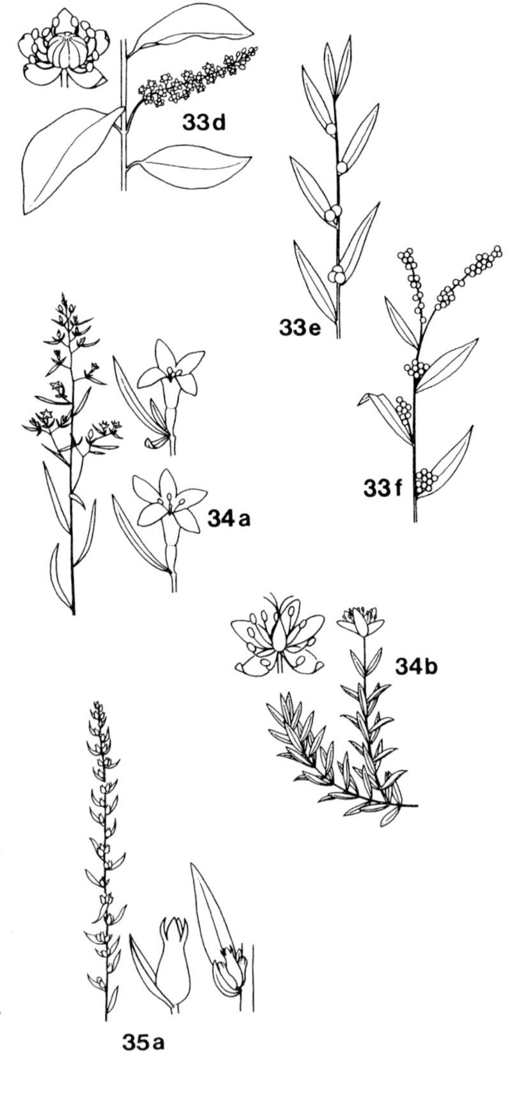

35a Blüten sitzend, am Grund 2 kurze Tragblättchen; Blütenröhre ± bauchig, mit 4 kurzen, aufrechten Zipfeln; Blätter lanzettlich; Stengel aufrecht, einfach
Seidelbastgewächse, *Thymelaeaceae*
(Vogelkopf) Band 3

35b Blüten sitzend oder ganz kurz gestielt; 4–5 schmale, zugespitzte Kelchzipfel, länger als die blaßrote Blütenkrone; Blätter ei-rundlich, kurz-gestielt; Stengel ± niederliegend, um 5 cm lang
Primelgewächse, *Primulaceae*
(Kleinling) Band 3

35c Blüten sitzend oder ganz kurz gestielt; Hülle fehlend oder aus 1–5 eingebogenen, winzigen, trockenen oder krautigen, kaum verwachsenen Schuppen; (rein ♀ Blüten oft mit Tragblättchen, die später zur geschlossenen „Fruchthülle" auswachsen); Laubblätter walzlich, oft spitzdornig, ± fleischig-dicklich oder breitflächig und dann meist gestielt
Gänsefußgewächse, *Chenopodiaceae*
(einige Gattungen) Band 2

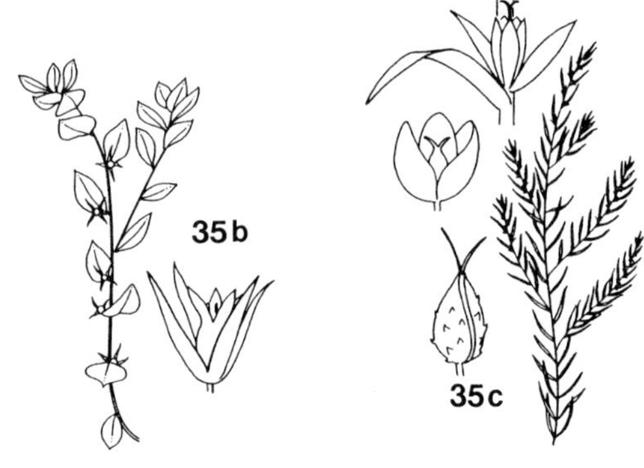

36a Blütenhülle grüngelb, krautig, bauchig verwachsen, 4zipflig, schwach seidig behaart; Laubblätter schmal-lanzettlich
Seidelbastgewächse, *Thymelaeaceae*
(Vogelkopf) Band 3

36b Blütenhülle grün, auch rötlich überlaufen, 4teilig, ausgebreitet, behaart; 4 auffällig große Staubblätter; Laubblätter eirundlich oder lanzettlich, gestielt
Brennesselgewächse, *Urticaceae*
(Glaskraut) Band 2

36c Blüten grün oder rötlich, kahl oder mehlig bestäubt bis silberschilfrig, mit krautiger Hülle; diese zusammenneigend, 5- (seltener 2–4-)teilig oder becherförmig 5zähnig; Laubblätter oft gestielt
Gänsefußgewächse, *Chenopodiaceae*
(viele Gattungen) Band 2

36d Blüten mit häutiger, 3–5teiliger Hülle und trockenen, meist spitzdornigen Tragblättern, weißlich, rötlich, gelblich, zuweilen mit grünem Mittelstreif (selten tief purpurrot oder sattgelb), nie mehlig; Laubblätter flächig, oft gestielt, kahl
Fuchsschwanzgewächse, *Amaranthaceae*
(Fuchsschwanz) Band 2

36e Blüten mit häutiger (2-) 5teiliger Hülle, weißlich, grünlich-gelb oder rötlich, zuweilen nur 5 silbrige Schüppchen; Blätter sehr schmal, zuweilen dicklich-fleischig, kahl oder dicht wollhaarig, ungestielt
Gänsefußgewächse, *Chenopodiaceae*
(einige Gattungen) Band 2

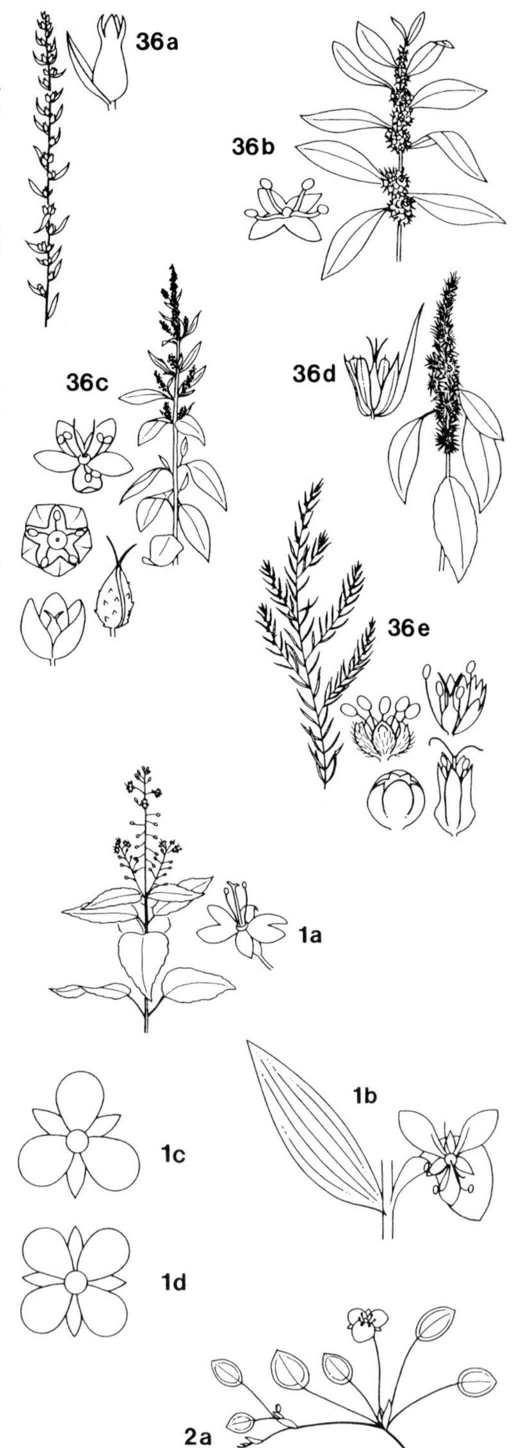

Schlüssel 9: Armstrahlig kronblütige Kräuter

1a Je Blüte 2 gegenständige, freie, 2lappige Blütenblätter (weiß oder rötlich) und 2 Kelchblätter; Pflanze mit gegenständigen Laubblättern
Nachtkerzengewächse, *Onagraceae*
(Hexenkraut) Band 3

1b Je Blüte 2 große (blaue) Blütenblätter und 1 deutlich kleineres (weißlich-hellblaues) Blütenblatt; 3 Kelchblätter; Laubblätter schmal-eiförmig, paralleladrig
Kommelinengewächse, *Commelinaceae*
(Kommeline) Band 5

1c Je Blüte 3 ± gleichgroße Blütenblätter (oder Kronzipfel); 3 (selten mehr) Kelchblätter **2**

1d Je Blüte 4 Blütenblätter (oder Kronzipfel); meist 4 (1–10) Kelchblätter **8**

2a Stengel niederliegend, an den Knoten mit gestielten Blüten und Laubblättern (freier Ausläufer)
Froschlöffelgewächse, *Alismataceae*
(Froschkraut) Band 5
(Vergleiche auch: Froschbiß, Blätter herzförmig
Froschbißgewächse, *Hydrocharitaceae* Band 5)

2b Blütentragender Stengel ± aufrecht; unbeblättert, höchstens im Blütenstand Tragblättchen oder zwischen den Grundblättern und dem Blütenstand einige häutige Schuppenblättchen 3

2c Blütentragender Stengel aufrecht oder aufsteigend; wechselständig beblättert (Blätter stets über 1 cm lang) 6

2d Blütentragender Stengel aufrecht oder aufsteigend; gegenständig beblättert (Blätter meist unter 1 cm lang) 7

2e Blütentragender Stengel aufrecht oder aufsteigend; zumindest im unteren Teil quirlständig beblättert (Blätter meist über 1 cm lang)
Rötegewächse, *Rubiaceae*
(einige Gattungen) Band 3

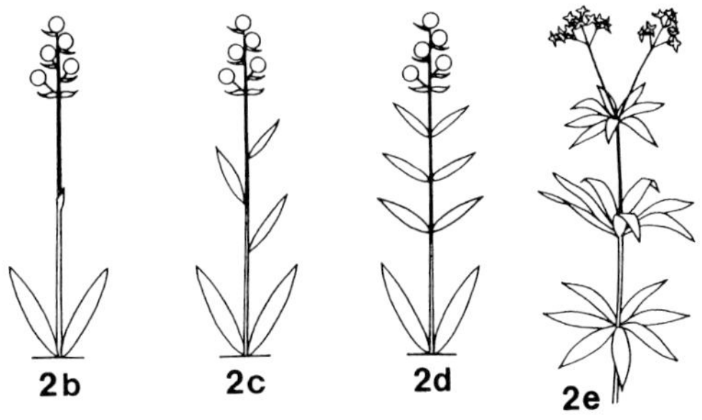

3a Blüten zu vielen in (gestielten) Dolden oder Rispen 4

3b Blüten einzeln auf kurzem oder langem Stiel über der Grundblattrosette 5

4a Grundblätter lang, grasartig, mit scheidigem Grund; Blüten in einfachen Dolden
Schwanenblumengewächse, *Butomaceae*
(Schwanenblume) Band 5

4b Grundblätter pfeil-, herz- oder eiförmig, gestielt; Blüten in Quirlen, die wiederum zu Dolden, Trauben oder Rispen angeordnet sind
Froschlöffelgewächse, *Alismataceae*
(mehrere Gattungen) Band 5

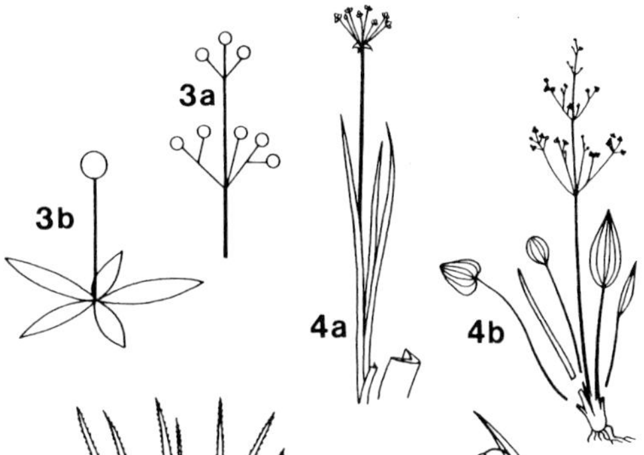

5a Grundblätter lineal, ungestielt, ganzrandig; Blüte lang gestielt, nickend (Landpflanze)
Narzissengewächse, *Amaryllidaceae*
(Schneeglöckchen) Band 5

5b Grundblätter lanzettlich, ungestielt, am Rand gesägt; Blüte aufrecht, kurzstielig (Sumpf- oder Wasserpflanze)
Froschbißgewächse, *Hydrocharitaceae*
(Krebsschere) Band 5

5c Grundblätter rundlich bis spitz-eiförmig, ganzrandig, gestielt; Blüte schlaff aufrecht, langstielig (Sumpfpflanze)
Froschlöffelgewächse, *Alismataceae*
(mehrere Gattungen) Band 5

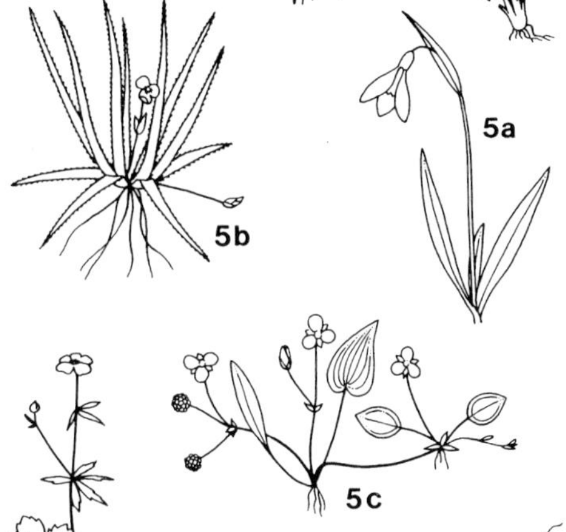

6a Laubblätter ohne Nebenblätter am Hauptstengel
Hahnenfußgewächse, *Ranunculaceae*
(Hahnenfuß) Band 2

6b Laubblätter mit häutigen Nebenblättern, die den Hauptstengel kurzscheidig umhüllen
Knöterichgewächse, *Polygonaceae*
(Knöterich, Ampfer) Band 2

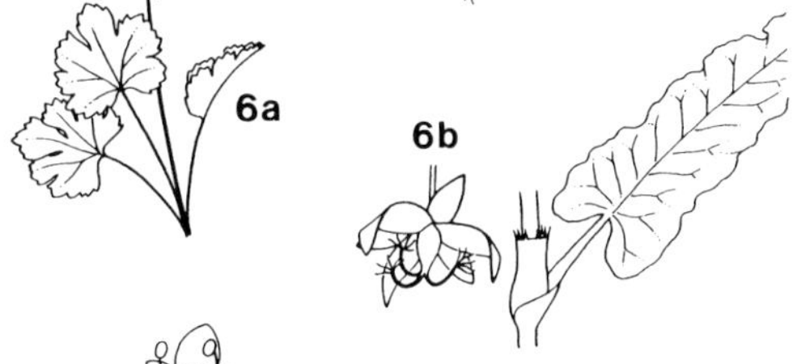

7a Blätter flach, vorn ± gerundet, Blüten einzeln in den Blattachseln
Tännelgewächse, *Elatinaceae*
(Tännel) Band 3

7b Blätter dicklich-fleischig, ± zugespitzt; Blüten zu 2–4 in den Blattachseln
Dickblattgewächse, *Crassulaceae*
(Dickblatt) Band 2

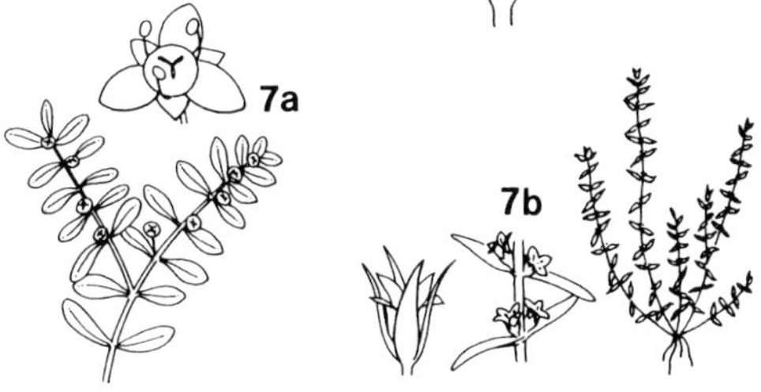

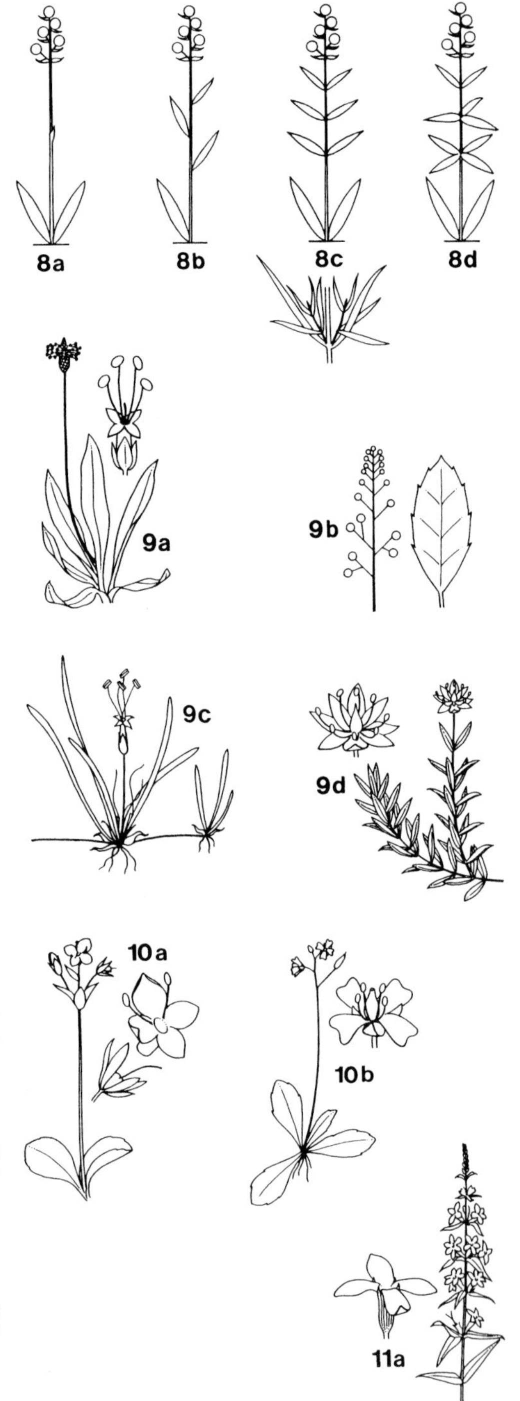

8a Blütentragender Stengel von der Grundblattrosette bis zum Blütenstand unbeblättert; im Blütenstand eventuell einige Tragblättchen; Grundblattrosette flach, locker-trichterig oder dicht-kugelig aufgewölbt **9**

8b Blütentragender Stengel einblättrig oder wechselständig beblättert; mit oder ohne Grundblattrosette **11**

8c Blütentragender Stengel zumindest unten gegenständig beblättert (! beblätterte Kurztriebe in den Blattachseln können Quirlblättrigkeit vortäuschen); mit oder ohne Grundblattrosette **14**

8d Blütentragender Stengel mit einem Blattquirl oder zumindest unten quirlständig beblättert (! die Blätter eines Quirls sind alle etwa gleich groß; zumindest beträgt der Größenunterschied nicht das Doppelte) **21**

9a Blüten in dichten, schmal-walzlichen bis eiförmigen Ähren, häutig, mit schuppenartigen Tragblättchen; Grundblätter bogennervig
Wegerichgewächse, *Plantaginaceae*
(Wegerich) Band 4

9b Blüten in lockeren (beim Aufblühen zunächst dichten) Trauben oder Rispen; Blütenblätter krautig, weiß, gelb, rot oder blau; Grundblätter fieder- oder 1nervig **10**

9c Blüten einzeln, lang gestielt (rein ♂; ♀ Blüten am Grund der Blütenstiele, klein); Blütenblätter weiß, verwachsen, kürzer als die Staubblätter; Laubblätter lang und schmal; Sumpfpflanze
Wegerichgewächse, *Plantaginaceae*
(Strandling) Band 4

9d Blüten einzeln, kurz gestielt aus dichten, polsterartig gedrängten Rosetten; Blütenblätter weiß, frei, zumindest so lang wie die Staubblätter; Laubblätter eiförmig, ± fleischig, oberseits rinnig (Fels- und Gebirgspflanze)
Nelkengewächse, *Caryophyllaceae*
(z.B. Miere) Band 2

10a Blütenblätter am Grund zu einem kurzen Ring verwachsen (beim Anzupfen gemeinsam abgehend), meist blau; 2 vorstehende Staubblätter
Braunwurzgewächse, *Scrophulariaceae*
(Ehrenpreis) Band 4

10b Blütenblätter frei (einzeln abfallend), meist weiß oder gelb, seltener rötlich oder bläulich; 6 Staubblätter (4 lange, 2 kürzere), oft in der Blüte verborgen
Kreuzblütengewächse, *Brassicaceae*
(einige Arten) Band 3

11a Fruchtknoten unterständig, von einem länglich-krugförmigen Achsenbecher umhüllt; an dessen Oberrand 4 Kelchzähnchen, dazwischen die langen, schmalen Blütenblätter
Weiderichgewächse, *Lythraceae*
(Weiderich) Band 3

11b Fruchtknoten unterständig, in langem, 4kantigem oder bauchigem Achsenbecher; Kelchblätter groß, oft gefärbt, ausgebreitet oder zurückgeschlagen; Blütenblätter eiförmig bis rundlich
Nachtkerzengewächse, *Onagraceae*
(einige Gattungen) Band 3

11c Fruchtknoten oberständig; Kelchblätter 1-2, oft früh abfallend (an den Blütenknospen stets vorhanden: 2 Klappen oder 1 spitze Haube)
Mohngewächse, *Papaveraceae*
(einige Gattungen) Band 2

11d Fruchtknoten oberständig; Kelchblätter 3–10 (meist 4), bleibend 12

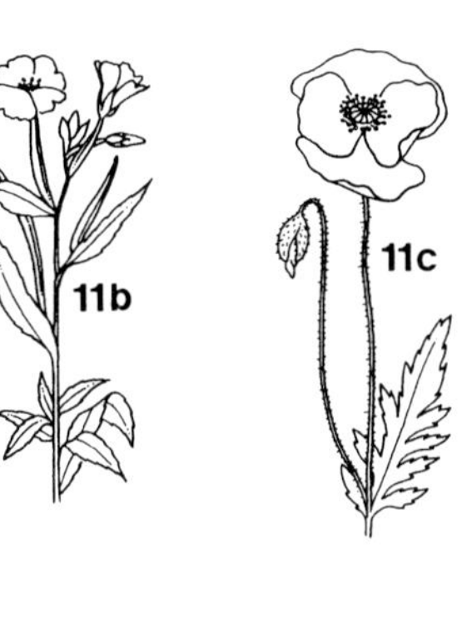

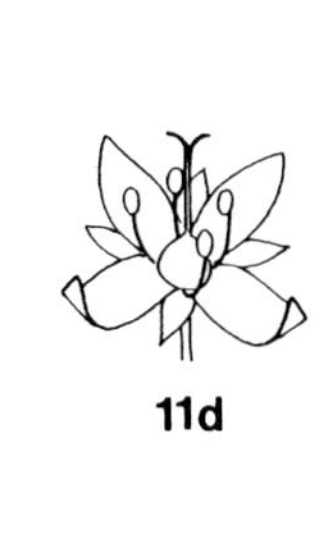

12a Blütenblätter bis zum Grund frei, vorn abgerundet oder ausgerandet bis tief eingeschnitten, häufig genagelt: im unteren Teil flach stielartig verschmälert 13

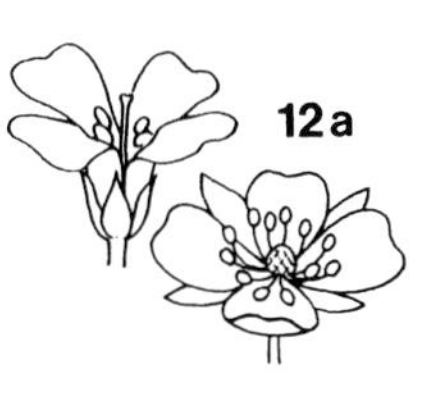

12b Blütenblätter bis zum Grund frei, schmal eiförmig, zugespitzt; Laubblätter ± fleischig, aber doch flach, am Rand gezähnt
Dickblattgewächse, *Crassulaceae*
(Fetthenne, Rosenwurz) Band 2

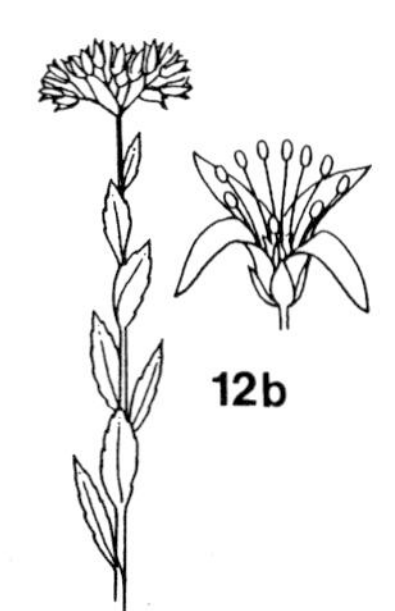

12c „Blütenblätter" bis zum Grund frei, eiförmig-kahnartig, zugespitzt, meist rot (! formal = zweiter Kelchblattkreis; eigentliche Blütenblätter blaßgelbe, gespornte Trichter, die im „Kahn" liegen); Stengel mit nur einem großen, doppelt 3zählig zerteilten Laubblatt
Berberitzengewächse, *Berberidaceae*
(Sockenblume) Band 2

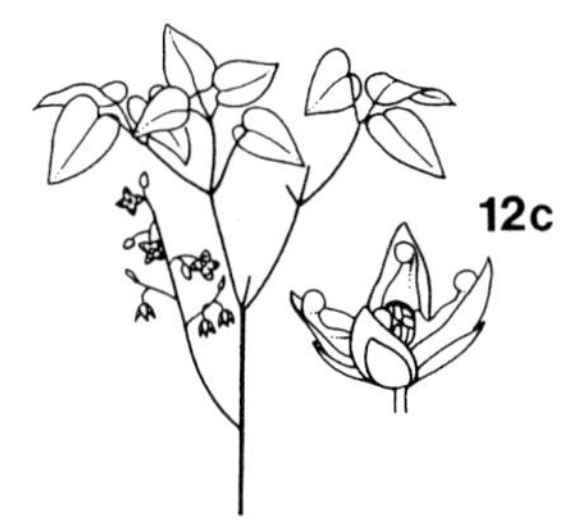

12d Blütenblätter am Grund kurz verwachsen, breit-eiförmig bis rundlich, ± radförmig ausgebreitet, mindestens so lang wie die schmalen Kelchzipfel; 2 kurze, aber deutlich vorstehende, abgespreizte Staubblätter
Braunwurzgewächse, *Scrophulariaceae*
(Ehrenpreis) Band 4

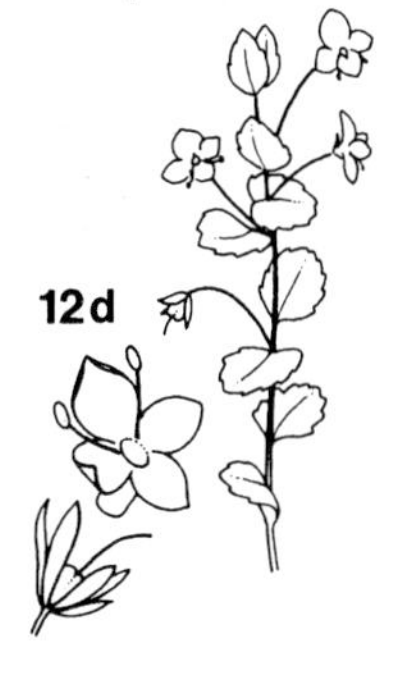

12e Blütenblätter am Grund kurz verwachsen, sehr schmal und lang, völlig zurückgebogen, deutlich länger als die ovalen Kelchlappen; 8 langkegelig zusammengeneigte Staubblätter
Heidekrautgewächse, *Ericaceae*
(Heidelbeere: Moosbeere) Band 3

12f Blütenblätter fast bis zur Mitte verwachsen, kürzer als die kleinen, schmalen Kelchblättchen; Blüte kaum 3 mm, Pflanze um 5 cm lang
Primelgewächse, *Primulaceae*
(Kleinling) Band 3

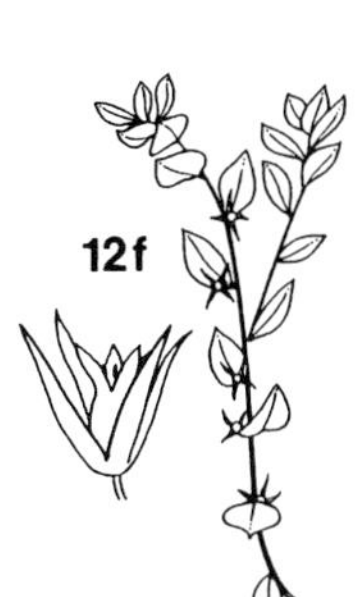

13a Blüte weit offen, mit vielen Fruchtknoten und vielen Staubblättern; 3–5 freie (einzeln abfallende) Kelchblätter
Hahnenfußgewächse, *Ranunculaceae*
(z. B. Hahnenfuß) Band 2

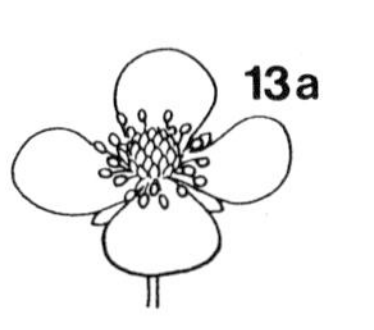

13b Blüte weit offen, mit vielen Fruchtknoten und vielen Staubblättern; Kelch eine verwachsene, ± flache Schale mit 8–10 Zipfeln (in 2 Reihen = Innen- und Außenkelch)
Rosengewächse, *Rosaceae*
(z. B. Fingerkraut) Band 2

13c, 13d →

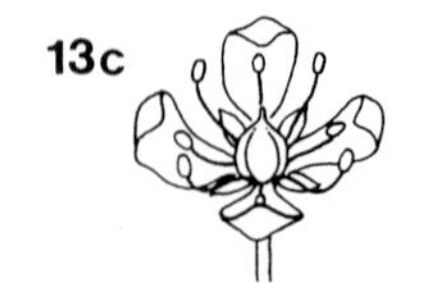

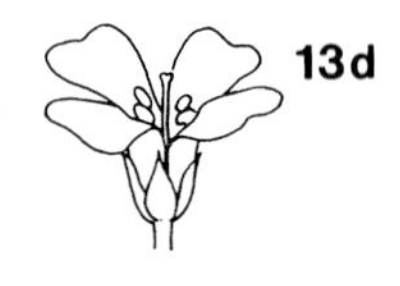

13c Blüte weit offen, mit 1 Fruchtknoten und 8 Staubblättern (die Endblüte jeder Pflanze ist meist 5teilig)
Rautengewächse, *Rutaceae*
(Raute) Band 3

13d Blüte im unteren Teil ± röhrig bis trichterig, im oberen Teil meist ausgebreitet (die freien Blütenblätter sind unten stark verschmälert; diese Schmalteile stehen eng und ± aufrecht zusammen, meist noch von den Kelchblättern umhüllt); pro Blüte 1 Fruchtknoten und 6 (2 kurze, 4 lange), selten nur 4 oder 2 Staubblätter
Kreuzblütengewächse, *Brassicaceae*
(viele Gattungen) Band 3

14a Blütenblätter röhrig-trichterig oder am Grund kurz ringförmig verwachsen (beim Anzupfen eines „Blütenblattes" oder beim Verwelken löst sich Krone als Ganzes) **15**

14b Blütenblätter völlig frei; samt Kelch auf dem kugeligen bis dicklich-langgestreckten Fruchtknoten sitzend **17**

14c Blütenblätter völlig frei; Fruchtknoten oberständig (unterhalb der Kelchblätter höchstens ein dünner Blütenstiel) **18**

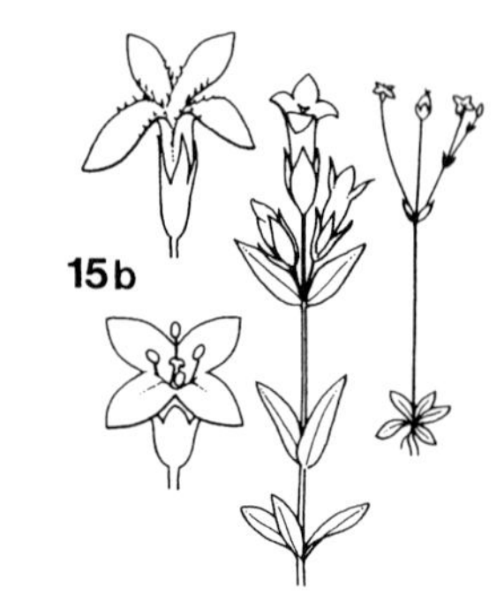

15a Pflanze kahl oder höchstens zerstreut behaart; alle Laubblätter schmal-lineal, ganzrandig, fast nadelförmig
Rötegewächse, *Rubiaceae*
(z.B. Meister) Band 3

15b Pflanze kahl oder höchstens zerstreut behaart; Laubblätter eiförmig bis spatelig oder ± 3eckig, ganzrandig
Enziangewächse, *Gentianaceae*
(Enzian, Fadenenzian) Band 3

15c Pflanze deutlich behaart oder ± kahl, dann aber die unteren Stengelblätter deutlich gekerbt, gesägt oder fiederteilig **16**

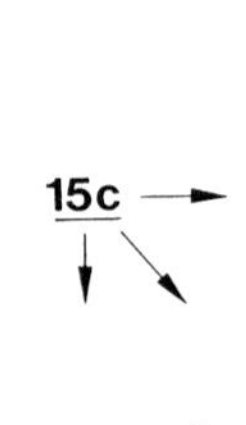

16a Zipfel der Krone mehrmals länger als ihre nur 1–4 mm breite Verwachsungszone
Braunwurzgewächse, *Scrophulariaceae*
(z.B. Ehrenpreis) Band 4

16b Zipfel der Krone etwa so lang wie die röhrige Verwachsungszone; Laubblätter ± lineal, grasartig, ganzrandig
Wegerichgewächse, *Plantaginaceae*
(Wegerich) Band 4

16c Zipfel der Krone etwa so lang wie die röhrig-trichterige Verwachsungszone; Laubblätter (nie grasartig) rundlich bis länglich, ganzrandig, gekerbt, gesägt oder tief fiederig eingeschnitten
Lippenblütengewächse, *Lamiaceae*
(einige Gattungen) Band 4

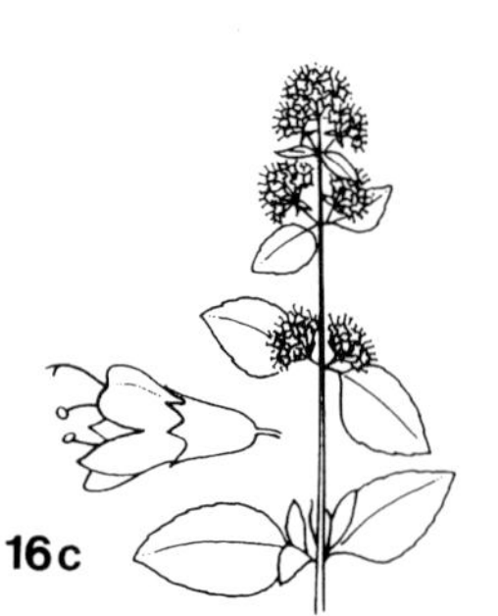

17a Unterständiger Fruchtknoten mit länglicher, (4)kantiger Hülle; Kelchblätter gut entwickelt, zuweilen blumenblattartig gefärbt, schmal aber lang; Blüten in langen, endständigen Trauben
Nachtkerzengewächse, *Onagraceae*
(Weidenröschen) Band 3

17b Unterständiger Fruchtknoten mit walzlicher, längsriefiger Hülle; Kelchblätter nur als 3eckige oder pfriemliche Zähnchen ausgebildet; Blüten in blattachselständigen Quirlen
Weiderichgewächse, *Lythraceae*
(Weiderich) Band 3

17c Unterständiger Fruchtknoten mit eiförmig-kugeliger, glatter Hülle; Kelchblätter nur als 3ekkige Zähnchen ausgebildet; Blüten in endständigen Dolden(-büscheln), die von auffälligen Hochblättern umgeben sind
Hartriegelgewächse, *Cornaceae*
(Hartriegel) Band 3

18a Laubblätter zerteilt oder zumindest am Rand grob gezähnt
Kreuzblütengewächse, *Brassicaceae*
(Zahnwurz, Silberblatt) Band 3

18b Laubblätter ganzrandig (höchstens mit dunklen, kugeligen Drüsen besetzt); Blüten sattgelb, in endständigen Trauben oder Rispen
Johanniskrautgewächse, *Hypericaceae*
(Johanniskraut) Band 3

18c Laubblätter ganzrandig; Blüten weiß, grünlich oder rötlich, in endständigen, gabelig-rispigen Blütenständen 19

18d Laubblätter ganzrandig; Blüten grün, weißlich oder rötlich, in den Achseln der Laubblätter (kaum länger als diese) 20

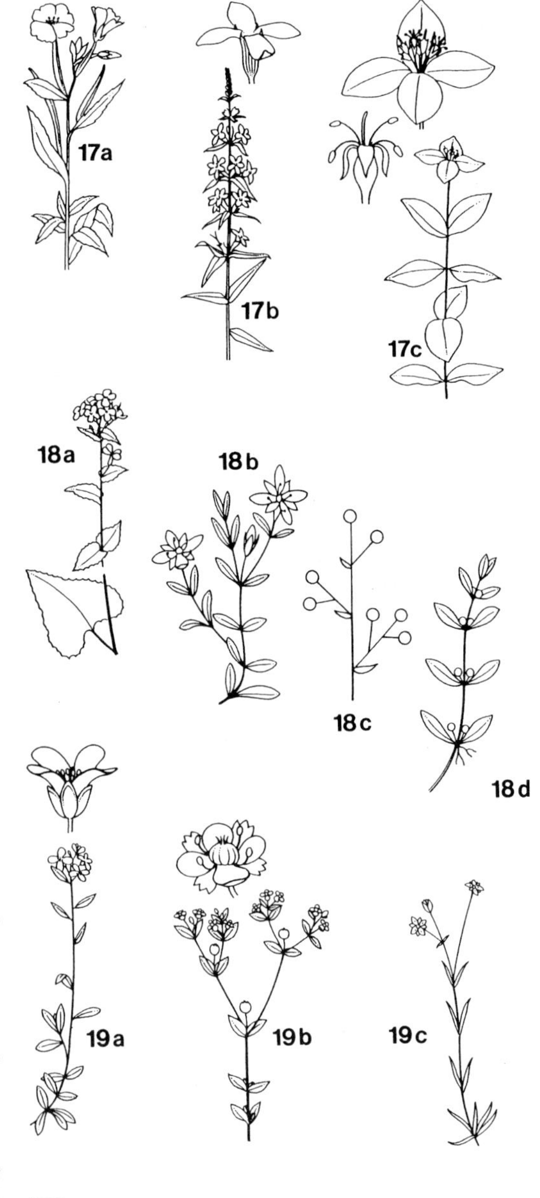

19a Pflanze nach oben zu wechselständig beblättert, Blüten in gedrängten, nach dem Aufblühen sich streckenden Trauben; Kelchblätter stumpflich, hautrandig
Kreuzblütengewächse, *Brassicaceae*
(Steintäschel) Band 3

19b Alle Blätter gegenständig; Kelchblätter (so lang wie die Blütenblätter) an der Spitze mit 3 Zähnchen; (kleines, kaum 10 cm hohes Pflänzchen von gabeligem Aufbau)
Leingewächse, *Linaceae*
(Zwergflachs) Band 3

19c Alle Blätter gegenständig; Kelchblätter spitz oder stumpflich, ganzrandig, oft mit breitem Hautsaum; Blütenblätter oft 2lappig
Nelkengewächse, *Caryophyllaceae*
(mehrere Gattungen) Band 2

20a Laubblätter deutlich gestielt oder doch am Grund stielartig verschmälert
Tännelgewächse, *Elatinaceae*
(Tännel) Band 3

20b Laubblattpaare am Grund gegenseitig verwachsen
Dickblattgewächse, *Crassulaceae*
(Dickblatt) Band 2

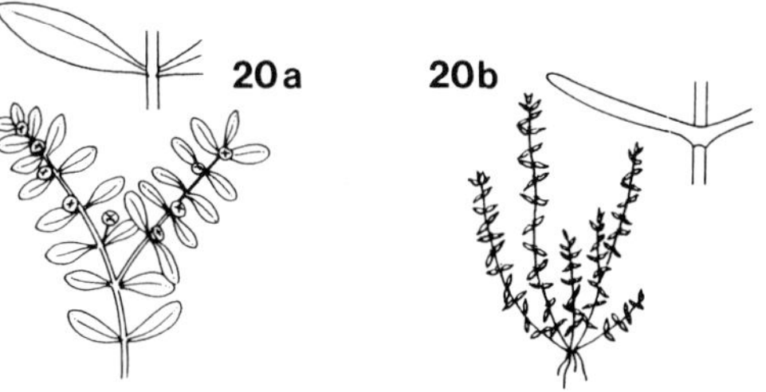

21a Am Stengel nur ein einziger Quirl aus stark zerteilten Blättern
Kreuzblütengewächse, *Brassicaceae*
(Zahnwurz) Band 3

21b Am Stengel mehrere, deutlich voneinander abgesetzte Quirle aus ungeteilten, höchstens am Rand gekerbten Blättern 22

21c Stengel dicht mit (Schein-)Quirlen besetzt: kreuzgegenständige Blätter stehen so dicht übereinander, daß der Stengel nicht mehr sichtbar ist
Nelkengewächse, *Caryophyllaceae*
(z. B. Mieren-Gruppe) Band 2

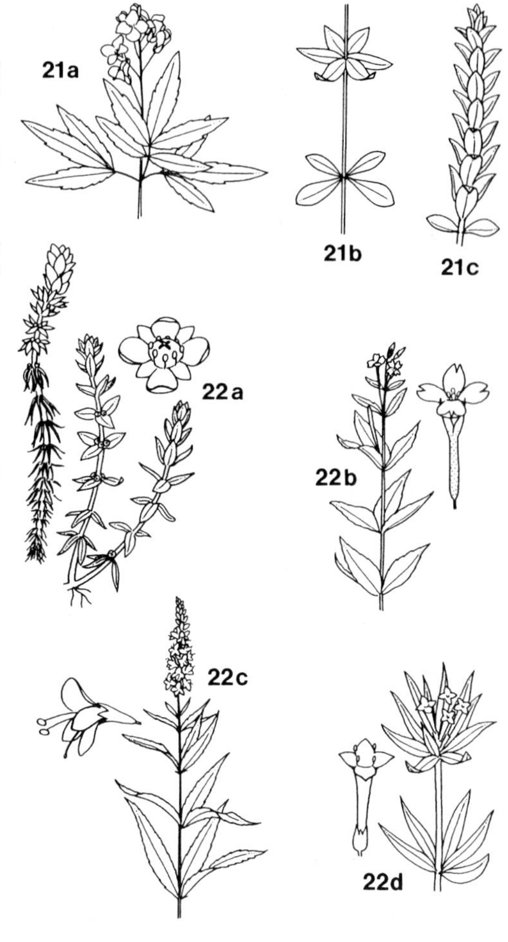

22a Blüten grünlich-weiß, klein; höchstens ganz kurz gestielt, blattachselständig; Blütenblätter frei, Kelchblätter am Grund verwachsen; pro Quirl stets nur 3 Laubblätter, ungestielt, eiförmig, kahl, ganzrandig – Sumpfpflanze: ! falls Sprosse dauerhaft untergetaucht: Laubblätter schmal-lineal, in 6–16zähligen Quirlen
Tännelgewächse, *Elatinaceae*
(Tännel) Band 3

22b Blüten rot oder rötlich-weiß; auf stielartigen kantigen Fruchtknoten in endständigen Trauben oder Doldenrispen; Blütenblätter und Kelchblätter frei; Laubblattquirle 3-, seltener 4zählig (obere Blätter oft nur gegenständig)
Nachtkerzengewächse, *Onagraceae*
(Weidenröschen) Band 3

22c Blüten blau; mit oberständigem Fruchtknoten; in lockeren kurzen oder langen dichten Trauben; Blütenblätter am Grund miteinander verwachsen, oft etwas ungleich gestaltet; Quirle 3-, selten 4blättrig, im oberen Stengelteil meist gegenständige Blätter
Braunwurzgewächse, *Scrophulariaceae*
(Ehrenpreis) Band 4

22d Stengel mit 4- bis mehrzähligen Quirlen (zuweilen im Blütenstand gegenständige Blätter); Blüten klein, im unteren Teil deutlich trichterig verwachsen; weiß, rotviolett oder blau; Fruchtknoten ± kugelig, unterständig; endständige, dichte (Schein-)Dolden
Rötegewächse, *Rubiaceae*
(Ackerröte u. a.) Band 3

1a

Schlüssel 10: Fünfteilig kronblütige Kräuter

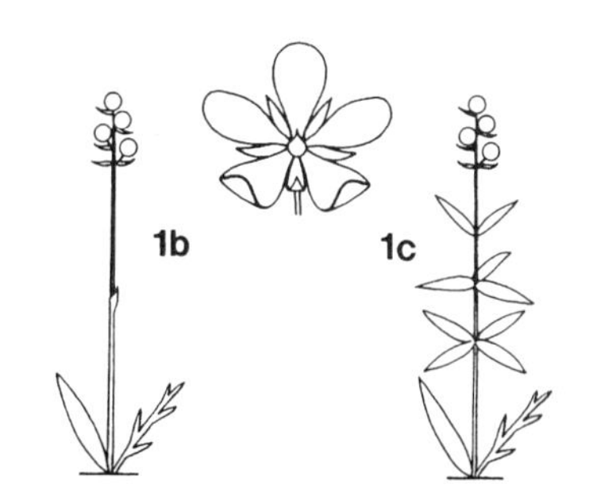

1a Kelchblätter weit hinauf walzlich-bauchig verwachsen (Blütenblätter frei!) 2

1b Kelchblätter frei oder nur wenig verwachsen; Laubblätter nur grundständig, am Stengel höchstens einige Schuppen 3

1c Kelchblätter frei oder nur wenig verwachsen; Laubblätter am Stengel in der Mehrzahl gegen- oder quirlständig 8

1d Kelchblätter frei oder nur wenig verwachsen; Laubblätter am Stengel in der Mehrzahl wechselständig (oder nur 1 Laubblatt vorhanden), alle ganzrandig oder nur wenig (nicht über die Mitte jeder Spreitenhälfte) eingeschnitten, gesägt, gezähnt bzw. gekerbt **20**

1e Kelchblätter frei oder nur wenig verwachsen; Laubblätter am Stengel in der Mehrzahl wechselständig (oder nur 1 Laubblatt vorhanden), zumindest die untersten (oder die Grundblätter) tief gelappt, eingeschnitten oder zusammengesetzt **34**

2a Niederliegende oder aufrechte Pflanzen mit gegenständigen Blättern und Polsterpflanzen, deren Blüten dem Polster unmittelbar aufsitzen
Nelkengewächse, *Caryophyllaceae*
(viele Gattungen) Band 2

2b Aufrechte Pflanzen oder Polsterpflanzen mit blattlosem blütentragenden Stengel; an ihm höchstens einzelne, wechselständige Schuppenblättchen; Blütenstand entweder ± langtraubig-rispig mit 2–3 Schuppen unter jeder Blüte oder doldig, dann einige der ± häutigen Schuppen herabgeschlagen und den Stengel umhüllend; Blüten rosa oder blau(violett), selten weiß
Bleiwurzgewächse, *Plumbaginaceae*
(Grasnelke, Strandflieder) Band 2

2c Aufrechte Pflanzen oder Polsterpflanzen mit blattlosem blütentragendem Stengel, der mit gegenständigen Schuppen besetzt ist; Blütenstand ohne Schuppenblättchen; Blüten schmutzig- bis grünlich-weiß (selten violett angehaucht)
Nelkengewächse, *Caryophyllaceae*
(z. B. Leimkraut) Band 2

2d Aufrechte oder niederliegend-aufsteigende Pflanzen mit ± ganzrandigen, quirl-, gegen-, seltener wechselständigen Blättern; nur der Fruchtknoten von einem längsriefigen „Kelch" eingeschlossen; die länglich-schmalen Blütenblätter entspringen am Kelchrand zwischen den Kelchzähnchen
Weiderichgewächse, *Lythraceae*
(Weiderich) Band 3

2e Aufrechte Pflanzen mit wechselständigen, oft tief fiedrig eingeschnittenen Laubblättern; „Kelch" meist aus dachziegelig angeordneten Hüllblättchen; die „Blütenblätter" sind Zungenblüten mit je einem kleinen Fruchtknoten am Grund, der einen Haarkranz trägt (Früchtchen mit fallschirmartigem Haarkranz)
Korbblütengewächse, *Asteraceae*
(z. B. Lattich-Gruppe) Band 4

3a Laubblätter tief 3- bis mehrzählig handförmig eingeschnitten oder zerteilt **4**

3b Laubblätter tief fiedrig eingeschnitten oder fiedrig zerteilt **5**

3c Laubblätter rundlich bis langoval, ringsum mit lang gestielten Köpfchendrüsen besetzt
Sonnentaugewächse, *Droseraceae*
(Sonnentau) Band 3

3d, 3e, 3f →

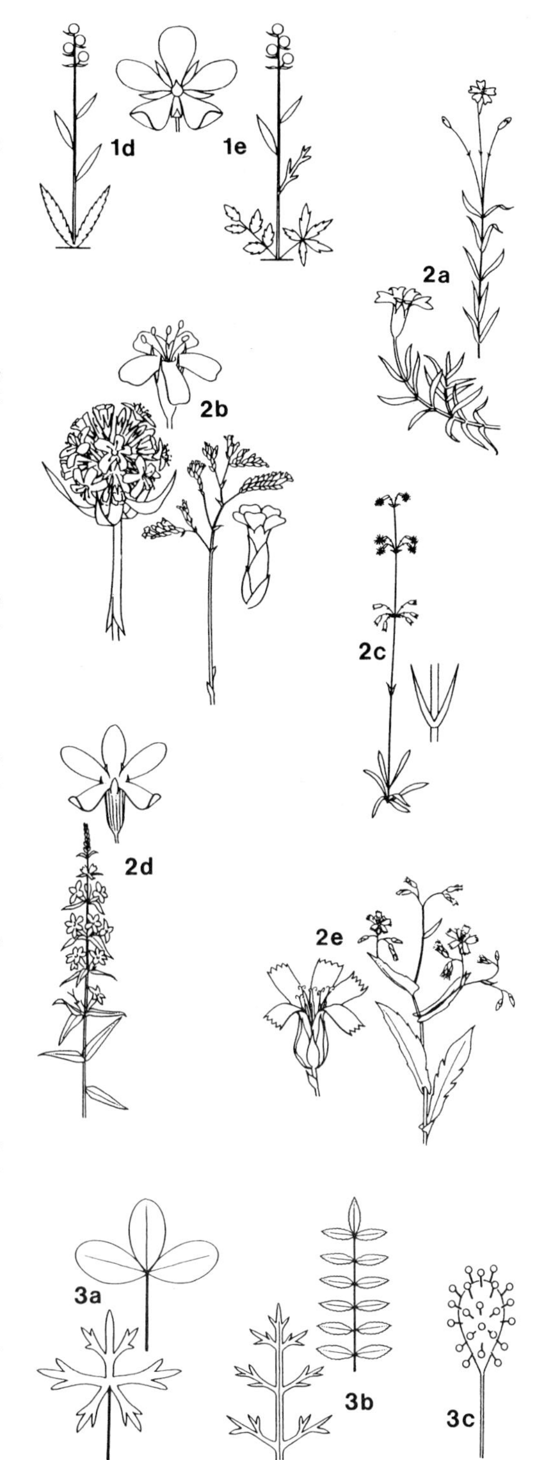

3d Laubblätter groß, tütenartig verwachsen mit einem Längsflügel auf der Bauchseite und offenem 2lappigem Ende; Blüten mit schirmartigem Griffel; (Moorpflanze, bislang nur in der Westschweiz verwildert)
Schlauchblattgewächse, *Sarraceniaceae*
(Schlauchblatt) Band 3

3e Laubblätter ± eiförmig, ganzrandig oder am Rand gesägt bis gekerbt 6

3f Laubblätter lanzettlich bis lineal, auch grasartig, stets ganzrandig 7

4a Hauptlappen der Blätter wiederum tief zerteilt
Hahnenfußgewächse, *Ranunculaceae*
(Hahnenfuß, Hornköpfchen) Band 2

4b Die 3–7 Teilblättchen breit-eiförmig und ringsum gesägt oder schmal-eiförmig und ganzrandig, dann unten dicht silbrigweiß behaart
Rosengewächse, *Rosaceae*
(Erdbeere, Fingerkraut) Band 2

4c Die 3–10 Teilblättchen ± verkehrt-dreieckig, vorn ± tief herzförmig gebuchtet oder eingeschnitten, sonst ringsum ganzrandig, kahl oder nur zerstreut behaart
Sauerkleegewächse, *Oxalidaceae*
(Sauerklee) Band 3

5a Grundblätter deutlich gestielt, stark gefiedert, Blüten rosa- bis lilafarben
Storchschnabelgewächse, *Geraniaceae*
(Reiherschnabel) Band 3

5b Grundblätter deutlich gestielt, mit breiten, tief gesägten Fiedern, Blüten gelb
Rosengewächse, *Rosaceae*
(Fingerkraut) Band 2

5c Grundblätter nur kurz stielartig verschmälert, im Umriß ± eiförmig, mit 3–7 3eckig-spitzen Lappen, kahl
Steinbrechgewächse, *Saxifragaceae*
(Steinbrech) Band 2

5d Grundblätter aus linealem, ± stielähnlichem Spreitenbeginn gabelig-fiedrig in lineale Zipfel zerteilt, grau behaart
Hahnenfußgewächse, *Ranunculaceae*
(Hornköpfchen) Band 2

6a Blüten aufrecht oder schräg aufrecht abstehend, einzeln, zu wenigen oder in Rispen (stets mit 2 länglichen, oft abspreizenden Fruchtknoten)
Steinbrechgewächse, *Saxifragaceae*
(Steinbrech) Band 2

6b Blüten nickend oder schräg abwärts geneigt, einzeln am Stielende oder in allseits- und einseitswendigen Trauben oder allseitswendigen Dolden (stets nur 1 ± kugeliger Fruchtknoten)
Wintergrüngewächse, *Pyrolaceae*
(einige Gattungen) Band 3

7a Blüten grünlich, gelb oder weiß, einzeln auf langen Stielen
Hahnenfußgewächse, *Ranunculaceae*
(Hahnenfuß, Mäuseschwänzchen) Band 2

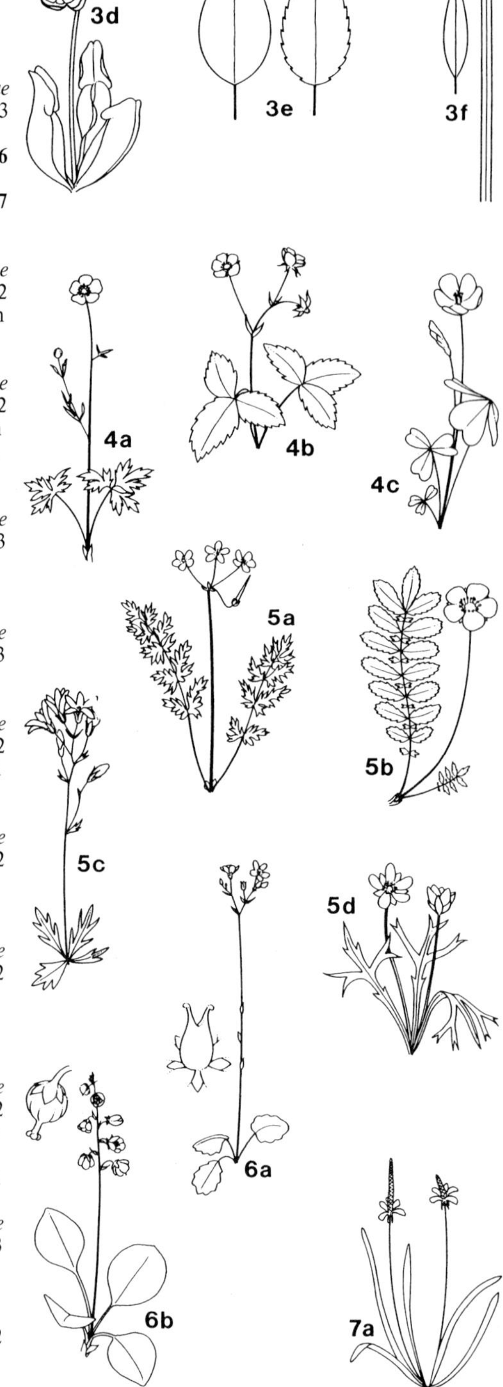

7b Blüten rot bis weißlich-rosa, in dichten, ± kugeligen Doldenköpfchen auf gemeinsamem Stiel von trockenhäutigen Tragblättern umhüllt
Bleiwurzgewächse, *Plumbaginaceae*
(Grasnelke) Band 2

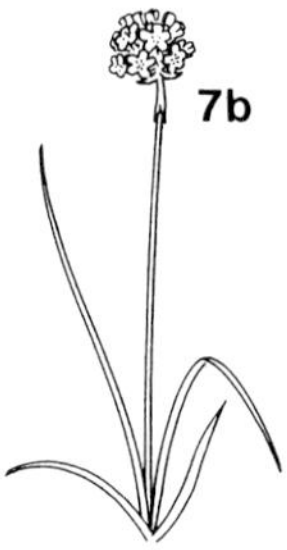

8a Grundblätter oder unterste Stengelblätter ganzrandig, höchstens schwach gewellt oder drüsig bewimpert **9**
8b Grundblätter oder unterste Stengelblätter gekerbt bis gesägt **17**
8c Grundblätter oder unterste Stengelblätter aus 3 Teilblättchen zusammengesetzt bzw. tief handförmig gelappt bis zerteilt **18**
8d Grundblätter oder unterste Stengelblätter gefiedert bis tief fiedrig gelappt **19**

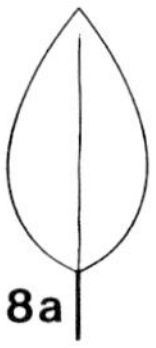

9a Kelch mit 5 ± gleich großen Zipfeln oder Einzelblättchen (gelegentlich bilden noch weitere kleinere Zipfel einen Außenkelch) **10**
9b Kelch mit 5 Zipfeln oder Blättchen in deutlich unterschiedlichen Größengruppen (meist 2 Gruppen: 3 + 2) **15**
9c Kelch 2spaltig (oder 1seitig geschlitzt); Pflanze niederliegend oder aufrecht, doch höchstens 30 cm lang (Laubblätter unter 2 cm breit)
Portulakgewächse, *Portulacaceae*
(Portulak, Quellkraut) Band 2
9d Kelch 1seitig (oder unregelmäßig mehrfach) geschlitzt; kräftige aufrechte Pflanze, 50–150 cm hoch, Laubblätter (parallelnervig) eiförmig, 5 bis über 10 cm breit
Enziangewächse, *Gentianaceae*
(Enzian) Band 3

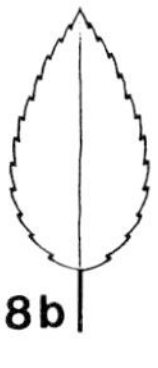

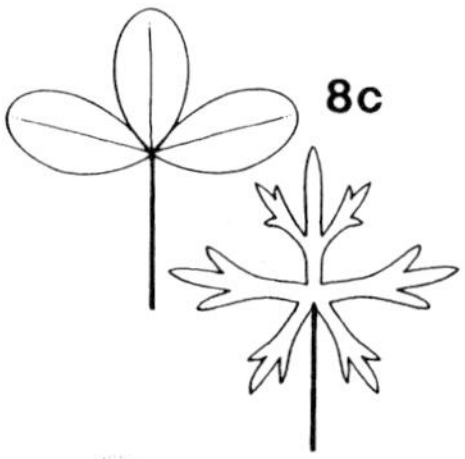

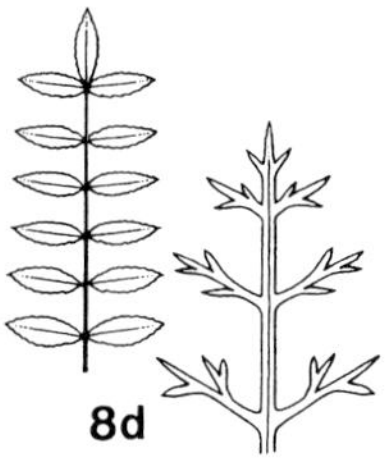

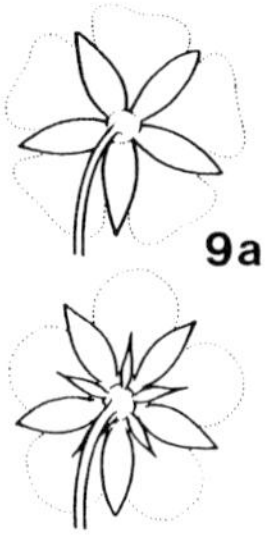

10a Blüten rosa, rot, violett oder blau **11**
10b Blüten gelb bis grünlich **12**
10c Blüten rein weiß **13**
10d Blüten weiß mit gelbem Grund **14**

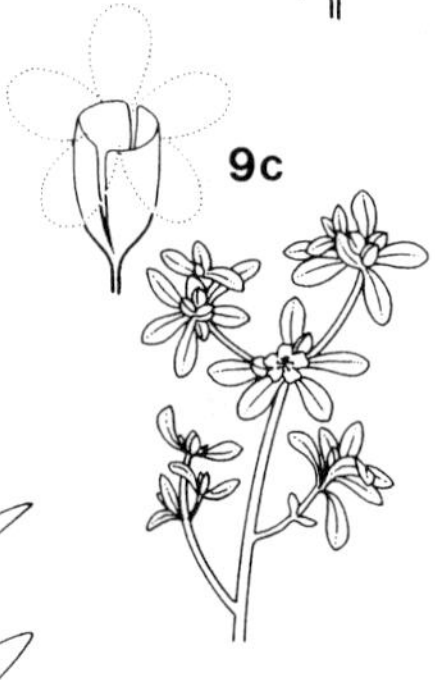

11a Blätter ohne Stiel; zumindest die unteren am Grund paarweise verwachsen oder mit silbrig-häutigen Nebenblättchen
Nelkengewächse, *Caryophyllaceae*
(mehrere Gattungen) Band 2
11b Blätter ohne Stiel und Nebenblätter, unverwachsen, unter 1 cm lang, rundlich-eiförmig, etwas fleischig, sehr dicht stehend
Steinbrechgewächse, *Saxifragaceae*
(Steinbrech) Band 2
11c Blätter ohne Stiel und Nebenblätter, unverwachsen, über 1 cm lang (1–5 cm), fleischig: walzlich oder ± flach, ei-länglich
Dickblattgewächse, *Crassulaceae*
(Fetthenne, Mauerpfeffer) Band 2
11d Blätter (kurz aber deutlich) gestielt, um 0,5 bis 1 cm lang, dünn (kaum fleischig) ± rundlich-eiförmig, zugespitzt
Primelgewächse, *Primulaceae*
(Gauchheil) Band 3

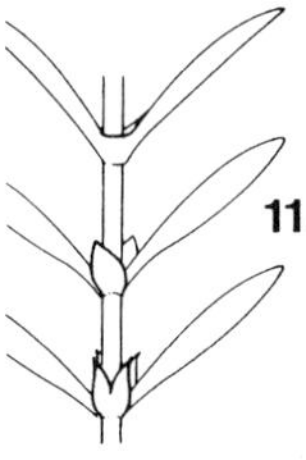

7b
8a
8b
8c
8d
9a
9b
9c
9d
11a
11b 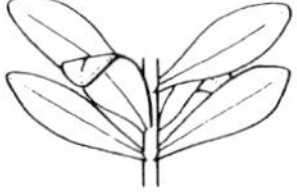
11c 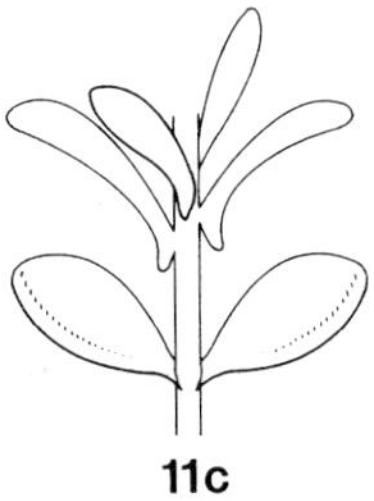
11d

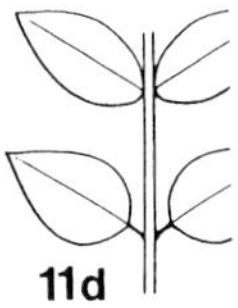

12a Blüten sehr klein, 2–4 mm im Durchmesser; in blattachselständigen Knäueln
Nelkengewächse, *Caryophyllaceae*
(z. B. Bruchkraut) Band 2

12b Blüten mindestens 5 mm im Durchmesser, oft größer; Laubblätter walzlich-fleischig
Dickblattgewächse, *Crassulaceae*
(Fetthenne: Mauerpfeffer) Band 2

12c Blüten mindestens 5 mm im Durchmesser, meist größer (Staubblätter unauffällig, 5, selten 6–7); Laubblätter nicht fleischig
Primelgewächse, *Primulaceae*
(Gilbweiderich) Band 3

12d Blüten mindestens 5 mm im Durchmesser, meist größer (Staubblätter zahlreich, 15–100, oft deutlich in 3–5 Büscheln stehend); Laubblätter nicht fleischig
Johanniskrautgewächse, *Hypericaceae*
(Johanniskraut) Band 3

13a Laubblätter fleischig, meist rundlich walzig, seltener flach-dicklich; Blütenblätter schmal, ± zugespitzt
Dickblattgewächse, *Crassulaceae*
(Fetthenne, Mauerpfeffer) Band 2

13b Laubblätter entweder fädlich-pfriemlich oder mit flacher, dünner Spreite; Blütenblätter oft gerundet (auch gelappt oder gezähnt)
Nelkengewächse, *Caryophyllaceae*
(mehrere Gattungen) Band 2

14a Untere Stengelblätter gestielt; alle Laubblätter unterseits filzig behaart
Zistrosengewächse, *Cistaceae*
(Sonnenröschen) Band 3

14b Alle Blätter ungestielt, ± kahl, höchstens am Rand kurz bewimpert; Stengel gabelästig
Leingewächse, *Linaceae*
(Lein) Band 3

15a Blütenblätter gelb, am Rand oft schwarzdrüsig punktiert; Laubblätter ohne Nebenblätter
Johanniskrautgewächse, *Hypericaceae*
(Johanniskraut) Band 3

15b Blütenblätter gelb, höchstens am Grund mit schwarzem Fleck; Laubblätter oft mit schmalen Nebenblättchen (scheinbar 3zählig gefingert)
Zistrosengewächse, *Cistaceae*
(einige Gattungen) Band 3

15c Blütenblätter weiß, am Grund gelb
Zistrosengewächse, *Cistaceae*
(Sonnenröschen) Band 3

15d Blütenblätter weiß bis grünlich-weiß **16**

16a Kelchblätter krautig, bis etwa zur Mitte breit becherartig verwachsen oder frei, dann aber mit breitem, weißen Hautrand, kahl oder fein bewimpert
Nelkengewächse, *Caryophyllaceae*
(einige Gattungen) Band 2

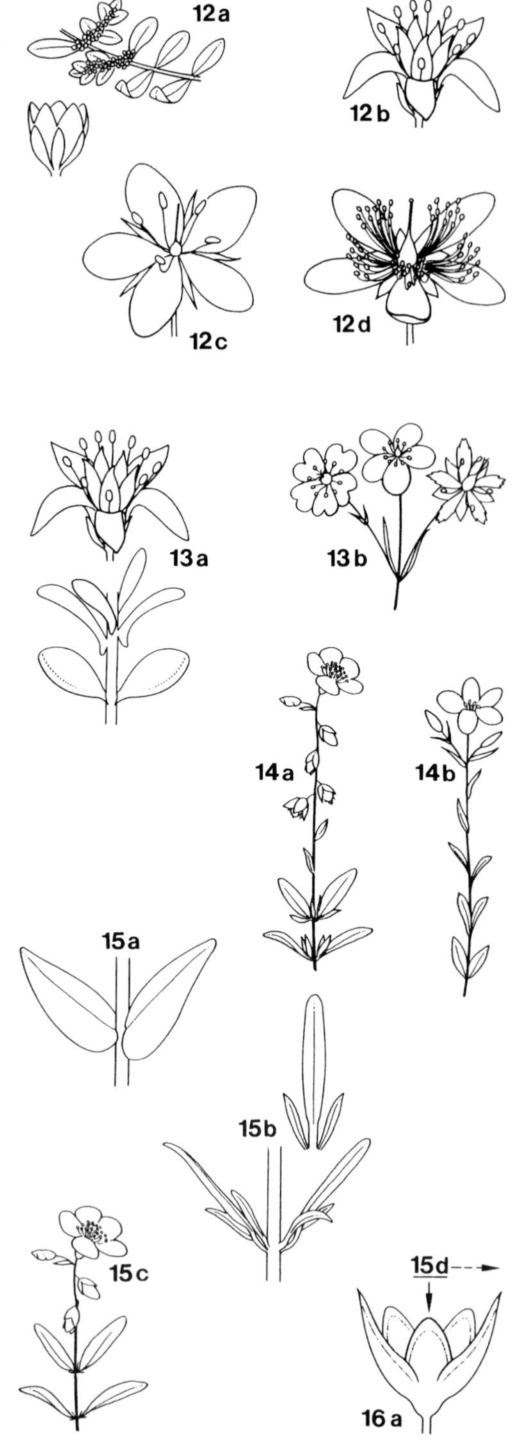

16b Kelchblätter krautig, aber stark filzig behaart, ohne Hautrand, frei
Zistrosengewächse, *Cistaceae*
(Sonnenröschen) Band 3

17a Laubblätter fleischig-dicklich; Blüten gelblich oder rot, 1-2 cm im Durchmesser, Kelchblätter kürzer als die Blütenblätter
Dickblattgewächse, *Crassulaceae*
(Fetthenne) Band 2

17b Laubblätter ledrig oder dünn krautig, aber wintergrün; Blüten weiß(-grünlich) oder rosa, 1 bis 3 cm im Durchmesser, ± nickend, Kelchblätter kürzer als die Blütenblätter
Wintergrüngewächse, *Pyrolaceae*
(einige Gattungen) Band 3

17c Laubblätter dünn, zart, krautig; Blüten nur 2-3 mm im Durchmesser; weiß, jedoch die Blütenblätter kürzer als die Kelchblätter
Nelkengewächse, *Caryophyllaceae*
(Nagelkraut) Band 2

18a Laubblätter 3teilig; Teilblättchen ganzrandig, das Endblättchen viel größer als die beiden seitlichen (! Neben-)Blättchen
Zistrosengewächse, *Cistaceae*
(z.B. Sonnenröschen) Band 3

18b Laubblätter 3-, selten mehrteilig; Teilblättchen ganzrandig, ± 3eckig, vorn ausgerandet bis herzförmig; alle etwa gleich groß
Sauerkleegewächse, *Oxalidaceae*
(Sauerklee) Band 3

18c Laubblätter 3-, selten 5teilig; Teilblättchen ringsum regelmäßig gesägt
Rosengewächse, *Rosaceae*
(Erdbeere) Band 2

18d Laubblätter 3teilig oder handförmig geteilt bis tief gelappt; Teilblättchen bzw. Lappen wiederum (± unregelmäßig) tief geschlitzt
Storchschnabelgewächse, *Geraniaceae*
(Storchschnabel) Band 3

19a Blätter im Umriß länglich; unterbrochen gefiedert (zwischen längeren Fiederpaaren sind kürzere Fiederpaare eingestreut)
Rosengewächse, *Rosaceae*
(Fingerkraut) Band 2

19b Blätter im Umriß länglich oder ± 3eckig; regelmäßig oder ± mehrfach 3teilig gefiedert; Fiederblättchen 1. Ordnung stets weiter zerteilt, zumindest aber gezähnt
Storchschnabelgewächse, *Geraniaceae*
(Storch- und Reiherschnabel) Band 3

19c Blätter im Umriß länglich; regelmäßig einfach gefiedert; Fiederblättchen eiförmig bis oval, ganzrandig; meist sind die Fiederblättchen eines Paares deutlich größenverschieden
Jochblattgewächse, *Zygophyllaceae*
(Burzeldorn) Band 3

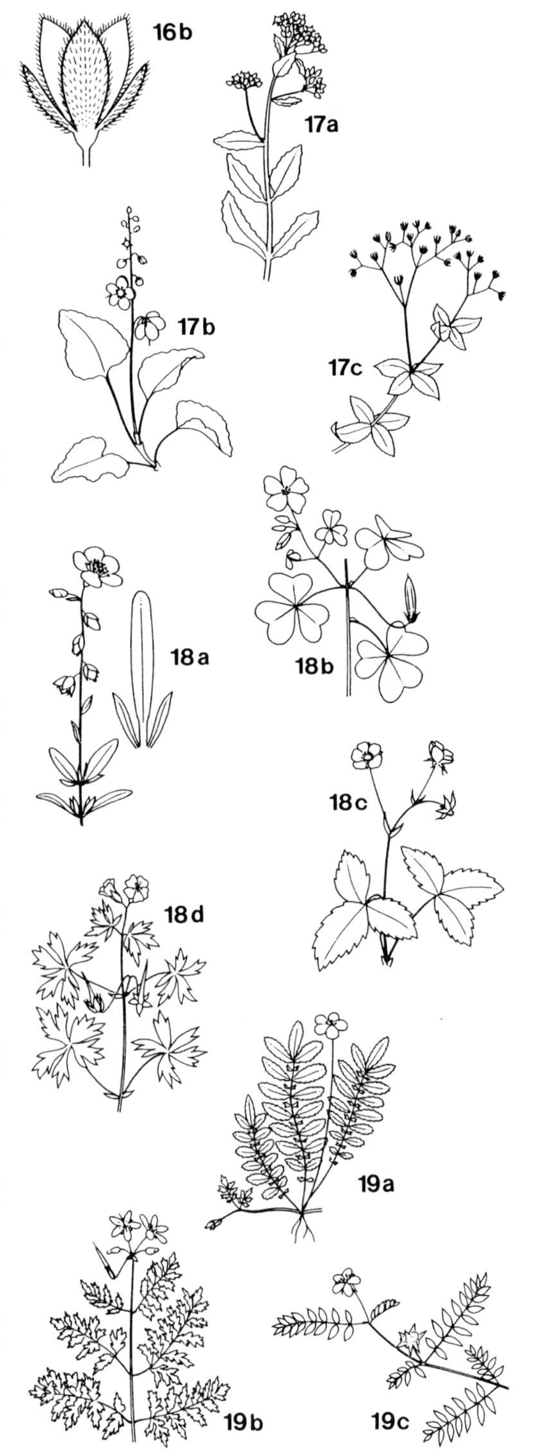

20a Zumindest Grundblätter oder untere Stengelblätter am Rand gekerbt bis seicht gelappt 21
20b Laubblätter ganzrandig, fleischig-dicklich; oft walzlich; stets jedoch bei 1 cm Länge mindestens 0,5 mm, bei über 1 cm Länge 1 mm dick (Pfennigdicke) 26
20c Laubblätter ganzrandig, ledrig derb bis weich krautig, stets dünn; nadelig-borstig bis breit-eiförmig, höchstens außen durch umgerollten Rand etwas verdickt 27

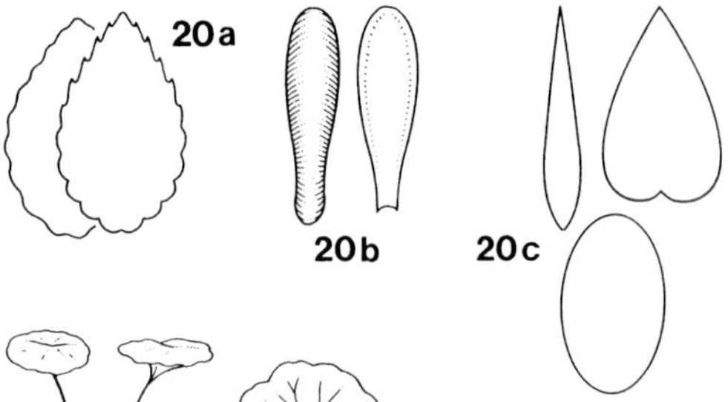

21a Laubblätter deutlich gestielt, schildförmig (Spreite ± rundlich, Stielansatz im Zentrum)
Doldengewächse, *Apiaceae*
(Wassernabel) Band 3
21b Laubblätter (zumindest die unteren) rundlich bis ± eiförmig, deutlich gestielt; Stielansatz am Spreitengrund 22
21c Alle Laubblätter ungestielt, höchstens am Grund keilförmig verschmälert; Anfangsteil also ± kurz stielartig 25

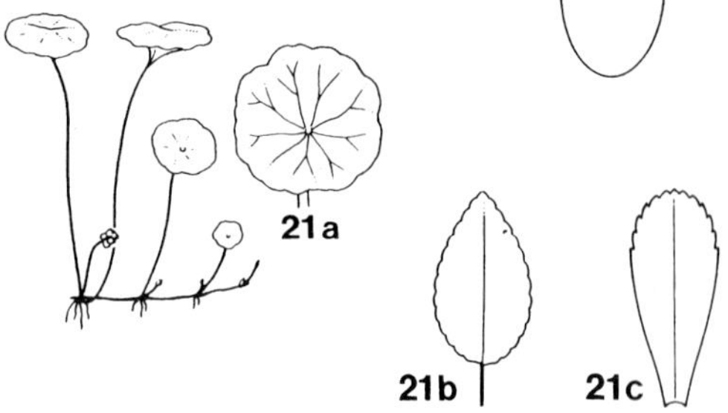

22a Zahlreiche oberständige Fruchtknoten halbkugelig gehäuft in der (weit offenen) Blüte; von vielen Staubblättern umgeben 23
22b Ein oberständiger, dick scheibenförmiger, gekerbter Fruchtknoten in der (weit offenen) Blüte; von einer Staubfadensäule umhüllt, die mit den Blütenblättern verwachsen ist
Malvengewächse, *Malvaceae*
(einige Gattungen) Band 3
22c Ein oberständiger, gut sichtbarer, länglich-kugeliger, gekerbter oder glatter Fruchtknoten in der (weit offenen oder ± glockig zusammenneigenden) Blüte 24
22d Ein deutlich unterständiger Fruchtknoten an der erst verwachsenen und ± gekrümmten Blüte, die sich dann von unten nach oben aufteilt; Blütenstand dicht, langährig oder kopfig
Glockenblumengewächse, *Campanulaceae*
(Teufelskralle) Band 4
22e Zwei abspreizende, länglich-spitze, ± halbunterständige Fruchtknoten an der (weit offenen) Blüte; Blütenblätter schon in der Knospenlage völlig frei; Blütenstand locker, rispig oder traubig
Steinbrechgewächse, *Saxifragaceae*
(Steinbrech) Band 2
22f Die (weit offenen) Blüten ohne Fruchtknoten, nur mit vielen Staubblättern
Rosengewächse, *Rosaceae*
(Brombeere, Sonderformen) Band 2

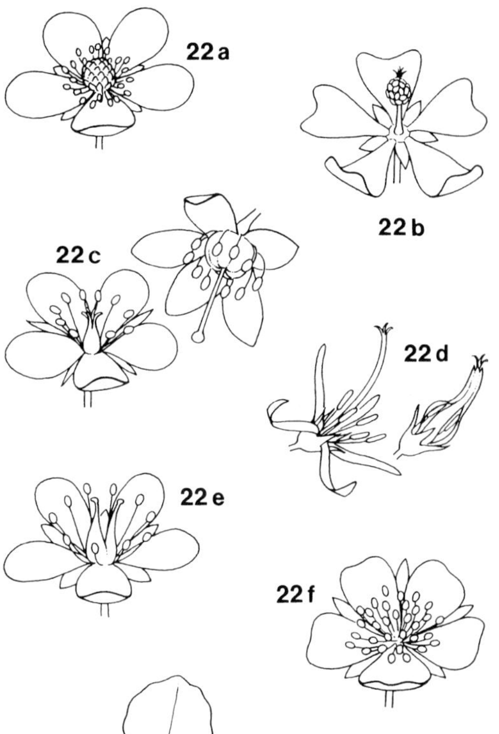

23a Die (gestielten) Laubblätter völlig ohne Nebenblätter
Hahnenfußgewächse, *Ranunculaceae*
(Hahnenfuß) Band 2
23b Zumindest die unteren Laubblätter mit deutlichen Nebenblättchen
Rosengewächse, *Rosaceae*
(Brombeere) Band 2

20a 20b 20c 21a 21b 21c 22a 22b 22c 22d 22e 22f 23a 23b

24a Blüten weiß bis grünlich-weiß, kurz gestielt und ± nickend; in länglichen Trauben
Wintergrüngewächse, *Pyrolaceae*
(Wintergrün) Band 3

24b Blüten rot- bis blauviolett (zuweilen weiße Albinopflanzen), einzeln oder gabelig langgestielt, ± aufrecht; in Rispen(-dolden)
Storchschnabelgewächse, *Geraniaceae*
(Storchschnabel) Band 3

25a Blüten kurz gestielt bis sitzend in dichten ± kugeligen Köpfchen, meist blau
Glockenblumengewächse, *Campanulaceae*
(Sandglöckchen) Band 4

25b Blüten lang gestielt, ± überneigend, in lockeren Dolden, glockig, meist (weißlich-)rosa
Wintergrüngewächse, *Pyrolaceae*
(Winterlieb) Band 3

25c Blüten aufrecht in schirmartig-flachen reichblütigen Trugdolden, gelblich oder purpurrot (5 Fruchtknoten, unten ± verwachsen)
Dickblattgewächse, *Crassulaceae*
(Fetthenne) Band 2

25d Blüten aufrecht, in länglichen lockeren Trauben oder Rispen, weiß, gelblich oder rötlich (2 Fruchtknoten, unten ± verwachsen)
Steinbrechgewächse, *Saxifragaceae*
(Steinbrech) Band 2

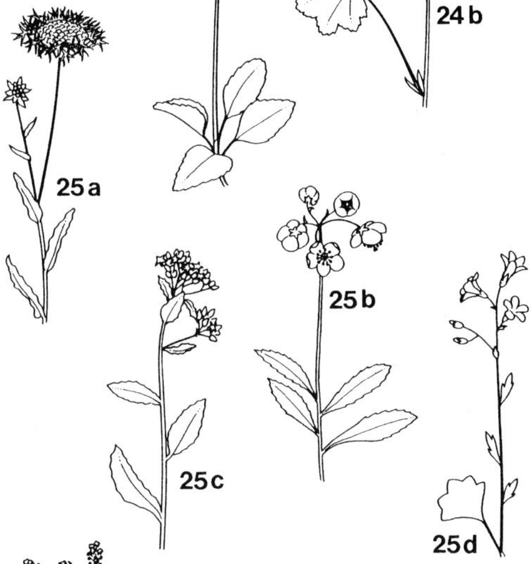

26a 5 Kelchblätter, weiß hautrandig, länger als die weißen Blütenblätter; Blüten sehr klein, 1–3 mm im Durchmesser, in dichten Knäueln
Nelkengewächse, *Caryophyllaceae*
(z. B. Hirschsprung) Band 2

26b 2 Kelchblätter, so lang wie oder kürzer als die gelben Blütenblätter; Blüten um 1 (0,8–1,2) cm im Durchmesser; 1 Fruchtknoten
Portulakgewächse, *Portulacaceae*
(Portulak) Band 2

26c 5 Kelchblätter, deutlich kürzer als die roten, gelben oder weißen Blütenblätter; Blüten um 1 cm im Durchmesser oder größer; 5 Fruchtknoten
Dickblattgewächse, *Crassulaceae*
(Fetthenne, Dickblatt) Band 2

26d 5 Kelchblätter, deutlich kürzer als die hell purpurfarbenen bis rotvioletten Blütenblätter; Blüten knapp 1 bis gut 3 cm im Durchmesser; 2 Fruchtknoten
Steinbrechgewächse, *Saxifragaceae*
(Steinbrech) Band 2

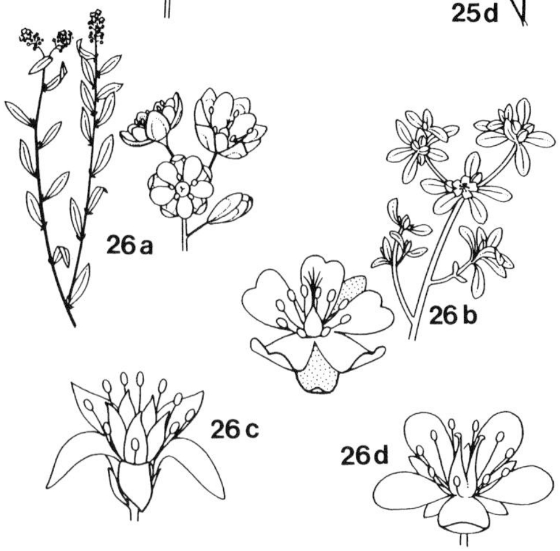

27a Blüten klein bis mittelgroß, über 0,5 cm im Durchmesser **28**

27b Blüten sehr klein (unter 0,5 cm), geknäuelt, in den Blattachseln oder in endständigen Trauben; Laubblätter ungestielt, länglich bis eiförmig
Nelkengewächse, *Caryophyllaceae*
(Bruchkraut, Hirschsprung) Band 2

27c Blüten sehr klein (0,5 cm), deutlich einzeln gestielt; Laubblätter nierenförmig gestielt
Hahnenfußgewächse, *Ranunculaceae*
(Hahnenfuß) Band 2

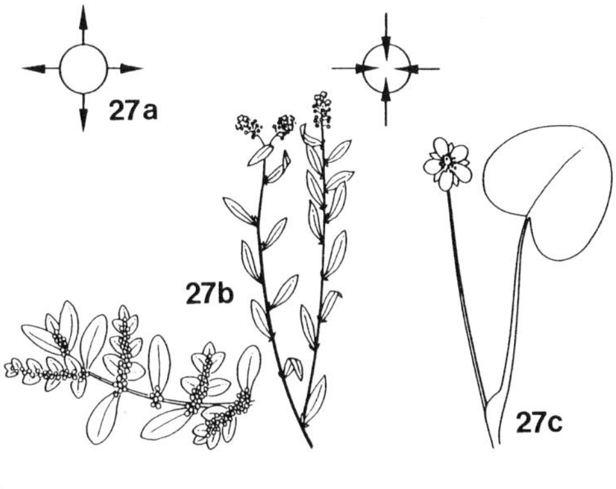

24a 24b 25a 25b 25c 25d 26a 26b 26c 26d 27a 27b 27c

28a Pro Blüte viele oberständige Fruchtknoten, dicht flach stehend bis halbkugelig gehäuft
Hahnenfußgewächse, *Ranunculaceae*
(Hahnenfuß) Band 2

28b Pro Blüte 2 oberständige, bis zur Mitte verwachsene Fruchtknoten mit bogig abspreizenden Spitzen (und Griffeln)
Steinbrechgewächse, *Saxifragaceae*
(Steinbrech) Band 2

28c Pro Blüte ein oberständiger Fruchtknoten; an dessen oberem Ende ein aufrechter oder bis zu 5 aufrecht-abstehende Griffel **29**

28d Pro Blüte ein oder zwei unterständige Fruchtknoten **32**

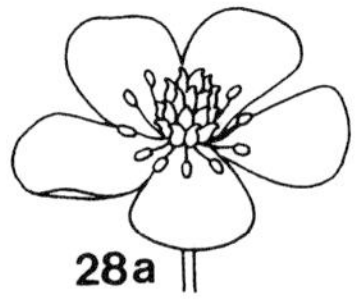

29a Stengelblätter groß, breit, eiförmig bis herzförmig oder 3eckig **30**

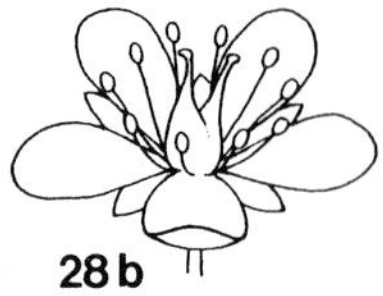

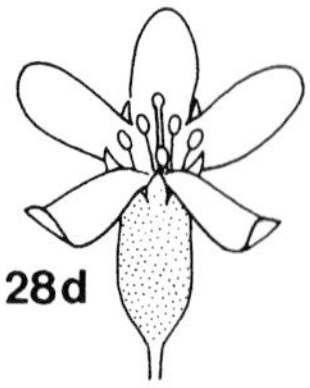

29b Zumindest die oberen Stengelblätter schmal, elliptisch, lineal-lanzettlich oder nadelähnlich **31**

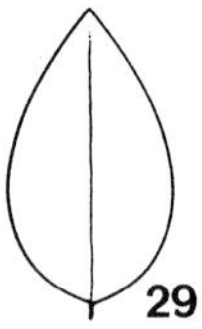

30a Blüten weiß, selten rosa, innen mit kleinen, gelbdrüsig-fransigen Schuppen; einzeln am Ende eines meist nur einblättrigen, unter 50 cm hohen Stengels
Herzblattgewächse, *Parnassiaceae*
(Herzblatt) Band 2

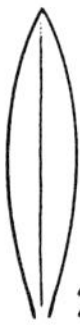

30b Blüten blauviolett, selten rosa bis weiß, im Zentrum ein Kegel aus gelben Staubbeuteln; in lockeren Rispen am reichbeblätterten Stengel, der schlaff niederliegt, windet oder im Gesträuch hängt
Nachtschattengewächse, *Solanaceae*
(Nachtschatten) Band 4

30c Blüten gelb; zu vielen kurz gestielt in den Blattachseln und am Sproßende; Stengel reich- (und z.T. gegen- bis quirlständig) beblättert, 50–150 cm hoch
Primelgewächse, *Primulaceae*
(Gilbweiderich) Band 3

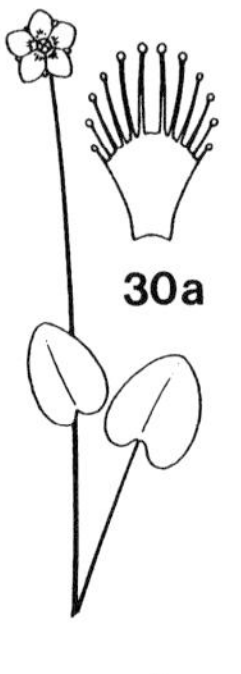

31a Alle 5 Kelchblätter etwa gleich groß
Leingewächse, *Linaceae*
(Lein) Band 3

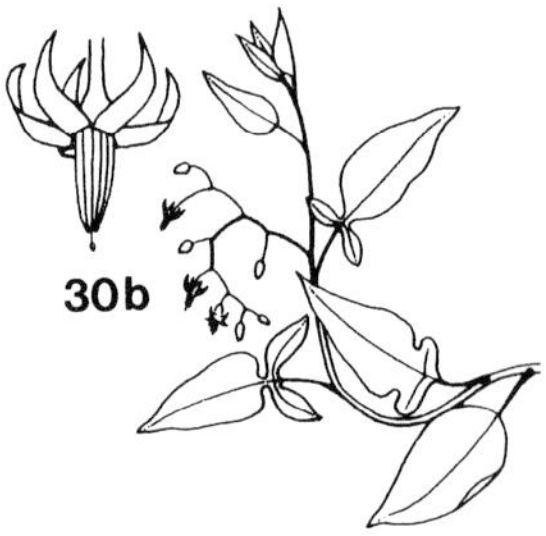

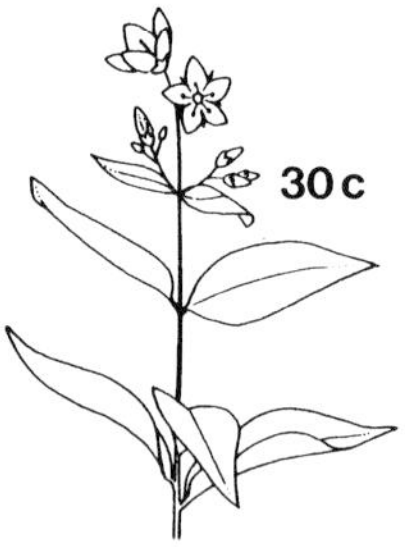

31b Zwei der 5 Kelchblätter deutlich kleiner als die anderen 3; Blütenblätter weiß oder gelb, höchstens am Grund dunkler
Zistrosengewächse, *Cistaceae*
(einige Gattungen) Band 3

31c Zwei der 5 Kelchblätter deutlich kleiner als die anderen 3; Blütenblätter dunkelblau bis verwaschen hellblau, höchstens am Grund gelb
Leingewächse, *Linaceae*
(Lein) Band 3

28a 28b 28c 28d 29a 29b 30a 30b 30c 31a 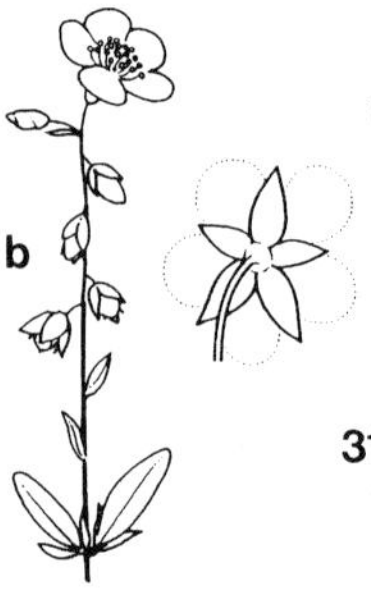 31b  31c

32a Blüten sehr kurz gestielt bis sitzend; zu vielen gebüschelt in den Blattachseln; meist rot
Weiderichgewächse, *Lythraceae*
(Weiderich) Band 3

32b Blüten sehr kurz gestielt; einzeln an den Stengel- und Astenden; meist weiß oder gelblich(grün)
Steinbrechgewächse, *Saxifragaceae*
(Steinbrech) Band 2

32c Blüten sehr kurz gestielt bis sitzend; in endständigen Ähren oder Köpfchen; blau oder weiß
Glockenblumengewächse, *Campanulaceae*
(Sandglöckchen, Teufelskralle) Band 4

32d Blüten lang gestielt; in endständigen Trauben oder Rispen
Steinbrechgewächse, *Saxifragaceae*
(Steinbrech) Band 2

32e Blüten lang gestielt, ± aufrecht, mit ausgebreiteten Blütenblättern; einzeln am Ende des aufrechten Stengels **33**

32f Blüten lang gestielt; ± nickend, mit bogig zurückgekrümmten Blütenblättern; einzeln in den Blattachseln und am Ende des fadendünnen, niederliegend-kriechenden Stengels
Heidekrautgewächse, *Ericaceae*
(Heidelbeere: Moosbeere) Band 3

33a Blüten mit 5 Staubblättern und 5 fransiggelbdrüsigen, schuppigen Blütenblatt-Anhängseln sowie einem Fruchtknoten; meist nur ein einziges, herzförmiges Blatt am Blütenstengel
Herzblattgewächse, *Parnassiaceae*
(Herzblatt) Band 2

33b Blüten mit 10 Staubblättern und 2 verwachsenen, im oberen Drittel freien und ± abspreizenden Fruchtknoten; Blütenstengel oft reich beblättert
Steinbrechgewächse, *Saxifragaceae*
(Steinbrech) Band 2

34a Blüten sehr klein (Kronblätter um 2 mm lang); eng gedrängt in kugelig-walzlichen doldigen Köpfchen; diese blattgegenständig oder wiederum in (endständigen) wenigstrahligen Dolden
Doldengewächse, *Apiaceae*
(Sanikel, Klettenkerbel) Band 3

34b Blüten sehr klein (Kronblätter um 2 mm lang); lang gestielt, einzeln oder bis zu 30 in lockerem Blütenstand **35**

34c Blüten sehr klein (Kronblätter um 2 mm lang); in reichblütigen dichten Doldentrauben oder Rispen mit mindestens 50–100 (weißen) Blüten
Rosengewächse, *Rosaceae*
(Mädesüß, Geißbart) Band 2

34d Blüten klein bis mittelgroß, Kronblätter mindestens um 4 mm lang (oft einige cm); Staubblätter pro Blüte höchstens 10 . . . . **38**

34e Blüten klein bis mittelgroß, Kronblätter mindestens um 4 mm lang (oft einige cm); Staubblätter pro Blüte mindestens 12 (bis über 50) **43**

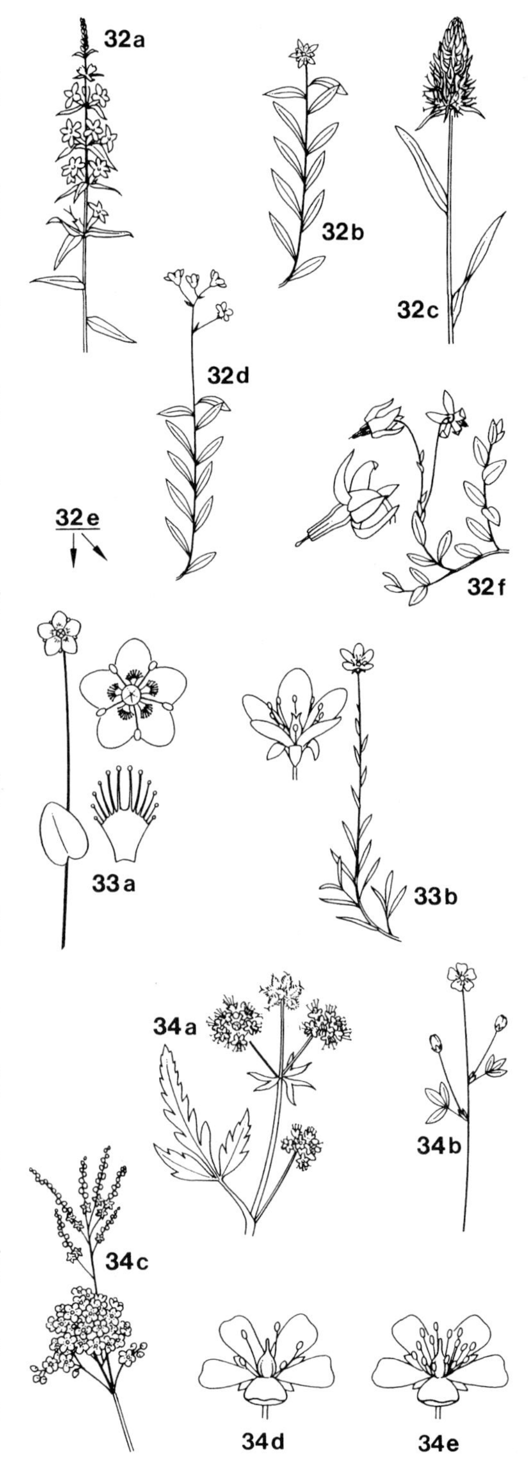

35a Blüten weiß, höchstens außen rotviolett angehaucht oder innen zart rot oder fein gelb getüpfelt 36
35b Blüten rot, violett oder blau
Storchschnabelgewächse, *Geraniaceae*
(Storchschnabel) Band 3
35c Blüten gelb (hell-, gold-, grüngelb) 37

36a Laubblätter einfach; fiederschnittig mit ± spitzen Zipfeln; am Grund keilförmig (= kurz stielartig) verschmälert; ohne Nebenblätter; Pflanze trockener, steinig-felsiger Standorte
Steinbrechgewächse, *Saxifragaceae*
(Steinbrech) Band 2
36b Laubblätter mehrfach in schmale Zipfel zerteilt oder handförmig gelappt; mit breiten, ganzrandigen oder gezähnten bis tief eingeschnittenen Lappen; meist deutlich gestielt; am (Stiel-) Grund keine Nebenblätter; Sumpfpflanze oder Wasserpflanze auf längerzeitig trockenliegenden Stellen
Hahnenfußgewächse, *Ranunculaceae*
(Hahnenfuß) Band 2
36c Laubblätter handförmig oder 5teilig fiedrig zusammengesetzt; zumindest die unteren gestielt; Teilblättchen höchstens gesägt; am Blattstielgrund 2 Nebenblättchen oder Blattstiel mit Stacheln
Rosengewächse, *Rosaceae*
(Fingerkraut, Brombeere) Band 2

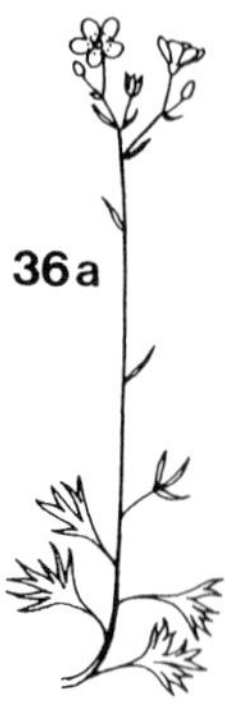

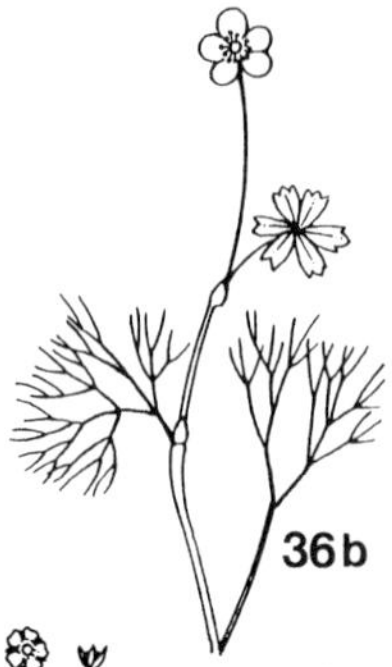

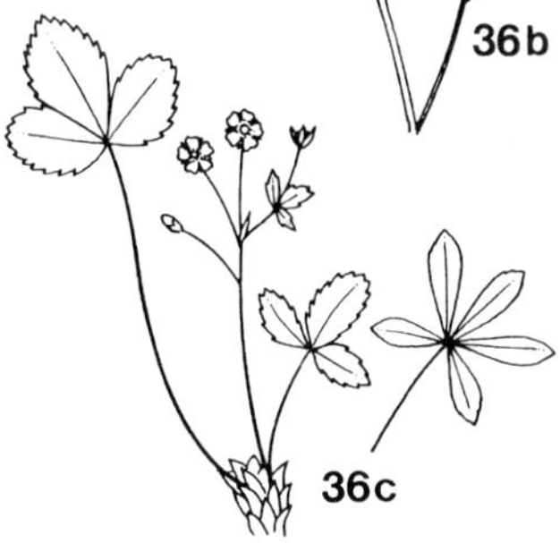

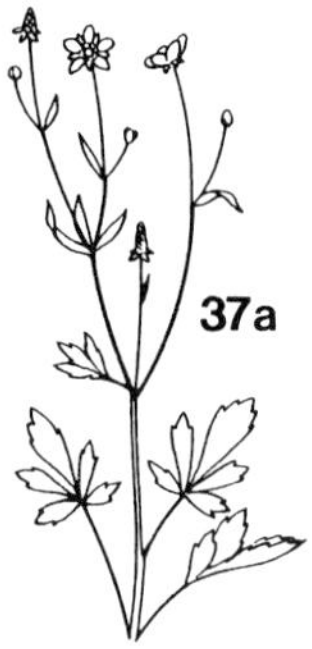

37a Grundblätter tief 3–5lappig; Lappen oft wiederum tief eingeschnitten; keine Nebenblätter; Kelchblätter der Blüten frei (einzeln abfallend), meist 5
Hahnenfußgewächse, *Ranunculaceae*
(Hahnenfuß) Band 2
37b Grundblätter entweder unterbrochen gefiedert oder 3teilig zusammengesetzt, dann die Teilblättchen ringsum gesägt oder schwach gezähnelt; Nebenblätter stets vorhanden; Kelch am Grund schüsselartig verwachsen, oft mit 2 Reihen von je 5 Zipfeln (Außenkelch)
Rosengewächse, *Rosaceae*
(einige Gattungen) Band 2

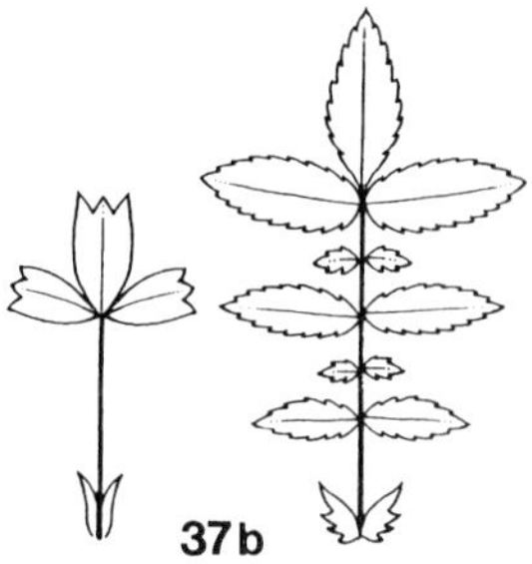

38a (Untere) Laubblätter keilförmig verschmälert (= undeutlich gestielt); vorn tief fiederschnittig; Lappen ganzrandig, spitz zulaufend
Steinbrechgewächse, *Saxifragaceae*
(Steinbrech) Band 2
38b Untere Laubblätter deutlich gestielt; handförmig geschnitten oder 3- bis vielteilig handförmig zusammengesetzt 39
38c Untere Laubblätter deutlich gestielt; ein- oder mehrfach gefiedert; Teilblättchen mindestens 5 (2 Paare deutlich untereinander), zuweilen größere und kleinere Paare im Wechsel: unterbrochen gefiedert 40

35b 36a 36b 35a 36c 37a 37b 35c 38a  38b 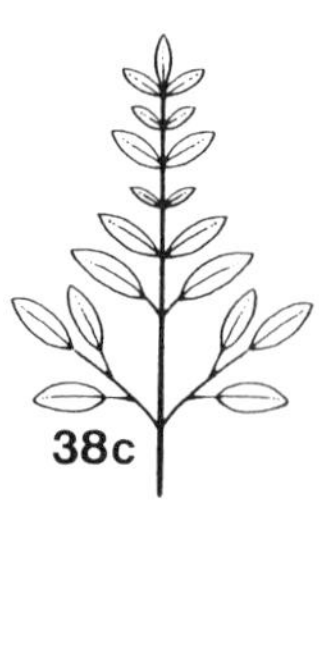 38c

39a Kelch verwachsen, mit 5 großen Zipfeln und 5 kleineren, tiefer stehenden (Außenkelch); Blüte mit vielen Fruchtknoten; Laubblätter mit Nebenblättchen am Blattstielgrund
Rosengewächse, *Rosaceae*
(Fingerkraut, Erdbeere u. a.) Band 2

39b Kelch aus (meist) 5 freien (einzeln abfallenden) Blättchen, ohne Außenkelch; viele Fruchtknoten pro Blüte; Laubblätter stets ohne Nebenblättchen
Hahnenfußgewächse, *Ranunculaceae*
(Hahnenfuß) Band 2

39c Kelch aus 5–6 unterwärts zu einem kurzen Becher verwachsenen Blättchen, ohne Außenkelch; nur 2 längliche, unten verwachsene, oben abspreizende Fruchtknoten pro Blüte; Laubblätter stets ohne Nebenblätter
Steinbrechgewächse, *Saxifragaceae*
(Steinbrech) Band 2

39d Kelch aus 5 freien oder am Grund kurz verwachsenen Blättchen; nur 1 Fruchtknoten (mit 5 Griffeln) pro Blüte; Laubblätter kleeartig, mit 3–5 (oder mehr) herzförmigen Teilblättchen; hinfällige, schuppenartige Nebenblättchen
Sauerkleegewächse, *Oxalidaceae*
(Sauerklee) Band 3

39e Kelch aus 5 freien Blättchen; nur 1 Fruchtknoten pro Blüte, eirundlich mit langem, spitz zulaufendem Schnabel (nach der Blüte sich noch verlängernd); Laubblätter am Stielgrund mit borstenförmigen, oft roten Nebenblättchen; Blattspreite mehrfach gelappt oder 3teilig mit gefiederten Teilblättchen
Storchschnabelgewächse, *Geraniaceae*
(Storchschnabel) Band 3

40a Laubblätter doppelt bis 3fach gefiedert; Blüten grünlich-gelb, nur die oberen 5-, die anderen 4zählig
Rautengewächse, *Rutaceae*
(Raute) Band 3

40b Laubblätter doppelt fiederspaltig; Blüten rot bis rotviolett, alle 5zählig
Storchschnabelgewächse, *Geraniaceae*
(Storch- und Reiherschnabel) Band 3

40c Laubblätter einfach gefiedert mit ± gleichgroßen Teilblättchen 41

40d Laubblätter unterbrochen gefiedert: längere und kürzere Fiederpaare im Wechsel 42

41a Aufrechte, 60 cm bis über 1 m hohe Staude; Blüten leicht 2seitig: Blütenblätter etwas größenverschieden, 2–3 cm lang; reichblütige endständige Trauben
Rautengewächse, *Rutaceae*
(Diptam) Band 3

41b Niederliegend-aufsteigendes, selten über 50 cm hohes Kraut; Blütenblätter um 1 cm lang (gelegentlich leicht größenverschieden); gestielte, blattachselständige Dolden
Storchschnabelgewächse, *Geraniaceae*
(Reiherschnabel) Band 3

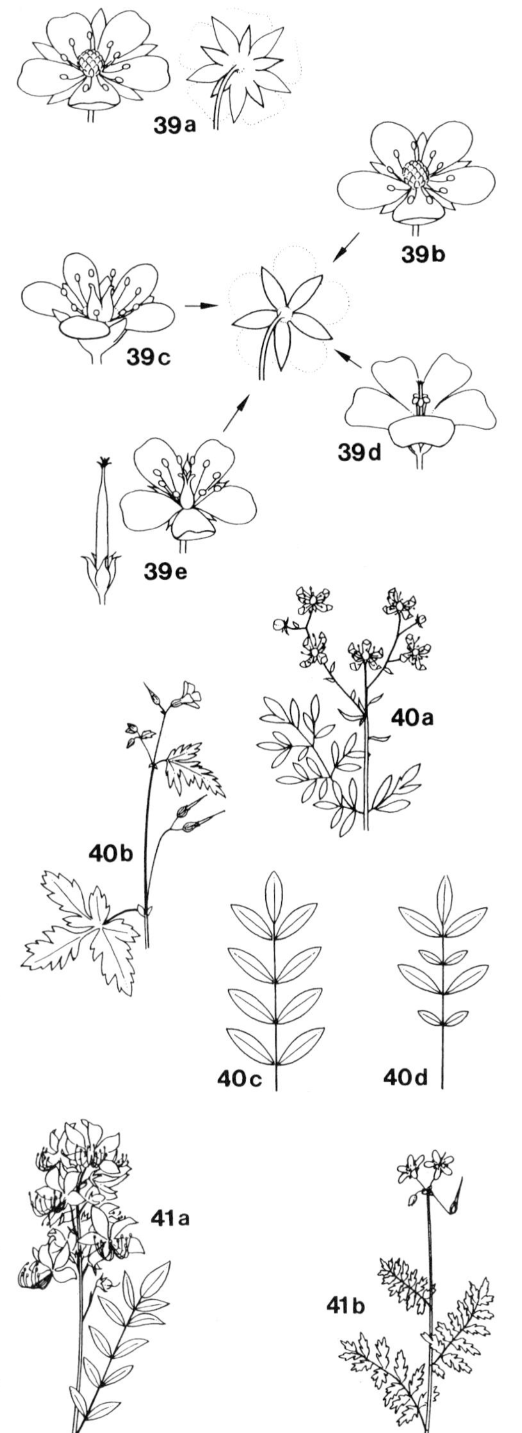

42a Blütenblätter schmal, spitzlich, Staubbeutel auffallend groß, in der Blütenmitte zu einem Kegel zusammengeneigt; Kelchzipfel 5, lang, schmal, waagrecht bis zurückgebogen
Nachtschattengewächse, *Solanaceae*
(Nachtschatten) Band 4

42b Blütenblätter abgerundet; 5 Kelchblätter, ± becherförmig verwachsen, unter dem 5zipfligen Saum 5 weitere Kelchzipfel (Außenkelch) oder mehrere Reihen hakenförmiger Borsten
Rosengewächse, *Rosaceae*
(Odermennig u.a.) Band 2

42c Blütenblätter ± abgerundet; rot bis blauviolett; 5 freie Kelchblätter; ein langgeschnäbelter Fruchtknoten
Storchschnabelgewächse, *Geraniaceae*
(Reiherschnabel) Band 3

43a Kelchblätter 5, kaum verwachsen oder völlig frei (manchmal gefiedert oder handförmig geteilt); Staubblätter frei, meist dem Blütenboden angewachsen 44

43b Kelch schüsselartig verwachsen, mit 5zipfligem Rand; darunter ein weiterer Kreis aus 5 Zipfeln (Außenkelch) oder ein mehrreihiger Borstenkranz; Staubblätter frei, meist dem Kelchrand eingefügt
Rosengewächse, *Rosaceae*
(mehrere Gattungen) Band 2

43c 5 innere Kelchblätter stark verwachsen, daneben 3–12 weitere, die einen Außenkelch bilden; Staubfäden in der Blütenmitte zu einem dünnen Rohr verwachsen, (vom Griffel durchstoßen)
Malvengewächse, *Malvaceae*
(einige Gattungen) Band 3

44a Laubblätter unterbrochen gefiedert (große und kleine Fiederpaare im Wechsel) oder einfach gefiedert bis gefingert mit stacheliger Stielachse; am Blattstielgrund fast stets Nebenblättchen
Rosengewächse, *Rosaceae*
(Mädesüß, Brombeere) Band 2

44b Laubblätter mindestens doppelt gefiedert; die Zipfel mindestens 5 mm (oft über 1 cm) breit; Blütenblätter groß, 4–6 cm lang
Pfingstrosengewächse, *Paeoniaceae*
(Pfingstrose) Band 3

44c Laubblätter gefiedert mit sehr schmalen Zipfeln (um 1 mm breit) oder handförmig geteilt mit breiten, lang gezähnten Zipfeln, nie stachelig;
Hahnenfußgewächse, *Ranunculaceae*
(einige Gattungen) Band 2

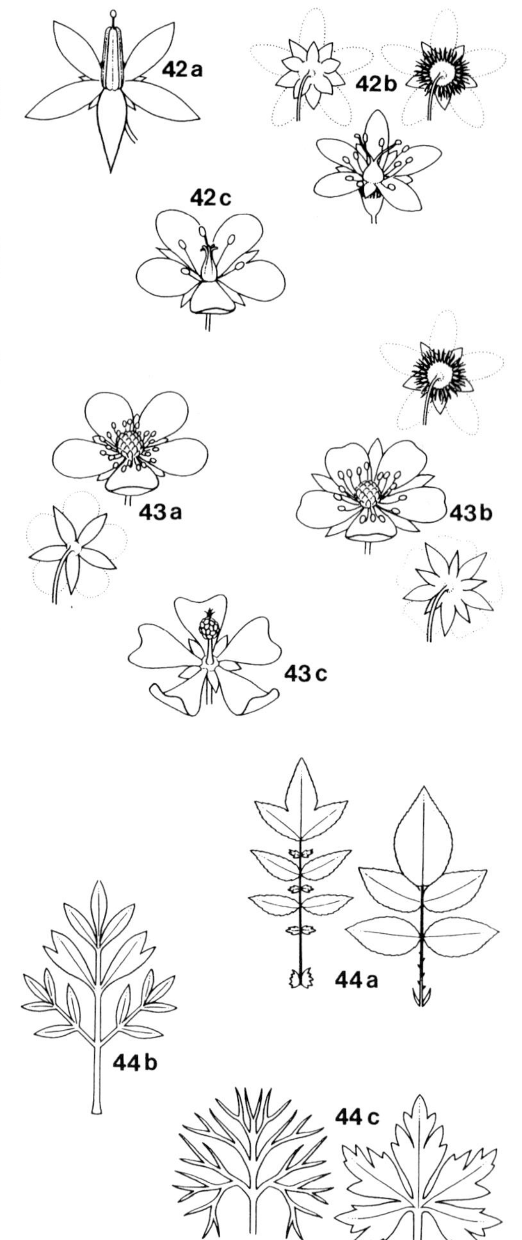

Schlüssel 11: Fünfzipflig kronblütige Kräuter

1a Blütentragender Stengel kurz (unter 1 cm) oder ganz fehlend: die Blüten sitzen (fast) unmittelbar der Grundblattrosette oder einem dichten Blattpolster auf **2**

1b Blütentragender Stengel deutlich entwickelt, blattlos oder nur mit einigen kleinen, oft häutigen Schuppen besetzt **3**

1c Blütentragender Stengel mit wohlausgebildeten, gegen- oder quirlständigen Laubblättern **9**

1d Blütentragender Stengel wechselständig beblättert oder nur mit 1 gutausgebildeten Laubblatt, aufrecht oder aus kurzem Bogen aufsteigend **23**

1e Blütentragender Stengel wechselständig beblättert, lang-niedergestreckt, höchstens an der Spitze etwas aufgebogen bzw. mit Ranken anderen Pflanzen anhängend und dann schlaff aufsteigend **37**

2a Zipfel der Blütenkrone spitz zulaufend (in den Buchten selten kleine zahnartige Nebenzipfelchen)
Enziangewächse, *Gentianaceae*
(z.B. Enzian) Band 3

2b Die Zipfel der Blütenkrone vorn breit gestutzt bis ± tief ausgerandet
Primelgewächse, *Primulaceae*
(Primel, Mannsschild) Band 3

2c Die (± eirundlichen) Zipfel der Blütenkrone vorn bogig gerundet, blau (in der Knospe auch rosa)
Rauhblattgewächse, *Boraginaceae*
(Vergißmeinnicht u.a.) Band 4

2d Die (± eilänglichen) Zipfel der Blütenkrone vorn bogig gerundet, weiß oder rosa bis rot
Primelgewächse, *Primulaceae*
(Mannsschild) Band 3

3a Grundblätter 3teilig mit eiförmigen Teilblättchen; Blüten in Trauben, Kronzipfel innen bärtig
Fieberkleegewächse, *Menyanthaceae*
(Fieberklee) Band 3

3b Grundblätter 3- bis mehrteilig (gefingert) mit herzförmigen Teilblättchen; Blüten einzeln lang gestielt oder in gestielten Dolden, innen nicht bärtig
Sauerkleegewächse, *Oxalidaceae*
(Sauerklee) Band 3

3c Grundblätter einfach, ganzrandig, gesägt oder höchstens tief zerlappt; Blüten einzeln oder zu 2 auf langem Stiel **4**

3d Grundblätter einfach, ganzrandig, gesägt oder höchstens tief zerlappt; mehrere Blüten auf gemeinsamem Schaft **6**

4a Blüte röhrig-trichterig verwachsen, mit vorn gerundeten oder ausgebuchteten Zipfeln; meist gelb, rot oder weiß
Primelgewächse, *Primulaceae*
(Primel, Mannsschild) Band 3

4b–4f

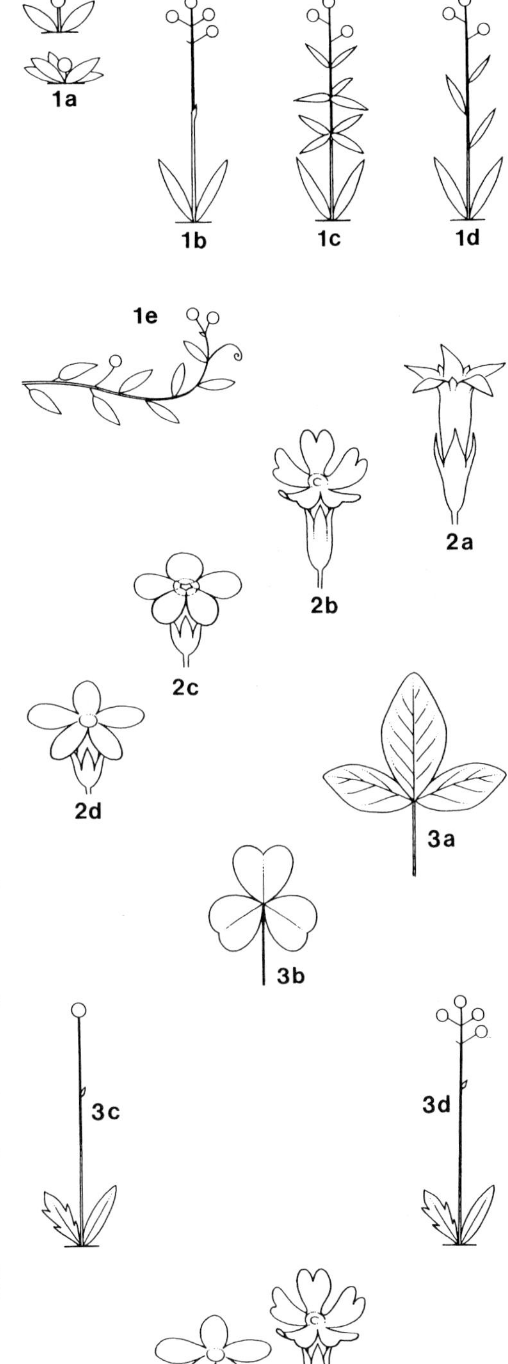

4b Blüte röhrig-trichterig verwachsen, mit spitz zulaufenden Zipfeln; meist blau; Zipfel manchmal gefranst oder mit Nebenzipfelchen
Enziangewächse, *Gentianaceae*
(z. B. Enzian) Band 3

4c Blüte glockig verwachsen, mit kurzen, ± 3eckigen Zipfeln (Fruchtknoten unterständig)
Glockenblumengewächse, *Campanulaceae*
(Glockenblume) Band 4

4d Blüte glockig verwachsen, mit tief fransig geschlitzten Zipfeln
Primelgewächse, *Primulaceae*
(Alpenglöckchen) Band 3

4e Blüte nur am Grund kurz verwachsen, Zipfel abstehend (flachglockig bis radförmig) **5**

4f Blüte nur am Grund kurz verwachsen, Zipfel weit zurückgeschlagen
Primelgewächse, *Primulaceae*
(Alpenveilchen) Band 3

5a Schlammpflanze mit langgestielten, spatelig-lanzettlichen Blättern; Blüten kurz gestielt, unter 1 cm im Durchmesser
Braunwurzgewächse, *Scrophulariaceae*
(Schlammling) Band 4

5b Waldbodenpflanze mit kurz gestielten, rundlichen und am Rand gekerbten Blättern; Blüten etwas nickend, gut 1 cm im Durchmesser
Wintergrüngewächse, *Pyrolaceae*
(Wintergrün) Band 3

5c Fels- und Felsschuttpflanze mit ungestielten, lanzettlichen Blättern; Blüten unter 1 cm im Durchmesser
Primelgewächse, *Primulaceae*
(Mannsschild) Band 3

6a Blüten bauchig-trichterig bis weitglockig, ± nickend **7**

6b Blüten anfangs engröhrig, bogig aufwärts gekrümmt, am Saum kurzzähnig; dann von unten her bauchig-pludrig aufspringend; später fast bis zum Grund in schmale Zipfel gespalten
Glockenblumengewächse, *Campanulaceae*
(z. B. Teufelskralle) Band 4

6c Blüten ± aufrecht, röhrig bis trichterig verwachsen, mit abstehenden Zipfeln **8**

7a Blütenblätter deutlich verwachsen; Blüten in Dolden; Blütenzipfel ganzrandig oder stark gefranst; (Fruchtknoten oberständig)
Primelgewächse, *Primulaceae*
(Heil- und Alpenglöckchen) Band 3

7b Blütenblätter deutlich verwachsen; Blüten in Trauben; Blütenzipfel stets ganzrandig, höchstens behaart; (Fruchtknoten unterständig)
Glockenblumengewächse, *Campanulaceae*
(z. B. Glockenblume) Band 4

7c Blütenblätter fast bis zum Grund frei, glockig ausgebreitet bis zusammenneigend; Blüten in Trauben oder Dolden
Wintergrüngewächse, *Pyrolaceae*
(einige Gattungen) Band 3

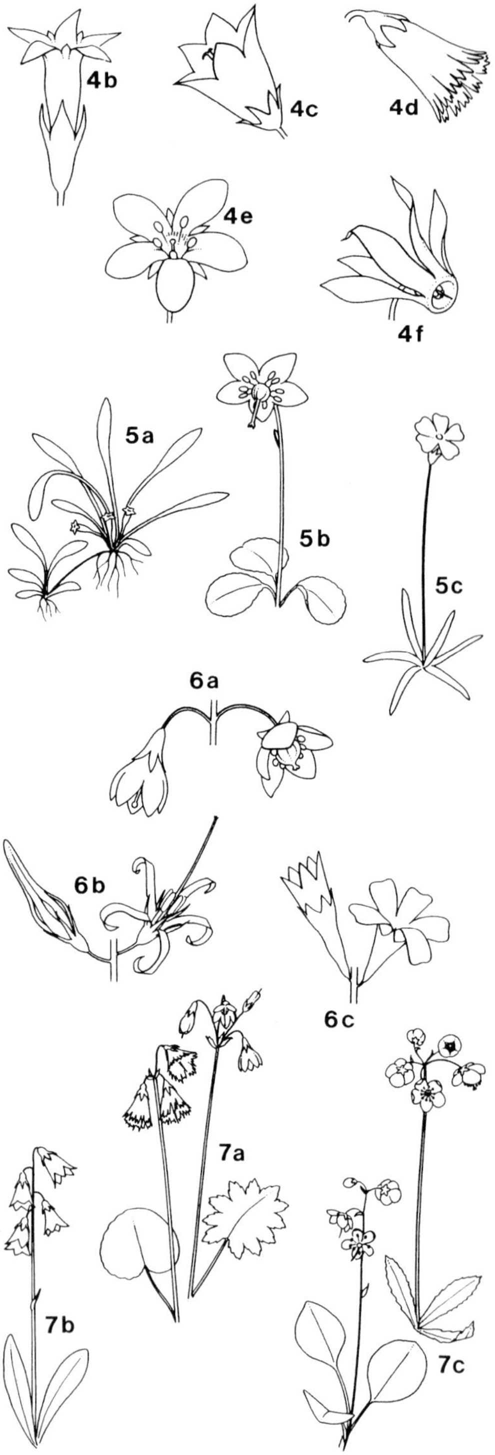

4b 4c 4d 4e 4f 5a 5b 5c 6a 6b 6c 7a 7b 7c

8a Blüten in kurzen, einseitswendigen Ähren, die einen rispig-trugdoldigen Gesamtblütenstand bilden; Grundblätter ledrig-derb, kahl
Bleiwurzgewächse, *Plumbaginaceae*
(Strandflieder) Band 2

8b Blüten gestielt, in lockerer, allseitswendiger (wickeliger) Rispentraube; Grundblätter angedrückt borstig behaart
Rauhblattgewächse, *Boraginaceae*
(Nabelnüßchen) Band 4

8c Blüten in ± kopfigen Dolden, deren Tragblättchen aufrecht bis waagrecht abstehen (oft auch verkümmert oder fehlend)
Primelgewächse, *Primulaceae*
(Primel, Mannsschild) Band 3

8d Blüten in kopfigen Dolden, deren trockenhäutige Tragblättchen herabgeschlagen und eine kurze Strecke um den Doldenstiel gewickelt sind; Grundblätter grasartig, lang und schmal
Bleiwurzgewächse, *Plumbaginaceae*
(Grasnelke) Band 2

9a Stengelblätter fiedrig zusammengesetzt oder tief (bis über die Mitte jeder Spreitenhälfte) eingeschnitten **10**

9b Stengelblätter gekerbt, gesägt oder, vor allem gegen die Spitze zu, gezähnt **11**

9c Stengelblätter ganzrandig; Rand höchstens bewimpert oder mit winzigen Wärzchen **14**

10a Blüten ungestielt, in langgezogenen end- und blattachselständigen Ähren
Eisenkrautgewächse, *Verbenaceae*
(Eisenkraut) Band 4

10b Blüten in endständiger, reichverzweigter, ± flacher, meist 3ästiger Trugdolde; rote Staubbeutel (5); Kelch becherartig mit 5zähnigem Rand; am Blattstielgrund Nebenblättchen
Holundergewächse, *Sambucaceae*
(Holunder) Band 3

10c Blüten in end- und blattachselständigen, rispig-kopfigen Trugdolden; Staubblätter 3; Kelch erst winzig (wächst an der Frucht zu langen, haarigen Flugborsten aus); Nebenblätter fehlen
Baldriangewächse, *Valerianaceae*
(Baldrian) Band 3

11a Blüten gelb bis braungelb
Braunwurzgewächse, *Scrophulariaceae*
(Braunwurz u. a.) Band 4

11b Blüten himmelblau bis dunkelviolett, über 1 cm lang, unten deutlich verwachsen; endständig
Enziangewächse, *Gentianaceae*
(Enzian) Band 3

11c Blüten tiefblau bis dunkelviolett, wenig verwachsen, ± flach ausgebreitet und kaum 5 mm im Durchmesser; blattachselständig (fast sitzend) am niederliegend-kriechenden Stengel
Rauhblattgewächse, *Boraginaceae*
(Scharfkraut) Band 4

11d Blüten weiß, rot oder rosa, selten hell-lila oder verwaschen hellblau **12**

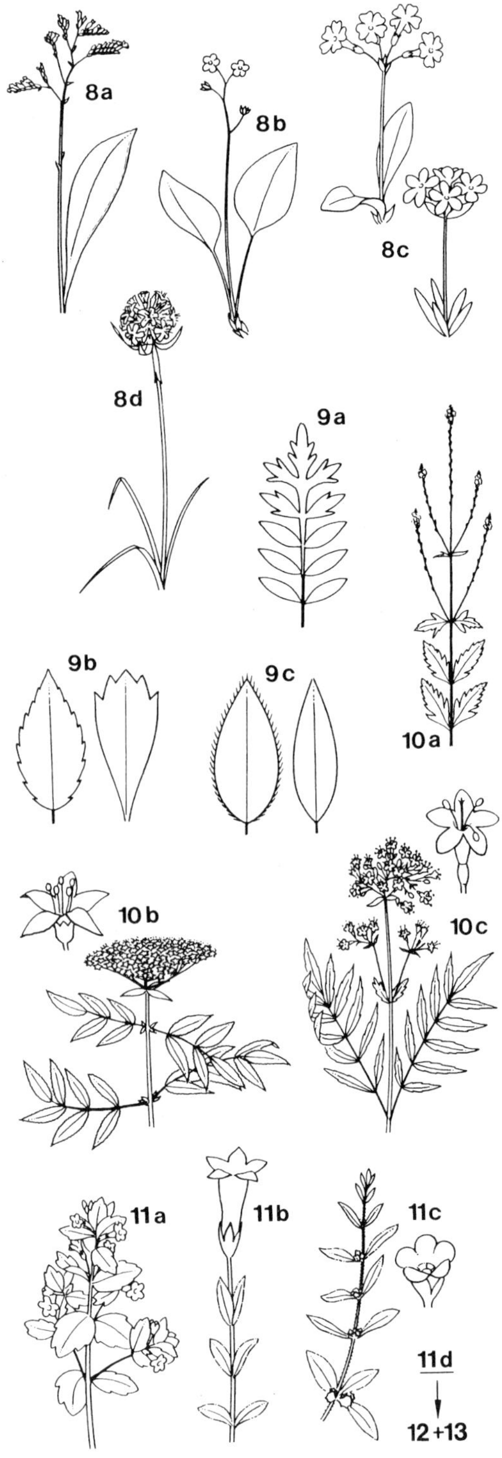

8a 8b 8c 8d 9a 9b 9c 10a 10b 10c 11a 11b 11c

11d → 12+13

12a Blüten nickend, weit trichterig verwachsen; Fruchtknoten unterständig
Geißblattgewächse, *Caprifoliaceae*
(Moosglöckchen) Band 3

12b Blüten nickend, kaum verwachsen; Blütenzipfel breitschalig oder glockig zusammengeneigt; Fruchtknoten oberständig
Wintergrüngewächse, *Pyrolaceae*
(mehrere Gattungen) Band 3

12c Blüten aufrecht, sehr kurz gestielt; einzeln oder zu 2 in den Blattachseln
Rauhblattgewächse, *Boraginaceae*
(Scharfkraut) Band 4

12d Blüten aufrecht, ± sitzend; in langen, endständigen Ähren
Eisenkrautgewächse, *Verbenaceae*
(Eisenkraut) Band 4

12e Blüten aufrecht, sehr kurz gestielt; in dichten Doldenrispen am Stengelende 13

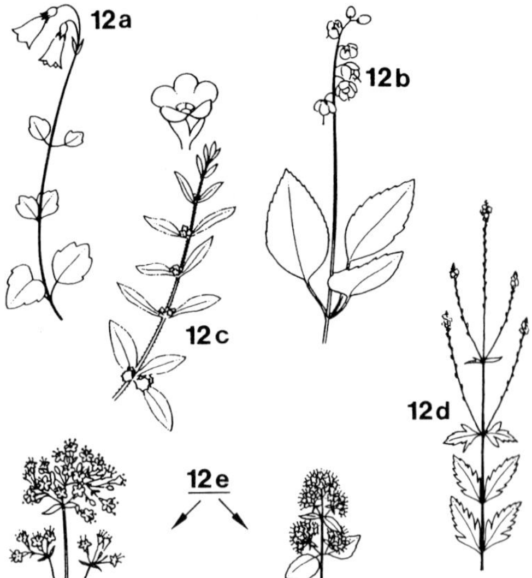

13a Pflanze mit Minzengeruch; kleine Blüten mit becherartig verwachsenem, 5zähnigem Kelch; Fruchtknoten oberständig
Lippenblütengewächse, *Lamiaceae*
(z. B. Dost) Band 4

13b Pflanze geruchlos oder mit schwachem Baldrian- (= Speik-)Duft; kleine Blüten mit winzigen, freien Kelchborsten; Fruchtknoten unterständig; (Kelchborsten wachsen an den Früchtchen zu behaarten Flugstrahlen aus)
Baldriangewächse, *Valerianaceae*
(Baldrian) Band 3

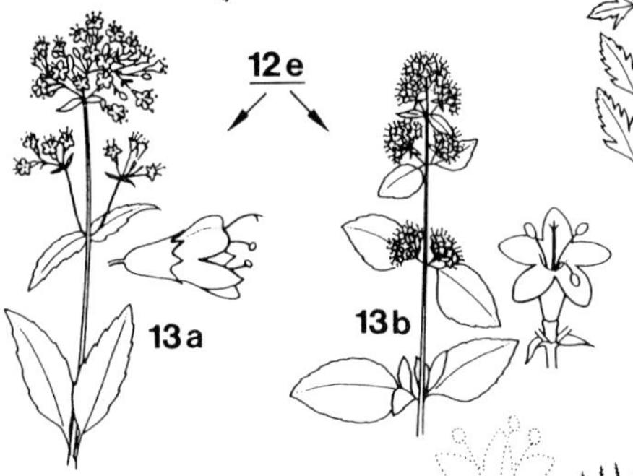

14a Kelch winzig klein (zur Fruchtzeit zu behaarten Flugstrahlen auswachsend); Fruchtknoten deutlich unterständig; Blüten mit 3 Staubblättern, die weit aus der Blütenhülle hervorragen
Baldriangewächse, *Valerianaceae*
(Baldrian) Band 3

14b Kelch mit 5–10 Zipfeln oder zu einer 5–10zähnigen Röhre verwachsen; Fruchtknoten oberständig, selten ein wenig abgesenkt und damit schwach halbunterständig 15

14c Kelch (scheinbar) 1blättrig (röhrig, auf einer Seite tief geschlitzt) oder aus 2 getrennten Blättchen bestehend 22

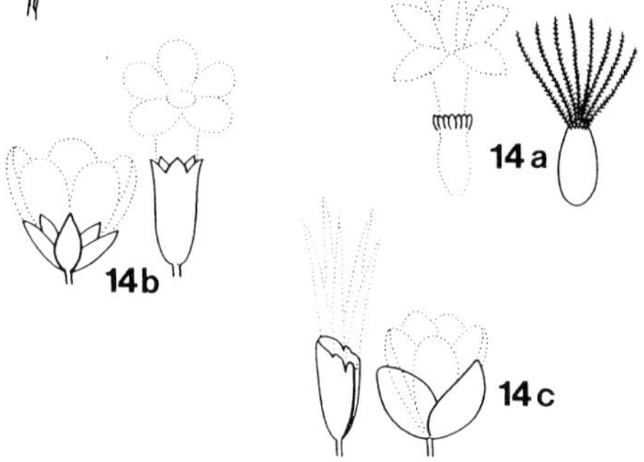

15a Stengel niederliegend bis niederliegend-aufsteigend; Laubblätter klein, schmal, nicht über 1 cm lang und 3 mm breit 16

15b Stengel niederliegend bis niederliegend-aufsteigend; Laubblätter entweder klein und dann mindestens halb so breit wie lang oder aber weit über 1 cm lang 17

15c Stengel aufrecht oder niederliegend, aber dann mit bogig aufsteigenden und gabelig verzweigten Nebenästen; alle Blätter gegen- (und quirl-)ständig 19

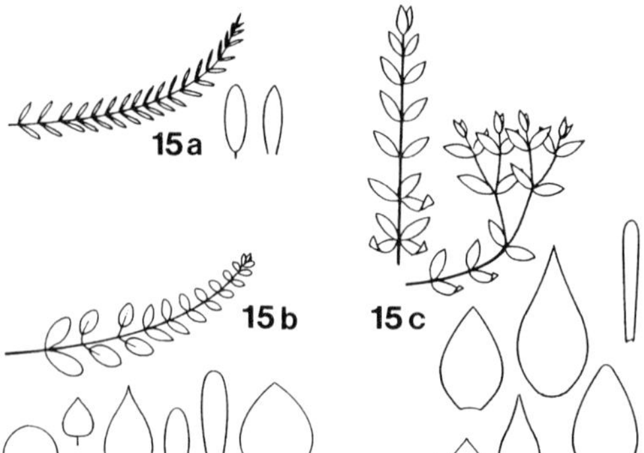

15d Stengel aufrecht oder kurzbogig lang-aufsteigend; obere Blätter wechsel-, untere gegenständig **21**

15e Stengel aufrecht oder kurzbogig lang-aufsteigend; obere Blätter gegen-, untere wechselständig; Pflanze drüsig-klebrig; Blüte groß, bauchig-glockig bis trichterig, Zipfel kurz
Nachtschattengewächse, *Solanaceae*
(z. B. Petunie) Band 4

16a Blüten schüsselartig ausgebreitet mit 5 eiförmigen, vorn spitzlich abgerundeten Zipfeln; meist hellrot bis rot
Heidekrautgewächse, *Ericaceae*
(Alpenazalee) Band 3

16b 5 Blütenzipfel auf kurzer, ± engbauchiger Röhre, schräg bis waagrecht abstehend, rundlich, vorn abgestutzt; weiß oder rosa
Primelgewächse, *Primulaceae*
(Mannsschild) Band 3

17a Blüten kaum ½ cm im Durchmesser, blau bis dunkelviolett, nur ausnahmsweise auch weiß; je 1 (bis 2), in den Achseln der rauhborstigen Blätter (sitzend oder gestielt)
Rauhblattgewächse, *Boraginaceae*
(mehrere Gattungen) Band 3

17b Blüten 0,5–1,5 cm im Durchmesser, rein weiß, selten rosa angehaucht; gebüschelt auf gemeinsamen Stielchen in den oberen Blattachseln; Laubblätter groß, herz-eiförmig bis lineal-lanzettlich, gestielt
Schwalbenwurzgewächse, *Asclepiadaceae*
(Schwalbenwurz) Band 3

17c Blüten gut 1 cm im Durchmesser, sattgelb, höchstens fein rot punktiert; je 1 (bis 2) in den Blattachseln (stets gestielt)
Primelgewächse, *Primulaceae*
(Gilbweiderich) Band 3

17d Blüten 0,5–2 cm im Durchmesser, blau oder rot, nur ausnahmsweise auch weiß; je 1 oder 2 (diese dann einzeln gestielt) in den Blattachseln **18**

18a Blätter ledrig-derb, immergrün; Blüte mit deutlicher, enger Röhre und ausgebreiteten, vorn breit gestutzten, nach hinten einseitig bogig verjüngten Zipfeln
Immergrüngewächse, *Apocynaceae*
(Immergrün) Band 3

18b Blätter krautig mit anliegenden Borsten; Blüte mit kurzer Röhre und abstehenden, rundlichen Zipfeln, am Schlund mit gelben oder weißlichen Schuppen
Rauhblattgewächse, *Boraginaceae*
(Nabelnüßchen u. a.) Band 3

18c Blätter krautig, kahl; Blüte tief gespalten mit abstehenden eiförmigen oder ± aufrechten, zungenförmigen Zipfeln
Primelgewächse, *Primulaceae*
(Gauchheil) Band 3

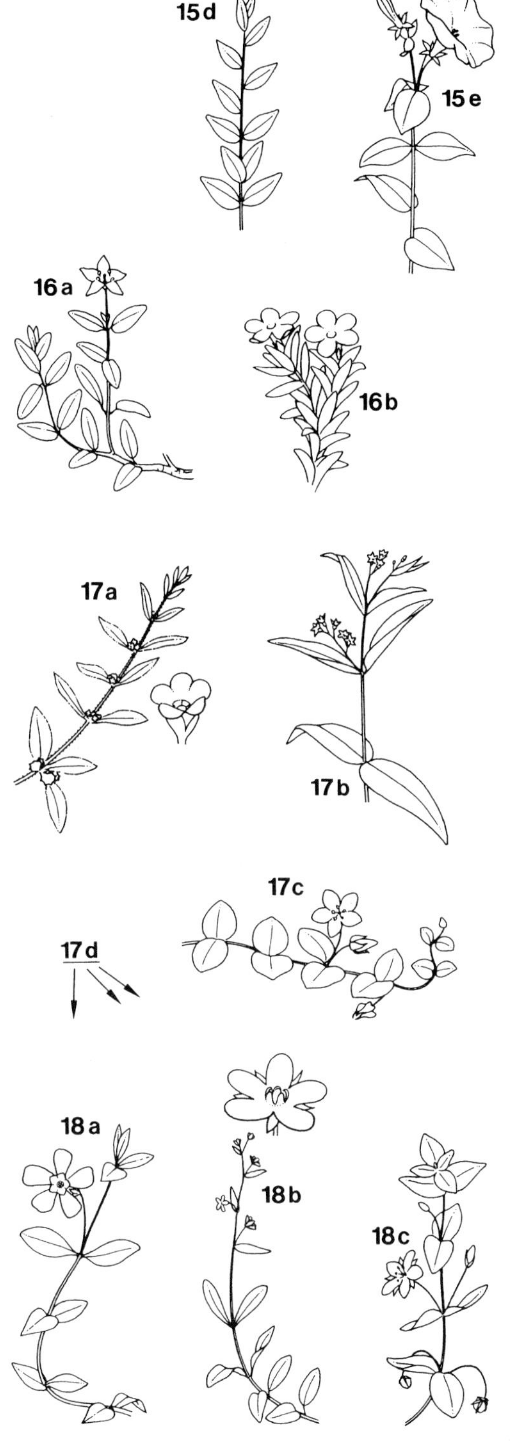

19a Blütenkrone weit ausgebreitet, fast bis zum Grund geteilt; sattgelb, zuweilen fein rot punktiert oder schmal rot gerandet
Primelgewächse, *Primulaceae*
(Gilbweiderich) Band 3

19b Blütenkrone weit ausgebreitet und tief geteilt oder mit kurzer, kaum 4 mm weit verwachsener Röhre; blau, rot oder weiß, selten grün bis gelblich-weiß **20**

19c Blütenkrone mit mindestens 5 mm langer, verwachsener, enger oder bauchig trichteriger Röhre; Laubblätter kahl bis sehr zerstreut kurzhaarig
Enziangewächse, *Gentianaceae*
(Tausendgüldenkraut u. a.) Band 3

19d Blütenkrone mit über 5 mm langer, enger, verwachsener Röhre; 2 ihrer Zipfel etwas größer als die restlichen 3 (Blüte schwach 2lippig); zumindest die jungen Laubblätter (an den Seitentrieben) graufilzig
Lippenblütengewächse, *Lamiaceae*
(Lavendel) Band 4

20a Blüten in endständigen, vielteiligen Doldenrispen; kaum 1 cm lang, ± hellpurpurn
Lippenblütengewächse, *Lamiaceae*
(z. B. Dost) Band 4

20b Blüten endständig, einzeln auf langem Stiel oder in schmalen Traubenrispen; 1-3 cm im Durchmesser, hellblau, stahlblau bis trübviolett, selten grünlich
Enziangewächse, *Gentianaceae*
(Sumpfenzian, Tauernblümchen) Band 3

20c Blüten in blattachselständigen Trauben oder Dolden; 0,5-2,5 cm im Durchmesser, weiß oder rosa
Schwalbenwurzgewächse, *Asclepiadaceae*
(z. B. Seidenpflanze) Band 3

20d Blüten einzeln, blattachselständig, gestielt; 0,7-1,5 cm im Durchmesser, rot, blau oder violett, selten rosa
Primelgewächse, *Primulaceae*
(Gauchheil) Band 3

21a Blüten kurzröhrig, flach-trichterig; einzeln oder zu 2 in den oberen Blattachseln
Rauhblattgewächse, *Boraginaceae*
(z. B. Nabelnüßchen) Band 4

21b Blüten mit langer, enger Kronröhre, stieltellerförmig; in dichten endständigen (Dolden-) Rispen
Sperrkrautgewächse, *Polemoniaceae*
(Phlox) Band 4

22a Kelchröhre ± häutig, einseitig tief geschlitzt (selten an weiteren Stellen ungleich tief eingerissen)
Enziangewächse, *Gentianaceae*
(Enzian) Band 3

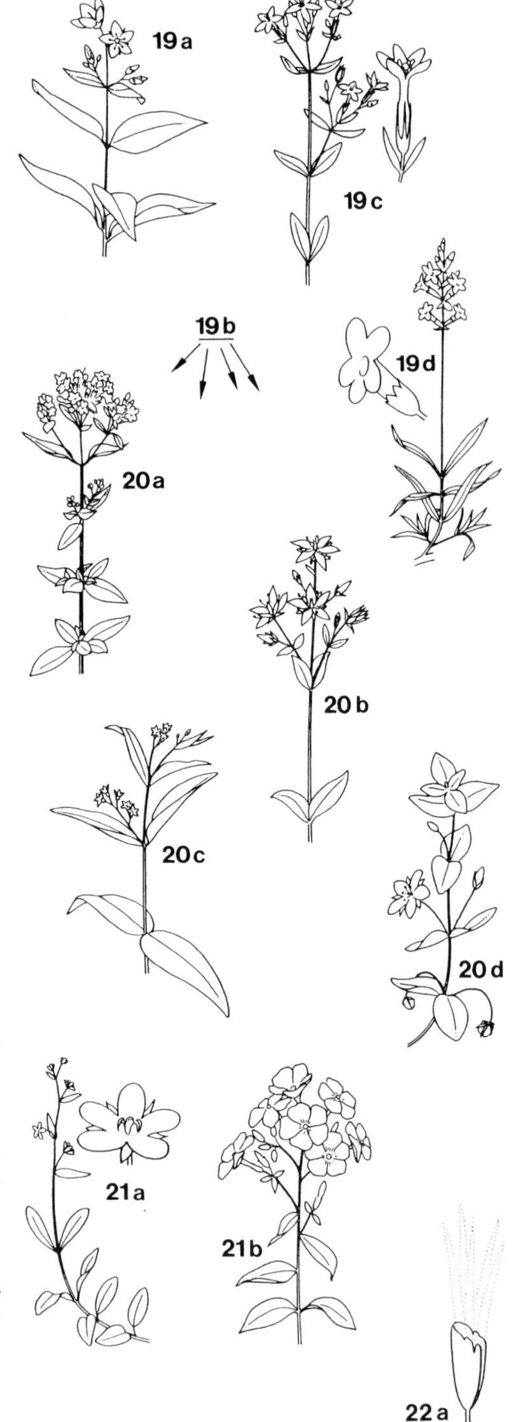

22b Kelch aus 2 vielzipfligen Blättchen
Rauhblattgewächse, *Boraginaceae*
(z. B. Scharfkraut) Band 4

22c Kelch aus 2 ganzrandigen, eiförmig spitzen Blättchen (eigentlich Tragblättchen); Blütenkrone bis zur Hälfte trichterig verwachsen, dem Fruchtknoten aufsitzend
Baldriangewächse, *Valerianaceae*
(Baldrian) Band 3

22d Kelch aus 2 ganzrandigen, stumpflichen Blättchen (eigentlich Hochblatthülle); Blütenkrone fast bis zum Grund geteilt, den Fruchtknoten umfassend
Portulakgewächse, *Portulacaceae*
(Quellkraut, Portulak) Band 2

22b

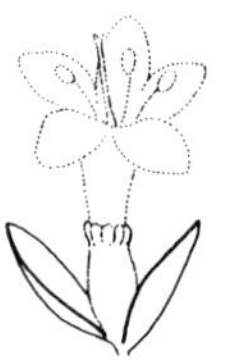

22c

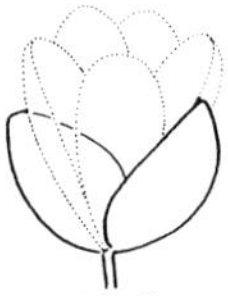

22d

23a Laubblätter ganzrandig oder gekerbt bis gesägt; Einschnitte nicht tiefer als ein Drittel einer Spreitenhälfte **24**

23b Laubblätter 3teilig zusammengesetzt, Teilblättchen groß, ± eiförmig, ganzrandig; (Blütenzipfel innen weißbärtig, 5 freie Staubblätter)
Fieberkleegewächse, *Menyanthaceae*
(Fieberklee) Band 3

23c Laubblätter handförmig gelappt bis tief handförmig oder 3teilig eingeschnitten; Lappen zumindest gesägt, oft wiederum tief zerschlitzt; (viele Staubfäden, zu zentraler Röhre verwachsen)
Malvengewächse, *Malvaceae*
(Malve u. a.) Band 3

23d Laubblätter fiederlappig oder fiederschnittig, sehr selten stachelig, dann aber die Blüten nie in kugeligen Köpfen
Nachtschattengewächse, *Solanaceae*
(mehrere Gattungen) Band 4

23e Laubblätter tief fiederlappig oder 1–3fach fiederschnittig, stachelig; Blüten in endständigen, großen, kugeligen Köpfen an den Stengel- und Astenden; jede einzelne von einem Kranz kelchartiger Blätter umgeben (Körbchenhülle)
Korbblütengewächse, *Asteraceae*
(Kugeldistel) Band 4

23f Laubblätter deutlich aus Teilblättchen zusammengesetzt, unpaar gefiedert **36**

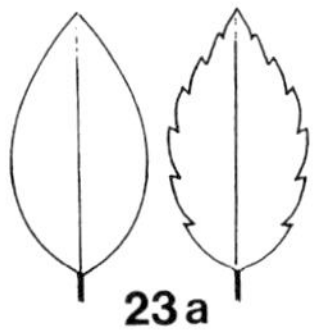

23a

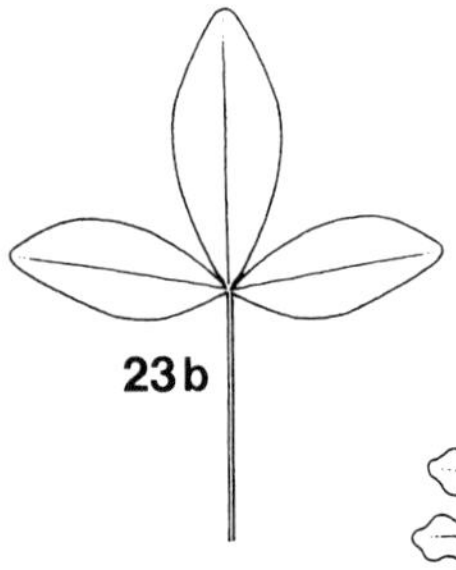

23b

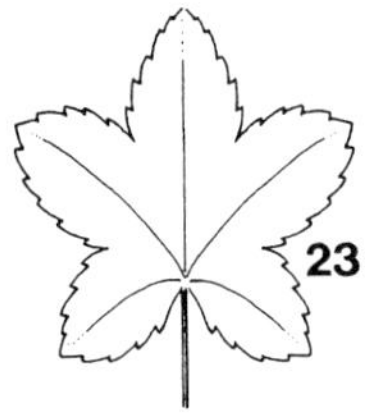

23c

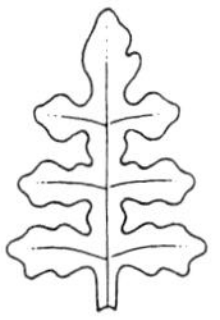

23d

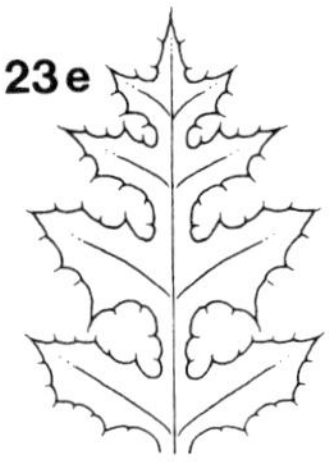

23e

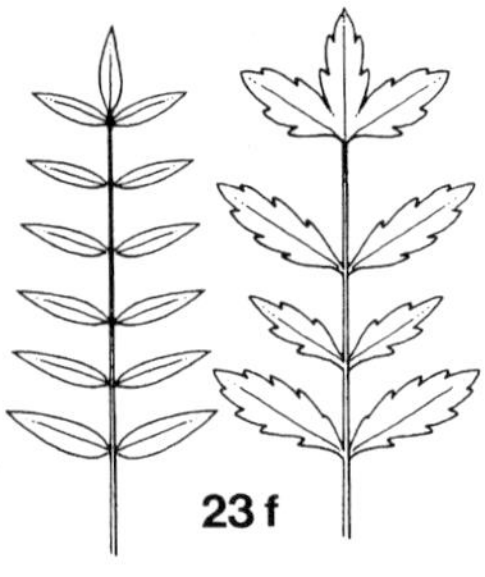

23f

24a 1 unterständiger oder halbunterständiger Fruchtknoten: unterhalb der Kelchblätter oder der Kelchblattzipfel eine deutliche Verdickung (diese mit dünnem Stiel oder ungestielt dem Tragsproß ansitzend) **25**

24b 1 oberständiger, ei- oder scheibenförmiger Fruchtknoten, höchstens schwach gestreift oder angedeutet 3teilig **26**

24c 2 oberständige Fruchtknoten, eng beisammen in der Kelchröhre; (Blüten gelblich, nickend; Pflanze kahl)
Rauhblattgewächse, *Boraginaceae*
(Wachsblume) Band 4

24d, 24e, 24f →

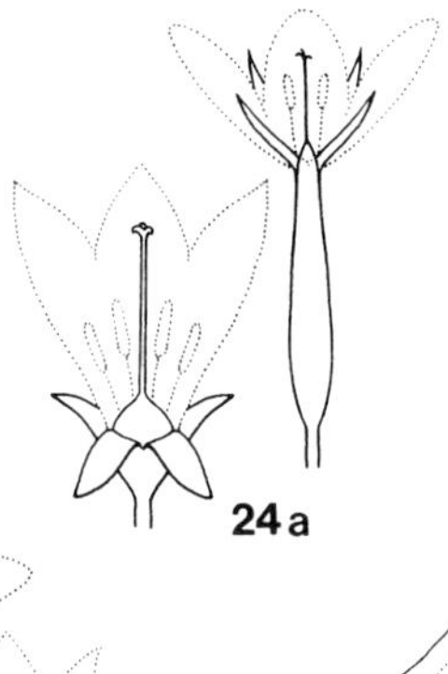

24a

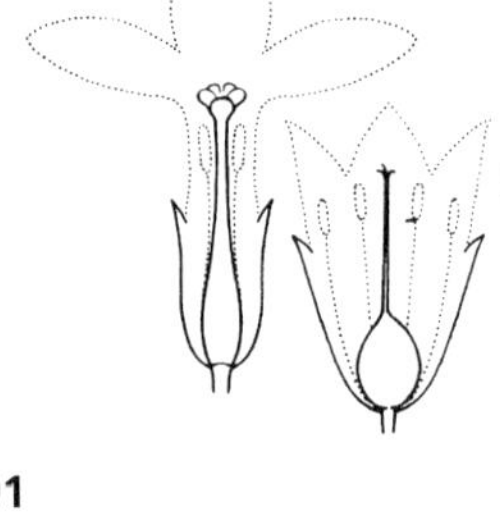

24b

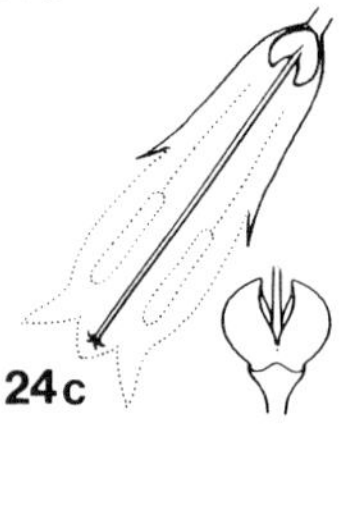

24c

24d 1 oberständiger, durch 2 gekreuzte Furchen deutlich 4teiliger Fruchtknoten; Pflanze oft rauhhaarig; junge Blütenstände schneckenartig eingerollt (= Wickel), abgeblühte gestreckt, mit 4 Nüßchen in jedem Kelch
Rauhblattgewächse, *Boraginaceae*
(viele Gattungen) Band 4

24e 1 oberständiger, deutlich 5teiliger oder oben 5zipflig spreizender Fruchtknoten; Laubblätter oft fleischig oder derbledrig **35**

24f 1 oberständiger, dick scheibenförmiger, vielkerbiger Fruchtknoten (bedeckt von den zu einer Mittelsäule verwachsenen Staubfäden); Laubblätter oft rauhhaarig
Malvengewächse, *Malvaceae*
(z.B. Malve) Band 3

25a Blütenblätter lang und schmal, vor dem Aufblühen zu einer engen, geraden oder bogig gekrümmten Röhre verwachsen, später bis fast zum Grund geteilt
Glockenblumengewächse, *Campanulaceae*
(Teufelskralle, Sandglöckchen) Band 4

25b Blüten tief geteilt oder glockig verwachsen; mit spitzen, eiförmigen bis ± 3eckigen Zipfeln und länglichem bis stumpfkegeligem Fruchtknoten
Glockenblumengewächse, *Campanulaceae*
(einige Gattungen) Band 4

25c Blüten tief geteilt mit rundlichen bis verkehrteiförmigen (stumpfen) Zipfeln und kugeligem Fruchtknoten
Primelgewächse, *Primulaceae*
(Bunge) Band 3

26a Laubblätter gekerbt, gesägt oder gelappt; Blütenkrone fast bis zum Grund in radförmig ausgebreitete Zipfel zerteilt **27**

26b Laubblätter gekerbt, gesägt oder gelappt; Blütenkrone mindestens bis zur Mitte (oft viel höher) verwachsen **28**

26c Laubblätter ganzrandig; Blütenkrone mindestens bis unter die Mitte zerteilt, radförmig ausgebreitet bis kurztrichterig **29**

26d Laubblätter ganzrandig; Blütenkrone bis über die Mitte bauchig, trichterig oder engröhrig verwachsen **33**

27a Kronzipfel ± schmal und spitzlich; Staubbeutel groß, in der Blütenmitte kegelig zusammengeneigt
Nachtschattengewächse, *Solanaceae*
(Nachtschatten) Band 4

27b Kronzipfel eiförmig bis rundlich, vorn abgestumpft bis seicht gerandet; Staubblätter ausgebreitet, alle oder 2–3 Staubfäden wollig (zuweilen farbig) behaart
Braunwurzgewächse, *Scrophulariaceae*
(Königskerze) Band 4

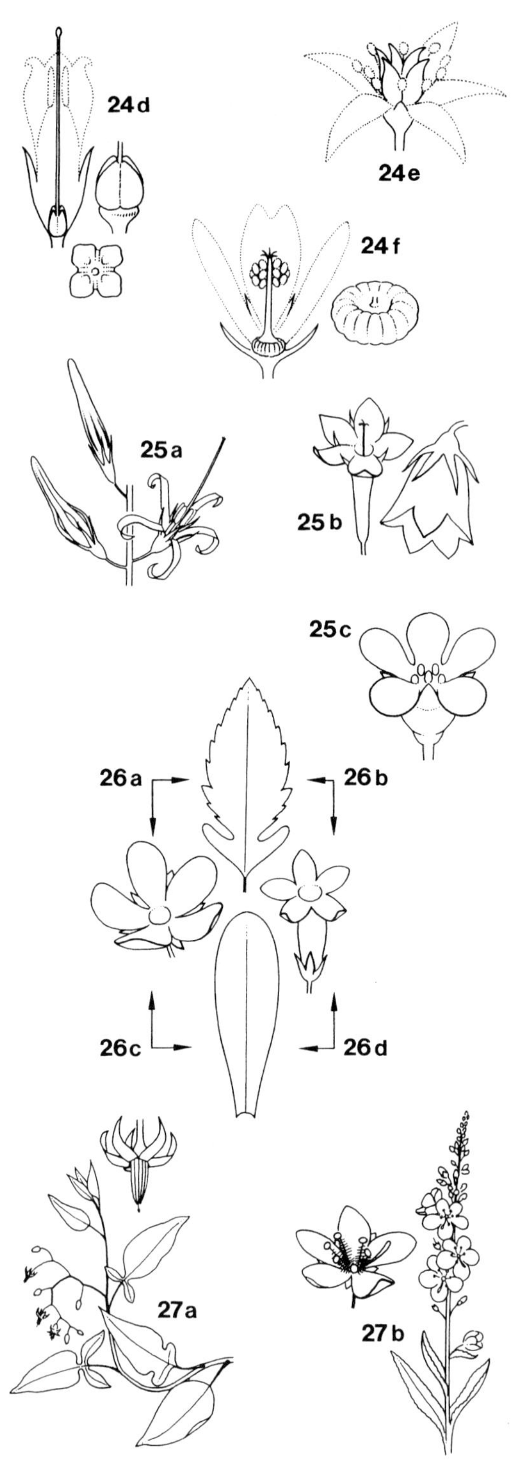

28a Blütenblätter fast ganz zu einer ± schiefen Glocke verwachsen; Blüten gelblich, kurzstielig nickend, in endständigen Trauben
Braunwurzgewächse, *Scrophulariaceae*
(Fingerhut) Band 4

28b Blütenblätter fast ganz zu einem engen oder weiten Trichter verwachsen; Blüten weiß, einzeln endständig oder zu 1–2 in den Blattachseln, aufrecht oder nickend
Nachtschattengewächse, *Solanaceae*
(Stechapfel u. a.) Band 4

28c Blütenblätter zumindest im oberen Viertel unverwachsen; der verwachsene Teil deutlich länger als der Kelch, engtrichterig; Blüten gelb, später rötlich überlaufen; reich gebüschelt an allen Sproßenden
Sperrkrautgewächse, *Polemoniaceae*
(Leimsaat) Band 4

28d Blütenblätter zumindest im oberen Viertel unverwachsen; der verwachsene Teil deutlich länger als der Kelch, weittrichterig; Blüten weiß, einzeln (selten zu 2) in den Blattachseln, meist nickend
Nachtschattengewächse, *Solanaceae*
(Judenkirsche u. a.) Band 4

28e Blütenblätter zumindest im oberen Viertel unverwachsen; der verwachsene Teil so lang wie oder wenig länger als der Kelch; Blüten engröhrig, (meist) hellviolett, mit keilförmigen, vorn eingeschnittenen Zipfeln
Braunwurzgewächse, *Scrophulariaceae*
(Steinbalsam) Band 4

28f Blütenblätter zumindest im oberen Viertel unverwachsen; der verwachsene Teil so lang wie oder wenig länger als der Kelch; Blüten bauchig bis glockig, hellblau oder schmutziggelb (dann meist violett geadert), mit rundlich-stumpfen Zipfeln
Nachtschattengewächse, *Solanaceae*
(Bilsenkraut, Giftbeere) Band 4

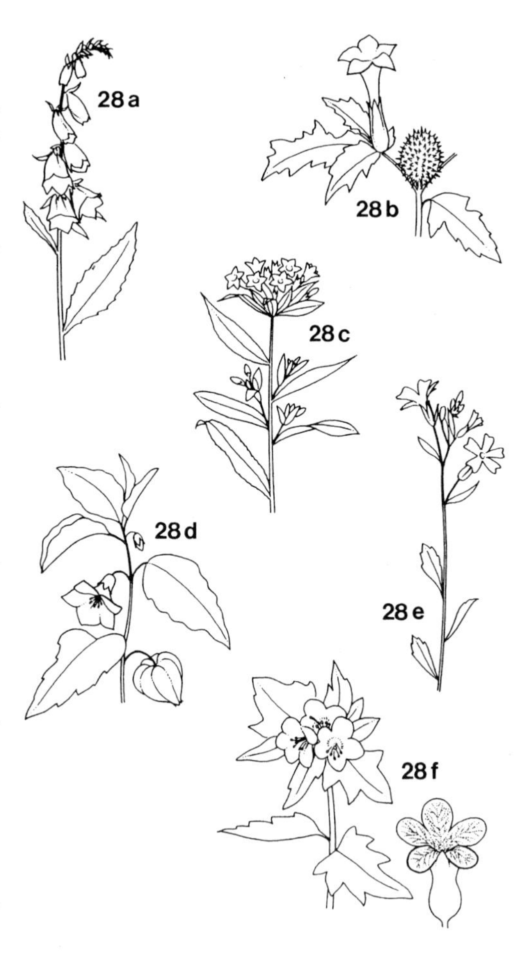

29a (Haupt-)Blütenfarbe deutlich gelb **30**
29b (Haupt-)Blütenfarbe weiß **31**
29c (Haupt-)Blütenfarbe blau(-violett) **32**

30a Niederliegend-aufsteigende Pflanze; Stengel reich verzweigt; Laubblätter spatelig, ± fleischig; Blütenkelch 2blättrig
Portulakgewächse, *Portulacaceae*
(Portulak) Band 2

30b Aufrechte Pflanze ohne Grundblattrosette; Blätter schwach behaart; Staubfäden kahl
Primelgewächse, *Primulaceae*
(Gilbweiderich) Band 3

30c Aufrechte Pflanze mit Grundblattrosette; Blätter vor allem unterseits filzig behaart; alle 5 Staubfäden oder nur 2–3 wollig (manchmal gefärbt) behaart
Braunwurzgewächse, *Scrophulariaceae*
(Königskerze) Band 4

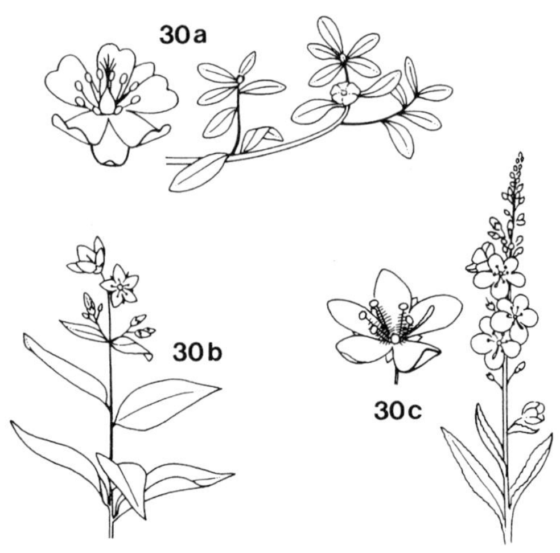

31a Einzelblüten oder wenigblütige Dolden und Trauben in den oberen Blattachseln
Nachtschattengewächse, *Solanaceae*
(einige Gattungen) Band 4

31b Langgezogene, endständige, reich- und dichtblütige (Ähren-)Trauben
Braunwurzgewächse, *Scrophulariaceae*
(Königskerze) Band 4

32a Zipfel der Krone lang, spitz zulaufend; ganze Pflanze kahl
Enziangewächse, *Gentianaceae*
(Sumpfenzian) Band 3

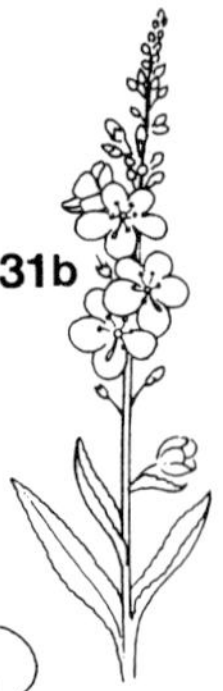

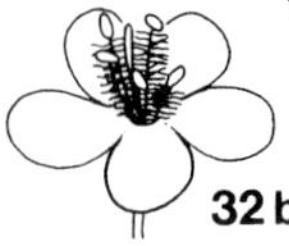

32b Zipfel der Krone breit-eiförmig bis rundlich, abgestumpft; Pflanze behaart, die Staubfäden purpurfarben wollhaarig
Braunwurzgewächse, *Scrophulariaceae*
(Königskerze) Band 4

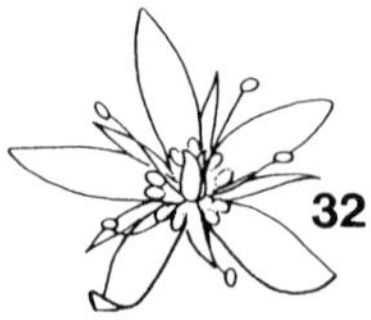

33a Blüten klein, kaum 1 cm lang; die Zipfel etwa so lang wie der verwachsene Kronenteil; dieser auch etwa nur so lang wie der Kelch
Primelgewächse, *Primulaceae*
(Mannsschild, Kleinling) Band 3

33b Blüten groß, meist mehr als 1 cm lang; die Zipfel deutlich kürzer als der verwachsene Teil der Krone; dieser deutlich über die Kelchblätter hinausragend **34**

34a Blüten einzeln gestielt zu 1–2 (3) in allen oberen Blattachseln
Nachtschattengewächse, *Solanaceae*
(Tollkirsche u. a.) Band 4

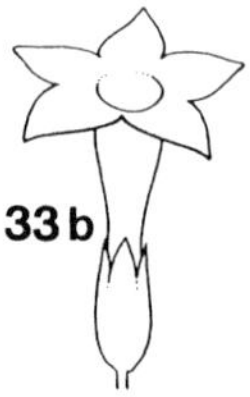

34b Blüten in dichten Köpfchen, von eiförmigen, drüsig-klebrigen Hochblättern locker umstellt; Köpfchen endständig oder in traubig-rispigem Gesamtblütenstand
Sperrkrautgewächse, *Polemoniaceae*
(Leimsaat) Band 4

34c Blüten in endständigen (Trug-)Dolden
Wunderblumengewächse, *Nyctaginaceae*
(Wunderblume) Band 2

34d Blüten in endständigen Wickeln (einseitige, erst eingerollte Ährentrauben), röhrig, ± nickend; Laubblätter kahl, mit kleinen, weißlichen Höckerchen besetzt, kaum über 15 cm lang
Rauhblattgewächse, *Boraginaceae*
(Wachsblume) Band 4

34e Blüten in endständigen dichten Rispen (selten einzeln: Kriechpflanzen), stieltellerförmig, aufrecht; Laubblätter behaart, oft drüsig-klebrig, auch kahl, jedoch nie weißhöckerig, kaum 15 cm lang
Sperrkrautgewächse, *Polemoniaceae*
(Phlox) Band 4

34f Blüten in endständigen, lockeren Rispen oder Trauben, trichter- bis stieltellerförmig; Laubblätter ± weich behaart; über 25 cm, oft mehr als 50 cm lang
Nachtschattengewächse, *Solanaceae*
(Tabak) Band 4

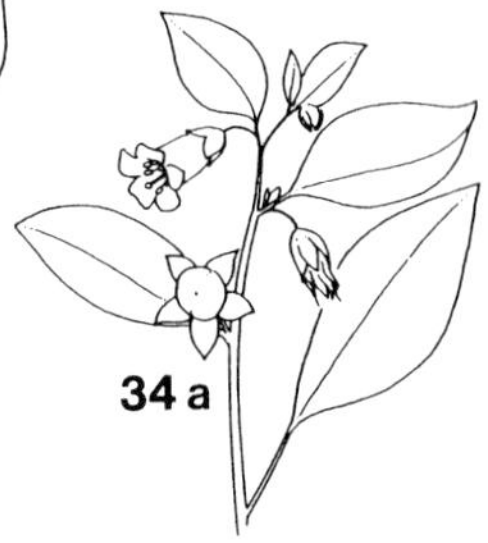

31a 31b 32a 32b 33a 33b 34a 34b 34c 34d 34e 34f

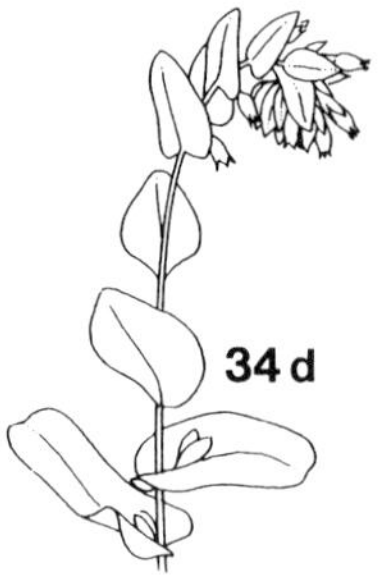

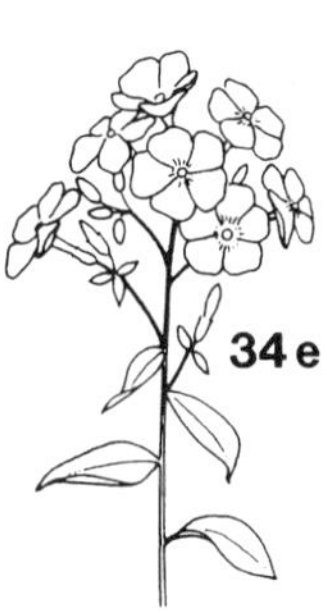

35a Blüten aufrecht, tief geteilt mit ausgebreiteten Zipfeln; Laubblätter halbwalzlich, fleischig; Fruchtknoten 5zipflig; Griffel 5
Dickblattgewächse, *Crassulaceae*
(z. B. Dickblatt) Band 2

35b Blüten nickend, tief geteilt mit glockig zusammenneigenden Zipfeln; Laubblätter flach, vorn gesägt; Fruchtknoten 5furchig; 1 Griffel
Wintergrüngewächse, *Pyrolaceae*
(Winterlieb) Band 3

35c Blüten nickend, bis auf einen kurzzähnigen Saum völlig verwachsen; Laubblätter ganzrandig, Rand nach unten umgebogen; Fruchtknoten 5furchig; 1 Griffel
Heidekrautgewächse, *Ericaceae*
(Rosmarinheide) Band 3

36a Blätter unterbrochen gefiedert; Blüten radförmig bis weit-trichterig ausgebreitet; Staubbeutel groß, kegelig um den zentralen Griffel (mit kopfiger Narbe) zusammengeneigt
Nachtschattengewächse, *Solanaceae*
(Tomate, Kartoffel) Band 4

36b Blätter einfach gefiedert; Blüten weitglockig bis radförmig ausgebreitet; Staubblätter parallellaufend, einseitig niedergebogen, etwa so lang wie die Blütenhülle
Sperrkrautgewächse, *Polemoniaceae*
(Himmelsleiter) Band 4

36c Blätter doppelt fiederschnittig; Blüten glockig mit 5 rundlichen, abstehenden Zipfeln; Staubblätter spreizend, weit über die Blütenhülle hinausragend; Blüten in Wickeln
Wasserblattgewächse, *Hydrophyllaceae*
(Büschelschön) Band 4

37a Pflanze mit einfachen oder verzweigten Ranken; (nur aufgrund fehlender Stützen) weit kriechend
Kürbisgewächse, *Cucurbitaceae*
(einige Gattungen) Band 3

37b Pflanze ohne Ranken; Blütenblätter mindestens bis zur Hälfte trichterig, glockig oder röhrig verwachsen **38**

37c Pflanze ohne Ranken; Blütenblätter nur am Grund (im untersten Viertel) verwachsen **40**

38a Blüten fast vollständig eng- oder weittrichterig verwachsen; ihr Saum mit 5 sehr breiten und kurzen Zipfeln oder nur angedeutet 5zipflig; Fruchtknoten oberständig; Blüten meist aufrecht
Windengewächse, *Convolvulaceae*
(wenige Gattungen) Band 4

38b Blüten glockig bis glockig-trichterig mit 5 deutlichen, ± schmalen Zipfeln; Fruchtknoten unterständig; Blüten oft nickend
Glockenblumengewächse, *Campanulaceae*
(Moorglöckchen, Glockenblume u. a.) Band 4

38c Blüten stieltellerartig mit 5 deutlichen, ± waagrecht ausgebreiteten Zipfeln auf der verwachsenen Röhre; hierher alle Pflanzen mit sehr kleinen Blüten, an denen die Schlüsselmerkmale nicht eindeutig zu erkennen sind **39**

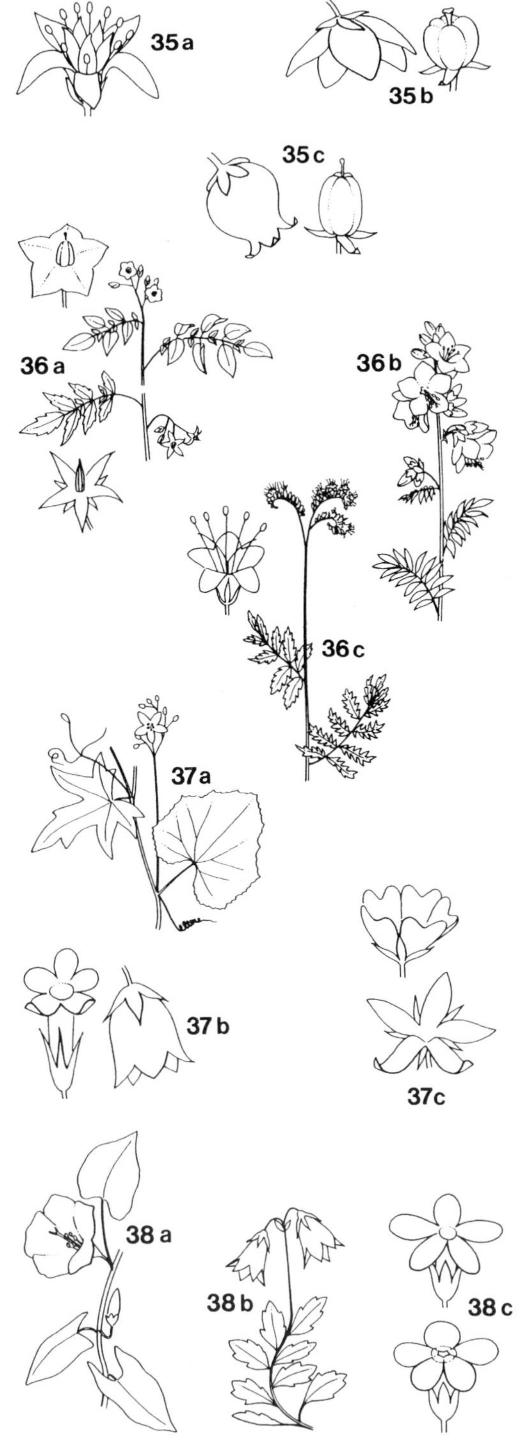

39a Blüten rot bis weiß; Laubblätter stets unter 1 cm lang
Primelgewächse, *Primulaceae*
(Kleinling, Mannsschild) Band 3

39b Blüten blau, im Aufblühen zuweilen rosa, oft mit Schlundschuppen; Laubblätter meist über 1 cm (oft 2–10 cm) lang
Rauhblattgewächse, *Boraginaceae*
(einige Gattungen) Band 4

40a Kronzipfel nach hinten zurückgeschlagen; Blüten meist rot bis rosa, einzeln auf langen Stielen; Laubblätter unter 1 cm lang, ungestielt
Heidekrautgewächse, *Ericaceae*
(Heidelbeere: Moosbeere) Band 3

40b Kronzipfel nach hinten zurückgeschlagen; Blüten meist blau(violett), in blattachselständigen Trauben; Laubblätter über 2 cm lang, gestielt
Nachtschattengewächse, *Solanaceae*
(Nachtschatten) Band 4

40c Kronzipfel waagrecht ausgebreitet oder ± schräg aufrecht abstehend **41**

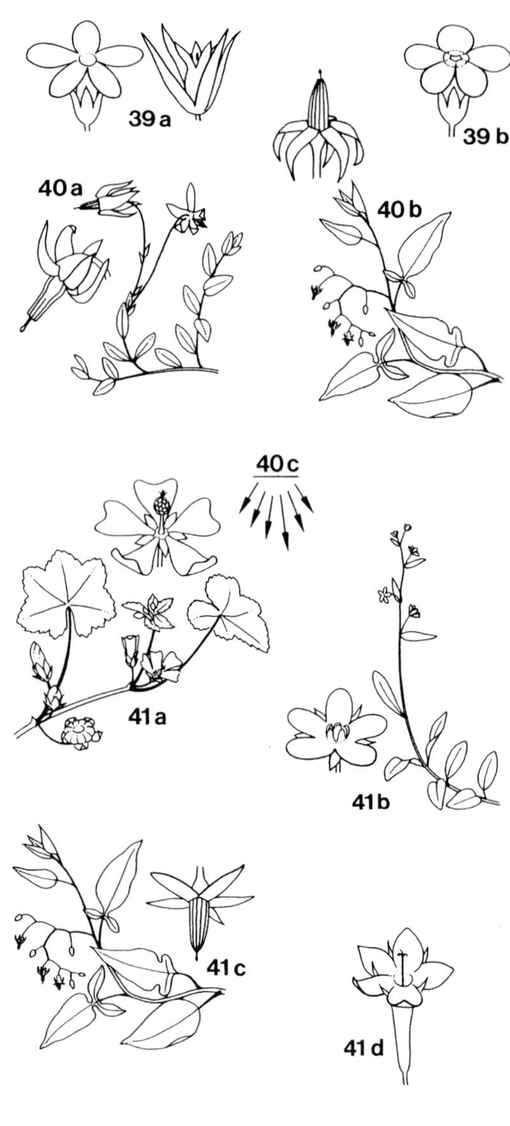

41a Kelch 5zipflig mit 3 zusätzlichen Zipfeln darunter (Außenkelch); Blütenblätter ± 3eckig, vorn breit gestutzt oder ausgerandet, meist hellrot bis weiß; Fruchtknoten oberständig, von den zur Säule verwachsenen Staubfäden überdeckt
Malvengewächse, *Malvaceae*
(z. B. Malve) Band 3

41b Kelch 5zipflig, ohne Außenkelch; Kronzipfel rundlich, unter 5 mm lang, meist blau; Fruchtknoten oberständig; Staubblätter spreizend; (Laubblätter mit anliegenden oder steif abstehenden Borsten auf höckerigem Grund)
Rauhblattgewächse, *Boraginaceae*
(Scharfkraut, Nabelnüßchen) Band 4

41c Kelch 5zipflig, ohne Außenkelch; Kronzipfel länglich-eiförmig; ± zugespitzt, über 5 mm lang, meist blauviolett; Fruchtknoten oberständig; Staubblätter mit großen Staubbeuteln, die in der Blütenmitte kegelig zusammenneigen
Nachtschattengewächse, *Solanaceae*
(Nachtschatten) Band 4

41d Kelch 5zipflig; Fruchtknoten stielartig, unterständig; Kronzipfel lang und schmal, meist blauviolett
Glockenblumengewächse, *Campanulaceae*
(Frauenspiegel) Band 4

41e Kelch 2teilig; Fruchtknoten oberständig; Krone tief geteilt mit breit-eiförmigen, gelben Zipfeln; Laubblätter ± fleischig, kahl
Portulakgewächse, *Portulacaceae*
(Portulak) Band 2

Vergleiche auch: Blüten blau, Kelch 5zipflig, klein; – an den Früchten groß, 2klappig ausgewachsen, vielzipflig; Laubblätter rauhborstig
Rauhblattgewächse, *Boraginaceae*
(z. B. Scharfkraut) Band 4

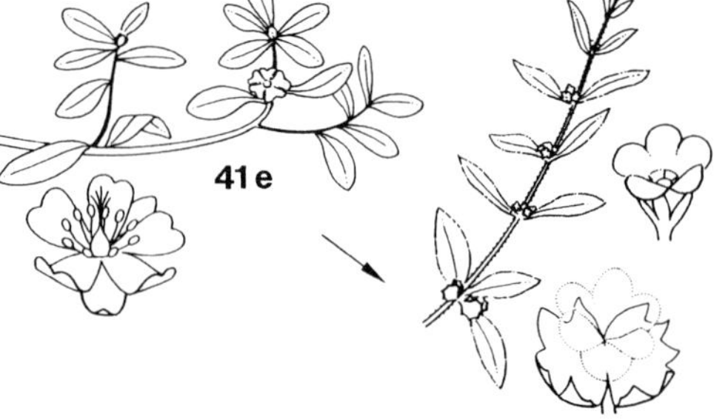

Schlüssel 12: Reichstrahlig kronblütige Kräuter

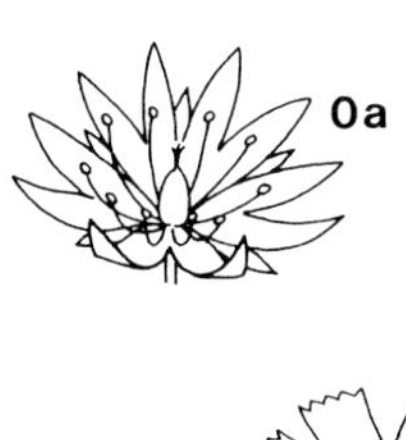

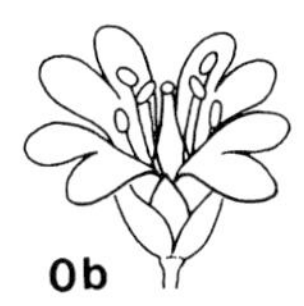

Zur Beachtung: Bei flüchtiger Betrachtung täuschen einige Arten aus 3 verschiedenen (großen) Familien Reichstrahligkeit vor:

0a Laubblätter gegenständig; Kelch 5teilig; Blütenblätter meist weiß, scheinbar 10 in einem Kreis um den zentralen Fruchtknoten
! real: 5 freie, tief 2lappige Blütenblätter
Nelkengewächse, *Caryophyllaceae*
(z. B. Sternmiere) Band 2

0b Laubblätter grund- oder wechselständig; Kelch 4teilig, aufrecht, ± eng; Blütenblätter meist weiß; scheinbar zu 8 (4 Paare im Kreuz)
! real: 4 freie, tief 2lappige Blütenblätter
Kreuzblütengewächse, *Brassicaceae*
(z. B. Hungerblümchen) Band 3

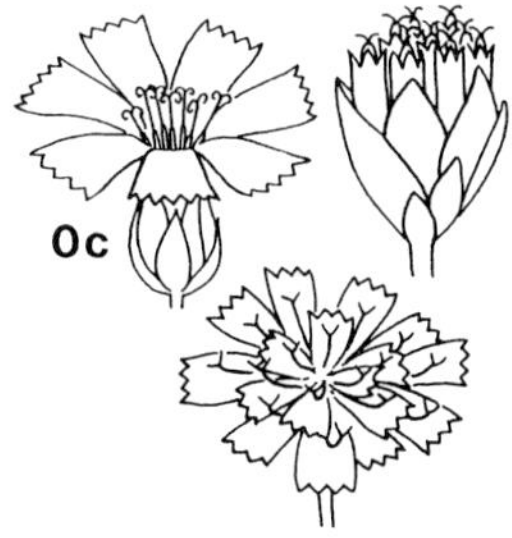

0c Laubblätter meist wechsel- oder grundständig, Pflanze mit Milchsaft; Kelchblätter mehr als 5, mehrreihig oder dachziegelig; die vermeintlichen „Blütenblätter" sitzen jeweils auf einem ± eiförmigen Fruchtknoten: sind also Blüten
Korbblütengewächse, *Asteraceae*
(z. B. Hasenlattich) Band 4
Zu dieser Familie gehören auch alle Pflanzen, in deren „Blüten" Staubblätter, Griffel und Blütenblätter durcheinandergemischt sind oder bei denen röhrige Hüllen (mit je 1 Griffel und einigen Staubblättern) zusammenstehen

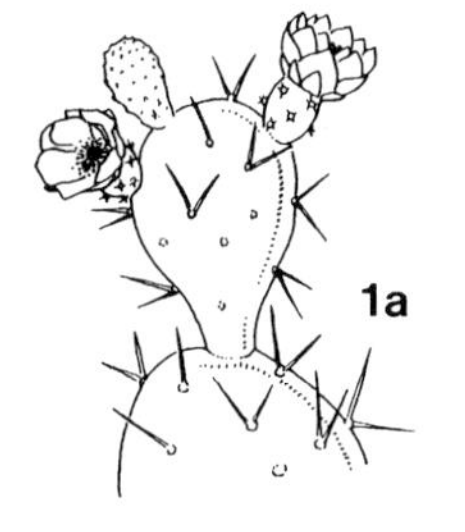

1a Laubblätter zu Dornen umgewandelt; Stengel aus dickfleischigen, abgeflachten, blattartigen Gliedern
Kakteengewächse, *Cactaceae*
(Feigenkaktus) Band 2

1b Laubblätter zur Blütezeit noch nicht entwickelt: Pflanze ohne Grundblätter, am Stengel höchstens einige Schuppenblättchen 2

1c Laubblätter ganzrandig, dickfleischig, rundlich-walzlich oder auch breit-dicklich 3

1d Laubblätter ganzrandig, ± dünn, parallelnervig oder nur einnervig 5

1e Laubblätter ganzrandig, ± dünn, fiedernervig oder handnervig; ! hierher auch alle Pflanzen mit so dicht behaarten Blättern, daß die Nerven nicht sichtbar sind 7

1f Laubblätter am Rand gekerbt bis gesägt oder zerschnitten bis zusammengesetzt; ! hierher auch alle Blätter mit Bogennerven, falls ihr Rand gekerbt oder gezähnt ist 10

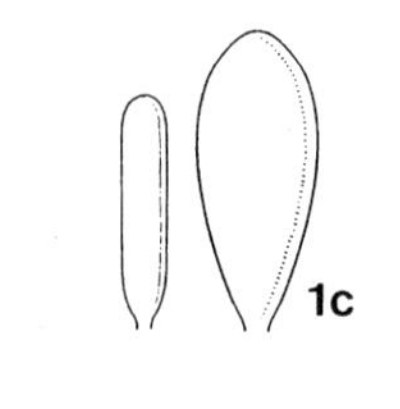

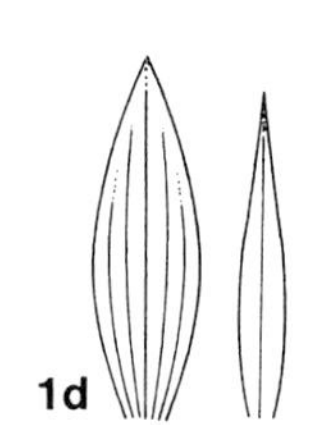

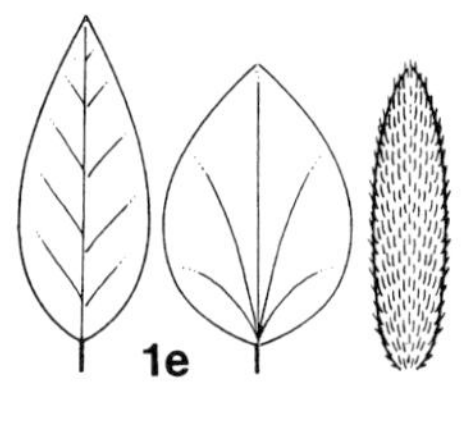

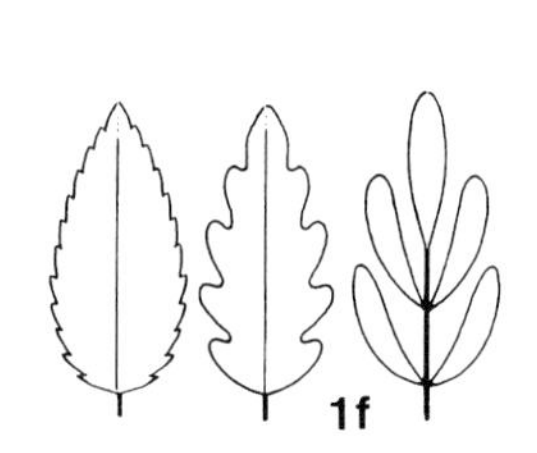

2a Blütenblätter zu einer vielzipfligen Glocke verwachsen
Primelgewächse, *Primulaceae*
(Alpenglöckchen) Band 3

2b Die inneren Blütenblätter röhrig bis glockig verwachsen, die äußeren frei
Narzissengewächse, *Amaryllidaceae*
(z. B. Schneeglöckchen) Band 5

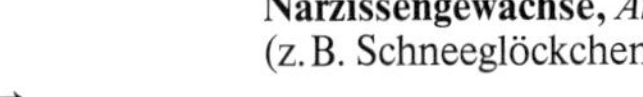

2c →

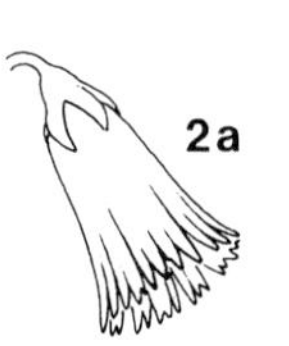

2c Alle Blütenblätter frei, ± gleich groß und gleich gestaltet, ausgebreitet oder glockig zusammengeneigt; Pflanze manchmal stark behaart
Hahnenfußgewächse, *Ranunculaceae*
(z.B. Küchenschelle) Band 2

3a Blütenblätter weit hinauf röhrig oder trichterig verwachsen, länger als der Kelch; Blüte zumindest um 1 cm lang, oft länger
Enziangewächse, *Gentianaceae*
(Enzian) Band 3

3b Blütenblätter fast bis zum Grund getrennt, kürzer als der (verwachsene) Kelch; Blüte insgesamt nur 2–3 mm lang; niederes Sumpfpflänzchen
Weiderichgewächse, *Lythraceae*
(Sumpfquendel) Band 3

3c Blütenblätter frei oder fast bis zum Grund getrennt, länger als der Kelch, 6–10, rundlich bis lanzettlich, gelegentlich vorn gezähnt oder mit langen Fransen 4

3d Blütenblätter frei, länger als der Kelch, mehr als 10, eiförmig bis lanzettlich; der Stengel des Blütenstandes entspringt einer dichten Rosette aus flachfleischigen Grundblättern
Dickblattgewächse, *Crassulaceae*
(Hauswurz) Band 2

3e Blütenblätter frei, länger als der Kelch, mehr als 10, schmal-lineal bis fädlich; keine Grundblattrosette; Laubblätter oft mit vielen kleinen, glasigweißen Wärzchen besetzt
Eiskrautgewächse, *Aizoaceae*
(Mittagsblümchen) Band 2

4a Blütenblätter schmal-lanzettlich bis eiförmig, spitz zulaufend oder vorn gezähnt bis gefranst; Kelch aus mehreren schmalen Blättchen; 5 oder mehr, eilängliche, ± zugespitzte Fruchtknoten
Dickblattgewächse, *Crassulaceae*
(einige Gattungen) Band 2

4b Blütenblätter breit-eiförmig bis rundlich-3eckig; Kelch nur aus 2 Blättchen gebildet; 1 Fruchtknoten mit einem Griffel und mehreren Narbenästchen
Portulakgewächse, *Portulacaceae*
(Portulak) Band 2

5a Laubblätter eiförmig bis breit-eiförmig, am Stengel gegenständig
Enziangewächse, *Gentianaceae*
(Enzian, Bitterling) Band 3

5b Laubblätter lang und schmal, die grundständigen oft reitend, die stengelständigen stets wechselständig 6

6a Blüten klein, unter 1 cm im Durchmesser; Kelch 3lappig; Blütenblätter 6, alle etwa gleich groß, ± strahlig ausgebreitet, gelblich-weiß bis grünlichweiß; 1 oberständiger Fruchtknoten
Germergewächse, *Melanthiaceae*
(Simsenlilie) Band 5

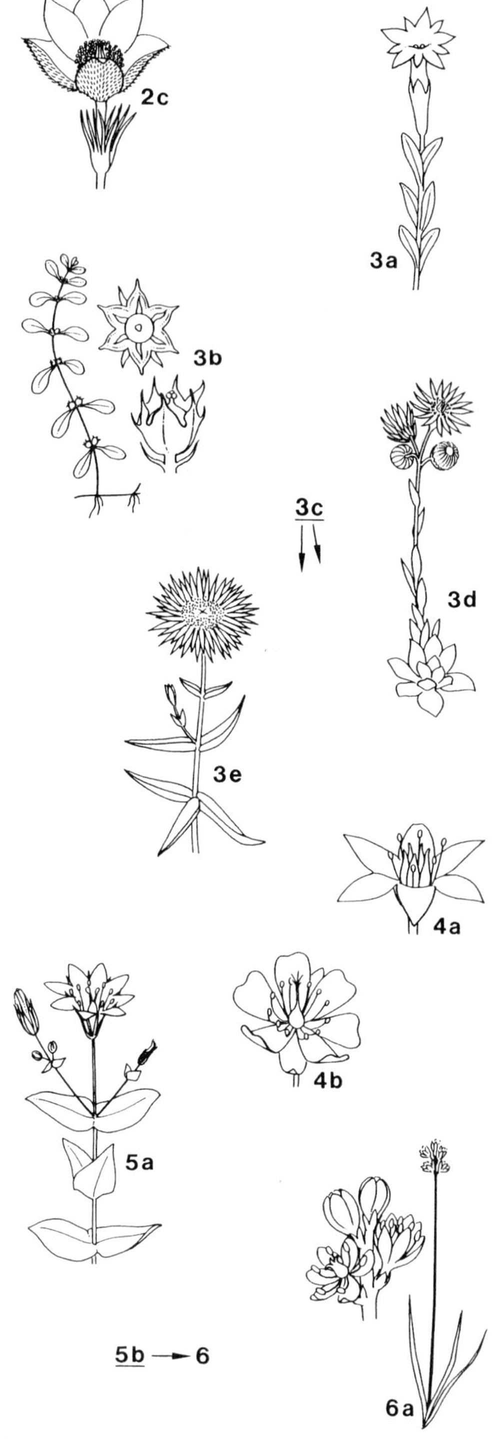

6b Blüten mittelgroß, 1 bis (über) 2 cm im Durchmesser; Kelchblätter 5 (4–6); Blütenblätter 6–8, alle etwa gleich groß, frei, strahlig ausgebreitet; viele oberständige Fruchtknoten
Hahnenfußgewächse, *Ranunculaceae*
(Hahnenfuß) Band 2

6c Blüten groß; 6 ausgebreitete, blütenblattartige „Kelchblätter"; die inneren Blütenblätter zu einem Becher oder Trichter verwachsen; dessen Saum 6- (bis 7)lappig; Lappen gezähnt bis gekerbt; 1 eindeutig unterständiger Fruchtknoten
Narzissengewächse, *Amaryllidaceae*
(Narzisse) Band 5

6d Blüten groß; 2–3 krautige oder häutige „Kelchblätter"; 6 Blütenblätter: 3 äußere breit und zurückgebogen, 3 innere schmal, aufrecht; 1 (scheinbar) oberständiger Fruchtknoten
Schwertliliengewächse, *Iridaceae*
(Schwertlilie) Band 5

7a Blütenblätter etwa bis zur Mitte trichterig bis glokkig verwachsen, oben in schmale Fransen zerteilt; Fruchtknoten oberständig; alle Laubblätter grundständig
Primelgewächse, *Primulaceae*
(Alpenglöckchen) Band 3

7b Blütenblätter etwa bis zur Mitte trichterig bis glokkig verwachsen, oben in breit-3eckige bis lanzettlich-eiförmige Zipfel geteilt; Fruchtknoten unterständig; am Stengel zumindest einige wechselständige Laubblätter
Glockenblumengewächse, *Campanulaceae*
(Glockenblume, Sonderformen) Band 4

7c Blütenblätter frei, entweder kürzer als der Kelch (Blüte klein, ± 2 mm im Durchmesser) oder am oberen Rand des verwachsenen Kelchbechers sitzend (dann lang und schmal)
Weiderichgewächse, *Lythraceae*
(Weiderich, Sumpfquendel) Band 3

7d Blütenblätter frei oder nur am Grund kurz miteinander verwachsen, vom schwach oder nicht verwachsenen Kelch umgeben und stets länger als dieser; Blüten stets über 5 mm breit 8

8a Laubblätter gegenständig oder quirlständig über den Stengel verteilt oder am Stengelende unter dem Blütenstand rosettig gehäuft – dann darunter nur kleine wechselständige Schuppen
Primelgewächse, *Primulaceae*
(Gilbweiderich, Siebenstern) Band 3

8b Laubblätter am Stengel wechselständig, zuweilen nur wenige (dann meist eine Grundblattrosette vorhanden) 9

9a Meist 3 (selten mehr) Kelchblätter pro Blüte; alle Laubblätter gestielt, herz-nierenförmig, glänzend kahl; Blüten einzeln, lang gestielt an allen Zweigenden; Pflanze niederliegend-aufsteigend, oft weit ausgebreitet
Hahnenfußgewächse, *Ranunculaceae*
(Hahnenfuß: Scharbockskraut) Band 2

9b, 9c →

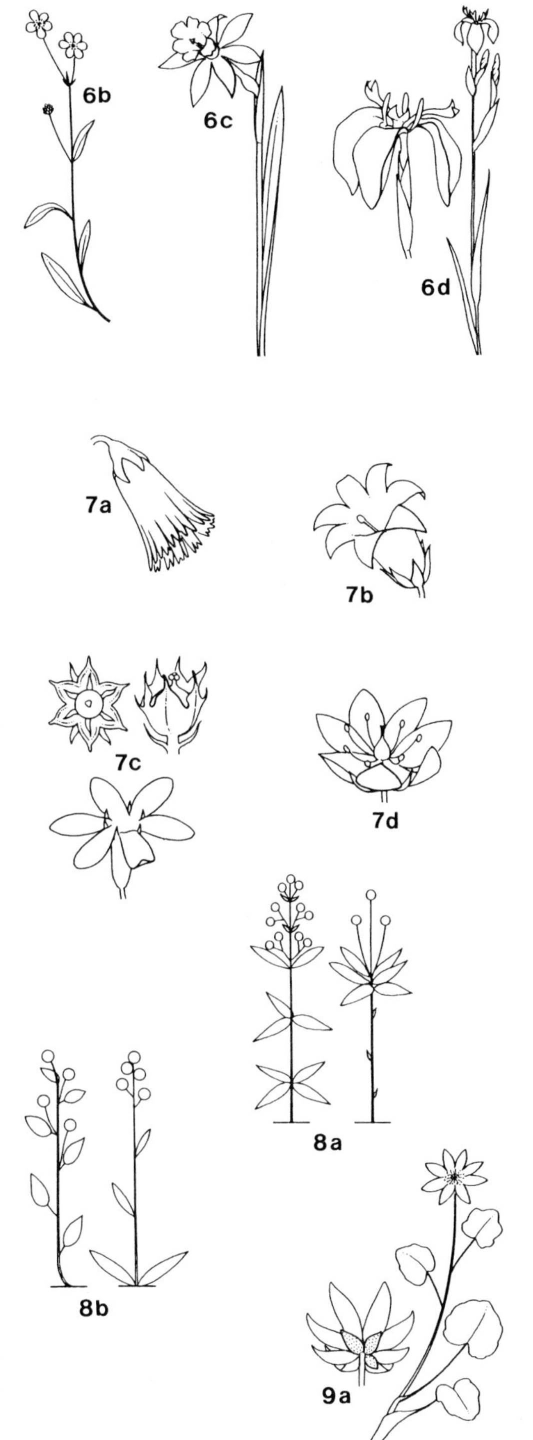

9b Stets 4 Kelchblätter pro Blüte; Laubblätter schmal-lanzettlich, in den kurzen Blattstiel verschmälert, graufilzig; Blüten in einer reichen endständigen Traube; Stengel aufrecht
Kreuzblütengewächse, *Brassicaceae*
(z. B. Levkoje) Band 3

9c 5–6 Kelchblätter pro Blüte; Laubblätter eiförmig bis lanzettlich, ungestielt, kahl bis schwach behaart; Blüten zu wenigen endständig-traubig am aufrechten Stengel
Steinbrechgewächse, *Saxifragaceae*
(Steinbrech) Band 2

10a Stengel zwischen Grundblattrosette und dem Blütenstand laubblattlos, höchstens mit einigen kleinen, ganzrandigen Schuppen **11**

10b Stengel mit gegen- oder quirlständigen Blättern – hierher auch Pflanzen mit einer einzigen Rosette aus genäherten Blättern in der Stengelmitte bzw. am Beginn des Blütenstandes **13**

10c Stengel mit wechselständigen Blättern oder zumindest mit einem einzigen (eingeschnittenen) Laubblatt **14**

11a Kelchblätter 3 (selten 4), einfach oder geteilt und dann oft zu einer vielzipfligen Hülle verwachsen; diese dann tütig oder flach ausgebreitet; Blütenblätter stets frei; Fruchtknoten zahlreich, in der Blütenmitte kegelig gehäuft
Hahnenfußgewächse, *Ranunculaceae*
(einige Gattungen) Band 2

11b Kelchblätter 5–10, einfach oder höchstens gegen die Spitze zu gekerbt; Blütenblätter frei oder nur am Grund verwachsen **12**

11c Kelchblätter 5, einfach, am Grund verwachsen; Blütenblätter glockig-trichterig verwachsen mit vielzipfligem Saum; Grundblätter lang gestielt mit rundlicher Spreite
Primelgewächse, *Primulaceae*
(Alpenglöckchen) Band 3

12a Laubblätter ledrig-derb, lang-oval, ringsum gekerbt, oben runzelnervig, unten weißfilzig
Rosengewächse, *Rosaceae*
(Silberwurz) Band 2

12b Laubblätter schwach fleischig, spatelig-eiförmig, zur Spitze hin mit einigen Zähnen, beidseits ± kahl
Steinbrechgewächse, *Saxifragaceae*
(Steinbrech) Band 2

12c Laubblätter dünn-krautig, stark geteilt, vielzipflig handschnittig bis gefiedert, kahl bis zottig behaart, doch nie filzig
Hahnenfußgewächse, *Ranunculaceae*
(z. B. Hahnenfuß) Band 2

13a Laubblätter gefiedert; Stengel durchgehend beblättert
Holundergewächse, *Sambucaceae*
(Holunder) Band 3

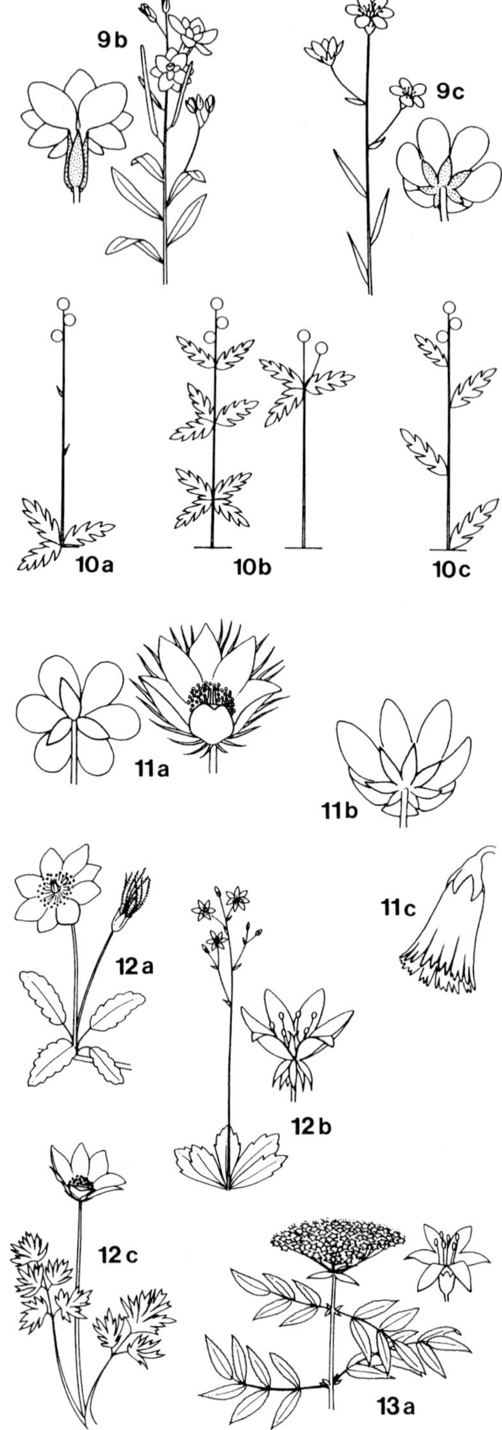

13b Laubblätter gekerbt bis gesägt, etwas dicklich-fleischig; Stengel durchgehend beblättert
Dickblattgewächse, *Crassulaceae*
(Fetthenne) Band 2

13c Laubblätter gekerbt bis gezähnt, krautig-dünn; Stengel nur in der Mitte mit rosettig gehäuften Blättern (darunter wechselständige Schuppen), 1 bis wenige lang gestielte Blüten
Primelgewächse, *Primulaceae*
(Siebenstern) Band 3

13d Vgl.: am Stengel nur 1 Quirl aus stark zerteilten Laubblättern; 1 bis wenige lang gestielte Blüten
Hahnenfußgewächse, *Ranunculaceae*
(z.B. Windröschen) Band 2

14a Laubblätter länglich, eiförmig bis elliptisch, am Rand nur gekerbt oder gesägt **15**

14b Laubblätter rundlich bis breit-eiförmig, am Rand tief eingeschnitten oder gelappt **16**

14c Laubblätter einfach fiedrig geteilt, zuweilen unterbrochen (kleine Zwischenfiedern) oder leierförmig (Endlappen groß) gefiedert **17**

14d Laubblätter mehrfach gefiedert oder mehrmals gabelig (dann Zipfel schmal) geteilt **18**

14e Laubblätter 3–7zählig handförmig geteilt (Teilblättchen fast aus 1 Punkt) **19**

15a Blütenblätter bis etwa zur Mitte glockig-trichterig verwachsen, blau, selten weiß; Stengel aufrecht, regelmäßig beblättert
Glockenblumengewächse, *Campanulaceae*
(Glockenblume) Band 4

15b Blütenblätter frei, schmal und spitz, rot bis gelblich-weiß; Stengel aufrecht, ± dicht beblättert; Laubblätter fleischig-dicklich; Blüten in dichten doldigen Büscheln
Dickblattgewächse, *Crassulaceae*
(Fetthenne) Band 2

15c Blütenblätter frei, eiförmig, spitz, weiß; Stengel (± holzig) niederliegend, dicht beblättert; Laubblätter derb-ledrig, unten dicht weißfilzig; Blüten einzeln, langstielig
Rosengewächse, *Rosaceae*
(Silberwurz) Band 2

15d Blütenblätter fast bis zum Grund frei, weiß; Stengel aufrecht, unten mit kleineren Blättern, oben 5–12 längere Blätter quirlartig genähert, alle höchstens schwach gekerbt; Blüten einzeln, lang gestielt aus den obersten Blattachseln
Primelgewächse, *Primulaceae*
(Siebenstern) Band 3

16a Pflanze niederliegend-aufsteigend, bis 20 cm lang, stets ohne Ranken; Blüten sattgelb
Hahnenfußgewächse, *Ranunculaceae*
(Hahnenfuß: Scharbockskraut) Band 2

16b Pflanze niederliegend-kletternd, mit Ranken, 1–8 m lang; Blüten weißlich bis grünlich-gelb
Kürbisgewächse, *Cucurbitaceae*
(Stachelgurke) Band 3

16c, 16d →

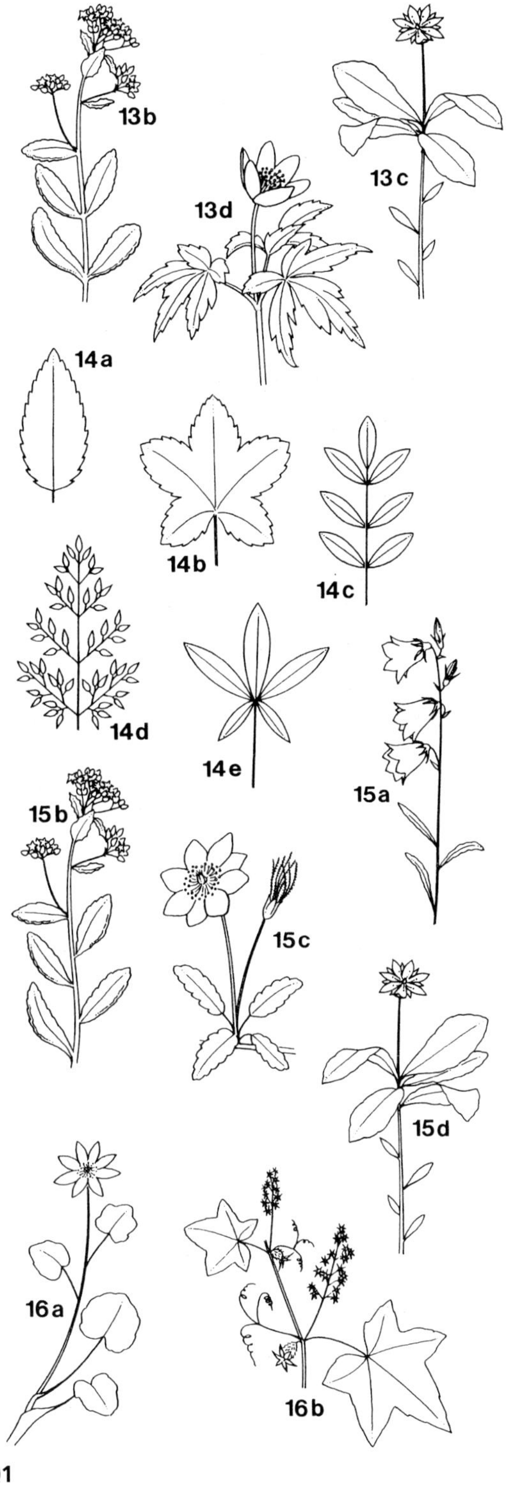

13b 13c 13d 14a 14b 14c 14d 14e 15a 15b 15c 15d 16a 16b

16c Pflanze aufrecht, 0,5–2 m hoch; Blüten rot, violett, weiß oder gelb; Kelchblätter etwa bis zur Mitte becherförmig bis breitschalig verwachsen, darunter ein mehr als 5blättriger Außenkelch; Staubfäden zu einer Mittelsäule verwachsen, die den scheibenförmigen, seitlich mehrfach eingekerbten Fruchtknoten bedeckt
Malvengewächse, *Malvaceae*
(z.B. Eibisch) Band 3

16d Pflanze aufrecht, 0,3–1,5 m hoch; Blüten gelb, selten weiß; Kelchblätter frei; Staubblätter frei, randständig; Fruchtknoten viele, in der Blütenmitte kegelförmig gehäuft
Hahnenfußgewächse, *Ranunculaceae*
(Hahnenfuß) Band 2

17a Laubblätter unterbrochen (große und kleine Fiederpaare im Wechsel) und/oder leierförmig (mit auffallend großem Endfieder) gefiedert; Blüten endständig, oft in reichen Trauben oder Rispen; Blütenblätter vorn abgerundet oder ausgerandet
Rosengewächse, *Rosaceae*
(Nelkenwurz, Mädesüß) Band 2

17b Laubblätter unterbrochen (große und kleine Fiederpaare im Wechsel) gefiedert; Blüten in kürzeren, seitenständigen Trauben; Blütenzipfel schmal, spitz zulaufend
Nachtschattengewächse, *Solanaceae*
(Tomate) Band 4

17c Laubblätter viel- und schmalzipflig gefiedert; am Stengel nur wenige (Grundblätter mehrfach gefiedert, zur Blüte oft noch nicht entfaltet)
Hahnenfußgewächse, *Ranunculaceae*
(Schmuckblume) Band 2

18a Blütenblätter sehr groß, breit, 4–5 cm lang; nur 2–5 länglich-eiförmige Fruchtknoten; Laubblätter mit lanzettlichen, mindestens 5 mm breiten Zipfeln
Pfingstrosengewächse, *Paeoniaceae*
(Pfingstrose) Band 3

18b Blütenblätter meist nur 0,5–2 cm lang, wenn länger, entweder schmal-zungenförmig oder die Laubblätter in schmal-lineale, kaum 3 mm breite Zipfel zerteilt; über 10 Fruchtknoten pro Blüte
Hahnenfußgewächse, *Ranunculaceae*
(mehrere Gattungen) Band 2

19a Kelchblätter am Grund flach becherartig verwachsen, Kelchzipfel in 2 Kreisen untereinander (Außenkelch)
Rosengewächse, *Rosaceae*
(z.B. Fingerkraut) Band 2

19b Kelchblätter frei (einzeln abfallend), in einem Kreis dicht beisammen (kein Außenkelch)
Hahnenfußgewächse, *Ranunculaceae*
(Hahnenfuß, Schmuckblume) Band 2

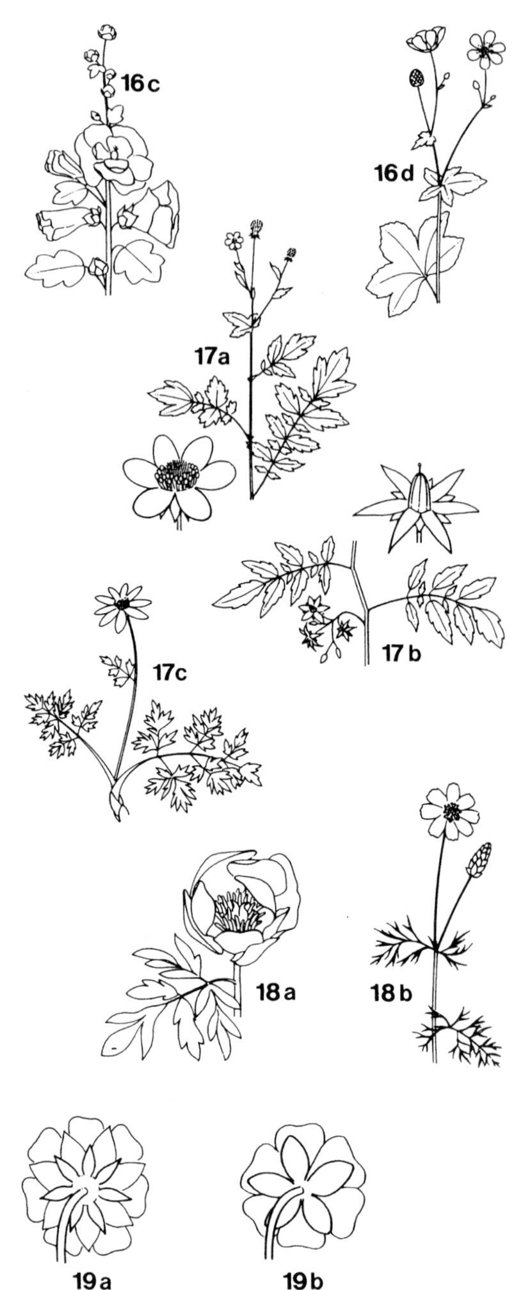

Schlüssel 13: Zweiseitig kronblütige Kräuter

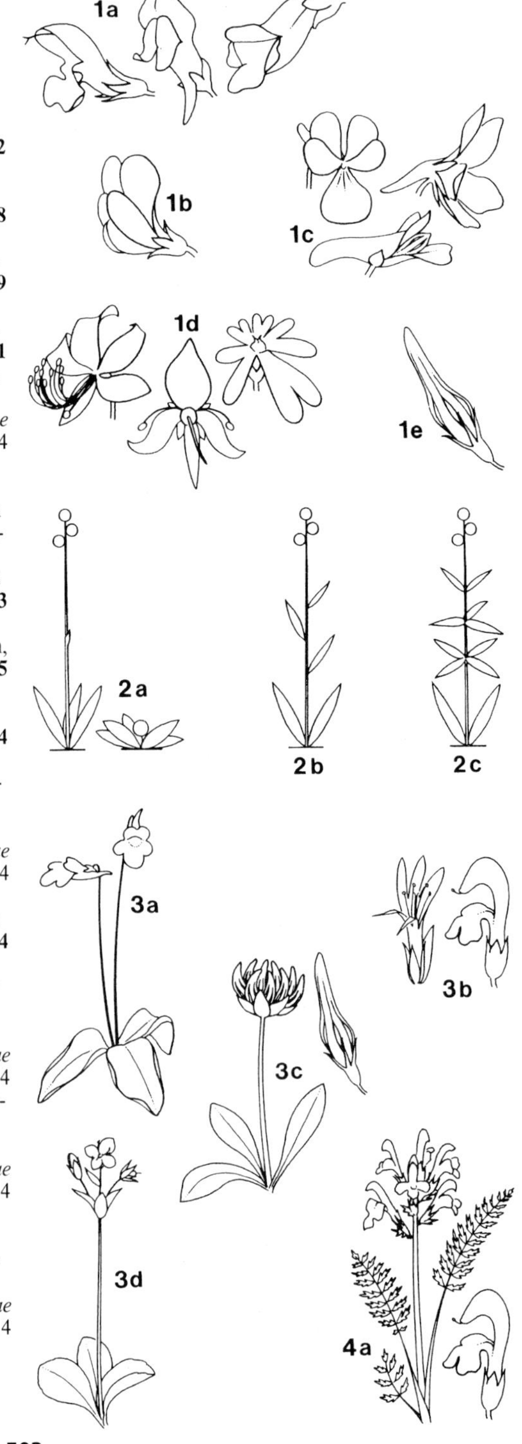

1a Blütenblätter deutlich (zumindest auf ⅓–¼) miteinander verwachsen (! ein eventuell vorhandener Sporn gehört nur zu einem Blatt und zählt nicht zur Verwachsung mit) **2**
1b Blütenblätter (! zumindest 2 seitliche) frei oder fast bis zum Grund frei; Blüte länglich 2seitig, ohne Sporn **18**
1c Blütenblätter (zumindest die oberen oder die seitlichen) frei oder fast frei; Blüte mit Sporn oder deutlicher Aussackung **19**
1d Blütenblätter frei oder nur am Grund kurz verwachsen, strahlig angeordnet, alle ohne Sporn jedoch unterschiedlich groß **21**
1e Blütenblätter am Grund frei und aufgepludert, oben röhrig verwachsen; Blüte ± bogig gekrümmt
Glockenblumengewächse, *Campanulaceae*
(z.B. Teufelskralle) Band 4

2a Stengel zwischen Blütenstand und Grund blattlos oder nur mit Schuppen besetzt, die gegenüber den Grundblättern bedeutend kleiner sind (der Blütenstand zuweilen mit größeren Tragblättern durchsetzt) – hierher auch Pflanzen, deren Blüten direkt der Grundblattrosette entspringen **3**
2b Stengel zwischen Blütenstand und Grund mit wohlausgebildeten wechselständigen Laubblättern, zumindest mit einem solchen Blatt **5**
2c Stengel zwischen Grund und Blütenstand mit wohlausgebildeten, gegen- oder quirlständigen Laubblättern (mindestens 1 Paar) **14**

3a Blüten gespornt, trichterig, ± 2lippig; Grundblätter breit-eiförmig, oben klebrig, ihr Rand eingerollt
Wasserschlauchgewächse, *Lentibulariaceae*
(Fettkraut) Band 4
3b Blüten ungespornt, 2lippig; Oberlippe hochgewölbt oder flach, ungeteilt oder 2teilig, zuweilen auf 2 Zähnchen reduziert **4**
3c Blüten ungespornt, engröhrig, aufgebogen, unten oft kugelig erweitert und von dort aus später in 5 schmale Zipfel zerreißend; Fruchtknoten unterständig; dichte Ähren oder Köpfchen
Glockenblumengewächse, *Campanulaceae*
(z.B. Teufelskralle) Band 4
3d Blüten ungespornt, kurzröhrig mit 4 ausgebreiteten Zipfeln (3 gleiche, 1 größenverschieden); armblütige, lockere Trauben
Braunwurzgewächse, *Scrophulariaceae*
(Ehrenpreis) Band 4

4a Oberlippe hochgewölbt, oft ± seitlich zusammengedrückt und vorn zugespitzt; Grundblätter (oft mehrfach) fiedrig geteilt
Braunwurzgewächse, *Scrophulariaceae*
(Läusekraut) Band 4
4b, 4c, 4d →

4b Oberlippe gerade vorgestreckt, die Seitenränder etwas nach unten gebogen, vorn schwach eingekerbt; Schuppenblätter am Stengel gegenständig; Grundblätter deutlich gestielt, elliptisch, grob gezähnt
Lippenblütengewächse, *Lamiaceae*
(Drachenmaul) Band 4

4c Oberlippe schief aufrecht, kurz, 2lappig, die Lappen ± rundlich-rautenförmig; Schuppenblätter am Stengel wechselständig; Grundblätter kurz gestielt, eiförmig, (± doppelt) gezähnt
Braunwurzgewächse, *Scrophulariaceae*
(Kuhtritt) Band 4

4d Oberlippe in 2 schmal-lineale Zipfel gespalten oder zu 2 kurzen Zähnchen verkümmert; Unterlippe stets in 3 lange, schmale Zipfel zerteilt; Blüten in kugeligen Köpfchen
Kugelblumengewächse, *Globulariaceae*
(Kugelblume) Band 4

5a Stengelblätter einfach, ganzrandig bis gekerbt, gesägt oder seicht gelappt (die Einschnitte reichen höchstens bis zur Mitte jeder Spreitenhälfte) **6**

5b Stengelblätter sehr tief 3teilig eingeschnitten oder aus 3 (selten 4) Teilblättchen zusammengesetzt **11**

5c Stengelblätter 5- bis mehrfach handförmig geteilt oder tief gelappt **12**

5d Stengelblätter tief-fiederschnittig oder fiedrig zusammengesetzt **13**

6a Blüten deutlich gespornt, trichterig verwachsen oder 2lippig **7**

6b Blüten ungespornt, mit röhrig verwachsenem Mittelteil und 2 freien, blütenblattartig gefärbten seitlichen Kelchblättern
Kreuzblumengewächse, *Polygalaceae*
(Kreuzblume) Band 3

6c Blüten ungespornt, eng und schmal röhrig verwachsen; Röhre aufgebogen, oft am Grund kugelig erweitert, dort später aufreißend (Spalten sich bis zur Spitze erweiternd – zuletzt 5 schmale, fast bis zum Grund freie Zipfel)
Glockenblumengewächse, *Campanulaceae*
(z. B. Teufelskralle) Band 4

6d Blüten ungespornt, deutlich verwachsen: glokkig, bauchig, trichterig oder auch röhrig, dann aber 2lippig oder mit großen, abstehenden Zipfeln **8**

6e Blüten ungespornt, nur am Grund kurz-röhrig verwachsen, mit ausgebreiteten, breit-eiförmigen-rundlichen, etwas ungleichen Zipfeln
Braunwurzgewächse, *Scrophulariaceae*
(Königskerze) Band 4

7a 2 kleine, freie Kelchblätter; der Sporn wird vom 3., tütig verwachsenen, blütenblattartig gefärbten Kelchblatt gebildet; Stengel aufrecht, ± glasig-fleischig
Balsaminengewächse, *Balsaminaceae*
(Springkraut) Band 3

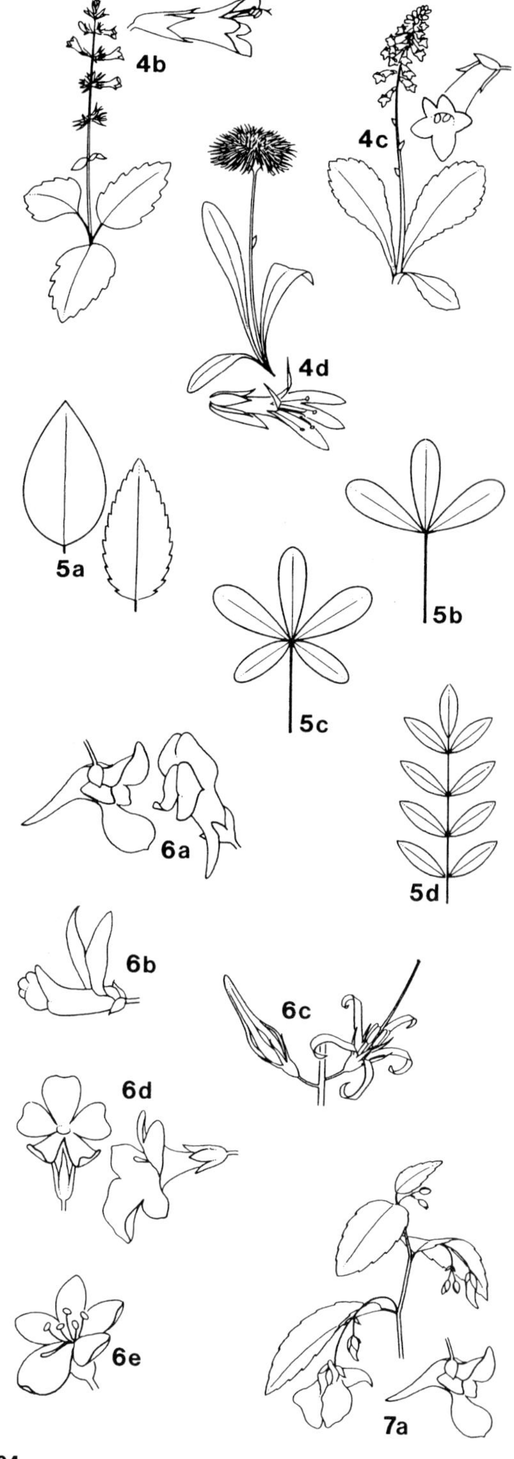

7b Kelch 5zipflig, Sporn oder Aussackung an der Bauchseite der Kronröhre; Stengel aufrecht (Blätter schmal, ganzrandig) oder kriechend, bzw. an Mauern hängend (Blätter mehr ei-rundlich, ganzrandig oder gelappt)
Braunwurzgewächse, *Scrophulariaceae*
(einige Gattungen) Band 4

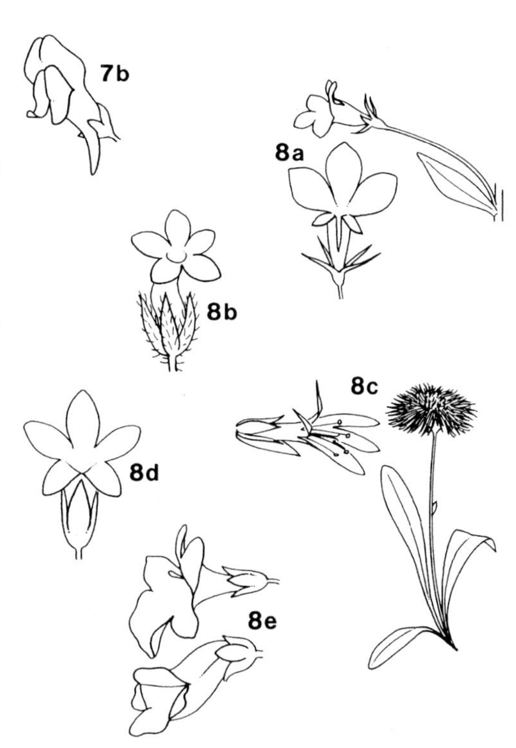

8a Kronröhre auf dem Rücken tief geschlitzt, mit 3 größeren unteren und 2 kleineren (seitlich) oberen Zipfeln; Fruchtknoten unterständig; Pflanze mit Milchsaft
Lobeliengewächse, *Lobeliaceae*
(Lobelie) Band 4

8b Blütenblattzipfel durchaus strahlig, die (im Kelch versteckte) enge Kronröhre jedoch gekrümmt; Pflanze steifborstig behaart
Rauhblattgewächse, *Boraginaceae*
(Ochsenzunge: Krummhals) Band 4

8c Kronröhre eng, der Saum 2lippig, tief in schmale Zipfel gespalten (2 oben, 3 unten); Blüten in dichten, kugeligen Köpfchen
Kugelblumengewächse, *Globulariaceae*
(Kugelblume) Band 4

8d Blüten bauchig-trichterig oder engröhrig verwachsen, der Saum mit 5 abstehenden, etwas ungleichen Zipfeln **9**

8e Blüten bauchig-trichterig, deutlich 2lippig (wulstig oder breitzipflig) oder trichterig-schiefglockig **10**

9a Blüten hellviolett, Zipfel länglich, vorn ausgerandet; Pflanze klebrig-flaumhaarig; Laubblätter spatelig, gekerbt bis gesägt
Braunwurzgewächse, *Scrophulariaceae*
(Steinbalsam) Band 4

9b Blüten (schmutzig-)gelb, meist violett geadert oder am Schlund ± violett, Zipfel lappig; Pflanze zottig-klebrig; Laubblätter eiförmig, gebuchtet fiederlappig
Nachtschattengewächse, *Solanaceae*
(Bilsenkraut) Band 4

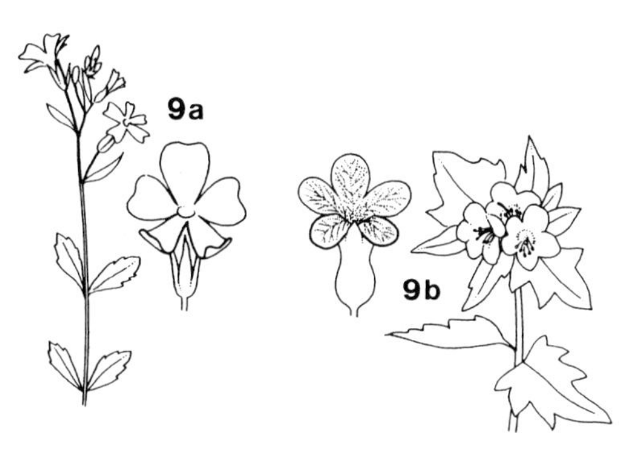

10a Blüten trichterig, schief 2lippig mit herausragenden Staubblättern und gegabeltem Griffel (selten: Blüten rein ♀, d. h., nur mit Griffel); ganze Pflanze mit steifen Borstenhaaren (die auf gut sichtbaren Höckerchen sitzen)
Rauhblattgewächse, *Boraginaceae*
(Natternkopf) Band 4

10b Blüten schiefglockig oder 2lippig, die Staubfäden ragen nie, der vorn kopfige Griffel nur selten aus der Kronröhre; Pflanze ± behaart oder kahl, doch nie mit Borsten, die auf Höckerchen sitzen
Braunwurzgewächse, *Scrophulariaceae*
(einige Gattungen) Band 4

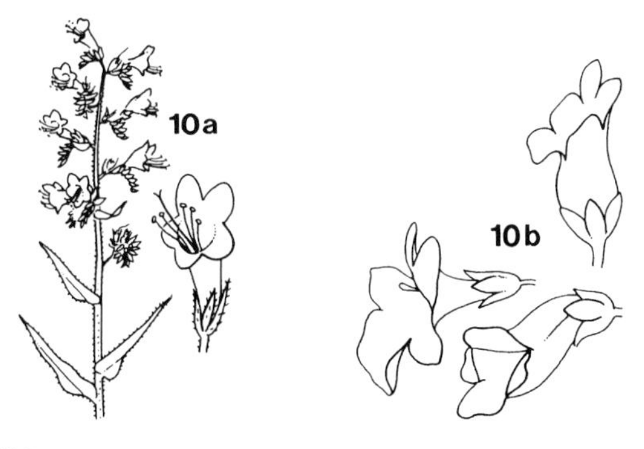

11a Grundblätter eiförmig bis spatelig, gekerbt, Stengelblätter ungestielt, von der Spitze her in 3 schmale Zipfel geteilt
Braunwurzgewächse, *Scrophulariaceae*
(Lochschlund) Band 4

11b Alle Blätter aus 3 (selten 4) getrennten, rundlichen bis eiförmigen (herz-eiförmigen) Teilblättchen zusammengesetzt; vor allem die Grundblätter lang gestielt
Schmetterlingsblütengewächse, *Fabaceae*
(Klee) Band 2

12a Laubblätter tief 5–7lappig, Lappen ganzrandig; Blüten einzeln auf langen Stielen in den Blattachseln; Stengel dünn, schlaff
Braunwurzgewächse, *Scrophulariaceae*
(Zimbelkraut) Band 4

12b Laubblätter aus 5–15 länglichen, ganzrandigen Teilblättchen zusammengesetzt; dichte, lange Ähren(-Trauben); Stengel dick, aufrecht
Schmetterlingsblütengewächse, *Fabaceae*
(Lupine) Band 2

12c Laubblätter tief handförmig eingeschnitten, die Lappen wiederum tief zerteilt; Blüten gespornt oder mit helmförmig aufgewölbter Oberlippe; Stengel meist aufrecht
Hahnenfußgewächse, *Ranunculaceae*
(Rittersporn, Eisenhut) Band 2

13a Blüten gespornt oder nach hinten ausgesackt, 2lippig; oberes und unteres Blütenblatt frei, die beiden inneren röhrig verwachsen, an der Spitze wulstig 2lippig; Laubblätter mehrfach fiedrig geteilt
Erdrauchgewächse, *Fumariaceae*
(Erdrauch, Lerchensporn) Band 2

13b Blüten ungespornt, 4 Blütenblätter, kaum verwachsen: 1 Fahne (oben), 2 Flügel (seitlich), 1 Schiffchen (innen, unten); Laubblätter einfach gefiedert, Fiedern rundlich bis eiförmig
Schmetterlingsblütengewächse, *Fabaceae*
(Tragant) Band 2

13c Blüten ungespornt, deutlich verwachsen, mit einer helmförmigen Ober- und einer gelappten Unterlippe; Laubblätter (einfach bis doppelt) fiederschnittig oder gefiedert
Braunwurzgewächse, *Scrophulariaceae*
(Läusekraut) Band 4

13d Blüten ungespornt mit bauchig-trichterig verwachsener Kronröhre und 5 (etwas ungleichen) ausgebreiteten lappigen Zipfeln; Laubblätter fiedrig gelappt; Pflanze ± klebrig-zottig
Nachtschattengewächse, *Solanaceae*
(Bilsenkraut) Band 4

14a Blüten mit deutlichem Sporn **15**

14b Blüten ungespornt, trichterig, ± 2lippig; in dichten Köpfchen oder Kolben, die auf einem Hochblattkranz sitzen; Unterlippe der Randblüten oft vergrößert; Pflanze zuweilen stachelig
Kardengewächse, *Dipsacaceae*
(mehrere Gattungen) Band 3

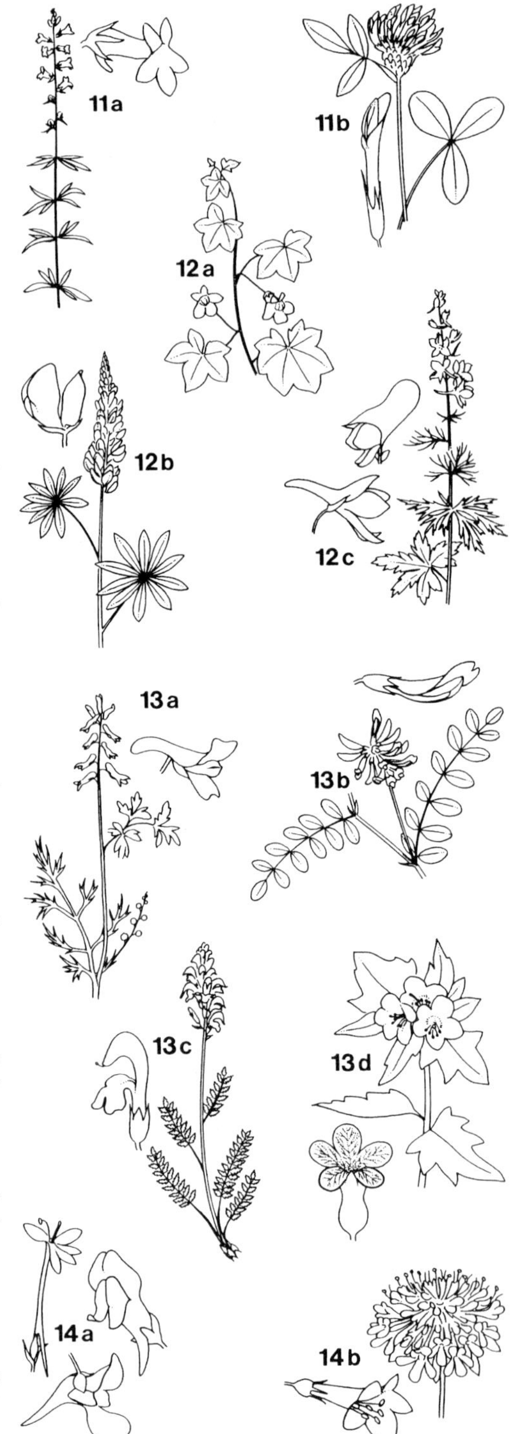

14c Blüten ungespornt, deutlich 2lippig oder (durch verkümmerte Oberlippe) 1lippig, zuweilen in dichten Büscheln in den oberen Blattachseln, doch nie mit Hochblattkranz **16**

14d Blüten ungespornt, mit enger (zuweilen gebogener) undeutlich 2lippiger Röhre, dazu seitlich (oder seitlich oben) 2 freie, blütenblattartige Flügel; in lockeren Trauben oder Ähren
Kreuzblumengewächse, *Polygalaceae*
(Kreuzblume) Band 3

14e Blüten ungespornt, schiefglockig, 5zipflig, mit unterständigem Fruchtknoten; einzeln oder zu 2 bis 3 nickend an aufrechtem Nebenstiel: Hauptstengel am Boden kriechend
Geißblattgewächse, *Caprifoliaceae*
(Moosglöckchen) Band 3

14f Blüten ungespornt, kurz (nur am Grund) oder weit hinauf verwachsen; mit 4 oder 5 (±) strahlig angeordneten Zipfeln (jedoch 1 oder 2 in Größe oder Form von den übrigen verschieden: Kronsaum also 2seitig) **17**

15a Blüten mit enger, ca. 1 cm langer Röhre und (ungleich) 5zipfligem Saum; Kelchblätter umgerollt, Fruchtknoten unterständig
Baldriangewächse, *Valerianaceae*
(Spornblume) Band 3

15b Blüten mit bauchig-trichteriger Röhre und 2lippigem Saum; Kelchblätter becherartig abstehend; Laubblätter schmal, ganzrandig
Braunwurzgewächse, *Scrophulariaceae*
(einige Gattungen) Band 4

15c Blüten weittrichterig, ± 2lippig; am Ansatz des Blütenstiels 2 kleine, seitliche Kelchblätter, darunter ein trichterförmiges, gesporntes, blütenblattartiges Kelchblatt; 5 unterschiedlich große Blütenblätter, ungespornt; Laubblätter eiförmig, gesägt
Balsaminengewächse, *Balsaminaceae*
(Springkraut) Band 3

16a Stengel kantig oder rundlich; Blüten einzeln zu 2 oder in lockeren Trauben und Rispen aus den Achseln der Laub- oder Tragblätter; sicheres Kennzeichen: 1 ungekerbter Fruchtknoten; Frucht eine Kapsel
Braunwurzgewächse, *Scrophulariaceae*
(mehrere Gattungen) Band 4

16b Stengel stets 4kantig; Blüten meist in büscheligen Quirlen; diese in den Achseln der oberen Laubblätter oder endständig, ± deutlich stockwerkartig übereinander in den Achseln kleinerer Tragblätter; sicheres Kennzeichen: Fruchtknoten schon zur Blütezeit 4teilig gekerbt, bei der Reife in 4 Nüßchen zerfallend, die eine Zeitlang im Kelchbecher liegenbleiben
Lippenblütengewächse, *Lamiaceae*
(mehrere Gattungen) Band 4

16c, 16d →

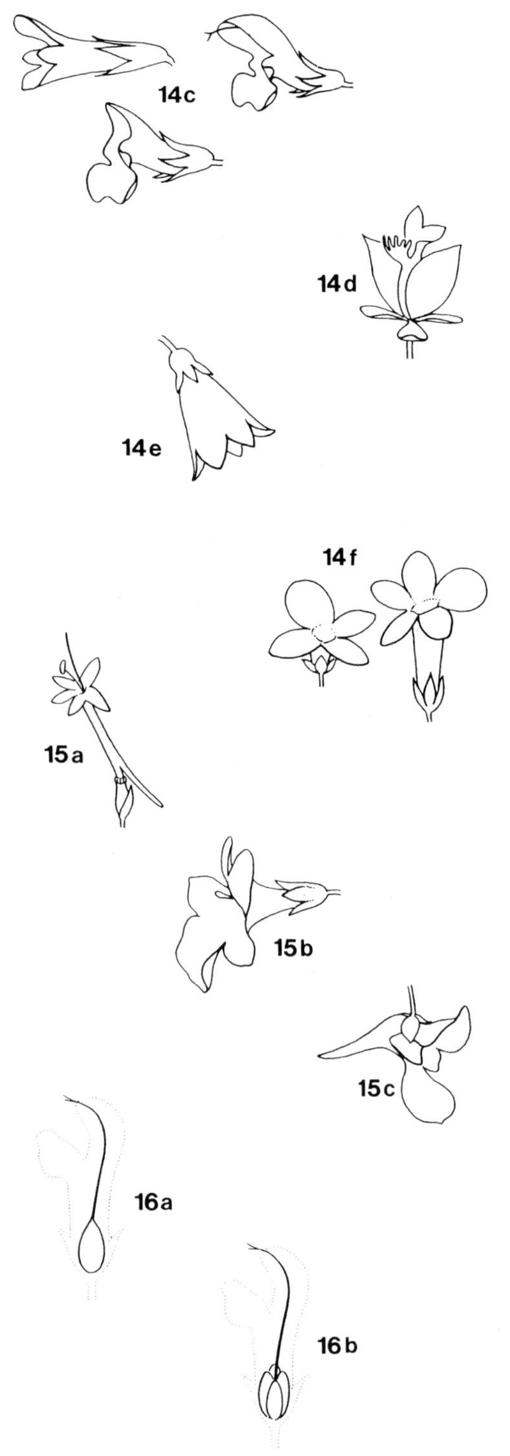

16c Vgl.: Fruchtknoten 4teilig, Stengel 4kantig, Blüten 5zipflig, schwach 2lippig, ungestielt in langen, schmalen, blattlosen Ähren; diese end- und blattachselständig
Eisenkrautgewächse, *Verbenaceae*
(Eisenkraut) Band 4

16d Vgl.: Fruchtknoten 4teilig, Blüten schwach 2lippig-schiefglockig; Blätter mit kleinen Knötchen (auf denen oft eine Borste sitzt), wechselständig
Rauhblattgewächse, *Boraginaceae*
(z. B. Natternkopf) Band 4

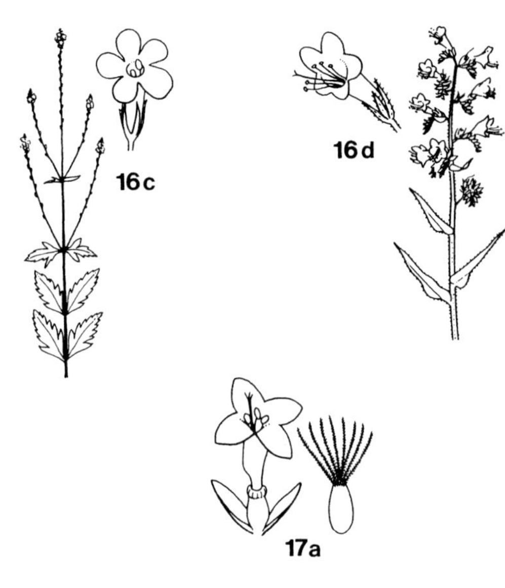

17a Blüten trichterig-glockig verwachsen, 3- bis 4zipflig (Blütenröhre zuweilen am Grund mit einem Höcker); Fruchtknoten unterständig (2 gegenständige spitze Tragblättchen können Oberständigkeit vortäuschen); Kelchzipfel an der Blüte eingerollt, frei; an der Frucht zu fiedrigen Strahlen auswachsend (Flugorgan); blattachsel- und endständige, gestielte, lockere oder dichte Trugdolden
Baldriangewächse, *Valerianaceae*
(Baldrian) Band 3

17b Blüten trichterig-glockig verwachsen, 4zipflig, mit becherartig verwachsenem, 5zähnigem oder 5zipfligem Kelch: Zipfelsaum oft 2lippig; Fruchtknoten oberständig; meist büschelige Blütenquirle dicht übereinander
Lippenblütengewächse, *Lamiaceae*
(einige Gattungen) Band 4

17b

17c Blüten nur am Grund verwachsen, 4zipflig, die Zipfel becher- bis radförmig ausgebreitet; Kelch verwachsen, mit 4 oder 5 Zipfeln, oft etwas seitlich zusammengedrückt; Fruchtknoten oberständig, ± herzförmig; lockere oder dichte Trauben
Braunwurzgewächse, *Scrophulariaceae*
(Ehrenpreis) Band 4

17d Blüten trichterig verwachsen, 5zipflig, in langen, schmalen Ähren; Kelch becherartig verwachsen, 4–5zähnig; Fruchtknoten oberständig; Stengel 4kantig, rauh
Eisenkrautgewächse, *Verbenaceae*
(Eisenkraut) Band 4

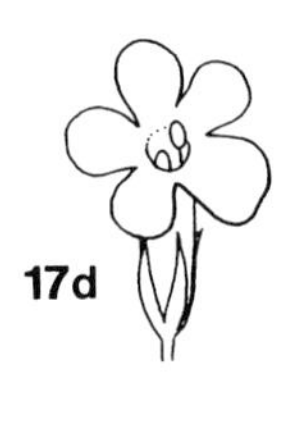

17e Blüten kugelig-bauchig verwachsen, kurz 5zipflig (bis 2lippig); Kelch breit becherartig, tief 5zipflig; Fruchtknoten oberständig; Stengel 4kantig bis geflügelt, glatt und kahl bis wollhaarig (zuweilen klebrig)
Braunwurzgewächse, *Scrophulariaceae*
(Braunwurz) Band 4

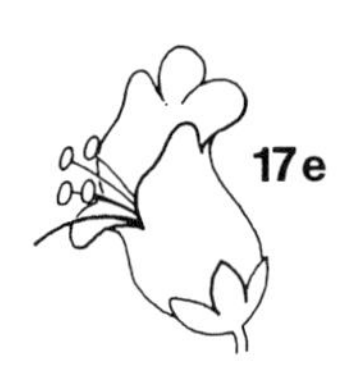

17f Blüten nur am Grund verwachsen, 5zipflig; Kelch aus 2 eiförmigen Blättchen; Fruchtknoten oberständig; Stengel rundlich, fleischigzart, ± schlaff
Portulakgewächse, *Portulacaceae*
(Quellkraut) Band 2

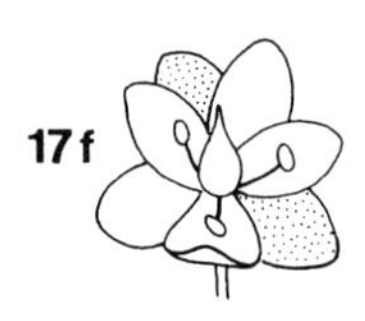

18a Kelch becherartig verwachsen, mit 5 Zipfeln; 1 oberes (Fahne), 2 seitliche (Flügel), 1 ± kahnartig gefaltetes unteres Blütenblatt (Schiffchen) –! Blüten gelegentlich um 180° gedreht (Fahne unten)
Schmetterlingsblütengewächse, *Fabaceae*
(viele Gattungen) Band 2

18b 3 freie, kleine Kelchblätter und 2 große blütenblattartig gefärbte als seitliche oder obere Flügel; eigentliche Blüte röhrig, zuweilen gebogen, vorn oft 2lippig und lappig oder fransig
Kreuzblumengewächse, *Polygalaceae*
(Kreuzblume) Band 3

19a Laubblätter schildförmig (rundliche Spreite, Stiel in der Mitte); Stengel ± kriechend; Blüten groß, 5 rundliche, unten stielartig verschmälerte Blütenblätter, orangegelb bis rot
Kapuzinerkressegewächse, *Tropaeolaceae*
(Kapuzinerkresse) Band 3

19b Laubblätter eiförmig bis herzförmig, gestielt, am Stielgrund mit (oft großen, fiederschnittigen) Nebenblättern; Blüten ± flach, 2 oder 4 Blütenblätter nach aufwärts gerichtet, das untere (5.) gespornt; Pflanze selten 50, meist 10–20 cm hoch
Veilchengewächse, *Violaceae*
(Veilchen) Band 3

19c Laubblätter eiförmig, (meist kurz) gestielt, ohne Nebenblätter; Blüten ± trichterig-2lippig, am Stielansatz 2 kleine Kelchblätter, das 3. blütenblattartig, weit-trichterig bis sackartig, nach hinten in den kurzen Sporn verschmälert; Stengel dicklich-saftig, 10 bis über 200 cm hoch
Balsaminengewächse, *Balsaminaceae*
(Springkraut) Band 3

19d Laubblätter breit-eiförmig bis schmal-lineal, ungestielt, scheidig stengelumfassend, parallelnervig; Blüten auf unterständigem, stielartig dicklichem, verdrehtem Fruchtknoten, insgesamt 6zählig: unterstes Blütenblatt ± lippenartig, gespornt, die 2 seitlichen oft wenig von den 3 „Kelchblättern“ verschieden
Orchideengewächse, *Orchidaceae*
(einige Gattungen) Band 5

19e Laubblätter (meist mehrfach) fiedrig bis handförmig-3zählig zerteilt **20**

20a Blüten blau oder blauviolett, selten weiß oder rosa (Albinos, Gartenformen), vorn ± strahlig-becherförmig 5zipflig ausgebreitet; Laubblätter ± handförmig zerteilt, Zipfel oft schmal
Hahnenfußgewächse, *Ranunculaceae*
(Rittersporn) Band 2

20b Blüten weiß, rosa, rot oder gelb, 1 oberes und 1 unteres Blütenblatt ± röhrig-2lippig, die 2 inneren Blütenblätter schmalröhrig zusammenstehend, vorn keulig erweitert; Laubblätter ± (mehrfach) fiedrig-3gabelig zerteilt, Zipfel oft schmal aber kurz bis lanzettlich(-stumpf)
Erdrauchgewächse, *Fumariaceae*
(Erdrauch, Lerchensporn) Band 2

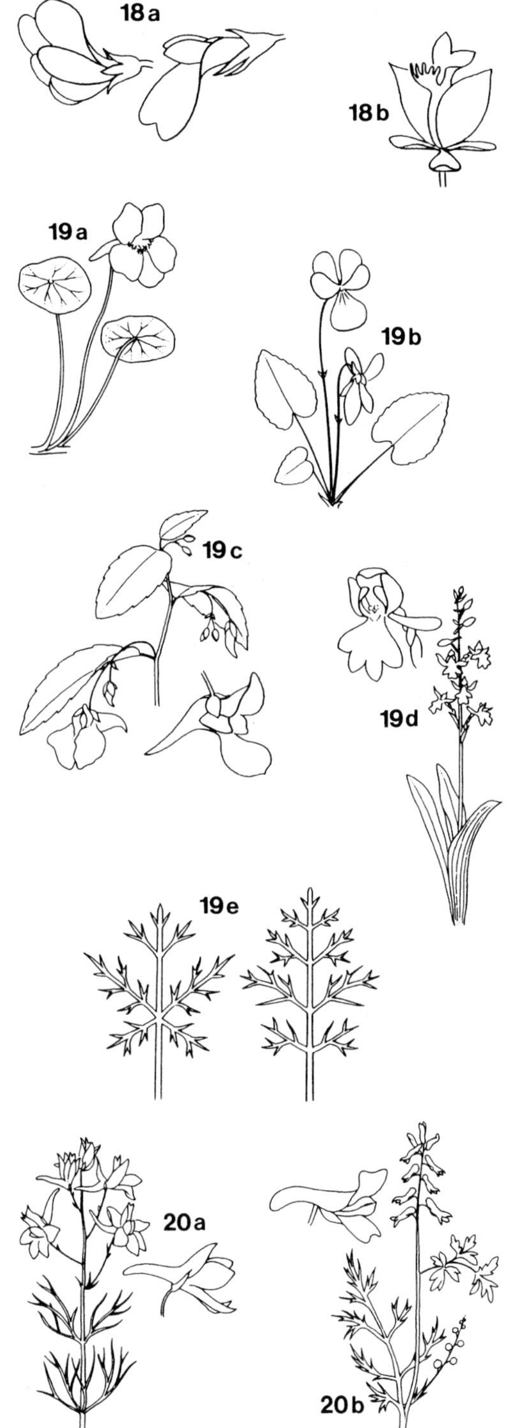

21a 3 (oft große) „Kelchblätter", 3 Blütenblätter, das untere ± lippenartig ausgebildet; Fruchtknoten unterständig, dicklich stielartig, in sich verdreht; Laubblätter bogennervig, stiellos-scheidig
Orchideengewächse, *Orchidaceae*
(einige Gattungen) Band 5

21b 4 Blütenblätter, 4–5 Kelchblätter, deutlich von den Blütenblättern unterschieden **22**

21c 5 Blütenblätter, Kelch 2–6blättrig, 5–6zipflig oder röhrig-becherig verwachsen, mit 5 kleinen Zähnchen **23**

21d 6 Blütenblätter - rot bis rotviolett, selten weiß, schmal, länglich - sitzen zwischen den Zähnchen am Saum der verwachsenen Kelchröhre
Weiderichgewächse, *Lythraceae*
(Weiderich) Band 3

21e Mindestens 6 Blütenblätter, gelblich- bis grünlichweiß, ± stark zerschlitzt, von 6–8 freien, ausgebreiteten Kelchblättern umgeben
Resedengewächse, *Resedaceae*
(Resede: Wau) Band 3

22a Auf langgestrecktem unterständigem Fruchtknoten 4 schmale, ausgebreitete Kelchblätter und 4 eiförmige, zum Grund verschmälerte, meist rote, selten weiße, ± flach abstehende Blütenblätter; 8 Staubblätter, 1 Griffel mit 4teiliger Narbe
Nachtkerzengewächse, *Onagraceae*
(Weidenröschen) Band 3

22b Fruchtknoten oberständig; Kelch verwachsen, 4–5zipflig (der 5. Zipfel deutlich schmäler), 4 ausgebreitete Blütenblätter, am Grund kurz röhrig verwachsen (beim Anzupfen eines Zipfels als Ganzes abgehend); deutlich 2 aufrecht abstehende Staubblätter; Blüten meist blau
Braunwurzgewächse, *Scrophulariaceae*
(Ehrenpreis) Band 4

22c Fruchtknoten oberständig; Kelch aus 4 aufrecht stehenden Blättchen, Blütenblätter länglich, vorn abgerundet oder herzförmig ausgerandet, meist weiß, seltener (oft Gartenformen) rot, rosa oder blau(violett); Staubblätter höchstens 6, nur wenig aus der Blüte ragend
Kreuzblütengewächse, *Brassicaceae*
(einige Gattungen) Band 3

22d Fruchtknoten oberständig (reif oben mehrzähnig offen); Kelch aus 4 ausgebreiteten Blättchen, Blütenblätter tief eingekerbt oder mehrzipflig, blaßgelb, mindestens 12 Staubblätter, gut sichtbar; Blüten in langer, rutenartiger Traube;
Resedengewächse, *Resedaceae*
(Resede: Wau) Band 3

23a Nur 2 (freie) Kelchblätter; Stengel niederliegend-aufsteigend (zuweilen flutend); Laubblättchen gegenständig, spatelförmig; Blüten klein, weiß, zu 2–5 blattachsel- oder endständig
Portulakgewächse, *Portulacaceae*
(Quellkraut) Band 2

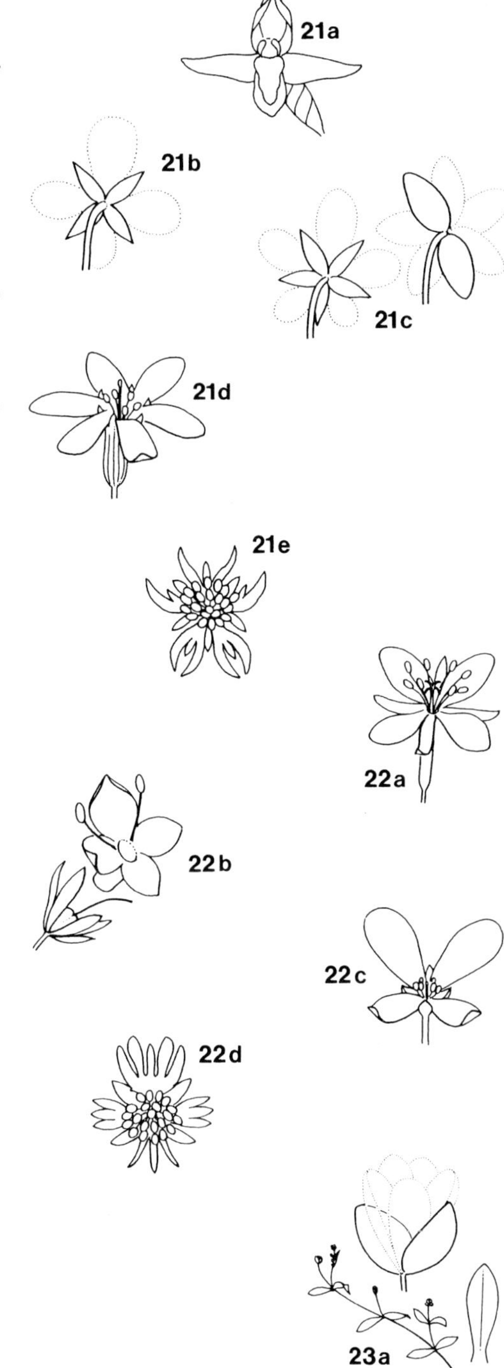

23b Kelchblätter 5–6, frei oder etwa zur Hälfte verwachsen, dann die 5–6 Zipfel deutlich über 1 mm lang; Fruchtknoten oberständig bis halbunterständig 24

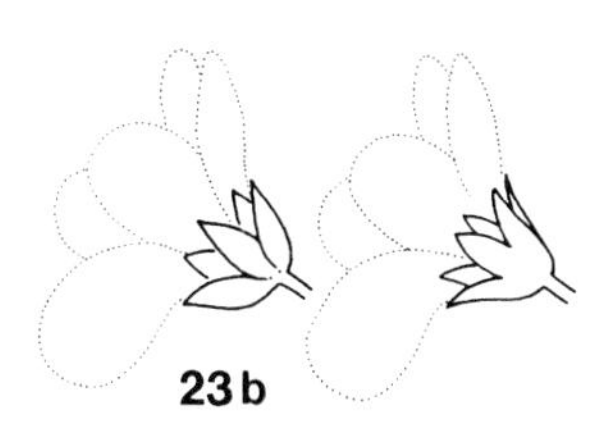
23b

23c „Kelch" langröhrig verwachsen, nur 5 Zähnchen am Röhrensaum; zwischen diesen sitzen die länglichen Blütenblätter (meist tiefrot bis lila)
Weiderichgewächse, *Lythraceae*
(Weiderich) Band 3

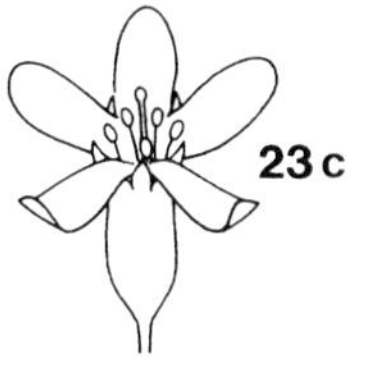
23c

23d 5 kleine, ± borstenartige Kelchzähnchen, kaum 1 mm lang auf unterständigem, stecknadelkopfgroßem Fruchtknoten; Blüten weiß, zuweilen rötlich behaucht oder gelblich; zu vielen in Doppeldolden - meist nur die Randblüten 2seitig-symmetrisch
Doldengewächse, *Apiaceae*
(einige Gattungen) Band 3

23d

24a Kelchblätter frei, ± lanzettlich, nach hinten mit einem krautigen Anhängsel; die Anhängsel verdecken einen kurzen Blütensporn!; Laubblätter gestielt, einfach - höchstens die Nebenblätter am Stielgrund fiederschnittig
Veilchengewächse, *Violaceae*
(Veilchen) Band 3

24a

24b 5 Kelchblätter unten trichterig-becherförmig verwachsen, mit abstehenden Zipfeln; Blütenblätter trichterig spreizend, in ihrer Mitte der zweispitzige Fruchtknoten; Blüten weiß, oft gelb oder rot getüpfelt; Laubblätter in Mehrzahl grundständig oder an kurzen Hauptstengeln, einfach, höchstens gelappt; Blütenstandsstiel blattarm oder blattlos
Steinbrechgewächse, *Saxifragaceae*
(Steinbrech) Band 2

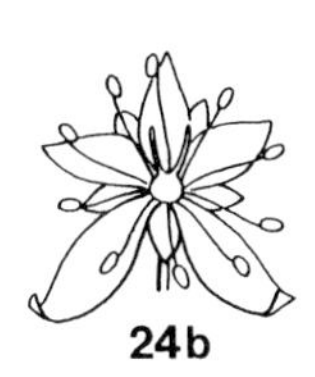
24b

24c 5 schmale, freie Kelchblätter; Blütenblätter ausgebreitet, eiförmig-spitz, unten stielartig verschmälert; ± rosa, rotadrig, selten weißlich oder durchgängig purpurn; endständige Trauben auf beblättertem Stengel; zumindest mittlere Laubblätter unpaarig gefiedert; Fiedern schmal-eiförmig; Pflanze mit Zimtduft
Rautengewächse, *Rutaceae*
(Diptam) Band 3

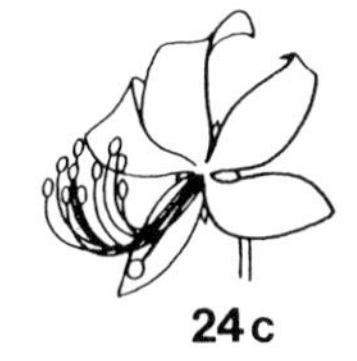
24c

24d Kelch flachglockig, 5lappig; Blütenblätter flachtrichterig bis radförmig ausgebreitet, breiteiförmig-rundlich, am Grund verwachsen, gelb, selten weißlich oder violett; endständige Trauben oder Traubenrispen auf beblättertem Stengel; Laubblätter ungeteilt, kurzstielig bis sitzend, ± dicht sternhaarig
Braunwurzgewächse, *Scrophulariaceae*
(z.B. Königskerze) Band 4

24d

Literatur

AICHELE, D.: Was blüht denn da? Gezeichnete Ausgabe. Der Fotoband. Franckh-Kosmos-Verlag, Stuttgart, 1993, 1994.

AICHELE, D., H. W. SCHWEGLER: Die Taxonomie der Gattung Pulsatilla. Feddes Repertorium, Bd. 60, H. 1-3, 1957.

AICHELE, D., H. W. SCHWEGLER: Blumen der Alpen, Franckh-Kosmos-Verlag, Stuttgart, 2. Aufl., 1987.

AICHELE, D., H. W. SCHWEGLER: Unsere Gräser, Franckh-Kosmos-Verlag, Stuttgart, 10. Aufl., 1991.

AICHELE, D., H. W. SCHWEGLER: Welcher Baum ist das? Franckh-Kosmos-Verlag, Stuttgart, 24. Aufl., 1992.

AHLBERG, P. E.: Tetrapod or near-tetrapod fossils from the Upper Devonian of Scotland, Nature, Vol. 354, S. 298–301, 1991.

ALBERTS, B. et al.: Molekularbiologie der Zelle, 2. Aufl., VCH, Weinheim, 1990.

ARISTOTLE (ARISTOTELES): History of Animals (3 volumes); Parts of Animals, Movement of Animals, Progression of Animals (1 Volume); Generation of Animals (1 Volume); Loeb Classical Library/Harvard University Press: 1937–1991.

BAUMEISTER, W. & G. REICHART: Lehrbuch der Angewandten Botanik. G. Fischer, Stuttgart, 1969.

BERTSCH, K.: Flora von Süddeutschland, Wiss. Verlagsges., Stuttgart, 3. Aufl., 1962.

BEURLEN, K.: Geologie. Franckh-Kosmos-Verlag, Stuttgart, 1975.

BLÜTHGEN, J. & W. WEISCHET: Allgemeine Klimageographie. W. de Gruyter, Berlin – New York, 3. Aufl. 1980.

BOCK, H.: New Kreütterbuch, Straßburg 1539, Neudruck München 1964.

BÖGEL, H. & K. SCHMIDT: Kleine Geologie der Ostalpen. Allgemeinverständliche Einführung in den Bau der Ostalpen unter Berücksichtigung der angrenzenden Südalpen. Ott-Verlag, Thun, 1976.

BRESINSKY, A.: Zur Kenntnis des circumalpinen Florenelements im Vorland nördlich der Alpen. Berichte der Bayerischen Botanischen Gesellschaft, Bd. 38, S. 1–67, 1967.

BRUNSFELD, O.: Contrafayt Kreuterbuch, Straßburg 1532, Neudruck München 1964.

BÜLOW, K. v.: Geologie für Jedermann. Franckh-Kosmos-Verlag, Stuttgart, 1975.

COYNE, J. A.: Genetics and speciation; Nature, Vol. 355, S. 511–515, 1992.

CRANE, P. R.: Time for the angiosperms; Nature, Vol. 366, S. 631 + 632, 1993.

CRICK, F.: Das Leben selbst, Piper, München, 1981.

CRONQUIST, A.: The Evolution and Classification of Flowering Plants, Second Edition; The New York Botanical Garden Bronx, New York, 1988.

DES MARAIS, D. J., H. STRAUSS, R. E. SUMMONS & J. H. HAYES: Carbon isotope evidence for the stepwise oxidation of the Proterozoic environment; Nature, Vol. 359, S. 605–609, 1992.

DIAMOND, J. M.: Horrible plant species; Nature, Vol. 360, S. 627 + 628, 1992.

DIERSCHKE, H., U. DÖRING & G. HÜNERS: Der Traubenkirschen-Erlen-Eschenwald (Pruno-Fraxinetum Oberd. 1953) im nordöstlichen Niedersachsen. Tuexenia, Neue Serie Nr. 7, S. 367–379; 1987.

DIERSCHKE, H.: Pflanzensoziologische und ökologische Untersuchungen in Wäldern Süd-Niedersachsens; IV. Vegetationsentwicklung auf langfristigen Dauerflächen von Buchenwald-Kahlschlägen. Tuexenia; Neue Serie Nr. 8, S. 307–326; 1988.

DIERSCHKE, H. & B. WITTIG: Die Vegetation des Holtumer Moores (Nordwestdeutschland). Veränderungen in 25 Jahren (1963–1988). Tuexenia; Neue Serie Nr. 11, S. 171–190, 1991.

DIERSSEN, B. & K. DIERSSEN: Vegetation und Flora der Schwarzwaldmoore. Beihefte für Naturschutz und Landschaftspflege in Baden-Württemberg, Heft 39, Karlsruhe, 1984.

DOBZHANSKI, T.: Genetics and the Origin of Species; Columbia University Press, New York, 1937.
EHRENDORFER, F.: Cytologie, Taxonomie und Evolution bei Samenpflanzen. Vistas in Botany, Bd. 4, Pergamon, London, 1963.
EHRENDORFER, F. (Hrsg.): Liste der Gefäßpflanzen Mitteleuropas. G. Fischer, Stuttgart, 2. Aufl. 1973.
EIGEN, M.: Selforganisation of matter and the evolution of biological macromolecules. Naturwissenschaften, Bd. 58, S. 465–522, 1971.
EIGEN, M., P. SCHUSTER: The hypercycle. A principle of self-organisation. Naturwissenschaften, Bd. 64, S. 451–565, 1977.
EIGEN, M., R. WINKLER: Das Spiel; Naturgesetze steuern den Zufall, Piper, München 1975.
ELLENBERG, H.: Vegetation Mitteleuropas mit den Alpen in ökologischer Sicht. E. Ulmer, Stuttgart; 2. Aufl. 1978.
ERESHEFSKY, M. (Ed.): The Units of Selection: Essays on the Nature of Species. MIT Press; 1992.
FITSCHEN, J., Neubearb. H. MEYER et al.: Gehölzflora, Quelle & Meyer, Heidelberg – Wiesbaden, 8. Aufl., 1987.
FLINT, R.: Biologie in Zahlen, G. Fischer, Stuttgart, 2. Aufl. 1986.
FORTENBAUGH, W. et al. (ed.): Theophrastus of Eresus: Sources for his Life, Writings, Thought and Influence (2 volumes); Brill, 1992.
FORTENBAUGH, W. & D. GUTAS (ed.): Theophrastus: His Psychological, Doxographical and Scientific Writings. Transaction, 1992.
FRENZEL, B. (Hrsg.): Vegetationsgeschichte der Alpen; G. Fischer, Stuttgart, 1972.
FROHNE, D., H. J. PFÄNDER: Giftpflanzen, Wissenschaftliche Verlagsgesellschaft, Stuttgart 1982.
FUCHS, L.: New Kreüterbuch, Basel 1543, Neudruck München, 1964.
FUTUYMA, D. J.: Evolutionsbiologie, Birkhäuser, Basel, Boston, Berlin, 1990.
GEE, H.: The brave vertebrate venture, Nature, Vol. 354, S. 268–269, 1991.
GENAUST, H.: Etymologisches Wörterbuch der botanischen Pflanzennamen, Birkhäuser Verlag, Basel und Stuttgart, 1976.
GESSNER, O., G. ORZECHOWSKI: Gift- und Arzneipflanzen von Mitteleuropa, 3. Aufl. C. Winter Universitätsverlag, Heidelberg, 1974.
GESTELAND, R. F. & J. F. ATKINS (ed.): The RNA World, Cold Spring Harbor Laboratory Press, 1993.
GEYER, O. F. & M. P. GWINNER: Geologie von Baden-Württemberg, E. Schweizerbart'sche Verlagsbuchhandlung, Stuttgart, 3. Aufl. 1986.
GIERER, A.: Die gedachte Natur. Ursprung, Geschichte, Sinn und Grenzen der Naturwissenschaft. Piper, München - Zürich, 1991.
GOTTSCHALK, W.: Die Bedeutung der Polyploidie für die Evolution der Pflanzen. G. Fischer, Stuttgart, 1976.
GRANT, V.: Artbildung bei Pflanzen; P. Parey; Berlin - Hamburg; 1976.
GUSTAFSSON, A.: Apomixis in Higher Plants; Part I; Lunds Universitets Arsskrift; N. F. Avd. 2, Bd. 42, S. 3–67, 1946.
GUSTAFSSON, A.: Apomixis in Higher Plants; Part II; Lunds Universitets Arsskrift; N. F. Avd. 2, Bd. 43, S. 71–179, 1947.
GWINNER, M. P.: Geologie der Alpen. E. Schweizerbart'sche Verlagsbuchhandlung, Stuttgart, 1971.
HAEFS, H. (Hrsg.): Der Fischer Weltalmanach, Fischer Taschenbuchverlag, Frankfurt a. M., 1989.
HAEUPLER, H. & P. SCHÖNFELDER: Atlas der Farn- und Blütenpflanzen der Bundesrepublik Deutschland, E. Ulmer, Stuttgart, 1988.
HAN, T.-M. & B. RUNNEGAR: Science, Vol. 257, S. 232–235, 1992.
HANTKE, R.: Eiszeitalter. Die jüngste Erdgeschichte der Schweiz und ihrer Nebengebiete; Ott-Verlag; Thun; Band I, 1978; Band II, 1980; Band III, 1983.
HARTMANN, F. K. & G. JAHN: Waldgesellschaften des Mitteleuropäischen Gebirgsraumes nördlich der Alpen. G. Fischer, 3 Bände, Stuttgart, 1967 ff.
HEGI, G. (Hrsg.): Illustrierte Flora von Mitteleuropa, P. Parey; Berlin - Hamburg, 3. Aufl., VII Bände mit Teilbänden, 1967 ff.
HEGNAUER, R.: Chemotaxonomie der Pflanzen, Birkhäuser Verlag, Basel–Boston–Berlin, Bd. I 1962 - Bd. IX, 1990.

HESS, H. E., E. LANDOLT & R. HIRZEL: Flora der Schweiz und angrenzender Gebiete. 3 Bände, Birkhäuser, Basel - Stuttgart, 1977.
HORGAN, J.: Schritte ins Leben. Spektrum der Wissenschaft, H. 4, S. 78–87, 1991.
HUBER, H.: Angiospermen, G. Fischer, Stuttgart und New York, 1991.
HURST, L. D. & R. DAWKINS: Life in a test tube. Nature, Vol. 357, S. 198–199, 1992.
JAHN, I., R. LÖTHER & K. SENGLAUB: Geschichte der Biologie. Theorien, Methoden, Institutionen und Kurzbiographien, VEB G. Fischer, Jena, 2. Aufl. 1985.
KERNER VON MARILAUN Neubearb.: A. HANSEN: Pflanzenleben, Bd. I–III, Bibliographisches Institut, Leipzig und Wien, 1913.
KIPPENHAHN, R.: 100 Milliarden Sonnen, Serie Piper, 4. Aufl. München, 1984.
KIPPENHAHN, R.: Licht vom Rande der Welt, Deutsche Verlagsanstalt, Stuttgart, 1984.
KIPPENHAHN, R.: Unheimliche Welten - Planeten, Monde und Kometen, Deutsche Verlagsanstalt, Stuttgart, 1987.
KIPPENHAHN, R.: Der Stern, von dem wir leben: den Geheimnissen der Sonne auf der Spur, Deutsche Verlagsanstalt, Stuttgart, 1990.
KLÖTZLI, F. A.: Ökosysteme; G. Fischer, Stuttgart; UTB 1479; 2. Aufl. 1989.
KNAPP, R.: Einführung in die Pflanzensoziologie. E. Ulmer, Stuttgart, 3. Aufl. 1971.
KNIPPERS, R.: Molekulare Genetik, G. Thieme, 3. Aufl., Stuttgart, 1982.
KNOLL, A. H.: Das Ende des Proterozoikums: Schwelle zu höherem Leben, Spektrum der Wissenschaften, Heft 12, S. 100–108, 1991.
KÖNIG, M. A.: Kleine Geologie der Schweiz. Ott-Verlag, Thun, 1972.
KÖRBER-GROHNE, U.: Nutzpflanzen in Deutschland. Kulturgeschichte und Biologie. Theiss, Stuttgart, 1987.
KORNECK, D. & H. SUKOPP: Rote Liste der in der Bundesrepublik Deutschland ausgestorbenen, verschollenen und gefährdeten Farn- und Blütenpflanzen und ihre Auswertung für den Arten- und Biotopschutz. Bundesforschungsanstalt für Naturschutz und Landschaftsökologie; Schriftenreihe für Vegetationskunde, Heft 19, Bonn-Bad Godesberg, 1988.
KREEB, K. H.: Ökophysiologie der Pflanzen. G. Fischer, Stuttgart - VEB G. Fischer, Jena; 1974.
KREEB, K. H.: Vegetationskunde; E. Ulmer-Verlag, Stuttgart, 1983.
KRÜSSMANN, G.: Handbuch der Nadelgehölze, P. Parey, Berlin und Hamburg, 1972.
KRÜSSMANN, G.: Handbuch der Laubgehölze, 3 vol. P. Parey, Berlin und Hamburg, 2. Aufl. 1976/77.
KULL, U.: Physiologische Wirkungen von Luftschadstoffen auf Pflanzen. Jahreshefte der Gesellschaft für Naturkunde in Württemberg, 146. Jahrgang, S. 5–15, 1991.
KUNTZE, H., G. ROESCHMANN & G. SCHWERDTFEGER: Bodenkunde. E. Ulmer, Stuttgart; UTB 1106; 4. Aufl. 1988.
LARCHER, W.: Ökologie der Pflanzen. E. Ulmer, Stuttgart; UTB 232, 2. Aufl. 1976.
LINDER, H., Neubearb. H. BAYRHUBER, U. KULL et al.: Biologie, J. B. Metzlersche Verlagshandlung, Stuttgart, 20. Aufl. 1990.
LORENZ, K.: Gestaltwahrnehmung als Quelle wissenschaftlicher Erkenntnis. Zeitschrift für experimentelle und angewandte Psychologie, Bd. 4, S. 118–165, 1959.
LORENZ, K.: Die Rückseite des Spiegels. Versuch einer Naturgeschichte menschlichen Erkennens. Piper. München, Zürich. 1973.
LORENZ, K.: Der Abbau des Menschlichen. Piper; München - Zürich, 1983.
LUDEWIG, W. (Redakt. Leitung): Biologie, Daten und Fakten zum Nachschlagen, Bertelsmann Lexikon-Verlag, Gütersloh–Berlin–München, 1975.
MADDOX, J.: Toward synthetic self-replication. Nature, Vol. 354, S. 351, 1991.
MADDOX, J.: The anthropic view of nucleosynthesis. Nature, Vol. 355, S. 107, 1992.
MADDOX, J.: Warning on population growth; Nature, Vol. 355, S. 759, 27. February 1992.
MÄGDEFRAU, K.: Geschichte der Botanik. Leben und Leistung großer Forscher. 2. bearb. Aufl., G. Fischer, Stuttgart, 1992.
MARTENSEN, H. O., W. PROBST: Farn- und Samenpflanzen in Europa, G. Fischer, Stuttgart und New York, 1990.
MARGULIS, L. & K. V. Schwartz: Die fünf Reiche

der Organismen, Spektrum der Wissenschaften Verlagsgesellschaft, Heidelberg, deutsche Ausgabe, übersetzt von B. P. Kremer, 1989.
MAYER, U., R. A. T. RUIZ, T. BERLETH, S. MISERA & G. JÜRGENS: Mutations affecting body organisation in the Arabidopsis embryo, Nature, Vol. 353, S. 402–407, 1991.
MAYNARD SMITH, J.: Evolution and the theory of games. Cambridge University Press, Cambridge, 1982.
MAYR, E.: Artbegriff und Evolution; Parey, Hamburg, 1967.
MAYR, E.: Die Entwicklung der biologischen Gedankenwelt, Springer, Berlin–Heidelberg, 1984.
MAYR, E.: Eine neue Philosophie der Biologie; Piper, München, 1991.
MCMENAMIN, M. A. S.: Das Erscheinen der Tierwelt, Spektrum der Wissenschaften, Heft 6, 1987.
MEYEROWITZ, E. M.: Abnormal developments, Nature, Vol. 353, S. 385, 1991.
MILLER, S. & L. ORGEL: The Origins of Life on Earth, Prentice Hall Inc., Englewood Cliffs, NJ., 1974.
NÜSSLEIN-VOLHARD, C., E. WIESCHAUS: Nature, Vol. 287, S. 795–801, 1980.
OBERDORFER, E.: Pflanzensoziologische Exkursionsflora für Süddeutschland und die angrenzenden Gebiete, E. Ulmer, Stuttgart, 2. Aufl. 1962 und 5. Aufl. 1983.
OBERDORFER, E.: Süddeutsche Pflanzengesellschaften, Teil I–IV, G. Fischer, Stuttgart, 2. Aufl., 1977 ff.
OBERDORFER, E.: Süddeutsche Wald- und Gebüschgesellschaften im europäischen Rahmen. Tuexenia. Neue Serie Nr. 7, S. 459–468, 1987.
OESER, E.: System, Klassifikation, Evolution, Historische Analyse und Rekonstruktion der wissenschaftstheoretischen Grundlagen der Biologie. W. Braumüller; Wien - Stuttgart; 1974.
OZENDA, P.: Die Vegetation der Alpen im europäischen Gebirgsraum, G. Fischer, Stuttgart–New York, 1988.
PFLUG, H. D. (Hrsg.): Fossilien, Bilder frühen Lebens. Reihe Verständliche Forschung. Spektrum der Wissenschaft Verlagsgesellschaft, Heidelberg, 1989.
PFLUG, H. D. und E. REITZ: Palynostratigraphy in Phanerozoic and Precambrian Metamorphic Rocks, in SCHIDLOWSKI et al. (Eds.) Early Organic Evolution: Implications for Mineral and Energy Resources. Springer-Verlag, Berlin, Heidelberg, 1992
PHILIPPI, G.: Trockenrasen, Sandfluren und thermophile Saumgesellschaften des Tauber-Main-Gebietes. Veröffentlichungen für Naturschutz und Landschaftspflege in Baden-Württemberg, Band 57/58, S. 533–618, 1983/1984.
PIGNATTI, S.: Flora d'Italia, 3 vol. Edagricole, Bologna, 1982.
POTT, R.: Entstehung von Vegetationstypen und Pflanzengesellschaften unter dem Einfluß des Menschen; in Wittig, R. (Hrsg.): Düsseldorfer Geobotanische Kolloquien, Heft 5, Düsseldorf, 1988.
POTT, R.: Extensiv genutzte Wälder in Nordrhein-Westfalen und ihre Schutzwürdigkeit, in: Geobotanische Kolloquien, Heft 7, Frankfurt, 1991.
RAMPINO, M. R. & S. SELF: Volcanic winter and accelerated glaciation following the Toba supereruption; Nature, Vol. 359, S. 50–52, 1992.
REINIG, W. F. (Red.): Kosmos-Lexikon der Naturwissenschaften, Franckh-Verlag, Stuttgart, 1953.
REISIGL, H. & H. PITSCHMANN: Obere Grenzen von Flora und Vegetation in der Nivalstufe der zentralen Ötztaler Alpen (Tirol). Vegetatio, Bd. VIII, S. 93–128, 1958.
REISIGL, H. & R. KELLER: Alpenpflanzen im Lebensraum. Alpine Rasen, Schutt- und Felsvegetation; Vegetationsökologische Informationen für Studien, Exkursionen und Wanderungen, G. Fischer, Stuttgart–New York, 1987.
RIDING, R.: The algal breath of life; Nature, Vol. 359, S. 13, 1992.
RIEDL, R.: Die Ordnung des Lebendigen. Systembedingungen der Evolution. Parey. Hamburg–Berlin. 1975.
RIEDL, R.: Die Strategie der Genesis. Naturgeschichte der realen Welt. Piper. München–Zürich. 1976.
RIEDL, R.: Biologie der Erkenntnis. Die stammesgeschichtlichen Grundlagen der Vernunft. P. Parey. Berlin, Hamburg. 1980.

RIEDL, R.: Evolution und Erkenntnis; Piper; München - Zürich; 1982.

ROTHMALER, W. (Hrsg.): Exkursionsflora von Deutschland, Bd. II–IV, G. Fischer, Jena 1993.

SCHMEIL, O., H. KOCH (Bearb.): Pflanzenkunde, Quelle & Meyer, Heidelberg, 185. Aufl., 1964.

SCHMEIL-FITSCHEN, W. RAUH & K. SENGHAS (Bearb.): Flora von Deutschland und seinen angrenzenden Gebieten, Quelle & Meyer, Heidelberg–Wiesbaden, 88. Aufl. 1988.

SCHMID, G.: Veröffentlichungen für Naturschutz und Landschaftspflege in Baden-Württemberg, Band 64/65, S. 624, 1988/89.

SCHMIDT, G. (Schrftl.): Fragen des Artenschutzes in Baden-Württemberg; Beihefte zu den Veröffentlichungen für Naturschutz und Landschaftspflege in Baden-Württemberg, Heft 11, herausgegeben von der Landesanstalt für Umweltschutz Baden-Württemberg, Institut für Ökologie und Naturschutz, Karlsruhe, 1978.

SCHÖNFELDER, P. & I.: Der Kosmos-Heilpflanzenführer, Franckh-Kosmos-Verlag, Stuttgart, 4. Aufl. 1988.

SCHUBERT, G.: The lost continents. Nature, Vol. 354, S. 358–359, 1991.

SCOTTI, J. V., D. L. RABINOWITZ & B. G. MARSDEN: Near miss of the Earth by a small asteroid, Nature, Vol. 354, S. 287–289, 1991.

SEBALD, O., S. SEYBOLD & G. PHILIPPI: Die Farn- und Blütenpflanzen Baden-Württembergs, E. Ulmer, Stuttgart, Bd. I & II, 1990; Bd. III & IV, 1992.

SPRENGEL, K.: Geschichte der Botanik, 1817.

STACE, C. A.: Plant Taxonomy and Biosystematics, 2nd. ed., Cambridge University Press, Cambridge, 1989.

STAFLEU, F. A. et al. (Hrsg.): International Code of Botanical Nomenclature. Adopted by the Twelfth International Botanical Congress, Leningrad, July 1975. Bohn, Scheltema & Holkema; Utrecht, 1978.

STEBBINS, G. L.: Flowering Plants. Evolution above the Species Level. The Belknap Press of Harvard University Press, Cambridge, Massachusetts; second printing 1977.

STEBBINS, G. L.: Evolutionsprozesse; G. Fischer, Stuttgart - New York, 2. Aufl. 1980.

STEEL, D.: Our asteroid-peltet planet, Nature, Vol. 354, S. 265–267, 1991.

STRASBURGER, E., F. NOLL, H. SCHENK und W. SCHIMPER: Lehrbuch der Botanik für Hochschulen. Neubearb. von. P. SITTE, H. ZIEGLER, F. EHRENDORFER und A. BRESINKY, 33. neubearb. Auflage, G. Fischer, Stuttgart, 1991

STRYER, L.: Biochemie, völlig neu bearbeitete Auflage, Spektrum der Wissenschaften, Heidelberg, 1990.

SUZUKI, D. T. et al.: Genetik. VCH Weinheim, 1991.

TABERNAEMONTANUS, J. Th., H. BAUHIN (Bearb.): New vollkommen Kräuter-Buch, J. König, Basel, 1664, Nachdruck: C. Bette, Hamburg, Bd. I & II.

TAKHTAJAN, A.: Die Evolution der Angiospermen. VEB G. Fischer, Jena, 1959.

TAKHTAJAN, A.: Evolution und Ausbreitung der Blütenpflanzen. VEB G. Fischer, Jena, 1973.

TATE, M. E., D. ENNEKING: A mess of red pottage, Nature, Vol. 359, 1992. - (Vicia sativa)

THEOPHRASTOS: Naturgeschichte der Gewächse, Deutsch von K. SPRENGEL, Altona 1822, Neudruck 1971.

THEOPHRASTUS: Enquiry into Plants, On Odours, On Weather-Signs (2 volumes); De Causis Plantarum (3 volumes). Loeb Classical Library/Harvard University Press; 1916–1990.

WAGENITZ, G. & G. MEYER: Die Unkrautflora der Kalkäcker bei Göttingen und im Meißnervorland und ihre Veränderungen. Tuexenia; Neue Serie Nr. 1; S. 7–23, 1981.

WAGNER, G.: Einführung in die Erd- und Landschaftsgeschichte. F. Rau, Öhringen, 2. Aufl. 1950.

WAGNER, J. & W. EGGERS: Harms Erdkunde; Band I Deutschland, bearbeitet von E. Schmitt; P. List Verlag; 22. Aufl. 1957.

WALTER, H.: Allgemeine Geobotanik, 2. Aufl., UTB 284, E. Ulmer, Stuttgart, 1973.

WEHRHAHN, H. R.: Was wächst und blüht in meinem Garten? Franckh-Verlag, Stuttgart, 11. Aufl. 1966.

WHITTAKER, R. H.: On the Broad Classification of Organism; Quaterly Review of Biology, 34, S. 210–226, 1959.

WILLMANN, R.: Die Art in Raum und Zeit. Das Artkonzept in der Biologie und Paläontologie. P. Parey, Berlin, Hamburg, 1985.
WILMANNS, O.: Ökologische Pflanzensoziologie, Quelle & Meyer, UTB 269, 3. Aufl., 1984.
WILMANNS, O.: Weinbergsvegetation am Steigerwald und ein Vergleich mit der im Kaiserstuhl. Tuexenia; Neue Serie Nr. 10; S. 123–135, 1990.
WINKLER, S.: Einführung in die Pflanzenökologie, G. Fischer, UTB 169, 2. Aufl., 1980.
WOLSZCZAN, A. & D. A. FRAIL: A planetary system around the millisecond pulsar PSR 1257 + 12. Nature, Vol. 355, S. 145–147, 1992.
ZAHN, U. (Herst.Leitung): Diercke Weltatlas, Westermann Schulbuchverlag, Neubearb. 1. Aufl., Braunschweig 1988.
ZANDER, R., F. ENCKE, G. BUCHHEIM & SEYBOLD: Handwörterbuch der Pflanzennamen, 13. neubearbeitete und erweiterte Auflage, E. Ulmer, Stuttgart, 1984.
ZIMMERMANN, W.: Unsere Küchenschelle; Veröff. d. Landesstelle f. Naturschutz in Württ.-Hohenz., S. 132 ff., 1952
ZIMMERMANN, W.: Evolution. Die Geschichte ihrer Probleme und Erkenntnisse. K. Alber, Freiburg-München, 1953.
ZIMMERMANN, W.: Die Phylogenie der Pflanzen. G. Fischer, Stuttgart, 2. Aufl. 1959.

Register